淮安 HUAI AN CHINA

淮安年鉴

HUAI AN YEARBOOK

淮安市市志编纂委员会办公室 编

2020

方志出版社
Publishing House of Local Records

图书在版编目（CIP）数据

淮安年鉴. 2020 / 淮安市市志编纂委员会办公室编.
--北京：方志出版社，2020. 9
ISBN 978-7-5144-4512-1

Ⅰ.①淮… Ⅱ. ①淮… Ⅲ. ①淮安—2020—年鉴
Ⅳ. ①Z525.33

中国版本图书馆CIP数据核字（2020）第225607号

淮安年鉴（2020）

编　　者	淮安市市志编纂委员会办公室　编
责任编辑	陈　菁
出 版 者	方志出版社
	地址　北京市朝阳区潘家园东里9号（国家方志馆4层）
	邮编　100021
	网址　http://www.zgfzcb.cn
发　　行	方志出版社图书经销中心
	电话（010）67110500
经　　销	各地新华书店
照　　排	南京德玺文化发展有限公司
印　　刷	南京凯德印刷有限公司
开　　本	889mm×1194mm　1/16
印　　张	26.75
字　　数	813千字
版　　次	2020年9月第1版　2020年9月第1次印刷
印　　数	0001~2000册

ISBN　978-7-5144-4512-1　　定价：260.00元

基本市情

土地面积 10030 平方千米　**2019 年末常住人口** 493.26 万人

城市荣誉

全国文明城市　国家环保模范城市　运河之都
全国历史文化名城　中国优秀旅游城市　全国生态市
全国卫生城市　全国双拥模范城　国家低碳试点城市
国家园林城市　淮扬菜之乡　全国水生态文明城市

淮安名人

开国总理周恩来　《老残游记》作者刘鹗
军事家韩信　《温病条辨》作者吴鞠通
《西游记》作者吴承恩　经学大师阎若璩
汉赋大家枚乘、枚皋　作家陈白尘、吴强、陈登科、张贤亮
巾帼英雄梁红玉　京剧表演艺术家王瑶卿、周信芳
民族英雄关天培

新时期淮安精神　包容天下　崛起江淮

河流湖泊

主要河流：京杭大运河、淮河、淮河入江水道、苏北灌溉总渠、淮河入海水道、盐河、废黄河、六塘河、淮沭新河
主要湖泊：洪泽湖、白马湖、高邮湖、宝应湖

下辖县区

清江浦、淮阴、淮安、洪泽四区和涟水、盱眙、金湖三县

AAAAA级景区

周恩来故里

AAAA级景区

铁山寺国家森林公园　淮安市博物馆　里运河文化长廊景区　涟水今世缘旅游景区
第一山公园　淮安府署　新四军刘老庄连纪念园　金湖荷花荡景区
黄花塘新四军军部纪念馆　中国漕运博物馆　洪泽湖古堰景区　金湖水上森林
古淮河文化生态景区　吴承恩故居　涟水五岛湖旅游区　西游记文化体验园·龙宫大白鲸

全国文化品牌

中国书法之乡　中华诗词之市　中国农民画之乡　中国秧歌之乡　中国锣鼓之乡　淮海琴书之乡
国家级非物质文化遗产项目：十番锣鼓、金湖秧歌、洪泽湖渔鼓、淮海戏、京剧、淮剧
国家级非物质文化遗产项目代表性传承人：杨秀英（淮海戏）、宋长荣（京剧）、张中祥（金湖秧歌）、荣光辉（淮剧）

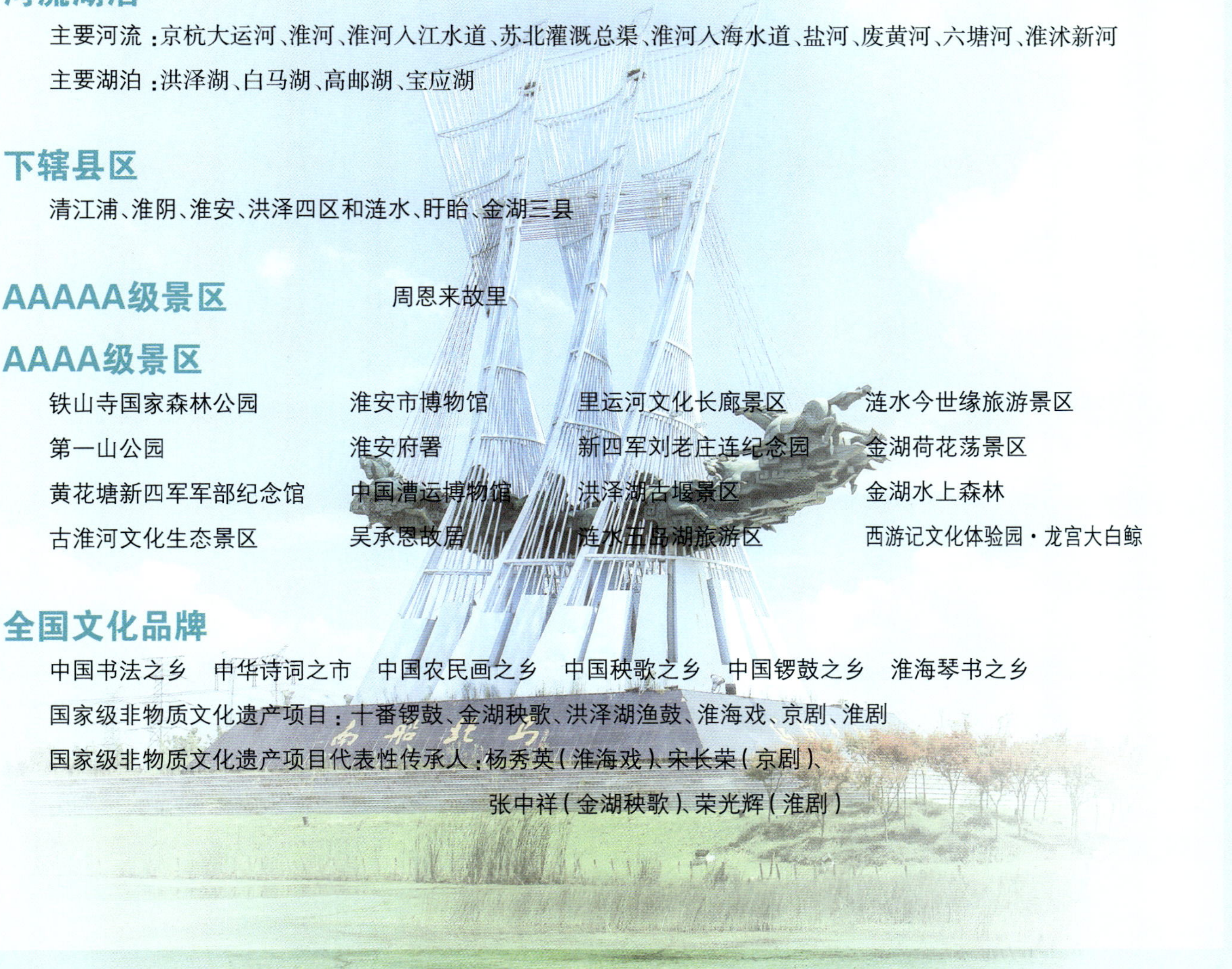

数字淮安（一）

户籍人口

单位：万人

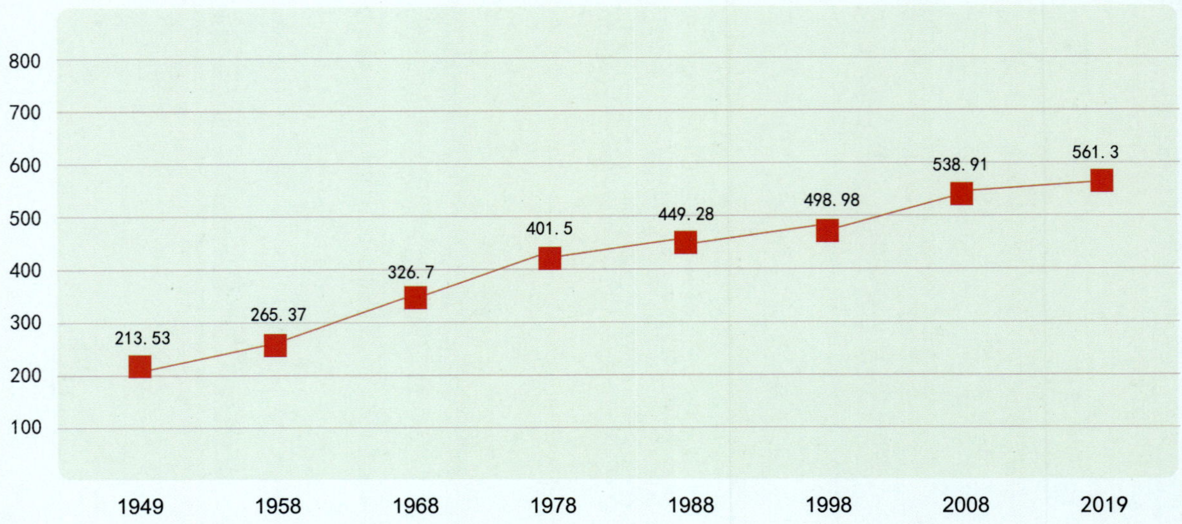

地区生产总值

单位：亿元

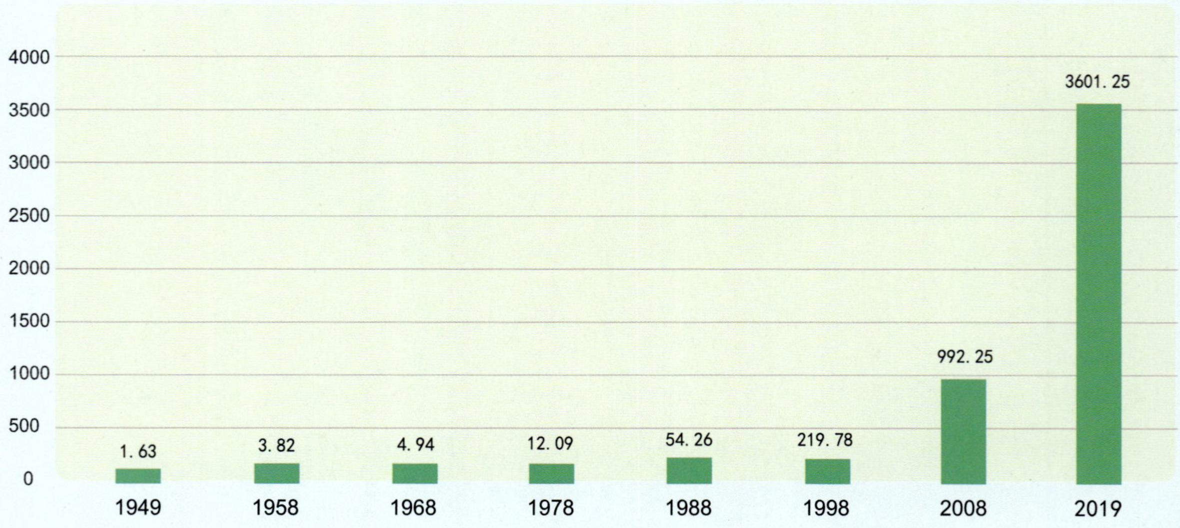

人均地区生产总值

单位：元

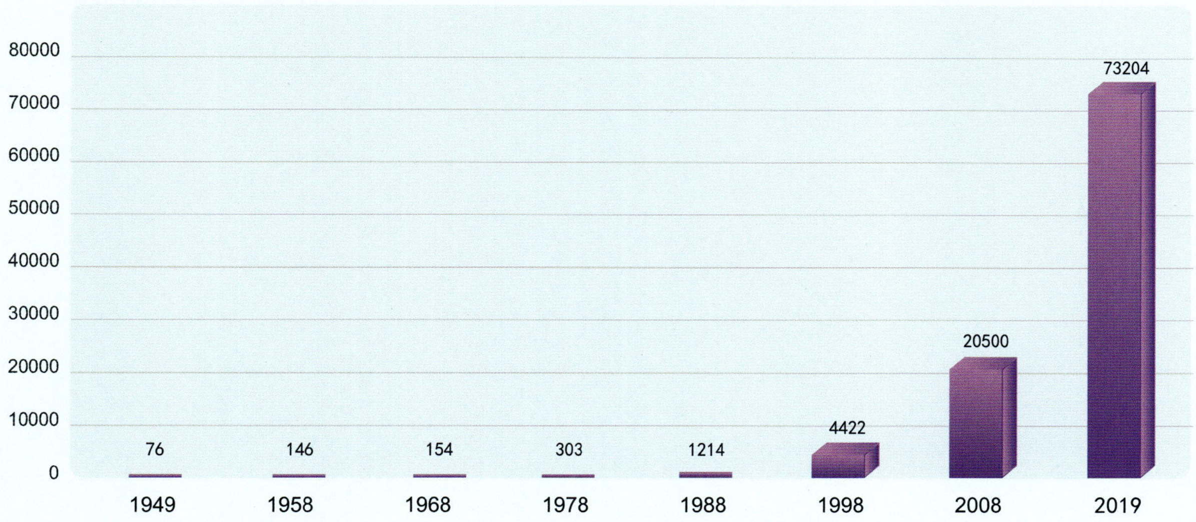

固定资产投资

单位：亿元

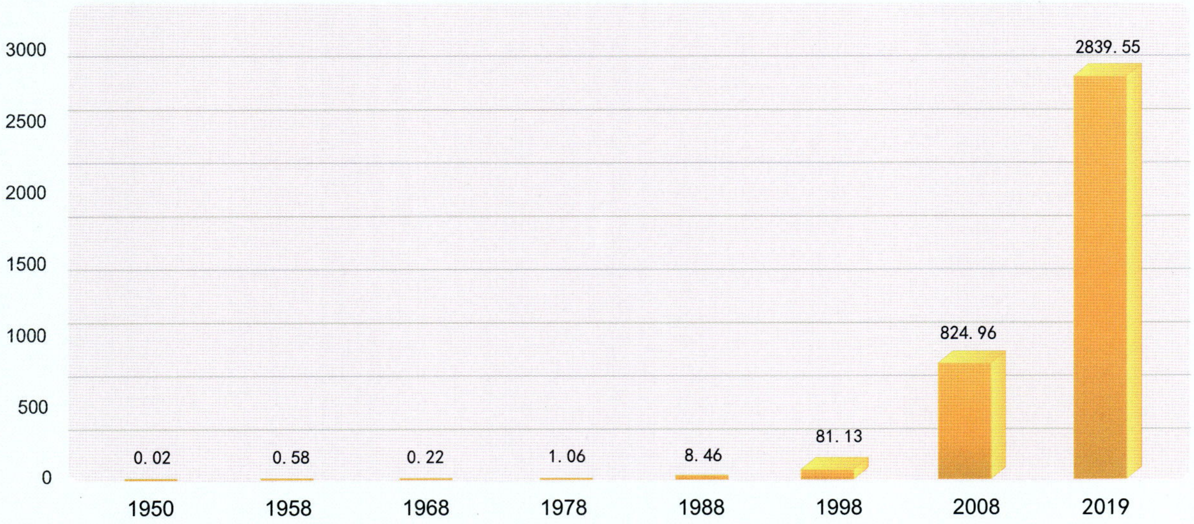

数字淮安（二）

财政总收入

单位：亿元

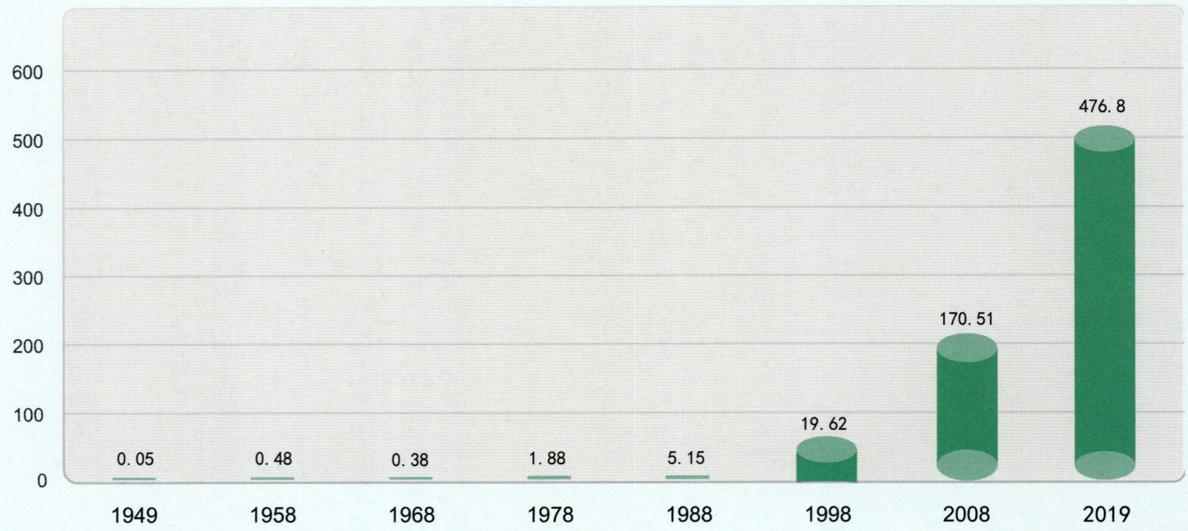

社会消费品零售总额

单位：亿元

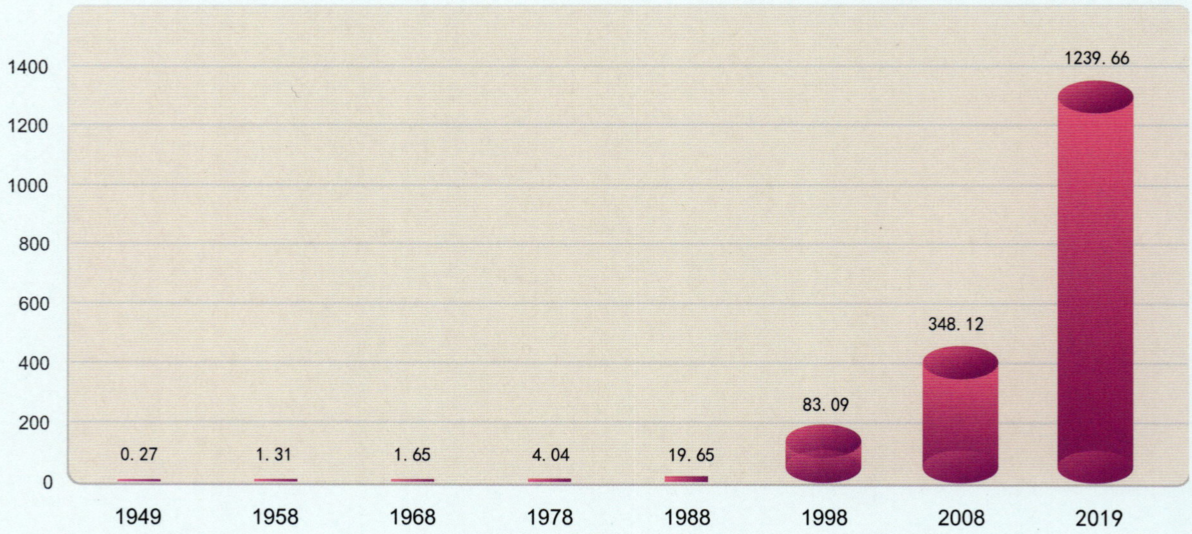

城镇人均可支配收入

单位：元

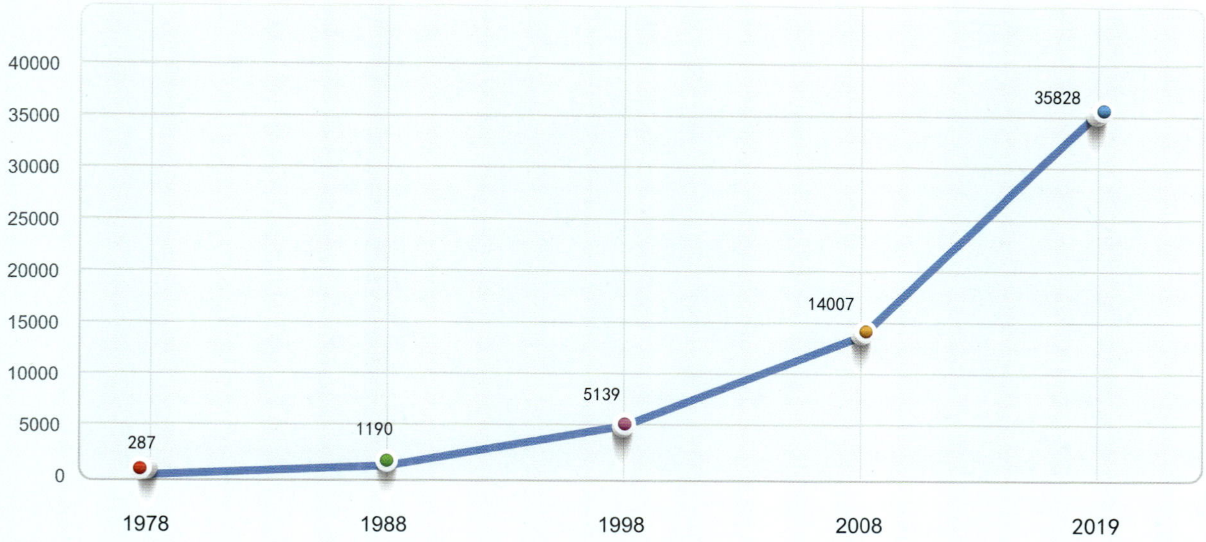

农村人均纯收入

单位：元

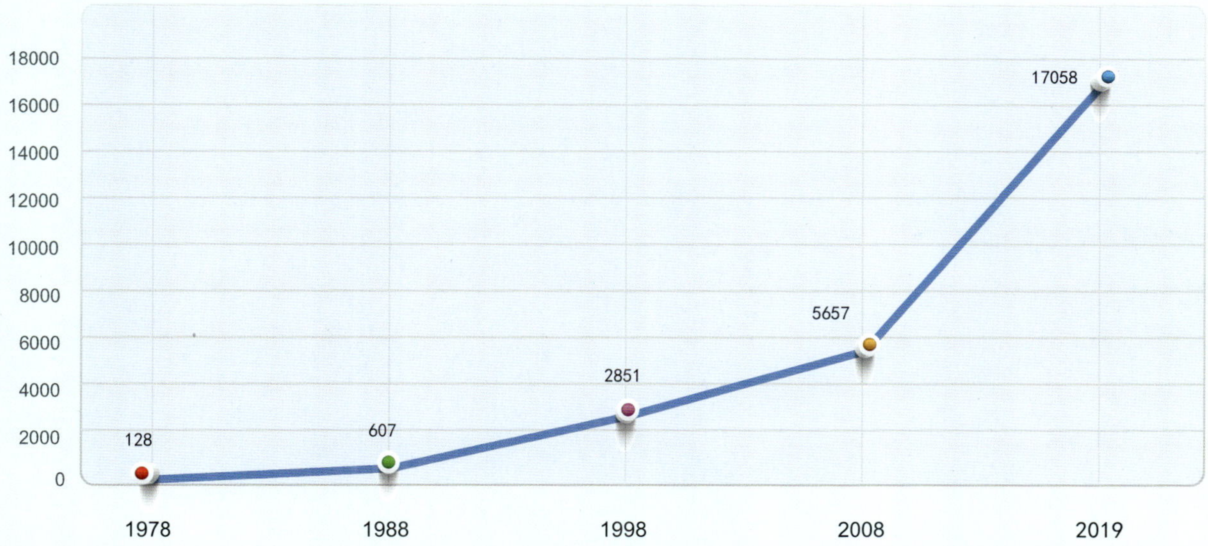

“不忘初心、牢记使命”主题教育（一）

2019年8月5—16日，市委组织部举办全市村（社区）党组织书记培训班暨“万名支书进党校”活动，图为启动仪式　　　主题教育办公室　供

2019年，不忘初心牢记使命雕塑　　　陈光晰　摄

2019年8月5—16日，市委组织部举办全市村（社区）党组织书记培训班暨“万名支书进党校”活动，活动期间，举办第六期淮上村居书记论坛

主题教育办公室　供

2019年9月11日，召开“不忘初心、牢记使命”主题教育培训会

主题教育办公室　供

2019年9月12日，召开全市主题教育动员会议　　主题教育办公室　供

“不忘初心、牢记使命”主题教育（二）

2019年9月24日，中共淮安市委领导走进周恩来纪念地开展主题教育

2019年10月9—12日，举办千名干部进学院集中学习会

2019年10月23—24日，举办全市镇（街道）党（工）委书记政治能力提升专题研修班

2019年10月24日，召开全市“不忘初心、牢记使命”主题教育推进会

2019年，淮安市开展“学恩来　践初心”活动

本版图片皆由主题教育办公室　供

决胜脱贫攻坚（一）

淮安区精准落实低收入人口培训　　市扶贫办　供

淮阴区南陈集镇首届消费扶贫签约　　市扶贫办　供

涟水县“阳光扶贫”超市　　王　昊　摄

2019年，清江浦区发展红椒种植带富椒农　　管伟法　摄

2019年，盱眙雨山茶场扶贫项目促农增收
刘志钧　摄

金湖县金南镇农民采摘菊花　干石泉　摄

淮安区自建厂房租金扶贫　　市扶贫办　供

决胜脱贫攻坚（二）

2019年，塔集镇荷韵小镇　　丁成兰　摄

2019年，马头镇农民集中居住区　　陈光晰　摄

2019年，刘老庄集

2019年，吕良镇湖畔旺屯

市扶贫办　供

2019年，田园雅居　　市扶贫办　供

2019年，洪泽岔河稻米产业园厂房　　市扶贫办　供

李义海　摄.

2019年，涟水县红窑镇芦笋种植基地　　王　昊　摄

2019年，马头镇三堡村光伏扶贫项目　　市扶贫办　供

一区两带一枢纽（一）

“一区两带一枢纽”即：江淮生态经济区、淮河生态经济带、大运河文化带、航空货运枢纽。

2019年4月，淮河生态经济带城市合作第一次市长会商会在淮安召开　　李琪琳　供

2019年4月，淮河生态经济带首次省际联席会议在淮安召开　　李琪琳　供

2019年4月，淮河生态经济带首次省际联席会议在淮安召开　　李琪琳　供

2019年6月，淮河生态经济带青商联盟成立大会在淮安召开　　李琪琳　供

一区两带一枢纽（二）

2019年11月20—22日，淮安市发起召开首届淮河生态经济带文化旅游联盟大会
严 斌 供

2019年12月，淮安、济宁两地

2019年6月，“动人心弦”——大运河文化带城市非物质文化遗产杂技专场展演在淮安举行 严 斌 供

"运河诗话"中国大运河主题艺术摄影展
吴 冰 供

2019年12月，淮安、济宁两地文联举办"运河诗话"中国大运河主题艺术摄影展
吴 冰 供

2019年6月，"运河传情 匠心筑梦"——第二届中国（淮安）大运河文化带城市非遗展暨2019年"文化和自然遗产日"江苏省主场活动在淮安市举行
严 斌 供

高铁时代（一）

2019年，连镇铁路淮安段铺轨现场

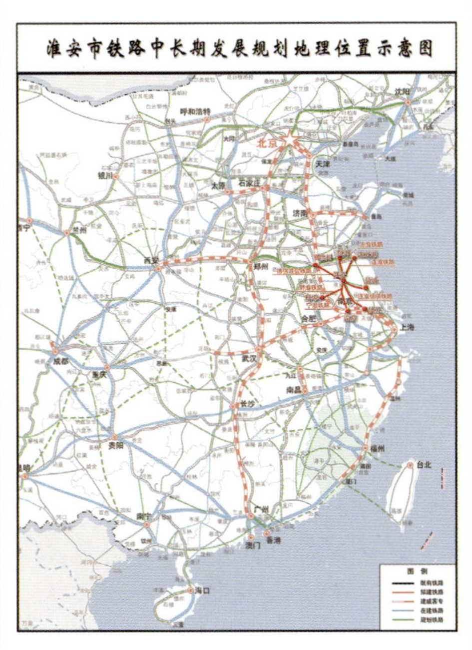

2019年，淮安市铁路中长期发展规划地理位置示意图

2019年5月19日，连镇铁路淮安段铺轨完成

2019年，连镇铁路淮安段铺轨现场

2019年，连镇铁路淮安段铺轨现场

2019年5月23日，淮安东站封顶

本版图片皆由市交通运输局提供

高铁时代（二）

2019年9月20日，宁淮铁路开工　　市交通运输局　供

2019年7月26日，

2019年，连淮扬镇和徐宿淮盐高铁淮安段

路淮安段接受静态验收　　市交通运输局　供

2019年7月26日，徐宿淮盐铁路淮安段接受静态验收　　市交通运输局　供

陈光晰　摄

2019年，铁路沿线环境综合整治和绿化　　市交通运输局　供

2019年，铁路沿线环境综合整治和绿化　　市交通运输局　供

内环高架一期工程通车（一）

2019年12月15日，淮安内环高架一期工程正式通车。

2019年，内环高架建成通车仪式

2019年，八亭桥立交

2019年，西坝立交

2019年，淮钢大桥

本版图片皆由市交通运输局提供

内环高架一期工程通车（二）

2019年，浦楼立交

2019年，桃花坞大桥

2019年，杨湾立交

2019年，景会寺立交

2019年，八亭桥立交夜景

2019年，八亭桥立交水幕投影

本版图片皆由市交通运输局提供

第二届中国（淮安）国际食品博览会（一）

2019年5月，第二届中国（淮安）国际食品博览会成功举办。

2019年5月，第二届食博会开幕式现场

2019年，第二届食博会展馆外景

2019年，第二届食博会展会现场

2019年，第二届食博会期间，运河与美食创意城市国际峰会在淮安召开

本版图片皆由市商务局提供

第二届中国（淮安）国际食品博览会（二）

2019年，第二届食博会展会现场

2019年，第二届食博会前期宣传

2019年，第二届食博会展会现场

2019年，第二届食博会期间食品产业合作项目签约现场

本版图片皆由市商务局提供

2019年中央广电总台中秋晚会（一）

2019年9月13日，中央广电总台中秋晚会在淮安市举办。

本版图片皆为管伟法摄

2019年中央广电总台中秋晚会（二）

本版图片皆为管伟法摄

第十四届台商论坛

2019年8月23日，第十四届台商论坛在淮安市举行。论坛由国台办经济局、江苏省人民政府台湾事务办公室、江苏省商务厅、淮安市人民政府主办，以“两岸智慧共话发展大计 携手合作共绘美好愿景”为主旨，以“同心同向砥砺前行 相促相生融合发展”为主题。淮安是江苏北部地区唯一台企集聚超千家、总投资超百亿的设区市，是唯一国家级台资企业转移聚集服务示范区和首个两岸信息家电产业园。2006年，淮安市举办第一届台商论坛后。此后，淮安市形成“千家台企落户、千亿产值贡献、千名台商汇聚”局面和“南有昆山，北有淮安”台资集聚新格局，成为继东莞、深圳、昆山之后大陆又一台商集聚高地。第十四届台商论坛筹备期间，淮安市新签约台资项目41个，总投资36.2亿美元，协议台资13.8亿美元。

2019年，第十四届台商论坛嘉宾合影　　市台办　供

《淮安年鉴（2020）》编纂委员会

编者：淮安市市志编纂委员会办公室

地址：淮安市翔宇南道1号

邮编：223001

电话：（0517）83605585

出版：方志出版社

编 辑 说 明

一、《淮安年鉴》坚持以马克思列宁主义、毛泽东思想、邓小平理论、“三个代表”重要思想、科学发展观、习近平新时代中国特色社会主义思想为指导，坚持辩证唯物主义和历史唯物主义的立场、观点和方法，实事求是记载淮安市经济建设、政治建设、文化建设、社会建设、生态文明建设等各方面的基本面貌和发展情况，为各级领导提供准确的信息，为各界人士了解、研究淮安提供基本资料，为编修地方综合志书积累素材。

二、《淮安年鉴》主要内容按市政府要求，经编纂委员会研究确定，多由市各部门、单位和县（区）人民政府指定专人撰写并经主管领导审核，力求保证所提供的事实、资料、数据的准确性、权威性。

三、《淮安年鉴（2020）》设特载、运河之都、大事记、生态家园、基础设施、经济发展、公共服务、公共管理、法治军事、地方组织机构、县区概况、人物、附录13个部分。体例为条目式，分为类目、分目（含部分二级分目）、条目，以条目为基本记述层次。整部年鉴详尽记述全市各行各业2019年发展状况，充分展示淮安人民为实现民族复兴的“中国梦”和崛起江淮的“淮安梦”而奋力拼搏的精神风貌。领导人物内容截至2020年9月，《特载·淮安市辉煌70年》及附录中关于新中国成立70周年的资料，下限年份为2018年。部分交叉和相关内容采用参见法。

四、与2019卷相比，2020卷《淮安年鉴》对个别类目和部分分目进行了调整。首次设置视频资料，尝试打造全媒体年鉴。视频资料主要由淮安日报社融媒体中心及市农业农村局提供。

五、《淮安年鉴（2020）》由市各部门和县（区）供稿，文中所用数字，由于统计的来源、口径、方式、方法或时间的不同而可能有差异。请读者引用时以市统计局的统计资料为准。

统计数据使用法定计量单位，个别数据遵从习惯。为保持文献原貌，“文献”及统计分析资料中数据的量与单位均不作变动。地图由淮安市自然资源和规划局提供，江苏省基础地理信息中心、淮安市基础地理信息中心编制。

六、为便于读者阅读检索，卷首设目录，卷末置索引。

目 录

MU LU

特 载

2019淮安年度汉字——“高” …… 1
概况 …… 1
淮安迈进高铁时代 …… 1
淮安市内环高架通车 …… 1
2019年中央广电总台中秋晚会在淮安举办 …… 2
第二届中国(淮安)国际食品博览会 …… 2
“一区两带一枢纽”建设 …… 3
概况 …… 3
江淮生态经济区 …… 3
淮河生态经济带 …… 3
大运河文化带 …… 4
航空货运枢纽 …… 6
“不忘初心、牢记使命”主题教育 …… 6
决胜脱贫攻坚 …… 8
淮安辉煌70年 …… 9

运河之都

地 理 …… 15
位置面积 …… 15
地形地貌 …… 15
土壤条件 …… 15
资 源 …… 15
土地资源 …… 15
水资源 …… 15
矿产资源 …… 15
生物资源 …… 15
物产 …… 15
气 候 …… 15
概况 …… 15
2019年气候 …… 15
历史沿革 …… 17
民国以前 …… 17
民国时期 …… 17
中华人民共和国时期 …… 17
文 化 …… 17
概况 …… 17
文学 …… 18
戏剧 …… 18
歌舞曲艺 …… 18
非物质文化遗产 …… 18
方言 …… 19
表1 淮安市省级非物质文化遗产名录表 …… 19
区 划 …… 19
行政区划 …… 19
表2 2019年淮安市行政区划统计表 …… 20
人 口 …… 19
概况 …… 19
民族 …… 19
表3 2019年淮安市户籍人口情况表 …… 20
表4 2019年淮安市常住人口情况表 …… 20
表5 2012—2019年淮安市户籍人口和常住人口对比表 …… 20
风景名胜 …… 20
国家AAAAA级旅游景区 …… 20
概况 …… 20
周恩来纪念馆 …… 20
周恩来故居 …… 20
河下古镇 …… 20
国家AAAA级旅游景区 …… 21
概况 …… 21
铁山寺国家森林公园 …… 21
第一山公园 …… 21
黄花塘新四军军部纪念馆 …… 21

古淮河文化生态景区…… 21
淮安市博物馆…… 22
淮安府署…… 22
漕运博物馆…… 22
里运河文化长廊·清江浦景区…… 22
吴承恩故居…… 22
新四军刘老庄连纪念园…… 22
洪泽湖古堰景区…… 22
涟水五岛湖旅游景区…… 23
金湖荷花荡景区…… 23
今世缘旅游景区…… 23
西游记文化体验园·龙宫大白鲸世界…… 23
金湖水上森林景区…… 23
全国重点文物保护单位…… 23
概况…… 23
明祖陵…… 23
泗州城遗址…… 23
文通塔…… 24
苏皖边区政府旧址…… 24
洪泽湖大堤…… 24
青莲岗遗址…… 24
月塔…… 24
京杭大运河·淮安段…… 24
淮安中共中央华中分局旧址…… 24
淮安美食…… 24
概况…… 24
淮菜特点…… 25
名菜名点…… 25
经济社会发展…… 25
经济规模…… 25
经济结构…… 25
社会事业…… 26
生态环境…… 26

大事记

1月…… 27
2月…… 28
3月…… 28
4月…… 28
5月…… 29
6月…… 30
7月…… 30
8月…… 31
9月…… 32
10月…… 32
11月…… 33
12月…… 33

生态家园

综　述…… 37
概况…… 37
统筹合力保生态…… 37
绿色经济…… 37
生态修复…… 37
自然资源执法…… 37
自然资源信息化建设…… 37
环保应急管控豁免…… 37
土地资源管理…… 38
概况…… 38
调查监测…… 38
权益保护和开发利用…… 38
国土空间用途管制…… 38
耕地保护监督…… 39
国土测绘及地理信息管理…… 39
不动产确权登记…… 39
水资源管理…… 39
概况…… 39
表6　2019年淮安市行政分区水资源总量表…… 39
入境、出境水量…… 40
蓄水动态…… 40
水资源利用…… 40
表7　2019年淮安市行政分区供、用水量表…… 40
表8　2019年淮安市行政分区用水量表…… 41
水质…… 41
水资源总量控制…… 42
取用水监督管理…… 42
水源地达标建设…… 42
生态河湖建设…… 42
节水型社会建设…… 42
城镇污水收集处理…… 42
黑臭水体整治…… 42
水环境保护…… 42
取用水管理…… 43
地下水管理…… 43
节约用水…… 43
最严格水资源管理制度落实…… 43
洪泽湖淮安水域采砂船实现“清零”…… 43

林业与湿地资源管理…… 43
概况…… 43
湿地建设…… 44
古树名木…… 44
林业安全…… 44
春季造林…… 44
首个国家级湿地公园建成…… 44
入选首批国家“互联网+全民义务植树”基地1个 …… 44
参展中国森林旅游节…… 44
地质矿产资源管理…… 45
概况…… 45
矿产资源分布…… 45
矿产资源储量…… 45
安全管理…… 45
7家矿山入选国家级绿色矿山 …… 45
表9 2019年淮安市矿产种类一览表…… 45
环境质量…… 46
空气环境…… 46
水环境…… 46
土壤环境…… 47
生态环境…… 47
生物环境…… 47
农村环境…… 47
声环境…… 47
固体废弃物…… 48
辐射环境…… 48
环境保护…… 48
概况…… 48
大气污染防治…… 48
水污染防治…… 48
土壤污染防治…… 48
危险废物污染防治…… 48
“减煤”专项行动 …… 49
环保督察…… 49
环境安全…… 49
环境执法监管…… 49
环保宣传…… 49
施工扬尘环境保护税征收…… 49
淮安市及驻县区生态环境局挂牌…… 50
生态环境损害责任追究…… 50
园林绿化…… 50
概况…… 50
花卉园艺…… 50
绿地养护…… 50
淮安月季连获大奖…… 50

基础设施

城乡建设…… 53
综 述…… 53
概况…… 53
改革创新…… 53
行业管理水平提升…… 53
规 划…… 53
概况…… 53
国土空间总体规划…… 54
城市规划…… 54
村镇规划…… 54
总体城市设计…… 54
规划管理…… 54
市规划馆试开馆…… 54
《淮安市镇村布局规划（2019版）》获批 …… 54
城市建设管理…… 55
中心城市建设…… 55
城市功能品质提升…… 55
历史名城保护…… 55
镇村建设管理…… 55
概况…… 55
重点中心镇…… 55
乡村振兴战略…… 55
农村人居环境整治…… 56
村庄环境长效管护…… 56
农房改善…… 56
特色田园乡村建设…… 56
乡村人居环境提升工作营…… 56
黄庄特色田园乡村通过省级验收…… 56
淮安生态文化旅游区…… 56
概况…… 56
项目建设…… 57
绿色发展…… 57
产城融合…… 57
社会民生…… 57
社会治理…… 57
城市管理…… 57
概况…… 57
“法治城管”建设 …… 58
数字城管…… 58
市容秩序…… 58
环卫作业…… 58
垃圾分类…… 58
渣土管理…… 59

机动车停车管理 …… 59
环卫工人节 …… 59
市政公用事业 …… 59
概况 …… 59
市政重点项目 …… 59
供水 …… 59
供电 …… 59
电网建设 …… 59
供气 …… 60
表10　2019年淮安市开展工业煤改气企业名单 …… 60
表11　2019年淮安市四个区燃气管线通达镇、街道表 …… 61
供热 …… 61
首个地市级综合能源服务发展联盟成立 …… 61
房地产开发管理 …… 61
概况 …… 61
商品房销售 …… 61
老旧小区改造 …… 61
房地产市场管理 …… 61
质量安全 …… 61
绿色建筑 …… 62
“不见面”房屋交易服务 …… 62
两建筑获2019年国家优质工程奖 …… 62
表12　2019年度淮安市“翔宇杯”优质工程名单 …… 62
物业服务管理 …… 65
概况 …… 65
维修资金管理 …… 65
《淮安市住宅物业管理条例》获批 …… 65
交　通 …… 65
综　述 …… 65
概况 …… 65
交通重点工程 …… 65
运输经济 …… 66
绿色智慧交通 …… 66
行业治理 …… 66
市区内环高架工程 …… 66
交通工程质量 …… 66
交通运输综合行政执法 …… 66
公　路 …… 67
概况 …… 67
干线公路建设 …… 67
农村公路 …… 67
公路养护 …… 67
路政管理 …… 67
科技创新 …… 68
传化公路港“司机之家”入选国家建设试点 …… 68
铁　路 …… 68
概况 …… 68
徐宿淮盐、连淮扬镇铁路连淮段通车 …… 68
宁淮铁路先行段开工建设 …… 68
高铁淮安东站启用 …… 68
宁淮站场 …… 68
铁路站城融合发展 …… 69
航　空 …… 69
概况 …… 69
航空货运枢纽建设 …… 69
货邮吞吐量突破1万吨 …… 69
淮安与东部机场集团建立战略合作关系 …… 69
淮安机场获“全国巾帼文明岗”称号 …… 69
淮安机场通过航空安保审计 …… 69
航　道 …… 69
概况 …… 69
航道基础设施建设 …… 69
船闸养护与航政管理 …… 69
航道环境整治 …… 70
科技创新 …… 70
服务地方经济发展 …… 70
淮安运河大桥建成通车 …… 70
京杭运河淮安段绿色现代航运示范区 …… 70
港　口 …… 70
概况 …… 70
运营网络 …… 70
非法码头和浮吊船作业点综合整治 …… 70
安全监管 …… 70
环境综合整治 …… 71
淮安新港集装箱年吞吐量全省内河第一 …… 71
两项目获国家优质投资项目奖 …… 71
全国内河港口首座5G行业应用基站 …… 71
公共交通 …… 71
概况 …… 71
省公交优先示范城市创建 …… 71
出租车更新 …… 71
公交优惠政策 …… 71
首个地上智能化立体停车场落成 …… 71
智能化候车亭 …… 72
水　利 …… 72
综　述 …… 72
概况 …… 72
水利工程建设 …… 72
水利工程管理 …… 72
水行政执法 …… 72
水利改革 …… 73

水利风景区建设…… 73
“两违三乱”整治 …… 73
退圩还湖…… 73
洪泽湖治理保护…… 73
淮河生态经济带水利专业委员会成立…… 73
农村水利…… 74
概况…… 74
农业水价综合改革…… 74
水土保持建设监管…… 74
农村污水处理…… 74
周桥灌区进入全国首批灌区水效领跑者名单…… 74
城市水利…… 75
概况…… 75
中心城市水利项目…… 75
城市水利管理…… 75
城市雨污分流…… 75
江苏省灌溉总渠·淮河入海水道工程管理…… 75
概况…… 75
工程管理…… 75
防汛防旱…… 75
综合经营…… 75
水政水资源…… 75
基础建设…… 76
洪泽湖水利工程管理…… 76
概况…… 76
工程管理…… 76
防汛防旱…… 76
湖泊管理…… 76
水政水资源…… 76
基础建设…… 76

经济发展

农　业…… 79
综　述…… 79
概况…… 79
农业园区…… 79
农业重大项目…… 79
农业行政执法…… 79
农业保险…… 79
“淮味千年”品牌建设 …… 80
农业农村改革…… 80
概况…… 80
表13　2019年淮安市乡村从业人员情况表 …… 80
表14　2019年淮安市农业生产情况表 …… 80
农村集体产权制度改革…… 81
土地流转…… 81
全省首个农村产权线上交易…… 81
新型农业经营…… 81
高效农业…… 81
“三特”产业 …… 81
新型主体经营…… 81
农业社会化服务…… 82
种植业…… 82
概况…… 82
种植规模类型…… 82
优质稻米产业…… 82
高效园艺产业…… 82
畜牧业…… 82
概况…… 82
生猪养殖…… 82
生态养殖…… 83
疫病防控监测…… 83
屠宰产业…… 83
畜牧生态养殖示范创建…… 83
水产业…… 83
概况…… 83
名特优水产品养殖…… 83
稻虾综合种养…… 83
渔业标准化建设…… 83
渔业资源保护…… 84
休闲渔业产业…… 84
渔业产业融合…… 84
农业机械化…… 84
概况…… 84
农机化水平…… 84
“两项工程”建设 …… 84
首单粮食烘干机保险…… 84
工业　建筑业…… 85
综　述…… 85
概况…… 85
项目建设…… 85
产业集群和示范基地…… 85
骨干企业培育…… 85
新旧动能转换…… 85
“三新一特”产业 …… 85
企业服务…… 85
企业安全生产…… 86
表15　2019年淮安市规模以上工业经济效益情况表 …… 86
表16　2019年淮安市工业50强企业名单 …… 87

表17 2019年淮安市专精特新中小企业名单 … 87
表18 2019年淮安市小巨人企业名单 ………… 87
盐化凹土新材料产业…………………………… 88
概况…………………………………………… 88
苏盐井神获国家质量奖……………………… 88
江苏苏盐井神股份有限公司………………… 88
实联化工（江苏）有限公司 ………………… 88
淮安清江石油化工有限责任公司…………… 88
安道麦安邦（江苏）有限公司 ……………… 89
高端装备制造产业……………………………… 89
概况…………………………………………… 89
江苏金石机械集团有限公司………………… 89
江苏红光仪表厂有限公司…………………… 89
江苏施塔德电梯有限公司…………………… 89
江苏沙钢集团淮钢特钢股份有限公司……… 89
江苏天淮钢管有限公司……………………… 90
新一代信息技术产业…………………………… 90
概况…………………………………………… 90
2019淮安国际半导体产业论坛 …………… 90
首届淮安半导体装备产业发展研讨会……… 90
富誉电子科技（淮安）有限公司 …………… 90
庆鼎精密电子（淮安）有限公司 …………… 91
江苏纳沛斯半导体有限公司………………… 91
淮安澳洋顺昌光电技术有限公司…………… 91
江苏时代芯存半导体有限公司……………… 91
淮安达方电子有限公司……………………… 91
淮安市文善电子有限公司…………………… 91
捷群电子科技（淮安）有限公司 …………… 91
食品产业………………………………………… 91
概况…………………………………………… 91
4产品入选“长三角名优食品”……………… 91
江苏今世缘酒业股份有限公司……………… 91
淮安旺旺食品有限公司……………………… 92
江苏淮安双汇食品有限公司………………… 92
江苏淮安苏食肉品有限公司………………… 92
淮安快鹿牛奶有限公司……………………… 92
淮安通威饲料有限公司……………………… 92
江苏苏美食品有限公司……………………… 92
新能源汽车及零部件产业……………………… 93
概况…………………………………………… 93
实联长宜淮安科技有限公司………………… 93
江苏敏安电动汽车有限公司………………… 93
江苏和兴汽车科技有限公司………………… 93
江苏双环齿轮有限公司……………………… 93
江苏上淮动力有限公司……………………… 93
生物技术及新医药产业………………………… 93
概况…………………………………………… 93
江苏天士力帝益药业有限公司……………… 93
江苏正大清江制药有限公司………………… 93
纺织产业………………………………………… 94
概况…………………………………………… 94
江苏康乃馨织造有限公司…………………… 94
淮安锦纶化纤有限公司……………………… 94
淮安源通制帽有限公司……………………… 94
淮安市远达服饰有限公司…………………… 94
江苏金典纺织有限公司……………………… 94
建材产业………………………………………… 94
概况…………………………………………… 94
汤始建华建材（淮安）有限公司 …………… 95
淮安海螺水泥有限责任公司………………… 95
江苏共创人造草坪股份有限公司…………… 95
能源工业………………………………………… 95
华能淮阴电厂………………………………… 95
淮阴发电有限公司…………………………… 95
凹土产业………………………………………… 96
概况…………………………………………… 96
江苏玖川纳米材料科技有限公司…………… 96
江苏神力特生物科技股份有限公司………… 96
盱眙县中材凹凸棒石粘土有限公司………… 96
建筑业…………………………………………… 96
概况…………………………………………… 96
建筑业现代化………………………………… 96
外埠市场开拓………………………………… 96
绿色建筑……………………………………… 96
工程造价企业………………………………… 97
建筑设计……………………………………… 97
农民工工资实名制管理……………………… 97
商贸流通………………………………………… 97
综　述…………………………………………… 97
概况…………………………………………… 97
商业体系规划………………………………… 97
商业中心……………………………………… 97
“老字号”工作 ……………………………… 97
商贸转型升级………………………………… 97
消费市场……………………………………… 98
供销合作………………………………………… 98
概况…………………………………………… 98
农业社会化服务……………………………… 98
盘活资产……………………………………… 98
农业农村电子商务与消费扶贫……………… 98
基层组织体系建设…………………………… 99
淮台农产品交流合作………………………… 99

"新网工程" 建设 …………………………… 99
盐业管理…………………………………… 99
概况………………………………………… 99
食盐销售…………………………………… 99
粮食流通…………………………………… 99
概况………………………………………… 99
粮油品牌建设……………………………… 99
粮食大清查………………………………… 99
烟草专卖…………………………………… 99
概况………………………………………… 99
烟草专卖管理……………………………… 99
服务水平提升……………………………… 100
法治烟草建设……………………………… 100
文明吸烟环境建设………………………… 100
零售客户诚信互助小组…………………… 100
石油销售…………………………………… 100
中石化淮安石油分公司…………………… 100
中石油淮安分公司………………………… 101
电子商务…………………………………… 101
概况………………………………………… 101
电商经营主体……………………………… 101
电商服务…………………………………… 102
电商+物流 ………………………………… 102
农村电商…………………………………… 102
德邦电商智慧产业园项目落户…………… 102
物 流……………………………………… 102
概况………………………………………… 102
空间布局体系……………………………… 103
重要项目建设……………………………… 103
邮政快递业………………………………… 103
淮安市现代物流学会……………………… 104
《淮安市现代物流业发展规划
（2019—2025年）》 ……………………… 104
淮安电子商务现代物流园………………… 104
今世缘智能化包装物流项目……………… 104
金 融 ……………………………………… 104
综 述……………………………………… 104
概况………………………………………… 104
金融监管…………………………………… 105
金融服务…………………………………… 105
金融基础设施建设………………………… 105
服务实体经济……………………………… 105
"放管服" 改革 …………………………… 105
表19 2019年淮安市金融机构分区域本外币
存贷款余额表 ……………………… 105
表20 2019年淮安市地方金融业务统计表 ……106
表21 2019年底淮安市上市企业市值情况表 ……106
社会融资…………………………………… 106
企业上市…………………………………… 106
融资担保…………………………………… 106
典当………………………………………… 106
小额贷款…………………………………… 106
淮安国联集团……………………………… 106
表22 2019年淮安市融资担保公司区域
分布表 ……………………………… 107
表23 2019年淮安市小额贷款公司区域
分布表 ……………………………… 107
淮安市融资担保集团……………………… 107
银行业……………………………………… 107
概况………………………………………… 107
存贷款……………………………………… 108
信贷资金投向……………………………… 108
存贷款资金分布…………………………… 108
表24 2019年淮安市银行业贷款增量情况
统计表 ……………………………… 108
表25 2019年淮安市银行业本外币存贷款
余额表 ……………………………… 108
中国农业发展银行淮安市分行…………… 109
中国工商银行股份有限公司淮安分行…… 109
中国农业银行股份有限公司淮安分行…… 110
中国银行股份有限公司淮安分行………… 110
中国建设银行股份有限公司淮安分行…… 111
交通银行股份有限公司淮安分行………… 112
中国邮政储蓄银行淮安市分行…………… 112
江苏银行股份有限公司淮安分行………… 112
江苏淮安农村商业银行股份有限公司…… 113
江南农村商业银行淮安分行……………… 113
华夏银行股份有限公司淮安分行………… 114
保险业……………………………………… 114
概况………………………………………… 114
中国人寿保险股份有限公司淮安市分公司……… 114
表26 2019年淮安市前五名保险公司保费
业绩表 ……………………………… 115
中国太平洋人寿保险股份有限公司淮安中心
支公司 ………………………………… 115
平安人寿保险股份有限公司淮安中心支公司…… 115
中华财产保险股份有限公司淮安中心支公司…… 116
渤海财产保险股份有限公司淮安中心支公司…… 116
旅 游 ……………………………………… 116
综 述……………………………………… 116
概况………………………………………… 116
旅游重点项目……………………………… 117

全域旅游……117
旅游服务……117
表27　2019年淮安市星级旅游景区名录……117
表28　2019年淮安市省星级乡村旅游区名录……118
旅游开发……119
概况……119
旅游品牌……119
线路开发……119
淮安与铁岭签署区域文旅合作协议……120
周恩来纪念地……120
里运河文化长廊……120
西游文化产业……121
白马湖保护和开发……122
旅游管理……122
概况……122
基础设施建设……122
表29　2019年淮安市旅行社名录……123
旅游宣传……125
概况……125
特色旅游宣传活动……125
媒介宣传拓展……126
“跟着央视秋晚游淮安”旅游嘉年华……126
信息服务……126
综　述……126
概况……126
“智慧淮安”建设……126
信息安全……126
无线电管理……126
工业互联网示范试点企业认定……126
软件服务……127
概况……127
淮安软件园……127
中业慧谷·淮安软件创意科技园……127
通信服务……127
概况……127
光纤入户（FTTH）……127
中国电信集团有限公司淮安分公司……127
中国移动通信集团淮安分公司……128
中国联合网络通信集团有限公司淮安分公司……128
开放型经济……129
对外及港澳台贸易……129
概况……129
出口贸易……129
外贸新业态……129
多元化开拓市场……129
金融支持外贸企业……129
表30　2019年淮安市国内外贸易及利用外资情况表……130
展会服务……130
招商引资……130
概况……130
重特大项目……130
展会招商……130
高端招商资源对接……131
市县联动招商……131
战略性新兴产业外资利用……131
服务企业……131
贸易促进……131
概况……131
对外联络……131
参加展会……131
出证认证……132
法律服务……132
国际商会建设……132
开发园区……132
综　述……132
概况……132
经济开放……132
产业发展……132
科技创新……133
营商环境……133
淮安经济技术开发区……133
概况……133
产业发展……133
招商引资……133
基础设施……133
营商环境……134
社会事业……134
淮安高新技术产业开发区……134
概况……134
产业发展……134
招商引资……134
科技创新……134
基础设施及社会事业……134
淮安工业园区……134
概况……134
产业发展……135
招商引资……135
科技创新……135
基础设施……135
营商环境……135

社会事业……135
江苏省苏淮高新技术产业开发区……135
概况……135
产业发展……136
招商引资……136
科技创新……136
基础设施……136
社会事业……136
江苏淮安经济开发区……136
概况……136
产业发展……136
招商引资……137
科技创新……137
营商环境……137
江苏涟水经济开发区……137
概况……137
产业发展……137
招商引资……137
科技创新……137
基础设施……138
营商环境……138
社会事业……138
江苏盱眙经济开发区……138
概况……138
产业发展……138
科技创新……138
基础设施建设……138
营商环境……138
江苏金湖经济开发区……138
概况……138
产业发展……138
招商引资……139
科技创新……139
基础设施……139
江苏淮安清河经济开发区……139
概况……139
产业发展……139
招商引资……139
科技创新……139
基础设施……139
营商环境……140
社会事业……140
淮安综合保税区……140
概况……140
产业发展……140
招商引资……140
基础设施……140
南北共建园区……140
宁淮现代服务业集聚区……140
江苏省国信集团淮安工业园……140
南京高新技术产业开发区洪泽工业园……140
南京经济技术开发区涟水工业园……141
宁淮新兴产业科技园……141
宜兴经济技术开发区金湖工业园……141
区域合作……141
综　述……141
概况……141
融入长三角……142
与西部地区合作……142
援藏工作……142
淮安航空货运枢纽建设写入国家规划……142
台资高地建设……142
概况……142
台资亮点项目……142
淮昆台资经济协同发展……143
产业合作活动……143
营商环境……143
台资高地宣传……143
台企创新促进行动……143
第十四届台商论坛……143
台企专场招聘会……143
时代芯存相变存储新产品“溥元611”向全球发布……144
宁淮挂钩合作……144
概况……144
南北园区共建……144
民生合作……144
粮食合作……144
科教合作……144
宁淮特别合作区建设……145
南京高新技术产业开发区洪泽工业园……145
南京经济技术开发区涟水工业园……145
淮安市与铁岭市合作……145
概况……145
互访交流……145
农业合作协议签订……145
商贸会展合作……145
重点合作项目建设……146
支持铁岭市灾后重建……146
援疆工作……146
概况……146
交流交往……146

项目建设……146
脱贫攻坚……146
产业援疆促进就业……146
智力援疆……146

公共服务

科　技……149
综　述……149
概况……149
科技成果……149
科技奖励……149
科技人才……149
科技扶贫……149
双创载体……149
基础研究计划……149
工业科技……150
概况……150
服务科技企业……150
“鑫智力杯”创新创业科技企业评选活动……150
第四届企业科技创新大赛暨第九届大学生科技创业大赛……150
苏盐井神院士工作站获批……150
农业科技……150
概况……150
农业科技“三下乡”活动……150
第二家省级农业产业技术创新战略联盟获批……150
新增3家省级农业科技型企业……150
淮安市农业科学研究院……150
科技创新体系建设……151
概况……151
科技创新载体……151
大型仪器平台建设……151
技术产权交易市场……151
产学研合作……152
概况……152
产学研创新载体……152
国际农业技术项目交流活动……152
智能机器人联合实验室挂牌……152
全国大众创业万众创新活动周……152
科技副总企业产学研合作项目……152
气象服务……152
气象监测、预报、预警服务……152
气象为农服务……152
生态文明气象服务……152
气象现代化建设……153
气象科技创新……153
气象科普宣传……153
防雷管理……153
教　育……153
综　述……153
概况……153
教师队伍……153
社区教育……153
集团化办学……153
教育现代化建设……153
“一师一优课、一课一名师”活动……154
首期优秀中青年校(园)长培育对象结业……154
学前教育……154
概况……154
淮安市学前教育专业委员会成立……154
淮安市学前教育“乡村教育”系列活动启动……154
义务教育……154
概况……154
中小学办学行为规范……154
第五届苏台基础教育发展论坛……154
“我和我的祖国”征文活动……154
首届青少年法治宣传教育周……154
关天培小学学生参与国内首次航天育种试验……154
高中教育……154
概况……154
普通高中资源建设……155
非四星级普通高中联盟成立……155
北师大淮安校区开始招生……155
江苏省淮阴中学……155
职业教育……155
概况……155
职业技能大赛……155
4学校入围省中职学校领航计划建设单位……155
2019年淮安市职业教育活动周……156
江苏省淮安技师学院……156
江苏省淮阴商业学校……156
淮安市高级职业技术学校……157
淮安生物工程高等职业学校……157
淮安文化艺术学校……158
高等教育……158
概况……158
全国首家“台创学院”在淮阴工学院成立……159
淮安信息职业技术学院入选高等职业院校双50强……159
1个专业群入选中国特色高水平高职学校和专业建设

计划 ……………………………………159
南京林业大学淮安校区……………………159
淮阴师范学院………………………………159
淮阴工学院…………………………………160
淮安信息职业技术学院……………………161
江苏食品药品职业技术学院………………162
江苏财经职业技术学院……………………162
江苏护理职业学院…………………………163

文　化……………………………………163

综　述……………………………………163

概况…………………………………………163
大运河文化路演活动………………………163
3作品入选第十二届中国艺术节全国优秀作品展 ……………………………………163
《烽火淮安》获“2019年第一季度优秀国产纪录片” ………………………………164
市图书馆举办“信仰的力量——中国共产党人的初心”主题展……………………………164
举办“版画中国·版画艺术在民间”全国系列巡展（淮安站） ……………………………164
网络视听节目被省广电局表彰为“十佳”节目 …164
全省公共图书馆业务竞赛成绩优秀………164

文化艺术生产……………………………164

剧目创作……………………………………164
书画美术……………………………………164
戏曲推广……………………………………164
文艺队伍建设………………………………164

群众文化…………………………………165

概况…………………………………………165
群文活动……………………………………165
公共文化设施建设…………………………165
数字图书馆建设……………………………165
“淮剧演出周”文化惠民活动 ……………165
淮安“文津书房”对外开放 ………………165

文化产业…………………………………165

文化产业项目………………………………165
文创产品开发………………………………166
文化产业平台搭建…………………………166
市文化产业智库成立………………………166

文化市场管理……………………………166

概况…………………………………………166
“BT天堂”案获评全国打击侵权盗版十大案件 …166
文化市场执法工作受国家级表彰…………166

非物质文化遗产保护……………………166

概况…………………………………………166
“非遗”传播交流 …………………………166
“非遗”记录保存 …………………………167
“非遗”保护传承体系 ……………………167
非遗项目向上争取…………………………167
第二届中国（淮安）大运河文化带城市非遗展 …167

文物保护与管理…………………………167

概况…………………………………………167
运河遗产保护………………………………167
文物保护项目………………………………167
文博场馆建设………………………………167
文物安全……………………………………167
文物保护宣传………………………………168
新增3处全国重点文物保护单位 …………168
新增11处省级文物保护单位 ……………168
3县区列入首批革命文物保护利用片区 …168

博物馆·纪念馆…………………………168

概况…………………………………………168
陈列展览……………………………………168
社教活动……………………………………168
学术研究……………………………………168
社会服务……………………………………168
淮安首家民办公助私人博物馆开馆………168

广播电视…………………………………168

概况…………………………………………168
淮安市广播电视台（集团） ………………168

报　刊……………………………………169

概况…………………………………………169
《淮安日报》………………………………169
《淮海晚报》………………………………169

网　站……………………………………170

概况…………………………………………170
淮安市人民政府网…………………………170
淮安视听网…………………………………170
淮安新闻网…………………………………170

移动新媒体………………………………170

概况…………………………………………170
无线淮安移动客户端………………………170

档案工作…………………………………170

概况…………………………………………170
档案资源建设………………………………171
档案信息化建设……………………………171
档案服务……………………………………171
档案安全……………………………………171
档案编研……………………………………171
档案宣传……………………………………171
档案征集……………………………………172
档案队伍建设………………………………172

地方志工作……172
市、县（区）志编修……172
年鉴编纂……172
专业志、特色志编纂……172
地情资料编写……172
地情公共文化服务……172
大运河文化研究……172
信息化建设……172

卫生健康……172

综　述……172
概况……172
健康淮安建设……173
卫生健康体制改革……173
疾病控制……173
基层卫生……173
妇幼健康……173
爱国卫生……173
中医中药……174
卫生科技人才……174
淮河生态经济带卫生健康联盟在淮安成立……174
两省级医学、诊疗中心苏北分中心成立……174
长三角区域疾控机构卫生应急联合演练……174
洪泽湖医养融合体建设项目建设……174
成果被列入最新“中国食管癌治疗指南”……174
全市首家网络医院正式挂牌……174
计生服务……175
全面两孩政策实施……175
提升家庭发展能力……175
计划生育协会组织……175
卫生监督……175
卫生行政许可……175
食品安全标准管理……175
学校卫生监管……175
公共场所卫生监管……175
生活饮用水卫生监管……175
职业卫生及放射卫生监管……175
传染病防治及消毒产品卫生监管……175
疫苗与预防接种专项整治……175
医疗机构卫生监管……176
医疗质量卫生监管……176
卫生保障与应急处置……176
卫生执法稽查考核……176
卫生监督“双随机”……176
餐饮具集中消毒……176
卫生监督信用建设……176
淮安市起草的国家标准正式实施……176
疾病预防控制……176
概况……176
传染病疫情报告与管理……176
急性传染病防治……177
免疫规划……177
艾滋病防治……177
结核病防治……177
慢性非传染性疾病防治……177
寄生虫病地方病防治……178
消毒与媒介生物防治……178
健康教育……178
卫生检验……178
医疗机构……178
概况……178
淮安市第一人民医院……178
淮安市第二人民医院……180
淮安市第三人民医院……180
淮安市第四人民医院……181
淮安市中医院……182
淮安市妇幼保健院……182
淮安市第一人民医院一分院（淮安市耳鼻咽喉医院）……183

体　育……184

综　述……184
概况……184
教体融合……184
洪泽区建成全省首个高架下体育公园……184
群众体育……184
公共体育设施建设……184
体育社会组织……185
全民健身活动……185
全民健身赛事……185
群众体育指导……185
市第十二届万人自行车骑行活动……185
市第一届民俗运动会……185
竞技体育……185
概况……185
2019年中国龙舟赛（淮安站）……186
淮安掼蛋参展全国智力运动博览会……186
王岩获军运会射箭项目男团金牌……186
王琦破全国纪录……186
2019年全国青少年国防体育大赛在淮安举行……186
体育产业……186
概况……186
淮安市第三届体育产业博览会……186

公共管理

经济事务管理 …… 189

综 述 …… 189

概况 …… 189
重大项目建设 …… 189
供给侧结构性改革 …… 189
乡村振兴战略实施 …… 189
服务业特色产业发展 …… 189

财 政 …… 189

概况 …… 189
支持“三大攻坚战” …… 189
支持实体经济 …… 189
推动立体交通体系构建 …… 189
推进城乡融合发展 …… 190
支持民生保障 …… 190
财政改革 …… 190
表31 2018年淮安市财政收支情况表 …… 190
首张医疗电子票据开出 …… 191

税 务 …… 191

概况 …… 191
税费减降 …… 191
税务服务 …… 191
规范执法 …… 191
税种管理 …… 191
税务文化建设 …… 191
推进33个部门涉税信息共享 …… 191

国有资产管理 …… 192

概况 …… 192
国资国企改革 …… 192
国有产权监管 …… 192
企业财务监管 …… 192
经营业绩考核 …… 192

市场监督管理 …… 192

概况 …… 192
商事制度改革 …… 192
价格检查 …… 193
质量提升 …… 193
标准引领 …… 193
认证认可 …… 193
计量工作 …… 193
日常监管 …… 193
市场监管执法 …… 194
知识产权 …… 195
表32 2019年淮安市地理标志商标汇总表 …… 195
小微及民营经济扶持 …… 198
第二届中国（淮安）国际食品安全高端峰会 …… 198

审 计 …… 198

概况 …… 198
国家重大政策措施落实情况跟踪审计 …… 199
财政审计 …… 199
经济责任审计 …… 199
固定资产投资审计 …… 199
民生资金（项目）审计 …… 199
农业与资源环保审计 …… 199
企业审计 …… 200
地理信息技术提高审计效率 …… 200

统 计 …… 200

概况 …… 200
统计管理体制改革 …… 200
统计方法与制度创新 …… 200
统计监测 …… 200
依法治统 …… 201
第四次全国经济普查 …… 201
统计信息化建设 …… 201
统计服务 …… 201

海 关 …… 201

概况 …… 201
综合保税区 …… 202
口岸把关 …… 202
打击走私 …… 202
服务地方经济 …… 202
助力“一带一路” …… 202
改革创新 …… 202

社会事务管理 …… 203

民 政 …… 203

概况 …… 203
基层社区治理 …… 203
社会工作和志愿服务 …… 203
社会组织管理 …… 203
慈善事业 …… 203
地名和界线管理 …… 204
殡葬管理 …… 204
婚姻登记 …… 204
慈善总会成立20周年 …… 204
“关爱邮路”入选民政部优秀案例 …… 204
李银江获民政部“孺子牛奖” …… 205

退役军人事务 …… 205

概况 …… 205
退役军人事务机构建设 …… 205
双拥项目 …… 205

老兵调解工作室……205
拥军优属工作十六条出台……205
民族宗教事务……205
概况……205
民族团结进步创建……205
民宗事务管理……205
民宗领域安全管理……206
两村入选中国少数民族特色村寨……206
省蹴球比赛在淮安举行……206
社会信用体系建设……206
概况……206
信用制度体系建设……206
信用平台建设……207
社会信用建设宣传……207
信用惠民……207
失信治理……207
诚信政府……207
安全管理……207
应急管理……207
概况……207
应急保障……207
应急管理机制……208
救灾和物资保障……208
信息化建设……208
市应急管理局成立……208
应急管理知识竞赛……208
防汛防旱防台……208
概况……208
雨情……209
表33 2019年3—9月淮安市累计降雨量与多年平均、典型干旱年比较表……209
水情……209
灾情……209
防汛物资人员储备……209
旱情应对……210
抗击台风……210
防震减灾……210
概况……210
地震监测台网建设……210
地震应急演练……210
活动断层探测与地震危险性评价……210
周恩来防震减灾科普馆建设……211
地震烈度速报与预警系统……211
防灾减灾宣传……211
消防救援……211
概况……211
消防救援能力提升……211
综合保障体系建设……211
消防安全管理……211
安全生产……211
概况……211
安全生产执法……212
安全生产巡查……212
安全生产大检查……212
专项整治……212
危化品治理……212
较大事故……212
《淮安市高处作业安全管理规定》发布……212
市场安全监管……212
概况……212
食品药品安全检查……213
食品安全"逢十行动"……213
小餐饮规范提升工程……213
药品专项整治……213
疫苗专项检查……213
化妆品风险排查处置……213
特种设备安全管理……213
重点领域监管……214
公共卫生安全……214
概况……214
职业卫生……214
放射卫生……214
食品卫生……214
环境卫生……214
学校卫生……214
交通安全……214
概况……214
违章违法处置……214
安全管理……214
人民防空……215
概况……215
人防演练……215
《淮安市人防工程建设规划（2018—2035）》编制……215
市民防馆建成对外开放……215
社会保障……215
社会保险……215
概况……215
企业职工养老保险……216
机关事业单位养老保险……216
城乡居民养老保险……216
工伤保险……216

失业保险……216
退休人员管理服务……216
便民服务……216
医疗保障……216
概况……216
淮安市医疗保障局成立……217
城乡居民医疗保险……217
基金监督管理……217
医保精准扶贫……217
异地就医……217
便民服务……217
改革试点……217
高值医用耗材集中采购……217
社会扶助……218
概况……218
城乡低保和特困人员供养……218
过节费和物价补贴……218
流浪乞讨人员救助……218
职工普惠救助……218
社会福利……218
老龄福利……218
儿童福利……219
残疾人福利……219
农村扶贫开发……219
住房公积金……219
概况……219
缴存基数……219
住房公积金账户结息……220
公积金管理……220
住房公积金贷款及提取……220
便民服务……220
保障性住房建设……220
概况……220
共有产权房……220
房屋征收及棚户区改造……220
住房保障标准……220

法治 军事

法　治……223
地方立法……223
概况……223
《淮安市住宅物业管理条例》获批……223
政法委及综治……223
概况……223
扫黑除恶专项斗争……223
网格化社会治理……223
社会矛盾纠纷排查化解……223
政法惠民……223
政法领域改革……223
智慧政法建设……223
法治政府建设……224
概况……224
行政复议……224
行政应诉……224
法治政府建设督察……224
行政执法监督……224
规章制定修改……224
市政府规范性文件清理……225
行政规范性文件备案管理……225
政府法律顾问工作……225
公　安……225
概况……225
打击犯罪……225
治安防控……225
智慧警务……226
安全监管……226
执法规范化建设……226
禁毒工作……226
人口户籍管理……226
出入境管理……226
大型活动安保……227
场所行业管理……227
检　察……227
概况……227
刑事检察……227
民事行政检察……227
职务犯罪检察……227
未成年人犯罪检察……227
民事行政检查监督……228
诉讼工作……228
服务经济社会发展……228
检察改革……228
法　院……228
概况……228
刑事审判……228
民商事审判……228
行政审判……229
环境资源审判……229
未成年人及家事审判……229

案件执行……230
矛盾纠纷化解……230
司法体制改革……230
“法润民企6+1”行动……230
“两个一站式”建设……230
案件繁简分流改革……230
司法行政……231
概况……231
人民调解……231
医患纠纷调处……231
司法公证……231
法律援助……231
司法鉴定……231
特殊人群服务管理……231
律师管理……232
机构改革……232
法治宣传教育……232
指挥中心建设……232
法律职业资格考试全面计算机化……232
仲　裁……232
概况……232
案件仲裁……232
仲裁制度建设……232
军　事……232
淮安军分区……232
概况……232
党管武装工作……234
“淮动—2019”国动演习……234
市专武部长培训做法经验获省军区转发……234
军地合力解决军人“三后一安”问题……235
全国青少年国防体育大赛保障……235
三项措施突出大学生预征……235
结合乡镇布局加强专武干部建设……235
武警淮安支队……236
概况……236
思想政治建设……236
执勤战备工作……236
基层建设……236
后勤工作……236

地方组织机构

中共淮安市委员会……239
重要会议……239
中共淮安市委七届九次全会……239
中共淮安市第七次代表大会第四次会议……239
组织工作……240
概况……240
基层党组织……240
市管干部……240
“不忘初心、牢记使命”主题教育……240
领导班子和干部队伍建设……240
干部轮岗交流……240
公务员管理……241
基层党建……241
村及社区干部队伍建设……241
恩来干部学院列入全国干部党性教育基地……241
宣传工作……242
理论学习宣传……242
中华人民共和国成立70周年宣传……242
对外宣传……242
网络宣传……243
媒体融合……243
文明城市创建……243
新时代文明实践中心建设……243
群众性精神文明建设……243
网络空间治理……243
统战工作……243
概况……243
思想建设……243
政党协商……244
非公有经济领域统战……244
新的社会阶层人士统战……244
民族宗教统战……244
港澳及海外统战……244
营商环境建设……244
市委营商办挂牌成立……244
营商环境联动共治体系……244
机关作风效能建设……245
“101%服务流动红旗”优质服务竞赛……245
企业群众诉求受理解决……245
《营商环境101》电台节目开播……245
《惠企直播间》互动节目……245
“永远在线”政企服务平台……245
市级机关党建……245
概况……245
思想政治建设……245
基层组织建设……245
党风廉政建设……246
党建责任建设……246
服务中心工作……246

对台工作……246
概况……246
台资高地建设……246
淮台交流联系……246
全国首家台创学院成立……247
海峡两岸美食达人交流年……247
海峡两岸大学生运河文化体验营……247
2019年苏台（淮安）青年菁英峰会……247
海峡两岸食品加工技能大赛……247
老干部工作……247
概况……247
老干部待遇保障……247
离退休干部党支部建设……247
老干部作用发挥……248
老干部学习……248
文体活动……248
老干部居家养老超市服务……248
党校工作……248
概况……248
培训学习……248
教学科研……248
党史工作……248
党史资源开发利用……248
“铿锵足迹·永恒初心——党的纪律建设历程”主题展……248
《壮丽七十年 奋斗新时代》系列专题片……248
淮安市人民代表大会……249
综　述……249
概况……249
主要工作……249
重要会议……249
市八届人大三次会议……249
市人大常委会会议……249
市人大常委会主任会议……250
人大监督……252
经济运行监督……252
民生工作监督……252
生态环保工作监督……253
预算审查监督……253
监察司法工作监督……253
代表工作……253
代表主题活动……253
代表履职渠道拓展……253
代表履职管理创新……253
代表建议办理……254
立法工作……254
淮安市人民政府……254
重要会议……254
市政府常务会议……254
市政府专题会议……255
市长办公会议……255
施政要点……256
概况……256
经济运行……256
改革开放……256
城乡建设……256
民生保障……256
作风建设……256
十件民生实事……257
概况……257
提标改造老旧小区环境……257
治理城市黑臭水体……257
保障高层住宅小区饮用水安全……257
提高城乡群众生活保障水平……257
让更多孩子入好园上好学……257
综合防治出生缺陷和加强公共急救知识及技能培训……257
方便城乡群众公共出行……258
提升小餐饮店环境……258
帮助残疾人就业脱贫……258
丰富城乡群众文化体育生活……258
政务服务……259
概况……259
行政审批制度改革……259
市县镇村一体化审批服务……259
政务服务“一张网”运行……259
工程建设项目审批制度改革……260
“企业开办”集成服务……260
公共资源交易……260
“12345”政府热线服务……260
联合图审……260
重大项目帮代办……261
中介超市……261
机关事务管理……261
办公用房管理……261
公共用车管理……261
公共机构节能管理……261
人力资源……261
概况……261
人才引进……261
事业单位人才管理……262
专家和专技人才培养服务……262

技能人才培养……262
人事考试……262
机构编制管理……262
市级机构改革……262
乡镇管理体制改革……262
承担行政职能事业单位改革……262
相对集中行政许可权改革……262
综合行政执法改革……262
部门权责清单管理……263
信访工作……263
概况……263
信访信息化建设……263
信访评议庭打造……263
服务窗口标化打造……263
全国首个信访文史馆建成……263
外事 侨务 港澳事务……263
外事……263
侨务……263
港澳事务……264
政协淮安市委员会……264
综 述……264
概况……264
交流接待……264
重要会议……265
主席会议……265
常委会议……266
八届三次全委会议……266
市委政协工作会议……266
参政议政……266
政治协商……266
民主监督……267
咨政建言……267
提案办理……267
合作共事……267
文史研究与宣传……267
基层协商平台建设……267
纪检监察……267
概况……267
护航“三大攻坚战”……267
夯实“两个责任”……268
维护民利……268
作风建设……268
政治巡察……268
监督首责……268
反腐肃贪……268
民主党派 工商联……269
中国国民党革命委员会淮安市委员会……269
概况……269
参政议政……269
社情民意信息……269
主题教育活动……269
社会服务……269
中山博爱之家……270
中国民主同盟淮安市委员会……270
概况……270
参政议政……270
社情民意信息……270
主题教育活动……270
社会服务……271
中国民主建国会淮安市委员会……271
概况……271
参政议政……271
社情民意信息……271
主题教育活动……272
社会服务……272
中国民主促进会淮安市委员会……272
概况……272
参政议政……272
社情民意信息……272
主题教育……272
社会服务……272
中国农工民主党淮安市委员会……272
概况……272
参政议政……273
社情民意信息……273
社会服务……273
九三学社淮安市委员会……273
概况……273
参政议政……273
社情民意信息……273
社会服务……273
庆祝九三学社淮安市委成立35周年……274
淮安市工商业联合会……274
概况……274
服务淮安经济……274
参政议政……274
教育培训……274
光彩事业……275
群众团体……275
淮安市总工会……275
概况……275
劳动技能竞赛……275

先进典型培树……275
劳模关爱……275
产业工人队伍建设改革……275
职工文体活动……276
职工权益维护……276
工会劳动保护……276
工会组建……276
女职工素质提升行动……276
女职工关爱行动……276
快递行业集体协商……276
共青团淮安市委员会……277
概况……277
青年思想引领……277
助力淮安发展……277
服务青年和社会……277
淮安市妇女联合会……278
概况……278
妇女创业就业……278
家庭文明建设……278
妇女儿童维权……278
妇女儿童实事……279
淮安市科学技术协会……279
社会科普……279
基层组织建设……279
服务科技工作者……279
海外人才离岸双创(淮安)基地创建……279
“院士专家进百企”活动……279
软课题评选和自然科学学术月活动……279
淮安市社会科学界联合会……279
社科普及宣传……279
地方文化传承普及……280
理论学习研究……280
服务决策咨询……280
社科普及示范基地建设……280
淮安市文学艺术界联合会……280
概况……280
组织建设……280
文艺作品创作……280
文艺创新……281
文艺采风创作……281
文艺研究成果……281
文艺作品展览……281
文艺惠民……281
文艺讲坛……282
文艺交流……282
淮安市归国华侨联合会……282
概况……282
招财引智……282
侨益维护……282
基层组织建设……283
“中国寻根之旅”江苏淮安夏令营……283
淮安市台湾同胞联谊会……283
概况……283
台胞联谊服务……283
沟通交流……283
淮安市残疾人联合会……283
概况……283
残疾人就业……283
残疾人康复……284
残疾人文体活动……284
助残志愿活动……284
淮安市红十字会……284
概况……284
造血干细胞捐献……284
遗体、器官捐献……284
养老照护……284
无偿献血……284
志愿服务……284
红十字宣传……284
高校“博爱青春”暑期志愿项目……285
地方组织机构负责人名录……285

县区概况

清江浦区……295
基本情况……295
地方经济……295
社会事业……295
清江浦获评全国新双百区……296
食博中心建成并交付使用……296
首届优质农产品展销嘉年华……296
淮安区……297
基本情况……297
地方经济……297
社会事业……298
创成省幸福家庭建设示范区……298
348省道阜宁至盐徐高速(车桥互通)连接线工程通过交工验收……299
首届全国青少年国防体育大赛……299
淮阴区……299

基本情况……299
地方经济……299
社会事业……300
中岩集团淮阴区装配式建筑项目签约……300
高新区宁淮电子产业园全面建成……300
新四军刘老庄连纪念园入选首批省党史教育基地……301
洪泽区……301
基本情况……301
地方经济……301
社会事业……302
2019中国洪泽湖国际大闸蟹节……302
首届洪泽湖文化旅游博览会……302
涟水县……302
基本情况……302
地方经济……303
社会事业……303
涟水获“世界美酒特色产区”称号……304
国家级紧密型医疗卫生共同体建设试点……304
高沟老窖池群入选江苏省文物保护单位……304
盱眙县……304
基本情况……304
地方经济……305
社会事业……305
第二届中国·天泉湖天文高端论坛……306
《黄花塘往事》电影上映……306
江苏省宁淮特别合作区揭牌……306
金湖县……306
地方经济……306
社会事业……307
淮安金湖国际半程马拉松赛……308
三河渡大桥建成通车……308
环太湖国际公路自行车赛……308
获评首批省全域旅游示范区……308

人 物

领导人物……311
中共淮安市委常委会成员……311
淮安市人大常委会副主任……313
淮安市人民政府副市长、党组成员……314
淮安市政协主席、副主席、党组成员……316
淮安市中级人民法院院长……318
淮安市人民检察院检察长……318
模范人物……318
全国“五一”劳动奖章获得者……318
“孺子牛奖”获得者……319
全国模范退役军人……319
全国民族团结进步模范个人……320
全国法院办案标兵……320
全国自强模范……320
逝世人物……320

附 录

文 献……321
聚焦决胜之年 打赢收官之战高水平全面建成小康社会……321
淮安市政府工作报告……327
2019年淮安市重要文件目录……334
年度经济人物 优秀项目……334
2019淮安年度经济人物……334
2019淮安年度经济人物提名奖……335
2019年度全市创新创优优秀项目……335
统计分析资料……336
淮安市2019年国民经济和社会发展统计公报……336
表34 2015—2019年淮安市经济和社会发展主要指标……339
淮安市2019年规模以上工业能源消费和生产情况简析……341
表35 2019年六大高耗能行业综合能源消费情况一览表……342
新中国成立70年淮安农村经济发展综析……343
新中国成立70年淮安社会服务发展分析……344
表36 1978—2018年淮安市交通运输邮电情况表……345
表37 1978—2018年淮安市教育情况表……346
表38 1949—2018年淮安市卫生情况表……348
新中国成立70年淮安贸易发展分析……350
新中国成立70年淮安投资发展分析……352
新中国成立70年淮安能源发展分析……353
表39 2011—2018年淮安市发电情况……354

索 引

A—Z……389

CATALOGUE

Features 1

General Survey of Huai'an 15
Geography 15
Resource 15
Climate 15
History 17
Culture 17
Districts Division 19
Population 19
Symbolic Scenic Spot 20
Huaian Delicacies 24
Economy and Social Development 25

Memorabilia 27

Ecological Home 37
Land Management 38
Water Management 39
Forestry and Wetland Management 43
Geology and Mineral Management 45
Environmental Quality 46
Environment Protection 48
Landscaping 50

Infrastructure Projects 49
Urban and Rural Construction 53
Traffic 65
Water Conservancy 72

Economic Development 79
Agriculture 79
Industry and Construction 85
Trade and Logistic 97
Finance 104
Tourism 116
Information Services 126
Open Economy 129
Economic Development Zone 132
Regional Cooperation 141

Public Service 149
Science and Technology 149
Education 153
Culture 163
Health care and Sanitation 172
Sports 184

Public Management 189
Economic Management 189
Social Affairs Management 203
Security Management 207
People's Air Defense 215
Social Security 215

Nomocracy Military 223
Rule of Law 223
Military Affairs 232

Local Organizations 239
The Communist Party of China Huaian Committee 239
The People's Congress of Huaian City 249
The People's Government of Huaian City 254
The People's Political Consultation Conference of Huaian City 264
Discipline Inspection and Supervision 267
Democratic Parties and Federations of Industry and Commerce 269
Social Organizations 275
Leaders of the Municipal Organizations 285

County and district 295
Qingjiangpu District 295
Huai'an District 297
Huaiyin District 299
Hongze District 301
Lianshui County 302
Xuyi County 304
Jinhu County 306

Figures 311
Leaders 311
Models 318
Deceased Personage 320

Appendix 322

Index 389

2019淮安年度汉字——“高”

【概况】 淮安市委书记蔡丽新在选择2019年度汉字时用了个“高”字，她列出三个和“高”字相关的淮安市关键词。第一个是“高铁”，徐宿淮盐铁路、连淮扬镇铁路连淮段高铁开通，圆了淮安老百姓的高铁梦。第二个关键词是“高架”，淮安单体工程量投资最大的内环高架正式通车。第三个关键词是“高光时刻”，在新中国成立70周年之际，中央广播电视总台的中秋晚会在淮安举办，淮安迎来高光时刻。另外，淮安市继续举办中国（淮安）国际食品博览会。

【淮安迈进高铁时代】 2019年12月16日，徐宿淮盐和连淮高铁建成通车，高铁淮安东站同步投入使用，淮安迈进高铁时代。2005年，淮安市首次提出修建淮连铁路的设想。2007年，淮扬镇铁路列入《江苏省“十一五”——2020年铁路建设及发展规划》。2008年，淮安市提出将连淮铁路与淮扬镇铁路连线合并建设的设想；2010年，原铁道部同意合并建设。2013年8月21日，连淮扬镇铁路项目获得国家发展改革委正式立项。在省、市合力推动下，铁路总公司于2014年6月同意同步建设连淮扬镇和徐宿淮盐铁路，两条铁路在淮安市形成十字交叉的方案最终落实。2014年9月30日，项目可研报告获国家发展改革委批复。徐宿淮盐铁路项目从立项到可研获批、初步设计通过审查，仅用短短半年时间，与原计划相比提前2年。2014年12月26日，连淮扬镇铁路五峰山长江特大桥北岸引桥工程开工。2017年5月17日，淮安市政府与苏北铁路建设指挥部签订徐宿淮盐铁路淮安段征地拆迁包干协议，成为全省第一个与铁路方签订征地拆迁包干协议的地级市。2019年9月16日，新建徐州至淮安至盐城铁路、连镇铁路董集至淮安段正式开始联调联试。

高铁开通

2019年12月16日，列车在盐城到徐州和连云港通过淮安至徐州这个区间运行。12月30日零时，徐盐铁路、连镇铁路正式接入国家铁路网，淮安可直达北京、兰州、成都、重庆、贵阳、青岛等多个城市。徐盐高铁安排开行列车28对，其中增开23对，连镇高铁连淮段安排开行列车11对，其中增开8对。淮安地区开通徐盐线经徐州东上京沪线到北京的列车，经徐州东接入郑徐高铁，开行西北、华中、西南等地区的列车；经连镇线连接青盐铁路，开行日照、青岛方向列车。淮安东开行始发经徐州东至南京、上海、杭州、黄山等方向列车。徐宿淮盐铁路全长314公里，连淮扬镇铁路全长305公里，两条铁路设计时速均为250公里每小时。再加上宁淮铁路，以及远期规划的蚌盐铁路、新长复线电气化改造等项目，在淮安将形成多条铁路交会的区域铁路枢纽，实现“321”目标，即3个多小时到北京、2个多小时到上海、1个小时左右到南京的通达目标。

5月23日，淮安高铁东站完成封顶　　陈丹燕　供图

【淮安市内环高架通车】 12月15日上午，历时三年多建设，全长48公里的淮安市快速路一期工程——内环高架全线通车，这标志着淮安中心城市正式进入立体交通时代。市区内环高

高架通车

内环高架八亭桥立交水幕投影　　陈丹燕　供图

架工程是改善城市出行条件、提高市民生活质量、提升城市功能品位的重大民生工程，也是淮安市投资规模最大、涉及面最广、施工难度最高的超级工程。2016年10月26日，内环高架工程先导段开工。2017年3月，工程全面开工。2019年12月15日，内环高架一期工程正式建成通车。

淮安市快速路一期工程(内环高架)由“一环、两射、一联”组成，沿黄河路、西安路、延安路、迎宾大道、宁连路和国道233等6条道路布设，总里程48公里(含高铁商务区)，总投资165亿元。“一环”由黄河路(西安路—宁连路段)、西安路(黄河路—延安路段)、延安路—迎宾大道(西安路—宁连路段)、宁连路(黄河路—迎宾大道段)构成；“两射”由西安路南延(至宿淮盐高速淮安南入口)和迎宾大道(至京沪高速淮安开发区入口)构成；“一联”是指237省道(至高铁站)。主路采用城市快速路标准，设计时速为80公里，全线高架，不设红绿灯；辅路采用城市主干路标准。全线设置6个大型互通、37对上下匝道、2条进出高铁站匝道、1座双层钢拱桥、1处高铁站落客平台，2次跨越新长铁路，相交城市道路106条。作为淮安市快速路总体规划“双环九射一联”快速路网格局重要组成部分，内环高架实现淮安市区任意节点10分钟上快速路，20分钟上高速，30分钟内与高铁站等重要节点快速通达。

【2019年中央广电总台中秋晚会在淮安举办】 9月13日晚，“缘聚淮安 幸福平安”——2019年中央广播电视总台中秋晚会在淮安市举办。中央电视台综合、综艺和中文国际频道中秋晚会总收视率4.89%，高于上年的3.73%，收看晚会的总体观众规模达1.87亿人次。江苏省委书记娄勤俭，省委常委、宣传部部长王燕文，中央广电总台国广分党组副书记、副台长胡邦胜等现场8000多名观众观看演出。

中秋晚会

2019年是中华人民共和国成立70周年，澳门回归20周年，“家国情怀”是晚会主题。晚会分为《花月圆》《山河恋》《共婵娟》三个篇章，两个小时的演出中，歌曲、情景歌舞、乐器演奏等艺术形式精彩呈现，伟人故里、运河之都、文脉之地、美食之乡等淮安元素深度融合，整场“月光盛宴”高潮迭起、精彩纷呈。晚会在《圆梦复兴》歌曲组合中徐徐落下帷幕。晚会实况在中央广电总台综合频道、综艺频道、中文国际频道同步现场直播，全球华人通过电视和网络一睹淮安风采，品味淮安味道。

【第二届中国(淮安)国际食品博览会】 5月9—12日，第二届中国(淮安)国际食品博览会(简称“第二届食博会”)在淮安国际食品博览中心举行。4天时间里，456家境内外企业参展，其中世界500强、全球百强食品企业30家，境内百强食品企业40家；1万多名专业采购商现场采购洽谈。15.9万人次现场参观，1.3亿人次通过直播平台线上观看；各类参展商、采购商现场开展贸易洽谈合作2.76万人次，达成合作意向4200多个，重点参展商通过互联网平台达成线上合作意向1800多个，线上线下意向合作金额52.6亿元。第二届食博会设置主题展览、专题会议、美食博览三大板块，其中主题展览面积近3万平方米，设境外食品馆、境内食品馆、网红食品馆、江苏食品馆(淮安特产馆)、中外名酒馆、美食风情馆六大展馆1390个国际标准展位。新设运河与美食创意城市国际峰会、国际食品安全高端峰会、“淮扬菜名店”评选、“淮安十碗好面”大赛、淮扬菜家庭厨艺大赛、运河及淮河沿线城市非遗菜品技艺展演等系列活动。组织高端峰会、产销对接、投资推介、美食论坛、健康讲座等近20场专项活动。运河与美食创意城市国际峰会发表美食创意文化发展《淮安宣言》，推动淮安申创“世界美食之都”、加快淮扬菜国际化步伐；国际食品安全高端峰会围绕“品质食品，安全共享”主题，形成食品产业发展和安全治理“淮安共识”。

食博会

展会期间，组委会邀请12家中央级媒体、15家海外华文媒体、13家江苏省级媒体、9家全国晚报联盟媒体，以及新浪、腾讯、今日头条、百度4家社交媒体，组织淮安市内媒体，通过系列报道、图文专版、视频连线、网红直播等形式，全方位、立体化宣传食博会，累计发稿2360多篇次，其中整版报道140多个。中央电视台连续3天在《新闻直播间》《东方时空》《晚间新闻》节目中播出食博会盛况，《新华日报》头版头条刊发通讯《淮安端出另一道“淮扬菜”》。大数据统计显示，实时在线观看食博会视频直播1.3亿人次，食博会微话题阅读量1.27亿人次，话题连续4天位居全国政务榜榜单第一名，宣传片短视频观看量8744万人次，视频直播、专题报道传播覆盖超过4亿人次，参展品牌现场直播曝光率100%。　(周　鉴)

“一区两带一枢纽”建设

【概况】 2019年，淮安市继续坚持稳中求进总基调，按照高质量发展要求，以供给侧结构性改革为主线，以生态优先、绿色发展为方向，统筹推进“一区两带一枢纽”建设。“一区两带一枢纽”即：江淮生态经济区、淮河生态经济带、大运河文化带、航空货运枢纽。“一区两带一枢纽”建设为淮安高质量发展注入新活力，拓展新空间。

【江淮生态经济区】 江淮生态经济区是江苏省“1+3”功能区战略（扬子江城市群、沿海经济带、江淮生态经济区、徐州淮海经济区中心城市）重要组成部分，包括洪泽湖流域的淮安和宿迁全域以及里下河地区的高邮、宝应、兴化、建湖、阜宁5个县（市）域。2017年9月15日，江淮生态经济区建设现场推进会在淮安市召开。时任省委书记李强指出，在江苏省实施“1+3”重点功能区战略中，江淮生态经济区具有独特的地位和作用，必须以生态为前提和底色，做足生态文章，彰显生态优势，更好地优化发展路径和模式，在吸引优质资源、高端要素上下功夫，把这方水土建成生活美好、令人向往的地方。

江淮生态经济区是江苏省地理位置上较为中心的区域，是扬子江城市群、沿海经济带、徐州淮海经济区中心城市的共同腹地和后花园，这一区域生态资源最集中，土地开发强度最低，在探索生态优先、绿色发展路子上有一定基础，经济社会发展也取得长足进展，但发展不够充分、增长不可持续、群众不够富裕的问题仍然存在，要实现更高水平的发展，重现这一区域在全省乃至全国发展版图中的历史辉煌，必须在生态上做足文章。

【淮河生态经济带】 淮河生态经济带是指淮河干流及一级支流沿线、经济联系较为密切、以生态经济为重点的带状区域，包括江苏、山东、安徽、河南4省的25个市1个县，其中江苏省7个市：淮安市、盐城市、宿迁市、徐州市、连云港市、扬州市、泰州市；山东省4个市：枣庄市、济宁市、临沂市、菏泽市；安徽省8个市：蚌埠市、淮南市、阜阳市、六安市、亳州市、宿州市、淮北市、滁州市；河南省6个市1个县：信阳市、驻马店市、周口市、漯河市、商丘市、平顶山市、南阳市桐柏县。规划面积24.9万平方公里。2018年10月，国务院批复《淮河生态经济带发展规划》（以下简称《规划》），标志着淮河生态经济带正式上升为国家战略。2019年，作为首提首推市，淮安市围绕《规划》加强谋划、认真细化，把完善规划实施的协调机制作为抓落实的“关键点”，把推进城市合作作为抓落实的“动力点”，把细化各专项实施方案作为抓落实的“落脚点”，积极谋划推进淮河生态经济带高质量发展。

淮河生态经济带

协调会商机制建立　2018年12月，国家发展改革委地区司牵头召开推进《规划》落实专题会议，要求加强对《规划》实施的组织领导，建立健全省际、市际协调会商机制，并明确由淮安市牵头筹备召开第1次市长会商会。2019年4月29日，首次淮河生态经济带省际联席会议和第1次市长会商会在淮安市召开，淮河流域5省25市4县的政府领导相聚淮安，共商淮河生态经济带合作发展大计。会议讨论通过《淮河生态经济带发展规划省际合作总体实施方案》《淮河生态经济带省际联席会议制度》和《淮河生态经济带城市合作市长会商会制度》，共同签署《淮河生态经济带发展规划省际协同推进合作框架协议》和《淮河生态经济带城市合作协议》，发布《淮河生态经济带城市合作（淮安）宣言》，建立“省级层面议大事，市级层面抓实事”的协调会商机制。会议实行轮值制，由5省25市4县轮流举办，同时明确在淮安设立城市合作办公室，作为市长会商会办事机构，承担市长会商会闭会期间日常工作。2019年8月30日，淮河生态经济带城市合作办公室第1次工作会议在洪泽区召开，29市（县）发展改革委主任共商务实合作，建立“办公室层面抓具体事”合作机制。

4月19日，淮河生态经济带省级联席会议在淮安市召开　李琪琳　供图

任务分解方案制定细化　淮安市根据《规划》和《江苏省淮河生态经济带实施方案》，细化制定《淮安市淮河生态经济带发展规划工作任务分解方案》和《2019年度淮安市淮河生态经济带建设工作任务》。其中，《任务分解方案》的期限是2019~2035年，贯穿整个《规划》期，具有统领性，编排6大类60项重点工作任务；《2019年度工作任务》是根据《任务分解方案》安排的2019年度必须完成和推进的事项，编排6大类26项具体工作任务，将《规划》明确的各项任务目

标化、具体化，每项任务都明确具体建设内容、牵头推进单位和配合单位。2019年10月8日，市委市政府专题召开淮河生态经济带建设工作领导小组会议，对各项任务落实进行统筹安排、系统布置。

合作共建方式探索创新　2019年8月14日，淮安市委书记、市人大常委会主任姚晓东率部分在淮安全国、省人大代表赴沿线河南省信阳市、桐柏县和安徽省蚌埠市，就淮河生态经济带建设情况开展专题调研，交流推进区域互联互通、产业分工协作、生态环境共保共治等方面务实合作，促进共同发展、互利共赢。发挥城市合作办公室作用，加快形成推动淮河生态经济带建设强大合力。市发展改革委牵头制定《淮河生态经济带城市合作事项推进工作机制》《2019年度淮河生态经济带城市合作工作要点》（以下简称《合作要点》）、《淮河生态经济带城市合作办公室年度工作计划》，明确组建相关专委会和行业联盟事项。按照“合作协议管长远，合作要点管当年”指导思想，编排6大类239项跨市合作重大工程、重大项目，并研究建立“季度会办、半年备案、年度报告”合作事项推进机制。通过重点合作项目推进机制，力争每年都能形成一批务实合作标志性成果。为调动社会力量广泛参与淮河生态经济带建设，淮安市在前期成立淮河生态经济带工商联盟、体育产业博览会基础上，2019年在流域内率先成立青商联盟、卫生健康联盟、文化旅游联盟、报业融媒体联盟，并联合蚌埠、信阳共同启动水利专委会相关组建工作。

“一中心五枢纽”建设　《规划》赋予淮安“一中心五枢纽”地位，“一中心”即区域中心城市，“五枢纽”即铁路枢纽、航空货运枢纽、成品油输储网络中心枢纽、淮河水运中心、区域物流中心，支持淮安建设临港经济区、创建国家创新型城市、组建综合性大学等。2019年，淮安市推动《规划》明确的系列重大项目规划建设。淮河入海水道二级航道工程作为淮河生态经济带建设的一项重大工程项目，完成工程可研究性报告编制并通过省交通运输厅内审，入海水道二期工程可研究性报告通过国家发展改革委委托中国水利科学研究院评估，先导段工程实施方案启动编制。对《规划》明确的沿淮铁路规划建设，淮安市与蚌埠市加强对接，淮安段预可研究性报告编制完成；徐宿淮盐、连淮扬镇铁路连淮段开通运营，宁淮铁路先导段开工，沂淮铁路预可研究性报告编制完成并通过省铁路办组织的专家评审，淮河流域东部铁路网络初步形成。

淮河生态经济带航空货运枢纽是江苏省委主要领导新推的重大项目。年内，完成淮安航空货运枢纽战略规划编制和专家评审，机场二期工程完成、三期规划启动。淮安新港二类口岸综合楼建设完成，淮安新港三期可研究性报告初稿编制完成；白马湖、高邮湖、宝应湖退圩还湖规划通过省政府批复，洪泽湖退圩还湖规划完成并报省政府待批，里下河湖区退圩还湖规划通过省水利厅技术审查；洪泽区苏北灌溉总渠右堤堤防除险加固工程可研究性报告获省发展改革委批复。

【大运河文化带】　大运河文化带核心区包括大运河（曾经）流经的北京（64个）、天津（38个）、河北（20个，含雄安新区等5个）、山东（22个）、河南（41个）、安徽（8个）、江苏（38个）、浙江（25个）的256个县级行政单元，拓展区涉及北京、天津的14个区级行政单元，以及河北、山东、河南、安徽、江苏、浙江6省的34个地级行政单元除核心区之外的其他地域范围，辐射区包括沿线8省市除核心区和拓展区之外的其他地域范围。2008年，淮安市被中国古都学会授予“运河之都”称号。2013年，淮安市开始打造里运河文化长廊。2014年，大运河上榜世界文化遗产名录，淮安作为大运河申遗的重要节点，有遗产区两处（清口枢纽、漕运总督遗址）、河道一段（淮扬运河淮安段）、遗产点五处（清口枢纽、双金闸、清江大闸、洪泽湖大堤、总督漕运公署遗址）被列入。按照中央、省委要求，淮安市聚焦打造“运河之都”城市名片，将大运河文化带建设作为推动高质量跨越发展的重要抓手。2019年，淮安市在全省率先组建由市委、市政府主要领导牵头，分管领导具体负责，各相关部门以及大运河沿线县（区）主要负责人全面参与的推进机制。将大运河文化带建设纳入省对市高质量考核个性化指标，融入全市高质量跨越发展指标体系，印发大运河文化带工作规则。

大运河文化带

战略定位　2019年2月，中共中央办公厅、国务院办公厅印发《大运河文化保护传承利用规划纲要》，明确淮安作为大运河六大文化高地之一的“淮扬文化高地”重要组成部分，位列全省大运河文化带建设四大核心城市，清

2019年12月，淮安、济宁两地文联举办“运河诗话”中国大运河主题艺术摄影展　吴　冰　供图

江浦区、淮安区、淮阴区、洪泽区、盱眙县5个县区被确定为大运河文化带建设核心区范围，并支持淮安运河博物馆改造提升、淮安清口水利枢纽重要遗址遗迹考古发掘展示、淮阴区码头镇古村古镇保护展示等。淮安市全面对接国家和省规划纲要，编制完成大运河文化带淮安段《立法调研报告》《大运河文化带国家文化公园建设研究报告》，统筹做好大运河文化保护、传承、利用三篇文章。

文化传承　淮安市深入挖掘大运河淮安段特色文化，多方式传承、多角度展示淮安运河文化之美。2018年、2019年，淮安市连续举办两届中国（淮安）大运河文化带城市非遗展；大运河沿线40余座城市汇聚淮安，逾150个省级以上非遗项目、6000余种非遗精品集中亮相。组织大运河文化遗产活化利用等主题论坛，创新开展“淮安·中国文化周”系列活动，以群众喜闻乐见的方式传播运河故事、留住运河记忆。加强淮安运河史、漕运史考古发掘和课题研究，实施优秀文学艺术作品、舞台艺术作品、影视剧作品、运河主题美术作品等精品创作工程，举办“运河情缘·工致当代”工笔画作品展，编辑《运河故事》系列丛书，出版《大运河保护传承论文集》，制作《水润淮安》纪录片、《千年漕运》专题片，创作大型戏曲音乐组歌《大运河畔淮水谣》并完成首演。制定大运河文化带建设宣传工作方案，组织开展“走进运河新时代”大型融媒体新闻行动、全国主流媒体“运河明珠淮安行”大型融媒体外宣行动，一批高质量宣传稿件登陆国家和省主流媒体。

项目建设　淮安市以项目为抓手，统筹推进大运河遗产保护、文化传承、资源利用工作，大运河淮安段“黄金水道”综合功能得到提升。2017年，在全省率先出台《淮安市文物保护条例》。建成大运河重要遗产点段监测平台和遗产档案数据库，实施全时段、全区域运河文化遗存监控保护措施。做好十番锣鼓、洪泽湖渔鼓、淮阴运河船工号子等非遗项目保护。推进板闸遗址公园、泗州城遗址公园、清口枢纽等大运河遗产保护工程，一批重大遗址得到有效保护性展示利用。落实运河河长制，深入实施“263”行动计划、黑臭水体整治和削减入河水污染物工作，推进运河沿线铁路、高速公路、航道环境整治，大运河淮安段水生态环境得到进一步改善。滨河大道建成通车，里运河文化长廊慢行系统、人文自然景观、滨河绿化带等工程全面完成，实施城区河道整治及疏浚工程，运河两岸交通微循环以及公共服务配套能力得到提升。方特主题乐园落户洪泽，板闸遗址公园开工建设，中国漕运城、清江浦1415街区等里运河文化长廊重点文旅项目持续实施。马头、蒋坝等运河特色小镇建设初见成效，通过省对市文化高质量个性化考核。在“智创淮安”文创大赛设置运河文创开发专项赛事，形成一批运河文创产品。谋划推进中国水工科技馆等特色项目建设，初步形成一批运河主题文化旅游线路。

县区大运河文化带建设　大运河淮阴区段沿线列入世界文化遗产的遗产区和缓冲区面积超过1万公顷，约占整个大运河世界遗产的14%。淮阴区将遗产保护、生态修复与提升运河沿线百姓生活品质相结合，实施大运河沿线环境综合整治工程。实施高家堰镇高堰市级特色田园乡村建设、马头镇武庄市级特色田园乡村建设和石工头省级传统村落保护项目，打造大运河沿线美丽乡村集群。2018年底，淮阴区举办“清口枢纽·科技之光”大运河文化遗产活化利用论坛，以遗产保护、传承和活化利用为主题，设置5个板块，组建大运河文化遗产活化利用联盟。定期开展大运河文化遗产安全巡查，适时上报大运河文化遗产点监测平台数据信息。利用博物馆日、文化遗产日大力宣传大运河文化遗产知识。围绕《淮阴区大运河遗产资源清单》，做好清口枢纽文化遗产点修复，规划建设甘罗城、石工墙等一批运河沿线遗址公园。研究马灯舞、花鼓会等非遗项目，发掘马头汤牛肉技艺、高家堰粉丝技艺等非遗项目，创作展演《运河船工号子》《淮水吟》等一批运河主题文艺作品，举办“运河情”民间工艺展、非遗项目展、名家书画展，开展“漂母杯”“韩信杯”“运河之都杯”系列文体活动。推进乐田小镇等一批运河特色文旅项目建设，形成一批运河文化旅游经典线路。

洪泽区推动运河非遗保护传承，建成开放洪泽湖渔文化博物馆、洪泽湖渔鼓展示馆等传承基地，在洪泽湖水釜城景区设立专门非遗工作室，开发洪泽湖剪纸、草编、木船等非遗产品。成立大运河文化带建设研究院洪泽研究基地，编制出版《洪泽湖大堤石刻遗存》《运河记忆——洪泽湖非遗文化丛书》《渔鼓淮水谣》等运河文化书籍。编创展演《洪泽湖渔家大鼓》《洪泽湖渔鼓舞》等运河主题文艺精品，举办渔家婚礼、水上运动会、洪泽湖龙舟赛等民俗体验活动，在中央电视台首届中国农民丰收节中亮相。举办2019运河名媒名镇高峰论坛，8省市40余家主流媒体、30多个文化名镇代表参加，共商运河文化保护传承，共话运河名镇发展愿景，《新华日报》头版头条予以报道。在大运河沿线加快发展文化创意、旅游休闲、健康养生等绿色产业，推进文旅融合发展。高良涧街道挖掘治水、渔耕、红色等历史文化底蕴，推动文化引领，塑造城镇发展核心竞争力，擦亮“运河文化小镇”名片。蒋坝镇发展“运河+”全域旅游新模式，依托古镇古村、湖鲜美食、水利工程、乡村旅游资源，创成省级“河工风情小镇”。老子山镇挖掘龟山运河历史资源，建成中国传统村落龟山乡村旅游区；立足自然温泉优势，加快培育“温泉养生小镇”。岔河镇做好乡村旅游文章，致力打造“味稻特色小镇”。西顺河镇依托丰富的渔业资源和宝贵的洪泽湖湿地，着力建设“渔家风情小镇”。

2016年后，盱眙县抓住全省大运河文化带建设战略机遇，积极打造全省大运河文化带历史文化名城。2016年底，盱眙县启动城北片区棚改工程，将泗州城遗址和第一山资源整合，创建泗州城遗址国家文化公园。2017年，泗州城遗址被纳入全省大运河文化带建设，成为淮安大运河文化带六大重要节点之一、全省大运河国家文化公园22个核心展示园之一。该项目规划面积超过20平方公里，总投资约50亿元。2018年3月，启动建设泗州城遗址国家文化公园一期工程——“老北头”第一山片区古城，总投资约30亿元。2019年，由勘察设计大师、东南大学教授段进担纲的“第一山大师工作室”落户盱眙，指导提升盱眙大运河文化带建设。至年底，完成沿淮片区游道贯通、黄牌街至第一山主游步道铺装、内城河片区修缮等工

里运河风光带　　　　殷海平　供图

程。依托大运河文化带建设，提炼出“开放、包容、友善”的精神内涵。

里运河文化长廊建设　里运河文化长廊是大运河文化带建设核心项目，其范围内的清江浦景区是国家AAAA级旅游景区。2019年，里运河文化长廊建设实施项目30个，全线完成投资5.4亿元。投资6018万元，完成里运河文化长廊慢行系统服务设施提升工程，在里运河两岸增添一些体育健身设施，设置休闲驿站、便民岗亭等服务设施。中国漕运城、板闸遗址公园PPP项目2—5号地摘牌，项目融资通过国开行北京总行审核。完成项目立项、环评、规划许可、施工等前期手续。中国漕运城、板闸遗址公园完成围挡施工，板闸遗址公园临时办公场所、施工人员宿舍等完成施工。石桥油库全部拆迁交付。御码头运河文化中心（老坝口历史风貌区）征收工作基本完成，老坝口小学新校区主体封顶。运河文创中心完成土地摘牌及施工招标。滨河大道东延段（悠园路—海天路）工程完工。山阳湖景观提升工程全部建设完成。河下片区吴承恩故居广场提升工程基本完成；万丰小吃文化街正式运营。服务中秋晚会，对里运河沿线绿化、亮化进行抢修和完善，对游客中心、青龙寺、尼姑庵等建筑增设夜景亮化，重新装饰布置晚会现场帆船造景，成为晚会期间滚动播出频率最高的经典画面和后晚会时期的网红打卡地。完成里运河沿线70万平方米绿地修剪、施肥和除草和33个亮化项目灯具检修、更换工作。（周　鉴）

航空货运枢纽

【航空货运枢纽】　2018年2月，江苏省委书记娄勤俭指出，淮安可以考虑建设东部沿海货运机场，与徐州、连云港形成三角支撑，实现铁路、港口、航空相互补充、相互支撑，同时对盐城的大数据产业和宿迁的电子商务形成聚合发展。此后，由常务副省长樊金龙牵头成立省级层面协调小组并担任组长，淮安市委、省发展改革委、省交通运输厅、东部机场集团主要负责人为小组成员。淮安市委书记蔡丽新带队赴国内郑州、西安、汉中、鄂州和美国孟菲斯等10余个城市考察调研，多次向国家发展改革委、中国民航局等部委领导汇报争取。市政府连续两年将其作为“十件要事”加以推进。并成立以市委、市政府主要领导为组长的市级领导小组，抽调专人组建航空货运枢纽建设办公室。

2019年，淮安市加快推进航空货运枢纽建设，加快企业招引、货运航线开辟和空港产业园做大做强。市领导先后赴中通快递、苏宁集团、宝能集团、中国邮政航空、京东集团、韵达集团、顺丰速运、天津货航、江南航空等公司开展40余场对接活动，与宝能集团签署大物流等三大类项目合作备忘录，根据宝能集团实地调研和双方意愿，按照“1+X”模式洽谈签订战略合作协议。根据货运航线开辟需求，加强与民航西南局、中南局沟通，寻找航空公司合作，争取开通福州全货机航线，持续争取开通至成都、深圳等货运航线。按照核心区规划面积约30平方公里，中期控制区规划80平方公里，远景规划控制150平方公里思路，加快空港产业园配套建设，促进航空物流、航空制造、高新技术等临空特色产业加快发展。至2019年底，淮安航空货运枢纽建设纳入中共中央、国务院批复的《长江三角洲区域一体化发展规划纲要》和国务院批复的《淮河生态经济带发展规划》，以及省委省政府《中共江苏省委全面深化改革委员会2020年工作要点》《关于高质量推进“一带一路”交汇点建设的意见》《关于加快推进全省现代综合交通运输体系建设的意见》等政策文件。完成《淮安航空货运枢纽战略规划》编制，并通过省级层面专家评审；编制完成《淮安市货运枢纽集疏运体系及空间规划》《淮安航空货运枢纽集疏运体系规划》《淮安空港产业园空间布局规划》等专项规划；《淮安机场总体规划》加快修编。淮安市代拟《江苏省人民政府关于建设淮安航空货运枢纽的实施意见》《江苏省淮安航空物流发展奖励暂行办法》，得到省交通运输厅、省发展改革委、省财政厅初步认可。开通开通首条全货机航线（淮安—西安），淮安机场货邮吞吐量突破万吨大关，达到10259吨。（单　君）

“不忘初心、牢记使命”主题教育

2019年，淮安市落实中央和省委部署要求，充分发挥周恩来同志家乡资源优势，认真开展第二批“不忘初心、牢记使命”主题教育，取得明显成效。28万名党员受到教育，561万人民群众感受到主题教育带来的新变化、新气象。省市联动摄制的《忠诚》专题片列入“三学”活动学习教材，《恩来故事》获全省党员教育微视频大赛暨第十四届党员教育电视片观摩活动纪实类一等奖并列入主题教育教材，唐真亚先进事迹入选中组部《榜样》专题节目。《人民日报》、中央电视台《新闻联播》《新华日报》、江苏卫视《江苏新时空》等省级以上媒体多次专题报道淮安市做法，中央《“不忘初心、牢记使命”主题教育简报》《江苏“不忘初心、牢记使命”主题教育简报》多次刊发淮安市特色工作。

一、紧扣主题主线，学习教育入脑入心

原原本本学　坚持个人自学与集中研讨相结合，市委常委会带头制定自学计划，主动先学一步、学深一层，认真通读研读必学书目，围绕学习贯彻新思想、中共十九届四中全会精神等8个专题，集中1周时间开展交流研讨，9次召开市委常委会会议。因地制宜编印《“不忘初心、牢记使命”学习读本》，集成习近平总书记在纪念先烈先辈座谈会上的讲话、市域范围内党员先烈事迹等内容。各地各单位通过党组（党委）学习中心组、举办各类培训班、读书班等形式，组织集中学习1万余场次。

对标楷模学　落实省委“三学”活动要求，突出用好用活周恩来精神宝贵财富，打造“不忘初心、牢记使命”等6个课程模块，制作《恩来故事》等4部专题片，策划《杰出楷模周恩来》等3个专题展，形成《初心的坚守》等研究成果。开设先锋学堂，邀请赵亚夫和唐真亚、李银江、马浪岗海事所等全国、全省先进典型开展事迹宣讲，推动广大党员干部汲取榜样力量，践悟初心使命。分层分类开展“百名镇街书记进基地、千名处级干部进学院、万名支部书记进党校”大学习，推动97名镇、街道党委书记、1197名县处级以上党员领导干部走进恩来干部学院，1.2万名独立法人单位支部书记进各级党校，参观主题教育展，观看《忠诚》专题片，聆听《周恩来与共产党人的初心使命》辅导报告。

联系实际学　组织广大党员干部围绕“初心是什么、使命干什么、奋斗比什么”主题，持续深化解放思想大讨论活动，破除思维定式和路径依赖，积极担当作为；扎实开展“四重四亮”“双诺双评双励”活动。

二、紧跟发展脉搏，调查研究求真求实

聚焦中心任务选准题　围绕贯彻落实党中央重大决策部署，聚焦推进“一区两带”建设、发展“433”优势特色产业等十件发展要事和事关群众切实利益的十件民生实事，市级党员领导干部结合淮安实际，带头认领构建现代综合交通运输体系等小切口、大纵深的24个调研课题；1197名县处级党员领导干部及时组团跟进、开展联动调研。

突出“四不两直”查实情　市级领导带头制定调研计划，以“四不两直”方式，深入项目建设一线、服务窗口、村居等开展调研，围绕重特大项目建设、国企改革、脱贫攻坚、农房改善等重点工作，面对面听取基层党员干部群众意见建议。市级班子共深入基层一线调研50余次，征求30条意见建议。深入开展“百个精品调研课题”评选活动，收集各类群众意见建议300条，形成较高质量的调研成果230篇，选出100　篇“情况准、分析透、思路清、对策实”的精品调研课题。

三、紧抓检视反思，整改落实见行见效

深入一线“找”　市委常委会带头开展征求意见建议工作，广泛征求各地各单位对市委常委会意见建议30条。在县处级以上党员领导干部中深入开展“三听两问五反思”活动，深入村居、车间、工地等一线，听服务对象、听基层党员、听广大群众意见，问领导班子、领导干部存在突出问题，问改进作风、改进工作的意见和建议，反思理想信念是否坚定、反思宗旨意识是否树牢、反思服务方式是否贴心、反思作用发挥是否充分、反思作风建设是否过硬，列出问题清单千余条。

示范带头“改”　市委常委会带头召开对照党章党规找差距会议，围绕中央要求的“18个是否”和省委提出的“9个有没有”，逐条逐项对照检查，开展相互提醒、诚恳帮助，查找问题294条，提出整改措施84条。各地各单位领导班子召开对照党章党规找差距会议、专题民主生活会，基层党组织召开专题组织生活会，针对检视反思的问题及整改落实情况，开展批评与自我批评，认真制定整改措施。

上下联动“治”　聚焦8个方面专项整治任务，深入开展“8+X”专项整治，市级层面采取项目化方式，将专项整治任务具体化为15个重点整治项目、细化为112项整治任务，市委市政府领导结合工作分工，主动认领整治任务，牵头制定9个整治方案，跟踪协调矛盾问题，整改到位83项，正在落实29项；制定工作进度一览表、牵头部门责任单、督导工作提示单、问题线索交办单“一表三单”，压实整治责任、严格效果标准、跟踪督导推进。

四、紧贴基层实际，主题教育到边到底

推进全面覆盖　梳理制定主题教育党支部责任清单

9月23日，市委常委走进周恩来纪念地现场学习暨“千名干部进学院，对标楷模寻初心”活动启动仪式举行　谭　鑫　摄

和普通党员任务清单，明确基层党支部和普通党员职责任务。抓好流动党员、学习困难党员等特殊群体主题教育，在送学上门基础上，以支部为单位，利用国庆节等节假日，组织开展在家党员与在外党员结对走进县委党校、银发党员与年轻党员结对走进红色基地、机关党员与一线党员结对走进项目现场“三结对三走进”活动。累计开展集中结对帮学活动9000余次，培训流动党员1.4万人，志愿服务16.5万人次，帮助身边群众解决难题达人均1.5个。

加强头雁领航　开展“万名支书进党校，学思践悟强本领”活动，市级层面分5批举办全市村（社区）党组织书记轮训班，依托市委市级机关工委、各县区开展本地本部门党支部书记轮训，实现党支部书记轮训全覆盖。各基层党支部书记结合“三会一课”，交流学习体会2万余次，讲专题党课1.6万场次。

筑牢基层基础　细化整顿工作流程和标准，制定镇（街道）党（工）委书记考核考察看党建意见，形成整顿软弱涣散基层党组织工作体系和责任体系，召开软弱涣散基层党组织推进会，集中约谈8个县级组织部门分管领导和10个软弱后进乡镇、14个扫黑除恶重点案件案发地镇（街道）党（工）委书记，并将23个存在多个软弱涣散基层党组织的乡镇党委一并追溯管理，按期保质完成166个软弱涣散基层党组织整顿。

五、紧盯责任落实，各项工作有力有序

责任压实到位　将主题教育纳入高质量跨越发展考核、各级党组织书记抓党建工作述职评议考核和领导干部政治建设考核的重要方面，落实党组织书记抓主题教育3张《责任清单》，市委常委先后28次赴挂钩联系县区和分管领域指导了解主题教育开展情况。出台主题教育过程评价、跟踪问效办法，采取定性为主、定性和定量相结合的方式，每月对各地各单位开展情况进行1次过程评价和分析研判，集中反馈思想认识不到位、典型选树力度不够、特色亮点不够突出等问题323个，并对主题教育效果不明显的单位主要负责人进行约谈，持续压紧压实各级党组织和一把手责任。

分类指导到位　市委组建13个指导组，区分县区平台和行业类别精细划分指导单位，分片分类精准指导112家单位。累计召开各类协调会、座谈会369场次，指导修改工作计划方案111份，责令调研不深不透的64名党员干部重新开展调研、党课没有做到“四个讲清楚”的130名党员干部重讲党课，帮助解决各类疑难问题120个。

氛围营造到位　及时向中央和省级媒体推荐主题教育做法，《人民日报》、中央电视台、《新华日报》、江苏卫视《江苏新时空》等省级以上媒体多次予以刊播。在《淮安日报》、市广播电视台、淮安党建微信公众号等市内主要媒体开设主题教育专栏专题。其中，淮安新闻联播播出报道95篇，《淮安日报》《淮海晚报》刊载报道151篇，淮安政府网和淮安党建、德润淮安微信公众号等新媒体发布报道546篇。发挥身边典型事迹的引领示范作用，选树道德模范唐真亚、岗位标兵李银江、大湖卫士马浪岗海事所等一批先进典型，激励教育引导全市广大党员干部“守初心、担使命，找差距、抓落实”。　（主题教育办公室）

决胜脱贫攻坚

淮安市扶贫开发工作始于20世纪80年代后期，经历初步消除绝对贫困、脱贫攻坚工程、脱贫奔小康工程和脱贫致富奔小康工程四个阶段。“十三五”时期，淮安市实施脱贫致富奔小康工程，扶贫对象为家庭人均年收入低于6000元的农户和集体经济低于18万元的村。全市有建档立卡低收入农户14.3万户、42.2万人，110个省定经济薄弱村、60个市定经济薄弱村。2019年初，全市确定548个集体经济收入低于18万元面上低收入村，涉及灌溉总渠以北、涟沭结合部和西南岗3个省扶贫开发重点片区，以及得到省委、省政府“点穴式”帮扶的黄花塘革命老区；有淮安区、淮阴区、涟水县3个省重点帮扶县区和市重点帮扶的盱眙县。到2019年底，全市提前一年实现“十三五”建档立卡低收入人口脱贫、170个省市定经济薄弱村出列、重点片区和黄花塘革命老区面貌持续改善以及省重点帮扶县区“摘帽”目标。

一、聚焦低收入农户脱贫，增收保障措施全面落实到位

促进就业创业　对有劳动能力的低收入农户，通过劳务协作、产业转移等促进转移就业；对无法外出就业的，通过兴办“扶贫车间”、建设扶贫产业园区，帮助实现家门口就业；对有弱劳动能力的，通过开发公益性岗位促进就业。对有创业能力和意愿的，通过创业培训、落实扶贫小额信贷、资金补贴等措施，帮助他们创业。支持低收入农户参与新型经营主体抱团发展优势特色产业。

强化兜底保障　对符合低保条件的低收入农户，按规定程序纳入最低生活保障、特困人员救助供养、困境儿童分类保障予以帮扶，做到应保尽保。2019年7月1日起，低保标准提高到610元/月，全年7320元，超过脱贫标准。对丧失劳动能力的，探索资产收益扶贫、建立专项救助基金等方式帮助脱贫。淮阴区设立500万元扶贫防贫保障基金，重点对无劳动能力的建档立卡低收入户进行兜底；盱眙、洪泽、金湖等县区在部分镇街开展“防贫保”试点，探索建立防止因病、因学、因灾、因疫返贫长效机制。

落实“两不愁三保障”　在全省率先出台《推动落实“两不愁三保障”政策实施办法》，明确具体政策标准，细化16项责任清单，提出“十三查十三看”对照检查方案。基本医疗有保障方面，推动落实低收入农户在县域范围内定点医疗机构住院治疗，住院费用个人自付部分不超过总费用10%政策。涟水县开展村民医疗互助合作试点，解决低收入农户大病医疗救助问题。义务教育有保障方面，通过建立教育资助数据库、落实资助政策、严控失学辍学率、强化经费保障等措施，确保义务教育阶段建档立卡低收入户子女全部享受教育资助。金湖县通过三轮比对定位、三类施策落实、三包到人推进机制，推动低收入家庭困难学生资助工作落细落实。住房安全有保障方面，对排查出的2533户建档立卡危房户，年底前全部改造完成。

二、聚焦村级增收，统筹推进省市定经济薄弱村和面上低收入村发展

明确总体目标 在全省率先出台《关于统筹推进省市定经济薄弱村和面上低收入村持续增收的意见》。到2019年底，28个尚未达标出列的省市定经济薄弱村达标出列，面上所有低收入村集体经济收入达10万元，50%左右低收入村集体经济收入达18万元，到2020年底，所有低收入村集体经济收入达18万元。

拓宽增收路径 调研出台《村集体经济收入路径参考条目》，计20条，为省市定经济薄弱村和面上低收入村提供增收参考，逐村制定诊断书、路线图、时间表、责任榜，明确"一村一策"举措。通过盘活资源资产、引导土地流转、开展村企结对等路径，实现输血与造血相结合，加快增收步伐。

盱眙雨山茶场扶贫项目促农增收 刘志钧 摄

加大保障力度 市级财政分两年安排6000万元扶持100个低收入村发展集体经营性项目，其余448个低收入村由县区补助。鼓励整合各类财政扶贫资金、涉农资金和社会帮扶资金，"飞地"抱团发展，做大项目规模，淮安区实施的智能装备产业园达康厂房项目、盱眙县实施的天源（观音寺）养殖小区项目等，项目体量大、带动增收成效显著。年底，全市剩余28个省市定经济薄弱村全部达标出列，433个低收入村收入达18万元，所有低收入村收入均达10万元以上。

三、聚焦区域发展，着力推进重点片区整体帮扶

重抓关键工程，强化硬件支撑 发挥省级财政资金撬动作用，利用重点片区关键工程省补资金1.47亿元，淮安区、涟水县、盱眙县整合各级各类资金30亿元，实施渠北片区淮安区农村公路建设工程、涟水县农村饮用水安全工程，涟沭结合部片区涟水县旱改水工程和西南岗片区盱眙县沿湖大道工程等一批基础设施、产业发展和民生事业项目，推进重点片区基础设施建设，改善农民生产生活条件。

突出产业带动，促进富民增收 落实农业供给侧结构性改革要求和农村一二三产业融合发展相关政策，发展地方特色主导产业，促进区域全面脱贫增收。盱眙县优先支持片区发展虾稻综合种养，以沿洪泽湖大道10万亩"虾稻共生"为主的产业园成功创成国家现代农业产业园。涟水县巩固发展食用菌、中药材、芦笋、鲜切花等一批优势特色产业，提升百花园、百药园、百菇园、百果园建设水平。淮安区依托现有产业优势，重点发展设施蔬菜瓜果、生猪养殖等产业，发挥示范带动效应。

四、聚焦产业兴旺，做大做强产业实现持续增收

找准产业定位 大力发展特优高效种植、特种绿色水产、特色生态休闲"三特"产业，2019年全市新增优质食味稻面积2.47万公顷，高效设施园艺面积4333.33公顷，稻虾综合种养面积3.36万公顷，增强省市定经济薄弱村、低收入村、低收入农户的内生发展动力。

紧盯产业富民项目 提高省农业产业富民专项资金的使用效益，实施项目51个，总投入1.53亿元，可带动88个村集体年增收1100余万元，增强经济薄弱村、面上低收入村、低收入农户发展后劲。淮安区百斯特农业蔬菜生产及初加工基地、涟水县红窑镇大棚芦笋基地等项目获省、市领导高度评价。

加强品牌建设 举办或组织参与多场优质农产品展示展销和推介活动，强化"淮味千年"区域公用品牌建设，设立扶贫专区，拓宽经济薄弱地区农产品销售渠道。加强与电商对接，涟水县与苏宁集团签订协议，建成中华特色馆涟水馆，合作品牌20余家，含300余个单品。推动农业科技推广应用与脱贫攻坚相结合，强化科技支撑。

五、聚焦精准监管，深化应用阳光扶贫创新成果

在"阳光扶贫"系统开发新增帮扶工作队项目资金、两不愁三保障、低收入村增收、创业就业和"四个不摘"等6个模块，加强与民政、住建等部门系统对接，"阳光扶贫"系统监管功能进一步扩大。开展"阳光扶贫"监管系统问题大起底、质效大提升专项行动，排查解决系统问题136个。将7.08亿元扶贫资金汇集到"阳光扶贫"系统。优化县区、镇街使用权限，增加待办事项和预警信息，将异常情况实时推送给相关镇街核实处理，确保信息精准。通过系统核查，2019年有286名学生补领教育资助，129名未参保建档立卡户中，除19人死亡、1人因参军暂停参保外，其余109人补充参保。 （刘昊宇）

淮安辉煌70年

2019年是新中国成立70周年。70年来，勤劳智慧的淮安人民在党和政府领导下，团结一心、奋力前行，在一万平方公里的江淮大地上谱写出崛起江淮的精彩华章。纵观70年淮安发展轨迹，以党的十一届三中全会为界可划分为前后两个重要时期。1949年新中国成立后，全市着力整顿社会秩序，医治战争创伤，组织恢复生产，完成农业、手工业和私营工商业社会主义改造，初步建成防御洪水的外围屏障，结束了饱受淮、沂、沭、泗洪水肆意蹂躏的历史。50年代末到70年代初，开展以改土治水、防涝防渍为重点的基本农田改造，建成一批高产稳产农田，摘掉了吃供应粮的帽子；同时相继建成一批轻纺、机械、电子、化学、医药等工业企业，工业体系初步形成。伴随着1978年党的十一届三中全会胜利召开，以及党和国家工作重心全面转向经济建设和改革开放，淮安加快经济社会建设步伐，从农村到城市、从经济领域到各个领域的改革开放波澜壮阔全面展开，实现从高度集中的计划经济体制向充满活力的社会主义市场经济体制、从封闭半封闭到全方位开放的历史性转折。党的十八大后，全市综合实力不断增强，城乡面貌焕然一新，对外开放持续拓展，社会事业全面进步，人民生活根本改善，迈入淮安发展历史上的一个重要黄金期。

一、国民经济持续发展，综合实力不断增强

经济实力大幅提升　新中国诞生时，淮安经济基础极为薄弱。1949年，全市地区生产总值只有1.63亿元，人均地区生产总值只有76元，处于极度穷困状态。至1978年，地区生产总值增加到12.09亿元，扣除价格因素，年均增长率6.3%。改革开放后，全市经济快速发展。2018年，地区生产总值增加到3601.3亿元，扣除价格因素，比1978年增长56.6倍，年均增长10.7%，比1949~1978年年均增速快4.4个百分点。1949~1977年，全市地区生产总值从1亿元到10亿元用了28年；1977~1994年，从10亿元到100亿元用了17年；1994~2009年，从100亿元到1000亿元用了15年；2009~2013年，从1000亿元到2000亿元仅用了4年。党的十八大以后，全市地区生产总值分别于2013年、2016年超过2000亿元、3000亿元。人均地区生产总值不断迈上新台阶。2015年全市人均地区生产总值首次实现超全国，2017年超过1万美元，达到中等收入国家平均水平。2018年，全市人均地区生产总值73203元人民币，按当年平均汇率折算11062美元。

产业结构优化演进　新中国成立初期，全市产业经济发展以农业为主导，第二、三产业相对薄弱。1952年，全市三次产业结构比例为85.8∶5.8∶8.4，呈现为较为落后的“一三二”产业结构类型。1957年三次产业结构调整为77.1∶12∶10.9，第二产业增加值首次实现超三产，三次产业结构演变为“一二三”型。改革开放后，全市工业、服务业得到快速发展。1999年全市第二产业增加值首次超过一产，三次产业结构比例调整为33∶37.9∶29.1，产业结构由“一二三”转变成“二一三”。2001年三次产业结构比例优化为29.1∶39.9∶31，第三产业增加值首次超过一产，产业结构演变为“二三一”型。2015年第三产业增加值首次超二产，实现全市“三二一”产业结构历史性转变。2018年，三次产业结构比例优化调整为10∶41.8∶48.2。

财政金融大幅增加　改革开放后，尤其是1994年分税制改革后，全市财政收入进入加速增长期。1995年，全市财政总收入突破10亿元，达到10.46亿元；2007年跨上100亿元台阶。2018年，全市财政总收入434.00亿元，较1950年的0.11亿元增长3933.7倍，年均增长12.9%；其中一般公共预算收入247.27亿元，比2000年增长20倍，年均增长18.4%。1950年金融机构储蓄规模只有6万元人民币。改革开放后，金融体制改革取得显著成效，全市金融机构存贷款规模不断扩张，服务经济社会发展能力全面增强，2018年末，全市金融机构人民币存款余额3432.67亿元，比1978年增长2071倍，年均增长21.0%；金融机构人民币贷款余额2789.29亿元，比1978年增长49倍，年均增长17.6%。

二、产业经济协调发展，经济基础不断夯实

农业现代化进程步伐加快　新中国成立初期，农业生产基础单薄，农业经济靠天吃饭，1949年全市粮食总产量40.78万吨。1978年9月，泗洪县上塘公社（其时隶属淮安）推行家庭联产承包，率先拉开江苏及淮安农村改革大幕。随着农村改革逐步深化，农业综合生产能力不断提升，农业经济快速发展。2018年，全市农林牧渔业总产值662.58亿元，比1978年增长60倍，年均增长10.5%；粮食总产量由1978年的167.82万吨增加到482.26万吨。农业现代化步伐不断加快，机械化程度明显提高。2018年，全市累计建成高标准农田29.85万公顷，占耕地比重63%；农业机械总动力由1978年的48.03万千瓦提高到634.92万千瓦，机耕面积由1978年的17.65万公顷扩大到63.29万公顷。

工业体系不断完善　全市工业体系不断完善，经济总量快速增长，行业结构优化升级，产品产量不断提升，工业经济在经济发展中发挥着重要的支撑作用。经济总量快速增长。1949年至2018年，全市工业企业单位数由54户增加到1.76万户，其中规模以上工业企业1997户。1979~2018年，工业增加值年均增速13.7%，高于GDP增速3个百分点。2018年，全市工业增加值占GDP比重35.2%，较1978年提高9.6个百分点；规模以上工业企业实现主营业务收入3898.77亿元，实现利润总额258.21亿元。行业结构优化升级。1949~2018年，全市从仅有卷烟、纺织、酒饮料、发电等少数生活保障类行业，发展到涵盖35个行业大类较为完善的工业体系。其中，电子信息、电气机械、钢铁等产业逐步发展成为全市工业龙头产业。产品产量大幅增长。2018年，全市实现钢材产量323.80万吨，水泥519.45万吨，烧碱15.91万吨，轮胎810.92万条，纱3.98万吨，工业仪表21.14万台，电动机357.23万千瓦，电子元件14.32亿只。

服务业蓬勃发展　新中国成立至20世纪70年代，生产资料行业优先发展，服务业发展相对缓慢。1952年全市第三产业增加值0.18亿元，1978年增长到1.77亿元。改革开放后，随着市场日益繁荣兴旺，特别是党的十八大以后，全市服务业发展迸发出前所未有的生机和活力，生产性服务业和生活性服务业并行发展，新产业新业态新模式不断涌现，服务业发展进入快车道，成为保障就业、稳定经济的重要力量。2018年，全市实现第三产业增加值1734.44亿元，按可比价计算，比1978年增长128倍，年均增长12.9%，高于地区生产总值年均增速2.2个百分点。服务业增加值占GDP比重48.2%，服务业从业人员数118.3万人，占全部从业人员比重41.5%，比2012年提升2.2个百分点。

三、广袤城乡沧桑巨变，基础设施飞跃发展

广袤城乡美丽宜居 新中国成立初期，淮安城区只有东西大街附近4平方公里左右。经过70年发展，城市基本构建为“一区两片四轴”总体空间布局，形成生产空间集约高效、生活空间宜居适度、生态空间山清水秀的城市形态格局。至2018年，全市建成1个中心城市、3个县城、57个乡镇。包括淮安市区及空港产业园在内的城市规划区总面积4491.5平方公里。市区建成区面积达到190平方公里，比1949年扩大超过40倍。全市户籍人口561.33万人，其中城镇人口317.04万人，户籍人口比1949年增加347.80万人。2018年全市常住人口城镇化率62.44%。在积极推进城镇化发展的同时，坚持工业反哺农业、城市支持农村，农村基础设施建设持续加强，乡村面貌焕然一新。2018年，全市行政村双车道四级公路覆盖率97.1%，美丽宜居乡村建设达标率38.1%。

交通网络四通八达 新中国成立初期，全市交通基础十分落后。70年里，特别是改革开放后，交通基础设施建设步伐加快，“公、铁、水、空”综合交通运输体系逐步建成。2018年，全市公路里程1.34万公里，6条高速公路贯穿境内，高速公路境内里程达到404公里，并在苏北率先形成城市高速公路环；铁路通车里程达到100.5公里，铁路客运通达国内50多个大中城市；建成航道1483公里，其中等级航道527公里；建成港区7个、港口岸线25.7公里、码头124座、泊位390个，境内干线航道可常年通行1000吨级以上船舶；淮安机场通航城市增至27个，迈入中型机场行列。2018年，全市完成公路水路铁路客运量8150.02万人，比1978年增长4倍；货运量1.29亿吨，比1978年增长超过24倍，年均增长8.4%；淮安机场完成旅客吞吐量151.6万人次、货邮吞吐量6286吨。随着连淮扬镇、徐宿淮盐铁路加快建设，淮安东站综合客运枢纽、市区内环高架一期工程年内完成竣工，淮安人高铁出行的梦想照进现实。

邮电通信全力发展 70年来，尤其党的十八大以后，随着移动宽带网，大数据、云计算、人工智能等现代信息技术方兴未艾，高速、移动、安全、泛在的新一代信息基础设施加快建设以及邮电通信业务全面发展，全市经济发展、人民生活的信息化、智能化水平不断提升。2018年，全市移动宽带用户145.26万户，光纤宽带普及率29.1%，全面建成覆盖全市城乡的宽带网络；邮政业务收入21.79亿元，电信业务收入33.84亿元，分别比2012年增长513.6%和94.3%。

四、创新动能不断加强，经济活力持续迸发

市场面貌焕然一新 改革开放前，全市工商业长期由国有、集体经济一统天下，随着改革不断深化推进，全市创新活力和创造潜能得到有效激发，大众创业、万众创新蔚然成风。2018年底，全市登记个体私营单位41.95万户。工商业发展促进消费市场发展。1987年起，相继开始建设布匹市场、五金市场、建材市场等专业市场。至2018年底，建成汇通市场、博德五金市场、淮安国际商城等年销售额超亿元的专业市场18家。2018年，全市限额以上贸易企业1172家，其中批零企业928家，销售额合计903.84亿元；住餐企业244家，营业额26.42亿元。2018年实现社会消费品零售总额1239.66亿元，比1952年增长2537倍，年均增长12.6%。

科技实力显著增强 新中国成立初期，全市科技发展水平落后，科研人员和机构十分短缺。党的十八大后，全市深入实施创新驱动发展战略，积极构建具有淮安特色的区域创新体系。2018年，全市科技研究与发展经费支出69亿元，为2002年的64.4倍，年均增长30.7%；研究与发展经费支出占地区生产总值比重1.92%，占比提升1.66个百分点；拥有专利授权量8689件，为2012年的2.8倍，年均增长18.7%；万人有效发明专利拥有量达4.44件；全市有创新型企业34家，创新型领军企业3家，省级以上孵化器孵化面积超过90万平方米；拥有知名高校院所重大产学研机构38个，其中省级7个；新获认定省级工程技术研究中心6个，市级工程技术研究中心60个。新认定国家级星创天地2家、省级众创空间1家。

科教工作不断推进 70年里，淮安大力发展科教事业，基本形成较为优质的现代国民教育体系和较为完善的终身教育体系，实现区域教育基本现代化，“学在淮安”成为一张靓丽的城市名片。2018年，全市有各类各级学校921所，专任教师6.02万人，在校生92.16万人。其中在淮普通高等学校8所，在校生9.36万人，比1978年增加36倍，年均增长9.4%。2018年末，全市拥有人才总量56.3万人，其中专业技术人才30.36万人；拥有高技能人才（具有高级工、技师或高级技师职业资格）14.03万人，有海外留学回国人员394人；国家级博士后科研工作站10家，省级博士后创新实践基地29家；有国务院特殊津贴专家116名、省级突出贡献中青年专家58名。

五、对外开放成效显著，台资高地逐渐形成

利用外资及台资质态提升 1986年，淮安被正式列入对外开放地区。1992年成功引进第一个规模外资企业——韩泰轮胎，2006年富士康科技城项目落户淮安，淮安台资高地建设开启新征程。至2018年底，全市累计设立外资项目3380个，实际利用外资126.9亿美元。累计设立台资项目1309个，总投资186.59亿美元，协议实际到账台资60.62亿美元，汇聚富士康、实联化工、敏安电动汽车、旺旺食品、鹏鼎科技等台湾著名企业20多家，形成江苏对台经贸合作“南有昆山、北有淮安”新格局。从1993年省政府批准设立江苏淮安经济开发区到2018年底，全市共创成国家级综合保税区、留学人员创业园等8个“国字号”、20个“省字头”综合开放平台。作为经济发展主阵地，全市开发园区以7%的占地面积，贡献全市40%以上的财政收入、利用外资以及80%以上的先进制造业投资、90%的进出口贸易总额。作为对外开放的载体，园区对全市经济发展的支撑作用日益增强。

对外贸易结构优化 改革开放初期，受计划经济体制影响，全市对外贸易发展缓慢。随着国家外贸体制改革不断深入，全市对外贸易逐步驶入发展快车道。1991年，全市开始自营出口，当年实现进出口总额131万美元。2018年，全市外贸进出口超过50亿美元，与世界180多个国家和地区建立了贸易往来；全市有进出口实绩企业

近1000家,其中进出口超亿美元企业11户;创成康乃馨织造、理士电池、共创草坪等一批省级出口品牌。外贸结构持续优化,2018年全部贸易出口中,机电和高新技术产品出口占比42.5%,一般贸易占比58.8%。外贸经济新业态不断涌现,2016年引进谷歌Adwords淮安体验中心,帮助企业利用大数据精准拓展国际市场,跨境电商、外贸综合服务等新兴业态也不断释放外贸发展新动能。

外经合作稳步拓展 改革开放后,从1987年援建非洲索马里水利工程为发端,到2017年总投资1.45亿美元的淮冶科技并购乌兹别克斯坦钢铁项目,实现"一带一路"投资项目规模新突破,淮安外经合作由发展之初的单一援外拓展到对外承包工程、劳务合作和境外投资等多种形式。至2018年底,全市累计核准备案境外投资企业67家,中方协议投资总额超4亿美元,投资区域涉及美国、加拿大、俄罗斯等30多个国家和地区,境外投资方式由新设向收购兼并拓展,对外承包工程项目也由单一的劳务、土建分包逐步向总承包方式转变。

六、社会事业欣欣向荣,服务体系不断完善

文化体育蓬勃发展 随着经济社会的全面发展,全市文化旅游事业发生翻天覆地的变化。文化设施加快建设。2017年6月,全市重点文化民生工程"文化新三馆"(图书馆、文化馆、美术馆)建成并正式向社会开放。2018年底,各县区完成基层综合性文化服务中心提档升级946家,全市累计提档升级达1596家,建成率99.63%,基层综合性文化服务中心基本实现全覆盖;新增公共文化设施面积近55.77万平方米,人均拥有公共文化设施面积0.22平方米。拥有专业性体育馆43个,重点中心镇全部建成全民健身中心,实现全市110个乡镇多功能运动场地的全覆盖。广播电视覆盖全民。1984年4月,建成淮安人民广播电台和淮安电视台。2018年底,全市设有广播电视播出台7座,其中市级台1座,县级台6座。广播电视综合覆盖人口1500万人,综合覆盖率100%。

医疗卫生长足进步 新中国成立初期,全市卫生医疗水平落后,仅有卫生技术人员659人、病床183张。20世纪50~70年代,卫生事业得到一定发展。1978年末,全市共有医疗卫生机构515个,床位数5576张,卫生技术人员7985人,但医疗卫生总体水平依然不高。改革开放以后,全市公共卫生领域投入不断加大。尤其是党十八大后,全市医疗、医保、医药事业全面深入发展,医疗卫生体制改革不断深化完善,为全市人民健康筑牢保障网。2018年,共有各类卫生机构(不含村卫生室)804个,比1978年增长56.1%;拥有医院卫生院床位2.94万张,比1978年增长383.7%;全市卫生技术人员共计3.43万人,比1978年增长329.6%。其中执业(助理)医师1.34万人,比1978年增长334.4%;全市居民平均预期寿命77.01岁,婴儿死亡率2.64‰。居民健康水平总体优于中高收入国家平均水平。

环境保护日益加强 在加快发展同时,全市坚持新发展理念指导,积极践行"绿水青山就是金山银山"绿色发展要求,持续深入开展环保"263"等专项行动计划,加强生态环境建设保护,全面推进生态文明建设,以实现经济效益、生态效益同步最大化。2010年获得"国家环保模范城市"称号;2016年施行《淮安市永久性绿地保护条例》;2018年,全市$PM_{2.5}$年均浓度45微克/立方米,地表水达到或好于Ⅲ类水体比例达80%,化学需氧量、二氧化硫、氨氮、氮氧化物等主要污染物排放量持续缩减;全市林木覆盖率23.9%,自然湿地保护率达51.6%;农村无害化卫生户厕普及率接近95%,病媒生物密度控制达到国家B级标准,农村生活饮用水水质卫生监测覆盖率100%。

七、人民生活富裕小康,民生福祉大幅改善

就业创业更加充分 随着经济社会发展,人们职业生活也经历从计划分配到自谋职业、自主创业转变。2018年末,全市从业人员增加到285.10万人,比1978年增加114.46万人,其中第二、三产业从业人员分别达到89.90万人、118.30万人,占比分别为31.5%、41.5%,成为吸纳就业的中坚力量。党的十八大以后,随着"放管服"改革持续深入的促进,新兴就业岗位不断涌现,民营经济成为吸纳就业的主渠道。2018年,全市个体私营单位从业人员达到148.73万人,比2012年增长64.9%,占全部从业人员的52.2%;2016~2018年,城镇新增就业连续3年超过7.5万人,城镇登记失业率保持在3%以下。

居民生活节节攀升 2018年,淮安市城镇居民人均可支配收入35828元,比1978年增长124倍,年均增长12.8%;农村居民人均可支配收入17058元,比1978年增长270倍,年均增长15.0%。城镇居民人均生活消费支出19015元,比1978年增长67倍,年均增长11.1%;农村居民人均生活消费支出达11210元,比1978年增长96倍,年均增长12.1%。改革开放初期,淮安城镇居民恩格尔系数为59%,农村居民恩格尔系数为67%,食物支出占到家庭支出的大部分;2018年,全市居民恩格尔系数降至29.2%,对照联合国划分标准,达到20%~30%的富足标准。改革开放前,居民家庭耐用消费品主要为自行车、缝纫机、黑白电视机等老三件。2018年,每百户城镇居民拥有电脑、电话(含移动电话)、汽车数量分别为74台、300部、48辆,每百户农村居民拥有电脑、电话(含移动电话)、汽车数量分别是36台、287部、31辆。

社会保障更加全面 通过建立完善多层次社保,全市社会保障体系不断健全,民生福祉有效改善,人民群众的获得感全面增强。2005年后,连续14年稳步上调企业退休人员基本养老金,同时将城乡低保提标工作纳入市政府为民十件实事项目。1997年全面建立城乡最低生活保障制度,城乡低收入居民生活保障标准分别上调19次、17次,城乡居民低保标准从最初的每月100元、50元均提高到每月610元,分别增长6.1倍、12.2倍。2018年,全市城乡基本养老保险覆盖面99.5%,失业保险覆盖率97.4%,被征地农民社会保险覆盖率98.6%,人均拥有社会保险福利总额4454元。

(撰稿 周兴旺 核稿 孙永军)

运河之都

YUNHE ZHIDU

（张小云　摄）

地　理

资　源

气　候

历史沿革

文　化

区　划

人　口

风景名胜

全国重点文物保护单位

淮安美食

经济社会发展

地 理

【位置面积】 淮安市地处江苏省北部中心地域，淮河下游。范围为北纬32度43分 ~34度06分，东经118度12分 ~119度36分。市境东接盐城市，南邻安徽省滁州市，东南毗扬州市，北与连云港市、西北与宿迁市相连。东西最大直线距离132千米，南北最大直线距离150千米，面积10030平方千米。

【地形地貌】 淮安市全境属黄淮平原和江淮平原，地形西高东低，除市境西南部的盱眙县有丘陵岗地外，全市以平原为主体，地势平坦。境内河湖交错，水网纵横，京杭运河、淮沭河、苏北灌溉总渠、淮河入江水道、淮河入海水道、古黄河、六塘河、盐河、淮河干流9条河流纵贯横穿，全国五大淡水湖之一的洪泽湖大部分位于市境内，还有白马湖、高邮湖、宝应湖等中小型湖泊镶嵌其间。淮安市的平原面积占总面积的69.39%，湖泊面积占总面积的11.39%，丘陵岗地面积占总面积的18.32%。

【土壤条件】 淮安市属黄淮和江淮冲积平原。土壤主要有5种类型，分别是水稻土、潮土、黄褐土、火山灰土、砂姜黑土。土壤生态类型区有里下河土壤、古淮河土壤、环洪泽湖土壤、丘陵土壤等4个生态类型区。有机质含量值2.7%，pH值在6~8之间。

（周 平）

资 源

【土地资源】 2019年，淮安市土地总面积1002954公顷，其中耕地475361.64公顷、园地27259.3公顷、林地19769.35公顷、草地8432.99公顷、城镇村及工矿用地138447.04公顷、交通运输用地37064.2公顷、水域及水利设施用地289253.89公顷、其他土地7365.59公顷。

【水资源】 淮安市境地处淮河流域中下游，境内河湖众多，水网密布，水资源条件较好，南水北调工程初具规模。2019年，全市水资源总量18.77亿立方米。境内年平均降水径流深在199~262.5毫米之间。总体上地表水资源较为贫乏，年际变化较大，年内分配不均，而地下水资源储量丰富，过境水量较多。

【矿产资源】 至2019年底，淮安市主要有石盐、芒硝、凹凸棒石黏土、石油、玄武岩、石灰岩和白云岩、地热、矿泉水等矿产资源。石盐、凹凸棒石黏土、芒硝保有资源储量居全省第一位。其中，探明石盐矿石资源储量315.96亿吨，主要分布于淮安区、淮阴区、清江浦区、洪泽区；探明凹凸棒石黏土资源储量1960.52万吨，主要分布于盱眙县；探明无水芒硝矿石资源储量6.79亿吨，主要分布于淮阴区、洪泽区。

【生物资源】 至2019年底，淮安市有植物104科219属，275种。其中，野生植物185种，野生木本植物45科73属，90种；除古树名木以外的原生林木资源分布主要在盱眙丘陵山区，树种主要是朴树、黄连木、檀树、栎树、乌桕、桑树等；有登记在册古树名木545株。野生动物资源丰富，有浮游动物、底栖动物、鱼类、两栖类、爬行类、兽类和鸟类等7个类群，300余种。其中，鸟类资源194种，隶属14目40科76属。有东方白鹳等国家Ⅰ级重点保护物种，有白琵鹭、大天鹅、小天鹅、鸳鸯、鹗、红隼等国家Ⅱ级重点保护物种；有苍鹭、绿头鸭、喜鹊、麻雀、大山雀等江苏省级重点保护物种。

（市自然资源和规划局）

【物产】 淮安市地处北亚热带和南暖温带之间的过渡气候带，温、光、水、土等自然资源极为丰富，生产条件优越，适宜多种农作物栽培和动物饲养，是著名的“鱼米之乡”和全国重要绿色农副产品生产基地。淮安市盛产优质稻麦、棉花、油料、林木、水果、畜禽、鱼虾、螯蟹、珍珠等。至2019年末，淮安市成功申创“盱眙龙虾”“淮安大米”“淮安黑猪”“淮安红椒”“金湖大米”“淮安黄瓜”“洪泽湖螃蟹”“洪泽银鱼”“洪泽芡实”等126件地理标志证明商标，数量居全国地级市第一。

盱眙龙虾

淮安黑猪

（周 平）

气 候

【概况】 淮安市地处南暖温带和北亚热带的过渡地区，兼具南北气候特征，光、热、水整体配合较好。全市分为两大气候区。淮南亚热带偏湿农业气候区：苏北灌溉总渠以南的盱眙、金湖两县全部，洪泽区、淮安区大部。废黄河沿岸过渡带农业气候区：苏北灌溉总渠以北的清江浦区、淮阴区、涟水县全部和淮安区、洪泽区部分地区。市境属典型的季风气候，自然降水丰富但分布不均。全市气候温暖而又较为湿润，四季分明，雨热同季，气候资源十分丰富，光照充足。但气候年际间的稳定性较差，变幅较大，旱、涝、风、雹、冻等气象灾害较频繁。全市年日照数在1943~2181小时，年平均气温14.1℃ ~14.9℃，无霜冻期为207~242天，可以满足一年两熟制需要；年平均降水量913~1030毫米，夏季降水占50%以上。

【2019年气候】 2019年淮安市气候年景较好。年平均气温15.3℃ ~16.1℃，较常年偏高0.4℃ ~1.3℃，冬季和夏季平均气温略偏高，春季和秋季显著偏高。全市年降水量593.1~799.9毫米，与常年相比偏少2~4成；降水时空分布不均，冬季降水异常偏多、春夏偏少，秋季异常偏少、12月偏多。全市年日照时数1877.8~2051.3小时，较常年略偏少。2019年灾害性天气主要有干旱、寒潮、暴雪、大风、暴雨洪涝、台风、高温、雾霾、冬季连阴雨等。

冬季降水异常偏多 2018—2019年冬季全市降水总量在133.3（涟水）~177.9（盱眙）毫米之间，全市较常年值（76.1~99.9毫米）异常偏多7~8成。冬季降水量淮阴区、盱眙县、金湖县和淮安区达历史同期第二多，仅次于1997年；洪泽区和涟水县达历史同期第四多。2018—2019年冬季，出现多次连阴雨过程，尤其是2018年12月30日到2019年1月12日出现了持续2段的连阴雨天气，这也是1961年以来同期持续时间最长的一次过程。2019年2月出现3次连阴雨天气过程。其中7—10日的连阴雨天气持续4天。

冬季降雪频繁　冬季（2018年12月至2019年2月）出现3次较大范围降雪过程，都发生在春运期间。特别是1月30—31日的暴雪天气过程，全市累计雨雪量21~32毫米；雪深5~8厘米。2月6日夜里到7日白天出现雨转雨夹雪或雪天气。2月8日傍晚起全市普降中雪，局部大雪。2月9日早晨，全市积雪达4厘米左右，全市有冰冻。

大风降温天气　4月9日上午受江淮气旋影响，中北部地区出现较强降水、强对流和大风降温天气，雨量中到大，局部暴雨，全市普遍出现6~7级系统性大风。涟水县和淮阴区9日雨量分别为31.3毫米和44.3毫米，有4个区域站超过50毫米，最大达56.9毫米，出现在淮阴区渔沟镇。4月8—10日全市最低气温48小时降幅2.4℃（2站）~6.0℃（盱眙）。9日中午至10日普遍出现5~6级偏北大风，洪泽湖湖面阵风达7级，瞬时极大风速15.2米/秒、于9日20点04分出现在洪泽区老子山镇。4月14—15日全市最低气温24小时降幅3.2℃（淮阴区）~7.5℃（盱眙）。4月18日后期至20日受冷空气影响，19—20日24小时日最大气温降幅达9.5℃（2站）~13℃（盱眙），大部分地方出现5~6级阵风7级的东北大风，洪泽湖湖面阵风达7级，瞬时极大风速15.4米/秒、于18日23点08分出现在洪泽区洪泽湖。4月25—27日受冷空气影响，气温明显下降，48小时日最低气温降幅达6℃（涟水）~10.1℃（金湖），并出现5~6级阵风7级的东北风。4月26日11时25分洪泽湖湖面出现7级偏北大风，瞬时极大风速为14米/秒。

强对流天气　6月9日下午16时左右，涟水县受强对流天气影响，出现了雷雨大风（义兴、李集、东胡集、时码），最大瞬时风速出现在6月9日16时06分的涟水义兴镇，为19.8米/秒；6月9日16—17时红窑短时强降水达26.1毫米；部分地方还出现短时局地小冰雹。7月6日13时起，出现大到暴雨，并伴有雷雨大风、短时强降水、冰雹等强对流天气。各地降水量（毫米）为：市区39.3、淮阴区43.1、淮安区28.3、涟水49.7、洪泽88.6、盱眙22.8、金湖33.8。有24个区域站降水量在50毫米以上，最大降水量出现在清江浦区区和平镇，为95.6毫米。最大1小时降水量76.4毫米（洪泽，15—16时）。另外，41个乡镇（街道）出现8级以上雷雨大风，最大为金湖宝应湖农场26.4米每秒（10级）。洪泽、金湖等地出现冰雹。洪泽区蒋坝镇15时10分到15时25分出现冰雹，冰雹最大直径5厘米，大如鸡蛋。金湖县城和塔集镇出现1~3厘米冰雹。

连续三年梅雨量偏少　2019年梅雨量是自2017年起第三年连续偏少。梅雨期为6月18日至7月21日，入梅正常，出梅偏晚；梅期历时33天，较常年偏长。全市梅雨期内降水量大部分地区梅雨量偏少。各地梅雨量81.5毫米（金湖）~139.4毫米（洪泽），比常年同期偏少6成。梅雨期气温偏低。梅雨期平均气温25.3~25.7℃，与常年同期相比，平均偏低0.5℃。降水呈过程性、间歇性特点，区域性暴雨过程少。梅雨期共出现2次区域性暴雨（6月29日、7月6日），较常年偏少，其余时段以分散性阵雨或雷雨为主。

大范围高温热浪　7月21日出梅至8月1日，出现持续12天的大范围区域性高温天气，7月21日起出梅后首波大范围区域性高温天气来袭，全市一半以上的站点出现高温，23日出现全市范围高温，24—25日范围略有缩小，28—30日起再次发展强盛，范围和强度超过前期，31日开始减弱，8月1日后结束。高温期间极端最高气温为37.3℃（盱眙、洪泽，29日），7月下旬全市最高气温平均值为34.6℃（涟水）~35.2℃（盱眙、金湖）。7月21日出梅后，洪泽区老子山镇出现持续高温天气，高温持续时间明显比其他各镇长，极端温度更高。7月21日起就进入高温，并持续到7月31日，其中7月23、24、29日最高气温均超过39.0℃。

台风“利奇马”　受第9号台风“利奇马”影响，8月10—11日全市普遍出现暴雨到大暴雨天气，8月9日夜里到11日晚普降暴雨到大暴雨，8月9日20时至11日20时，各地降雨量（毫米）：市区122.7，淮阴区123.2，涟水94.9，洪泽99.2，盱眙109.7，金湖81.5，淮安区126.2。有72个区域站降水量在100毫米以上，有55个区域站降水量在50~100毫米之间，其中区域站中最大降水为210.9毫米，出现在涟水县五港；另外大部分地区出现6~7级阵风，其中最大短时阵风出现在洪泽湖，为23.5米每秒（9级）。盱眙日极大风速为19.2米每秒，创该站8月历史极值，金湖为8月历史前三。“利奇马”造成短时一定程度的交通受阻、城乡内涝、农田积涝、电网设施受损，但其带来的丰沛降水解除了全市范围前期干旱，特别是有效补充洪泽湖等湖库蓄水。

春夏秋全市连旱　3月1日至11月20日，全市降水量为438.5（金湖）~693.7（涟水）毫米，较常年同期（848.7~909.9毫米）偏少2.2（涟水）~5.2（金湖）成，其中金湖和盱眙异常偏少，金湖为1961年来第一少值，盱眙为第二少值。大部分地区出现大范围中旱以上等级气象干旱，其中，南部地区出现重度气象干旱。

春季各站降水量61.4毫米（盱眙）~108.9毫米（淮阴区），全市春季较常年同期北部偏少3~4成，南部偏少5~7成；部分高亢地区20厘米深处的土壤相对湿度在60%以下，旱情较重。6月中旬后全市降水较常年同期显著偏少，7月下旬持续高温，农田蒸发加剧，土壤失墒加快，大部分地区出现旱情、局部旱情较重。7月21日出梅后，气温迅速攀升，出现持续高温天气，高温加大农田蒸发，失墒加快，部分地区农田土壤水分亏缺程度进一步加重。

7月31日气象卫星监测结果显示，洪泽湖、高邮湖水体面积较7月21日分别减少1.2%、4.1%，与2018年同期相比，洪泽湖水面面积减小28.3%，高邮湖减小28.4%。7月下旬部分县区开展人工增雨作业。入秋后降水持续偏少，导致田间含水量不断亏缺，缺墒面积增加明显，部分地区旱情逐步发展，局部高亢地区旱情较重。9月中旬至11月中旬，多晴少雨，中南部近70天累计雨量均不足20毫米，北部基本在40毫米以下。与常年同期相比，降水偏少6.9（涟水）~9.3（金湖）成，淮安、淮安区、盱眙、金湖和洪泽县区降水量创历史同期新低，涟水历史同期第三低。（尤　慧）

历史沿革

【民国以前】 国家历史文化名城淮安，早在6000年前就有先民们活动的踪迹，并留下载入史册的“青莲岗文化”。

夏商周时期，市境为“淮夷”“徐夷”聚居地。春秋战国时期，既有吴王夫差开凿的邗沟（即淮扬运河）沟通江、淮，又有陆上干道—善道通达南北。《淮系年表·序言》称包括市境在内的古淮河中下游地区“交通灌溉之利甲于全国”，成为列强争夺的重要地区，先后为吴、越、楚国所有。

秦统一六国后，推行郡县制。市境分属泗水郡和东海郡，始置县邑有淮阴（治今淮阴区马头镇）、盱眙（治今盱眙县城东北）、东阳（治今盱眙县马坝东南）。西汉年间，市境大体属临淮郡，又增置淮浦（治今涟水县西）、射阳（治今淮安区东南）、富陵（治今洪泽湖中）等县。东汉分属下邳国和广陵郡。

魏晋南北朝时期，市境长期处于战争和对峙的前沿，建置紊乱，隶属多变，今淮阴区区马头镇、淮安区淮城街道其时均为军事要塞，多设州郡治所，为边帅驻节之地。长年战乱带来的是“江淮之间，赤地千里”的凄惨景象，经济和文化遭到严重破坏。南齐永明七年（489），割直渎破釜以东，淮阴镇下流杂100户置淮安县，“淮安”之名始见。

隋唐五代时期，境内长期处于安定的环境，建置也较稳定，大抵淮北属泗州（治今盱眙县城北淮河对岸），淮南属楚州（治今淮安区淮城街道），经济得以持续发展和重新繁荣。楚州、泗州成为运河沿线的两座全国性名城，楚州更被白居易誉为“淮水东南第一州”。

北宋年间，境内较为太平，市境先属淮南路，分属楚州、泗州；后分淮南路为淮南东、西路，市境属淮南东路。南宋和金、元对峙时期，市境再度成为前线，为双方反复争夺，建置亦复紊乱多变。

元代，境内先后置淮东安抚司、淮东总管府、淮安路（治今淮安区淮城街道）。淮安路辖境包括今苏北地区大部和皖北一部。

明清时期，境内置淮安府。明代淮安府辖山阳、清河、安东、盐城、桃源、宿迁、沭阳、睢宁、赣榆、邳州、海州，共9县2州，范围包括今苏北五市绝大部分地域。其间，还有漕运总督、南河总督驻节淮安。漕运总督还经常兼巡抚江淮，节制淮（安）、扬（州）、庐（州）、凤（阳）四府及徐（州）、滁（州）、和（州）三州，管辖范围包括今江苏、安徽二省的长江以北广大地区。清末，一度设立江淮行省，淮安是江淮巡抚驻节之所，即省会所在地。

【民国时期】 民国元年（1912），淮安府撤销，市境大部始属淮扬道（道署设今清江浦区），后属淮阴行政督察区、第七行政督察区。抗日战争和解放战争时期，境内成为重要的根据地和解放区，中共中央华中局、新四军军部、中共中央华中分局、华中军区、苏皖边区政府等都曾驻境内。由于处在敌后环境，根据地和解放区的政区变化很大，头绪繁多，大抵分属淮海区、盐阜区、淮南区、淮北区。抗战胜利后至1946年9月的一年间，淮安是华中解放区的中心、苏皖边区的首府，时苏皖边区南界长江、北界陇海铁路、东至黄海、西至裕溪口一线，横跨苏皖豫鲁四省之境，辖53个县。1948年12月，市境全部解放。1949年5月，成立淮阴专区。

【中华人民共和国时期】 新中国成立后，淮阴专区先属苏北行政区，后属江苏省。经过1950年6月、1954年8月、1954年12月、1971年3月的几次区划调整，今市境始全属淮阴专区。1983年，淮阴专区改为淮阴市，辖宿迁、沭阳、灌南、泗洪、泗阳、涟水、淮阴、淮安、洪泽、盱眙、金湖11个县和清河、清浦两区，原辖县灌云划归连云港市。1987年，辖县淮安、宿迁改为县级市。1996年8月，宿迁、泗阳、沭阳、泗洪4县（市）从淮阴市析出，成立地级宿迁市，同时灌南县划归连云港市。2001年2月，淮阴市更名为淮安市，原县级淮安市改为淮安市楚州区，原淮阴县改为淮安市淮阴区。2012年2月23日，楚州区更名为淮安区。2016年，清河区、清浦区合并成立清江浦区，洪泽县更名为洪泽区。（荀德麟　周　平）

文　化

【概况】 淮安历史文化悠久，底蕴深厚，南北兼容，尤以运河文化为魂，形成开放包容心理和合作共赢的行为方式。

6000年前，在淮安青莲岗等地区就居住着氏族部落。他们会用石头、兽骨制作捕猎和生活用具，还会烧制陶器，有的红陶钵内壁还绘上彩色图案，这种文化形态被称为“青莲岗文化”，是江淮地区母系氏族社会繁荣阶段的文化典型代表。5000年前左右，在洪泽区的共和、盱眙县的管镇、涟水县的笪巷等地的母系氏族公社演变到父系氏族公社，制陶技术有了较大进步，男子在财产和家庭中处于支配地位，该文化形态与大汶口晚期文化相近。4000多年前，境内先民进入“龙山文化”时期。盱眙县的范家岗和涟水县的杨庄遗址显示，当时陶器普遍采用轮制，器壁厚薄均匀，造型优美，以黑陶为主。氏族成员内部出现明显贫富分化。

淮安民间文艺源远流长，战国刻文铜器中的击磬音乐、舞蹈，汉代画像石刻的吹箫、宴饮乐舞、百戏、杂技和铜戏俑及说书木俑等各种艺术形象，反映古代淮安文化艺术的灿烂。民间演唱艺术历史久远、形式多样，有秧田锣鼓、淮红调、淮海锣鼓、琴书、大鼓、清淮小曲、三括调、渔鼓、评书、评词、花船、花车、高跷、龙灯、跑驴、花鼓、花灯、抬（架）阁、莲花落、评话等。公元五、六世纪至清末民国初期,先后形成多个地方剧种。文学、书法、绘画、雕塑等历代都有名人佳作。

淮安地区人杰地灵,英才辈出。河下古镇在明清两朝,曾出过56名进士、160多名举人和贡生,河下"三鼎甲"更是成为传奇。历代主要名人有:韩信、枚乘、枚皋、梁红玉、龚开、吴承恩、吴鞠通、关天培、刘鹗、周恩来等。

【文学】 西汉淮阴人枚乘是汉大赋的开山鼻祖,被后人推崇为"文章领袖"。枚乘之子枚皋所作辞赋甚多,可读者120篇。东汉末"建安七子"之一的陈琳,善为诗赋,《饮马长城窟行》为其代表作之一。晚唐著名诗人赵嘏长于七律,有《渭南诗集》传世。北宋淮阴人张耒为"苏门四学士"之一,善诗文,存有诗集《柯山集》等。明代吴承恩创作神话小说《西游记》,为中国古代四大古典小说之一。清代大学者阎若璩长于诗文,曾一个晚上创作七言绝句百首,名为《陇右倡和诗》。著名古文家鲁一同,其诗"气象雄阔",今存《通甫诗存》。光绪年间,寓居淮安的刘鹗,创作《老残游记》,为晚清四大谴责小说之一。当代著名作家有陈白尘、吴强、陈登科、袁鹰、司马中原、张贤亮等。

【戏剧】 早在公元前206年,淮安地区就有表演艺人活动。后经长期发展,逐渐形成诸多地方戏曲剧种,先后有僮戏、泗州戏、淮海戏、淮剧、淮红戏、小调剧以及外地流入的京剧、吕剧、黄梅戏、越剧、扬剧等多个剧种。自清代起,民间戏班在淮安地区出现。至咸丰年间,清江浦观剧风气已大盛。清末民初,淮安地区各地方剧种民间班社日益增多,演出活动频繁,表演形式、唱腔等不断丰富。著名戏剧表演艺术家有:王瑶卿、周信芳、宋长荣、杨秀英等。

【歌舞曲艺】 早在古代,淮安民间举行大傩时,就跳傩舞,傩舞在秦汉时期盛行。迄今洪泽湖区尚流传独特的渔家傩舞——渔傩。长期以来,每逢佛事道场,巫人祭神弄鬼,均有以娱神为目的的歌舞。淮安说唱艺术历史悠久,盱眙东阳曾出土有汉末新莽时期的说书木俑。唐元和年间,淮阴有曲艺女艺人刘彩春演唱甚佳。明代中叶以后,以两淮民歌为主要形式的清淮小曲在清江、淮安民间兴起。光绪年间,清淮小曲发展极盛,多流行于酒楼茶馆。清代中后期,琴书和淮海锣鼓艺术开始形成。清末民初,诸多曲种得到发展,淮海锣鼓分为郯门等四大门派。主要曲种有淮海锣鼓、琴书、清淮小曲、苏北大鼓、扬州评话等。

【非物质文化遗产】 淮安市历史悠久,地当京杭大运河与淮河交汇处,历史上有"南船北马""九省通衢"之称,南北文化在此交汇融合,在长期的历史发展进程中,形成独具特色的地域文化,留下丰富的非物质文化遗产。至2019年底,淮安市有市级以上非物质文化遗产202项,其中国家级6项、省级33项、市级163项。6项国家级非物质文化遗产名录中,传统音乐2项:楚州十番锣鼓、金湖秧歌;传统歌舞1项:洪泽湖渔鼓;传统戏剧3项:淮海戏、京剧、淮剧。有国家级非物质文化遗产项目代表性传承人4人,分别是杨秀英(淮海戏)、宋长荣(京剧)、张中祥(金湖秧歌)、荣光辉(淮剧);省级非物质文化遗产项目代表性传承人10人,分别是周宝洪(淮安区十番锣鼓)、张玉珍(金湖秧歌)、蒋寒松(洪泽湖渔鼓舞)、魏佳宁(淮海戏)、刘兆湘(洪泽湖木船织造技艺)、吕洪玉(洪泽湖渔具制作技艺)、吴建峰(高沟酒酿造技艺)、金矿(南闸民歌)、魏年喜(楚州文楼汤包制作技艺)、阙宋巧英(阙氏膏药制作技艺);市级非物质文化遗产项目代表性传承人236人。 (周永达)

淮安市省级非物质文化遗产名录表

表1

项目类别	项目名称	申报地区或单位	批次	公布时间
民间文学(5项)	巫支祁的传说	洪泽县	第二批	2009年6月20日
	水漫泗州城传说	洪泽县、盱眙县	第二批	2009年6月20日
	韩信的传说	淮阴区文联	第一批	2007年3月24日
传统音乐(1项)	南闸民歌	淮安市楚州区	第二批	2009年6月20日
传统舞蹈(3项)	竹马(淮阴马头灯舞)	淮安市淮阴区	第二批	2009年6月20日
	莲湘(闵桥莲湘)	金湖县	第三批	2011年9月2日
传统戏剧(3项)	香火戏(金湖香火戏)	金湖县	第二批	2009年6月20日
曲艺(3项)	工鼓锣(淮海锣鼓)	涟水县文化馆	第一批	2007年3月24日
	苏北琴书	涟水县	第二批	2009年6月20日
传统美术(1项)	剪纸(金湖剪纸)	金湖县	第三批	2011年9月2日
传统技艺(11项)	洪泽湖渔具制作技艺	洪泽县	第二批	2009年6月20日
	淮安茶馓制作技艺	淮安市	第二批	2009年6月20日
	汤包制作技艺(楚州文楼汤包制作技艺)	淮安区	第二批	2009年6月20日
	平桥豆腐制作技艺	淮安区	第二批	2009年6月20日
	传统木船制造技艺(洪泽湖木船制造技艺)	洪泽县	第二批	2009年6月20日
	蒸馏酒制作技艺(高沟酒酿造技艺)	涟水县	第二批	2009年6月20日
	钦工肉圆制作技艺	淮安区	第三批	2011年9月2日
传统医药(3项)	阙氏膏药制作技艺	淮安区	第三批	2011年9月2日
民俗(2项)	洪泽湖渔家婚嫁习俗	洪泽县	第二批	2009年6月20日
合计	33项(水漫泗州城传说分于两个地区,为两个项目)			

【方言】 淮安方言属江淮方言。淮安市区自古以来，就是运河沿线上的交通重镇，人文荟萃，商贾云集，南北方言交会，因此，境内方言兼有南方方言和北方方言的特点，尤其在语音方面，具有南北方言的过渡性。境内各县（区）方言差异不大。

淮安方言与普通话相比，在语音方面，主要特点有三个。声调方面，普通话声调有四个，阴平、阳平、上声、去声。淮安方言声调比普通话多一个，保留了古入声。入声声调带有明显的侯赛音。声母方面，舌边音“l”和鼻音“n”不分。鼻音“n”声母字，大都读成舌边音“l”声母；舌尖音“z”“c”“s”和舌根音“zh”“ch”“sh”不分。舌根音“zh”“ch”“sh”声母字，大都读成舌尖音声母。韵母方面，主要是舌尖音“en”“in”和舌根音“eng”“ing”不分。只有舌尖音，没有舌根音。舌根音韵母字大都读成舌尖音韵母。还有，普通话中的复元音韵母，在本方言中有单元音化的趋势。

淮安方言，在词汇和语法方面，虽然跟普通话差异不大，但也有其自身的一些特点。比如，亲属称谓，普通话称“父亲”叫“爹”，而淮安方言称“父亲”叫“爷”“爸”“大”，称“祖父”才叫“爹”。普通话讲，“我非去不可”，淮安方言通常都说成“我非去”。普通话说“给我一本书”，淮安方言说成“给本书我”。由于地域性的关系，淮安方言各县（区）之间乃至县（区）内部东南西北之间都存在着一定的差异。 （杨义春）

区　划

【行政区划】 淮安市是江苏省省辖市，下辖清江浦、淮阴、淮安、洪泽4区和涟水、盱眙、金湖3县。淮安经济技术开发区、淮安工业园区计划单列，统计单独列统。至2019年末，全市有57个镇、38个街道，1494个行政村、198个居委会。 （徐　俊）

2019年淮安市行政区划统计表

表2

县区	类别	名　称
清江浦区	镇	黄码镇、和平镇
	街道	府前街道、水渡口街道、长东街道、长西街道、淮海街道、柳树湾街道、清河街道、清浦街道、闸口街道、清江街道、浦楼街道、城南街道、武墩街道、盐河街道
淮安经济技术开发区	街道	钵池街道、南马厂街道、徐杨街道、枚乘街道
淮安区	镇	平桥镇、石塘镇、朱桥镇、施河镇、车桥镇、流均镇、博里镇、复兴镇、苏嘴镇、钦工镇、范集镇、漕运镇、顺河镇
	街道	淮城街道、河下街道、山阳街道
淮阴区	镇	马头镇、渔沟镇、淮高镇、丁集镇、徐溜镇、刘老庄镇、南陈集镇、三树镇、高家堰镇
	街道	王家营街道、长江路街道、新渡口街道、古清口街道
洪泽区	镇	蒋坝镇、岔河镇、西顺河镇、三河镇、老子山镇、东双沟镇
	街道	高良涧街道、朱坝街道、黄集街道
涟水县	镇	高沟镇、南集镇、岔庙镇、红窑镇、黄营镇、大东镇、唐集镇、石湖镇、梁岔镇、成集镇、五港镇、东胡集镇
	街道	涟城街道、朱码街道、陈师街道、保滩街道
盱眙县	镇	马坝镇、官滩镇、桂五镇、管仲镇、河桥镇、鲍集镇、黄花塘镇、淮河镇、天泉湖镇、穆店镇
	街道	盱城街道、太和街道、古桑街道
金湖县	镇	金南镇、塔集镇、银涂镇、前锋镇、吕良镇
	街道	黎城街道、戴楼街道、金北街道

（徐　俊）

人　口

【概况】 2019年，淮安市人口总量小幅增长。年末常住人口493.26万人，比上年增加0.76万人，其中城镇常住人口313.22万人，常住人口城镇化率63.50%。常住人口出生率9.98‰，死亡率7.5‰，人口自然增长率2.48‰。年末户籍人口560.47万人，其中男性287.59万人，女性272.88万人。

【民族】 2019年，淮安市有47个少数民族成分，常住少数民族人口约1.9万人，占淮安总人口的0.32%。常住人口中回族人口1.1万人，约占少数民族总人口的三分之二。其他少数民族中，百人以上的民族有7个，分别为苗族、彝族、壮族、布依族、满族、土家族、哈尼族；百人以下的民族有33个，分别为蒙古族、藏族、维吾尔族、朝鲜族、侗族、瑶族、白族、哈萨克族、傣族、黎族、傈僳族、佤族、畲族、高山族、拉祜族、水族、东乡族、纳西族、景颇族、土族、达斡尔族、仫佬族、羌族、布朗族、撒拉族、仡佬族、锡伯族、阿昌族、普米族、怒族、鄂温克族、保安族、独龙族。除回族属早期迁居外，其他少数民族大都是改革开放后婚嫁到淮安市的。 （市民宗局）

2019年淮安市户籍人口情况表

表3

地区	年末总户数（万户）	年末户籍人口（万人）			出生人口（万人）	死亡人口（万人）
			男	女		
全市	168.27	560.47	287.59	272.88	4.26	3.25
市区	103.12	333.72	171.34	162.39	2.67	1.93
淮安区	32.42	114.24	59.43	54.81	0.83	0.77
淮阴区	28.48	90.60	47.58	43.02	0.71	0.55
清江浦区	20.17	57.48	28.60	28.88	0.52	0.26
洪泽区	11.55	36.55	18.38	18.17	0.22	0.21
开发区	6.03	18.90	9.43	9.47	0.23	0.07
工业园区	0.51	2.29	1.13	1.16	0.02	0.01
生态新城	2.93	9.70	4.82	4.88	0.12	0.03
盐化新区	1.03	3.95	1.96	1.99	0.03	0.03
涟水县	31.01	112.50	58.29	54.21	0.77	0.56
盱眙县	21.77	79.67	40.68	38.99	0.59	0.47
金湖县	12.38	34.59	17.29	17.30	0.23	0.28

2019年淮安市常住人口情况表

表4

地区	年末常住人口（万人）			出生率（‰）	死亡率（‰）	人口自然增长率（‰）	城镇化率（%）
		城镇人口	乡村人口				
全市	493.26	313.22	180.04	9.98	7.50	2.48	63.50
市区	309.58	207.85	101.73	10.00	7.36	2.85	67.14
淮安区	94.79	51.61	43.18	10.79	7.93	2.99	54.45
淮阴区	78.43	43.48	34.95	10.68	7.86	3.34	55.44
清江浦区	65.99	58.08	7.91	8.84	7.28	1.62	88.01
洪泽区	33.11	18.72	14.39	8.62	7.01	1.83	56.54
开发区	22.28	22.28	0.00	9.69	6.03	3.71	100.00
工业园区	2.29	2.29	0.00	9.56	5.66	4.06	100.00
苏淮高新区	3.15	2.43	0.72	9.30	5.94	3.38	77.19
生态文旅区	9.54	8.96	0.58	10.41	3.49	6.89	93.91
涟水县	84.84	47.04	37.80	10.56	7.96	3.26	55.44
盱眙县	65.60	39.42	26.18	9.99	7.81	2.38	60.09
金湖县	33.24	18.91	14.33	8.21	7.32	1.30	56.90

2012—2019年淮安市户籍人口和常住人口对比表

表5　单位：万人

	2012年	2013年	2014年	2015年	2016年	2017年	2018年	2019年
户籍人口	546.81	552.96	560.25	564.45	567.56	560.90	561.33	560.47
常住人口	480.30	482.69	485.21	487.20	489.00	491.40	492.50	493.26
差距	66.51	70.27	75.04	77.25	78.56	69.50	68.83	67.21

（市统计局）

风景名胜

国家AAAAA级旅游景区

【概况】 2015年10月15日，全国旅游资源规划开发质量评定委员会正式发布公告，淮安市周恩来故里旅游景区达到国家AAAAA级旅游景区标准，批准为国家AAAAA级旅游景区。周恩来故里景区成为苏北地区第一家国家AAAAA级旅游景区。该景区主要包括周恩来纪念馆、周恩来故居、河下古镇景点等。

【周恩来纪念馆】 位于淮安区北门外桃花垠，1992年1月16日落成，邓小平题写馆名。1998年增建仿北京中南海西花厅和周恩来铜像广场，铜像上“周恩来同志”5字由江泽民题写。2008年，增建周恩来生平业绩陈列馆和西花苑碑园。纪念馆四面环水，馆区总面积40余万平方米，其中70%为水面，建筑面积1.5万平方米。在纪念馆南北800米长的中轴线上，依次有瞻仰台、纪念馆主馆、附馆、周恩来铜像和仿北京中南海西花厅等纪念性建筑。此外，还有岚山诗碑、海棠林、海棠路、樱花路、五龙亭、怀恩亭、西厅观鱼等景点。

【周恩来故居】 位于淮安区驸马巷内，由东西相连的两个宅院组成。1979年3月5日，正式对外开放。1984年12月11日，邓小平题写“周恩来同志故居”匾额。1988年1月，被国务院公布为全国重点文物保护单位。1996年，被国家教委、民政部、文化部、文物局、共青团中央、解放军总政治部命名为“全国中小学爱国主义教育基地”。2005年，被列入全国百家红色旅游经典景区。

【河下古镇】 有2500年以上的历史，曾诞生巾帼英雄梁红玉、大文学家吴承恩等历史名人。明清两代这里曾出过67名进士，有“进士之乡”之称，文化底蕴深厚。整个街区仍保持明清时建筑风格，80%以上的民居系民国以前的砖木结构，清代以前的建筑占

周恩来故里旅游景区河下古镇　　市文化旅游局　供图

70%以上，石板路面占90%，历史风貌基本保存完好。具有代表性的街、巷、桥有湖嘴大街、估衣街、花巷、茶巷、罗家桥等。河下镇内还有一批文物保护单位和一批古迹保存完好，有吴承恩故居、左忠壮公祠、清真寺古文楼等。另有一批保存较完好的明清风格的名人故居和传统民居及会馆，如汪廷珍故居、吴鞠通故居、夏曰瑚宅等。

国家AAAA级旅游景区

【概况】 至2019年底，淮安市有AAAA级景区16个，分别是铁山寺国家森林公园、第一山公园、黄花塘新四军军部纪念馆、古淮河文化生态景区、淮安市博物馆、淮安府署、漕运博物馆、里运河文化长廊·清江浦景区、吴承恩故居、新四军刘老庄连纪念园、洪泽湖古堰景区、涟水五岛湖旅游区、金湖荷花荡景区、涟水今世缘旅游景区、西游记文化体验园·龙宫大白鲸世界、金湖水上森林景区。

【铁山寺国家森林公园】 位于苏皖交界处，是江苏省保存最好、面积最大的野生动、植物王国。61.58平方千米的次生林海和群山环抱、水质纯净、9平方千米的天泉湖，构成了极其独特的小气候环境。铁山寺国家森林公园繁衍生息着40多种野生动物，170多种鸟类，280多种高等植物，800多种中草药，其中绝大多数为南北地域边缘物种，是天然的动植物基因库。区域内山、林、泉、湖、石、洞自然造化，佳景天成。公园内建于东汉末年，毁于战火的铁山禅寺已经修复，还建有中科院紫金山天文台观测基地和天文科普园、侏罗纪乐园、孔雀国际俱乐部、学生素质教育基地，适合休闲旅游和开展科普主题旅游和实践教学。

【第一山公园】 位于盱眙县城，原名南山，因盛产都梁香草，又名都梁山。北宋年间，书画家米芾行至此处，忽见秀山，欣然赋诗《第一山怀古》：“京洛风尘千里还，船头出汴翠屏间。莫论衡霍撞星斗，且是东南第一山”，并大书“第一山”三个大字，从此南山易名第一山。第一山景色秀美，以一山占河山之奇秀，有林、泉、亭、宇之玲珑，融儒、佛、道于一体。它还是一座历史文化名山，为纪念孔子的后裔汉朝孔安国来此做临淮太守，后世创立崇圣书院，清代为敬一书院，文人墨客极为推崇。宋元以来，众多的文人墨客、翰林学士、官府政要都慕名而到，留下大量的碑刻和摩崖题刻，其中不乏苏轼、陆游、杨万里、米芾等名家之作。园内的“第一山题刻”为全国重点文物保护单位，有极高的历史价值与艺术价值。园内现存建筑包括大成殿、淮山堂、翠屏堂、春昼亭、玻璃泉亭、明伦堂、第一山题刻陈列室、摩崖石刻保护廊等。

【黄花塘新四军军部纪念馆】 位于盱眙县黄花塘镇，占地6000平方米。黄花塘原来只是一个默默无闻的小村庄，但它在波澜壮阔的中国革命史上写下了辉煌篇章。1943年年初到1945年年初，在全国抗日战争由相持转入反攻的关键阶段，新四军军部移驻黄花塘。陈毅、张云逸、饶漱石、罗炳辉、赖传珠、曾山等人在艰苦卓绝的条件下，运筹帷幄，指挥抗日，粉碎了日伪军的“扫荡”“清乡”和国民党顽固派的磨擦、进攻，在苏、皖、浙、鄂、豫五省开辟8个敌后抗日根据地，在日军统治的心脏地区插上一把尖刀，使华中地区成为对敌斗争的主战场。

【古淮河文化生态景区】 位于淮安市清河新区内，2006年开工建设，2008年6月整合启动。景区围绕生态和休闲主题，通过对滨河绿地系统开发与改造，挖掘古淮河生态、景观、娱乐、

第一山雪景　　市文化旅游局　供图

休闲等方面潜能与优势，为广大市民打造一个集运动、休闲、旅游、观光和娱乐于一体的生态型园林景区，景区还是全国低碳旅游示范区、江苏自驾游基地。景区占地面积126.67公顷，主要景点有：古淮河生态公园、中国淮扬菜文化博物馆、中国西游记博览馆、古淮楼—江淮婚俗馆、长荣大剧院—荀派艺术馆、淮安运动乐园、清江浦文化馆、清河生态美食城、白鹭湖山庄、青龙湖国际健身会所、淮安国际摄影馆和淮河老街等。

【淮安市博物馆】 创建于1959年，是一座综合性历史博物馆，是文物收藏、陈列和考古研究中心。馆藏文物丰富，分陶瓷器、玉石器、青铜器、钱币、书画等诸多门类。其中，尤以1978年高庄战国墓出土的刻纹青铜器、青铜马车饰件、双囱原始瓷带盖熏炉等战国重器，2004年运河村战国墓出土的木雕鼓车，徐伯璞1984年捐赠的近现代名家书画为馆藏特色。新馆于2006年改扩建完工，总建筑面积1.2万平方米。有文物13199件，其中国家一级文物140件、二级文物112件、三级文物895件。

【淮安府署】 位于淮安区东门大街，始建于南宋，初为五通庙，元代为沂郯万户府，明初改建为府署，清咸丰初遭火灾后修建。府署占地1万多平方米，有房屋300余间，大堂体量为全国之最。淮安府署是中国保存较为完好的两座知府衙门之一，为研究中国古代衙门文化提供重要的实物标本。

【漕运博物馆】 京杭大运河是明清时期国家经济大动脉，漕运是当时交通运输、物资流通、经济往来的主要形式，国家管理漕运的最高机构——漕运总督就设在现在的淮安区。淮安漕运总督署遗址是2002年中国重大考古发现之一。中国漕运博物馆与漕运总督署遗址相整合，于2011年4月建成，总建筑面积6300平方米。馆内集中陈列古代漕运（运河水上运输）工具及附属遗留物品，漕运总督府内工作与生活用品，曾经担任漕运总督及其他漕运官员的信函、书札、墨迹及生活用品，以及历代有关漕粮流通的记录、证券、量具、代用品，向世人完整展现漕运古迹和历史。

【里运河文化长廊·清江浦景区】 位于里运河文化长廊"起、承、转、合"四大片区的"起点"地段，西至清江大闸，东到越秀桥，南边至轮埠路，北边至圩北路南。景区内有淮安地标性建筑清江浦楼、国师塔、"南船北马，舍舟登陆"石碑，有清江浦记忆馆、淮安戏曲博物馆、淮安名人馆、陈（瑄）潘（季驯）二公祠（兼大运河名人馆）、吴公祠、斗姥宫、名人故居等博物馆群，占地面积12.44万平方米，建筑面积1万平方米。集中展现淮安作为"运河之都、伟人故里、文化名城、戏曲之乡"的深厚文化底蕴。2018年接待游客79.01万人次。是国家级水利风景区、江苏省十大新景区、美团优选最佳人气景区、最美中国文化魅力景区、中华文化海外交流基地。

【吴承恩故居】 位于淮安区河下古镇打铜巷内，是全球首部立体电视剧《吴承恩与西游记》的拍摄基地。故居由故居本体、吴承恩生平陈列厅、玄奘纪念堂、美猴王世家艺术馆、六小龄童工作室5个部分组成，是国内唯一综合展示西游记文化和纪念吴承恩的场所。故居占地面积15000平方米，建筑面积3800平方米，为明代风格的古典建筑群。

【新四军刘老庄连纪念园】 始建于1955年，为纪念1943年3月新四军三师七旅十九团二营四连八十二名英勇牺牲的指战员而建。纪念园坐落在淮阴区刘老庄乡境内，占地32公顷，绿化覆盖率75%，主要纪念设施有八十二烈士墓、八十二烈士纪念馆、壮志亭、八十二烈士纪念碑及广场、碑廊、廊柱、八十二棵青松、红星广场、浴血刘老庄主题战壕、张芳久烈士纪念碑、无名烈士墓、淮阴散葬烈士集中安葬区（慰烈工程）、刘皮街阻击战纪念亭、刘老庄八十二烈士纪念林等。是国家级抗战纪念设施、国家级国防教育示范基地、全国红色旅游经典景区，省级烈士纪念建筑物保护单位、省级文物保护单位、省级爱国主义教育基地，年均接待参观游客50万人次以上。

【洪泽湖古堰景区】 洪泽湖古堰景区位于中国第四大淡水湖——洪泽湖畔。景区主要包括洪泽湖大堤、水釜城、渔人湾、欢乐园四大旅游片区，是融文化体验、养生休闲、大湖观光、森林探秘、现代游乐于一体的综合性生态文化旅游景区。至年底，景区内建成水釜城、中国印博物馆、中国掼蛋乐园、防震减灾体验馆、1000米长古堰梅堤等景点；提升洪泽湖碑、周桥大塘、信坝遗址等景点品质，推进洪

里运河文化长廊清江浦景区　　市文化旅游局　供图

泽湖渔文化博物馆、城市立体公园等新建项目进程。

【涟水五岛湖旅游景区】 涟水五岛湖旅游区位于涟水县城中心，包括五岛湖公园、能仁寺景区、涟水县博物馆三大板块，占地面积约65.9公顷，是融合人文自然、历史文化、名人文化、佛禅文化于一体的复合型旅游度假区。其中五岛湖公园建于1930年，园内夕照山被省政府批准设立“夕照山省级黄嘴白鹭自然保护区”；能仁寺始建于唐初，距今有1300多年历史，是集宗教朝觐、旅游休闲于一体的佛教圣地；涟水县博物馆全面展现涟水历史、文化、民族、民俗文化，是涟水标志性文化建筑。

【金湖荷花荡景区】 金湖荷花荡景区位于金湖县闵桥镇境内高邮湖畔，总面积800公顷，有精品荷花品种200种。每年荷叶生长、荷花盛开时，景区内碧叶连天、荷花万顷。是全球最大、品种最全、花期最长的观荷园，是中国荷文化传承基地、国家水利风景区、全国农业旅游示范区。建成少游憩园、荷博园、百荷园、百莲园、水上亲子乐园、荷仙广场、荷文化体验馆、水草世界、农事体验馆等数十个景点。建有星·塘度假村、观湖楼、燕来居等餐宿配套设施。

【今世缘旅游景区】 今世缘旅游景区是以“酒文化”“缘文化”为主题，融酿酒历史文化、科普教育、休闲购物为一体的综合型特色工业文化旅游景区，包括高沟酒非遗保护区、全国工业旅游示范点两大旅游体验板块。高沟酒非遗保护区位于镇区中心地带，是今世缘旅游景区的核心区。高沟酒非遗保护区有酒缘广场、天泉景观、酒源文化馆、制曲工艺展示区、粉碎工艺展示区、蒸馏工艺展示区、传统酿酒设备展示区、老窖池及窖池形成区、消费者自助酿酒体验区等主要景点。与展陈酒文化的高沟酒非遗保护区遥相呼应的，是以缘文化为主要内容的今世缘全国工业旅游示范点提升区，包括今世缘文化广场、今世缘展示中心、中国白酒智能化酿造示范车间、今世缘光伏发电旅游平台、今世缘美酒银行、“今世缘·等着我”展示馆等核心景点。

【西游记文化体验园·龙宫大白鲸世界】 2018年8月31日，西游记文化体验园·龙宫大白鲸世界通过国家AAAA级旅游景区评定，成为国家AAAA级旅游景区。西游记文化体验园·龙宫大白鲸世界是省市重点打造的旅游项目，由欢乐世界、极地海洋馆、嬉水乐园三个部分组成，以西游记中龙宫为主题元素，是集海洋生态文化、水上游乐设备、文化秀场和虚拟情景等多种新型娱乐体验于一体的主题游乐项目。项目于2017年6月全面运营，先后获评全国优选旅游项目、江苏省重点旅游项目、江苏省十大新景区等。

【金湖水上森林景区】 2018年12月20日，金湖水上森林景区通过国家AAAA级旅游景区评定，成为国家AAAA级旅游景区。金湖水上森林景区总占地面积约800公顷，位于金湖县银涂镇境内，南邻高邮湖，北接宝应湖，有“池杉王国、鸟类天堂、天然氧吧”之称，是集观光休闲、度假养生、田园文创于一身的大型森林综合体。300多公顷池杉林、200多公顷芦苇荡生活着大量鸟类、水生动物、喜阴植物、微生物。景区坚持“保护自然，融入自然”理念，竣工开放的一期项目有白鹭展翅游客中心、森林之门、森林有轨小火车、清镜江湖、森林部落、森林食驿、树梢王国、房车营地等景点和服务配套设施。 （方宏伟）

全国重点文物保护单位

【概况】 至2019年底，淮安市有全国重点文物保护单位13处，分别是明祖陵、泗州城遗址、文通塔、苏皖边区政府旧址、洪泽湖大堤、青莲岗遗址、月塔、京杭大运河·淮安段、淮安中共中央华中分局旧址以及周恩来故居、第一山题刻、淮安府署、黄花塘新四军军部旧址（以上四单位介绍见“国家AAAA级旅游景区”）。

【明祖陵】 明祖陵是明朝开国皇帝明太祖朱元璋之高祖、曾祖、祖父的衣冠冢及其祖父的实际葬地，位于盱眙县淮河镇明祖陵村，距盱眙县城20千米左右。明祖陵原有殿庑、金门、玉桥、厨库、井亭、宰牲所、拜斋、宿直房、铺舍、碑亭、仪从等，栽植柏树万株，神道全长250多米，两侧立望柱2对，石像19对，并有祭田149顷，规模宏大，气势不凡。明祖陵坐落在洪泽湖西畔的淮河入湖处，泗州城被湖水淹没时，明祖陵也一起被吞没于湖水之中。1964年春旱时露出水面，1996年被国务院公布为第四批全国重点文物保护单位。

【泗州城遗址】 位于盱眙县淮河镇境内。泗州城始建于唐长安四年（704），原为临淮县城，唐开元二十三年（735），始为泗州州治，唐宋时期是淮河中下游的一座重要都市，它扼守淮河两岸及南北大运河由淮河入汴河的北端口岸，具有突出的战略、

水上森林公园鸟瞰 李义海 摄

明祖陵神道　　市文化旅游局　供图

交通和经济地位。南宋以后，夺汴入淮，泗州城屡遭水灾，黄河清康熙十九年（1680），遭洪水灭顶之灾，至康熙三十五年（1696），全城彻底被泥沙埋没。2012年曾做过考古发掘，因保护经费、技术等问题，进行回填。

【文通塔】 位于淮安区古城西北隅勺湖公园内，西临运河。原名尊胜塔，始建于唐景龙二年（708），明崇祯二年（1629）重修时因其旁有文通寺而改名为文通塔，此后又曾多次重修。清康熙七年（1668）郯城大地震时，文通塔仅余2层，后来重建时只修了7层。现塔系砖结构，无梁柱，高30.5米，七层八角，外形为黄身青檐。1982年，被列为江苏省文物保护单位。2013年，被列为全国重点文物保护单位。

【苏皖边区政府旧址】 位于淮安市淮海南路30号。苏皖边区政府是中国共产党领导的苏中、苏北、淮南、淮北四大解放区的民主联合政府，1945年11月1日在淮阴城成立。边区政府成立后，为华中和全国解放做出巨大贡献。旧址现存两个院落，占地面积6700平方米，保存砖木结构、古色古香的房屋48间。

【洪泽湖大堤】 古称高家堰、捍淮堰，始建于东汉建安五年（200），完工于明、清时期，现存堤长70.4千米，是中国水利史上沿用时间最长、修建时间最长的水利设施之一。洪泽湖大堤自建堤后，防洪排涝功能始终居于重要地位，是淮河中下游地区10多座城市防洪排涝的安全屏障，被誉为“水上长城”。

【青莲岗遗址】 位于淮安区宋集乡。青莲岗文化是江淮流域距今六七千年的新石器文化类型，属于母系氏族向父系氏族社会过渡的阶段，因20世纪50年代首先发现于淮安区宋集乡青莲岗而得名。遗址中发掘出大量石器工具、陶器、陶片、炭化后的籼稻粒、兽骨、带纹芦席等物品，说明祖先已过着定居生活并有着相当进步的手工制造技术。

【月塔】 位于涟水县唐集镇月塔村，又称缺塔、橛塔、薛塔、法济塔。在法济寺门外，高七级，有门可登。月塔为仿木结构砖塔，高约16米，塔下有0.45米高的台基。该塔被鉴定为宋塔。

【京杭大运河·淮安段】 2014年6月22日，中国大运河被列入《世界遗产名录》。淮安位于大运河和淮河交汇处，在大运河发展史上有着特别重要的地位，是大运河申遗的主要城市之一。淮安涉及申报的遗产有清口枢纽和漕运总督遗址，包含一段河道和五处遗产点。河道是淮扬运河淮安段，全长46千米，含里运河、里运河故道、古黄河、中运河和张福河；遗产点为清口枢纽、双金闸、清江大闸、洪泽湖大堤、总督漕运公署遗址。申报遗产面积3979公顷，缓冲区面积6289公顷，总计10268公顷。

【淮安中共中央华中分局旧址】 位于楚州中学南校区内。1945年10月，中共中央华中分局在此成立，并驻有一年时间，现存的淮师东楼、中楼即为当年华中分局的办公楼。旧址内的礼堂、西楼和南楼先后于50年代、70年代、80年代改建或重建，唯有东楼和中楼仍保持原貌。1985年5月，旧址被淮安县人民政府公布为首批县级文物保护单位；1987年9月，被淮阴市人民政府公布为淮阴市第一批文物保护单位；1995年4月，被江苏省人民政府公布为第四批江苏省文物保护单位。2019年10月，被国务院公布为第八批全国重点文物保护单位。

（方宏伟）

淮安美食

【概况】 淮安与扬州同为淮扬菜的主要发源地，淮安菜（淮菜）是淮扬菜的主要分支。2002年9月，淮安市被中国烹饪协会命名为“淮扬菜之乡”。淮安地处淮河下游，江淮腹地，东临黄海，境内湖泊众多，原野广袤，四季分明，气候温和，古来就是鱼米之乡，《尚书·禹贡》云“淮夷蠙珠暨鱼”。水土物产为淮安人创制美味佳肴提供了物质基础。淮安美食历史源远流长，其始于春秋，兴于隋唐。西汉时，汉赋大家枚乘在《七发》中有笋蒲脍制小牛腹腴等淮地精美菜肴的描述。唐代的酒焖黄鸡、宋代的清蒸淮白鱼等佳肴在李白、苏轼、杨万里等文人雅士的诗文中也有赞誉。明、清时期，漕运总督、河道总督，户部分司、工部分司、淮北盐运分司和淮关监督驻节淮安，官署林立，豪商云集，大大推高了淮安的消费水平，促进了淮菜的创新发展。明万历《淮安府志》载：“淮安饮食华侈，制度精巧，市肆百品，夸视江表。”清康熙《淮安府志》则云：“涉江以北，宴会珍错之盛，淮安为最。”《清稗类钞》也云：“肴馔之有特色者，为京师、山东、四川、广

淮安美食——钦工肉圆（左上）、平桥豆腐（右上）、蒲菜冷盘（左下）、软兜长鱼（右下）

东、福建、江宁、苏州、镇江、扬州、淮安。”并记载了淮安名庖创治的“全羊席”“全鳝席”。因淮安、扬州两地相邻，菜肴风格口味相近，又经长期相互渗透、交流、融合，逐渐形成统一的风味流派，清末民初，国人名之为“淮扬菜”，成为与鲁菜、川菜、粤菜齐名的四大菜系之一。

为了传承光大淮扬菜文化，振兴淮扬菜产业，2002~2013年，淮安市连续举办12届中国淮扬菜美食文化节。2009年10月，中国淮扬菜文化博物馆建成开馆，是全国最大的以菜为主题的文化博物馆。2010年10月，淮安市淮扬菜美食文化研究会成立。2011年底，成立全国唯一以八大菜系名称命名的“国字号”集团——中国淮扬菜集团股份有限公司。2012年5月，成立淮安市振兴淮扬菜文化产业工作委员会；8月，建设淮扬菜文化产业园，作为淮扬菜产业发展的平台和基础。2018年4月，举办中国（淮安）国际食品博览会，淮安市被中国食品工业协会授予“中国食品名城”称号。

【淮菜特点】 淮菜特点是和、精、清、新。和，就地取材，以淮产烹淮菜，不伤天和；崇尚养生，组配谐和；口感适中，南北咸宜，味众至和。精，讲究选料、前期加工和刀工技法；善用火候，因料而异，炖、焖、煨、焐、蒸、烧、炒皆长；菜品形态精致，滋味醇和，百味各异。清，崇尚本味，原汁原味；崇尚本色，以味取胜；崇尚清淡爽洁，“浓厚而不油腻”，“清鲜而不淡薄”；崇尚“一席半斋”，简朴而不粗陋，精洁而不奢华。新，选料注重鲜活，菜依月令，时鲜野蔬，清爽宜人；传承创新，博采众长。

【名菜名点】 淮菜现存名菜有软兜长鱼、炝虎尾、生炒蝴蝶片、叉烤长鱼方、白煨脐门、大烧马鞍桥、码头汤羊肉、黄集炖羔羊、雪冬野鸭、淮杞炖乳鸽、虾蟹狮子头、钦工肉圆、涟水鸡糕、高沟捆蹄、河蚌咸肉、清蒸白鱼、生熏白鱼、风白鱼、酸汤鱼圆、萝卜丝鲫鱼汤、洪泽烧鹅、文楼涨蛋、清炖马蹄鳖、白煮淮鲇、乌龙鳜鱼、盱眙十三香龙虾、金湖蒜泥龙虾、洪泽小鱼锅贴、水晶虾饼、江淮一品盅、白炮虾仁、樱桃肉、香葱扒鸭、凤还巢、朱桥甲鱼羹、平桥豆腐羹、虾仁翡翠羹、鸡油菇心、开洋扒蒲菜、鸡油烩蒲菜、淮山药羹、大煮干丝等。名点有文楼汤包、淮饺、烫面饺、淮安茶馓、盖浇面、阳春面、蒲菜三鲜饺、八宝烧卖、四喜春饼、淮点三春等。 （周 平）

经济社会发展

【经济规模】 2019年，淮安市实现地区生产总值3871.21亿元，按可比价计算，比上年增长6.6%。全市实现一般公共预算收入257.31亿元，比上年增长4.1%。一般公共预算支出529.13亿元，增长8.7%。交通投资加快增长。全年完成交通基础设施建设投资155.03亿元，比上年增长15.7%。年末全市金融机构本外币存款余额4137.49亿元，比上年增长12.5%。金融机构本外币贷款余额3861.8亿元,增长16.6%。徐宿淮盐铁路、连淮扬镇铁路连淮段建成通车,宁淮城际铁路开工建设,圆了淮安人民的高铁梦。全长48公里的市区内环高架一次成环,标志着淮安进入“双高”时代。从重点工业项目看,新开工超亿元项目367个、新竣工243个,同比分别增加116个、42个。新开工超10亿元项目39个,其中竣工8个,比上年分别增加14个、3个,再创历史新高。全市实现社会消费品零售总额1334.49亿元,同比增长7.7%,增速高于全省平均水平1.5个百分点,居全省第四、苏北第二。

【经济结构】 产业结构 2019年,淮安市第一产业增加值386.20亿元,增长3.3%;第二产业增加值1617.18亿元,增长7.1%;第三产业增加值1867.83亿元,增长6.8%。三次产业结构比例为10.0∶41.8∶48.2,第三产业增加值占GDP比重较上年提升0.3个百分点。农业结构优化升级。“三特”产业产值411.7亿元,占农业总产值比重59.2%。“三新一特”优势特色产业工业总产值比上年增长6.0%,占规模以上工业总产值比重44.2%。其中,新一代信息技术、盐化凹土新材料、新能源汽车及零部件、食品产业工业总产值分别增长9.5%、0.4%、26.6%、3.9%。全年新设外资项目139个,实际到账注册外资10.49亿美元,其中制造业实际利用外资占比41.4%。外资重大项目实现突破,全市新设总投资3000万美元以上外资项目55个,其中1亿美元以上项目15个。台资项目加快集聚,全市新设及增资台资项目40个,实际利用台资1.62亿美元。对外经贸加快拓展。全年外贸进出口总额47.05亿美元,其中出口33.80亿美元,比上年增长0.4%。贸易结构持续优化,一般贸易进出口占比56.3%;机电产品和高新技术产品出口分别增长20.1%、55.1%,占全市出口总额的比重分别为43.2%、12.9%,同比分别提高7.0个、4.5个百分点;对“一带一路”沿线市场出口增长23.7%,占全市出口总额的30.5%。新设境外投资企业11家,外经营业额1.73亿美元,增长10.0%。

需求结构 全市规模以上固定资产投资同比增长6.3%。从投资主体看,民间投资同比增长12.3%,高于全部规模以上投资增速6个百分点。从投资方向看,高新技术产业投资同比增长25.2%,占规上投资比重16%,提高6.3个百分点。基础设施投资同比增长15.2%,增速快于全部规模以上固定资产投资8.9个百分点。消费市场保持稳定。按经营单位所在地分,城镇消费品零售额1182.86亿元、增长5.3%,农村消费品零售额151.63亿元、增长13%,农村消费增速快于城镇。消费升级类商品销售增长较快,限额以上化妆品类增长9.7%,体育、娱乐用品类增长27.1%,书报杂志类增长9.9%、增速分别快于社会消费品零售总额2个、19.4个、2.2个百分点。由于5G设备的逐步投放市场,限额以上零售企业智能手机销售额增长169.6%。

【社会事业】 2019年,淮安市居民人均可支配收入30192元,比上年增长9.0%;人均生活消费支出16756元,增长7.2%。社保体系不断完善。年末城乡居民基本养老保险参保人数200.74万人。全市企业职工养老保险参保人数92.30万人,比上年增加1.01万人。全年支付企业离退休人员养老金84.39亿元,养老金按时足额100%社会化发放。城镇新增就业8.26万人,城镇失业人员再就业5.96万人,城乡就业困难人员就业2.85万人,年末城镇登记失业率1.75%,保持在较低水平。科技创新实力增强。新获认定国家高新技术企业209家,年末有高新技术企业累计407家,评价入库科技型中小企业594家。人才队伍发展壮大。全市人才总量58.7万人,其中专业技术人才33.38万人,当年新增1.83万人。全市有各级各类学校952所、在校生93.03万人、专任教师6.3万人。文化事业繁荣发展。央视中秋晚会成功举办,淮安迎来海内外瞩目的高光时刻。全市新增公共文化设施面积42.14万平方米,人均拥有公共文化设施面积0.3平方米。

全市有各类卫生机构(不含村卫生室)768个,各类卫生机构实有病床30376张。每千人常住人口拥有执业(助理)医师数、注册护士数、床位数分别为2.96人、3.34人、6.16张。举办第十二届万人自行车骑行、第十三届“长江经济带”全民健身大联动、2019中国龙舟公开赛(淮安站)、全国第二届青年运动会龙舟项目预赛、2019洪泽湖古堰半程马拉松赛等一系列高水平、大规模品牌赛事。

【生态环境】 2019年,淮安市实现环境质量总体稳定,部分指标明显改善。市区$PM_{2.5}$浓度每立方米44微克,比上年下降10.2%,降幅全省第二,空气质量优良天数比率72.6%,比2018年提高3.2个百分点,高于全省平均水平1.3个百分点,平均降尘量5.2吨每月每平方公里,超额完成省定目标任务,空气质量改善幅度在全国168个重点城市中排名第9名,《靶向溯源 精准治理 推动环境空气质量持续改善》被评为全省“2019年度十佳生态环境保护改革创新案例”;排水渠苏嘴断面历史性消除劣Ⅴ类,标志着全市国省考断面全面消除劣Ⅴ类;化学需氧量、氨氮、氮氧化物、二氧化硫排放量分别比2018年削减2.32%、2.89%、7.98%和6.23%;公众生态环境满意率93.2%,比上年上升5.6个百分点,位居全省第二;在2019年度设区市打好污染防治攻坚战综合考核中,位居苏北第一、全省第七。全市划定生态空间保护区域56块,总面积2139.62平方公里,占国土面积比例21.34%。 (市统计局)

1月

1日　由市委宣传部、淮安报业传媒集团主办的"奔腾岁月——淮安市改革开放40周年主题展"在市体育中心体育馆落下帷幕。展览从2018年12月15日开始，有400多个单位、5万多人次现场参观，网上展馆参观人数超过15万人次。

△　徐宿淮盐铁路淮安境内82公里铺轨工作正式结束。

2日　全市领导干部警示教育大会召开。市委书记姚晓东出席会议并讲话。市委副书记、市长蔡丽新主持大会。

8日　市第104次规划委员会暨规划咨询委员会会议召开，审议淮安生态新城高铁新区核心区城市设计等7个规划编制项目、清江浦区水沐·明悦府等2个重点项目方案、洪泽区东双沟镇总体规划局部调整等9个规划调整项目。

10日　市长蔡丽新主持召开市政府第三十三次常务会议，讨论完善《政府工作报告》，研究政府系统"中梗阻"专项治理、"三新一特"主导产业发展、农民群众住房条件改善、居住小区配套幼儿园建设等方案意见。

11日　2019年江苏省暨淮安市文化科技卫生"三下乡"集中服务活动在盱眙县马坝镇举行。副省长王江出席启动仪式，为"三下乡"服务分团授旗，并慰问淮安市先进典型代表。

12日　"新春走基层，央媒看淮阴"大型新闻采访活动启动仪式举行。人民网副总裁唐维红，市委常委、宣传部部长周毅出席活动。

15日　淮安市召开机构改革市级部门转隶组建工作布置会，深度解读党政机构改革市级部门转隶组建工作方案，明确实施步骤和工作要求。

16日　省委书记、省人大常委会主任娄勤俭到出席省十三届人大二次会议的淮安代表团参加审议。

18日　2019中国（淮安）国际食品博览会招商招展说明会在北京举行。

21日　市委常委会召开会议，传达贯彻全国宣传部长会议主要精神，讨论淮安市加快推进农民群众住房条件改善五年行动计划（2018—2022年）、淮安市"三新一特"主导产业发展行动计划（2019—2020年）和关于加快培育先进制造业集群的指导意见，听取淮安市第八届人民代表大会第三次会议和政协淮安市八届三次会议筹备工作、政府工作报告起草情况汇报，听取市人大常委会、市政府、市政协、市法院、市检察院党组工作情况汇报。

22日　省第三综合检查考核组到淮安市开展现场集中检查考核，并召开2018年度综合检查考核工作汇报会。省委常委、政法委书记王立科等出席会议。

23日　淮安市举行省淮安台资集聚示范区联席会议第一次会议任务交办会。

25日　由市农业农村局与淮安日报社联合举办的"'淮味千年'品牌农产品新春嘉年华"在市体育馆开幕。

26日　中国人民政治协商会议淮安市第八届委员会第三次会议在淮安大剧院开幕。会议审议通过大会议程。王维凯代表政协淮安市第八届委员会常务委员会向大会作工作报告。吉子俊向大会报告提案工作情况。大会进行参政议政发言。12位委员为推动淮安高质量发展、全面建成高水平小康社会建言献策。

27日　淮安市第八届人民代表大会第三次会议在淮安大剧院开幕。市长蔡丽新代表市政府向大会作《政府工作报告》。会议还审查淮安市2018年国民经济和社会发展计划执行情况与2019年国民经济和社会发展计划（草案）的报告（书面）、2018年财政预算执行情况和2019年财政预算（草案）的报告（书面）。

△　市政协八届十二次常委会议第一次会议召开。会议听取并审议《中国人民政治协商会议淮安市第八届委员会第三次会议决议（草案）》。

28日　市八届人大三次会议举行第二次全体会议。

29日　中国人民政治协商会议淮安市第八届委员会第三次会议闭幕。

30日　淮安市第八届人民代表大会第三次会议闭幕。

当月　由中宣部、中央文明办、民政部等16个部门组织开展的2018年宣传推选学雷锋志愿服务"四个100"先进典型活动，进入事迹展示和群众投票阶段，淮安市"党员爸妈"爱心援助行动和淮阴区长江路街道营北社区入围候选名单。

△　江苏省农业农村厅公布2018年江苏省休闲农业精品村和主题创意农园名单，淮安市盱眙县天泉湖镇陡山村、金湖县前锋镇白马湖村、涟水县保滩镇缺口村、洪泽区西顺河镇张福河村、淮安区苏嘴镇苏家嘴居委会、淮阴区马头镇旧县村、清江浦区盐河街道王元村入选2018年江苏省休闲农业精品村，淮阴区薰衣

草庄园、金湖麦可兔小镇创意园入选2018年江苏省主题创意农园。

2月

2日　市委市政府举行2019年春节团拜会，市委书记姚晓东、市长蔡丽新等市领导与社会各界人士欢聚一堂，共贺佳节，共话发展。

13日　江苏农垦集团与淮安区政府合作实施城乡建设用地增减挂钩项目签约仪式举行。

14日　全市第二届“淮安最美警察”颁奖仪式举行。10名民警获第二届“淮安最美警察”称号，10名民警获第二届淮安最美警察提名奖。

15日　市长蔡丽新、副市长顾坤率市政府考察团赴昆山市考察交流，谋划淮昆台资经济协同发展有关事宜。昆山市委书记杜小刚、市长周旭东陪同考察、参加座谈交流。

19日　市长蔡丽新主持召开市政府八届第三十五次常务会议，研究全市经济发展大会和全市重特大项目攻坚年动员大会方案及相关文件。

20日　市委常委会召开会议，传达贯彻淮安台资集聚示范区建设省联席会议第一次会议精神，讨论全市经济发展大会和全市重特大项目攻坚年动员大会相关文件。

21日　省委常委、宣传部部长王燕文到淮安调研洪泽区融媒体中心建设。

22日　市委、市政府召开全市重特大项目攻坚年动员大会。市委书记姚晓东等32名市级项目长、张明等54名县区级项目长正式走马上任，为全市64项重特大项目提供帮办服务。

26日　姚晓东、蔡丽新、王维凯、戚寿余、张国梁、李晓雷、赵洪权、李森、周毅等市四套班子领导，与广大干部群众、驻淮安部队官兵、高校青年志愿者等一道，赴白马湖多彩湿地首开区参加义务植树活动。

28日　市委审计委员会举行第一次会议，传达学习习近平总书记在中央审计委员会第一次会议上的重要讲话和省委书记娄勤俭在省委审计委员会第一次会议上的讲话精神。

△　市委市政府召开2018年度高质量跨越发展考核总结表彰大会。

△　市政府召开新闻发布会，对外发布《淮安市“三新一特”工业主导产业发展行动计划（2019—2020年）》，聚焦新一代信息技术、新能源汽车及零部件、盐化凹土新材料、食品四大工业主导产业，明确发展目标、任务、路径，加快推进工业主导产业高质量发展，全力打造具有区域影响力和竞争力的产业地标。

当月　涟水县合心村和金湖县新塘村入选江苏省发展改革委组织编印的《江苏省实施乡村振兴战略典型案例》。

△　《农民日报》发布《2019农业产业化龙头企业500强排行榜》，江苏淮安双汇食品有限公司、江苏淮安苏食肉品有限公司、江苏华石农业股份有限公司和淮安温氏畜牧有限公司上榜。

3月

4日　市长蔡丽新做客人民网，分享《淮河生态经济带发展规划》背后的故事，畅谈淮安将如何在淮河生态经济带建设中彰显更大作为。

5日　“沿着周总理的足迹不忘初心砥砺前行”全国微电影大赛颁奖典礼在淮安市举行。

△　淮安市举行周恩来故居对外开放40周年纪念活动。

9日　在江苏银行淮安分行金融中心新大楼正式启用之际，江苏银行淮安分行举办金融服务民营企业高端论坛。

12日　退役军人事务部专题调研组到淮安，对淮阴区在全国率先打造“老兵调解工作室”的经验做法及成果进行专题调研。

18日　市委常委会召开会议，传达学习省委书记娄勤俭关于巡视工作讲话指示精神，传达贯彻全省扶贫工作会议精神，听取“大棚房”问题专项清理整治工作情况汇报，讨论关于坚持农业农村优先发展全面落实“三农”工作硬任务的实施意见，讨论淮安市乡村振兴战略实施规划（2018—2022年）、市委2019年度全面从严治党主体责任清单、市委常委意识形态工作责任清单等工作。

△　市长蔡丽新主持召开市政府八届第三十六次常务会议，传达贯彻省打好污染防治攻坚战指挥部第三次全体（扩大）会议等会议精神，研究关于统筹推进省市定经济薄弱村和面上低收入村持续增收、坚持农业农村优先发展全面落实“三农”工作硬任务、乡村振兴战略实施、推动开放型经济高质量发展等文件。

20日　全市扫黑除恶专项斗争领导小组（扩大）会议召开，认真贯彻落实全国扫黑除恶专项斗争领导小组会议精神，全面部署迎接中央专项督导各项准备工作。

22日　2019年全市第一次重大产业项目集中开工，市委书记姚晓东在市主会场淮安区百斯特智慧创享产业园开工现场致辞并宣布开工。市长蔡丽新主持活动。

25日　2019淮安周食品产业合作恳谈会在高雄举行。

26日　2019淮安周半导体信息产业发展交流会在台中举行。

△　上海虹桥商务区管委会党组书记、常务副主任闵师林一行到淮安开展对接合作，就携手打造长三角一体化发展新模式与淮安市签署战略合作协议。

27日　淮安市政府与中国农业发展银行江苏省分行签署改善农民群众住房条件战略合作协议。

28日　以“智创、乐享、共赢”为主题的2019淮安周企业家交流会在台北举行。

29日　新能源汽车产业合作恳谈会在台北举行。

4月

1日　江苏省副省长费高云到淮安督查安全生产工作。

△　市委全面深化改革委员会召开第四次会议，学习贯彻中央深改委第六次、第七次会议和省委深改委第五次会议精神，听取市委改革办及各专项小组2018年改革工作完成情况汇报，审议市委2019年改革工作要点与考核办法以及市司法体制综合配套改革实施意见。

8日　市委常委会召开会议，传达全省农村人居环境整治现场推进会和全省意识形态领域分析研判联席会议精神，听取关于加强县级融媒体中心建设的实施办法起草情况、全国文明城市创建、当前安全生产工作、创建全国双拥模范城、关于推动开放型经济高质量发展的实施意见起草情况等工作汇报。

9日 市长蔡丽新主持召开市政府八届第三十八次常务会议，专题听取全市扫黑除恶专项斗争工作情况汇报，对相关工作进行再动员、再部署、再推进。

12日 淮安市在上海举行第二届食博会暨"淮味千年"品牌农产品推介会，沃尔玛、麦德龙、家乐福、乐购、全家等近40家在沪知名采购企业参加推介会。上海市商务委、江苏省商务厅、第二届食博会组委会等有关负责人以及淮安重点农业企业代表参加推介。

13日 澳门淮安联谊会成立大会暨第一届理监事就职典礼在澳门举行。大会选举产生澳门淮安联谊会第一届主席团、理事会、监事会。

13—15日 全国政协副主席刘奇葆率调研组到淮安专题调研"推进大运河文化带建设"开展情况。

15日 "巧夺天工·美味淮扬"——淮安市非物质文化遗产·美食精品展在香港江苏社团总会永久会址开幕。

16日 台湾远东航空公司董事长张纲维偕同远东航空合作伙伴到淮安考察，实地了解淮安台资高地和航空货运枢纽建设情况，共商有关合作事宜。

18—20日 市长蔡丽新赴无锡市、杭州市考察当地企业，开展项目招引，推进签约项目。

20日 2019淮安周恩来读书节正式启动，读书节主题是"阅读，遇见更美好的自己"。

△ "八百勇士 天路筑梦"大型融媒体新闻行动出征仪式在市武警支队广场举行。

22日 鹏鼎控股2019年度全球合作伙伴大会在淮安举行。鹏鼎控股董事长兼首席执行官沈庆芳携企业高阶主管，与全球逾140家合作企业的近300名行业精英齐聚淮安，围绕"携手同心 迎战未来"主题共商发展大计、深化务实合作。

23日 省检察院党组书记、检察长刘华率省扫黑除恶专项斗争督导组到淮安开展督导。淮安市召开扫黑除恶专项斗争工作汇报会，市委书记姚晓东作工作汇报，市长蔡丽新主持会议。

△ 淮安市庆祝渡江战役胜利70周年升国旗活动在周恩来纪念馆举行。

26日 淮安市在高铁东站建设工地举行庆祝"五一"国际劳动节暨慰问高铁建设者演出活动，表彰市"五一"劳动奖章、市"五一"劳动奖状、工人先锋号荣誉称号获得者。

28日 参加2019年淮河生态经济带省际联席会议的嘉宾乘船参观里运河文化长廊。江苏省委常委、常务副省长、省委秘书长樊金龙，安徽省委常委、常务副省长邓向阳，山东省委常委、常务副省长王书坚，国家发展改革委地区司副司长张东强等参加活动。

29日 淮河生态经济带首次省际联席会议在淮安市召开。省委常委、常务副省长、省委秘书长樊金龙主持会议。安徽省委常委、常务副省长邓向阳，山东省委常委、常务副省长王书坚，河南省副省长刘伟，湖北省副省长杨云彦，国家发展改革委地区经济司副司长张东强等领导出席会议并讲话。

△ 淮河生态经济带城市合作第1次市长会商会召开，淮河流域5省25市4县代表齐聚淮安，共建区域合作机制，共谋协调发展大计。

30日 全市150个方阵、万余名自行车骑行爱好者齐聚滨河大道，举行"醉美运河 乐在骑中"市第十二届万人自行车骑行活动。

△ "青春心向党 建功新淮安"淮安市纪念"五四"运动100周年暨第十五届"十大杰出青年"表彰大会在淮阴中学新城校区举行。

当月 淮安市印发第三批部门"三定"规定，标志着市级党政机构改革任务全面完成。

5月

5日 市委常委会召开会议，研究配合中央扫黑除恶督导工作相关事宜，听取2018年度法治政府建设情况汇报，讨论贯彻落实2018—2022年江苏省干部教育培训规划的实施意见，讨论进一步深化市纪委监委派驻机构改革方案，讨论中共十九大以来市委常委会贯彻执行中央八项规定精神情况的报告等。

6日 2019年上半年全市农民群众住房条件改善项目集中开工。集中开工活动以县区联动方式举行，淮安经济技术开发区、清江浦区、淮阴区、洪泽区、涟水县、盱眙县、金湖县农民群众住房条件改善项目同时集中开工。

8日 市委书记姚晓东、市长蔡丽新会见到淮安参加第二届食博会的嘉宾和客商代表。美国纽约州中小企业发展中心总署署长布莱恩·戈德斯坦，全稳农牧科技集团董事长陈进财，中国烹饪协会副会长边疆，省商务厅副厅长姜昕，中建钢构公司党委书记、董事长王宏，省贸促会副会长黄政，以及瑞典、日本、巴西等国嘉宾参加会见。

9日 第二届中国（淮安）国际食品博览会在淮安国际食品博览中心开幕。副省长郭元强，中国国际贸易促进委员会副会长卢鹏起，美国纽约州中小企业发展中心总署署长布莱恩·戈德斯坦，泰国普吉市副市长塔沃·吉拉帕塔纳素普，稳懋半导体暨全稳生技农业科技集团董事长陈进财，欧盟委员会卫生与食品安全总司国际双边事务高级专家华杰鸿等领导和嘉宾出席活动并致辞。

△ 第二届中国（淮安）国际食品安全高端峰会举行。

△ 运河与美食创意城市国际峰会在淮安举行。

10日 市长蔡丽新主持召开市政府全体（扩大）会暨廉政工作会议，围绕机构改革后政府部门新的职能定位，研究部署加强自身能力建设，专题推进廉政工作，全力落实中央、省委省政府和市委各项决策部署，确保完成全年高质量跨越发展目标任务。

11日 2019淮安淮扬菜家庭厨艺大赛决赛在淮安国际食品博览中心美食风情馆举行。

12日 涟水鸡糕食品安全地方标准发布暨烹饪技艺展示、品鉴会在淮安国际食品博览中心举行。

15日　淮安乡村振兴学院揭牌暨合作共建签约仪式举行。

17日　市长蔡丽新主持召开市政府第三十九次常务会议，学习国务院《重大行政决策程序暂行条例》和全省教育大会精神，研究讨论市政府重点产业发展基金、排查整治违规建设殡葬设施、领导干部自然资源资产离任审计等方案文件。

18日　主题为“科技强国　科普惠民”的全国科技活动周——市第31届科普宣传周、市水利科普馆开馆暨淮阴区首届科普文化艺术节在樱花园广场启动。

21日　省委常委、省委组织部部长、京杭运河苏北段省级河长郭文奇到淮安开展巡河活动，并在淮安召开京杭运河苏北段和微山湖河湖长制工作座谈会。

△　市委、市政府举办以“共话桑梓谋发展·淮安乡贤故乡行”为主题的第二届江苏发展大会暨首届全球苏商大会返乡嘉宾交流活动。

28日　省委常委、常务副省长樊金龙率队赴盱眙县，实地了解夏粮收购和粮食库存大清查情况。

28—29日　铁岭市委副书记、代市长隋显利率代表团一行到淮安考察，推进两市对口合作。

30日　市第105次规划委员会暨规划咨询委员会会议召开，审议淮安市区殡葬设施布局规划（2018—2035年）等4个规划编制项目、淮海天宸小区等2个重点项目方案和清江浦区枚皋路南、高速环内控制性详细规划、光明路两侧地块控规调整等11个规划调整项目。

30日　淮阴区、涟水县融媒体中心分别举行挂牌仪式。

31日　淮安市出台《优化营商环境“六践行六严禁”》，加快形成充满活力、富有效率、更加开放的法治化、国际化、便利化营商环境。

△　《淮安市2019年政务公开工作要点》正式出台。

6月

3日　淮安市举行民兵应急营成立大会。大会宣读市民兵应急营党委组建和干部任职命令，举行授旗仪式，市民兵应急营按程序组织点验。

6日　第二届中国（淮安）大运河文化带城市非遗展暨2019年文化和自然遗产日江苏省主场活动在淮安大剧院开幕。

9日　2019年江苏高考落幕。淮安市有27906人参加高考报名，实际编排参加高考24410人，全市设19个考点855个考场。

12日　第十九届中国·盱眙国际龙虾节在盱眙山水广场开幕。

13日　省委常委在周恩来总理家乡淮安开展现场学习，集体瞻仰周恩来纪念馆，接受周恩来精神熏陶教育，并进行专题研讨。省委书记、省委主题教育领导小组组长娄勤俭主持现场学习。省人大常委会、省政府、省政协领导一同参加现场学习。中央主题教育第3指导组组长于迅、副组长姜平以及指导组全体成员出席活动。

14日　2019年全国大众创业万众创新活动周淮安分会场活动启动。活动现场有招聘企业184家，提供招聘岗位3837个。

18日　市委书记、市委外事工作委员会主任姚晓东主持召开市委外事工作委员会第一次全体会议，深入学习贯彻习近平外交思想，认真贯彻落实中央和省委外事工作会议精神，研究部署有关工作。

19—20日　省委常委、省纪委书记、省监委主任蒋卓庆围绕打好脱贫攻坚战、加强生态环境保护、基层纪检监察组织能力建设等到淮安市调研。

20日　淮安市政府发布《淮安市领导干部自然资源资产离任审计办法（试行）》，全面推进领导干部自然资源资产离任审计。

21日　省政协主席黄莉新带领省政协专题调研组一行到淮安调研“一带一路”交汇点建设。省政协副主席麻建国等参加调研。

23日　市长蔡丽新主持召开市政府第四十一次常务会议，讨论研究市政府2019年重点领域改革、深化教育改革与发展、住宅物业管理、化工产业安全环保整治提升、安全生产以及全货机航班开航等工作。

6月26日至7月3日　市长蔡丽新率淮安市政府代表团赴俄罗斯、日本两国有关城市访问，深化淮安与俄罗斯、日本在经济贸易、城市建设、文化旅游等领域的交流合作。

28日　市区首座全钢结构桥梁——淮安运河大桥建成通车。

7月

2日　南京市委常委、常务副市长杨学鹏率队到淮安考察两市挂钩合作工作。淮安市委书记姚晓东，市委常委、常务副市长张国梁等陪同考察。

△　2019年高校学子暑期淮安行活动欢迎仪式在市行政中心举行。清华大学、吉林大学、山东大学、厦门大学、郑州大学、兰州大学等6所国内著名高校46名青年学子和带队老师到淮安，开展为期5天的暑期实践活动。

6日　淮安市举行文化“名师带徒”行动拜师仪式。省作协主席范小青，中国戏剧家协会副主席、上海市剧本创作中心艺术总监罗怀臻等名家大师做客淮安，与淮安市文化骨干结对开展“名师带徒”行动。

△　淮安市遭遇罕见强对流天气，出现短时雷雨、冰雹、大风天气，造成淮安区、洪泽区、涟水县、盱眙县等地境内部分地区不同程度受灾。

9日　淮安市首条全货机航线（淮安—西安）首航成功。一架满载电子产品和邮件的货机，从淮安机场起飞，2小时后降落在西安咸阳国际机场。

10日　市长蔡丽新主持召开市政府第四十二次常务会议，传达学习吴政隆省长“不忘初心、牢记使命”主题教育专题党课精神，专题学习《中华人民共和国行政诉讼法》，研究讨论2019年“放管服”改革、工程建设项目审批制度改革、加强拥军优属等方案意见。

10—11日　安徽省高级人民法院党组书记、院长董开军率队到淮安，就法院执行长效机制、矛盾纠纷多元化解机制、现代化诉讼服务体系建设等内容进行专题调研。江苏省高级人民法院党组书记、院长夏道虎，市长蔡丽新，市委常委、政法委书记赵洪权等陪同调研。

10—17日　市委书记姚晓东率团赴白俄罗斯、保加利亚开展经贸交流活动。

13日　2019年海外华裔青少年“中国寻根之旅”江苏淮安夏令营开营仪式举行。

△　淮阴工学院、市台办共同举办台创学院授牌暨“梦筑淮安乐创未来”2019年两岸青年创新创业特训营开营仪式。

18日　全市扫黑除恶重点培育市建设工作动员大会召开。

21日　南京大学2019级本科新生录取通知书江苏省淮阴中学现场颁发仪式暨南京大学淮阴中学“未来科学中心”合作共建签约仪式举行。省政协副主席、南京大学党委书记胡金波颁发录取通知书。

22日　淮安综合能源服务发展联盟正式成立，旨在构建共建、共享、共赢的综合能源服务体系，打造能源生产、传输、供应、消费全产业链多方共享共赢生态圈。这是全国首个地市级综合能源服务发展联盟。

23日　《淮安市政府2019年深化重点领域改革行动方案》出台，全面落实市委市政府各项改革任务，加快推进经济体制、生态文明和社会体制改革。

25日　中共淮安市委七届九次全会召开。

△　第十四届台商论坛组委会在台北举行启动仪式。

26日　泰州市委书记韩立明率党政代表团到淮安瞻仰周恩来纪念馆，并考察淮安市经济社会发展情况。

△　淮安国际食品博览中心、金湖县文化艺术中心与苏州新时代文体会展集团运营管理合作签约仪式在淮安市举行。

27日　省委常委、南京市委书记张敬华，南京市市长蓝绍敏率党政代表团到淮安考察，进一步推动和深化宁淮挂钩合作。南京市江北新区管委会与淮安市盱眙县政府签署共建宁淮特别合作区协议。张敬华与淮安市委书记姚晓东共同为宁淮特别合作区揭牌，蓝绍敏与淮安市市长蔡丽新签署南京市淮安市2019—2020年度挂钩合作协议。

△　2019中国·淮安中小企业高质量发展论坛举行。

28日　省委副书记任振鹤到淮安瞻仰周恩来纪念馆，调研抗旱防汛工作。

29日　“八一”建军节来临之际，淮安市在武警淮安支队举行“光荣之家”牌匾发放仪式。

30日　由市人力资源和社会保障局、市科技局、市商务局、团市委、市妇联等单位主办的第三届“创响江苏”大学生创业大赛淮安市初赛收官，赛事决出一、二、三等奖，其中获得一、二等奖的选手和项目将代表淮安参加省级复赛。

31日　市长蔡丽新主持召开市政府第四十三次常务会议，传达学习习近平总书记关于安全生产工作的系列重要论述和重要指示批示精神，贯彻落实全国安全生产电视电话会议决策部署，研究讨论安全生产领域相关文件和生态环境问题整改工作。

△　“初心的坚守——中国妇女运动的先驱邓颖超图片展”开展仪式暨“纪念邓颖超诞辰115周年情感分享会”在周恩来故居举行。

8月

1日　恩来干部学院智库成立启动仪式在恩来干部学院举行。

△　市长蔡丽新率队赴深圳宝能集团考察，并与宝能集团董事长姚振华座谈，就推动双方在航空货运枢纽建设及现代产业等领域务实合作进行沟通交流。

5日　以“融合发展·共享未来”为主题的2019淮台经贸文化交流合作周产业合作座谈会在台北举行。

6日　半导体信息产业暨智芯小镇建设合作交流会在台北举行。

8日　精密机械产业交流合作座谈会在台中举行。

9日　食品产业合作交流会在台湾云林举行，市长蔡丽新出席并致辞。云林县农会、工业策进会、商业会、工业会等产业协会相关负责人及食品产业企业家代表参加活动。

14—16日　市委书记、市人大常委会主任姚晓东率部分在淮全国、省人大代表赴河南省信阳市、桐柏县，安徽省蚌埠市，就淮河生态经济带建设情况开展年中专题调研。

22日　省人大常委会常务副主任、党组副书记陈震宁，省人大常委会副主任、党组成员刘捍东率部分全国人大代表、省人大代表到淮安，就苏北铁路建设情况开展专题视察。副省长费高云等陪同视察。

△　市委书记姚晓东、市长蔡丽新会见到淮安参加第十四届台商论坛的全国台企联监事长、井得企业集团董事长黄明智一行。

23日　第十四届台商论坛在淮安举行。副省长郭元强，国台办经济局局长张世宏，全国台企联会长、上海市台协会长、上海冠龙阀门机械有限公司董事长李政宏在论坛上致辞。

△　全国台企联合作恳谈会在淮安召开，市长蔡丽新出席恳谈会并讲话，全国台企联会长、上海市台协会长、上海冠龙阀门机械有限公司董事长李政宏会上致辞。

26日　2019年中央广播电视总台中秋晚会新闻通气会在北京举行。晚会主会场落户淮安，分会场定址于广东佛山南海影视城。

△　市委书记姚晓东率队在沈阳学习考察经济社会发展先进经验与做法。辽宁省委常委、沈阳市委书记张雷会见姚晓东一行。

△　2019淮安国际半导体产业论坛在淮安开幕，江苏时代全芯存储科技（AMT）相变存储产品同步发布。

△　市长蔡丽新主持召开市政府八届第四十四次常务会议，传达贯彻省领导挂钩联系省重大项目建设现场推进会精神，研究讨论推进城市安全发展、政府工作规则修订等方案意见，部署安排防范化解重大风险工作。

27日　市委书记姚晓东赴铁岭市推进对口合作工作，铁岭市委书记李士伟、市长隋显利陪同考察。

△　淮安、苏州、无锡、常州、镇江、扬州、宿迁、徐州8家市级检察机关联合签署《关于建立大运河生态环境资源和文化遗产联动协作保护机制的意见》，成立大运河保护同盟，以共

同履行公益诉讼和行政检察职能，为保护千年运河贡献检察力量。

28—30日 市长蔡丽新率部分在淮全国、省人大代表赴浙江省丽水市、南京市高淳区，就乡村振兴、全域旅游、优化民营经济发展环境开展年中专题调研。

30日 淮安市召开大运河文化带建设调研成果汇报会。

△ 市监委召开第一届特约监察员聘请会议。市委常委、市纪委书记、市监委代主任周凤琴为特约监察员颁发聘书。

9月

2日 淮安市与江苏省铁路集团签署站城融合发展暨淮安铁路土地综合开发项目合作协议。

5日 “大爱淮安 情满江淮”——纪念淮安市慈善总会成立20周年暨第三届“淮安慈善奖”颁奖典礼在市广播电视台演播大厅举行。

7日 作为第六届淮商峰会的重要议程之一，推进淮安高质量发展座谈会在北京会议中心举行。在京淮安籍知名人士代表、淮商企业家代表、特邀嘉宾等50余人应邀参会。

△ 淮安港建成第一座5G行业应用基站，这也是全国内河港口首座5G行业应用基站。

9日 市委书记、市人大常委会主任姚晓东主持召开市八届人大常委会第二十六次会议。会议听取有关人事任免事项的提请说明，通过有关人事任免事项，为新任职人员颁发任命书，并举行宪法宣誓仪式。

10日 2019年淮安市新兵欢送仪式在淮安火车站举行。

13日 “缘聚淮安 幸福平安”——2019年中央广播电视总台中秋晚会在淮安大运河文化公园精彩上演。省委书记娄勤俭，省委常委、宣传部部长王燕文，中央广电总台国广分党组副书记、副台长胡邦胜，中央广电总台中文国际频道总监李欣雁等与现场8000多名观众，赏明月、享团圆，共度中秋佳节。

17日 淮安市举行庆祝人民政协成立70周年座谈会。

△ 全国29个省、市和革命老区周恩来班代表汇聚淮安，参加全国红军小学周恩来班创建工作研讨会。

18日 中国工农红军江苏省周恩来红军高级中学和淮安大胡庄八十二烈士红军小学授旗授牌仪式举行。淮安市楚州中学被正式命名为中国工农红军江苏省周恩来红军高级中学，成为全国首所红军高级中学。

19日 省委书记娄勤俭就现代化交通运输体系建设在淮安市考察调研。省委常委、常务副省长、省委秘书长樊金龙，省委常委、宣传部部长王燕文参加考察调研。

19—20日 省委书记、省总河长娄勤俭在淮安巡查大运河苏北段、洪泽湖、淮河入海水道等河道及水利工程。

9月20日 省委、省政府在淮安市召开加快推进江苏高铁建设暨宁淮城际铁路开工动员会。省委书记、省人大常委会主任娄勤俭出席动员会并宣布宁淮城际铁路建设开工。省委副书记、省长吴政隆，国家铁路集团副总经理王同军出席动员会并讲话。副省长费高云主持会议。

△ 境内外创意城市网络“美食之都”代表、海外中餐界代表以及在江苏工作的有关外籍专家、学者代表相聚南京，参加淮扬菜“创意美食与惠民实践”系列展演推广活动。

21日 2019中国洪泽湖国际大闸蟹节在洪泽湖畔开幕。

22日 2019中国淮安家长节颁奖晚会在市广播电视台演播大厅举行。表彰十佳家长学校、关爱孤困儿童模范、最美家庭、儿童健康促进工作模范、十佳代理家长。

24日 市长蔡丽新主持召开市政府第四十五次常务会议，传达学习中央和省出台的正向激励政策文件主要精神，研究讨论2019年高质量发展目标考核、加强新时代全市公安工作、企业职工基本养老保险市区统筹实施办法等方案意见。

25日 市委全面依法治市委员会召开第一次（扩大）会议，传达学习中央、省委有关会议精神，研究确定市委全面依法治市委员会组织架构和工作机制，部署安排市委全面依法治市工作。

26日 “祖国颂”庆祝新中国成立70周年文艺演出暨2019紫金文化艺术节淮安分会场群文演出在淮安大剧院举行。

28日 “辉煌七十年 奋进新淮安——淮安市庆祝中华人民共和国成立70周年成就展”在淮安国际食品博览中心开展，该展持续到10月15日。

30日 市委、市政府在淮安区烈士陵园举行公祭活动，市领导姚晓东、蔡丽新等同社会各界代表一起参加活动。

9月 市委编办组织编纂的《淮安机构编制工作纪事》一书由中国文史出版社出版发行，这是全国首部由设区市委编办梳理总结地方机构编制工作的发展沿革、解读机构编制部门履行职责的纪事，全书计50余万字，图片资料60余幅。

10月

1日 淮安市召开庆祝中华人民共和国成立70周年学习座谈会暨市委中心组集中学习会。

8日 淮安市召开淮河生态经济带建设工作领导小组第一次会议。

12日 市长蔡丽新率相关市直部门、盱眙县政府负责人赴常州市考察，了解常州市农村土地制度改革、特色产业培育等经验做法。常州市市长丁纯，副市长、武进区委书记李林陪同考察。

15日 由韩国驻上海总领事崔泳杉率领的代表团到淮安访问，市长蔡丽新、副市长顾坤等会见代表团一行。

17日 省委副书记、省扶贫工作领导小组组长任振鹤在淮安主持召开全省脱贫攻坚工作座谈会，传达学习省委书记娄勤俭、省长吴政隆的批示，研究部署脱贫攻坚决战阶段工作。

△ 市长蔡丽新主持召开市政府第四十六次常务会议，学习贯彻《法治政府建设与责任落实督察工作规定》，研究《淮安市古淮河保护条例》修正、积极稳妥降低企业杠杆率和市区巡游出租汽车运价定价机制及运价调整等方案，布置加强清理拖欠民营企业、中小企业账款工作。

18日　2019年全市第二次重大产业项目集中开工。此次集中开工活动采取市、县(区)联动方式举行,在清江浦区设立市主会场,其他县(区)设立分会场,集中开工102个项目,总投资619.31亿元。

22日　市委全面深化改革委员会召开第六次会议,审议《新时代淮安产业工人队伍建设改革实施方案(审议稿)》《淮安市深化项目评审、人才评价、机构评估改革实施方案(审议稿)》,以及《关于进一步优化重特大项目审批流程的实施办法(审议稿)》。

23—24日　全市镇(街道)党(工)委书记政治能力提升专题研修班在恩来干部学院举行。

25日　以"区域融通、共赢发展"为主题的2019中国(淮安)淮河生态经济带体育产业博览会在市体育中心开幕。

25—27日　2019江苏淮安"淮味千年"品牌农产品(南京)展销会在江苏国际农业展览中心举行。

27日　"江苏银行"2019淮安·清江浦国际半程马拉松赛暨中国·运河城市马拉松赛在古淮河生态景区举行,埃塞俄比亚、肯尼亚等10余个国家和地区15000多名马拉松爱好者参加。赛事特邀淮安籍奥运会射击冠军邱健、女排世界杯冠军刁琳宇担任领跑嘉宾。

28日　2019年下半年全市农民群众住房条件改善项目集中开工。

29日　市规划委员会召开第106次会议,审议洪泽区洪泽工业单元(HZ03)控制性详细规划等3个规划编制项目、生态文旅区222#地块方案(保利大国璟项目)1个重点项目方案和清江浦南城北单元控制性详细规划QP05-07-01-03地块控规调整等10个规划调整项目。

△　第五届苏台基础教育发展论坛在淮安举行。江苏和台湾的百余名中小学校长和教育专家出席论坛。

11月

1日　淮安"八百勇士天路筑梦"英雄事迹报告会举行。

2日　淮安市与南京航空航天大学签订战略合作框架协议。

△　"网聚淮安唱响四季——收获之秋、温暖之冬"网络文化活动启动仪式举行,370余名网民代表与全市网民线上线下共同弘扬网络公益精神、共享高质量发展成果、感受淮安城市魅力。

4日　市长蔡丽新主持召开市政府第四十七次常务会议,学习《优化营商环境条例》《关于加强洪泽湖生态保护和科学利用的实施意见》有关精神,研究讨论现代物流业发展、生猪稳产保供等工作。

6日　市长蔡丽新率队赴昆山市,就推进淮昆台资合作产业园建设与昆山市委书记杜小刚、市长周旭东座谈交流。

7日　淮安市举行消防救援队伍灭火救援实战演习暨"119"消防宣传月启动仪式。

△　市长蔡丽新率队赴福建省福州市和平潭综合实验区,考察当地经济社会发展和营商环境建设情况,学习两地在自贸区建设中创造的先进经验。福州市市长尤猛军、副市长杭东等陪同考察。

8日　淮安市新闻界庆祝第二十届中国记者节表彰先进暨联欢晚会在市广电台演播大厅举行。市委书记姚晓东为8位资深新闻工作者代表颁发中国记协从事新闻工作三十年荣誉证书和证章。

△　中央扫黑除恶第17督导组到淮安开展督导"回头看"工作,市委书记姚晓东会见中央扫黑除恶第17督导组总联络员、下沉督导组组长于复苓一行,就全市开展中央扫黑除恶督导组督导反馈意见整改工作进行交流。

△　市长蔡丽新率队赴厦门市和漳州市,考察当地现代农业重点龙头企业,参加淮安(漳州)现代农业合作恳谈会,向企业发出投资淮安、兴业淮安的邀请。

9日　《南京大屠杀》作者张纯如逝世15周年纪念日,世界各地举行一系列纪念活动。淮安市张纯如纪念馆连线侵华日军南京大屠杀遇难同胞纪念馆、美国加州华侨社团,以海内外线上线下联动方式,合作举办以"一个人的力量"为主题的张纯如逝世15周年纪念活动。

10日　珠海格力电器股份有限公司董事长董明珠率企业家代表团到淮安,就与今世缘酒业集团开展合作进行考察。

11日　市长蔡丽新会见日本多贝尔企划株式会社社长山崎悦弘一行,双方就增进友谊、加强合作深入交流,并就垃圾处理机械生产项目合作达成共识。

12日　2019淮安·中国大运河文化季闭幕式暨今世缘淮安运河之声合唱团"运河之歌"专场合唱音乐会在市文化馆上演。

15日　淮安市与东部机场集团签署推动民航高质量发展战略合作协议。

19日　2019全国粮食经纪人工作经验交流表彰会暨粮食经纪人培训班在淮安召开。

22日　2019淮安食品产业精准招商推介会在苏州举行。苏州市食品行业协会、苏州市无锡商会、苏州老字号协会、苏州新企业家协会等相关社会组织负责人,苏州和周边地区知名食品企业、相关行业知名企业负责人等应邀参加推介会。

23日　2019年苏台(淮安)青年菁英峰会在淮安举行,台湾50余位青年人才及大学生代表,与省内青年代表200余人相聚淮安,寻迹运河文化,共话创新创业。

25日　市长蔡丽新主持召开市政府第四十八次常务会议,研究部署安全生产、全面小康社会建设、生态环境治理、城市管理等工作。

27日　住房和城乡建设部副部长倪虹率领国务院督查组到淮安,督查农村人居环境整治工作。

28日　北京师范大学淮安学校落成典礼暨揭牌仪式举行。

29日　第十七届江苏名特优农产品(上海)交易会开幕,以"淮味千年香飘上海,品牌助力乡村振兴"为主题的淮安"淮味千年"品牌农产品(上海)推介会同时举行。

12月

1日　淮安市低收入残疾人家庭无障碍改造全面完成。截至12月

1日，淮安市累计投入资金820.4万元，实际改造2344户，超额完成改造任务。

3日　淮安市与南京大学战略合作框架协议签约仪式在南京大学仙林校区举行，省政协副主席、南京大学党委书记胡金波，淮安市委书记姚晓东出席并讲话。南京大学校长吕建、淮安市市长蔡丽新代表双方签约。

4日　淮安市人大组织开展"人大代表接待群众日"活动。市领导姚晓东、蔡丽新、王维凯、戚寿余、唐道伦、李森、徐建松、刘华等分赴基层，面对面与基层党员群众沟通交流，听取群众心声，征求基层意见和建议，帮助解决实际困难。

5日　市委书记姚晓东会见到淮安考察的沙钢集团董事局主席沈文荣，双方就沙钢集团淮钢特钢股份有限公司发展壮大等事项进行深入交流，达成广泛共识。

△　由全日本华侨华人联合会副会长、在日中国人律师联合会会长陈天华率领的日本侨领代表团到淮安参访。市委书记姚晓东会见陈天华一行。

7日　由省社会科学院、省人大常委会法制工作委员会、江苏高校区域法治发展协同创新中心、市人大常委会联合主办的"新中国成立70周年区域立法发展"学术研讨会在淮安开幕。

9日　"美丽乡村 淮安画卷"大型网络宣传活动启动仪式举行。

△　市委常委会召开会议，传达学习全国市域社会治理现代化工作会议精神，听取宗教工作有关情况汇报，听取全市安全生产工作情况汇报，审议决胜高水平全面建成小康社会补短板强弱项若干措施及专项行动方案，审议市人大常委会2020年立法计划和《2017—2021年立法规划》中期调整事项。

10日　新华日报社淮安分社成立暨"南船北马 枢纽天下——新华传媒智库学者记者淮安行"启动仪式举行。新华日报社社长、党委书记、新华报业传媒集团董事长双传学，市委书记姚晓东为新华日报社淮安分社揭牌。

△　浙商银行淮安分行开业暨政银战略合作协议签约活动在市行政会议中心举行。

△　市青年工作联席会议第一次全体会议召开。会议贯彻落实《江苏省中长期青年发展规划（2019—2025年）》和全省青年工作联席会议精神，研究部署青年发展规划编制工作。

11日　省委常委、政法委书记王立科，副省长、公安厅厅长刘旸到淮安调研基层社会治理工作，对淮安市在加强和创新基层社会治理过程中形成的经验做法给予充分肯定。

13日　第五届淮安市道德模范暨首届"淮安最美退役军人"发布仪式举行。市长蔡丽新出席活动并为全国诚实守信模范、洪泽区邮政公司老子山邮政支局支局长唐真亚颁奖。

△　市长蔡丽新主持召开市政府第49次常务会议，听取2020年全市经济社会发展主要指标安排以及重点项目编制、民生十件实事项目编排等情况，研究"一带一路"交汇点建设、大运河文化遗产保护等相关文件。

△　市台办与昆山市台协战略合作协议签约仪式举行，开启双方更深层次合作。

15日　淮安市区内环高架建成通车，市委书记姚晓东出席通车仪式。

16日　徐宿淮盐铁路、连淮铁路正式开通运营，标志着淮安迈入高铁时代，淮安人民实现期盼已久的"高铁梦"。徐宿淮盐铁路、连淮铁路开通运营现场会在盐城举行。省委书记、省人大常委会主任娄勤俭出席现场会，并乘坐首发列车沿途考察铁路建设和运营情况。淮安市委、市政府举行高铁淮安东站暨综合客运枢纽工程投运活动。

17日　国务院安委办副主任、应急管理部副部长孙华山率队到淮安督导安全生产工作。

△　市委常委会召开会议，传达学习全省加强乡村治理提升乡村文明水平现场推进会精神，听取2020年全市经济社会发展主要指标和重点项目编排情况汇报，听取2020年市政府为民办十件实事项目编排情况汇报，审议关于高质量推进"一带一路"交汇点建设的实施意见等。

△　市政府召开《政府工作报告》征求意见座谈会，就《政府工作报告（征求意见稿）》分别征求人大代表、政协委员、原地市级离退休老干部的意见。

19日　市委举行"季季谈"活动，征求市各民主党派、工商联和无党派代表人士对中国共产党淮安市第七次代表大会第四次会议工作报告、市委常委会2019年工作情况报告和市委2020年工作的意见建议。

21日　"高歌三十年 扬帆新征程"淮安市老年大学建校30周年教学成果展演在淮安人民大会堂举行。

22日　副省长刘旸到淮安调研挂钩服务的省重大项目鹏鼎控股淮安园区，并现场会办解决企业提出的问题。

25日　国务院安全生产专项整治督导组第三工作组组长、公安部副部长杜航伟一行到淮安视察安全生产专项整治行动进展情况。

△　省委常委、省委统战部部长杨岳率队到淮安，巡查洪泽湖和淮河干流江苏段工作情况。

△　古淮河湿地公园（试点）通过国家级验收，成为全市首个国家湿地公园。

30日　全市领导干部会议召开，宣布省委决定：蔡丽新同志任淮安市委书记，提名为淮安市人大常委会主任候选人，不再担任淮安市市长职务。姚晓东同志不再担任淮安市委书记、常委、委员，市人大常委会主任职务。陈之常同志任淮安市委委员、常委、副书记，提名为淮安市市长候选人。

△　市八届人大常委会举行第三十次会议，会议决定任命陈之常为淮安市人民政府副市长，决定代理市长职务。会议还通过其他人事任免事项。市委书记、市人大常委会党组书记蔡丽新向被任命人员颁发任命书。

△　中国共产党淮安市第七届委员会第十次全体会议召开，出席全会的有市委委员39名，候补委员4名。市纪委委员列席会议。

△　淮安市欧美同学会（淮安市留学人员联谊会）成立大会召开。经选举，副市长王红红当选淮安市欧美同学会（淮安市留学人员联谊会）会长。

31日　中共淮安市第七次代表大会第四次会议在淮安大剧院开幕。

生态家园

SHENGTAI JIAYUAN

（任精和　摄）

综　述

土地资源管理

水资源管理

林业与湿地资源管理

地质矿产资源管理

环境质量

环境保护

园林绿化

综 述

【概况】 2019年，淮安市坚持生态优先、绿色发展，统筹抓好治污减排、执法监管、制度改革、生态修复等重点任务，改善生态环境质量，打好污染防治攻坚战，加快构建现代环境治理体系。完成生态空间管控区域优化调整，全市有生态空间管控区域56个，面积2139.62平方公里，占全市总面积的21.34%。落实全省"1+3"功能区（扬子江城市群、沿海经济带、江淮生态经济区、徐州淮海经济区中心城市）战略，编制完成《淮安市生态文旅水城专项规划》。制定《全市园区循环化改造推进计划》，实现省级以上经济开发区（化工园区）循环化改造全覆盖。盱眙宁淮产业园增量配网规划获省发展改革委批复。编制能源消费总量研究报告，开展能源消费总量和强度"双控"行动，严防"地条钢"死灰复燃和已化解的过剩产能复产。推进35蒸吨及以下燃煤锅炉关停和清洁化替代，刚性落实煤炭消费计划，按月发布减煤风险预警，完成年度减煤序时任务。

【统筹合力保生态】 2019年，淮安市多方统筹，合力推进生态建设。第三方专家团队为生态建设提供技术支撑，通过雷达、微站、走航、无人机等先进监测设备，进行"靶向溯源、精准治理"。生态环境部门围绕重点行业企业提标改造、燃煤锅炉整治、挥发性有机物治理、油气回收治理、机动车尾气治理和路查路检等加大推进整改力度，加强重污染天气应急管控和执法监管。住房和城乡建设部门加大对建筑（拆迁）工地、市政工程、园林工程等扬尘管控。交通部门加大港口（码头）、快速路等扬尘管控力度。城管部门加大城区道路洒水、清扫保洁频次及焚烧垃圾、露天烧烤、渣土车辆违规运输等整治力度。公安部门围绕淘汰车辆整治、交通拥堵、烟花爆竹禁放等加大管控力度。农业农村部门围绕秸秆综合利用，发展改革、工信部门围绕减煤减化加大推进力度。气象部门强化预测预报，重污染天气实施人工增雨减霾。

【绿色经济】 2019年，淮安市加快转变经济发展方式，建立以产业生态化和生态产业化为主体的生态经济体系，推动经济形态变绿变新变优。坚持以推进供给侧结构性改革为主线，按照高端化、特色化、规模化、绿色化方向，推进传统产业智能化、清洁化改造，发展现代特色优势产业，培育数字经济、共享经济、创意经济等新业态新模式，构建高效、清洁、低碳、循环绿色产业体系，提升绿色发展水平。

【生态修复】 2019年，淮安市落实江淮生态经济区建设战略，把该开发的地方高效利用好、该保护的区域严格保护好。把生态理念、自然元素引入城市发展各领域各环节，实施洪泽湖湿地、白马湖湿地和矿山、废旧工业场地等生态修复工程，打造更多集景观、生态和经济于一体的绿色走廊。推进集约节约开发，科学布局生产空间、生活空间、生态空间，制定生态环境准入清单，逐步形成生产空间集约高效、生活空间宜居适度、生态空间山清水秀的格局。（周 鉴）

2019年，淮安市举办环境公共设施公众开放日活动，图为《淮海晚报》小记者走进苏北汽车家电回收利用基地参观　　丁海宽　供图

【自然资源执法】 2019年，淮安市从严推进自然资源执法，开展各类专项行动，加大自然资源执法监管力度，规范自然资源开发利用和保护秩序。开展卫片执法检查，依法立案查处整改各类违法用地问题。开展违建别墅问题清查整治，各县区深入排查各类重点区域和疑似问题，完成清查整治任务，通过省级实地核验。推进扫黑除恶专项斗争，围绕自然资源管理领域重点方面及新动向，推进土地整治、矿产开采、信访举报、自然资源违法案件、林业资源和动物保护、深挖彻查"保护伞"问题等6个专项排查。开展"大棚房"专项清理整治，完成清理整治任务，通过省级验收。做好耕保督查相关工作。开展违法用地综合整治三年行动，排查梳理2013年后违法用地情况，完成阶段性清查整治任务。

【自然资源信息化建设】 2019年，淮安市积极开展自然资源信息系统等级保护测评，细化网络改造实施方案，调整架构拓扑图，强化网络信息安全。整合电子政务平台，升级改造原综合事务系统，在电子政务外网部署新电子政务平台。完成网络通信线路整合，完成主干网接入、网络架设、终端调试等。开展政务公开和政务服务一张网整合，合并改版门户网站，升级市级政府信息公开平台，完成自然资源共享数据更新完善、迁移维护等。"多规合一"空间信息平台参加省级"四优"评选活动，获第十八届优秀工程设计一等奖。（杨 颖）

【环保应急管控豁免】 秋冬季是大气污染防治的关键时期，在重污染天气时段，很多企业被停产、限产。2018年起，淮安市将环境治理水平领先的企业纳入应急管控豁免名单，免予执行停限产措施，淮安的豁免企业保持稳定生产形势，实现经济和环境双赢。2019年10月和11月，经市工信局、市生态环境局、驻淮安环境监测中心核定并予以公示，淮安市公布2019—2020年秋冬季重污染天气应急减排停限产豁免工业企业增补名单和第二批增补名单，江苏韩泰轮胎有限公司等10家工业企业获得豁免资格。12月初，经市住房和城乡建设局、生态环境局联合现场考核和审定，融尚广场等20家建筑工地和混凝土搅拌站获得豁免资格。豁免政策通过正向激励引导企业加大环保投入、坚持绿色发展，加快形成环保倒逼发展转向激励发展的体制机制。　（周　鉴）

土地资源管理

【概况】 2019年，淮安市土地总面积1002954公顷。市、县两级自然资源和规划局全部组建完成，并编制"三定"方案，优化内设机构和人员配备。组织开展涉改事业单位法人、主管部门变更登记。实施建设用地总量与强度双控行动，首次获评"江苏省国土资源节约集约利用模范市"。提前一年完成城乡建设用地近期减增量、远期减总量"双减量"试点整治农村建设用地1万亩目标，实现以"减量"促"增效"。全力保障发展用地需求，全年获批各类用地计划2253.3公顷，供应各类建设用地711宗2233.3公顷。制定工程建设项目"四统一"（统一审批流程、统一信息数据平台、统一审批管理体系、统一监管方式）审批实施方案，实现相关审批事项"应上尽上、全程在线"，在全省率先完成电子证照签发。

【调查监测】 2019年，淮安市完成2018年度土地变更调查，核实遥感监测图斑2650块1806.7公顷。全力推进第三次国土调查，按照"三集中"（空间上集中靠拢、程序上集中整合、力量上集中优化）攻坚模式组织实施，初步成果率先通过省级检查。加强权籍调查，清江浦和淮阴区基本完成所有乡镇农村不动产权籍调查的外业测量和建库工作。

【权益保护和开发利用】 2019年，淮安市积极开展国土资源节约集约模范县（区）创建，在2018年度江苏省国土资源节约集约利用综合评价考核中，淮安市首次获评国土资源节约集约利用模范市，淮安区、涟水县获评模范县（区），洪泽区、淮阴区、盱眙县获评进步奖。推动土地利用动态巡查，全面实现建设用地全程跟踪管理动态巡查常态化、规范化、精细化；完成基准地价成果更新验收、开发区节约集约评价工作，相关报告报省自然资源厅技术审查。全面完成市域范围内工业用地更新调查。开发区片区通过优化布局空间、开展低效用地再开发等，实现发展空间有效拓展。建立2019年工矿废弃地复垦利用项目库，入库规模204.4公顷；编制年度工矿废弃地复垦利用实施方案，解决中石油中俄东线配套盐穴储气工程、中储物流、金奥新能源、玛西尔新能源电动车等重大项目用地需求。制订年度实施方案，开展拆旧复垦，确保白马湖大道、新日花苑居住点等重大项目用地需求，实现以"减量"促"增效"，洪泽区土地功能性、综合效益得到提升。

【国土空间用途管制】 2019年，淮安市上报省政府建设用地审批183个批次3266.7公顷，城市用地批次及独立选址项目全部获省政府批准，保证市区快速路等重点项目的按期建设。争取各类用地计划2253.3公顷，保障方特复兴之路文化创意示范园、淮安智慧谷三期、淮安保滩110千伏输变电工程等重点产业项目和重大基础设施项目建设用地需求。开展重点项目全程跟踪服务，提前介入，主动服务洪泽智慧产业园、比亚迪等市重点项目。保障盐化工新材料、特钢、电子信息、食品四大主导产业用地；支持高端装备制造、新能源汽车及零部件两大战略性新兴产业做大做强。统筹安排农业农村发展用地。优化计划分配方式，加大对农业、农村用地计划支持力度，对重点中心镇建设用地指标实行单列。加大农业农村发展用地保障，各县（区）单列一定比例土地利用计划用于支持农村一、二、三产业融合发展，支持农产品冷链物流、加工仓储、休闲采摘、旅游养老等新产业新业态发展和新型农业主体辅助设施建设。支持特色田园乡村建设。全市用地计划指标中单列计划用于保障性安居工程、扶贫及革命老区、农民群众住房条件改善。探索建立增减挂钩节余指标市域流转平台，提请市政府出台《淮安市增减挂钩节余指标流转使用管理暂行办法》，启动首次节余指标流转，促进全市范围内资源和资金优势互补。

2019年，淮安市开展行业企业用地调查风险筛查区域纠偏工作
丁海宽　供图

【耕地保护监督】2019年，淮安市通过落实耕地保护责任，加大补充耕地力度，推进农村土地综合整治，规范设施农用地管理。强化“责任+激励、行政+市场”机制建设，建立健全永久基本农田管护长效机制，完善保护措施。健全永久基本农田监测监管系统，完善永久基本农田数据库更新机制，对永久基本农田占用、补划等情况进行全程跟踪。对京沪高速公路扩建等工程涉及占用基本农田的，编制补划方案，落实补划地块，服务工程建设。做好全市粮食安全责任制考核，加强耕地质量管理。实行分类管理、分别使用，各地补充耕地指标优先保障市以上重大基础设施项目建设。抓好年度耕地占补平衡补充耕地项目实施。做好后备资源调查，挖掘耕地后备资源潜力，探索以县区为单位建立3类指标储备库，做好耕地占补平衡指标储备工作，确保全市耕地总量动态平衡。分别建立2019年度城乡建设用地增减挂钩和工矿废弃地复垦项目库。严格按照土地整治项目管理办法，组织实施省、市投资土地整治项目。严格界定范围、备案程序、勘测定界、土地复垦等相关工作，建立村（居）、中心所、乡（镇）、县区自然资源和农业部门、县区分管领导五级监管网络，构建多部门共管平台，探索建立设施农用地管理长效监管机制。

【国土测绘及地理信息管理】2019年，淮安市丰富基础地理信息数据，1∶1000数字线划图、街景采集项目完成验收；倾斜摄影及特色小镇示范应用基本完成。正式挂牌成立江苏省应急测绘保障中心淮安基地。推广“地理信息+”应用模式，服务智慧城市建设，提供地理信息服务。开展辅助决策地图联动更新共享，更新市城区图、市行政区划图。成立淮安市测绘地理信息行业专家库，开展测绘地理信息质量监督检查、测绘地理信息项目调查、双随机检查、测绘法宣传等活动。全面推进淮安市地下管线数据更新，对汇交地下管线数据进行实地质检、系统入库，为市控源截污项目、快速路建设工程、黑臭水体整治工程等相关市级重点项目和市级机关有关部门提供地下管线辅助决策。

【不动产确权登记】2019年，淮安市开展不动产登记“质量提升年”活动，完成存量房产、土地档案数据整合101万卷。加强窗口收件审核人员培训，规范登簿行为，严把登簿质量关。实现水、电、气、网络、有线电视等业务在不动产过户时联动办理。开展“线上登记”，推进不动产登记电子证照使用；完善市级微信公众号，实现微信预约、申报、自助查询等功能，实现不动产“不见面服务”功能接入。完善“一窗受理”模式，搭建集成服务平台系统，初步实现不动产抵押解压登记、存量房转移及抵押登记、档案查询等功能。根据省自然资源厅要求，开展不动产登记服务评价系统建设，全市各县区在窗口部署新式评价器，覆盖登记大厅所有业务窗口，实现评价结果实时上传省厅数据库。2019年，全市办理不动产登记业务22.87万宗；缮证19.83万本，发证20.32万本，信息查询65.76万宗，司法协助1.37万宗，网上申报2.9万宗。

（杨　颖）

水资源管理

【概况】2019年，淮安市年降水量710毫米，折合降水总量71.223亿立方米，比多年平均偏少27.1%，属枯水年份。全市水资源总量为18.769亿立方米。其中，地表水资源量11.08亿立方米，地下水资源量8.415亿立方米，重复计算量0.726亿立方米。全市总供水量31.111亿立方米。其中，地表水供水量30.468亿立方米，地下水供水量0.386亿立方米，其他水源（非常规水源）供水量0.256亿立方米。全市总用水量31.111亿立方米，总耗水量21.246亿立方米。全市地表水资源总量11.08亿立方米，年径流深110.5毫米，比上年地表水资源量少57.5%，比多年平均地表水资源量少57.2%。7个县（区）地表水资源量均较多年平均偏少，涟水县降幅较小，其余县（区）降幅均超过50%。全市地下水资源量8.415亿立方米，比上年少37.8%。根据地貌划分，全市大部分为平原区，其地下水资源量为7.682亿立方米，山丘区地下水资源量为0.89亿立方米，重复计算量为0.16亿立方米。全市平均产水系数为0.26，平均产水模数为18.7万立方米/平方千米。

2019年，围绕“补短板、强监管”水利工作总基调，全面落实最严格水资源管理制度。分解下达全市2019年度实行最严格水资源管理制度控制指标，完成2018年度自查并上报省水利厅；印发《淮安市2019年最严格水资源管理制度考核实施方案》，注重工作实绩和成效，考核方式转变为日常考核和终期考核相结合，以日常考核为主。结合水利部监督检查，对县区水资源管理和节约用水开展监督检查，对检查发现的4类115个问题进行汇总分析，提出整改要求。完成水资源管理信息系统国控二期淮安市工程，新增农业取水监控点位82处。核查各类取水工程（设施）2390个，实现市级以上审批监管的取水项目全覆盖。封填212眼地下水井，超额完成年度任务。完成淮沭河五里水源地、洪泽湖周桥干渠水源地、里运河三堡水源地、化农水库水源地达标建设。全面强化地下水双控制管理，完成封井84眼，超额完成年度任务。

2019年淮安市行政分区水资源总量表

表6　　单位：亿立方米

行政分区	地表水资源量	地下水资源量	地表水与地下水重复计算量	水资源总量
市　区	0.720	0.412	0.041	1.091
淮阴区	1.237	1.129	0.097	2.269
淮安区	2.014	1.302	0.154	3.162
洪泽区	0.989	0.956	0.073	1.872

续表6

行政分区	地表水资源量	地下水资源量	地表水与地下水重复计算量	水资源总量
涟水县	3.899	1.994	0.328	5.565
金湖县	0.000	0.994	0.000	0.994
盱眙县	2.221	1.629	0.033	3.817
合计	11.080	8.415	0.726	18.769

【入境、出境水量】 2019年，淮安市入境水量为125.1亿立方米，其中淮河水系入境86.3亿立方米，沂沭泗水系入境13.7亿立方米，江水北调入境25.1亿立方米。全市出境水量110亿立方米，其中淮河水系出境41.4亿立方米，沭泗水系出境68.6亿立方米。洪泽湖入湖水量为93.8亿立方米，高良涧闸、高良涧水电站、三河闸和二河闸累计出湖水量为83.3亿立方米。受3月后淮河全流域气象干旱影响，淮河干流入洪泽湖水量严重偏少，除江水北调补水外，8月实施引沂济淮补充洪泽湖水量5.7亿立方米。

【蓄水动态】 *地表水蓄水动态* 2019年，洪泽湖年初蓄水量为29.95亿立方米，年末蓄水量为13.83亿立方米，减少蓄水量16.12亿立方米。白马湖年初蓄水量0.87亿立方米，年末蓄水量0.56亿立方米，减少蓄水量0.31亿立方米。全市5座中型水库年初蓄水总量10709万立方米，年末蓄水总量4842万立方米，减少蓄水量5867万立方米。

浅层地下水动态 与2018年年末相比，2019年年末全市浅层地下水水位平均下降约0.64米。其中，地下水位相对稳定区占总面积的40%，水位下降区占60%，无水位上升区。

深层地下水超采区水位动态 全市有3个地下水超采区，分别位于市区、金湖县和涟水县，超采区面积1149.1平方千米。市区超采区和涟水超采区地下水位均大幅回升。市区超采区第Ⅲ承压地下水降落漏斗中心位于市减速机厂附近，漏斗中心年末水位埋深31.73米，地下水位稳步回升，比上年同期上升2.47米。涟水超采区第Ⅱ+Ⅲ承压地下水年末平均水位埋深28.07米，最大水位埋深为义兴监测井36.75米。涟水县城区漏斗中心朱码闸水电站监测井年末水位埋深29米，地下水位比上年同期上升3.94米。金湖超采区第Ⅲ承压地下水年末水位埋深32.36米，地下水位比上年同期上升2.63米；第Ⅱ承压地下水监测井2眼，年末平均水位埋深34.74米，与上年同期基本持平。

【水资源利用】 *供水量* 2019年，淮安市总供水量31.111亿立方米，其中地表水供水量30.468亿立方米，占总供水量97.9%；地下水供水量0.386亿立方米，占总供水量1.3%；其他水源（非常规水源）供水量0.256亿立方米，占总供水量0.8%。与2018年相比，全市总供水量增加0.218亿立方米。

用水量 全市总用水量31.111亿立方米。其中，生产用水28.847亿立方米，占总用水量92.7%；生活用水2.079亿立方米，占总用水量的6.7%；城镇环境用水0.185亿立方米，占总用水量的0.6%。生产用水按照产业结构划分，第一产业用水25.008亿立方米，占生产用水的86.7%，其中农田灌溉用水22.254亿立方米，林牧渔畜用水2.754亿立方米；第二产业用水2.632亿立方米，占9.1%，其中一般工业用水1.325亿立方米，火电工业用水1.152亿立方米，建筑业用水0.155亿立方米；第三产业用水1.208亿立方米，占4.2%。

用水消耗量 全市用水消耗总量21.246亿立方米，综合耗水率68.3%。其中，农田灌溉耗水量16.611亿立方米，主要消耗于渠系损失、田间蒸发及渗漏等，占用水消耗总量的78.2%；工业耗水量0.56亿立方米，占用水消耗总量的2.6%；居民生活耗水量0.757亿立方米，占用水消耗总量的3.6%。

用水指标 全市人均用水630.7立方米。按2015年可比价计，万元地区生产总值用水量83.4立方米，一般工业万元增加值用水量10.5立方米。农田灌溉亩均用水量328立方米，水田灌溉亩均用水量447立方米。农田灌溉水有效利用系数0.606。

2019年淮安市行政分区供、用水量表

表7　　单位：万立方米

行政分区	供水量					用水量			
	地表水	地下水		其他水源	合计	生产	生活	城镇环境	合计
		深层	浅层						
市直	23808	252	5	10	24075	22068	1706	301	24075
清江浦区	11853	230	18	1200	13301	9724	3041	536	13301
淮阴区	36782	777	80	70	37709	34315	3219	175	37709
淮安区	56400	818	103	20	57341	53250	3874	217	57341
洪泽区	29447	76	60	420	30003	28502	1364	137	30003
涟水县	57670	687	90	95	58542	54863	3479	200	58542

续表7

行政分区	供水量					用水量			
	地表水	地下水		其他水源	合计	生产	生活	城镇环境	合计
		深层	浅层						
金湖县	33656	366	49	740	34811	33332	1370	109	34811
盱眙县	55065	198	55	5	55323	52414	2734	175	55323
合计	304681	3404	460	2560	311105	288468	20787	1850	311105

注：表中市直指淮安经济技术开发区、市工业园区、生态文旅区、苏淮高新区范围及市直管理的用水户，下同。

2019年淮安市行政分区用水量表

表8　　　　单位：万立方米

行政分区	农田灌溉用水量	林牧渔畜用水量	工业用水量			城镇公共用水量		居民生活用水量
			小计	其中：一般工业	其中：火电	建筑业	服务业	城镇
市直	4491	107	16000	5080	10920	228	1242	1656
清江浦区	5701	346	640	640		269	2768	2767
淮阴区	28165	3171	1142	1092	50	223	1614	2018
淮安区	44561	4674	2016	1760	256	318	1681	2380
洪泽区	21800	4202	1364	1130	234	95	1041	868
涟水县	48748	2990	1307	1307		260	1558	2176
金湖县	25202	5987	1119	1106	13	88	936	875
盱眙县	43867	6063	1177	1130	47	72	1235	1845
全市	222535	27540	24765	13245	11520	1553	12075	14585

【水质】2019年，淮安市有淮河、淮河入江水道、金宝航道、苏北灌溉总渠、二河、淮沭河、里运河、古运河、中运河、废黄河、盐河11条主要河流，洪泽湖、高邮湖、白马湖、宝应湖4个湖泊，龙王山水库、化农水库2个水库，共计58个水质断面，采用《地表水环境质量标准》（GB3838–2002）进行全年综合评价。其中，符合Ⅱ类水的断面10个，占17.3%，较2018年下降27.5%；Ⅲ类水的断面30个，占51.7%，较2018年上升20.7%；Ⅳ类水的断面18个，占31%，较2018年上升10.3%。

河流水质　市域范围内11条主要河流控制河长480千米，采用《地表水环境质量标准》进行综合评价。全年水质类别为Ⅱ～Ⅲ类，符合Ⅱ类水的河长163.8千米，占34.1%，较2018年下降36.2%；Ⅲ类水的河长316.3千米，占65.9%，较2018年上升36.2%。汛期Ⅱ类水河长213.1千米，Ⅲ类水河长256.2千米，Ⅳ类水河长10.8千米，主要超标项目为氨氮；非汛期Ⅱ类水河长208.2千米，Ⅲ类水河长271.9千米。

湖库水质　市域范围内洪泽湖、高邮湖、白马湖、宝应湖4个湖泊及龙王山水库、化农水库2个水库，控制面积1434.2平方千米，采用《水资源公报编制规程》进行评价。全年综合评价水质类别为Ⅲ～Ⅳ类，符合Ⅲ类水的湖库面积256.2平方千米，占17.9%，较2018年下降4.0%；Ⅳ类水的湖库面积1178平方千米，占82.1%，较2018年上升23.8%。汛期Ⅲ类水湖库面积74平方千米，Ⅳ类水湖库面积959.2平方千米，Ⅴ类水湖库面积40平方千米；非汛期Ⅲ类水湖库面积285平方千米，Ⅳ类水湖库面积131149.2平方千米。湖库主要超标因子为总磷、高锰酸盐指数。富营养化评价结果，洪泽湖、高邮湖、宝应

盱眙县龙王山水库　　殷海平　供图

湖、白马湖、龙王山水库全年和汛期均处于轻度富营养状态，非汛期均处于中营养状态；化农水库均处于中营养状态。

饮用水源地水质　全市主要有市区二河武墩水源地、古淮河杨庄水源地、经济开发区古淮河水源地，淮阴区古淮河王营水源地、淮沭河五里水源地，淮安区里运河三堡水源地、洪泽区洪泽湖周桥干渠水源地、涟水县古淮河涟城水源地、金湖县入江水道中东水源地以及盱眙县洪泽湖桥口水源地、淮河河桥水源地、入江水道朱楼水源地、龙王山水库水源地、化农水库水源地，共14个万吨以上集中式地表水饮用水源地，采用《地表水资源质量评价技术规程》进行评价，水质达标率100%，水质类别为Ⅱ～Ⅲ类，其中Ⅱ类占总站次的50.2%，较2018年上升2%；Ⅲ类占49.8%，较2018年下降2%。

地下水水质　全市开展水质监测的地下水监测井32眼，其中浅层20眼、深层12眼。采用地下水质量标准进行评价，浅层地下水质量达到Ⅲ类水以上标准占50%，主要超标因子为总硬度、铁、高锰酸盐指数、氨氮、硝酸盐氮等；深层地下水质量达到Ⅲ类水以上标准的比例为83.3%，主要超标因子为氟化物、氯化物。

【水资源总量控制】　2019年，淮安市抓好“合理分水”，严格用水总量指标控制，推进江河水量分配，推动开展生态流量水位确定与管控，强化水资源监管能力建设。分解下达全市年度用水计划，落实县区用水总量控制指标和管控责任。开展古淮河、盐河水量分配方案政府采购。编制完成古淮河、盐河、古盐河、清安河、大口子、萧湖等6个河湖生态流量（水位）方案。整合市水政监察支队水资源地视频监控系统和节水中心管理信息系统，构建市级水资源管理平台。完成水资源管理信息系统国控二期淮安市工程扫尾工作，新增农业取水监控点位82处。

【取用水监督管理】　2019年，淮安市有序开展取水工程核查登记，严格取用水监管，严格水资源论证和取水许可，强化地下水双控制管理。全市共核查各类取水工程（设施）2390个，按规定比例完成抽查，市级以上审批监管的取水项目实现检查全覆盖。建立健全淮阴发电有限公司等6个全国重点取水口监管名录和台账。对重点用水户开展定期监督检查和“双随机”抽查，对江苏淮安苏食肉品责任有限公司等7家自备水用水户开展事中事后监管，发现问题进行通报，要求限期整改。完成工业园区和金湖开发新区规划水资源论证，完成苏淮高新区富强燃煤背压热电联产等6个项目取水许可审批；完成江苏天淮钢管有限公司等4家取用地表水项目取水许可验收。完成2018年度地下水封井市级验收，完成2019年度省下达封井任务。金湖县在全市率先出台地下水井整治方案，对全县105眼地下水井分两年全部封填。

【水源地达标建设】　2019年，淮安市推进水源地达标建设，加快备用水源地建设进度，下达水源地达标建设任务和责任清单，督促有关县区水源地问题整改。洪泽区洪泽湖周桥干渠水源地全面建成并通水，涟水县涟水湖备用水源地和市区白马湖水源地正在加速推进。淮阴区用淮沭河五里水源地替代古淮河王营水源地，浑水管道完成。淮阴区淮沭河五里水源地和洪泽区洪泽湖周桥干渠水源地达标建设通过省级验收。淮安区里运河三堡水源地、金湖县入江水道黎城湖备用水源地通过省级技术核查。盱眙县化农水库水源地达标建设基本完成。

【生态河湖建设】　2019年，淮安市推进生态河湖行动，开展水资源质量监测，做好省环保督察交办问题整改。编制完成《淮安市生态河湖行动（2018—2020年）实施方案》，完成《淮安市生态河湖行动方案（2018—2020年）》中期评估。继续开展全市水源地、水功能区、入河排污口水质监测和地下水位动态监测，及时掌握河湖水质和地下水位动态情况。配合生态环境部门推进淮河入海水道南泓达标整治和古淮河杨庄水源地整改销号等重点工作，对水污染防治法贯彻落实情况进行全面总结。

【节水型社会建设】　2019年，淮安市万元地区生产总值用水量由2011年的202立方米下降为83.8立方米；万元工业增加值用水量由2011年的21.2立方米下降为10.1立方米；工业用水重复利用率为93%，远高于国家节水城市规定的83%标准；累计投入7.4亿元，实施节水示范项目148个，新增年节水能力1.6亿立方米；城市节水器具普及率100%；公共供水非居民计划用水率100%；城市污水处理率95%；累计创成节水型企业（单位、学校）515个、节水型小区143个。

【城镇污水收集处理】　2019年，淮安市组织编制全市污水处理提质增效三年行动方案，以“谁管养、谁负责”为原则，研究确定各片区实施方案和“一厂一策”编制范围，对个别未建立独立污水处理厂的片区，通过明确进水生化需氧量（BOD）监测节点进行考核问效。各县区均按要求启动片区实施方案和“一厂一策”污水管网系统化整治方案编制工作，部分地区开展污水管网排查、检测和市政排水管网地理信息（GIS）系统开发工作。

【黑臭水体整治】　2019年，淮安市列入整治计划的29条黑臭水体，平均工程进度为96.69%，高于全省平均水平。金湖县17条、盱眙县13条、涟水县2条黑臭水体列入2020~2021年整治计划。农村黑臭水体整治完成状况调查，制定印发《全市农村黑臭水体整治工作方案》，梳理编排27条重点黑臭水体列入2020年市政府十件实事项目，各县区按照方案要求全面启动农村黑臭水体整治工作。

【水环境保护】　2019年，淮安市加强水功能区监督管理，编制并实施《淮安市水功能区达标整治方案》。对全市51个水功能区全覆盖监测，建立水功能区达标预警机制，定期通报全市水功能区水质状况。全年重点水功能区水质达标率88.9%，比上年上升1%。深层地下水质量均达到Ⅲ类水及以上标准。规范入河排污口管理，两次对辖区内入河排污口量、质同步监测和通报。开展入河排污口排查和规范化建设，开展全市入河排污口设置专项整治行动，全市登记198个入河排污口，其中107个为规模以上。对非法设置的入河排污口分类处置，完成省长江办交办的入河排污口整治任务并销号。开展水源地达标建设和环境提升，推进区域供水和乡镇供水水源地达标建设，淮阴区和洪泽区通过城市饮用水源地达标建设省级验收。开展全市饮用水源地集中整治行动，根据排查确定饮用水源地安全风险问题清单，开展问题整改，完成全市环境保护督察水源地责任追究问责调查。开展二河水源地环境整治，完成城南水厂取水口环境提升。

【取用水管理】 2019年，淮安市加强取水许可监督管理，严把建设项目水资源论证、取水许可申请、审批、验收、发证关，执行用途管制。全年市级审查审批淮阴区生物质热电项目等4个地表水取水项目，江苏国信淮安第二燃气发电有限公司等5个取用地表水项目通过取水许可验收。完成农业取水许可证信息录入，发放大中型灌区取水许可证19个，占农业总用水量73%。全市征收水资源费6600多万元。

【地下水管理】 2019年，淮安市加强地下水资源管理和超采区治理，严格地下水水量、水位双控制管理，对市区超采区实施自来水回灌。下达年度地下水开采计划，将用水计划分解至取用水户；加强计划用水管理，控制地下水用水总量，地下水超采区无新的取水许可审批项目，全市地下水水位实现有效控制。推进地下水压采，2014—2018年度封井工作通过第三方核查和省级验收，全年完成213眼地下水井压采及市级验收。

【节约用水】 2019年，淮安市印发《淮安市水效领跑者引领行动实施方案》，开展市级水效领跑者评选。淮安区通过国家节水型社会达标区验收，涟水县通过省级节水型社会示范区验收，完成2015年命名的76家省级节水载体复查。淮安市公安局等86家单位开展节水载体创建，庆鼎精密电子有限公司等6家单位开展节水示范项目创建，江苏安邦电化有限公司等78家单位开展水平衡测试。对天士力帝益药业有限公司等10家单位开展用水审计，督促用水单位整改测试和审计中发现的问题。万元GDP用水量由2011年202立方米下降为2019年89.3立方米；万元工业增加值用水量由2011年21.2立方米下降为2019年11立方米；工业用水重复利用率93%，远高于国家节水城市规定83%标准；累计投入7.3亿元，实施节水示范项目143个，新增年节水能力1.59亿方；城市节水器具普及率100%；公共供水非居民计划用水率96%；城市污水处理率95%；累计创成节水型企业（单位、学校）484个、节水型小区130个。

【最严格水资源管理制度落实】 2019年，淮安市对2018年度各县区最严格水资源管理制度完成情况进行考核并通报；分解下达2019年实行最严格水资源管理制度目标任务。制定2019年度淮安市科学跨越发展水资源环境保护考核评分方法，将实行最严格水资源管理制度纳入市对县区年度目标考核。坚持问题导向，围绕饮用水源地达标建设等省考核通报问题，强化组织领导，制定整改方案，分解落实工作任务和责任，加大督办和整改力度，交办问题均整改完成。

【洪泽湖淮安水域采砂船实现“清零”】 2019年，淮安市坚持陆治水打、综合施策，实现“禁采”目标，洪泽湖淮安水域453条采砂船全部拆解完毕，占全洪泽湖水域总数的65%以上，成为中央环保江苏督察首批销号事项。2017年后，淮安市先后开展打击采砂“利剑—2017”专项行动、“碧水蓝天”行动、非法组装采砂船专项执法等系列执法检查行动。共开展执法检查6130余次、计16840余人次，出动船艇4120余艘次，解除摧毁动力设备800余台套，拆解采砂船453条，审判非法采砂犯罪人员61名。（殷海平）

洪泽区样本河道龙须港穿村而过 殷海平 供图

林业与湿地资源管理

【概况】 2019年，淮安市森林覆盖率19.48%，林木覆盖率24.1%。完成成片造林2933公顷，新建、完善及更新农田林网6340公顷，完成四旁植树464万株。全市森林覆盖面积21.58万公顷，其中有林地面积18.94万公顷，国家特别规定灌木林地面积5973公顷，四旁树折算面积20440公顷。有国家级森林公园2个，盱眙县铁山寺国家森林公园和盱眙县第一山国家森林公园；有省级森林公园1个，洪泽湖古堰省级森林公园。有省级自然保护区2个，洪泽湖东部湿地省级自然保护区和涟漪湖黄嘴白鹭省级自然保护区；有国家湿地公园（试点）2个，江苏古淮河国家湿地公园和白马湖国家湿地公园；有省级湿地公园1个，盱眙天泉湖省级湿地公园。盱眙石马山高效林果三八绿色示范基地被认定为2019年省级“三八”绿色示范基地。盱眙铁山寺国家森林公园被江苏省绿化委员会办公室授予首批省级“互联网+全民义务植树”基地称号。完成市绿化委员会机构调整，办公室设在市自然资源和规划局（市林业局）。

【湿地建设】 2019年，淮安市自然湿地保护率56.3%。建成金湖县湿地和盱眙县陡湖湿地市级自然保护区、盱眙县铁山寺县级自然保护区，建成江苏淮安古淮河国家湿地公园，白马湖湿地公园列入国家试点，建成盱眙天泉湖省级湿地公园、废黄河和入江水道等湿地保护小区24个。

【古树名木】 2019年，淮安市完成盱眙县天泉湖镇铁山寺林场木瓜、淮安区周恩来故居柽柳古树名木抢救复壮国家级试点工作。完成涟水县百花园银杏、金湖县吕良镇棠梨、盱眙县管镇黄连木、淮阴区码头镇银杏、渔沟镇柘树、淮安区周恩来故居白榆等8株濒危古树抢救复壮。

【林业安全】 2019年，淮安市做好松材线虫病、美国白蛾、杨小舟蛾等林业有害生物防控，林业有害生物防治作业面积8.89万公顷。采用综合措施防治松材线虫病，发生面积连续2年控制在20公顷以下。加强美国白蛾防控，遏制美国白蛾扩散蔓延势头，没有发生树叶连片被食光现象。加大杨小舟蛾等杨树食叶害虫防控力度，全市没有发生杨树树叶被连片食光现象。强化检疫，全市没有发生危险性林业有害生物传播扩散事件。做好森林防火，加强防火督导检查，开展森林防火演练培训，实现全市连续18年未发生较大级以上森林火灾。完成森林督查暨森林资源管理“一张图”年度更新和森林督查问题整改工作。严格林地用途管制和林木采伐管理，全市未发生超限额采伐林木现象。

【春季造林】 2019年，淮安市紧扣增绿增质增效主题，调整优化树种结构、增加林业资源总量，春季绿化造林工作取得阶段性实效。全市完成成片造林2646.7公顷，完成市目标任务的90.22%；新建、完善及更新农田林网3773.3公顷，完成省市任务数的70.75%；完成四旁植树342.5万株，完成省市任务数的85.63%。新建绿美村庄示范村44个，完成省市任务数的93.18%。珍贵用材树种成片造林面积1320公顷，完成省市任务数的198%；株数191.72万株，完成省任务数的103%。

【首个国家级湿地公园建成】 2019年，古淮河湿地公园创成淮安市首个国家级湿地公园。2007年，原清河区在古淮河南岸建设湿地公园。2009年建成开放，总投资21亿元，东起果林街，西至新长铁路，南至深圳路，北依古淮河，规划总面积246.4公顷，其中湿地面积135.61公顷，湿地率55.03%。公园地处暖温带和北亚热带的过渡区域，位于中国南北分界线上，造就特有的湿地气候类型和湿地生物类型。2016年公布实施《淮安市古淮河保护条例》，设置保护区，明确古淮河保护管理机制，设立古淮河保护专项资金。湿地公园内有维管植物95科，256种，其中国家一类重点保护植物2种，二类重点保护植物3种。有大型底栖动物5目13种，鱼类7目62种，两栖、爬行动物3目28种，鸟类16目224种，哺乳类动物4目12种，其中国家两级及以上保护动物16种。

【入选首批国家“互联网+全民义务植树”基地1个】 2019年6月，淮安市白马湖森林公园被全国绿化委员会办公室授予首批国家“互联网+全民义务植树基地”称号，首批获此称号者仅26家。2014年后，在开展“互联网+全民义务植树”行动上，白马湖森林公园开展多种尝试。景区充分利用互联网、微信等新媒体手段，通过线上线下开展义务植树、认捐认养树木、红枫手绘DIY等丰富多彩的活动，增强社会公众履行植树义务的责任和参与意识。

【参展中国森林旅游节】 10月18—21日，由国家林业和草原局、文化和旅游部、江苏省人民政府共同主办的2019中国森林旅游节在南通市举办。这是中国森林旅游节第一次在江苏省举办。淮安市积极组织企业参展。精心设计淮安馆特装展厅，展厅面积150平方米，以展板、视频、实物等多种形式展示森林旅游发展成果，吸引更多游客到淮安参观旅游。在宣传全市省级以上自然保护地同时，重点宣传盱眙县铁山寺国家森林公园、第一山国家森林公园、淮安市白马湖旅游度假区、金湖水上森林公园4家森林（湿地）公园风光，选择板栗、茶叶、文创等50余种森林旅游生态休闲产品

古淮河湿地公园　　殷海平　供图

参加特色展厅展示。邀请白马湖茶香药业有限公司、淮阴区孙氏果蔬种植专业合作社、江苏益仲宝农业科技发展有限公司、洪泽区老子山水产品服务中心4家单位，准备花茶、五汁饮、梨子、大闸蟹、河蚬、甲鱼、龙虾、芡实、虾米等10多种产品参加优质林产品、湿地产品展示展销活动。组织近百名森林旅游从业人员参加森林旅游节，学习其他森林旅游地开展森林旅游、康养、体验等活动的成功做法。

地质矿产资源管理

【概况】 2019年，淮安市有各类矿产资源34种（不含亚矿种），其中查明资源储量的有15种，发现但未查明资源储量19种，开发利用13种。2019年，淮安市继续加强地矿管理。开展地面沉陷监测，加强对地面沉陷监测设施的维护更新，专题组织召开淮安盐盆、洪泽盐盆地面沉陷监测成果通报会；监测显示，淮安、洪泽两盐盆地面沉陷趋势明显放缓，地下水质较为平稳。

【矿产资源分布】 淮安市矿产资源分布既广泛又相对集中。石盐分布于淮安区、淮阴区、清江浦区、洪泽区；芒硝分布于淮阴区、洪泽区；玄武岩、凹凸棒石黏土、建筑石料用灰岩和水泥用灰岩仅分布于盱眙县；地热主要分布于洪泽区、金湖县；砖瓦用粘土分布于洪泽区、涟水县及金湖县。石油、天然气资源主要分布于洪泽区、盱眙县及金湖县。淮安市优势和特色矿产是石盐、芒硝及凹凸棒石黏土。其中石盐、芒硝主要分布于淮安市区南侧平原地区，石盐资源分布于淮安盐盆和洪泽盐盆；芒硝资源主要分布在淮阴区南部的赵集和洪泽区北部的顺河集一带；凹凸棒石黏土主要分布于盱眙县的低山丘陵区。另外，地热作为一种绿色、清洁、可再生新型能源矿产，在洪泽区探明并开发利用，金湖、盱眙地热资源勘查工作取得积极成果；地热资源主要分布于洪泽湖南岸的洪泽区老子山东麓、老子山镇政府东侧、洪泽区城东侧的蒋坝镇以及金湖县涂沟镇唐港境内。

【矿产资源储量】 2019年，淮安市累计探明石盐矿石资源储量3159633.74万吨，累计探明氯化钠资源储量1901065.98万吨，保有石盐矿石资源储量3100272.92万吨，保有氯化钠资源储量1863935.13万吨；累计探明无水芒硝矿石资源储量67928.18万吨，累计探明硫酸钠资源储量57048.85万吨，保有无水芒硝矿石资源储量49580.41万吨，保有硫酸钠资源储量41706.60万吨；累计探明钙芒硝矿石资源储量3066763.02万吨，累计探明硫酸钠资源储量195886.8万吨，保有钙芒硝矿石资源储量3008886.33万吨，保有硫酸钠资源储量188776.35万吨；探明凹凸棒石粘土资源储量1960.52万吨，保有资源储量1830.76万吨，探明膨润土矿资源储量289.13万吨，保有资源储量279.26万吨。根据2018年江苏省省储量报表数据统计，淮安市芒硝、石盐、凹凸棒石黏土等3种矿产保有资源储量居全省第一位。

【安全管理】 2019年，淮安市持续推进城市地质调查，完成地面沉降监测网建设、物探测网与剖面布置、热响应实验、自然渗水实验等工作。正式启动淮安市矿地融合试点项目。实施“盐矿水平连通井建腔实践与储气库应用研究”项目，对水平井老腔三维形态进行探测，对其进行稳定性分析与可用性评估。开展淮安市盐矿区及溶腔地质调查研究，对全市盐矿区溶腔利用前景和环境影响作出总体评价。完成2018年度矿山储量年报编制，开展矿业人勘查开采信息公示，做好建设项目压矿查询、矿产资源规划调整及评估、矿产资源审计等。编制年度地质灾害防治方案，举行地质灾害防治知识讲座和地质灾害应急演练，做好汛期和台风到来时的地质灾害应对工作，相关工作获省自然资源厅高度评价。组织矿山安全生产现场观摩会和“安全生产宣传月”活动，专项开展矿山安全检查，重点检查矿山开发利用方案执行情况，坚决打击无证勘查开采行为和超层越界开采行为。全年全市矿山未发生安全生产事故和人员伤亡情况。

【7家矿山入选国家级绿色矿山】 2019年，淮安市推进绿色矿山和绿色矿业

2019年淮安市矿产种类一览表

表9

矿产类别	发现矿种数	查明资源储量的矿种		未查明资源储量的矿种		已开发利用的矿种	
		矿种数	矿种名称	矿种数	矿种名称	矿种数	矿种名称
能源矿产	3	3	石油、地热、天然气	—	—	2	石油、地热
金属矿产	8	1	含钴铁锰结核	7	铁、铜、金、铅、锌、钼、锰	—	—
非金属矿产	22	10	芒硝、石盐、泥炭、白云岩、石灰岩、玄武岩、凹凸棒石粘土、膨润土、砖瓦用粘土、水泥配料粘土	12	硫铁矿、石膏、磷矿、石棉、瓷（石）土、黄砂、海泡石粘土、高硅粘土、陶粒粘土、陶土、蛋白石、贝壳	10	芒硝、石盐、白云岩、石灰岩、玄武岩、凹凸棒石粘土、膨润土、砖瓦用粘土、水泥配料粘土、黄砂
水气矿产	1	1	矿泉水	—	—	1	矿泉水
合计	34	15	—	19	—	13	—

示范区建设，有7家矿山通过省自然资源和规划厅组织的检查验收，入选国家级绿色矿山。7家矿山分别是：江苏白玫化工有限公司丁场芒硝矿、上海太平洋（集团）淮安元明粉有限公司赵集矿区、江苏淮盐矿业有限公司淮阴盐矿、中盐淮安盐化集团有限公司芒硝矿、洪泽大洋化工有限公司芒硝矿、洪泽大洋盐化有限公司芒硝矿、江苏井神盐化股份有限公司下关盐矿。　（杨　颖）

环境质量

【空气环境】 2019年，淮安市设置环境空气质量监测项目9项，分别为二氧化硫、二氧化氮、可吸入颗粒物、细颗粒物、一氧化碳、臭氧、降水、降尘、硫酸盐化速率。设置环境空气质量自动监测站点18个；降尘监测站点21个，硫酸盐化速率监测站点5个，降水监测点11个，其中市区6个，县区5个。

淮安市环境空气质量指数（AQI）优良天数273天，其中指数为优的天数64天；介于优至良标准之间209天，总体优良率74.8%，重污染天数0天。市区优良天数265天，其中达到优标准天数64天；介于优至良标准之间201天，整体优良率72.6%，重污染天数0天。

全市二氧化硫年均浓度10微克/立方米、二氧化氮年均浓度26微克/立方米、可吸入颗粒物年均浓度73微克/立方米、细颗粒物年均浓度42微克/立方米、一氧化碳24小时平均第95百分位数为1.2毫克/立方米、臭氧日最大8小时滑动平均值的第90百分位数为165微克/立方米，其中可吸入颗粒物、细颗粒物及臭氧未达到国家二级标准，其他污染物均达到国家一级标准。全年共收集降水190点次，与2018年437点次相比减少247点次，2019年平均降水量为799毫米，与2018年771毫米降水量相比上升3.6%。pH值在5.96~7.92之间，全年未发生酸雨。

全市均值型综合污染指数在0.684~0.773之间，所有测点处于良好级别，淮阴区综合污染指数最高为4.64，盱眙县最低为4.1。全市环境空气污染综合指数高值出现在1、2、3、10、11、12月。环境空气主要污染物中，细颗粒物的污染分担率27.3%，为环境空气质量首要污染物，其余依次为可吸入颗粒物、臭氧、二氧化氮、一氧化碳、二氧化硫。

【水环境】 地表水环境　2019年度与淮安市相关的地表水断面（测点）共50个，其中国考断面8个、省考断面30个（洪泽湖3个测点平均后考核），省级趋势科研断面8个、城市内河流考核断面8个，原2个国家级趋势研究断面未纳入国省考核范围。根据监测结果统计：水质优良的断面有37个，占74%；轻度污染的断面有10个，占20%；中度污染的断面有1个，占2%；重度污染的断面有2个（清安河淮安农校、清安河口断面），占4%。淮河水质状况属于优，达到功能区划Ⅲ类要求。所监测的5个断面水质均为Ⅲ类，Ⅰ～Ⅲ类水比例占100%。京杭大运河水质状况属于优，达到功能区划Ⅲ类要求。里运河水质状况属于良好，达到功能区划Ⅲ类要求。苏北灌溉总渠水质状况属于良好，达到功能区划Ⅲ类要求。盐河水质状况属于优，达到功能区划Ⅲ类要求。淮河入江水道水质状况属于优，达到功能区划Ⅲ类标准。浔河水质状况属于轻度污染，年均值未达到功能区划Ⅲ类标准要求，所监测的2个断面均为Ⅳ类，主要污染物为氨氮，唐曹和浔河桥氨氮浓度分别超标0.22和0.16倍。淮沭新河水质状况属于良好。

2019年，受总磷影响，洪泽湖淮安片区平均水质为Ⅴ类（不计总氮），属中度污染，未达到功能区划考核要求，主要污染指标为总磷，年均浓度为0.11毫克每升，年超标率41.7%，最大超标倍数1.8倍，出现在8月老山乡测点；白马湖淮安片区总体水质达到Ⅲ类标准，属良好；综合营养状态指数为51，呈轻度富营养化状态。洪金测点总磷超标率33.3%，最大超标倍数1.2倍，出现在8月。

饮用水源　2019年，淮安市对全部8个饮用水源地进行水质监测，监测项目61项；进行一次109项特定项目全分析。8个在用水源地水质年度均符合《地表水环境质量标准》表1Ⅲ类标准、表2标准和表3标准，月度有1个超标，7月淮阴区古淮河王营水源地溶解氧超标。8个饮用水源地水质年均值达标，水源水质达标率99.7%。从各指标分担率来看，高锰酸盐指数最高，占59.2%，其余依次为五日生化需氧量和氟化物。以综合污染指数评价，8家水厂的水源地污染程度由高向低依次为：市取水口＞开发区取水口＞城南取水口＞淮阴区取水口＞涟水县取水口＞金湖县取水口＞洪泽县取水口＞盱眙县取水口。

地下水　2019年，全市监测水井14眼。潜水型井6眼，其中市区1眼、淮阴区1眼、涟水县1眼，金湖县3眼；承压水水井8眼，其中市区3眼、洪泽区2眼、盱眙县3眼。地下水监测项目为：酸碱度、氨氮、硝酸盐、亚硝酸盐、挥发酚、氰化物、砷、汞、六价

洪泽区备用水源地　　殷海平　供图

铬、总硬度、铅、氟化物、镉、铁、锰、高锰酸盐指数、硫酸盐、氯化物和总大肠菌群等23项。根据综合评价分值F评价，全市14眼地下水监测水井中，良好井占21.4%，较好井占50%，较差井占21.4%，极差井占7.14%。总体而言，潜水层水因受水文地质条件的影响较大，污染程度一般重于承压层水。地下水污染物主要为锰。

【土壤环境】 2019年，淮安市范围内布设土壤监测点位36个，用于背景点位调查。其中，国家网基础点12个，背景加密点10个，省控网监测点14个。设置底泥监测点14个，5条河流共11个点位以及洪泽湖3个点位。36个土壤监测点位中，重金属防控区淮安市盱眙县盱城镇金源路昌盛电气江苏有限公司所在区域6个监测点实际使用功能为建设用地，监测因子按照农用地标准实施监测，土壤污染风险低。林地的12个测点均按照农用地土壤污染风险筛选的监测因子，根据监测结果，其中两个测点属于低风险点，10个测点为中风险点，无高风险点。18个耕地测点，各项指标均满足农用地土壤污染风险筛选值要求，土壤污染风险低。

14个底泥监测点位中，清安河淮安农校断面锌占标率超过1，为中污染风险点，其他监测值占标率均小于1，为低污染风险点。从累计占标率看，清安河淮安农校断面占标率最高，京杭大运河大运河桥断面占标率最低；从污染因子分析，砷占标率最高，汞占标率最低。对照2018年监测数据，底质污染情况总体趋于稳定，低风险的13个测点依然低风险，清安河口保持中风险。

【生态环境】 2019年，淮安市生态环境状况良好，植被覆盖度较高，生物多样性较丰富，适合人类生活。通过对2019年全市生态遥感影像解译得知，淮安市耕地面积4936.81平方公里，占全市面积47.29%；林地面积515.26平方公里，占全市面积4.94%；草地面积68.43平方公里，占全市面积0.66%；水域湿地面积2349.77平方公里，占全市面积22.51%；建设用地面积2181.9平方公里，占全市面积20.9%。2019年淮安市生态环境质量指数为70.52，其中金湖县评价等级优秀，洪泽区、淮安区、盱眙县、涟水县、淮阴区、市区评价等级均为良，各区域排名依次为金湖县、洪泽区、淮安区、盱眙县、涟水县、淮阴区、市区。从空间分布来看，南部生态环境质量指数优于北部，主要由于南部水域面积广与北部，加上降水量由南向北呈递减趋势，导致水网密度指数呈现空间梯度变化；污染负荷指数也符合现有工业分布规律，市区最高，向南依次递减；生物丰度指数及植被覆盖指数总体上南部优于北部。与2018年相比，生态环境质量稍有提升，生态环境状况稳定。

【生物环境】 2019年，淮安市对水生生物开展例行监测，其中饮用水源地布设点位3个，河流点位5个，洪泽湖点位3个，白马湖点位1个。饮用水源地生物多样性指数总体评价为一般，河流总体污染状况为轻污染，生物多样性表现为一般；洪泽湖污染状况为轻度污染，水质富营养化状态指数为57，生物多样性表现为较丰富；白马湖污染状况为中度污染，水质富营养化状态指数为55，生物多样性表现为一般。湖泊水产品生物残毒的监测结果达到标准要求。

【农村环境】 2019年，淮安市选择18个村庄作为试点调查对象，布设空气监测点位18个，地表水饮用水源地8个，县域河流、湖库地表水监测断面15个，土壤监测点位87个，千吨万人饮用水源地13个，农村生活污水处理设施监测点位175个，10万亩以上的灌溉区18个。农村环境质量综合状况良好，存在轻微污染，生态环境良好，基本适合农村居民生活和生产。18个试点村庄环境空气质量指数为85.3，饮用水源地水质质量指数值为65.8，地表水水质质量指数值为74.9，土壤污染等级达Ⅰ级，质量指数值为100。农村环境状况指数为83，级别良，环境存在轻微污染。生物丰度指数为31.47，植被覆盖指数89.95，水网密度指数90.84，土地退化指数10.25，人类干扰指数29.18，农村生态状况指数66.35，评价级别为良，植被覆盖度较高，生物多样性较丰富。农村环境状况指数83.0，农村生态状况指数66.35，农村环境质量综合指数76.3，评价级别为良，轻微污染，生态环境良好。淮安市农村环境质量综合指数76.3，175个农村生活污水处理设施出水水质达标率94.9%，18个10万亩及以上的农田灌溉区水质物化指标均达标，13个千吨万人饮用水源地水质达标率93.1%。

【声环境】 2019年，淮安市区设置1000米×1000米网格，布点311个，覆盖面积197.6平方公里。涟水县、盱眙县、金湖县设置网格尺寸不同

5月14日，市政协委员调研大气治理工作　　丁海宽　供图

的测点336个。有功能区噪声测点45个，其中市区22个（清江浦区、淮安区、淮阴区各设4个点，洪泽区10个），县城23个（涟水县7个，盱眙县和金湖县各8个）。交通噪声测点189个，市区设测点125个（清江浦区66个、淮安区20个、淮阴区15个、洪泽区24个），县城设64个（涟水县24个，盱眙县和金湖县各20个）。

淮安市区域环境噪声昼间均值为54.6分贝（A），处于城市区域环境噪声“一般”级别，全市区域环境昼间噪声较上年下降0.6分贝（A），污染程度稳定。其中，市区区域环境昼间噪声较上年上升1.6分贝（A），污染程度加重；涟水县区域环境昼间噪声下降4.7分贝（A），有较大改善；盱眙县、金湖县的区域环境昼间噪声污染状况保持稳定。全市45个功能区噪声监测点的合计昼间达标率96.8%，下降1.5个百分点；夜间达标率85.9%，下降4.8个百分点。与上年相比，2019年淮安市市区2类、3类功能区噪声昼间、夜间污染情况稳定，1类、4类功能区噪声昼间、夜间污染程度有所减轻。1类区昼间年均值下降5.2分贝（A），夜间年均值下降1.2分贝（A），4类区昼间年均值下降1.9分贝（A），夜间年均值下降4.8分贝（A）。市区129条路段交通噪声昼间均值为66.2分贝（A），下降0.9分贝（A）。淮阴区下降2.3分贝（A），污染程度减轻；涟水县上升4.4分贝（A）；淮安区、洪泽区、盱眙县和金湖县污染程度保持稳定。2019年全市昼间超过70分贝（A）的路段长度为39.9千米，增加3.8千米，占总监测路段长度9.45%。超过75分贝（A）的高分贝路段分布于延安西路和翔宇大道，其中最高声级路段位于延安西路，达75.6分贝（A）。

【固体废弃物】 2019年，淮安市产生工业固废367.5万吨，一般工业固废处置利用率99.4%，危险废物处置率100%，医疗废物处置率100%。全市现有32个危险废物经营单位（处置、利用、收集），涉及近40个类别的危险废物，危险废物填埋处置能力建设取得零突破。处置能力总计8.8万吨每年，其中焚烧处置危险废物能力6.8万吨每年，填埋处置危险废物能力2万吨每年。生活垃圾焚烧发电项目运行正常。

【辐射环境】 2019年，淮安市建成空气辐射环境自动监测站，对全市空气环境辐射瞬时剂量率进行连续监测。按照省厅辐射环境监测方案要求按时进行环境监测和采样。全市持证单位222家，其中省发证9家、市发证189家；辖区内放射源数量：Ⅰ类放射源0枚，Ⅱ类放射源0枚，Ⅲ类放射源15枚，Ⅳ类放射源23枚，Ⅴ类放射源66枚，合计104枚。涉源单位检查率100%。 （丁海宽）

环境保护

【概况】 2019年，淮安市建成生态红线区域监管平台，严格生态红线管控。开展“绿盾”专项行动，推动自然保护地问题整改到位。推进“263”专项行动，依法查处环境违法行为，先后下发处罚决定书421件，处罚金额4250余万元。印发《关于调整2019年各县区（园区）和市直企业大气主要污染物总量减排目标任务的通知》《关于调整2019年度主要水污染物总量减排目标的通知》等文件。全市化学需氧量、氨氮、氮氧化物、二氧化硫排放量分别比2018年削减2.32%、2.89%、7.98%和6.23%。省生态办发布《2019年江苏公众生态环境满意度调查报告》，淮安市公众生态环境满意率93.2%，与上年相比提升5.2个百分点，位列全省第二。

【大气污染防治】 2019年，淮安市调整大气污染防治工作领导小组，构建联防联控工作体系。印发《淮安市2019年大气污染防治工作计划》，建立空气质量监测、降尘量监测“点位长”制度，实施241项年度大气污染防治重点工程项目，开展空气质量改善攻坚月行动和2019—2020年秋冬季大气污染综合治理攻坚行动，抓好重点区域微环境整治和扬尘污染管控。推行第三方治理模式，对市区大气污染源实施精确定位、有效治理，“靶向溯源 精准治理 推动环境空气质量持续改善”被评为全省“2019年度十佳生态环境保护改革创新案例”。全市空气优良天数比率72.6%，高于全省平均水平1.3个百分点，空气质量改善幅度在全国168个重点城市中排名第9位。

【水污染防治】 2019年，淮安市制定2019年度水污染防治工作计划，推进水污染防治各项工作任务落实。创新河、湖、断面“三长一体”管护机制，提速实施控源截污、城乡污水处理等工程，严格落实水环境区域补偿制度，完成清安河沿线非法排口封堵，排水渠苏嘴断面历史性消除劣Ⅴ类。统筹推进集中式饮用水水源地保护区划分、水源地调查评估等工作，盱眙县洪泽湖桥口水源地、淮阴区淮沭五里水源地等6个饮用水水源地保护区划分调整方案获省政府批复，完成国家地级、县级水源地评估报告以及全省县级以上水源地评估报告。

【土壤污染防治】 2019年，淮安市将土壤污染防治行动纳入净土保卫战，成立土壤污染专项督查组，建立污染地块信息共享机制。完成全市582家重点行业企业用地土壤污染状况调查信息采集，形成“全市一张图”。布设1506个农用地土壤详查点位、2318个农产品协作采样点位，采集2402个土壤及农产品样品，完成农用地土壤污染状况详查。完成淮安市耕地土壤环境质量类别划分。落实土壤污染治理与修复规划，完成淮阴区城中花园东地块土壤修复，完成淮安区季桥化工园区场地初步调查。

【危险废物污染防治】 2019年，淮安市持续推进固废“去库存、控风险”工作，严厉打击固废非法转移倾倒等违法犯罪行为，深入排查整治非法填埋倾倒等历史遗留问题，减少环境安全隐患，全市危废库存削减至6982.7吨。落实《淮安市“十三五”危险废物污染防治规划》要求，加快推进危废处置设施建设，淮安华科环保科技有限公司20.5万吨危废填埋等项目建成投用，新增危废填埋能力2万吨每年，危废焚烧能力增加到6.8万吨每年。

【"减煤"专项行动】 江苏省从2017年开展"减煤"专项行动，每年减煤任务均以2016年为基数年。2018年和2019年，淮安市规上非电行业煤炭消费量分别为508.81万吨、471.33万吨，比2016年分别减少35.02万吨和72.5万吨，超额完成省下达任务。年内，市政府与各县区政府、规上非电用煤企业签订减煤工作责任书，落实企业和县区政府减煤工作责任。市发展改革委按月开展减煤工作预警，对未达减煤序时的县区和重点企业预警通报。对县区和重点耗煤企业减煤工作开展督查，推进企业减煤。推进35蒸吨每小时及以下燃煤锅炉淘汰或用清洁能源替代，要求企业提升燃煤热值，实施煤电机组节煤改造。把好入口关，对所有行业各类新建、改建、扩建、技术改造耗煤项目，一律实施煤炭减量替代或等量替代。在中电洪泽热电、洪泽西顺河热电、苏淮高新区富强燃煤背压热电等项目中落实耗煤等量替代。

【环保督察】 2019年，淮安市制定《淮安市中央环保督察"回头看"及大气污染问题专项督察反馈意见整改方案》《淮安市贯彻落实江苏省第二环境保护督察组督察反馈意见整改方案》和《淮安市中央环保督察交办问题整改销号工作办法》，建立每月点上查、季度全面查、重点问题重点查机制，确保问题全面彻底整改到位，坚决杜绝虚假整改、表面整改、敷衍整改等现象。2016年中央环保督察及2018年中央环保督察"回头看"共交办信访件163件，完成整改158件；省环保督察反馈意见整改方案整改任务62项、完成整改34项。

【环境安全】 2019年，淮安市深刻汲取响水"3·21"特别重大爆炸事故教训，深入开展化工企业环境安全隐患排查整治专项行动，先后出动723人次，核查企业155场次，发现环境安全隐患621个，完成整改608个，剩余13个均明确整改时限及要求。开展核与辐射安全风险隐患排查，完成社会源钙铀云母、镅241和硝酸钍规范收贮。更新全市环境应急专家库，组建突发环境事件应急处置队伍，妥善处置7起突发事故，未发生次生环境污染事件。

【环境执法监管】 2019年，淮安市按照"规范化、信息化"原则，推进污染源监管信息化建设，采用在线监测、视频监控、工况监控、走航监测等科技信息手段，对污染源实行全天候、全方位、全过程、全时段、全覆盖监管。环保部门与公安、检察、法院等部门协调联动，综合运用查封扣押、行政拘留、限产停产等手段，依法打击环境违法犯罪行为。持续开展"双随机"（随机抽取检查对象，随机选派执法检查人员）执法检查，将2049家污染源纳入"双随机"抽查范围，规范现场执法，实行环境行政执法全过程记录。专项检查中发现的环境安全隐患问题，按照简易、复杂、违法三类进行分类，对情况较为简单清晰的，立行立改；对短期内不能整治到位的，制定整改方案并立即实施；对环境违法问题，依法依规查处到位，涉嫌犯罪的，及时移送司法机关追究刑事责任。全市生态环境部门查处环境违法案件695件，处罚金额4870余万元。

【环保宣传】 2019年，淮安市生态环境系统加强与《中国环境报》《新华日报》《淮安日报》等传统媒体合作，围绕污染防治攻坚、环境质量提升、作风建设等重点工作进行宣传报道，在市级以上主流媒体刊登各类环保新闻稿件300余篇，市生态环境局获"2019年度中国环境报宣传工作先进单位"称号。深化与中国网、中国江苏网、凤凰新闻网等网络媒体战略合作，利用淮安微信、微博、环保网站等新媒体互动交流平台开展系列线上线下宣传活动。在市政府网络政务宣传和门户网站信息保障工作每月通报中，生态环境局均在前六名。制定《2019年淮安市纪念"六·五"环境日暨生态文明建设宣传月系列宣传活动方案》，开展"追梦运河新时代 激扬绿色中国龙"主题公益宣传、"美丽淮安 生态家园"生态环保公益摄影大赛、"青年文明号"助力污染防治攻坚战等活动，引导社会公众保护生态环境、共建美好家园。

【施工扬尘环境保护税征收】 2019年，淮安市在破解施工扬尘环境保护税征收难题上，运用税收协同共治，实现施工扬尘环境保护税零突破，征收施工扬尘环保税约8100万元。通过税务网站、微信公众号、"12366"热线电话等宣传载体，开展施工扬尘环保税政策宣传和辅导。开展专人视频培训2次、面对面培训3场、房地产企业纳税人专场培训3场，赴县区培训3场。市税务局、财政局、生态环境等部门紧密配合，通过市行政审批部门提供的施工许可信息、市住建部门提供的市政建设信息、市交通部门提供的路桥建设信息，灵活运用大数据，扩大施工扬尘环保税纳税主体，确定

6月5日，淮安市举办纪念"六·五"世界环境日宣传月启动仪式　　丁海宽　供图

新纳税人352户。通过外部信息采集和申报数据比对生成复核任务清单，前三季度采集数据1350条，分析出疑点户数306户，疑点信息740条，下发各县（区）局实施专项复核；年内完成286户，补缴税款1821.94万元，滞纳金84.68万元。

【淮安市及驻县区生态环境局挂牌】 1月23日，淮安市生态环境局举行成立揭牌仪式。《淮安市机构改革方案》将原市环境保护局职责，市发展和改革委员会应对气候变化和减排职责，市国土资源局监督防止地下水污染职责，市水利局编制水功能区划、排污口设置管理和流域水环境保护职责，市农业委员会监督指导农业面源污染治理等职责，以及县（市、区）相应职责整合，组建市生态环境局。4月2日，淮安市驻清江浦区、淮安区、淮阴区、洪泽区、涟水县、盱眙县、金湖县生态环境局统一挂牌。新组建的驻县（区）生态环境局整合属地原环保、发改、水利、农委、国土等多个部门相关职责，实现多部门生态环境监管职能有机统一，构建新时代生态环境监管体制，强化生态环境保护。

【生态环境损害责任追究】 2019年，《淮安市党政领导干部生态环境损害责任追究工作规程（试行）》（以下简称《规程》）出台。《规程》明确生态环境部门、纪检监察机关的责任和分工，对生态环境损害问题，按照造成生态环境损害和不良社会影响程度为标准，实行分类分级办理。《规程》从环保问责调查、提出问责建议、移送问责事项、组织实施问责、跟踪结果落实等5个方面规范工作程序。生态环境损害责任追究决定作出后，一般应于30个工作日内向社会公开。纪检监察机关不定期筛选典型案例通报曝光，不断释放失责必问、问责必严的信号。 （丁海宽）

1月23日，淮安市生态环境局揭牌成立 丁海宽 供图

园林绿化

【概况】 2019年，淮安市实施重点园林绿化项目75个，中心城区新增绿地351.03公顷，人均公园绿地面积14.78平方米。“四河八岸”（大运河、里运河、古黄河、盐河）以及环洪泽湖、白马湖生态修复与景观贯通建设效果明显。古淮河沿线福康生态公园、机场站前广场绿化等工程实施完成。白马湖森林公园等景观绿化基本建成。内环高架绿化、大运河滨河大道绿化开工建设。新建金湖城东湿地公园等便民型公园绿地11个，改造砚临河风光带等老旧公园绿地6个；建成柳树湾门球场等市民健身场地8处。

【花卉园艺】 2019年，淮安市围绕“多彩园林、生态淮安”主题，做精做美“一园一特”“一园一品”特色文章，相继开展桃梨风光赏花节、月季文化展暨五一相亲会、插花艺术展、大熊猫庆生等系列园事花事活动23项，楚秀园举办建园30周年庆祝活动，新增市民游客100余万人次。参展北京世园会、南阳世界月季洲际大会，获各类奖项15个。淮安精品月季获北京世园会、南阳世界月季洲际大会最高奖。牵头参加北京世园会“江苏日”活动非遗展示表演，获央视国际频道等权威报道。完成中央电视台中秋晚会现场布置、“一园一路”月季控花以及省委大院绿化提升等工作。

【绿地养护】 2019年，淮安市《永久性绿地保护条例》施行成效明显，入选江苏省第四届“十大法治事件”提名奖。承办省园林行业绿化修剪职业技能竞赛，获团体第3名。市区整治道路绿化带113条（段），提升改造行道树树池32378个，城市景观环境改善明显。围绕迎接中华人民共和国成立70周年，城市主要干道、广场新建立体花坛、花箱花境等小品50余组，楚秀园西门口增设“歌唱祖国”大型主题花坛，淮海广场中心花坛添置换新，淮海东路等街头绿地增设多组蝴蝶景观小品等。

【淮安月季连获大奖】 4月28日至5月2日，2019年世界月季洲际大会暨第九届中国月季展在河南省南阳市举行，市月季园代表淮安参展，夺得特等奖、金奖、银奖等5个奖项。在这场月季业界最高规格国际盛会上，有美国、英国、日本等18个国家和北京、西安、常州等国内49个城市参展。由市月季园培育的造型月季“孔雀开屏”获得大会造型月季最高奖项特等奖，球状造型月季“小女孩”获得造型月季金奖，另有盆栽月季获得银奖1项、铜奖2项。

4月29日至10月8日，中国北京世界园艺博览会举行。在5月22日至6月18日举办的“月季国际竞赛”中，淮安市选送的月季获得1金、2银、3铜6项大奖。有全球10个国家的70多家单位参展。淮安市品种月季“火和平”获金奖，“月季夫人”获银奖，“艾丽”“花好月圆”“薰衣草门廊”获铜奖；造型月季“藤彩虹花球”获银奖。淮安作为全国八大月季中心之一，月季作品多次在国内外月季展上获奖。 （王灵敏）

基础设施

JICHU SHESHI

城乡建设

交　通

水　利

城乡建设

综　述

【概况】 随着“三淮一体”“东扩南连”“纳湖入城”等战略相继实施，省委、省政府明确淮安苏北重要中心城市、江苏新兴增长极定位，淮安城市发展进入新时期。城镇空间结构优化，突出片区空间和功能整合，加快中心城市极化发展，着力构建中心城区、3个县城、10个重点中心镇、47个一般镇（特色镇）的“131047”市域城镇体系结构。2019年，淮安市围绕高质量跨越发展，创建全国文明城市，完善城市功能，优化城市功能品质，推动城乡建设发展。常住人口城镇化率63.5%。城镇人均住房建筑面积为49.8平方米，农村人均钢筋、砖木结构住房面积53平方米。

【改革创新】 2019年，淮安市住房和城乡建设部门落实党和国家机构改革部署，按照市委确定的时间表、路线图，按时保质完成机构转隶组建。参与工程建设项目审批制度改革，牵头做好“施工许可”阶段审批流程设计，完成阶段内配套文件制定。承接消防设计审查验收职能，新组建消防审查验收服务中心，在全省率先开发、运行消防设计审查软件平台。聚焦建设工程、房地产市场、物业管理、房屋征收等重点领域开展专项整治，查处串标围标等各类违法违规案件169起。以国务院安全生产专项整治督导、省安全生产巡查为契机，提高质量安全和扬尘防治精细化、规范化管理水平。试点打造智慧工地，探索扬尘差别化管理，实现工程材料网上动态监管，开发既有房屋安全鉴定系统。获国家优质工程金质奖1项、省优质建设工程奖7项，创省标化工地74个。

【行业管理水平提升】 2019年，淮安市坚持“房住不炒”定位，通过政策微调、分类施策，全市房地产量价平稳、库存合理。增强忧患意识，防范化解房地产领域风险，问题楼盘较上年下降50%。全国首推房屋交易“不见面”服务，设立二手房网签备案便民点，《中国建设报》称赞其为全国住建系统探索出“淮安模式”。建筑产业加快转型，新增规上企业60余家，新升一级企业7家，2家企业入选全省百强。新开工装配式项目158万平方米，江苏远翔、江苏绿野2家省级示范基地通过省级评估。全过程工程咨询试点取得实质突破，新申报试点企业7家。绿色建筑扩容提质，城镇竣工绿色建筑600万平方米。公用服务保供能力提升，照明设施完好率、路灯亮灯率均超省标。开展荷花节、郁金香花展、桃梨风光赏花节、动物科普夏令营等园事花事活动23项，做好病虫害统防统治。创新共有产权房组合贷业务，解决购房家庭一次性支付能力不足问题。　（王灵敏）

规　划

【概况】 在新一轮总体规划中，淮安市城市定位为国家历史文化名城、生态旅游城市、长江三角洲北部地区重要中心城市、交通枢纽和先进制造业基地。淮安市成为江苏省新一轮城镇规划体系“一带两轴三圈一极”空间发展框架中的“新兴增长极”。淮安市域规划到2020年，市域总人口560万，城镇人口335万，城市化水平60%；到2030年，市域总人口585万，城镇人口410万，城市化水平70%，将淮安建设成为长江三角洲北部地区重要的中心城市和具有绿水生态特色的宜居城市。到2020年，中心城区城市建设用地规模204平方千米，城市人口170万人；到2030年，中心城区城市建设用地规模264平方千米，城市人口220万。空间布局是“城乡相依、组团相间、生态相连、文脉相融”；发展策略是“东扩南连，三城融合，五区联动”。中心城区空间结构规划形成“三轴四带多组团”的空间结构。“三轴”为东部新兴产业发展轴、中部城市服务功能轴和西部特色产业发展轴；“四带”分别为盐河现代物流产业带、古淮河生态功能带、里运河文化景观带和苏北灌溉总渠田园风光带；“多组团”分别为中心组团、淮阴区组团、清江浦区组团、淮安经济技术开发区组团、淮安区组团、黄码组团和南部组团。淮安市域城镇在空间结构上规划形成“一主四副多点网络化”空间结构。“一主”即淮安中心城市，聚合高职能，辐射市域空间，建设战略节点，提升城市品质；“四副”即涟水、洪泽、盱眙和金湖城区四个市域次中心城市；“多点”即其他城镇；“网络化”即以县域中心城市和重点镇为节点，构建开放的网络化空间格局。城市总体规划定位涟水为新兴工业基地，教育发达、生态优良的县域中心城市，并承担淮安中心城市的部分教育、空港服务等职能；盱眙为淮河中下游山水、文化、旅游城市；金湖为水乡、园林特色现代化城市。淮安

2019年，淮安市启动《国土空间规划（2020—2035）》编制工作
杨　颖　供图

市域工业产业布局主要集中在中心城市、县城和重点镇。中心城市主要包括淮安经济技术开发区、淮安工业园区、淮阴区、淮安区、苏淮高新区等5个工业片区，在中心城市以外建立16个工业集中区。淮安历史文化名城保护的核心范围在淮安区淮城街道范围内，东至楚州大道，南至涧河，西至文渠、萧湖东南湖岸和里运河，北至翔宇大道，总面积约5.6平方千米。

2019年，淮安市系统谋划新时代国土空间开发保护格局，分市县两级启动国土空间总体规划编制。全面开展空间规划编制前期工作，完成年度国土空间开发保护现状评估。研究制定关于做好过渡期内现有规划衔接协同和实施管理的意见。完成城市空间和地域建筑特色塑造规划设计，推动古淮河沿线、淮河生态经济带与大运河文化带建设、洪泽湖综合性保护等规划编制与研究。继续开展古淮河沿线专题研究，15分钟社区生活圈规划研究形成规划成果。

【国土空间总体规划】 2019年，淮安市全面启动国土空间总体规划编制和专题研究。南京大学城市规划设计研究院有限公司和南京众诚土地规划设计咨询有限公司联合承担《淮安市国土空间总体规划（2020—2035年）》编制，组织开展首轮调研座谈活动，了解各县区在国土空间管控、经济社会发展、自然资源保护利用、城乡基础设施建设等方面的工作成果、现状问题及未来发展诉求等，实地考察洪泽湖、蒋坝镇、里运河、空港产业园、高铁东站、白马湖等重要片区以及多家重点园区企业。组织开展国土空间开发保护现状评估，制定《关于配合开展淮安市国土空间开发保护现状评估工作的通知》《关于开展淮安市国土空间开发保护现状评估数据校核工作的通知》，按照《市县国土空间开发保护现状评估技术指南（试行）》要求，结合淮安市自然资源现状和市情特点，形成《淮安市国土空间开发保护现状评估报告》，上报江苏省自然资源厅并通过审核。

【城市规划】 2019年，淮安市开展各类城市专项规划编制，涉及体育、市政、交通、殡葬等方面。合理配置公共资源、服务民生项目工程，开展《淮安市体育设施专项规划》《淮安市区殡葬设施布局规划（2018—2035年）》《淮安市城市抗震防灾规划》编制。构建现代综合交通体系，推进《淮安市城市综合交通规划》《淮安市货运枢纽集疏运体系及空间规划》编制。系统谋划航空发展格局，提升区域整体竞争力，开展《淮安空港产业园空间布局规划》编制。

【村镇规划】 2019年，淮安市在乡镇优化布局实施基础上，结合编制完成的农民群众居住空间布局规划，优化城镇村空间布局，明确改善农民住房条件的工作对象、村庄布局和实施步骤，完成《淮安市镇村布局规划（2019版）》，确保村庄规划管理全覆盖，为全市乡村地区公共资源配置、村庄规划编制和乡村振兴实施提供规划支撑。起草完成《关于我市改善农民群众住房条件统筹代建农民集中居住区规划设计的指导意见》。在整村推进过程中，同步考虑“四类人员”住房保障。制订完成《淮安市农民集中居住区规划建设管理导则（试行）》，根据淮安市社会经济发展水平，以规划引领、生态优先、集约发展、分类指导、政府引导为原则，逐步实现环境舒适、布局合理、功能齐全、设施完备、特色鲜明的新型农村社区。做好全市农民群众住房条件改善项目规划设计方案联合审查，重点针对农民集中居住区的选址、规模、范围、建筑间距、停车设施配建、建设用地指标、宅基地面积以及是否符合土地利用总体规划等方面进行审查把关，完成联合审查项目77个。启动村庄规划试点编制，利用好已有镇村布局规划工作基础，完成省级“多规合一”实用性村庄规划编制试点。按照已经开展的村级土地利用规划、村庄规划编制等工作实践，探索“多规合一”的实用性村庄规划编制工作思路。按照省自然资源厅部署要求确定盱眙县、涟水县试点村庄名单，并启动村庄规划试点编制，形成阶段性规划成果。

【总体城市设计】 2019年，淮安市进一步梳理并保护淮安城市空间的特色资源，彰显城市独特韵味，传承地方历史文化，提升人居环境品质，引导、控制和管理城市空间开发建设，开展《淮安市总体城市设计》编制。结合最新公布的《城市设计管理办法》及城市总体规划修编成果，完成规划方案，完成《淮安市城市空间和地域建筑特色塑造规划设计指引研究报告》《淮安市总体城市设计》编制。12月13日，组织开展设计成果专家审查和论证，成果通过专家审查。总体城市设计对淮安城市空间发展目标、特色定位、空间结构、控导要求作出合理表述。

【规划管理】 2019年，淮安市召开104次、105次、106次规划两委会，审议14个规划编制项目、30个控规调整项目、5个重点地段规划设计方案共计49个项目。召开7次业务审查会，研究项目70个，对建设项目规划条件和规划核实情况开展调研，规范规划条件和规划许可。专题研究解决重大项目的规划许可问题。实施建设工程批后跟踪监督管理132项，建筑单体863栋，总建筑面积927.26万平方米；完成50个项目、290个单体的规划核实工作和70个项目、247个单体房屋的验线工作。对3家房地产开发企业下达限期整改通知书。对1家房地产开发企业下达行政提示书。2个行政处罚案件均结案，罚金1.5万元上缴到位。

【市规划馆试开馆】 2019年9月，淮安市规划馆提升改造工程正式完工，10月8日进行试开馆。改造后的规划馆通过多媒体互动、精品模型及创意图文展示方式，运用水墨LED、幻影成像、3D电视等众多新技术，向参观者展示淮安城市基本情况、城市历史及各项城市规划，让参观者体验高铁速度、“一区两带”（江淮生态经济区、淮河生态经济带、大运河文化带）等互动。此次改造浓缩淮安历史，荟萃淮安文化，集规划展示、招商、交流、教育、服务等功能于一体，既是淮安城乡规划工作迈向新高度的标志，也是淮安城乡建设的重要成果。

【《淮安市镇村布局规划（2019版）》获批】 2019年，根据《关于做好镇村布局规划优化完善工作的通知支持加快改善苏北地区农民群众住房条件的通知》等文件要求，淮安市在乡镇优化布局实施基础上，因地制宜地编制《淮安市镇村布局规划（2019版）》，规划从全市遴选出1023个规划发展村庄。其中，集聚提升类村庄639个，特色保护类村庄360个，城郊融合类村庄24个，为全市乡村地区公共资源配置和农民群众住房条件改善工作提供规划支撑。《淮安市镇村布局规划（2019版）》于11月21日获得淮安市人民政府批复，11月22日报省自然资源厅备案。（杨 颖）

城市建设管理

【中心城市建设】 2019年，淮安市继续加强中心城市建设，中心城市建成区面积198平方千米，人口167.85万人，实施中心城市建设重点项目600个，投入资金813亿元。“一廊四区”（里运河文化长廊和淮海中心商业区、水渡口中央商务区、河下文旅开发区三大商圈以及生态新城国家级绿色低碳示范核心区）和重大基础设施建设全面展开。建成内环一期工程、高铁东站一期工程及综合客运枢纽、淮安运河大桥、中国（淮安）国际食品博览中心等重大项目。加快推进京沪高速扩容和省道348、420等干线公路工程。金融中心一期交付，民防馆、水利科普馆对外开放，市公共卫生中心一期全面完工。白马湖森林公园、西游记文化体验园和华强方特文化创意基地等重大文旅项目有序推进。高铁商务区枚皋路地下综合管廊主体建成。

【城市功能品质提升】 2019年，淮安市主城区控源截污PPP项目加速推进，完工75个小区雨污分流改造，新建雨污水管道90公里。孙大泓、安邦河等29条黑臭水体完成治理，城市建成区黑臭水体基本消除。枚乘路大修改造、低洼易涝片区综合整治等完成主体工程，清江浦区、淮安经济技术开发区40个老小区二次供水改造提前竣工。全年新增、改造公园绿地17个，参展北京世园会、南阳世界月季洲际大会，获各类奖项15个。牵头组织北京世园会“江苏日”淮安“非遗”展示表演，央视专题予以报道，永久性绿地保护条例施行成效明显。争取棚改专项资金2.84亿元，全市新开工棚改住房15082套，基本建成10914套，提标改造老旧小区73个。实施既有建筑节能改造19万平方米，惠及3.8万户群众。争取中央、省级奖补资金1464万元，淮安区河下小区等8个项目创成省级宜居示范居住区，洪泽区盛世豪庭小区入选省住建厅民生实事成果集。（王灵敏）

【历史名城保护】 2019年，淮安市开展中心城区历史建筑普查。通过对中心城区摸底排查，筛选出能够反映淮安地域建筑文化特色、具有艺术和科学研究价值的114处建构筑物，分为优秀历史建筑、一般历史建筑和备选历史建筑三大类，类型涵盖商业作坊、工业遗产、传统民居、宗教文化教育等方面。通过对114处建构筑物进行初步评估和论证，遴选出淮安市第一批20处历史建筑名录。公布第四批增补和第五批市级文物保护单位范围及建设控制地带。（杨 颖）

镇村建设管理

【概况】 2019年，淮安市实施乡村振兴战略，取得明显成效。洪泽蒋坝入选全省特色小城镇优秀案例，农村人居环境长效管护示范乡镇实现全覆盖。对50个市级美丽宜居乡村创建进行考核、验收、公布。全市有美丽宜居乡村634个，美丽宜居乡村建设达标率90.5%。将传统村落保护、传统建筑组群核验同乡村振兴相衔接，对洪泽老子山镇龟山村、淮安区流均镇马铺村等16个项目进行核验。洪泽区老子山镇龟山村、岔河镇淮宝居老街项目获批省级传统村落名录。结合农房改善，制定保留村庄改造提升计划，57个保留村庄改造提升项目基本建设完成。

【重点中心镇】 2019年，淮安市有省级重点中心镇10个，分别是：淮阴区渔沟镇、徐溜镇，淮安区车桥镇、钦工镇，涟水县高沟镇、红窑镇，洪泽区岔河镇，盱眙县马坝镇、旧铺镇，金湖县银涂镇。除盱眙县旧铺镇外，其他9个镇还是国家级重点中心镇。淮安市以“区域副中心、现代小城市”为目标，全面推进重点中心镇建设。形成涵盖产城融合、基础设施建设项目、社会事业管理权力下放等多方面较为完整的县区重点中心镇建设目标体系。全年完成重点中心镇建设投资6.34亿元的目标任务。

【乡村振兴战略】 2019年，淮安市制定实施乡村振兴战略实施规划、农房改善五年行动计划，配合举行农房改善项目集中开工活动，涟水县合心村、金湖县新塘村入选江苏省实施乡村振兴战略典型案例。完成市新型城镇化与城乡发展一体化规划中期评估，淮安区农村产业融合发展示范园列入国家第二批创建名单、在全省考

金湖吕良农民集中居住区——湖畔旺屯　　李义海　摄

评位列第一，清江浦区在全省同类县区中率先编制城乡空间发展规划。推进施河智教乐享小镇综合改革集成试点。制定市级特色小镇统计监测制度和考评办法，建立省级特色小镇创建工作月报制度，印发4期督查通报获市政府分管领导批示肯定。3个省级特色小镇全部通过年度省考核，河下非遗小镇参选第三批省级特色小镇。

【农村人居环境整治】 2019年，淮安市在全市农村地区开展人居环境整治，清理农村各类生活垃圾61.8万吨，清理村内河塘沟渠、排水沟1.87万座，拆除长期闲置畜禽舍、破败空心房屋和违建乱建1.68万座。学习借鉴浙江“千万工程”美丽乡村建设经验，对24个培植镇、197个培植村负责人进行培训。对金湖县、盱眙县等6个工作成效先进县区（园区），淮阴区马头镇、盱眙县黄花塘镇等10个市级示范镇，金湖县高桥村、淮安区都梁村、李前村等13个市级示范村进行奖补，合计1000万元。全市镇村布局规划优化完善率和村庄规划管理覆盖率均达100%。洪泽区头河村、涟水县扁担村等6个村庄入选全国“千村万寨展新颜”展示活动名单，金湖县黄庄村、盱眙县陡山村、淮阴区太山村等入选省级美丽乡村。新改建农村无害化户厕23589座、公共厕所591座、乡村旅游厕所21座，农村垃圾集中转运处理率100%。市县两级筹措资金8050万元，疏浚农村河道1091万立方米；新建农村污水管网40公里，配套管网30公里，1107个村生活污水得到管控。农村人居环境整治工作成效得到国务院督导组肯定，盱眙县、金湖县获2019年度省综合评估第一等次，盱眙县还被省政府表彰为“开展农村人居环境整治成效明显的县”。

【村庄环境长效管护】 2019年，淮安市坚持村庄环境长效管护月度督查、手机短信通报机制，农村人居环境长效管理示范乡镇实现全覆盖，全市长效管护优秀等次在70%以上，未出现大面积反弹。探索农民适当付费和财政资金相结合的村庄环境长效管护资金保障机制，减轻财政负担。年内，有8个镇、2个街道完成市村庄环境长效管护示范乡镇创建。全市74个非新建乡村类居住空间109个自然村庄中，有87个自然村庄主要道路建有路灯2554盏，比重为79.8%，达到市下达的60%目标。农村污水处理厂提标改造及配套管网建设工程完成招投标，中铁城乡环保工程有限公司做施工前期准备。

【农房改善】 2019年，淮安市将农房改善工作作为实施乡村振兴战略的一项牵引性、基础性工程，采取集中与分散相结合、新建与改造相结合方式，统筹安排、有序推进。起草《关于在改善农民群众住房条件工作中加强新型农村社区房屋建设管理的指导意见》。多部门共同参与开展农房图审流程、质量安全监管、农房危房“共有产权”调研，参加各县区农房开工项目方案审查。实施农房改善项目90个，可改善农户38315户，完成改善农户19373户，完成省定目标任务的114%，其中1410户建档立卡低收入农户危房改造任务全面完成。

【特色田园乡村建设】 2019年，淮安市坚持高标准、系统化推进，探索可复制的特色田园乡村模板。金湖县塔集镇高桥村黄庄通过首批省级特色田园试点乡村验收。盱眙县旧铺镇茶场一队、涟水县高沟镇扁担村、黄营镇朱桥村3个省级试点项目建设有序推进，年底具备验收条件并报省验收。开展市级特色田园乡村建设，清江浦区和平镇越闸村、清江浦区盐河镇甘露村、盱眙县天泉湖镇陡山村、涟水县高沟镇扁担村、涟水县红窑镇夏楼村、淮阴区赵集镇高堰村、淮阴区码头镇太山村、淮安区流均镇都梁村、金湖县金南镇南望村、金湖县闵桥镇莆坝村、洪泽区西顺河镇于圩村村西庄、洪泽区老子山镇龟山村计12个村庄纳入市级试点，其中淮安区流均镇都梁村等6个村庄通过市级验收。

【乡村人居环境提升工作营】 1月21—26日，由清华大学中国新型城镇化研究院和淮安市人民政府联合主办，淮安市自然资源和规划局、淮安市洪泽区政府、清华大学建筑学院团委、南京大学建筑与城市规划学院团委、东南大学建筑学院团委共同承办的“2019淮安市乡村人居环境提升工作营”在洪泽区举行。清华大学、东南大学、南京大学三校团队分别对洪泽区东双沟镇张庄村、金湖县吕良镇三圆村、盱眙县官滩镇霍山集中居住区提出富有创造力和实践意义的设计方案，3个方案得到村民、专家、地方政府充分肯定。官滩镇计划与南大团队进一步深化合作，将霍山村“共生体”规划概念付诸实施。工作营将地方政府及行业专家、学者专业水准，高校青年创新思维理念和回馈社会热情有机融合，引入中国乡村社会基层治理改革创新，是积极探索乡村人居环境提升新模式，实现乡村振兴重要举措。

【黄庄特色田园乡村通过省级验收】 2019年11月，黄庄省级特色田园乡村建设项目全部完成，12月6日通过省级验收。黄庄位于金湖县塔集镇高桥村中部，东临荷花旅游大道，西依淮河入江水道，南与国家AAAA级旅游景区荷花荡相邻，北靠尧想国旅游度假区。全庄有169户542人，土地面积171公顷。入选试点后，金湖县成立领导小组，制定实施方案，建立定期会办制度。坚持规划先行，邀请南京大学建筑与规划学院院长丁沃沃团队，按照“特色生态、特色产业、特色文化”要求，对黄庄进行整体规划设计。整合部门资源，实施民居改造、污水处理设施和管网建设、河道疏浚、道路改建等项目24个。引导产业支撑，做特西瓜、油桃、优质稻米、荷藕虾蟹混养等高效农业基地，发展观光、采摘等消费型经济，增加农业附加值；鼓励村民自主创业，利用空置房发展民宿、乡村旅游。延续乡土文化，充分挖掘里下河地区手工制香、手工挂面等传统手艺，香火戏等非物质文化遗产，留住乡愁记忆。

（王灵敏）

淮安生态文化旅游区

【概况】 2019年，淮安生态文旅区围绕城市建设、生态文明、产业发展、民生事业、社会治理、党的建设“六个高质量”，建成以东站综合客运枢纽为代表的一批重点项目，拉开高铁商务区基本城市框架，迎来高铁通车。完成央视秋晚主会场场地建设，扮靓周边景观，展示淮安良好形象。全年实施中心城市建设项目39个，累计投资55.39亿元，完成年度计划的106.6%。一般公共预算收入实现6.09亿元，税收占94.7%，完成计划任务的101.5%。筹集发展资金187.3亿元，其中新城投资公司139.5亿元，高新控股公司47.78亿元，完成全年任务的156.1%。

【项目建设】 2019年，淮安生态文旅区以每天完成1000万元以上产值高效推进东站综合枢纽工程建设，基本满足高铁通车使用。高铁商务区市政道路、高架快速路联网通行。1个月完成7万平方米央视秋晚场地建设任务。推进枫香苑、文锦苑等4个安置小区建设，保障被拆迁群众安置。推进山阳湖小学、福地路小学和枫香路幼儿园3所学校建设，满足群众对优质教育资源需求。开展质量安全监督检查160余次，下发整改、停工通知书198份，保障项目建设质量。多渠道争取各类土地利用计划133.8公顷，购买耕地占补平衡指标108公顷，保障项目建设。

【绿色发展】 2019年，淮安生态文旅区坚持绿色低碳理念，开展污染防治攻坚战暨“263”专项行动，整改130项突出环境问题，全年$PM_{2.5}$浓度值和优良天数两项指标达标。推进河长制工作常态化，打造9条样本河道，清理涉河违章种植1.18万平方米、违建面积1555平方米。消除辖区黑臭水体，实施污水管网维修工程，增强控源截污能力。推进农村人居环境整治，清运生活垃圾4097吨，完成农厕改造347座，实施危房改造27户，农民生活质量和居住环境得到改善。

【产城融合】 2019年，淮安生态文旅区坚持产城融合战略，做好招商基础工作，先后组织4次专题招商活动，与中海、保利、融创、颐高等集团企业洽谈合作事宜。签订星级酒店项目框架合作协议，达成医养综合体、文旅综合体项目合作意向，总部经济园项目进入实质性操作阶段，开始智慧产业园合作运营商务谈判，财富交易中心完成项目方案优化。产业园区运营效益提升，五九创智街区、青商之家入驻企业110家，实现税收超2800万元，五九创智街区创成省级众创空间。吾悦广场正式开业，填补核心区综合商业中心空白，实现营业额3.36亿元。

【社会民生】 2019年，淮安生态文旅区坚持百姓为先，科学合理调度安排教育文化、社会保障、医疗卫生等民生支出5.78亿元，占一般公共预算支出77.1%。做强“学在新城”品牌，全年完成中小幼招生6298人，新城开明中学首届中考成绩在全市名列前茅。丰富辖区优质医疗资源，推进院前急救站建设，成立淮安眼科医疗实训基地。协调规划、城管、交警等部门，通过增设人行道、调整停车位等措施，解决福地路办事处群众反映的出行及停车难题。完成白云佳苑2252套安置房交付，投入130万元及时维修管辖小区破损设施、道路。改善高铁商务区办事处范围内407户农房，完成黄桥村453户改水，保障群众饮水安全。坚持落实“即征即保、应保尽保”政策，全区被征地农民纳入城镇职工保障人数17697人，领取养老金人数6265人。

【社会治理】 2019年，淮安生态文旅区推动基层治理创新，丰富“社区生活汇”治理模式内涵，入围全省第二批现代社区治理创新实验区。新建视频监控点位242个，推进小区视频监控补盲，完成公安监控中心升级和高铁站前广场技防建设。加强网格员巡查管理，提升网格治理效能。开展扫黑除恶专项斗争，破获涉恶治安案件11起，捣毁恶势力团伙1个。牵头信访积案化解，保障社会和谐稳定。建设完成宪法主题公园，获评全省首批大运河（江苏段）法治文化品牌项目；组织文明创建“我参与”八项主题活动，统筹打造三级文明实践阵地，文明城市创建顺利通过国家级测评，被评为创建达标城区。

（生态文旅区党政办）

2019年，生态文旅区吾悦广场开业　　生态文旅区党政办　供图

城市管理

【概况】 2019年，淮安市区平均每天产生生活垃圾1798吨，通过焚烧发电再利用。市区有垃圾运输车辆169辆，主次干道有果壳箱5216只，垃圾桶2319个。有高压冲洗、清扫、护栏清洗等各类环卫机械作业车222辆。有生活垃圾填埋场2座，最大处理量1400吨每日。有垃圾中转站75座，其中船舶垃圾收集中转站5座。有垃圾焚烧发电厂1座，日最大处理能力1000吨。有粪便处理厂1座，日处理量150吨。有建筑垃圾处理场1座；全市生活垃圾无害化处理能力3100吨每日，餐厨废弃物处理能力95吨

每日，园林易腐垃圾处理能力40吨每日。全市新建投运生活垃圾焚烧厂1座、在建（含提升改造）生活垃圾焚烧厂2座。新建公厕13座、改造8座，有环卫公厕476座，全部免费。根据机构改革及时调整考核单位，重新明确100条严管路段。定期编发季度问题清单，现场交办各区落实整改销号。对纳入城市长效综合管理考核的32个街道、乡镇，持续加大督查考核力度。组织召开“互观互学”现场会，营造比学赶超浓厚氛围。全年交办问题8953个，整改8233件，整改率92%。市区拆除违法建设11.3万平方米，推进汇通市场综合整治。

【“法治城管”建设】 2019年，淮安市继续开展“法治城管”品牌建设，贯彻落实全国城市管理执法队伍“强基础、转作风、树形象”新三年行动第二年行动要求，加强城市管理行政执法队伍建设。市城管系统推进落实《淮安市市容管理条例》，出台《淮安市餐厨废弃物管理办法》《淮安市市区互联网租赁自行车管理暂行规定》。优化“城管+公安+律师”联合执法机制，重点针对流动摊点、店外经营、小广告、非机动车乱停乱放等行为开展全面整治。建成城管服务大厅，优化处理流程和工作流程。运行审批新流程，建立网上服务机制，完成“不见面审批”事项。开展两期全市城管执法案卷评查，制定《城管系统案件评查标准》，城管执法案件无一起被提起复议和诉讼。改版并制作播出“法治城管”电视专题10期、“城管之声”电台节目50期，推出城管“市民通”手机客户端，举办3期新闻发布会。市城管局获2016—2018年度“江苏省文明单位”、全省“七五”普法中期先进集体等表彰。

【数字城管】 2019年，淮安市级数字城管平台受理案件18.2万件，处置率99.55%，结案率99.62%，各项指标均远超住房和城乡建设部标准。重点保障“12345”政府公共服务平台运行，结案530件，办结率95.5%。受理市“12345”平台交办市城管局工单428件，结案409件，办结率95.6%，群众满意率98.9%。

【市容秩序】 2019年，淮安市开展“春季市容整治月”集中整治、“净环境、提品质、迎国庆”市容环境整治、露天焚烧和露天烧烤专项整治等4大类80余场次整治活动。试点设置季节性临时水果疏导点35个，取缔流动摊点580余个，纠正店面外溢9400余处，清除门店乱张贴2250多起，清理乱停放共享单车4300余辆，清理乱堆乱放1900多处。优先保障重要节庆活动公益广告宣传，开展网络追呼小广告号码559个，实施停机229个，办理行政处罚案件180件。提升市民文明养犬意识。在1350个小区张贴治理通告，设置文明养犬宣传牌300多块；试点开展文明养犬进小区活动，设置宠物粪便拾纸箱；在重点区域设置禁止遛犬告示牌、标识牌。开展联合执法，处置流浪犬、散放犬、大型犬2616只，纠正不文明养犬行为2780起。

2019年，淮安市开展“垃圾分类我先行”夏令营活动　　丁海文　供图

【环卫作业】 2019年，淮安市对城市主次干道每天每车冲洗不低于5小时，机械化率85%。严防城市出入口等部位、严控卫生死角点、扬尘污染等敏感区域，全年下发交办单138份，发现问题1503件。其中，道路清扫保洁839件，公厕管理356件，垃圾中转站管理86件，垃圾容器管理81件，车辆运输与管理37件，环卫工人休息室7件，上报市城管办问题交办97件。印发环卫督查通报12份，环卫作业专项督查情况通报1份。市生活垃圾填埋场处理生活固废31万吨，其中含干化污泥4.6万吨。市粪便处理场处理进场粪便1.25万车次、3.53万吨。市生活垃圾焚烧发电厂焚烧生活垃圾37.02万吨。全市收运3992家餐饮单位、7.16万吨餐厨废弃物。

【垃圾分类】 2019年，淮安市垃圾分类集中处理工作有效开展，垃圾分类集中处理率78.16%，列全省第九位，实现进位争先。全年完成垃圾分类小区263个、试点乡镇15个，开展强制垃圾分类单位1650家，完成率97%；全市累计投入约1.2亿元，按标准购置三分类垃圾桶20000余只、智能垃圾箱5000余只；新增各类垃圾分类宣传亭（栏）3000余组。全市公共区域累计投放分类收集桶或果壳箱30000余组，覆盖率100%。全市通过多种形式开展垃圾分类等各类宣传活动。各县区常态化开展“垃圾分类进校园、进社区、进机关”活动，普及垃圾分类知识；发挥广播、电视、报纸、网站等传统媒体作用，创新宣传方式、方式和手段，融合新技术，强化垃圾分类公益宣传，普及垃圾分类知识，提高市民垃圾分类知晓率与参与率。

【渣土管理】 2019年，淮安市抓好园区渣土处置源头管理，推行工地门前视频监控，严格落实监管责任，坚持抓好规费征收。出台《关于市区建筑垃圾运输企业和车辆实施信息化管理的通知》，排查市区41家渣土运输企业、582辆渣土运输车辆。开展联合整治"零点"行动，严厉打击擅自处置、未密闭运输、抛撒滴漏、偷倒乱卸等渣土运输违法违规行为。开展联合整治5次，办理一般程序案件3起，处罚8.5万元。

【机动车停车管理】 2019年，淮安市实施停车便利化工程，市区智能停车诱导系统平台搭建完成并正式上线试运行。中医院、新亚商城等首批11家企事业单位停车场空余泊位数、收费标准规则等信息实现实时发布。市区机关事业单位及驻淮高校内部停车泊位总数约18667个，有7281个泊位实现对外开放，开放率39%。市区新增12363个公共停车泊位。市交通控股公司在淮印时光文创园建设162个泊位，淮安区在勺湖公园建设93个泊位机械立体停车设施。出台《市区互联网租赁自行车管理暂行规定》，完善市区共享单车管理。

【环卫工人节】 2019年，淮安市举行系列活动庆祝第60个"环卫工人节"。10月26日，市城管局与淮安市电视台在中国（淮安）国际食品博览中心，联合举办"致敬马路天使，守护城市文明"庆祝新中国成立七十周年暨第60个环卫工人节大型主题报告会。表彰城管战线一批先进环卫和执法工作者，展示城管工作成绩。10月27日，举行全市环卫系统职工运动会，开展篮球、羽毛球、乒乓球和垃圾分类接力赛4个项目比赛，展示全市环卫职工竞技水平和精神风貌。

（丁海文）

市政公用事业

【概况】 2019年，淮安市政工作统筹"建设、管理、服务"三个环节，市政设施完好率95.3%。市区市政道路总长2153.47公里，面积4052.72万平方米，人均道路面积24.14平方米，市级管养道路66条。市区路灯总量116947盏，包含清江浦区、淮安经济技术开发区、淮阴区、淮安区、洪泽区、生态文旅区、淮安工业园区、苏淮高新区。主城区路灯亮灯率99.87%，设施完好率97.34%。市区雨水管道1601公里。开展城市生活污水行业督查，成立淮安市城镇生活污水处理提质增效三年行动实施方案编制小组，开展方案编制。有生活污水处理厂12座，日处理规模70.5万立方米。全年市污水排放总量11891万立方米，处理总量10402万立方米，市本级城镇污水集中处理率87.48%。完善淮安市智慧照明管理系统功能，实现照明智能化、办公自动化及运维信息化。

【市政重点项目】 2019年，淮安市主城区控源截污项目加快推进，城市建成区黑臭水体基本消除。投资1.17亿元完成8项路桥新建项目，其中桥梁设施大修改造三个标段提前竣工并通过验收，柯山路快车道于11月提前通车，大同路贯通。枚乘路大修改造、北京南路改造，市政消火栓建设工程、低洼易涝片区综合整治、公交专用道建设6项工程主体完成。推进市区备用水源建设，提前一个月完成40个老小区二次供水改造。东城污水处理厂、污水处理厂提升泵站、尾水泵站及配套管网建成运行；开工建设淮沭河水厂四期扩建工程，古黄河自来水厂项目完成征地、地勘、施工图纸设计等。主城区城市照明重点工程完工，快速路沿线51组原有路灯拆除、4组路灯拆移、96组临时灯架设完成；将快速路路灯设施纳入市级照明智能监控平台统一控制。保障央视中秋晚会焰火燃放场地临时照明，完成场地内18组临时路灯安装、800米电源线架设及电源供应。

【供水】 2019年，淮安市区有3家供水企业，分别是淮安自来水有限公司、淮安市淮阴区自来水公司和井源水务洪泽有限公司，日供水能力564万立方米，用户总数65万户。每季度对自来水出厂水和城市管网水开展监督检测，拉网式排查梳理，全市供水设施冻损大幅度减少。发挥智能调度系统作用，实时对供水水质、水压、流量等参数进行监测和预警，保障市区供水安全。年末，全市城市供水规模每日104万立方米，深度处理能力每日99万立方米，深度处理率95.19%，全省排名第3。全年自来水公司完成供水量12590.69万立方米，售水量10967.78万立方米，比上年分别增长6.06%和8.96%。 （王灵敏）

【供电】 2019年，淮安市全社会用电量191.3亿千瓦时，比上年增长2.5%，增幅排名全省第9名；工业电量117.4亿千瓦时，比上年增长1.2%，增幅全省第11名。全市调度最高用电负荷372.6万千瓦，创历史新高。全年最高日用电量7350万千瓦时，比上年增长6.1%。完成中央电视台中秋晚会主会场全球直播保电任务，保障高铁高架通车、第二届食博会、台商论坛等重要活动用电。落实一般工商业电价再降10%政策，减少工商业用户年用电成本1.5亿元。打通工商等16类政电信息互通关口，实现个人用户"零证"办电，高低压接电平均时长分别压降至35和5个工作日以内。投产业扩配套项目813个，节省外线投资1.1亿元，助力企业"开门接电"。首创20千伏不停电作业，用户平均停电时间下降19.7%。建立供电服务"项目长"制，走访服务园区、重大项目、"158"骨干企业312次，获得市"101%服务流动红旗"3次。发起成立全国首个地市级综合能源服务发展联盟，成功中标实施工业和信息化部工业企业节能诊断服务，营收连续两年破亿元。完成替代电量8亿千瓦时，同比增长143%。构建新能源并网服务绿色通道，评审新能源项目30个，容量2032.3兆瓦。改造70个老旧小区电力设施，治理97个小区配电房环境。开发应用"指尖微服务"平台，开放24小时自助营业厅。主动开辟抗旱用电"绿色通道"，服务京杭大运河滞留船舶用电事迹获中央电视台宣传报道。

【电网建设】 2019年，淮安市完成电网固定资产投资17.7亿元。开工项目26项，变电容量112.3万千伏安，线路长度237.1公里。投产项目28

项，变电容量92万千伏安，线路长度204.1公里。仅用48天完成淮安东牵引站电力接入建设，提前半年投产2项高铁牵引站配套工程。提前4个月建成高铁淮安东站主供电源——高港110千伏变电站。调换主变12台，治理重载线路165条、配变122台，负荷新高日电网设备零重载。完成快速路全部42处输电线路迁改。打造与文明城市、美丽乡村先进区域相匹配的配电网样板工程14项。安装配变智能终端4645台，实现全市配电自动化线路全覆盖。建成电力4G无线专网基站20座，接入各类业务436个。1项220千伏线路工程获评“中国安装之星”。1项设计成果获国网公司设计竞赛一等奖。2个监理项目获评江苏省建筑施工标准化星级工地。6项配电网工程获评省电力公司优质工程。

至年底，淮安电网以“一交一直”特高压站为支撑，形成3座500千伏变电站北、中、南独立分区运行，220千伏电网“四环相通、内外互济”，110（35）千伏电网辐射互联，10（20）千伏电网可靠联络的格局。全市有500千伏及以下变电站173座、变电容量2316.45万千伏安。其中，500千伏变电站3座，变电容量586万千伏安；220千伏变电站27座，变电容量737万千伏安；110千伏变电站88座，变电容量871.2万千伏安；35千伏变电站55座，变电容量122.25万千伏安。全市电网35千伏及以上输电线路495条、6445.55公里，10（20）千伏配电线路1382条、20284.67公里，配变36004台、容量1383.83万千伏安。

（王阳阳）

【供气】 2019年，出台《淮安市打击瓶装液化石油气违法行为专项行动方案》，加大燃气监管力度，每季度开展运行检查，开展全市城镇燃气明察暗访专项督查，实现全市燃气经营企业和管理部门全覆盖。持续开展燃气行业综合治理、液化气市场整治、明察暗访、扫黑除恶等行动；开展燃气知识进校园、燃气安全进万家等宣传活动。开展燃气泄漏事故综合应急演练和大型商业综合体燃气泄漏应急演练，提升燃气安全抢险能力。开展城镇燃气安全生产专项整治，提升燃气安全保障和管理水平。全年全市天然气总供气量2.63亿立方米。其中，民用气1.29亿立方米（61.3万户），学校、幼儿园、养老院等福利用户年销售气量0.04亿立方米；工商业用气1.11亿立方米；车用气0.19亿立方米。开展企业煤改气工作，燃气管线通达4个区28个乡镇。

2019年淮安市开展工业煤改气企业名单

表10

序号	用户名称	类型	年用气量（万方）	备注
1	淮安市长鹿肥业有限公司	煤改气	13.6	—
2	淮安市元和包装材料有限公司	煤改气	4.6	—
3	江苏淮安苏食肉品有限公司	煤改气	7	—
4	展阳商用道具（淮安）有限公司	煤改气	41.6	—
5	淮安中兴绿色建筑科技有限公司	煤改气	0.7	—
6	淮安中技（中桩）建业有限公司	煤改气	98.4	—
7	江苏曜曜机械科技有限公司	煤改气	—	未用气
8	淮安快鹿牛奶有限公司	煤改气	16.5	—
9	淮安市金冠装饰材料有限公司	煤改气	0.04	—
10	淮安淮香源食品有限公司	煤改气	9.1	—
11	江苏富港特钢有限公司	煤改气	814.2	—
12	淮安市金源肉品有限公司	煤改气	0	—
13	淮安市五洋再生物资回收利用有限公司	其他改造类	53.7	—
14	中铁十五局集团路桥建设有限公司	煤改气	3.3	—
15	江苏迈尔汽车零部件有限公司	煤改气	0.3	—
16	淮安旺隆饲料有限公司	煤改气	4.6	—
17	江苏省老候珍禽食品有限公司	煤改气	—	未用气
18	淮安金康耐火材料有限公司	煤改气	0.3	—

2019年淮安市四个区燃气管线通达镇、街道表

表11

区域	乡镇个数	管线已覆盖乡镇名称
清江浦区	5	盐河镇、黄码镇、和平镇、武墩镇、王元镇
淮阴区	13	马头镇、南陈集镇、吴城镇、元集镇、棉花镇、老张集镇、渔沟镇、五里镇、徐溜镇、丁集镇、刘老庄镇、古寨镇、新渡口街道
淮安区	6	山阳街道（含席桥镇、季桥镇、城东村）、马甸镇、建淮镇、范集镇
洪泽区	4	三河镇、蒋坝镇、朱坝镇、东双沟镇
合计	28	

（王灵敏）

【供热】 2019年，淮安市区有华能淮阴电厂、淮阴发电公司等8个区域性热源点，建成集中供热主、支管近300公里，总供热能力1805吨/小时，年供热量600万吨，为或即将为110家企事业单位、56个居民小区、3.8万户家庭集中供热。

【首个地市级综合能源服务发展联盟成立】 7月22日，国网淮安供电公司联合华能淮阴第二发电有限公司等5家单位发起成立全国首个地市级综合能源服务发展联盟。该联盟由科研机构、高校、能源生产商、能源供应服务商、设备供应商、能效服务商和用能单位等121家单位构成。成立后，联盟推动开展成员企业战略合作，建立综合能源服务产业信息共享机制，为政策决策制定、行业发展提供数据支持。推动能效评价体系构建，推进示范项目建设，为全国能源行业转型发展贡献淮安样板。联盟的成立是一次打破能源供需市场壁垒，实现在能源研究、新能源开发、能源生产和能源应用各个环节互联互通的新探索。联盟理事长单位淮安供电公司计划投资3000万元，免费为政府机关、全省重点用能监测单位、行业代表用户等400家机关、工商业单位安装1.4万个采集测点，汇聚供电、政府、用能企业、技术服务商等各主体监测数据，平台将有效实现对政策决策、行业发展数据支撑。（周 鉴）

房地产开发管理

【概况】 2019年，淮安市房地产开发完成投资286.5亿元，同比下降0.17%；新开工面积573万平方米，同比增长10.19%，完成施工面积3443.299万平方米，其中竣工面积619.89万平方米，同比增长6.88%。市区有在建和拟建房地产开发项目387个，施工面积2443万平方米，同比增加16.11%。全市商品住房库存量590.99万平方米、去化期9.69个月。其中，市区库存量389.14万平方米、去化期8.87个月；主城区库存量248.18万平方米，去化期8.33个月。市区有住宅小区1642个，建筑工程在建面积664万平方米。市区有房地产开发企业262家，其中主城区（清江浦区、淮安经济技术开发区、生态文旅区、工业园区）164家，淮安区36家，淮阴区43家，洪泽区19家。市区完成征收项目19个，征收66.1万平方米，4316户。市区棚户区危旧房改造新开工12390套，基本建成8085套。

【商品房销售】 2019年，淮安市商品房销售82512套、881.15万平方米，均价6406.53元/平方米，比上年分别下降15.14%、下降12.9%、增长8.43%。其中，全市商品住房销售63999套、743.32万平方米，均价6100.33元/平方米，分别下降15.52%、下降14.76%、增长8.87%。市区商品住房销售47626套、548.04万平方米，均价6363.35元/平方米，分别下降21.09%、下降20.42%、增长8.82%。主城区商住品房销售31201套、357.56万平方米，均价6591.93元/平方米，分别下降26.56%、下降26.33%、增长8.85%。

【老旧小区改造】 （参见《地方组织机构·淮安市人民政府·十件民生实事》）

【房地产市场管理】 2019年，淮安市加强成品住房销售行为管理，开展双随机市场检查，对市区近18个项目成品住房销售现场进行检查，对样板房使用装修材料低于公示及备案标准的以及其他不符合要求的，责令限期整改。多次约谈问题项目负责人，要求按合同约定做好已交付成品房出现的各种问题整改，对相关违规行为提请行政处罚。对楼市潜在风险县区进行约谈并下发警示函。针对县区商品住房成交价格连续3个月上涨幅度较高和去化期较大等情况，下发房地产市场预警提示函，并到县区现场约谈，防范房地产市场累积风险，确保本辖区房地产市场风险可控。明确地下车库交易管理规定，进一步明确地下产权车位的出售、出租、赠予等行为。加强小区配套幼儿园建设管理，确保配套建设的幼儿园与首期项目同步施工、同步验收、同步交付。

【质量安全】 2019年，淮安市抓好建筑工程质量安全监督和扬尘污染管控，强化源头严查、过程严控、后果严惩责任落实机制，完善和创新安全监管模式，完成年初制定的生产安全和扬尘管控目标任务，全年安全生产形势始终保持平稳可控。组织开展优质工程创建，发挥科技在工程质量安全中的支撑和引领作用。恩来干部学院工程项目和淮安新城附属初级中学工程项目获评国家AAA级文明工地；淮安高铁新区安置小区南区的“卫生间防水翻边与主体结构同步浇筑支模创新”课题获2019年全国工程建设质量管理QC小组活动优秀成果II类成果奖；淮安开放大学等6个建筑工地项目获2019年江苏省建设工程奖“扬

子杯”称号；洪泽湖医养融合体项目等70个建筑工程项目获评2019年江苏省建筑施工标准化星级工地。

【绿色建筑】 2019年，淮安市严格对照最新行业建设标准，宣传贯彻《绿色建筑评价标准》新国标，提高装配式、成品式、被动式建筑在新建建筑中的占比，推进建筑产业现代化，推动绿色建筑规模化发展。全市新增节能建筑912.7万平方米，其中居住建筑765.6万平方米，公共建筑147.1万平方米。获得星级标识的绿色建筑共77项、949.21万平方米，其中一星级项目15个、12.32万平方米，二星级项目62个、936.89万平方米，二星级以上绿色建筑标识项目大幅增长，是2018年二星级以上绿色建筑标识项目面积的4.14倍。盱眙县省级绿色建筑示范县顺利通过省住建厅验收，实施绿色建筑重点示范项目35个，其中二星级及以上项目22个（三星级项目1个），建筑面积255.34万平方米，占比75.34%。

【“不见面”房屋交易服务】 2019年，淮安市在全国首推房屋交易业务全线上自助式办理，该服务通过“互联网+”技术，实现住房城乡建设、公安、税务、银行、住房公积金等多个部门信息共享，打破原有信息壁垒，实现房屋交易全流程网上办理。“不见面”交易大大加快审批流程，预售许可、商品房交付备案审批时间分别由10天、9天降至5天、3天，预售资金监管、网签合同备案等全部降至1天。在市区11家银行创新推出二手房网签备案便民点，实现二手房网签备案、资金监管、银行贷款一站式办结。年内，40多个国家和省、市级媒体对此进行报道。

【两建筑获2019年国家优质工程奖】 11月13日，中国施工企业管理协会发布《关于表彰2018–2019年度国家优质工程奖的决定》，江苏盱眙农村商业银行股份有限公司营业大楼工程和盱眙1000伏变电站工程获得2019年国家优质工程奖。全国共有639项工程获得该奖项。该奖项是依据《国家优质工程奖评选办法》，经各行业协会、地区建筑施工行业协会和央企集团推荐，国家工程建设质量奖审定委员会评审认定。

2019年度淮安市“翔宇杯”优质工程名单

表12

序号	工程名称	施工单位	工程造价（万元）	工程面积（平方米）	属地
1	天泉湖翡翠谷养生居住社区一期（A、B地块）A1幢	南通华新建工集团有限公司	2554	19400	盱眙县
2	天泉湖翡翠谷养生居住社区一期（A、B地块）A2幢	南通华新建工集团有限公司	4882	33093	盱眙县
3	天泉湖翡翠谷养生居住社区一期（A、B地块）B1幢	南通华新建工集团有限公司	1071	12857	盱眙县
4	天泉湖翡翠谷养生居住社区一期（A、B地块）B2幢	南通华新建工集团有限公司	3797	28003	盱眙县
5	中澳生态城二期房地产项目44#楼	南通万豪建设有限公司	1065	6810	盱眙县
6	中澳生态城二期房地产项目47#楼	南通万豪建设有限公司	594	3503	盱眙县
7	中澳生态城二期房地产项目48#楼	南通万豪建设有限公司	594	3503	盱眙县
8	中澳生态城二期房地产项目49#楼	南通万豪建设有限公司	594	3503	盱眙县
9	中澳生态城二期房地产项目50#楼	南通万豪建设有限公司	509	3789	盱眙县
10	盱眙县车辆管理服务中心	江苏广联达监事项目管理有限公司	2138	7268	盱眙县
11	淮安生态新城开明中学项目	中兴建设有限公司	14824	60508	生态文旅区
12	生态新城枫香路小学（淮安市实验小学新城校区东校区）	中兴建设有限公司	11073	44460	生态文旅区
13	梧桐公馆二期1#楼	江苏亘盛建设工程有限公司	3180	15604	生态文旅区
14	梧桐公馆二期3#楼	江苏亘盛建设工程有限公司	2143	9806	生态文旅区
15	梧桐公馆二期6#楼	江苏亘盛建设工程有限公司	3147	15539	生态文旅区
16	梧桐公馆二期10#楼	江苏亘盛建设工程有限公司	2922	13823	生态文旅区
17	淮安中南世纪锦城（一期）2#楼	江苏中南建筑产业集团有限责任公司	4500	24665	生态文旅区

续表12

序号	工程名称	施工单位	工程造价（万元）	工程面积（平方米）	属地
18	淮安中南世纪锦城（一期）3#楼	江苏中南建筑产业集团有限责任公司	11975	26214	生态文旅区
19	玖珑半岛一期A标段6#、7#、8#楼	江苏省苏中建设集团股份有限公司	7516	63447	生态文旅区
20	新城附属小学和初级中学小学教学楼、小学食堂、小学实验楼（人防区域）、小学实验楼（非人防区域）、文体楼	南通五建控股集团有限公司	15810	71675	生态文旅区
21	淮安眼科医院（门诊病房综合楼、眼视光中心、后勤办公楼及防空地下室）	江苏润扬建设工程集团有限公司	6000	35573	生态文旅区
22	新城附属小学和初级中学教学楼	苏州中设建设集团有限公司	3699	18678	生态文旅区
23	新城附属小学和初级中学实验楼	苏州中设建设集团有限公司	5060	26685	生态文旅区
24	新城附属小学和初级中学食堂	苏州中设建设集团有限公司	3009	14365	生态文旅区
25	淮安市生态新城西片区小学项目	江苏天成建设集团有限公司	10834	49669	生态文旅区
26	淮安市残疾人联合会综合服务中心	江苏天成建设集团有限公司	2928	15000	清江浦区
27	金吉.华冠苑一期一标段工程1号楼	中兴建设有限公司	11017	92321	清江浦区
28	淮安开放大学项目	中兴建设有限公司	8298	37537	清江浦区
29	淮安市康居花园Ⅱ标段B标10#楼	江苏南通二建集团有限公司	2161	13672	清江浦区
30	淮安市康居花园Ⅱ标段B标11#楼	江苏南通二建集团有限公司	2165	13672	清江浦区
31	淮安市康居花园Ⅱ标段B标12#楼	江苏南通二建集团有限公司	2209	13839	清江浦区
32	淮安市康居花园Ⅱ标段B标13#楼	江苏南通二建集团有限公司	2208	13839	清江浦区
33	淮安市康居花园Ⅱ标段B标14#楼	江苏南通二建集团有限公司	1268	6893	清江浦区
34	淮安市康居花园Ⅱ标段B标15#楼	江苏南通二建集团有限公司	1249	6899	清江浦区
35	新新嘉园农贸市场工程	江苏豪强建设有限公司	563	5467	清江浦区
36	淮安茂业时代广场	中建三局集团有限公司	20890	154852	清江浦区
37	水沐清华小区二期4~5、10~13、18~19#楼及地下车库土建、安装工程	江苏苏旭建设发展有限公司	3972	26000	清江浦区
38	宏元国际广场6#楼	江苏名厦建设工程有限公司	2154	9324	清江浦区
39	宏元国际广场7#楼	江苏名厦建设工程有限公司	2095	13911	清江浦区
40	涟水书香苑15幢	涟水县科达建设工程有限公司	4500	16623	涟水县
41	天港.领秀花都25#楼	国涟建设集团有限公司	1693	12976	涟水县
42	天港.领秀花都26#楼	国涟建设集团有限公司	1436	11003	涟水县
43	东方红府3#楼	江西兴业建筑工程有限公司	1550	14986	涟水县
44	剑桥印象1#楼	涟水县永安建筑工程有限公司	362	3620	涟水县
45	剑桥印象15#楼	涟水县永安建筑工程有限公司	405	4053	涟水县
46	剑桥印象16#楼	涟水县永安建筑工程有限公司	421	4206	涟水县
47	金色港湾（原泊林郡）30#	江苏兴亚建设工程有限公司	410	4189	涟水县
48	金色港湾（原泊林郡）34#	江苏兴亚建设工程有限公司	420	4178	涟水县
49	红旗佳园项目	江苏淮阴建设工程集团有限公司	13879	74520	经济技术开发区

续表12

序号	工程名称	施工单位	工程造价(万元)	工程面积(平方米)	属地
50	中国移动淮安呼叫中心CC-1客服用房	江苏省建工集团有限公司	11971	56167	经济技术开发区
51	淮安科技产业园A、B地块一期二标段B1房屋及其配套工程	淮安市康嘉实业有限公司	20244	64658	经济技术开发区
52	书院名居一期工程1#、6#组合楼	江苏天成建设集团有限公司	1090	5200	经济技术开发区
53	书院名居一期工程2#	江苏天成建设集团有限公司	730	5024	经济技术开发区
54	龙港·观湖苑5#楼	江苏金湖建源集团建设有限公司	932	7173	金湖县
55	龙港·观湖苑6#楼	江苏金湖建源集团建设有限公司	844	6484	金湖县
56	龙港·观湖苑7#楼	江苏金湖建源集团建设有限公司	1435	15249	金湖县
57	龙港·观湖苑8#楼	江苏金湖建源集团建设有限公司	648	6484	金湖县
58	江苏淮安颐和花园棚户区改造项目一标段工程	中国核工业二四建设有限公司	53200	196600	淮阴区
59	世纪华庭2#楼	八冶建设集团有限公司	1536	11286	淮阴区
60	世纪华庭4#楼	八冶建设集团有限公司	650	6305	淮阴区
61	泰嘉万紫千红花园20#楼	江苏金禾建设工程有限公司	1059	8975	淮阴区
62	泰嘉万紫千红花园22#楼	江苏金禾建设工程有限公司	1845	15812	淮阴区
63	名嘉花园安置小区1号楼	江苏淮阴建设工程集团有限公司	1176	7228	淮阴区
64	名嘉花园安置小区3号楼	江苏淮阴建设工程集团有限公司	405	4855	淮阴区
65	名嘉花园安置小区4号楼	江苏淮阴建设工程集团有限公司	405	7228	淮阴区
66	名嘉花园安置小区5号楼	江苏淮阴建设工程集团有限公司	864	4855	淮阴区
67	名嘉花园安置小区15号楼	江苏淮阴建设工程集团有限公司	544	3052	淮阴区
68	名嘉花园安置小区25号楼	江苏淮阴建设工程集团有限公司	870	4887	淮阴区
69	金鼎国际花园项目(3、4#楼)工程	江苏华江建设集团有限公司	1045	5564	淮阴区
70	金鼎国际花园项目(6#)工程	江苏华江建设集团有限公司	1522	9334	淮阴区
71	欣明文锦城二期7#楼	江苏亘盛建设工程有限公司	2188	13388	淮安区
72	淮阴工学院萧湖校区学生宿舍楼工程	江苏建航工程有限公司	5080	21677	淮安区

(王灵敏)

物业服务管理

【概况】 2019年，淮安市实施“以块为主，条块结合”的物管重心下移模式，将物业管理纳入社区管理服务；新建小区实行市场化物业服务，老旧小区推行基本物业服务，政府给予适当奖补。新建小区物业服务实现全覆盖，主城区老旧小区基本物业服务实现全覆盖。至年底，主城区（清江浦区、生态文旅区、工业园区、苏淮高新区）累计归集维修资金23.11亿元。《淮安市住宅物业管理条例》出台。在清江浦区长西街道办巨一首府小区、玫瑰苑小区、一号大院、淮安区恩来社区皇冠国际小区开展党建引领物业服务试点，探索建设“红色物业”。智慧谷一期、金润城、康居花园、巨一首府、龙源国际5个项目获评省级示范物业管理项目，长岛花园公园壹号、中移在线淮安园区项目等21个项目获评市级示范物业管理项目。

【维修资金管理】 2019年，淮安市搭建维修资金“互联网+”服务平台，依托大数据与互联网技术，对维修资金管理系统数据与有关房屋数据进行整合升级，将微信公众号升级为服务号。实现维修资金网上交存和网上查询自助服务，累计通过微信公众号缴存745笔计725万元。至年底，主城区累计归集资金23.1亿元，询价资金13.6亿元，三年期定存利率在基准年利率基础上最高上浮55%，利率4.26%，实现维修资金保值增值最大化。完成维修工程项目720个，使用维修资金1525.92万元。加强工程招标管理，出台《淮安市住宅专项维修资金项目进场交易暂行办法》，对使用维修资金超过10万元的项目，通过公共资源交易平台公开招投标。强化对县区维修资金监管，开展维修资金专项审计，督促归还、调拨、欠缴维修资金，做好维修资金专项审计。

【《淮安市住宅物业管理条例》获批】
（参见《法治军事·地方立法》）

（王灵敏）

交　通

综　述

【概况】 2019年，淮安市有公路、水路、铁路、航空、管道等5种运输方式，成为多种现代综合运输方式统筹发展的交通枢纽城市。农村公路建设以行政村通双车道四级公路项目、镇村公交配套道路项目、新增经济节点及居住点通达升级项目和危桥改造项目为重点，道路项目等级以四级公路为主。建成一批具有关键性支撑、标志性意义的重大工程，徐宿淮盐铁路、连淮铁路建成通车，全长48公里的市区内环高架一次成环，以淮安运河大桥为代表的市区淮海路轴线上四座桥梁建成。全市除不具备通行条件的岛屿村外，所有行政村开通农村客运班车，行政村客运班车通达率100%。有淮安汽车客运南站、北站、总站、东站以及盱眙、涟水、洪泽、金湖等8个一级客运站。有三类以上机动车维修企业923家。有载货车辆4.21万辆，百辆车以上道路货运企业37家；有货运船舶2756艘，国内水路货运企业81家。年底，全市有LNG、CNG客车、货车、公交车1247辆，新能源运输车辆3290辆。

【交通重点工程】 2019年，淮安市完成交通基础设施建设投资155亿元，占年计划120亿元的129%，同比增长15.7%，再创历史新高。徐宿淮盐铁路、连淮铁路、淮安东站、涟水站建成运营，淮安正式迈入高铁时代，可直达北京、上海、南京、西安、成都、重庆等城市。宁淮铁路先开段开工建设。淮安市投资规模最大、涉及面最广、施工难度最高的超级工程——市区内环高架建成通车。淮安运河大桥建成通车，市区淮海路轴线上的四座桥梁全部改造完成，改善交通状况和路网通行条件，成为新的网红地标景观。京沪高速公路扩建加快推进，先导段2处互通建成通车，用地上报、房屋拆迁等工作在沿线各市处于领先。420省道、429省道、247省道、348省道等干线公路建设快速推进，建成205国道徐溜服务区等干线公路服务设施5个。淮河出海航道整治工程完成主体工程，宁连路桥建成通车，淮阴城东作业区一期工程建成投入使用，涟水新港二期工程完成码头水工结构施工，淮河入海水道二级航道工程完成工程可研究性报告编制。金宝航道升级改造得到省级层面重视，启动前期工作。机场二期扩建工程全面竣工，航空货站投入使用。全市首个通用机

2019年，淮安大运河桥建成通车　　陈丹燕　供图

场——金湖通用机场完成主体工程。全市重点公路水运工程实体检测主要指标抽检合格率在95%以上，干线公路建设质量在全省名列前茅。淮河大桥入选第二批全省品质工程创建项目，348省道阜宁东沟至盐徐高速车桥互通连接线被评为全省干线公路十佳项目，420省道金湖段项目获评省工人先锋号。

【运输经济】 2019年，淮安市完成公路货运量7112万吨、周转量213.2亿吨公里，分别增长3.7%和4.3%。新增2家省级无车承运人试点单位，淮安传化智能公路港“司机之家”项目获交通运输部和中华全国总工会联合授牌，货运服务效率不断提升。加强与沿江沿海港口合作，开通淮河沿线集装箱航线，集装箱航线总数增至11条，完成内河港口集装箱吞吐量24.4万标准箱，比上年增长20.7%，继续保持全省内河第一。完成港口货物吞吐量7810万吨，增长37.9%。淮安航空货运枢纽建设纳入长三角区域一体化发展国家战略规划和省委省政府《关于高质量推进“一带一路”交汇点建设的意见》等重要政策文件，航空货运枢纽战略规划通过专家评审，机场集疏运体系规划基本编制完成，开通淮安至西安首条全货机航线。淮安机场完成旅客吞吐量234.8万人次、货邮吞吐量1.03万吨，同比分别增长55%和63%，增幅在华东地区乃至全国位居前列。铁路货运加快发展，开通淮安至宁波海铁联运外贸直达班列、完成666标准箱，完成铁路货运量89.78万吨，增长6%。

【绿色智慧交通】 2019年，淮安市加强绿色智慧交通建设，推进京杭运河绿色现代航运示范区建设，省市签订战略合作协议；交通干线沿线环境综合整治成效显著，基本完成三年整治任务，累计建成绿色廊道1800公里；全市淘汰更新国三及以下排放标准营运中型和重型柴油货车1680辆，超额完成省下达的1475辆淘汰任务。全面完成污染防治年度工作任务，建成淮安新港、许渡作业区防尘网、新港空气质量监测站和京杭运河船舶污染物接收船，新增港区绿化面积10000平方米，全市干线航道沿线建成污染物接收设施83套，推进400总吨以下货物船舶生活污水防污改造。交通信息化水平不断提高，完成淮安交通运行监测平台建设，淮安有轨电车自动驾驶科技示范项目完成工作大纲评审和三次现场实验，市公交信息化平台率先完成与省平台对接。淮河大桥、420省道金湖段智慧工地管理系统建成运行，分别被评为全省干线公路、桥梁智慧工地唯一项目，420省道金湖段在省内首次试验3D无人驾驶施工技术，杨庄船闸建成全省航道系统首个过闸船舶稽查复核系统。

【行业治理】 2019年，淮安市交通运输行业“放管服”改革持续深化，梳理部门行政权力事项685项，交通运输政务服务事项基本具备“不见面审批”能力，全年办理不见面审批3496件，交通窗口连续四个季度被评为市政务服务优胜窗口。全面完善信用交通体系、制度建设，实施失信联合惩戒，开展交通运输领域失信问题专项治理，加快建立以信用为核心的新型监管机制。推进承担行政职能事业单位改革，市直交通系统“一支队、三中心”（市交通运输综合行政执法支队、市公路事业发展中心、市港航事业发展中心、市交通运输服务中心）挂牌成立。全市交通运输行业安全生产形势保持稳定，“平安交通”三年计划有效落实，推进重点领域安全监管，在连续多年没有发生较大以上安全生产事故基础上，事故起数和死亡人数同比分别下降35%、30%。 （陈丹燕）

【市区内环高架工程】（参见《特载·2019淮安年度汉字——“高”》）

【交通工程质量】 2019年，淮安市加强工程质量安全监督，排查安全隐患370余起，受监督的29个项目质量、安全形势稳定可控，全市公路水运工程和内环高架工程质量监督实体检测主要指标抽检合格率均在95%以上。开展路面质量专项整治，加强路面施工质量控制，印发《关于加强淮安市快速路一期建设工程水稳基层施工质量控制的通知》《关于加强沥青、沥青混合料质量管理技术标准的通知》《关于开展全市交通工程沥青拌和站、水稳拌和站、水泥混凝土拌和站标准化建设活动的通知》等路面施工质量控制规范性文件，开展路面芯样评价活动，对17个路面工程38个标段1160个基层、面层芯样质量进行评价，干线公路质量整体水平在全省位于前列。开展交通工程品牌创建活动，503省道、淮安新港二期获评江苏省优质工程奖“扬子杯”，503省道等4个项目获评2019年度江苏交通优质工程，获奖数量全省最多，348省道淮安区段等6个项目获评省级平安工地。 （陈 丹）

【交通运输综合行政执法】 2019年，淮安市加快推进交通行业治理能力和

2019年，交通管理部门组织检查内环高架及S237高架快速路工程质量
陈丹燕 供图

治理体系现代化，强化交通运输重点领域安全监管，加大污染防治工作力度，提高交通运输执法规范化水平。开展“平安交通”三年行动，构建安全风险分级管控和隐患治理双重预防体系，全行业安全事故起数、死亡人数实现双下降。

制定道路、水上、港口13项专项整治方案，全面加强重点领域安全监管。强化“两客一危”（从事旅游的包车、三类以上班线客车和运输危险化学品、烟花爆竹、民用爆炸物品的道路专用车辆）车辆动态监管，100%安装主动安全智能防控系统终端；1939辆公交车驾驶室安装安全隔离装置。加强道路运输市场监管，印发《关于在全市开展旅游包车市场专项整治工作的通知》，查处旅游包车、客运班车违法违规经营案件195件，查处“黑车”723辆，比上年增长36.7%。开展超限超载运输治理，查处违法车辆4811辆，普通干线公路超限率控制在0.82%，低于省定2.5%的年度控制目标。加强通航水域交通安全整治，清理各类“三无”（无船名船号、无船舶证书、无船籍港）船舶31艘，清理拆解无主水泥船、住家船18艘，净化辖区通航环境。

编制交通突发事件、水上突发事件应急处置预案，“12395”热线全年接处警467次，救助遇险船舶73艘、救助遇险船员21人。撤销渡口3道，全市在册渡口减少至22道，实际营运渡口18道，超额完成撤渡任务。完成中央广电总台2019中秋晚会等重大活动、项目水上交通秩序管控、运输保障及安保任务。积极应对京杭运河等干线航道出现的历史罕见枯水现象，累计疏导管控船舶近3万艘次，排查航道拥堵、船舶搁浅险情30余起，有效保障干线航道正常通行。全面推行行政执法公示制度、执法全过程记录制度、重大执法决定法制审核制度，组织开展“规范执法行为、推进廉洁执法”专项整治。探索“互联网+”监管、非现场执法模式，强化科技装备在行政执法中的应用。严格执行船员考试培训和船舶法定检验质量管理体系，组织船员考试54期，培训考试船员2320人次，完成船舶检验2530艘次。建成京杭运河船舶污染物接收船，累计接收船舶生活垃圾800千克。配备船舶燃油含硫量快速检测设备，在辖区主要港口码头开展船舶燃油快速抽检，完成检测120艘次。加强在航运输船舶封舱措施检查，累计检查船舶6000艘次。对已安装船舶生活污水处理设施的船舶实施铅封管理，完成铅封32艘次。国三及以下排放标准营运中型和重型柴油货车淘汰任务完成率113.9%。全面建立实施I/M（对在用车进行强制性定期检测，并对出现故障的车辆进行强制修理）制度，实现辖区内汽车维修电子健康档案系统一、二类维修企业全覆盖。

（刘　笑）

公　路

【概况】 至2019年底，淮安市公路总里程13507.87公里。其中，国道708.99公里、省道518.28公里、农村公路12280.61公里；高速公路401.97公里、一级公路760.45公里、二级公路1640.84公里，等级公路达95.74%。公路密度134.11公里/百平方公里、27.43公里/万人。境内有G2京沪、G25长深、G2513淮徐、S18盐淮、S49新扬、S92金马等6条高速公路，实现县域全部通高速公路，在苏北率先建成长90公里、辐射6个方向的城市高速公路环。

【干线公路建设】 2019年，淮安市干线公路建设完成投资14.77亿元。编制完成《淮安市普通国省道国土空间控制规划》《淮安市新一轮普通省道网布局调整建议方案》《淮安市中心城区周边干线公路布局方案》《淮安市国省干线公路综合建设规划（2020–2025年）》，统筹推进干线公路和服务设施、养护工区、路网监测设施、交通量调查站点“五位一体”建设。做好京沪高速公路改扩建工程服务保障工作，淮安东互通和淮安互通建成通车，房屋拆迁工作在全省沿线各市中处于领先地位。

【农村公路】 2019年，淮安市完成农村公路建设投资9.3亿元，新改建农村公路695公里，桥梁101座，全市通行政村双车道四级公路覆盖率100%。建成农村公路536公里、桥梁100座，实现行政村双车道四级公路全覆盖，提前1年完成省定目标，农村公路建设质量考核排名全省第三。盱眙等5个县区创成省级“四好农村路”示范县，7个县区通过全省农村公路“一县一品牌、一区一特色”创建验收，金湖“湖城金道”、盱眙“善道盱眙”获评全省优秀品牌，“金湖绿道”入选全省10条“最美农路”自驾线路。

【公路养护】 2019年，淮安市普通国省道MQI（公路技术状况指数）值达95.3，PCI（路面结构保持完好程度）优良率90.5%，RQI（路面行驶质量指数）优良率97.2%，高于省目标。完成674公里国省干线公路养护外业综合整治，9.3万延米沥青路面预防性养护灌缝。全市国省干线公路机械化清扫率100%、路面机械化维修率100%。投资1.85亿元，完成养护大中修工程7项，规范创新管理干线公路大中修工程做法与成效获得省公路中心肯定，在全省干线公路养护座谈会上经验交流。提前完成205国道蛇家坝干渠桥全桥改造并通车，完成省公路中心年中调整增加的11座桥梁专项维修改造工程、全市153座桥梁常规病害集中维修处置和328省道淮安船闸桥健康监测工程。对全市干线公路71座桥梁定期检查，专项排查全市干线公路独柱墩等重点桥梁，6座独柱墩桥梁经检查和验算均符合规范要求，技术状况良好。

【路政管理】 2019年，淮安市交通干线沿线环境综合整治成效显著，基本完成三年整治任务。实施国省道沿线绿化提升，新建绿色廊道200公里。完成38个集镇段整治，全面开展“十佳集镇段”创建，持续整治国省道桥下空间103个，盱眙县601省道和331省道代表淮安市接受省检查验收。新建干线公路视频监控设施90处，改造视频监控设施7处，新建I类交调设施6处，改造I类交调设施9处。至年底，全市共建成干线公路监控设施340处，国道和重要省道实现监控全覆盖，全部高速出入口以及其他省道重要节点与重要路段实现全覆盖，全市干线公路监控设施密度2.4公里每处，全省排名第三。完成公路网监测视频上云应用服务项目建设，社会公众可以通过“江苏路网”微信公众号实时调看干线公路沿线视频。

【科技创新】 2019年，淮安市公路建设中积极推广运用新技术，在干线公路建设和养护大中修工程中，常态化应用抗裂水稳碎石基层、沥青玛蹄脂碎石混合料与高性能沥青路面、桥面防水粘结层、智能张拉与压浆、数控机床、等离子切割、钢筋胎模加工、智能管控系统等成熟成果，推广新型贯入式复合路面和连续配筋混凝土加沥青混凝土复合路面防治信号灯路口车辙，试验采用3D路基施工质量碾压工艺。《江苏省公路沥青路面综合再生利用策略研究》基本完成，《面向预防养护的桥梁检（监）测大数据分析技术研究》提请省中心验收，《基于无人驾驶和3D机械控制的路基智能施工技术应用研究》和《普通国省道工程建设智慧工地科技示范工程—G344淮河大桥改造工程、S420金湖段建设工程、S126南京段改扩建工程》两项研究报省交通运输厅立项，科研大纲通过评审。 （张晓梅）

【传化公路港“司机之家”入选国家建设试点】 8月14日，经江苏省交通运输厅、省工会联合验收，交通运输部办公厅、中华全国总工会办公厅联合确认，淮安传化公路港“司机之家”入选国家建设试点，成为江苏省13个、全国76个试点项目之一。为改善货车司机工作休息环境，交通运输部、中华全国总工会于2018年在全国10个省启动“司机之家”建设试点，在高速公路服务区、普通国省干线公路服务站（点）、骨干物流通道货物集散地、物流园区等地试点建设“司机之家”。2019年，各省试点“司机之家”陆续建成，各试点省交通运输主管部门、工会组织联合对“司机之家”建设试点项目进行验收并经交通运输部、中华全国总工会审核同意。淮安传化智能公路港“司机之家”项目由淮安传化公路港物流有限公司负责建设运营，并获得省级专项补助资金20万元。此项目按照快捷酒店标准建设120间客房，免费提供WiFi服务，建设274个货车专用停车位，配套建设餐饮、维修、加油、便利店等服务设施，具备住宿餐饮、停车安保、宣传教育和配套服务等功能，为道路运输车辆及驾驶人员提供公共服务场所和设施。 （周　鉴）

铁　路

【概况】 2019年，淮安市境内有新长铁路和宿淮铁路两条干线普速铁路。新长铁路在淮安境内长81公里，自北向南依次设有徐溜站（会让站）、袁北站（货站）、淮安站（客站）、淮安南站（货站）、淮城站（会让站）、仇桥站（会让站）。宿淮铁路淮安段19.5公里，在淮安接入新长铁路袁北站，在淮安设有韩圩站（会让站）。9月20日，江苏高铁建设暨宁淮铁路开工动员会在淮安市举行，拉开宁淮铁路建设序幕，淮安将全面融入南京“1小时交通圈”。12月16日，徐宿淮盐铁路、连淮扬镇铁路连淮段建成开通，淮安东站、涟水站投入使用，淮安正式迈入高铁时代。完成徐宿淮盐、连淮扬镇铁路淮安段30米范围和100米范围内环境整治。全年淮安铁路客运量231.09万人，比上年增长6.46%；货运量89.78万吨，比上年增长6.03%。淮安高铁自12月16日开通至月底运送旅客51875人，单日最高旅客发送量4214人。

【徐宿淮盐、连淮扬镇铁路连淮段通车】 2019年，徐宿淮盐、连淮扬镇铁路连淮段建成通车。（参见《特载·2019淮安年度汉字——“高”》）

【宁淮铁路先行段开工建设】 9月20日，宁淮城际铁路先行段在淮安市开工建设。年内，淮安市围绕省铁路办《关于征求宁淮铁路前期工作计划意见的函》，印发《宁淮铁路淮安段前期工作任务分解表》，快速完成淮安段可研究性报告前置要件办理。与安徽滁州市建立无缝对接会商会办机制，推动宁淮铁路可研究性报告在8月获得批复。淮安铁路枢纽总图规划获铁路总公司发改部备案，上海铁路局、铁路总公司对宁淮铁路引入淮安地区方案进行审查。做好先行开工点用地报批、政策处理等，提前完成宁淮铁路先行用地组卷上报，交付大临用地。宁淮城际铁路全线长约200公里，淮安境内新建正线长约76.3公里，估算投资114亿元，计划工期4年，设计时速350公里，高速铁路。先开段长约2.85公里。宁淮铁路建成后，与即将建成的徐宿淮盐、连淮扬镇铁路互联成网，将成为苏北地区连云港、淮安、盐城、宿迁等市直达省会南京的最快速便捷高铁出行方式，实现苏北各设区市至南京1.5小时交通圈。

【高铁淮安东站启用】 12月16日，徐宿淮盐、连淮扬镇铁路连淮段建成通车，高铁淮安东站同步启用。淮安东站项目占地17.4公顷、建筑面积30万平方米，总投资约30亿元。高铁东站布局合理，枢纽广场及地下空间作为淮安东站与城市交通联系纽带，正对站房出入口，枢纽广场北侧为游客集散中心。功能完善，包含换乘大厅、出租车蓄车场、社会车库、公交首末站、高架落客平台、公交地面车场、游客集散中心及配套停车场等功能设施，还预留远期市政交通配套用地。地上地下空间整合利用，地上站房2层，地下空间3层，其中地下一层主要布置枢纽换乘大厅、社会车库、出租车蓄车场、公交首末站，预留游客集散中心、市政设施换乘大厅及交通配套用地通道，地下二、三层为社会车库。淮安高铁东站综合客运枢纽中公路客运站规划5条长途班线、6条城乡班线，设置47个长途大巴车位、57个城乡大巴车位、12个旅游及社会团体车位，设计日客流量14400人次。

【宁淮站场】 2019年，中国铁路经济规划研究院有限公司在《关于发送新建南京至淮安铁路可行性研究评审报告的函》中明确淮安东站宁淮车场按2台7线（含正线）预留，宁淮淮安东站场及站台范围线下工程与连镇项目同步实施，站房结合项目引入接建高架候车室8089平方米。淮安市加强与省发展改革委、省铁路集图等部门对接，联合南京建指委托设计单位完成宁淮铁路淮安东站宁淮场及接建站房工程可研究性报告文件，并通过上海铁路局审查。

【铁路站城融合发展】 9月2日，江苏省铁路集团与淮安市政府在南京签约站城融合发展暨淮安铁路土地综合开发项目。省铁路集团负责全省铁路项目投融资、建设、运营管理、沿线站城融合发展以及土地资源综合开发等。站城融合发展暨淮安铁路土地综合开发项目，是江苏省铁路土地综合开发首个落地项目。项目位于淮安市，占地总面积约54公顷，项目总投资不超过24亿元。省铁路集团专门成立融发管理有限公司，加快推动土地综合开发及多经管理专业化和市场化探索，融发公司成为淮安土地综合开发项目落地运作主体。 （王　亮）

航　空

【概况】 2019年，淮安机场围绕淮河生态经济带航空货运枢纽建设战略部署，贯彻落实集团工作要求，各项工作按既定目标推进。全年保障各类飞行起降45573架次，同比增长74.73%；旅客吞吐量234.76万人次，同比增长54.82%；货邮吞吐量1.03万吨，同比增长63.21%。航线通达国内、国际（地区）36个城市，运营航空公司14家。

【航空货运枢纽建设】（参见《特载·“一区两带一枢纽”建设》）

【货邮吞吐量突破1万吨】 12月22日，随着东航MU2870航班落地，淮安机场货邮吞吐量突破1万吨，同比增长超60%，淮安机场迈入货邮吞吐量万吨级俱乐部。2019年，淮安机场紧紧围绕省市两级政府关于打造淮河生态经济带航空货运枢纽战略部署，完善航线网络布局，新增、加密多条航线，通航境内外城市36个。加强客机腹舱进出港货源组织，通过引进外地有实力货运代理人，与多家快递企业建立合作；抓住淮安市及通航城市空运市场特点，开发进出港生鲜农副产品货物，全年腹舱吞吐量突破7800吨。努力开通货机航线，通过与多家航空洽谈，于7月9日与龙浩航空合作，开通淮安至西安首条淮安机场货运航线，飞行202架次，载运率80%以上。

【淮安与东部机场集团建立战略合作关系】 11月15日，淮安市与东部机场集团签署推动民航高质量发展战略合作协议。活动现场，东部机场集团与市交通控股有限公司签署淮安民用机场《股权转让协议》和《股权转让补充协议》，标志着东部机场集团与淮安合作进入新阶段，淮安市进一步融入全省航空产业版图，该合作成为省市两级国资融合发展的一个新样板。

【淮安机场获“全国巾帼文明岗”称号】 4月24日，淮安市妇联在淮安机场举行“全国巾帼文明岗”授牌仪式，市妇联为地面服务部彩虹班组授牌。淮安机场地面服务部旅客服务科的彩虹班组2016年3月被淮安市总工会评为“淮安市五一巾帼标兵岗”，2017年5月获“江苏省巾帼文明岗”称号，2018年3月获评淮安市三八红旗集体，2019年3月获“全国巾帼文明岗”“全国民航五一巾帼标兵岗”称号。

【淮安机场通过航空安保审计】 5月7—9日，淮安机场通过航空安保审计。安保审计组由民航江苏监管局、民航上海监管局、民航安徽监管局、民航青岛监管局专家组成。审计组通过文件审查、人员访谈、现场观察等方式，对淮安机场航空安保方案与协议、组织机构与管理、质量控制、航空器地面安保等10项内容246个审计点进行全方位、客观的审计。 （戴　罗）

2019年，淮安机场旅客吞吐量突破200万人次　　戴　罗　供图

航　道

【概况】 2019年，淮安运河大桥建成通车，高良涧、杨庄、朱码三座船闸船舶通过量首次突破亿吨大关，推进京杭运河淮安段绿色现代航运示范区建设，7项实用新型成果获得发明专利，杨庄船闸建成并运行全省航道系统首个过闸船舶稽查复核系统。制订《盐河船闸联席会议制度》，淮涟五闸联席联动，开通盐河集装箱船舶“绿色通道”。全年航道船闸累计过闸货物量6987.7万吨，船舶通过量10014.3亿总吨位，分别增长24.6%和23.7%。全年征收过闸费7871万元，占省计划135%。其中，朱码船闸征收过闸费1514万元，创历史新高。

【航道基础设施建设】 2019年，淮安市完成航道建设投资1.16亿元，完成航道疏浚33.2公里，淮河出海航道（红山头至京杭运河段）航道整治工程完成主体工程，宁连一级公路灌溉总渠大桥改建工程通过交工验收，航标和锚地停泊区等附属工程建设按计划完成。淮河入海水道二级航道工程完成工程可研究性报告编制。

【船闸养护与航政管理】 2019年，淮安市开展船闸维护工程项目17项，工程质量优良率100%。淮河官滩河航道航标、淮河入江水道航标、杨庄二号船闸下游驳岸维修、杨庄二号船闸上下游靠船墩改造、朱码船闸岸电变

7月31日，省内首个船队ETC在朱码船闸正式开通　　陈丹燕　供图

压器增容、涟水站新增22米航标艇等项目工程，验收均达优良等级。全年巡航2.35万公里，航道扫床1836公里，开展航标夜航巡查13次，干、支线航道年通航保证率100%，航标正常率99%，船闸通航保证率99%。

【航道环境整治】 2019年，淮安市内河干线环境整治工作通过省五项行动领导小组验收，累计清理垃圾232处、碍航设施650处，拆除违章建筑208处，修复损毁补植缺口11处，绿化提升里程76.3公里，新增绿化面积69.9万平方米。推进船舶水污染防治，全市三级以上航道沿线160多个码头和3个船闸、3个水上服务区船舶污染物接收设施全面完成。

【科技创新】 2019年，江苏省航道系统首个过闸船舶稽查复核系统在杨庄船闸建成并运行，在高良涧船闸开展"水上ETC船舶不上岸登记核查系统"科研项目试点。"用于系杆拱肋锁定的组合装置"等7项实用新型成果获得发明专利，"空间异型拱形钢塔安装精度控制"在交通运输行业（航道类）优秀QC（质量管理）成果发布暨推广会上发布。

【服务地方经济发展】 2019年，淮安市全面贯彻船舶过闸优惠减免政策，全年累计优惠内河船舶过闸费1967.8万元，惠及船舶17.7万艘次，运输集装箱8.1万标准箱，免除集装箱过闸费346.3万元。推广便捷过闸系统，协助6975艘货轮、70个船队安装升级版水上ETC，船舶过闸效率大幅提升。高效应对2019年夏季高温低水位特情，第一时间启动应急预案，出动船艇500余艘次，疏导待闸货轮1.6万余艘、船队600余个，向船员提供生活用水、防暑降温、垃圾袋等便捷服务物品计7万元。

【淮安运河大桥建成通车】 2019年6月28日，淮安运河大桥建成通车。2016年9月20日，淮安运河大桥开工建设；2017年9月，完成老桥拆除；2018年7月，主桥钢塔合龙；2019年1月，桥梁主跨合龙。桥梁全长663.76米，接线长788.24米，桥面总宽38米，双向六车道，通航等级Ⅱ级，为全钢结构，设计寿命100年，概算总投资3.23亿元。淮安运河大桥的建成，标志着中心城区淮海路上四座桥梁全部改造完成。桥型新颖独特，体现淮安"四水穿城""运河之都"历史文化底蕴，成为城市地标性景观。

【京杭运河淮安段绿色现代航运示范区】 京杭运河绿色现代航运示范区是江苏省推动大运河文化带建设的重要组成部分，省交通运输厅将建设京杭运河绿色现代航运示范区列为交通强国建设江苏十大样板之一，其中淮安市境内淮安船闸至九龙湖公园，长约16公里，被列为全省4个示范段之一（另有苏州1段、扬州2段）。10月23日，淮安市与省交通运输厅签订《共建京杭运河淮安段绿色现代航运示范区战略合作协议》。10月28日，淮安市召开京杭运河淮安段绿色现代航运示范区建设推进会。11月18日，淮安市印发《京杭运河淮安段绿色现代航运建设工作任务清单》。

（李梦思）

港　口

【概况】 2019年，淮安市新开通至河南周口市集装箱航线和浙江宁波海铁联运班列，完成港口货物吞吐量7809万吨，完成集装箱吞吐量24.4万标准箱，比上年增长20.7%，继续保持全省内河第一。《淮安港总体规划（修订）》编制完成，淮阴城东作业区一期工程建成投入使用，涟水新港作业区二期工程完成码头水工结构施工，苏淮高新区危化品公用码头、上河作业区一期工程等项目前期工作加快推进。淮安新港建成淮安首座5G行业应用基站。

【运营网络】 2019年，淮安市新开通淮安至周口航线，运行稳定，进一步吸引淮河上游货源在淮中转，巩固淮安枢纽港地位。淮安至沿江沿海各地集装箱航线达11条，淮安港辐射范围进一步扩大。开通淮安至宁波海铁联运班列，货物通过淮安新港发往宁波北仑港，转海运发送至世界各地，运行铁路班列14趟。研究延长水运集装箱优惠扶持政策，加大对外省、外贸航线、铁水联运补贴力度。

【非法码头和浮吊船作业点综合整治】 2019年，淮安市累计整治非法码头309座，其中拆除非法码头118座、拆除非法浮吊船作业点163处、规范发证码头28座。淮阴区淮沭新河3处公用作业区开工建设，承接码头整治后吞吐量转移，服务乡镇及周边经济发展。

【安全监管】 2019年，淮安市加强对危货和客运码头监管，检查、巡查、复查港口企业48家次，消除隐患34个，全年未发生较大以上安全生产事故。落实重点港口企业治超主体责任，完善称重设施，建立自查机制，加大对港口源头超限超载的打击力度。

【环境综合整治】 2019年，淮安市落实《江苏省港口粉尘综合治理专项行动实施方案》《江苏省港口码头水污染防治行动实施方案》要求，强化港口污染治理，建成许渡作业区防尘网，完成淮安新港6套岸电智能化改造，建成雨污水沉淀池8处，全市114个码头设置200个垃圾回收箱。

【淮安新港集装箱年吞吐量全省内河第一】 2019年，淮安新港集装箱吞吐量17.2万标准箱，同比增长约23%，继续领跑全省，居内河港之首。淮安市借助内河航运枢纽和多式联运物流中心，打造多式联运物流成本的“洼地”和现代综合运输体系的“高地”，深度融入“一带一路”，进一步巩固淮河流域、京杭运河沿线乃至全国重要内河港及苏北中心枢纽港地位，全力将淮安新港打造成为江苏省运输结构调整样板。

【两项目获国家优质投资项目奖】 2019年，淮安港口物流集团申报的淮安港市区港区新港作业区二期工程项目以及江苏江淮通集装箱航运有限公司新型集装箱船舶项目获2018—2019年度国家优质投资项目奖。淮安新港作为《淮安港总体规划》中的重要公用作业区之一，2018年被省政府正式定位发展成为区域集装箱运输的综合性大型枢纽作业区，是加快淮安内河集装箱跨越运输发展和实现淮安“百万标箱、亿吨大港”目标的重要基础设施。先后开通至上海（南通）外贸航线以及淮安至扬州、南京等近10条内贸航线。8月正式开通淮安至宁波海铁联运班列。江淮通公司新型集装箱船舶（翔宇88号、翔宇98号）安全、环保、经济、美观，为内河最大的集装箱标准化船舶，可满载128T标准箱，单船装箱率在原有船舶基础上提高63%，船舶平均吨位提高52%。年节能量600吨标准煤，替代燃料量400吨标准油。国家优质投资项目评选每两年举办一次。获奖项目需经过申报、推介、审查、审定和公示等相关程序，属于国家发展改革委公布的《产业结构调整指导目录》中的鼓励类项目。

【全国内河港口首座5G行业应用基站】 9月7日，淮安新港建成全市首座5G行业应用基站，也是全国内河港口首座5G行业应用基站。依托5G网络高速率、低时延、广连接的特性，可以实现在智慧港口场景中的多项应用。自6月6日中国移动拿到5G牌照，到8月30日淮安新港首座5G基站完成建设，仅用2个多月时间。港口物流集团与中国移动淮安公司达成战略合作，计划到2021年底在港区建成5G应用基站8座，实现淮安新港一、二、三期信号无缝覆盖。淮安港将开展设备无人化、运营智能化等多项智能港口应用试验，标志着淮安港在港口信息化建设方面迈出重要一步。

（夏　蓉）

公共交通

【概况】 2019年，淮安市委市政府将城市交通发展满足城市群众需求作为重点目标，统筹城乡发展，加强资源配置、优化交通组织、提升服务水平。依据《淮安市区公共交通专项规划》线网优化方案内容，科学设置公交线网结构，对公交盲区、旅游景点、高铁商务区、重大项目重点企业相对集聚区等区域，新辟4条公交线路、优化调整16条公交线路，超额完成新辟优化10条的目标任务。市区有公交线路99条，公交线网愈加密集，群众出行更加高效。市区投入200多万元为1384辆公交车安装改造驾舱隔离门，并安装防疲劳预警装置。2019年央视中秋晚会期间，开通“海棠号”公交线路，串联状元楼、河下古镇、吴承恩故居、周恩来故居、中国漕运博物馆、淮安府署、周恩来纪念馆等多处旅游景点。市区新增各类机动车停车泊位2.85万个，具备条件的机关事业单位内部停车设施30%以上对外开放。

【省公交优先示范城市创建】 2019年，淮安市推进省公交优先示范城市创建，实施公交1小时内免费换乘，新辟优化公交线路20条，淮安公交体系在全省基本公共服务体系建设百姓满意度调查中得分第一。全市新增新能源公交车175辆，新建公交专用道30公里、智能化公交站台215个，超额完成年度任务。淮安市公交车总量2745辆，其中新能源公交车1929辆、天然气公交车464辆，清洁能源车辆占比87.1%。有轨电车全年客流量突破千万大关，达1001.28万人次，总客流突破3000万人次。从有轨电车开通至2019年底，有28个省、130多个城市、近300批次专家学者、政府工作人员到淮安参观考察有轨电车。

交通控股
文明创建

【出租车更新】 12月8日，淮安交通汽运有限公司首批50辆新车交付使用，该公司2013年12月投入营运的出租车开始更换新车。出租汽车营运周期通常为6年，期满就需要更换新车，车辆更新时，会由出租汽车经营者收回旧车顶灯、计价器、GPS终端及车载视频等营运服务设施，缴销道路运输证件，办理车辆封存、报废或转籍（转出本市）手续，之后方可办理新车延续经营手续。此次出租车更新选用车型配备智能设备，如内外双视频终端、交通一卡通设备、具有多工作状态显示功能的顶灯等。到2020年8月，淮安1373辆出租车将全部更换完成。

【公交优惠政策】 12月1日，淮安市实行市区公共交通换乘优惠政策——市民持淮安公交IC卡、钱包卡乘坐市内公共交通工具出行，在60分钟之内换乘其他公共交通工具时，可享受换乘优惠，原则上仅收取最高一次票价，不限次乘坐。至12月20日，换乘次数49501次，优惠金额74278元。

【首个地上智能化立体停车场落成】 2019年12月，淮安市首个地上智能化立体停车场落成，停车场位于淮海广场北侧淮印·时光文化创意园。车库长约100米、宽约6.2米、高约12米，共5层。立体停车场为钢架结构，上下5层，共设置7个组列。在地面一层，设有7个自动控制器，可对停放的车辆进行升降平移操作。原本只有37个泊位的地面，能同时停放小轿车162辆。2018年10—12月，完成项目桩基及设备基础施工；2019年2—4月，主体钢架施工完成；2019年10—12月，立体车库外包装施工完成。相较于地面停车场，立体停车场土地使用率约提高8倍。

【智能化候车亭】 2019年，淮安市区内环高架开通，沿线121个智能化公交候车亭整体调试到位。不同于传统候车亭，智能化公交候车亭设计感十足，其主体为白色，长约二三十米，顶棚两米宽，内设四排高低搭配的座椅，满足成年人和儿童候车休息需求。相比传统候车亭功能的相对单一，智能化公交候车亭是根据市民出行需求进行量身打造的，是集智能公交报站、自助零售、信息交互、人脸识别、多媒体广告发布、便民服务为一体的综合性智能候车空间。（周　鉴）

水　利

综　述

【概况】 淮安市地处淮河流域中下游，素有"洪水走廊"之称。上游近15.8万平方千米水进入洪泽湖后由淮河入江水道、苏北灌溉总渠、淮河入海水道、二河和淮沭河入江入海。京杭大运河穿越淮安南北，洪泽湖位于淮安市西南部。淮安市境内河湖众多，水网密布，水利工程较多。以古黄河为界，以南属淮河水系，以北属沂沭泗水系。淮河水系主要水体有淮河、洪泽湖、白马湖、淮河入江水道、苏北灌溉总渠、淮河入海水道、里运河、二河等；沂沭泗水系主要水体有古黄河、中运河、淮沭河、盐河等。境内有区域骨干以上河道61条，河道总长约1830千米。其中，流域性河道9条，总长约580千米；区域性骨干河道52条，总长约1250千米。中型水库5座、小（一）型水库42座、小（二）型水库82座，总库容3.55亿立方米，其中兴利库容约1.9亿立方米、调洪库容1.7亿立方米，设计灌溉面积4.87万公顷，实际灌溉面积3.8万公顷。

2019年，淮安市水利工作坚持"节水优先、空间均衡、系统治理、两手发力"新时期治水思路，坚持"水利工程补短板、水利行业强监管、系统治水提质效、争先创优上水平"目标定位，打造一批特色亮点项目。全市用水总量目标值33.26亿立方米，实际用水量31.36亿立方米。周桥灌区入选全国首批灌区水效领跑者，全省唯一。清江浦区、淮安区、洪泽区创成国家级节水型社会建设达标县（区）。完成100条生态样本河道建设，《人民日报》《新华日报》多次宣传报道。在水利部、生态环境部全面推行河长制湖长制总结评估中，淮安市以满分通过验收。河湖长制公众知晓率全省第一、满意度全省第二。清晏园、古淮河、盱眙县天泉湖国家水利风景区通过水利部复核。农村河道长效管护连续三年获省级绩效考评一等等次。市黄河故道后续工程入选"全省十大重点工程劳动竞赛项目"。南水北调东线一期金湖站获大禹奖。盱眙县红旗水库除险加固工程获省水利厅优质工程奖。

【水利工程建设】 2019年，淮安市推动流域治理、区域治理、农村水利、城市水利、水生态及水源保护等六大类54项工程建设，累计完成投资30.9亿元，连续9年投资超30亿元。水利建设投资落实和省水利基本建设投资计划完成率全省第二。淮河入海水道二期工程取得突破进展；黄河故道后续工程完成一站三河和60公里防汛道路主体工程，完成投资2.26亿元；月牙湖石塔湖水环境综合整治工程、2018年度黑臭水体岸线整治及活水连通工程等中心城市建设项目按时序推进。完成淮河入海水道二期工程各项前置审批，并通过国家发展改革委委托的可研究性报告评估；洪泽湖周边滞洪区近期建设工程可研究性报告编制完成，其洪水影响评价类技术报告通过省水利厅和水利部淮委技术审查；省淮河行蓄洪区及淮干滩区居民迁建工程年度实施方案获省发展改革委批复实施；淮河流域平原洼地治理里下河洼地工程初步设计获省发展改革委批复实施；开展南水北调二期、洪泽湖退圩还湖、洪泽湖综合保护、江淮生态经济区、淮河生态经济带、大运河文化带等规划编制。开展"十四五"水利发展规划编制相关前期准备工作。

【水利工程管理】 2019年，淮安市全面践行"水利工程补短板，水利行业强监管"新时期水利改革发展总基调，建立健全建前、建中、建后全过程、全方位管理体系。开展工程建设信息化管理，实施"互联网+监管"改革试点，按照"互联网+建管"质量管理模式，运用淮安市政府投资工程嵌入式监督系统，加强标后监督，对市级政府投资工程参建单位主要人员、质量、安全、投资等标后履约情况及时预警和处理。开展"双随机一公开"（随机抽取检查对象，随机选派执法检查人员，抽查情况及查处结果及时向社会公开）检查，拓展水利工程建设智能化管理系统功能，增加合同管理、履约考核和信用管理功能。全市水利工程质量安全监督实现全覆盖，落实工程建设质量和施工安全主体责任，开展现场质量和施工安全检查。做好工伤保险和保障农民工工资支付工作监督管理，维护农民工合法权益。

年内，全市16个水管单位获得"江苏省文明单位"称号，数量居全省设区市之首。金湖县河湖管理所、清江浦区河道管理所创成省二级水管单位。通过省级水管单位复核8个，其中省一级管理单位3个，省二级管理单位2个，省三级管理单位3个，全市省级水管单位占比73%，高出全省4.4个百分点，位列全省第二、苏北地区第一。新创省级规范化小水库6座，通过复核33座，省级规范库达69座，占比63%，高出全省6个百分点，全省第四、苏北地区第一。芦沟村、古城居委会建成"美丽库区、幸福家园"，美丽库区扩容至9个。里运河文化长廊获"江苏最美运河地标"称号。清晏园水利风景区、古淮河水利风景区、天泉湖水利风景区等3个国家级水利风景区通过复审。

【水行政执法】 2019年，淮安市全面打响河湖保护战、碧水保卫战，特色做法获得《人民日报》《新华日报》等

2019年，淮安市加大力度开展洪泽湖水事执法　　殷海平　供图

关注。全年拆除违章房屋216户22.4万平方米，拆除非法码头26户8.9万平方米，清除违章种植68.9万平方米，清理圈圩养殖189户37万平方米，清理住家船37只，迁移坟墓4121座。中纪委国家监委挂牌督办的15个河湖"清四乱"（清理乱占、乱采、乱堆、乱建）问题全部整改完成，河湖"清四乱"实现清零目标。查处大运河北堤蒋某某违法建设、乌纱干渠渠首淮安市乌沙洞建材有限公司违法建设、苏北灌溉总渠李某某砂石货场、吕某某砂石货场等一批重大案件。完成大运河、里运河两次无人机河道堤防巡查，巡查航摄成果制作成册并录入系统，提高城区大运河、里运河河道科学化、智慧化管理水平。

【水利改革】 2019年，淮安市加速推进农业水价综合改革，改革面积累计37.6万公顷，基本实现应改面积全覆盖，农民用水合作组织管理灌溉面积实现改革区域全覆盖。周桥灌区跻身全国首批灌区水效领跑者行列。成立淮河生态经济带水利专业委员会，成员包括5省27市县水行政主管部门、勘测设计企业、水利专家。持续推进小型水利工程"五位一体"（农村小型水利工程管护、农村环卫保洁、农村交通设施管护、农村公共绿化设施管护和农村公共场所管护资金安排、人员统筹等事项融为一体）管护机制改革与"河长制""湖长制"深度融合，创新网格长、河长、湖长、断面长"多长合一"管理。

【水利风景区建设】 至2019年底，淮安市建成国家水利风景区9家：淮安水利枢纽风景区、三河闸水利风景区、古运河水利风景区、樱花园水利风景区、清晏园水利风景区、天泉湖水利风景区、古淮河水利风景区、金湖荷花荡水利风景区、涟水五岛湖水利风景区。建成省级水利风景区6家：洪金灌区水利风景区、盱眙龙泉湖水利风景区、二河闸水利风景区、金湖三河湾水利风景区、白马湖水利风景区、古运河马头古镇大小葫芦湾水利风景区。入选"最美运河地标"6家：里运河文化长廊（含清江大闸、河下古镇）、清晏园、总督漕运公署、盱眙第一山、大运河—淮河入海水道立交、洪泽湖大堤（含三河闸、二河闸）。

【"两违三乱"整治】 至2019年底，淮安市重点河湖"两违"（违法建设与违法圈圩）问题3337件中，整治完成3303件，完成率99%；省河长办下达"三乱"（乱占、乱建、乱排）问题188件，通过销号验收171件，销号率91%，全部达到省对设区市高质量发展目标考核要求。

市河长办会同市水利、生态环境等部门对"两违三乱"整治任务进行细化，逐一明确时间节点，聚焦问题、项目、责任三份清单，实行交办制、督办制、销号制、通报制、台账制"五制"管理。统筹谋划工程项目，投入资金5.66亿元、整改问题1610件。联手"企业河长""党员河长""老干部河长""巾帼河（湖）长""河小青"等社会力量，全市拥有各类民间河长千余名。对梳理排查出的"两违三乱"问题建立清单，实行销号管理。盱眙县主要领导带头推动拆除淮河干流欧力港口产业园1万余平方米违法建筑，打响全省"两违"整治第一枪。淮安区属地投入3.6亿元，拆除京杭大运河三堡水源地范围内260余处违法建筑，对苏北灌溉总渠20处货场码头整治提标，恢复河道标准断面和自然生态；京杭运河、苏北灌溉总渠沿线615个"两违"问题，完成整治611个。淮阴区多部门联合行动，拆除分淮入沂沿线36个非法货场码头、各类违法建筑1.5万平方米，土地平整和复绿工作有序推进。金湖县成立以主要领导为组长、分管领导为副组长及相关单位负责人为成员的专项整治领导小组，推进高邮湖宝应湖违法圈圩整治，449件违法圈圩问题全部整改完成。

【退圩还湖】 2019年，淮安市加快洪泽湖、白马湖、高邮湖、宝应湖、里下河湖荡等五大省管湖泊退圩还湖进度。洪泽湖退圩还湖方案获省政府批准，计划2020年实施。白马湖退圩还湖进度进一步加快，组织开展水源地取水口周边整治，优化调整白马湖退圩还湖整改方案。高邮湖退圩还湖一期工程提前结束，清退陈家圩周边圈圩养殖666.8公顷，湖区1833.3公顷无证养殖全部清除。宝应湖退圩还湖规划获省政府批准。里下河湖荡退圩还湖规划获省政府批准，编制实施方案。

【洪泽湖治理保护】 2019年9月，淮安市组织成立淮安市洪泽湖管理委员会，分管副市长肖进方担任管委会主任，由过去的市级部门主导，升级为市政府统筹，提高组织协调能力。编制《淮安市洪泽湖治理保护三年工作实施方案（2019—2021）》，列出总投资130亿元的三年工作任务清单。开展问题专项整治，共清理问题592件。加快推进退圩还湖，编制退圩还湖实施方案，协调与地方产业发展之间的矛盾冲突。

【淮河生态经济带水利专业委员会成立】 12月20日，由淮安市联合安徽省蚌埠市、河南省信阳市共同发起的"淮河生态经济带水利专业委员会成立大会暨首届淮河流域河湖保护治理高峰论坛"在淮安市举行。淮河生态经济带5省27市县水行政主管部门负责人、勘测设计企业代表、水利专家等近200人参加活动。会议发表共同宣言，淮河生态经济带水利专业委员会将充分发挥出"智囊团"作用，聚力打造优质水利项目共建平台。借助联合联动优势，共同谋划、推动一批流域性水利大工程、大项目。发挥和利用好水利专业委员会科研实力和人才优势，聚焦防洪抗旱减灾、水资源优化配置、水生态治理保护等课题，开展合作研究和探索创新。共同推动与淮河流域生态保护相关的水治理领域重大科技成果推广转化，力促各成员单位相关科研成果优先在淮河治理与保护中的实践应用。构建资源共享机制，建立学术交流平台，定期组织研讨咨询、新闻发布等活动，探索流域水治理新经验、新模式。

（殷海平）

农村水利

【概况】 2019年，淮安市完成农村水利重点工程投资4.98亿元，占计划投资124%。完成县乡河道疏浚土方1005万立方米，修建小沟级以上建筑物1600多座，新增节水灌溉面积8666.7公顷。农业水价综合改革实现8大灌区全覆盖。治理水土流失面积10平方公里。涟水县南集小流域创成省级生态清洁型小流域。完成市县水保方案许可23件，查处283个未批先建生产建设项目。农村饮水安全取得进展，完成区域供水24409户，建档立卡户实现全覆盖，关停独立运行和混合运行的61座农村小水厂。新创省规范化小水库6座，复核通过省规范化小水库33座。规范库达69座，全省领先。

【农业水价综合改革】 2019年，淮安市农业水价综合改革投入3202万元，新增改革面积11.5万公顷，提前完成改革任务。全市配套建设明渠流量计609套，电磁流量计955套，泵站以电折水、以时计水率定4393座。成立乡镇级农民用水合作组织94个、村级分会1393个，创建市级改革示范村30个，开展农田水利工程和供水计量设施运行维护、水量统计、水费计收等工作。规范开展农业水费计收，全市收取农业水费8878万元。通过实施农业水价综合改革，全市农业用水节约1.58亿立方米，节水率6.6%，基本实现"管理服务到位、水价核定到位、水费收缴到位、政府监管到位"目标。

【水土保持建设监管】 2019年，淮安市完成国家水土保持重点工程盱眙陡山小流域治理，治理水土流失面积10平方公里，积极创建盱眙新华、马桥生态清洁型小流域。完成水土流失扰动图斑复核查处工作，核查图斑1049块。全市审批水保方案23件，市级17件、县级6件，验收备案项目4个，水土保持方案审批率、验收率逐步提高。

【农村污水处理】 2019年，淮安市新建农村污水处理设施48套、污水管网129.56公里。全市1486个涉农行政村中，有420个村建有污水处理设施，312个村纳入城镇污水管网，农村生活污水处理覆盖率49.26%。

【周桥灌区进入全国首批灌区水效领跑者名单】 4月，水利部、国家发展和改革委员会公布全国首批灌区水效领跑者名单，认定8处灌区为区域灌区水效领跑者，淮安市周桥灌区榜上有名，为全省唯一入选灌区。

周桥灌区先后投资2.2亿元，实施8期工程，包括护砌周桥总干渠、砚临干渠、浔南浔北干渠等干支渠道80多公里，新建高庄闸、杨码闸、陶新闸等各类配套建筑物400余座。在工程建设过程中，秉承"节水、生态、景观"灌区建设发展理念，把周桥灌区打造成"工程建设生态化、工程造型新颖化、工程管理信息化、灌溉用水自流化、用水管理组织化、用水调度科学化"的现代化生态灌区。灌区灌溉水利用率提高到60%，骨干渠道抬高灌溉水位20厘米，改善灌溉面积2万公顷，恢复自流灌溉面积3300多公顷，实现"三提高、三改善"。"三提高"即提高工程配套率，水利基础设施得以完善，中沟斗渠级工程配套率从55%提高至85%，小沟农渠级工程配套率由40%提高至75%；提高农田灌溉保证率，灌溉用水得到保障，工程灌溉保证率从75%提高到85%；提高灌溉水利用系数，农田灌溉水利用系数从0.52提高至0.55。"三改善"即改善农业生产条件，农田灌溉排涝条件得到改善，促进农业增产和农民增收，亩均粮食增产约60千克，亩均增收近160元；改善水生态环境，通过活水工程建设，疏通水系、改善水质；改善农村人居环境，通过项目结合水保等绿化工程建设，打造浔北支渠、砚临支渠等多处水利景观带，改善农村居住环境。

（殷海平）

2019年，大寨河完成清淤治理工程　殷海平　供图

城市水利

【概况】2019年，淮安市统筹推进城区水利建设管理，优化涉河建设项目审查审批流程，建立健全河道巡查制度，开展堤防专项整治行动，加强涉河项目监管。核拨690万元用于堤防加固等建设项目。推进数字化城管和文明河湖创建。建立健全城市河道长效管护机制，加强对河湖堤防巡查、监测和专人值守，建设河湖堤防运行管理数据库，推行网格化管理，保障堤防工程运行安全。

【中心城市水利项目】2019年，淮安市实施中心城市建设水利重点项目4项。月牙湖石塔湖水环境综合治理工程，主要实施硬质护岸改造和水体生态治理，改善水质，提升公园景观风貌，打造城市精品公园，总投资1000万元。2018年黑臭水体岸线整治及活水连通工程，主要加强主城区水系连通，对圩河、文渠河水体进行岸坡整治及活水连通，总投资2000万元。城区泵站提升改造工程，主要对清安泵站、文渠泵站、运河泵站、蔬菜泵站、西湖泵站进行维修改造，总投资1000万元。清晏园水环境治理工程，主要建设公园排水泵站、节制闸及水质提升工程，完善水位、水量调度体系，净化水体，总投资900万元。

【城市水利管理】2019年，淮安市优化出台进一步加强城市河道长效管理文件，促进城市河道长效管理工作高效开展。及时对河道环境进行集中整治，围绕重点区域开展定点服务，打捞200余吨生活垃圾，逾千吨的水葫芦、水花生、水浮萍等富营养化水草。9月，加强里运河特别是生态文旅区中央电视台中秋晚会举办场地水环境治理保护，保障晚会顺利进行。

【城市雨污分流】2019年，淮安市抓好城区雨污分流改造工作。年内，根据要求，主城区有工业企业、餐饮单位、洗车场、农贸市场等694个集中排水户需进行雨污分流整改，改造工程按计划推进。市住房和城乡建设局将主城区317个小区雨污分流改造工程纳入主城区控源截污项目加以推进，年内完成序时任务。（殷海平）

江苏省灌溉总渠·淮河入海水道工程管理

【概况】2019年，江苏省灌溉总渠暨淮河入海水道工程管理处（以下简称管理处）践行江苏水利“补短板、强监管、提质效”工作基调，开展水利现代化建设，37座工程发挥效益，抗旱调水取得胜利。通榆河总渠立交管理所通过省一级达标复检，管理处、高良涧闸管理所通过省级安全生产标准化验收；整治“两违”（违法建设与违法圈圩）“三乱”（乱占、乱建、乱排），打好碧水保卫战、河湖保护战，河湖生态环境得到持续改善；建设“水韵总渠”等一批淮安水利枢纽水文化项目，环境面貌和文化品位得到提升，淮河入海水道大运河立交获评江苏最美运河地标，高良涧闸成功创成省级水利风景区；获得发明专利1项、实用新型专利8项、软件著作权2项；管理处获评2016—2018年度江苏省文明单位和淮安市“五一”劳动奖状，淮安一站管理所创成江苏省工人先锋号。

【工程管理】2019年，管理处按照“细、实、全、新”标准，对全处工程进行汛前检查。汛后，按照“查全、查细、查实”原则，检查全处37座闸站和变电所工程，及时组织人员编制维修方案和预算。印发《精细化管理实施方案》，入海水道管理处、高良涧闸、运东闸、淮安二站、淮安站变电所开展精细化管理单位创建。对通过省级或国家级水管单位验收的单位开展工程日常管理，通榆河总渠立交管理所通过省一级达标复检。落实安全生产责任制，签订安全生产责任状33份。开展汛前水利工程安全生产检查及隐患排查治理行动督查，组织百日安全生产大排查大整治活动和水利行业安全风险标本兼治活动，制定工程应急预案并组织演练。高良涧闸管理所获评水利安全标准化二级管理单位，管理处省级安全生产标准化水利工程管理单位创建通过省水利厅现场核查。对不符合要求的管理范围线进行整改，划界确权项目通过竣工验收。

【防汛防旱】2019年，管理处及时调整防汛防旱工作领导小组人员，明确工程防汛工作行政和技术责任人。严格执行淮河流域联防指令，加强灌溉总渠和入海水道控制运用。加强防汛防旱物资管理，做到账目与实物相符。建立健全处、所两级防汛抢险组织网络，及时开展培训和演练。全年人工拍发电文11500多份，流量巡测150测次，分析检查校核遥测报汛信息30多万条。年内，苏北地区遭受60年一遇罕见气象干旱，工程运行以抗旱调水为主。淮安站各泵站处于高负荷抽水运行，抽水流量最大达每秒280立方米；淮阴站（一、三站）抽水流量每秒160立方米。管理处泵站累计抽水50.4亿立方米，其中淮安抽水站运行232天，抽水35.6亿立方米；淮阴站抽水181天，抽水14.8亿立方米。

【综合经营】2019年，管理修订《经营工作管理规定》《项目管理办法》相关经营制度，主动参与苏州市七浦塘枢纽委托管理项目投标等苏南市场竞争，拓展委托管理和技术服务市场。全年实现经营收入4100万元，经营净收入1950万元。全处新签对外经营合同40余份，合同金额3419万元。优化南运西船闸通航服务，船闸通航量802万吨、累计收入575万元。抓好水情和水电生产，水力发电273万千瓦时、收入103万元。

【水政水资源】2019年，管理处加强水法宣传，利用“世界水日”“中国水周”，制作宣传展板，发放宣传画册，推送公益短信等。开展白马湖、宝应湖等河湖专项巡查和检查，完成白马湖、宝应湖、清安河水域岸线现状航拍，完成两湖三河遥感监测变化点现场核查，跟踪监督退圩还湖重点工程。开展灌溉总渠和入海水道河道“日日查”，做好河湖“三乱”验收销号工作，开展河长公示牌等暗访。开展“两违”“三乱”整治，全面摸清管理范围“两违”基本情况，落实整治方案，跟踪催办三堡乡米厂违建、六垛钟某某违建案、滨海通洋建材有限公司2018年法院裁决的水事案件。出台湖泊网格化管理实施意见，完成网格化配套制度编制和初审。开展湖泊管理及河道管理年度考核，会同淮安、扬州市水利局完成2019年度白马湖、宝应湖管理与保护考核，会同淮安、盐城市水利局完成2019年度淮河入海水道河道工程管理考核。

【基础建设】 2019年，管理处加快工程改造，实施维修养护和应急项目。淮安三站改造工程完成全部施工，决算通过财务审计，档案通过专项验收，总体竣工验收申请等各项准备工作就绪。淮阴站加固改造工程和阮桥闸拆除重建工程组织招标。完成全处三、四类工程基本情况统计上报。完成淮安一站、南运西（船）闸等工程加固改造可研究性报告。下达维修养护项目88个、经费2488万元，防汛应急项目5个、经费705万元，除个别项目因客观原因外，均按序时要求完成。（卞金彪）

洪泽湖水利工程管理

【概况】 2019年，省洪泽湖水利工程管理处推进洪泽湖管理与保护，获得"江苏省文明单位"称号。全国首创"党建+湖泊管护"工作模式；全国首推堤防管理"段格化"巡查，创建堤防全方位、无死角巡查新机制；首次拍摄《洪泽湖保护警示片》；首次开展环湖口门用水监管，确保洪泽湖水资源高效利用；首次测报洪泽湖每日蒸发量；首次召开洪泽湖生态环境保护宣判大会。做好三汊河河口闸、南京秦淮区西水关船闸、南水北调金湖站等委托管理，承接苏州工业园区水利设施委托管理项目。三河闸与洪泽湖大堤被水利部评为第二届水工程与水文化有机融合案例，获评江苏最美运河地标；堤防所获"江苏省工人先锋号"称号，张敏获评全国水利先进个人。

【工程管理】 2019年，洪泽湖管理处编制完成《水利工程精细化管理系列丛书》以及全处水利工程作业指导书三河闸、石港站、洪泽湖大堤、三河船闸4个分册。11月，石港抽水站通过省级水利工程管理单位考核验收，全处水利工程全部达到省级以上水管单位。试推堤防"段格化"巡查方案，将32.35千米的堤防划分为7段16格，明确段长、格员，做到"定格、定员、定责"，实现堤防管理从传统"粗放型"管理向"精细型"管理转变，为基层堤防管理探索一种新的工作模式。制定水利信息化"十四五"规划和年度实施计划，完成3项科研项目研究，首次研究应用水闸实腹叠梁式应急抢修闸门、摩阻型自动张紧钢丝绳拦船索，取得发明专利1项，实用新型发明专利6项，获得水利部水利职工创新成果二等奖1项、三等奖2项、优秀奖3项，全处发表科技论文22篇。

【防汛防旱】 2019年，苏北地区遭遇60年一遇气象干旱。7月27日起，洪泽湖一度低于死水位，长时期处于旱情蓝色预警状态；7、8月分别出现冰雹、台风等极端天气。管理处紧急启动应急响应机制，机组不停，严格执行调度指令，落实工作责任。石港站开机117天，累计抽水3.95亿立方米；代管的金湖站开机210天，累计抽水17.49亿立方米。8月，管理处按照省水利厅部署，组建6个工作组，深入洪泽湖周边及入江水道三河段沿线，对淮安、宿迁2市7县区、900余处取水口门，逐一开展用水监管，确保洪泽湖水资源高效利用。针对7月16日蒋坝镇区冰雹、8月11日台风"利奇马"等极端天气，管理处对三河闸36间职工防汛值守房、2间防汛仓库近3000平方米受损屋面采取应急措施进行修复。

【湖泊管理】 2019年，洪泽湖管理处集中开展"两口两船"（取水口、排污口、住家船、餐饮船）、渔民上岸及退圩还湖专项调研，基本查清洪泽湖现状，绘制洪泽湖"作战图"。深入湖区与渔民、居民就退圩还湖及渔民上岸问题进行交流，撰写调研报告，提出处理意见；赴太湖流域调研住家船清理有效做法，梳理退圩还湖、渔民上岸等问题工作思路。多次邀请省发改、财政、住建、生态环境、自然资源等部门到现场调研，搭建共商共治平台，助推部门协同治湖。开展湖泊巡查1.6万次，做到"守湖有责""守湖尽责"。组织拍摄《洪泽湖保护警示片》，真实反映洪泽湖水空间、水生态、水污染等3大类21个问题。建立每一名处领导联系一个县区、每一个党支部结对一个沿湖管理所支部的工作机制，做到上下联动、定期会商、资源共享、共建共管。科学分析洪泽湖管理存在问题，研究破解水域岸线管护难题。主动与省发改、财政、水利等部门相关处室沟通协调，推动洪泽湖省级管理能力建设项目早日立项。

【水政水资源】 2019年，洪泽湖管理处与地方政府协同推进"两违三乱"（河湖违法圈圩、违法建设以及乱占、乱排、乱建）治理。淮安市完成洪泽湖515项"两违"项目处置，完成淮干江苏段67项"两违"项目处置；完成洪泽湖"三乱"项目处置67项；完成淮干江苏段"三乱"项目处置56项。拆除欧力粮库产业园、欧亚新型材料有限公司、宇通建材厂、洪泽湖游乐园等违法项目。

【基础建设】 2019年，洪泽湖划界确权通过竣工验收。管理处积极协调外业测绘、内业整理、界桩埋设、地籍信息化等工作，完成地籍界线测绘7.91万米，完成地形图测绘60幅，埋设界桩526根、界牌58块、告示牌54块，完成地籍信息化924万平方米，确权不动产权证书20本，并于12月2日通过竣工验收。全年省水利厅批复管理处维修项目15项、防汛应急项目2项、水利救灾资金2项，计1001万元。集中开展方案审查批复，推进项目采购，督促实施进度，项目全部完成。

（曹恒楼）

经济发展

JINGJI　FAZHAN

农　业

工业 建筑业

商贸流通

金　融

旅　游

信息服务

开放型经济

开发园区

区域合作

农 业

综 述

【概况】 2019年,淮安市落实中央和省市"三农"决策部署,实施乡村振兴战略,坚持农业供给侧结构性改革主线,突出农民持续增收总目标。年内,实现农业增加值386.2亿元,增长3.3%;粮食面积、总产和单产分别达1017.7万亩、489.3万吨和480.7千克,总产和单产均创新高。农民人均收入18500元,增幅8.5%,连续10年保持增长。"三特"(特优高效种植、特种绿色水产、特色生态休闲)产业特色优势凸显,占农业总产值比重59.2%。获批国家级农业产业强镇、国家级农业龙头企业和省级农业产业示范园各1个,主要农产品例行检测合格率99%以上,认证绿色食品59个。提升标准化、规模化、高效化和绿色化水平,稻虾综合种养面积85.44万亩,亩均纯收益3000元。"盱眙龙虾""洪泽湖大闸蟹"入选国家首批农业品牌名录,与"淮安大米"共同入选省农业品牌"十强",举办上海、南京"淮味千年"品牌农产品推介展销会。发展生态农业,高效低毒低残留农药应用面积占比84.5%,测土配方施肥技术覆盖率92%,畜禽生态健康养殖比70%,创建国家水产健康养殖示范场2家,增殖放流鱼虾苗种500万尾。整治农村环境,培育市级示范镇10个、示范村13个,第三方评议农村环境整治满意率96.5%。

【农业园区】 2019年,淮安市有国家级农业园区3个,省级现代农业产业示范园2个,省级现代农业产业园区10个,市级现代农业产业园区14个。3个国家级农业园区平台:淮安(淮阴)国家农业科技园区、国家级农业创业园淮阴台湾农民创业园、洪泽区国家现代农业示范区;2个省级现代农业产业示范园:盱眙现代农业产业示范园、涟水县现代农业产业示范园;10个省级现代农业产业园区:清江浦现代农业产业园区(黄码镇、盐河街道)、淮阴现代农业产业园区(刘老庄镇)、淮安现代农业产业园区(苏嘴镇)、淮安现代渔业产业园区(流均镇)、涟水现代农业产业园区(红窑镇)、洪泽现代渔业产业园区(西顺河镇)、盱眙现代渔业产业园区(满江红龙虾产业园)、盱眙现代农业产业园区(河桥镇玉皇山)、金湖现代农业产业园区(戴楼街道)、金湖现代渔业产业园区(前锋镇);14个市级园区:清江浦区武墩设施蔬菜产业园区;淮阴区丁集镇现代农业产业园;淮阴区渔沟生态循环农业产业园;淮安淮阴台湾农民创业园现代农业产业园区;淮阴区吴城镇生态农业产业园区;淮安区施河镇现代农业产业园区;涟水县岔庙现代农业产业园区;洪泽区东双沟镇现代农业产业园区;洪泽区三河优质大蟹产业园区;盱眙县龙庙湖生态科技园(河桥镇);盱眙县明祖陵镇现代高效养殖产业园区;盱眙县月亮山生态农业产业园区(黄花塘镇);金湖县生态荷藕产业园区(塔集镇);金湖县夹荡现代渔业产业园区(银涂镇)。

2019年,淮安市争取省市园区建设奖补资金7900万元,完善现有园区基础设施,国家台创园和农业科技园建设水平全国考评获优秀等次,10家省级园区年度运行监测全部合格。新增金湖县省级农产品加工集中区1个,有省级农产品加工集中区5个。涟水南集镇获批建设国家级农业产业强镇和省级现代农业产业示范园。盱眙县创成省级农产品出口基地。新创省级现代农业科技示范基地3个、推广示范基地9个,总数26个,全省领先;依托市蔬菜科技园、稻麦科技园,开展培训观摩1300多人次。

【农业重大项目】 2019年,淮安市细化"重特大项目攻坚年"活动方案,围绕"三特"主导产业,对接国家和省项目资金支持重点方向,加大引进力度,加快推进在建项目建设。全年新开工投资3000万元以上农业项目151个,投资总额87亿元,较上年增长26%,其中温氏蛋鸡场项目、金湖水漾年华现代农业高科技示范园一期项目等亿元以上项目33个;新竣工耿公循环生态农业园、十里果林休闲农业观光旅游等投资3000万元以上项目122个,实际完成投资59亿元,较上年增长23%。

【农业行政执法】 2019年,淮安市创新农业执法机制,将日常巡查监管和突击检查相结合,推进农业行政执法和刑事司法有效连接。年内,全市立案查处种子、农药、肥料违法案件102起,其中种子26起、农药66起、肥料10起,罚赔金额64.8万元,有效打击涉农违法行为,保护农民合法权益。开展"中国渔政亮剑2019"系列执法行动,出动船艇559艘次,参加专项执法检查人员2437人次,收缴电鱼器具89套,查处涉案船舶49艘,没收渔获物675.5千克。

【农业保险】 2019年,淮安市农业保险经营模式由政府与保险机构"联办共保"转变为政府指导下的保险机构

洪泽区岔河镇淮安大米种植基地 张振平 摄

承保，全市承保三麦面积397.26万亩、水稻面积377.05万亩，巩固农业保险参保面。全年农业保费总收入3.32亿元，其中高效农业保险保费收入1.87亿元，占56.2%。全市开办农业保险险种66个，其中高效险种61个，新增湖蟹水位指数、杂交水稻制种、水稻收割期间降雨指数、蔬菜（瓜果）温室大棚等11个险种，增强农业生产抗风险能力。

【“淮味千年”品牌建设】 2019年，淮安市发挥品牌载体平台作用，举办淮安“台湾周”“淮味千年”品牌农产品推介会，开展“淮味千年”厦门农业招商专题商洽会。在上海发布全国首个农业品牌建设白皮书——“淮味千年”白皮书。组织400多家次龙头企业和低收入村合作社、家庭农场、种养大户等参加各类展会12场次，扩大“淮味千年”品牌影响力。本地“淮味千年”品牌嘉年华首次线上直播人数10万人次以上，盱眙龙虾品牌价值达228.3亿元，洪泽湖大闸蟹品牌价值154.28亿元，均排名全国水产类前列。建设国家级绿色食品原料标准化生产基地2万公顷，省级绿色优质农产品基地5.51万公顷。开展农产品质量安全信息化追溯，打印追溯标签30万张，开展产品检测17.12万批次，强化“淮味千年”品牌品质，树立优质安全绿色放心品牌形象。

洪泽湖螃蟹

2019年淮安市乡村从业人员情况表

表13

地区	乡村从业人员（万人）		按行业分			
		男性	农林牧渔业		工业	建筑业
				农业		
全市	209.29	112.99	82.95	71.17	42.86	30.75
淮安区	44.51	22.93	22.10	18.52	6.92	6.42
淮阴区	38.78	21.52	14.51	13.08	8.86	7.64
清江浦区	6.83	3.57	2.31	1.94	1.70	1.01
洪泽区	16.21	8.26	5.82	5.13	4.11	3.11
涟水县	48.57	26.23	19.68	18.39	6.75	5.27
盱眙县	32.56	18.54	12.27	8.95	6.77	3.85
金湖县	12.95	6.90	4.32	3.45	3.63	2.46
开发区	6.06	3.60	0.60	0.45	3.30	0.70
工业园区	1.11	0.57	0.39	0.32	0.47	0.07
苏淮高新区	1.71	0.87	0.95	0.94	0.35	0.22

农业农村改革

【概况】 2019年，淮安市继续推进农村土地制度改革“三权分置”，让农民得到更多实惠。依托国务院汇交承包地“三权分置”数据库，开展承包地确权颁证工作“回头看”，解决突出问题1150件。金湖县、淮安区入选新一轮省级农村改革试验区，试点盘活利用闲置宅基地、构建承包土地流转风

2019年淮安市农业生产情况表

表14

地区	农林牧渔业总产值（亿元）	农林牧渔业增加值（亿元）	播种面积（万亩）	总产量（万吨）						单产（公斤/亩）	
				粮食	油料	粮食			油料	粮食	油料
							夏粮	秋粮			
全市	656.20	401.00	1202.71	1017.72	27.02	489.25	182.83	306.43	5.72	480.74	211.86
淮安区	120.60	79.50	210.47	194.31	2.2	95.99	36.67	59.32	0.39	493.99	178.33
淮阴区	124.70	76.60	203.71	146.18	5.17	68.84	28.88	39.95	1.20	470.92	232.66
清江浦区	22.30	13.80	31.03	19.73	0.45	9.70	3.98	5.72	0.08	491.54	189.13
洪泽区	72.40	41.00	141.21	93.30	0.75	47.91	17.58	30.33	0.19	513.51	253.46
涟水县	114.60	69.00	228.40	209.90	11.61	95.65	36.78	58.87	2.67	455.70	230.06
盱眙县	116.70	70.90	244.68	221.31	4.11	104.58	33.83	70.75	0.68	472.53	167.20
金湖县	78.40	46.30	120.94	111.90	2.54	56.76	20.58	36.17	0.50	507.19	181.06
开发区	2.90	1.80	6.26	5.45	0.09	2.40	1.12	1.28	0.02	441.31	222.20
工业园区	1.10	0.60	11.16	4.61	0.05	2.21	0.86	1.35	0.01	480.61	164.46
苏淮高新区	2.30	1.50	4.85	11.06	0.05	5.23	2.55	2.68	0.01	472.94	171.13

险防范机制、探索农村集体经济发展新途径新模式等。农村“三资”管理实现“非现金”公务卡结算，确保村集体资产资源保价增值。

【农村集体产权制度改革】 2019年，淮安市全面推进农村集体产权制度改革。各地合理界定组织成员和设置股权，以县区为单位开展农村社区股份合作制改革，赋予农村集体资产更多权能。全市有1489个村基本完成农村社区股份合作制改革，其中当年新启动851个村，完成率突破90%，43个合作社实现分红。拓展交易品种，提升农村产权市场服务能力。全市通过农村产权交易信息平台新增交易30.89亿元、溢价7485万元，累计交易30252笔、成交99.55亿元、溢价总额2.31亿元。淮安市农业农村局被省农业农村厅、省财政厅评为“江苏省农村产权交易工作成效显著单位”，名次位列全省第二；全市有4个县（区）进入全省县级交易市场前30强；银涂、高良涧等15个乡镇进入全省镇级交易市场前100强。《淮安市不断探索推进农村土地制度改革“三权分置”，让农村资产活起来农民腰包鼓起来》被国内各大媒体网站宣传报道。

【土地流转】 2019年，淮安市出台《进一步加强农村土地流转管理的指导性意见》，举办两期土地流转政策培训班，420多人参训。推动新成交土地流转1767笔、2.66万公顷，达成土地抵押贷款243笔、1.64亿元，累计6.74亿元，新增土地流转1.33万公顷。金湖县、洪泽区农村集体经济组织登记赋码全覆盖。

【全省首个农村产权线上交易】 12月6日，金湖县农村产权线上交易开通试运行，第一笔线上交易项目“金湖县淮胜村331省道西路边树木出售”公告成功发布，项目交易底价11.8万元，采用在线多轮竞价方式（正向竞价）确定中标人，12月9日起接受报名，12月16日上午10点开始线上交易。12月26日，江苏省农村产权交易平台线上交易启动仪式在金湖县举行。该交易成为全省首个农村产权线上交易。9月，金湖县经省农业农村厅公开征集，入选全省9个农村产权交易平台线上交易试点县。经过充分准备，金湖县开通农村产权交易三期平台，成功发布第一笔农村产权线上交易项目公告。

新型农业经营

【高效农业】 2019年，淮安市注重农业增效益调结构，加快传统农业向现代高效农业转换。发放种粮补贴资金10亿元，新增高标准农田2.53万公顷、高效节水灌溉0.33万公顷。财政总投资7.03亿元，其中中央财政4.02亿元、省级财政2.59亿元、市县财政配套0.41亿元，涉及全市39个乡镇125个村（居委会），受益农业人口29.5万人。主要粮食作物良种覆盖率98%以上，全市粮食种植面积突破65.33万公顷，有效保障粮食产能和安全。压减常规稻麦种植，扩大经济作物比例，推广应用新品种、新技术、新模式150多项，高效设施蔬菜常年保有面积9.87万公顷、年产量400万吨。食用菌年产量突破11万吨，中药材基地2000公顷，“淮安红椒”亩效益过万元，中药材亩产值超5000元，稻虾综合种养亩纯收入3000元。

【“三特”产业】 2019年，淮安市出台“三特”产业引导资金实施意见，投入4000万元，推进“特优高效种植、特种绿色水产、特色生态休闲”三大特色现代农业产业转型升级。全年新增高效设施农业面积1700公顷、省级园艺作物标准园8个、优良食味稻米基地2.47公顷，“岔河大米”通过绿色产品有机认证。加快推进稻虾综合种养百万亩行动，新增稻虾综合种养3.36万公顷，总面积5.56万公顷，“一水双用、一田双收”全省推广。实施“百园千村万点”休闲农业精品行动，新认定市级休闲农业精品村9个，创成全国休闲农业与乡村旅游三、四星级企业（园区）12家，江苏省休闲农业精品村22个、主题创意农园16个，有各类休闲经营主体665个，经营收入超17亿元。年内，“三特”产业产值411.7亿元，占农业总产值比重近六成，特色主导地位日益增强。

【新型主体经营】 2019年，淮安市聚焦培强农业龙头企业，带动乡村产业融合发展，新增销售超亿元企业12家，新增休闲经营主体36家，新创成国家级重点农业龙头企业1家。新认定市级农业龙头企业20家，市级以上龙头企业总数338家。在全省率先创建市级产业化联合体8个，14家龙头企业在省股权交易中心农业板挂牌。在全省率先开展市级农村一二三产业融合发展先导区建设，首批8家单位开始先行示范建设，淮安区入选第二批国家农村产业融合发展示范园，丁集镇获批创建省级融合发展先导区。认定省级家庭农场44个、市级家庭农

2019年，淮安市农村专业合作社继续发展，图为涟水县红窑镇的专业合作社 史志荣 供图

场117个、市级示范社112个。整顿清理“空壳社”483个，全市有农民专业合作社10237个，工商年报公示率稳定在90%以上，居全省前列。轮训基层农技人员500人，培育科技示范户6500户；开展高素质农民培训49177人次，新增培育度5.74%。新申报省级“一村一品一店”示范村48个、农业信息化示范基地23个，位居全省前列，农业大数据平台建设初见雏形，数字农业建设蓝图成为现实。

【农业社会化服务】 2019年，淮安市不断完善农业社会化服务体系，按照主体多元、形式多样、服务专业、竞争公平原则，积极培育发展各类农业社会化服务组织，发挥不同服务主体在各自领域内优势和功能。在淮阴、金湖等4个县区开展政府购买农业公益性服务机制创新试点，组织89个服务主体开展耕、种、防、收以及烘干、仓储等环节农业社会化服务。落实中央财政项目资金2711万元，完成农业生产托管服务面积3.4万公顷，累计服务小农户4.8万户。

种植业

【概况】 2019年，淮安市粮食种植面积突破1017.7万亩、单产480.7千克、总产489.3万吨。其中，夏粮475.31万亩，秋粮542.41万亩。粮食总产489.25万吨，较上年增产7万吨，亩产480.7千克，增产8.7千克，粮食总产、单产均创历史新高。其中，夏粮总产182.83万吨，增产1.74万吨，亩产384.7千克，增产6.8千克；秋粮总产306.43万吨，增产5.26万吨，亩产564.9千克，增产9.5千克。

【种植规模类型】 2019年，淮安市小麦种植面积472.02万亩，单产385.4千克，总产181.9万吨；水稻面积468.35万亩，单产602.2千克，总产282.02万吨。全市蔬菜种植面积148万亩，总产量400万吨，总产值133亿元；果树种植面积12.5万亩，产量11.4万吨，其中桃2.2万亩、梨2.2万亩、葡萄1.9万亩；花卉苗木面积约3万亩，总产值约3亿元；食用菌总产量11万吨，总产值11亿元。设施农业面积累计141.07万亩，设施农业比重19.8%。

【优质稻米产业】 2019年，淮安市优良食味稻米品种推广面积127万亩，较2018年增加37万亩；推广稻田综合种养85.44万亩，较2018年增加50.44万亩。“淮安大米”先后获“江苏名牌产品”“江苏省著名商标”“中国驰名商标”“中国地理标志证明商标”“中国十佳粮油地理品牌”称号，淮安市被中国粮食行业协会授予全国首家“中国稻米产业融合发展示范市”称号。全市有大米企业92家，大米加工年处理能力404万吨，2019年全市大米产量98.29万吨。

【高效园艺产业】 2019年，淮安市蔬菜、西瓜、水果播种面积总体基本持平，食用菌、中药材、花木等产业发展加速。全市蔬菜播种面积148万亩。其中，大白菜和普通白菜种植面积40万亩、红椒20万亩、荷藕20万亩、西甜瓜与黄瓜15万亩。全市建成投产淮香、紫山等大中型食用菌生产企业10余家，总投资近14亿元，食用菌年产量突破11万吨，产值11亿元。瓜蒌、葛根、菊花等中药材面积3万亩，亩产值5000元左右，效益近3000元；皇达兰花园规模亚洲第一，年销售1.5亿元，年出口创汇1500多万美元，带动当地农民就业300人，人均工资2.4万元。东方园林公司以及保滩、三河等发展苗木面积3万余亩。全市高效设施面积141.07万亩，占耕地面积比例19.8%。建设省级永久性菜篮子基地9个，面积15万亩。

畜牧业

【概况】 2019年，淮安市优化畜禽养殖环境、提高动物防疫防控能力、保障畜禽产品质量，全市畜牧业由增量型向提质增效发展。龙头企业助力规模养殖发展，规模养殖集团引导产业提档升级，温氏、正邦、汉世伟等龙头企业推广“公司+农民合作社+家庭农场”“公司+家庭农场”等生产经营模式，发展适度规模经营，生猪大中型规模养殖比重达79%。全市肉猪累计出栏233.75万头，家禽累计出栏7229.56万羽，家禽存栏2429万羽，奶牛存栏5667头，全年累计牛奶产量2.1万吨。

【生猪养殖】 2019年，淮安市落实“菜篮子”市长负责制工作要求，实施生猪恢复生产扶持政策，实施生猪集团化生产培育工程，挂钩指导企业恢复生产，防控非洲猪瘟。12月，生猪存栏68万头，能繁母猪存栏7.62万头，能繁母猪数量连续4个月上涨，比8月份最低时期上涨12%。集团化养殖成为生猪稳产保供主要力量，耿公循环生态农业园项目、天源（观音寺）养殖小区、淮州温氏公司高荡种猪场3个项目投产运行。落实泔水禁喂、生猪调运监管、无缝式消毒、“两场”养殖环境净化、疫情监测排查等

双汇食品公司生产线　　刘　慧　摄

关键措施。实施苏淮猪生物保种工程，开展苏淮猪体细胞冷冻保存，开展新淮种猪场疫病监控，购置疫病防控物资，保护苏淮猪、新淮猪核心种质资源。

【生态养殖】 2019年，淮安市推进生态健康养殖全覆盖，加强宣传发动、指导服务、政策扶持，推进省级畜牧生态健康养殖示范创建和畜牧生态健康养殖基地（场）创建。至年底，全市创建省级畜禽养殖生态健康场46个，累计创建生态健康养殖基地893个，生态健康养殖比重达70%。扶持畜牧业生态发展，支持规模畜禽场改造，提升污染治理设施设备。鼓励配备智能化设施，推广自动化机械应用，探索养殖企业远程视频监控系统应用。突出绿色发展、生态循环发展理念，推进畜禽粪污资源化利用。完善扶持政策，严格执法监管，完成畜禽粪污资源化利用年度工作目标。至年底，全市畜禽粪污综合利用率94.53%，规模养殖场粪污处理设施装备配套率99.7%，规模养殖场治理率99.45%。

【疫病防控监测】 2019年，淮安市加强基础免疫，落实常年免疫，组织开展春季、夏季和秋冬季“三大集中防疫行动”，全市重大动物疫病应免畜禽免疫密度达到100%，平均免疫抗体合格率70%以上，未发生区域性重大动物疫情。扩大重大动物疫病强制免疫“先打后补”试点覆盖面，全年4个县（区）成功开展试点，试点企业15家，企业类型涵盖生猪、家禽、奶牛养殖等。提升兽医实验室检测能力，市动物疫控中心和金湖县、洪泽区兽医实验室通过省级实验室验收，取得兽医实验室考核合格证。各县区陆续建立非洲猪瘟PCR实验室，填补县级感染性疫病病原体定量测定技术空白，提升病原学检测能力。

【屠宰产业】 2019年，淮安市推进屠宰企业标准化创建活动，淮安双汇食品公司、淮安苏食公司入选全国首批生猪屠宰标准化企业。优化屠宰产能布局，引导屠宰加工产能向养殖集中区靠拢，推进养殖、屠宰产能配套发展。在营生猪屠宰企业配备自有冷库及冷链配送系统，保障全市肉品质量安全。年内，新增淮安温氏晶诚食品有限公司生猪屠宰加工项目，项目位于盱眙县穆店镇食品产业园，投资金额2亿元，包括100万头生猪屠宰加工项目、1万吨中西式调理及肉制品深加工项目，配套冷库仓储和物流配送、电子商务、食品安全检测监测等设施，其中一期屠宰项目于年底动工。

【畜牧生态养殖示范创建】 2019年，淮安市完成省级畜牧生态健康养殖示范创建，新创省级畜牧生态健康养殖示范场23个，完成全年示范创建目标任务。开展生态健康养殖培训班，现场指导养殖场46个，宣传推介种养循环绿色发展典型模式。多次组织业务技术骨干实地开展技术指导和帮扶创建服务，制定《淮安市畜牧生态健康养殖基地（场）考核评分表》，提升创建水平和标准。统筹市级现代农业发展资金，对成功创建的省级生态健康养殖场给予奖补。

水产业

【概况】 2019年，淮安市发展特种绿色水产，提高渔业产业化水平，促进渔业转型升级。全市水产养殖面积4.05万公顷，水产品总产量28.7万吨，其中养殖产量25万吨，较上年增加11.8%。调整养殖模式，大力发展以稻虾为主的稻田综合种养，新增稻虾综合种养面积3.36万公顷，累计5.69万公顷。全市有机动渔船7943艘，主机总功率162431千瓦，其中捕捞渔船4134艘，主机总功率113938千瓦；养殖渔船3787艘，主机总功率46746千瓦。

【名特优水产品养殖】 2019年，淮安市坚持发展特种绿色水产，继续优化养殖结构，提升以虾蟹为代表的名特优水产品养殖比例。全市河蟹养殖面积1.99万公顷，增加河蟹套养鳜鱼、黄颡鱼等特种鱼类比例，提升河蟹养殖产量、效益。全市小龙虾池塘养殖面积1万公顷，名特优水产品养殖面积占比达82%。

【稻虾综合种养】 2019年，淮安市稻虾综合种养面积5.69万公顷，稻虾种养实现亩产优质稻米500千克以上、小龙虾100千克以上、亩均综合效益2500元以上，全市小龙虾产量9.4万吨。开发推广“虾稻共生”综合种养模式，打造“盱眙龙虾香米”品牌，市场销售均价高出同类大米6元每千克。盱眙龙虾入选国家级特色农产品优势区和首批国家农业区域公用品牌目录，“盱眙龙虾香米”被评为“全国首届渔米大赛金奖”“江苏好大米十大品牌”。沿洪泽湖大道10万亩虾稻共生示范园获批创建省级现代农业产业示范园，全国稻渔综合种养发展论坛会议在淮安市召开。

盱眙龙虾 史志荣 供图

农业机械化作业　　史志荣　供图

【渔业标准化建设】 2019年，淮安市抓好养殖池塘标准化和生态化改造，新改造标准化池塘1533.33公顷，启动以养殖尾水达标排放为目标的池塘生态化改造试点。开展水产健康养殖示范场创建，淮安市2个家庭农场获批第十四批国家级水产健康养殖示范场，全市累计有国家级示范场56个。

【渔业资源保护】 2019年，淮安市开展电鱼等非法捕捞专项整治，开展渔业资源增殖保护。全市渔政机构在辖区重点水域出动船艇559艘次，参与执法检查2437人次，收缴电鱼器具89套，查处涉案船舶49艘，没收渔获物675.5千克。查处电鱼案件54起，其中行政处罚案件50起，罚款总额5.47万元；移送司法案件4起，6人被追究刑事责任。举办第九届“3·18”增殖放流系列活动，市县联动，在市管河湖水域投入各级财政与社会资金150万元以上，放流大规格鱼种、蟹种500万尾（只、颗）以上，改善渔业资源状况。

【休闲渔业产业】 2019年，淮安市发挥行业协会桥梁纽带作用，重新改组淮安市休闲渔业协会，引入实力企业和发展地方渔业产业、渔文化资源相结合。推进休闲渔业发展，休闲渔业产值达2.1亿元，规模以上经营主体24家，接待人数370万人次。江苏金湖绿莲生态旅游发展有限公司等4家单位获批省级休闲渔业示范基地，洪泽区老子山镇龟山村获批省级最美渔村，蒋坝螺蛳节获批省级示范性渔业文化节庆。

【渔业产业融合】 2019年，淮安市渔业产业以“盱眙龙虾”“洪泽湖大闸蟹”等渔业品牌为引领，积极推进渔业一、二、三产业融合发展，渔业经济总产值达199.8亿元，其中二、三产业产值100亿元，占比首次超50%。“盱眙龙虾”“洪泽湖大闸蟹”入选国家首批农业品牌名录和省农业品牌十强。盱眙县依托职业技术学院成立盱眙龙虾创业学院，开展龙虾烹饪、养殖、餐饮管理、产业经纪人等创业课程，培训学员3000余人。

农业机械化

【概况】 2019年，淮安市实施水稻育秧、粮食烘干和高效植保“三大”提强补短行动，全市农业综合机械化水平为86%，其中粮食作物耕种收综合机械化率达96.4%，农业机械总动力641万千瓦。至年底，全市建有农技推广机构223个，其中市级11个、县级56个、乡镇级156个；拥有农技推广人员1736人，其中市级117人、县级617人、乡镇级1002人。

【农机化水平】 2019年，淮安市农机化投入6.67亿元，其中农业机械购置投入4.58亿元，新购置农业机械1.12万台套。推广高速插秧机750台，全市主要粮食作物全程机械化水平达到82%。新推广高速插秧机750台，新建成规模育秧基地520个、60吨以上区域性粮食烘干中心10个，打造出一批装备优良、技术优秀、服务优越“三优”专业植保公司。获批省专项资金2000万元，推动省级粮食全程机械化示范创建，2个县进入创建名单，3个县（区）列入省试点行列。金湖县以优秀等级创成全省第二批粮食生产全程机械化整体推进示范县。至年底，建成市级以上特色农机科技示范基地98个，其中省级示范基地7个。开展秸秆还田、夏秋两季抢收抢种工作，麦秆还田率96.2%、还田面积29.53万公顷，开辟农机加油绿色通道70个、调动农机具10万余台，作业收入4亿多元，保障粮食安全。

【“两项工程”建设】 2019年，淮安市稳步实施设施农业机器换人和绿色环保农机装备与技术示范应用“两项工程”。专门制定设施农业机器换人工程和绿色环保农机装备与技术应用工程工作方案，成立全市推进两大工程工作领导小组和技术专家组，统筹推进相关工作。新增各类高效设施农业机械3000多台套，智慧绿色农机装备500多台套，建成省级农机科技示范园区（基地）7个，市级高效设施农业装备示范园区（基地）98个。

【首单粮食烘干机保险】 4月2日，岔河镇华富农机服务专业合作社与太平洋保险洪泽公司在黄集街道签订粮食烘干机保险合同。这标志淮安市第一单粮食烘干机保险在洪泽区正式生成。该项保险保障范围广、缴费水平低、保障额度高。洪泽区粮食烘干机保险采取定额保险方式确定保险金额和保险费，标准保费分600元每台（保障额度12万元）和700元每台（保障额度18万元）两个档次。烘干机业主投保时，一台机器只需缴纳应缴保费的40%，剩余60%由财政进行补贴。粮食烘干机政策性保险是2019年江苏省新出台专为粮食烘干机量身定制的政策性保险条款，可以充分发挥保险补偿救济功能，有效降低粮食烘干环节风险，巩固淮安市平安农机建设。　（史志荣）

工业 建筑业

综 述

【概况】 2019年,淮安市工业经济呈现总体平稳、结构优化、质态提升、动能积蓄的良好态势,各项经济指标运行保持在合理区间。年内,完成规模以上工业产值2403.07亿元,比上年增长7.5%,分别高于全国、全省1.8个和1.3个百分点。完成规模以上工业增加值576.11亿元,增长7.5%,增幅排名全省第七位;实现规模以上工业应税开票销售2176亿元,增长11.14%;工业用电量增长1.21%;全年实现工业税收241.37亿元,增长18%。完成建筑业总产值1832亿元。

全市34个工业行业大类中,有24个行业实现增长,增长面达到70.6%。全市规模以上工业企业营业收入增长4.8%。全市规模以上非电工业企业煤炭消费量比2016年削减72.5万吨,超额完成省定全年煤炭削减52万吨目标任务。战略性新兴产业总产值增长5.9%,占全部规模以上工业总产值比重达到18%。

【项目建设】 2019年,淮安市实施亿元以上工业项目366个,总投资1201亿元、增长9.5%,其中新开工、新竣工项目分别为186、119个。重点实施10亿元以上重大项目45个,总投资667亿元、增长12%;建成敏安电动汽车、庆鼎精密电子、时代芯存、骏盛新能源电池、国信燃机热电联产、双环齿轮技改等一批10亿元以上重特大项目。总投资130亿元时代芯存一期项目投产,举行AMT相变存储产品发布会,标志时代芯存成为全球继美光、三星之后少数几个掌握相变存储器研发、生产工艺和自主知识产权的公司。

【产业集群和示范基地】 淮安市重点培育集成电路、应用电子、新能源汽车及零部件、化工新材料、凹土新材料、酒及饮料、特色食品精深加工、休闲方便食品、高端装备制造、生物技术及新医药等10个先进制造业集群。至2019年底,全市有省级特色产业集群5个,省级产业集聚示范区4个,培育省级特色产业集群1个。有省级新型工业化产业示范基地2个,分别是淮安经济技术开发区电子信息产业示范基地、江苏金湖经济开发区石油钻采装备制造产业示范基地。

【骨干企业培育】 2019年,淮安市为企业新增担保贷款73.08亿元,争取省级以上扶持资金1.02亿元。淮钢特钢、淮阴卷烟厂、庆鼎精密电子3家企业开票销售分别突破130亿元、110亿元、80亿元大关,全市分别新增省级、市级专精特新小巨人企业7家和28家。今世缘酒业、江苏康乃馨、苏盐井神等3家企业成功入选年度江苏省"自主工业品牌五十强"名单,入选数量苏北第一,江苏时代芯存半导体有限公司被工业和信息化部授予"工业强基存储器一条龙示范企业"称号。

【新旧动能转换】 2019年,淮安市坚持综合施策,提高企业本质安全水平,工业企业资源集约利用综合评价系统进入试运行阶段,完成300户关停取缔类、88户整合搬迁类"散乱污"企业整治工作,主动取消洪泽化工集中区化工定位,超额完成单位GDP能耗下降率省定目标。天士力药业、理士电池获评国家级绿色工厂(产品)。42家企业通过两化融合管理体系贯标评定,和兴汽车等3家企业获批省级工业互联网标杆工厂,179家企业获评2019年省星级上云企业,数量均居苏北第一。19家企业获省级企业技术中心认定,苏盐井神公司获评全国质量奖。富誉电子等4家企业获评省级智能车间(工厂),协诚科技通过省首台(套)重大装备及关键部件认定。

【"三新一特"产业】 2019年,淮安市"三新一特"产业实现规模以上工业销售1109.85亿元,比上年增长9.9%。其中,新能源汽车及零部件和食品两大产业工业销售增幅达两位数,分别增长21.8%、12.8%。2017年,淮安市优化升级"4+2"产业体系(盐化新材料、特钢、电子信息和食品4个主导产业,高端装备制造、新能源汽车及零部件2个战略性新兴产业),发展"新一代信息技术、新能源汽车及零部件、盐化凹土新材料、食品"的"三新一特"战略新兴产业和优势特色产业。淮安市"三新一特"主导产业对工业经济支撑作用明显,"三新一特"优势特色产业总产值同比增长6%,占全部规模以上工业总产值比重达到44.2%,四大产业开票销售占规模以上工业销售总额的48.8%。2019年,淮安市位列中国先进制造业城市发展指数第32名,连续两年入围发展指数前50强。

【企业服务】 2019年,淮安市举办民营企业"党建促企建"讲坛活动,开展"英才名匠"产业人才培训。贯彻落实中共中央、国务院清理拖欠民营

10月18日,今世缘智能化成品酒包装项目开工　　薛余超　供图

企业中小企业账款工作部署，加大清欠工作力度，至年底，全市拖欠账款7.493亿元，偿还欠款6.998亿元，清偿率93.4%。

【企业安全生产】 2019年，淮安市出台《市工信局安全生产工作管理办法》《市工信局领导班子成员安全生产重点工作清单》等政策，进一步压紧压实部门、县区、企业三方责任。强化安全生产意识，结合安全生产月等活动，开展安全生产宣传教育培训；定期组织民爆行业应急演练，提升应急处置能力。开展化工、民爆、船舶3个行业领域专项整治，发现隐患298个、完成问题整改155个，关停退出化工企业35个。聘请高水平专家开展淮安市化工企业"深度体检"，发现安全隐患2500余条，其中重大安全隐患94条，落实整改措施，限期完成整改任务。 （范志坚 张 欢）

2019年淮安市规模以上工业经济效益情况表

表15

地区	产成品（亿元）	营业业务收入（亿元）	利润总额（亿元）	亏损企业亏损额（亿元）
全市	116.35	2358.82	133.27	24.71
市区	40.17	879.15	56.27	6.68
市直	17.93	416.72	29.39	2.51
淮安区	12.66	274.96	14.15	1.21
淮阴区	12.35	252.70	7.80	7.28
清江浦区	6.52	111.52	15.32	1.31
洪泽区	9.50	175.85	3.81	2.90
开发区	21.16	419.44	24.19	3.32
工业园区	0.78	19.41	1.39	0.79
涟水县	13.44	232.64	23.84	1.01
盱眙县	9.92	176.16	3.10	3.07
金湖县	11.78	255.84	8.98	1.24
总计中：苏淮高新新区	6.32	125.52	7.92	2.08

2019年淮安市工业50强企业名单

表16

序号	企业名称	序号	企业名称
1	江苏中烟工业有限责任公司淮阴卷烟厂	26	江苏理士电池有限公司
2	江苏今世缘酒业股份有限公司（集团）	27	液化空气（淮安）有限公司
3	淮安清江石油化工有限责任公司	28	江苏劲嘉新型包装材料有限公司
4	江苏省烟草公司淮安市公司	29	中国建设银行股份有限公司淮安分行
5	江苏沙钢集团淮钢特钢股份有限公司（集团）	30	淮安华捷置业有限公司
6	国网江苏省电力有限公司淮安供电分公司	31	淮安楚州海螺水泥有限责任公司
7	淮安市水利控股集团有限公司（集团）	32	江苏共创人造草坪股份有限公司
8	江苏淮安农村商业银行股份有限公司	33	中国工商银行股份有限公司淮安分行
9	江苏韩泰轮胎有限公司	34	中国农业银行股份有限公司淮安分行
10	江苏苏盐井神股份有限公司（集团）	35	淮安市华远建筑工程劳务有限公司
11	江苏银行股份有限公司淮安分行	36	江苏伟复能源有限公司
12	庆鼎精密电子（淮安）有限公司	37	淮安融侨置业有限公司
13	江苏天士力帝益药业有限公司	38	华能淮阴第二发电有限公司
14	江苏国信淮安第二燃气发电有限责任公司	39	江苏鑫源烟草薄片有限公司

续表16

序号	企业名称	序号	企业名称
15	淮安旺旺食品有限公司	40	江苏涟水农村商业银行股份有限公司
16	淮安新城亿博房地产开发有限公司	41	江苏中央新亚百货股份有限公司
17	淮安融侨房地产有限公司	42	江苏银珠化工集团有限公司（集团）
18	中国人民财产保险股份有限公司淮安市分公司	43	联力环保新能源有限公司
19	江苏淮安双汇食品有限公司	44	淮安皓玮晟环保科技有限公司
20	葛洲坝淮安再生材料有限公司	45	淮安威灵电机制造有限公司
21	淮安市国有联合投资发展集团有限公司（集团）	46	汤始建华建材（淮安）有限公司
22	中国银行股份有限公司淮安分行	47	江苏艾科维科技有限公司
23	江苏正大清江制药有限公司	48	淮安源通制帽有限公司
24	江苏盱眙农村商业银行股份有限公司	49	万香科技股份有限公司
25	淮安华升房地产开发有限公司	50	江苏和兴汽车科技有限公司

2019年淮安市专精特新中小企业名单

表17

序号	县（区）	企业名称
1	淮安经济技术开发区	江苏威博液压股份有限公司
2	淮安经济技术开发区	淮安苏马电机科技有限公司
3	淮安经济技术开发区	淮安杰鼎唐科技有限公司
4	淮安经济技术开发区	江苏科环新材料有限公司
5	清江浦区	淮安展德光电科技有限公司
6	淮阴区	江苏纽泰格科技股份有限公司
7	淮阴区	江苏桑乐数字化太阳能有限公司
8	淮安区	淮安市文善电子有限公司
9	洪泽区	江苏华晨气缸套股份有限公司
10	金湖县	江苏堃阳自动化设备有限公司
11	金湖县	江苏利文机械有限公司
12	金湖县	淮安侨新新材料科技有限公司
13	金湖县	江苏迅创科技股份有限公司
14	金湖县	江苏杰克仪表有限公司
15	金湖县	华亿轴承科技（江苏）有限公司
16	金湖县	江苏华尔威科技集团有限公司
17	金湖县	江苏尧鑫科技有限公司

2019年淮安市小巨人企业名单

表18

序号	县（区）	企业名称
1	淮安经济技术开发区	淮安威灵电机制造有限公司
2	淮阴区	江苏迈尔汽车零部件有限公司
3	淮安区	江苏康乃馨集团驿之家酒店纺织品有限公司
4	洪泽区	江苏三联新材料有限公司

续表18

序号	县（区）	企业名称
5	苏淮高新区	江苏瑞洋安泰新材料有限公司
6	苏淮高新区	淮安国瑞化工有限公司
7	涟水县	江苏华宇印务有限公司
8	金湖县	江苏爱特福84股份有限公司
9	金湖县	江苏金石铸锻有限公司
10	金湖县	江苏视科新材料股份有限公司
11	金湖县	江苏阿路美格新材料股份有限公司

盐化凹土新材料产业

【概况】 2019年，淮安市有规模以上盐化凹土新材料企业235家，实现规模以上工业销售454.58亿元，同比增长5.3%，主要有井神盐化、清江石化、实联化工、安邦电化等一系列骨干企业。淮安市具备年产550万吨盐、300万吨元明粉、220万吨纯碱、35万吨烧碱的基础盐化产品生产能力，形成涵盖原材料开采、基础化工、盐化石化耦合、精细化工、生物化工、凹土材料、电子信息材料等的盐化新材料产业链。（范志坚 张 欢）

【苏盐井神获国家质量奖】 8月14日，中国质量协会公布第十八届全国质量奖评审结果，江苏苏盐井神股份有限公司获奖，成为全国17家获奖企业之一，也是省属企业以及全国盐行业中首家获得该奖的企业。该奖评审工作坚持“高标准、少而精、树标杆”原则，经过严格资格审查、资料评审、现场评审、评审委员会审议、网上公示、审定委员会审定并征集相关部委意见等环节，最终确定获奖单位。江苏苏盐井神股份有限公司坚持推行卓越绩效管理模式，持续实施自我评价与改进，追求卓越。本次获奖标志着该公司在质量管理、运营绩效和自主创新能力等方面迈上新台阶。（汪 鉴）

【江苏苏盐井神股份有限公司】 江苏苏盐井神股份有限公司是苏盐集团控股子公司，是集科研、生产、销售于一体的全国大型盐及盐资源加工上市企业。公司拥有盐源储量约80亿吨，年产量650余万吨，主要产品有工业盐、食用盐、纯碱、元明粉、氯化钙和小包装片料等。“淮盐”先后获得美国FDA证书、连续获“中国安全食品十大（行业）消费者满意品牌”、全国盐行业首获世界品质评鉴大会金奖，是首个在香港地区销售的内地食盐品牌。

1月24日，公司全称由“江苏井神盐化股份有限公司”正式变更为“江苏苏盐井神股份有限公司”。公司发布变更证券简称公告并向上海证券交易所提交书面申请，将公司证券简称由“井神股份”变更为“苏盐井神”，证券代码“603299”保持不变。6月26日，由世界品牌实验室（World Brand Lab）主办的第十六届“世界品牌大会”在北京举行。“淮盐”以261.68亿元人民币品牌价值位列第220位，在江苏省入围的32个品牌中位列第14位，也是全国盐行业唯一入围品牌。2019年，公司入选“2019年度淮安市50强企业”名单，位列第十名。公司申报的“岩盐充填式水溶法开采”技术成功入选国家自然资源部《矿产资源节约和综合利用先进适用技术目录》，成为全国盐行业唯一入选的技术。（公司办）

【实联化工（江苏）有限公司】 实联化工（江苏）有限公司成立于2009年9月，注册资本金8亿美元，总投资14.66亿美元，占地面积1.47平方千米。公司主要生产重质纯碱80万吨/年、轻质重碱20万吨/年、农用氯化铵100万吨/年。副产品有6.9万吨/年无水硫酸钠、2万吨/年农用硫酸铵等。台玻集团利用淮安市丰富地下盐矿资源进行玻璃产业的上游垂直整合工程，建设年产100万吨联碱项目，满足台玻集团及合资伙伴的纯碱原料需求。

2013年12月，公司成立淮安市绿色高效生产工程技术研究中心，研究生产过程中针对性问题，帮助生产单位解决难题，做实做强工程技术中心，提升科技创新水平，实现企业科学发展和可持续发展。2014年，投资建设年产30万吨药用氯化钠项目，2019年投产运营。2019年，公司持续全产全销政策，实现开票销售30.62亿元，增长5%。纯碱产量106万吨，在全国联碱行业排名第三，占有同类产品8%市场份额。（公司办）

【淮安清江石油化工有限责任公司】 2019年，淮安清江石油化工有限责任公司累计加工原（料）油92.95万吨，其中原油77.6万吨；生产产品83.44万吨，销售产品84.57万吨，实现营业收入49.44亿元，完成入库税金15.94亿元。年内，公司获“2019年度淮安市50强企业”称号，位列入选企业第三。

3月27日，中国工程院院士、中国石化集团公司原总工程师曹湘洪一行到清江石化调研，对公司把特种溶剂油、长链二元酸、定制燃料油作为企业转型发展的关键项目表示支持。9月12日，清江石化拿到由江苏省市场监督管理局核发的“全国工业产品生产许可证”，标志公司完成汽油、液化气生产许可证换证工作，许可证有效期至2025年1月12日。年内，清江石化5名职工获中共中央、国务院、中央军委颁发的“庆祝中华人民共和国成立70周年”纪念章。（宁阿芳）

6月25日，安道麦安邦公司举行“安全、环保、职业卫生应急预案综合演练” 陆增波 供图

【安道麦安邦（江苏）有限公司】 公司成立于1958年，是以生产氯碱、精细化工和农药产品为主的化工企业，在化工制造领域拥有多项专有技术。乙烯利、卤水脱硝、全卤制碱等工艺先后获得江苏省科技进步奖，农药扑虱灵获得国家科技进步二等奖，吡蚜酮项目被立为国家“九五”科技攻关项目。

2019年，公司完成销售收入17.84亿元，实现税收7304万元，在册职工1060余人，其中各类专业技术人员400余人。3月，公司正式加入中国化工集团有限公司旗下的安道麦股份有限公司，成为安道麦全资子公司。7月，中央第八生态环境保护督察组到公司督察工作。12月，国务院江苏安全生产专项整治督导第十三工作组对公司安全生产工作进行督察，同月，企业名称由“江苏安邦电化有限公司”变更为“安道麦安邦（江苏）有限公司”。年内，公司申请专利2件并获得专利受理通知书，共拥有授权专利30件，其中发明专利17件，实用新型专利13件。启动老厂区搬迁项目，通过发展式搬迁实现企业转型升级，搬迁工作分两期进行。（陆增波）

高端装备制造产业

【概况】 2019年，淮安市高端装备制造产业集聚列统企业202个，实现规模以上工业开票销售收入143.6亿元，比上年增长9.04%，占全市规上工业开票销售6.6%。骨干企业有淮安威灵电机制造有限公司、卧龙电气淮安清江电机有限公司、江苏金石机械集团有限公司、江苏红光仪表厂有限公司等。（范志坚 张 欢）

【江苏金石机械集团有限公司】 公司主要生产高压油气井口装置、节流压井管汇、系列平板阀、大口径球阀、防喷器等系列井口装备，是中国最大的高压油气井口装备研发、生产、销售及服务的专业企业，被评为国家重点高新技术企业，中国石油、石油化工设备工业协会十强企业，中国石油石化装备制造业50强企业，国家火炬计划石油机械特色产业基地。金石集团具有年产井口和采油树3000套和平板阀50000套的生产能力，建有江苏省油气井口装备工程技术研究中心，先后开发HH级井口、单筒双井等50多项新产品，有5项为国家级新产品，拥有28项国家专利技术。2019年，公司实现开票销售5.15亿元，比上年增长17.1%。（公司办）

【江苏红光仪表厂有限公司】 公司主要生产工业自动化控制装置、工业自动化仪器仪表、工业无线控制系统及无线传感器等产品，建有江苏省工业自动化热工仪表工程技术研究中心、江苏省企业技术中心、中科院金湖工业物联网技术研究中心，被评为国家高新技术企业、国家火炬计划重点高新技术企业，是江苏省星火龙头企业、江苏省仪表线缆品牌培育基地龙头企业。公司拥有自主知识产权专利产品60余项，先后完成国家和江苏省科技项目23项，智能射频导纳料位仪、智能流量仪等8个产品被认定为“江苏省高新技术产品”，苏仪商标、联环商标被认定为“江苏省著名商标”，智能料位仪和热工仪表等2个系列产品被认定为“江苏省名牌产品”。2019年，公司实现开票销售4.44亿元，比上年增长32.1%。（公司办）

【江苏施塔德电梯有限公司】 公司是由香港佳升国际有限公司与浙江梅轮电扶梯成套有限公司共同投资组建的现代化专业电梯制造合资企业，总投资4200万美元，注册资金3500万美元。公司采用欧洲电梯制造标准与德国电梯先进技术，是苏北地区唯一集研发、生产、销售、安装、维保于一体的电梯制造企业。公司有6项产品被认定为高新技术产品，有实用新型专利16项，外观专利3项，其中发明专利1项。年内，公司入选省工业和信息化厅公布的首批省级工业和信息产业转型升级专项资金分配表，并获得50万元省级以上服务型制造示范认定奖励。2019年，实现开票销售2.6亿元，比上年增长16.54%。

（范志坚 张 欢）

【江苏沙钢集团淮钢特钢股份有限公司】 公司始建于1970年，是江苏沙钢集团的特钢板块，厂区占地面积约300万平方米，总资产近93亿元，职工5000余名。拥有长流程和短流程生产线，有轧线配置测径仪和表面检测仪，小规格轧线配置KOCKS高精度轧制，配置先进的联合精整探伤线5条。公司先后投资4亿元实施二轧KOCKS减定径机组、轧钢加热炉技改、铁水预处理装置技改、真空精炼技改等，增加联合探伤线2条、退磁线3条、退火炉1台、30万吨全自动矫直倒棱精整线1条。公司生产直径Φ280~Φ800毫米的连铸圆坯，轧材产品规格覆盖Φ12~Φ300毫米圆棒，300×110毫米规格扁钢为国内连铸连轧工艺生产最大规格产品，实现大规格货叉扁钢国产化。公司连续多年开票销售超百亿元，税收贡献持续居淮安市前列。

2019年，公司建成投运安全信息化管理系统，完善"双预防"安全机制，保障企业安全运行；通过MES系统优化排产、强化废钢比提升等各类指标攻关，全年铁、钢、材产量分别同比提高1.65%、2.65%、2.28%。建成投运原料场大棚项目、焦化筒仓项目、烧结脱硫脱硝项目、发电烟气脱硫改造项目等一系列重大环保项目；改进用水工艺和设备管理，吨钢新水消耗同比下降15.53%；增加煤气回收和提升效率攻关，在新增用电0.83亿千瓦时情况下，全年外购电同比下降2.61%。梳理降本攻关项目276项，累计降本增效4.35亿元，目标完成率145%。其中，全年员工改善提案2149项，创效3603万元；财务理财降本5750万元。全年推进智能化项目22个，质量异议外损同比下降41.84%，开发新产品35个，新增用户127家。2019年7月，公司入选2018年江苏省工业互联网发展示范企业（标杆工厂类）名单。全年产铁276万吨、钢336万吨、材319万吨，实现销售收入128.8亿元、利税13.6亿元。（徐彬斌）

【江苏天淮钢管有限公司】江苏天淮钢管有限公司是上海电气成员企业——天津钢管制造有限公司子公司。公司于2009年8月注册成立，注册资本30亿元。拥有全球首条φ508毫米三辊限动连轧无缝钢管生产线，产品组距能力为273~508毫米，年产能50万吨以上，拥有20万吨产能的热处理生产线、18万吨产能的光管生产线。

2019年，公司细化生产组织管理，提升生产效率，连续11个月完成6天1万吨目标，基本实现5.5天1万吨生产水平。383、454、530三个孔型热轧线小时产能分别提高22%、31%、34%。公司成功开发L360QS酸性服役管线管、N80Q、P110光套管、液压支柱管30CrMnSiA等产品，30CrMo及16MnMoV，Q345B替代钢种16Mn、X60Q高钢级管线管实现全流程生产，全年累计生产新品2万余吨。成功完成16米越长管自动生产技改，满足市场需求，促进产品结构调优。年内，公司完成美国Aera Energy石油天然气公司和荷兰万里旺钢管集团二方工厂审核、中国海洋石油集团有限公司钢管供应商现场考察、澳洲MITO公司合格供应商二方认证以及特种设备制造许可型式试验增项等多项审核认证工作。投资2000余万元完成环形炉燃气系统全面改造，自主装备环形炉废气排放自主在线监测系统，保证相关排放达到国家排放标准要求。2019年，天淮公司生产无缝钢管35万吨，比上年增长4.4%，成品管销售33.68万吨，实现不含税销售收入14.41亿元。（杨　倩）

新一代信息技术产业

【概况】2019年，淮安市有规模以上新一代信息技术企业116家，实现规模以上工业销售256.6亿元，比上年增长9.8%，其中年开票销售10亿元以上企业5家、亿元以上企业35家。骨干企业有庆鼎精密电子、富誉电子、宏恒胜电子、达方电子、澳洋顺昌、文善电子、纳沛斯半导体、捷群电子等。从产业特色看，全市新一代信息技术产业形成印刷电路板、信息终端配套件、电感元器件等特色行业集群。具备年产手机接插件3亿件、线路板4000万平方英尺、电子元器件1000万件、仪器仪表500万件的生产能力。从区域分布看，全市呈现以开发区为核心，淮阴区、涟水县等为补充的"一核多点"发展格局，入园企业占新一代信息技术总企业数的65.7%。淮安经济技术开发区为全市新一代信息技术产业最为集中之地，聚集全市销售过10亿元的5家企业。淮安区是全国重要的电感元件生产基地，文善电子公司是全国五大贴片电感生产企业之一。清江浦区以澳洋顺昌公司为依托推进LED外延片、LED芯片生产，打造光电产业园。涟水县打造苏杭科技、洲旭电路、中信华等多户印刷电路板生产企业集聚区。从重大项目看，淮安时代12英寸相变存储器芯片、淮安庆鼎精密电子多层柔性线路板等入围2019年省重大项目。（范志坚　张　欢）

【2019淮安国际半导体产业论坛】8月26日，2019淮安国际半导体产业论坛，江苏时代全芯存储科技（AMT）相变存储产品同步发布。论坛由AMT主办，主题是新一代存储器的产业发展研讨暨相变存储产品发布，中国半导体协会原执行副理事长徐小田，江苏时代全芯存储科技股份有限公司董事长张龙等半导体产业的企业家、产业专家、投资人及行业精英围绕半导体产业发展及产品阐述探讨，体验第四代先进存储技术的出众成果。省工业和信息化厅厅长谢志成，市领导蔡丽新、赵权等出席活动。

论坛上，江苏时代全芯存储科技（AMT）发布"博元611"产品——基于相变材料的2兆位可编程只读相变存储器。技术是国内首款商业化量产的相变存储产品，标志AMT成为全球继美光、三星之后少数几个掌握相变存储器研发、生产工艺和自主知识产权的公司。论坛上，淮安国家高新区发布推介"产、城、文、旅、智"一体化特色的"智芯小镇"，并向美国国家工程院院士谢明授予名誉镇长证书。

（摘自《淮安日报》）

【首届淮安半导体装备产业发展研讨会】3月1日，首届淮安半导体装备产业发展研讨会在涟水县召开，研讨会由涟水县人民政府主办，淮安市电子信息产业联盟协办，江苏涟水经济开发区管委会、大量科技（涟水）有限公司承办。台湾电子设备协会、台湾科技大学的专家、学者与大量科技、德淮半导体等企业代表共话新机遇，就淮安集成电路装备产业发展及涟水半导体装备产业园建设的重点难点进行讨论并提出建议。涟水致力于打造半导体装备产业园，园区占地5.3万平方米，建成标准化厂房4万平方米，重点用于半导体设计研发、封装测试及设备生产。研讨会助力产业园实施集成电路产业"建链、强链、补链"工程，打通上下游产业链，推动淮安集成电路产业集群化发展。

（范志坚　张　欢）

【富誉电子科技（淮安）有限公司】公司成立于2006年12月，位于淮安经济技术开发区富士康路168号，注册资金2.96亿美元。是全球最大的手机和计算机连接器生产商，主要生产用于手机和计算机的接口设备、服务器、网络通信设备、音像、影视设备以及汽车电气系统的电子接插件、线缆组件等新型电子元器件。有厂房12栋，年产接插件80000万件、线缆组件20000万件。2019年，公司实现销售收入36.6亿元。

【庆鼎精密电子（淮安）有限公司】 公司成立于2014年4月，位于淮安经济技术开发区鸿海北路11号，注册资金22亿元，主要产品为多层柔性线路板（FPC），主要用于手机、消费性电子等3C产品。公司入选2019年省委省政府领导挂钩联系推进重大项目。年内，实现销售收入81.2亿元。

【江苏纳沛斯半导体有限公司】 公司位于淮安工业园区发展西道18号，由淮安兴盛建设投资有限公司、淮安市中盛投资发展有限公司以及韩国纳沛斯株式会社共同出资设立，注册资本9599.81万美元。公司主要从事晶圆片级芯片封测服务，提供8英寸、12英寸等多元化晶圆凸块服务、相关测试和后段"一站式"服务，2015年9月正式量产。2019年，公司有员工237人，项目团队有专业研发人员36人，其中韩国专家12人、中国专家24人，博士1人、硕士14人。全年实现销售收入2.9亿元。

【淮安澳洋顺昌光电技术有限公司】 公司成立于2011年8月，位于清江浦区景秀路6号，占地88320平方米，总建筑面积约9万平方米，注册资本13.38亿元。公司主营产品LED外延片、芯片及部分应用产品，拥有国际最先进的MOCVD近100台（腔），具备年产出2吋外延片及相应芯片约1200万片能力，生产的外延片波长命中率处行业领先水平。2018年，公司营业收入超14亿，其生产规模及综合能力居全国第二位，单一生产基地居全国首位。2019年实现销售收入8.1亿元。

【江苏时代芯存半导体有限公司】 公司成立于2016年10月，位于淮安市淮阴区长江东路601号，注册资本12.76亿元。公司拥有相变存储器完整技术和工艺知识产权，是国内唯一得到IBM合法授权的PCM（相变存储）存储技术公司，也是唯一可以集研发与生产PCM存储芯片的公司。公司及项目入选工信部2018年工业强基工程，是全国唯一一家相变存储器项目入选企业。

2019年8月，公司发布国内首款商业化量产的2兆位相变存储产品"溥元611"，是继Intel之后第二款量产的相变存储产品。同年10月，公司开始实现销售，全年开票销售2500万元。

【淮安达方电子有限公司】 公司成立于2007年3月，位于淮安经济技术开发区徐杨街9号，注册资本4900万美元，有员工约2500人。公司主营笔记本电脑零部件制造组装，包括键盘制造、垂直整合主要零件、塑件及铁件制造等，键盘产量每月约170万台。2019年，公司实现销售收入11.2亿元。

【淮安市文善电子有限公司】 公司成立于2009年10月，位于淮安经济开发区藏军洞路53号，注册资本3044.42万元，占地面积16000平方米，公司有职工880人，主要产品为高品质多规格SMD电感，为全国五大贴片电感生产企业之一。2019年，公司实现销售收入3.3亿元。

【捷群电子科技（淮安）有限公司】 公司成立于2009年10月，位于淮安市淮安区山阳大道88号，注册资本18335万元人民币。公司占地6万平方米，新建厂房、综合楼等7万多平方米，购置生产、检测、公共辅助及环保设备等计1215台套，主要生产LED陶瓷散热基板、陶瓷基体、白瓷棒、片式电阻器等产品，陶瓷基体等产品销量位列全球第二。2019年，公司实现销售收入2.3亿元。（范志坚　张　欢）

食品产业

【概况】 2019年，淮安市有规模以上食品类工业企业151家，实现规模以上工业销售额272.68亿元，比上年增长12.8%；有今世缘酒业、双汇食品、苏食肉品、旺旺食品等年销售10亿元以上企业；基本具备300万吨大米、90万吨面粉、30万吨油脂、260万吨饲料、25万吨肉的生产能力。从产业集聚看，形成各具优势又相对集中的发展格局，饲料加工、油脂生产企业聚集在淮阴区；涟水县形成"酿酒（白酒）+传统食品（捆蹄、鸡糕）"的生产模式；盱眙县形成龙虾养殖、加工、销售完整产业链，还是国内宠物食品主要生产基地之一。

【4产品入选"长三角名优食品"】 2019年，淮安市苏食肉品的苏食牌红烧肉、老侯珍禽食品的老侯牌鸭肫、康强食品的康强牌捆蹄和康得乐食品的淮蒲牌淮安蒲菜等4个产品成功入选2019年度"长三角名优食品"。"长三角名优食品"评审工作由上海市食品协会、浙江省食品工业协会、江苏省食品工业协会联合组织，每年一次，重点对申报产品的知名度和满意度、产品质量水平、创新能力、质量保证能力、规模经济与持续发展、市场占有率、企业形象等方面进行综合评审，入选产品能体现长三角食品企业综合水平，旨在全面提升长三角地区名优食品产品质量和品牌形象，增强自主创新能力和市场竞争力，为消费者提供优质放心食品，实现区域食品工业更好更快的持续发展。

（市工信局网站）

【江苏今世缘酒业股份有限公司】 江苏今世缘酒业股份有限公司是由今世缘集团有限公司控股的上市公司，位于涟水县高沟镇今世缘大道1号。公司拥有"国缘""今世缘""高沟"3个品牌，位居中国白酒企业竞争力排行榜第七名，四次入选"中国主板上市公司价值百强"。年内，公司被评为2018年江苏省工业互联网示范企业（标杆工厂类）、2019年首批省工业互联网发展示范企业（五星级上云企业），获"长三角工业互联网平台应用示范企业"等称号。

1月，公司主导产品42度四开、对开国缘被为中国绿色食品发展中心审核认定为绿色食品A级产品，许可使用“绿色食品”标志，产品获第二十届中国绿色食品博览会金奖。3月，高沟酒非遗保护区老窖池群入选江苏省文物保护单位。4月24日，今世缘酒业“固态发酵浓香型白酒智能酿造关键技术的研发及应用”项目获中国酒业协会科学技术奖一等奖，是中国酒业科学技术奖最高奖唯一白酒行业项目。8月18日，今世缘自主创新国缘V9清雅酱香高端白酒在南京上市。9月19日14时42分，“国缘V9”号卫星搭载长征十一号运载火箭在中国酒泉卫星发射中心成功发射，是中国第一颗酒文化天地互动卫星和新华社民族品牌工程首颗以企业品牌命名的卫星。10月18日，今世缘产地涟水县入选2019中国国际酒业博览会（上海）“世界美酒特色产区”榜单。12月4日，由江苏今世缘酒业股份有限公司主办的“巴黎国缘之夜”中法酒文化交流论坛暨国缘V9品鉴晚宴在法国巴黎举行。12月10日，美酒银行二期开工，项目占地86666.66平方米，总投资约5亿元。

2019年，今世缘酒业总股份125450万股，总资产100.62亿元。公司生产白酒3184.8万升，实现营业收入48.7亿元，增幅30.35%；净利润14.58亿元，增幅26.71%；入库税金17.56亿元，全年实现投资收益1.73亿元。（薛余超　秦守芹）

【淮安旺旺食品有限公司】 淮安旺旺食品有限公司成立于2004年，主要生产旺仔小馒头、旺仔牛奶、旺旺碎冰冰等产品，有旺仔小馒头生产线5条、旺仔牛奶利乐包生产线8条、旺仔牛奶铁罐生产线2条、口袋包饮料及吸吸冰生产线8条、旺仔牛奶A3高速生产线6条、米面生产线4条、碎冰冰生产线10条、冲饮生产线5条、口泡刹线2条。公司项目建设共四期，2019年底完成前三期工程，占地18.53万平方米，总建筑面积11.7万平方米。2019年，公司实现应税开票销售收入10.1亿元。

【江苏淮安双汇食品有限公司】 公司于2007年11月成立，位于淮阴区嫩江路127号，是双汇集团旗下全资子公司。公司占地17.33万平方米，建筑面积10万平方米，产品共有3大类、300多个品种，主要品种为生鲜猪肉产品、冷冻猪肉产品、高低温类肉制品，年可屠宰生猪150万头、生产肉制品10万吨，有员工2000余人。2019年，公司实现应税开票销售收入25亿元。

【江苏淮安苏食肉品有限公司】 公司成立于2002年10月，是江苏省农业产业化重点龙头企业，主要从事生猪、家禽屠宰加工、肉类制品加工和肉类食品经营、连锁经营、冷链物流等业务。“苏食牌鲜冻分割猪肉”曾被评为中国名牌产品，“苏食”商标先后被评为江苏省著名商标、中国驰名商标和中国肉类产业影响力品牌。2019年，公司实现应税开票销售收入20.9亿元。

今世缘酒业有限公司　　薛余超　供图

【淮安快鹿牛奶有限公司】 公司位于淮海西路282号，是以生物技术为核心，种植业、养殖业及农产品加工与销售并举的综合型企业、贸工农一体化企业，是江苏省农业产业化重点龙头企业、江苏省科技型农业龙头企业。公司内部实行集团制运作模式，业务范围涵盖奶牛养殖、乳品加工与销售、苏淮黑猪养殖、肉制品加工及销售、水产养殖，同时拥有民生医院、有机肥厂、生物菌剂中心等多个子公司。2019年，公司应税开票销售收入近6000万元。（范志坚　张　欢）

【淮安通威饲料有限公司】 公司位于涟水县保淮镇工业集中区（十堡村），总投资1.15亿元，占地5.33公顷，建筑面积18500平方米，2011年投产。有牧羊M600颗粒饲料生产线4条和牧羊M165膨化饲料生产线1条，全电脑控制生产工艺流程。有化验室3个，主要仪器有KDN-2C定氮仪、LDS-IG电脑水分测定仪、722S分光光度仪、DG5033A酶联免疫检测仪、HYP-1008八孔消化炉、PXS体视显微镜、TDZ4A-WS低速台式离心机等。可以检测水分、粗蛋白、粗脂肪、粗灰分、粗纤维、钙、磷、盐分、砂分、酸价、过氧化值、挥发性盐基氮、水溶磷、黄曲霉毒素B1定性检测等项目。年产家禽、家畜、水产饲料20万吨，产品通过HACCP管理体系认证。总公司通威股份先后被评为中国民营上市公司100强、中国最具竞争力民营企业50强、中国农业第一股。2019年，实现开票销售收入4.08亿元，实现入库税金187万元。

【江苏苏美食品有限公司】 公司位于涟水经济开发区兴旺大道1号，总投资1.5亿元人民币，注册资金2662.4万元人民币，占地10万平方米，建筑面积6万平方米。公司于2013年5月正式投产，主要生产酱油、醋等调味品，年产16万吨，其中酱油、醋销量位居全国调味品行业第七名。“苏美”注册商标被评定为“淮安市知名商标”“江苏省著名商标”“中国驰名商标”，公司被评为江苏省级高新技术企业。2019年，公司实现开票销售2458万元。（薛云华）

新能源汽车及零部件产业

【概况】 2019年，淮安市有规模以上新能源汽车及零部件工业企业50家，实现规模以上工业销售125.98亿元，比上年增长21.8%。从细分领域看，2全市电池、内外饰件行业分别占该产业的50.5%、17.1%。从产业布局看，初步形成开发区、金湖、盱眙3大汽车及零部件产业聚集区，2019年3个县（区）销售收入占全市的80%以上，企业数占全市半数以上。其中，金湖县14家企业实现销售45.9亿元，初步形成以冲压件、电池、门板为特色的产业集聚；开发区10家企业实现销售27.6亿元，初步形成以敏安汽车、翔龙特种车等整车制造为龙头，以韩泰轮胎、和兴铝饰件、上淮动力天然气发动机等为配套的产业协作体系。从骨干企业看，敏实集团在淮安市设有敏安汽车、江苏和兴、淮安和通3家子公司，敏安汽车两款纯电动量产车型正式下线，首批200辆新能源汽车将陆续投放淮安市场。从配套基础看，有韩泰轮胎、和兴汽车、双环齿轮、实联长宜、上淮动力等上下游配套企业，为淮安市新能源汽车及零部件产业发展提供产业基础。其中敏实集团淮安铝事业部（和兴、和通）完成开票销售20.1亿元，同比增长7.9%，全球排名前二、国内排名第一；江苏双环齿轮精密成型齿轮件等产品制造精度处于国际先进水平，2019年实现开票销售7.4亿元，增长1.8%。 （范志坚　张　欢）

【实联长宜淮安科技有限公司】 公司成立于2012年11月，位于淮安市盐碱科技产业园，是由实联长宜集团投资设立，注册资本4.42亿元。主营动力型、储能型等各种用途的三元锂、磷酸铁锂电池的生产及销售。占地面积28.67万平方米，拥有独立研发中心，有研发人员109人、自动化产线4条，是国家级高新技术企业。2019年，由实联长宜承建的江苏盐碱科技产业园1.5兆瓦/12兆瓦小时储能电站建成运行。年内，集团在江苏宿迁投建储能电池生产项目，总投资12.5亿，主要建设一个锂电池电芯生产基地。

（公司官网）

【江苏敏安电动汽车有限公司】 公司成立于2013年，是世界汽车零部件百强企业——敏实集团下属子公司。2019年5月，公司取得工信部乘用车生产资质，成为全国第12家获得国家发展改革委和工信部“双资质”的新能源车企。10月，公司获得首款纯电动汽车产品公告。项目生产基地占地63.1万平方米，规划年产能16.5万辆；一期建设年产能5万辆，产值100亿元。至年底，项目工程基本建成，并开展产品认证，做量产上市准备。

【江苏和兴汽车科技有限公司】 公司由江苏和兴、淮安和通、淮安和泰三家公司组成，总投资5亿美元，占地39.2万平方米，总规划建筑面积29.75万平方米，主要研发、生产汽车外饰件（水切、导轨和行李架等）。公司铝事业部短时间内实现规模化生产，与宝马、奔驰、奥迪、通用、长城、路虎、福特等众多整车企业建立稳定供应关系。公司投产后，每年保持30%复合增长率，2019年实现销售收入17.3亿元，比上年增长8.93%。和兴汽车“汽车零部件制造智能工厂项目”入选2019年江苏省智能工厂项目建设试点名单。

【江苏双环齿轮有限公司】 公司于2005年5月成立，位在淮安市淮安经济开发区山阳大道72号，为浙江双环传动机械股份有限公司的全资子公司，注册资本28888万元，占地34.53万平方米。公司主要从事锻件粗车、高端热模锻锻件、结构件、乘用车变速箱精车件、空心轴、高精度乘用车油泵齿轮、电动工具齿轮、电动汽车减速机齿轮及电机轴、农业机械齿轮、SUV桥齿、大巴车客车、商用车驱动桥齿轮、工程机械齿轮的研发生产。2019年，公司实现主营业务收入8.4亿元，比上年增长15.2%。

【江苏上淮动力有限公司】 公司成立于2013年12月，位于淮安经济技术开发区，是国家高新技术企业。一期项目建设完工，具备6万台燃气发动机年生产能力，二期规划预计形成15万台年生产能力。公司有发动机行业资深工程师等专家组成的专业研发团队，致力于新型高性能车用燃气发动机总成研发、制造和应用。公司产品拥有完全自主知识产权，申报专利48项，其中发明专利6项。2019年，研发项目包括2.4吨天然气发动机、高效率电动车增程器发动机（汽油和天然气）、电动车增程器、国六天然气出租车等。通过科技创新，上淮动力为客户提供节能环保动力解决方案和自主知识产权的新型单一天然气燃料的Smapow发动机系列产品，填补国家发动机行业该项空白。 （范志坚　张　欢）

生物技术及新医药产业

【概况】 2019年，淮安市生物技术及新医药产业拥有规模以上企业24家，全年实现开票销售收入35.2亿元，比上年增长2.9%。骨干企业主要有江苏天士力帝益药业有限公司、江苏正大清江制药有限公司等。

【江苏天士力帝益药业有限公司】 公司是天士力医药集团股份有限公司全资子公司，注册资本6686万元，位于清浦工业园朝阳西路168号，占地面积21.53万平方米，总资产16.3亿元。公司员工839人，其中研发人员198人。公司拥有博士20人、硕士76人、本科330人。正高级工程师5人，高级工程师10人，中级职称74人。主要生产化学原料药和口服固体制剂，形成以抗肿瘤用药、心血管用药、代谢类用药、精神类用药等产品系列，主要产品包括“国内首创、首家上市”新药替莫唑胺胶囊、右佐匹克隆片、氟他胺片等。拥有年产300吨的化学原料药制造平台、年产22亿片（粒）的普通固体制剂和抗肿瘤固体制剂制造平台、化学药研发及产业化平台以及高端注射剂制造平台。2019年，公司“制药企业生产设备管控平台”入选江苏省重点工业互联网平台名单，被认定为省级重点培育类工业互联网平台。全年公司销售额14.5亿元，增长10%；实现净利润4.6亿元，增长31%，上缴税金1.58亿元。

（范志坚　张　欢）

【江苏正大清江制药有限公司】 公司前身始建于1970年，位于清江浦区，是正大制药集团旗下企业，是国内知名骨科药物研发与生产基地之一，是高新技术企业，江苏省创新型企业。2019年，正大清江制药公司获评国家知识产权示范企业、江苏省管理创新示范企业、江苏省企业文化优秀奖、2019年度淮安市长质量奖。塞来昔布胶囊取得生产批文，主产品盐酸氨基葡萄糖片（九力）通过国家仿制药品与原研药品质量疗效一致性评价，盐酸溴己新原料药备案成功，通过ISO 9001认证。公司实现销售额8.18亿元，增长14.6%，上缴税收9313万元。盐酸氨基葡萄糖片（九力）、克洛己新片及干混悬剂（正大素克）销售均增长20%以上，分别实现销售超4.4亿元、2.6亿元，分列氨糖OTC市场、头孢克洛儿童剂型市场第一位。（史兴儒）

纺织产业

【概况】 2019年，淮安市纺织产业拥有规模以上企业189户，全年实现应税开票销售收入145亿元。骨干企业主要有淮安锦纶化纤有限公司、淮安源通制帽有限公司、淮安远达服饰有限公司、江苏康乃馨织造有限公司等。

【江苏康乃馨织造有限公司】 江苏康乃馨纺织集团创建于1994年9月，有员工1360多人，其中本科以上各类专业人才300多人。集团主营业务包括四、五星级酒店纺织品、经济连锁酒店纺织品、航空用纺织品以及酒店餐厅用品的设计、制造、销售、服务；经营范围包括电子商务、印染加工、金融服务等领域，集团年经营收入超10亿元。集团"康尔馨"牌毛巾系列产品和"康尔馨"商标分别被认定为"中国名牌产品"和"中国驰名商标"，集团先后获得"中国质量诚信企业""江苏省质量奖""江苏省优秀民营企业"等20多项省级以上资质荣誉。集团产品销售网络覆盖到国内各个省、市和自治区，并远销欧美、东南亚等60多个国家和地区，其中国内五星级酒店市场占有率突破50%。代表行业企业主导和参与制定《星级旅游饭店用纺织品》等6项国家和行业纺织技术标准。（范志坚　张　欢）

【淮安锦纶化纤有限公司】 公司成立于2003年11月，位于江苏涟水经济开发区炎黄大道11号，是中国金轮集团下属子公司，注册资本1亿元，总投资8亿元。占地33公顷，厂房面积20万平方米，有员工2000余人。2005年3月正式投产，设有聚合、纺牵、加捻、织布、浸胶5个标准化生产车间，专业生产"金轮"牌浸胶帘子布，年生产能力7万吨以上。企业通过ISO/TS16949质量管理体系和ISO 14001环境体系认证，"金轮"牌浸胶帘子布获"江苏名牌产品"称号。2019年，公司实现开票销售8.14亿元，完成入库税金576万元。

2019年，康乃馨公司创成省级电子商务示范企业，图为公司一角
公司官网

【淮安源通制帽有限公司】 公司兴建于2002年5月，位于涟水开发区炎黄大道路1号，由亚源国际有限公司投资，总投资3500万美元，占地10.67公顷，建筑面积4.8万平方米。2002年12月正式投产，有工人4000人，有日本百灵达绣花机、自动裁床等设备1250台（套）。主要生产各种棒球帽、礼帽、牛仔帽等产品，主要销往美国、日本、德国等国家和地区。新建UA高档运动帽生产项目，总投资1500万美元，占地面积4.2公顷，建筑面积1.6万平方米，年产48万顶运动帽。2019年，公司实现开票销售7.05亿元，入库税收670万元。

【淮安市远达服饰有限公司】 公司位于高沟镇工业集中区西区，由台商王顺贤投资6000万元兴建，占地面积4万平方米，建筑面积2.1万平方米，有员工300人。2005年3月投产，有电动缝纫机100台、烫帽机6台、全自动电脑绣花机15台，全自动水洗烘干设备若干。主要生产各类外贸休闲服装，为PUMA、李宁、361等品牌服装加工产品，年产各类运动休闲帽子300万顶、高中档休闲服饰100万件次，产品主要销往欧美。2019年，公司实现开票销售6.64亿元，入库税收2873万元。

【江苏金典纺织有限公司】 公司位于涟水经济开发区纬五路9号，由印度客商和淮安祥泰贸易有限公司于2008年合资建设，总投资1600万美元，注册资本7000万元。占地9.3公顷，建筑面积39700平方米，有员工500人。2009年3月正式投产，主要生产全棉、混纺毛毯产品，年产毛毯182万条，产品主要销往非洲、中东和日本等国家和地区。2019年，公司实现开票销售2.27亿元，入库税收139万元。（薛云华）

建材产业

【概况】 2019年，淮安市建材产业拥有规模以上企业143家，全年税开票销售收入比上年增长33.3%。骨干企业主要有汤始建华建材(淮安)有限公司、淮安海螺水泥有限责任公司、淮安楚州海螺水泥有限责任公司、淮安市金山混凝土有限公司等。

【汤始建华建材(淮安)有限公司】公司始建于2006年8月,位于淮安新材料产业园,由香港建华集团投资3.5亿元建设,年生产各类管桩1000万米、商品混凝土50万立方米。主要产品为预应力高强混凝土管桩、高强混凝土、各类型PC构件、轨道枕木等,是市级“专精特新企业”。2017—2019年,公司开票销售分别为8.19亿元、11.8亿元、16.8亿元,入库税金分别为4789万元、8138万元、5148万元。2019年,公司开启竹节桩生产计划,增强产品市场竞争优势,投资1.8亿元建设第四期PC构件和轨道枕木项目。

【淮安海螺水泥有限责任公司】 公司成立于2008年,位于淮安新材料产业园,是安徽海螺水泥股份有限公司全资子公司。公司建设有4条4.2米×13米带辊压机联合粉磨系统,年水泥产能规模440万吨;配套建设5个1000吨级专用码头泊位,年吞吐能力600万吨以上。公司先后获“水泥行业安全生产标准化一级企业”、市“工业企业纳税30强”、区“落实安全生产主体责任先进集体”等称号。2019年,公司开票销售10.9亿元,入库税金7873万元。

【江苏共创人造草坪股份有限公司】公司成立于2004年,是一家集人造草坪研发、生产、销售于一体的高新技术企业,全球员工人数3000余人。有3个生产基地,占地面积80万平方米,分别位于淮安施河镇、淮安共创工业园以及越南西宁省福东工业园。2011年起,公司产品产销量全球第一,全球市场占有率达14%。公司为国际足球联合会、国际曲棍球联合会、世界橄榄球运动联盟优选供应商,产品销售至全球120多个国家和地区,草坪铺设面积超过2亿平方米,获得国际足联场地认证数量超过180片。公司是国家标准《体育用人造草》(GB/T 20394)的起草单位,是中国体育用品业联合会人造草专业委员会第一届主任委员单位,获得江苏省“隐形冠军企业”“两化融合管理体系贯标试点企业”“企业技术中心”“科技小巨人企业”“服务型制造示范企业”及“淮安市专精特新企业”等称号。

年内,公司越南共创生产基地建设项目一期工程建成投产,完成在荷兰、西班牙等地足球、曲棍球人造草坪产品铺设及巴拿马一足球综合中心场地改造项目。年内,公司入选省首批省级工业和信息产业转型升级专项资金分配表,并获得50万元省级以上服务型制造示范认定奖励。2019年,公司开票销售13.9亿元,入库税金8458万元。 (范志坚 张 欢)

2019年11月,江苏共创人造草坪股份有限公司参加德国科隆国际休闲体育设施及泳池设备展览 公司官网

能源工业

【华能淮阴电厂】 华能淮阴电厂始建于1991年8月,运行容量1350兆瓦(含灰场光伏30兆瓦),是集发电、供热于一体的特大型能源企业。一期工程2×220兆瓦燃煤机组于2018年完成资产处置。二、三期工程4×330兆瓦燃煤机组于2003年8月开工建设,2006年9月建成投产,总投资约50亿元。电厂灰场光伏发电项目于2018年3月开工建设,同年6月实现全容量并网发电,2019年9月通过华能集团公司竣工验收。截至2019年,电厂累计发电0.58亿千瓦时,实现连续安全运行6836天,连续5年“零非停”。累计发电量1254.86亿千瓦时,供热量344.47万吨。

2019年,华能淮阴电厂3号机组在中电联同类型机组可靠性对标竞赛中被评为4A级机组;3、5号机组分别连续稳定运行411天、321天;6号机组A修后稳定运行130天,实现连续11年11次机组A、B级检修全优目标。年内,实施宽负荷供热改造、煤场封闭改造、节水与废水综合治理工程项目等重大技改项目建设,计划投入资金2.35亿元,实施节水和水污染防治行动,开展粉尘治理和大气污染防治行动。电厂加快建设淮安民生环保工程之一的污泥干化耦合项目,推进企业和地方构建清洁低碳、安全高效能源体系。连续10届获评省级文明单位,入选2019年度淮安市50强企业名单,获得淮安市“安全生产先进企业”称号。 (华能淮阴电厂办公室)

【淮阴发电有限公司】 江苏淮阴发电有限责任公司(原淮阴发电厂)始建于1956年。公司总装机容量194万千瓦,是淮安市最大的发电供热企业,下辖4个子公司:江苏国信淮安燃气发电有限公司、江苏国信淮安第二燃气发电有限公司、淮安国信热力有限公司以及苏淮国信热力有限公司。公司本部位于清江浦区,装机容量为两台330兆瓦级燃煤供热机组,下属子公司江苏国信淮安燃气发电有限公司位于淮安区,装机容量为两台180兆瓦级燃气供热机组;子公司江苏国信淮安第二燃气发电有限公司位于苏淮高新区，装机容量为两台460兆瓦级燃气供热机组。2019年，公司连续安全运行6339天，淮安一燃连续安全运行2857天，淮安二燃连续安全运行929天，全年完成发电量84.05亿千瓦时。公司被表彰为淮安市安全生产先进单位、工业企业纳税30强，第11次获评江苏省文明单位。淮安一燃被表彰为江苏省两化融合管理体系贯标试点企业，安全生产部运行一值班组获“全国青年安全生产示范岗”称号；淮安二燃获得国家优质工程奖、国家优质投资项目奖、中国电力行业优质工程奖，被江苏省电力行业协会表彰为标杆电厂。（陈天行）

凹土产业

【概况】 2019年，淮安市凹土产业实现开票5.12亿元，入库税收5130万元，比上年增长分别45%、36%。凹土产业集群有规模以上企业11个、高新技术企业11个。骨干企业主要有江苏玖川纳米材料科技有限公司、江苏神力特生物科技股份有限公司、盱眙县中材凹凸棒石粘土有限公司等。

【江苏玖川纳米材料科技有限公司】 公司始建于2008年1月，是广东壹豪新材料科技股份有限公司的全资子公司。公司主要开发非金属矿高附加值产品，是集研发、生产、应用服务于一体的国家高新技术企业。建有国内首家凹凸棒石黏土中试基地、凹凸棒石粘土研究与开发联合实验室、江苏省凹土资源利用重点实验室、凹土综合利用工程中心。2019年，公司应税开票4409.73万元，同比增长176.2%。

【江苏神力特生物科技股份有限公司】 公司是集凹凸棒石产品研发、生产、销售和服务于一体的国家级高新技术企业。占地50000平方米，建有国内首条全自动生物凹凸棒石湿法改性生产线、凹凸棒石食品添加剂生产线、预混合饲料生产线、混合型饲料添加剂生产线，年产能15万吨。开发脱霉清、呕毒宁、烯毒宁、力佑乳、肠力健等动物养殖健康系列产品20余个。脱霉剂产品核心技术获2016年江苏省科技进步一等奖、2018年国家技术发明二等奖，拥有自主知识产权，得到省重大科技成果转化项目支持。参与制定国家标准《食品添加剂 凹凸棒石黏土》和农业行业标准《饲料原料凹凸棒石（粉）》，获凹凸棒石行业最高奖项“中国凹土都梁香兰奖”。2019年，公司应税开票2793.38万元，同比增长36.1%。

【盱眙县中材凹凸棒石粘土有限公司】 公司成立于2006年8月，是国资委所属中国中材集团控股的三级子公司，总投资8764.48万元，注册资本为1764.7万元，占地面积约2.8万平方米。公司主要从事凹凸棒石粘土开采及矿区上部玄武岩的剥离加工，主营产品有凹凸棒石食品添加剂、脱色剂、凹凸棒石粘土矿、玄武岩骨料等，产品广泛应用于化工、轻工、石油、冶金、建材、制药、食品、环保及农业等多个行业领域。公司是全国最大凹土原矿供应商，年产凹土原矿约20万吨；是江苏省建筑用玄武岩石料主要供应基地。2019年，公司应税开票3582.26万元，比上年增长19.2%。（范志坚 张 欢）

建筑业

【概况】 2019年，淮安市实现建筑业总产值1832亿元、比上年增长4.5%，增加值487亿元、增长4.7%，占全市地区生产总值的12.58%；外埠市场总产值1235亿元，增长4.9%；完成境外营业额6.2亿美元，增长5.08%；实现税收收入29.1亿元，占全市税收收入6%。全市建筑企业总数1229家，其中施工总承包特级资质1家、一级资质71家、二级资质415家。全市新增规上建筑企业60余家，新升一级企业7家，2家企业入选全省百强。

【建筑业现代化】 2019年，淮安市加快推进新型建造方式，发展建设工程总承包、全过程工程咨询等新型组织模式。全市有7家公司获批省级全过程工程咨询试点企业，美城设计院与淮安宏成地产开发有限公司成功签约全过程工程咨询服务项目，标志淮安市全过程工程咨询试点服务取得实质性突破。年内，凡之晟远大、建源益成、淮安建工检测等3家企业入选2019年度省级建筑产业现代化示范基地名单，累计获批省级示范建筑企业12家（9家建筑产业现代化示范基地和3个示范项目）。全年新开工装配式建筑比例达17%，累计新开工装配式建筑面积300.89万平方米。新晋淮安五洲、江苏智盾、江苏国人、江苏淮晟、淮安红桥、江苏金碧辉煌、淮安锦坤等一级资质企业7家，其中江苏淮晟一级资质是全省首家住建部告知承诺制审批新政出台后获批的企业。2家企业入选全省建筑业“百强企业”，分别是江苏恒龙装饰工程有限公司和江苏鸿升建设集团有限公司。新开工装配式项目158万平方米，江苏远翔、江苏绿野2个省级示范基地通过省级评估。江苏远翔、江苏绿野、盱眙国联龙信、淮安凡之晟等13家生产工厂正式投产运行。

【外埠市场开拓】 2019年度，淮安市建筑业企业境外市场项目承接规模持续扩大，全年完成境外营业额6.2亿美元，增长5.08%。在境外市场继续加强与“中”字号企业合作，积极寻求独立承接总包工程项目。镇淮集团在科特迪瓦承接SCCI3200TPD水泥厂项目，造价2.08亿元；江苏坤龙公司在阿尔及利亚承接近6000套住房工程，造价近20亿元；江苏天之翼公司在阿尔及利亚新承接铝模体系住房项目——杜依哈1809/7000套项目，造价3.13亿元。

【绿色建筑】 2019年，淮安市对照《绿色建筑评价标准》新国标等最新行业建设标准，提高装配式、成品式、被动式建筑在新建建筑中的占比，推动绿色建筑规模化发展。淮安市获评星级绿色建筑标识项目77个，建筑面积949.21万平方米，其中一星级项目15个，计12.32万平方米；二星级项目62个，计936.89万平方米，二星级以上绿色建筑标识项目面积是2018年的4倍，实现大幅增长。城镇竣工绿色建筑758.3万平方米，城镇绿色建筑占新建建筑的83.1%，增长8.4个百分点，其中生态文旅区绿色建筑占比100%。12月4日，盱眙县省级绿色建筑示范县通过省住建厅验收，实施绿色建筑重点示范项目35个，其中二星级及以上项目22个（三星级项目1个），建筑面积255.34万平方米，占比75.34%。全年全市新增节能建筑912.7万平方米，其中居住建筑765.6万平方米，公共建筑147.1万平方米。既有建筑节能改造22.2万平方米，其中居住建筑10.7万平方米，公共建筑11.5万平方米。

【工程造价企业】 2019年，淮安市有工程造价咨询企业28家，其中具有甲级资质14家、乙级资质13家、暂定乙级1家；淮安辖区注册造价师437人，造价咨询企业从业人员569人，其中注册造价师260人。全年造价咨询企业完成咨询项目1180项，咨询标的额279.34亿元，其中工程结算审核687项，咨询标的额51.59亿元。节约投资6.26亿元，核减率12.14%。

【建筑设计】 2019年，淮安市开展全市优秀勘察设计奖评选，评选出一等奖项目22个、二等奖项目37个、三等奖项目26个、表扬奖项目7个。获全省城乡建设优秀勘察设计奖24项，包括建筑设计二等奖1项、三等奖4项、表扬奖1项，市政公用二等奖1项、三等奖5项、表扬奖2项，城镇住宅和住宅小区三等奖2项，工程勘察一等奖1项、二等奖1项、三等奖3项，工程测量二等奖1项，人防工程三等项1项，第六届"紫金奖·建筑及环境设计大赛"三等奖1项。市住房和城乡建设局获全省"紫金奖·建筑及环境设计大赛组织促进奖"。

【农民工工资实名制管理】 2019年，淮安市着力打造农民工实名制管理"三三五四七"工程。工人进场必须做到签订劳动合同、进行实名制登记、办理工资银行卡的"三必须"；务工关注考勤是否准确、工资由谁发放、工资到账情况的"三关注"；明确项目施工"五先行"，包括先行缴纳工资保证金、参加工伤保险、安装实名制通道、开设农民工工资专户、设置农民工维权公示栏；施工总承包单位要做到实名制管理到位、工资通过专用账户发放到位、考勤和工资记录逐月确认到位、农民工管理台账资料建管到位的"四到位"；所有在建项目做到"七有"，包括有实名制管理系统、有农民工实名制管理办公室、有农民工维权告知牌、有实名制管理宣传栏、有标准的用工合同、有统一格式的管理台账资料、有劳资专管人员。至年底，全市为5万余名劳务务工人员办理实名制信息登记和"建工卡"数据库，通过银行发放工资约20亿元。全市在建项目295个，安装实名制考勤系统项目295个，安装率100%；开设专户290个，开户率98.3%。2015年起，淮安市利用"互联网+"技术，打造建筑行业实名制管理"一卡一户一平台"的淮安模式，建立农民工工资管理三色预警机制，遏制农民工工资拖欠问题。

（王灵敏）

商贸流通

综　述

【概况】 2019年，淮安市实现社会消费品零售总额1334.5亿元，增长7.7%，增速高于全省平均水平1.5个百分点，居全省第四、苏北第二。按经营单位所在地分，城镇消费品零售额1182.86亿元、增长5.3%，农村消费品零售额151.63亿元、增长13%，农村消费增速快于城镇。消费升级类商品销售增长较快，限额以上化妆品类增长9.7%，体育、娱乐用品类增长27.1%，书报杂志类增长9.9%，增速分别快于社会消费品零售总额2个、19.4个、2.2个百分点。由于5G设备逐步投放市场，限额以上零售企业智能手机销售额增长169.6%。

【商业体系规划】 2010年7月，启动《淮安市中心城区市场体系、商业网点规划》编制；2011年8月，市政府正式批复下发，规划期限为2010至2030年。淮安规划的市场体系结构是"一综合、三集群、多特色、一配套"。"一综合"：重点建设以大交通、大流通为支撑的淮安综合大市场，成为淮安乃至周边区域汽车汽配、建材家具和其他工业及生活消费品的中转和辐射基地，辐射周边区域2000万人口。"三集群"：培育综合枢纽市场集群、清浦现代市场集群、生产资料市场集群三大市场群。"多特色"：重点发展一批以零售业态为主的特色专业市场。"一配套"：适度发展工业园区功能配套市场。随着淮安市经济社会快速发展、中心城区扩容（洪泽县改为洪泽区）、行政区划调整（原清河区、清浦区合并为清江浦区）等，2019年底，启动《淮安市中心城区市场体系、商业网点规划》修编工作，新的《淮安市中心城区市场体系、商业网点规划》将于2020年完成。

【商业中心】 2019年，淮安市有淮海中心商业区、水渡口中央商务区2个市级商业中心，淮海中心商业区以淮海广场为核心，由承德路、漕运路、人民路、健康路构成约2平方公里的区域性商贸中心；水渡口中央商务区以水渡口广场为中心，西至承德路、北至古淮河、东至韩泰路（杭州路）、南至里运河，占地约5平方公里。有区级商业中心11个，分别是淮阴区规划的黄河广场、火车北站商业中心；原清浦区规划的延安东路、原清浦新城商业中心；淮安区规划的漕运广场、淮安新区商业中心；淮安经济技术开发区规划的弘康兴旺角、综合交通枢纽站商业中心；淮安生态新城、洪泽城区和工业园区3个区级商业中心。

【"老字号"工作】 2019年，淮安市促进老字号传承创新，新认定18家第二批"淮安老字号"，"淮顺堂"获得"江苏老字号"称号。全市有老字号企业（品牌）37家。其中，"中华老字号"2家，分别是今世缘酒业、浦楼酱醋；"江苏老字号"3家，分别是文楼汤包、淮安茶馓、淮顺堂；淮安老字号32家。

【商贸转型升级】 2019年，淮安市加快推进新亚、茂业、金鹰、万达等"一轴双核"商圈重点企业转型发展，中央新亚公司被商务部评为2019年绿色商场创建单位。完善社区商业服务体系，引导苏宁、苏果等企业在社区开设60个便利店，推进6个农贸市场建设改造。淮阴建设工程集团、淮安好人家食品、井神盐化3家企业入选供应链创新与应用重点培育企业。强化商贸流通领域安全生产，完成加油站地下油罐改造，扩大"互联网+再生资源"覆盖面，实施大型商超、非星级宾馆、连锁酒店、加油站及农贸市场水产区等专项整治提升。

【消费市场】 2019年，淮安市积极组织企业开展消费促进月活动，支持限额以上批零住餐企业稳定运营。促进淮扬菜传承创新，出台《市政府关于进一步加快淮扬菜产业发展的实施意见》，组织中国淮扬菜大师邀请赛、运河与美食创意城市国际峰会、淮扬菜特色和美食名店评选、淮安"十碗好面"大赛、家庭厨艺大赛等活动。强化汽车流通、拍卖、单用途商业预付卡等行业监管，开展"双随机"检查，优化消费环境。 （市商务局）

供销合作

【概况】 2019年，淮安市发挥供销社在服务乡村振兴战略中的优势作用，按照"强阵地、优服务、惠民生"原则，以农业社会化服务、乡村绿色生态服务、农村电子商务经营服务、农产品日用消费品购销服务、现代农资综合服务、基层组织等"六大体系"建设为重点，加快建设淮安新供销服务"三农"综合平台。全年实现商品销售总额169亿元，电子商务销售额16.22亿元，利润总额2.47亿元。农业社会化总服务面积82.8万亩次，主办、参办农产品经纪人（新型职业农民）培训班20余场，培训3276余人次，均超额完成目标任务。主办2019台湾优质水果直销淮安开柜仪式，中央电视台综合频道《晚间新闻》栏目对活动进行报道；"淮台农产品合作交流项目"获全市创新创优优秀项目二等奖。

【农业社会化服务】 2019年，淮安市依托市供销合作总社下属江苏淮供欣隆现代农业全程服务有限公司，坚持资源整合、市场运作，构建农业社会化服务体系，开展以稻麦为主的规模生产全程服务。构建覆盖市、县、镇三级农业社会化服务体系，开展现代农业综合服务试点建设。在涟水县建成投产现代农业综合服务平台1个，形成县域服务功能较为完备的农业社会化服务载体。结合产业集聚特性，以业务联结、订单服务形成利益纽带，引导13个专业化服务组织建立农机作业、植保飞防、粮食加工等基层服务网络。利用县级综合服务平台及基层服务组织设施设备、销售渠道和专业化服务资源，以"股份合作种植"方式和"设备租赁+业务合作"模式，实现产业链各环节专业化操作，为粮食销售提供源头稳定的优质粮源基地，促进一、二、三产融合发展。整合社会为农服务资源，为订单种植、合作种植的田块嫁接农资、飞防、农机等业务，形成贯穿农业全程的"订单农业"模式。至年底，累计开展农业社会化服务面积50余万亩次，其中自主土地流转面积约2000亩，业务订单35余万亩次、植保飞防35万亩次、粮食贸易2万余亩。

【盘活资产】 2019年，淮安市供销系统把盘活资产作为增强供销服务能力的工作重心，为全系统综合改革营造良好外部环境。优选投资项目。市棉麻公司投资入股淮安市汇隆果品物流中心，中心占地8公顷，从事以果品为主的农产品冷链物流及贸易。中心入驻商户150家，辐射范围150公里，日销果品超1000吨，农产品日交易额超1000万元。将基层社资产盘活工作与县区城镇建设、土地整理工作紧密结合，探索出可在面上推广的"合作重建、集资重建、自主建设、产权置换"4种模式。"产权置换"模式通过将基层社在村居的土地和房产进行产权置换，把建设用地改为农用地，将土地置换带来的收益用于解决系统遗留问题，转为农用地后与流转承包的大户合作，与县（区）供销社参股的农业全程服务企业合作，促进县域农业现代化水平提升。

【农业农村电子商务与消费扶贫】 2019年，淮安市将电子商务作为农产品流通的新业态，推动"新网工程"与农业农村电子商务融合发展，促进本地农产品上网流通、城乡居民电商创业和快递物流网点下沉。全市110个省定经济薄弱村电商服务站完成建设，抓好电商服务站经营管理、人才培育，市供销合作社与淮阴工学院联动举办多期专题培训班。打造以涟水县东胡集镇农副产品电子商务产业园、南集镇全产业链电子商务服务中心为代表的"一店带多户""一店带一村"等网店带动脱贫模式。年内，在清江浦区、淮阴区、淮安区、洪泽区推进消费扶贫措施，帮助贫困地区推介并销售农副产品，以产销对接带动经济薄弱地区发展。在5个连锁经营企业设置消费扶贫专柜，在3个农产品批发（集贸）市场设置消费扶贫专区。在海峡两岸农展会、全

2019年，市供销合作社主办台湾优质水果直销淮安开柜仪式，图为活动现场
姜 波 供图

国农资科技及农产品博览会、江苏省供销年货大集等各类展销会中宣传推介贫困地区农副产品和手工艺品。通过消费扶贫帮助贫困地区销售各类农副产品1600余万元。

【基层组织体系建设】 2019年，淮安市供销合作系统推进“三体两强”（自主经营实体、农民社员主体、合作经济组织联合体，综合实力强、为农服务能力强）示范基层社、“农综社”创建工作，创建“三体两强”示范基层社11个，申创“农综社”4个，完成13个薄弱基层社改造。盱眙县供销社开展“社村共建”“社民共建”。推进“三会”（联合社代表大会、理事会、监事会）试点建设，实现县级供销社“三会”制度建设全覆盖。6月，淮安市供销社在全省“三会”制度建设座谈会上做优秀典型经验交流。主动清理规范基层社，对效果不佳甚至没有实际运营的基层社坚决摘牌，重新确定年度农民专业合作社考核任务，降低建办数量，强化建办质量。

【淮台农产品交流合作】 5月8日，淮安市举办2019台湾优质水果直销淮安开柜仪式，邀请市民现场品尝台湾优质水果，市供销合作社与台湾农产品流通经纪人协会签订合作协议，达成年销售台湾优质水果5000吨、金额2亿元的采购协议。项目前期考察台湾新北市水果蔬菜批发市场、新北市水果同业公会、高雄市农会、高雄市月光山蔬菜运销合作社，交流学习台湾水果的栽培、加工、储运技术，推进淮台两地果品贸易交流，牵头注册成立淮安果品流通协会，加强本地果品流通行业的规范化管理。

【“新网工程”建设】 2019年，淮安市推进“新农村现代流通服务网络工程”（简称“新网工程”）建设，鼓励和引导社有企业、县（区）供销社新建或完善基层商业网点、消费品和生产资料仓储设施、农产品冷链物流等服务城乡流通发展的项目。全年共扶持农产品冷链设施类项目2个、农业现代服务类项目1个、社区经营网点类项目2个、农业农村电商类项目1个。

（姜　波）

盐业管理

【概况】 2019年，淮安市盐行业策应淮安盐化新材料产业布局，主动适应开放型盐业市场环境，保持盐业健康稳定发展。全市有食盐定点企业8家，其中食盐定点生产企业1家，为江苏井神盐化股份有限公司，并同时获得食盐定点批发企业证书；食盐定点批发企业7家，为淮安市盐业有限公司、淮安市淮安区盐业有限公司、淮安市洪泽区盐业有限公司、涟水县盐业有限公司、盱眙县盐业有限公司、金湖县盐业有限公司、淮安苏盐健康厨房商贸有限公司。8家食盐定点企业全部一次通过规范条件审核，获批新一轮食盐定点生产或批发许可，新的许可证书有效期从2019年1月1日至2023年12月31日。

【食盐销售】 2019年，淮安市各食盐定点批发企业适应盐业改革新形势，以稳总量、调结构、增效益、保安全为主要目标，做好营销队伍锻造、销售渠道建设和岗位责任管理工作。7家食盐定点批发企业销售食盐2.73万吨，其中小包装食盐1.41万吨，为保障全市食盐安全供应提供重要支撑。

（范志坚　张　欢）

粮食流通

【概况】 2019年，淮安市粮食收购总量258.01万吨，其中小麦143.87万吨，稻谷114.14万吨，小麦比上年增加59万吨，最低价收购小麦43.7万吨，优质小麦超过国家最低收购价每千克0.1元，市场化导向明显，优质优价明显。完成全国政策性粮食大清查工作，举办2019年世界粮食日、优质粮油产需对接等主题活动，扩大粮食影响力。

【粮油品牌建设】 2019年，淮安市承办2019世界粮食日和粮食安全宣传周江苏主会场活动、2019全国粮食经纪人经验交流大会，举办2019宁淮粮食产销合作暨第三届新米推介会、全市优质粮油产需对接会。淮安市政府与省粮食和物资储备局签署《推进粮食和物资储备事业高质量发展战略合作协议》，宁淮两地粮食部门签署《共建60万亩优质稻米保供基地协议》。市发展改革委（粮食和物资储备局）被中国粮食行业协会评为全国粮食经纪人模范集体，对外形象不断提升，粮食影响不断扩大。参加中国第二届粮食交易大会、中国粮油精品展、海南粮油协会产销对接等活动。淮安大米系列产品进入华润苏果市区各大门店，品牌授权企业新增5家，总数达25家，“淮安大米”先后获“2019中华品牌商标博览会金奖”“我最喜爱的江苏商标品牌”“第十七届中国国际粮油产品交易会金奖大米”和“首届江苏省十强农产品区域公用品牌”4项荣誉。

【粮食大清查】 2019年，淮安市县落实粮食大清查检查专项经费150万元，向280万淮安市民发送宣传短信，利用各类媒体发布大清查信息，制作清查企业分布图、库存基本信息账和自查督导发现问题清单，推动大清查工作落实落细。企业自查发现的135个问题和省市普查发现的18个问题全部整改到位。经过企业自查、自查督导和省市普查，查清全市库存实物数量、品种、粮权归属和仓储管理情况。淮阴区5.39万吨赵集粮库全部封顶，淮安区2.3万吨季桥粮管所仓储项目投入使用，涟水高沟10万吨粮食产业园启动收购。（市发展改革委）

烟草专卖

【概况】 2019年，淮安市烟草专卖局（公司）下辖淮阴、涟水、淮安、洪泽、盱眙、金湖6个县（区）局（分公司），全市有持证烟草零售客户23015个。坚持“总量控制、稍紧平衡，增速合理、贵在持续”行业调控方针。全年完成卷烟销量14万箱，比上年增长0.3%；单箱销售额3.41万元，增长4.72%；实现销售收入47.74亿元，增长5%；实现税利12.6亿元，增长4.1%；商业增加值13.8亿元，增长4.79%。淮安市烟草公司位列全市50强企业第4位。

【烟草专卖管理】 2019年，淮安市烟

5月6日，省烟草专卖局（公司）领导到淮安调研烟草工作　靳　沛　供图

草专卖局严格履行《中华人民共和国烟草专卖法》，净化卷烟市场环境，维护国家和消费者利益。严厉打击卷烟制假售假、走私贩私活动，加大物流寄递环节、运输环节、加热不燃烧烟草制品监管打击力度，保障零售客户合法利益。深化寄递渠道打击涉烟违法行为协作监管机制，与邮政管理局出台《关于完善寄递渠道涉烟违法行为打击协作机制的意见》。年内，查获涉烟违法案件1342起，查获违法违规卷烟2817.64件，市烟草专卖局连续第七年获"全省卷烟打假工作特殊贡献单位"称号。

【服务水平提升】 2019年，淮安市全面推进烟草行业"放管服"改革，制定并实施《淮安市烟草制品零售点合理布局规定》，取消距离限制，推动零售客户创业，拓宽就业渠道，放宽准入后无证户减少230个。积极实施"互联网+政务服务"，月度"不见面审批（服务）"网上办理率98%，办理期限在5个工作日内，提供EMS免费送证上门服务，实现办事不面审、群众不跑腿。强化后续监管，"构建高质效烟草专卖零售许可证后续监管系统"课题被评为2018年度全市创新创优优秀项目并获三等奖。

【法治烟草建设】 2019年，淮安市烟草专卖局（公司）深入推进法治烟草建设，严格执行《中华人民共和国烟草专卖法》《中华人民共和国行政处罚法》《中华人民共和国烟草专卖法实施条例》等法律法规，做好"双公示平台""权力运行系统""两法衔接"等平台案件录入工作，执法信息及时公示，接受社会监督。落实"谁执法谁普法"普法责任制，开展"3·15""12·4"等法律宣传活动131场次，发放宣传折页、宣传单4万余份，现场接受咨询4千余人次。年内，淮安市烟草专卖局（公司）被省委宣传部、省法宣办、省司法厅联合表彰为全省"七五"普法中期先进集体。

【文明吸烟环境建设】 2019年，淮安市烟草专卖局（公司）加快推进文明吸烟环境建设，累计在全市范围建成吸烟点726个、吸烟亭29个、吸烟区49个、吸烟室1个，初步实现"烟头不落地，城市更美丽"，引导文明吸烟行为，提升城市文明形象。

【零售客户诚信互助小组】 2019年，淮安市推进卷烟营销市场化改革，全市建成卷烟零售客户诚信互助小组1531个，客户覆盖率98.37%。小组由烟草部门引导、卷烟零售户自愿加入，形成终端客户之间"互信、互助、共生、共赢"管理机制，提高卷烟经营盈利水平，稳定卷烟市场价格。至年底，全市零售客户毛利率13.57%，较2018年增长5.07个百分点，高于全省平均水平，客户服务满意度全省第一。　（靳　沛）

石油销售

【中石化淮安石油分公司】 2019年，中石化淮安分公司坚持以安全为第一责任，以发展为第一要务，以建设现代一流的综合服务商为目标，履行国企政治、经济和社会"三大责任"，企业实现安全平稳运行。年内，油气销售近60万吨、非油品销售额超4亿元，实现销售收入40.36亿元，上缴税收近3000万元。

综合服务　优化资源配置，完善节假日及农忙等重要时段的油品保供应急预案，完善管道齐湖油库设备设施，强化加油站进销调存管理，保障淮安区域成品油市场供应。创新服务营销，按照"有微笑、有问候、有推介、有道别、无投诉"要求，深化零售管理服务提升年活动，提升加油站窗口服务，加快全区加油站汽服项目建设，推动洗车业务提档升级；深化电子消费多元化应用，实现微信支付全覆盖，推进支付宝、移动POS等多种支付方式，满足消费者服务需求。推进加油站星级管理计划，打造一批"站长水平高，员工服务好、气质形象佳、油站形象好、功能设施全"的样板站。履行国企社会责任，在多个加油站设置供环卫工人歇脚喝茶的环卫驿站。在农忙时期实施"三优一免"惠三农，为农户办理柴油农机双优卡，开展优惠送油服务。

绿色发展　持续坚持绿色低碳发展战略，推进绿色企业创建，打造开放透明企业形象。贯彻落实省委、省政府关于水污染防治工作部署，完成160余座加油站防渗改造，在卸油区设置双层油罐、在加油区设置防渗槽、在靠近市政污水井等高环境风险区域设置环保沟。加强库站油气回收设备运营管理，投入专项资金用于成品油质量升级，在全省率先完成"国六"油品升级供应。举办公众开放日活动，带领社会公众探秘智慧能源，了解石油企业生产经营、产品质量和绿色环保举措，促进石油行业持续健康发展。

安全防控　围绕年度"六个为

中石化淮安石油分公司举行消防演练　　丁文怡　供图

零”HSSE目标，吸取系统内外事故教训，抓实抓细安全环保质量工作，实现全年安全平稳运行。强化风险防控和隐患治理，组织各级责任主体进行风险排查，形成年度安全十大风险清单。严抓施工安全，强化典型事故案例学习，落实“十必须”“十严禁”及防渗改造施工工地18项硬措施。实施高频率、常态化多级安全检查监督，对土建、工艺、装饰和监理单位进行积分排名、定级分档。强化应急演练，与政府消防、应急、公安等部门联合开展消防灭火演练5次、机关大楼防恐演练1次，累计参与人员约1300人次。强化“两特两重”时期安全监管，组织干部带班值班8次，中层干部带班100余人次，24小时值班160余天；针对防渗改造，组织人员周末视频值班，确保特殊作业安全。

（张　悦　丁文怡）

【中石油淮安分公司】 2019年，中石油淮安分公司贯彻落实江苏公司决策部署和工作安排，扎实推进各项工作，实现企业可持续发展。

油品经营　公司围绕“引客、留住、裂变”经营思路，落实纯枪汽油上量工作。通过重点站周末促销带动量效齐增，东偏泓、华源两座站平时日均销量8吨，周末汽油优惠促销时达到25吨，实现量效齐增，形成品牌效应。邮政加油站日均汽油销量曾保持在20吨以上；主动对接客户，提升汽油销量，与网约共享汽车运营商合作，为300多台共享汽车提供加油服务。淮涟路、盱马路等站通过“亮化”打造，夜间销量上升明显。施河、梁岔和常沟等乡镇站利用闲置土地种植瓜果蔬菜、养殖鸡鸭，加油的客户免费采摘蔬菜，办卡充值赠送草鸡蛋，加深客户联系，促进汽油增量。

非油业务　强化门店打造，增强店销能力，促进非油业务良性发展。增强加油站店销能力，对全年指标进行分解、落实到基层加油站，强化督促、评比和鼓励机制，促进业绩提升；加强便利店形象打造，加大对黄码、星光、东方大道等7座加油站门店打造投入，提升形象，促进非油销售；内外兼顾，拓宽非油销售渠道，以中秋、春节等节日为载体，组织开展员工内购节活动，员工节日内购商品30多万元。黄码站员工将水果、油米卖到市区10多家企业和酒店，有效激活非油业务。

安全生产　强化隐患整改，夯实安全管理工作基础。加大隐患排查整改力度，特别是对江苏公司QHSE体系审核中检查出来的设备、设施隐患问题进行系统整改，确保加油站安全风险全面受控；强化施工现场安全监管，建设施工3座新站、防渗改造19座站。强化现场安全监管，利用视频监控“千里眼”，实现现场违章精准监督、整治，确保施工项目风险全面受控。加强加油站QHSE标准化建设，突出管理标准化、设备标准化和操作标准化，对镇南、交通等10座站进行QHSE标准化创建，完成加油站硬件达标改造和软件创建工作，实现加油站QHSE标准化建设全面达标。

网络开发　积极开发网络新项目，密切关注加油站网络布点以及地块上市信息，及时获取新站布点规划信息，加快投运站项目建设。对城东、三桥和金北3座新建站明确专人负责，落实时间进度表，边施工建设边组织消防、安全和环保验收，完善各种经营手续，年底前顺利建成投运；加快关停站“复运”，在淮安市快速高架建设期间，公司结合防渗改造，对延安西路和城郊站、清河站进行罩棚、场地改造，与快速路建设指挥部协调，提前开通加油站门前道路，为关停站提前“复运”创造条件，减少经营损失；提前谋划租赁期临近加油站续租谈判，提前与邮政等租赁站业主沟通，确保项目到期后继续租赁经营。

（董青春）

电子商务

【概况】 2019年，淮安市落实“互联网+”战略，推动电子商务与实体经济全面深度融合，电子商务在经济社会发展中的作用进一步增强。出台《淮安市全面加强电子商务领域诚信建设的实施意见》，全市电子商务产业呈现出持续健康快速发展良好态势。电子商务交易额780亿元，比上年增长20%。其中，网络零售额近200亿元，增长23%；农产品网络交易额38亿元，增长26%。加快电商平台载体建设，全市电商产业园（基地）入驻企业近600家，淮安电子商务现代物流园创成首批省级电子商务与快递物流协同发展示范基地，新创成8个省级电商示范企业、8个省级电商示范村。至年底，全市有经营性网站3304家、网店13122家。

（市商务局）

【电商经营主体】 2019年，淮安市推动工业企业、外贸企业、社区商业等传统企业通过自建网站、借助第三方电商平台和营销平台等线上推广销售产品。全市在阿里巴巴、中国制造、慧聪网等B2B电商平台注册并开展业

洪泽电子商务产业园　　市商务局网站

务的企业有8000余家，规模以上工业企业应用电子商务率达80%以上，8家企业获批省级电子商务示范企业，其中康尔馨、寒舟乐器、威特日用品等企业年网络零售额超亿元。全市入驻阿里巴巴国际站、亚马逊、eBay等平台从事跨境电商的企业达280家，年交易额超2亿美元。提升社区电子商务应用水平，社区商业线上线下融合发展。

【电商服务】 2019年，淮安市组织电商产业园围绕电商产业链到南京、连云港等地开展电商平台、电商运营、电商服务、电商物流企业专题招商，突出开展以现代仓储物流为重点的电商物流招商。淮安电子商务现代物流园成功引进天马电商产业园项目，年底开工建设，主要为园区内企业提供智能仓储、电商运营和供应链建设等服务。涟水电商产业园引进威航人力资源公司、云速心诚网络科技公司等服务机构，为园区内企业提供人才招引、运营指导等相关服务。淮安软件园、洪泽电商产业园等5家园区创成省级电子商务示范基地，建立培训孵化、创客中心等公共服务平台，入驻电商产业园（基地）的电商平台企业、服务企业、专业网商和传统企业电商公司等近600家，初步形成集聚效应。推动与阿里巴巴集团、谷歌、苏宁云商、腾讯等知名电商平台签署战略合作协议。淘宝、京东等平台在淮安市建成近700个电商服务站点，为村民提供费用代缴、票务代售、代买代卖等服务。阿里巴巴国际站、百度、今日头条等平台区域运营中心落户淮安，为淮安企业实现互联网营销提供保障。

【电商+物流】 2019年，淮安市组织园区、企业参加全市电子商务与快递物流企业座谈会，对园区及企业提出的建议逐一对接并协调解决。年内，邀请省商务厅领导到淮安指导工作，积极争创省级电子商务与快递物流协同发展示范单位，并出台资金政策支持示范创建。淮安电子商务现代物流园成为苏北唯一、全省少有的高集聚度、高分拨等级的快递物流园区，区内快递企业日均发件量超170万件，全年转运票件量超6亿件。研究制定《关于推进电子商务与快递物流协同发展的实施意见》，推动电子商务园区引入知名电商企业、电商专业服务商、品牌快递企业、冷链物流服务商等，促进电子商务物流综合服务一体化建设。

【农村电商】 2019年，淮安市大力发展农产品网络营销，梳理有一定规模和品牌的农产品生产、加工企业及特色农产品，建立特色农产品企业数据库，推动52家企业成立淮安品牌农产品产业联合会，指导企业与电商、同城配送企业等成立集产、供、销、休闲（采摘、农家乐、乡村游等）、品牌服务、电子商务为一体的淮安市品牌农产品产业联合会，推动农产品企业整合资源、抱团发展。至年底，联合会有成员企业近60家，联合成立淮安市礼遇淮味现代农业开发有限公司，注册“礼遇淮味”商标，并通过淘宝店铺、微信小程序“礼遇淮味”、微信公众号“礼遇淮味联合社”等线上销售赵集粉丝、浦楼酱醋、钦工肉圆、红心火龙果等近80款农特产品，通过短视频、直播、朋友圈等形式宣传推广特色农产品。年内，省级电子商务切块资金政策、市级商务引导资金政策出台，明确将农产品电商馆建设、农产品品牌化、标准化建设，农村电商示范创建，农产品电商企业做大做强纳入支持范围，并通过局网站、企业宣讲等方式宣传政策，引导鼓励电商及服务企业开展相关工作。推动县（区）、电商企业、产业园等开展农村电商培训40场，培训2000余人次。举办2场农村电商培训，农特产品生产企业、供应链企业、网商、微商近400人参训。淮安品牌农产品产业联合会实现销售收入400余万元，其中网络零售额近100万元，有意向订单近4000万元。全市新创成省级电子商务示范村9个，累计创成省级示范镇12个、省级示范村34个、乡镇特色产业园（街）区5个。（市商务局网站）

【德邦电商智慧产业园项目落户】 2019年12月，德邦电商智慧产业园项目正式落户淮安，项目由市商务局、市外资招商服务中心牵头引进，为上海德邦集团上市后在江苏省投资的首个项目。德邦电商智慧产业园项目占地8.93公顷，固定资产投资5亿元，亩均税收15万元，项目将建设“一总部、五中心”（苏北总部、智能研发中心、智能分拣中心、智能仓储供应链管理中心、企业管理培训中心、金融服务结算中心），主要覆盖苏北、苏中、皖北、鲁南市场。德邦进驻弥补了淮安区大件物流企业空白，大大提升淮安区电商产业园在全国的地位。（市外资招商服务中心）

物　流

【概况】 2019年，淮安市有国家A级物流企业29家，其中AAAA级10家、

AAA级19家，淮通物流园，淮安电子商务现代物流园为省级现代服务业集聚区。年内，淮安市深化物流业规划总体发展目标，加快推进淮安空港物流园区、保税物流园区、电子商务现代物流园、粮食物流中心等重点物流结点建设，推进全市物流空间布局优化、整合提升，完善物流园区基础设施建设，搭建园区物流公共信息平台，引进和培养国内外现代物流企业，实施一批带动作用大、社会经济效益好的重点物流项目。

【空间布局体系】 淮安物流发展总体框架体系是"三枢纽、六体系、一龙头、九园区、九中心、多结点"。"三枢纽"，即航空货运枢纽、商贸物流枢纽、物流转运枢纽。"六体系"，为航空物流体系、多式联运体系、智慧物流体系、电商物流体系、商贸物流体系、保税物流体系。"一龙头"，淮安空港物流园。"九园区"，是淮安现代综合物流园、淮安保税物流园区、淮安电子商务现代物流园、淮安生态物流园、淮安新港物流园、淮安季桥物流园、淮安黄码港物流园、淮安金湖港物流园、淮安盱眙物流园。"九中心"，包括淮安盐化工物流中心、淮安粮食物流中心、淮安农副产品物流中心、淮安顺丰电商快递物流中心、淮安头溪河物流中心、马坝物流中心、洪泽物流中心、涟水物流中心、金湖物流中心。"多结点"，指多个配送中心。

【重要项目建设】 2019年，淮安市围绕加快推进淮安空港物流园区、保税物流园区、电子商务现代物流园、粮食物流中心等重点物流结点建设的物流业规划总体发展目标，开工打造利群物流建设项目、富春控股网营物联建设项目等多项工程。利群物流建设项目占地约18万平方米，2019年开工建设，计划2021年竣工投运，规划总建筑面积20万平方米，主要建设供应链交易及综合服务、物流仓储及配送、冷链及生鲜加工、生活服务四大功能区。收购外婆家食品有限公司，改建冷库，占地约6万平方米；在华西路南侧新建物流仓库、电商仓库等，占地约12公顷。富春控股网营物联建设项目占地11.4万平方米，总建筑面积12万平方米，主要规划建设供应链服务功能区、冷链物流服务功能区、线下展销功能区、电商办公与数据服务中心、生活辅助功能区等五大功能区。项目建设集约高效的多层立体高标准物业设施，集成国内领先智能技术与装备，成为淮安地区供应链物业设施的标杆。

【邮政快递业】 2019年，淮安市完成邮政业务总量45.73亿元，增长29.61%，业务收入完成24.71亿元，增长13.38%，其中全市规模以上快递企业业务量完成18154.14万件，增长20.28%；业务收入完成16.14亿元，增长10.32%。快递业务收入占行业总收入的比重达到65.32%，比上年降低1.82个百分点。年内，同城快递业务量完成2781.56万件，下降3.38%，实现业务收入2.01亿元，下降28.39%；异地快递业务量完成15341.35万件，增长26.36%，实现业务收入8.66亿元，增长8.65%；国际及港澳台快递业务量完成31.23万件，下降57.6%，实现业务收入0.66亿元，上升18.52%。同城、异地、国际及港澳台快递业务量占全部比例分别为15.32%、84.51%和0.17%，业务收入占全部比例分别为12.42%、53.63%和4.07%。邮政函件业务量完成154.62万件，增长20.26%；包裹业务量完成2.06万件，下降11.21%；全年订销报纸业务完成8710.02万份，上升3.41%；全年订销杂志业务完成210.81万份，下降17.35%；全年汇兑业务完成5.92万笔，下降41.33%。

行业升级 2019年，淮安市推动出台《电子商务与快递物流协同发展实施方案》。召开专题调研座谈会，拟定实施方案。建立寄递物流信用体系，推进寄递领域个人信用记录建设。打造淮河生态经济带航空货运枢纽，对接中通、速尔等品牌总部协调推进航空快递业务发展。7月，龙浩航空开通淮安至西安全货机航班。召开高铁物流基地研究座谈会，引导促进高铁快递发展。推进邮件快件包装废弃物回收装置设置，在全市范围内投放邮件快件包装废弃物回收装置491个，城区邮政快递服务营业网点设置率突破90%。督促企业强化电子面单与循环中转袋规范使用，主要品牌企业电子面单使用率超过98%，在淮安主要转运处理中心循环中转袋使用率达85%。

行业管理 市邮政业安全发展中心正式获批成立。组织安全管理培训，宣传贯彻《邮件快件实名收寄管理办法》《快递业务经营许可管理办法》等法律法规。落实邮政业减税降费政策，对邮政、快递企业涉及的税种、税率等进行政策解读。开展全市邮件快件寄递安全整治"清风·2019"专项行动，全年开展监督检查655次，纠正和查处违法违规行为88次，作出行政处罚50次，共处罚金31.1万元；公布执法检查结果、约谈告诫、行政处罚等信息100余条；备案末端网点713个；对51处邮政快递营业场所、17个邮政报刊亭开展"扫黄打非"监督检查；对淮阴区邮政、百世、韵达等3家企业就违规收寄盗版侵权图书等问题进行集中约谈。淮阴区试点寄递安全网格化管理工作，搭建公安与快递企业管理平台；开展各类消防和防范危险化学品综合应急演练3次，近300人次参加演练。启动实名收寄专项行动，全年作出虚假实名类行政处罚22起，处罚金额15万元。印发《淮安市邮政管理局2019年邮政机要通信监督管理工作方案》，召开机要安全专题联席会3次，开展《邮政机要通信保密管理规定》专题培训。开展3次督导检查，检查营业处理场所16次，发现安全隐患20处，印发检查通报2份，下达整改通知书5份。

快递末端建设 淮安市印发《关于加强全市邮政快递专用电动三轮车管理的通知》，举行邮政快递专用电动三轮车规范管理启动仪式。至年底，对全市2802辆邮政（快递）专用电动三轮车实行"三统一"（统一标识、统一车型、统一管理）。推进智能信报箱、智能快件箱建设，全市投入使用智能快件箱1495组，格口数11.4万个。有各种形式的快递末端公共服务平台65个，以菜鸟驿站形式运营快递末端服务站（网点）近300个。推进"交邮""交快"合作，引导寄递企业与乡镇公交运营企业合作，探索利用农村客运班车代运邮件快件，在洪泽区蒋坝镇、淮阴区淮高镇、马头镇试点运行，提升农村末端寄递服务效

2019年11月，淮安市举办第四届交通无物流发展论坛
市现代物流学会　供图

率。推进快递末端服务标准化网点示范点建设，在省创建标准基础上结合放心消费、文明城市创建等工作，进一步明确直营网点企业标识、服务承诺公示、营业场所分区、安全设备设施配置、员工着装与诚信服务等六方面规范标准，计划打造5个快递末端服务“标杆网点”。开展快递末端服务违规收费清理整顿专项行动，共开展专项检查3次，检查网点89个，未发现违规收费行为。

产业融合　推动邮政企业打造红色旅游、有机绿色、生态3个领域的8个共建基地，涉及农产品包括香淮浦香稻米、刘老庄蓝莓、朱码葡萄等，基地面积超过160公顷。全年实现“盱眙龙虾”业务量24.47万件，业务收入961万元，带动农业产值2930万元；实现“洪泽湖大闸蟹”业务量29.02万件，业务收入1155万元，带动农业产值3120万元。探索邮政、快递、交通、电商融合发展的综合服务平台建设。至年底，淮安市建成邮政警邮网点44个，代办公安交管业务133笔；有税邮共建网点14个，累计代征税款2469万元。　（市邮政管理局）

【淮安市现代物流学会】　2019年，淮安市现代物流学会深入调研淮安市物流行业发展情况，与市工信局、市政协经科委、市发展改革委等多家政府部门及高校联合举办智慧物流发展研讨会、淮河生态经济带与物流发展专题学术研讨会等多场活动。年内，组织撰写《发展新型合作金融，助力乡村经济振兴》《关于抢抓淮河生态经济带战略机遇推动淮安港口发展的建议》《关于加快航空货运枢纽建设培育淮安经济发展新动能》《借助淮河生态经济带战略推动淮安物流高质量发展》等调研报告。牵头组织撰写《关于加快我省航空货运枢纽建设的建议》，经民建江苏省委报送，成为全省唯一由民主党派提出并获省委书记娄勤俭督办的重点提案。

9月28日，淮安市举行物流产业商会成立大会，选举产生商会第一届领导班子，江苏澳翔物流有限公司董事长许伯栋当选商会首任会长，会员单位代表200余人参加会议。11月8日，“淮安市第四届交通与物流发展论坛”在市文化馆会场举行，市内外交通物流界代表400余人参加论坛。

【《淮安市现代物流业发展规划（2019—2025年）》】　12月，市政府八届第47次常务会议审议通过《淮安市现代物流业发展规划（2019—2025年）》，并正式批复实施。规划根据淮安现代物流业新的发展趋向和条件，在原有《淮安市物流业及物流园区发展规划（2015—2025年）》基础上组织编制，贯彻落实中央和省委、省政府关于推进高质量发展的要求及省委书记娄勤俭提出的“淮安可以建设东部沿海航空货运机场”要求，策应长江经济带、长三角区域一体化和“一区两带”等重大战略实施，旨在发挥淮安市综合交通优势和产业优势。
（淮安市现代物流学会）

【淮安电子商务现代物流园】　淮安电子商务现代物流园成立于2012年，位于淮安区，是以快递（快运）物流、电子商务、现代仓储（供应链）为主导产业的现代服务业园区，是国家级和省级电子商务示范基地、苏北快递产业园区、省重点物流基地、省级现代服务业集聚区。至2019年，圆通速递、中通速递、韵达快递、申通快递、天天快递等6家全国知名快递企业区域分拨中心和德邦快递、宅急送、百世汇通等快递公司落户园区。园区快递企业日均发件量300万件，全年转运票件量近10亿件。围绕快递（快运）分拨上下游产业，不断补链强链，发展电子商务和现代仓储业。集聚包括康乃馨、威特、寒舟等淮安市电商网络销售额前三名在内的约百家电商企业在园区注册运营，菜鸟、百世、富春、利群等知名企业在园区建仓设仓。（淮安电子商务现代物流园网站）

【今世缘智能化包装物流项目】　10月18日，淮安市第二次重大产业项目集中开工活动暨今世缘智能化包装物流项目开工仪式在今世缘酒业南厂区举行。今世缘智能化包装物流项目占地29.2万平方米，总建筑面积31万平方米。备案投资金额30亿元，投产后年包装成品酒16万吨。项目包括2个智能化包装中心厂房、4个自动化成品酒立体仓库、2个自动化包材库、1个10万吨不锈钢罐酒库、1个个性化体验中心等。4栋自动化成品酒立体库建筑于2019年10月底开工建设，至年底完成4栋库桩基工程。
（薛余超　秦守芹）

金　融

综　述

【概况】　2019年，淮安市金融机构本外币存款4137.49亿，比上年增长

2019年，江苏银行淮安分行举办百户产业扶贫潜力企业金融服务活动，图为启动仪式　　衡文涛　供图

12.53%，本外币贷款3861.8亿元，比上年增长16.58%。金融增加值224.37亿元，比上年增长0.3%；银行业机构不良贷款余额42亿元，比年初下降5.19亿元，不良贷款率1.09%，比年初下降0.02个百分点。全年实现保费收入93.36亿元，与上年基本持平。全市35家小贷公司贷款余额21.6亿元。（倪　力）

【金融监管】 2019年，淮安市出台证券（期货）业、保险业重大事项报告制度，实现金融业重大事项报告全覆盖。做好扫黑除恶和打击非法集资等工作，协助执法机关查询涉黑恶案件89起、非法集资案件9起，协助破案6起。组织对2家金融机构开展综合执法检查，对5家金融机构开展专项执法检查，查处外汇违规案件22起，涉及违规金额610.5万美元，实施行政处罚165万元。

【金融服务】 2019年，淮安市落实稳健货币政策，加大货币政策工具引导撬动和信贷“窗口指导”力度，强化重点领域金融服务。全年发放再贷款14亿元，办理再贴现15.55亿元，比上年分别增长24.44%和57.55%。创新实施民营和小微企业金融服务“立交工程”，牵头举办4次集中对接活动，推动25家银行机构与893家民营、小微企业达成225亿元融资授信协议。开展线上融资对接，联合市地方金融监管局促成33家金融机构、1.89万家企业上线注册江苏省综合金融服务平台，帮助1114家企业获批授信51.61亿元，在全省率先办理“小微e贴”再贴现业务。开展线下走访帮扶，组织全市银行机构走访民营和小微企业5325家，解决1001家企业的融资问题，发布淮安市首批“百家诚信示范企业”名录，帮助解决诚信企业融资需求3.99亿元。推进金融精准扶贫，年内发放扶贫再贷款金额居全省第一，占全省比重48%，比上年增长62%。

【金融基础设施建设】 2019年，淮安市推动人民银行直接办理财政直接支付业务，建立小微企业退税退库绿色通道，强化国库经理职能。推进建设全市首家乡镇代理征信查询点，提高征信服务便捷性。建立淮安市金融消费纠纷人民调解委员会，开展“金融知识邮路宣传”暨金融宣传乡村行文艺巡演活动，保护金融消费权益。推进发行库智能化管理试点，试点成果领先全国。推进农村金融综合服务站提质增效和移动支付便民示范工程建设，推动2个县（区）农村普惠金融服务点与地方政府实施共建。在全省率先实现城市公交云闪付、银联IC卡和手机闪付功能同步上线，实现农村公交移动支付区域全覆盖。

【服务实体经济】 2019年，淮安市优化综合金融服务平台功能，全年平台企业用户注册数22744家，接入金融机构42家，上线特色金融产品144个，解决企业融资需求58.74亿元，疏解中小微企业“融资难、融资贵”问题。完善制造业信贷投放月度监测通报机制。发行银行间市场债务融资工具195.4亿元，比上年增加26亿元；制造业、涉农、民营企业类、小微企业（普惠口径）贷款，较年初分别增长5.88%、16.91%、10.71%、18.52%，其中单户授信1000万元以下小微企业贷款比年初增长26.47%，高于各项贷款增速9.89个百分点；12月企业贷款加权平均利率同比下降3.75个基点，其中小型企业贷款当月加权平均利率同比下降13.14个基点。

【“放管服”改革】 2019年，淮安市全面取消企业银行账户许可，上线运行“江苏省政银易企通”系统，企业开户业务办理时间平均降至80分钟左右。在苏北率先推出进口报关信息核验“白名单”制度和跨境人民币优质可信企业便利化试点，启动外汇管理行政许可事项网上受理，外汇服务水平大幅提升。（市人行）

2019年淮安市金融机构分区域本外币存贷款余额表

表19

辖区名称	各项存款（亿元）	比年初（%）	各项贷款（亿元）	比年初（%）	存贷比
淮安市	4137.49	459.74	3861.8	542.52	93.34
市辖区	2719.45	354.24	2707.2	395.08	99.55
洪泽区	256.83	15.01	216.82	22.83	84.42
涟水县	445.45	50.67	299.24	42.02	67.18
盱眙县	423.72	30.82	378.41	58.61	89.31
金湖县	292.04	9.00	260.12	23.98	89.07

2019年淮安市地方金融业务统计表

表20

机构名称	各项存款(亿元)	比年初(%)	各项贷款(亿元)	比年初(%)	存贷比
地方金融机构	843.92	58.68	639.34	52.23	75.76
其中:淮安农商行	352.08	25.13	264.87	23.25	75.23
金湖农商行	98.65	5.66	71.93	−1.09	72.91
盱眙农商行	195.41	14.95	152.06	17.04	77.82
涟水农商行	114.05	12.89	85.82	6.97	75.25
洪泽农商行	83.73	0.05	64.66	6.06	77.22

2019年底淮安市上市企业市值情况表

表21

企业名称	股份(万股)	市值(万元)
今世缘	125450	3786081
井神股份	77573	536029
顺泰控股	243414	30329
中国宇天	81000	停牌中
金象传动	10000	3200
永创医药	3000	8100
海拜科技	5160	10836
世昌股份	2692	3392
正济药业	5900	54280
昇和新材	3166	3514
祥豪实业	1035	1035
华洪新材	930	1860
山河生态	10540	10540
威博液压	3900	8580
洪泽生物	500	500
恒信诺金	4056	18940
博图凹土	1000	2090
建纬检测	1060	2565
华晨股份	5001	5001
总计	585377	4486872

(倪　力)

社会融资

【企业上市】 2019年,柴米河农业、政轩石油2家企业挂牌新三板;安特华钢圈挂牌江苏股交中心价值板;金卫机械等18家企业挂牌农业板。共创草坪IPO材料报中国证监会待审,万香科技等3家企业报江苏证监局辅导,全市累计43家股份公司登陆多层次资本市场。苏盐井神再融资22亿元,万香科技、纽泰格等后备企业完成股权融资5.21亿元,合计新增股权融资超27亿元。

【融资担保】 2019年,淮安市有融资担保公司22家,法人机构19家,注册资本48.84亿元。其中,国有全资(控股)担保公司16家,国有资本47.44亿元。全市新增担保贷款73.08亿元,在保余额70.8亿元,在保户数1334家,其中小微企业担保50.85亿元,涉农担保7.3亿元。

【典当】 2019年,淮安市有经审核批准并进入全国典当行业监督管理信息系统的典当行26家。至年末,申报财务报表22家。22家已申报典当企业实收资本5.135亿元,典当总额9.56亿元,增长32.14%,其中动产典当总额1.15亿元,房地产6.19亿元,财产权利2.23亿元;利息收入3057.3万元,其中房地产利息2051.5万元,上缴税金190.4万元,税后利润722.26万元。22家企业资产总计5.86亿元,增长8%;主营业务收入3332.11万元,增长88.97%,主营业务利润976.07万元,减少42.84%。

【小额贷款】 2019年,淮安市有小贷公司35家(含分公司1家),净资产23.3亿元,贷款余额21.6亿元。其中,农村小额贷款公司25家,贷款余额11.8亿元,贷款户数1600家;科技小额贷款公司10家(含分公司1家),贷款余额9.8亿元,贷款户数390户。年内1家农村小额贷款公司和1家科技小额贷款公司开业,2家科技小额贷款公司获批筹建。至年末,有2家小贷公司在江苏股权交易中心价值板挂牌。 (倪　力)

【淮安国联集团】 淮安市国有联合投资发展集团有限公司是以淮安市城市资产经营有限公司为核心子公司,整合市属各类企业于2013年3月组建而成。集团功能定位为苏北重要中心城市"融资主通道、投资主平、建设主力军",发展目标为综合服务型城市运营商。集团注册资本307亿元,总资产1200亿元,净资产553亿元,资信评级拥有两个AA+,苏北唯一。国联集团和城市资产公司实行"一套班子、两块牌子",设置10个职能部门,下有金融中心、保安公司等10多个子公司。主要经营范围包括城市资产运营、城建重大项目建设、土地整理、棚户区改造、房地产开发、产业投资、类金融、科技开发服务、园林绿化、物业管理、安保服务、酒店运营、城市停车场、户外广告等。集团承担总投资150亿元的金融中心项目、总投资87亿元的河西公园社区等重大项目。

2019年淮安市融资担保公司区域分布表

表22

所属县区	注册资本(万元)	担保贷款(万元)	公司数量(家)
市直	232320	353598.0	4
淮安区	50000	69735.0	3
开发区	30000	127005.8	1
淮阴区	15000	21290.5	2
清江浦区	65016	34842.5	5
洪泽区	22000	7136.3	2
涟水县	24000	46407.9	2
盱眙县	10100	13292.0	1
金湖县	20008	54151.1	1
工业园区	20000	3380.0	1

2019年淮安市小额贷款公司区域分布表

表23

所属县区	实收资本(亿元)	贷款余额(亿元)	公司数量(家)
经济技术开发区	2.10	1.17	5
清江浦区	8.73	10.09	9
淮安区	1.37	1.22	5
淮阴区	2.53	3.81	4
洪泽区	0.30	0.11	1
涟水县	0.90	0.67	3
盱眙县	1.86	0.65	4
金湖县	1.30	1.81	3
苏淮高新区	2.00	2.08	1
合计	21.09	21.61	35

(倪 力)

2019年，集团实施工程项目23项，总投资450亿元，当年计划投资86.4亿元，实际完成投资113亿元。年内，集团营业收入超30亿元，利润5.3亿元，经营性现金流8亿元，主要指标保持在合理区间。全年到位资金192.28亿元，融资产品实现发展改革委、交易所、交易商协会和北金所通道全覆盖，合作银行40家，融资综合成本6.04%，成本控制水平持续保持全市大幅领先、全国城投行业先进；全年新增获批授信257.72亿元，储备授信116.23亿元，提款与授信的力度、速度均创历史新高。

金融中心项目西地块获全市首个二星级绿色建筑设计标识，幕墙工程获“扬子杯”省优质工程奖。内环高架一期工程全线通车，集团全年完成投资48.51亿元，累计完成投资109.12亿元。国联商务中心、国联医疗卫生服务中心、国联生物工程学校和市老年大学等一批自建和代建项目均顺利进行。国联淮安区万达广场作为国联集团重点投资打造的商业项目，开业首日客流量突破30万人次，当日销售突破2000万元。集团与融创中国深度合作的高端商住综合体“融创广场”项目，首开房源全部售罄。国联河西公园社区基本完成项目地块房屋征收及民房拆迁工作，规划设计、工程施工、营销策划等工作全面开展。年内，国联基金管理有限公司在中国证券投资基金业协会成功备案，取得私募基金管理人牌照，首支私募基金产品发行备案，获市政府“江苏省大运河文化旅游发展基金(淮安)子基金管理人”正式批复。

(殷 翔)

【淮安市融资担保集团】 2019年，淮安市融资担保集团及各子公司营业收入5853万元，比上年增加2300万元，增长64.7%；担保业务发生额35.42亿元，增加14.74亿元，增长71.28%；占全市担保总额一半以上；服务中小微企业267户次，增加86户次，增幅32.21%；新增项目104个，金额15.11亿元，占比42.66%；再担保业务(县区)业务发生额0.86亿元，年度完成率172.6%。科技小贷业务发生额2.08亿元，增加1.32亿元，增长率173.68%。典当业务发生额0.81亿元，增加0.12亿元，增长率17.39%。年内，融担转贷成立，9—12月完成转贷业务3.12亿元。集团信用等级AA级，位列全省担保行业第一，为市担保行业协会会长单位和省信用担保协会副会长单位。

年内，对控股二级子公司银融科贷进行增资扩股升级；设立转贷公司，为中小微企业提供融资转贷服务；与市工商联等部门签订战略合作协议，打通获客渠道，建立储备企业库；与市内外近30家银行等金融机构建立战略合作关系；深化与县(区)政府合作，与洪泽、金湖、盱眙、淮安区、淮阴区等县(区)进行战略合作，推动成立县区分公司。服务支小、支农、支民，为有产品、有市场、有税收、有就业、符合国家产业政策、发展前景良好、有科技含量的制造业以及“三农”、高新技术产业等中小微企业提供“一企一策”融资担保服务。

(公司办)

银行业

【概况】 2019年，淮安市有银行业机构37家，当年新引进1家，即浙商银行淮安分行。至年末，全市本外币各项存贷款余额分别为4137.49亿元、3861.8亿元，较年初增加459.74亿元、542.52亿元。银行业金融机构本外币存、贷款同比增速分列全省第一名、第六名。实现净利润80.68亿元，同比增加14.07亿元，银行业机构总体运行平稳，备付能力正常。

【存贷款】 2019年，淮安市国有大型银行本外币各项存款余额1373.97亿元，较年初增长118.46亿元，增长9.51%；政策性银行（农发行）存款余额98.52亿元，较年初下降3.33亿元，减少3.27%；其他商业银行（股份制银行、城市商业银行、邮政储蓄银行）存款余额1556.57亿元，较年初增长215.93亿元，增长16.11%；农村中小金融机构存款余额为1015.73亿元，较年初增长75.94亿元，增长8.08%。其中农行存款余额为433.81亿元，占10.48%，总量位列全市第一。

年内，全市国有大型银行各项贷款余额1299.85亿元，较年初增长155.46亿元，增长14.25%；政策性银行（农发行）贷款余额308.96亿元，较年初增长40.9亿元，增长15.26%；其他商业银行贷款余额1407.77亿元，较年初增长250.06亿元，增长27.04%；农村中小金融机构贷款余额845.22亿元，较年初增长96.09亿元，增长12.83%。其中，农行贷款余额373.23亿元，占9.66%，总量位居全市第一。年内，全市银行业机构存贷比93.34%，较年初上升3.25%。国有大型银行中行存贷比居首，为101.8%；其他商业银行中存贷比兴业银行最高，为169.35%；农村中小金融机构存贷比超100%的有11家。

【信贷资金投向】 2019年，淮安市涉农贷款余额1387.74亿元，较年初增加200.32亿元，增长16.87%；制造业贷款余额275.78亿元，较年初上升13.75亿元，增幅5.25%；民营企业贷款余额746.37亿元，较年初增加87.79亿元，增长13.33%；房地产开发贷款（不含个人住房按揭）余额330.52亿元，较年初增加79.64亿元，增长31.74%；个人贷款余额（包括个人经营和个人消费）1725.38亿元，较年初增加237.06亿元，增长16.45%；中小企业（包括中型、小微型企业及个体工商户、小微企业主）贷款余额1770.38亿元，较年初增加260.95亿元，增长17.25%。

【存贷款资金分布】 2019年，淮安市辖区本外币和人民币存款余额为2719.45亿元和2686.88亿元，增长14.98%和15.21%，分别占全市本外币和人民币存款余额的65.73%和65.58%；县（区）本外币和人民币存款余额为1418.04亿元和1410.17亿元，增长8.04%和7.98%，分别占全市的34.27%和34.42%。年内，市辖区本外币和人民币贷款余额为2707.2亿元和2699.29亿元，增长17.09%和17.54%，分别占全市本外币和人民币贷款余额的70.1%、70%；县（区）本外币和人民币贷款余额为1154.6亿元、1154.48亿元，增长14.64%和14.64%，分别占全市的30.9%和30%。

（倪　力）

2019年淮安市银行业贷款增量情况统计表

表24

单位名称	贷款		单位名称	贷款	
	新增（亿元）	淮安行在省行占比（%）		增速（%）	在全省排名
农业发展银行	40.9	11.08	农业发展银行	15.26	5
工商银行	31.88	2.69	工商银行	13.24	1
农业银行	48.24	4.38	农业银行	14.85	7
中国银行	39.36	2.47	中国银行	12.88	12
建设银行	35.97	3.26	建设银行	13.18	3
交通银行	2.30	1.19	交通银行	4.37	7
江苏银行	63.52	4.15	江苏银行	21.20	3
苏州银行	1.46	0.61	苏州银行	2.18	11
南京银行	11.59	1.81	南京银行	29.22	6
上海浦发银行	13.88	2.28	上海浦发银行	10.13	12
民生银行	22.80	3.26	民生银行	20.13	10
广发银行	30.61	15.96	广发银行	50.19	4
华夏银行	4.27	1.72	华夏银行	6.90	12
兴业银行	36.89	5.37	兴业银行	26.53	4
中信银行	31.9	6.08	中信银行	138.5	1
邮储银行	30.84	4.39	邮储银行	18.85	6
农商行	91.25	4.58	—	—	—
村镇银行	4.84	12.52	—	—	—

2019年淮安市银行业本外币存贷款余额表

表25

单位名称	各项存款（亿元）	比年初（%）	各项贷款（亿元）	比年初（%）	存贷比
农业发展银行	98.52	−3.33	308.96	40.9	313.6
工商银行	301.55	19.98	272.75	31.88	90.45
农业银行	417.57	36.24	373.23	48.24	89.38
中国银行	338.83	36.02	344.94	39.36	101.8
建设银行	316.02	26.22	308.92	35.97	97.75
交通银行	60.67	5.65	54.95	2.30	90.57

续表25

单位名称	各项存款（亿元）	比年初（%）	各项贷款（亿元）	比年初（%）	存贷比
华夏银行	67.93	15.56	66.20	4.27	97.45
浦发银行	145.85	27.09	150.87	13.88	103.44
民生银行	187.74	27.68	136.07	22.80	72.48
广发银行	63.62	10.04	91.62	30.61	144.01
兴业银行	103.87	10.38	175.90	36.89	169.35
中信银行	47.75	24.73	54.92	31.90	115.02
江苏银行	433.81	58.17	363.11	63.52	83.70
苏州银行	68.34	-2.36	68.38	1.46	100.06
南京银行	80.70	13.49	51.27	11.59	63.53
淮安农商行	352.08	25.13	264.87	23.25	75.23
金湖农商行	98.65	5.66	71.93	-1.09	72.91
盱眙农商行	195.41	14.95	152.06	17.04	77.82
涟水农商行	114.05	12.89	85.82	6.97	75.25
洪泽农商行	83.73	0.05	64.66	6.06	77.22
异地农商行	44.45	1.00	42.37	8.10	95.32
江南农商行	68.36	9.54	98.51	30.92	144.10
邮政储蓄银行	294.51	23.73	194.50	30.84	66.04
村镇银行	58.98	7.45	53.30	4.84	90.37
金融机构合计	4137.49	459.74	3861.80	542.52	93.34

【中国农业发展银行淮安市分行】 2019年，中国农业发展银行淮安市分行按照市乡村振兴规划要求，加大支农力度，全年投放各类贷款81亿元，年末贷款余额309亿元，较年初增加41亿元。其中，中长期贷款余额255亿元，全省系统位列第二；涉农贷款年末余额在全市银行业机构位列第一。年末存款余额、存款日均余额分别为103亿元、108亿元；实现账面利润5.1亿元，同比增加0.8亿元。年内，获评信贷管理一级行，分行主要负责人被农发行总行授予“五一劳动奖章”。

服务粮食安全　发挥收购资金供应主渠道作用，与粮食主管部门、中储粮直属企业建立联席会议制度，坚持早调研、早测算、早投放。至年末，分别投放夏、秋粮收购资金17亿元、11.7亿元，同比分别增加4.5亿元、2.5亿元，做到“钱等粮”，粮食市场化贷款投放量在全省系统位于前列，保障全市粮食收购工作，保护种粮农户的切身利益，提高农户种粮积极性。

支持城乡融合　服务地方乡村振兴等重点领域，累计投放中长期贷款48亿元，支持市县区棚户区改造、水利、生态环境保护等农业基础设施建设重点项目；对接落实新支持项目30个，达成合作意向金额110亿元，为全市融入长三角区域一体化发展提供金融支持，在民生方面发挥政策性金融作用。

创新转型　落实省分行与淮安市政府200亿元改善农民群众住房条件战略合作协议要求，推广“富民安居贷”信贷创新产品，做好与地方党政、相关职能部门、项目承贷企业“三个对接”，对接准入农房改善专项贷款103亿元，其中审批贷款60亿元，实现各县区“全覆盖”。扩大服务对象群体，与24个企业达成信贷服务意向，其中市级平台以上优质企业6个；将服务小微企业融入支持粮食全产业链发展环节，向13个小微企业客户投放信贷资金4760万元。

风险防控　加强合规意识管理，落实风险防范措施，年内无不良贷款情况。推进内控综合治理工作，落实风险防控“大排查、大处置、大提升”专项行动实施方案，整治市场乱象。强化反洗钱风险防范，加强客户身份识别，反洗钱工作被人行评为A级。专项调查分析信贷档案、粮食企业资产管理现状，完善征信信息安全管理制度，规范联合授信成员单位加入、退出管理要求，维护金融安全。

（李曙光）

【中国工商银行股份有限公司淮安分行】 2019年末，中国工商银行股份有限公司淮安分行本外币各项存款余

8月13日，工行淮安分行举办“工银普惠行”淮安专场活动　陆　伟　供图

额302.52亿元，新增20.05亿元，增幅7.1%；人民币各项存款余额295.59亿元，新增19.35亿元，增幅7%。本外币各项贷款余额266.58亿元，新增32.36亿元，增幅13.82%；人民币各项贷款余额265.84亿元，新增33.19亿元，增幅14.26%，增幅位列全省系统第一。实现中间业务收入2.77亿元，较上年增长14.2%；实现拨备前利润8.93亿元，较上年增长9.2%；实现净利润6.42亿元。

信贷投放　开展"工银普惠行""百行进万企"活动，普惠贷款银监口径净增5.32亿元，人行降准口径净增5.59亿元。提高服务实体经济适应性，民营企业贷款较年初增加6.38亿元，制造业贷款较年初增加4.77亿元。发放人民币各项贷款109.36亿元，同比增加投放27.78亿元，其中公司贷款72.58亿元，同比增加投放30.16亿元。年内，工行淮安分行获市"2019年度金融支持制造业发展突出贡献单位"称号。

存款业务　制定下发《淮安分行2019年代发工资业务发展指导意见》，全年组织职场营销活动180场次，开展农民工工资项目营销；拓展政府机构改革新市场，中标淮阴师范学院和淮安信息职业技术学院智慧校园项目；推进商品房托管系统，市本级、开发区、淮阴区、盱眙县商品房托管系统投产，全年营销专项债资金14.85亿元，归集土地拍卖交易保证金19.9亿元。年内，净增个人客户7.85万户，有全量个人客户165.3万户，对公客户数16264户，较年初增加2779户，新开对公结算账户4576户。

信贷资产　处置不良贷款15010万元，完成省行计划111%，账销案存资产清收处置562万元，完成省行计划131%。自2013年新增融资不良额5193万元、劣变11100万元，均控制在省行计划之内。拨备覆盖率249.39%，较年初上升8.12个百分点，位列全省第三。至年末，不良贷款余额1.29亿元，较年初减少0.04亿元，不良贷款率0.48%，较年初下降0.08个百分点，不良额与不良率实现"双降"，全省系统内最低。

业务创新　办理E分期5466万元，新增特约商户1501户。融e行月均动户12.7万户，省行计划完成率105%，完成率位列全省系统第三。新增第三方支付绑卡20.9万张，法人经营快贷生效率16.5%，位列全省第一。

渠道建设　涟水高沟支行、城北支行营业室、楚州文锦城支行等新网点营业，实施门头改造网点5个，对淮安河下支行、涟水城北支行进行局部改造。新增淮安市行政审批中心离行式自助服务点。加强服务考核管理，年内收到客户表扬工单19笔，服务考核位列全省第三。　（陆　伟）

【中国农业银行股份有限公司淮安分行】　2019年，中国农业银行股份有限公司淮安分行本外币各项存款417.6亿元，为全市首例超400亿元国有大型商业银行，新增36.2亿元，多增21.6亿元。本外币各项贷款余额373.2亿元，新增48.2亿元，多增5.8亿元。

服务实体　加大对实体经济支持力度，投放金额创新高。年内，加大对棚改、保障房、PPP等补短板领域项目的投放，投放全省年内首单保障房项目"高铁新区安置小区"3.5亿元、淮安市2017年棚户区改造项目"五期"以及"六期"贷款17亿元等。新审批固定资产项目26个，审批贷款金额125.6亿元。累计发放项目贷款65.3亿元，人民币对公实体贷款余额149.1亿元，新增39.4亿元，多增25.6亿元。发展普惠信贷业务，推广实施普惠信贷"网点经营、支行审批"发展模式，实现全辖营业网点开办资产业务"全覆盖"。监管口径小微企业贷款客户2867户，贷款余额24.8亿元，分别新增1056户和10.2亿元。

服务"三农"　加大对农村基础设施、农业重点产业、新型农业经营主体等金融支持。围绕全市17个重点乡镇、4560个市级家庭农场和专业大户开展精准支持。至年末，全行农户贷款余额11.2亿元，投放12.5亿元，新增2.7亿元；农户贷款户数2078户，新增559户。投放农户贷款12.3亿元，余额11.1亿元，新增747户、2.6亿元。打造惠农商圈场景，改善惠农交易环境，发放惠农卡8.6万张，新增1.5万张，布放惠农通服务点333个，交易金额3.72亿元，建设惠农商圈场景服务点150个。

风险防控　防控化解信贷风险，加大重点领域客户和潜在风险客户治理工作，按月开展信用风险考核通报。强化科技案防，严格"双线"管理责任，开展"巩固治乱象成果，促进合规建设，维护市场秩序"工作，开展扫黑除恶专项斗争和风险防控"大排查、大处置、大提升"行动。开展消费者权益保护和反洗钱工作，加强安全生产、信访维稳、印章、保密、声誉风险管理，全年未发生重大风险事件和责任性事故。　（邢军宇）

【中国银行股份有限公司淮安分行】　2019年，中国银行股份有限公司淮安分行拨备前利润9.91亿元，增幅7.79%，系统贡献度4.76%，较年初上升0.03个百分点；实现营业收入13.37亿元，增幅8.48%。业务规模扩大，年末各项存款余额338.8亿元，较年初新增36.02亿元，增幅11.90%；各项贷款余额344.94亿元，较年初新增39.28亿元，增幅12.85%。年内，在人民银行政策综合评价中获评A类，获评2018年度市五一劳动奖状、2018年度市金融工作先进单位。盱眙支行营业部创成全国"银行业文明规范服务五星级营业网点"。

服务实体　继续支持实体经济，调整信贷结构，优化信贷资源配置。重点投入资源至符合全市产业布局的重点产业、支撑全市发展的重大项目，以及与市民切身利益密切相关的基础建设项目和民生工程。开通制造业企业绿色审批通道，加大信贷规模倾斜。至年末，实体经济贷款余额112.18亿元，较年初新增5.39亿元。利用区域内走出去和并购、整合、重组等业务，通过直融、表外融资、海内外联动、信贷资产证券化等方式，帮助企业融通资金、降低成本。

风险管控　强化内控案防机制建设、加强内控队伍管理、提升风控责任意识，严格队伍管理，实现风控管理质效提升，提高全行风险化解与合规经营水平。年内，内外部检查情况良好，全年未发生重大违规事件及案件。　（曹兴健）

【中国建设银行股份有限公司淮安分行】2019年，中国建设银行股份有限公司淮安分行一般性存款日均余额315.63亿元，较上年新增34.92亿元，增长率12.44%，位列系统第二。四行同业日均余额份额23.35%，同比增长0.42%；日均新增占比27.39%。各项贷款余额308.92亿元，新增35.97亿元，增长率13.18%。中间业务净收入3.27亿元，增长0.36亿元，增速12.4%。实现拨备前利润9.41亿元，增速13.6%。税前利润7.21亿元，增速0.6%。

普惠金融　普惠贷款余额25.45亿元，新增9.56亿元；计划完成率102%。与不动产登记中心合作上线“互联网+不动产抵押登记”。优化“抵押快贷2.0”流程，单笔业务用时由2018年初每笔2周到降至每笔平均6天左右。推进网点全面提能，网点营销普惠客户新增497户。小微快贷网点覆盖率100%、抵押快贷网点覆盖率90%。创新业务应用，多项产品系统内率先落地。“抵押快贷V2.0”“云电贷”试点上线，均实现全国首单投放；省行新产品“民校易贷”实现系统首单发放。云电贷、账户云贷、薪金云贷、医保贷、烟草贷5项全辖适用新产品全部实现推广应用。围绕四大场景，加快裕农通布点，提前实现总量和行政村两个全覆盖，总量排名全省第五，交易量全省排名第二。借助网格化社会治理体系，围绕村委会场景布点，与税务局共同推进城乡居民“两险”缴费进网格，将各村的一名网格员作为“两险”缴费服务站业主，建立“两险”缴费服务站。

住房租赁　上线监管、企业租赁、服务共享、公租房四大平台。淮安市住房租赁共享和监管平台实现“一点接入全覆盖”，即通过与市住房和城乡建设局一点接入，全辖所有地区房源均可在建行系统实现共享，并实现在监管平台上进行房源发布、交易（签约、支付、备案）、核验等服务功能。全省首家实现大共享、大监管模式，为拓展市场化个人房源打开通道。全省首家上线“无感支付场景的智慧社区”项目，完成系统对接9个智慧社区项目，新增注册用户1887个。存房业务取得突破，与宁淮产业园签约房源251套。淮安公积金G系统项目。完成数据转换、业务开发与测试、上线环境部署等前期工作。

金融科技　上线24小时无人智能便利店系统——“魔集盒智能便利店”。收集宗教管理领域不同层级、不同类型客户多样化需求，对现有善行宗教平台进行优化，整理录入宗教场所1000多个，信徒人员近12万人。成功与淮安市人力资源和社会保障局对接上线银社平台社保资金代发，淮安市级、开发区、清江浦区失业保险金顺利从系统中代发。全国首家“建融智合”智慧生态圈——淮安高新技术产业开发区“智慧园区”项目成功上线，总行确定“智慧园区”项目为全国标杆，进行全国推广，建融智合综合服务平台有效客户696户，综合活跃度1304。在系统和同业中首家上线市级烟草扫码付项目。经营全市8200户商户扫码缴款业务。银医通、银校通等延伸类项目成效显著，市场覆盖度全市最高，与当地7家医院、7家高校实现结算、贷款、代发等业务的全方面合作。与市住房和城乡建设局对接上线民工实名制代发系统，开设代发工资专用账户120多户。

客户基础　为35个机关事业单位开设45个对公账户。至年末，对公加权有效客户3.35万户，增加0.46万户，增速15.9%，个人加权有效客户增速7.5%。手机银行活跃户35.79万户，新增完成率位列系统第二。现金管理高级客户净增2593户，非普惠授信客户重点结算产品覆盖度40.88%，完成省分行计划数123.53%；基础结算产品新开户签约套餐同步率97%；苏商龙卡发卡2591张，完成省分行计划233.14%，位列系统第一，目标客户发卡网点数占比100%；金融IC卡增幅49.05%；账单自助增幅21.16%；电子银行承兑汇票增幅46.02%。信用卡新增年轻客户24527户，完成率118.91%；净增客户20186户，完成率72.35%；新客户活动率42.67%，存量客户活动率51.63%。新型结算产品交易量较上年净增566318笔，增幅43.83%，位列系统第一。

渠道建设　整合现有物理网点，成立以城北支行为旗舰店的淮阴区渠道服务圈、以清浦支行为旗舰店的清江浦渠道服务圈（内设健康支行为特色支行）、以经济开发区支行为旗舰店的经济开发区渠道服务。清浦支行营业室通过中银协星级网点四星级验收。智慧柜员机台日均业务量54.38笔，活动率94.84%。

风险管理　不良贷款实现“双降”，不良贷款和新暴露不良贷款分别为1.84和1.8亿元，分别减少0.66和0.42亿元；不良贷款率0.6%、逾期贷款率0.79%，分别减少0.31和0.38个百分点。违约概率偏离度-67.55%，下降81.65%，下降比例位列全省第一，全年高信用等级违约客户为零。全年组织合规检查5次，发现并落实

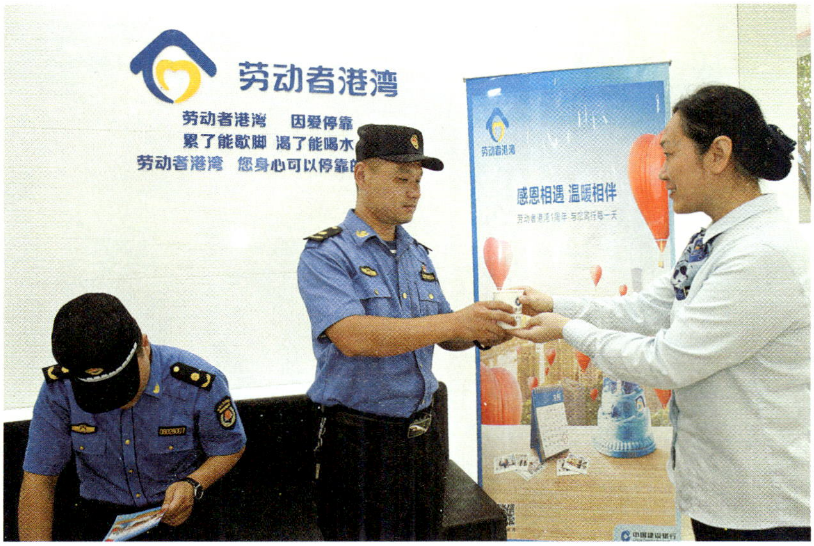

2019年，建行淮安分行营业网店设置“劳动者港湾”，提供便民设施贴心服务　周长国　供图

整改低风险问题13个。实现无监管类案件、无重大监管处罚、无重大违规事件、无重大违规损失、无违规负面舆情工作目标。在人民银行开展的金融机构反洗钱分类评级考核中，位列四大行第一，评为A类。全年实现外部监管零处罚。（周长国）

【交通银行股份有限公司淮安分行】2019年，交通银行股份有限公司淮安分行对公新开户、达标户位列全辖第二。国际、普惠客户实现突破，全年领汇重点客户130户，位列省辖行第一。普惠两增客户较年初增长120户。零售客户实现多渠道获客。有效商户净增数计划完成率314%，位列全辖第一；代发有效客户净增数计划完成率246%，位列全辖第二；银证银期新开户净增1386户，计划完成率462%，位列全辖第一。

转型创新　债券承销业务实现AA+客户全覆盖，全年发行5单，规模18.7亿元，市场占比超11%，同比增长10%。落地4亿元非交银信托代销项目，为交通银行系统首单，全年实现代销规模5.7亿元。系统及淮安首单非标10亿元隐债置换业务获批。国际收支规模首次突破10亿美元，市场占比11.6%，同比提高2%。结售汇市场占比12.79%，同比提升2.33%。开展苏农贷和苏科贷等创新普惠渠道业务。

合规管理　开展“巩固乱象治理成果促进合规建设”“5+N”“大排查、大处置、大提升”和员工异常行为深度排查系列专项行动。及时发现风险管理隐患，查找管理盲点，堵塞漏洞。结合内外部审计，加强制度建设，强化合规意识，建立长效机制，全年制定出台、修订完善各类制度办法45个。（银行办公室）

【中国邮政储蓄银行淮安市分行】2019年，中国邮政储蓄银行淮安市分行各项贷款余额194.5亿元，实现自营收入6.34亿元，同比增长6.23%；实现拨备后利润3.67亿元，增长7.32%。全区邮银合计余额247.02亿元，较年初净增29.33亿元，增加18.32亿元。年内创成省级文明单位。

服务实体经济　超额完成服务普惠小微企业目标、服务民营企业目标、服务制造业目标以及涉农贷款及精准扶贫贷款目标。满足小微企业个性化融资需求，对客户提供差异化产品和服务，根据客户具体要求创新服务实体企业金融产品。开展服务“三农”贷款产品创新和产品要素调整，开发淡水养殖小额贷款、家庭农场（专业大户）贷款、农民合作社贷款。联合省财政、省农委开发富农贷产品，与省财政、省人保财险开发农业保险贷产品，与省农业信贷担保公司开发农业担保贷等一系列惠农支农新产品。推出小微企业“快捷贷”产品；推进“银政担”合作业务，实现风险共担；推进“科技贷”业务，支持科技型企业发展；推广民生类创新产品，服务民生类实体企业；推广“无还本续贷”业务，为客户节省过桥成本，优质客户贷款到期无须还本直接续贷。年内通过无还本续贷模式为21户小微企业发放贷款1.36亿元。至年末，小微贷款综合利率下降57基点；涉农贷款综合利率下降74基点；普惠型小企业贷款加权平均利率下降59基点。

合规管理　多形式开展合规学习培训，引导广大员工遵规守纪，提升全员合规意识。发挥专项检查统筹监督作用。按照监管、经营管理要求，组织开展“巩固治乱象成果 促进合规建设维护市场秩序”工作以及“大排查、大处置、大提升”行动。重点领域风险防控和处置工作开展良好。开展不良贷款清收，加大不良资产处置力度，对重点客户、重点化工行业、重点领域业务加强管控，守住风险底线。（银行办公室）

【江苏银行股份有限公司淮安分行】2019年，江苏银行股份有限公司淮安分行注重发展普惠金融、实现乡村振兴，创新金融产品、提升服务，助推地方经济，助力扶贫。年内，分行集体和个人多次获得总行及地方政府表彰，连续3年获评市实施脱贫致富奔小康工程先进集体、江苏省文明单位。

服务实体　深化供给侧改革，把服务实体经济作为根本任务，配置金融资源至经济社会发展的重点领域和薄弱环节，打造“江苏银行样板”。对先进制造业贷款优先受理、优先审查、优先审批，为实体经济优质企业提供多种专享权益、全生命周期的特色服务。至年末，制造业贷款余额33.16亿元，较年初新增6.25亿元，余额和增量均位列全市第一，连续2年获评市金融支持制造业特殊贡献单位。

振兴乡村　先后投放涟水县梁岔镇费庄村“新社区新生活”美丽宜居乡村项目、涟水高标准农田整治项目等乡村振兴重点项目。至年末，涉农贷款余额67.06亿元，较年初增长28亿元，增长率73.6%。探索“龙头企

2019年，江苏银行淮安分行组织党员进社区“普及金融知识”
衡文涛　供图

业+农户”模式，支持特色农业做优做特，自2017年8月至2019年末，向59户市级农业龙头企业发放贷款4.67亿元。运用新农贷、分险贷、农资采购贷等特色产品支持家庭农场、合作社等新型农业主体发展，投放涉农特色产品205笔，金额1.87亿元。

小微企业融资　创新民营企业融资模式，在服务民营和小微企业领域广开渠道、构筑特色。坚持减费让利，将民营企业普惠性服务放在首位，年内新发放的公司类贷款加权平均利率低于淮安地区同业均值，对民营企业减费让利近200万元；创新产品体系，推广无抵押、无担保的“税e融”“电e融”等符合中小企业融资需求的金融产品，解决中小企业融资担保难题；开展“百行进万企”融资对接活动。至年末，小微企业贷款余额132.6亿元，新增32.66亿元，增速24.06%；普惠贷款余额18.45亿元，新增3.64亿元；民营企业贷款余额93.5亿元，新增4.5亿元，在对公实贷中占比达69%，处于系统内领先水平。

绿色金融　坚守“金融之美，美在绿色”战略，贯彻金融服务，推进绿色发展，优化自身组织架构，搭建涉环风险监控机制，杜绝信贷资金流向落后产能、流向“两高一剩”、流向污染源头，确保金融资源注入绿色发展领域。至年末，绿色信贷余额26.23亿元，较年初新增5.47亿元。

服务提升　细化客户活动，针对基础客群，举办融课堂系列活动120余场，服务客户1500人。针对财私客户维护和临界客户提升，开展企投家税务巡讲、叠杯大赛、亲子绘画以及健康体检等主题活动共45场，服务优质客户超2600人。启动“分行层面神秘人监测”，实现网点每月监测全覆盖。针对“神秘人”检查中发现的问题和薄弱点，强化责任分工、部门配合、绩效考核。组织开展“金融知识万里行”“金融知识进万家”等系列宣传活动，发放宣传资料6000余份，受益客户超8000人，收集金融业服务满意程度调查问卷2000余份。正式运行“客户之声”服务系统，及时处理客户投诉，尊重客户合理诉求，客户满意率100%。年内，分行获淮安市“银行业文明规范服务创建工作先进单位”称号，分行营业部、清江浦支行营业部分别获评全国星级文明示范三星、四星网点。（衡文韬）

【江苏淮安农村商业银行股份有限公司】 2019年，江苏淮安农村商业银行股份有限公司坚持“服务三农、支持实体经济发展”，助力乡村振兴。融资对接小微企业、民营企业，加强政银企联系，全力支持小微企业、实体企业发展。至年末，银行各项存款余额351.18亿元，增长24.23亿元，增幅7.41%。各项贷款余额264.87亿元，增长23.25亿元，增幅9.62%。其中，涉农贷款余额131.16亿元，增加22.28亿元；小微企业贷款余额102.01亿元，增加11.23亿元，完成“一保两提”“三占比四增速”各项考核指标。全行手机银行客户44.8万户、收单商户3.67万户，发行贷记卡1.81万张，电子银行柜面替代率89.45%，电子银行客户转化率35.48%。年内获全省农商行2019年度经营管理目标考核优胜单位二等奖、综合收益考核优胜奖，获评2016—2018年度江苏省文明单位、2019年淮安市人民币流通满意“新工程”建设先进单位。

普惠金融　继续推广新“阳光信贷”，优化“全家福”贷款担保人数、授信模板，扩大授信额度。试点推广“阳光E贷”线上办贷。至年末，全行授信农户3.63万户、授信金额20.89亿元。投放扶贫小额信贷，做好金融精准扶贫，走访6.9万户低收入农户，当年投放扶贫小额信贷7297户1.89亿元，余额1.82亿元。利用网格化营销系统，开展低收入农户走访及新型农业经营主体信息采集，组织城区、农区网格化营销能力提升培训，启动以“助力乡村振兴 普惠金融进万家”为主题的网格化服务，在全辖开展“大走访、进万家、送服务”活动，走访建档，推进零售业务转型。全行有效建档3.72万户，农户贷款新增用信1755户1.1亿元。

支付渠道　结合网格化服务、社保卡激活、代缴城乡居民医保，使用移动终端上门服务。税银联手，打造城乡居民医疗保险费征缴环境，年末实现城乡居民医保缴费31.6万笔9186万元。推进“银医通”移动支付便民工程，改善客户就医体验。至年末，为市本级及各区人社部门发放失业补助金1.12万笔1719万元。搭建“智慧停车”平台，实现车辆扫码支付，不停车、无等待离场。

支持实体企业　调整涉农、小微企业贷款考核比重，加大经营性贷款投放。利用支小再贷款利率优惠政策，开放2亿元专项额度，开展涉农及小微企业贷款专题营销，降低涉农企业融资成本。至年末，全行普惠型农户贷款和普惠型小微企业贷款余额52.47亿元，增加11.05亿元；普惠涉农贷款余额29.12亿元，增加5.38亿元。加强普惠产品创新，重点推广“全家福”贷款、“经营快贷”，缓解个体工商户、小微企业主担保难题，年末余额2.94亿元。推出线上“税企通”“快E贷”等小微企业贷款产品；开展小微企业、民营企业大走访，从全市158骨干企业、金融服务平台、工信局等渠道获客名单中筛选小微企业进行走访。开展“百行进万企”融资对接，组织300余名客户经理对2918户企业开展在线问卷调查，对“有融资需求且接受银行上门走访”的450户企业全面走访对接、落实贷款手续。至年末，拟授信24户1.1亿元，已用信7户1935万元。

服务提升　引入管理机制、业务流程新理念、新方法，优化组织架构，在分批试点基础上，在全行范围内稳步有序推广经营管理中心（管辖行）模式，优化调整信贷流程、人员配备和考核激励，各项经营指标稳步上升。上线新绩效考核系统，提升服务动能。全辖上线无纸化项目，布放STM（智慧柜员机）213台，缓解柜面排队。建立中层后备干部、后备委派会计及后备客户经理人才库，公开选拔后备客户经理50名，任用中层后备干部24名至管理岗位，增加职工队伍活力。（公司办）

【江南农村商业银行淮安分行】 2019年，江南农村商业银行淮安分行各项存款余额68.37亿元，较年初增加8.74亿元，增幅14.65%。其中，储蓄存款余额6.39亿元、对公存款余额55.59亿元、保证金余额1.6亿元、

9月10日，江南农村商业银行淮阴支行开业授牌慈善捐赠仪式在淮安城市名人酒店举行　　冯钰麟　供图

结构性存款4.79亿元。各项存款日均（含结构性存款）64.08亿元，较年初增加17.18亿元。各项贷款余额98.51亿元，较年初增加30.92亿元，增幅45.75%。其中，自然人经营性贷款余额4.58亿元、企业贷款余额63.56亿元、消费贷款余额30.37亿元。借记卡新增有效卡量7906张，全年目标完成率114.58%；信用卡新增有效卡量4137张，全年目标完成率202.79%。

服务实体　分别与市工商联、淮安泗阳商会开展战略合作签约，打造“携手共赢、合作互惠”新局面。围绕淮安“全民创业淮商崛起”发展战略，发挥高效、快捷、机制灵活优势，根据淮安当地企业实际情况，提供综合化、多功能、全方位金融产品和服务，解决淮安金融供应主体不充足、金融服务薄弱、企业融资难融资贵等问题，合理配置金融资源。发放系统内首笔“增额保”贷款业务，7个工作日内完成项目调查、申报、审批工作，授信750万元，实现高效放款。9月10日，江南农商行淮安分行淮阴支行开业，为江南农村商业银行第9家异地支行。在授牌及开业公益捐赠仪式上，与6家企业签订战略合作协议。

星级网点创建　建立服务标准，遵照《彩虹服务手册》，对服务职责、服务礼仪、服务语言、服务流程等进行系统性规范。落实监督机制，设置意见箱、意见簿，公开监督电话，接受社会意见和建议。强化服务考核。制定《服务之星专项考核办法》，对厅堂和柜面的服务情况按季度通报并与绩效挂钩。提供爱心服务，改造硬件设施，在便民设施上配备饮水机、擦鞋机、点钞机、网上银行、客户直拨电话、书报架、手机充电器、便民雨伞等，设立“爱心专区”“无障碍等候区”，提供无线上网功能。年内，通过中国银行业协会星级网点验收，且于年底获批中国银行业协会三星级网点。　（冯钰麟）

【华夏银行股份有限公司淮安分行】2019年，华夏银行股份有限公司淮安分行实现营业净收入3.23亿元，利润总额2.85亿元。一般性存款余额67.93亿元，较年初增加17.56亿元。各项贷款余额66.2亿元，较年初增加4.27亿元。全行不良率为零，资产质量精良。对公、个贷、国际、小微企业、电子银行等客户指标稳步增长。获评市文明单位，获市“五一”劳动奖状。

服务实体经济　提升服务实体经济能力，支持澳洋顺昌LED、国家农业科技园、智慧谷、白马湖环境综合整治等市重大项目。绿色信贷在对公贷款中占比18%。利用市综合金融服务平台，着力于制造业客户、本地特色产业、贷款需求旺盛的中小企业业务领域，年内全行平台注册企业242户，授信金额5.99亿元。民营企业贷款综合利率较上年下降0.58%。推出“房贷通”“年审贷”“网络贷”“POS贷”等多项普惠条线创新业务和产品。加强与省信用再担保、省信用融资担保等6家担保公司合作，提高本地小微企业融资效率和增信能力。

负债业务　强化存款日常管理，引导客户合理配置资产。至年末，金融资产总额71.82亿元，较年初增加10.33亿元，增幅16.8%。加大与财政机构联系，重点营销土地出让金、住房维修基金、财政定期存款和专项债资金等。入围市住房和城乡建设局工程质量保函合作银行。服务清江浦区司法局宿舍、白鹭湖派出所、淮安区城市资产管理服务中心等3个拆迁项目。

创新业务　强化各类创新业务运用，“贷、承、投、顾”协同发展。全年承销、主动投资、撮合等业务21笔31.76亿元。其中，同业投资13.66亿元，理财投资5.1亿元，租赁撮合10.4亿元，信托撮合1.3亿元。中标淮安开发控股有限公司境外子公司美元债券，中标金额6000万美元。投资淮安市新型城镇化建设投资有限公司非公开发行项目收益专项公司债。与当地金融机构合作，承销利率债1.1亿元，拓宽同业业务渠道。

客户基础　注重开发结算型对公客户，实现对公客户1499户。小微企业贷款客户124户，完成监管部门要求的“两增两控”目标。通过POS机、借记卡、信用卡、代发工资等方式，带动个人客户数量增长。至年末，个人客户数达36229户。　（公司办）

保险业

【概况】2019年，淮安市实现保费收入93.36亿元，与上年基本持平。其中，财产险保费收入29.42亿元，同比增长13.55%；人身险保费收入46.25亿元，同比下降13.94%；意外险和健康险保费收入17.69亿元，同比增长29.69%。全年保险赔款和给付支出32.10亿元，同比增长3.35%。

【中国人寿保险股份有限公司淮安市分公司】2019年，中国人寿淮安分公司全市系统实现保费26亿元，同比

表26

2019年淮安市前五名保险公司保费业绩表

人身险			财产险		
机构名称	保费（亿元）	市场份额（%）	机构名称	保费（亿元）	市场份额（%）
中国人寿	26.09	46.86	人保财险	15.86	46.85
利安人寿	5.87	11.85	太平洋财险	4.00	10.53
太平洋人寿	4.91	10.06	平安财险	3.40	8.82
华夏人寿	4.53	8.48	中华财险	2.87	8.14
平安人寿	4.37	6.77	国寿财险	2.29	7.84

说明：全市前五名保险公司保费业绩根据各公司报送数据统计并排名 （倪 力）

增长6.7%。完成首年期交保费5.52亿元，完成率113.56%，增长14.35%；实现标准保费3.35亿元，完成率130%，增长30%，完成率排名全省系统第一；保障型产品2.23亿元，完成率117.68%，增长47.64%；十年期交保费3.32亿元，完成率118.28%，增长37.42%。年内，承办大病保险，覆盖淮安4个县（区），承保人数238.67万人。全年理赔7.88万件，累计赔付18990.37万元。

渠道建设　个险渠道实现首年期交4.13亿元，完成率123%，增长19%；标准保费2.82亿元，完成率133%，增长34.8%，完成率及增幅均位列全省第一；十年期交2.85亿元，完成率117%，增长41%；保障型期交1.92亿元，完成率132%，增长50%。银保渠道实现十年期交4295万元，完成率119%，增长19%；保障型期交2863万元，完成率106%，位列全省系统第二，增幅31%。健康险渠道实现政策性健康险保费收入1.47亿元，年度预算目标完成率136.67%。全年大短险保费2.24亿元，完成率104.22%，同比一季度负增长16.43%转变为正增长16.49%。

经营亮点　全辖柜面平均等候时长从10分钟缩短至7分钟；创新理赔服务，微信报案，理赔进医院、企易赔试点效果明显；持续推进无纸化投保，开展双录工作，助力渠道有效获客。年内，联合市妇联举办“佑未来护成长”活动，高质量承办年度老年春晚、教育局中小学生艺术节等活动，开通第二人民医院“理赔直付”项目，提升公司品牌形象。（公司办）

【中国太平洋人寿保险股份有限公司淮安中心支公司】 2019年，太平洋人寿淮安中心支公司实现年度总保费49108万元，总保费增幅5%。标保收入43656万元，年度“两险”总保费24325万元，纳税总金额619.7万元，总赔款9683万元，同比增长56%。

经营亮点　调整业务结构，期缴达成125%，费用贡献实现扭负为正。财务部、营运部、行政人事部KPI指标位居全省前列，其中金湖支公司营运获评五星级。

内部管控　加强内控稽核制度，严格遵守公司下发的内控制度、合规手册、反洗钱等多项规章制度，加强公司内部风险控制和稽核审查工作。落实年度风险排查，防范公司经营风险，保障公司合规经营。对公司经营过程中业务环节、操作流程、内控管理等进行排查，深入了解和掌握潜存风险因素，逐项进行整改，建立健全长效工作机制防范，提升公司经营管理和内控水平，保障公司稳健经营和持续价值增长。（公司办）

【平安人寿保险股份有限公司淮安中心支公司】 2019年，平安人寿淮安中心支公司整体业务经营稳步发展，实现总保费收入4.37亿元，增长14.51%，其中个人代理渠道实现首期规模保费收入1.1亿元，增长9.92%；银行代理渠道实现首年规模保费收入2095.4万元。有个险代理人1046人。续期保费收入2.97亿元，增长20.4%，13个月保费继续率91.6%；理赔结案3825件，赔付金额6189.45万元，豁免保险保费金332.06万。

合规经营　强化内控管理制度，整治市场乱象、保护消费者权益，推进合规文化宣导和风险排查整治。细化合规履职范围，做好风险防控。做到现场检查与非现场检查相结合，专项检查与综合性检查相结合，部门自查及排查相结合，开展合规自查自纠。排查涉及代理人1069名，内勤89名和6个营销服务部，发现乱象问题12例，处罚人次19人，处罚金额约2万元。开展“防范非法集资集中宣传”“扫黑除恶专项斗争集中宣教”“打击套路贷”等专项集中宣传，提升员工风险防范意识。定期对不同风险点进行合规培训，提升员工合规意识与风险防范能力。

7月8日，平安人寿淮安中心支公司在保险公众宣传日接受市民咨询保险问题
公司办　供图

“AI空中客服” 提供“AI空中客服”服务。上线空中柜员渠道，让客户随时可以通过手机APP高效便捷办理业务。空中客服人员根据客户提出保单需求，通过身份核实—人脸识别—客户证件影像查询—业务操作—再次核实业务需求后，获取批文及电子签名推送至客户手机上，几分钟即可完成业务办理。

“安e赔” 公司通过“安e赔”赔付件数3239件，赔付金额1911.31万元，闪赔案件占所有理赔案件的84.7%，平均时效11分钟。除身故类案件不可使用“安e赔”外，淮安地区其余理赔申请均可通过业务员“口袋e”代办。（公司办）

【中华财产保险股份有限公司淮安中心支公司】 2019年，中华财险淮安中心支公司全险种实现保费收入2.87亿元，比上年增长46.44%，完成全年保费计划113.81%。全年实现经营利润1446万元。

优势业务 意外健康险为中华财险淮安中心支公司主营项目之一。至年末，中支实现意外健康险保费收入8247.4万元，增长38.5%。其中，健康险实现保费收入7504.23万元，增长46.27%，5个险种（不含政策性健康险）实现正增长。合作的洪泽精准扶贫补充医疗保险，实现签单80余万元。健康险提前签单，政策性健康险保费增长48.87%。

农险经营 与地方政府签订政策性农险承接份额补充协议，实现农险经营规模提升。全年实现农险保费收入13764万元，增长88.05%；借助政策性农险平台，发展涉农商险，年度全辖完成商业性农险保费收入2488.61万元，增长210.72%。年内承接政府退出份额的承保经营，全辖8个县支机构新增保费2200万元。洪泽、清浦2家支公司当年净增农险保费收入800万元。农险经营服务中，加快麦稻承保和生猪理赔时速。开发新险种5个，其中小龙虾完全成本养殖险新增保费730万元。

渠道业务 在坚持传统主体业务同时，组织团队拓展渠道业务，全年实现财产责任险保费1310万元，同比增长48.79%。金湖、盱眙2家支公司全年新增商用、民用燃气保费收入788.18万元。开发银邮渠道，全年实现保费收入448.6万元，其中邮政渠道完成保费420.74万元。

理赔服务 中华财险淮安中心支公司利剑行动人伤减损125.71万元，打假减损111.39万元，诉讼疑难减损38.21万元，追偿减损73.27万元，合计减损348.59万元。成本管控专票收集率、降赔效果显著，全年增值税专票抵扣134.44万元，专票收集率90.85%。（公司办）

【渤海财产保险股份有限公司淮安中心支公司】 渤海财产保险股份有限公司成立于2005年10月，拥有省级机构24家，地市级和县级机构300余家，保险产品涉及交通工具保险、财产保险、工程保险、运输保险、责任保险、保证保险、意外伤害保险、短期健康保险等16大类。2007年12月成立渤海财产保险股份有限公司淮安中心支公司。2019年，渤海财险淮安中心支公司实现保费收入3649万元，其中车险保费3420万元，非车险229万元，同比增长36.63%，年度计划达成率114%。年内，承保中国电子系统工程第二建设有限公司安装工程一切险，保障金额13118万元；江苏博泰药业有限公司财产综合险，保障金额14850万元。加强合规宣传，组织开展防范非法集资、反洗钱、反保险欺诈等宣传教育活动，提升社会公众风险防范能力。开展各项风险排查，深入开展“乱象整治”“安全生产”“扫黑除恶”“大排查、大处置、大提升”等各项风险排查及整治活动，提高保险从业人员合规经营意识。（公司办）

旅 游

综 述

【概况】 2019年，淮安市实现旅游业总收入470.08亿元，比上年增长13.8%。其中，国内旅游收入465.66亿元，增长13.8%；旅游外汇收入2386.66万美元，增长1.2%。全年接待境内外游客3661.02万人次，比上年增长11.2%，其中国内游客3658.47万人次，增长11.2%。接待入境过夜游客2.55万人次，下降2.2%。至年末，全市有国家A级旅游景区35个，其中国家AAAAA级1个，国家AAAA级16个；国家级水利风景区9个，全国工农业旅游示范点7个；省级旅游度假区2个，省级乡村旅游区52个；省级生态旅游示范区2个，分别为古淮河生态景区、天泉湖旅游度假区；省级自驾游基地3个，分别为铁山寺国家森林公园、古淮河文化生态景区、盱眙国际房车露营基地。星级旅游饭店23个，其中五星级旅游饭店1个，旅行社114个，其中四星级旅行社2个、出境社5个。持有电子导游证导游2190人。初步形成红色教育

2019年，淮安市在北京举办文化旅游推介会　　严 斌 供图

游、运河文化游、西游主题游、湖滨观光游、温泉养生游、乡村休闲游、研学体验游、美食品味游等十大主题游。

【旅游重点项目】 2019年，淮安市成立全域旅游示范区创建工作领导小组，科学规划目的地核心产品，统筹推进文旅重特大项目。千年淮盐工业旅游成为省重大项目，金湖尧文化体验区、中国漕运城、华强方特复兴之路文化创意基地、西游记文化体验园4个项目入选2019年省级重点旅游项目。白马湖生态旅游景区通过国家AAAA级旅游景区景观价值评定，金湖县被认定为首批江苏省全域旅游示范区，老子山镇龟山村入围全国首批乡村旅游重点村，白马湖村、新华村获评省乡村旅游重点村。

【全域旅游】 2019年，淮安市继续推进构建"一核两圈五板块"全域旅游发展格局，"一核"即市区历史文化休闲核；"两圈"即环洪泽湖旅游圈、环白马湖旅游圈；"五板块"即运河文化体验旅游区、西游主题乐园旅游区、盱眙森林静养旅游区、金湖水乡逸养旅游区、淮涟田园颐养旅游区。丰富"生态文旅水城"内涵，加速融合发展。叠加"一区两带"战略，开展中国（淮安）大运河文化带城市非遗展、青莲岗文化考古发掘成果展，淮河生态经济带文旅联盟成立，助推国家级战略落地。2019中秋晚会在淮安举办，带来旅游发展新机遇。千年淮盐、华强方特、尧文化体验园等一批省市重点、重特大项目加快推进，核心产品加速形成。金湖水上森林公园和白马湖"南葵北菊"成为"网红打卡点"。特色文化赋能旅游经济，掼蛋文化游成为旅游新招牌。高铁旅游推介、"跟着央视秋晚游淮安"旅游嘉年华掀起淮安市旅游新热潮。

推进多元融合，创新全域旅游发展新模式。丰富有轨电车研学游、掼蛋文化体验游等新兴业态；启动"跟着央视秋晚游淮安"品牌活动，推出春夏秋冬四季产品；蒋坝文旅小镇与蓝城集团正式签约，盱眙诗酒田园项目正式启动，塔集黄庄特色田园乡村知青馆建成开放；周恩来故居、苏皖边区政府旧址入围全省庆祝新中国成立70周年学习体验点，传承周恩来精神两日游等5条线路获评省优质研学旅游产品，数量苏北第一；宝翔蹦床等4项产品获首届大运河文旅博览会优秀装备奖，淮味千年、金金有味等品牌农副产品、旅游商品体系渐次形成。

【旅游服务】 2019年，淮安市建成通达旅游景区干线公路近200公里、连接公路超100公里，实现公路交通内部网络全市重点景区全覆盖。高铁站旅游集散中心规划设计稳步推进。淮安全域旅游集散中心正式启用，开通城市旅游公交专线8条，景区旅游公交专线4条，淮安区海棠号等县（区）旅游公交投入运营。布局旅游咨询服务体系，启动20座月季小筑·城市驿站建设。完成新改建旅游厕所81座，总投资4500万元。

2019年淮安市星级旅游景区名录

表27

序号	景区名称	等级	地址
1	周恩来故里旅游景区	AAAAA	淮安区长安路1号
2	古淮河文化生态景区	AAAA	清江浦区河畔路1号
3	淮安市博物馆		清江浦区健康西路146-1号
4	里运河文化长廊清江浦景区		清江浦区大闸口中洲岛
5	淮安府署		淮安区东门大街38号
6	漕运博物馆		淮安区漕运广场
7	吴承恩故居		淮安区河下打铜巷12号
8	新四军刘老庄连纪念园		淮阴区刘老庄镇
9	洪泽湖古堰景区		洪泽区滨湖路2号
10	涟水五岛湖旅游区		涟水县涟城镇公园路11号
11	涟水今世缘旅游景区		涟水县高沟镇今世缘大道1号
12	铁山寺国家森林公园		盱眙县天泉湖镇
13	第一山景区		盱眙县盱城街道
14	黄花塘新四军军部纪念馆		盱眙县黄花塘镇
15	金湖荷花荡景区		金湖县塔集镇
16	金湖水上森林		金湖县银涂镇
17	西游记文化体验园·龙宫大白鲸		经济技术开发区南马厂大道99号
18	周恩来童年读书处	AAA	清江浦区漕运西路174号
19	苏皖边区政府旧址纪念馆		清江浦区淮海南路30号
20	钵池山公园		清江浦区水渡口大道8号

续表27

序号	景区名称	等级	地址
21	清晏园	AAA	清江浦区人民南路92号
22	韩信故里		淮阴马头镇韩侯故里景区
23	白马湖森林公园		洪泽区淮金线森林公园
24	西顺河二十六烈士陵园		洪泽区西顺河镇陵园路
25	明祖陵		盱眙县淮河镇
26	金湖尧帝古城		金湖县城人民南路288号
27	楚秀园	AA	清江浦区淮海南路85号
28	桃花坞景区		清江浦区西安路157号
29	勺湖公园		淮安区西门大街68号
30	大胡庄战斗纪念园		淮安区苏嘴镇
31	新安旅行团历史纪念馆		淮城街道县西街二条营2号
32	樱花园		清江浦区承德路黄河桥北首
33	洪泽渔家花园		洪泽区滨湖路356号
34	蒋坝老街		洪泽区蒋坝镇
35	南水北调洪泽水利枢纽景区		洪泽区蒋坝镇

2019年淮安市省星级乡村旅游区名录

表28

序号	名称	等级	地址	获评时间
1	盱眙县怡亨酒庄	五星级	盱眙县盱城街道新华村	2018年
2	古庄牛生态休闲庄园	四星级	清江浦区和平镇越闸村	2018年
3	淮安区苏嘴湾生态园		淮安区苏嘴镇苏家嘴居委会	2013年
4	淮安区恩赐山庄		淮安区仇桥镇南涧村	2015年
5	刘老庄当年农家		淮阴区刘老庄镇	2015年
6	开发区日月洲生态乐园		淮安经济技术开发区南马厂大道99号	2012年
7	洪泽龟山古村落		洪泽区老子山镇	2018年
8	涟水苏淮生态农业观光园		涟水县五港镇	2010年
9	涟水红窑乡村旅游示范园		涟水县红窑镇	2013年
10	盱眙玉皇山生态农业观光园		盱眙县河桥镇三元村	2010年
11	淮阴区吴城冬枣采摘园	三星级	淮阴区马头镇三园村	2013年
12	淮阴区古清口休闲旅游生态园		淮阴区袁集乡桂塘村	2013年
13	香园农庄休闲农业观光园		淮阴区刘老庄镇刘老庄村香园农庄	2016年
14	古道山庄		淮阴区马头镇明远路	2016年
15	淮阴区台湾柿子园		淮阴区马头镇明远路	2017年
16	淮阴区四新成果展示基地		淮阴区马头镇	2017年
17	高家堰文化旅游区		淮阴区赵集镇高堰村	2018年
18	洪泽区锦鸿生态园		洪泽区朱坝街道大魏居委会一组18号	2014年
19	洪泽西顺河渔家风情园		洪泽区西顺河镇张福河村湖滨路356号	2016年
20	龙禹生态园		洪泽区三河镇洪泽湖西路66号	2016年
21	马羊山生态农庄		洪泽区高良涧街道越城村	2016年
22	洪泽区劳模农庄		洪泽区高良涧街道杨码社区八组	2017年
23	洪泽区石油小镇		洪泽区洪泽湖路	2017年
24	金鸡坨生态农庄		涟水县红窑镇夏楼村	2018年
25	璞趣亲子研学农乐园		涟水县保滩街道洪荡村88号	2018年

续表28

序号	名称	等级	地址	获评时间
26	盱眙三河农场	三星级	盱眙县三河农场	2016年
27	韵园生态庄园		盱眙县天泉湖镇化农村	2016年
28	澳吉尔国际绿博园		盱眙县明祖陵镇渡口村村委会东侧	2016年
29	陡山村乡村旅游区		盱眙县天泉湖镇陡山村	2016年
30	旧铺茶场		盱眙县黄花塘镇	2017年
31	星·塘度假村		金湖县荷花荡金荷路16号	2016年
32	一品葡萄采摘园		金湖县黎城街道工农村	2017年
33	金湖三园农庄		金湖县吕良镇三园村	2017年
34	三禾花园(麦可兔小镇)		金湖县黎城街道工农村	2018年
35	吴老头农庄	二星级	洪泽区黄集街道东农场	2016年
36	清禾田社		洪泽区洪三路	2016年
37	涟水县绿汇生态科技示范园		涟水县红窑镇苗戴村	2013年
38	万福家庭农场		涟水县保滩街道缺口村	2016年
39	红日生态休闲农庄		涟水县大东镇瓦滩村	2016年
40	盱眙满江红龙虾养殖基地		盱眙县官滩镇甘泉山风景区	2013年
41	豫景园		盱眙县古桑街道	2016年
42	刘山头四季春观光园		盱眙县官滩镇新桥村	2016年
43	农本尚品休闲观光产业园		盱眙县穆店镇范楼村	2016年
44	龙诚葡萄采摘园		盱眙县穆店镇马湖村	2017年
45	金湖东方园林		金湖县陈桥镇新农村张坝村	2016年
46	洪泽滨湖观光农业采摘园	一星级	洪泽区东双沟镇青云路	2012年
47	涟水石湖休闲农业示范园		涟水县石湖镇	2014年
48	盱眙棋盘山生态观光园		盱眙县河桥镇	2013年
49	盱眙石马山生态园		盱眙县天泉湖镇	2013年
50	金湖县嵇圩林场		金湖县银沟镇	2012年
51	金湖金北千艺莲农业科技园		金湖县金北街道	2014年
52	金湖戴楼荷盛观荷园		金湖县戴楼街道	2014年
合计		省星级乡村旅游区52个,其中五星1个,四星9个、三星24个、二星11个、一星7个。		

旅游开发

【概况】 2019年,淮安市全域旅游品牌效应显现,生态休闲、康养度假领军旅游转型发展,产业化水平不断提升。年内,国家文化公园主体功能区建设稳步推进;金湖尧文化体验区建成运营,水上森林景区日趋成熟,十里果林国庆试营业;华强方特复兴之路3个单体项目全面开建,演艺中心、探索之路主体结构封顶;西游乐园完成29个单体开挖,全园钢结构封顶,开篇之旅唐镇建成,日月洲度假酒店投入使用;蒋坝旅游风情小镇一期建成运营。总投资6亿元的尧文化体验区正式开园;白马湖"南葵北菊"对外运营;金湖水上森林空中玻璃栈道对外开放,今世缘工业旅游区完成二期主体和地下观光隧道建设。

【旅游品牌】 2019年,总投资60亿的淮安华强方特复兴之路文化创意基地被列入50个年度省级重点旅游项目之一,建成后将成为环洪泽湖旅游的新核心。白马湖房车营地投入运营,蒋坝洪泽湖生态文化岛、王骆殿岛、岔河老街等一批乡村旅游项目加快推进。围绕4个全国休闲渔业基地,做强特色休闲渔业,建成渔家风情园、国蟹园等。蒋坝镇创成省旅游风情小镇,龟山获批省四星级乡村旅游区、全国乡村旅游重点村。至年底,淮安市旅游品牌包括伟人故里、运河之都、大湖胜地、美食之乡,打造"水懂我心,自然淮安"全域生态旅游品牌。

【线路开发】 2019年,淮安市设计开发淮安文旅精品线路产品。在江苏省文化和旅游厅组织的全省优质研学旅

8月8日，淮安市举行全域旅游直通车开行仪式　　严　斌　供图

游产品征集评选中，“仰望星空·见所未见 铁山寺·天泉湖星空研学两日游”“寻迹淮安名人文化、传承恩来精神淮安两日游”“京杭大运河淮安段水利工程游”“淮安西游主题研学四日游”及“热血小红军‘鲸’彩淮安行”获评优质研学旅游产品，数量苏北第一。周恩来故居、苏皖边区政府旧址被江苏省文化和旅游厅列为庆祝新中国成立70周年三条学习体验线路之一“红色经典传薪火 古城运河展新姿”学习体验点。

【淮安与铁岭签署区域文旅合作协议】12月16—17日，淮安市文化广电和旅游局与铁岭市文化旅游和广播电视局签署区域文化旅游协同发展合作协议，清江浦区文化广电和旅游局与铁岭调兵山市文化旅游和广播电视局签署合作协议。淮安、铁岭两地拟开展六方面合作：资源互通，研究设立城市文化旅游主题，整合两地主题旅游资源，积极主推铁岭市周恩来少年读书旧址纪念馆（银冈书院）与淮安周恩来纪念地景区的合作与交流；交流互享，定期举办文化旅游推介活动，加强文艺团体之间的交流与合作，拓展文化、旅游等多元素的交流与合作；旅游互补，结合两地重点景区发展情况，共同研究、设计、开发适合市场需求的互补旅游线路；客源互送，按照“自愿、平等、互利、共赢”的原则，两地互为客源地，共同开拓客源市场，引导景区通过门票异地互售、联票优惠等实现两地景区互联；宣传互助，利用各自宣传平台、媒介资源加强对方文化旅游宣传。根据两地文化旅游宣传的需要，积极帮助协调本地广播、电视、报刊等媒体提供方便与支持；投资互促，鼓励本地投资者到对方城市投资建设文化旅游项目，为对方投资者给予大力支持和优质服务。　（市文旅局网站）

【周恩来纪念地】2019年，周恩来纪念地接待中外游客230万人次，讲解7500多场，接待全国人大常委会原委员长张德江、国务院原副总理吴桂贤、政协原副主席齐续春、东部战区司令员刘粤军、江苏省委书记娄勤俭等省部级以上领导，高质量完成“不忘初心、牢记使命”主题教育中央指导组、中央扫黑除恶巡视组、淮河生态经济带省际联席会议代表和江苏省委常委集体等重要团体的接待任务。“人民总理周恩来”基本陈列获评“全国十大陈列精品展优胜奖”“江苏省博物馆十大精品展览”。出版《人民总理周恩来》《初心的坚守》《海棠花开》《“学恩来，践初心”宣传画册》多部专著，举办“周恩来与四个现代化”学术研讨会。构建周恩来精神学术交流合作机制，与南开大学、美国周恩来和平研究院等签订学术研究与交流合作协议。纪念馆2名讲解员参加江苏省“红色故事”讲解员大赛，被授予“江苏省十佳讲解员”称号，2名优秀讲解员参加“礼赞新中国·奋进新时代——江苏省庆祝新中国成立70周年成就展”讲解工作，获得省领导好评。

项目建设　周恩来研究资料中心建设工程完成一期项目建设工作，完成25000余件文物文献藏品的数据采集及展示工作；硬件设施“维修改造”项目完成本体房屋回收及内部办公环境整治、概算评审、深化设计和图审。

专题展览　策划举办故居开放40周年专题展览。在周恩来诞辰日之际，举办“大鸾腾飞的地方——周恩来故居开放40周年”情感分享会暨专题展，新华网、中江网等主流媒体专门宣传报道；在周恩来邓颖超结婚纪念日，推出“初心的坚守——中国妇女运动先驱邓颖超同志图片展”，举办“永远的绽放”——纪念邓颖超诞辰115周年情感分享会等活动；围绕新中国成立70周年，举办“杰出楷模周恩来——迎接建国70周年画展”“红色精神走进新时代全国图片展”“伟大的开端——中国共产党创建历史”“腾飞中国·巨变江苏——庆祝中华人民共和国成立70周年书画摄影展”“伟大女性——宋庆龄在重庆”等10多个展览。

对外交流　围绕周恩来旅日归国100周年，组织精英学子团赴日本开展研学活动，赴松山芭蕾舞团开展回访活动，与日本创价学会、日本创价大学等开展周恩来精神合作交流。在中俄建交70周年之际，举办“周恩来与中俄友谊”专题展，驻俄大使张汉晖等领导嘉宾参加开展仪式；与匈牙利国家博物馆开展文化交流，驻匈大使段洁龙热情接见。　（贾同宇）

【里运河文化长廊】2019年，里运河文化长廊作为大运河文化带建设核心项目，实施项目30个，全线完成投资约5.4亿元。

秋晚保障　2019央视中秋晚会在淮安里运河畔举办，全球1.87亿名观众收看。里运河办负责晚会筹备前期场所保障、里运河沿线景观亮化提升等任务，完成晚会保障场所的装修、亮化、监控、家具及空调采购安装、水电接入、物业入驻等工作。对里运河沿线绿化、亮化进行抢修和完

里运河景区 陈光晰 摄

善，对游客中心、青龙寺、尼姑庵等建筑增设夜景亮化，将帆船拖移至晚会现场附近重新装饰布置造景，打造晚会期间滚动播出频率最高的经典画面。

重点项目推进 年内，清江浦区三中心一街区项目取得进展，石桥油库拆迁交付，准备挂牌。御码头运河文化中心（老坝口历史风貌区）征收工作基本完成、老坝口小学新校区主体封顶；运河文创中心土地摘牌及施工招标完成，进场施工。滨河大道东延段（悠园路—海天路）工程完工。山阳湖景观提升工程建设完成。河下片区吴承恩故居广场提升工程基本完成；万丰小吃文化街正式运营。

中国漕运城、板闸遗址公园PPP项目 市里运河办（淮州集团）推进中国漕运城、板闸遗址公园PPP项目2~5号地摘牌。协助项目公司完成PPP项目融资审核工作，完成项目立项、环评、规划许可、施工等前期手续。至年末，中国漕运城、板闸遗址公园PPP项目完成前期准备工作。

滨河绿道 至年末，里运河文化长廊慢行系统服务设施提升工程完工，该项目投资6000余万元，对里运河两岸体育健身设施完成、休闲驿站、便民岗亭等服务设施设置和亮化提升，完成承德路至清隆桥北岸、（原）八亭桥至宁连公路南岸慢行系统服务设施提升工作，协调解决八亭桥段慢行系统改造、体育设施场地硬化、淮安区老船厂地块提升等一系列问题。该工程被列入2019年市政府为民办十件实事和省政府高质量发展考核项目之一。

长效管理 完成11个绿化项目、面积约70万平方米绿地及33个亮化项目现场移交和经费统筹确认。建立"手机日报、周检查、季度考核"的工作机制，及时、准确了解、掌握里运河文化长廊公共设施的管养情况。完成里运河沿线70万平方米绿地的修剪、施肥及除草和33个亮化项目灯具的检修更换。

宣传推介 年内，举办大运河文化广场及八亭桥至宁连路桥段的牌坊、水榭、亭子楹联牌匾征集活动，收到全国18个省（市）各界人士的楹联作品2417副。江苏卫视对里运河生态绿道建设进行全网直播。里运河宣传片在CCTV发现之旅频道《发现中国美》、央视7套《美丽中国乡村行》栏目循环播放，并在南方航空机上视频宣传、航空旅游杂志上刊登推介。江苏卫视、苏州卫视、《新民晚报》《新华日报》、学习强国等媒体均对淮安里运河文化长廊进行专题宣传报道。

大运河文化带建设 参与省委宣传部、省文化和旅游厅、省文联主办的首届大运河文化旅游博览会及文旅产业投资论坛，直播推介中国漕运城、板闸遗址公园PPP项目。淮安市淮州文化集团股份有限公司成为省大运河文化旅游产业投资联盟首批联盟成员，并被推选为理事单位。

（市里运河办）

【西游文化产业】 淮安西游产业集团有限公司成立于2014年7月，注册资本金14亿元，内设10个部门，下辖7个子公司，为市属一级国有企业。集团组建以来，围绕"城市功能内核、功能建设主轴、创意文化实践、文旅联动示范、商业运作典范、江苏题材之最"的战略定位，以西游文化为主线，以西游乐园为核心，致力整合文化旅游、娱乐教育、演出演艺、动漫影视、商贸餐饮、休闲度假等产业链。集团主营项目先后获评国家AAAA级旅游景区、全国优选旅游项目、中国最受欢迎水上乐园、省旅游创新发展优秀项目、省"十三五"旅游业重点项目、省科普教育基地等。龙宫大白鲸世界获评摩天奖·中国最受欢迎水上乐园、中国杰出室内主题乐园、淮海经济区最受欢迎研学旅游基地等。

2019年，西游集团全年接待游客60万人次，实现营收4600万元，客单价、营业收入均实现较大提升，现金流收支保持基本平衡。加强融资力度，创新融资渠道，通过与中国银行、中信银行、兴业银行、华夏银行等金融机构合作，全年筹措资金15.8亿元，向上争取资金到账600多万元，上缴国有资源（资产）有偿使用收入111万元。

项目建设 全年完成投资10亿元。其中，西游乐园完成"美猴王出世"等29个单体开挖、"情景游乐屋"等20个单体主体结构封顶，进行"佛法无边"等9个室外设备基础施工。日月洲度假村部分建成并投入使用，晨曦楼、和膳坊、邂月居3个组团错落分布，160多间客房、260个餐位为各大旅行社和自驾游客提供景区过夜游服务。

品牌打造 通过国家AAAA级旅游景区复核验收，推进启动国家AAAAA级旅游景区创建工作，组建创建工作小组并完成创建方案。年内，完成西游人物形象简化设计及主题商品设计、制作和销售，推出主题矿泉水、扇子、水杯、行李牌等周边产品，并同步进行线上线下销售，通过央视"秋晚"及徐宿淮盐"四地融媒体联动直播"提高曝光率。开展传统文化进校园、海洋科普进课堂等活动，与全市30余所学校、2万多名学生进行互动教学体验，获评省优秀活动、省旅游行业旅游营销推广案例。围绕西游相关品牌，累计申请并注册商标45个类别1000余件。

2019年11月，龙宫大白鲸极地海洋馆内首枚巴布亚企鹅蛋孵化成功，全市首只极地企鹅宝宝顺利破壳降生，为省内首只人工繁育成功的极地企鹅宝宝。企鹅孵化的条件要求严苛，存活率很低，龙宫大白鲸极地海洋馆成功孵化4只巴布亚企鹅，是企鹅人工繁育技术上的重大突破，填补全省在人工饲养、繁育南极巴布亚企鹅项目上的空白。（西游集团）

【白马湖保护和开发】 2019年，淮安市白马湖办（公司）按照“生态文旅水城”发展定位，大力实施退圩（渔）还湖、清水入湖、清淤净湖、生态养湖“四湖工程”，聚焦培育生态农业、文化创意、休闲度假、康体养生“四种业态”，致力于白马湖转型升级，打造独具江淮特色的国家湿地公园、国家水利风景区、国家生态旅游示范区和国家级旅游度假区。年内，白马湖公司创成淮安市文明单位和江苏省文明单位；市白马湖办（公司）获评“江苏省档案工作四星级”单位。景观质量达到国家AAAA级旅游景区创建标准，列入2020年度江苏省国家AAAA级旅游景区创建计划。

“南葵北菊”　白马湖“向日葵的故事”景区开园。该景区占地面积2平方公里，其中1平方公里为多彩葵花景观区、1平方公里为缤纷生态景观区，景区包含20余个葵花品种、100公顷葵花花海、500多万株多彩葵花，旨在打造长三角地区面积最大、葵花品种最全的“向日葵的故事”景区。年内，筹办“菊世无双”主题菊花展暨开封—淮安菊花联展，“南葵北菊”亮相并迅速成为“网红打卡地”，赋予城市新的亮点特色，2019年重阳节一天3次登上中央电视台。

校企合作　淮阴商校与市白马湖公司合作成立“白马湖文化旅游管理学院”，为白马湖生态保护和合理利用事业搭建“人才培养直通车”，双方在白马湖文化传承与发展等方面展开深入合作。

年内，依托白马湖丰富的特色农、渔业产品，挖掘白马湖水资源和水文化特色，白马湖公司与江苏食品药品职业技术学院合作开发“白马湖一桌鲜”，在白马湖艳阳度假酒店对外推广。

白马湖大道　白马湖大道工程开工建设。白马湖大道为完善白马湖片区交通基础设施的骨干工程。该工程位于淮安市洪泽区、金湖县及苏淮高新区三县（区）境内，北起苏淮高新区范集镇境内旅游公路，环白马湖西岸、南岸往南延伸，止于金湖县前锋镇境内阮桥河东岸，全长24.263公里，其中苏淮高新区境内1.697公里，洪泽区境内10.105公里，金湖县境内12.461公里。项目建设主要内容包括17座桥梁及路基路面、安全设施、绿化、路灯亮化等项目，总投资10.38亿元。（市白马湖办）

旅游管理

【概况】 2019年，淮安市开展年度全市旅游星级饭店复核工作，对照《旅游饭店星级的划分与评定》，对全市26家星级饭店进行年度复核检查，委托第三方开展景区、乡村旅游区暗访复核评定工作，取消等级资质景区景点10余家。盱眙第一山、涟水今世缘旅游区等通过国家AAAA级旅游景区暗访复核，实现7个县（区）国家高等级景区（AAAA级以上）全覆盖。年内，建立完善文旅市场信用评价体系，细化文旅市场主体的“红黑”名单管理办法，公布旅游市场的失信主体名单。加大文旅市场综合执法力度，组织开展“清源”“固边”“净网”“秋风”等专项行动，建立多部门联动执法机制，严肃查处损害游客权益等违法违规行为；建立消费维权服务站，健全消费纠纷快速和解机制，加强投诉举报处理，丰富受理渠道，形成高效便捷畅通的投诉、受理、处理、反馈机制，维护文旅市场安全秩序。举办“星级导游”和旅游饭店服务技能大赛，提升文旅从业人员素质。

【基础设施建设】 2019年，淮安市加强旅游道路建设，提升全市旅游外部通达性。年内，徐宿淮盐、连淮高铁通车，内环高架投入使用，建成近200公里旅游景区通达干线公路、超100公里旅游景区连接公路，实现公路交通内部网络全市重点景区全覆盖。完善旅游集散体系，高铁站客运枢纽主体建筑完成，开展集散中心规划建设方案编制工作。全域旅游集散中心（汽车总站）投入使用，开通城市旅游公交专线8条、全域旅游景区直通车线路4条；建设月季小筑·城市驿站，布局旅游咨询服务体系。旅游信息化水平提高，建设智慧旅游服务平台，集旅游攻略、讲解、全景、旗舰店等功能于一体，获评省智慧旅游项目。开发“文旅淮安”公共服务平台，在同程、途牛上线淮安文旅旗舰店，为游客提供更为便捷的服务通道。

白马湖旅游景区　　市白马湖办　供图

2019年淮安市旅行社名录

表29

序号	旅行社中文名称	地址
1	淮安金桥国际旅行社有限公司	清江浦区淮海花园A区8、14幢营业房
2	江苏麦果国际旅游有限公司	清江浦区金马酒店公寓北楼（A座）10009座
3	淮安景扬国际旅行社有限公司	清江浦区金马酒店公寓北楼（A座）19009室
4	淮安交通旅游集团国际旅游有限公司	清江浦区淮海北路75号
5	淮安市师苑国际旅行社有限公司	清江浦区淮海北路98号-1
6	江苏五大洲旅游有限公司	清江浦区金马酒店公寓北楼（A座）15B019室
7	淮安凯瑞旅行社有限公司	清江浦区中鑫上城C1002室
8	淮安市方向国际旅行社有限公司	淮阴区富豪花园1-101
9	淮安市天承国际旅行社有限公司	淮安区金陵名府购物中心119号
10	江苏京晟国际旅行社有限公司	清江浦区金马酒店公寓北楼（A座）20005室
11	淮安市众信国际旅行社有限公司	清江浦区香格里拉国际花园A区商业1号楼26-3室
12	江苏白马湖国际旅游有限公司	清江浦区淮海东路1号丰惠广场5楼
13	江苏三义国际旅游有限公司	清江浦区文化宫·运河明珠-文化宫A830室
14	盱眙华夏旅行社有限公司	盱眙县经济开发区新海大道东侧太和教堂北侧
15	淮安幸福国际旅行社有限公司	淮阴区幸福城A7-121号门面
16	淮安市淮汽旅行社有限公司	清江浦区淮海北路67号
17	江苏中农国际旅行社有限公司	清江浦区万达广场二期环宇路商铺2-127室
18	淮安金凯国际旅行社有限公司	清江浦区东风花园A8-7
19	盱眙中旅旅游有限公司	盱眙县东阳路2号五洲国际广场A区2A225室
20	江苏百达通旅游有限公司	清江浦区茂业时代广场2619室
21	淮安市中旅国际旅行社有限公司	清浦区浦东花园A幢17号
22	淮安空港旅游服务产业有限责任公司	淮安经济技术开发区空港产业园金港路8号
23	淮安市悠游国际旅行社有限公司	清江浦区承德北路63号安涉桥二区3幢
24	淮安去哪儿国际旅行社有限公司	淮安经济技术开发区海口路9号3号楼503室
25	江苏蒋坝天鹅湾旅行社有限公司	洪泽区盛世华庭小区第42、43号商铺
26	淮安市江淮国际旅行社有限公司	淮安市淮安区北门大街413号
27	淮安市美途国际旅行社有限公司	清江浦区淮海北路51号淮安市体育馆北立面西侧
28	淮安社康之家旅行社有限公司	清江浦区交通路新世纪城市花园7号会所103室
29	淮安龙行天下旅行社有限公司	清江浦区承德南路东大街南侧
30	淮安美程国际旅行社有限公司	清江浦区万达广场城市综合体2号楼2211室
31	淮安市中行国际旅行社有限公司	淮阴区长江东路北侧
32	淮安西游环球旅游有限公司	淮安经济技术开发区安澜北路3号总部经济园区
33	江苏小优小惠国际旅行社有限公司	清江浦区健康东路57号九龙广场B1601室
34	淮安市探索国际旅行社有限公司	清江浦区金樽国际公寓1-17号
35	淮安市欢乐行联合旅行社有限公司	清江浦区淮海购物广场A区C幢1402室
36	淮安友好国际旅行社有限公司	清江浦区承德北路水岸名宅10幢51室
37	洪泽白马湖旅行社有限公司	洪泽县岔河镇凤凰街108号
38	江苏大浦国际旅行社有限公司	清江浦区浦东花园D区3号楼7室
39	淮安市互通旅行社有限公司	淮安经济技术开发区韩泰北路8号20幢5室
40	恒业尧帝古城（金湖）国际旅行社有限公司	金湖县人民路85号
41	淮安开元国际旅行社有限公司	淮阴区幸福城A-7幢商住楼7-130
42	淮安市绿洲国际旅行社有限公司	淮安经济技术开发区轮窑社区综合楼一号
43	涟水县大地旅行社有限公司	涟水县常青路中央城步行街四号街
44	淮安市万达旅行社有限公司	淮阴区北京东路59号
45	淮安康辉国际旅行社有限公司	盱眙县甘泉西路北侧都梁大道西侧山水名都3号楼

续表29

序号	旅行社中文名称	地址
46	淮安市公交旅行社有限公司	清江浦区承德路楚秀园北大门东侧
47	淮安市文通旅行社有限公司	淮安区府市口文化长廊处
48	淮安市朝阳旅行社有限公司	淮阴区南洋花园1幢103号门面房
49	金湖金鑫旅行社有限公司	金湖县健康西路28号
50	淮安东升旅行社	清江浦区青年路8-9号
51	淮安市今世缘旅行社有限公司	淮阴区富豪花园C组团4号楼1-7室
52	淮安市远翔国际旅行社有限公司	淮安经济技术开发区翔宇大道河畔花城52幢-27号
53	江苏中恒国际旅行社有限公司	盱眙县金源北路9-1号墨香苑2-2商铺B5-B6室
54	淮安市一起游国际旅行社有限公司	清江浦区金马酒店公寓北楼(A座)25003室
55	洪泽正大旅行社有限公司	洪泽区洪泽湖大道115号
56	淮安市楚天国际旅行社有限公司	清江浦区大治路5号
57	金湖阳光假日旅行社有限公司	金湖县锦绣华城50#楼118-17室
58	金湖山水旅行社有限公司	金湖县建设路80号自西向东第4间
59	淮安新马旅行社	盱眙县盱城街道都梁北路18号
60	淮安安洁商务旅行社有限公司	淮安经济技术开发区小康城经三路4号
61	淮安汉耕新天地旅行社有限公司	清江浦区丰惠广场3216室
62	淮安楚风旅行社有限公司	清江浦区恒辉花园1号楼121号
63	淮安市视界商务旅行社有限公司	淮阴区樱花小区E-30号商住楼106号门面房
64	盱眙春秋国际旅行社有限公司	盱眙县盱城街道斩龙涧
65	涟水县星光旅行社有限公司	涟水县府前御景园B幢048室
66	淮安市新世纪旅行社有限公司	清江浦区淮海北路131号机关北大院18-19幢
67	淮安淮上江南国际旅行社有限公司	淮安经济技术开发区苏州路3号
68	淮安市金色假期旅行社	淮安区西门大街85号
69	淮安市柏翠旅行社有限公司	淮阴区北京东路68号
70	淮安市瑞航旅行社	淮安区粮食局楼下大门西五、六间
71	淮安悦辰旅行社	清江浦区盛世名门花园1幢1-A02室
72	淮安市运河之都旅行社有限公司	清江浦区解放东路59号1幢101
73	淮安市源之旅旅行社	淮安区韩信南路65号(原41号)
74	淮安舜天旅行社有限公司	清江浦区健康西路37号
75	淮安新能源旅行社有限公司	清江浦区新世纪豪园1号楼1211室
76	淮安市凤凰旅行社有限公司	清江浦区楚秀园北门A楼
77	涟水县好风光国际旅行社有限公司	涟水县涟漪东路1号(县老干局楼下)
78	淮安市海盛旅行社有限公司	清江浦区淮海东路71号新世纪城市花园4幢119室
79	淮安市环宇旅行社	淮安区韩信路79号
80	淮安远大国际旅行社有限公司	淮安经济技术开发区深圳路1号1幢3-911室
81	淮安市光大国际旅行社有限公司	清江浦区淮海花园B3号楼07A室
82	洪泽金色假日旅行社有限公司	洪泽区健康东路41号
83	淮安市金海岸国际旅行社有限公司	清江浦区北京新村一区9幢118号
84	盱眙县山水旅行社有限公司	盱眙县盱城街道淮河东路I-39
85	涟水县红日旅行社有限公司	涟水县涟城街道锦绣前城1幢111室
86	淮安市神舟旅行社有限公司	清江浦区黄河路14号
87	涟水县青年旅行社有限公司	涟水县安东南路2号
88	淮安市山水旅行社有限公司	清江浦区承德南路浦东花园A栋10号
89	淮安市阳光国际旅行社有限公司	清江浦区上海路利苑新村3区7号楼107室
90	淮安市华夏旅行社有限公司	清江浦区黄河路南侧益兴名流花园10幢107室

续表29

序号	旅行社中文名称	地址
91	淮安市森源旅行社有限公司	清江浦区承德路古黄河桥北樱花园门面
92	淮安中青旅行社有限公司	清江浦区人民北路8号
93	淮安市九州旅行社有限公司	清江浦区健康西路130号文化局办公大楼二楼
94	淮安曙光旅行社有限公司	淮安区淮城街道南巽路涧河北街58-7号
95	淮安外侨国际旅行社有限公司	清江浦区淮海北路121号
96	洪泽思源旅行社有限公司	洪泽区大庆南路4号
97	涟水交通旅行社有限公司	涟水县炎黄大道北侧涟水县汽车客运总公司院内
98	淮安市康晖国际旅行社	清江浦区玫瑰苑2幢营业上海路13号
99	盱眙交通旅行社	盱眙县盱城街道五墩北路(公路站楼内)
100	淮安市天马国际旅行社有限公司	淮安经济技术开发区海口路111号A509室
101	淮安新闻旅行社	清江浦区西大街116号
102	金湖金盛旅行社有限公司	金湖县健康西路39号
103	盱眙都梁国际旅行社有限公司	盱眙县东湖东路3号阳光巴黎3幢207室
104	淮安春秋国际旅行社有限公司	清江浦区丰惠广场1507室
105	淮安市中景国际旅行社有限公司	清江浦区丹桂苑22幢17室
106	江苏省洪泽湖旅行社	洪泽区人民路12号
107	盱眙旅行社	盱眙县金源花苑17号1009门面房(奥体路149号)
108	淮安市翔宇旅行社有限公司	清江浦区解放西路100号南门尚城3区5号楼
109	淮安市新职工国际旅行社有限公司	清江浦区淮海南路123号
110	江苏淮安中国青年旅行社有限公司	清江浦区淮海东路71号新世纪城市花园11幢
111	淮安中国旅行社	淮安区西长街243号
112	淮安旅行社有限公司	清江浦区淮海北路121号
113	江苏省淮安京杭旅行社有限公司	清江浦区淮海南路85-8号
114	盱眙善道旅行社有限公司	盱眙县淮河东路6号

旅游宣传

【概况】 2019年,淮安市文旅品牌融合统筹,实现文旅品牌宣传效果最大化。持续在央视、江苏电视台、淮安广播电视台等投放淮安文旅品牌形象音(视)频宣传广告,在《中国旅游报》《新华日报》《淮安日报》等进行淮安文旅品牌及主题活动宣传;在南京高铁南站、上海虹桥高铁站、北京首都机场航站楼、淮安机场等人员密集场所投放淮安文旅品牌宣传广告。携手江苏旅游日本推广中心、途牛、同程、马蜂窝等,依托线上淮安旅游品牌馆,紧扣高铁开通节点,联动中国铁路"12306"APP,在高铁客源站点精准推送品牌,快速吸引流量,集聚淮安文旅热度和人气。

【特色旅游宣传活动】 2019年,淮安市提升淮安文旅形象,以各种国际、国内文旅交易会为平台,推广淮安文旅资源。邀请港澳旅游达人到淮安采风,10名日本知名旅行商、20名国际旅游达人到淮安调研踩线。赴上海、合肥、成都、重庆等地举办淮安文化旅游路演、推介活动,邀请苏南20家重点旅行商和江苏12家主流媒体到淮安采风。举办淮河生态经济带文旅联盟大会,增强淮河沿线城市文旅资源共享、

12月17日,"跟着央视秋晚游淮安"旅游嘉年华正式启动　严　斌　供图

强化区域合作。参加全国性有影响力的旅游交易会，有选择地参加各省市举办的旅游博览会，加强与其他城市旅游行业的交流与合作，进一步宣传淮安旅游，逐步拓宽客源市场。年内，举办4场淮安文旅产品主题推介会（广州、成都、济南、南京），聚焦美食旅游主题，联合《现代快报》推出美食旅游H5互动游戏和美食旅游地图。

【媒介宣传拓展】 2019年，淮安市在中国铁路12306APP“高铁旅游嘉年华”刊登“水懂我心 自然淮安”主题宣传页面，围绕“5·19”中国旅游日、大运河文化旅游博览会、食博会等主题内容进行自媒体发布和新媒体联动。举办特色主题活动，举办“淮上行大运 一起来掼吧”淮安掼蛋文化游，省内外200余个旅行商及媒体代表参加活动。在上海虹桥高铁站举办淮安文旅路演活动，受央广网、凤凰网等10多家媒体关注报道，提升“水懂我心 自然淮安”文旅品牌形象的知名度和影响力。

【“跟着央视秋晚游淮安”旅游嘉年华】 12月17日，“跟着央视秋晚游淮安”旅游嘉年华活动首发式在今世缘景区举行。2019年，中央电视台中秋晚会在淮安成功举办，提升城市知名度、美誉度，彰显淮安文化旅游形象。“跟着央视秋晚游淮安”活动以统一的形象标识、独具特色的线路安排，设计春夏秋冬四款旅游文化产品，组织不同地区游客领略淮安具有文化特色的人文风景，当日吸引首批游客5000余人。 （市文旅局）

信息服务

综 述

【概况】 2019年，淮安市重点打造集成电路、应用电子两大信息产业集群，有包括淮安软件园、淮阴软件科技产业园等重点软件园区。开展两化融合企服对接活动，强化咨询服务，加强宣传和人才培养，培育典型示范和标杆企业，全市两化融合贯标企业、省星级上云企业、省工业互联网标杆工厂3项指标居苏北地区第一。有7个省级两化融合示范（试验）区，203家省级两化融合示范（试点）企业，有57家企业通过国家两化融合管理体系贯标评定。

【“智慧淮安”建设】 2019年，淮安市继续推进“智慧淮安”PPP新项目建设，年内完成招标程序。淮安市智慧城市项目最终建成一个城市大脑，两大智慧应用体系。淮安智慧城市大脑集智慧应用建设、政府治理整合、城市运行展现、城市大数据整合和运营等功能于一体，融会贯通各智慧应用，上下衔接应用与前端设备，打通数据流和工作流，实现技术、业务、数据的高度融合，提供跨层级、跨区域、跨系统、跨部门的综合协同管理和服务。淮安智慧城市大脑由智慧城市云计算平台、数据共享交换平台、城市运营管理中心、大数据分析展示平台等基础工程项目联动组成。两大智慧应用体系即城市治理体系和民生服务体系。两大体系以城市大脑为基础支撑和业务支撑，实现精细精准的城市治理和无处不在的惠民服务。精细精准的城市治理，项目建设紧抓城市最急需解决的应急指挥、综治、城管等痛点问题，解决发展、管理中存在的主要矛盾，提升整体城市形象及管理、服务水平；无处不在的惠民服务，将居民及企业法人需要的各类政府服务、交通出行、医疗健康、教育旅游等服务便捷推送至每个市民，探索引入服务型智慧应用，增加信息服务内容，用信息化提升服务精准度，使城市中每个人的生活效率得到大幅度提升，从而提升市民生活幸福指数。

【信息安全】 2019年，淮安市印发《关于做好国庆期间全市工业领域网络信息安全保障工作的通知》，督促各县区加强工业控制系统信息安全防护，做好国庆期间全市工业领域网络信息安全保障工作。同时选取3家企业进行现场抽查，技术人员对企业网站、网络和服务器进行现场技术检查。3家企业的网站、网络和服务器技术检查中未发现严重的安全漏洞。开展重要信息系统风险评估和等保测评，对全市重要信息系统异地备份项目（共4期）开展风险检查评估和等保测评，对发现的问题及时整改。

【无线电管理】 2019年，淮安市加大民航、铁路、电力等重点频率保护，对航空、供电、公安、广播等重点频段开展保护性监测，累计监测时长4930小时。与相关单位建立长效管理机制，落实沟通协调机制和快速响应的干扰排查机制。与南通无线电管理部门一起对南通军用机场飞机受到的航空频率干扰进行排查，排除干扰、保障航行安全。保障重大活动安全。做好省公务员公共科目笔试、高考、全国研究生入学考试等12场考试的无线电安全保障工作，实施干扰阻断15起，有效维护考试公平公正。确保全国两会、中国农民丰收节暨第十三届中国洪泽湖国际大闸蟹节开幕式等重大活动期间全市无线电安全。做好重点频段监测保护。利用固定站和小型站对公安、森林、水上等9个重点频率进行保护性监测，固定站和可搬移站监测累计工作时间9860小时。加强干扰信号查处，对使用重点频率的台站周边地区不明信号进行查处，解决通信运营商干扰申诉10起。在日常监测中，发现不明信号14个，均及时进行处理。年内，先后出动监测车21次，出动人员63人次，累计监测时长480小时，查获非法调频广播案7起，缴获非法广播电台设备7套。

【工业互联网示范试点企业认定】 2019年，淮安市开展市级工业互联网示范企业、工业互联网试点企业认定工作，年内认定淮安市工业互联网示范企业13家，分别是江苏安邦电化有限公司、捷群电子科技（淮安）有限公司、淮安市鸿富瀚科技有限公司、淮安六淳智能科技有限公司、江苏宝姿实业有限公司、圣固（江苏）机械有限公司、江苏爱特福84股份有限公司、江苏新源太阳能科技有限公司、江苏瑞洪盐业有限公司、盱眙泗州城农业开发有限公司、江苏永创医药科技股份有限公司、江苏弘晟包装有限公司、江苏省金象传动设备股份有限公司；认定淮安市工业互联网试点企业20家，分别是江苏金成机械科技有限公司、淮安市宇晨纺织印染有限公司、江苏百斯特鲜食有限公司、淮安凡之晟远大建筑工业有限公司、淮安市指南针毛巾有限公司、江苏甫林电子有限公司、淮安禾丰饲料有限公司、江苏建纬检测股份有限公司、江苏华尔威科技集团有限公司、华亿轴承科技（江苏）有限公司、江苏华电金湖能源有限公司、江苏红光仪表厂有限公司、洪泽东俊机械有限公司、光大生物能源（盱眙）有限公司、盱眙天生服装有限公司、江苏永安化工有限公司、江苏宏兴化学有限公司、淮安华昌固废处置有限公司、江苏汇丰木业有限公司、江苏万成钢构科技有限公司。（范志坚　张　欢）

软件服务

【概况】 2019年，淮安市软件信息服务业有以淮工深蓝软件有限公司、冲浪软件科技有限公司、天泽星网信息产业有限公司为代表的创新型软件设计及销售企业；以江苏极光网络技术有限公司、江苏科学梦创展工程有限公司、佳一教育科技股份有限公司为代表的文化创意类软件企业；以江苏民福康科技股份有限公司、淮安博世电子商务有限公司为代表的互联网服务平台建设及运营企业；以中移在线服务有限公司淮安分公司、江苏泰盈信息服务有限公司为代表的呼叫类信息服务企业。

【淮安软件园】 淮安软件园成立于2008年2月，是淮安市重点打造的软件产业核心基地。成立后，园区先后获得“省级电子商务示范基地”“省级现代服务业集聚区”“省级大众创业万众创新示范基地”等10多项省级以上称号，获批国家级科技企业孵化器和江北唯一一家国家级版权示范园区。园区核心启动区约1.33平方千米，采用“园中园”式发展模式，基本形成国家级淮安软件园、浙大网新（淮安）科技园、创新创业园和中国移动淮安呼叫中心“三园一心”的发展格局。园区发展软件与信息服务、服务外包、互联网电子商务、文化创意、人才培训五大产业。共吸引三七互娱、泰盈科技、佳一教育、民福康科技等600余家科技企业入驻。园区与清华大学、南京邮电大学、南京信息工程大学、厦门软件学院等知名院校以及中国软件行业协会、江苏省计算机协会等协会组织合作设立研发中心，开展产学研合作。园区聚合北大青鸟、甲骨文大学、淮微等一批专业培训机构，致力于打造苏北IT人才集聚和输出高地。园区成立专门的项目帮办和服务团队，引入快速响应的微信管理，设立运营淮安首家创客社区联盟。2019年，入园企业完成开票85.39亿元，同比增长23.37%，实现公共财政预算税收收入1.45亿元。

（园区办）

【中业慧谷·淮安软件创意科技园】 中业慧谷·淮安科技产业园是市重点、重大工程，先后获得“淮安市服务外包示范区”“大学生创业园”“省级软件园”“文化创意产业园”“国家高新区软件园”等多个称号。2019年8月，淮安国家高新区软件园通过省级科技企业孵化器核定。园区总投资10亿元，规划总用地面积8.87公顷，总建筑面积20万平方米，是宁淮挂钩招商引资重点项目。以专业高效的一站式服务吸引诸多企业。至2019年末，园区一期、二期B地块招商入驻企业逾300家，其中上市公司12家，就业人数近5000人，园区累计总产值超30亿元，税收超亿元。二期A地块计划打造成社区商业综合体，项目C地块计划打造为星级酒店，满足园区企业及周边住户的办公、培训、餐饮、娱乐、休闲、购物、住宿等配套需求。

（园区办）

通信服务

【概况】 2019年，淮安市编制通信管线和通信基站专项规划，将信息基础设施建设纳入城市基础设施建设总体规划，改“事后配套”为“事前介入”。推行集约化建设模式，提升通信基础设施利用水平，打造全市新一代宽带、融合、泛在、安全的通信基础设施。同时提出加强基站小型化、微型化试点工作，探索小、微型基站与建筑物、路灯等公共设施同步建设模式，减少大型基站铁塔建设。

【光纤入户（FTTH）】 2019年，淮安市审查备案234个小区（组团）通信设计方案，完成338个小区（组团）的竣工验收。市区所有新建楼盘都按照淮安驻地网“三大通信运营企业平等接入，一纤到户”的管理模式实施接入，整体情况良好。

【中国电信集团有限公司淮安分公司】 2019年，中国电信淮安分公司主营业务收入同比增幅5.95%，位列全省第二。收入市场份额较上年提升0.34个百分点。基础产品收入贡献保持健康稳定，基础业务收入增幅2.8%；基础业务收入占总收入比87.2%，位列全省第一。政企新兴业务收入同比增幅33.2%。

业务发展　提升用户价值，引导用户金融分期购机，降低用户购机首付款，增加用户粘性。天翼出账用户累计净增完成率78.4%。天翼用户份额位列全省第四；份额累计提升2.35个百分点。流量份额达28.6%，流量份额与用户份额基本相当。宽带业务坚持融合优先，以智慧家庭为切入点，增加宽带应用场景，保持市场份额基本不下降。宽带用户净增完成率54.8%。在网宽带用户融合天翼占比84%，较省均高7.4个百分点，位列全省第一。新增互联网专线2875条，完成率153.3%；拨号宽带净增完成率110.3%；酒店ETV净增完成率86.5%。全区天翼云新增完成率142.7%，IDC收入同比增幅40%。物联攻坚取得初步成效，成功签约高铁东站智慧广场、盱眙中医院、开发区和兴汽车厂区3个智慧区域化综合应用项目，项目金额近千万元，拓展蘑菇智行车联网前装项目，预计3年开卡300万张，收入超3000万元。全区DICT收入同比增长48.5%。推进省市纵向一体化项目，签约市软件园智慧园区和市级、清江浦区、涟水县电子政务网改造升级以及盱眙、金湖智慧教育云等重大标杆项目。

全面完成提质增效指标，全市光端口利用率59.65%；光网投资占（宽带+ITV）收入比13.2%；4G容量价值小区日均流量16.7G/小区，提升55%。淮安“破解投资压降难题、支撑市场提质增效”的做法在全省推广。至年末，全市LTE基站总数达5589个，LTE下行流量由上年底的1015.53T/周提升到1763.03T/周，增长73.6%。全年H宽带用户达71.75万户，H宽带用户占比98.8%。年内，室分建成率100%，高价值居民区综合达标率93.30%。推动“五高”重点区域精细优化，移动互联网感知质量优良率93.77%。完成172个老旧C网基站改造，单站分别节约年电费6872元。开展装维短板攻坚，客户障碍率由1.82%降至1.68%，重复障碍率由6.38%降至4.8%，宽带接入速率感知优良率由96.25%升至96.72%，FTTH用户光衰达标率98.02%；扩大“当当快”服务覆盖范围，“政企+公众”当日装修成功率均保持在98%以上。开展传统网络隐患整治，本地全量隐患闭环率达98.88%，特别是市县光缆隐患的彻底闭环，一举解决多年历史痼疾。

优化管理　提升资源使用效率，万元销售费用拉动新增用户（天翼+宽带）31户。适度集中成本资源，用于专项运营配置，市公司集中成本资源1600万元，接应全区集中营销活动、ICT等新兴业务拓展。退铜扫尾及废旧物资处置完成1194.1万元，完成年度管控目标的398%；全区能源费累计支出4774.7万元，完成年度预算的97.5%，同比下降1259.7万元。四季度省公司公众用户满意度测评得分86.8分，有较大提升。全年无增值业务、不明扣费类有效申诉发生。12月套餐复杂用户难选择类投诉较年初下降48.99%。强化一线支撑能力，全年承接小CEO呼唤炮火591个，支撑解答小CEO支撑群反映问题137个，支撑营业精灵（优问）问题18376个。贯彻依法治企、合规管理相关要求，优化企业法制，纠纷案件处置率、合同风险防范、内控制度执行等居全省先进行列。未发生通信盗窃案件、安全生产事故和消防安全事故。

（公司办）

【中国移动通信集团淮安分公司】2019年，淮安移动公司手机通信用户规模近300万，其中4G用户规模230万，家庭宽带用户超69万，公司收入超21亿元，实现净利润超4亿元，实现收入利润持续增长。承德路沟通100店获评国家级青年文明号，淮阴区和盱眙县获评省级文明单位。

网络建设　加快全面网络建设，主动补盲，减少因网络覆盖不完善造成的城乡基础设施不平等，助推数字中国建设。全年新增4G基站1500余个，累计建设4G基站超过7000个，4G网络覆盖率超过99%，4G语音、上网满意度均保持行内领先。加快5G布局建设，开通基站300多个，基本实现市县主城区连续覆盖。完成淮安东站和涟水站5G覆盖、高铁沿线4G覆盖，实现高铁不掉线。完成中央电视台中秋晚会、食博会、盱眙龙虾节等一系列重大活动通信保障。

宽带建设　落实“宽带中国”战略，持续推进“光网城市”“光网乡村”工程，加大投资，至年底宽带覆盖规模超过200万户；年内完成400多个小区、16万户的资源整治和设备升级，提升宽带网络客户满意度。

技术创新　推进“5G”“云计算”“大数据”“物联网”等新兴业务发展。参与政府及交通、卫生、教育、公安等行业民生项目信息化工程，对接市、县政府信息化规划。全年累计签约300万元以上信息化项目14个，助力盱眙县、淮阴区、淮安区和洪泽区建设电子政务平台；打造港口物流、今世缘集团、淮香集团3个5G示范项目。发挥信息优势，通过公安安防、旅游客源分析、外来人口监测等大数据应用，助力政府单位提效。

客户服务　全面构建用户导向的经营发展体系，改善服务短板，重塑品牌优势。顺应用户消费行为变化和需求升级趋势，在不断推进提速降费前提下，优化资费套餐，做好内容运营，提升用户使用感知。通过“内抓管理、外抓治理”，推进不知情定制投诉专项治理，严格市场经营领域三条红线，保护客户合法利益。

党业融合　开展“党建和创”主题实践活动，系统推进“岗、区、队”创建，建立党员先锋岗13个、党员先锋队28个、党员责任区16个，与24个合作单位签订“党建和创”协议，签订项目13个，累计收入近1700万元。

（公司办）

【中国联合网络通信集团有限公司淮安分公司】2019年，淮安联通公司完成主营收入约4亿元，同比提升7%。年内组织春节市场营销、五一劳动竞赛、国庆促销、冰激凌阶段性促销等活动，做好用户发展。开展冰激凌专项拓展活动和百家老店提升冰激凌认购。与电动车上牌项目合作，将冰激凌号码作为防盗车辆的联系号码使用。开展合作渠道金融专项攻坚活动，开展广联合家欢行动。

项目拓展　落实省公司“十百千万”重大项目拓展，聚焦政务、旅游、教育及执法重点行业，聚焦ICT、IDC、BPO重点项目，推进十百千万活动以及全员优秀商机评选活动。建立系统集成支撑中台，成立专项项目团队，业

1月25日，淮安联通公司与省信息化协会联合举办“‘云起江淮 智享未来’江苏联通助力淮安企业上云”会议　　公司办　供图

务从整体转包逐步向自主集成模式转变，全年累计中标及签约金额9000万元。

提升服务　三季度移网综合NPS为13.2，位列全省第四，同比提升17.9。宽带综合NPS为14，全省排名第四，同比提升2.1。全年1—10月有效申诉发生量54件，有效申诉发生率月均值8.4件/百万户。有效申诉发生量同比下降44件，降幅45%。1—11月平均投诉率30.9件/万户，同比减少12.5件/万户，降幅28.8%。

业务拓展　坚持互联网转型，组织合作、零售、自营、异业、连锁等各条线全年营销活动，确保新增市场份额不低于10%。坚持渠道“走出去”、金融门槛“降下去”、价值“提上来”，提升发展有效性，新发展用户有效性提升10%。宽固融合发展，以低消宽带和冰激凌融合加速宽固融合产品向“泛融合”产品迭代，全面聚焦智慧家庭系列产品，加强包装，捆绑移网，有效增收。对新发展用户根据发展场景匹配相应维系政策，开展线上线下一体化新入网维系活动，通过专项活动提升用户留存，实现留存提升10%。

网络建设　推进无线网覆盖建设，扩大与电信共建共享，尤其是5G共建共享，有效节约投资。对于重点大客户场景——西游乐园，通过自行建设5G基站加强覆盖。优化资源，结合L1800和L900站点优缺点进行城区农村站点调整，城区低效的L900站点调整到农村进行广覆盖。（公司办）

开放型经济

对外及港澳台贸易

【概况】 2019年，淮安市委、市政府制定出台《关于推动开放型经济高质量发展的实施意见》，促进开放型经济发展。全市有进出口超亿美元和超5000万美元的企业8家、12家。有省级重点培育和发展的国际知名品牌企业7个，即卧龙电气、康乃馨织造、共创草坪、三禾鞋业、神华药业、理士电池、悦丰晶瓷。全年外贸进出口47.05亿美元。新培育进出口超千万美元企业4户，全市有进出口实绩企业991家，有出口实绩企业877家，外贸出口保持正增长。完成外经营业额1.73亿美元。印发《淮安市（2020—2022年）对外贸易高质量发展实施方案》，优化出口结构、市场结构、经营方式、主体结构和服务体系，推动外贸结构优化、拓展深度、提升效益。全市一般贸易和生产型民营企业出口分别增长7.5%、5.2%，增速分别快于全市出口平均增长率6.8和4.5个百分点。积极应对经贸摩擦，对出口美国市场1000万美元以上且占比50%以上的16家重点企业进行动态监测。受理案件28件，增长47%，报损金额457万美元，增长85%，帮助企业追回货款132.6万元，保障企业稳定经营。

【出口贸易】 2019年，淮安市实现外贸出口232.9亿元，增长4.9%，高于全省外贸出口增速2.8个百分点。出口商品以电子信息类、纺织服装类、橡胶制品类等为主。全市前五大类出口商品分别是电子信息产品、服装及衣着附件、纺织品、轮胎、电池。其中，电子信息产品出口5.35亿美元，占比15.8%；服装及衣着附件出口3.45亿美元，占比10.2%；纺织品出口3.24亿美元，占比9.6%；轮胎出口2.53亿美元，占比7.5%；电池出口2.01亿美元，占比5.9%。出口规模前三位的国家和地区分别是欧盟、美国、东盟，出口额分别为7.17亿美元、6.69亿美元、5.66亿美元，占全市出口比重分别为21.2%、19.8%、16.7%。

【外贸新业态】 2019年，淮安市建立跨境电商协会，推进市公共海外仓建设，举办跨境电商实操培训，英佩尔、美妙电子、易达丰等一批传统外贸企业直接或供货开展跨境电商出口。威特日用品公司在亚马逊实现销售6000多万美元，美妙电子公司成为亚马逊、eBay等平台的重要供应商，英佩尔制衣公司运用亚马逊、阿里巴巴、Google Adwords等向全网营销模式转变。

【多元化开拓市场】 2019年，淮安市培育外贸新增长点企业180户，对“一带一路”沿线国家出口占比30.4%。有对外劳务合作经营资质的企业3家，有境外投资企业（含境外办事机构）71家。境外投资企业淮安协议投资额9660.58万美元。跨境电商、外贸综合服务等新业态加快发展，高新技术产品出口占比12.9%，同比提高4.5个百分点。支持企业境外商标注册、专利申请和产品认证，引导企业创名牌、创基地，康乃馨织造、悦丰晶瓷、共创草坪等本土品牌企业逆势出口增长7.7%。利用自贸协定为41家企业出具优惠原产地证503份，增长15.6%。淮冶科技公司在乌兹别克斯坦投资的利达钢铁项目建成投产。

印发《2019年度淮安市贸易促进计划》，其中在“一带一路”沿线国家举办的展会由9个增加到15个，在新兴市场举办的展会由10个增加到18个，促进对“一带一路”沿线国家出口增长25%，对东盟、非洲等新兴市场出口继续保持全面增长。

【金融支持外贸企业】 2019年，淮安市推动185家小微企业纳入中国出口信用保险统保平台，增长9.5%；政策性出口信保累计支持出口贸易4.71亿美元，增长30.8%，服务企业数205家，促进全市外贸企业回稳向好。支持半导体及相关行业、新能源汽车、轻纺等行业企业进口国外先进设备，向上争取国家贴息资金5500多万元。发挥各级外贸扶持资金作用，扩大出口信保覆盖范围，加大贸易促进政策措施扶持力度，强化品牌和知识产权保护，开展政策宣传培训。全年向上争取、下达外贸扶持资金7836.12万元，较上年增加1.2倍。鼓励企业运用“苏贸贷”解决融资难题，召开银保企对接会，协调银行、信保机构给予重点支持，46户企业获得“苏贸贷”项下授信批复额度1.3亿元，企业获得放款1.2亿元，获批企业出口增长近两成。市进出口商会与市开发金融控股集团达成合作，市进出口商会出资50万元作为过桥转贷保证金，建立1亿元过桥转贷资金池，所有会员企业可享受单次5000万元额度优惠利率的过桥转贷资金，实现融资成本更低、流程更快、效率更高，有效解决企业过桥资金周转难题。

2019年淮安市国内外贸易及利用外资情况表

表30

地区	进出口总额（亿美元）	出口	进口	注册外资实际到帐（亿美元）	协议注册外资（亿美元）
全市	47.05	33.80	13.25	10.49	32.32
淮安区	3.84	3.68	0.16	1.25	3.08
淮阴区	3.23	1.94	1.29	1.32	1.77
清江浦区	4.23	3.63	0.59	0.93	3.60
洪泽区	2.19	1.76	0.44	1.25	3.04
涟水县	3.25	2.86	0.39	1.40	2.41
盱眙县	1.65	1.44	0.22	1.05	4.47
金湖县	4.72	4.64	0.07	1.28	3.21
开发区	22.67	12.91	9.76	1.72	10.45
工业园区	0.81	0.56	0.25	0.01	0.06
苏淮高新区	0.80	0.59	0.21	0.21	0.25

【展会服务】 2019年，淮安市组织全市1000多家次企业参加第二届中国国际进口博览会、华东进出口商品交易会、广交会等展会，拓展多元化市场。发布境内外重点展会组展信息40余条，推动全市300家次以上企业“走出去”，参加江苏出口商品展览会（日本大阪）、德国科隆五金展等各类境外展销会，参展规模再创新高。累计成交2亿多美元，春、秋两届广交会均获得“省优秀分团”称号，《广交会通讯》头版和广州卫视专题刊载宣传淮安市企业风采。进博会参展单位、参展人数、意向成交额均超上届，与第二届食品博览会路演联动，溢出效应明显。上海卫视《东方新闻》专访报道淮安分团招商招展、贸易促进等特色活动，播报时长超1分钟。（市商务局）

招商引资

【概况】 2019年，淮安市新批外资项目139个，协议外资32.32亿美元，同比增长14%；注册外资实际到账10.5亿美元，同比增长0.5%；外资企业缴纳涉外税收49亿元。有销售收入超10亿元的外资企业11家，有世界500强企业投资项目20个。优化利用外资结构，全市制造业利用外资4.34亿美元，占比41.4%。开工项目到账外资占比70.2%。组织日韩、珠三角、长三角等外资密集区专题招商，创新委托招商、基金招商、园区招商等新模式，与国际知名投行世邦魏理仕签订战略合作协议。

【重特大项目】 2019年，淮安市新设总投资3000万美元以上项目55个，数量苏北领先，总投资1亿美元以上项目15个。全年新拓展企业资源530家，客商700余名，捕捉有效项目信息51条，其中食品产业项目信息25条。全年开工、签约项目7个。涟水吾悦广场项目总投资45亿元，其中商业部分12亿元。福立旺钻石金刚线项目一期总投资2亿元，该项目当年签约、当年投产，并启动二期扩能规划。天马现代仓储物流项目一期总投资5亿元，开工建设现代化物流智能仓。淮安区置信智造谷项目总投资13亿元，开工建设电子与精密机械专业园区。淮安德邦电商智能产业园项目总投资5亿元，打造区域物流总部中心。万倍尔智能穿戴设备项目总投资1500万美元，开工建设。签约淮安保时捷中心项目，总投资1500万美元。加快推进百思福食品、新城悦酒店、俄罗斯联合糖果、安拓食品产业园等一批项目落地。

市商务局在推进重特大项目建设上，落实“项目长”挂钩服务机制，对挂钩服务的外资项目，实施全程帮办、全心服务。结合全市重大项目督考平台、外资项目开工现场确认、项目调研等，全年100余天走访项目现场，推动项目130余个。组织全市外资条线赴南京市、昆山市学习，形成《建议我市借鉴外地经验推动重特大项目招引实现新突破》的调研报告，市委主要领导批示肯定。为加快台资项目集聚，组织台资招商竞赛活动，承办第十四届台商论坛项目签约工作，全市新签约台资项目41个，其中总投资3000万美元以上项目29个。组织县区参加2019厦洽会，现场推介淮安市投资发展环境，对接项目18个。

【展会招商】 2019年，淮安市做好第二届食博会招商招展，开展食品产业专题招商，密集开展食品产业小分队招商。第二届食博会期间，邀请亿滋、上好佳、通用磨坊、费列罗、中粮、蒙牛等国内外456家知名食品企业参展，参展商近1500人。举办国际知名食品企业淮安行及食品产业专题推

4月22日，鹏鼎控股全球伙伴大会在淮安举行　市台办　供图

介会，邀请120多家企业参会，并组织清江浦区、涟水县主要领导专场推介。5月下旬，组织清江浦区、盱眙县代表赴日本和韩国开展食品产业专题招商活动，推进宝酒造清酒、井村屋、希杰、波路梦等食品项目招引。2019年四季度，在上海、南京、北京分别以参展商、采购商、主办方为目标受众举办专场招商招展推介会，为第三届食博会营造浓厚展前氛围。11月下旬，在苏州召开食品产业精准招商对接会，邀请津津长发、采芝斋等40家苏州食品企业参会，获得苏州好得睐科技食品、昆山供美香食品、太仓泰富饮用水等一批意向项目信息。高频率赴上海、北京、杭州、苏州、无锡、常州、南京等地开展食品产业小分队招商，了解通用磨坊食品有限公司、祯祥食品有限公司、日世食品有限公司等项目信息。多次赴昆山开展招商推介活动，挖掘昆山以及苏州地区剩余产能转移项目，推进鲜活果汁、世达机械、安拓食品产业园等高效优质项目招引。

【高端招商资源对接】 2019年，淮安市积极对接国内外高端优质资源，有效实施市场化招商，助力重特大项目取得突破。正式与投行开展合作，与国际知名委托招商机构世邦魏理仕签订战略合作协议，在重大项目招商路径制定、外资项目引进、高端资源导入、投资环境推介、专题业务培训等方面全面展开合作。年内，有外资汽车零部件、汽车轮毂项目洽谈推进。通过高力国际接洽德邦物流、俄罗斯糖果等项目，加快推进项目合作。深化招商代表制度，聘请置信产业园、中南集团招商、平谦国际、深圳台协资深人员为专业招商代表。

【市县联动招商】 2019年，淮安市推动市县联动招商，精准产业研究，务实开展业务培训。年初，市商务局与涟水县签订食品产业联合招商协议，探索资源共享、优势互补的招商新路径。组织盱眙县、淮安区、市工业园区、涟水县等县（区）和平台采用小分队形式，赴上海、苏南、广州、深圳等重点区域开展联动招商50余批次。围绕淮安市“三新一特”优势产业体系开展产业招商路径研究，围绕国家及省食品产业发展现状、产业扶持政策，重点梳理产业链上下游食品企业、世界500强重点企业及招商突破路径，加强食品产业研究，形成初步成果。策应“重特大项目攻坚年”活动，在昆山成功举办第三期全市外资招商高级研修班，邀请世邦魏理仕、昆山经济开发区、昆山市发展改革委、昆山德国工业园等招商专家讲授外商投资动向及企业选址要点、昆山产业集聚经验做法、基金招商策略等内容，并围绕昆山转型发展开展实景课堂学习。

【战略性新兴产业外资利用】 2019年，淮安市战略性新兴产业利用外资占77.8%，较上年提高42.6个百分点。市商务局通过QQ群、微信群等，向县区、平台和外资企业宣传战略性新兴产业目录，并专题召开会议进行宣讲和辅导，引导全市制造业和战略性新兴产业利用外资。7月，赴县区和淮安经济技术开发区开展制造业与战略性新兴产业利用外资专项督查，了解各县区推进战略性新兴产业利用外资情况；赴重点企业开展调研服务，向企业宣讲外资优化区域布局思路和方向，引导外资企业在全市产业发展、技术进步、结构优化中发挥积极作用。鼓励外资参与重点产业体系建设，推动外国投资者扩大再投资。新设15个超亿美元项目中，有10个是制造业产业项目，主要涉及电子元器件、专用设备、化学原料等领域。

【服务企业】 2019年，淮安市帮助企业最大限度获得项目资金。市商务局帮助江苏和兴汽车科技有限公司申报跨国公司地区总部，首次160万元奖补资金拨付到位。在淮安市级商务流通发展资金中，设立提升利用外资质态项目资金，与县区商务部门、企业对接，近20个项目享受扶持资金500多万元。学习《中华人民共和国外商投资法》，开展外资总部经济专题调研，形成培育淮安市跨国公司地区总部和功能性机构的调研报告。赴清江浦区、淮阴区开展外资政策集中培训和宣讲。向100余家外资企业发放调查问卷，了解企业生产经营情况，听取企业对政策服务的意见建议。赴富士康科技集团公司、江苏全稳康源农业发展有限公司等10余家企业进行总部经济政策专项宣讲，指导企业申报项目资金。 （市商务局）

贸易促进

【概况】 2019年，淮安市贸促会在对外联络、展览会议、法律服务、出证认证、国际商会建设等方面为企业国际化发展提供专业服务。邀请和接待国（境）外经贸界人士和代表团到访，组织淮安经贸、商会代表团及各界人士出国（境）访问与考察。为淮安市外经贸企业和组织提供有关经贸方面的法律咨询和法律顾问服务。组织企业参加各类国际国内贸易展览会和博览会。

【对外联络】 1月，淮安市贸促会邀请台湾贸易中心南京代表处代表到淮安，就展会合作展开交流。5月，第二届淮安食博会期间，接待美国江苏商会、澳大利亚江苏商会、欧美工商会、日本振兴公社等境外贸易促进机构，英国、墨西哥、日本等外国驻华使领馆代表。8月，拜访荷兰贸促会南京办事处、匈牙利南京代表处等境外商务机构。12月，组织4家淮安企业随江苏省贸促会代表团赴阿根廷、巴拿马出席“第十三届中国——拉美企业家高峰会”及相关配套活动，与当地对口机构开展商务对接洽谈活动。积极参与省贸促会与境外机构新春联谊会、江苏—泰国贸易投资机遇研讨会、第十一届中国（江苏）企业跨国投资研讨会等重要经贸活动。

【参加展会】 2019年，淮安市制定印发重点境内外展会宣传册，在贸促会官网、公众号等多个平台宣传境外展会及相关扶持政策。实施市场多元化战略，全年开展拉美市场分析及开拓、企业境外参展口语、德国及欧盟市场分析及开拓、东盟及非洲市场分析及开拓系列培训班。重点组织企业参加德国科隆五金展、美国拉斯维加斯服装展、迪拜五大行业展等境外展会；组织企业参加中国国际进口博览会、昆山品牌产品进口交易会、连云港国际物流博览会、无锡新能源大会、中国（武汉）国际食品交易会等境内展会。

【出证认证】 2019年，淮安贸促会签发一般原产地证书4404份，同比减少14.24%，签证FOB（离岸价）金额25762.4万美元；优惠原产地证503份，同比增长15.6%，签证FOB金额1420.24万美元；出具商事证明书971份；代办领事认证236份。

【法律服务】 2019年，淮安市增强FTA（自由贸易协定）推广力度。4月，组织中国—东盟自贸协定原产地业务培训；6月，承办由省商务厅、南京海关、省贸促会三部门联合主办的FTA惠苏企（淮安）专题培训班。指导鼓励各类出口企业利用自由贸易协定等机遇，加大对“一带一路”沿线国家、南美等富有潜力的新兴市场开拓力度，为淮阴医疗器械有限公司开拓欧洲市场、江苏润沃驰塑业有限公司开拓韩国市场提供个性化服务。帮助外经贸企业应对中美贸易摩擦，协助洪泽安心厨家具有限公司应对双反调查。强化知识产权服务，指导科诺尔颜料有限公司开展商标注册，为展阳商用道具有限公司自有品牌建设提供建议。

【国际商会建设】 2019年，淮安市筛选全市有外贸实绩的企业，全年新增26家会员企业加入国际商会。开展企业调研走访，通过问卷及走访开展调研，向110家外贸企业征集贸促工作建议，上门走访30家，摸清摸透企业实际需求，建立走访企业档案。促进会员企业交流，9月举办企业家沙龙活动，30家重点外贸企业负责人围绕跨境电商业务探讨交流。10月，举办中国国际商会淮安商会商事认证知识竞赛暨秋日健走活动。 （夏悦灵）

开发园区

综　述

【概况】 2019年，淮安市有10个省级以上开发区，包括2个国家级开发区：淮安经济技术开发区、淮安高新技术产业开发区；7个省级开发区：淮安工业园区、淮安经济开发区、洪泽经济开发区、涟水经济开发区、金湖经济开发区、盱眙经济开发区、清河经济开发区；1个获批筹建的省级高新区：苏淮高新技术产业开发区。全市开发区获批省级特色产业园13个，分别是淮安台商信息产业园、淮安盐碱科技产业园、淮安精密机械配件产业园、金湖装备产业园、盱眙凹土科技园、涟水电子电气产业园、淮安（生物）医药产业园、洪泽纺织（特种纤维）产业园、盱眙机械（钢管轴承）产业园、淮阴节能电器（太阳能）产业园、淮安教学具产业园、淮安（涟水）空港产业园、江苏金湖体育用品产业园。有南北共建园区8个，分别是昆山高新技术产业开发区淮安工业园、南京经济技术开发区涟水工业园、江宁经济技术开发区淮阴工业园、南京雨花盱眙宁淮新兴产业科技园、南京高新技术产业开发区洪泽工业园、江苏省国信集团淮安工业园、宜兴经济开发区金湖工业园、昆山花桥经济开发区淮安工业园。全市开发区总体规划面积486.95平方公里，建成区面积273.21平方公里。

2019年，全市开发区有列统企业1018家，占全市67%；完成规模以上工业开票收入1437亿元，占全市68.1%；入库税收90.5亿元，占全市43.4%；注册外资实际到账8.42亿美元，占全市80.3%；新批外资项目84个，占全市60.4%；进出口总额41.6亿美元，占全市88.4%；新增高新技术企业196家，占全市新增209家高新企业的93.7%。

【经济开放】 2019年，淮安市开发园区放眼国际国内两个市场，拓展国际化经营，实现更高水平对外开放。围绕自身特色产业，紧盯行业龙头企业、世界500强企业、知名跨国公司，加大金融、物流、医疗、养老、教育、文化创意等现代服务业领域利用外资。全市新批总投资3000万美元以上外资项目中，落户开发园区40个，占73%。放大综合保税区功能优势，辐射带动保税物流、出口加工、国际贸易和现代服务业发展。拓展跨境电子商务、外贸综合服务、全网营销等新业态、新模式，加快推进贸易多元化发展。开发园区外贸进出口占全市88.4%。创新淮昆台资经济协同发展机制，推动淮昆台资产业合作园规划建设。与南京等地先进开发区结对共建，打造产业集聚载体，有5个南北共建园区获全省通报表彰，获省财政5000万元资金奖励。引导开发园区纺织服装、轻工、建材、食品、机械等传统优势企业到“一带一路”国家投资设厂。澳洋顺昌、德淮半导体、时代芯存等骨干企业建立专业离岸研发中心，主动融入全球研发体系。

【产业发展】 2019年，淮安市开发园区以主导产业为关键支撑，提升绿色集约发展水平，培育特色产业集群。全市7个开发区创成省级生态工业园区，淮安经济技术开发区创成全省第二个、苏北首个国家级循环化改造示

8月23日，淮昆台资合作产业园揭牌　　市台办　供图

范试点园区，获评全国首批“绿色生态园区”。围绕“以亩产论英雄”发展导向，加强项目落户评估，对入园项目投资强度、亩均税收、产值等质效达标严格审核把关。对战略性新兴产业、先进制造业等项目，优先安排供地；对产能过剩和高能耗、高污染企业，坚决杜绝。全市各开发园区都明确重点发展优势特色产业，基本形成电子信息、盐化新材料等超百亿元和装备制造、电子电器等超50亿元产业集群。淮安经济技术开发区重点打造新能源汽车及零部件、生命健康、智能装备三大新型产业和IT、盐化新材料“3+2”现代产业体系；淮安高新区构建以半导体信息、智能装备制造、新能源汽车及零部件为代表的“3+X”产业体系；淮安工业园区重点发展智能制造、现代家居，食品大健康等主导产业；苏淮高新区围绕岩盐资源，发展盐化新材料、精细化工产业；清河开发区形成半导体、生物医药、食品加工等主导产业；淮安开发区形成智能装备制造和教育装备、高端纺织等“1+X”特色产业；洪泽开发区引进的机械电子、现代纺织和新材料等主导产业项目数比重达70%以上；涟水开发区发展纺织服装、食品饮料、电子电气等产业；金湖开发区以石油机械、矿山机械等为主的高端装备制造业产业集中度达60%以上；盱眙开发区重点发展电子电器、新能源新材料产业。

【科技创新】 2019年，淮安开发园区加大科技扶持力度，激发企业科技创新和人才引进动力，全市开发园区新增高新技术企业196家，占全市新增高新企业的93.7%。淮安工业园创新实施“创新强企”三年行动计划，按照“单个突破、以点带面”方式，打造“引、建、培”全链条科创服务体系。充分利用邻近国家级科教园区的地域优势，加大与高等院校产学研合作力度，引导、支持企业与高等院校建立产学研合作关系，逐步建立以企业为主体、市场为导向、产学研相结合的技术创新体系。苏淮高新区以创建“高端资源集聚，杰出人才领地、高新企业摇篮”为引领，建成国家级盐化工产品质量监督检验中心、盐化新材料工程实验室等一批检测与研发平台，大中型企业和规模以上高新技术企业研发机构建有率100%，建成省级以上“两站三中心”16个。盱眙开发区推动企业技改升级，引导企业以新技术发展新产业，以新手段打开新市场，完成勒克斯、集美科、新海电子等20个设备投入超千万元技改项目，规模以上工业企业技改覆盖面达30%以上。

【营商环境】 2019年，淮安市省级以上开发区建成区全面完成“七通一平”基础设施建设，生产性和生活性服务功能完善，园区承载能力增强。淮安经济技术开发区以及涟水、金湖、盱眙、洪泽5个开发区分别建成面积超过1000平方米园区形象展示中心。淮安经济技术开发区完成优化布局调整，明确先进制造业、科教产业、现代服务业等5个片区功能定位及产业导向；淮安高新区整合渔沟、徐溜等重点乡镇工业集中区，设立生物科技、电子信息、智能终端等6个新兴产业园，形成“1+6”发展格局；涟水开发区整合机场产业园、高沟今世缘食品饮料产业园，打造“一区两园”一体化发展格局；金湖开发区按照“一区四园”进行空间产业布局，融合食品、电镀电子、环保等重点配套产业，打造各具特色的创新创业载体；清河开发区聘请福睿智库编制新一轮产业发展规划，逐步整合清浦工业园、黄码港，实现融合发展；盱眙开发区加快建设海峡两岸商务区、宁淮科技产业园等平台，提升载体承接水平，推动产业集聚发展；洪泽开发区推进以现代纺织产业园、现代包装材料产业园、高铁科创新城、新港产业园为基础的“一区多园”建设。推进“放管服”改革。全市开发园区落实推进自由贸易试验区第1至4批改革试点经验复制推广工作，适用的50个复制推广事项中，实施45项，实施率90%，提升投资贸易便利化水平，优化园区营商环境。（市商务局开发区处）

淮安经济技术开发区

【概况】 2019年，淮安经济技术开发区实现地区生产总值380.2亿元、同比增长6.5%。落实国家减税降费政策，同步提升财税质量，完成一般公共预算收入32.3亿元、总量全市第一，其中制造业增值税增长14.3%。主要经济指标在合理区间运行，规模以上工业总产值、规模以上工业应税开票、工业用电量、工业入库税金等总量全市领先且保持两位数增幅，外贸进出口总额逆势保持增长，经济运行质量持续提升。9月9日，在厦门举行的第四届中国国际绿色创新发展大会上，淮安经济技术开发区获得中国国际投资促进会评选的全国首批“绿色生态园区”称号。

【产业发展】 2019年，淮安经济技术开发区压实“项目长”制度，组建重大项目服务中心，提供全天候、保姆式帮办服务，全年新开工钛谷科技等亿元以上重点项目37个、计划总投资122.36亿元，新竣工丰瑞包装等亿元以上重点项目23个、累计完成投资73.66亿元。威博液压、庆鼎电子等11家企业通过国家级“两化融合”管理体系贯标，和兴汽车获评全省首批“工业互联网标杆工厂”示范企业，敏安汽车同胞兄弟——博德专用汽车首批观光车交付。总投资57.04亿元的12个项目参加全市第一批重大产业项目集中开工，总投资81.22亿元的17个项目参加全市第二批重大产业项目集中开工。淮安经济技术开发区第一家法国独资企业阿蓓亚化妆品包装项目奠基，总投资6.5亿元的淮安智慧谷二期项目中业慧谷淮安科技园开工。

【招商引资】 2019年，淮安经济技术开发区落实全市“重特大项目攻坚年”工作要求，累计签约亿元以上项目51个，维龙源电气等一批超10亿元重大产业项目落户。与香港铜锣湾集团签订总投资额60亿元的投资协议，与EGLASS国际有限公司签订总投资3.19亿美元的中性药用玻璃产品项目，与台湾和大工业股份公司签订总投资3亿美元的新能源汽车零部件产业园项目。

【基础设施】 2019年，淮安经济技术开发区对标国际化、现代化，实施中心城市建设项目156个、完成投资100亿元，汇金云谷等标志性项目加快建设。改善农村住房，实施民生搬迁项目25个、完成协议签订3653户、拆除74万平方米；新建、续建安置小区8个，93万平方米安置房建设加快推进。深化全国文明城市创建行动，打造智慧城管平台，提升小区物管能力，城市管理更加精细。提前完成大寨河等5条黑臭水体整治任务，创成全国首批“绿色生态园区”。

【营商环境】 2019年，淮安经济技术开发区以贯彻落实《国务院关于推进国家级经济技术开发区创新提升打造改革开放新高地的意见》为契机，推动开发区探索体制机制改革创新，激发发展活力。自由贸易试验区改革试点经验复制推广加快推进，改革事项实施比率达到90%。坚持“优化营商环境就是解放生产力”理念，探索实施审改提升工程，深化改革事项11项。推进实施“2330”审批制度改革，精简办理环节，建立健全“不见面审批”标准化清单。实现2个工作日内完成企业开办、3个工作日内完成不动产登记、30个工作日内完成建设工程项目审批等，营商环境首次进入全国国家级开发区30强。

【社会事业】 2019年，淮安经济技术开发区十大类19项民生实事全面完成，居民人均可支配收入全市第一。有效增加教育、医疗等资源供给，北师大淮安学校（部分）建成招生。北京盈科律师事务所落户开发区，助力淮安法律事业上新台阶。城镇职工基本医疗保险、工伤保险费率持续下调，累计为企业减轻社保负担约8000万元。推进扫黑除恶专项斗争，“四位一体”治理体系初步形成，“府院联动”“检企护航”等有效推动历史遗留问题化解。严格落实国务院安全生产督导和省委安全生产巡察要求，开展专项整治行动，安全生产形势总体平稳。（淮安经济技术开发区）

淮安高新技术产业开发区

【概况】 2019年，淮安高新技术产业开发区（以下简称“淮安高新区”）下辖6个特色产业园，进驻企业千余家，有规模以上工业企业91家，国家高新技术企业49家，科技型中小企业62家。年内实现工业总产值100.3亿元；完成一般公共预算收入6.4亿元、增长9.5%；实现规模以上工业企业入库税金3.6亿元，比上年增长8.1%；44家企业入库税金超百万元；完成规模以上工业应税开票销售106.3亿元，25家企业开票销售超亿元；完成规模以上固定资产投入80亿元；注册外资实际到账1亿美元，新增国家高新技术企业24家；新增长力工具、美瑞嘉包装等列统企业5家，万香科技、纽泰格汽配等2家企业进入主板上市辅导阶段；2018年科技部国家高新区科学评价考核位列137名，排名较上一年上升8名，进位幅度全国第三名。

【产业发展】 2019年，淮安高新区立足发展现状和产业基础，构建以半导体信息、智能装备制造、新能源汽车及零部件为代表的“3+X”产业体系，以建设千亿级半导体信息国家火炬特色产业基地、全国有影响的新能源汽车及零部件特色产业基地和500亿级智能装备制造产业基地为目标，时代芯存相变存储器、骏盛新能源动力电池等百亿级项目加快建设。总投资130亿元的时代芯存相变存储器项目正式投产，成功发布“溥元611”“溥元622”两款相变存储产品，成为国内唯一拥有相变存储器核心技术、自主知识产权并实现产业化的企业；骏盛新能源电池项目竣工试运营，与宝马、奇瑞等公司签订销售协议，在全市上半年重特大产业项目建设考核中，获评“十大印象最佳项目”之首。

【招商引资】 2019年，淮安高新区坚持项目为纲，抓招引、建设、培育等关键环节。围绕半导体信息、新能源汽车及零部件、智能装备制造等“3+X”主导产业，高标准完成三大主导产业发展规划、招商图谱编制，抢抓“研发+项目”“税源经济”“亩产英雄”类项目，紧盯“高大上”“高精尖”项目，新签约迈尔汽车零部件扩产、灏恒电子科技等亿元以上产业类项目29个。新开工总投资10亿元的科创孵化基地、10亿元的施尔丰生物科技等亿元以上项目15个，新竣工光大再生能源、宁淮电子产业园等亿元以上项目14个。

【科技创新】 2019年，淮安高新区构建创新发展生态，重点实施新型研发机构提质、高新技术企业培育、双创平台突破、科技人才引进、科技金融壮大“五大计划”。获批省大众创业万众创新示范基地、知识产权试点园区，获批国家高新技术企业24家，完成专利申请量、授权量分别达到2411件、1823件，其中发明专利授权量97件、期末有效发明专利363件、PCT国际发明专利申请14件；淮安合伙人成功获批国家级众创空间，全年获批省级企业技术中心1个、省级工程研究中心2个，省级工程技术研究中心2个，申报入选省“双创人才计划”15人、省科技副总14人、省科技企业家3人、“淮上英才计划”领军人才30人、创新团队3个、“苏北急需人才计划”人才33人；拥有省级科技企业孵化器4家、院士工作站2家、博士后工作站2家、企业科技公共服务平台4家。

【基础设施及社会事业】 2019年，淮安高新区立足产业发展趋势，加强城市功能规划与产业发展定位协同，通过控规修编和局部地块调整，完善住宅、商业、医疗、教育、市政等城市功能规划布局，“九通一平”面积33.4平方公里。月桂园东苑等11个房建类项目加快建设，交付名嘉花园、佟洼小区五期等安置房25万平方米、2126套，园兴科创孵化基地、宁淮电子产业园二期交付使用；新增绿化1.7万平方米、城市小品21处、公益广告11.5万平方米；全国文明城市创建月度测评平均成绩位居全市第三。稳步建设特色小镇，高标准编制“智芯小镇”规划，小镇客厅完成布展，滨河公园启动建设，台湾风情街、商务中心等配套项目加快推进，高分通过全省阶段性目标考核。

（市商务局开发区处）

淮安工业园区

【概况】 2019年，淮安工业园区开展“重特大项目攻坚年”活动，全面实施提质效行动。实现地区生产总值43.2亿元，增长8.8%；工业总产值145.04亿元，增长9.6%，其中规模以上工业总产值90.5亿元，增长9.1%；

淮安工业园智能制造产业园　　许继璐　供图

工业增加值29.5亿元，增长9.0%，其中规模以上工业增加值18.2亿元，增长8.6%；财政收入15.02亿元，增长1.6%，其中一般公共预算收入8.4亿元，增长5.5%；外贸进出口1.7亿元，其中出口1.4亿美元，进口0.3亿美元；实际使用外资2530万美元。

【产业发展】 2019年，淮安工业园区聚焦智能制造、现代家居、食品大健康"2+1"产业，开展"产业提档"行动，推动形成"产业集群、项目集聚"良好态势。智能制造产业集聚比亚迪新能源专用车、科铭货叉、纳沛斯半导体、福康健身器材、维多利科技等企业，现代家居产业投产中国优材、南洋胡氏、爱美森木业等企业，食品大健康产业落户"淮味千年"田园综合体、天参科技等企业。分类引导支持企业转型升级，素线新材料、日成电子等15户企业成功列统，纳沛斯、苏北拆解等28户企业产值大幅攀升。

【招商引资】 2019年，淮安工业园区成立重大项目攻坚指挥部，建立挂钩服务"项目长"制，新签约素线新材料、华瑞普机电等42个项目，新开工新鑫华包装、瀚蓝科技等36个项目，新竣工南洋胡氏一期、捷盛钻具等28个项目。主攻"龙头型""引领型"大项目，总投资10亿元的比亚迪新能源专用车项目开工建设，部分设备完成调试安装，具备生产条件；总投资10亿元的科铭货叉智造项目顺利实施，2.6万平方米标准化厂房全部建成；总投资1.5亿美元的中国优材科技产业园、总投资7000万美元的十全健身器材等重大外资项目签约落户，纳入淮安市级重大项目的投资完成率均超100%。创新开展项目攻坚"结对竞赛"、外资招商"百日竞赛"等行动，每月多种形式公布考核结果，形成"红黄榜上赛业绩、流动红旗奖先进"招商氛围。

【科技创新】 2019年，淮安工业园区创新实施"创新强企"三年行动计划，按照"单个突破、以点带面"方式，打造"引、建、培"全链条科创服务体系。加大与高等院校产学研合作力度，引导、支持企业与高等院校建立产学研合作关系，逐步建立以企业为主体、市场为导向、"产学研"相结合的技术创新体系。精准实施科技"小巨人"培育行动，爱美森、天参科技等企业科创能力大幅攀升，维多利、纳沛斯等8家企业创成国家高新技术企业，飞正科技、鹏翔医药等23家企业进入国家科技型中小企业库。2019年末，园区拥有省级以上研发机构16个、上市企业7家、"四上"企业84家、高新技术企业45家、创新创业载体2个、智能车间3个。

【基础设施】 2019年，淮安工业园区实施城建及功能配套工程11个，累计投资9520万元，完成道路节点绿化、城市景观美化等工程。城开国际街区二期主体封顶；永清河、龙腾河等水环境综合整治取得实效，污水处理厂生态补水泵站建成投用，河道"两违"整治率100%，城市长效管理、村庄环境管护等工作走在全市前列。通过"一个问题、一套方案"推进机制，依法处置一批低效企业项目，释放更多存量空间资源。持续完善功能配套，智能制造产业园综合楼装修主体完工，中小企业创业园二期具备开工条件，宝马、东风日产等4S店入驻汽车博览园，园区特色载体功能性、集聚度提升。

【营商环境】 2019年，淮安工业园区践行"一家人"服务理念，深化"定制式套餐"服务机制，优化"最多跑一次"事项清单和办理流程，通过容缺受理、并联审批等举措，高效办结在线备案投资项目。坚持"一手抓招引、一手抓培育"，推行"挂钩领导"帮扶机制，实施骨干企业培育工程，优化《促进企业做大做强创新发展的奖励办法》。充分运用政企互动通道管理平台，发布惠企政策、解决营商诉求、问效服务过程，客商满意度调查"正评率"持续攀升。"效率效能"品牌打造受到上级关注，淮安市委调研组形成专题调研报告。推进扫黑除恶专项斗争，开展安全生产专项整治，常态抓好文明城市创建，未出现安全生产事故、环境污染问题、越级上访现象。

【社会事业】 2019年，淮安工业园区开展"富民强村"行动，增强百姓福祉。推进农房改善提升工程，朱桥三期进场施工，栖霞三期具备开工条件，马厂中心村提升改造成效显现。农村人居环境持续改善，"胡马线"建成通车，农村污水管网铺设到位，入海水道周边农户集中供水、城乡垃圾集中处理实现全覆盖。园区实验学校中考再创历史最好水平，推动人民医院医疗惠民工程建设。"一村一品"工程形成示范，省定经济薄弱村全部脱贫"摘帽"，建档立卡低收入群众全部脱贫。举办全民运动会、广场舞比赛，创新开展"文明创建进万家""公益课堂进社区"等特色活动。　（许继璐）

江苏省苏淮高新技术产业开发区

【概况】 2019年，江苏省苏淮高新技术产业开发区（以下简称"苏淮高新区”)管辖面积98.4平方公里,其中规划环评面积24.58平方公里,下辖范集镇、张码街道和淮洪路街道,户籍总人口5.4万人。有规模以上工业企业60户,实现产值131.5亿元,应税开票130.6亿元,上缴税收5.31亿元,完成外贸进出口总额8011万美元。实联化工公司实现销售27.9亿元,国信热电公司开票销售20亿元,联力环保公司销售超16.2亿元,春江润田、双阳化工、液化空气等3家企业销售超5亿元,艾科维、晨化新材料、利宏科技等15家企业销售超亿元。

【产业发展】 2019年,苏淮高新区按照“高点规划、终端优先、链式招引、绿色发展”思路,聚焦盐化新材料产业。围绕打造氟硅新材料、聚氨酯等特色产业链,对接中国聚氨酯工业协会、氟硅新材料工业协会,聘请其编制产业发展规划,开展靶向招商,培育特色产业链条。形成以实联化工、富强新材料等为龙头的盐化工基础化学品生产企业集群,拥有盐卤开采、一次加工合成等产品配套较为完整的化工新材料产业链。聚氨酯、氟硅新材料两条主导产业链条初具规模。聚氨酯产业链从加氢到过氧化氢、环氧丙烷向下游发展延伸,集聚斯德瑞克、巴德聚氨酯、利宏科技、晨化新材料、先声合成、瑞洋安泰等重点企业;氟硅新材料产业链从氯化到甲烷氯化物、甲基氯硅烷等向下游发展延伸,集聚润龙科技、麒祥新材料以及腾信新材料等重点企业。

【招商引资】 2019年,苏淮高新区树立项目为王理念,制定《苏淮高新区化工入园项目负面清单》,严守入园门槛,精选优质项目。至年底,引进台玻集团、中国化工、中国盐业、法液空、以色列ADAMA、金岭集团、印度UPL和江苏国信等知名企业,其中法液空为全球化工行业500强,ADAMA和印度UPL均位列全球农化行业前五强。实联化工总投资13亿美元,新上100万吨/年联碱装置和120万吨/年真空制盐装置,为国内外最大生产能力装置,技术水平成为行业标杆。富强新材料一期总投资80亿元,新上60万吨离子膜烧碱、30万吨过氧化氢、10万吨环氧丙烷等装置。晨化新材料项目总投资11亿元,全部投产达效后,年销售将超过15亿元。投资16.85亿元的腾信氟硅新材料、投资10.17亿元的利成新材料、投资10.48亿元的雅居乐危险废物处置项目成功落户。

【科技创新】 2019年,苏淮高新区以创建“高端资源集聚,杰出人才领地、高新企业摇篮”为引领,建成国家级盐化工产品质量监督检验中心、盐化新材料工程实验室等一批检测与研发平台,大中型企业和规模以上高新技术企业研发机构建有率100%,建成省级以上“两站三中心”16个。引进高层次创新创业人才35人,省“双创”人才15人。园区万人有效发明专利拥有量40件;有高新技术企业30户,占列统企业总数50%,高新技术产业产值占比55%。

【基础设施】 2019年,苏淮高新区聘请新加坡裕廊国际规划设计院,编制完成园区产业定位和空间布局规划,完成高新区发展规划及控制性详规、土地利用规划、扩区环评规划、热电联产规划、水系调整规划、地下管网管线综合规划、中压配电网专业规划、消防专项规划等专项规划。建成“九横九纵”约70公里路网,境内有205国道、328省道和247省道。建成以220千伏范集变电所为核心,白马湖变电所、黄集变电所、玉河变电所3座110千伏变电所为支撑的10千伏、20千伏中压供电网架。供热能力每小时1620吨,供气能力每小时10万立方米。年焚烧处置危险废弃物能力1.4万吨,年焚烧处理能力3万吨的雅居乐危险废物处置中心项目加速推进。投入近8亿元,完成宁连路以西片区征地拆迁、主干路网建设、绿化亮化、地下管线等工程,为承接大运河沿岸化工项目搬迁和富强新材料等重特大项目建设提供保障。

【社会事业】 2019年,苏淮高新区开展“盐都灯塔”志愿服务、“我们的节日”等主题活动,园区文明城市创建月度测评得分稳定保持在全市中上游水平,获评省级文明村2个,获评“江苏好人”1人。建设新时代文明实践站所21个,获评“践行恩来精神模范团队”7个,评选“苏淮好人”等身边先进典型400多名。范集中学高考本科达线率提高10.5个百分点,新学期招生数量超过600人。建成数字化接种平台,启动建设园区医疗应急中心。排查化解社会矛盾,信访总量同比下降10%,信访平台“受理率、办结率、参评率、满意率”均达100%。推进扫黑除恶专项斗争,线索办结率100%。视频监控三期工程投入使用,每万人监控占比处于全市领先水平。

(高　泉　李辛哲)

江苏淮安经济开发区

【概况】 2019年,江苏淮安经济开发区(以下简称“淮安开发区”),建成区面积14.97平方公里,其中核心区面积12.84平方公里。企业实现开票销售185亿元,增长15.9%,入库税收4.5亿元。其中,工业实现开票销售112亿元,增长11.3%,入库税收3.2亿元;服务业实现开票销售41亿元,增长41.4%,入库税收0.6亿元。外贸进出口2.7亿美元,其中出口2.6亿美元,进口0.1亿美元。

【产业发展】 2019年,淮安开发区加大对主导产业帮扶推进力度,实现由零散布点向集中布局转变,产业由单一向集群发展转变,推动企业转型升级。初步形成以双环齿轮、施塔德电梯、惠民交通汽配为龙头的精密机械产业,以文善电子、捷群电子、奋发电子等企业为龙头的电子电器产业,以圆通、中通、申通等知名物流企业为龙头的电商物流产业,以康乃馨织造、淮鑫棉纺织等企业为龙头的纺织服装产业,以苏食、安佑饲料、奥斯忒食品为龙头的农副食品等优势产业。拥有机电产业园、电子商务物流园等专业园区。打造智能装备产业园,成为淮昆台资经济合作产业园重要板块,发展高端、创新、先进的智能装备制造产业,构建以高端装备制造业为主导的产业体系,入驻双环齿轮、捷群电子、展阳道具等21家大型企业。

原季桥化工区"关、退、转"后成立山阳科技园，纳入开发区管理，重点招引高端智能机械、工业电子等项目。全年实施亿元以上项目21个，其中在建项目12个，待建项目9个。

【招商引资】 2019年，淮安开发区树立"项目为王"理念，组织开展招商引资百日竞赛活动。积极参与相关签约会或论坛活动，包括台湾周活动、台湾签约会、浦东签约会、广州服务业签约会、台商论坛、外资招商恳谈暨项目签约会等。接待广运集团、上林包装公司、苏州台协、香港蛟龙集团、南宝集团、香港东方国际控股有限公司等考察。在上海、昆山等地组织4场贯穿全年的工业、农业、服务业和外资招商推介暨项目签约会，推进一批项目签约。累计完成亿元以上工业项目25个，其中10亿元以上3个；完成服务业项目12个，其中10亿元以上项目3个。

【科技创新】 2019年，淮安开发区增强企业之间、企业和高校之间的合作，鼓励企业申报市级以上高新技术企业、各类专利。全年培育高新技术企业32家、高新技术创业服务中心1个、中心内企业16家、省级以上研发机构24个、智能车间4个，申请PCT专利7件；引进各类高层次领军人才46人，其中双创人才18人、"333"高层次人才22人。

【营商环境】 2019年，淮安开发区践行"101%"服务理念，从项目签约落地到竣工投产等各环节提供全流程精准化"店小二"服务。优化帮办流程，推行"一个项目、一个领导、一套班子、一套方法"，提高帮办成效，推进项目快速建设，投产达效。对亿元以上重点项目，实行区领导、开发区领导双挂钩帮办制，每周集中汇报项目进展情况、存在问题和推进措施。重大项目在提请区委区政府定期召开推进会、会办会的基础上，多次召开小型会办会，进行"一对一、脸对脸"现场会办，协调解决项目实施过程中遇到的问题。帮助施塔德电梯、光巨精密机械、维嘉益双极板、旭正机械、置信智造谷、高博汽车配件、福森药业等项目协调解决征地拆迁、临时水电、土地指标、规划审批、污水排放、围墙矛盾、人防等问题30多个，推动项目建设进度，优化营商环境。

（市商务局开发区处）

江苏涟水经济开发区

【概况】 江苏涟水经济开发区（以下简称"涟水开发区"）规划面积99平方公里，实际开发面积53.34平方公里。2019年，涟水开发区下辖10个行政村，社会人口6.4万人。规模以上企业累计实现工业总产值70.05亿元、开票销售60.35亿元、入库税收1.5391亿元；实现一般公共预算收入2.5049亿元，服务业入库税收1.1534亿元；全口径工业用电量4.36亿千瓦时。在全省开发区综合考评中争先进位，进入省级开发区前24强，位列苏北省级开发区前6名，创成省级生态园区、省级智慧园区。

【产业发展】 涟水开发区重点发展电子电气、机械装备、食品饮料、纺织服装等主导产业和临空制造等新兴产业。2019年，入驻工业企业190余家，其中规模以上企业78家。全力攻坚重特大项目，一区两园签约在建项目41个，总投资171.04亿元，其中亿元以上项目39个，20个项目办理前期手续、21个项目在建。立创科技、复力生物医药等4个项目纳入市盘新开工考核，中信华电子、杭萧钢构等5个项目通过市盘新竣工验收。总投资100亿元的今世缘南厂区技改项目正式启动，其中子项目10万吨陶坛酒库二期进场施工。新培育特创科技、卓逸门窗、安东制衣等9家规模企业。

【招商引资】 2019年，涟水开发区围绕主导产业精准招商。全年拜访客商500余批次1250人次，接待客商140批次850人次。与高力国际、世邦魏理仕等高端资源对接，与正威集团、宝能集团、格力电器等世界500强企业密切联系，与俄罗斯联合糖果、上好佳食品、美盈森智能包装等跨国公司、行业龙头深入交流。举办涟水半导体设备产业发展研讨会、台湾（涟水）食品产业恳谈会、淮安食博会涟水食品产业说明会、淮安（苏州）食品产业招商推介会、涟水（北京）食品产业招商推介会等5场专题推介活动。全年签约亿元以上项目8个，协议总投资49.7亿元，增长21.5%。其中，10亿元以上项目3个，分别是总投资16.5亿元的福建好彩头食品项目、总投资10亿元的红星美凯龙综合体项目、总投资10亿元的深圳精焯电路印制线路板项目。新增有价值招商信息33条，计划总投资211.44亿元。

【科技创新】 2019年，涟水开发区强化企业创新主体地位，引导企业加快转型升级，改善运行质态。组织苏杭科技、涟水制药、天马纺织、大量科技等12家企业申报国家级高新技术企业，苏杭科技等8家企业获批；推进企业加大研发投入，组织园区企业

江苏涟水经济开发区　　市商务局开发区处　供图

积极申报专利和商标，全年累计完成发明专利申请40余件，实用新型专利获批120余件，商标注册20余件；中信华电子产业园申报省级企业孵化器。

【基础设施】 2019年，涟水开发区特色园区建设稳步实施，精准扶贫产业园主体交付，消防、电梯等配套工程加快实施，项目招引全面启动；双创园标准化厂房主体建设完成，配电等配套项目建设中；食品产业发展规划、控制性详细规划加快完善，食品产业港方案设计开展前期工作。清涟大道建成通车，新港产业园污水处理厂项目投入使用，空港产业园污水处理厂等配套工程加快建设，食品产业园道路、雨污管网等基础设施有序推进，园区承载能力显著增强。

【营商环境】 2019年，涟水开发区将全区10个村（居委会）划分为46个网格，将驻区单位、工业企业、建筑工地、村庄小区、人员聚集场所等所有社会单元纳入网格，形成网格全覆盖。深入开展安全生产检查，排查整改各类安全隐患。对中信华电子、特创科技、中顺环保等有上市计划的企业，从要素保障、政策扶持等方面加大支持力度，引导以涟水项目为主体上市。

【社会事业】 2019年，涟水开发区脱贫攻坚工作取得决定性进展，全区建档立卡贫困户累计脱贫率100%。全年共发放扶贫慰问金52.1万元，10个村（居）平均集体经营性收入60多万。整治祁六沟水质，开展盐河河道专项整治，保障和维护盐河河道水生态环境。开展环境卫生大整治，重点整治大名城、红太阳物流城、桃柳农贸市场等脏乱差点位，对城中村、城郊接合部、世纪华联、荣马商圈进行亮点打造，加强园区企业环境整治，建立卫生保洁长效机制。完成高铁商务区、滨河新城1169户规划搬迁工作；实施港口路、振丰马路市场疏导点，桃柳安置区主干道改造，张码、凌庄安置区和泰山路亮化等一系列民生工程，增强群众幸福感和满意度。

（市商务局开发区处）

江苏盱眙经济开发区

【概况】 2019年，江苏盱眙经济开发区（以下简称“盱眙开发区”）实现开票销售206.61亿元，其中规模以上114.99亿元；入库税收9.83亿元，其中工业入库税收6.95亿元；实际使用外资9646万美元，外贸进出口1.3亿美元；完成规模以上工业投资101亿元，其中技改72.19亿元，制造业设备投入3.6亿元并860万美元。

【产业发展】 2019年，盱眙开发区加强产业研究和布局，围绕“2+1”（高端装备制造、电子电器和新材料）产业格局，以绿色产业规划为指导，锁定产业方向。新引进旺得福科技、天地绿健等18个项目。引进一批投资体量大、科技含量高、产出效益高的台资项目，包括投资1.5亿美元的旺德福科技（一体成型热转印膜）、投资30亿元的天地绿健等项目。投资10亿元的跃马轮毂、投资5亿元的勒克斯电器项目正式竣工投产。

【科技创新】 2019年，盱眙开发区围绕产业链构建创新链，强化企业创新主体地位，完善区域创新体系，打造自主创新高地。加快创新载体建设，新培育省级以上高新技术企业8家，新建市级以上“两站三中心”2个。鼓励企业采用新技术、新工艺、新装备、新材料，实现由单纯生产制造向研发、设计、智能制造等方向拓展，提高核心竞争力。引导企业以新技术发展新产业，以新手段打开新市场。完成勒克斯、集美科、新海电子等20个设备投入超千万元技改项目，规模以上工业企业技改覆盖面达30%以上。

【基础设施建设】 2019年，盱眙开发区基础设施重点工程是维桥河流域水环境综合治理PPP项目。其中，第二污水处理厂提标改造项目全部完成，人工湿地项目主体结构全部竣工。全面加快开发区雨污水管网修复及新建工程，完成81.1公里雨水管网检测及清淤，完成27.3公里污水管网检测及清淤。

【营商环境】 2019年，盱眙开发区围绕产业发展搭建资本平台，探索建立涵盖股权投资、设备融资租赁、供应链金融的全周期资本服务链条。通过股权投资，解决企业项目资本金问题，通过代付土地款、代建厂房，解决企业工程资金问题，通过建立供应链，解决企业流动资金问题。与工商银行、浦发银行、江苏银行等7个金融机构签署合作协议，为4家企业办理订单融资业务。全程指导、培训，确保企业快速进行报检报关。建立检验检疫服务和监管措施“一站式”平台。与县技师学院合作，开展“订单式”培养，为企业“订单式”培养技工人才2000人。全年收集招聘信息592条，达成就业意向536人；在人力资源市场举办16场返乡农民招聘会，举办送岗进村、村企对接招聘活动38场，转移就业5246人。

（高舜先　陈　军）

江苏金湖经济开发区

【概况】 2019年，江苏金湖经济开发区（以下简称“金湖开发区”）148家规模以上工业企业实现销售收入153亿元，入库税收4.6亿元，分别增长5.9%、18.3%；全部工业实现销售收入193亿元，入库税收6.3亿元，分别增长11.2%、23.5%；注册到账外资8262万美元、完成外贸进出口3.9亿美元，分别增长5.9%、3%。

【产业发展】 2019年，金湖开发区根据主导产业发展现状，强链补链，重抓招商引资、技改投入。根据《高端装备制造产业发展规划》，将石油机械、新材料等重点产业列入培育目标，以金石集团等龙头企业为引领，打造该县百亿级高端产业集群。加快阿路美格项目建设，推动视科新材上市进程，依托产业龙头打造百亿级新能源新材料产业集群。围绕石油机械、汽车零部件等重点产业，抓大抓强重特大项目建设，全县首家新加坡项目——高端石油机械设备项目投入试生产。新开工亿元以上项目19个，其中10亿元以上项目3个，分别是苏邦纺织、海科纤维、智能制造产业园。新竣工阿路美格、海龙饲料、神舟车业技改、柯倍兹热交换器、鑫润机械、精事成箱包、布林特机械、斯必得重工等亿元以上工业项目16个，其中阿路美格为10亿元以上项目。10月，全球首台套大倾角矿用盾构机在江苏神盾工程机械有限公司正式下线。

【招商引资】 2019年，金湖开发区下设4个专业招商局分别更名为招商服务中心、项目服务中心、产业服务中心、外商投资服务中心。全年通过招商引资形式盘活厂房10万平方米。新增销售10亿元。金鑫投资公司完成到账资金7.16亿元，报送融资项目资料，申请额度18亿元。与上海、浙江、河北等地客商洽谈，处置4家不良企业，分别是兴荣门业、华泰纺织、林大木业、展旺管业；法院拍卖2家（鼎固和澳威机械）。

【科技创新】 2019年，金湖开发区围绕产业高端化、集群化、品牌化发展要求，重点支持高端装备制造主导产业、新能源新材料特色产业、仪器仪表优势产业以及科技创新型产业。鼓励企业加大研发投入，支持“两站三中心”建设，实现大中型工业企业和规上高新技术企业研发机构全覆盖，对神华、理士、金石等重点研发机构予以支持。突出企业创新主体地位，按照科技型中小企业—高新技术企业—创新型领军企业逐步成长规律，实现梯度培育、链式发展，增强企业核心竞争力和产业引领能力。加大对重点企业技改、智能制造等方面的奖励力度，兑现扶持资金8704.39万元，同比增加36%。全年完成技改项目84个，500万元以上技改项目76个，其中亿元以上7个，省重点工业项目3个，集群项目5个。

【基础设施】 2019年，金湖开发区道路主体工程全部完成，同时配套相应道路管网、绿化、亮化、部分道路沿线配套改造等综合项目，总投资6.29亿元。完成粮食产业园道路项目，总投资16.02万元。竣工金荷南路项目，总投资537.51万元。实施西海产业园配套设施建设项目。完成衡阳河和金水河绿化工程，总投资400万元。投资约2.8亿元在三河南岸、二桥西侧新建金湖新港，项目完成施工许可、航评、通航安全评价等。开发区人才公寓4号楼竣工，6号楼主体竣工。

（居述杰）

江苏淮安清河经济开发区

【概况】 2018年9月21日，江苏省政府批准设立省级经济技术开发区——江苏淮安清河经济开发区（以下简称“清河开发区”），位于淮安市主城区东部，规划面积15平方公里。2019年，清河开发区实现财政收入10.49亿元，税收收入6.49亿元，主营业务收入18.95亿元；规模以上工业总产值42.09亿元，规模以上工业增加值10.81亿元，地区生产总值44.03亿元，固定资产投资额52.22亿元；实际到账外资6266万美元，进出口额8832万美元。

【产业发展】 至2019年，清河开发区累计入驻企业900余家，引进台湾旺旺、香港百隆、澳洋顺昌、正大清江等一批重大产业项目，涉及食品加工、光伏光电、纺织服装、机械制造、汽配汽贸、生物医药6大产业门类，工业亩均开票销售267万元、亩均税收10.35万元。光伏光电、食品加工、生物医药主导产业产值占比81%。全年实施重点亿元以上重大产业项目8个，总投资近40亿元。

【招商引资】 2019年，清河开发区要求全员参与招商，在清江浦区招商组基础上成立5个招商队伍，配齐配强招商力量。围绕台湾、珠三角、苏南、浙江等重点招商区域与新能源、新医药、新材料等新兴产业招引项目，提升园区外向度。动员企业参与招商引资，引导企业通过联营、入股等方式寻求合作，促使企业“借助外力、启动内力”，壮大产业规模，拉长产品链条。全年完成签约亿元项目6个，累计接待客商165批次，收集招商信息103条。

【科技创新】 2019年，清河开发区完善人才服务，促进企业科技创新，提升科技创新和人才工作水平。金象传动、长寿棒科技、品向设计获批国家级高新技术企业，智力管业、华测检测等15家单位获批省科技型中小企业。金象传动、苏益电器获批省级三星级上云企业，正大清江获评全市唯一省信用管理示范企业。有国家级众创空间1个、省级及以上研发机构17个、智能车间1个。全年申请有效发明专利26个，“四上”企业R&D经费支出1.87亿元。引进、培育省双创人才企业创新类3人，省双创团队1个、双创博士2人，市淮上英才团队1个、人才2人。

【基础设施】 至2019年，清河开发区高标准建设29条主次干道，建成总长约38公里“九纵六横”的城市道路总体框架，“九通一平”相关配套同步实施。推进产城融合，基本建成古淮河文化生态景区核心景观带，实现白鹭湖、清涟湖、青龙湖、古淮河等景观水

澳洋顺昌LED外延片生产线　　　　张　引　供图

系全线贯通，构建完成生态环境、生态廊道、生态组团、生态人居四大生态系统。2019年，开发区循环化改造方案获批，古淮河文化生态景区获批国家级湿地公园。

【营商环境】 2019年，出台《江苏淮清河经济开发区招商引资考核办法》《江苏淮安清河经济开发区项目帮办服务指南》，坚持“一事一议、特事特办”原则，用足用活优惠政策。树立推进项目不打折扣、服务项目不遗余力意识，为新区项目提供101%贴心服务。出台非公企业经费补助制度，年初拨付非公企业党建补助经费4.94万元。广泛开展以“比技能、比业绩、比奉献”为主要内容的“高质量发展护航行动”。“工匠创新工作室”创建活动成绩显著，澳洋顺昌创新团队为企业带来直接利润近千万元。

【社会事业】 2019年，清河开发区制定《清河经济开发区2019年文明城市创建工作方案》，点位责任明确到人。对照考评标准，对辖区景区管理、建筑工地管理、市政养护、环卫工作、沟通交办、挂钩社区帮扶等工作进行明确分工，做到事事有人管、件件有人干。开展建筑工地、企业、景区场馆等文明城市创建专项检查40余次。解决道路修复、绿化养护问题30余个。先后投入8万元，对辖区公益广告更新维护，增加一批社会主义核心价值观、未成年保护、八礼四仪主题公益广告和景观式广告。成立清河经济开发区科协、清河经济开发区商会，引导企业参加公益活动。淮中清河开明中学、师院附小新区分校、市一院新区分院等一批高水准的社会事业项目相继投入。（张　引）

淮安综合保税区

【概况】 2019年，淮安综合保税区（以下简称“淮安综保区”）实现一般公共预算收入1.048亿元；实现工业开票139.4亿元，增长8.8%，其中应税开票130.6亿元，增长43.64%；实现进出口总额12.43亿美元，增长6.99%，外贸进出口总额占开发区进出口的54.8%，占全市进出口的26.4%，实现进出区货值15.46亿美元，其中进区货值5.58亿美元，出区货值9.88亿美元；集装箱吞吐量21.99万吨，实现进出口报关票数4.32万票。

【产业发展】 淮安综保区是“江苏省新型电子元器件高技术特色产业基地”“江苏省新型工业化产业示范基地”和“江苏省电子信息产业链国际合作示范区”。2019年，淮安市及周边有400多家相关企业利用综保区平台开展业务。形成以精密模具、电子接插件、印刷电路板等产品生产为主，以保税物流功能配套为辅的高科技出口加工基地，对周边地区产生一定的辐射带动和示范作用。获批全国第二批海关特殊监管区域企业增值税一般纳税人资格试点区域；复制推广自贸区成功经验，有批次进出集中申报、仓储货物按状态分类监管等14项试点经验在区内推广；实现保税货物便利流转，区内企业新国纺织、鹏鼎科技成功通过南京海关高级认证，享受国内海关最优惠便利、AEO国际互认提速便捷优惠；建成跨境电子商务监管中心。

【招商引资】 至2019年底，淮安综保区引进富士康、新国纺织、伊藤忠物流等160余家企业（含总部经济企业），累计完成外资项目总投资57.81亿美元、协议注册外资30.64亿美元。其中，2019年新签约中阿国际贸易中心二期和日本锂电池薄膜生产等亿元以上项目2个；招引跨境电商及相关国际贸易企业10家；完成协议注册外资9.6亿美元。

【基础设施】 2019年，淮安综保区区内基础设施完善，区内道路、雨污水管网、电力、通信、供水、供气等生产要素完备。至年底，区内建成10万平方米标准厂房、2万平方米监管仓库、6万平方米保税仓库及设施完善、功能齐备的口岸作业平台、跨境电子商务平台等，8万平方米保税仓库在建设中。（市商务局开发区处）

南北共建园区

【宁淮现代服务业集聚区】 南京、淮安两市人民政府于2012年签署协议，启动宁淮现代服务业集聚区建设。该园区总规划面积10平方公里，是全省45个南北共建园区中唯一以现代服务业为主导产业的共建园区，重点围绕科技服务业、电子商务服务业、信息技术服务业三大主导产业建设。2019年，宁淮现代服务业集聚区被正式纳入省南北共建园区管理范围，并参加共建园区年度考核。

至2019年底，集聚区落户企业突破100家。南京外国语学校淮安分校建成并招生，禄口国际机场苏北（淮安）候机楼投入运营，江苏银凤科技集团总部大厦、现代景观园林商务大厦、中国煤矿安全技术培训中心等项目稳步推进。推动省人民医院等重大民生项目引入，对接明发集团、红星美凯龙等企业。接待各类客商140批次540人次，引进企业28家，注册资本14820万元。与河海大学商学院、马来亚大学签订战略合作框架协议，共建政产学研合作平台。（李　鹏　张银银）

【江苏省国信集团淮安工业园】 江苏省国信集团淮安工业园于2011年8月成立，位于淮安市淮安区。总规划面积10平方公里，启动区规划用地2.6平方公里。重点发展新能源汽车及其零部件产业、高端装备制造业和电子信息产业。

至2019年底，园区基本实现“九通一平”，完成基础设施投入15亿元，先后完成4条道路和2平方公里启动区拆迁任务。国信集团总投资15亿元的燃气项目年产值12亿元。总投资3.83亿元的水岸新城安置小区（一期）交付使用；总投资5.5亿元的水岸新城安置小区二期项目施工建设中；由省电力公司总投资5000万元的110千伏建淮变电所投入使用。2019年，完成天好大数据中心一期项目，总投资22.6亿元，其中一期项目投资11.3亿元。完成自主招商引资10亿元人以上项目1个，注册外资到账600万美元。由深圳乐享通投资有限公司投资3亿美元的年产2万辆房车制造及总部基地项目落户园区。（李炳瑶）

【南京高新技术产业开发区洪泽工业

园】 南京高新区洪泽工业园于2014年启动建设，核心区0.64平方公里，建成区1.34平方公里。有企业61家，其中国家高新技术企业17家。

至2019年底，工业园累计投入近10亿元，完成拆迁安置近2000户，累计争取近200公顷工业用地指标，建成区实现"九通一平"。开工建设多条主要干道，高标准提升园区排水、供电、供热、通信、路灯、绿化、污水管网等配套设施水平，综合配套服务中心项目方案设计基本完成。开展招商引资季度会战，举办杭州、南京等地专题招商推介会3次，集聚优质项目"蓄水池"。2019年新获批国家高新技术企业7家。（市商务局开发区处）

【南京经济技术开发区涟水工业园】 南京经济技术开发区涟水工业园成立于2007年6月，位于宁（南京）连（连云港）高速公路涟水出口处，规划面积7平方公里。2019年，工业园实现业务总收入265.3亿元，规模以上工业增加值54.7亿元，地方一般公共预算收入5.6亿元，分别增长16.2%、18.2%、26.4%。

2019年，园区推进平台载体建设，提升项目承载力。其中，总投资2.2亿元的创新创业园项目，建有标准化厂房7栋，总建筑面积5.8万平方米；总投资1亿元的扶贫产业园，建有标准化厂房8栋，总建筑面积4.2万平方米。总投资18亿元的立创电子科技项目、总投资2亿元的艾诺信线路板项目、总投资1.2亿元的普仁新材料项目开工建设；总投资1500万欧元的柯德展示道具、总投资10.5亿元的中信华线路板项目竣工投产。有苏杭科技、大量科技等18家国家级高新技术企业。（市商务局开发区处）

【宁淮新兴产业科技园】 2010年，盱眙县与南京雨花台区共建雨花经济开发区盱眙工业园并获批南北共建园区。2013年，南京、淮安两市签署协议，决定扩大共建园区范围，建设宁淮新兴产业科技园。2017年，省发展改革委、商务厅批准雨花经济开发区盱眙工业园更名为宁淮新兴产业科技园。园区分南北两个片区，北片区开发面积4平方公里；南片区规划面积45平方公里，其中起步区约2平方公里。2019年11月，南京市、淮安市、江北新区、盱眙县四方按1:1:6:2比例出资5亿元成立江苏省宁淮特别合作区投资发展有限公司。

2019年，科技园结合江北新区、盱眙县特色产业及合作区发展定位，梳理出机器人与智能装备制造、半导体先进制造、人工智能终端制造3个产业链分工协同发展方向，最终建成以高端产业集聚为特色的新兴产业城。全年实现业务总收入141.34亿元，入库税金6.61亿元。正式开通合作区首批5G基站，在苏中苏北地区率先启动园区5G规模化覆盖工程。投资约730万元的晶粹半导体厂房项目交付使用，高新技术创业园项目5幢标准化厂房竣工，研发中心和物流中心项目主体完工。（赵 杨）

【宜兴经济技术开发区金湖工业园】 宜兴市与金湖县于2010年4月15日签订合作共建工业园区协议，一期规划1.34平方公里。2019年，园区有项目72个，其中工业项目68个、三产项目4个；建成投资企业62家，在建企业10家。

全年完成工业企业固定资产投资22亿元，工业产品销售收入8514万元，实际外商直接投资额2565万美元，新开工亿元以上产业项目总投资4.5亿元，新认定国家高新技术企业6家、省级以上工程技术研究中心等创新平台2个。新增列统企业9家，其中工业6家，服务业1家，贸易业2家。新增设备投入超千万元企业4家。推进企业智能车间创建工作，4家企业进行智能车间诊断。（居述杰）

区域合作

综 述

【概况】 2016年，淮安市委、市政府提出"东融西拓、南联北接"市级区域发展战略，加快融入国家带状经济战略，构建枢纽发展格局，打造重要节点城市，充分释放战略叠加乘数效应，形成主导功能突出、产业特色鲜明、载体支撑有力发展格局，筑牢苏北重要中心城市空间和产业基础。东融就是全域融入沿海开发，加强与沿海城市联系，加快实现江河海联运、海港内移、借港出海，全面对接"21世纪海上丝绸之路"建设和江苏沿海开发战略；西拓就是加强与淮河沿线城市合作，淮河生态经济带建设上升为国家战略，进一步增强淮安在淮河流域的极核城市地位；南联就是抢抓长江经济带建设、苏南现代化建设示范区、南京江北新区建设机遇，加强与长三角地区、南京都市圈联动合作，承接经济辐射和产业转移，深度融入长三角区域一体化发展；北接就是加速对接丝绸之路经济带、沿东陇海线经济带，密切与北方近邻城市连接，实现淮安与新亚欧大陆桥经济走廊的有效联动。

2019年，淮安市建立全面落实淮河生态经济带发展规划体制机制。运河博物馆改造提升、清口水利枢纽遗址发掘展示等"淮安元素"写入大运河国家规划，5个县区划入大运河文化带建设核心区，编制完成《淮安市大运河文化保护传承利用实施规划》。加速融入长三角区域一体化发展，编

8月23日，第十四届台商论坛在淮安市举行 市台办 供图

制完成《长三角一体化发展规划淮安行动方案》。宁淮现代服务业集聚区正式纳入全省南北共建园区考核,宁淮特别合作区启动建设,淮昆台资合作产业园正式运行。

【融入长三角】 2019年,江苏省研究制定《〈长三角一体化发展规划纲要〉江苏实施方案》。淮安市就贯彻落实《江苏实施方案》形成行动方案初稿。9月25日,组织市委优化办,市发展改革委、教育局、科技局、工信局、自然资源局、生态环境局、交通局、文广旅游局、卫健委等市各有关部门研究淮安行动方案,并征求各部门修改意见和建议。12月1日,常务副市长张国梁主持召开专题会议,对淮安方案作具体细致指导。市发展改革委根据意见进行多次讨论修改,细化落实具体举措,形成呈审稿报市政府常委会审议。在制定淮安行动方案同时,制定《淮安市推动长三角一体化发展重点工作任务、重大平台项目、重要改革举措清单》,明确2019—2021年三年工作计划任务,并明确牵头单位、配合单位相关工作任务和责任,有序推进《长三角一体化发展2019年工作计划》实施。市发展改革委和淮阴师范学院、淮阴工学院共同开展《淮安融入长三角一体化高质量发展路径课题研究》《"十四五"时期淮安市融入长三角区域一体化发展国家战略的思路和举措研究》,为领导决策和制定政策文件提供参考。

作为长三角生态经济专委会牵头城市,淮安市积极构建体制机制,保障专委会良性运行。专委会围绕环境保护、生态产业、淮河生态经济带建设相关问题开展基础性和应用型对策研究,开展国家级,省部级等课题研究10余项,完成《加强洪泽湖水环境风险防范的对策建议》。协同江苏省现代农业与环境保护协同创新中心连续发布《洪泽湖水环境遥感监测年报》,被科技部纳入国家地球空间数据共享平台。举办长三角生态经济建设经验交流大会暨淮河生态经济带高校协同发展与智库联盟论坛,淮河水利委员会、长三角城市协调会办公室、市政府领导及部分主要部门负责人、长三角城市协调会办公室成员单位代表、长三角生态经济专业委员会成员单位代表等近100人参加会议。

【与西部地区合作】 5月11—15日,第四届丝绸之路国际博览会在西安召开,淮安市委常委、市政府常务副市长张国梁带队参会,通过统一展板、实物展出等形式,向与会客商系统介绍淮安市经济社会发展成就与风貌。6月20—23日,第二十届中国青海发展投资贸易洽谈会在青海省西宁市举办,淮安市发展改革委组织人员参会观摩学习。9月17日,淮安市组织人员赴扬州市参加第六届西部优秀企业家江苏行活动,招引西部地区江苏籍企业家返乡投资、回馈家乡,淮安市生物医药项目、九曲河畔文旅特色小镇项目参加签约仪式。

【援藏工作】 淮安市从2014年8月开始承担教育援藏工作任务,选派优秀教师到西藏拉萨支教。2018年,市委组织部,市人力资源和社会保障局、财政局、教育局、市发展改革委五部门结合实际,共同出台《关于援藏援疆干部人才有关待遇的通知》,进一步明确援藏教师待遇和各项补贴,并由市援疆办统一扎口保障,确保各位援藏教师没有后顾之忧。2019年8月,第三批援藏教师完成援藏任务回到淮安。第三批援疆教师中有两名援藏教师留任,继续参加江苏省第二批"援藏万名教师支教计划"。

【淮安航空货运枢纽建设写入国家规划】 12月1日,中共中央、国务院印发《长江三角洲区域一体化发展规划纲要》,在提升基础设施互联互通水平部分明确提出加快淮安航空货运枢纽建设,与合肥国际航空货运集散中心、嘉兴航空联运中心共同成为长三角航空货运设施建设的重点项目。纲要指出要编制实施长三角民航协同发展战略规划,构建分工明确、功能齐全、联通顺畅的机场体系,提高区域航空国际竞争力。淮安航空货运枢纽建设是写入该规划纲要的淮安唯一重点事项。 (李琪琳)

台资高地建设

【概况】 2019年,淮安市委、市政府召开台资集聚示范区建设推进会,出台示范区建设实施方案,落实省联席会议支持事项。先后举办第十四届台商论坛、淮安周、淮台经贸文化交流合作周、食品博览会、鹏鼎控股全球合作伙伴大会等重大涉台经贸活动,淮昆台资经济协同发展获得省专门政策支持,淮昆台资合作产业园揭牌运作。全市新批及增资台资项目40个,协议台资同比增长108%,到账台资全省前茅、苏北第一,总投资千万美元以上台资项目数全省第二。全市累计设立台资项目1300多个,总投资190多亿美元,实际利用台资60多亿美元。

【台资亮点项目】 2019年,淮安市围绕新一代信息技术、新能源汽车及零部件、盐化凹土新材料、食品等台资

7月13日,全国首家"台创学院"在淮安市成立　　市台办 供图

产业集群，形成一批产业合作亮点。实联化工电子特化品、庆鼎精密电子多层柔性线路板、时代12吋相变存储器芯片被认定为江苏省2019年重大项目，和兴汽车有限公司获批省级工业互联网标杆工厂；旺旺食品公司四期项目到账资金1700万美元，总投资6000万美元的比米农牧科技有限公司奠基，皇达花卉有限公司建成全球最大单体蝴蝶兰生产基地，宝岛母爱医院一期工程封顶。

【淮昆台资经济协同发展】 2019年，省委书记娄勤俭专门作出“研究昆山试验区与淮安台资集聚区协同发展意见”的批示，省长吴政隆在省政府工作报告中明确提出推动淮安台资集聚区建设，全省对台工作会议、省政府2019年十大主要任务百项重点工作均对台资集聚区建设提出明确要求。11月，省发展改革委、省台办联合出台《关于促进昆山深化两岸产业合作试验区与淮安台资企业产业转移集聚服务示范区协同发展的意见》。淮昆台资经济协同发展实现重大突破。根据淮安对台工作实际，复制推广一批昆山对台政策，进一步落实台胞台企同等待遇、拓展海峡两岸农业合作等。打造淮昆台资合作园区，与昆山签署《共同建设淮昆台资合作产业园框架协议》，划定“一园两片”淮昆台资合作产业园，并于第十四届台商论坛期间揭牌，负责产业园运作的昆山挂职干部到位。打造两岸产业融合发展新示范、江苏南北互惠合作新标杆、淮昆台资经济高质量发展新平台。推进项目转移集聚，市台办与昆山市台协签订战略合作协议，两地8个项目达成意向或签约。省、市对口部门协力推动落实省联席会议议定的16个支持事项，为台资集聚区建设注入动力。市委市政府出台《2019年淮安台资集聚区建设实施方案》，在打造台资产业集群、深化与昆山等台资密集区合作、提升台资发展平台建设水平等方面推出45条举措。

【产业合作活动】 2019年，淮安市密集开展淮台产业合作活动，海峡两岸知名学者、企业家、商界领袖逾500人出席第十四届台商论坛。市委市政府主要领导分别率团赴台开展“淮安周”“淮台经贸文化交流合作周”活动，签署协议或达成合作意向91个，协议投资金额47.15亿美元。邀请45家台企参加食博会，占境外参展企业近三分之一，汇聚旺旺食品、统一企业、康师傅、徐福记、南侨等知名品牌。对接2019两岸企业家紫金山峰会，在5个产业合作小组专题论坛上发出“淮安声音”。坚持“请进来”和“走出去”相结合，邀请全国台企联、工业总会、电电公会等70多个台商团组到淮安考察，赴上海、厦门、漳州、昆山等地开展10多场招商活动，推介淮安产业发展优势及规划，拓展人脉资源，推动项目合作。

【营商环境】 2019年，淮安市持续放大“101%服务”品牌效应，优化涉台营商环境。构建网络“大协调”，将重点台企纳入项目长制和“101%服务流动红旗”竞赛范畴，建立全链条服务机制。召开台湾同胞投资权益保障协调委员会会议，开展律企同行、税企同行、科企同行、银企同行等10场“与台企同行”活动，形成台商服务“一张网”。线上线下“送服务”，编印《惠及台资企业政策汇编》，把服务送到台商手上；开发“101%服务在线”手机APP，把服务送到台商手机上。台企台商“得实惠”，在淮台资企业获得工信、商务、农业、科技等扶持资金4000多万元；20多家台企获得“省紫峰奖”等省级以上表彰或资格认定；台商、台胞、台企员工20多人次获得国家及省市“五一劳动奖章”等荣誉或称号。

【台资高地宣传】 2019年，淮安市坚持精准性和延展性两大原则，全力打造“台声高地”。邀请《人民日报》、新华社、中央电视台等主流媒体，重点围绕台商论坛、“淮安周”、淮台经贸文化交流合作周、食品博览会等活动进行深度策划报道，在市级以上主流媒体刊发宣传稿件300余篇。邀请两个批次海峡两岸联合媒体采访团到淮安，对台资高地进行全方位、多角度呈现。开展“倾听台声”主题宣传活动，充分展示淮安台资集聚区建设成果，淮安在海峡两岸的知名度和美誉度进一步提升。

【台企创新促进行动】 2019年，淮安市科技局、市台办、市台协签署“台企创新促进行动合作协议”，共同组织实施台企创新促进行动。举办台资科技型企业科技政策专题宣讲会，向全市60余家科技型台资企业宣传国家和省市有关企业创新扶持政策，并专门编印、发放《服务台资企业科技创新政策一本通》。全年台资企业新获批国家高新技术企业3家，另有6家通过复审；先后对7家台资企业申报的8个项目给予市级科技计划项目立项支持，安排市级财政经费350万元；德淮半导体有限公司获批省科技成果转化项目，获省财政无偿资助1200万元；指导、帮助敏安汽车有限公司申报省级工程技术研究中心并成功获批；先后为台资企业兑现各种科技政策奖补资金259万元。

【第十四届台商论坛】 8月23日，第十四届台商论坛在淮安市举行。论坛由国台办经济局、江苏省人民政府台湾事务办公室、江苏省商务厅、淮安市人民政府主办，以“两岸智慧共话发展大计 携手合作共绘美好愿景”为主旨，以“同心同向砥砺前行 相促相生融合发展”为主题。淮安是江苏北部地区唯一台企集聚超千家、总投资超百亿的设区市，是唯一国家级台资企业转移聚集服务示范区和首个两岸信息家电产业园。2006年，淮安市举办第一届台商论坛后；此后，淮安市形成“千家台企落户、千亿产值贡献、千名台商汇聚”局面和“南有昆山，北有淮安”台资集聚新格局，成为继东莞、深圳、昆山之后大陆又一台商集聚高地。第十四届台商论坛筹备期间，淮安市新签约台资项目41个，总投资36.2亿美元，协议台资13.8亿美元。

台商论坛

【台企专场招聘会】 2月19日，为帮助台资企业搭建用工招聘渠道，有效解决台企用工用才难题，市人力资源和社会保障局、市台办在市人力资源市场联合举办台资企业专场招聘会。招聘会吸引19家台企参加，既有富士康、实联化工、敏安电动汽车、和兴汽车科技、庆鼎精密电子、旺旺食品、德淮半导体、时代芯存等龙头台资企业，也有嘉龙饮食、拓诚机械、新合丰家具、日恒电子、群策体育用品等中小台资企业。招聘会提供用工岗位987个，既有普工岗位，也有工程师及大专以上学历人员等技术岗位。招聘会现场达成就业意向124个。

【时代芯存相变存储新产品“溥元611”向全球发布】 8月26日，为期两天的“2019淮安国际半导体产业论坛”在淮安市开幕，半导体产业企业家、专家、投资人及行业精英共同围绕半导体产业发展及产品进行探讨，体验第四代先进存储技术出众成果。论坛上，江苏时代芯存半导体有限公司发布“溥元611”产品——基于相变材料的2兆位可编程只读相变存储器。这是中国首款商业化量产的相变存储产品，其发布标志着该公司成为全球继美光、三星之后少数几个掌握相变存储器研发、生产工艺和自主知识产权的公司。（市台办）

宁淮挂钩合作

【概况】 2019年，南京和淮安两市加强高层交流协商和统筹推进，完善两市挂钩合作机制，开展多层次互惠合作。年内，省委常委、南京市委书记张敬华，市长蓝绍敏率党政代表团到淮安考察座谈，召开宁淮两市年度对接会议。两市市委书记共同为宁淮特别合作区揭牌，两市市长签署《南京市淮安市2019—2020年度挂钩合作协议》，江北新区、盱眙县签署《宁淮特别合作区共建框架协议》。推动《宁淮挂钩深度合作规划（2017—2030）》落地实施，制定工作推进计划，将任务细化落实到各地各部门。南京市安排市级财政1000万元，支持两市共建园区和淮安市经济薄弱镇村发展。制定《淮安市市级宁淮挂钩合作援建项目资金管理（暂行）办法》，提高资金使用绩效。

【南北园区共建】 2019年，宁淮两市高标准、高起点建设南北共建园区，推进产业转移与合作。经省政府认定的宁淮两市南北共建园区有5个，分别是宁淮特别合作区、宁淮现代服务业集聚区、南京开发区涟水工业园、南京高新区洪泽工业园、江宁开发区淮阴工业园，其中4个共建园区在省级考核评价中受到表彰。宁淮现代服务业集聚区上升为省级南北共建园区，打造长三角北部地区现代服务业发展示范区。推动调整变更“南京高新技术产业开发区洪泽工业园”“南京雨花盱眙宁淮新兴产业科技园”两个南北共建园区合作主体及名称，加快南北共建园区提档升级。自2012年两市共建园区后，5个共建园区累计完成基础设施建设投入20.04亿元，全部实现“七通一平”；实现业务总收入512.02亿元、公共财政预算收入10.58亿元；落园项目540个，总投资近550亿元。

【民生合作】 2019年，宁淮两市共促脱贫攻坚、共推交通基础设施对接、共推民生合作。按照省统一部署，南京市玄武、建邺、秦淮等6区与淮安市经济薄弱县（区）挂钩，实行对口帮扶。南京每区选派2名干部到经济薄弱村开展帮扶。安排帮扶资金500万元，实施朱桥村生态牧羊场等一批项目，带动淮安市经济薄弱村村集体经济增收和低收入农户致富。宁淮铁路列入《江苏省沿江城市群城际轨道交通建设规划（2018—2025）》，并于9月开工建设。共同打造“明文化”“红色文化”“生态文化”等精品旅游线路，将淮安打造成南京后花园和南京人休闲旅游目的地。积极推进宁淮两市市民社保、医保等异地双向结算。构建干部挂职交流和教师、医生等专业技术人才培训平台，推动两市人才互动交流。年内，南京开展“名师送培”“百校千师”结对交流、挂钩医院“名医坐诊”等活动，帮助淮安培训教师、医生等专业技术人才300多名。

【粮食合作】 2019年，南京、淮安两地粮食部门再次签订新的粮食产销合作协议，南京市在淮安建立50万亩优质稻米、10万亩优质小麦保供基地，淮安市每年供应南京市场10万吨基地稻谷、1.5万吨基地小麦。30余家宁淮两地粮食企业达成淮安大米等粮食购销意向逾28万吨。两市建立稳定贸易关系的粮食企业超过100家。年内，南京市发展改革委出台《关于加强粮食产销合作的指导意见》，明确将淮安市列为重点合作区域，通过政府引导和政策支持，鼓励两地企业发挥各自优势，建立长期稳定的产销合作长效机制，使淮安粮食有稳定销路，南京市场供应有稳定粮源。12月12日，2019宁淮粮食产销合作暨第三届新米推介会在南京市举行。淮安900平方米宁淮优质稻米基地成果展示厅、南京新港粮油食品市场的“淮安大米”展示展销窗口、“淮安大米”南京专卖店等继续对外开放。

【科教合作】 2019年，淮安市继续对接南京科教资源优势，将其与淮安产业建设需要、企业发展需求结合，加强科技资源共享、人才队伍共建，打造更多新经济增长点。至年底，两市

7月27日，宁淮两市召开2019年宁淮挂钩合作工作座谈会 李琪琳 供图

共签约包括"磁悬浮轴承高端产品研制"等科技合作项目147个。促成南京大学、东南大学、南京理工大学等知名高校在淮安设立研究机构，开展产学研合作项目约150项；紫金科技呼叫中心、江苏（中欧）国际知识产权及技术转移中心等7家省级骨干科技服务机构在淮安设立分支机构；12家南京科技服务机构指导帮助淮安市近40家企业申报国家高新技术企业；南京农业大学淮安研究院联合淮安规模畜禽产业链上下游80余家企事业单位，共同推进淮安市规模畜禽产业创新发展。

【宁淮特别合作区建设】 2019年，宁淮两市创新合作模式，启动宁淮特别合作区建设，重点打造宁淮新兴产业科技园、宁淮现代服务业集聚区两个"南京飞地"。宁淮特别合作区的设立标志着，继广东深（圳）汕（头）特别合作区之后，江苏省开始探索以特别合作区的模式推动区域协调发展，也是江苏省以开创之举突破"行政区经济"，全面融入长三角发展一体化国家战略。

宁淮新兴产业科技园位于盱眙县东南部，距南京江北新区仅半小时车程。园区重点发展智能制造、新能源、新材料等先进制造业，休闲观光、旅游度假、养生养老、主题公园等现代服务业以及科技研发服务、科研成果转化等科技服务产业，是以高端产业集聚为特色的新兴产业城。宁淮现代服务业集聚区位于淮安市市区南部，总规划面积10平方公里，北邻淮安现代商务集聚区，东接淮安高教园区，西连宁连高速公路、徐宿淮盐高速公路。园区定位发展"5+3"产业体系：科技服务、电子商务、信息技术服务三大主导产业；医疗健康、商贸会展、教育培训、生态住宅、现代物流五大配套产业。年内，南京外国语学校淮安分校、宁淮创业创新园等项目建成运行，银凤集团总部大厦、东部机场集团苏北（淮安）候机楼、中国煤炭安全技术培训中心华东培训基地、长松商务大厦等项目快速建设中。

【南京高新技术产业开发区洪泽工业园】 （参见《经济发展·开发园区·南北共建园区》）

【南京经济技术开发区涟水工业园】 （参见《经济发展·开发园区·南北共建园区》）

淮安市与铁岭市合作

【概况】 2017年，淮安市与铁岭市签订对口合作协议。至2019年，在双方共同努力下，两市对口合作工作取得阶段性成果，市级层面开展10多次对接交流活动，共同推动今世缘酒业股份有限公司"缘文化体验馆"及酒厂、盱眙龙虾铁岭旗舰店项目建设。两地签订红色旅游合作项目协议，共同开展周恩来诞辰120周年纪念活动，并组织部分县处级、科级干部进行异地挂职锻炼，淮安经济技术开发区与铁岭经济技术开发区合作共建安岭工业园区。铁岭市位于辽宁省北部，松辽平原中段。南与沈阳市、抚顺市毗邻，北与吉林省四平市相连，东与抚顺市清原满族自治县、吉林省辽源市接壤，西与沈阳市法库县、康平县及内蒙古自治区科尔沁左翼后旗和通辽市为邻。总面积1.3万平方公里，人口290余万人。

【互访交流】 5月28—29日，铁岭市市委副书记、代市长隋显利率代表团到淮安考察交流。淮安市领导蔡丽新、张国梁、唐道伦等陪同考察。在两市对口合作座谈会上，明确两市将聚焦现代农业发展、园区转型升级、文化旅游合作三大领域交流合作。在淮安期间，铁岭市代表团一行先后到光大生物能源（涟水）有限公司、江苏今世缘酒业、淮安淮阴台湾农民创业园、敏安电动车、庆鼎科技、淮安综合保税区等地考察。8月10—13日，淮安市副市长肖进方率市财政局、农业农村局和农业龙头企业家一行41人赴铁岭市，就进一步加强两市农业产品推广与产业化合作进行考察交流。8月27日，淮安市委书记姚晓东赴铁岭市推进对口合作工作，铁岭市委书记李士伟、市长隋显利陪同考察。双方一致认为，两市要立足优势，携手并进，实现互利共赢。

【农业合作协议签订】 8月10—13日，淮安市副市长肖进方在铁岭考察期间，两市签订《铁岭—淮安农业发展合作战略协议》。铁岭市各县（市）区与淮安市多家企业达成共识。铁岭市西丰县人民政府与江苏淮香食用菌有限公司签订《产业投资合作协议》；铁岭国有资产经营管理集团有限公司与涟水县瑞丰农业科技发展有限公司签订《农产品产销合作协议》，"42度铁岭"优质特色农产品将进入淮安；铁岭市粮食集团与江苏华石农业发展有限公司签订《农产品产销合作协议》，铁岭市优质玉米将经过淮安进入江苏市场；铁岭市绿荷工贸连锁有限公司与江苏怀恩生态农业有限公司签订《农产品产销合作协议》，铁岭大米将进入南方市场。根据协议，淮安市"淮味千年"在铁岭市设立品牌旗舰店，淮安优质特色农产品也将由铁岭进入东北市场。

【商贸会展合作】 5月9日，淮安市邀

5月28-29日，铁岭市代表团一行到淮安考察交流　李琪琳　供图

请铁岭市代表团到淮安参加第二届中国（淮安）国际食品博览会。铁岭市副市长张东明率铁岭市春天药业有限公司、开原清水南山土特产品有限公司等5家参展商以及辽宁翼诚商贸有限公司、辽宁优百客便利店连锁有限公等4家采购商计40余人参加展会，达成意向采购企业12家。10月25—27日，淮安市邀请铁岭市10家名特优农产品企业到江苏国际农业展览中心参展2019江苏淮安“淮味千年”品牌农产品（南京）展销会，加快铁岭和淮安市品牌农产品走出去步伐，提升两地农产品的知名度、美誉度、影响力。

【重点合作项目建设】 2019年，淮安经济开发区与铁岭经济开发区加快推进安岭工业园专用车产业孵化平台10万平方米标准化厂房项目。6月21日，项目正式开工建设。年内，各项工作进展顺利。安岭工业园区暨专用车产业孵化平台项目是淮安市与铁岭市贯彻落实国务院部署要求和辽宁省与江苏省对口合作方案具体实施的园区共建项目，由淮安经济技术开发区与铁岭经济开发区合作出资组建的辽宁安岭经济发展有限公司负责项目建设。淮安今世缘酒业有限公司初步确定铁岭市昌图县为高粱种植基地，并将进一步细化今世缘酒业铁岭项目，并就项目选址等情况赴铁岭进行深入考察。

【支持铁岭市灾后重建】 7月3日下午，铁岭市开原市遭受突发龙卷风袭击，造成重大人员伤亡和财产损失。淮安市委、市政府高度关切，第一时间向铁岭市灾区群众表示慰问，并专项安排50万元资金用于支持铁岭市开原市灾区重建。

援疆工作

【概况】 淮安市负责对口支援新疆生产建设兵团第七师（以下简称七师），七师位于新疆准噶尔盆地西南部奎屯河流域，南邻天山，北接古尔班通古特沙漠，与哈萨克斯坦接壤。全师面积5986平方公里，辖10个农牧团场，总人口22万。七师所在地奎屯市，区位优势明显，交通便利。七师构建以棉花为重点，以番茄、甜菜、畜牧为支撑，以园艺为亮点的“五位一体”农业发展体系，打造以电力为重点，以煤炭、煤化工、纺织、食品加工、石油化工为支撑，以建材和新型材料工业为亮点的“七条龙”工业发展。根据新疆生产建设兵团党委统一部署，由七师代管一师一团，因而淮安市也承担着援建一师一团任务。经七师党委、淮安市委共同商定，淮安工业园区与一师一团结对共建。2019年，淮安对口援疆工作按照中央要求和省部署，推进“全面援疆、精准援疆、长期援疆”方针，围绕省援疆专项规划确定目标任务，发挥优势，完成年度目标任务，援疆工作走在全疆、全省前列。

【交流交往】 2019年，淮安市委市政府有关领导先后赴七师调研，七师政委等师领导到淮安考察交流，明确援疆工作方向、推动援疆工作开展。制定团县融合工作方案，9个县区（管委会）向七师11个团场分别派驻团场联络员，促成与对口团场连队、社区签订结对融合协议，对口县区、团场签订团县融合共建协议，实现援建工作立体式、全覆盖。年内，通过资金援助、项目援建、实物捐赠、助学捐赠等形式，淮安市有关单位（部门）为七师业务对口单位（部门）兴办实事30多件，双方互访（学习、挂职）400多人次，计划外援建七师资金1084万元。

【项目建设】 2019年，淮安市援建七师实施五大类22个项目，援疆项目总投资29555万元，年度总投资16983万元，其中援疆资金15994万元，项目投资完成率99.39%。在做到以规划内项目为主同时，根据国家、自治区以及兵团有关政策要求，聚焦新疆工作总目标，编排实施七师125团养老院建设、七师师团志鉴编纂2个项目。22个项目除1个续建项目外，其余100%完工或实施完毕。全力推进项目、竣工验收和决算审计，完成竣工验收项目19个，援疆项目竣工验收率90%。

【脱贫攻坚】 2019年，淮安市聚焦脱贫攻坚，投入援疆资金助力七师教育事业，推进贫困团场基础设施建设，加大对南疆一团扶持力度，促进团场职工实现脱贫致富。实施七师高组中学浴室光电一体化改造，128团保障性住房配套基础设施和环境整治建设，130团、129团连队安置房及作业用房建设，125团养老院建设，一师一团少数民族连队创业等10个脱贫项目，投入援疆资金3879万元，占援疆资金的24.25%。

【产业援疆促进就业】 2019年，淮安市推动七师招商引资促进就业，实现当地群众就地就近就业，有6个项目投产达效，带动就业1570人。向上争取产业引导资金，帮助五五工业园区、天北新区、123团、一师一团等属地5家企业申报引导资金计148万元。帮助大漠蓉臻等七师当地企业开拓内地市场，扩大销售1800余万元；促进扬州欧力特贸易公司与新疆乌苏啤酒厂家达成合作协议；淮安工业园区在一师一团成立臻诚贸易有限公司，销售一团农牧产品，帮助农牧民增收致富。策应“十万江苏人游伊犁”活动，助力伊犁旅游发展，组织举办百名企业家赴新疆兵团七师投资考察暨包机游伊犁活动，两地旅游企业签订旅游合作协议。

【智力援疆】 2019年，淮安市继续开展教育援疆、医疗援疆、科技援疆工作。在七师高中创新开设“淮安班”，38名学生中有33名学生被一本高校录取。实施七师支教教师保障项目，从淮安选派30名教师，师徒结对71人，传帮带受援地教师1432人次；从七师选派幼儿园、中小学教师10人赴淮安跟班学习，改进教育教学水平；实施七师在内地高校家庭困难生补贴项目，向459名困难学生给予每人6000元生活补贴。从淮安市各大医院选派9名医生，组建医疗团队，包科室支援，提升七师医院专科整体水平并交流带培当地医疗人才876人次。选派县处级党政正职干部等100人集中在清华大学研修，开展七师创业人才创业就业培训、七师设施农业大户和淮安企业交流合作、七师园区整合和创建国家级开发区培训，受援地选派专业技术人员共3000多人次参训。通过“请进来”方式柔性引进高层次人才10名助力七师发展。 （李琪琳）

公共服务

GONGGONG FUWU

（荀德强　摄）

科　技

教　育

文　化

卫生健康

体　育

科 技

综 述

【概况】 2019年，淮安市有1个全国科普示范县（区），即淮阴区；有4个省级科普示范县（区），即淮阴区、洪泽区、金湖县、清江浦区；有省级创新型试点县区3个，即盱眙县、金湖县、洪泽区；有创新型试点乡镇11个，即涟水县高沟镇、淮安区施河镇、淮阴区王营镇、洪泽区仁和镇、清江浦区城南乡、金湖县黎城镇、盱眙县马坝镇、清江浦区长东街道、洪泽区高良涧镇、淮安区淮城镇、涟水县保滩镇。

全年申报国家高新技术企业357家，比上年增长75.86%，增幅全省第一；新获批高新技术企业209家，增幅56.3%，年度目标完成率全省第一；进入省高新技术企业培育库219家，增幅544.12%，位列全省第二；科技进步贡献率56.4%，增幅全省第一。1家科技型企业在新三板上市，新建国家级企业研发机构培育点2个、省级企业工程技术研究中心5个、省级企业院士工作站1个，新建市级企业工程技术研究中心48家，全市企业“两站三中心”累计超过1200家。全年新建市级众创空间6家、市级科技企业孵化器1家，获批省级众创社区1家，申报省级众创空间5家。环洪泽湖生态农业乡村振兴星创天地、苏食院金福瓜蒌星创天地获批省级星创天地。全市专利申请量13052件，专利授权量7676件；万人有效发明专利拥有量5.2件，增长17%。全市争取省级以上科技计划项目122项、科技奖补项目484项，共向上争取资金8301万元。

【科技成果】 2019年，淮安市获省科技成果转化专项资金立项1项，获省资助经费1200万元；市级成果转化项目立项10项，安排财政经费840万元。全市获省科学技术奖5项，其中“植入类医用材料的成形及表面功能化关键技术集成应用”“食管癌放疗应用基础研究与诊疗新技术”项目获省科学技术奖二等奖，“基于龙芯和自主协议的通用物联网系统及行业应用”“木质纤维素类生物质定向三品联产综合利用关键技术及应用”“智能视光材料关键技术创新及其推广应用”3个项目获省科学技术奖三等奖。

【科技奖励】 2019年，依据《加快国家创新型城市创建的若干政策》《淮安市聚力产业科技创新建设国家创新型城市若干政策措施》等文件规定，淮安市落实科技税收政策，为企业减免所得税8.52亿元，同比增长53.5%，惠及企业484家，其中国家高新技术企业122家。

市级财政预算安排科技扶持专项资金7150万元（市科技局安排使用），实际安排7148万元。其中，市级科技计划项目立项102项，使用1815万元；各种普惠性科技奖补资金安排5333万元。全市争取省级以上科技计划项目122项、科技奖补项目484项，向上争取资金8301万元。

2019年11月，苏北地区企业研发机构创新资源对接会在淮安举行
王小青 供图

【科技人才】 2019年，淮安市加强科技人才培育和引进，全面落实“淮上英才计划”，实施人才强企工程。全年入选国家重点人才计划2人，入选省双创团队1个、双创人才9人、双创博士11人、科技副总78人，获批国家级外国高端人才项目1项，实现该项目零的突破，1名外国专家获得省政府“江苏省友谊奖”。

【科技扶贫】 2019年，淮安市开展科技“四位一体”精准助力“阳光扶贫”专项行动。选派14个科技帮扶团队结对帮扶经济薄弱村，引入新品种、新技术11个（项），打造特色农业科技示范基地7个，开发精品红色研学路线2条，培育高附加值农产品品牌4个，精准带动150余户低收入农户脱贫，促进12个经济薄弱村实现集体经济增收，累计带动新增产值上千万元。《新华日报》专版刊登《创新模式，淮安市科技扶贫更精更准》，对其重点宣传和推广。

【双创载体】 2019年，淮安市新备案国家级众创空间1个、省级众创空间3个、市级众创空间6个、市级科技企业孵化器1家，新获批省级众创社区1个。至年底，全市建有国家级科技企业孵化器2个，省级科技企业孵化器12个、市级科技企业孵化器3个、国家级众创空间2个、省级众创空间10个、市级众创空间33个、国家级大学科技园1个、省级众创社区2个、省级众创集聚区1个。全年3家新备案省级众创空间各获得奖补资金20万元，共计60万元。

【基础研究计划】 2019年，淮安市省基础研究计划（自然科学基金）获批数再创新高。全市获批21项，其中优秀青年基金项目1项、青年基金项目14项、面上项目6项，获批直接经费390万元。 （王小青）

工业科技

【概况】 2019年,淮安市以高新技术企业培育工作为主线,继续加大高新技术产业和产品群培育,高新技术产业保持较快增长。全年高新技术产业产值占规模以上工业总产值25.62%,高新技术产业投资额增长87.1%,全省第一。完成国家高新技术企业申报数357家,增长75.86%,增幅全省第一;新获批高新技术企业209家,增长56.3%。

【服务科技企业】 2019年,淮安市为47家科技型企业提供苏科贷支持1.22亿元,累计为129家科技型企业提供苏科贷6.83亿元;新增合作银行2家。开展台企创新促进行动。通过政策宣讲、实地走访、调研座谈、需求征集、发放政策汇编等,及时梳理问题,对口受理交办事项,为台资企业向上争取资金1300多万元,安排市科技计划项目资金320万元,江苏敏安电动汽车有限公司成功获批省企业工程技术研究中心。

【"鑫智力杯"创新创业科技企业评选活动】 2019年,淮安市科技局、南京银行淮安分行主办,淮安市生产力促进中心、南京银行淮安分行小企业金融部承办"鑫智力杯"创新创业科技企业评选活动。60余家企业报名参赛,15家企业入围复赛阶段,最终评选出江苏德瑞加数控机床有限公司、江苏长寿棒科技有限公司等5家"最具投资价值企业"和江苏八杯水电器有限公司、淮安亮谷光电科技有限公司等10家"最具发展活力企业"。

【第四届企业科技创新大赛暨第九届大学生科技创业大赛】 11月23日,淮安市第四届企业科技创新大赛暨第九届大学生科技创业大赛总决赛和颁奖仪式在淮安智慧谷举行。该次大赛主题为"科技创新,成就大业",由市科技局、市人才工作领导小组办公室、市经济技术开发区科教产业发展办公室主办。大赛收到全市各科技企业(团队)参赛项目50多项,各高校大学生参赛项目70余项,涉及新一代信息技术、新能源汽车及零部件、盐化凹土新材料、食品等行业和领域,评选产生企业组、创业团队组、大学生组一、二、三等奖及优胜奖。

【苏盐井神院士工作站获批】 11月11日,江苏省科技厅公布2019年度省院士工作站建设项目,江苏苏盐井神股份有限公司院士工作站获批,公司与中国工程院院士罗平亚合作建立院士工作站,合作研究大型水平连通井盐穴储气库建设。淮安市高度重视产学研合作与交流,坚持"请进来"与"走出去"相结合,集聚高端人才,引进先进技术成果,推进科技项目合作,加强与国内外知名高校院所、专家团队科技合作。2019年底,全市共建立院士工作站8家。 (王小青)

农业科技

【概况】 2019年,淮安市围绕既定培育的农业科技特色产业,向上争取富民强县项目40项、科技帮扶项目9项。至年底,全市建有国家农业科技园区1个,国家级、省级星创天地8个,省、市级农业科技园区43个,省级农业科技型企业43家,省级农业产业技术创新战略联盟2个,省级农村科技服务超市20个。

【农业科技"三下乡"活动】 1月11日,江苏省暨淮安市2019年度科技、文化、卫生"三下乡"活动仪式在盱眙县马坝镇举行。该年度科技服务分团由3部分组成:省科技厅协调的淮安周边地区的科技服务超市,市科技局组织的市内省级农村科技服务超市和有关农业科技型企业,盱眙县科技局组织的有关农业科技型企业。科技分团的10位农业科技专家为前来咨询的农户提供耐心细致的指导,并现场发放科技宣传资料1000册。

【第二家省级农业产业技术创新战略联盟获批】 2019年11月,省科技厅公示第五批省级农业产业技术创新战略联盟拟确认名单,由市科技局推荐上报的特色果品加工农业产业技术创新战略联盟通过省科技厅备案。这是淮安市获批的第二家省级农业产业技术创新战略联盟。特色果品加工产业技术创新战略联盟依托江苏怡亭酒庄有限公司、江苏省农业科学院、南京农业大学、农业部南京农业机械化研究所、张家港市神园葡萄科技有限公司等22家高校院所和企业组建而成。

【新增3家省级农业科技型企业】 2019年,江苏省科技厅公布第八批省级农业科技型企业名单,淮安市江苏天丰种业有限公司、江苏大北农水产科技有限公司、江苏祥豪实业股份有限公司3家企业被认定为省江苏省农业科技型企业。至此,全市省级农业科技型企业总数达到38家。 (王小青)

【淮安市农业科学研究院】 淮安市农业科学研究院是一所从事农业应用型、开发性、特色性研究,集科研、开发、示范推广于一体的新型农业科研机构。2019年,研究院各级各类项目立项50项,获省部级、市厅级科技进步奖9项,申请植物新品种保护5个。审定品种7个,申请专利14个,授权专利9件,制定省级标准1个,制定市级标准9件,2项成果获得省级鉴定。

科技创新 "适宜苏中种植淮稻系列品种优质高效生产技术集成与推广""淮安大米绿色栽培关键技术集成与产业融合发展模式创建应用"2项成果获农业农村部丰收奖二等奖。获2019年度中国商业联合会科学技术奖一等奖2项、二等奖2项。"甘薯茎线虫病发生规律及综合防控技术研究与应用"获评河南省农业科研系统科研成果奖一等奖、2019年度河南省科学技术奖三等奖。"高产稳产小麦新品种'淮麦33'选育与应用"获江苏省农科院科学技术奖二等奖。"淮麦33"以1033万元转让费获评江苏省农科院改革开放40周年40件大事,"壮秧宝和稻麦调控技术"获评江苏省农科院改革开放40周年40大科技进展。

申请植物新品种保护5个,获品种权5个。审定品种7个,申请专利14个,授权专利9件,制定省级标准1个,制定市级标准9件,2项成果获得省级鉴定。发表论文56篇,其中SCI论文影响因子"4以上"2篇。全年新上各级各类项目50项，其中“机插稻漂浮清洁育秧关键技术创新与示范应用”继获评省农科院“颠覆性”课题后，又获省重点研发计划（现代农业）面上项目支持。“水稻MTD1基因调控分蘖数量的分子机制研究”获省自然科学基金青年基金项目支持。“设施专用西瓜新品种‘苏梦7号’‘苏创4号’选育”“优质鲜食夏大豆新品种淮鲜豆6号选育与应用”两个项目获省重点研发计划（现代农业）品种后补助项目支持。“基于DH系的玉米抗锈病种质资源创制”获得省自主创新项目支持。年内，省自然科学基金项目“大豆蛋白质含量的关联分析与相关基因的挖掘”通过验收，发现同时调控蛋白质和油脂含量的5个一因多效QTLs，通过分子设计育种，创制获得蛋白质含量52%以上的大豆新种质。

成果转化　以淮麦33为首的淮麦系列品种江苏秋播面积超过29万公顷，成为江苏淮北麦区第一大品种。转让6个作物品种生产经营权。江苏天丰种业有限公司水稻良种销售收入位列全国第9位，小麦良种销售收入位列全国第18位。

人才队伍　制定出台博士引进培养管理办法，将博士人才补助经费增加至50万元，并给予50万元起点科研启动经费，量身制作科研启动项目。鼓励申优评优，1人被评为淮安市“有突出贡献中青年专家”，1人被省人才工作领导小组办公室等6个部门评为江苏省第六批研究生导师类产业教授，1人被中国管理科学研究院企业管理创新研究所聘为“中国企业家创新智库首席专家”，1人被省科技厅评为“江苏省优秀科技特派员”。新增省“六大高峰”人才培养对象1名；晋升研究员、副研究员、正高级会计师、高级会计师各1人。

平台建设　围绕淮河生态经济带发展规划的实施，邀请中国农科院专家到淮安开展调研，筹建科研合作平台。促成省农科院在淮安区苏嘴镇、盱眙县马坝镇分别实施科技服务专项“短平快”项目和助力乡村振兴项目。获批省产业技术体系西甜瓜综合示范基地、食用菌和肉羊推广示范基地。与市、淮阴区动物疫病防治中心联合，在淮阴区实施产业富民项目，共建示范基地。院士专家工作站通过中国科协认证，获批江苏省研究生工作站，院属企业淮安飞龙农业科技发展公司被中国管理科学研究院、中国技术市场协会等部门评为中国管理创新优秀单位。

科技服务　组建8个助力乡村振兴科技服务团队，11名专家入选淮安市乡村振兴党员专家顾问、3人入选科技镇长团成员。组织专家到苏嘴镇沙吉村、渔沟镇陶营村等低收入村，开展“党建助推科技扶贫”主题活动，助推产业扶贫。《从秦大学到布谷鸟》《点草成金，葡萄腾下长出致富菇》《用汗水换得大地芬芳》3篇文章分获省农林厅“乡村振兴科技在行动——科技富民故事”征文一等奖、三等奖和优秀奖。科技服务工作在人民网、中国江苏网、江苏农业网及《江苏农村经济》《农技耘》等媒体累计报道40余次。布谷鸟科技服务团队被市文明办表彰为优秀志愿者团队。（王礼伟）

科技创新体系建设

【概况】　2019年，淮安市加快科技创新载体建设。新增国家级研发机构培育点2个，全市新建省级企业工程技术研究中心5个，市级工程技术中心48个，累计建成市级以上企业“两站三中心”1251个；新建4个市级重点实验室，全市累计建设52个市级重点实验室。

【科技创新载体】　至2019年底，淮安市有省级以上企业研究院（企业重点实验室）4个，其中国家级1个，即江苏井神盐化股份有限公司技术中心；省级3个，分别是今世缘生物酿酒技术研究院、井神盐化工循环经济技术研究院、江苏省轨道交通用特殊钢新材料重点实验室。有省级科教单位重点实验室3个，分别是江苏省环洪泽湖生态农业生物技术重点实验室、江苏省凹土资源利用重点实验室、江苏省生物质能与酶技术重点实验室。有省级企业院士工作站5个、市级企业院士工作站18个。有省级工程技术研究中心81个、市级工程技术研究中心643个。大中型工业企业及规模以上高新技术企业中设立研发机构比例达到90%。

【大型仪器平台建设】　2019年，淮安市继续推进大型科研仪器设备开放共享，入网设备800余台套，入网仪器总原值突破3亿元。全年兑现大型仪器共享服务补贴资金78.63万元。淮阴师范学院、淮阴工学院通过2019江苏省重大科研基础设施和大型科研仪器开放服务绩效评价。

【技术产权交易市场】　2019年，淮安市先后举办苏北地区企业研发机构创新资源对接会等大型专题培训、技术成果对接活动10场次，建立技术经纪人（科技专员）队伍313名，技术合同登记额17.44亿元，比上年增长

8月4日，南京都市圈科技创新一体化建设座谈会在淮安举行

王小青　供图

47.92%。兑现市技术转移奖补资金63.76万元。（王小青）

产学研合作

【概况】 2019年，淮安市贯彻落实创新驱动战略，推进产学研协同创新。全年新增省"科技副总"78名，累计成立涵盖食品、优质稻米、特钢及装备制造、电子信息、盐化新材料、新能源汽车及零部件等产业领域8个产业技术协同创新联盟，征集企业需求140项；解决企业技术难题64项；成果转化22项，累计金额859万元；开展产学研合作38项，累计合作金额1423.2万元；申请专利59项。

【产学研创新载体】 至2019年底，淮安市有省级产学研创新载体9个，分别为南京大学淮安高新技术研究院、中科院水生所淮安研究中心、中科院盱眙凹土应用技术研发与产业化中心、中科院大连化学物理研究所淮安化工新材料研究中心、中科院沈阳自动化研究所金湖工业物联网应用技术研发中心、中科院合肥先进制造技术研究所楚州精密机械研发中心、中国矿业大学盱眙矿山装备与材料研发中心、上海交通大学苏北研究院、南京农业大学淮安研究院。建有国家火炬特色产业基地5个、国家大学科技园1个、国家农业科技园区1个、国家级高新技术产业开发区1个、省级高新技术产业开发区1个、省级科技产业园9个。有12个省级以上科技企业孵化器，其中市高新技术创新中心、市软件园为国家级孵化器，淮安大学科技园为国家级大学科技园，清城创意谷为国家级众创空间。

【国际农业技术项目交流活动】 2019年，淮安市科技局组织食品产业技术协同创新联盟、规模畜禽产业技术协同创新联盟等，参加由省科技厅举办的2019中国（江苏）—英国现代农业技术项目对接交流会，开展现代农业技术交流活动。英国曼彻斯特大学、谢菲尔德大学等10所英国知名大学，英国现代农业技术领域15家知名企业，江苏省农业科学院等科研院所及省内知名企业参加活动。中外交流单位围绕食品营养、食品加工、智慧农业、土壤肥料、畜牧兽医等领域，开展项目路演及一对一项目对接、洽谈合作等。6月25—26日，淮安市科技局组织智能制造领域相关企业、淮阴工学院机械与材料工程学院、江苏省先进制造技术重点实验室、淮安市特钢及装备制造产业技术协同创新联盟等单位，参加由省科技厅举办的2019中国（江苏）—韩国智能制造对接交流会，开展产学研对接交流活动。参会企业、高校、联盟等围绕智能制造、机器人设计、精密材料等开展对接和洽谈合作等。

【智能机器人联合实验室挂牌】 3月27日，上海交通大学苏北研究院智能机器人联合实验室在智慧谷揭牌。该实验室以上海交通大学为依托，开展基于网络的协作机器人、工业机器人、特种机器人、服务机器人、医疗机器人等精密驱动与控制技术的研究以及相关的应用和示范研究，并与企业联合开展技术攻关，解决机器人技术应用中的相关问题，为机器人技术的产业化提供技术支持。

【全国大众创业万众创新活动周】 6月14日，全国大众创业万众创新活动周淮安分会场活动启动。活动周的主题是"汇聚双创活力、澎湃发展动力"，设1个主会场和若干分会场，活动现场有招聘企业184家，提供招聘岗位3837个。

【科技副总企业产学研合作项目】 2019年，江苏瑞特电子设备有限公司等36家科技副总企业申报的省产学研合作项目得到省科技厅指导性计划立项支持。申报的省产学研合作项目中，有28项技术开发、4项技术服务、3项技术咨询、1项技术转让，涵盖电子、化工、机械制造等多个领域。（王小青）

气象服务

【气象监测、预报、预警服务】 2019年，淮安市气象部门加强对重大活动的气象服务保障，完成中央广播电视总台中秋晚会、中国龙舟公开赛、第二届全国青年运动会龙舟预赛、清江浦国际半程马拉松暨中国运河城市马拉松赛等气象服务。1人获中国气象局气象服务特别贡献奖。

全年市本级制作发布专题服务材料214期，其中重要天气报告36期，决策气象服务专报2期，雨情报告7期，天气快报2期，各类专题气象服务118期，抗旱应急专题气象服务8期，空气质量气象条件分析专报12期，春耕春播气象服务专报4期，夏收夏种气象服务专报11期，秋收秋种气象服务专报12期，农业气象灾害监测预警2期。发布气象灾害预警信号87次，启动应急响应4次。在气象微博上发布信息8854条，更新微信内容1334篇，微信推送重要天气信息47条，发布短信867条，受众人数182万人次。"淮安气象"政务微博影响力位列"全国十大气象微博"第10名，"江苏十大政务机构微博"第3名。

【气象为农服务】 2019年，淮安市将"气象防灾减灾、气象为农服务、气象现代化水平""气象灾害预警传播体系建设"列入农业农村工作重点考评。全市各县区乡镇（街道）、行政村（社区）均明确"四有"（有机构、有人员、有场地和设施、有稳定投入）标准。各县区基层预警信息发布与传播体系建设实现市—县—乡镇分级考核督察机制。市气象局与市应急管理局、市防震减灾服务中心组成全国综合减灾示范社区联合考核组，对全市9个申报2019年度全国综合减灾示范社区进行考核，并对2018年度命名全国综合减灾示范社区进行抽查，生态文旅区悠园社区、金湖县黎城镇闸东社区等通过验收。

【生态文明气象服务】 2019年，淮安市提高对生态文明气象保障服务的认识，从点—线—面梳理生态文明建设气象保障服务需求，健全生态文明建设气象保障业务体系。面向淮河生态经济带、乡村振兴等国家和省市重大发展战略，开展洪泽湖、白马湖等主要生态系统生态质量气象监测。开展气溶胶、反应性气体、温室气体、土壤水分、酸雨等观测，在年度中国气象局酸雨质量考核中被评为优秀等次。上报淮河流域生态经济带气象服务专项，启动淮安经济开发区气候可行性论证区域评估，启动洪泽湖水上气象观测平台项目建设。建成生态与气象高清演播室，加强空气质量预报联合会商与预警发布，逐日发布空气污染趋势预报，城市空气质量预报时长延长至7天，发布《空气质量气象条件专报》12期、大雾预警信号10次、霾预警信号8次。全年开展人工影响天气作业4次，助力生态环境改善。

【气象现代化建设】 2019年，江苏省洪泽湖流域气象灾害监测预警信息处理中心建设历时2年半时间，于5月底顺利完成业务切换。新大楼软硬件系统提档升级，建成现代化数据中心机房，实现省—市、市—县双线路在线备份、内外网物理隔离，提升传输速率。建成云视频会议系统，采用CloudView分布式画面云系统，以网络分布式音视频为核心技术，集成大屏显示、矩阵调度、系统展示、机房管理、环境控制、视频会议、安防监控等功能。市气象局与市生态环境局共建的"空气质量预报电视节目制作高清演播室"项目通过验收并投入使用。盱眙国家基本站迁建项目建设完成。金湖气象灾害预警中心观测场投入使用。

【气象科技创新】 2019年，淮安市气象部门立项省气象局科研项目2项、市气象局科研项目7项，在一级核心刊物发表论文1篇，获得软件著作权2项。市气象局被省科协、省科技厅、省教育厅联合表彰为江苏省优秀科普教育基地，是全省气象部门和淮安市唯一受此表彰单位。1人获评省气象局青年科技新秀，2人加入省气象局创新团队。

【气象科普宣传】 2019年，淮安市举办"聆听气象好声音，汇聚文明正能量"首届气象与生态主播大赛，引导公众投身生态文明建设、全国文明城市创建，提升文明素养和防灾减灾意识。该活动获评江苏省科普场馆协会年度十佳科普品牌一等奖。全年共40余批5000余名中小学生走进市气象局探索气象奥妙，感受气象万千。继续举办全市第四届青少年水利与气象科普知识大赛，约3万人参加；举办第三届全民科学素质网络大赛，约1万人参加。

【防雷管理】 2019年，淮安市加强防雷、氢气球施放等活动管理。组织"1+N"联合执法检查，推进各专业领域防雷安全监管，建立健全防雷安全"双随机一公开"工作机制。建立工作通报制度，定期编制《防雷安全监管工作简报》。 （尤 慧）

教 育

综 述

【概况】 2019年，淮安市有各级各类学校952所、在校生93.03万人、专任教师6.3万人。特殊教育学校7所，学生0.1万人，教师0.02万人。有各级各类公办中小学学校423所，在校生55.52万人；民办学校38所，九年一贯制学校13所，在校生8.99万人。有省人民教育家培养对象8名、在职在岗省特级教师113名、正高级教师60名、市第三批学科带头人726名，省市级职业教育名师工作室50个，省职业教育领军人才19人。学前3年教育毛入园率99.09%、义务教育阶段巩固率100%、残疾儿童少年享受15年免费教育的比例100%、高中阶段毛入学率99.84%、高等教育毛入学率63.4%。

【教师队伍】 至2019年底，淮安市幼儿园专任教师专科学历占比达96.84%，小学教师本科学历占比达92.26%，初中教师本科学历占比达99.48%，高中阶段教师研究生学历占比达20.02%。采取下乡支教、上挂锻炼、集团内部交流、轮岗交流等形式开展教师交流，全市有3000多名教师参加交流，各县区教师交流比例均超过15%。

【社区教育】 至2019年底，淮安市基本建成四级社区教育体系，全市建成9个省级社区教育实验区、7个社区教育学院和109个省级社区教育中心、1599个居民学校。年内，淮安市加强社区教育阵地建设，新创成省级社区教育示范区1个、省级标准化社区教育中心10个、教育服务三农高水平基地1个，全市省级标准化社区比例98%，远超省现代化监测指标。做好老年教育，老年教育参与社区教育比例20%以上。承办全省社区教育课题研讨会。社区教育专兼职队伍不断扩大，3人被评为"全国百姓学习之星"。加大老年教育供给。指导淮安开放大学举办老年教育班，全年开设16个班、450多名老人学习。在淮阴商校开设市老年大学教学点，举办茶艺与面点培训。2019年淮安市暨淮安区全民终身学习活动周在淮安区开放大学启动。2019年，"淮安市百姓学习之星""淮安市社区教育先进工作者""淮安市社区教育先进志愿者"及"优秀学习品牌"等受到表彰。

【集团化办学】 2019年，淮安市小学阶段成立55个教育集团，小学全部纳入集团办学管理，实施人员统一调配、教学统一进度、教研统一安排、质量统一调研、绩效统一评价"五统一"和捆绑考核，促进龙头学校和成员学校良性互动。建立初中学校联盟，初中阶段169所学校全部纳入34个教育联盟，从活动质量、质量提升等方面进行考核，并纳入对学校的综合考评。建成数控技术职教集团、新能源汽车产教联盟、文旅产教联盟、淮台现代农业产教联盟等13个职教集团（产教联盟），服务地方经济社会发展能力逐步增强。

【教育现代化建设】 2019年，淮安市实施学校建设项目95个（含跨年度项目36个），建成49个，完成投资16亿元。淮安经济技术开发区高中、南外淮安分校建成招生，淮阴师范学院附属中学高中部迁建、淮阴中学图书综合馆和淮阴师范学院第一附属小学、淮安市外国语实验小学校安工程顺利推进，淮阴中学、清江中学应急避难场所按计划进行建设。实施义务教育学校标准化建设和"改薄"工程，义务教育学校标准化建设达标率位列苏北第一、全省第四。全年创成教育现代化先进学校33所、智慧校园60所、省市级优质幼儿园33所，提升30所学校装备水平达省一类标准。完成教育现代化监测数据上报，全市监测成绩继续保持苏北领先。

【“一师一优课、一课一名师”活动】 在2019年教育部组织的“一师一优课、一课一名师”评选活动中，淮安市74位教师的教学视频入选部级优课，入选数量连续二年位列全省第二。在省级优课评选中，淮安市79位老师的教学视频入选省级优课，成绩居全省第二。

【首期优秀中青年校（园）长培育对象结业】 4月28日，淮安市首期中青年优秀校（园）长培育工程举行结业仪式。2016年6月，淮安市教育局启动“淮安市优秀中青年校（园）长培育工程”。根据校园长的“专业标准”，依托江苏凤凰教育智库及其专家团队，围绕“提升道德使命、优化管理理念、规划学校发展、引领教师成长、领导课程教学、彰显办学特色”等现实要求，开展“认识你自己、高山自有神韵在、生活在别处、问题是我们的朋友、天下第一好事是读书、寻找属于自己的句子”等6个培训课程的学习。全体学员参加集中培训活动9次，讲座90多场，实地参观学校或企业50多所，阅读理论书籍2800多本，撰写学习心得、调研报告1600余篇800多万字。发表论文400多篇、获奖论文500多篇、出版专著13本，编制校本教材80多本，进行县（区）级以上公开教学近400节、讲座近500场，所在学校获得县（区）级以上表彰或奖励近2300次。出版80万字培育工程成果集——《拔节的声音》。

（蒋留成　姚飞和　华　跃）

学前教育

【概况】 2019年，淮安市有成规模幼儿园480所，在园幼儿17.08万人，教师0.97万人，省级优质园比例为65%。启动建设幼儿园50所，建成33所，其中公办、小区配建、民办普惠27所，民办高收费6所，完成投资3.44亿元，新增学位9735个。

【淮安市学前教育专业委员会成立】 11月，淮安市教育学会学前教育专业委员会成立大会暨学前教育研究成果展示交流会在淮安市实验小学幼儿园长征分园召开。全市各县（区）分管学前教育工作的人员、教研人员及幼儿园园长代表共100余人参加。获评省教学改革成果一等奖、省基础教育前瞻性教学改革试验项目、省课程游戏化项目视导“优秀”奖等单位，以及获省优秀案例、优秀论文一等奖以上的教师代表交流分享研究成果。

【淮安市学前教育“乡村教育”系列活动启动】 4月16日，淮安市学前教育“爱在乡村教育”主题系列活动启动。市教育局遴选56名市、区级学科带头人，分赴全市8个县区，开展16次主题系列活动，促进全市城乡学前教育均衡发展。

（蒋留成　姚飞和　华　跃）

义务教育

【概况】 2019年，淮安市有小学241所，小学生34.93万人，教师2.33万人；初中167所，初中生17.99万人，教师1.55万人。

【中小学办学行为规范】 2019年，淮安市加大中小学违规办学行为专项治理力度，规范中小学学校招生。市直学校和各县区均建立招生信息平台，招生工作在信息平台上直接进行；民办初中学校实行摇号招生，公开摇号操作流程，确保公平公正。严格执行课程与教学计划，严格执行国家、省关于减轻学生过重学业负担的各项要求。创新建设学生安全区域，构建学校安全立体防护网。加强对在职教师有偿补课和在校外培训机构授课行为的严肃查处。推进学生食堂专项治理，发现并整改食品安全问题或隐患678个，约谈有关责任人82人次，“明厨亮灶”覆盖率100%。

【第五届苏台基础教育发展论坛】 10月29日，第五届苏台基础教育发展论坛在淮安举行，江苏和台湾百余名中小学校长、教育专家等出席。论坛以“AI互联网时代的学校教育策略”为主题，下设AI互联网时代的人文艺术教育、AI互联网时代的课程教学与评鉴等议题。参会代表通过主旨演讲、专家报告、分组讨论、参观考察等环节，共同探讨教育理念变革、新教育模式开拓、教师与人工智能协作等中小学教育教学的重要问题。

【“我和我的祖国”征文活动】 2019年，淮安市委宣传部、市新闻出版局、市教育局联合主办“我和我的祖国”庆祝新中国成立70周年读书征文、书评征集大赛。活动从6月开始，到9月底结束，全市20多万中小学生参与，通过层层评比、推送，最终有310篇征文获奖。11月15日，在师院附小举行成果展示。

【首届青少年法治宣传教育周】 5月7—12日，淮安市举行首届青少年法治宣传教育周活动。宣传周期间，全市各中小学校召开一次法治主题班会、举行一次法治主题升旗仪式、观看一部法治教育片、学唱一首法治歌曲、编辑一期法治黑板报（手抄报）。重点围绕保护未成年人合法权益、预防未成年人违法犯罪等，将法治教育内容与青春期教育、安全自护教育、网络安全教育、防欺凌教育和预防性侵害教育等相融合，深入校园和社区，通过立体式、体验式的法治教育活动帮助青少年掌握法律知识，提升自我保护意识和能力。

【关天培小学学生参与国内首次航天育种试验】 5月18日，在中国航天科技集团神舟航天软件（济南）有限公司专家的指导下，淮安市关天培小学三年级的150多名学生在淮安市青少年综合实践基地参加国内首次有小学生参与的航天育种种植试验。该次种植的航天育种苗是神舟四号返回仓及其他一些中国返回式卫星带回的种子。学生们通过自己的亲手种植，开启一次科普和植物生命探索之旅。

（蒋留成　姚飞和　华跃）

高中教育

【概况】 2019年，淮安市有普通高中34所，高中生7.91万人，教师0.71

万人。省三星级以上普通高中比例为82.35%。全市有24152人参加高考，二本以上录取13390人，录取率55.44%，一本达线率较2018年增加13.58%，一本录取率较2018年增加6.6%。

【普通高中资源建设】 10月29日，省教育厅在淮安召开全省普通高中资源建设工作座谈会，淮安市“建成一所、办好一所”工作经验得到肯定。2019年，淮安市启动实施高品质高中建设专项行动。占地面积15万平方米的北师大淮安学校、12万平方米的南外淮安分校高中部、改扩建后的涟水外国语高级中学开始招生，师院附中高中部开始迁建。

【非四星级普通高中联盟成立】 12月6日，淮安市在南陈集中学举办非四星级普通高中发展论坛暨非四星级普通高中联盟成立会议。会议通过《淮安市非四星级普通高中学校联盟章程》和淮安市非四星级普通高中学校联盟第一届主席团及理事单位名单。各联盟学校表示将主动融入，加强沟通交流，深化合作互鉴，践行“联合共进、交流共享、发展共谋、成果共创”的联盟发展机制，促进学校优质快速发展。

【北师大淮安校区开始招生】 北京师范大学淮安学校建设项目占地约15万平方米，总建筑面积约11.45万平方米，主要建设3栋教学楼2.1万平方米、3栋科技楼2.1万平方米、3栋学生宿舍楼1.6万平方米，以及配套建设教师公寓、后勤楼、学术中心、艺术中心、体育馆中心等3.9万平方米。按照江苏省四星级标准建设20轨60班制中学，定位为北师大教育集团在全国创办的70多所优质学校中的领航学校，是北师大对外联合办学3.0版学校。2018年1月开工建设，2019年9月开始招生，结束淮安经济技术开发区建区26年没有高中的历史。

【江苏省淮阴中学】 江苏省淮阴中学是省高品质示范高中立项学校、省首批四星级学校、全国教育系统先进集体、首届全国文明校园、全国航空航天特色学校、省拔尖创新人才培养试点学校。2019年，学校有3个校区，在校学生10000多人，教职员工800余人，其中特级教师7人，正高级教师8人，高级职称教师207人，入选省“333”人才培养工程教师6名。学校义务教育巩固率、初中升学率均为100%，95%以上达四星级高中录取线；高中学业水平测试全优率、高考二本以上达线率、名校录取数连续多年名列全省前三位，其中南京大学录取该校生源连续十三年全国第一。学校连续三次获“全国文明单位”称号，被评为中国创新型学校，是北京大学、清华大学、复旦大学、中国人民大学、南京大学等50余所著名高校的优质生源基地。

（蒋留成　姚飞和　华　跃）

职业教育

【概况】 2019年，淮安市有中等职业学校15所，学生5.15万人，教师0.28万人，省三星级职业学校的比例为84.62%。2018—2019学年，新创成江苏省中职现代化示范校3所，省中职现代化示范校数达到6所。职教现代化水平持续提升，创成淮安生物工程高等职业技术学校、淮安高级职业技术学校、江苏淮阴商业学校等3所国示范校，淮安高级职业技术学校、江苏省商业学校、江苏省淮阴中等专业学校、江苏省盱眙中等专业学校等4所省领航职业学校。全年培养出技能型人才2万名，其中普通专科0.7万名，中职学校1.3万名。

【职业技能大赛】 2019年，淮安市举办第十四届全市职业学校技能大赛，共设11个学校赛点和2个行业企业赛点，14所中高职学校、939名师生（中职组669名、教师组270名），参加11个类别共50个赛项的比赛。组织参加2019年全省职业学校和全国技能大赛，获得14枚金牌、41枚银牌、64枚铜牌铜，创历史最好水平。市高职校作为现代物流国赛赛点，赛事组织工作得到大赛组委会的高度评价，该校代表队还获得一等奖第一名。市高职校和淮阴商校承办省赛赛点，获得一致好评。举办2019年全市职业学校教学大赛，12所学校570名教师的207件作品参加。组织选手参加全省教学大赛，获一等奖4个、二等奖10个、三等奖10个，成绩位居全省第八、苏北第二，有一组选手入围全国教学大赛。

【4学校入围省中职学校领航计划建设单位】 12月26日，江苏省教育厅发布《江苏省中等职业学校领航计划建设单位评审结果公示》，全省有50所学校拟作为江苏省中等职业学校领航计划建设单位。淮安市入围4所，分别是江苏省淮安中等专业学校、江苏省淮阴商业学校、江苏省盱眙中等专业学校、江苏省淮阴中等专业学校。

2019年，淮阴商校代表队获全国职业院校技能大赛中职工程测量项目团体一等奖　　程　焱　供图

【2019年淮安市职业教育活动周】 5月11日，2019年淮安市职教活动周在淮安工业中等专业学校启动。淮安市教育局、各县区教体局代表，各中职学校校长、教师代表、家长代表和合作企业代表，各县区初中校校长代表等400多人参加启动仪式。活动周期间，各个学校通过开放校园、进社区、进学校、组织便民服务等各种活动，向社会各界展示淮安职业教育的成果与风采。

（蒋留成　姚飞和　华　跃）

【江苏省淮安技师学院】 江苏省淮安技师学院为国家级高级技工学校、省重点技师学院，是省高技能人才培养示范基地、省市共建公共实训鉴定基地、高技能人才专项公共实训基地。2019年，学院有省技工院校示范专业5个，重点专业15个，精品课程24门，教学名师8名，专业带头人23名，有全日制在籍生4605人。学院毕业各层次学生467人，招收各层次新生1900人，全年对外培训2181人、技能鉴定2477人。

基地建设　在整合改造传统专业基础上，新增烹饪、幼儿教育、铁路客运服务、计算机程序设计4个新专业；新增1门精品课程《计算机组装与维修》。创建“电子商务实训中心”和“淮安全鳝席烹饪技艺传承班”，其中烹饪专业成功申报省级项目“全鳝席烹制技艺”经典特色班，争取建设资金100万元。10月16日，“淮扬菜学院”揭牌。

师资教研　组织教师参加省市教学大赛和江苏联合职业技术学院专业协会及省教育厅中心组教研活动，被省教育厅推选为全国技工院校“通用职业素质课程”教学实验校，并承担相关课程的实验工作。组织95名专业课教师进企业实践锻炼。成功申报正高职称1人、副高职称3人、中级职称5人，新进教师13人。推进校级领导结对班级、开放教师课堂等工作改革，举办观摩课10次、公开课27次、开放课堂485次，开放课堂教师听课1074人次，理实一体化开放教学覆盖面95%。组织教研室11个立项课题，获得省级立项课题1个并结题，市级2个开题，全年结题5个。主编、参编教材2部、发表论文31篇，获省级教学大赛、中心组教学成果53项。11月，学院教师团队在第三届全国智能制造应用技术技能大赛中获二等奖。在省大学生机器人大赛中，获一等奖2个、二等奖1个。

学生培养　坚持“德技并重”培养理念，举办第十五届校园文化艺术节、第十四届校园田径运动会，开展“学习恩来精神、弘扬工匠精神”“五四传薪火 青春自韶华”“缅怀革命先烈，继承优良传统”“庆祝建国70周年 喜迎技师新学子”“践行一二·九精神，共筑民族复兴中国梦”等主题教育活动。学院获“2016-2018江苏省文明校园”称号，学院团委被授予“江苏省五四红旗团委”荣誉称号。获淮安市职业学校模拟法庭大赛铜奖、第二届淮安市青年学生艾滋病防治同伴教育主持人技能大赛三等奖。举办第十四届校园技能节。选拔160名学生组成15个技能班，将技能班与大赛训练结合起来，以大赛训练带动技能班，在市第十四届职业学校技能大赛中，17个项目51人次获奖，其中一等奖8人。全年毕业生就业率97%，其中高职类毕业生就业率100%，专业对口就业率79%，本地就业率82%，高技类毕业生就业率96.5%；毕业生就业满意率90%。

校企合作　与江苏淮安威灵电机制造有限公司、北大青鸟淮安瀚唐学院等6家企业新签合作协议。其中，与北大青鸟淮安瀚唐学院新建校企合作班，通过企业导师与学院教师共同授课方式对学生进行企业化培养。继续与中德诺浩(北京)教育投资股份有限公司新建中德诺浩国际班，引进德国汽车职业人才培养标准、模式及评价体系，实现国际标准本土化。全年举办校园招聘会5场，邀请40多家企业进校、进班宣讲。　（陈　婧）

【江苏省淮阴商业学校】 江苏省淮阴商业学校位于淮安大学城，占地28.33万平方米，校舍面积12.8万平方米。2019年，学校设有财经贸易、建筑工程、机电信息、烹饪旅游、基础部5个系部15个中职专业、8个五年制高职专业和3个“3+4”专业，建成会计、数控技术应用、建筑工程施工3个省级现代化专业群和建筑技术、加工制造、汽车运用与维修3个省级现代化实训基地。有全日制在校生4517人，教师275人，设备总值4748万元。年内，学校加快推进现代职教体系建设，申办江苏联合职业技术学院淮阴商校分院，入选江苏省中等职业学校领航计划建设单位、2016—2018年度江苏省文明校园。落实《国家职业教育改革实施方案》，率先启动“学历证书+若干职业技能等级证书”（简称“1+X”证书）制度试点，建筑信息模型（BIM）、智能财税先后入选全国“1+X”证书制度试点项目。学校中职工程测量项目组在2019年全国职业院校技能大赛中，获团体一等奖，实现淮安市在该项目上国赛金牌零的突破；1名教师获“优秀指导教师”称号。

淮阴商校

现代职教体系建设　对接淮安“433”现代产业体系，建成3个省级现代化专业群，与维也纳应用技术大学合作联合培养工业机器人技术应用方向人才；拥有全市唯一的“3+4”中职与本科分段培养项目试点；新增五年制高职专业2个（建筑装饰专业、数字媒体应用技术），五年制高职专业总数达到8个；新增中职专业2个（电子竞技运动与管理、城市轨道交通运营管理）。

教学设施建设　现代加工制造实训基地通过江苏省现代化实训基地验收；淮扬菜旅游服务职业体验中心被评为全市首批职业体验中心；建成9个专业的学业水平考试标准化技能考点，并全部通过省验收。

师资队伍建设　按照“四有”好教师标准，打造教师成长共同体。新增正高级教师1人、副高级教师4人；新增省级网络名师工作室1个、市级名师工作室5个、校级名师（大师）工作室9个。推选近30名教师为市教育局专家库成员，推选6名教师为省教学大赛专家库成员，推选3名教师为国家和省行指委成员。4人被选为省联合职业技术学院学生指导委员会委员，2人获“江苏省技术能手”和“巾帼建功标兵”称号。

教学科研　全年立项省课改课题

4个，结题3个；立项省规划课题1个，结题2个；立项省学会课题4个，结题3个。在省级教学大赛中获奖5项，其中二等奖3个、三等奖2个；在市级教学大赛中获奖14项，其中一等奖3个、二等奖6个、三等奖5个。在市职业教育论文评选中，15篇论文获奖，其中一等奖8个，获奖数量和一等奖数量占全市之首。全年教师公开发表论文100余篇。

合作交流　学校与白马湖投资发展有限公司共建淮阴商校白马湖旅游管理学院，签订校企共同育人协议；与星源娱乐文化、敏实集团、江苏华艺科技等多家企业建立校企合作关系，共同研究制定人才培养方案，探索产教深度融合新路径。财贸系新建江淮会计校园实训中心，实现校企共建共享，合作企业汉邦科技被选为全市首批产教融合型企业培育对象；旅游烹饪系参加第二届中国淮安国际食品博览会，承担全鱼筵席的展台制作，淮扬菜旅游服务职业体验中心被评为全市首批职业体验中心；机电信息系、旅游烹饪系与淮安老年大学合作，开展计算机图像处理、茶艺面点培训等项目。

文明校园建设　围绕新中国成立70周年，举办主题征文和观影等活动，1名教师在"阅读，我与祖国共成长"全国书评征集中获二等奖，1名学生获"我和我的祖国"全市主题征文一等奖，1名学生在江苏省微团课比赛中获一等奖。学校代表队在淮安市"豆蔻杯"校园法律知识竞赛中获三等奖，在淮安市模拟法庭比赛中获银奖，在省联合职业技术学院比赛中以苏北片区第一名的成绩获精神文明奖。全年有10名学生获省级表彰，6个班级获省市级先进集体表彰，3个班级被授予市级"周恩来班"称号。学校入选2016—2018年度江苏省文明校园；校园文化建设案例入选2019年江苏省职业院校文化建设优秀案例，并推荐申报全国职业院校文化建设50强。（程　焱）

【淮安市高级职业技术学校】淮安市高级职业技术学校是一所国家中等职业教育改革发展示范学校。2019年，学校有两个校区，主校区占地面积23万平方米，总建筑面积19万平方米；开放大学校区占地面积1.2万平方米，建筑面积3.8万平方米。学校被人社部、教育部联合表彰为全国教育系统先进集体。

专业建设　11个五年制高职专业、12个三年制中职专业均较好完成相应招生计划，专业结构总体均衡。成功申办五年制幼儿发展和健康管理专业，启动申办五年制学前教育（师范类）专业。

教学工作　学校获批全国"1+X"证书制度试点项目教师培训基地、江苏省语言文字推广基地。物流专业和信息技术专业建成首批淮安市中小学生职业教育体验中心。学校教师在全国技能大赛获金奖2项，省赛获金奖6项、银奖10项、铜奖27项，总积分全市第一。承办2019年国家和省职业院校现代物流项目技能大赛。

学生工作　开展爱国、爱家、爱校"三自"教育，会计专业学生张梓璇救人于危难，受到全校学生、广大市民传播点赞，被誉为最美"白衣女孩"。成立太极拳社团，全年参加各级各类演出和展示超过20场。保安专业学生完成2019年中央电视台中秋晚会、国际食品博览会、金湖半程马拉松、龙虾节等活动安保任务。

国际交流　以"淮安双元制培训中心"为纽带，与德国卡尔夫地区及罗尔夫·奔驰学校、约翰·格奥尔格学校建立友好关系，每年1次定期互访。迎接德国卡尔夫地区10名师生到校进行为期8天的交流。

建校40周年庆祝活动　12月16—20日，淮安市高级职业技术学校举行建校40周年庆祝活动。其间，先后举办中德师生文化交流、第四届技能展演月、"匠心追梦，智造未来"学生技能展示及作品展、海尔智能家居全国邀请赛、社团成果展演、高质量发展论坛等系列活动。（陈少石）

【淮安生物工程高等职业学校】淮安生物工程高等职业学校（江苏联合职业技术学院淮安生物工程分院）是全国建校最早的农林学校之一，是淮宿连地区唯一一所农业类高等职业学校。2019年，学校占地31.64万平方米，建筑面积7.95万平方米。有教职工225人，在编专任教师186人，其中教授5人、副教授45人、高级讲师19人、高级工程师3人、高级农艺师1人，高级职称教师占专任教师36.6%；具有硕士及以上学位104人，占专任教师55.9%。有在籍全日制学生4213人，在籍非全日制学生630人。学校设置动物工程系、植物工程系、经济贸易系、机电工程系、计算机工程系、汽车工程系和基础课部6系1部。开设中高职专业21个，与淮阴师范学院、淮阴工学院联合举办"3+4"中职本科分段培养专业2个。

重点工程建设　公共实训基地综合楼项目完成主体建设，并进入装饰

淮安市高级职业技术学校太极社团展示　　陈少石　供图

扫尾阶段，完成中央预算内投资2000万元。风雨操场及标准运动场项目完成土地征收及各项建设手续等准备工作，开工建设并完成桩基工程。创新创业实训楼项目完成立项、可行性研究报告、规划许可等。动物医院、汽车实训中心建设完成并投入使用，累计支付工程款1800万元。

教学科研　智慧校园、园艺技术实训基地、畜牧兽医专业群3个项目同时获批，且均免于现场视导。省学业水平考试种植类标准化技能考点通过省级验收，并组织省种植类、畜禽类和会计类的技能考试。申报苏北科技专项课题1项，立项市科技计划项目1项；23项省、市、校级课题顺利结题；5个省教学改革课题如期开题；现代农业（肉羊）产业技术体系（洪泽）推广示范基地建设项目通过中期检查，争取项目资金52万元。获江苏省职业院校技能大赛二等奖5项，获第二届全国职业院校宠物美容技能大赛一等奖2项、二等奖1项，获第三届全国职业院校林草技能大赛礼仪插花二等奖1项、全国高职院校技能大赛高职组艺术插花项目二等奖1项。获年度省级教学大赛二等奖2项、三等奖2项，获年度省职业学校技能大赛一等奖4项、二等奖3项、三等奖4项，获年度省创新创业大赛二等奖2项。在省第十一届“行知杯”职教专题优秀论文评选中，获二等奖3篇；在省职业教育“三创”论文评选中，获二等奖5篇。

学生管理　制定《班主任“青蓝工程”师徒结对活动实施方案》，举办第一届“青蓝工程”师徒结对拜师仪式。获评省2018年度优秀中学中职共青团组织、省优秀共青团支部、省三创先进班集体等；2个班级获评省“三创”先进班集体。“青春淮农 为艾发声”团队在省、市大学生防艾同伴教育主持人技能大赛决赛中，获省二等奖、市赛第一的优异成绩。“青春淮农助力科技惠农”志愿服务项目获评2019年市优秀志愿服务项目。

招生就业　年内，新生实际报到数1052人，其中五年制高职学生691人（含新疆内职班38人）、三年制中职学生361人（含新疆内职班95人）。五年制高职生就业率创新高，总就业率99.4%。2016级“3+4”班学生73人参加转段考试，转段通过率86.3%。

2020年江苏省职业院校技能大赛农林牧副渔类淮安生物工程学校赛点蔬菜嫁接项目赛场　　校　办　供图

服务“三农”　全年完成各类培训28期，培训学员3165人。举办涉农专业大学生创新创业培训4期400人。获得项目培训资金895.8万元，其中新型职业农民培育655万元，基层农技员省级培训118.8万元，涉农学生创新创业培训16万元，挂县强农两个项目80万元，培育实训基地建设项目（田间学校）10万元。在全省率先探索从参加培训的新型职业农民中选树优秀学员参加中高职衔接教育，42名学员经全省统考后全部被录取并接受高职阶段教育。学校联合共建的校外实训基地——淮安市田园体验教育学校，被省农业农村厅评为省级新型职业农民培育示范实训基地（田间学校）。

合作交流　和各县区退役军人事务局主动联系，组织346名退役士兵进行技能考核，323名退役士兵取得汽车维修工、机动车驾驶证等技能证书。与四川德康农牧食品集团股份有限公司签约，双方共建“淮农·德康兽医检测博士后实验室”。（校　办）

【淮安文化艺术学校】淮安文化艺术学校始建于1958年，原名淮阴艺术专科学校，1984年经江苏省人民政府批准、教育部备案为公办中等专业学校，1993年更名为“淮阴文化艺术学校”，2001年更名为“淮安文化艺术学校”。至2019年底，学校有戏曲表演、舞蹈表演、音乐、美术设计与制作、美发与形象设计、导游6个专业。

教育教学　举行教师全员晒课活动，7人获评优秀。承办市第十四届中国舞、声乐、器乐项目职业技能大赛、“献礼七十年 · 放歌新时代”青年歌手大赛大中专院校赛区比赛。2名舞蹈老师应邀参加第七届世界军人运动会开闭幕式演出编导工作。参加各类教学、技能大赛，获国家级三等奖1个，省级二等奖4个、三等奖10个。

技能大赛　1月6日，江苏省职业院校技能大赛文化艺术类艺术表演项目比赛在扬州闭幕。淮安文化艺术学校6名学生获得金牌1枚、银牌3枚、铜牌1枚，获奖等次、获奖人数均位列全省同类学校前列。

文化惠民　承办淮安市新春团拜会、淮安市庆祝新中国成立70周年文艺演出暨2019紫金文化艺术节淮安分会场群文演出；参与中央广播电视总台中秋晚会、淮安市第五届道德模范暨首届“淮安最美退役军人”颁奖活动、国家级非物质文化遗产项目淮剧（西路）代表性传承人“荣光辉淮剧专场”演出、涟水县五四运动100周年主题纪念活动等各类惠民演出。（校　办）

高等教育

【概况】2019年，淮安市有高校8所，分别为淮阴师范学院、淮阴工学院、南京林业大学淮安校区3所本科院校，淮安信息职业技术学院、江苏食品药品职业技术学院、江苏财经职业技术学院、江苏护理职业学院、炎黄职业技术学院5所高职院校。有大学生9.87万人，教师0.47万人。

【全国首家“台创学院”在淮阴工学院成立】 7月13日，全国首家“台创学院”在淮阴工学院成立并揭牌；同日，“2019年两岸青年创新创业特训营”开营仪式及“苏台高校青年创新创业联盟”也在该校举办。“台创学院”“苏台高校青年创新创业联盟”由淮阴工学院首提、首倡成立，首批联盟成员共有6所台湾高校、16所江苏高校，淮阴工学院为首任轮值理事长单位。主要围绕学生双创能力培养、双创服务体系建设、双创平台打造、双创项目培育等6个方面开展工作，打造融两岸高校联合研发、科技推广、信息交流、项目孵化、管理服务、创业指导和学生实习实训于一体的创新创业综合服务平台。

【淮安信息职业技术学院入选高等职业院校双50强】 2019年6月20日，由全国高职高专校长联席会议主持编写的《2019中国高等职业教育质量年度报告》发布。淮安信息职业技术学院入选“全国高等职业院校育人成效50强”“全国高等职业院校教学资源50强”榜单。“育人成效50强”在学生就业创业、学生在校体验、学生技能培养等三个维度16个指标对院校引领学生成长成才质量开展评价。“教学资源50强”主要依据“硬件资源、教师资源、课程资源、校企合作资源”等四个维度11个指标，衡量职业院校教学资源建设的质量和水平。

【1个专业群入选中国特色高水平高职学校和专业建设计划】 12月10日，教育部、财政部公布中国特色高水平高职学校和专业建设计划建设单位名单，江苏食品药品职业技术学院食品加工技术专业群入选中国特色高水平专业群B档。该专业群整合校内外教学资源，牵头建成国家级食品加工技术专业教学资源库，制定国家食品营养与卫生专业标准，探索“全程融合、模块分向、项目载体、双轮递进”的人才培养模式，为食品行业的高质量发展培养众多高素质技术技能人才。

【南京林业大学淮安校区】 南京林业大学淮安校区是南京林业大学办学分支机构。2019年，校区设化工与制药类、机械类、能源动力类、金融学类、土木类、新闻传播学类、计算机类、建筑学类、外国语言文学类、设计学类10个大类、30个本科专业，涵盖工学、农学、文学、管理学、经济学、艺术学等六大学科门类。校区实行校本部延伸管理与校区管理相结合管理模式。

教学设施建设　根据《淮安校区建设方案》，优化教学区楼宇功能配置，腾空房屋2000余平方米，完成6个专业大类的实验室建设。筹建化学危化品仓库，安装实验室消防设备等，保障实验室安全。完成田径运动场建设，并投入使用，改善体育教学条件。

学科竞赛　鼓励学生参加各项学科竞赛活动，构建“校赛、省赛、国赛”三级竞赛体系。全年组织校区级学科竞赛87场，组织参与省级、国家级竞赛32场。获全国大学生英语竞赛特等奖2人、一等奖5人；获全国大学生高等数学竞赛（非数学专业）一等奖1人、二等奖4人、三等奖2人；获全国大学生英语演讲比赛二等奖1人；获第九届华东区大学生CAD应用技能竞赛机械工程图绘制二等奖1项、三等奖1项，建筑工程图绘制二等奖2项、三等奖1项；获江苏省高等数学竞赛一等奖4人、二等奖14人、三等奖27人；获江苏省第十一届大学生知识竞赛（文科组）二等奖2人、三等奖8人、优秀奖33人。学生以第一作者公开发表论文35篇。

校园文化建设　以推进文明城市创建为契机，通过南林文化宣传、特色品牌活动、新生日常教育等形式多样的文化活动，进一步传承与培育“南林文化”。全年组织参加爱国教育类活动20场，群团类活动132场，科技类活动20场，兴趣类活动40场，宿舍文化类活动14场，志愿者服务类活动130余次，多项活动获省市奖项。

（郭岩辉）

【淮阴师范学院】 淮阴师范学院是一所以教师教育为主要特色的江苏省属高等学府。2019年，学校有长江路、交通路2个校区，占地130余万平方米，校舍面积55.8万平方米。设有17个二级学院，专业设置涵盖理学、工学、经济学、法学、教育学、文学、历史学、管理学、艺术学等9个学科门类。有3个师范专业通过教育部二级认证，其中小学教育专业为全国首个师范专业认证试点；获得国家教学成果奖1项，省优秀教学成果奖31项；建有国家级特色专业建设点2个，省高校品牌专业建设工程一期项目2个，省一流本科专业10个，省级特色专业5个，省高等学校重

淮阴师范学院

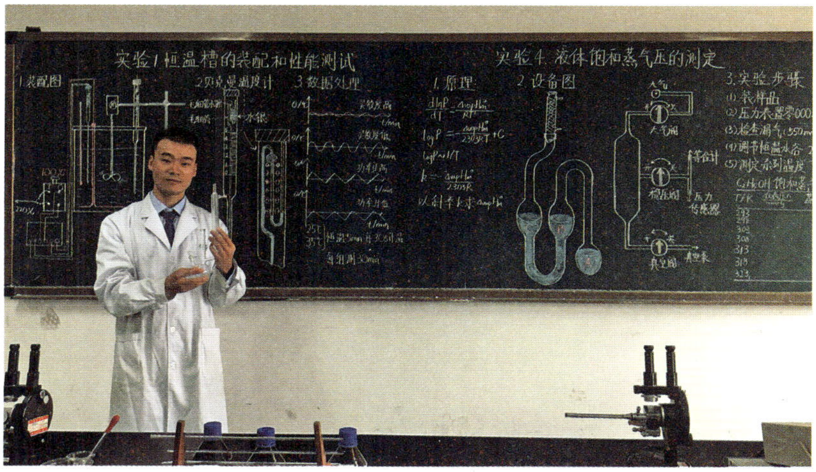

淮阴师范学院老师李乔琦《物理化学实验》课堂上的“最美板书”
唐瑀 摄

点专业（类）9个；获批国家精品在线开放课程、精品视频公开课和精品资源共享课3门，省级精品课程、在线开放课程35门；获批教育部产学合作协同育人项目39个，省高等学校软件服务外包类专业嵌入式人才培养项目7个；建有省级精品教材、省重点立项教材43部，省优秀多媒体课件22个。有专任教师1250余人。其中，具有正高级职称194人，具有博士学位教师483人，具有硕士以上学位教师的比例为83.5%；有享受政府特殊津贴专家2人，全国优秀教师4人，省有突出贡献中青年专家3人，省教学名师3人，入选省"333工程""青蓝工程"等62人，省高校优秀科技创新团队、省高校哲社优秀创新团队等14个。有全日制在校生2万余人，其中联合培养硕士研究生近100人。

综合实力　1月23日，中国高校数据统计权威机构软科发布2019中国最好大学排名榜，淮阴师范学院位列全国279位、江苏第25位；11月19日，全球专业信息与分析服务提供商科睿唯安公布全球2019年"高被引科学家"名单，淮阴师范学院1名教师入选，学校位居内地高校66位。年内，学校小学教育、生物工程2个专业获批国家一流本科专业，10个专业获批省首批高校一流本科专业，5个专业通过师范专业国家二级认证，1个专业完成国际工程专业认证受理。

师资队伍　全年引进高水平外籍学科团队1个，柔性引进高层次人才22人，引进教师116人。入选省高校优秀教学团队、优秀科技创新团队2个，入选省"青蓝工程"5人、省社科英才及社科优青4人、省级人才项目3人。学校教师先后获外研社多语种"教学之星"全国总决赛冠军、首届全国高校思政课教学展示二等奖、江苏省师范院校教师智慧教学大赛一等奖、省微课教学比赛一等奖等。

人才培养　学生在2018届江苏省优秀毕业论文（设计）评选中获奖17项，获奖等次和总数为历年之最，在省内同层次高校中位列第一。在第七届江苏省师范生教学基本功大赛中获奖31项，获奖总数和一等奖数量位居全省高校前列，学校获优秀组织奖。在"挑战杯"全国大学生课外学术科技作品竞赛中，获二等奖1项、三等奖1项。获中国工程机器人大赛一等奖、大学生电子设计竞赛全国一等奖、中国计算机设计大赛一等奖、中国大学生体育舞蹈锦标赛金奖等。

科学研究　科研平台和团队获国家基金项目25项，其中国家社会科学基金14项，取得学校历史最好成绩；教育部社会科学研究项目立项13项，立项总数位居全省高校第8，全国高校第77位；省级项目立项64项，其中省社会科学基金项目15项，全省高校位居第6，省自然科学基金优秀青年项目1项，省内同层次高校中唯一连续三年获得该项目。获江苏省科学技术奖三等奖1项，实现零的突破。

服务社会　对接区域经济社会发展需求，与市委市政府合作共建淮安乡村振兴学院、传媒学院，成立文化产业智库。推进政产学研合作，获批省"双创计划"科技副总项目52项，在全省高校排名第二；获批省科技厅项"产学研合作项目"42项，在全省高校排名第一。获厅市级项目115项，新签横向项目717项，全年横向到账经费首次突破亿元。

参加2019年中央电视台中秋晚会　继2018年参加中央电视台端午特别节目后，2019年，淮阴师范学院师生再次参加中央电视台中秋晚会。整台晚会，师生们精心编排多种不同艺术风格的优秀节目，十多次亮相，让观众重温经典的同时，又感受到独特的新意。此外，淮阴师范学院321名志愿者，在晚会现场参与志愿服务工作。

校友徐则臣获茅盾文学奖　2019年，淮阴师范学院校友、青年作家徐则臣的小说《北上》获第十届茅盾文学奖，成为第一位获得茅盾文学奖的70后作家。此前，徐则臣的作品《如果大雪封门》《耶路撒冷》曾分别获第六届鲁迅文学奖和老舍文学奖。

（王江明　贾　夏）

【淮阴工学院】　淮阴工学院为江苏省属普通本科院校，是服务国家特殊需求硕士专业学位研究生人才培养项目试点单位、国家"卓越工程师教育培养计划"和"卓越农林人才培养计划"试点高校。2019年，学校有枚乘路、北京路、萧湖3个校区，占地170万平方米，校舍面积67万平方米。设有20个教学单位。有本科专业67个，在校全日制研究生、本科生、留学生21000余人。有专任教师1300余人，其中副高级以上职称人员560余人，博士540余人；研究生导师200余人，企业导师84人；省级优秀教学科技创新团队8个。年内，淮安市社区治理研究院、淮安市乡村振兴研究院在淮阴工学院揭牌成立。

学科专业建设　推动学科建设"246X"工程，即在建好现有省重点培育和建设学科基础上，培育2个校优势学科使之成为国内知名学科、4个校重点学科使之成为省内同类领先学科、6个校重点建设学科使之成为省内知名学科，建设一批深度对接区域行业产业的学科群。落实专业建设"2612"工程，即按照"做优、做强、做特"的原则，在继续推进国家、省、校三级品牌专业建设基础上，遴选打造2个国内知名专业、6个省内同类领先专业、12个校级品牌特色专业。年内，学校3个专业通过工程教育专业认证，1个专业通过专业认证现场考查，4个专业获受理；获选国家一流专业2个、省一流专业10个；以2个"优秀"、1个"通过"的成绩完成省一期品牌专业验收，在省同类高校中处于领先地位。

教育教学　推进人才培养模式改革，实施拔尖创新人才培养计划，推动以"课程思政"为目标的课堂教学改革。推动信息技术与教育教学融合，获批省在线开放课程13门，其中4门获推荐申报国家级精品在线开放课程。获省重点教材立项7部，再创历史新高。获批省教改课题6项，其中重中之重1项。推进校企育人"234"工程，即每个专业建立2个以上校企合作示范基地、聘请3名以上企业兼职教师、与4个以上规模企业建立稳定合作关系，遴选首批校外示范实习基地57个。获批教育部产学研合作项目23项。获评首届全省计算机等级考试优秀考点。

人才培养　坚持用周恩来精神育人，推进学风建设，全年获批淮安市"周恩来班"3个，获第二届全国大学生读周恩来原著征文一等奖1项。本科生毕业设计（论文）获省一等奖1

项、二等奖4项、三等奖5项、优秀团队3个。新增省优秀硕士学位论文1篇、产业教授1人、省级研究生工作站7个。完成2019年招生计划，录取本科生5688人；毕业生就业率96.6%。完成141名研究生招录，学校连续八年获评省研究生优秀招生单位。

大学生创新创业 成立创新创业学院和“台创学院”“苏台高校青年创新创业教育联盟”，推进“翔宇创新精英班”优培计划，深化“一院一品”工程。实施大学生创新训练“双百计划”，获批大学生双创训练计划项目国家级25项、省级87项。全年学生在国家级及省级竞赛中获奖1047项。学校作为唯一的应用型本科高校代表，当选为全国大学生创新创业教育实践联盟副理事长单位。

师资队伍建设 统筹实施人才队伍建设“1357”工程，其中，“1”为三年内引进10名国家级人才，“3”为三年内引进300名优秀博士，“5”是三年内学校自主培养50名博士，“7”是实施“翔宇师德标兵”“翔宇教学名师”“翔宇学者”“翔宇先鸣英才”“翔宇优秀团队”“翔宇优秀辅导员”“翔宇岗位能手”7个翔宇系列人才工程。推进“一流人才队伍”建设计划，全职引进长江学者、万人计划专家4人，新引进博士100人；柔性引进高层次人才10人。获批省“青蓝工程”“333工程”“六大人才高峰”、省社科优青等高层次人才项目27人。新取得博士学位教职工25人，选派赴国（境）外访学研修78人次。年内新增正高级职称10人、副高级职称31人，新获批省高校优秀教学团队和科技创新团队各1个。

科技创新 新增省级科研平台1个，获批“江苏省博士后创新实践基地”；获国家自科基金项目13项、社科基金项目4项；获批省部级项目67项，其中省自然科学基金项目11项。获省科学技术奖二等奖1项。专利授权296件，同比增长40%，其中学生专利授权量78件；年内专利转让和许可共计80件。发表SCI、SSCI、CSSCI高质量论文237篇，同比增长37.8%。

合作交流 推进“一流境外合作”计划，新增境外友好院校6所，学生赴境外学习交流112人。境外高校（机构）团组到访交流16批次。加强海峡两岸青年就业创业示范点建设，承办2019苏台（淮安）青年菁英峰会、两岸青年创新创业系列报告会等。获批教育部对台交流合作项目1项。完成教育部中、芬合作办学项目招生工作。留学生代表队在2019年中华经典诵写讲大赛中，获国赛优秀奖1项，省赛一、二等奖各1项。学校获省“来华留学生教育先进集体”“外国文教专家管理先进单位”称号。

（韩锦标　李继林）

【淮安信息职业技术学院】 淮安信息职业技术学院是由江苏省人民政府主办、江苏省工业和信息化厅主管的全日制高等学校。2019年，学校占地72万平方米，建筑面积30.5万平方米；固定资产7.94亿元，教学科研仪器设备总值1.79亿元。有教职工600余人，其中硕士以上学位教师占比81%；有省级优秀教学团队9个，省教学名师2人，省“333工程”高层次人才21人，省“六大人才高峰”高层次人才7人，省“青蓝工程”学术带头人8人，省“青蓝工程”优秀骨干教师28人。在校学生11000余人。学校入选首批全省20所面向社会人员开展全日制学历教育试点高校。

教育教学 坚持“标准引领”“技术引领”“创新引领”，深化“德技融合”“赛教融合”“专创融合”，探索专业个性化的人才培养模式改革。年内，学院获批全省高职教育产教融合集成平台1个、立项国家职业教育专业教学资源库1个，实现零的突破。获批教育部“1+X”证书制度试点5项。2个省级品牌专业建设工程一期项目顺利通过省级验收；获《高等职业教育创新发展行动计划（2015—2018年）》项目认定骨干专业7个、生产性实训基地2个、双师型教师培养培训基地2个、协同创新中心2个；立项建设省高校在线开放课程13门、省高校重点教材5部、省高等教育教改研究课题6项。获江苏省普通高等学校本专科毕业设计（论文）评优一等奖1项、二等奖1项、三等奖5项、团队优秀毕业设计（论文）1项，获奖总数位列全省高职院校第四位。新增“3+2”高职与本科分段培养专业1个，总计4个。与6所本科院校合作开展9个专业“专接本”项目。学校教师在全省职业院校教学能力大赛中获一等奖3项，获微课教学大赛省级一等奖4项，省就业创业指导教师教学技能大赛三等奖1项，省辅导员职业素质能力大赛复赛一等奖1项，二等奖2项。软件技术团队入选首批全省职业教育教师教学创新团队立项建设单位。

科技服务 全年科技服务到账经费总额2000多万元，创历史新高。获批国家自然、社会科学基金项目各1项，实现从市级到国家级各级科研项目立项全覆盖。年内，新增市厅级工程技术中心4个，横向课题到账1482万元；获授权专利183项，其中发明专利9项；实现专利转让与成果转化7项，到账19.2万元。新增省自然科学基金项目1项，省六大人才高峰项目1项，省“333高层次人才培养工程”项目1项，省教育厅自然科学A类项目1项，省科技厅科技副总项目3项，市重点实验室1个，市科技服务平台1个，市自然科学基金项目3项，市自然科学软课题1项，其他社科类市级项目11项。

学生技能大赛 学生在2019年全国职业院校技能大赛中，获一等奖3个，学校位列2019全国普通高校学科竞赛排行榜（高职）第38位，竞赛成绩稳居“第一方阵”。在全国机器人大赛中获一等奖，在江苏省第十四届大学生职业规划大赛中获特等奖1项、三等奖2项，在江苏省第十届大学生机器人大赛中获冠军。

留学生工作 响应国家“一带一路”倡议，先后与10多个国家和地区的20多所高等院校开展合作与交流。全年招收欧洲、亚洲、非洲12个国家的66名国际学生，有在校留学生142人。申办设立淮安首个汉语水平考试（HSK）考点，组织淮、宿、盐三市高校来华留学生首次汉语水平考试。

校企融合 学校与戴尔公司共建具有国际水平的省级智能化示范中心——戴尔-HCIT智造科创实验室。该实验室作为戴尔在华首次投资建立的专门用于智能制造技术展示与孵化的创新平台，能够推动本土供应商制造和检测自动化升级，与学校携手培养未来技术人才。（姜菲菲）

【江苏食品药品职业技术学院】 江苏食品药品职业技术学院是江苏省人民政府主办、省教育厅主管的全日制普通高等学校，为国家"双高计划"建设单位，国家优质校、骨干校，江苏省高水平校、优质校。2019年，学校占地84.6万平方米，建筑面积28万平方米，资产7.32亿元。有专兼职教师853人，其中，博士48名，硕士比81%，双师比83%；省"333"等高层次人才37人。有在校生1万人。学校围绕特色发展，强化内涵建设，形成以食品药品生产为核心，质量安全与健康管理为两翼，信息技术、现代物流和智能制造为支撑的专业格局，是全国食品药品类院校中唯一的国家骨干院校、首批现代学徒制试点院校。

教师队伍建设 引进省级非遗传承人5人，新增省级产业教授（兼职）3人，引进博士等高层次人才9人，立项江苏省职业教育教师教学创新团队1个，获评"青蓝工程"优秀教学团队1个、中青年学术带头人2人以及优秀青年骨干教师3人。学院教师在教学能力大赛、微课大赛等各类竞赛中，获省教学能力大赛一等奖、省在线开放课程等各类荣誉20项。

创新创业 依托"双创"教育实践平台、新道创客学院，以大赛为抓手，激发学生创造力，提升创新精神和创业意识。组织参加省第五届"互联网+"创业大赛，获二等奖4项、三等奖2项及最佳组织奖，获奖数量实现新突破。7月3日，教育部公布《高等职业教育创新发展行动计划（2015–2018年）》项目认定结果，江苏食品药品职业技术学院被认定为国家优质专科高等职业院校。此外，学院有10个项目通过教育部认定，包括国家级骨干专业5个、国家级生产性实训基地3个、国家级"双师"基地1个、国家级协同创新中心1个，认定总量位居全省前。7月9日，2019食品药品科技创新与发展国际研讨会在江苏食品药品职业技术学院举办。中国、韩国、泰国、加纳等国家和地区高等科研院所的专家学者以及国内部分高等职业院校食品药品类专业教师、行业企业代表出席会议。会议围绕食品药品科学研究和技术创新的前沿成果、该领域研究和发展的未来方向等展开研讨和分享交流。

国际化办学 引进外籍博士2名。与西班牙国际餐饮学院成立"中·西烹饪艺术学院"，成为该校第一所中国合作院校；与蒙牛印尼公司共建蒙牛印尼培训学院并在印尼成立江苏食品药品职业技术学院海外培训中心，实现"职业教育+国际产能合作"走出去。

获批国家自然科学基金依托单位 11月26日，国家自然科学基金委员会发布2019年国家自然科学基金依托单位注册审批结果，江苏食品药品职业技术学院成功入选。此后，教师可依托学院申报国家自然科学基金委的各项基金项目，为提高科研水平和服务区域经济发展提供平台支撑。

2019年，两岸青年学生联谊会在江苏食品药品职业技术学院举行

市台办 供图

专业建设 响应国务院《国家职业教育改革实施方案》（简称"职教20条"）号召，对原有专业进行整合，优化专业结构布局，电子商务等5个相关专业成功获批全国"1+X"试点。11月28日，教育部职业教育与成人教育司公布2019年度职业教育专业教学资源库整体验收情况，江苏食品药品职业技术学院食品加工技术专业教学资源库升级改进支持项目通过验收。 （郑 重 江子莹）

【江苏财经职业技术学院】 江苏财经职业技术学院是江苏省人民政府批准的一所省属全日制普通高等学校，是教育部高职高专人才培养工作水平评估优秀学校。2019年，学校占地面积约54万平方米，建筑面积23.66万平方米，固定资产总值5.56亿元，图书馆馆藏纸质图书87.34万册。有全日制在校生8742人，国际留学生73人。有教职工482人，其中具有高级职称176人，具有博士、硕士学位320人，专任教师332人，"双师"素质教师327人。拥有中央财政支持的重点建设专业2个，省A类品牌专业1个，省高水平骨干专业5个，省级重点专业群3个和重点专业13个，省示范重点建设专业5个。年内，获国家和省教学成果一、二等奖共8项，省级优秀教学团队3个。年内，工商管理学院党总支学生党支部获批"全国党建工作样板支部"培育创建单位，人文艺术与法律学院法律援助中心团队、会计学院青年志愿者协会获淮安市第三届"践行周恩来精神模范团队"称号。3个项目在第十六届"挑战杯"全国大学生课外学术科技作品竞赛江苏省选拔赛中获奖，实现该比赛获奖零的突破。

内涵建设 2019年4月，教育部发布《江苏省高等职业教育质量年度报告（2019）》。江苏财经职业技术学院示范马克思主义学院建设、教师教学能力大赛获奖、教学资源库建设、内部质量保证体系建设、文化育人、国际合作与留学生培养等相关成果得到肯定。学校对标高水平高职院校建

设指标，提升人才培养和办学质量，国家社会科学基金、教育部人文社科项目、教师教学能力大赛、学生职业技能大赛、留学生招生等多项高水平指标均取得重大突破。

专业与教学 6月，教育部职业技术教育中心研究所公布全国首批“1+X”证书试点院校名单，江苏财经职业技术学院物流管理专业成功入选。该校物流管理专业以提升学生职业能力为基础，引入社会企业评价机制，探索“1+X”建设途径，深化“X”证书内涵。9月，江苏财经职业技术学院会计专业入选江苏省成人高等教育重点专业，《财务管理基础》《财务报表分析》《基础会计》3门课程入选江苏省成人高等教育精品资源共享课程；工商企业管理专业的《沙盘模拟企业经营》《生产现场管理》2门课程入选江苏省成人高等教育精品资源共享课程并通过验收。11月，江苏财经职业技术学院与辽宁经济职业技术学院、日照职业技术学院联合主持申报的工商企业管理专业教学资源库，成功获批国家级职业教育专业教学资源库。江苏财经职业技术学院于2017年开始筹备参与工商企业管理专业国家级教学资源库建设，2018年与辽宁经济职业技术学院联合主持申报该项目并成功入选国家级备选库。2019年6月，该项目获批立项。

（王　凯　魏婷婷）

【江苏护理职业学院】 江苏护理职业学院是一所省属全日制公办普通高等学校。2019年，学校有科技路和黄河路2个校区，校园占地面积33.63万平方米。有护理与助产学院等7个二级教学单位，设有护理、助产、药学等13个专业，在校生5269人，专兼职教师749人。建有5所附属医院，110个校外见习实习基地。学校通过新建高校人才培养工作评估，“天医星”医学教育品牌影响明显。

教育教学 成功申报首批老年照护项目，并入选全国首批“1+X”证书制度试点院校。新申报预防医学、眼视光技术、健康管理3个专业，口腔医学技术、中药学2个专业实现首次招生。学校与江苏天瑞精准医疗科技有限公司共同投入2000万元，在校内建成融产、学、研于一体的医学检验实训基地。修订13个专业90余门专业核心课、90门专业基础课和9门公共基础课的课程标准。

科研创新 获批成为国家自然科学基金依托单位。获得国家级科研项目3项、部委级科研项目2项、省级科研项目91项，以第一作者或通讯作者发表SCI、CSSCI、SSCI论文10篇，获得发明专利3项、实用新型专利16项。师生在全国各类比赛中获二、三等奖19项，在省部级各类比赛中获一等奖1项，二、三等奖10项。7门课程获批江苏省高校在线开放课程建设立项。

人才队伍建设 全年引进高层次人才3人，其中职业教育领军人才1人，博士1人、硕士研究生导师1人。引进康复医院院长1名，招录硕士研究生47名。培养省“青蓝工程”优秀青年骨干教师1名，申报产业教授3名。

开放办学 全年有3批次管理人员赴国外讲学、交流，1批次教师赴台湾参加学术交流。与菲律宾公立大学、泰国格乐大学等签署多项合作协议。先后接待韩国教育人才研究院、瑞典护理行业代表、加拿大魁北克大学、韩国金泉大学、台湾元培医师科技大学等代表团8批次访问。

社会服务 与南京医科大学、徐州医科大学、江苏大学、扬州大学等高校联合举办成人学历教育。承接健康管理师、有害生物防治员、育婴员、保育员等各类社会培训11641人天。组织国家卫生职称考试、执业医师资格实践技能考试、国家执业医师资格考试等各类社会考务项目12项。获批成立江苏护理职业学院技能鉴定所，年内技能培训规模6000人次以上，技能鉴定1200人。

举办全国性高校制度研讨会 11月23日，“新时代中国特色现代大学制度研讨会——中国特色高校治理体系与治理能力现代化”在江苏护理职业学院举行。研讨会由国务院发展研究中心公共管理与人力资源研究所、江苏省高等教育学会等主办。论坛期间，国务院发展研究中心公共管理与人力资源研究所与江苏护理职业学院签约，在江苏护理职业学院设立国务院发展研究中心公共管理与人力资源研究所“老龄化背景下养老服务业人力资源创新发展研究”调研点。

（朱传连　王　域）

文　化

综　述

【概况】 淮安市拥有中国书法之乡、中国农民画之乡、中国秧歌之乡、中国锣鼓之乡、淮海琴书之乡、中华诗词之市、中国荷文化传承基地等“国字号”文化品牌。有周恩来读书节、中国淮医文化节、台商论坛，盱眙国际龙虾节、中国金湖荷花·美食节、洪泽湖国际大闸蟹节、“漂母杯”母爱·爱母主题散文诗歌大赛等文化节庆活动。2019年，全市有12个文艺家协会，有市级文艺家协会会员3562人。有专业剧团8个，分别是江苏省淮海剧团、江苏省长荣京剧院、淮安市淮剧团、淮安市淮剧二团、淮安市文工团、涟水县淮剧团、金湖县淮剧团、盱眙县黄梅剧团。淮安美术馆现有在职专职画师14人，其中中国美术家协会会员8人、中国书法家协会会员3人。有省工艺美术大师2人（季云华刻瓷、徐迎成烙铁画），工艺美术名人1人（吴晓琦蛋雕）。

【大运河文化路演活动】 4月26日，“天下运河看淮安，世界遗产塑经典”淮安大运河文化路演活动在上海虹桥高铁站举行。淮剧快闪、非遗技艺展演、景区推介、文化讲堂、互动游戏等一系列内容，吸引众多旅客。该活动是淮安市启动文旅融合工作后首次在外地举办的推介路演。

【3作品入选第十二届中国艺术节全国优秀作品展】 5月20日至6月2日，第十二届中国艺术节在上海举办。淮安市3位书画家的3幅作品入选全国优秀美术作品展，分别为栾剑中国画作品《洪泽湖畔运河情》、谭鸿遐版画作品《淮水·运河·名城揽胜图》、李德会书法作品《金冬心题画数则》。

4月26日，淮安大运河文化路演活动在上海虹桥高铁站举行 严 斌 供图

【《烽火淮安》获评2019年第一季度优秀国产纪录片】 2019年6月，国家广播电视总局从全国选送的243部纪录片中，评选出2019年第一季度优秀国产纪录片75部，淮安市选送的《烽火淮安》位列其中。该片是全国老干部系统唯一受到国家广电总局重大理论文献影视片创作领导小组办公室（重大项目办）立项批复的纪录片，全片分为民族小号手（新安旅行团）、浴血刘老庄、车桥高杨之战、苏皖边区政府、涟水保卫战5集，每集30分钟。

【市图书馆举办"信仰的力量——中国共产党人的初心"主题展】 2019年7月，由淮安市图书馆主办，北京北图文化发展中心协办的"信仰的力量——中国共产党人的初心"主题展览在市图书馆举行。展览分"追求真理""坚定信念""严守党纪""勤政为民""修身齐家"5个部分，展现中国共产党对理想信念的执着追求和无畏奋斗、无私奉献、无悔牺牲的赤子之心与家国情怀，累计参观人数12000余人次。

【举办"版画中国·版画艺术在民间"全国系列巡展（淮安站）】 10月19日，由中国美协版画艺委会、中央美术学院、淮安市文化广电和旅游局联合主办的"版画中国·版画艺术在民间"全国系列巡展（淮安站）在淮安市美术馆开幕。巡展汇集34位当代最具影响力的版画名家的经典作品和数十位优秀青年新锐艺术家的优秀作品150余幅，是当代版画艺术家深入生活，从不同视角观察生活、感悟生活以及对艺术新的思考的一次集中展示。展览至2019年11月15日结束。

【网络视听节目被省广电局表彰为"十佳"节目】 12月18日，江苏省广播电视局公布全省网络视听新媒体"十佳"栏目（节目）获奖名单。淮安市报送的《淮安食品安全逢"十"专项执法行动网络直播》获表彰。该栏目由淮安市广播电视台与市食药监局联合推出，每月10日、20日、30日，邀请市人大代表、政协委员、党代表、网民代表等随机检查餐饮企业食品安全卫生状况，督促广大餐饮企业自觉落实行业规范，提高食品安全监督管理水平。

【全省公共图书馆业务竞赛成绩优秀】 2019年12月，全省公共图书馆业务知识竞赛在南京举办。淮安市图书馆、市少儿图书馆、淮阴区图书馆、盱眙县图书馆获团体一等奖，清江浦区图书馆、洪泽区图书馆获团体二等奖，金湖县图书馆、涟水县图书馆获团体三等奖；5人获个人一等奖，11人获个人二等奖，9人获个人三等奖。该竞赛每两年举行一次，是江苏省规模最大、水准最高、影响最广的行业内业务竞赛。 （严 斌 陈 源）

文化艺术生产

【剧目创作】 2019年，淮安市优化"双名"（培养文艺名家，打造精品名作）工程申报指南，加大政府资金引导力度，着重扶持周恩来精神、大运河文化带建设、新四军精神等地域题材作品，奖励扶持项目31个。京剧《鹤舞云天》获第四届江苏省文华奖优秀剧目奖，主演获优秀表演奖；该剧还参评第30届上海白玉兰戏剧表演艺术奖展演。淮剧《留守村长留守鹅》获江苏省第十一届"五个一工程"奖，参加2019紫金文化艺术节剧目展演，获优秀剧目奖，主演获优秀表演奖。

【书画美术】 2019年，淮安市《运河泊我家·立交展新姿》《运河颂·渔》《丝路千年》《金冬心题画》等25幅书法美术作品入选第十二届全国书法篆刻展、第十三届全国美术作品展览、第12届中国艺术节，《昼行夜泊 悠悠我家》获第四届江苏省文华奖美术奖。举办"悲鸿精神"第三届全国中国画作品展、界——全国版画名家作品邀请展、版画中国——"版画艺术在民间"全国系列巡展等高质量美术展览40余场，其中"大美运河·翰墨淮上——书画名家作品展"等2场美术展览入选江苏省基层优秀美术作品展览。

【戏曲推广】 2019年，淮安市利用"文化+旅游"模式，组织全市专业戏曲演出人员，在清江浦中洲岛、河下古镇、马头镇等大运河特色景区开展大运河水上戏曲非遗项目展演340场，惠及群众近40万人次。以"淮安天天有戏，百姓门前看戏"为宗旨，继续打造"天天有戏曲"品牌活动，打通群众观看戏曲"最后一公里"。全年完成演出270余场，惠及群众近15万人次。

【文艺队伍建设】 至2019年底，淮安市有作家、戏剧、书法、美术、摄影、音乐、舞蹈、电视艺术、曲艺、民间文艺、文艺评论和杂技等12个文艺家协会。有市级文艺家协会会员3562人，其中省级会员1297人、国家级会员360

人。有专业剧团一级演职员34人、二级演职员81人。文学、书法、摄影、戏剧、美术实力较强，在全省乃至全国有一定的影响。（严 斌 陈 源）

群众文化

【概况】 至2019年底，淮安市有文化馆8家，其中一级馆7家、二级馆1家；有公共图书馆9家，其中一级馆7家、二级馆2家；有乡镇（街道）综合文化站95所；有农家（社区）书屋1513家。

【群文活动】 2019年，淮安市以“幸福淮安”“倡导移风易俗、弘扬时代新风”等为主题，举办公益文化活动10289场（次）。元旦、春节期间，采取市县联动，整合市直和各县区文化馆、博物馆、专业演出团队等，开展“我们的中国梦”——文化进万家系列活动，平均每天演出、开办展览活动10场以上，实现7个县区全覆盖。全年举办的各类高品质群众文化活动主要有：迎新春北京“燕京八绝”金漆镶嵌宫廷艺术精品展、2019年新疆民族乐团丝绸之路音乐会、绽放——冯祥幸舞蹈作品汇报会、2019淮安市双拥文艺会演、《我和我的祖国》庆祝中华人民共和国成立70周年音乐会、淮安运河文化艺术周暨水润淮安运河音乐盛典、民族舞剧《诺玛阿美》、意大利埃纳奥弦乐四重奏、上海淮剧团传统折子戏专场、大型革命音乐史诗《黄河》等。这些活动全部对市民免费开放。

【公共文化设施建设】 2019年，淮安市新增公共文化设施面积91.55万平方米，人均拥有公共文化设施面积0.3平方米。投入1529.53万元，采用改扩建、内部装修、配备相应器材设备等方式，提档升级公共文化设施294个。加快基层综合性文化服务中心建设，淮安经济技术开发区5家基层综合性文化服务中心全部建成，全市基层综合性文化服务中心建成率100%。推动县区文化馆、博物馆、图书馆“三馆”建设，金湖文化艺术中心进行景观亮化，涟水县图书馆开展智能化施工及图书招标等，淮阴区整合利用母爱公园内闲置房产，解决区文化馆、图书馆建筑面积不足问题。

【数字图书馆建设】 2019年，淮安市将国家数字图书馆的资源与服务推送到基层图书馆，逐步建成覆盖全市县级公共图书馆、共享工程基层站点，分级分布的基层公共服务网络。市图书馆全年累计举办培训讲座105场、阅读推广活动133场、少儿活动60场；新增馆藏图书1.8万种、4.6万册，图书流通80万余册次，图书馆网站总访问量27万人次，微信服务号粉丝增长到4.7万人，入馆读者超120万人次，各项指标均实现历史性突破。先后获评中国图书馆学会“全民阅读先进单位”“江苏省先进图书馆学会”“江苏省公共图书馆业务知识竞赛团体一等奖”，以及省文化厅红领巾读书征文活动优秀组织奖、网络参考咨询读者回复量全省排名第一等。

【“淮剧演出周”文化惠民活动】 2019年5月24日，淮安市淮剧团承办的大运河文化带“淮剧演出周”文化惠民演出活动在淮安人民大会堂开幕。除市淮剧团排演的大型传统淮剧《陈三两》作为首演剧目外，活动还邀请盐城市淮剧团演出大型现代淮剧《送你过江》，上海淮剧团演出大型传统经典淮剧《三女抢板》和大型现代淮剧《浦东人家》，建湖县淮剧团演出大型现代淮剧《马一刀与肖神剪》。活动历时5天，演出剧目内容丰富、题材广泛，既有传统剧目，又有新创剧目，为广大市民及戏迷、票友带来一场场文化盛宴。

【淮安“文津书房”对外开放】 12月28日，淮安“文津书房”面向社会公众开放。“文津书房”在原清江市图书馆旧址上修缮改建而成，馆舍共3层，面积1326平方米，有馆藏各类文献近4万册。书房内设图书外借室、报刊阅览室、少儿活动室、电子阅览室等多功能区域，以打造清江浦主城区核心阅读圈为目标，致力建设集学习阅读、信息交流、文化休闲于一体的信息化、网络化、智能化图书馆。

（严 斌 陈 源）

2019年，淮安市开展“天天有戏曲”系列演出活动　　严 斌 供图

文化产业

【文化产业项目】 2019年，淮安市组织开展国家和省级文化出口重点企业和重点项目、省“双创计划”、国家2019年文化产业和旅游产业人才培训项目申报，推选8个项目申报2019年度江苏省数字文化和智慧旅游优秀和示范项目，有3个项目通过评审，获批扶持资金50万元，名列苏北第一（全省共30个）。开展省市级各类专项资金项目申报的宣传、发动、培训、布置、重点项目辅导等，江苏大圣文化传媒有限公司获省广播电视发展专项补助资金96万元，白马湖向日葵的故事等4个项目获批省文旅发展专

2019年，淮安市举办“幸福淮安”文艺惠民广场演出　　　吴　冰　供图

项资金1045万元，入选项目数苏北第一。

【文创产品开发】 2019年，淮安市文化馆开发非遗文创产品，蒋坝镇开发洪泽湖游礼文创产品，周恩来纪念馆开发红色文化产品，淮安文创港开发淮安本土特色文创产品等，全市累计开发文创产品上百种。举办2019第五届“智创淮安”文化创意设计大赛，设立文创产品设计、公益传播设计、建筑及环境设计3个专项赛事，并举办文创产品设计综合赛和博物馆文化创意设计赛、服装创意设计赛、淮安“老字号”企业定制设计赛和淮安伴手礼包装设计等4项主题赛事，推动文创产品开发。

【文化产业平台搭建】 2019年，淮安市组织江苏化石文化传播有限公司、江苏省淮海剧团、江苏省长荣京剧院、淮安市淮剧团和盱眙县黄梅剧团5个单位参展上海市及长三角地区公共文化产品与服务采购大会，组织淮安青莲岗文化发展有限公司参加苏州文博会、“水韵江苏·相约澳门”江苏文化嘉年华活动，组织清江浦文化创意产业有限公司、天泉礼品有限公司、淮味千年生态田园开发有限公司等文旅企业参加首届江苏旅游文创商品大赛等，推介展示淮安文旅企业形象和文化服务及产品。

【市文化产业智库成立】 9月29日，淮安市文化产业智库成立。该智库主要围绕全市文化产业融合发展中的全局性、战略性、前瞻性的重大理论问题和实践问题开展研究，并以公共文化服务体系建设、文化旅游产业深度融合、文化消费提升、文化助力乡村振兴和地方特色文化保护利用等作为重点研究领域，推动资源文化向实体文化转变。（严　斌　陈　源）

文化市场管理

【概况】 至2019年底，淮安市有持证经营网吧638家，有歌舞、游艺娱乐场所292家，有演出经纪机构23家，有经营性互联网文化单位18家。全年出动执法检查人员3200余人次，检查文化经营场所2300余家次，组织大型联合集中执法检查行动6次，取缔关停无证照娱乐场所27家，吊销“网络文化经营许可证”5家，拆除店招店牌27家，收缴非法盗版出版物3000余册，查获涉嫌侵权盗版书籍13万余册；办理行政处罚案件129件，其中“2·22”网络销售侵权出版物案成为全国“扫黄打非”办等四部门挂牌督办案件。“BT天堂”案获评全国打击侵权盗版十大案件，市文化市场综合执法支队获2018年度全国查处侵权盗版案件有功单位一等奖、被推荐为全省“扫黄打非”先进集体。

【“BT天堂”案获评全国打击侵权盗版十大案件】 2019年4月，国家版权局联合全国“扫黄打非”工作小组办公室公布2018年度打击侵权盗版十大案件，淮安市公安局、版权局和文化市场综合执法支队办理的“BT天堂”网传播盗版影视作品案入选其中。“BT天堂”网传播盗版影视作品案系利用P2P技术提供非法链接传播侵权影视作品的典型案件。当事人袁某某通过网络购得“BT天堂”网站域名、服务器及虚拟主机后，未经权利人许可，将大量影视作品的种子文件链接发布在该网站上供网民点击下载以赚取广告收入。2015年5月至2016年7月，袁某某利用网站发布影视作品资源24737个，非法获利140万余元。在警方刑事打击前，“BT天堂”成为名副其实的国内“BT”第一站。2018年12月，淮安市中级人民法院以侵犯著作权罪判处袁某某有期徒刑3年，并处罚金80万元。

【文化市场执法工作受国家级表彰】 2019年11月，国家版权局公布2018年度查处侵权盗版案件有功单位名单，淮安市文化市场综合执法支队获有功单位一等奖。淮安市文化市场执法工作以查处大案要案为打击侵权盗版工作突破口和主攻方向，坚持以点带面，点面结合，特别是对出版物市场领域中出现的线上销售新业态加大关注，深入推动版权保护工作。通过深入追查盗版出版物的生产源头和销售渠道，加大对重大侵权盗版经营活动的打击和执法力度，在大案要案查办工作中取得显著成果，多起案件获全国、省级表彰。（严　斌　陈　源）

非物质文化遗产保护

【概况】 至2019年底，淮安市有市级以上非物质文化遗产202项，其中国家级6项、省级33项、市级163项；有国家级非物质文化遗产项目代表性传承人4名、省级10人、市级236人。

【“非遗”传播交流】 4月15—19日，淮安非遗精品香港特展举行。一批非遗项目传承人现场展示并与香港市民互动交流，香港《大公报》《文汇报》以《淮扬美食香飘维港　淮安非遗闪耀香江》为题进行报道。6月2日，首届洪泽湖文化旅游博览会举行，突出洪泽湖渔文化主题，集中展示宿迁市

2019年6月，第二届中国（淮安）大运河文化带城市非遗展暨2019年“文化和自然遗产日”江苏省主场活动启动仪式在淮安举行　　严　斌　供图

宿城区、泗阳县、泗洪县与淮安市清江浦区、淮阴区和盱眙县2市7地“非遗”项目、文旅产品、文创产品和地方特产等。年内，2名雨山茶制作技艺传承人赴溧阳参加全省绿茶制作技艺技能大赛，1人获最佳技艺奖、1人获优秀技艺奖；金湖秧歌《插秧的妹子挑秧的哥》参加第二届里下河地区民歌大会，获最佳表演奖；组织全市中小学生参加“话运河、说非遗”首届省少儿民间故事讲述大赛，4人进入现场决赛，1人获“故事新星”称号。

【“非遗”记录保存】 2019年，淮安市完成国家级代表性传承人杨秀英记录工作，采集口述史访谈资料10个小时，整理文稿10万字，项目实践视频9个小时，传承教学视频3个小时，剪辑制作综述片0.5小时，形成工作卷宗电子档案1.7TB（万亿字节）。完成中国非物质文化遗产保护中心《中国非物质文化遗产大辞典》淮安项目和传承人辞条资料编撰工作。

【“非遗”保护传承体系】 2019年，淮安市命名山阳琴派古琴艺术传承人李家祥等19人为第六批市级代表性传承人。举办2019年度全市非遗保护工作培训班，全市各地非遗保护工作人员和各门类传承人代表近60人参加，针对“非遗”创意与设计、文旅融合视角下文化产业创富模式、“非遗”当代传播与体验3个专题，邀请专家专题辅导，并赴高沟酒酿造技艺体验景区、涟水县非遗展示馆等实地参观学习。

【非遗项目向上争取】 2019年，淮安市争取省级以上非遗保护专项补助资金251万元，其中中央财政补助国家级非遗保护资金128万元、省级财政补助省级非遗保护资金123万元。完成南闸民歌、淮扬菜烹制技艺申报第五批国家级非遗代表性项目相关工作，其中淮扬菜烹制技艺由省文旅厅委托省餐饮协会牵头，淮安、扬州、泰州、镇江、盐城等14个省级饮食技艺类项目打包申报，淮安市7项，占推荐项目半数。

【第二届中国（淮安）大运河文化带城市非遗展】 6月6—8日，第二届中国（淮安）大运河文化带城市非遗展暨2019年文化和自然遗产日江苏省主场活动在淮安市举行。活动吸引北京、天津、河北、山东、河南、江苏、安徽、浙江8省（直辖市）160余项“非遗”项目参加，集中展现大运河流域传统工艺的精湛技艺和高超水平，为淮安市民带来文化盛宴。

（严　斌　陈　源）

文物保护与管理

【概况】 至2019年底，淮安有市级以上文物保护单位200处，其中全国重点文物保护单位13处（包含板闸遗址、总督漕运公署遗址、清江大闸、钞关遗址等17处重要节点）、省级文物保护单位32处、市级文物保护单位155处；有不可移动文物1478处，其中古遗址430处、古建筑397处、古墓葬253处、石窟寺及石刻47处、近现代重要史迹及代表性建筑339处、其他12处。

【运河遗产保护】 2019年，淮安市组织起草《大运河文化遗产保护条例（草案）》。推动大运河水工科技馆建设，完成基础研究报告。制定洪泽湖大堤周桥大塘等8项大运河文化遗产保护展示项目计划书，并上报国家文物主管部门申请立项，周桥大塘抢修、清晏园修缮项目获国家文物局立项批复。推进板闸遗址公园建设，获国家级年度专项补助经费500万元。

【文物保护项目】 2019年，淮安市通过向上争取，获得国家与省级文物保护专项补助经费2095万元。其中，国家级专项补助经费1773万元，主要用于补助盱眙第一山题刻安防工程、市博物馆数字化保护等10个项目；省级文物保护专项补助经费322万元，主要用于补助市博物馆消防排烟系统改造、金湖县博物馆展陈提升等5个项目。落实市级文物保护专项经费300万元，用于运河博物馆安防改造工程、淮宝县办公旧址修缮等21个项目。

【文博场馆建设】 2019年，淮安市结合高铁新区水系调整项目青莲岗文化考古发掘成果，建成青莲岗文化展示馆。组织实施马头镇马头村、老子山镇龟山村等6处村史陈列馆建设，推进乡风文明建设。借助淮安市文物保护单位清江图书馆旧址，推动市图书馆、民间收藏家共同打造以古花盆为展示主题的民办博物馆，实现文物建筑的活化利用。

【文物安全】 2019年，淮安市积极推进省文物安全试验区建设，完成淮安市文物安全综合管理软件平台建设，筛选出35处重点文物保护点位布置视频监控系统，建设项目通过省文物局验收。完成苏皖边区政府旧址文物库房改造工程、市博物馆部分安防改造工程。开展文物火灾防控和文物安全大检查安全隐患整改回头看，对三级以下博物馆（纪念馆）和部分重要文物建筑、文物宗教活动场所进行安全大检查。开展“防风险保平安迎大庆”消防安全专项行动，对文博场所的电气安全隐患进行排查。

【文物保护宣传】 2019年，淮安市借助“5·18”国际博物馆日，开展文物保护工作系列宣传活动。组织“千秋功业 国之大运——中国大运河文化遗产巡礼”“淮上明珠 运河之都——大运河（淮安段）文化带建设成果展”。完成《第一次全国可移动文物普查成果汇编——陶瓷器》的编撰工作。

【新增3处全国重点文物保护单位】 2019年10月，国务院发布《关于核定并公布第八批全国重点文物保护单位的通知》，公布第八批全国重点文物保护单位762处、与现有全国重点文物保护单位合并的项目50处。淮安市黄花塘新四军军部旧址、淮安中共中央华中分局旧址、板闸遗址成功入选。

【新增11处省级文物保护单位】 2019年3月，省政府公布第八批江苏省文物保护单位名单，淮安市有11处文物入选。包含古遗址6处：城头村遗址、板闸遗址、考城遗址、盱眙淮河石堤遗址、盱眙古城墙遗址、抬饭墩遗址，古墓葬2处：嵇安墓和北山墓群，近现代重要史迹及代表性建筑2处：福音堂及仁慈医院旧址和江淮大学旧址，其他1处：高沟老窖池群。时代跨度从新石器时代到现代，占全省新公布数总量的9.5%。

【3县区列入首批革命文物保护利用片区】 2019年3月，中宣部、财政部、文化和旅游部、国家文物局发布关于公布《革命文物保护利用片区分县名单（第一批）》的通知，确定第一批革命文物保护利用片区分县名单，计15个片区、645个县。淮安市淮安区、淮阴区、涟水县3个县区被列入首批革命文物保护利用片区。

（严 斌 陈 源）

博物馆·纪念馆

【概况】 至2019年底，淮安市有博物馆、纪念馆36家；有名人故居13处，宅第民居212处，纪念性祠堂7处。有三级以上馆藏文物2248件（套），其中一级文物136件（套）、二级文物318件（套）、三级文物1794件（套）。

【陈列展览】 2019年，淮安市博物馆举办“美丽伊犁——新疆伊犁民俗文化展”等临时展览11次。13件馆藏文物参加在扬州博物馆举办的“水蕴华章——大运河文物精品展”，8件馆藏文物参加在常州博物馆举办的“龙的传人——中国龙文化特展”。

【社教活动】 2019年，淮安市博物馆针对不同社会群体，开展“传统的未来——杨老师教我们做布艺”“小小考古家”考古夏令营等社会教育活动17场。立足馆藏资源开发的“铜器上的‘连环画’”社教活动，入选《江苏省博物馆品牌教育项目库》和省委宣传部、省商务厅等单位联合举办的“紫金奖”文化创意产品设计大赛。

【学术研究】 2019年，苏皖边区政府旧址纪念馆同南京师范大学合作编辑的《苏皖边区史料汇编》进入组稿阶段。出版《苏皖边区研究》第九期。参与由省新四军研究会牵头、市新四军研究会组织的《苏皖边区史》的主要编写工作。该馆职工创作的《苏皖边区政府的实践为新中国治国理政提供经验》一文被中国新四军研究会和华中抗日根据地研究会评选为优秀论文二等奖，《李一氓：新四军中博学多才的文化人》一文被《大江南北》评为优秀论文。

【社会服务】 2019年，苏皖边区政府旧址纪念馆与清江浦区团委成立青年学习社，为大中小学生提供开展文化沙龙的活动阵地，合作开展“运河三千里 最忆清江浦”，组织青年人才座谈会。与淮海晚报社联合组织小记者走进苏皖边区政府旧址纪念馆，在国际博物馆日当天特别策划“峥嵘岁月七十载 稚子童心绘团扇”主题活动，发挥纪念馆在传承红色文化中的中枢作用。开展“童心向党 守护成长”关爱留守儿童爱国主义教育活动，深化爱国主义教育，发挥红色主阵地作用。开展志愿者服务活动，择优选择志愿讲解员进行培训，开展“江苏省淮阴中学沐风志愿队探寻红色基因 传承红色文化”等多个志愿服务社教活动，扩大纪念馆社会效益。年内，苏皖边区旧址纪念馆社会服务工作获评全国巾帼文明岗。

【淮安首家民办公助私人博物馆开馆】 9月28日，淮安首家民办公助的私人博物馆“铁霞轩古花盆博物馆”开馆。该博物馆由政府资助、民间收藏家开办经营。博物馆总面积550平方米左右，收藏民间收藏家葛某花费30余年收藏的400多件古花盆，收藏范围从元末龙泉窑到明宣德青花，从粉彩、刻瓷到紫砂、石盆，藏品数量丰富，种类繁多。

（严 斌 陈 源）

广播电视

【概况】 2019年，淮安广播电视无线综合覆盖率100%。全市有线广播电视用户66.26万户，数字电视用户65.22万户。省广电网络淮安分公司通过有线网络传输广播节目21套、电视节目152套。全市有广播电视节目制作经营许可证持证单位33家。有广播电视播出机构及传输机构各7家。

【淮安市广播电视台（集团）】 2019年，淮安市广播电视台所属媒体有：4个广播频率（综合、经济、交通文艺、农村），3个电视频道（综合、公共、影视娱乐），以及淮安广播电视报（新周刊）、淮安视听网、“无线淮安”手机客户端。

新闻宣传 淮安市广播电视台围绕学习宣传贯彻中共十九大主线和中国梦淮安篇章、“两聚一高”淮安实践主题，抓好新闻舆论阵地建设。策划组织《在习近平新时代中国特色社会主义思想指引下 新时代 新作为 新篇章》《圆梦小康 崛起江淮 高质量发展进行时》《逐梦高铁 行进淮安》等3个全媒新闻行动，推出广播、电视专栏52个，播出主题报道2000多条。

对外宣传 全年在中央电视台新闻用稿104条、中央人民广播电台新闻用稿95条，省广播电视总台电视新闻用稿1478条、广播新闻用稿421条，获中央广播电视总台2019年度新闻报道“十强”称号。淮河经济带建设、第二届淮安国际食博会等宣传实现中央电视台主新闻栏目“全贯通”，中央人民广播电台与中国国际广播电台“同关注”，省广播电视总台及全省各城市台、长三角广播联盟成员台等“全覆盖”。

融媒宣传　推进广电报网端微融合发展、立体传播，淮安视听网、“无线淮安”客户端及微信公众号等推出融媒产品300多个，开展网络直播100多场次；央视新闻+、荔枝网、我苏网等新媒体平台用稿2000多条，“学习强国”平台用稿扩量提质；《向世界发出邀请，淮安欢迎您》《中秋之夜，淮安惊艳了世界》《淮安内环高架正式通车，直击现场》等5个融媒报道阅读量达10万+；《老井》获省委宣传部等举办的“共话祖国好 奋进新时代”微视频大赛优秀作品奖；《淮安食品安全逢“十”专项执法行动网络直播》获全省网络视听新媒体“十佳”栏目。

精品力作　完成《淮河，我们共同的家园》《融南汇北 水润淮安》等城市宣传片、专题片90余部，制作推出《淮水追梦》《我爱》等新中国成立70周年献礼纪录片；45件作品在全省创优评比中获奖，其中一等奖10个；电视直播《风起东方——致敬改革开放四十年》获第22届江苏新闻奖；广播新闻评论《英烈之名 不容污蔑》获中国新闻奖。

主题活动　借力媒介平台、资源优势，组织开展各类文艺文化、演艺会展等活动300多场；组织“唱响新时代·点赞新淮安”“礼赞新时代·耀动新淮安”等系列主题快闪活动20多场。作为2019中央电视台中秋晚会唯一签约执行单位，参与筹备、组织、协调、宣传等各项工作，组织近80架次定点航拍，配合中央电视台导演组遴选200多人的本土演出团队，签订执行各类合约78份，成功承办2019年中央广播电视总台中秋晚会，总收视率创中央电视台中秋晚会多年最好成绩。

产业经营　主动应对宏观经济下行压力，坚持广告创收和产业经营双轮驱动，全力拓展和培植广告信息、视听制播、教育培训、演艺会展等多元产业，经营创收稳中向好。小荧星艺术培训学校年培训学员2万多人次。借力江苏城市联合电视剧制作股份有限公司运营合作，跟进电视剧市场，参投拍摄《我拿什么奉献给你》《良辰美景》等电视剧4部。全年引进播出影视剧157部11112集（含重播），无盗版、侵权等问题。实现总收入1.31亿元、增长7.44%，其中广告收入1.14亿元、增长12.87%。

安全播出　坚持“不间断、高质量、既经济、又安全”方针，全年电视播出43579小时、调频广播57279小时、中波广播35172小时，实现零播出事故及安全优质播出，无责任事故、安全事故和播出事故。（林光耀）

报　刊

【概况】 2019年，淮安市有公开发行出版的报刊9家，分别是报纸5家：《淮安日报》《淮海晚报》《淮安广播电视报》《淮阴师范学院报》《淮阴工学院报》；刊物4家：《名城绘》《淮阴师范学院学报（哲学社会科学版）》《淮阴师范学院学报（自然科学版）》《淮阴工学院学报》。有连续性内部资料出版物37种。有出版物发行企业872家，其中有出版物批发资质的32家。有印刷企业285家。

【《淮安日报》】 宣传报道　2019年，《淮安日报》做好学习习近平新时代中国特色社会主义思想主题宣传，完成“学习强国”平台稿件采编报送等，实施“壮丽70年 奋斗新时代”主题采访。开展庆祝新中国成立70周年宣传报道，推出60个整版的《淮安日报庆祝中华人民共和国成立70周年特刊》，举办淮安市庆祝中华人民共和国成立70周年成就展和省成就展淮安馆。

媒体融合　与江苏广电总台合作，打造集团融媒体指挥中心2.0项目，成为全省第一家省级广电与地级市报业集团合作的样板。做强“淮安发布”微信微博，淮安发布微博排名位居全省前五，提升“七十二变淮小布”品牌，打造短视频品牌“软兜视频”。在江苏省委宣传部、省文旅厅主办的“锦绣中华·i拍我苏”微视频大赛中，原创MV《掼面条》获得唯一的一个一等奖。“七十二变淮小布”系列融媒体作品获2018年度全省新媒体创新作品奖。

创新创优　开展“八百勇士 天路筑梦”大型融媒体新闻行动，举行老兵事迹报告会，得到退役军人事务部和社会各界的广泛认可和好评；举办淮河生态经济带报业融媒体联盟成立大会暨“淮河报盟总编记者看淮安”融媒体外宣行动，产生积极社会反响。在2018年度全省报纸优秀作品中，有23件作品获奖，稿件《“淮安号”恩来星发射升空》获江苏新闻奖。“走进运河新时代大型融媒体新闻行动”获2018年度赵超构新闻奖特等奖。全年在《新华日报》头版头条发稿1篇，在《人民日报》发稿6篇（幅）。完成报送《淮安日报内参》6篇。（全　鑫）

【《淮海晚报》】 主题报道　2019年，《淮海晚报》推出“在习近平新时代中国特色社会主义思想指引下——新时代新作为新篇章”专栏，全年刊发全市贯彻落实习近平新时代中国特色社会主义思想的新举措和新成就报道50多篇。开设“我和我的祖国”专栏，推出“名叫建国 心向祖国”专版，策划“我的名字叫国庆”特别报道，先后刊发近50篇反映淮安普通人在平凡岗位上做出不平凡贡献的感人报道。开设“长淮新梦”专栏，围绕淮河生态经济带首次省际联席会议在淮安举行，推出近20个专版，进行图文并茂的宣传报道。围绕2019中国（淮安）国际食品博览会，开设“香悦食博 醉美淮安”专栏，推出近40个特刊。开设“缘聚淮安幸福平安——2019中秋晚会”专栏，推出近20个整版报道，对晚会进行深度解读，宣传推介淮安。围绕市区内环高架、高铁通行，策划“一路高歌向通途”专栏，刊发70多篇报道，报道高架、高铁建设情况。与市文明办组织开展“我们的节日”主题行动，全年围绕春节、端午节、中秋节等节日，策划开展“关机过年 拥抱亲情”“晚报记者进社区”“社区端午文化节”“七夕相亲会”“中秋拜月”等活动。

公益活动　联合部分农村学校，开展“向新中国成立70周年致敬”——牵手农村留守儿童研学淮安大型公益活动。活动从2019年3月底开始举行，历经春、夏、秋三季，组织活动10多场，将淮阴区刘老庄、袁集、古寨、老张集等乡镇3000多名学生带到周恩来纪念馆、白马湖、市动物园、柳树湾、韩信故里等景区研学，开阔学生眼界。

社会活动 与市文明办等单位联合举办五一月季园青年相亲会，为数千名单身男女牵线搭桥。与邮储银行淮安分行联合开展第二届“感动淮安十大社区人物”评选活动。与民生银行淮安分行联合举行“民生益行动”“牵手刘老庄留守儿童”夏令营活动。与淮安市人力资源和社会保障局创业指导中心共同举办《淮海晚报》创富商学院创业创新体验行系列活动。开展社区相亲会、年度汉字评选、封面宝贝评选等活动。（陈华中）

网　站

【概况】 2019年，淮安市属地网站有1.1万家。有新闻网站2家，即淮安新闻网、淮安视听网。有知名商业网站（论坛）8家，其中淮水安澜是淮安最活跃的论坛，注册用户量100万人，日最高同时在线13.3万；淮安网是淮安最具影响力的地方综合信息社区门户，注册用户量70万，日浏览量55万次。

【淮安市人民政府网】 淮安市人民政府网站（www.huaian.gov.cn）于2002年正式开通运行，主要提供“办事服务、政民互动、政务公开”三大功能。2019年，网站访问量近300万次。全年审核信息16910条，发布信息7430条。发布规范性文件政策解读46篇，公告公示55条，协助组织网上新闻发布会35场。发布市政府微门户网站信息7430条，推送淮安政府网微信公众号信息51条，英文版信息204条。推出“脱贫攻坚”“生态文明建设”等22个专题专栏。转载国务院信息393条。向省政府门户网站报送信息1462条，被采用270条。市级部门网站“领导信箱”收到来信并分拣通过2792件，办结2501件，办结率90%，发布全市政府部门信件回复统计10期。（沈璐璐　蒋云银）

【淮安视听网】 淮安视听网（www.habctv.com）是淮安市广播电视台（集团）依托自身广电资源打造的本土第一视听综合门户网站，先后取得国家广电总局颁发的信息网络传播视听节目许可证以及二级安全网站证书。网站提供淮安市广播电视台（集团）旗下3个电视频道、4个广播频率的全天候直播、点播服务，并设有论坛、影视、播客、资讯、房产、交友、旅游、美食等10多个特色频道和栏目，为市民提供新闻资讯和“衣、食、住、行”等全方位本地生活指南、商业信息服务。2019年，网站日PV浏览量7万次，日独立访客3万次。承办“网聚淮安　唱响四季——运河印象”网络文化活动等，通过深入挖掘淮安本土文化资源，扩大主流媒体宣传覆盖面、渗透率，打造具有传播力、引导力、影响力和公信力的新兴舆论阵地。（于维维）

【淮安新闻网】 淮安新闻网（www.hynews.net）创办于2000年，2018年底新版上线，是由中共淮安市委宣传部主管，淮安日报社（淮安报业传媒集团）主办，以新闻传播为龙头，集宽屏、社区、微博、移动终端等综合信息服务和技术应用为一体的全媒体大型新闻综合门户，是江苏省重点新闻网站。新版淮安新闻网采用先进的新媒体专业采编平台，实现网站、APP、手机版的统一采编发。2019年，网站访问量约1671万次，发布信息总数13606条。围绕学习宣传贯彻习近平新时代中国特色社会主义思想，开设《在习近平新时代中国特色社会主义思想指引下——新时代新作为新篇章》等专栏，刊发稿件267篇。围绕庆祝新中国成立70周年活动，开设“我和我的祖国”“爱国情　奋斗者”“壮丽70年，奋斗新时代”等专栏，刊发稿件319篇，拍摄发布“我的名字我的国”系列短视频24部；抖音短视频作品“这盛世，如您所愿”点赞量119万、阅读量2040万人次。此外，开设“圆梦小康　崛起江淮——高质量发展进行时”专栏，刊发稿件129篇；开设“重大项目攻坚年”专栏，刊发稿件43篇；做好“走进运河新时代”“长淮新梦”“大河传奇”专栏，刊发稿件66篇；开设“263行动”“三大攻坚战”“决胜扶贫攻坚”“大美淮安”等专题，刊发稿件223篇。（童淮玉）

移动新媒体

【概况】 2019年，淮安市移动新媒体发展迅猛。全市有重点微信公众号1100多个，知名新闻客户端2个，即“无线淮安”“掌上淮安”。政务新媒体380多个，“淮安发布”政务微博粉丝总数53.2万，累计发布信息3.4万条，日阅读量31.1万次。“淮安发布”政务微信粉丝数近20.5万，累计发布消息8800条。“无线淮安”新闻客户端下载量32万次，累计推送信息30万余条。“掌上淮安”新闻客户端下载量24万次，累计推送信息47.7万余条。

【无线淮安移动客户端】 无线淮安移动客户端以移动智能终端为载体，以融媒体技术为支撑，依托淮安市广播电视台（集团）专业采编优势、媒体品牌优势，实现内容权威发布、精准推送，致力打造立足淮安本土、服务群众生活的新闻信息客户端和公共服务客户端。2019年，无线淮安客户端拥有新闻资讯、政务公开、便民服务和社交娱乐四大类30多个模块，下载量32万次，位列全国媒体APP第85名、华东地市级媒体APP第8名。全年开展《惠企直播间》《拜托了！汽车》等网络直播100多场次，其中《淮安食品安全逢“十”专项执法行动网络直播》获全省网络视听新媒体“十佳”栏目；开设《圆梦小康　崛起江淮》《壮丽70年　奋斗新时代》《逐梦高铁　行进淮安》等专题20多个，创意制作《奔跑追梦　一起奋斗》《江苏十三城　食博一线牵》等爆款融合产品10多个，媒体影响力和内容传播力显著提升。（于维维）

档案工作

【概况】 2019年，淮安市有8家国家综合档案馆，包括淮安市档案馆、清江浦区档案馆、淮安区档案馆、淮阴区档案馆、洪泽区档案馆、涟水县档案馆、盱眙县档案馆、金湖县档案馆，保管档案175万卷132万件，资料13万册。其中，市档案馆为国家二级综合档案馆、江苏省中小学档案教育社会实践基地、淮安市爱国主义教育基地，保管旧政权档案、革命历史档案、建国后党政机关文书档案11万卷28万件，资料3万册，建成馆藏档案目录数据库298万余条、全文数据库987万余页。

【档案资源建设】 2019年，淮安市档案馆接收进馆全文数据约11万页，19家单位实现双套制移交，共计30641件、259024页。出台《淮安市党政机构改革档案处置工作方案》，完成市粮食局、市农委、市文广新局、市软建办、市农业资源开发局等涉改单位档案移交工作。开展大运河档案文化挖掘与保护，建立大运河档案目录数据库，收集市文广新局大运河申遗档案目录、市水利局水门桥堂子巷水利工程目录、大运河水上立交地涵工程档案案卷目录，形成申遗篇、河工篇、航运篇。利用非线性编辑系统采集《淮安新闻联播》84小时，丰富多媒体数据资源。推广用活“淮安拍档”微信公众号，用户量突破千人，收集照片5600余张，丰富馆藏照片档案资源。

【档案信息化建设】 2019年，淮安市档案馆完成馆藏档案累计数字化987万页，数字化率100%，馆藏档案数字化PDF格式电子原文全部导入核心数据库。开展馆藏档案数字化1至6期数据核对整合，分类存储，并完善全宗目录著录项。开展2020年度国家重点档案保护与开发项目储备任务申报，完成10343条民国档案目录录入修正。规范档案数字化检查验收流程，对超过3次检查错误率大于或等于5%的单位一年内不予验收，并报第一纪检组备案，明确一个检查周期为20天以内。全市通过省数字档案室测评AAAAA级11个，AAAA级1个，AAA级2个。

【档案服务】 2019年，淮安市档案馆继续深入整合预约查档、信函查档、电话查档、自助查档等多种档案利用方式，优化档案查阅利用流程，提升“接待热心、答询耐心、查找细心、调档专心、服务贴心”的“五心”档案服务品牌形象。全年接待1109个单位、1303人次，调阅档案、资料3011卷、件，复印6992页，拍照4059张，利用方向涵盖编史修志、落实政策、学术研究、工龄工资、职称职务、案件纠纷等领域。服务快速路一期工程（内环高架）、文明城市创建、“不忘初心、牢记使命”主题教育等重大项目、重大事件、重点工程，确保全市发展重要“点位”档案工作全覆盖。

【档案安全】 2019年，淮安市档案馆对照国家档案局《档案馆安全风险评估指标体系》，系统分析评价，细致排查隐患，提升馆库科学规范管理水平。修订完善《淮安市档案馆灾害应急预案》，组织开展消防安全培训、模拟气体灭火安全演练等，掌握报警、救火、逃生等基本技能。制定印发《市档案馆禁烟制度》，实现全面禁烟禁火；解决馆内门禁系统异常，提升安全技防能力；完善进出档案库房管理制度，档案库房实行专人管理，实现珍贵档案双人双锁制管理。分批次对新进馆档案进行氮气物理消毒，消毒档案777盒（卷），确保档案实体安全。制定核心数据库数据存储结构及相关管理制度，对核心数据库服务器、存储设备及相关的管理软件进行定期维护和故障排查，及时更新杀毒软件，确保档案数据安全。

2019年暑假期间，淮阴中学学生在市档案馆开展档案教育社会实践活动
韩仁先 供图

【档案编研】 2019年，淮安市档案馆深挖档案资源，推出系列档案开发利用举措。联合市委宣传部、淮安报业传媒集团，举办“辉煌七十年 奋进新淮安”庆祝中华人民共和国成立70周年成就展。收集全市经济社会发展史实，对《崛起之路——中国共产党在淮安》主题展览进行改版升级。聚集淮安解放前后的重大事件，推出《日出长淮——档案见证淮安解放》专题展览，从档案的视角解读历史，兼具知识性和趣味性。筹办《精彩淮安——馆藏实物档案精品展》，通过奖牌、奖杯、证书、模型、工艺品等，展现淮安发展历程中的辉煌时刻。首发《时代足迹——档案淮安70年》一书，以丰富翔实史料、真实客观图片、生动活泼文体，全面展示淮安波澜壮阔的奋斗实践历程。精选2018年度67篇公众号文章，重新编排，汇集成册，出版《见证—— “淮安档案”微信公众号推文第二辑》，涉及淮安重要历史事件、历史人物、著名院校、文化遗产、民俗风情等内容，守护历史、弘扬文化。按月编发《淮安市大事记》，编印2018年度合集，收录全市经济社会发展中的大事要事，为各级领导决策和各部门工作查考提供服务。

【档案宣传】 2019年，淮安市档案馆整合馆内各类展厅，发挥省级中小学档案教育社会实践基地和市级爱国主义教育基地功能，全年接待外交学院、全市中小学生等各界人士96批次1856人次到馆参观。开展“6·9”国际档案日宣传活动，在市区大运河广场、清江石化公司、四季青社区和江苏财经职业技术学院巡回宣传，免费发放"吉庆有余"档案木雕、档案类书籍等文化宣传品，并现场接待咨询。联合淮安市广播电视台制作"民间瑰档寻宝"合集（光盘版），其中《江苏淮安：一张营业许可证，折射个体私营经济的发展历程》《淮安宫曲谱》两期视频被"学习强国"APP"百灵"视频频道采用。《江苏淮安：永不褪色的"传家宝"》《新四军军事工业：从土武器到自制枪炮弹药》等4篇推文，被"学习强国"APP采用。

【档案征集】 2019年，淮安市档案馆主动开展珍贵档案史料征集。刊登档案史料征集公告，面向全社会征集到一批有价值的档案资料，如《清江市革命委员会成立庆祝大会邀请书》、"淮阴卷烟厂香烟商标""苏北人民行政公署土地房产所有证"等大量老凭证。举办市审计局退休老干部周林林个人收藏档案资料捐赠仪式，接收"梁山伯与祝英台"乐谱简谱、会计论文成果和表彰证书等档案资料进馆。与市摄影家协会联合举办"一切为了人民——迎接全面建成小康社会"摄影大赛，征集"幼有所育、学有所教、劳有所得、病有所医、老有所养、住有所居、弱有所扶"等方面摄影作品1132张。

【档案队伍建设】 2019年，淮安市档案馆以"知馆藏、学技能、赛业务、比作为"为主题，举办市档案馆业务技能竞赛活动，以赛促学，以赛代练，考察全馆干部职工档案理论和技能水平。针对全省档案培训取消实体班以及加强网上培训趋势，做好远程教育平台注册、登录、学习、测试等指导和保障，一批专兼职档案员通过在线学习取得岗位培训合格证。举办2019年度全市档案业务培训班，免费发放《淮安市档案工作业务指导手册》，260多名专兼职档案员参加培训。为市场监管局、市交通置业公司等单位专兼职档案员计140多人进行档案业务知识专题培训。利用市档案学会平台，定期组织业务探讨和事业发展座谈，鼓励全市档案工作者撰写档案学术论文，并向省档案学会和中国档案学会推荐报送。其中，2篇论文获评2019年全国青年档案工作者学术论坛优秀论文，2篇论文获评入选论文；1篇论文获2019年省档案学会评选一等奖，1篇论文获评省家庭档案研究会征文三等奖。（韩仁先　庄永庆）

地方志工作

【市、县（区）志编修】 2019年，《淮安市志（1978~2008）》通过省地方志办公室和方志出版社审查验收，并按照验收意见进行修改完善。《楚州区志》《淮阴区志》《涟水县志》《洪泽县志》《金湖县志》均正式印刷出版，《清浦区志》签字付印。全市地方志系统开展读志用志传志活动，向党政机关、中小学校、公共服务机构赠阅志书，与地方媒体联合开展志书宣传活动，提高志书影响力、群众知晓率。

【年鉴编纂】 2019年11月，《淮安年鉴（2019）》印刷出版。全书共100余万字，收录图片300余幅，正文前彩页特设新中国成立70周年全市重大建设工程成就图片专题，彰显年度特色和地方特色。县区年鉴实现公开出版全覆盖，打造年鉴"一县一品"。年内，《淮安年鉴（2018）》获2019年江苏省年鉴质量评定一等，《洪泽年鉴（2018）》获第六届全国地方志优秀成果（年鉴类）县区级综合年鉴三等及2019年全省年鉴质量评定三等，《金湖年鉴（2018）》获2019年全省年鉴质量评定三等。

【专业志、特色志编纂】 2019年，江苏名镇志《高沟镇志》通过审查验收、《马坝镇志》通过终审。《中国淮扬菜志》《江苏重大基础设施工程图志》淮安部分编纂工作基本完成。《江苏名酒志·高沟酒志》通过验收并完成修改，进入出版程序。《淮安市援疆援藏建设志》完成资料收集、篇目制定等准备工作。淮安市首部证券期货业专业志《淮安市证券期货志》完成终审。

【地情资料编写】 2019年，淮安市志办与盱眙县志办合作，编纂出版淮安历史上第一部植物学地情书《淮安本草》，收录淮安本土生长的地被植物692种。编纂《2019淮安手册》，累计向全市各级党政机关、重点服务行业、公共服务机构、大中小学校、社区、军营等免费赠阅近2万册。盱眙县志办出版县情简明读物《盱眙手礼》，涟水县志办编印《涟水大事记（2019）》《涟水县情（2019）》等地情资料。

【地情公共文化服务】 2019年，淮安市志办与市市场监管局合作，在《淮安年鉴（2019）》中刊登地理证明商标申报资料。参与第二批"淮安老字号"评定工作，推动传统品牌的传承与发展。协助市委组织部开展党建文化课题、市纪委监委廉政文化课题研究，并提供基础性资料。在淮安市警察学校、市图书馆、大型书店累计开展地情文化普及讲座4次，扩大方志文化受众面。

【大运河文化研究】 2019年，淮安市志办大运河文化特色研究成果显著，多篇论文在省级以上刊物发表。完成全市社科类课题1项。2篇文章获"大运河沿线八省市社科联+北京市委网信办"举办的"我身边的运河故事"优秀作品奖。开展大运河文化带淮安段、淮河经济带建设宣传研究，为相关规划编制提供资料支撑和智力支持。

【信息化建设】 2019年，新版淮安地情网正式上线运行，设置运河之都、淮安大事纪要、影像淮安、文献资料馆、名家讲堂等特色栏目，呈现丰富多彩的淮安地情文化。"淮安地方志"微信公众号累计发布政务信息及地情图文100余篇，"淮安地方志"政务头条号在全国地方志系统政务头条号排名靠前。涟水县志办推出"涟水掌上方志馆"，将40余部地情书籍和视频资料制作成二维码格式电子书，打破市民了解方志文化的时间、地域限制。（王信波）

卫生健康

综　述

【概况】 2019年，淮安市人口出生率9.98‰，死亡率7.5‰，自然增长率2.48‰。全市拥有医疗卫生机构2200个。市直医院全部建成三级医院，所有县区人民医院、中医院均达到“二甲”标准，盱眙县人民医院成功转设三级综合医院。淮安市第一人民医院位居香港艾力彼“中国地市级城市医院综合竞争力”百强榜第40名，获全国公立医院建设成就奖。市第二人民医院创成中国创伤救治联盟创伤救治中心建设单位，高级卒中中心综合实力排名居全国100强。市妇幼保健院成为徐州医科大学淮安妇幼临床学院，新院建设项目有序推进。全市二级以上公立医院运用互联网、物联网等技术，优化就医诊疗流程，实行分时段预约就诊，推广预住院模式，预留虚拟床位号。市第一人民医院获评全国改善医疗服务示范医院，4家医疗机构挂牌互联网医院。创新医患纠纷处置“1+6”模式，在全省首届“聚焦医疗安全，守护人民健康”论坛上作经验交流。淮安市连续第十年获全国“无偿献血先进城市”称号。

【健康淮安建设】 2019年，淮安市研究出台《打造苏北区域医疗高地“6655”工程行动计划（2019—2020）》，即围绕“卫生体系健全、健康保障有力、防治康养结合、中西医药并重、专科能力突出、服务持续改进”6大目标，实施“稳增长、补短板、调结构、转方式、谋发展、惠民生”6条路径，推进胸痛、卒中、创伤、高危孕产妇及危重新生儿5类急症救治中心建设，加强肿瘤、“三高”、骨质疏松及骨关节病、老年人和儿童呼吸系统疾病、妇女“两癌”及妇科病5类慢病综合防控。与复旦大学联合开展“6655”工程评价体系和成效评估课题研究。牵头组建淮河生态经济带卫生健康联盟，举办首届淮河卫生健康发展论坛。“先诊疗后付费”制度覆盖各级各类医疗机构，将低收入人口专项救治病种扩大至30种，累计完成救治24593人、救治金额10769.6万元。为建档立卡低收入人口免费提供家庭医生签约服务，实现应签尽签。

【卫生健康体制改革】 2019年，淮安市推进现代医院管理制度建设省、市两级试点，全市二级以上医疗机构均完成章程制定。按照省统一部署，调整儿科、精神专科、麻醉类医疗项目近200项。全市所有政府举办的医疗卫生机构全部参与医联体，市级医疗集团核心单位、县级医联体龙头单位与50家成员单位建成紧密型医联体，组建30个专科联盟。涟水县、淮安区获批国家卫健委县域紧密型医共体试点。落实优先配备使用基本药物，各级各类公立医疗机构配备使用基本药物占比达到政策规定要求。

【疾病控制】 2019年，淮安市预防接种综合服务管理信息系统全面建成运行，155个儿童预防接种门诊全部达到标准化要求。全市乙类传染病报告发病率119.41/10万。涟水县、洪泽区通过省慢性病综合防控示范区复审。市中医院、市疾控中心牵头建立8个“三高”防治指导中心。淮阴区、盱眙县全国农村上消化道癌早诊早治项目获国家表彰。全市严重精神障碍在册患者数20236人，报告患病率4.12‰，在册患者规范管理率94.41%。

10月17日，江苏省委副书记任振鹤（前）到涟水县红窑中心卫生院考察健康扶贫工作 董方旭 供图

【基层卫生】 2019年，淮安市全面落实国家基本公共卫生服务项目，人均补助标准提高到75元。新创省示范乡镇卫生院4个、省示范村卫生室74个，建成省社区医院7个。规划建设20个农村区域性医疗中心，其中6个被省卫生健康委纳入重点建设单位。出台《关于进一步做细做实家庭医生签约服务工作的通知》，细化落实18条政策措施。新建家庭医生工作站89个，建成3个省首批星级家庭医生工作室。建成江苏省基层特色科室8个、市级特色科室80个。8个机构被省卫健委确认为家庭医生签约服务模式创新试点单位。开展全市优质服务基层行培训，参加人数逾700人。淮阴区丁集卫生院获全国首批“优质服务基层行”先进单位。

【妇幼健康】 2019年，淮阴区、洪泽区妇幼保健院创成二级甲等妇幼保健院，淮安市在全省率先实现县级妇幼保健院全覆盖。全市新生儿遗传代谢疾病筛查率101.29%，产前筛查率90.48%，居全省前列。完成新生儿先天性心脏病筛查36506例、诊断496例、手术治疗6例。强化0~6岁儿童近视防控，完成近10万名在园儿童近视筛查工作。有序实施新妇幼健康信息系统。建成覆盖全市的免费避孕药具管理体系。

【爱国卫生】 2019年，淮安市完成农村无害化卫生户厕改造23589座，全市普及率94.15%。盱眙县、涟水县建成国家卫生县城，全市实现国家卫生县城全覆盖；建成国家卫生镇5个，省卫生镇5个、省级卫生村111个，市级卫生镇1个，全市实现市级卫生镇全覆盖，建成市卫生村106个。清江浦区通过省健康促进示范县（区）考核评估；建成省健康镇1个；建成省健康村（社区）21个。健康素养评估学习系统顺利使用，全市近90万人次通过健康素养学习评估系统提升自身健康素养水平。

【中医中药】 2019年，淮安市开展《中华人民共和国中医药法》等法规学习宣传、执法监督和贯彻实施等。新增9个中医馆，清江浦区、淮阴区被评为全国基层中医药工作先进单位。市中医院成立省中医院名医工作室。组建“山阳医派”研究团队，印发《淮安市山阳医派传承发展研究方案》，开设“山阳医派”大讲堂和吴鞠通学术思想论坛，组织开展“山阳杯”中医药知识文化竞赛和吴鞠通医师奖评选活动。全市有3人入围省“西学中”研修候选人，新增3个省中医药管理局课题。组织实施“中医中药中国行——中医药健康文化”推进行动。

【卫生科技人才】 2019年，淮安市获批国家自然科学基金项目3项、省厅级项目31项、市级科技计划项目31项。获省卫健委新技术引进奖12项，江苏医学科技奖2项。启动全市卫生健康科研项目计划，资助32个面上项目和5个指导性项目。全市卫生健康系统在省级以上刊物发表论文1700余篇，其中SCI论文458篇。市第一人民医院食管癌治疗研究成果被列入“中国食管癌治疗指南”。市第一人民医院肾内科、胸外科、消化内科，市第二人民医院胸外科，市第四人民医院结核科进入“中国医院科技量值百强榜”。出台《加强全市卫生人才队伍建设引领卫生健康事业高质量发展的实施意见》《淮安市高层次卫生人才引进和培养暂行办法》，新引进培养博士30人、硕士123人，7人入选省双创博士，4人入选省六大人才高峰。

【淮河生态经济带卫生健康联盟在淮安成立】 11月1日，淮河生态经济带卫生健康联盟在淮安市成立。淮河流域江苏、安徽、山东、河南4省12个市共同签署改革与发展、公共健康、继续医学教育与科研协作3个专业委员会，以及小儿外科专科联盟、急诊与重症医学专科联盟、食管癌专病联盟3个联盟合作协议，并发起设立“淮河医学科技奖”，整合力量联合培养医学人才。

2019年7月 江苏省肝胆外科临床医学中心、江苏省神经内分泌肿瘤诊治中心苏北分中心落户淮安市第二人民医院　　董方旭　供图

【两省级医学、诊疗中心苏北分中心成立】 6月28日，江苏省肝胆外科临床医学中心淮安分中心、江苏省神经内分泌肿瘤诊治中心苏北分中心在淮安市第二人民医院成立。中国工程院院士、江苏省肝胆外科临床医学中心主任王学浩将在淮安市第二人民医院成立工作室，通过定期坐诊、技术帮扶和人才培养，推动优质医疗资源下沉，加快提升淮安及苏北地区肝胆外科以及消化领域罕见病、疑难病诊治水平。

【长三角区域疾控机构卫生应急联合演练】 8月27—29日，长三角区域疾病预防控制机构洪涝灾害卫生应急联合演练在洪泽区举行。江苏、上海、浙江、安徽三省一市国家突发急性传染病防控队和淮安市、洪泽区疾控中心卫生应急小分队共75名应急队员，以及包括通讯指挥车、理化检测车、水电油浴车、炊事车、宿营车、水电车、运兵车在内的23辆应急车辆参与演练。国家卫健委应急办、国家疾控中心应急中心负责人到场观摩并指导。三省一市疾病预防控制中心共同签署长三角区域疾病预防控制中心卫生应急一体化发展战略合作协议。

【洪泽湖医养融合体建设项目建设】 2019年，洪泽湖医养融合体建设项目肿瘤中心、康养中心建成试运行。该项目占地18.6万平方米，主要新建门诊医技楼、住院部、传染中心、肿瘤中心和康复中心等附属设施，新上全自动生化免疫分析流水线、彩色超声诊断仪、高清腹腔镜摄像系统、3.0核磁共振成像系统、大孔径CT、256层CT、光学相干断层扫描仪等高端设备，设计住院中心病床1000张、康复中心病床200张。项目于2018年4月开工，计划2021年5月整体交付使用。

（董方旭）

【成果被列入最新“中国食管癌治疗指南”】 4月27日，《中国食管癌诊疗指南（2019版）》在南京发布，由淮安市第一人家民医院多学科团队联合完成的食管癌治疗研究成果被列为中晚期食管癌二线治疗方案，填补该领域的行业技术空白。该成果曾于2017年9月受邀在瑞士举办的世界第十四届食管疾病大会（The 14th OESO World Congress）上作专题汇报，得到国内外广泛关注。

【全市首家网络医院正式挂牌】 8月26日，淮安市一院正式获批全市首张互联网医院执照，并将苏北慢性病管理医院更名为互联网医院。互联网医院服务范围包括线上和线下两部分，线上服务包括线上方便门诊、线上名医问答、远程视频会诊、家庭医生签约、预约挂号、诊间结算、双向转诊、健康管理、用药指导、体检延伸及分级诊疗、医联体技术支持等，线下服务主要依托淮安市一院开展各种医疗服务，基本覆盖院前、院中、院后全流程。（董迎春 张伟一）

计生服务

【全面两孩政策实施】 2019年，淮安市强化政策宣传，完善监测机制，优化生育登记和审批服务，积极构建家庭生育支持体系，推进母婴设施规范化建设。全市出生4.04万人，二孩占比47.3%，医疗卫生机构建成母婴室143个，育龄群众对生育服务的综合满意度为96.2%。

【提升家庭发展能力】 2019年，淮安市落实计划生育奖励扶助政策，各类奖扶政策惠及13.62万人，奖扶金发放及时率、准确率100%。落实计生特殊家庭联系人、就医绿色通道、家庭医生签约服务等3项制度，计生特殊家庭成员"家庭医生服务"累计签约3951人，664个家庭医生团队为特殊家庭成员提供医疗服务1.9万人次。组织开展第八届"健康幸福家庭"示范户评选和第四届"幸福淮安人"征文活动，评出"健康幸福家庭"296户、优秀征文38篇。

【计划生育协会组织】 计划生育协会是联系广大育龄群众和计划生育家庭的桥梁和纽带，主要承担计划生育宣传教育、生殖健康咨询服务、优生优育指导、计划生育家庭帮扶、计生群众权益维护和流动人口服务等工作任务。2019年，淮安市有计划生育协会组织1832个，会员15.78万人。

（董方旭）

卫生监督

【卫生行政许可】 2019年，因机构职能调整，淮安市卫生监督所在承担消毒产品生产企业卫生许可、护士注册、职业病诊断医师注册的基础上，增加职业卫生相关许可事项。全年完成护士首次注册，变更、延续注册等4636人次；完成11户卫生用品生产企业的卫生许可证资料申请、受理、审查和现场审核工作；完成职业病医师注册26人；对9个单位申报的职业病危害项目进行审查。

【食品安全标准管理】 2019年，根据省卫生健康委《2019年江苏省食品安全标准跟踪评价工作方案》要求，淮安市卫生监督所完成《鲜冻畜禽产品食品安全标准（GB2707-2016）》跟踪评价任务。组织食品安全标准宣传活动，发放宣传册页材料1000余份，接受宣传群众约500余人次。做好食品企业标准备案，完成99个食品企业标准的预审、审核、校对和签发等备案。

【学校卫生监管】 2019年，淮安市卫生监督所开展学校传染病与常见病防控监督检查，全市检查431所学校，对发现问题的122所学校下达整改意见。抽检95所学校的教学及生活环境。对79所学校开展饮用水卫生监督检查及饮水水质抽检，对抽检不合格的7所学校给予警告。完成80所学校的卫生综合监督评价。开展托幼机构、校外培训机构采光照明"双随机"抽检，抽取检查单位84个，对其中19个单位下达现场卫生监督意见书，要求立即整改。

【公共场所卫生监管】 2019年，淮安市卫生监督所根据季节特点，开展游泳场所、集中空调通风系统等专项检查。继续开展公共场所控烟宣传和健康教育，加大控烟监管力度，组织开展公共场所控烟专项行动。组织公共场所专项整治行动，检查相关公共场所经营单位311个，责令整改58个，立案查处9个。

【生活饮用水卫生监管】 2019年，淮安市卫生监督所认真开展集中式供水单位经常性卫生监督工作，每季度对市自来水公司3个水厂开展一次经常性卫生监督检查，保证市区饮用水卫生安全。开展生活饮用水水质卫生监测，每季度对水厂出厂水进行水质常规检验项目监督采样，每月对市区6个末梢水监测点进行一次水质监督抽检；全年采集样品84份，检测有关指标1188项次，合格率100%。对全市17家涉水产品生产企业开展专项监督检查，抽检样品19件。完成水质处理器网络平台专项检查工作，随机抽查3个网络平台7个网店的9款水质处理器。组织春节前供水单位专项检查，对全市145个集中式供水单位进行全面检查，发现问题并责令整改122个，立案处罚4个，罚款1.2万元。

【职业卫生及放射卫生监管】 2019年，淮安市卫生监督所监督检查11个职业健康检查机构和2个职业病诊断机构。检查放射卫生单位230个，对不符合要求的19个放射诊疗机构进行当场警告处罚，对3个放射诊疗机构进行立案查处，共处罚金2.78万元。根据省、市卫生健康委印发的《尘毒危害专项执法工作实施方案》要求，对全市144个存在尘毒危害的用人单位开展专项执法，当场警告处罚13起，立案处罚8起，共处金额13万余元。

【传染病防治及消毒产品卫生监管】 2019年，淮安市卫生监督所完成消毒产品双随机监督抽检，完成春节前、三八妇女节前、儿童节前、重阳节前消毒产品监督巡查。开展抗（抑）菌制剂专项整治，检查辖区内273个医疗机构、9个疾病预防控制机构、8个妇幼保健机构、3个抗（抑）菌制剂生产企业。做好艾滋病防治监督与宣传，对全市55个艾滋病筛查实验室、136个艾滋病检测点进行全面检查；检查24个医疗机构的艾滋病实验室，督促8个没有经过市卫健委认定的医疗机构向市卫生健康委申请备案。对全市187个医疗卫生机构进行传染病防治分类监督综合评价，其中综合评价优秀单位81个、合格单位104个、重点监督单位2个。

【疫苗与预防接种专项整治】 2019年，淮安市卫生监督所对辖区内所有疾控机构和接种单位开展全面监督检查。检查疾控机构9个、一般预防接种门诊154个、产房12个，做到监督检查全覆盖。对发现问题的80家预防接种单位，连续开展不间断督查，确保整改到位。与市疾控中心联合开展全市预防接种综合服务管理信息系统运行督查、全市预防接种综合服务管理信息系统建设情况督查、全市预防接种督查暨第二批儿童预防接种门诊标准化建设复核、儿童预防接种门诊标准化建设市级抽查验收。

【医疗机构卫生监管】 2019年，淮安市卫生监督所开展市管医疗机构依法执业大排查，检查市管医疗机构57个，立案查处有严重违法违规行为的医疗机构9个。开展打击非法行医专项整治行动，检查医疗机构682个，发现并立案查处非法行医行为71起，罚款人民币43.51万元，没收违法所得2100余万元，没收药品80箱，没收医疗器械300余件，取缔户次67个，移送司法机关非法行医案件6起。开展打击非法医疗美容专项行动监督检查，检查医疗美容机构12个，督查整改问题6个，立案查处1个，罚没款计3万元。开展集中整治“医托”专项行动，印制并下发打击“医托”宣传画600份，“医托”现象一定程度得到遏制。组织医疗卫生与养老服务专项检查，规范健康养老服务单位医疗卫生服务行为，检查相关单位24个，对存在问题的9个医疗机构下达卫生监督意见书，整改意见29条，立案查处1个。

【医疗质量卫生监管】 2019年，淮安市卫生监督所对县区26家个体诊所违法开展计划生育手术进行专项整治。对26个医疗机构开展母婴保健技术服务、出生医学证明管理、两禁止、人工终止妊娠涉、产前诊所、出生医学证明和人类辅助生殖技术监督检查。开展医疗质量与专项技术检查，检查市管医疗机构24个，对存在未经批准开展四级手术或未经备案开展限制临床应用医疗技术等问题的14个医疗机构，依法下达卫生监督意见书责令改正。

【卫生保障与应急处置】 2019年，淮安市卫生监督所完善相关应急预案，做好应对各类突发事件的准备。组织开展突发传染病卫生监督应急培训和演练，坚持做好24小时值班。认真履行生活饮用水、公共场所卫生和传染病监督管理职责，完成中高考、江苏发展大会暨首届全球苏商大会、央视中秋晚会和新中国成立70周年大庆卫生监督保障任务。开展投诉举报查处，全年登记受理群众投诉举报64件，及时查处反馈，反馈率100%，经核查属实并立案查处15起。强化对县区查办的重大举报案件的督查督办，全年督办10件、22次。

【卫生执法稽查考核】 2019年，淮安市卫生监督所开展卫生监督员执法行为稽查14次、卫生监督质量稽查14次、卫生监督文书稽查7次、卫生监督投诉举报查处情况稽查2次。定期组织行政处罚案件和卫生监督服务回访和问卷调查，对卫生监督员在行使公务活动时是否存在态度恶劣和有意刁难的言行、是否存在“吃、拿、卡、要”等违规行为进行调查。从收回的问卷调查表反映的情况看，各监管单位对卫生监督执法工作满意度为100%。

【卫生监督“双随机”】 2019年，淮安市卫生监督所根据国家随机监督抽查计划，完善抽查清单，健全检查人员名录库，做好“双随机”（随机抽取检查对象、随机选派执法检查人员）和综合监管、信用监管的相互联动。全年完成“双随机”监督抽检1192户，行政处罚82户，所有监督检查及监督抽检结果均进行公示。

【餐饮具集中消毒】 2019年，淮安市卫生监督所每季度开展集中消毒餐具饮具监督抽检，全年抽检样品140批次，抽检合格率96.5%。对抽检不合格和参照使用的洗涤剂、消毒剂、生产用水不符合要求等违法行为，进行立案查处，警告12户次，罚款7户次，罚款金额14.5万元。创新监管模式，推进餐具饮具集中消毒服务单位卫生监督量化分级管理。对上规模、有条件的餐具饮具集中消毒服务单位实行“质量安全提升工程”，引导不符合经营条件的单位“关、停、并、转”，全市餐具饮具集中消毒服务单位由80多个整合到20个，餐具饮具集中消毒质量不断提高。

【卫生监督信用建设】 2019年，淮安市卫生监督所探索运用“互联网+”思维和技术，提升监督执法能力和效率。加强风险评估和分析水平，科学选择技术成熟、性价比高、专业适用性强的领域，推进在线监督监测，增强监督检查实效。落实《江苏省医疗卫生信用信息管理暂行办法》及其相关文件，开展信用监管试点，探索推行医疗卫生社会信用体系制度建设，创新“守信激励、失信惩戒”的联动监管模式，强化市场主体守法自觉性，通过信用管理方式提升监管效能。

【淮安市起草的国家标准正式实施】 4月4日，中国国家标准化管理委员会颁布《公共场所卫生管理规范》，11月1日正式实施。该规范由国家卫生标准委员会环境卫生标准专业委员会委托，淮安市卫生监督所起草，是首例地市级卫生监督机构独立承担国家卫生标准编制工作任务。　（夏　天）

疾病预防控制

【概况】 2019年，淮安市传染病总发病率317.54/10万，稳中有降。以乡镇为单位适龄儿童免疫规划疫苗接种率高于95%。建有一般预防接种单位155个（均为数字化门诊）、医院产科预防接种室59个、狂犬病暴露预防处置门诊145个、成人预防接种单位155个。高血压、Ⅱ型糖尿病规范管理率74.66%、71.30%，常住人口粗死亡率6.66‰。设市疾控中心1个、县（区）疾控中心8个、乡（镇）卫生院（防保所）148个。经江苏省寄生虫病防治研究所考评，淮安市整体达到肠道线虫病有效控制标准，清江浦区同年达标。

【传染病疫情报告与管理】 2019年，淮安市依据《中华人民共和国传染病防治法》，对法定传染病实行网络实时监测、预警、报告和管理。全年无甲类传染病报告；报告乙类传染病发病率119.41/10万，同比下降5.86%，发病率低于省控指标，前5顺位病种依次为肺结核、乙肝、梅毒、丙肝、淋病；报告丙类传染病发病率198.13/10万，下降9.48%。处置传染病自动预警信息1136次，上升29.83%。全市传染病疫情报告信息质量综合率100%。

12月2日，第32个“世界艾滋病日”宣传活动在淮阴区黄河广场举行
宗 飞 供图

HIS系统传染病数据自动报告覆盖大部分医疗机构。

【急性传染病防治】 2019年，淮安市急性传染病平稳可控，各类突发疫情得到及时有效处置。

呼吸道传染病 落实以接种流感疫苗为主的流感综合性防治措施，实施流感样病例、住院肺炎（不明原因肺炎）、禽流感监测。报告流感样病例34605例，规范处置流感样病例暴发疫情11起。报告住院肺炎病例5406例，无不明原因肺炎。

肠道传染病 制订并落实霍乱防治计划，成立组织网络，分发防治消杀药品2批。4—10月，医疗机构肠道门诊实行疫情值班和腹泻病就诊登记、检索、旬报告制度，登记腹泻22566例，总人口检索率1.65‰，采集外环境样本477份、人群胶体金试纸测试500人次，未发现霍乱弧菌。在托幼机构和小学校落实晨检、因病缺勤报告登记等防控手足口病制度，报告处置手足口病暴发疫情5起、聚集性病例疫情36起。

狂犬病及其他 设置狂犬病暴露预防处置二级门诊8个、一级门诊147个，发现并流调狂犬病3例。实施甲/戊型病毒性肝炎、病毒性胃肠炎、布氏病、发热伴血小板减少综合征、致病菌、虫媒等专项监测。

【免疫规划】 2019年，淮安市接种免疫规划疫苗98万余人次，卡介苗、乙肝、脊灰、百白破、麻风、流脑、乙脑、麻腮风、甲肝、白破等各苗种接种率均95%以上，乙肝疫苗首针及时率90%以上，免疫规划相关疾病发病率低于省、国家规定指标，巩固无脊灰状态。监测报告疑似异常反应950例，确认82例，调查及时率、个案项目填写完整率100%，异常反应补偿保险参保儿童15365名。调查处理疑似免疫规划相关疾病230例，确认麻疹1例。托幼机构/学校查验接种证103684人，补证299本，补种疫苗10646人。全市儿童预防接种信息管理系统新建卡约4.1万人。

1月7日，淮安市金湖县黎城镇卫生院被曝使用过期口服二价脊灰疫苗，涉及145名儿童。在快速、科学调查处置的基础上，全省对预防接种工作进行大规模排、督查，并于年内上线预防接种综合服务管理信息系统，完成儿童预防接种门诊标准化建设。

【艾滋病防治】 2019年，淮安市常规检测HIV抗体70.95万人次，检测监管场所羁押人员3081人次，新发现艾滋病感染者及病人数比上年增长18.75%。依据《艾滋病防治条例》及“四免一关怀”政策，对艾滋病病人/感染者进行随访管理、淋巴细胞检测、病毒载量检测、免费抗病毒治疗等。规范运行7个国家级和1个省级性病艾滋病综合监测哨点。调查干预MSM人群（即男男性行为者）400人，完成MSM哨点数据补录。开展世界艾滋病日宣传、学校艾滋病防控专项指导、艾滋病防治知识传播校园行及大学生艾滋病防治同伴教育主持人技能大赛等活动。实施社会组织艾滋病项目3个，完成省疾控中心感染者及病人专项调查。

【结核病防治】 2019年，淮安市完善定点医院、疾病预防控制机构和基层医疗卫生机构结核病综合防治服务体系。非结防机构报告肺结核和疑似肺结核患者总体到位率98.16%，定点医院初诊患者查痰率98.33%。全市登记活动性肺结核患者病原学阳性率51.72%。上年度登记活动性肺结核患者成功治疗率94.50%。耐多药肺结核高危患者筛查率96.69%，病原学阳性新患者耐药筛查率98.10%。新发现利福平耐药肺结核14例，纳入耐多药治疗管理10例；2017年登记的耐多药肺结核患者成功治疗率66.67%。处置学校结核病聚集性疫情1起、散发疫情多起，在入学新生中开展结核菌素试验。对已建立健康档案的糖尿病患者和65岁以上老年人进行结核病重点人群主动筛查，筛查率分别为86.77%、78.22%，对可疑症状者进行胸片筛查的比例均在98%以上。

【慢性非传染性疾病防治】 2019年，淮安市慢性病监测系统网络报告常住人口死亡32711条、户籍人口死亡32349条、肿瘤新发12026例、肿瘤死亡9001例、心脑血管事件19661例。县区肿瘤监测数据全部被国家肿瘤年报收录，发布《淮安市慢性病监测报告》。实现国家、省级慢性病防控综合示范区全覆盖并实行动态管理，洪泽区和涟水县通过省级示范区复评审。医疗卫生机构35岁以上人群首诊测血压率95%以上，每县区建立10个以上健康指标自助监测点，规范管理Ⅱ型糖尿病99022例、高血压345451例，血糖控制率57.59%，血压控制率58.73%，在管高血压患者家庭医生签约率71.28%。实施农村上消化道癌早诊早治、淮河流域上消化道癌早诊早治、心血管病高危人群早期筛查与综合干预、高血压行业基金、淮河流域癌症综合防治、江苏省居民慢阻肺监测、基于社区管理的Ⅱ型糖尿病队列随访研究等多个慢性病重点项目，获“全国优秀项目承担单位”“全国先进单位”“全省先进单位”等称号。医防融合试点骨质疏松、慢阻肺、“三高”、上消化道癌、妇女“两癌”等防治，组建淮安市肿瘤科专科联盟，市中医院与国家心血管病中心签署《“全国基层心血管病综合风险管理”项目合作协议书》。推进全民健康生活方式行动，招募健康指导员1070人，建立健康支持性环境28个。

【寄生虫病地方病防治】 寄生虫病防治　2019年，淮安市查螺3058.9万平方米，灭螺30.3万平方米，人群血清学检测4120人，无新螺情、血吸虫感染病例报告，组织实施南水北调东线工程金宝航道和新三河段血吸虫病监测项目。发现国外输入性疟疾14例，同比下降26.32%，患者正规治疗率、疫情报告率、个案调查率、疫点处置率、病例随访率均为100%。监测食源性寄生虫病（肝吸虫、小龙虾和淡水鱼寄生虫、自来水“两虫”）、土源性线虫病感染情况。1名选手入选全国寄生虫病防治技能竞赛江苏省代表队。

地方病防制　监测盐碘、水源性高碘、人群碘营养状况，防制碘相关疾病，居民户碘盐覆盖率98.19%、合格率95.15%、合格碘盐食用率93.43%，各县区均高于90%；学龄儿童尿碘中位数225.1微克/升，孕妇尿碘中位数179.8微克/升；儿童B超检测甲状腺肿大率1%～4.5%。降氟、降砷改水工程监测率100%，无超标现象，未发现重度氟斑牙患者和砷中毒病人。开展重点地方病消除（控制）评估、地方病三年攻坚行动执行情况年度评估，各县区重点地方病均达到消除（控制）标准。

【消毒与媒介生物防治】 2019年，淮安市监测“四害”（密度：蚊3.17只/灯·小时；蝇3.36只/笼；鼠0.4%；蟑螂0.07只/张、侵害率3%）、白纹伊蚊与家蝇以及德国小蠊的抗药性、蜱类专项、登革热媒介伊蚊，为中央电视台中秋晚会淮安分场提供病媒生物保障。全市托幼机构消毒质量监测合格率91.87%，市直医疗卫生单位、县区三级医疗机构消毒质量监测合格率分别为96.68%、96.16%。

【健康教育】 2019年，淮安市开展主题巡讲、健康咨询、展板展示及视频播放等多种形式的居民健康素养干预活动，以县（区）为单位干预覆盖率100%，健康素养网上学习系统访用量119万人次，保持全省前列。实施成人烟草流行与健康素养、中医健康素养监测调查项目。新建健康单位43个、健康食堂11个、健康小屋17个、健康一条街8个，实行动态维护。创建省级健康县区1个。下发基本公共卫生服务健康教育入户资料（台历）69万本，征订《健康之窗》1745套、《江苏居民健康素养读本》2565本、《常见慢性病防控健康管理读本》1172本、《江苏卫生保健》1515本、《图说健康》424本、健康教育系列光盘99套，自制折页、墙报、手册、宣传画219.5万份，定制实用宣传实物15万只。开展“我为控烟发声”、不同年龄人群吸烟情况调查、无烟机关建设等控烟工作，组织专题宣传日活动10余次。

【卫生检验】 2019年，淮安市疾病预防控制系统实验室加强质量管理和能力建设，承担完成食品安全风险、国家致病菌、地方病、流感、H7N9禽流感、手足口、艾滋病、梅毒、消毒、空气、饮水、突发事件、社会送检等多种检测任务，保证疾病预防控制工作正常开展。全市首个公共卫生市级重点实验室——“淮安市突发公共卫生事件应急检测重点实验室”获市科技局批准立项。（宗　飞）

2019年7月，淮安选手参加江苏省寄生虫病防治技能竞赛　宗　飞　供图

医疗机构

【概况】 2019年，淮安市拥有医疗卫生机构2200个，其中“三甲”医院5所、二级医院31所、乡镇卫生院115个、社区卫生服务中心30个、村卫生室1460个。有三级医院10个，分别是市一院、市二院、市三院、市四院、市妇幼保健院、市中医院、市肿瘤医院、东部战区总医院淮安医疗区、涟水县人民医院、盱眙县人民医院。其中，市一院、市二院为三级甲等综合医院，东部战区总医院淮安医疗区为部队三级甲等医院，市妇幼保健院为三级甲等妇幼保健院，市中医院为三级甲等中医医院。全市医疗卫生机构实有病床数30376张，卫技人员35963人，其中执业（助理）医师14579人，注册护士16468人。每千人口医师数、护士数、床位数分别达到2.96人、3.34人、6.16张，三项指标均高于全省平均水平。医疗机构资产总量为153.21亿元，年业务收入117.53亿元，万元以上设备数量20891台，年门急诊量2731.71万人次，年出院人数88.79万人次。

【淮安市第一人民医院】 淮安市第一人民医院（简称“淮安市一院”）又名

南京医科大学附属淮安第一医院，是一所集医疗、教学、科研、预防为一体的大型综合性三级甲等医院。2019年，医院占地13.25万平方米、总建筑面积21.87万平方米、医疗用房面积19.31万平方米。有在职职工3228人，其中高级职称479人，中级职称881人，博士以上研究生136人，硕士研究生730人，博士生导师6人，硕士生导师192人。医院总资产30.08亿元、固定资产9.58亿元、净资产23.61亿元。拥有万元以上设备2783台，其中百万元以上设备121台。建有13个省级临床重点专科、1个国家级示范中医科、3个南京医科大学重点学科、15个市级临床重点专科。完成总诊疗人次159.12万、出院人次11.69万，手术室手术人次5.34万。在国家卫健委公立医院建设典型经验推广活动中，医院获“公立医院建设成就奖”，并连续4年获评“全国改善医疗服务行动计划表现突出单位”，位居香港艾力彼“中国地市级城市医院综合竞争力”百强榜第40名、“医院信息互联互通HIC”百强榜第42名、“江苏省域医院”30强第14名。院长孙晓阳获最具领导力中国医院领导者——创新成就奖。

综合医改　专设“医疗集团办公室”，上线医疗集团信息集成平台，率先在4个紧密型医疗集团成员单位内实现药品统一配送管理、检查检验资源共享互认、消毒物品集中供应和双向转诊无缝对接等区域协同模式的落地应用。新加入跨省专科联盟2个、省内专科联盟4个，牵头组建专科联盟12个。主动适应医保支付方式改革，完成医保、统筹两个医保管理部门的职能和人员整合，形成“医保走临床”机制，连续第二年获评江苏省医院医保工作先进集体。

管理创新　启动实施医院内部DRGs（诊断相关分类）综合评价管理，多维度量化、评估医院管理质量和医疗服务价值。成立数据中心，完成包含30个业务系统的集成平台建设和CDR（临床数据中心）的全面整合。搭建设备共享中心物联网系统，提升医疗设备流转和使用效率。医院精细化管理项目获评2019年博鳌亚洲论坛“中国医院管理运营管理案例”运营组第一名。全年新获批省级管理课题立项2项。

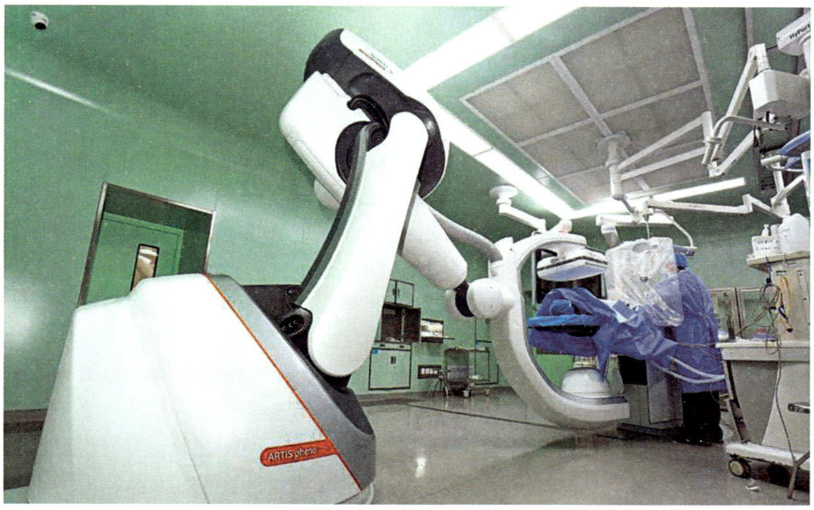

2019年，淮安市一院引进全球最先进血管造影机“飞龙”DSA
董迎春　供图

学科发展　启动临床提升计划，先后在14个专科成立名医工作室，与国内一流名医、名院深入合作。更新医疗设备295台，手术室添置全省第二台全球最先进“飞龙”DSA设备，并完成现代化升级改造，新增包括2个百级层流手术室在内的手术间10个。强化学科联合发展，新成立MDT（多学科诊疗模式）团队3个，联合周边4省11个区域医疗中心，牵头组建淮河生态经济带健康联盟食管癌专病联盟。年内，医学检验科、耳鼻咽喉科、消化内科成功创成省级临床重点专科，泌尿外科、妇科、风湿免疫科晋升为省级临床重点专科建设单位，呼吸科通过PCCM（重症医学）项目评审，烧伤整形科创成中国创面修复专科建设培育单位。医院成为国家卫健委公布的首批国家无痛分娩试点医院。

科研创新　全年投入500余万元用于学术研究，发放科研奖励600余万元，设立高层次人才专项资金作为科研启动经费。加强对外合作，相继建成南京医科大学转化医学院淮安分院、清华大学医学部教学医院。再次获批“淮安市精准医学科技创新公共服务平台建设”市级重点实验室项目，消化内科、肾内科、胸外科进入2019年中国医院科技量值百强榜。全年获批市级以上科研立项16项，其中国家自然科学基金项目3项，学术成果奖22项，国家实用新型专利12项，发表SCI论文200篇。新申报的国家药物临床试验机构21个专业全部获批，基本实现专科全覆盖。

人才培养　强化医务人员基本功训练，历时7个月完成35个分册近30000题的“医疗三基”训练题集，形成新三基（基础理论、基本知识与基本技能）培训规范和操作指南。创成南京医科大学医学模拟教育中心附属淮安第一医院分中心、中国医师协会高级消化内镜医师培训基地。组建科研工作室2个，启动实施“转化医学研究创新团队、创新人才”项目计划。全年新增博导1人、硕导43人。入选省“333工程”“双创博士”等高层次人才项目13人，当选江苏省医师协会专科分会青年委员会主任委员1人、副主任委员3人。

诊疗服务　推进精细化诊疗服务，完成美容、视光、盆底、运动、中毒等中心项目建设。改善患者就医体验，预约检查时间精确到1小时以内。启动日间诊疗服务，纳入日间手术病种11个、康复病种3个，手术占比5.17%。创新开展的参保服务中心工作被《新华日报》“壮丽70年，礼赞新江苏”栏目专题刊载。加快推进“互联网+医疗”融合发展，为所有自助终端增配自动发卡和在线支付两大核心功能，微信公众号开通报告、费用在线查询和线上远程缴费功能，实现主要服务项目全程自助化、信息化。

社会公益　创新开展党建+健康扶贫工作模式，为低收入人口开通

“先诊疗，后付费”绿色通道，启动对陕西省安康市岚皋县医院的帮扶。医院援陕医疗队员在火车上抢救患者的先进事迹，被中宣部全网推送宣传。自主拍摄完成地区多发疾病健康宣教视频111个，推送健康指导知识300余篇，其中多部作品被中宣部主推的“学习强国”APP采用，获江苏省健康教育协会优秀奖。（董迎春　张伟一）

【淮安市第二人民医院】 淮安市第二人民医院（简称“淮安市二院”）又名徐州医科大学附属淮安医院，是一所集医疗、教学、科研、急救、预防、保健为一体的国家公立三级甲等综合性医院，是国家级住院医师规范化培训基地、国家药物临床试验机构、全国综合医院中医药工作示范单位，也是南京医科大学、南通大学医学院、扬州大学医学院及皖南医学院教学医院。2019年，医院总收入11.23亿元，增长15.53%，其中医疗收入10.88亿元，增长15.68%。出院5.53万人次，增长9.21%；手术1.90万人次，增长11.02%。

综合实力　医院再次以高分通过国家三级甲等综合医院复评审，被江苏省卫健委授予“全省卫生计生系统先进集体”称号、被中国创伤救治联盟授予“中国创伤救治联盟创伤救治中心建设单位”称号；牵头成立淮河生态经济带急诊及重症医学专科联盟，成为国家癌症中心南方基地胸外科合作中心，江苏省人民医院体外生命支持中心淮安分中心落户淮安市二院。呼吸与危重症医学科、神经内科、普外科创成江苏省省级临床重点专科，全院省级临床重点专科增加至8个；胸痛中心和卒中中心通过省区域医疗中心评审。

专科建设　医院获评国家“呼吸与危重症医学科规范化建设项目”优秀单位，全市唯一；高级卒中中心综合实力排名连续数月位列全国100强，神经内科脑血管治疗技术水平及数量均列全国前18名。急诊医学科成为中国地级医院急诊专科医联体常务理事单位，肾脏内科创建成为江苏省血液净化培训基地，内分泌科通过省级临床重点专科复评审。建成呼吸重症监护病房，开展超声支气管镜诊疗技术。

医疗技术　胸外科成功进入“2018年度中国医院科技量值”专科排名百强行列，率先在全市开展单孔胸腔镜肺段切除术、经剑突单孔胸腔镜纵隔肿瘤切除术；神经内科开展脑深部刺激技术治疗帕金森氏病，达到国际先进水平；急诊医学科开展体外膜肺氧合技术，获得突破性进展，成功抢救危重症患者20余名；骨科在省内领先开展3D打印人工椎体治疗脊柱肿瘤，开展脊柱外科顶级技术——全脊椎整块切除技术。

科研教学　通过国家级住培基地现场评估；获2019年江苏省医学新技术引进奖6项，苏北地区排名第二；开展重大项目研究9项32例，发表SCI论文146篇。1人获全省肾脏病专业青年医师病例总决赛一等奖，1人获南京医科大学青年教师带教能力竞赛二等奖。获淮安市第十一届二、三级医院急救技能竞赛团体一等奖及个人一等奖3项、二等奖1项，是全市唯一连续五年获此竞赛一等奖的单位。首次开办研究生课程进修班，并录取10名护理专业学生。

人才合作　柔性聘请中国工程院院士王学浩在淮安市二院设立江苏省肝胆外科临床医学中心淮安分中心，聘请江苏省人民医院教授、北京协和医院教授、上海交大医学院附属新华医院教授在二院设立名医工作室等，聘请顶级甲状腺疾病诊治专家到院开展联合门诊。1人入选省高层次卫生人才“六个一工程”拔尖人才，2人入选省第十六批“六大人才高峰”高层次人才，1人获评江苏省“五一”劳动奖章；1人入选“淮安市有突出贡献中青年专家”，1人获评“淮安市吴鞠通医师奖”，2人入选“淮安市优秀临床专家”，3人入选“淮安市首席医学专家”，4人入选“淮安市医学科技精英”。

医疗服务　搭建以淮安市二院为龙头单位的医疗集团，至2019年，有成员49家。与基层医疗单位组建联合病房、开设检查直通车，资源共享。发展“互联网+”信息建设，互联网医院挂牌，让信息多跑路，让人少跑腿。举行“献礼新中国成立70周年，党建+健康扶贫乡村行系列活动”，义诊20次，为60余名困难群众捐赠药品近2万元。开展各类公益医疗活动50余次，惠及近2000名群众。

（市二院宣传处）

2019年，淮安市二院成为中国创伤救治联盟创伤救治中心建设单位

市二院宣传处　供图

【淮安市第三人民医院】 淮安市第三人民医院（简称“淮安市三院”）是一所以特色专科为主的国家三级专科医院，是苏北地区精神、神经疾病治疗、康复、预防、鉴定及心理咨询的权威机构。2019年，医院总收入2.18亿元，总诊疗人次138127人次，出院9492人次。

公立医院改革　推进专科联盟建设，以淮安市三院为龙头，市新安医院以紧密型方式加入，涟水县第三人民医院等5个县区医院以任意方式加入，组建淮安市精神卫生专科联盟。定期召开专科联盟联络员会议，全年接收专科联盟单位70余人次医护人员到院进修培训，派出3人管理团队协助市新安医院开展精神疾病无抽搐电休克治疗等新技术、新项目10余项。邀请4名上海市精神卫生中心专家到院示教查房、授课，联盟单位120余人次到院参加活动。加入南京脑科医院精神医学专科联盟，通过与全省精神卫生机构信息和资源互通，带动学科发展，提升服务水平。全年报送医改信息36篇，被录用4篇。

科研和人才　全年培养“六大人才高峰”高层次人才4人、淮安市有突出贡献中青年专家1人，2人入选市“533英才工程”拔尖人才、9人入选“骨干人才培养对象”，1人获评市优秀科技工作者。全院获省卫健委2019年度医学新技术引进二等奖1项，获市医学新技术引进奖二等奖1项；获市卫健委科研立项1项；护理品管圈“怡馨圈”获江苏省医院协会品管圈比赛三等奖；“防攻击约束装”获国家实用新型专利。发表论文38篇，其中SCI论文3篇，中华系列1篇，核心期刊6篇。获评第十七次全国精神医学学术年会优秀论文1篇，第十八次省精神专科分会年会优秀论文2篇。

信息化建设　完善HIS系统与省集约式预约挂号平台、市区域卫生信息平台的数据对接和维护。配合省卫健委开展健康医疗大数据开发应用，按标准完成2015—2019年医疗数据采集和上传，通过省卫健委专家组验收。及时上传有关数据到市全民健康信息平台。建成微信企业号，推出“掌上医院”，实现移动办公自动化、智能化。扩展远程医疗，与心医国际数字医疗系统有限公司合作，与北京大学第六医院、首都大学宣武医院等多家医院建立远程会诊合作关系，为多名患者提供全国知名专家会诊服务。医院电子病历应用功能经专家评审达到4级水平。

医疗质量与安全　修订完善医疗质量安全核心制度《临床及医技科室医疗质量考核与持续改进方案》。加强医护人员急救技能培训，获市二、三级医院急诊急救技能竞赛团体三等奖。累计抽查750余份运行病历、360余份归档病历的“三合理”执行及280余名重症病人医疗护理措施落实情况。开展以“质量、安全、服务”为主题的护理“品管圈”活动，护理专科门诊服务4000余人次，患者对护理工作满意度高于95%。落实非惩罚性护理不良事件上报制度，全年上报不良事件95起，其中隐患事件19起，无护理纠纷及重大差错发生。全年监控高风险病人3947人次，保证护理安全。

医疗对口支援　与盱眙县精神康复病院、清江浦区北京南路社区卫生服务中心、武墩社区卫生服务中心签订对口支援协议，选派精神科中、高级职称医务人员40余人次到受援单位提供援助服务，接受受援单位9名医护人员到院免费进修学习，14人次参加严重精神障碍管理培训班学习。指导盱眙精神康复医院完善疾病诊疗标准体系、健全各项规章制度和技术规范。

医疗交流　选拔8名医护人员分4批次赴爱尔兰圣帕克精神卫生中心进行为期3个月的研修培训；选派2名管理人员赴新加坡参加为期一周的医疗体系学术交流。选派13名医护及管理人员赴台湾市立联合医院松德院区、台北市荣民总医院、台北振兴医院及长庚医院进行为期一周的培训学习；邀请台湾高雄医学大学教授1人到院开展教学活动。　（李谷娟）

【淮安市第四人民医院】2019年，淮安市第四人民医院门诊就诊80726人次，业务收入12590.78万元，增长11.82%，平均住院日22天，下降0.3%。

专科发展　肝病科建成省重点专科建设单位。结核科在中国医学科学院发布的2018年度中国医院科技量值结核病学排名中进入全国百强榜。建立传染病专科护士培训基地，首届培养学员15名。与东南大学附属中大医院、南京二院、上海市公共卫生临床中心等建立专科联盟，引进新技术，提升服务能力。推进专科联盟建设，专科联盟影响扩大至30家。

科研成果　获市医学新技术引进奖二等奖1项，申报并获得市卫生健康科研立项项目1个，市科技局立项项目1个、指导性项目5个。发表论文58篇，其中SCI文章5篇、核心期刊15篇。委托在培博士1名、硕士2名。

医疗服务　落实贫困人口建档立卡户住院“先诊疗后付费”政策。建设银医通项目，打造便民快捷的一站式自助服务区，实现自助挂号、缴费、打印检验报告等功能。完成门诊排队叫号系统、核心业务备份、院感监测系统、LIS系统升级等，更新HIS系统服务器，与建设银行合作建成多功能自助终端的线下一站式自助服务区。实现异地就医门诊互联网结算，成为市财政局非税电子票据首批试点单位，12月27日，淮安市医院首张非税电子发票在市第四人民医院开出。

医院管理　完善医院感染管理网络，对全院18个重点部门、重点环节加强管理。运用多学科协作模式，提高医院感控效能。加强高值医用耗材整治管理，坚决纠正医药购销中的不正之风。医务科每月对病案质量进行

1月25日，“东南大学附属中大医院集团淮安市第四人民医院”暨“著名介入微创专家郭金和主任工作室”签约揭牌仪式在淮安市四院举行　陈士新　供图

检查审核，定期召开医疗质量委员会会议，通报存在问题，提出整改方案。护理部实行检查考核末位督导制度，每季度检查总分排名最后的科室，护士长做PDCA质量改进分析，提出改进措施。　　（陈士新）

【淮安市中医院】 淮安市中医院是全市唯一一所国家三级甲等中医医院和南京中医药大学附属医院，是江苏省中医院“战略联盟医院”、上海龙华医院“姐妹医院”和“程氏针灸”临床研究基地、江苏省中医药研究院淮安临床研究基地、江苏省中医药研究所。2019年，医院门（急）诊24.8万人次，增长2.47%；出院病人1.39万人次，增长12.69%；中药饮片使用增长17.39%，院内制剂使用增长17.87%；实现业务收入2.46亿，增长11.77%。

基础设施建设　有序推进门急诊改造工程，实现内、外、妇、儿诊疗区域相对集中，改善各专科业务用房，门诊中医综合诊疗区、康复诊疗区布局合理，医技科室建设符合规范要求。改造煎药室，建成全市最大、工艺流程更加规范精准、全程实时监控的透明药房。购置中小型设备51台，添置DSA设备、四维彩超设备，完成安装调试并投入使用。完善智慧医疗服务体系，上线门诊微信小程序，通过移动终端完成非诊疗环节的患者就医操作，贯通诊前、诊中、诊后各环节，减少排队挂号、缴费时间；拓展排队叫号系统覆盖范围，自助挂号设备更新投放。现场、微医网络、网站、微信APP、小程序网络平台等多渠道推进预约诊疗，门诊预约患者增长21.26%，门诊检查预约增长13.61%。

学科建设　中医心病学升级为江苏省中医药重点学科建设单位，9个市级重点专科参评科室完成现场审核程序。引进外科专家团队，开展中医外科二级分科，新设老年病科，增开老年病区，获批“市级胸痛中心、创伤救治中心”，肺病科获评全国PCCM（重症医学）科室规范化建设项目三级达标单位。整合院内康复资源，推进多学科合作。“淮安市三高防治指导临床基地”挂牌，“全国基层心血管病综合风险管理项目”签约。开展新技术、新项目20项，完成限制类技术备案10项，获市医学新技术引进奖二等奖2项。

人才与科研　引进外科团队4人，招录临床、医技人员74人。其中，高级职称4人，硕士研究生12人，全院博士群体增至14人。1人入选全国中医药创新骨干人才培养对象，2人被认定为江苏省老中医药专家学术经验继承工作指导老师，2人通过省名中医初评，1人被确认为省高职院校类产业教授，3人获“淮安市吴鞠通医师奖”。1个工作室通过省中医药管理局验收，2个工作站获省中医药管理局立项。全年获省中医药科技发展计划项目立项3项、省现代医院管理协会管理类课题立项1项，获市科技局科研项目立项6项、市自然科学软课题3项、市卫健委科研项目1项，获市医学新技术引进奖二等奖2项，有在研课题19项。发表论文80篇，其中SCI论文5篇，中文核心3篇，统计源7篇，出版专著1本。

公立医院改革　与涟水县第三人民医院、淮安经济技术开发区钵池乡卫生院共建紧密型医疗集团。以省级以上中医重点专（学）科为首，共建专科联盟，肺病科与钵池乡卫生院建立慢阻肺专科联盟病房。对口支援4家中心卫生院，选派专家坐诊、查房。接受成员单位人员进修学习和门诊跟师66人。联合申报省市级科研课题3项，结题1项。加强医疗集团内部资源整合，提供大型设备共享、院内制剂及基层药品调剂使用和消毒供应服务。全年药占比28.22%，下降5.71%，“材占比”8.04%。门诊抗菌药物使用率8.86%，急诊抗菌药物使用率37.75%，住院患者使用率33.63%，使用强度29.06DDDS（用药频度）。

医疗服务内涵　成立江苏省中医院史锁芳、钱先教授名医工作室，2人受聘为“江苏省中医院会诊中心”特聘专家。举办山阳医派学术研讨会，开设温病大讲堂，组织中医药知识竞赛，挖掘整理“山阳医派”精髓。实行中药代煎费减免20%，每周六推出2元门诊“惠民号”活动。急诊实行“先诊疗、后结算”，对建档立卡低收入户实施“先诊疗、后付费”服务。

（李立群）

11月30日，淮安市中医院肛肠专科联盟成立，55家医疗机构加入

李立群　供图

【淮安市妇幼保健院】 淮安市妇幼保健院为徐州医科大学临床学院、国家基因检测技术示范中心、全国内镜与微创专业技术小儿科培训基地、国家分娩镇痛试点医院、国家流产后关爱优质服务示范医院、国家级儿童早期发展示范基地，为江苏省首批新生儿危急重症救治中心、省首批分娩镇痛培训基地、省三级康复医疗机构等。拥有4个省级临床重点专科、3个省级妇幼健康重点学科、2个省级妇幼健康重点学科建设单位。2019年，医院有编制床位650张；有职工1174人，其中硕士、博士研究生144人，高级职称186人。全院门急诊量

11月15日，淮安市妇幼保健院与台湾"中国医药大学儿童医院"签署技术合作签约 张春雷 供图

943812人次，出院病人29392例，产妇分娩数9765人次。医院新院项目开工建设，项目总投资12亿元，占地9.43万平方米。另设有健康西路门诊部，常规开设儿科、妇科、产科、口腔科、计划生育等。

妇幼保健管理　全年全市孕产妇死亡率6.47/10万，婴儿死亡率3.07‰，5岁以下儿童死亡率4.63‰，出生缺陷发生率11.8‰，住院分娩率100%，低出生体重发生率2.21%，0~6个月婴儿纯母乳喂养率78.69%，5岁以下儿童生长迟缓率0.5%，5岁以下儿童贫血患病率4.5%。

专科建设　创成徐州医科大学淮安妇幼临床学院；新创新生儿科、儿童康复科2个省级临床重点专科，3个省级妇幼健康重点学科、2个省级妇幼健康重点学科建设单位；获批国家分娩镇痛试点单位、先天性结构畸形救助项目定点医疗机构；创成淮安首批市级危急重症孕产妇救治中心；获批成为5个市级医疗质量控制中心的挂靠单位。与台湾"中国医药大学儿童医院"签署技术合作协议，专科建设经验在"盐连扬泰淮五市医院改革发展创新论坛"上做典型交流。

人才队伍建设　1人受到全国人大常委会副委员长、农工党中央主席陈竺接见并题词。1人获评"全国三八红旗手"，并当选为省康复医学会儿童康复专业委员会第三届主任委员。1人当选为省妇幼保健协会孕产康复分会主任委员。2人获"淮安市医学科技精英"称号，1人获"淮安市优秀临床专家"称号，1人获淮安市吴鞠通医师奖。

医疗护理　落实医疗质量安全管理制度和患者安全目标，规范医疗技术临床应用，危重症孕产妇抢救成功率99.15%，围产儿死亡率小于6‰，剖宫产率降低至37.8%，疤痕子宫阴道分娩率14.7%，凶险性前置胎盘子宫切除率3.5%，新生儿窒息抢救成功率100%。建成"淮安市儿童危重症专科护士培训基地"。第二门诊部新增6个门诊，缓解医院本部就诊压力。

科教研工作　全年获江苏医学科技奖三等奖1项、省卫健委新技术引进奖二等奖3项、市科技局科研项目4项、市卫健委科研项目3项、市新技术一等奖3项。在省级以上刊物发表专业论文228篇，其中SCI论文25篇，4人参编专著4部，获实用新型专利14项。南京特教学院教学医院、南京体育学院实习基地签约授牌。举办国家级继续教育项目2项、省级继续教育项目9个。

综合医改　作为现代医院管理制度实施市级试点医院，通过制定方案、明确责任分工、定期召开推进会等措施，推进各项试点工作。作为理事长单位，举办"淮河生态经济带小儿外科专科联盟首届学术论坛"。与盱眙县妇幼保健院结为紧密型医联体，与连云港市灌南县中医院等21家基层医疗机构签订技术协作协议。牵头成立全市新生儿科、小儿内科专科联盟，医院牵头的全市专科联盟发展至5个。

信息化建设　开展"互联网+医疗健康"便民惠民活动，实施分时段预约诊疗和多方式付费。在全市率先开展节假日门诊预约工作，门诊挂号预约率增至37.56%，分时段预约就诊率100%。建设以电子病历为核心的医院信息集成平台，提高电子病历系统应用水平级别，完成平台建设调研、专家论证。完成与省妇幼卫生信息平台对接，上线医院资源计划系统（HRP），完成财务、预算、合同、科研、物流、设备等系统实施，为医院精细化管理提供支撑。

医院文化建设　医院获"全国五一巾帼标兵岗""江苏省文明单位"称号，超声科获"省工人先锋号"称号，妇女营养科获"全民营养周先进工作单位"称号。参加江苏省应急救援演练竞赛，获二等奖；参演节目《遇见助产》，获省妇幼保健协会助产士分会演讲比赛一等奖。中央网信办全网推送淮安市妇幼保健院新生儿科护士靳银慧"赤脚"奔忙事迹，多名医护人员获新华社、《人民日报》、学习强国等国家级主流媒体和平台点赞。

（张春雷）

【淮安市第一人民医院一分院（淮安市耳鼻咽喉医院）】　2019年，淮安市第一人民医院一分院门急诊139032人次，增长1.57%；出院病人7598人次，增长10.79%；业务收入17289.44万元，增长17.73%。医院成功创成二级综合医院。

基础设施建设　争取省卫健委财政支持，拨付彩色B超、呼吸机、骨密度分析仪、可视人流仪等7台价值99.55万元的设备。更换病房楼三部电梯，新增门诊楼电梯，完成放射科DR、CT室及检验科生化室、血库室等改造工程。

学科建设　成立市耳鼻咽喉专科联盟，耳鼻咽喉科获批省级临床重点专科。心内科加盟国家心血管病中心高血压专病医联体，内分泌科加入东南大学附属中大医院糖尿病足专病联盟，肛肠科护理组成为北京中日友好医院肛肠专科医联体护理联盟成员单位。普外科、肛肠科开展腹腔镜下腹股沟无张力疝修补、肛瘘LIFT手术、经骶尾部高位直肠肿块切除术；内分泌科开展24小时动态血糖监测、快速尿酸测定；手术室开展困难气道处理、快速苏醒、超声引导下神经阻滞麻醉；放射科开展CT三维成像等新技术、新项目。选派103人外出进修学习，6人取得职业病诊断资质，2人取得职业病体检合格证书。1名医生当选为市首席医学专家。

基本公共卫生服务　成立3支家庭医生团队，引导居民签订健康服务协议，全年家庭医生签约13818人，个性化签约102人，家庭病床出诊805人次。走进社区，开展健康教育讲座18场次，举办义诊及健康咨询活动60余场次，发放健康教育宣传资料7079份。建立预防接种证149人次，新生儿访视129人次，儿童体检1838人次，DDST智力筛查420人；早孕建册154人，产前检查154人次，产后访视152人次；65岁以上老人免费体检2245人；管理高血压患者3095人、II型糖尿病患者960人、严重精神障碍患者149人，规范管理率分别为84%、75%、88%；中医药体质辨识2443人，中医药健康管理率60%。

惠民医院打造　借助医联体及清江浦区惠民医疗联盟平台，强化与淮安市第一人民医院、清江浦区民营医疗机构的联系，建立健全双向转诊机制。年内，为清江浦区民营医疗机构提供业务讲座10场次，培训人员2000余人次；为淮安市城市公共交通有限公司的300余名公交司机传授急救知识。联合市残联，开展“让爱来，让碍走”义诊助残活动。

特色医疗服务　开展“一专科一特色、住一次院掌握一个技能”活动，提升专科护理服务品质。肛肠科开展疾病无痛管理，普外科运用“快速康复”理念制作髋关节置换术后家庭护理手册，鼻咽喉科指导扁桃体术后病人正确漱口，呼吸科教会患者及家属家庭氧疗的方法，内分泌科定期开展糖尿病健康小屋活动等。强化院后随访，出院患者电话随访100%，部分慢病患者二次、三次随访，住院病人满意度96.43%。

信息化建设　优化门诊体检系统，实现体检系统与PACS、LIS、ECG接口链接。上线传染病上报卡门诊模块、跨省异地就医结算系统，升级居民医保个人审批信息接口，实现公卫数据上传市卫健委平台。完成病案数据异地备份及耳鼻咽喉科PDA系统测试等。（黄春梅）

体　育

综　述

【概况】 2019年，淮安市新建体育公园37个，新建健身步道108公里，为全市57个乡镇配备文体广场，实现乡镇文体广场全覆盖。人均公共体育场地面积2.49平方米。新增体育社会组织4个，有各级各类体育社会组织447个，全年政府购买公共体育服务14项。成功举办、承办国际级赛事4项、全国赛事6项、省级赛事5项。

【教体融合】 2019年，淮安市坚持走名校办名队、“一校一品”教体融合发展之路，抓普及、抓竞赛，注重体育后备人才培养。鼓励学校积极申报县区级以上各类体育特色学校和高水平体育后备人才基地学校，建立健全运动员文化教育政策体系与长效机制。打造竞技体育品牌项目，组织全市17家单位承办47项次的青少年体育冬、夏令营培训活动，引导全市5000余名青少年参与其中，推介产生“竞技体育未来之星”500余名。开展“名师进校园”活动，派遣市体校优秀教练员、市布点校优秀体育教师到基层布点校开展训练、讲课、交流活动，聘请省体育队优秀运动员和市优秀业余运动员进校园，激发运动员对训练项目的兴趣和爱好。

【洪泽区建成全省首个高架下体育公园】 2019年，洪泽区在宁淮高速洪泽段高架桥下，建成1个约6.6万平方米的体育公园。体育公园功能设施配套齐全，内含健身步道、羽毛球、篮球、广场舞、太极拳、攀岩墙、棋牌、儿童游乐场等多种健身娱乐场地。该公园为全省首创的高速桥下体育公园项目。（黄　丽）

群众体育

【公共体育设施建设】 2019年，淮安市出台《关于切实加强我市社会足球场地建设工作的实施意见》《淮安市体育健身器材配建管理办法（试行）》等，完成《淮安市中心城区体育设施布局规划（2018—2035年）》的修编。将全市体育公园、文体广场更新配置体育健身设施纳入市政府为民办实事项目，全年投入资金1712.49万元，用于37个体育公园和文体广场的

2019年，洪泽区建成全省首个高架下的体育公园　　黄　丽　供图

2019年，淮安市举办第一届民俗运动会　　黄　丽　供图

建设。新建健身步道108公里，为县区下拨健身步道设施建设补助资金54万元。以文明城市创建为契机，对巡检过程中发现的损坏较严重的600余件健身器材及时更新维护。提前一年完成"十三五"规划中100个体育公园建设任务，让广大市民共享社会发展成果。

【体育社会组织】 2019年，淮安市积极构建"小政府、强社团、大社会"全民健身格局。全市新增市级4A级体育社团1个、3A级体育社团4个。全年各级社会组织举办赛事活动近1000项次，覆盖50余万人。各类体育社团主动作为，组织丰富多彩的培训、活动和赛事进校园、进社区、进机关、进企业、进乡村、进家庭。先后举办广场舞指导员培训班、"羽民同乐"城市假日联赛羽毛球比赛、市第四届"爱拼才会赢"乒乓球球王争霸赛、市第四届"会员杯"乒乓球个人积分赛、"舞动江苏"广场舞联赛淮安选拔赛等，承办省广场舞公益培训进社区、"魅力江苏 最美体育"乐钓江苏全省俱乐部钓鱼联赛淮安分站赛等。

【全民健身活动】 2019年，淮安市针对不同年龄、不同时段、不同人群的需求，丰富体育活动内容、优化服务供给方式，推动各类人群体育活动蓬勃开展。相继举办全市自行车骑行活动、"夏夜大舞台"全民健身日系列活动、"舞动淮安 健康中国"健身操舞展示、市第一届民俗运动会等。发动县区、全民运动健身联席会议成员单位、各级各类体育社团开展系列活动，举办"舞动清江浦"广场舞比赛、元旦健步走暨迎新长跑活动等，做到"天天有健身，周周有活动，月月有赛事"。

【全民健身赛事】 2019年，淮安市承办中国广场舞大赛（江苏淮安站）、省健身气功站点联赛；举办全国百城千村健身气功展示系列活动暨市第七届健身气功站点比赛、市首届羽毛球公开赛、淮阴区八人制足球赛、淮阴区第三届中国梦武术情"龙宫大白鲸杯"武术展示活动、淮安经济开发区广场舞（健身操）比赛等。清江浦、洪泽、金湖等县区相继举行"马拉松"赛、自行车赛、万人太极拳等品牌赛事。

【群众体育指导】 2019年，淮安市完成健身气功改革试点各项任务。清江浦区、淮安区、洪泽区、涟水县成立县级健身气功协会，推进健身气功进校园，开展将健身气功纳入社会培训机构、俱乐部会所、大中小学、基层体育文化组织的试点。市本级举办广场舞、健身气功等项目二级社会体育指导员培训班4次，培训人数461人次。选拔160余名优秀一线指导员参加健身腰鼓、健身秧歌、健身气功、广场舞、掼蛋等项目的省级培训，32人申报国家级社会体育指导员，79人申报一级社会体育指导员。全民健身讲师团深入县区、乡镇、街道，推广、普及全民健身知识和科学锻炼常识近百场，直接受益人群近万人。淮安区188名培训合格的社会体育指导员被聘为"健康生活方式指导员"。

【市第十二届万人自行车骑行活动】 4月30日，淮安市第十二届万人自行车骑行活动在"最美大道"——滨河大道举行。全市150个方阵、万余名自行车骑行爱好者参加活动，活动主题为"醉美运河 乐在骑中"。骑行队伍从滨河大道与静园路交叉口出发，沿滨河大道向北骑行，在滨河大道与二污厂路交叉口折返，再沿大运河河堤路向南，骑行全程10公里。一路上，盱眙县的锣鼓，淮安区的广场舞、武术、木兰拳，淮安经济技术开发区的空竹健身、柔力球、太极，金湖县的蹦床、莲湘舞，洪泽区的轮滑、健身气功八段锦、渔鼓舞、腰鼓，涟水县的秧歌、打莲湘、彩绸舞、瑜伽等全民健身展示表演精彩纷呈。

【市第一届民俗运动会】 12月18—19日，淮安市举办第一届民俗运动会。运动会将现代体育文化与民俗活动相融合，包括广场舞、秧歌、腰鼓、柔力球、武术、健身气功6个表演项目，以及拔河、滚铁环、踢毽子、跳绳、弹弓、轮滑、3人4足、掼蛋8个竞赛项目，参赛人数近1000人。（黄　丽）

竞技体育

【概况】 2019年，淮安市有注册运动员1135人，其中第20届适龄运动员847人。在江苏省青少年锦标赛上，淮安市691名运动员组队参加27个大项541个小项的比赛，获得金牌72.5枚、奖牌224.5枚、总分2454分，其中第20届省运会适龄运动员获金牌55枚、奖牌167枚、总分1858分。在第二届全国青年运动会上，淮安市与省体育局联合共建的运动队参加曲棍球、女子篮球、田径、橄榄球、自行车等5个项目的比赛，获金牌6枚、银牌3枚、铜牌5枚，淮安培养输送的14人次运动员获得金牌20枚。在江苏省第一届智力运动会上，淮安代表团派出142位运动员参加所有9个大项

2019年中国龙舟赛（江苏·淮安站）在里运河文化风光带举行
黄 丽 供图

体育产业

【概况】 2019年，根据全国第七次体育场地普查，淮安市人均体育场地面积2.49平方米，增幅全省第二位，比2014年人均体育场地面积翻一番。组织申报2019年中国体育旅游精品项目，向国家体育总局推荐金湖水上森林、盱眙铁山寺森林公园、龙宫大白鲸嬉水世界3个体育旅游精品项目。

【淮安市第三届体育产业博览会】 10月25—27日，2019中国（淮安）淮河生态经济带体育产业博览会在淮安市体育中心举行。博览会由江苏体育产业研究服务中心、淮安市体育局共同主办，江苏、安徽、山东、河南、湖北五省淮河流域25个城市、500多客商、1000多名参展商以及万余市民参加展览会，展会面积30000平方米。博览会参展商以时间为轴，以图文、实物展品、智慧体验等方式综合展示智慧体育产业产品、高端体育器材、装备及其产品等，将体育产业发展成果、传统体育文化、地方特色体育小镇、体育旅游景点、精品体育旅游线路、精品体育赛事等向社会推广。展会由产业展示、企业展示、会议论坛、赛事活动、产品发布、嘉年华活动等几大板块构成。展会期间还举办淮河生态经济带体育产业发展峰会和淮河生态经济带体育产业供需对接交流会。 （黄 丽）

的角逐，并在国际跳棋、掼蛋、象棋等项目上获得金牌4枚、银牌2枚、铜牌4枚。淮安女篮获得江苏省女子篮球联赛银牌。

【2019年中国龙舟赛（淮安站）】 5月12日，2019年中国龙舟公开赛（江苏·淮安站）在里运河文化风光带举行。江苏、山东、福建、浙江、安徽等省市近500余人及淮安市12支龙舟队参赛。该次比赛是2019中国龙舟公开赛的第二站，也是中国龙舟公开赛这一国际级龙舟赛事首次落户淮安。

【淮安掼蛋参展全国智力运动博览会】 11月8—12日，2019全国智力运动博览会在浙江省衢州市举行。以“智力运动蓬勃发展，淮安掼蛋走向国际”为主题的淮安展区，因城市体育文化特色突出、掼蛋表演内容丰富多彩、有奖掼蛋活动精彩不断，成为热点展区。

【王岩获军运会射箭项目男团金牌】 10月23日，在武汉举行的第七届世界军人运动会射箭项目男子团体决赛中，淮安籍运动员王岩和队友发挥出色，以5比3击败意大利队，获得冠军。这是淮安运动员在该项目上获得的首个世界冠军。

【王琦破全国纪录】 8月14日，在第二届全国青年运动会体校甲组男子链球项目决赛中，淮安田径运动员王琦以76.3米的成绩打破维持4年之久的全国青年链球记录，为江苏省代表团田径项目夺得第11枚金牌。

（黄 丽）

【2019年全国青少年国防体育大赛在淮安举行】 11月9—10日，2019年全国青少年国防体育大赛在淮安市青少年综合实践基地举行。全国各省、自治区、直辖市的31个代表队，450多名青少年参加比赛，在军事模拟竞技中接受国防教育。开幕式上，淮安青少年表演“振兴中华”“星火相传”“沙场点兵”“追梦‘篮’天”“淮上梨园”等文体节目。

（蒋留成 姚飞和 华 跃）

健身器材 黄 丽 供图

公共管理

GONGGONG GUANLI

经济事务管理
社会事务管理
安全管理
社会保障

经济事务管理

综　述

【概况】 2019年，淮安市建立全面落实淮河生态经济带发展规划体制机制，举办淮河生态经济带建设首次省际联席会议、城市合作市长会商会、城市合作办公室工作会议和市淮河生态经济带建设工作领导小组会议，组建淮河生态经济带文化旅游联盟、卫生健康联盟、报业融媒体联盟、青商联盟和水利专委会。大运河文化带建设开局良好，编制完成《淮安市大运河文化保护传承利用实施规划》。加速融入长三角区域一体化发展，航空货运枢纽、沿淮铁路等重大项目工程列入《长江三角洲区域一体化发展规划纲要》，编制完成《长三角一体化发展规划淮安行动方案》。宁淮现代服务业集聚区正式纳入全省南北共建园区考核，宁淮特别合作区启动建设，淮昆台资合作产业园正式运行。

【重大项目建设】 2019年，淮安市创新建立项目长制和督查考核推进机制，组织2次全市重大产业项目集中开工活动和1次系统滞后项目专项督查，启用市重大项目建设APP管理系统，全市220个重大项目完成投资1153.5亿元，时代芯存一期、跃马轮毂等项目建成投产，富强新材料、华强方特等项目稳步推进。徐宿淮盐铁路、连淮扬镇铁路连淮段建成通车，宁淮城际铁路先导段开工建设，完成《淮安市域（郊）铁路规划》《铁路货运站场和专支线规划》。淮安机场二期扩建工程建成投运，金湖通用机场开工建设。淮河入海水道二级航道工程完成工程可研究性报告编制。

重大项目

【供给侧结构性改革】 2019年，淮安市徐宿淮盐、连淮扬镇、淮安机场二期等重大项目纳入省补短板重大项目投资计划。制定实施《2019年淮安市供给侧结构性改革补短板工作分解方案》，落地落实28项补短板重点领域任务。建立"地条钢"违法违规产能常态巡查机制，严防"地条钢"死灰复燃和已化解的过剩产能复产，年内未新增一例"地条钢"违法违规案件。

【乡村振兴战略实施】 2019年，淮安市制定实施乡村振兴战略实施规划、农房改善五年行动计划，举行农房改善项目集中开工活动，涟水县合心村、金湖县新塘村入选江苏省实施乡村振兴战略典型案例。完成市新型城镇化与城乡发展一体化规划中期评估，淮安区农村产业融合发展示范园列入国家第二批创建名单，在全省考评位列第一，清江浦区在全省同类县区中率先编制城乡空间发展规划。推进施河智教乐享小镇综合改革集成试点。制定市级特色小镇统计监测制度和考评办法，建立省级特色小镇创建工作月报制度，印发4期督查通报，获市政府分管领导批示肯定，3个省级特色小镇全部通过2018年度省考核，河下非遗小镇参选第三批省级特色小镇。

【服务业特色产业发展】 2019年，淮安市着力发展现代物流、现代商贸、生态文旅三大服务业特色产业，推动37家省市级服务业集聚区提档升级，推进生产性服务业"双百工程"（十三五期间培育100个生产性集聚示范区、100个省级生产性领军企业）、互联网平台经济"百千万"（"十三五"期间全省着力培育壮大100家互联网重点平台企业，实现千亿元利税收入水平，形成万亿元级产业发展规模）工程，提升现代服务业发展规模和质态。举办2019年全国大众创业万众创新活动周淮安分会场活动，淮安高新区获批第三批省级"双创"（大众创业万众创新）示范基地，实现省级战略性新兴产业类别"双创计划"团队零突破，新获批10家省级工程研究中心。　（周　易）

财　政

【概况】 2019年，淮安市实现一般公共预算收入257.3亿元，增长4.1%，税占比81.3%；加上上级补助、上年结转支出等，全市完成一般公共预算支出529.1亿元，增长8.7%。各项指标在合理区间平稳增长，有力保障全市高质量发展。

【支持"三大攻坚战"】 2019年，淮安市聚焦"三大攻坚战"，完成全市政府债务还本付息，确保不突破省定债务限额；多渠道合理化解政府隐性债务，未发生系统性债务风险。落实精准扶贫政策，支持打好脱贫攻坚战。支持黑臭水体整治、重点污染源治理和污染防治能力建设，打好污染防治攻坚战。全年落实防范化解债务风险资金21亿元，投入扶贫资金2亿元，争取污染防治等环保资金2.4亿元。

【支持实体经济】 2019年，淮安市落实"三新一特"（盐化凹土新材料、新一代信息技术、新能源汽车及零部件、食品）主导产业发展行动计划，争取安排资金3.2亿元，增加实体经济扶持力度，支持优势特色产业向中高端发展。深化科技扶持资金管理改革，争取安排资金2.7亿元，加大对科研人员激励引导力度，提升科技创新引领作用。创新财政支持经济发展模式，变拨为投，设立新兴产业创业投资、重点产业发展、大运河文化旅游发展等基金，基金总规模达58亿元，首期认缴资金10亿元，累计对实体经济投资2.9亿元，加大重点领域、重大产业和重大项目投资力度，产业基金杠杆作用明显。加强财政政策与金融政策协同效用，利用"苏微贷""苏科贷"等担保平台支持小微企业、科技企业的融资担保和再担保，逐步建立市县（区）全覆盖的政策性融资担保和再担保体系，有效破解企业融资难、融资贵问题。

【推动立体交通体系构建】 2019年，淮安市争取安排资金49.8亿元，完善中心城市功能，构建快速立体交通体系，市区内环高架一期工程和淮海路大运河桥等如期交付通行。协调落实资金，保障徐宿淮盐铁路通车、连淮扬镇铁路连淮段建成，开建宁淮铁路，打造全省铁路枢纽。筹措安排资金12.3亿元，保障淮安东站综合客运枢纽如期完工，助力淮安市迈入高铁时代。

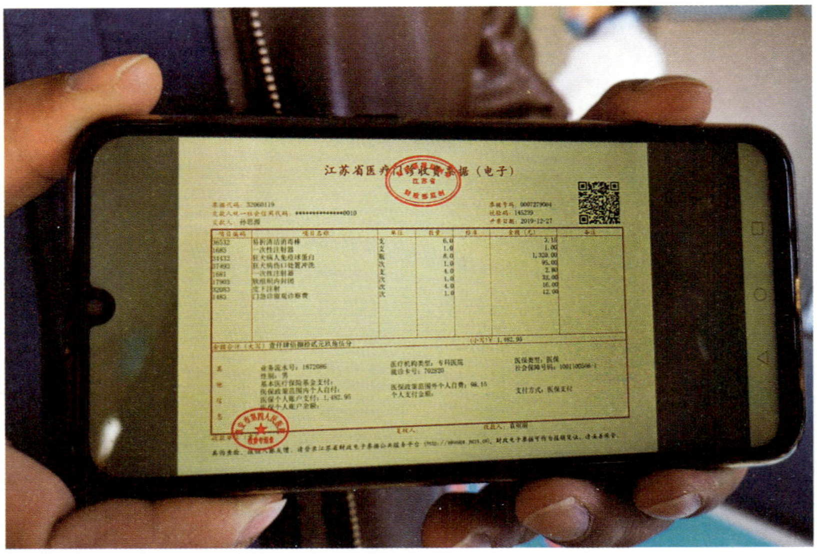

12月27日，淮安市开出首张医疗电子票据　　徐　赟　供图

【推进城乡融合发展】 2019年，淮安市围绕城乡融合协调发展，筹措安排资金10.6亿元，改善城乡公共服务设施，助力全国文明城市创建，提升城市文明程度。完善乡村基础设施，落实资金1.8亿元，支持新改建农村公路、改扩建农村桥梁，加快镇村建设步伐。改善农民住房条件，筹措安排资金73亿元，细化优化资金分配方案，因户施策、分类引导，全年新建小城镇集中安置区和新型农村社区29个，改善农民住房条件1.9万户，超省定目标，优化城乡空间布局，提升全市城镇化水平。

【支持民生保障】 2019年，淮安市加大财政投入保障民生支出需求，注重民生事业的普惠性、基础性、兜底性，以公共财政促社会公平。把就业作为民生第一要务，拨付资金开展重点群体和大学生创业培训。发放失业金0.78亿元，保障近万名失业人员基本需要。筹集落实资金3.8亿元，将城乡居民最低生活保障标准分别由每人每月580元、520元提高到每人每月610元，在全省提前实现城乡低保标准统一。筹集资金13.8亿元，提高城乡居民基础养老金标准，将居民基础养老金由原来的每人每月135元统一提高到148元。积极安排资金，改善淮师一附小、外国语实验小学、附中高中部等学校教学条件，不断提升中职技能学校教学水平。加强公共卫生服务能力，安排资金开展孕产妇、新生儿免费产前筛查和急救知识培训。筹集安排资金，开展文体惠民活动，更新配置全市体育公园、文体广场体育健身设施，支持建设里运河文化长廊项目（河下大桥部分路段）慢行系统及人文自然景观，改善群众健身服务设施。

【财政改革】 2019年，淮安市落实中央、省、市级在教育、科技、交通运输、医疗卫生等领域财政事权和支出责任划分改革方案，研究、合理划分部分领域市、区支出责任。加强预算绩效管理结果运用，探索实施专项资金绩效评估、政府投资项目预算评审，以绩效为导向优化支出结构，压减支出进度较慢和评价低效的无效资金。开发运用政府隐性债务监管系统，增强预警监测和分析追踪功能。深入“放管服”改革，拓展“互联网+非税缴费”支付方式，在全省率先实施财政电子票据改革，让企业群众少跑腿、好办事、不添堵。合理确定办公用房维修改造项目支出标准，规范政府投资项目决算批复操作流程，完善财政“一体化”系统功能，环保税信息共享复核平台落地上线。落实中央和省有关国有资产管理情况要求，首次向市人大常委会专项报告行政事业单位国有资产管理情况。

2019年淮安市财政收支情况表

表31

地区	财政总收入（亿元）	#一般公共预算收入	一般公共预算支出（亿元）	税收收入占一半公共预算收入比重
全市合计	522.42	257.31	529.13	81.34
市级小计	245.23	92.80	124.89	73.45
市本级	178.98	52.08	81.93	62.25
经济开发区	53.26	32.31	31.22	85.87
市工业园区本级	1.64	0.95	1.41	95.78
生态文旅区	8.86	6.09	7.50	94.69
苏淮高新区	2.48	1.37	2.83	96.40
县区小计	277.19	164.51	404.24	85.79
淮阴区	39.68	24.40	67.69	88.08
淮安区	40.80	25.19	79.87	87.03
清江浦区	48.40	30.35	38.24	80.06
洪泽区	34.78	20.05	40.67	88.04
涟水县	47.32	22.95	71.30	88.50
盱眙县	29.37	19.09	58.68	80.73
金湖县	36.83	22.48	47.80	89.16

【首张医疗电子票据开出】 2019年8月，淮安市财政局启动市级财政电子票据管理改革工作，首先在民生关注的医疗领域开展票据电子化试点。12月27日，淮安市第四人民医院开出首张电子医疗票据，标志着在全省各市县率先进入医疗票据电子化时代。医疗电子票据启用后，患者可自行点击下载、打印电子票据，或通过医院自助设备进行发票打印。电子发票的法律效力、基本用途、基本使用规定与传统纸质发票相同，实现让数据多跑路，让患者少跑腿。

（徐 赟 马 剑）

税 务

【概况】 2019年，淮安市组织税费收入646.5亿元，比上年增长14%。其中，税收收入485.7亿元、社保费143.6亿元、非税收入17.2亿元，比上年分别增长9.5%、33.4%、8%。税务系统社保和非税职能顺利划转，圆满完成全险种、全人群的社保划转工作。打通银行网点、委托代征点、自助缴费终端、微信、支付宝等多种缴费渠道，建成包括1000余个缴费服务站的网格化管理体系，实现缴费业务全市通办、“指尖”办理。

【税费减降】 2019年，淮安市税务系统增加各类减税降费46.8亿元，举办培训400余场次涉及8万余户次，推送130余万条短信，发放10.5万册材料，并按月提取应享未享受户，逐户进行提醒。其中，个人所得税减税优惠和专项附加扣除优惠政策得到广泛宣传，全市个人所得税减免政策受益人数达473万人次，减免税额7.62亿元。

【税务服务】 2019年，淮安市税务系统创建“税企e家”品牌，针对规模企业、台资企业、高新技术企业、拟上市企业、“行业小巨人”、重点后备企业6类企业，成立专门服务工作室，实施不同服务策略，适时发布税收风险提示提醒，为纳税人避免税收损失8000余万元。出台优化税收营商环境30条和建设税收营商环境最佳体验区任务清单，提升办税缴费便利化水平。拓展非接触式办税渠道，“全程网上办”事项扩围至七大类128个事项；加强税邮合作，邮寄发票办理率居全省第二；实现高频业务“套餐办理”，平均办理时限压缩21.7%。提升现场服务质效，完善企业开办一窗集成服务，实现2个工作日开户办理；实行注销分类管理，压缩简易注销时限。走进“政风热线”“在线访谈”，举办大企业税企沟通会，全系统科级以上干部定点联系走访“101%”服务对象和“158”骨干企业，帮助企业解决实际问题。推广税银互动产品，全年利用纳税人的税收信用帮助196户中小微企业取得银行贷款5000余万元。

【规范执法】 2019年，淮安市税务系统推行行政执法“三项制度”（行政执法公示制度、执法全过程记录制度和重大执法决定法制审核制度），促进规范、文明执法。夯实税收法治建设，做好法律救济工作，全年受理14件行政复议，审理大要案436件，法律顾问参与、把关重大工作事项36件，公职律师数量在全省处于前列。规范税收秩序，创新实施“以预案为引领、以证据为核心”稽查工作机制，有效提升稽查工作质效。完成“双打”案件856户，查处非法发票6.26万份，发票金额54.27亿元。深入开展扫黑除恶专项斗争，全面落实“打财断血”等各项任务。

【税种管理】 2019年，淮安市深化增值税改革，稳步推行增值税电子发票公共服务平台建设。企业所得税汇缴面达100%。实现环境保护税信息交换及复核平台集成，全年征收施工扬尘环保税8100余万元。加强大企业和国际税收管理，入库非居民企业税收收入1.64亿元。

【税务文化建设】 2019年，淮安市发挥模范带头作用，大力弘扬中国税务精神，学习宣传施星灿、王继才等先进典型事迹。组织开展优秀党员、优秀党务工作者、服务之星等评选活动，发布5期“税”月故事汇，用身边故事激励身边人。发挥群团桥梁作用，与市妇女联合会共同开展女职工岗位建功先进集体、标兵评选表彰活动，表彰先进集体12个、建功标兵19个。发挥创建引领作用，认真落实文明创建各项要求，做好文明交通值勤、创建值守、无偿献血等工作，按季开展“阳光扶贫”帮扶走访活动，全系统创成2016—2018年度省级文明单位。完善10余项行政管理制度，提升各项政务、事务管理水平，加大税收宣传力度，在《新闻联播》等中央级媒体上发布宣传稿件39条，推送淮安税务微信48期。

【推进33个部门涉税信息共享】 淮安市高度重视税收协同共治工作，不

2019年，市税务局加大税收宣传力度，图为走进校园开展宣传

市税务局 供图

断优化运行机制，提升信息质量和可利用率。2019年2月14日，淮安市政府办公室印发《市政府办公室关于淮安市税收协同共治工作的意见》，使淮安市成为政府机构改革到位后全省第一个按照新机构职责开展税收协同共治工作的城市。10年内，各单位累计传递涉税信息605万条，可利用率76%，同时，税收协同共治工作在部门间形成“1+1>2”的叠加效应，为优化纳税服务、推进税收遵从、促进淮安市社会经济发展做出应有贡献。

（市税务局）

国有资产管理

【概况】 2019年，淮安市国有企业运行良好，国有资产总量稳步增加，营业收入继续保持较快增长。至年底，全市国有企业资产总额8085亿元、所有者权益3406.3亿元，同比分别增加1242.7亿元、121.6亿元，分别增长18.16%、3.7%。市属企业资产总额、所有者权益分别是2907.8亿元、1428.9亿元，同比分别增加528.7亿元、76.1亿元，分别增长22.22%、5.6%。全市国有企业累计实现营业收入268.8亿元，其中市属企业103.7亿元，同比分别增加99.9亿元、51.3亿元，增长59.15%、97.9%。

【国资国企改革】 2019年，淮安市全面谋划深化国资国企改革，构建国资监管新体系，推进市属企业整合重组、外部董事管理、对外担保管理等制度安排，形成以管资本为主推进职能转变方案以及完善国有企业法人治理结构的指导意见等。以重大事项为抓手规范市属国企监管，完成市属国企产业性项目投资、更改年度投资计划、修订公司章程、竞拍商住地块、成立转贷公司等40个重大事项的审批、备案。以改革试点助推市属国企转型发展，完成实体化转型项目7个、混合所有制试点7个。开展市属企业三年发展战略规划编制工作，市属国有企业“提质增效年”活动取得成效。

【国有产权监管】 2019年，淮安市摸清国资底数明确监管目标，至年底，市财政局（国资委）履行出资人职责的市属企业及子企业有191家，其中市属一级监管企业12家，市属重要子企业4家。依法依规指导企业开展国有资产转让、划转。全年，全市国有企业产权转让56宗，评估值219600.01万元，成交价219905.01万元；资产转让6宗，评估值66962.39万元，成交价67119万元；企业进场增资4宗，标的企业评估值671381万元，增资额122241.00万元；批准协议转让2宗，转让价为400万元；批准无偿划转5宗，金额12444万元，其中市本级产权转让4宗，评估值216222.39万元，成交价216222.39万元；资产转让5宗，评估值34538.88万元，成交价34538.88万元；批准协议转让1宗，转让价为200万元；批准无偿划转6宗。完成15个企业涉及公有房屋出租出售、固定资产处置、核剥资产处置等国有资产评估备案项目，涉及评估值4215.56万元。加大核剥资产处置力度。防范债务风险，严把企业融资关。加强企业国有资本经营预算管理，2019年市属相关企业国有资本经营预算收入总数7172万元。将履行出资人职责的企业及其所属子企业，全部纳入国资预算编报范围，实现经营预算全覆盖。

【企业财务监管】 2019年，淮安市加强全市国有资产统计与经济运行分析，将全市250多户国有企业纳入统计范围，在全省国资系统率先基本实现全覆盖。加强企业财务决算管理。采取委托审计、集中验审、决算批复和监管提示等四大措施，坚持“三统一”原则，实施集中验审制度，探索决算批复制度，加强财务监督“闭环管理”，构筑国有企业财务决算管理体系。加强企业内控体系建设，要求市属企业围绕“顶层设计、结构调整、体系再造”，全面开展内控体系提升，对企业各经营管理节点实现有效制衡及风险防控，其中水利控股、交通控股等2家企业正式运行内控体系，有8家企业聘请咨询机构完成内控制度和工作流程修订。指导市属企业建立内部审计机构、开展内审工作。

【经营业绩考核】 2019年，淮安市立足积极履行国有企业出资人责任和充分发挥企业经营业绩考核导向作用，出台《淮安市市属监管企业负责人经营业绩考核暂行办法（修订）》，推动平台企业树立正确的经营导向，提高经济效益。出台《淮安市市属企业工资总额管理实施办法》，实现职工工资水平的确定以及增长与企业经济效益和劳动生产率的提高相联系，达到国企人员工资能增能降的目标，加强工资总额监督管理。开展2018年度监管企业负责人经营业绩考核，开展企业领导人2016—2018年任期考核。

（徐　赟）

市场监督管理

【概况】 2019年1月25日，淮安市市场监督管理局成立。整合原工商、质监、食药监主要职能，并入市科技局知识产权保护协调和专利管理职责，市物价局价格监督检查和反垄断执法相关职责，市商务局打击侵犯知识产权和假冒伪劣商品以及参与反垄断调查等相关职责。市场监督管理系统发挥改革后的系统优势，培育和塑造具有淮安市特色的市场监管文化。

全年，淮安市新增企业20857家，其中私营企业18163家，个体工商户92622家，农民专业合作社320家，外资企业179家。落实投融资服务企业登记注册会商制度，助推150家小微企业入规升级，全市市场主体达到53.37万户，注册资本1.43万亿元。药品经营企业新开办药店124家，新增医疗器械经营企业98家；新增食品经营户18053家，其中食品经营户10007家，餐饮经营户7667家，实行告知承诺的办件量有106件；新增特种设备使用登记2247台。

【商事制度改革】 2019年，淮安市全面深化商事制度改革，企业准入更加宽松，产品准入更加快捷。推进“3550”（企业3个工作日内注册开业、5个工作日内获得不动产权证、50个工作日内取得工业生产建设项目施工许可证）改革，推广“多证合一”“证照分离”等便利化措施。重新梳理各类行政许可事项，明确权力职责清单，全市办理涉及证照分离改革事项143525项，直接惠及97771

2019年，市场监督管理部门走进企业调研了解认证活动开展情况
市市场监管局 供图

户企业。落实外商投资企业“一口办理”170户，解决“准入不准营”问题。

全面实施电子化和无纸化网上申报，指导推动企业名称网上自主申报、网上登记发照，手机APP自主登录，实行申报材料“一单一照一承诺一检验报告”制，全面推进不见面审批改革。全年，名称自主申报33339件，发放电子营业执照6505份，全程电子化办件57101件，简易注销企业4231户。打造“企业开办全链通平台”和集群注册平台，压减企业开办时间，基本上实现0.5个工作日完成登记。市场监管局行政审批窗口在全市101%服务三季度评比中夺得流动红旗。

取消14类工业产品生产许可证管理，将防爆电气、燃气器具等3类产品转为强制性产品认证管理，工业产品许可证种类由24类减至10类，实行“先证后核”，发放工业产品许可证46张。开展药品零售经营许可证与药品经营质量管理规范认证同时申请、同时检查、同时发证的“两证合一”改革，全市490家药店获此便利。对连锁医药门店采取分步延缓配备执业药师的方式，继续允许使用远程审方的方式提供药学服务。制定下发开展涉企收费检查方案。全市成立9个检查组，检查32家单位，立案查处2起，没收违法所得2.8万余元。

【价格检查】 2019年，淮安市聚焦社会关注热点，开展民生领域价格收费检查，治理整顿乱收费行为。重点加强电动车上牌、机动车停车、汽车4S店、医疗卫生等重点价格领域检查，查处价格违法行为15起，没收违法所得100.3万元，罚款200.6万元。

【质量提升】 2019年，淮安市成立市质量发展委员会，构建“党委领导、政府主导、部门联合、企业主责、社会参与”的质量工作格局。组织市名优产品申报全省首届“江苏精品”，推荐47个产品申报。组织开展第9届“市长质量奖”评选活动，淮安市有261人获得“首席质量官”称号。江苏苏盐井神股份有限公司获全国质量奖，实现淮安市企业连续两年上榜，江苏天士力帝益药业和江苏理士电池等2家民营企业成功申报省长质量奖。围绕教学装备等3大地方优势行业以及凹凸棒粘土等5类特色产品开展产品质量提升行动，构筑具有淮安特质的现代产业体系。10月15日，淮安市质量大数据暨质量文化平台项目通过验收，以“一纵一横”模式实现全市质量抽查数据集成、融合。针对汽油、肥料、柴油、消防器材、蓄电池、塑料管材、电动自行车、电线电缆、家具、教学装备、农膜、人造板、一次性卫生用品、液化石油气、安全帽、车用尿素等16类产品，组织337个批次的流通领域商品质量抽检，抽检合格284批次，合格率为84.3%。对不合格商品经营者依法进行立案查处，并通过企业信用信息公示系统对外公示。

【标准引领】 2019年，淮安市加强标准引领体系建设，制定出台《淮安市落实江苏省开展国家标准化综合改革试点工作第二阶段重点工作任务清单》，提升标准化专项资金使用效率，加强标准化专项资助经费管理。全年，淮安市有六项国家级标准化试点项目顺利通过评估验收，数量位居全省前列。省级工业标准化试点取得突破，江苏敏安电动汽车有限公司“新能源汽车战略性新兴产业标准化试点”获批省立项；制定发布全国首家轨道交通地方标准，高效服务比亚迪轨道交通项目。省级农业标准化试点有新进展，涟水康源中药材有限公司承担的“陈师百药园产业标准化试点”获批省市场监管局立项。全年有301家企业在网上自我声明公开1184项标准，涵盖1915种产品，其中国家标准13个，行业标准30个，企业标准1141个。完成51项网上公开声明的企业产品标准监督抽查。

【认证认可】 2019年，淮安市充分认识认证认可在“传递信任 服务发展”中的重要作用，专项整治第三方认证机构出具虚假报告的问题。摸清全市认证检测行业家底，按0.5%比例对质量管理体系获证企业、5%比例对强制性产品认证获证企业，开展“双随机”抽查工作。利用认证行政监管系统和全国认证认可信息公共服务平台，重点监控全市认证获证组织、证书以及认证机构在淮安活动情况，完成29个检验监测机构监督检查和线索移送工作，撤销2个机构资质，注销3个机构资质，规范检验检测市场秩序。推荐淮安市建筑工程质量检测中心等4家单位参加2019年工业机器人、建工、轻纺领域检验检测技能竞赛，提升淮安市检验检测队伍综合能力水平。

【计量工作】 2019年，淮安市市场监督管理局首次开展涉及民生的停车场计费系统检测、直流电动汽车充电机（桩）计量校准、宾馆饭店报警器检测、教室光照度检测等活动，为社会提供可靠的计量数据。开展“容缺受理”业务和仪器代送服务，一条龙解决企业量值溯源问题。运用信息化技术优势，利用微信公众号，提供检测进度查询、证书报告防伪查询等服务。

【日常监管】 2019年，淮安市市场监督管理局成立后，梳理行政事项1112

项。创新监管理念和方式，夯实市场监管基础，提升市场监管科学化和信息化水平。

“双随机、一公开”监管　淮安市市场监督管理局多措并举发挥牵头作用，提请印发《市政府办公室关于印发淮安市部门联合“双随机、一公开”监管实施细则等有关文件的通知》，部门联合双随机抽查工作在全市铺开。8个县（区）相应施行部门联合“双随机”抽查，取得阶段性成果，基本做到“一次抽查，全面体检”，实现信息互联共享、协同监管和联合惩戒，解决“多头执法，重复检查”问题，最大限度减轻企业负担。

加强信用公示监管　推进企业年报和信息公示制度建设，年报公示率为90.7%，位列全省第四。推进信用监管，利用全国“一张网”，不断加强事中事后监管，全市36个部门及8个县（区）归集涉企信息73万余条。全市市场监管系统“双随机”抽查企业5808户，检查结果在国家企业信用信息公示系统予以公示，检查率和公示率均达到100%。完成非法金融活动一般检查1226户、重点检查250户，采取责令整改、列入黑名单和列入经营异常名录等手段限制问题企业，将2600余户长期停业未经营企业予以清理吊销。实施信用修复机制，对符合修复条件的企业，经处罚机关核实后不再予以公示。

基础技术支撑　加强设备投入和项目建设，完成实验室能力提升改造，增加实验室面积1200平方米。开展省级资质认定扩项，率先在苏中、苏北建成符合新标准要求的电动自行车检测实验室。加强产学研合作，联合淮阴工学院建设“江苏省研究生工作站”，开展“校级示范实习基地”建设。加强公共服务平台建设，为127家企业提供技术服务，培训企业技术人员121人次，成为全市16家星级中小企业公共服务平台之一。开展科技项目研究，涉及科研经费242万元。“高精度数字多用表校准能力提升”项目获得省级补助资金125万，将全市市场监管信息化平台纳入“智慧城市”体系架构。

【市场监管执法】2019年，淮安市推进市场监管综合执法，加大重大违法案件查处力度，防范系统性、区域性风险。

畅通维权渠道　围绕百姓关注热点，开展供暖满意度、校园周边小餐桌、网购消费满意度等多项调查问卷活动，发布“双11”化妆品消费警示。实现“五线整合、一号对外”后（原工商“12315”、质检“12365”、食药“12331”、知识产权“12330”、价监“12358”这五条投诉举报热线及平台进行统一整合，统一使用“12315”投诉举报热线号码），全年办理咨询投诉24431件，办结率96.8%。市消保委直接受理解决消费者投诉760件，为消费者挽回损失160余万元，“淮安消费者”微信公众号获“2019地市级市场监管政务新媒体奖”。组织开展“信用让消费更放心”——3·15国际消费者权益日系列纪念宣传活动，开展保健品市场整治“百日行动”，利用“5·20”世界计量日、“5·25”国际爱肤日、“质量月”等，开展科普宣传和义诊活动，让消费理念、消费信心深入人心。

扫黑除恶专项斗争　在打击“市霸”“行霸”、强迫交易、非法金融等方面开展专项执法。牵头卫健委、教育、公安等部门开展市场监管领域行业治理行动，重点开展非法金融专项整治，在全省率先开展移动端互联网广告监测，通过21项关键字搜索，确定1531个相关主体，监测发现疑似违法线索11条。开展“非法集资”“放贷活动”及“房地产”三项金融业务广告的定向监测。办理假借“今世缘”品牌开展非法集资案件成为非法金融活动的典型案例，产生广泛的社会影响。做好中央督导组反馈问题整改，围绕政治站位升级、履职纪实核查、线索核查清零、行业领域常态治理四个方面推进“双月计划”。全年全市市场监管系统向市扫黑办报送线索24条，非法金融信息平台流转线索45条，及时办理反馈市扫黑办线索交办单、移送函及举报线索交办单4起。

大要案查处　开展打击侵害消费者个人信息违法行为、汽车零配件市场、“套路贷”、食品安全和酒类市场整治等专项行动。全市出动执法人员12862人次，查办案件1902件，罚没5901.11万元，移送司法机关39件。查办中海华邦化工有限责任公司使用未经检验检测的特种设备案、山东福斛农业科技有限公司组织策划传销案等一批具有一定典型性和影响力的案件。开展“打传规直”专项行动，积极协调组织多方力量，坚决查处取缔传销集团。立案查处传销案件8件，抓获犯罪嫌疑26人，涉案金额3亿多元，全市累计端掉传销窝点5个，处置传销人员3000多人，解救被骗受困人员170多人。

2019年“3·15”晚会上，淮安市评选表彰十佳最美消费维权人物
市市场监管局　供图

流通领域市场专项整治　开展流通领域专项整治，办结案件1965件，罚没款入库6085.19万元。部署开展

网剑专项行动，网上检查网站、网店6250个次；实地检查网站、网店455个次；删除违法商品信息186条；责令整改网站111个次；立案查处网络违法案件164件，罚没款104万元。监测市级大众媒体发布广告431408条次，其中涉嫌违法239条次；监测互联网广告455391条次，其中涉嫌违法广告76条，全市办理广告案件170件，罚没款1330万元。

【知识产权】 2019年，淮安市精心培育高价值知识产权，鼓励和推动全社会进行高价值知识产权创造。全市新增商标注册量12663件，累计有效国内注册商标50225件，新增专利授权申请13052件，新增专利授权量7676件。商标国际注册135件，PCT国际专利申请量48件。全市地理标志商标总量126件，继续保持全国地级市领先，盱眙龙虾被推荐纳入2019第二批中国欧盟地理标志“10+10互认体系”候选名单，淮安市人民政府作为唯一地级市代表在全省知识产权大会上作典型发言。

建立科技融资奖补制度，完善大型科研仪器设施等共享服务平台建设，组织银企对接活动5场，13件知识产权质押融资金额3900万元。推进形成多元化知识产权维权格局，全市设立盱眙凹土产业等知识产权维权援助工作站10个。围绕五大重点、三大领域开展专项行动，出动执法人员1228人次，累计查处知识产权案件226件，为全国电商专利执法调度案件出具判定意见104份。

2019年淮安市地理标志商标汇总表

表32

件数	商标名称	注册人	注册号	核定商品	商标类型	注册类别
1	盱眙龙虾	江苏省盱眙龙虾协会	3739968	龙虾（活）	证明商标	31
2	淮安大米	淮安市粮食行业协会	4970201	未加工的稻	证明商标	31
3	淮安大米	淮安市粮食行业协会	4970200	米	证明商标	30
4	洪泽湖螃蟹	洪泽县洪泽湖大闸蟹协会	7026934	螃蟹（活的）	证明商标	31
5	金湖大米	金湖县米业协会	6748052	米	集体商标	30
6	淮安红椒	淮安市辣椒协会	7267333	辣椒（新鲜蔬菜）	证明商标	31
7	金湖芡实	金湖县农副产品营销协会	10154869	加工过的干芡实	集体商标	30
8	金湖荷藕	金湖县农副产品营销协会	10154868	鲜藕	集体商标	31
9	金湖螃蟹	金湖县农副产品营销协会	10154872	螃蟹（活的）	集体商标	31
10	金湖甲鱼	金湖县农副产品营销协会	10154871	甲鱼（活的）	集体商标	31
11	金湖泥鳅	金湖县农副产品营销协会	10154870	泥鳅（活的）	集体商标	31
12	金湖白鹅	金湖县农副产品营销协会	10154867	白鹅（活的）	集体商标	31
13	淮阴黑猪	淮安市淮阴区畜禽产业协会	11332459	活猪	证明商标	31
14	淮阴黑猪	淮安市淮阴区畜禽产业协会	11332460	猪肉（加工过的）	证明商标	29
15	洪泽白鹅	洪泽县洪泽湖农产品协会	11186037	鹅（活）	集体商标	31
16	洪泽大米	洪泽县洪泽湖农产品协会	11186027	大米	证明商标	30
17	西顺河红衣小花生	洪泽县洪泽湖农产品协会	11186032	新鲜花生	集体商标	31
18	洪泽河蚬	洪泽县洪泽湖农产品协会	11186034	河蚬（活的）	集体商标	31
19	洪泽河蚬	洪泽县洪泽湖农产品协会	11186035	河蚬（非活）	集体商标	29
20	洪泽银鱼	洪泽县洪泽湖农产品协会	11186036	银鱼（活的）	集体商标	31
21	洪泽芡实	洪泽县洪泽湖农产品协会	11186030	新鲜芡实	集体商标	31
22	洪泽芡实	洪泽县洪泽湖农产品协会	11186031	干芡实	集体商标	30
23	淮安茶馓	淮安市淮安区茶馓行业协会	12461037	茶馓（糕点）	证明商标	30
24	淮安茶馓	淮安市淮安区茶馓行业协会	12461038	茶馓（糕点）	证明商标	30
25	淮安茶馓	淮安市淮安区茶馓行业协会	10461039	茶馓（糕点）	证明商标	30
26	淮安茶馓	淮安市淮安区茶馓行业协会	10461043	茶馓（糕点）	证明商标	30
27	金湖甲鱼	金湖县县农副产品营销协会	12414733	甲鱼（非活）	集体商标	29

续表32

件数	商标名称	注册人	注册号	核定商品	商标类型	注册类别
28	金湖螃蟹	金湖县县农副产品营销协会	12414734	螃蟹（非活）	集体商标	29
29	金湖泥鳅	金湖县县农副产品营销协会	12414735	泥鳅（非活）	集体商标	29
30	金湖白鹅	金湖县县农副产品营销协会	12414736	白鹅（非活）	集体商标	29
31	金湖芡实	金湖县县农副产品营销协会	12414737	芡实（新鲜芡实）	集体商标	31
32	金湖荷藕	金湖县县农副产品营销协会	12414738	荷藕（加工过的荷藕）	集体商标	29
33	淮安蒲菜	淮安市淮安区农副产品协会	11953708	新鲜蒲菜	证明商标	31
34	淮安蒲菜	淮安市淮安区农副产品协会	11953710	新鲜蒲菜	证明商标	31
35	淮安蒲菜	淮安市淮安区农副产品协会	11953707	蒲菜（加工过的熟蒲菜）	证明商标	29
36	淮安蒲菜	淮安市淮安区农副产品协会	11953709	蒲菜（加工过的熟蒲菜）	证明商标	29
37	涟水鸡糕	涟水县农副产品营销协会	12414723	肉糜（鸡肉制品）	证明商标	29
38	涟水鸡糕	涟水县农副产品营销协会	12414724	肉糜（鸡肉制品）	证明商标	29
39	涟水捆蹄	涟水县农副产品营销协会	12414725	捆蹄（猪肉食品）	证明商标	29
40	涟水捆蹄	涟水县农副产品营销协会	12414726	捆蹄（猪肉食品）	证明商标	29
41	涟水荷藕	涟水县农副产品营销协会	12414727	加工过的荷藕	证明商标	29
42	涟水荷藕	涟水县农副产品营销协会	12414728	新鲜荷藕	证明商标	31
43	涟水萝卜干	涟水县农副产品营销协会	12414730	萝卜干	证明商标	29
44	涟水萝卜干	涟水县农副产品营销协会	12414731	萝卜干	证明商标	29
45	涟水千张	涟水县农副产品营销协会	12414732	千张（豆腐制品）	证明商标	29
46	涟水千张	涟水县农副产品营销协会	12414729	千张（豆腐制品）	证明商标	29
47	淮阴黄鸡	淮安市淮阴区畜禽产业协会	13283846	鸡（非活）	证明商标	29
48	淮阴黄鸡	淮安市淮阴区畜禽产业协会	13283847	鸡（非活）	证明商标	29
49	淮阴黄鸡	淮安市淮阴区畜禽产业协会	13283848	鸡（非活）	证明商标	29
50	淮阴黄鸡蛋	淮安市淮阴区畜禽产业协会	13283854	鸡蛋	证明商标	29
51	淮阴红薯粉丝	淮安市淮阴区畜禽产业协会	13283845	粉丝	证明商标	29
52	淮阴红薯粉丝	淮安市淮阴区畜禽产业协会	13283852	粉丝	证明商标	29
53	淮阴红薯粉丝	淮安市淮阴区畜禽产业协会	13283853	粉丝	证明商标	29
54	淮阴红薯粉丝	淮安市淮阴区畜禽产业协会	13283864	粉丝	证明商标	29
55	淮阴黄鸡	淮安市淮阴区畜禽产业协会	13283851	活鸡	证明商标	31
56	淮阴黄鸡	淮安市淮阴区畜禽产业协会	13283859	活鸡	证明商标	31
57	淮阴大白菜	淮安市淮阴区畜禽产业协会	13283849	腌制大白菜	证明商标	29
58	淮阴黄瓜	淮安市淮阴区畜禽产业协会	13283856	腌制黄瓜	证明商标	29
59	淮阴黄瓜	淮安市淮阴区畜禽产业协会	13283857	腌制黄瓜	证明商标	29
60	淮阴西瓜	淮安市淮阴区畜禽产业协会	13283850	西瓜	证明商标	31
61	淮阴黄瓜	淮安市淮阴区畜禽产业协会	13283855	新鲜黄瓜	证明商标	31
62	淮阴黄瓜	淮安市淮阴区畜禽产业协会	13283858	新鲜黄瓜	证明商标	31
63	淮阴大白菜	淮安市淮阴区畜禽产业协会	13283860	新鲜大白菜	证明商标	31
64	淮阴大白菜	淮安市淮阴区畜禽产业协会	13283861	新鲜大白菜	证明商标	31
65	淮阴西瓜	淮安市淮阴区畜禽产业协会	13283862	西瓜	证明商标	31

续表32

件数	商标名称	注册人	注册号	核定商品	商标类型	注册类别
66	淮阴西瓜	淮安市淮阴区畜禽产业协会	13283863	西瓜	证明商标	31
67	盱眙龙虾	江苏省盱眙龙虾协会	12584774	龙虾（非活）	证明商标	29
68	涟水荷藕	涟水县农副产品营销协会	13731257	新鲜荷藕	证明商标	31
69	涟水荷藕	涟水县农副产品营销协会	13731258	加工过的荷藕	证明商标	29
70	涟水萝卜干	涟水县农副产品营销协会	13731259	萝卜干	证明商标	29
71	涟水萝卜干	涟水县农副产品营销协会	13731260	萝卜干	证明商标	29
72	涟水鸡糕	涟水县农副产品营销协会	13731251	肉糜（鸡肉制品）	证明商标	29
73	涟水鸡糕	涟水县农副产品营销协会	13731252	肉糜（鸡肉制品）	证明商标	29
74	涟水捆蹄	涟水县农副产品营销协会	13731253	捆蹄（猪肉食品）	证明商标	29
75	涟水捆蹄	涟水县农副产品营销协会	13731254	捆蹄（猪肉食品）	证明商标	29
76	涟水千张	涟水县农副产品营销协会	13731255	千张（豆腐制品）	证明商标	29
77	涟水千张	涟水县农副产品营销协会	13731256	千张（豆腐制品）	证明商标	29
78	金湖莲子	金湖县县农副产品营销协会	14738768	加工过的莲子	集体商标	29
79	金湖银鱼	金湖县县农副产品营销协会	14738769	银鱼（非活）	集体商标	29
80	金湖龙虾	金湖县县农副产品营销协会	14738770	龙虾（活的）	集体商标	31
81	金湖龙虾	金湖县县农副产品营销协会	14738767	龙虾（活的）	集体商标	31
82	金湖龙虾	金湖县县农副产品营销协会	14738766	龙虾（非活）	集体商标	29
83	金湖龙虾	金湖县县农副产品营销协会	14738771	龙虾（非活）	集体商标	30
84	淮阴黑蚬	淮安市淮阴区畜禽产业协会	15376177	黑蚬（非活贝壳类动物）	证明商标	29
85	淮阴葡萄	淮安市淮阴区畜禽产业协会	15376178	新鲜葡萄	证明商标	31
86	淮阴花生	淮安市淮阴区畜禽产业协会	15376179	加工过的花生	证明商标	29
87	淮阴杏鲍菇	淮安市淮阴区畜禽产业协会	15376180	杏鲍菇（新鲜蘑菇）	证明商标	31
88	淮阴冬枣	淮安市淮阴区畜禽产业协会	15376181	冬枣（鲜枣）	证明商标	30
89	淮阴大米	淮安市淮阴区畜禽产业协会	15376182	米	证明商标	31
90	洪泽白鱼（非活）	洪泽县洪泽湖农产品协会	15854803	白鱼（非活）	集体商标	29
91	洪泽白鱼	洪泽县洪泽湖农产品协会	15854804	白鱼（活的）	集体商标	31
92	洪泽青虾	洪泽县洪泽湖农产品协会	15854805	青虾（活的）	集体商标	29
93	洪泽青虾	洪泽县洪泽湖农产品协会	15854806	青虾（非活）	集体商标	29
94	洪泽菱角	洪泽县洪泽湖农产品协会	15854807	新鲜菱角	集体商标	31
95	洪泽菱角	洪泽县洪泽湖农产品协会	15854808	加工过的菱角仁	集体商标	29
96	洪泽草鸡	洪泽县洪泽湖农产品协会	15854809	鸡（非活）	集体商标	29
97	洪泽平菇	洪泽县洪泽湖农产品协会	15854810	平菇；平菇（鲜食用菌）；平菇（新鲜块菌）	集体商标	31
98	洪泽平菇	洪泽县洪泽湖农产品协会	15854811	平菇（干食用菌）	集体商标	29
99	洪泽草鸡	洪泽县洪泽湖农产品协会	15854812	鸡（活的）	集体商标	31
100	洪泽荷藕	洪泽县洪泽湖农产品协会	15854813	加工过的荷藕	集体商标	29
101	洪泽荷藕	洪泽县洪泽湖农产品协会	15854814	新鲜荷藕	集体商标	31
102	盱眙大葱	盱眙县农副产品营销协会	15928669	大葱	证明商标	31
103	盱眙水蜜桃	盱眙县农副产品营销协会	15928670	水蜜桃	证明商标	31
104	盱眙大白菜	盱眙县农副产品营销协会	15928671	腌制大白菜	证明商标	29
105	盱眙大白菜	盱眙县农副产品营销协会	15928672	新鲜大白菜	证明商标	31

续表32

件数	商标名称	注册人	注册号	核定商品	商标类型	注册类别
106	淮阴草莓	淮安市淮阴区畜禽产业协会	16281853	草莓（新鲜水果）	证明商标	31
107	淮阴香瓜	淮安市淮阴区畜禽产业协会	16281855	香瓜（新鲜水果）	证明商标	31
108	淮阴山药	淮安市淮阴区畜禽产业协会	16281850	山药（新鲜蔬菜）	证明商标	31
109	淮阴长豆角	淮安市淮阴区畜禽产业协会	16281852	长豆角（干蔬菜）	证明商标	29
110	淮阴绿头鸭	淮安市淮阴区畜禽产业协会	16281851	鸭（非活）	证明商标	29
111	淮阴青椒	淮安市淮阴区畜禽产业协会	16281854	青椒（新鲜蔬菜）	证明商标	31
112	盱眙螃蟹	盱眙县农副产品营销协会	15982807	螃蟹（非活）	证明商标	29
113	盱眙青虾	盱眙县农副产品营销协会	15982808	虾（非活）	证明商标	29
114	盱眙青虾	盱眙县农副产品营销协会	15982808	虾（活的）	证明商标	31
115	盱眙草莓	盱眙县农副产品营销协会	16022254	新鲜草莓	证明商标	31
116	盱眙螃蟹	盱眙县农副产品营销协会	16022253	螃蟹（活的）	证明商标	31
117	金湖鳜鱼	金湖县县农副产品营销协会	17734891	鳜鱼（活的）	集体商标	31
118	洪泽鲫鱼	洪泽县洪泽湖农产品协会	19013125	鲫鱼（活的）	集体商标	31
119	洪泽鲫鱼	洪泽县洪泽湖农产品协会	19013126	鲫鱼（非活）	集体商标	29
120	金湖鳜鱼	金湖县县农副产品营销协会	17744620	鳜鱼（活的）	集体商标	31
121	西顺河红衣小花生	洪泽县洪泽湖农产品协会	20469101	加工过的花生	集体商标	29
122	涟水草鸡	涟水县农副产品营销协会	26032272	鸡（非活）	证明商标	29
123	涟水草鸡	涟水县农副产品营销协会	26032273	鸡（非活）	证明商标	29
124	涟水草鸡	涟水县农副产品营销协会	26032275	鸡（活的）	证明商标	31
125	涟水草鸡	涟水县农副产品营销协会	26032277	鸡（活的）	证明商标	31
126	涟水草鸡	涟水县农副产品营销协会	26032274	鸡（活的）	证明商标	31

淮安红椒　淮安茶馓　淮安蒲菜　涟水掴蹄　金湖龙虾

【小微及民营经济扶持】 2019年，淮安市市场监管局推进涟水县“订个活”互联网灵活用工平台集群登记，平台全年经营收入4.98亿元，纳税额4000万元，登记个体户5万多户，进驻企业300余家，签订合同数500余份，解决就业5万余人；指导淮阴区继续推进个体户简易登记工作，简易登记时限压缩70%以上，最大程度降低创业成本。2600余户个体户通过简易程序领取营业执照。7月1日起，取消名称预核准环节，全面实行企业名称自主申报，对冠“江苏”省名的企业取消名称预先核准，由申请人在网上自主申报，并直接进行登记。9月1日起，取消企业登记网上预审环节，进一步优化网上办理流程。全面推进市场主体登记全程电子应用。

【第二届中国（淮安）国际食品安全高端峰会】 5月9日，淮安市市场监督管理局承办的第二届中国（淮安）国际食品安全高端峰会举行。中外政企学媒精英聚焦“品质食品　安全共享”主题，围绕食品安全与产业发展进行互动交流、智慧碰撞，共推食品产业高质量发展。峰会还设立沙龙对话环节，中央党校（国家行政学院）教授胡颖廉等嘉宾围绕“安全责任 · 共创发展”主题，共话食品安全治理与创新，共商食品产业振兴与发展。

（市市场监管局）

审　计

【概况】 2019年，淮安市审计机关完成发改、财政、国资等部门相关职责划转和人员转隶工作，加强业务融合，实现机构合理设置和职能优化整合。

完成审计项目206个，其中审计199个，专项审计调查7个。查出主要问题金额581.74亿元，其中违规金额17.74亿元、损失浪费金额1843万元、管理不规范金额5638149万元；审计发现非金额计量问题686个；损益（收支）不实金额15752万元；出具审计报告和专项审计调查报告240篇，被批示、采用6篇次。审计处理处罚金额136430万元，其中应上交财政69655万元、应减少财政拨款或补贴2870万元、应归还原渠道资金50143万元、应缴纳其他资金11147

4月4日，淮安市审计系统全体人员进行宪法宣誓　　孙万娟　供图

万元、应调账处理金额2612万元；移送司法机关、纪检监察机关和有关部门处理事项21件，移送处理金额4644万元。审计促进整改落实有关问题资金68910万元；审计后挽回（避免）损失2798万元；核减投资额18647万元。审计提出建议431条，被采纳372条；推动被审计单位制定整改措施201项；促进被审计单位建立、健全规章制度1项；提交审计信息26篇，被批示、采用11篇次。

2019年，淮安市审计局被中央审计委员会办公室、人力资源和社会保障部、审计署联合表彰为全国审计机关先进集体；实施的淮安报业传媒集团2014年至2017年财务收支审计项目被江苏省审计厅评为2019年优秀审计项目一等奖，实施的淮安市政府为民办十件事实情况跟踪审计项目被江苏省审计厅评为2019年度优秀“两统筹”审计项目。

【国家重大政策措施落实情况跟踪审计】 2019年，淮安市审计机关开展清理拖欠民营企业中小企业账款专项审计调查，确保中央支持民营经济发展的政策措施在淮安市落地生效。在上级审计机关统一组织的乡村振兴相关政策和资金审计项目中，形成以乡村振兴为主线，镇村联审多项内容嵌入其中的“1+N”（一个项目统筹融合多方面的内容）审计方式，根据项目体量大的特点，按照统一工作方案，通过异地交叉审的方式加强上下联动。将地方政府债务和隐性债务审计纳入审计常规工作，重点关注隐性债务管控和化解情况，检查目标任务完成情况，分析存在的问题和困难，促进化债方案落实到位。落实江苏省委“推进苏北地区农民群众住房条件改善”指示，根据市委市政府主要领导批示要求，采取市县联动方式，开展淮安市改善农民群众住房政策落实情况审计调查。

【财政审计】 2019年，淮安市审计机关构建财政同级审制度，坚持以预算执行审计为主，以政策实施和资金绩效为重点，加强审计监督预算执行和财政管理情况，推动积极财政政策加力增效。同级审覆盖面不断扩大，实现全面审计市本级预算执行及市直部门全部一级预算单位和主要功能园区预算执行情况。审计内容逐步深化，围绕预算资金安排走向，加大全面审计财政性资金预算安排、使用绩效情况，并将上级专项资金及国有资金使用纳入审计范围。建设性作用日益凸显，关注预决算编制、预算执行、资金项目执行效率、项目支出绩效管理等内容，针对发现问题提出切实可行的审计建议，为党委政府决策提供更多支撑依据，有效发挥审计建设性作用。

【经济责任审计】 2019年，淮安市审计机关聚焦权力运行和责任落实，按照审计署部署和江苏省审计厅要求，不断深化和完善经济责任审计，提高经济责任审计质量和水平。持续深化纪审合作、巡审合作机制，针对不同类别经济责任审计项目的特点，有针对性地采取巡审同步、先巡后审、先审后巡或专项专审模式，深化经济责任审计结果运用，扩大联合监督效应。认真对照《党政主要领导干部和国有企事业单位主要领导人员经济责任审计规定》新要求，在领导干部经济责任审计中聚焦“经济责任”关键词，加强制约和监督权力运行，促进领导干部廉洁用权、干净干事，保护领导干部主动作为的积极性。

【固定资产投资审计】 2019年，淮安市审计机关加快投资审计转型升级步伐，探索新形势下审计监督方式方法，努力实现投资审计“三个转变”（加快投资审计转型升级步伐、探索新形势下审计监督方式方法、努力实现投资）目标。聚焦中心城市建设，继续推进内环高架、高铁东站枢纽等139个城市重点建设项目和棚户区改造地块房屋征收跟踪审计；根据江苏省审计厅统一部署，跟踪审计全市重大投资项目，重点关注投资建设领域“放管服”改革政策落实情况、重大项目推进及建设管理和投资控制情况。

【民生资金（项目）审计】 2019年，淮安市审计机关连续第七年开展保障性安居工程专项审计，审计发现问题得到市政府主要领导高度重视并作出实质性批示；根据市政府年度工作部署，开展市政府为民办十件实事落实情况跟踪审计，并获得2019年淮安市“创新创优”项目一等奖；落实中央“义务教育有保障”工作要求，开展教育费附加预算执行审计，指出制度修订、资金挤占、项目管理等方面存在的问题并提出审计建议，专项资金的使用绩效不断提高。

【农业与资源环保审计】 2019年，淮安市审计机关聚焦污染防治攻坚战和全面深化改革工作任务，推进领导干部自然资源资产离任审计。5月，中共淮安市委审计委员会出台《淮安市领导干部自然资源资产离任审计办法（试行）》，在与经济责任审计项目同步实施的党政主要领导干部自然资源资产任中审计项目中，履职情况评价体系得到完善。

2019年，淮安市开展重大项目落实情况跟踪审计，图为新能源汽车项目实施现场　　孙万娟　供图

【企业审计】 2019年，淮安市审计机关深化国企国资审计力度，组织实施市属国企2018年经济运行情况审计调查，结合市属国有企业领导干部经济责任审计项目，加强审计监督国有企业，审计市属国有企业重大决策、转型升级、经营绩效、风险管控等情况，提出市属国有企业之间部分产权置换、终止相关经营协议等审计建议，促进国有资本国有企业做大做优做强。

【地理信息技术提高审计效率】 2019年，淮安市审计局运用地理信息技术提高审计效率。通过历史影像，审计人员了解主要自然资源的存量和变量，既为审计过程提供侧重点和目标指向，也让审计工作在时间和空间上做到“全覆盖”。　（孙万娟）

统　计

【概况】 2019年，淮安市统计系统深入贯彻落实党的十九大“完善统计体制”重大部署、中央《关于深化统计管理体制改革提高统计数据真实性的意见》和江苏省《实施意见》精神，坚持“求真务实、接续争先”总基调。以党的建设高质量为统领，以推进统计管理体制改革、统计法治建设、统计双基建设、统计服务、信息化建设、队伍建设六项重点工作高质量为抓手，以N项专业工作高质量为依托，淮安“1+6+N”统计高质量发展取得显著成效。完成第四次全国经济普查，开展重大统计监测，持续依法治统，加强统计服务。

【统计管理体制改革】 2019年，淮安市贯彻落实中央关于统计工作的意见、办法、规定，推进省市实施意见落地生效，市统计局领导带队赴县（区）调研指导，下沉一线督促各地破解统计改革难题。市县乡原文传达、层层落实《淮安市惩治和防范统计造假弄虚作假责任制》，各级党政领导的统计责任夯实。按照国家统计督察的相关规定，开展自查自纠，做好各项准备工作。开展统计违规行为专项整治，完成聚焦统计数据造假专项治理，稳妥做好数据核实修正工作，提高统计数据真实性和准确性，净化统计数据生产环境。

【统计方法与制度创新】 2019年，淮安市坚持GDP核算基础指标跟踪监测和月度测算工作。加强园区统计管理，探索园区GDP等主要指标的单独核算与发布方式。持续深化“三新”（新产业、新业态、新商业模式）统计改革，抓好“三新”统计地方特色项目试点。建立工业贸易统计监测点制度，做好“158”骨干企业监测和“三新一特”产业监测。改革5000万元以下投资项目统计联网直报制度，跟踪监测全市减煤进度，开展限额以下零售业和餐饮业“金样本”记账专项试点。启动部分行业事业单位统计调查工作，建成文化产业统计数据监测服务平台，妇儿监测获省先进集体表彰。

【统计监测】 2019年，淮安市在全省率先建成高质量发展监测平台，履行高质量监测评价的牵头责任，修订完善《全市高质量发展监测评价考核指标体系》，组织开展监测业务培训4次，召开部门联席会议2次，提交分析研判报告4篇，助推全市高质量跨越发展进程。服务农民改善住房“书记工程”，建立监测制度，搭建监测平

3月20日，江苏电视台记者前往洪泽湖边上的普查登记点，采访报道淮安市第四次全国经济普查工作　　张建国　供图

台，定期建言献策督促农房改善工作进度。继续做好保持经济运行在合理区间统计监测，加强主要指标进度监测的有效性，及时发现潜在危险隐患，及时预警预报。开展全市绿色发展、县（区）高水平全面小康等6项监测，规范各县（区）、各部门数据采集和分析流程，以高质量的统计监测评价成果推动政府综合统计能力整体提升。

【依法治统】 2019年，淮安市设立统计执法监督局。推进统计领域信用建设，制定《淮安市统计信用“红黑名单榜”实施办法》，将统计诚信纳入全市信用体系建设，引导统计调查对象和统计从业人员依法统计、诚信统计。建立专业与执法联动机制，全面落实统计执法“双随机”抽查制度，组织开展代填代报、不达标新入库企业（项目）等专项整治。围绕第四次全国经济普查，加大查处拒报瞒报、提供不完整普查资料等统计违法违纪案件的力度，坚决防范和惩治统计造假、弄虚作假。加大统计普法力度，编印学习宣传资料，制作学习课件，深入基层开展6场宣讲活动，受教育人数800多人。举办市级部门统计法治培训班，开展统计普法志愿者活动，利用统计开放日、法治宣传月等集中进行统计法治宣传。公示和联合惩戒统计上严重失信企业。

【第四次全国经济普查】 2019年，淮安市委市政府高度重视第四次全国经济普查工作。1月，再掀登记阶段宣传新高潮，投入宣传经费30万元，线上线下发布各类普查信息千余条。组织江苏电视台、《新华日报》等十多家省级媒体“基层行”活动，报道淮安市经济普查经验做法和先进典型。利用新媒体，宣传报道基层普查先进事迹，弘扬吃苦耐劳、倾情奉献普查正能量。严格执行普查方案，建立分片包干责任制和数据质量分析制度，每周至少反馈一次登记进度和数据质量。加大核查关键指标的数据真实性，完善审核把关机制，数据处理、加工、汇总及分析等工作安全高效，认真开展事中质量抽查，顺利通过国家验收。淮安市经普办被表彰为全国经济普查先进集体。

【统计信息化建设】 2019年，淮安市着眼“全方位覆盖、立体化反映、可视化呈现”的长远布局，加速推进统计调查的信息化现代化进程。持续完善全业务处理系统，为全市文化产业统计监测、高质量发展监测提供统一完备的数据采集报送平台、安全高效的数据交换平台和适用可靠的数据处理平台，为统计数据生产提供高效支撑。再度升级“智慧统计”建设，“淮安市统计数据云平台”项目经省信息化办层层筛选，入围“智慧江苏”优秀成果和案例，参加“智慧江苏”建设优秀成果展。组织开展信息化应用培训，形成全员参与应用的良好局面。统计协同办公平台投入使用，通过标准化和规范化的流程处理公文、信息、审批等工作，实现办公移动化、网络化，实现所有行政记录自动归档，确保统计数据管理安全高效规范。

【统计服务】 2019年，淮安市统计局撰写《统计专报》27篇，刊发《统计简报》9期，推动县（区）、部门工作的作用日益彰显。健全分析工作机制，加大进度分析撰写力度，全年撰写分析报告105篇，20篇信息专报被市领导批示。编印《冲刺高水平全面小康开启高质量跨越发展》统计服务两会专刊。编印新中国成立70周年淮安统计资料汇编，组织撰写淮安发展成就系列分析报告，被“新中国成立70周年淮安成就展”采用。实施老旧小区改造、企业减税降费、全面从严治党、政治生态和机关绩效公众满意度等30余个调查项目，打造淮安新时代现代化社情民意调查“金名片”。围绕高质量跨越发展、建国70周年成就展示、统计改革发展等重大事项，制作发布108个高质量统计微产品，被国家、省市官方微信公众号转载45个。自主制作的淮安统计人庆祝新中国70周年华诞《我和我的祖国》MV，被学习强国等平台采用。淮安统计调查微信公众号关注人数年度增加50%，在全国市级统计微信公众号月度综合排名中进入前20强。（张建国）

海 关

【概况】 2019年，淮安市海关系统监管进出口货运量13.8万吨，监管进出口总值13.58亿美元；监管进出境航班646架，验放出入境人员8.8万人次；审结报关单4.6万票，税收入库10.13亿元；检验检疫出入境货物9414批次，货值7.23亿美元，检出不合格货物184批次；加工贸易实际进出口额134.6亿元人民币，占淮安市外贸进出口总额的41.5%；签发原产地证书18940份、货值7.33亿美元，自主打印量位居关区前列；审批减免税款1873.6万元；实施稽查作业26起，同比增长86%。3月，淮安海关报关厅被全国妇联表彰为全国巾帼文明

2019年，淮安海关创新构建人机犬监管模式　　张　聪　供图

岗。淮安海关被授予“2016—2018年度江苏省文明单位”称号。

【综合保税区】 2019年，淮安市海关落实国务院《关于促进综合保税区高水平开放高质量发展的若干意见》，在综合保税区落地落实拓展两个市场即一般纳税人资格试点、简化进出区管理即非报关货物、便利货物流转即保税货物流转、释放企业产能即委托加工、强化企业市场主体地位即四自一简、推广创新制度6条措施。3家一般纳税人试点企业（富誉电子科技淮安有限公司、宏恒胜电子科技淮安有限公司、富准精密模具淮安有限公司）全年累计抵扣增值税3.06亿元。综合保税区全年完成进出口货运量5.9万吨、货值5.45亿美元，在全市占比分别达42.8%和40.1%。淮安综合保税区是江苏省长江以北第一家在出口加工区基础上转型升级而成的综合保税区，也是淮安市台资集聚发展的“核心区”。

【口岸把关】 2019年，淮安市推进口岸疫情防控，全年筛查可疑病例人员79人，确诊传染病例6人；维护国门生物安全，截获禁止进境动植物及其产品566批，检出有害生物44种类、105种次；落实危险货物及包装检验监管要求，实地检验覆盖率提升至80%，检出不合格品27批；保健中心开展进出境人员健康检查、艾滋病监测5316人次，预防接种1362人次。严防严控洋垃圾进境，完成46.8吨固废无害化处置工作；开展非洲猪瘟防控、打击濒危物种以及芬太尼走私工作，在出口猪源性宠物食品中检出非洲猪瘟病毒核酸阳性，属全国首次。

【打击走私】 2019年，淮安市海关始终保持打私高压态势，推进“国门利剑2019”联合专项行动和蓝天行动，立案调查行政案件33起，案值5606.35万元，涉税469.08万元，罚没入库87.29万元。立案侦办刑事案件5起，创淮安海关历年来自侦自诉案件数最高、案值最高和涉税金额最高，其中“112·28”走私成品油系列案件4起、“119·18”走私珍贵动物案件1起，案值1.55亿元，偷逃税款6038万元，抓获犯罪嫌疑人15名，批准逮捕3名，扣押改装走私油船2艘，查获珍稀动物蟒蛇2条。“112·28”走私成品油系列案件为海关总署缉私局一级挂牌督办案件。

【服务地方经济】 2019年，淮安市海关推进企业问题清零工作，系统注册159家企业、236个用户，为企业解决84个疑难问题。开展清单式“海关政策县（区）行”主题服务活动，7个县（区）、560余家进出口企业参加，外贸企业覆盖率达83%。推荐13家企业参加AEO认证培育班，为3家高级认证企业配备企业协调员。落实减免税政策，重点支持高端装备、关键零部件、紧缺原材料及民生消费品进口等。针对中美贸易摩擦、“一带一路”进出口等撰写针对性分析12篇。针对综保区高质量发展、指定口岸等淮安开放平台建设，成立14个课题组开展深入调查研究，助力国际货栈建设高标准完成，推动淮安快件监管中心等项目立项推进。参与第二届中国（淮安）国际食品博览会筹备工作，开展现场政策咨询及通关保障。推进淮安综合保税区（北区）建设，主动协调解决验收过程中的问题，持续跟进新情况新要求。

2019年，淮安海关关员到花卉企业指导防范疫情风险　　张　聪　供图

【助力“一带一路”】 2019年，淮安市海关助力原产地签证企业开拓东盟市场。8月20日，中国—东盟自由贸易协定“升级版”正式实施。淮安市海关通过宣讲会、公告栏、微信群等方式多渠道宣传新规，帮助企业及时申办升级证书，专人在线对填制规范和签证事项进行答疑，帮助企业问题清零，助力淮安出口企业开拓东盟及“一带一路”沿线市场。至年底，淮安市海关签发FORME（中国—东盟自由贸易区优惠原产地证明书）证书1558份，签证金额8372万美元。

【改革创新】 2019年，淮安市海关创新监管模式，简化业务流程，通过利用统一的信息化系统平台，将保税货物流转业务一体化管理，实行卡口自动核放、企业自行运输。采用该模式，全年保税货物流转入区402.4万美元，出区2232.34万美元，物流成本减少；全国通关一体化无纸通关率达99%，国际贸易“单一窗口”使用全覆盖，进出口整体通关时间分别为24.3小时、1.09小时，较2017年分别压缩58.8%、82.1%。南京海关关区首创专业执法小组联合作业模式，全年科学调配136人次开展综合执法工作；采用先行先试后续监管新模式，为关区全面推广“创新后续监管”积累经验；推进金关二期系统应用，探索原产地证书审批无纸化改革与自助打印改革功能叠加；构建“人、机、犬”三位一体查验新模式，全年查处走私鳄鱼皮等濒危物种案件9起；江苏百斯特鲜食有限公司在“证照分离”改革后，取得首份出口食品生产企业备案证明。　（张　聪）

社会事务管理

民　政

【概况】 2019年，淮安市聚焦脱贫攻坚、特殊群体、群众关切，践行“民政为民、民政爱民”工作理念。温情救助改革试点成效初显，获评省社会救助优秀案例；拓展养老服务供给，获批全国第五批居家和社区养老改革试点；推进困境儿童和农村留守儿童关爱工作，“关爱邮路”项目入选民政部优秀案例；深入开展基层社会治理，全省创新设立社区治理研究院。涌现出全国“孺子牛奖”获得者李银江、全国民政先进集体永思园公墓管理处、全省民政系统先进集体淮安市社会福利院等先进典型。

【基层社区治理】 2019年，淮安市持续深化“政社互动”“减负增效”和“三社联动”（以社区为平台、社会组织为载体、社会工作专业人才为支撑的高效联动机制），清理“牌子乱象”，建立30个“三社联动”示范社区，17个“三社联动”乡镇街道典型，提升改造40多个社区综合服务中心。市委、市政府出台《关于加强和完善城乡社区治理与服务的实施意见》《关于加强乡镇政府服务能力建设的实施意见》等系列文件。全市城市和农村和谐社区建设达标率分别为97%和93%。城市街道大工委实现100%全覆盖，社区大党委制度覆盖71%。村（居委会）书记主任一肩挑比例超过40%。成立苏北首个淮安社区治理研究院，推动社区治理创新。清江浦区通过省第一批现代社区治理创新实验区验收；生态文旅区获评省第二批现代社区治理创新实验区。举办江苏·新北智慧社区论坛，并做社区工作经验交流。淮安区施河镇、涟水县红窑镇作为省试点探索提升乡镇服务能力。探索“微自治”，试点“院落自治”“楼栋自治”“邻里自治”和“村民小组自治”。强化村务监督，召开建立健全村务监督委员会推进会。开展全市城乡社区治理“优秀工作法、优秀协商案例、优秀村（居）民规（公）约”征集评选。组织全市“十优好乡贤、十优好家庭、十优红白理事会”评选，加强移风易俗。在各区开展“不忘初心 牢记使命 推进乡村振兴 倡导移风易俗 共建文明家园社区志愿者巡演活动”，辐射60多个镇（街道），巡演70多场，参与人数3万多人。组织修订《村规民约指导手册》，编印4000余册。开展扫黑除恶，对村（居委会）“两委”成员进行背景审查，合法清退全市183名曾受刑事处罚的村（居委会）委成员（含6名“两委”交叉任职成员）。

【社会工作和志愿服务】 2019年，淮安市加强社区工作者职业化建设，开发社区工作岗位500多个。有2400余人报名参加全国社会工作者职业水平考试，创历史新高。在第十三个国际社工日承办省民政厅“2019年江苏省暨淮安市社会工作宣传周启动仪式”。编印《淮安社区建设》《淮安社区风采（上卷）》《淮安社区百人（下卷）》精装版。在《淮海晚报》开设“凝聚追梦力量 建设幸福社区”专栏，推广和宣传社区和社区工作者典型。盱眙县“山爸山妈”关爱留守儿童志愿服务项目获第四届志交会金奖，淮安市“百合相伴 留守无忧”留守儿童关爱志愿服务项目等12个项目获银奖和铜奖。

9月6日，淮安市举办“大爱淮安情满江淮”——纪念淮安市慈善总会成立20周年暨第三届“淮安慈善奖”颁奖典礼　　徐　俊　供图

【社会组织管理】 至2019年底，淮安市注册登记社会组织6442个，每万人拥有社会组织13.2个。其中，社会团体3034个，民办非企业单位3394个，基金会14个；市直注册社会组织669个。有持证社会工作专业人才1743名，其中社会工作师376名，助理社会工作师1367名。积极引导社会组织发挥功能，推进社会组织党建，选举成立市社会组织综合党委第一届委员会，在市民政局托底管理24家社会组织中成立6个党支部、2个联合党支部，组织全市200余个社会组织召开全市社会组织党建工作大会。建成9个县级社会组织培育发展中心和40个镇级社会组织培育服务中心。督促指导78家市直行业协会商会开展五脱钩，依法注销18家行业协会商会。支持社会组织参与社会服务，向社会组织购买59个公益创投项目，为1326名困境人员开展精神慰藉和心理疏导，动员社会组织为居家老人提供上门服务，打造社会组织公益服务品牌。健全社会组织监督管理体系，建立市级社会组织管理工作联席会议制度，依法实施社会组织年度检查，推进社会组织等级评估，开展非法社会组织打击整治，依法注销113个社会组织。

【慈善事业】 2019年，淮安市深入开展“慈善扶贫一日捐”活动，组织市直各部门机关干部和企事业单位职工捐赠善款，共募得善款236万元。组织开展第三届“淮安慈善奖”推荐表扬活动，市政府对第三届“淮安慈善

7月4日，淮安市在周恩来纪念馆开展“陪伴同行”关爱困境儿童和农村留守儿童活动　　徐　俊　供图

奖”获得者进行通报表扬。淮安金雷青少年发展基金会等8家单位获评最具爱心慈善捐赠单位，淮安广济医药连锁有限公司董事长朱华林等9人获评最具爱心捐赠个人。

【地名和界线管理】　2019年，淮安市开展不规范地名清理整治，对城区97条道路、5座桥梁进行命名更名，探索建立标准地名使用信用承诺制度，完成淮安市行政区划图和城区地名图编制工作。组织县区深入开展平安边界创建工作，完成清江浦区—淮阴区、洪泽区—金湖县、淮阴区—涟水县3条县际界线联检工作。

【殡葬管理】　2019年，淮安市开展排查整治违规建设殡葬设施工作，全市累计整治超标墓、豪华墓7938座，安置农村散坟25万座，平（迁）坟89.3公顷，整治违规公墓50处，取缔违规销售殡葬用品点5个。加大公益性殡葬基础设施建设，投资3936万元，新建公益性公墓49个、公益性骨灰堂6个，新建设施节地生态安葬率100%。宣传移风易俗、文明殡葬，举办“缅怀先辈 倡导文明祭祀移风易俗 传播殡葬新风”为主题的2019清明节第七期集体公祭暨第八届免费花坛葬集体安葬仪式。落实惠民殡葬和节地生态葬奖补政策，减免基本殡葬服务费用2743.18万元，奖补节地生态葬和集中守灵费80.52万元。

【婚姻登记】　2019年，淮安市加强婚姻登记机关规范化建设和管理，不断提高婚姻登记服务水平。全年办理婚姻登记75906对，其中办理结婚登记45034对，办理离婚登记18511对，补发结婚证11203对，补发离婚证1145对，出具婚姻登记13对，补录历史数据25对。

【慈善总会成立20周年】　1999年12月，淮阴市慈善总会成立；2001年，更名为淮安市慈善总会。2019年是淮安市慈善总会成立20周年，市政府举办《大爱淮安·情满江淮》——纪念淮安市慈善总会成立20周年暨第三届“淮安慈善奖”颁奖典礼。20年，淮安慈善人弘扬“慈心为本、善举为民”慈善理念，秉持“大爱淮安，情满江淮”慈善精神，募集善款善物，实施慈善救助，履行政府社会保障补充职能。20年间，慈善总会共接受社会各界捐赠款物4.65亿元，其中捐款2.05亿元；累计支出4.55亿元，其中善款1.91亿元，救助各类困难群众30多万人次。2010年，淮安市被中华社会救助基金会表彰为首批“中国爱心城市”；2014年、2016年、2018年连续三届获评中国公益慈善指数百强城市。

【“关爱邮路”入选民政部优秀案例】　2019年，淮安市民政局联合市邮政公司开展“关爱邮路”项目，项目被收录进《全国民政系统儿童福利工作案例汇编》，并在全国儿童福利工作会议予以推介。年内，市民政局会同市邮政公司召开“关爱邮路”项目推进会，协同推动项目实施。对全市困境儿童和农村留守儿童进行排查细化，摸排出2.5万余名困境儿童和农村留守儿童信息，以及465名需重点关爱儿童。与邮政公司联合印制3万份淮安市困境儿童保障和农村留守儿童关爱保护“关爱邮路”项目联系卡和项目手册。组织动员全市近400名邮递员走村入户，完成3万份项目联系卡和项目手册的投递发放工作。针对全市465名需重点关爱儿童，市邮政公司安排250名邮递员志愿者加强重点结对帮扶，组织定期走访，及时发现困难，及时帮助解决他们的学习、生活和成长中的问题，给予实时精准关爱。“关爱邮路”项目获全省民政会议表扬，经验做法被《中国社会报》《淮安日报》

2019年，淮安市举办第八届“中国人寿”杯老年文艺节目汇演　　徐　俊　供图

宣传报导。

【李银江获民政部"孺子牛奖"】4月2日，第十四次全国民政会议在北京召开，盱眙县桂五镇敬老院院长李银江被民政部授予荣誉奖"孺子牛奖"，成为淮安第一位获此荣誉的民政人。李银江等30名获奖者还受到国务院总理李克强接见和慰问。（参见《人物·模范人物》） （徐 俊）

退役军人事务

【概况】2019年，淮安市退役军人事务局成立。全市有退役军人16万人，优抚对象2.43万人。金湖县退役军人於如桂被人力资源和社会保障部、中共中央组织部、退役军人事务部、中央军委政治工作部等联合表彰为全国模范退役军人。

【退役军人事务机构建设】1月23日，淮安市退役军人事务局挂牌成立，为正处级行政单位。5月28日，市委退役军人事务领导小组召开第一次会议。会议审议《市委退役军人事务工作领导小组工作规则》等4份文件。年内，淮安市退役军人服务中心正式挂牌，7个县（区）退役军人服务中心，95个镇（街道）、1792个村（社区）退役军人服务站全部完成挂牌。

【双拥项目】2019年，淮安市退役军人事务局与淮安顺丰速运有限公司等10家企业共同签署淮安市就业创业示范基地合作协议，与11家金融机构签署拥军优抚合作协议。12月，江苏省退役军人事务厅印发《关于设立江苏省第一批退役军人就业创业示范基地的通知》，淮安市江苏老营现代农业发展有限公司与江苏天山建设集团成功入选。

【老兵调解工作室】3月7日，中共中央政治局委员、国务院副总理孙春兰参加十三届全国人大二次会议江苏代表团审议时，对老兵调解工作室"淮阴模式"给予肯定。3月12日，退役军人事务部调研组对淮阴区率先全国打造老兵调解工作室的做法进行调研。2019年，老兵调解室"淮安模式"

2019年，淮安市为烈属、军属、退役军人家庭发放"光荣之家"牌匾
市退役军人事务管理局 供图

入选退役军人事务部《退役军人工作十大经典经验做法汇编》，向全国推广。11月2日，淮安市在全国退役军人局长培训会上做专题汇报。

【拥军优属工作十六条出台】2019年，淮安市委市政府根据国家有关法律法规和政策规定，制定《关于进一步加强拥军优属工作的若干意见》（以下简称《意见》），在全省率先从深化国防教育宣传、完善抚恤优待措施、抓好安置政策落实、丰富拥军仪式活动4个方面，创新出台拥军优属工作16条具体措施。《意见》从10月1日起正式施行。《意见》实施过程中，16条具体措施都以项目化形式加以推进。《意见》同时要求，全市各级党委、政府要加强对《意见》贯彻执行情况的督查，对在拥军优属工作中做出显著成绩的单位和个人予以通报表扬，对贯彻执行不力的单位和个人给予批评或问责。

（市退役军人事务管理局）

民族宗教事务

【概况】淮安是少数民族散杂居地区。2019年，全市有少数民族户籍人口1.9万人，流动人口约0.9万人，族别47个。有4个民族村，涟水县、淮阴区、洪泽区、盱眙县各有1个。有佛教、道教、伊斯兰教、基督教等四大宗教。有市级宗教团体5个，分别是市佛教协会、市道教协会、市伊斯兰教协会、市基督教三自爱国运动委员会、市基督教协会。有县级宗教团体17个。信教群众总数14.72万人。有合法宗教活动场所多少617处。其中，佛教69处、道教8处、伊斯兰教6处、基督教534处。有清真网点127家，其中清真饭店8家、拉面店114家、清真食品生产企业5家。有民族学校2所，淮阴区马头镇民族小学、涟水县民族小学，另有江苏省淮州中学新疆内高班、淮安生物工程高等职业学校中职班。有宗教教职人员1303人，包括基督教教职人员996人，其中牧师61人，长老60人，传道875人；伊斯兰教教职人员（阿訇）8人；佛教教职人员（僧尼）116人；道士8人。

【民族团结进步创建】2019年，淮安市出台《关于全面深入持久开展民族团结进步创建工作筑牢中华民族共同体意识的实施办法》，开展民族团结进步"六进"（进机关、进企业、进社区、进镇村、进学校、进寺庙）活动。启动民族团结进步创建宣传月活动，举办"中华民族一家亲，同心共筑中国梦"文艺汇演；赴盱眙县、洪泽区、淮阴区、涟水县开展"送政策送技能送服务"下乡活动，邀请专家为村民进行技能培训；争取中央和省财政少数民族发展资金512万元。

【民宗事务管理】2019年4月，省委统一战线领导小组向淮安市委书面反馈中央和省委宗教工作督查整改意见。市委召开2次常委会、市政府召

5月16日，淮安市举办宗教场所“六进”活动推进启动仪式　胡　颖　供图

开常务会专题研究宗教整改工作。宣传宗教政策法规，全年在报纸、杂志等传统媒体及微信推送等新媒体宣传推广85篇（次），市级统战、民宗系统开展2期200人次业务能力提升班，县区举办宗教业务干部培训班27期。下发《淮安市宗教工作网络职责清单》《淮安市民族宗教工作领导小组成员单位宗教工作职责清单》，反馈的6个方面20条问题基本整改完成。召开工作部署会及推进会，推进宗教工作三级网络两级责任制建设；创建全市宗教事务监管服务平台，完成市伊斯兰协会换届。

【民宗领域安全管理】 2019年，淮安市以宗教场所为重点，开展民族宗教领域安全隐患排查整治，下发《关于全面深入开展全市民族宗教领域安全隐患排查整治工作实施方案》。市县区全面启动制定《基督教活动场所建设专项规划》，开展宗教活动场所“六进”及平安场所创建活动。建立不定期巡查工作制度，场所安全工作做到规范化、制度化、长效化管理，形成人人参与、个个有责的共同监管、共同维护安全的氛围；实行宗教场所安全工作报告制度，要求各宗教场所负责人不定期上报宗教活动场所安全工作情况，维护民族宗教领域安全稳定。

【两村入选中国少数民族特色村寨】 2019年12月，国家民族事务委员会公布第三批“中国少数民族特色村寨”名单，淮安市淮阴区马头镇张庄镇村、涟水县黄营镇朱桥村入选。全国第三批“中国少数民族特色村寨”共595个，江苏省入选4个。

淮阴区马头镇张庄镇村距市区10公里。曾经的张庄镇村一穷二白，为加快民族村脱贫致富，村委发挥集镇村和台创园“国”字招牌优势，群策群力引资引企，台创园农业示范园、皇达花卉等9个企业先后落户，壮大村经济实力，带动一大批少数民族户劳动就业致富，2018年人均年收入超1.5万元。涟水县朱桥民族村是“十三五”省定经济薄弱村。作为少数民族村，村民有着饲养牛羊传统习俗。在充分调研基础上，民宗部门推动朱桥村上马建设牛舍项目。项目建成后，每年为村集体经济增加收入30万元左右，并带动贫困户实现增收。2018年底，朱桥村摘下贫困村帽子，全村建档立卡低收入农户脱贫率85%，村集体收入达到50万元。

【省蹴球比赛在淮安举行】 4月19—21日，江苏省民族宗教委员会和江苏省体育局联合举办的2019年江苏省少数民族传统体育项目——蹴球比赛在淮阴师范学院举行。南京、无锡、徐州、苏州、淮安、镇江的6支代表队参加比赛。比赛设男子双蹴、女子双蹴、混合双蹴三个项目。经过激烈角逐，产生男子双蹴、女子双蹴、混合双蹴一、二、三等奖，淮安代表队获得男子双蹴项目第一名、女子双蹴项目第二名、混合双蹴项目第二名，淮安市民宗局获得优秀组织奖。

蹴球源于清代的踢石球。蹴球比赛是在一块10米乘10米的正方形平整土地上进行，分两队进行比赛，每队两名运动员。有单人赛、双人赛、团体赛等形式，竞赛项目分男子单蹴、男子双蹴、女子单蹴、女子双蹴、混合双蹴球等。使用地掷球，每队两只球，分蓝红二色。甲队编为1号和3号，乙队编为2号、4号，比赛按1、2、3、4号顺序轮流蹴球。比赛时脚跟着地，脚掌触球，用力蹴球。击中对方球，得1~2分，把对方球击出场外得4分，先积50分者为胜方，三局两胜。

（胡　颖）

社会信用体系建设

【概况】 2019年，淮安市按照政府推动与社会参与紧密结合、基础建设与信用应用同步推进、守信激励与失信惩戒双向发力、示范创建与常态建设统筹安排的思路，加快全市社会信用体系建设。在全省率先出台新型监管机制实施办法，城市综合信用指数从年初全国184位提升至12月的46位。全市政府部门示范应用第三方信用报告工作走在全国前列，盱眙县社会信用管理承诺书成为全国样本，《中国信用》对诚信淮安建设经验两次专版刊载。推进行政管理由“门槛管理”向“信用管理”转变，淮安市被纳入全国第三批信用示范创建城市，评选表彰全市首批“百家诚信示范企业”。

【信用制度体系建设】 2019年10月，市政府在全省率先出台《淮安市加快推进社会信用体系建设构建以信用为基础的新型监管机制的实施办法》。安全生产、卫生、司法、统计、交通运输、市场监管、政府采购、招投标等行业和领域也先后出台一系列相关信用管理制度。加上已出台的《淮安市政务诚信建设三年行动计划》《淮安市全面加强电子商务领域诚信建设的实施意见》《淮安市加强个人诚信体系建设的实施意见》《淮安市公共信用信息管理办法》等各类制度文件20余份，在电子商务、“红黑名单”管理、信用承诺、诚信教育、信用评价、信用修复、信息公示、信用分级分类监管等领域出台的各类政策性制度文件100余份，形成完整社会信用制度体系。

【信用平台建设】 至2019年底，淮安市建成覆盖全市10万户工商企业、40余万户个体工商户、4000余个民办非企业单位和社团等所有类型市场主体、所有类别行政事项以及500万自然人的市、县区两级“一体化”公共信用信息系统，在库数据超过3亿条。向全国和省信用信息共享平台、各县区各部门共享信息2.6亿条，成为上联省、横通部门、下接县区的信用信息交换共享枢纽。在市、县区政务服务中心及有关乡镇（街道）设立免费信用信息查询服务窗口14个，为市、县区各部门开通便携式“一体化”信用信息查询端口220个。在行政审批、政策资金扶持、公共资源分配、评优评先、表彰奖励等方面，累计为政府部门、企业、社会和中介机构出具审查和查询报告5万余份，涉及企业及自然人10万家（人）次。“信用淮安”网站成为查询公共信息服务的窗口，面向社会提供内容全面、服务快捷的行政许可和行政处罚、“红黑名单”、企业信用等级等“一站式”查询信用信息服务，年访问量40万次。

【社会信用建设宣传】 2019年，淮安市开展守信激励和信用惠民便企活动，围绕诚信建设“进企业、进学校、进乡村、进社区、进机关”等活动，举办“诚信建设万里行”淮安站主题宣传活动，市审批局、市法院、市人行等20个部门现场开展诚信宣传咨询活动，发放各类宣传册（页）近5000份。开展“首届大学生信用辩论竞赛”、全市中小学“诚信——让教育更出彩”演讲竞赛等各类诚信主题宣传和诚信企业评审等活动数十场。结合“3·15消费者权益保护日”“6·14信用宣传日”等时机开展诚信宣传活动。通过组织系列诚信宣传活动，提高市民守法诚信意识和信用风险防范常识。

【信用惠民】 2019年，淮安市加大信用惠民便企力度，开展信易贷、信易融等“信易+”项目，为守信个人、中小微企业、民营企业等提供方便、快捷的金融信贷服务和产品。全年“信易贷”余额2085.7亿元。8月15日，淮安市发展改革委、市人行举办征信支持民营中小微企业融资发展推进会，组织20家银行与首批近200家诚信示范中小企业对接，签订应收账款融资协议，现场达成融资9000多万元。推进容缺受理审批，“信用+审批”试点逐步推行，市委编办通过开展签订主动自律型“信用承诺”书为30余家事业单位法人登记实现容缺受理审批。市税务局为1000余户A级纳税人提供绿色通道或专门人员帮助办理涉税事项。44家省、市级价格诚信单位享受优先办理、简化程序的“绿色通道”政策。组织开展信用管理贯标和示范创建企业870家，备案公示信用“AAA”级企业868家。全年组织企业信用修复培训8场次近800家，完成企业信用修复近300家。培育备案信用服务机构31个，为企业备案公示信用报告5000余份，总量居全省之首。

【失信治理】 2019年，出台《淮安市守信联合激励和失信联合惩戒实施办法》《关于对失信被执行人开展联合惩戒的实施意见》《关于集中治理诚信缺失突出问题专项治理提升诚信淮安建设水平的实施方案》等文件，在近30个领域实施高新企业认定信用审查、环保红黑企业差别电价、欠薪严重企业限制准入、食品安全“逢十行动”、欠税失信法人限制出境、“互联网+信用”卫生监督新模式、价格诚信单位和区域等级评价等信用分类监管和联动奖惩举措。在工程建设、政府采购、机电设备等招投标领域使用并在“信用淮安”网站公示第三方信用报告，近600家（次）企业因严重失信记录被限制参加政府采购和招投标活动。在生态环境、涉金融、逃税骗税等20项诚信缺失突出问题领域开展专项治理，打掉“套路贷”犯罪团伙11个，22家涉金融失信企业纳入黑名单；查办环境违法案件854件，涉嫌环境犯罪移送公安机关案件16件；查处虚开增值税发票58410份，列入黑名单83人。通过对电信诈骗、互联网虚假信息、拖欠工资、扶贫脱贫、假药问题等涉及民生领域失信行为的治理，政府机构失信实现“清零”目标，政府公信力得到提升。

【诚信政府】 2019年，淮安市积极发挥政务诚信“影响力”及示范引领作用。发挥市政府门户网站政务公开第一平台作用，加大公共资源配置、重大建设项目批准和实施、社会公益事业建设等重点领域公开力度，全年全市政府网站主动公开各类政府信息8万余条。建设市数据开放网站，归集28个部门、225个数据资源，开放71.18万条数据。举办政府新闻发布会30场次，创历史新高。重点打造“淮政速递”政策简明问答品牌，推送“淮政速递”政策简明问答12期，点击量超300万。全省率先实现市、县区两级政务公开体验区建设全覆盖。市、县区政府门户网站和信用淮安网站行政许可和行政处罚信用信息“双公示”专栏实现全覆盖。2019年归集“双公示”信息195977条。拟制《淮安市政务失信问责暂行办法》（征求意见稿），使“政府承诺+社会监督+失信问责”机制落到实处。

（市发展改革委）

安全管理

应急管理

【概况】 2019年，淮安市应急管理局成立，建立和完善应急管理机制。防范应对突发事件，包括以洪涝、风雹、台风和农作物病虫害为重点的自然灾害；以交通运输和危化品生产为重点的事故灾难；以不明原因传染病、职业中毒、食物中毒为重点的公共卫生事件；以群体性事件、恶性刑事案件为重点的社会安全事件。依据《淮安市中心城区应急避难场所专项规划》，至2030年，在规划范围内建设完成5处中心避难场所、24处固定避难场所和246处紧急避难场所。

【应急保障】 9月17日，制定印发《淮安市突发事件总体应急预案》，完成市级总体预案修订。有市、县两级总体应急预案12个、专项应急预案221个、部门预案295个、企业预案6659个、学校预案695个。有市级综合应急救援队伍1支，13个大队、14个执勤中队，1个省级区域性灭火救援应急中心，执勤消防车110辆，有指战员320余人；有各类民间企事业单位专业救援队45支，人员962人。有市应急专家队伍190余人。

【应急管理机制】 2019年，淮安市研究制定《关于构建应急管理体系的实施意见》，明确构建应急管理“五大体系”，即组织指挥体系、制度标准体系、预案管理体系、救援保障体系、技术支撑体系，健全“六项机制”，即风险防控机制、预警监测机制、信息处理机制、调查评估机制、群防群治机制、责任追究机制；出台《关于进一步加强安全生产工作的实施意见》《关于推进城市安全发展的实施意见》等文件，构建应急管理总体框架。与“12345”“110”“120”等信息平台联动，构建跨平台信息共享机制。建立完善全体人员24小时值班值守和领导在岗带班制度，确保全天候处置各类突发事件信息。坚持“边组建，边应急，边提升”要求，积极应对自然灾害侵袭，及时处置突发事件，完成“食博会”“中秋晚会”“国庆70周年”等重大节庆活动保障任务，有效防范化解城市重大安全风险，达到过渡顺畅，运转平稳。

【救灾和物资保障】 2019年，淮安市制作应急物资储备和避难场所分布“一张图”，清晰掌握市区应急物资储备位置、品种、数量及应急避难场所位置、可容纳避难人数等，提高应急物资调度效率和灾民避难逃生速度。推进村（居）民房屋保险工作，完成农村房屋保险合同签订，完成城市居民房屋保险招投标。7月6日，洪泽区发生冰雹灾害，盱眙县发生龙卷风灾害，两区县受灾人口涉及67347人，倒损房屋1974间。省下拨临时救助资金305万元，市对省下拨救助资金按规定配套101.5万元。加强对救助资金管理监督，市应急管理局联合市财政局检查洪泽区和盱眙县救灾资金使用情况，救灾资金使用符合规范要求。

【信息化建设】 2019年，市应急局组织编制《淮安市应急管理信息化建设规划方案》并通过省应急管理厅审批。12月底，应急管理部给市应急管理局下达应急指挥“一张图”和防汛抗旱态势分析系统2个试点任务，并要求结合实际抓好项目落地。推进重大危险源监控预警系统项目实施。选取淮钢特钢有限公司、安邦电化有限公司、清江石化有限公司、中海华邦有限公司、淮安石油分公司齐湖油库、中国石油江苏淮安油库等6家市直管企业进行试点接入。完成14家企业18个一、二级重大危险源数据与省应急管理厅系统对接。按照“急用先行”建设要求，完成危险化学品安全生产风险监测预警系统和指挥信息网建设，实现“双网贯通”年度建设任务。

1月24日，淮安市应急管理局挂牌成立　　杨　军　供图

【市应急管理局成立】 1月24日，淮安市应急管理局挂牌成立。淮安市整合原市安全生产监督管理局主要职责、市政府办应急管理职责、市公安局消防管理相关职责、市民政局救灾职责、市国土资源局地质灾害防治相关职责、市水利局水旱灾害防治相关职责以及防汛防旱、减灾、抗震救灾、护林防火等指挥部（委员会）职责，组建淮安市应急管理局。3月28日，市委办公室、市政府办公室印发《淮安市应急管理局职能配置、内设机构和人员编制规定》，明确淮安市应急管理局职能配置、内设机构和人员编制。

【应急管理知识竞赛】 2019年，淮安市应急管理局举办全市应急管理知识电视大赛。5月31日，县区应急管理局、市安委会成员单位及企业共45支队伍参加预赛，其中淮安区、洪泽区提前进行预赛后，各选拔出4支队伍参加全市预赛。预赛采用笔试形式，选拔出8支队伍参加电视大赛决赛。6月28日下午，总决赛在淮安市广播电视台演播大厅举行。决赛每个参赛队由3名选手及1名领队组成。分必答题、抢答题、风险题、加赛题、互动答题5种形式。经过三轮角逐，盱眙县应急管理局代表队夺得大赛一等奖，国网淮安供电公司、江苏苏盐井神股份有限公司代表队获得二等奖，淮安市文化广电和旅游局、江苏沙钢集团淮钢特钢股份有限公司、洪泽区应急管理局、淮安市市场监督管理局、淮安市财政局（国资委）代表队获得三等奖。（杨　军）

防汛防旱防台

【概况】 2019年，淮安市完成机构改革，建立防汛防旱防台新机制体制。市防指（防汛抗旱指挥部）与各县区（园区）政府、市各成员单位签订责任状，将防汛防旱首长责任制、部门责任制、岗位责任制贯彻到防汛防旱抢险救灾每个环节。完成蔡港等19座小型水库除险加固以及年度水利工程维修养护、防汛急办等防洪保安工程。建成淮安市防汛信息综合发布系统、葵花8高清气象卫星接收系统、防汛视频会议系统、防汛快E通手机APP、微信企业号、公众号等防汛防旱信息系统，实现全省水利一张图动态显示雨、水、工情等各类防汛预警信息。盱眙县、涟水县、清江浦区按照序时进度推进农村基层防汛预报预警体系建设。年内，淮安市立足防大汛、抢大险、抗大灾，确保人民群众生产生活不受影响、确保有旱情不能形成旱灾，实现有灾少害无伤亡目标。

【雨情】 2019年，淮河流域及苏北地区均遭遇1949年后最严重气象干旱，呈现本地降雨少、淮河干流来水不足、主要河湖水位低等特点。3月起，淮安市降雨持续偏少，河湖水位及水源储备量偏低。1—9月，面平均降雨637.6毫米，比常年同期少3成。其中，汛期6—9月，全市面平均降雨465.7毫米，比常年同期少2成。梅雨期呈非典型特征：6月18日入梅，7月21日出梅，入梅正常、出梅偏晚，梅期较常年偏长10天，梅雨量仅98毫米，比多年平均梅雨量233毫米少6成。8月受冷空气和台风“利奇马”“白鹿”等影响，全市发生7月30日、8月10—11日和8月26—27日3次明显降雨过程，降雨量分别为19.4毫米、96.7毫米和93.9毫米。

2019年3—9月淮安市累计降雨量与多年平均、典型干旱年比较表

表33 单位：毫米

淮安	3月	4月	5月	6月	7月	8月	9月	5—9月	2019与之比较	7—9月	2019与之比较
2019	14.6	55.7	12.8	85.8	110.1	208.0	35.5	482.2	—	383.6	—
多年平均	53.5	60.5	75.2	127.5	244.9	156.2	104.8	708.6	−32.0%	505.9	−24.2%
较多年	−72.7%	−8.0%	−83.1%	−32.7%	−55.1%	+52.4%	−66.1%	−32.0%	—	−24.2%	—
1978	38.9	9.9	14.9	47.6	127.6	197.8	99.0	486.9	−1.0%	424.4	−9.6%
1992	78.6	29.8	142.0	30.3	187.2	238.0	61.2	658.7	−26.8%	486.4	−21.1%
1994	30.1	83.4	51.8	57.2	203.7	186.2	63.9	562.8	−14.3%	453.8	−15.5%
2000	15.4	11.7	65.2	342.9	129.8	373.4	85.8	997.1	−51.6%	589.0	−34.9%
2001	5.7	29.4	16.4	119.4	220.4	199.3	6.5	562.0	−14.2%	426.2	−10.0%
2002	51.8	62.4	116.2	111.8	236.7	140.6	45.4	650.7	−25.9%	422.7	−9.3%
2011	26.6	13.9	52.9	116.7	343.1	400.0	53.3	966.0	−50.1%	796.4	−51.8%

【水情】 2019年，受3月后淮河全流域气象干旱影响，淮河干流入洪泽湖水量严重偏少。全市水源主要依靠引江济淮、引沂济淮。

淮河干流来水少，主要河湖水位低 3—9月，淮河干流入洪泽湖水量43.4亿立方米，比多年平均少8成。其中6—9月，淮河干流入湖总水量17.6亿立方米，为1949年后第4少；吴家渡流量有70天小于50立方米每秒，有85天流量小于100立方米每秒。6月20日农业用水高峰期后洪泽湖蒋坝水位持续走低，7月28日2时降至11.18米，低于死水位0.12米。6—9月，洪泽湖蒋坝水位低于死水位运行5天，低于旱限水位运行50天。至10月8日，洪泽湖蒋坝水位11.67米，较常年同期偏低1米多。其他河湖水位控制在正常水位范围内，但湖库蓄水量仍少于往年同期，洪泽湖总蓄水量11.06亿立方方，比常年同期28.24亿立方米少6成。

江水北调、南水北调工程效益巨大 5月6日起，为保证淮安市及苏北地区生活生产用水，启动引江济淮工程。5—9月，引江济淮工程江都站、宝应站、淮安站、淮阴站、金湖站、洪泽站和石港站分别开机144、82、141、93、49、59和48天，分别翻水45.8、6.3、18.2、10.1、4.9、4.5和1亿立方米，计翻水91亿立方米，相当于3个洪泽湖正常蓄水量。7月25日至8月8日，省防指在淮河入江水道金湖控制线架设175台套临时机组，最大翻水流量每秒53立方米，累计翻水4751万立方米，保证洪泽站补湖流量。

引沂济淮有效抬高洪泽湖水位 8月10—11日，台风“利奇马”导致沂沭泗水系发生流域性洪水，淮安市请报省防指利用雨洪资源实施引沂济淮。8月7—20日，累计补充洪泽湖水量5.7亿立方米。在引沂济淮期间，中运河泗阳闸最大流量700立方米每秒，二河淮阴闸上最高水位12.8米，超警戒水位0.3米，超12.5米运行2天。6—9月，入洪泽湖总水量32亿立方米，其中淮河干流及周边水系入湖21.8亿立方米，占比68%；引江济淮工程引江水入洪泽湖4.5亿立方米，占比14%；引沂济淮工程引沂沭泗水进洪泽湖5.7亿立方米，占比18%。

【灾情】 2019年，淮安市旱情最严重时期有6.6万公顷在田农作物受旱。其中，轻旱5.39万公顷，主要分布在盱眙县、金湖县丘陵山区，涟水县、淮阴区、淮安区古淮河沿线高亢地区，沿淮沿洪泽湖周边地区，部分灌区尾部输水困难地区；重旱1.15万公顷，主要集中在盱眙县丘陵岗地。受“利奇马”台风暴雨影响，全市有4753.33公顷农作物受灾，其中粮食作物3520公顷；水产养殖损失1766.67公顷，主要位于洪泽湖、白马湖周边乡镇，各类经济损失约5600万元，无人员伤亡报告。

【防汛物资人员储备】 2019年，淮安市、县（区）两级储备防汛物资计3500余万元，其中草包31.655万只、

2019年8月,长三角区域疾病预防控制机构洪涝灾害卫生应急演练活动在洪泽区举办 宗 飞 供图

编织袋376.44万只、木材1556.78立方米、毛竹325枝、树棍22254枝、铁丝30454千克、元钉496千克、柴油237吨、块石14.13万吨、土方布21.166万平方米等。落实抢险队伍1071个、44671人,其中民兵抢险队801个、35655人,河道及管理单位抢险队52个、1443人,水库抢险队111个、5652人,其他专业抢险队53个、1921人。5月26—28日,举办全市防汛抢险技能培训班。5月30—31日,举办防汛防旱指挥长专题培训班。6月16日,举行洪泽湖滞洪区撤退演练,提高防汛决策指挥、技能操作和应急反应能力。

【旱情应对】 2019年,淮安市遭遇罕见气象干旱,全市各级防指上下协同,全力保障城乡生产生活用水。全市投入抗旱人数17.9万人次,投入抗旱动力29.3万千瓦,累计抗旱用电3827万千瓦时、抗旱用油605.2吨,投入抗旱资金4815万元。5月初,各地及早储备水源,做好蓄水保水。7月5日夏种关键时期,市防指组织县区专题座谈研究部署农灌用水。7月16日16时,启动抗旱Ⅳ级应急响应。7月19日,紧急召开抗旱工作会议,迅速落实各项抗旱措施。派出3个工作组分赴南、北及城区片,实地指导检查抗旱工作,加强用水调度管理,重点关注盱眙丘陵地区和黄河故道沿线地区。各县区对境内骨干河道、涵闸、泵站进行应急维修,在取水困难地区架设临时机泵。7月26—30日,在淮阴区马头镇、涟水县梁岔镇、盱眙县古桑街道等6个作业点开展人工增雨作业实验,缓解局部旱情。

【抗击台风】 2019年,第9号台风“利奇马”对淮安市影响范围广、风雨影响大。8月9日10时,淮安市提前启动防台风Ⅳ级应急响应;8月9日18时起,防台应急响应级别提升至Ⅲ级;10日上午,各县区均组织召开防台风工作会议,及时自查自纠,确保防台不留死角;8月10日21时,应急响应级别提升至Ⅱ级。全市组织民力,突击清沟理墒,清除排涝沟河中柴草、坝埂等阻水障碍。暴雨发生后,涟水县、淮阴区等地全开各类涵闸和机电排涝泵站,全力抢排涝水,减轻雨涝灾害。密切关注城区低洼易涝地区、地下空间和易积易涝路段等重点区域,突出重点企业、集中居住区及城镇敏感区域,加大监控力度,提前落实应急排涝设施设备。台风影响期间,主城区近30座泵站开启近200台次、排水300余万立方米。淮阴、清江浦等县区严格按照防洪预案规定,做好二河、中运河堤防巡查防守,确保堤防安全、输水安全。淮阴区中运河沿线组织巡堤查险1272人次,投入25.44万元;清江浦区二河沿线组织巡堤查险1500人次,投入30万元。 (殷海平)

防震减灾

【概况】 2019年机构改革后,原淮安市地震局防震减灾、震灾应急救援等行政职能划入市应急管理局,建设工程抗震设防监督管理等行政职能划入市住房和城乡建设局,由相应内设机构承担;市地震局调整为市应急管理局管理的事业单位,更名为市防震减灾服务中心,履行公益职能;将市地震工程检测中心调整为市住房和城乡建设局管理。年内,淮安市抓好地震监测预报、应急救援、抗震设防和科普宣传工作,推进活动断层探测、周恩来防震减灾科普馆、地震烈度速报与预警系统等重点项目建设,全市防震减灾能力水平进一步提高。市防震减灾服务中心获评省地震监测预报工作先进单位,是全省唯一市级获奖单位。

【地震监测台网建设】 2018—2019年,淮安市协调省地震局投资50余万元,对涟水地震台深井仪器进行改造。年内,果林场地震台增上全省唯一一套SE-8地震电场脉冲仪并投入运行。增购一套地磁观测设备,加强地震前兆监测能力。依托市地震监测中心,实现省、市、县地震台数据互联互通、实时共享。建立台网运行维护工作机制,全市所有观测资料连续率保持在99.7%以上。协调县区防震减灾服务中心,配合省地震局完成国家地震烈度速报与预警系统江苏子项目淮安基本台观测室安装和基准站改造。

【地震应急演练】 5月6日,淮安市应急管理局在淮阴区东城开明中学开展地震应急疏散演练,1000余学生参加演练。5月10日,在山阳小学开展地震应急疏散演练活动。8月12日,在河下街道红桥村组织社区居民开展应急综合演练,指导群众疏散至社区应急避难场所。11月7日,市应急管理局、消防支队、市防震减灾服务中心等单位组织开展综合性应急救援演练,市委书记姚晓东,市委常委、常务副市长张国梁及市自然灾害联席会议成员单位主要负责人到现场观摩。

【活动断层探测与地震危险性评价】 2019年1月,淮安市“活动断层探测与地震危险性评价项目”浅层地震勘探阶段正式实施；3月底，野外工作通过验收；5月，成果通过验收。10月，淮安市政府召开专题协调会，中深层地震勘探阶段开始实施；11月，野外工作通过验收。该项目总投资986万元，2018年开始实施，当年完成投资295.8万元，2019年完成投资496.5万元，同比增长67.8%。项目成果将为淮安市城市规划与建设、重大工程选址、地震监测预报等提供科学依据，对抵御地震灾害具有重要意义。

【周恩来防震减灾科普馆建设】 2019年，周恩来防震减灾科普馆完成项目立项、可研性报告评审、建设方案图审、建筑设计方案评审及概算评审、桩基等工作，主体工程基本完工。10月召开布展采购项目开标会，11月底在南京召开布展工程协调会，预计2020年上半年正式完工并对外试运行。该项目被列入江苏省2019年度十大主要任务百项重点工作之一，总投资7400万元，其中中国地震局、省地震局支持1300万元。该项目填补党性教育与防震减灾宣传相结合教育阵地空白，成为全国唯一纪念周恩来与防震减灾工作的科普馆。

【地震烈度速报与预警系统】 2019年，淮安市防震减灾服务中心申请实施地震烈度速报与预警系统二期工程，建设预警信息处理中心，并向社会推广应用。市政府将二期工程纳入淮安市智慧城市PPP项目建设，其中地震预警推广项目总投资759.5万，项目公开招标采购公告在省政府平台公示，将建设经费276万元纳入2020年度市财政预算。2016年，淮安市地震烈度速报与预警系统一期工程硬件台网建设完成，在全市29个乡镇安装地震烈度仪，实现预警台网初步硬件系统建设。

【防灾减灾宣传】 2019年，淮安市开展多层次全方位防震减灾科普宣传活动。5月6日，淮安市在淮阴区奥体中心广场举办第11个全国防灾减灾日暨科普宣传周启动仪式；在淮阴区奥体中心广场举办"5·12"防震减灾文艺演出，通过歌曲、小品、舞蹈等形式向观众宣传防灾减灾、应急、安全生产知识；组织观摩淮安市东城开明中学师生防地震应急疏散演练和淮安新奥燃气发展有限公司燃气泄漏事故应急处置演练现场。5月9日，在淮阴区举办2019年全市防灾减灾科普知识讲座，中国地震局原副局长何永年和中国地震灾害防御中心宣教部原主任董晓光授课辅导。通过报纸、电台、政府主要网站开展防震减灾科普宣传，通过有轨电车以及街边广场、中小学校和居民楼等显示终端播放防震减灾科普作品。开展"为防灾减灾，你我同行"防灾减灾科普作品有奖征集活动。10月13日，在生态文旅区福地路办事处悠园社区开展地震防灾知识宣传、火灾自救、消防灭火实操演练等活动。开展防震减灾科普示范学校、综合减灾示范社区创建。全年全市申报创建省级防震减灾科普示范学校2家，申报全国综合减灾示范社区7家。打造综合减灾"样板型"示范社区。选择生态文旅区福地路办事处悠园社区创建全市样板社区，多次组织全市创建社区赴悠园社区观摩学习。严格考核标准，对照《全国综合减灾示范社区评分标准》，对各创建社区考核评估。 （周　璐）

消防救援

【概况】 2019年，淮安市消防救援支队完成挂牌，队伍改制转隶落地见效。全市有市消防救援支队列管的一级消防安全重点单位94个，有辖区消防救援大队列管二级消防安全重点单位964个，有公安派出所列管的三级消防安全重点单位1331个。全年接警出动8081起，出动警力10694车次、5.1万人次，其中扑救火灾6196起、抢险救援993起、社会救助892起，抢救疏散人员969人，抢救财产价值3.2亿元。翔宇消防救援站被团中央表彰为全国"五四"红旗团支部。淮安市消防工作连续六年在省政府消防工作考核中获评优秀等次。市消防救援支队被应急管理部消防救援局表彰为安全工作先进单位，连续三年被江苏省消防救援总队评为先进支队。支队和5个大队被表彰为2016—2018年度江苏省文明单位。

【消防救援能力提升】 2019年，淮安市消防救援支队开展全员岗位大练兵，加强专业队伍建设，代表总队以全优成绩完成全国冬训、夏训考核。高标准承办全国车辆事故救援中级技术培训班，在总队全员岗位大练兵和首届"火焰蓝"救援尖兵比武中分别获团体总分第一名、第二名。在全国首届"火焰蓝"救援尖兵比武中，支队参赛人数占全省23%、得分占全省43%，为总队获得季军贡献力量。完成"3·21"响水特大爆炸跨区域增援和新中国成立70周年、央视秋晚等重大消防安保任务。

【综合保障体系建设】 2019年，在淮安市直单位公用经费压缩情况下，支队本级消防业务经费连续两年保持不变。投入5500万元新购消防车19辆，投入1000余万元新建战勤保障智能化物资储备库，新开工建设消防站4个，投入执勤1个。协调市政府、涟水县政府分别追加专项经费780万元、620万元，推动化工集中区消防站提档升级，11支政府专职消防队完成公益类事业单位法人登记。

【消防安全管理】 2019年，淮安市消防救援支队开展"防风险保平安迎大庆"执法检查专项行动和工业企业、打通生命通道等专项治理，开展消防安全形势和重大风险评估，挂牌督办重大火灾隐患单位和区域性火灾隐患。全年检查单位4.2万家，督改隐患9.6万处，执法指标位居全省前列。深化消防"放管服"改革，推行"双随机一公开"消防监管，研发应用消防监督执法质效考评系统和4G执法记录仪实时指挥调度平台。打造"效能淮消"品牌，支队窗口先后三次被市委、市政府授予"101%服务流动红旗"，并获年度"优胜红旗"。开展"119"宣传月等系列活动，打造全民消防新格局，"大湖鸿雁"、老子山镇邮政支局局长唐真亚受邀参加全国"119"消防奖培树座谈会。（王星星）

安全生产

【概况】 2019年，淮安市发生各类生产安全事故409起，比上年减少52

起，下降11.09%；死亡233人，比上年减少39人，下降14.34%。全市工矿商贸行业领域发生事故39起、死亡49人。全市道路运输（生产经营性）事故起数和死亡人数均实现双下降，发生事故364起，死亡183人，受伤307人，直接经济损失198.37万元。发生火灾6196起，死亡13人，受伤2人，直接财产损失1909.75万元。

【安全生产执法】 2019年，淮安市制定“质量习精，数量破千”执法工作目标，精准打击安全生产违法违规行为，推进安全生产主体责任落实。全市全年检查企业3164家次，出具各类执法文书10271份。责令停产停业整顿企业103家，关闭企业10家，媒体曝光违法违规企业48家次。全市执法处罚立案总数1189件，经济处罚2390.93万元，其中事前立案1155件，经济处罚1695.55万元，分别增长31.25%和18.93%，事前立案数占立案总数的97.1%；事前处罚5万元以上案件91件，占事前处罚案件总数的7.9%；全市事前处罚案均值1.47万元。

【安全生产巡查】 8月1—30日，江苏省第二安全生产巡查组在淮安市开展安全生产巡查，巡查中发现安全生产责任不落实问题和重大风险隐患，形成《淮安市安全生产责任不落实清单》和《淮安市重大安全生产风险隐患清单》，9月9日反馈巡查意见。至2019年底，省安全生产巡查反馈意见中共列出责任不落实清单35项，完成整改29项，列出重大风险隐患清单23项，完成全面整改18项。9月18日，淮安市制定下发《淮安市安全生产巡查工作方案（试行）》。9月20日，市委、市政府组织安全生产巡查组进驻首批被巡查的淮安区、涟水县，启动为期20个工作日的安全生产巡查。巡查重点是学习贯彻习近平总书记关于安全生产重要论述和批示精神、贯彻落实中共中央国务院和省委省政府决策部署、落实安全生产责任、健全完善安全生产工作体制机制、开展安全生产大排查大整治、推进依法治安、夯实安全生产基层基础、安全生产举报信息核查处理等8个方面的38个要点。通过巡查，压实属地党委政府领导责任、部门监管责任和企业主体责任。

【安全生产大检查】 2019年盐城响水“3·21”事故发生后，淮安市迅速成立综合督查和明查暗访组，按照联合执法模式，开展大排查大整治。至6月底，检查全市20个行业领域11385家企业，发现各类隐患25302处，整改22426处，剩余2000多处继续整改。下发《淮安市重点行业领域重大安全风险隐患及防控整改措施清单》，对30类110项重大安全风险隐患统筹防控；对省安全生产委员会办公室交办的9类14个隐患问题，每月底由属地政府、部门负责人对整改情况签字确认；对第一批交办的274个隐患问题，属地督促整改，市暗访组跟踪复查，进行闭环管理。

【专项整治】 从2019年11月底起，淮安市在全市开展安全生产专项整治行动。危化品方面，对62家化工企业，开展99场检查，查出隐患491条，其中重大隐患14条，整改12条。特种设备方面，核查化工企业187家，检查特种设备使用单位166家，整治特种设备安全隐患90条，责令停用存在事故风险的特种设备97台，查处违法行为9起。火灾防控方面，以商场市场、酒店宾馆等人员密集场所为重点，开展集中夜查行动，夜查单位306家，发现火灾隐患611处，落实整改586处，受案查处23起。群租房方面，组织集中清查5次，排查群租房728户，登记租住群租房人口13566人，排查安全隐患459处，整改各类治安隐患305处，处罚违规出租户主58人，治安处罚56起。全市安监执法行动责令停产停业整顿企业103家，关闭企业10家，媒体曝光违法违规企业48家（次）。全市执法处罚立案总数1189件，经济处罚2390.9万元，事前处罚5万元以上案件数91件。

【危化品治理】 2019年，淮安市在危险化学品企业推进重大隐患、在役生产装置及储存设施安全设施设计、自动化控制系统及安全仪表系统（SIS）等本质安全诊断治理。至年底，全市列入本质安全度诊断的70家危险化学品企业全部完成诊断和问题整改设计方案制定。制定年度深度检查指导方案，明确全市列入深度检查指导40家企业名单，其中报请省应急管理厅深度检查指导企业2家，市应急管理局深度检查指导企业11家，县区应急管理局深度检查指导企业27家。全市共深度检查指导企业106家次，其中省应急管理厅深度检查指导2家次，查出安全隐患1374条。市安委会印发《关于立即开展危险化学品安全大检查的通知》，采取市、县、镇三级联动和企业自查、县区普查、市级抽查方式，对全市危化品企业安全生产开展拉网式、全覆盖、零盲点排查检查。检查危险化学品企业171家（次），检查出隐患856条，立案处罚企业28家，处罚金额98.15万元，其中5万元以上处罚企业13家。

【较大事故】 2019年，淮安市发生较大事故2起、死亡9人。3月7日10时53分，位于金湖县的江苏神华药业有限公司谷氨酰胺（保健食品添加类）提取车间发生一起医药制造行业爆炸事故，车间部分坍塌，造成3人死亡，7人受伤（其中3人重伤）。10月3日下午13时29分许，位于涟水县梁岔镇工业集中区的淮安市欣易佳塑业科技有限公司厂房发生一起生产经营性火灾事故，造成6人死亡。

【《淮安市高处作业安全管理规定》发布】 7月10日，淮安市应急管理局召开新闻发布会，发布《淮安市高处作业安全管理规定》（以下简称《规定》）。《规定》将《中华人民共和国安全生产法》《江苏省安全生产条例》对高处作业的面上要求具体化，共分为15条，自2019年8月8日起执行。《规定》适用于市行政区域内需从事高处作业的所有生产经营单位，明确高处作业是指在坠落高度基准面2米及以上有可能坠落的高处进行的作业，包括临边作业、临水作业、悬空作业、攀登作业、脚手架作业、操作平台作业等。 （杨　军）

市场安全监管

【概况】 2019年，淮安市市场监管

部门牢固树立底线意识，强化执法稽查和消费维权，规范提升食品安全监管，严格疫苗和药品监管，开展特种设备监管，严格把关产品质量，提高群众满意度。全年完成食品相关产品、建筑用钢化玻璃、车船用汽油、柴油、危险化学品等28种产品监督抽查740批次。持续对辖区内危险化学品、电线电缆、防爆电气、规上用煤企业煤质、儿童及学生用品等重点领域开展专项整治。

【食品药品安全检查】 2019年，淮安市开展食品药品安全大排查大检查大督查集中行动，累计检查校园及其周边食品销售经营者6000家次，食品集中交易市场30家次，校园周边餐饮单位356家次，取缔无证生产“五毛食品”的黑窝点黑作坊8个。全市在产的677家食品生产企业全部通过食品安全员考试，13家食品生产企业先后被列入“黑名单”管理，完成市本级食品检验4997批次，不合格率2.08%，食用农产品抽检完成率108.45%。助力全国文明城市创建，投入439万元，对各区41家国测点位农贸市场重点部位提档升级，对36家农贸市场进行升级改造。推动批发企业使用透明食安系统，督促食品经营者履行进货查验记录义务，全市100多家菜市场依托系统实现检测准入和追溯管理。

【食品安全“逢十行动”】 2019年，淮安市持续开展食品安全“逢十行动”（每月10、20、30日检查食品安全），将食品安全监管搬上互联网，邀请党代表、人大代表、政协委员、市民网民和新闻媒体代表共同参与，直播在线关注人数985万人次。高质量筹备“食博会食品安全高端峰会”，保障央视秋晚，清江浦国际马拉松比赛等大型活动食品安全13场。

【小餐饮规范提升工程】 2019年，淮安市高效推进小餐饮规范提升工程。该项目作为2019年为民办十件实事项目之一，受到省市场监督管理局主要领导批示肯定并在全省进行推广。在各县区分别打造小餐饮规范提升一条街和示范店，以点带面推动小餐饮规范提升，有5159个小餐饮经营户得到规范提升，完成年度目标的103.18%。在全省率先开展食品小作坊综合治理，全市有食品小作坊807家，备案登记率100%，投入小作坊提档升级工作和奖补经费105万元。创新开展保健食品专项科普活动，检查保健食品生产经营单位1500家次，督促落实食品安全自查报告制度。

【药品专项整治】 2019年，淮安市开展药品整治行动，发现33名执业药师涉嫌违法违规，2家药店因执业药师“挂证”被注销。推进无菌和植入性医疗器械、避孕套及“美瞳”等高风险产品专项督查检查，对全市2484家医疗器械经营企业实施分级分类监管，开展风险排查，发现风险隐患196个，移送立案57件。持续开展药械不良反应（事件）监测，为保障公众用药安全提供重要技术保障。

【疫苗专项检查】 2019年，淮安市卫生健康委员会联合市市场监督管理局对辖区内9个疾病预防控制机构和180个疫苗接种单位开展专项检查，发现2个疾病预防控制机构和30个接种单位存在违规行为，全部闭环整改到位。

【化妆品风险排查处置】 2019年，淮安市开展化妆品风险排查处置行动，对五类违法产品销售和发布虚假资质信息行为进行风险排查，出动检查人员532人次，监督检查280家次。严厉打击违法宣称“药妆”“轻药妆”销售行为，检查经营单位626个。在“双11”购物期间，市场监督管理部门联合市消保委发布消费警示，引导消费者理性购物，增强维权意识。

【特种设备安全管理】 2019年，淮安市以响水“3·21”特大事故为戒，提升特种设备安全生产隐患排查率、隐患整改率、事前处罚率，组织全市涉危化品企业特种设备隐患大排查大整治专项行动。累计检查特种设备使用单位1459家，整治特种设备安全隐患949条，责令停用存在事故风险的特种设备128台，查处违法行为60起。自2019年11月起，牵头开展为期一年的特种设备安全专项整治行动。开展特种设备安全明察暗访，采取交叉执法等手段，检查全市气瓶充装单位49家，责令停用存在安全隐患的特种设备98台。建立全市特种设备相关涉危化品企业和设备台帐，对254家涉危化品企业进行全覆盖检查。整治压力管道安全隐患，处理化工企业部分压力管道未登记、未检验等历史遗留隐患，及时解决基层执法与立案查处问题，并邀请省特检院专家协调处理园区设备安全隐患，排查管道300余公里。部署开展电站锅炉范围内管道安全风险专项检查，排查使用单位22家，设备38台，排查处理问题隐患7起。加强“96333”电梯应急处置平台管理，月均接处电话2200余次，处置事件580余起，解救电梯困人460余人，电梯故障报修220起，平均到

2019年，淮安市开展食品安全宣传周活动，图为启动仪式 周 泉 供图

场用时比法定时间缩短50%以上，实现电梯应急处置服务数据与省级平台无缝对接。

【重点领域监管】 2019年，淮安市持续推进网络监管，提升电子证据取证和保存能力，实现在线证据固定219件。市场管理部门联合网信办、发展改革委等9部门开展网剑行动，利用“6·18”“双11”“双12”等重要节点定向监测网站网店、公众号1381个，发现违法线索45条。推荐申报91家省级“守合同重信用”企业，办理出质登记股权28.15亿元，被担保债权113.54亿元；动产抵押登记417件，为企业融资80.6亿元。逐步完善广告监管。在全省率先出台《广告监测流程管理办法》，完善“大众媒介＋互联网＋户外”广告立体监管新模式。开展非法金融广告专项整治，在全省率先开展移动端互联网广告监测，将3105户企业主体纳入监测范围，监测金融业务广告52381条次。集中查处一批违法广告案件，涟水县查处某食品集团发布虚假违法广告案，罚没入库1050万元，该案是全国最大虚假广告案件。 （周 泉）

公共卫生安全

【概况】 2019年，淮安市通过突发公共卫生信息系统报告突发公共卫生事件31起，其中一般事件24起、未分级事件7起。疾病预防控制机构完善应急管理制度、应急预案和技术方案，加强应急物资储备、应急演练和监测预警，定期研判应急趋势，评估突发公共卫生事件风险，实行24小时应急值班制。长三角区域疾病预防控制机构洪涝灾害卫生应急联合演练在洪泽区成功举办。“12320”公共卫生公益电话接听逾2.5万件次。

【职业卫生】 2019年，淮安市疾控机构公立职业卫生技术服务机构体系保持完整。监测苯中毒、矽肺等28种重点职业病危害因素，收集个案卡27516份。实施国家工作场所职业病危害因素监测、职业性肿瘤筛查、尘肺病主动监测、尘肺患者随访调查，职业卫生技术服务检测5户次。上报有毒有害作业工人健康监护汇总卡499张、职业健康检查信息66506人次、农药中毒信息250例、各类职业病29例，无职业病危害纠纷事件。

【放射卫生】 2019年，淮安市监测26家放射性疾病哨点，对38家非医疗核技术利用机构进行普查，放射工作人员个人年有效剂量低于国家限值。开展医用放射诊疗场所X线放射防护检测和质量控制委托检测40户次，合格率分别为100%、81.3%，完成放射诊断项目预评价、评价各2项。

【食品卫生】 2019年，淮安市利用“全民营养周”“520学生营养日”“食品安全宣传周”开展宣传，乡镇、社区人群合理膳食指导覆盖率100%；5所学校被中国学生营养与健康促进会命名为2019年“中国学生营养与健康示范学校”。实施对食品化学污染物和有害因素、食品微生物及其致病因子、食源性疾病、食品中放射性污染等安全风险监测，食源性疾病监测哨点医院新增5所。处置食物中毒事件6起，无死亡病例。

【环境卫生】 2019年，淮安市城市、农村分设106个、198个饮水监测点，覆盖全部集中式供水单位，监测合格率分别为98.8%、89.6%，无突发饮水污染事件报告。监测调查农村环境卫生、空气污染（雾霾）对人群健康影响；检测工作场所、公共环境20户次。

【学校卫生】 2019年，淮安市通过江苏省学生健康监测系统管理全市427所学校55.35万名学生，处置学生预警疾病事件2096起，因病缺课上报率和非零上报率较上一学年提高15%以上。开展学生健康体检信息汇总分析、学校环境卫生监测、学生常见病和健康影响因素监测与干预调查，举办市直中小学校学校卫生技能提升培训班。 （宗 飞）

交通安全

【概况】 至2019年底，淮安市机动车保有量719171辆，包括客车567303辆，占78.88%，其中私家轿车528632辆，占机动车总量73.51%；货车59483辆，占8.27%；摩托车76166辆，占10.59%。有驾驶人1267206人，比上年增长4.21%。其中，A类驾驶人84700人，占6.68%；B类驾驶人145105人，占11.45%；C类驾驶人956683人，占75.5%；摩托车类驾驶人312797人，占24.68%。有驾校141所，教练员5247人，教练车3908辆。年内，淮安市公安机关做好道理交通秩序管理，查处各类交通违法386.5万起，其中“三超一疲劳”（超速、超员、超载和疲劳驾驶）34.4万起、无证驾驶5241起、饮酒驾驶2266起、醉酒驾驶807起。发生一般以上交通事故508起、死亡245人。

【违章违法处置】 2019年，淮安市成功侦办“8·14”部督组织考试作弊案，查破交通肇事案件375起、危险驾驶案件1050起，办理阻碍执行职务案件18起，吊销驾驶证1112本，拘留1305人。组织随警作战报道213次，在淮安电视台推出“火眼金睛”曝光节目79期，公开曝光交通违法机动车及非机动车驾驶人1165人次。规范化改造市区快递物流电动车，依法查扣违法上路非标电动三（四）轮车1200余辆。清理“两客一危”运输企业突出安全隐患49处，查处重点车辆重点违法3042起，整改交通设施不规范问题302处。开展公交车安全防范集中攻坚行动，全市公交车新增专职安全员110名，安装驾驶区域隔离设施1618套、一键报警装置1384个、自动破玻装置1141个，安装率57.4%。

【安全管理】 2019年，淮安市推进交通信号灯智能化升级改造，模块化机房、扩容交警警务云平台完成建设。试点公共停车泊位计价收费模式，智能改造市区停车场109个。渠化改造翔宇北道大同路口等节点路口，在主城区增设交通指示标志349块、电动三（四）轮车禁行标志571块、中央隔离护栏8760米，施划、复划交通标线2万平方米，城市主次干路交通管理设施规范设置率95%以上，主要交通路口科学渠化率90%以上。落实36项交管“放管服”改革措施，“两个教育”网上学习系统在县区全面启用，

25项交管业务实现网上办理。全市车管业务窗口实现申请材料“四个减免”、简单业务一证即办、普通业务一窗通办、个性服务自助快办、收费缴费电子化，增设交管业务代办网点22个，建成警邮合作网点44家。推进交通事故网上快处快赔，启动“警保联动”工作，通过“交管12123”APP实现交通事故现场理赔159起。深化农村地区“两站两员”建设，推广应用农村道路交通安全管理系统和农村道路交通安全管理手机APP，累计注册使用安全管理员、农村劝导员1351人。 （陶 涛）

2019年，周恩来红军小学成为全省两所民防示范学校之一，图为该校民防馆 王灵敏 供图

人民防空

【概况】 2019年，淮安市人防工程新竣工38万多平方米，完成既定目标的190%，完成率创历史新高，其中市本级完成24.6万平方米，县区完成13.75万平方米，完成市定目标任务的128%。新增人防停车位2320个，超额完成原定1200个泊车位任务。至年末，全市建成并通过验收人防车位13563个，其中市本级9200个，各县区4363个，完成目标任务的150.7%。专项人防规划编制获批，为淮安市人防工程建设提供依据。周恩来红军小学成为全省首批两所人防示范学校之一。人防系统专项整治有力推进，经过多轮核查和整改，6大类问题完成治理，全市完成42个项目人防经费追缴，金额1.46亿元，任务完成率100%，位于全省第一方阵。

【人防演练】 9月18日上午，淮安市举办“淮防—2019”防空警报统一试鸣暨防空袭行动演练活动。全市人民防空指挥部成员单位在市人防地下指挥中心通过视频观看防空警报介绍片，同时观摩全省“9·18”防空警报试鸣各市分会场演练活动及淮安市机关、学校、企业、社区和人防专业队员防空袭行动演练活动。上午10时整，全市241台防空警报器参加防空警报试鸣，县区机关、学校和重要经济目标单位约50000人参加防空袭行动演练。10月31日，“苏防—2019B”江苏人民防空综合演习举行。按照省人防指挥部统一部署，淮安市人民防空指挥部统一部署，淮安市人民防空指挥部设立演习区。淮安市承担的主要任务是组织人防指挥部行动协同演练以及组织人员紧急疏散掩蔽行动演练。演习以实战为背景，分为平战转换、行动策划和行动实施3个阶段，依托人防指挥通信系统，采取统一指挥、全省联演、异地同步、实兵演练和虚拟演练相结合的形式展现。12月30日下午，淮安市在城南水厂举行“铸盾淮防—2019”重要经济目标防护演习活动。约300人参加演习，动用各型车辆20台，无人机2架，使用伪装设备、发烟器材、防化救援器材、空飘雷、角反射器等防护装备器材125件套。

【《淮安市人防工程建设规划（2018—2035）》编制】 2019年，淮安市坚持规划引领，结合城市总体规划，开展《淮安市人防工程建设规划（2018—2035）》（简称《规划》）编制工作。10月29日，市第106次规划委员会暨规划咨询委员会对《规划》报审稿进行评审，原则同意该规划。至年底，《规划》通过市政府批准，为全市人防工程建设提供决策参考。

【市民防馆建成对外开放】 5月12日，淮安市民防馆正式建成，市委书记姚晓东、省人防办主任戴跃强为其揭牌。淮安市民防馆建筑面积4860平方米，装帧布展总投资4850万元，2018年6月开始布展。按照人防建设与社会事业融合发展要求，淮安市民防馆采用寓教于乐的方式，让参观者通过身临其境的现场互动体验、模拟操作等，掌握应对战争空袭、自然灾害和紧急突发事件的防护技能。民防馆分为“一厅三区”，即序厅、人民防空区、自然灾害区、公共安全区。序厅主要是让参观者对民防馆有个初步印象，人民防空区设领袖关怀、建设成就、空袭警示、警报设施、人防工程、人民防空行动、民防知识等展项，自然灾害区主要对台风、洪水、地震等自然灾害的防范进行讲解及互动；公共安全区主要讲解培训灾难来临时的一些逃生技能等。至年底，累计接待团组150余个，参观体验1.2万人次。 （王灵敏）

社会保障

社会保险

【概况】 2019年，淮安市推动全民参保计划，基本养老保险、失业保险参保覆盖率超过97%，参保人数稳中有增。加快推进机关事业单位养老保险制度改革，企业职工基本养老保险实现市区统筹，企业退休人员基本养老金实现“十五连调”，城乡居民基本养老保险基础养老金标准“八连增”，阶

2019年，市人社部门开展城乡居民养老保险主题宣传活动　纪茗瀚　供图

段性降低养老、失业、工伤保险费率，助力供给侧结构性改革。加强社保基金监测预警，充分发挥省信息系统监管效能，提高预警数据处理效率，及时掌握全市及各统筹地区基金运行情况。

【企业职工养老保险】 2019年，淮安市企业职工养老保险在职参保人数92.28万人，较上年末增加1.01万人。全年征缴企业养老保险费74.46亿元，为34.13万名企业离退休人员按时足额发放养老金84.39亿元。按照国家和省部署要求，完成企业退休人员基本养老金调整工作，全市人均月养老金2040.8元。年内，淮安市出台《企业职工基本养老保险市区统筹实施办法（试行）》，按照强化预算、明确责任、统收统支、确保发放原则，对市本级、清江浦区、淮安区、淮阴区和洪泽区实行企业职工基本养老保险市区统筹，在参保登记、基数核定、费用征缴、基金支付、关系转移等方面执行统一制度，增强企业职工基本养老保险基金统筹功能和抗风险能力。

【机关事业单位养老保险】 2019年，淮安市机关事业单位完成养老保险参保登记14.98万人，全年为全市机关事业单位退休人员按时足额发放养老金38.83亿元。市、县同步推进视同指数修正和“中人”（2014年10月1日前参加工作、之后退休的人）待遇计发，基本实现全市机关事业单位退休“中人”待遇能发尽发，全市机关事业单位改革后退休人员待遇计发比例达81.77%。

【城乡居民养老保险】 2019年，淮安市城乡居民养老保险参保人数200.74万人，参保率99.55%。城乡居民基本养老保险待遇提高至148元每月，实现基础养老金标准“八连增”，惠及全市城乡老年居民77.33万人，全年发放基础养老金13.82亿元。落实社保扶贫三个“百分百”（贫困人口参保登记率、代缴率和待遇发放率100%）要求，全市实施城乡居民养老保险费政府代缴政策，累计为符合条件的7.5万名困难群体代缴养老保险费864万元。

【工伤保险】 2019年，淮安市简化工伤申报流程，优化工伤认定、鉴定程序，建立工伤预防部门联动机制，维护职工合法权益。年内，全市工伤保险参保人数59.6万人，全年受理认定工伤3115件，完成工伤预防宣传培训2452人次，工伤康复184人。工伤保险系统加强与住建、水利、交通等部门协作，推进建设项目参保“同舟计划”专项扩面行动，全市建筑业新开工项目工伤保险参保率97.8%。

【失业保险】 2019年，淮安市失业保险参保人数51.48万人，全年失业保险基金收入2.75亿元。延续实施失业保险总费率由3%降至1%的政策，开展失业保险“护航”行动，对采取有效措施不裁员、少裁员、稳定就业岗位、符合政策范围和基本条件的企业，按该企业上年度实际缴纳失业保险费总额的50%给予稳岗补贴。全年全市发放5442家企业稳岗返还资金8399.3万元，惠及职工25.9万人。

【退休人员管理服务】 2019年，淮安市将34.1万名企业退休人员全部纳入社区管理，社会化管理率100%。春节、重阳节期间，慰问鳏寡孤独、高龄重病、残疾贫困等特殊群体退休人员1.4万人次，发放慰问金96.02万元。有序做好企业退休人员免费体检工作，全市累计为126.52万人次退休人员进行免费体检。举办“夕阳美·爱祖国”庆祝中华人民共和国成立70周年淮安市退休人员歌会。

【便民服务】 2019年，淮安市推进“智慧人社”建设，全市持有江苏省社会保障卡人数547.07万人，覆盖全市总人口的97.7%。多渠道推广电子社保卡申领，电子社保卡领取人数31.01万人。开通电子社保卡“扫码购药”功能，是省内第一个实现全国标准电子社保卡扫码购药的地级市，全市纳入服务范围药店270家。实现养老待遇在线认证，解决34.1万名退休人员养老待遇生存认证跑腿难题。“12333”人社便民热线呼入总量61.1万人次，比上年增长11.1%，服务满意度99.9%。　（纪茗瀚）

医疗保障

【概况】 2019年，淮安市医保局完成转隶组建和经办划转等改革工作，淮安市被列入国家医保基金监管方式创新试点市、国家统一跨省异地就医备案服务试点市及省医保支付方式改革试点市，医保异地就医联网覆盖率100%。稳步推进支付方式、药品耗材等重点领域改革，全面落实基本医保市级统筹、医保精准扶贫、异地就医等民生实事，提升医保基金安全监管和风险防控绩效，优化医保管理服务效能，提高医疗保障待遇，完善医疗保障制度体系。市医保局获评市直单位2019年度高质量跨越发展考核优秀单位，多次被市委市政府授予“101%优质服务”竞赛“优胜红旗”，

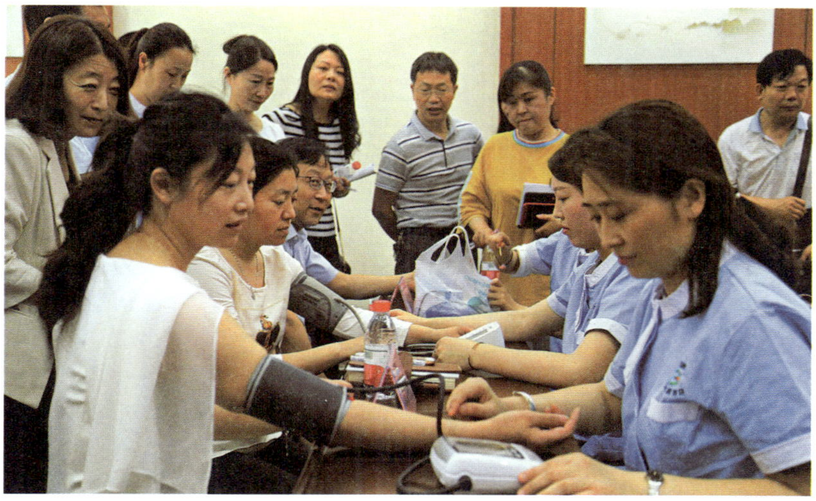

2019年，淮安市医保局开展“101%服务”进企业活动　　市医保局　供图

获营商环境建设十佳单位等荣誉。 （沈　洁）

【淮安市医疗保障局成立】 1月25日，淮安市医疗保障局举行组建挂牌仪式，党组书记、局长蔡莉作揭牌讲话。市医保局有效整合原人力资源和社会保障局、物价局、民政局和卫健委有关职能，承担全市基本医疗保险、生育保险、大病保险、医疗救助、药品和医疗服务价格管理、药品和医用耗材集中监管、采购价格谈判等多项工作。市医疗保障局的成立对完善医疗保障工作机制，提高政府医疗保障工作效能和服务水平具有重要意义。 （孙　畅）

【城乡居民医疗保险】 2019年，淮安市城镇职工基本医疗保险参保人数88.81万人，增加1.82万人；生育保险参保人数57.21万人，增加2.4万人；城乡居民基本医疗保险参保人数412.84万人，参保率98.18%，基本实现应保尽保。全市城镇职工基本医疗保险收入38.98亿元，支出33.6亿元，当期结余5.38亿元，累计结余49.32亿元；生育保险收入2.87亿元，支出2.4亿元，当期结余0.47亿元，累计结余1.39亿元。全市城乡居民医保基金收入30.25亿元，支出32.99亿元，当期赤字2.74亿元，累计结余10.18亿元。 （洪　艳）

【基金监督管理】 5月21日，淮安市入选国家医保基金监管方式创新试点市。7月24日，淮安市医保局在国家医保局召开的医保基金监管方式创新试点工作启动会上作经验交流。淮安市将医保基金监管摆在首要位置，组织开展医保基金监管年、打击欺诈骗保专项治理等活动。成立相应领导小组，完善制度建设，开展打击欺诈骗保集中宣传活动；健全监管方式，构建部门联动监管机制，引入商保机构、信息技术公司、社会监督员参与监管，推进医保信用管理，畅通投诉举报渠道。2019年，实现定点医药机构现场检查全覆盖，处理医药机构949家，其中暂停医保服务265家，解除医保服务16家，拒付扣减违规金额3903.74万元，主动曝光案例7例，基金安全性稳步提高。 （纪锦俊）

【医保精准扶贫】 2019年，淮安市聚焦“两不愁三保障”脱贫任务，突出医保精准扶贫。年内，全市财政全额资助惠及困难参保群众44.77万人，各级财政补助达1.19亿元。落实“两升两降”政策，省定七类重点医疗救助对象和丧失劳动能力的残疾人基本医保住院医疗费用和大病保险起付标准降低50%，报销比例在原有比例基础上提高5个百分点，建档立卡低收入人口以及其他符合条件的困难人员大病保险起付标准比普通参保患者降低50%，各报销段报销比例比普通参保患者提高5个百分点，全市城乡居民医保基金释放政策红利4.13亿元。 （洪　艳）

【异地就医】 2019年，淮安市按照国家和省要求，跨市就医的异地安置退休人员、异地长期居住人员、常驻异地工作人员、异地转诊人员等4类参保人群，在办理异地就医备案后可进行异地联网直接结算。全年，淮安市结算平台备案人数超4.1万人次，异地就医定点医院联网覆盖率100%。转出异地就医直接结算14.4万人次，医保基金支付5.56亿元；转入异地就医直接结算4.7万人次，医保基金收入2.55亿元。主动对接上海市、浙江省、安徽省，积极融入长三角一体化协同发展。5月21日，接入长三角跨省异地就医结算系统，参保人员在长三角地区异地就医时，在门诊产生的费用可直接结算。2019年，全市长三角跨省异地就医门诊直接结算833人次，医保基金支付9.14万元。 （丁冠宇）

【便民服务】 2019年，淮安市本级医保综合服务窗口拓展利民便利服务，办结各类服务事项50466件。完善“柜员综合制”，实现一岗多能，做到“一次取号，一次受理，一次办结”。建立业务经办操作标准，编制完善新版服务指南，严格实行政务服务五项制度；推进“互联网+医保”经办模式，同步推进政务服务“一张网”建设。 （洪　艳）

【改革试点】 2019年，淮安市被列为省医保支付方式改革试点市，牵头开展按病种分值付费省级试点工作。探索“总额控制下的按病种分值付费为主的多元复合式医保支付方式”模式，引入DRG绩效管理理念，提升按病种分值付费内涵，减轻参保人就医负担，保障医保基金收支平衡，促进医疗机构良性竞争和可持续发展。依托省统一平台，全面推行医用耗材阳光招采。12月13日，市政府八届第49次常务会议通过《淮安市基本医疗保险和生育保险市级统筹实施意见》，决定于2020年1月1日起全面实施基本医疗保险和生育保险市级统筹制度。12月20日，淮安市成为全国首批统一跨省异地备案服务试点市。 （王　樱　赵德新　丁冠宇）

【高值医用耗材集中采购】 2019年，

9月18日，淮安、南京、泰州医用耗材集中采购地区联盟成立
市医保局 供图

淮安市医保局成立市药品（医用耗材）集中采购工作领导小组，推进集中采购谈判，加强阳光采购平台使用，取得明显成效。7月，市医保局对全市医疗机构高值耗材采购情况进行摸底，摸准摸实医疗机构真实采购情况。2018年7月至2019年6月，全市高值医用耗材实际采购金额5.35亿元，其中省六大类高值医用耗材采购金额为1.97亿元，五大类高值医用耗材采购金额3.38亿元。市医保局成立后，以"阳光联盟采购"为主要模式，全面实现阳光平台招采，降低耗材价格、规范医疗行业行为，提高基金使用效率。2019年7月，省、市联合开展高值医用耗材部分品种组团联盟集中采购谈判。9月，淮安市参与第二次省级组团107家医疗机构带量联盟采购，深度融入全省高值医用耗材集中采购。8—10月，淮安市与南京、泰州组成三市跨区域采购联盟，开展3次医用耗材带量集中采购，经过谈判大幅降低医用耗材价格。江苏电视台、江苏省委新闻网、《扬子晚报》《淮安日报》等主流媒体多次对淮安市医用耗材采购情况予以报道。

（蔡　莉）

社会扶助

【概况】 2019年，淮安市制定实施精准救助兜底保障、"单人保"等政策，加强和改进临时救助，保障基本民生。实现城乡低保标准一体化，实现城乡并轨。全市有特困供养人员2.11万人，全年发放特困供养金1.61亿元。实施临时救助21944人次，发放临时救助金2762.46万元，缓解特殊困难群众"急、难、险"问题。

【城乡低保和特困人员供养】 2019年，淮安市城乡低保标准统一提高到每月610元。至年底，全市有城乡低保对象4.36万户、8.79万人，发放城乡低保金3.8亿元。依托省、市、县"三级联动"核对机制，线上核查与线下排查相结合，全年接受核对委托446批次，对包括城乡低保、建档立卡、住房保障等对象在内近13.5万人次信息数据进行核对，精准认定救助对象，支持精准扶贫脱贫。7月1日起，各县（区）城乡特困人员救助供养标准分别达到当地上年度城乡居民人均可支配收入的50%以上，农村集中供养标准在农村人均可支配收入50%的基础上，每人每年再增加不低于800元。

【过节费和物价补贴】 2019年，淮安市在元旦、春节期间，对城乡低保、农村五保、优抚对象、城市"三无"老人、孤儿等五类群体累计14.29万人开展普惠型节日慰问，按照每人100元标准发放"过节费"1429万元。全年累计向11万名困难群众发放物价补贴2226万元。

【流浪乞讨人员救助】 2019年，淮安市推进"温情救助"改革，"体系化"救助、"智慧式"救助和"全天候"救助，通过制定标准化服务流程、建立常态化风险防范机制、培育专业化救助队伍，运用高科技、新媒体等手段，打造流浪乞讨救助规范化新模式，实现"零事故、零死亡、低安置率、低滞留率、高周转率"。开展"夏季送清凉、寒冬送温暖""6·19"救助机构开放日等活动，全年救助生活无着流浪乞讨人员2938人次。发挥"互联网+寻亲"手段，成功为48名长期滞留的流浪乞讨人员找到亲属，其中最长滞留时间达26年。完成82名长期滞留人员落户，救助1名马来西亚籍女子跨国返乡。

（徐　俊）

【职工普惠救助】 2019年，淮安市实施职工生活、助学、医疗、培训、法律援助等帮扶制度，扩大春送岗位、夏送清凉、秋季助学、冬送温暖的"四季歌"效应。聚焦困难职工，举办育婴员、面点师等培训37期，为千余名下岗无业人员提供再就业机会。通过绿色通道、助学医疗等救助职工8975人次，发放救助（慰问）金853万元，互济会补助1310人次，补助金280万元，近4000名困难女职工享受免费"两癌"筛查。聚焦特殊岗位群体，开展夏季安康"三送"活动，走访企业工地960家，开展监督检查68次，慰问一线职工和农民工1.6万人次，发放580万元防暑降温用品和1.1万份宣传资料。持续推动职工医疗互助互济，全年累计入会职工13万余人，救助患病会员2446人次，救助金额455万元。

（许　盼）

社会福利

【老龄福利】 2019年，淮安市加快社区居家养老服务设施建设，共建有街道老年人日间照料中心40个、城乡社区居家养老服务中心1669个，全市城乡社区居家养老服务中心覆盖率分别达到100%和97%，城乡社区居家养老服务中心标准化率达到70%、40%。有养老机构243个，养老床位总数4.5万张，每千名常住老年人拥有养老床位数44.8张。率先在全省建立市级养老服务联席会议制度，统筹协调全市养老服务工作。鼓励引导社区居家养老服务机构、志愿者、为老服务社会组织依托市“虚拟养老院”平台，为全市居家养老老年人提供助餐、助洁、助浴、精神慰藉等上门服务，接受上门服务老年人占全市老年人口比例超过10%。加强农村留守老人关爱服务，建立农村留守老年人定期巡防、动态管理等关爱服务制度。淮安市获批中央财政支持的居家和社区养老服务改革试点，淮安区通过省级第一批居家和社区养老服务创新示范试点验收，清江浦区成功申报省级第二批居家和社区养老服务创新示范试点。

开展提高养老机构服务质量专项行动，按照“一地一案”“一院一策”要求组织县（区）对养老机构服务质量进行集中整治，重点清除28项涉及重大风险隐患指标，提升全市养老机构服务质量，淮安经济技术开发区颐康园老年养护中心通过国家标准化试点验收。鼓励社会力量参与养老服务，积极稳妥推进公办养老机构民营化改革，全市“公办民营”养老机构达到49个，占41%。大力发展护理型养老机构，鼓励医疗机构利用空余床位开展养老服务，新增护理型床位2600张，护理型床位占机构床位数的53.7%。广泛开展敬老养老孝老宣传活动，规范高龄老年人尊老金发放工作，实现尊老金业务平台和“政务一张网”对接，为13.5万老年人发放尊老金1.03亿元。举办“淮安市构建‘三老三全’养老服务格局”新闻发布会，联合市文明办开展首届淮安市“十大老有所为明星”评选，弘扬敬老孝老传统美德。

【儿童福利】 2019年，淮安市加强农村留守儿童关爱保护和困境儿童保障，继续提高困境儿童基本生活费标准，其中福利机构集中供养孤儿生活费提高至每月2410元，社会散居孤儿生活费提高至每月1620元，父母监护缺失的儿童生活费提高至每月1300元，父母无力履行监护职责的儿童按照不低于当地社会散居孤儿补贴标准的60%发放，重残、重病及流浪儿童按照不低于当地社会散居孤儿补贴标准的50%发放，全年累计救助留守儿童和困境儿童1813人次，发放救助资金2603.2万元。持续开展“合力监护、相伴成长”农村留守儿童关爱保护专项行动，安排330万福彩公益金，引入7个社会组织开展陪伴同行、分类调研、跟踪服务等3个关爱保护项目。全市累计建成54个农村留守儿童和困境儿童“关爱之家”。

（许 盼）

【残疾人福利】 2019年，淮安市统筹城乡困难残疾人生活补贴标准，两项补贴年投入资金2.57亿元。从7月1日起，困难残疾人生活补贴城乡统一按照每人每月610元的标准发放。重度残疾人护理补贴标准调整为：城镇、农村一级肢体、盲视力以及一级、二级智力、精神残疾且需要长期照护的重度残疾人，分别按每人不低于190元/月、170元/月的标准发放。城镇、农村二级肢体、盲视力且需要长期照护的重度残疾人，分别按每人每月不低于160元、150元的标准发放。家庭人均月收入在当地低保标准2倍以内，靠家庭成员供养，且不符合单独立户条件的残疾人及重大疾病患者，参照单人户纳入最低生活保障范围。淮安区、开发区、金湖县提高补贴标准或将补贴对象扩展到残疾人家庭子女，全年累计发放教育补贴43.15万元。

（孙振羽）

1月15日，淮安市举行“寒冬送温暖 迎春大联欢”——“万香科技陪你过大年”新春慰问活动

徐 俊 供图

农村扶贫开发

参见《特载·决胜脱贫攻坚》

住房公积金

【概况】 2019年，淮安市住房公积金实缴单位6269个、实缴职工44.18万人，缴存63.6亿元、同比增长14.97%；新增住房公积金开户单位727个、新增开户职工7.15万人，净增单位454个、净增职工2.49万人。全市提取住房公积金44.74亿元，占当年住房公积金缴存额的70.35%。发放住房公积金个人住房贷款1.05万笔、34.49亿元，比上年分别增长28.05%、31.64%，回收个人住房贷款21.75亿元。年内，全市住房公积金业务收入42615.54万元，同比增长11.82%，上缴财政城市廉租房建设补充资金19831.2万元。

【缴存基数】 2019年，淮安市印发《关于调整2019年度住房公积金缴存基数的通知》，启动2019年度住房公积金缴存基数调整工作，自2019年1月1日起执行。2019年度缴存基数为职工本人2018年月平均工资。月平均工资为职工本人2018年工资总额除以12。工资总额按照国家统计局规定列入工资总额统计的项目计算，主要包括计时工资、计件工资、奖金、津贴补贴、加班加点工资、特殊情况下支付的工资。住房公积金缴存基数最高不得超过市统计部门公布的2018年职工月平均工资的3倍，最低不得低于2018年市人社部门规定的职工最低社会保险费缴费基数。2018

年新录用、新调入职工的住房公积金缴存基数,月平均工资按录用或调入后实际工作月数计算。

【住房公积金账户结息】 6月30日,淮安市完成缴存职工住房公积金账户年度结息工作。根据《住房公积金管理条例》规定,住房公积金自存入职工住房公积金账户之日起计息,每年6月30日为住房公积金结息日。职工住房公积金账户存款利率统一按一年期定期存款基准利率执行。2019年,全市55万余名职工住房公积金账户参加结息,共结付职工住房公积金账户利息1.79亿元,结息资金自动存入缴存职工个人公积金账户。

【公积金管理】 2019年,淮安市加大公积金催建催缴力度,调查规模企业应建未建、应缴未缴情况,加强专业化行政执法队伍建设,督促问题单位整改,推动非公企业建制缴存。加强资金管理,提升管理水平,降低资金风险。规范业务标准,与上海市等10家公积金中心研究起草的《住房公积金资金管理业务标准》在全国颁布实施,为行业资金管理贡献淮安方案。加强贷款全程管控,通过贷前对住房公积金贷款个人信用、还债能力审查,贷后持续跟踪,逾期贷款及时清收,保障贷款安全,切实防范风险。加大专项审查力度,通过开展个人账户信息稽核等专项行动,进一步查找漏洞,及时纠正,保障资金安全运行。

【住房公积金贷款及提取】 2019年,淮安市把握国家、省住房公积金贷款政策,结合本地房地产市场及资金情况,创新贷款品种,推行代际合力贷,新就业职工购买住房贷款额度不能满足购房需求的,可与父母合力申请贷款。开展异地购房贷,支持淮安籍异地缴存住房公积金职工在淮安购房申请贷款。调整贷款额度计算方法,对缴存住房公积金2年以上,可贷额度按账户余额计算不能满足贷款需求的,改按还贷能力系数计算。降低按揭合作门槛,取消贷款履约保证金制度,扩大缴存职工购房贷款范围。

【便民服务】 2019年,淮安市公积金管理部门围绕"放管服"改革、优化营商环境等重点工作,完善缴存职工和单位服务。简化业务办理流程,推出抵押登记代办等5项措施,提高贷款办理效率。推出网上业务办理,围绕"不见面"服务,组织开发网上服务功能,与"江苏政务网"深度融合,推出单位汇缴8项业务"网厅办"、个人提取9项业务"不见面"。从5月业务上线至年底,网上成功办理逾4000笔,办理金额1.11亿元。贯彻落实住建部等三部门《关于改进住房公积金缴存机制进一步降低企业成本的通知》精神,改进缴存机制,推出降低企业缴存比例等5项惠企措施。

(马 倩)

保障性住房建设

【概况】 2019年,淮安市出台《市住房保障工作领导小组关于调整2019年度市区住房保障标准的通知》,降低准入门槛、扩大保障范围,对住房困难家庭实现应保尽保。创新以公租房源解决人才公寓问题,深受广大青年人才欢迎。全年政府投资建设公租房分配7985套,分配率95.57%。淮安市城镇常住家庭保障性住房覆盖率位居全省前列。

【共有产权房】 2019年,淮安市优化共有产权房操作模式,在2007年首创共有产权房基础上,升级制度设计与保障模式,共有产权房"淮安样本"日趋完善。共有产权房优惠期限由5年调整至8年,延长申购人免息期。放宽准入门槛,突破申购人"三个限制",不再限制城市无房家庭收入、新就业人员婚姻状况,不再限制具有本市户籍进入市区务工人员申请。创新共有产权房组合贷业务,解决购房家庭一次性支付能力不足问题。至年末,市本级向1147户住房困难家庭、棚户区改造中1728户住房困难家庭供应共有产权房,更大范围内实现"有房住"到"有住房"。年内,在金湖县创新试点农村"共有产权"住房新模式,将城市"共有产权"住房模式向农村新型社区延伸,提供住房和资金兜底两种保障方式,解决农房改善及危房改造中困难群体住房难问题。金湖县100余户困难家庭享受到6万元兜底补偿保障政策,200余户意向性选择解困房。

【房屋征收及棚户区改造】 2019年,淮安市完成房屋征收74.15万平方米、5120户。棚户区改造新开工15105套、基本建成10937套。全市共争取棚户区改造中央财政补助、省级财政补助4.23亿元,占全省补助金额的8.75%,全省排名第三。提标改造老旧小区73个,实施既有建筑节能改造19万平方米,惠及3.8万户群众。争取省奖补资金360万元,河下小区等8个项目创成省级宜居示范居住区。

【住房保障标准】 9月,淮安市发布《关于调整2019年度市区住房保障标准的通知》,对住房保障标准进行再调整。扩大租赁补贴申请范围,将中等偏下收入家庭和新就业、外来务工人员纳入租赁补贴申请范围,申请人通过领取租赁补贴,可自由选择房屋租赁市场房源。提高租赁补贴标准,低保、低收入家庭补贴标准分别从每人每月每平方米14元、10元增加到15元、12元,中等偏下收入家庭和新就业、外来务工人员每人每月每平方米补贴8元,保障标准为人均住房建筑面积24平方米。降低准入门槛,取消外来务工人员申请公租房需要与用人单位签订劳动合同并缴纳社会保险的限制,外来务工人员只需持有城市暂住证(居住证)即可申请公租房。

(王灵敏)

法治　军事

FAZHI JUNSHI

HUAI'AN YEARBOOK

法治 军事

法 治

地方立法

【概况】2019年，根据立法计划安排，淮安市人大常委会正式立法项目2个，分别为《淮安市住宅物业管理条例》和《铁山寺森林公园保护条例》；立法调研项目6个，分别为《淮安市电梯安全管理条例》《淮安市消防条例》《淮安市养老服务条例》《淮安市农贸市场管理条例》《淮安市宠物饲养管理条例》和《淮安市湿地保护条例》。年内，《淮安市住宅物业管理条例》正式颁布，《铁山寺森林公园保护条例（草案）》（送审稿）向社会公开征求意见。

【《淮安市住宅物业管理条例》获评】2019年，《淮安市住宅物业管理条例》获得江苏省第十三届人民代表大会常务委员会第十二次会议批准，2020年3月1日起施行。《淮安住宅物业管理条例》共有八章95条，八章即为总则、住宅物业管理区域与共有物业、管理组织形式、物业管理服务、物业使用与维护、监督管理、法律责任、附则，主要内容涵盖住宅物业管理区域、共有物业、业主和业主大会、业主委员会、物业管理委员会、前期物业管理、物业服务合同、物业服务收费与公共收益、物业使用和维护、监督、法律责任等各界关心的问题。《淮安住宅物业管理条例》自开始编制起，就备受社会各界和广大市民群众关注。其间，市民群众踊跃发表意见，许多部门单位组织职工讨论，提出大量积极实在的、具有可操作性的建议和意见。在广泛听取、消化、吸收社会各界意见并进行多轮修订的基础上，2019年10月25日淮安市第八届人民代表大会常务委员会第二十七次会议通过该条例。（周 鉴）

政法委及综治

【概况】2019年，淮安市法治建设群众满意度为87.1%，公众安全感为98.53%，政法队伍满意度为95.43%，综治与平安建设质效、公众安全感连续多年位居全省前列。网格规范达标率和政法队伍满意度等省高质量考核指标居全省前列，全省升级版技防城建设等8个现场会在淮安召开，推广淮安经验。完成重要节庆活动安保任务，连续36个节点实现“零进京”“零登记”“零滋事”；淮安市被中央确立为全省唯一全国扫黑除恶重点培育市。全年淮安市政法机关被省级以上表彰84项，政法干警受省级以上表彰173人次。

【扫黑除恶专项斗争】2019年，淮安市推进扫黑除恶重点培育市建设，实施线索核查、黑恶积案、打财断血“三清零”行动，建立异地管辖、提前介入、补充侦查“三会商”机制，涉案财产同步查扣、金融税务同步跟进、涉财产刑同步起诉“三同步”联动机制，累计打掉8个黑社会性质组织、31个恶势力犯罪集团、查扣黑财11亿元，专项斗争综合绩效位居全省前列。清退不合格村（社区）干部448人、调整处置194对存在近姻亲属关系村干部，建立干部提拔任用及评先评优涉黑涉恶问题预审制度，建强基层战斗堡垒。深入开展“无黑县区”“五无行业”创建系列活动，压实有关行业部门市场准入、规范管理、重点监控责任，最大限度挤压黑恶犯罪滋生空间。

【网格化社会治理】2019年，淮安市网格规范达标率94.3%，居全省第四，三级网格中心规范建成率全部达100%，群众对网格服务满意度达88.76%，全省第一。县、镇、村三级综治中心（网格中心）规范化建成率全省领先，三级中心规范化建成率分别达100%、100%和95%，7个县区网格中心全部获批事业建制。全市95%以上的村（社区）建成集综治、警务、治保、调解、外来人口服务管理“五位一体”综治中心。创新建立“源头发现、采集建档、分流交办、检查督促、结果反馈”闭环式“五步工作法”，推行“四色”网格创建，强化党建“红网格”、平安“蓝网格”、应急“黄网格”、和谐“绿网格”四色基础，“警格+网格”模式全面推开，“党建+网格”两网融合模式在全省推广。

【社会矛盾纠纷排查化解】2019年，淮安市完成稳评项目484个，不予实施或推迟实施项目6个。推进新时代“枫桥经验”淮安实践，持续推进“矛盾不上交”三年行动计划，深化“三调联动”提升工程，县镇村三级调处中心全部实体化运行，市法院自主研发的“无讼淮安”在线多元调解平台发挥示范效应，基层派出所派驻调解室全部建成，住房和城乡建设、人力资源和社会保障等15个重点行政单位全部设立行政调解室，全市矛盾纠纷解决率91.84%，全省第三。

【政法惠民】2019年，淮安市建立重点人群和矛盾分色预警机制，实行严重精神障碍患者免费救治政策，监护人管护“以奖代补”执行率100%，社区矫正对象实现零漏管、零失控，刑释人员重新犯罪率持续走低。推进“保障千家万户舌尖上的安全”专项行动，围绕学校周边、网络餐饮、饮用水水源等案件多发领域出重拳、下狠手、求长效。全市刑事案件、八类主要刑事案件、侵财案件呈现发案下降、破案上升的“三降三升”良好态势。

【政法领域改革】2019年，淮安市全面完成市县镇三级政法机构改革，构建起党领导下政法机关分工负责、配合有力、制约有效的工作体系，各项工作顺利入轨，镇（街道）政法委员配备率100%，三级综治中心规范化建成率全省领先，新建警务工作站16个。推进司法体制改革及相关配套改革，落实司法责任制，推进法院、检察院内设机构改革，完善司法人员分类管理体系，落实员额法官、检察官动态调整机制。探索建立职务犯罪、黑恶势力、公益诉讼等办案团队，提升专业化办案水平。推进“案件繁简分流提档”，开发应用案件繁简分流自动识别系统，被评为“2019年全国政法智能化建设优秀创新案例”。

【智慧政法建设】2019年，淮安市围绕“全域覆盖、全网共享、全时可用、全程可控”目标，以县区为单位全面完成“升级版技防城”建设任务，居民小区视频联网率82.6%，技防规模质态跨入全省先进行列。“四频一网”（视频会议、视频监控、视频调解、视频接访、综治信息网）平台实战功能进一步增强，电动车防盗系统实现全域联网，“淮警智云”数据中心和“数模空间”经验在全省推广，政法协同办案系统全面推开，智慧法务、检务、警务、司务实现联通共享，大数据、云计算等现代科技为政法工作赋能效应逐渐彰显，市检察院被确定为全国信息技术示范点，阳光信访9.0入选智慧江苏优秀案例。　　（市政法委）

9月25日，市委全面依法治市委员会召开第一次（扩大）会议
市司法局　供图

法治政府建设

【概况】 2019年，淮安市组建成立市委依法治市委员会，召开依法治市委员会第一次（扩大）会议，审议通过《中共淮安市委全面依法治市委员会工作规则》《淮安市法治政府建设示范创建实施意见》等相关文件。对578名县区党政主要负责人及市直部门领导班子开展述法考评，全面压实法治建设第一责任人职责。深化法治政府示范创建活动，起草完成《2019年度法治政府建设情况报告》，并公开发布。落实法治政府建设季度报告制度。印发《2019年度依法行政考核办法》，对50个单位依法行政工作进行考核。市政府投资工程嵌入式全流程监督监管项目入选全省单项示范创建项目，洪泽区和淮安区入选全省法治政府建设示范区。

【行政复议】 2019年，淮安市专门设立市政府行政复议受理点，重新开通市政府行政复议网络申请渠道，按月公示审理结果。组织开展全市《中华人民共和国行政复议法》实施20周年系列活动。改进行政复议办案方式，组织专家研讨6件、听证会5场、调查会12场、协调会4场，实地调查6次。加强行政复议工作指导，组织调研新修订《政府信息公开条例》施行后对行政复议工作的影响。组织全市行政复议案件（案卷）评查等活动，通报表彰市市场监督管理局、淮安区司法局等优秀案件承办单位，对评查发现的案件办理瑕疵和问题及时要求整改。全市行政复议机构共新收行政复议申请451件，受理396件，依法办结346件，其中维持决定125件，驳回43件，撤销41件，确认违法13件，责令履行5件，终止119件，直接纠错率17.05%，综合纠错率51.44%，期限内结案率100%。其中，市政府行政复议机构全年新收行政复议申请102件，依法受理80件，审结69件，其中作出维持决定22件，驳回20件，撤销14件，确认违法2件，终止11件，直接纠错率23.18%，综合纠错率40.57%。

【行政应诉】 2019年，淮安市进一步落实《关于进一步推进依法行政提升行政负责人出庭应诉率降低行政案件败诉率的意见》，实现“行政机关负责人出庭应诉率上升、败诉率下降”总体目标。开展行政败诉案件调研分析活动，对行政应诉工作和行政案件败诉情况进行研判。继续打造行政机关负责人出庭应诉“季季看”活动品牌，市本级2次组织行政机关负责人观摩典型行政诉讼庭审，各县（区）组织计500余人次参加旁听庭审。全年市政府本级共发生行政诉讼案件82件（其中一审52件），结案47件，持续打造行政机关负责人出庭应诉“季季看”活动品牌。

【法治政府建设督察】 2019年，淮安市通过开展法治督察工作，强化各单位法治政府建设意识。开展食品药品监管执法司法督察，围绕食品药品的8个方面开展督察，保障食品药品安全。开展营造法治化营商环境、保护民营企业发展专项督察，全面了解全市法治化营商环境，督促各地各部门对发现的问题采取有效措施，保护民营企业发展。开展法治政府建设全面督察，以书面督察形式，对发现的问题进行整改，采取有力措施补齐短板。开展法治建设半年综合督查，对各单位及县区2019年上半年推进法治政府建设工作措施、取得的成效、特色亮点和存在的主要问题进行督查。

【行政执法监督】 2019年，淮安市认真做好行政执法三项制度贯彻落实工作。对市直35个部门梳理出的6467个行政权力事项进行法治审核。加强重点领域执法监督，对市场监管、生态环境2个重点领域8个方面开展行政执法监督检查。推动行政执法体制改革，按照“有需求、能承接”原则，做好金湖县街道相对集中行政处罚权审核报批工作。推进“减证便民”，通过数据共享，取消证明事项1个，通过其他替代方式取消证明事项3个，开展全市司法行政系统证明事项公开承诺制试点。开展行政执法主体资格审核和执法人员管理，完成全市298个行政执法机关执法主体信息的统计、确认、审核、公布，完善7014名执法人员信息库，7800余人参加行政执法人员培训和考试。

【规章制定修改】 2019年，淮安市首

次启动规章后评估工作，对自2016年取得地方政府立法权户制定的5部规章进行全面评估，根据评估结果，决定对《淮安市城镇排水管理办法》《淮安市港口岸线管理办法》进行修改。年内，完成《淮安市城镇排水管理办法》《淮安市港口岸线管理办法》《淮安市餐厨废弃物管理办法》3部规章制定修改工作。

【市政府规范性文件清理】 2019年，淮安市以2017年清理结果中继续有效、应予修改的文件和2017年12月20日后以“淮政规”发布的文件为清理对象，对范围内65件市政府规范性文件和8件一般文件进行清理，确定继续有效的市政府规范性文件28件，应予修改23件，决定废止14件；其他文件决定继续有效6件，应予修改1件，决定废止1件。根据生态文明和环境保护、证明事项清理、外商投资、优化营商环境等工作要求，对现行有效的相关规范性文件开展专项清理。

【行政规范性文件备案管理】 2019年，淮安市健全完善行政规范性文件备案管理制度体系，出台《淮安市关于全面推行行政规范性文件合法性审核机制的实施意见》《淮安市行政规范性文件认定参考意见》。确认公布全市行政规范性文件制定主体437个，其中市本级52个；对各县区和市级部门报送备案的15件行政规范性文件，组织交叉评查、专家审查、集中点评，确保出台的行政规范性文件合法合规；督促指导各部门开展定期清理和专项清理工作，清理出现行有效的部门行政规范性文件86件，拟修改5件，拟废止3件。

【政府法律顾问工作】 2019年，淮安市组建新一届市政府法律顾问委员会，建立市政府法律顾问人才库。对市政府与比亚迪公司专用车合作协议等25件市政府重大合同、协议提出合法路径、方式建议；为服务改善农房条件加强用地保障指导意见等33件政府文件出具法律意见；参与市区环卫市场化工作推进会等会办会议14次；复核信访案件5件；为央视中秋晚会提供专项法律服务，对67件合同协议进行合法性审查，提出意见、建议。

（市司法局）

公 安

【概况】 2019年，淮安市公安“110”接报警情192.76万起，其中有效警情55.32万起，包括违法犯罪警情10.06万起、群众求助8.86万起、交通事故16.27万起、纠纷警情14.97万起、其他5.16万起。年内，1名民警被授予第七届“江苏最美警察”称号，3名民警记一等功，5个集体、20名民警记二等功，12个集体、103名民警记三等功，淮安市公安局巡特警支队被省委、省政府表彰为“人民满意的公务员集体”。

【打击犯罪】 2019年，淮安市公安机关推进扫黑除恶专项斗争，全国首创黑恶重点案件招标侦办做法，专项斗争成果位居全省前列。开展大要案件攻坚，年内19起现行命案全破，突破10年以上命案积案5起，八类案件破案率95.1%，侦破部督案件6起。开展“云剑”“利剑”等专项行动，依托市反诈中心、合成打击中心，接警止付银行卡5400余张，止付冻结资金1.9亿余元。赴海南儋州等地开展通讯网络诈骗犯罪专项打击行动，串并侦查通讯网络诈骗案件86串、587起，抓获涉案成员593人，挽回群众损失2000余万元。侦破经济犯罪案件312起，追赃挽损近2亿元，非法集资案件规模综合下降率41.51%。侦破涉企案件50起、涉税案件156起，挽回国家税款1.13亿元；抓获传统盗抢骗违法犯罪嫌疑人1575人，破案1464起，比上年分别增长5.5%、6.2%，盗窃电动车发案比上年下降24.2%；缉捕各类逃犯1519人，库存下降率61.65%。开展“两打两整一提升”（严打枪爆违法犯罪、严打黄赌毒违法犯罪，整治场所行业秩序、整治治安乱点地区，提升基层所队战斗力）专项行动，挂牌整治治安乱点19处，查办枪爆案件52起、娼赌案件958起。

【治安防控】 2019年，淮安市公安机关推进社会治安防控体系标准化城市创建，制定出台全市公安机关社会治安防控体系建设实施意见。根据市域特点，依托全市公安检查站、治安卡口、警务查报站、应急堵控点等，构建环市外围、绕城内部、城区核心三道防控圈。全市建成16个街面警务工作站，完善主动型巡防警务，研发巡特警可视化实战平台和巡防掌上APP，实现精准巡防。率先建成全省首个市县一体化移动图传平台，配备1600套4G高清前端设备，建成并启用覆盖全域的PDT（集群通信标准）警用数字集群系统，配发数字电台3500套。推进升级版技防城建设，公安自建及联网监控8.5万台，全市

4月26日至30日，淮安市警务代表团赴乌兹别克斯坦开展交流访问活动

市公安局 供图

2019年，淮安市公安机关驻海南儋州开展反诈工作　　市公安局　供图

监控总数28万台，重点部位高清监控实现全覆盖，其中智能监控占比超60%，建立物联网基站3200余处，自建人像识别、WiFi采集、RFID（射频识别）采集等智能前端嗅探设备1.2万台，发放防盗电动车号牌、“安心手环”等16.9万套，建设智慧小区267个、智慧车站9个，全市技防总体质态保持全省领先。依托标准地址库，开展基础信息采集，新登记出租房屋3.95万户、流动人口18.75万人。

【智慧警务】 2019年，淮安市公安机关按照“大数据赋能警务创新”的工作思路，推进智慧警务建设和数据赋能攻坚行动。围绕“110”接处警、人员管控、案件侦办、巡逻防范等警务，搭建全警一体化应用数据赋能创新平台，集成18个业务平台系统，搭建8类164个数据实战应用模型，大数据赋能警务创新经验做法得到省公安厅肯定，并召开现场会向全省推介。

在全省率先建成占地面积2600平方米的警务云数据中心，建设规模和存储体量全省一流。组建34支数据赋能战队，形成数据赋能全警格局。自主研发“数模空间”“E网打尽”、淮警智搜、视云平台等系统，结合移动接处警、人脸识别等17个移动警务应用，精准支撑服务基层一线，其中“数模空间”获公安部基层技术革新三等奖。创新完善淮安“146”智慧警务框架，即以一个大数据技术服务中心为龙头，以数据在线、视频攻坚、移动警务、能力提升四项工程为支撑，打造环市、环城、路网、行为、网络、涉警六道数据天网防线，打造“智慧指挥”“智慧技防”“智慧小区”等“智慧样本”。

【安全监管】 2019年，淮安市公安机关开展监管领域系列安全隐患整治行动，提升公共安全监管效能。全年检查危险物品单位1800余家次，发现整改治安安全隐患350余处。查处非法运输、经营、违规燃放案件18起，收缴非法存储烟花爆竹651箱。完成银行系统安防监控平台及26家网点安防系统升级改造。在全市262家加油站推广应用“散油宝”APP，拆除取缔违法经营加油站点79个，查获流动加油车21辆，查办非法经营刑事案件3起、行政案件19起。查处各类非法寄运案件18起，适用内保条例处罚寄递企业59家。检查涉水单位场所28个、重点要害部位35处，排查整改治安隐患39处。

【执法规范化建设】 2019年，淮安市公安机关开展规范执法升级行动，推进县级公安机关“一体化、智能化、精细化、合成化”执法办案管理中心建设。其中，洪泽分局率先完成“四化”中心建设，是首批“四化”中心示范点。升级完善涉案财物管理系统，应用政法业务协作平台、电子卷宗、电子笔录软件，年度行政案件上传率、行政处罚组卷率、刑事案件上传率、提请逮捕组卷率、移送起诉组卷率均达99%以上。建立“大数据+执法监督”管理新机制，整合8个执法管理系统，创新研发执法大数据监督管理平台，并在洪泽分局试点运行。完善执法制度体系，制定出台公安局集体通案制度、公安机关办理吸毒案件执法工作规范、查处违法燃放烟花爆竹等违法行为的指导意见等文件，制作医患纠纷警情处置、人员失踪警情处置等现场执法标准。

【禁毒工作】 2019年，淮安市查获吸毒人员694人次，比上年下降30.74%。从滥用毒品种类看，甲基苯丙胺683人次，占98.41%；海洛因11人次，占1.59%。从性别看，男性609人次，占87.75%；女性85人次，占12.25%。从户籍看，本地籍贯为主，淮安市籍607人次，占87.46%；外市籍87人次，占12.54%。从年龄看，以中青年为主，17岁以下13人次，占1.87%；18至35岁468人次，占67.44%；36岁以上213人次，占30.69%。

【人口户籍管理】 2019年，淮安市户籍登记168.27万户、户籍总人口560.48万人，其中城镇人口322.38万人。年内，淮安市公安机关加强户籍窗口规范化建设，全市155个户籍窗口全部完成统一规范设置。开展户口清理整顿，摸排解决无户口人员320人，清理重复户口922个、应销未销户口11938个、违规恢复户口6个。规范身份证信息管理服务，受理身份证证件信息22.38万条，身份证受理窗口满意度达98.6%。

【出入境管理】 2019年，淮安市公安机关持续优化出入境管理服务，推动涉外管理、国际执法合作工作提档升级。新增出入境管理自助服务区，落实国家移民管理局“全国通办”便民措施，为群众节省办证费用46万元。成功侦破“5·11”组织他人偷越国（边）境专案，查办外国人“三非”案件32起，其中非法就业类案件19起。组建淮安警务代表团赴乌兹别克斯坦开展警务回访交流，促成与淮安“走出去”企业海外所在地阿汉加兰市内务部门签署《会谈纪要》。办理因私出入境证件2037334人次。其中，批准中国公民因私出国申请78596人次，签发港澳通行证及单签100694人次，赴港澳定居11人，批准赴台

2019年，淮安市公安机关抽调精干警力保障中央广播电视总台中秋晚会安保工作　　市公安局　供图

12524人次，出入境通行证25人次。境外人员入境（淮安）17740人次，其中外籍人士9604人次、台湾居民6834人次、港澳居民1302人次。

【大型活动安保】 2019年，淮安市公安机关以新中国成立70周年大庆安保为主线，推动建立市级层面重大涉稳风险联合研判机制，组建1600人的区域处突机动队。增援响水“3·21”特别重大爆炸事故，处置各类矛盾纠纷11.4万起，化解重大风险31个。运用人脸识别、智能标签等技术，升级智慧安保体系，完成2019中央广播电视总台中秋晚会（淮安）、第二届中国（淮安）国际食品博览会、淮河生态经济带省际联席会议和第1次市长会商会议、2019淮安·金湖国际半程马拉松赛等96场次大型活动安保任务，其中万人以上规模活动7场，涉及人数46.5万人次，累计投入安保警力3.6万人次，全部安全无事故。

【场所行业管理】 2019年，淮安市有旅馆1824个、桑拿洗浴按摩足疗场所459个、歌舞娱乐场所177个、游戏游艺娱乐场所8个。公安机关深化旅馆业阵地管控，全市旅馆业安装人像识别系统1792套，安装率99.5%，抓获网上在逃人员39人，查破各类案件152起，查处违法经营旅馆217个。开展重点场所行业集中整治行动，清查歌舞、游艺等娱乐场所342个次，洗浴、按摩等服务场所989个次，旅馆业、典当业等重点特种行业1126个次，消除治安隐患80余处，责令限期整改110个，责令停业整顿34个，取缔娱乐场所25个。开展生产性废旧金属收购业专项整治，检查经营单位185个次，责令限期整改83个。开展机动车维修行业专项整治，全市列管机动车修理业单位619个，累计采集登记从业人员767人。研发应用“掌上快印”治安管理信息系统，全市登记录入旗帜店、誊印社等印刷单位968个、从业人员1500余人，采集各类印制品信息6300余条。出台印章治安管理便民利企九条措施，实现公章刻制业经营单位网上查询、公章网上查询、全流程自主备案。优化保安员从业单位备案流程，开展保安服务行业巡查整治专项行动，查处违规违法经营单位26个、无证上岗保安员1650人。（市公安局）

检　察

【概况】 2019年，淮安市检察机关办理刑事、民事、行政、公益诉讼等各类案件17868件，获得市级以上集体荣誉135项、个人荣誉112人次。淮安市检察院被省检察院记“集体二等功”，被市政府授予“五一劳动奖状”，被确定为全国信息技术示范点。16件案件被最高检、省检察院评为典型案例、公告案例。金湖县检察院获评“全国维护妇女儿童权益先进集体”，淮阴区院被确定为“全国未成年人检察工作创新实践基地”。

【刑事检察】 2019年，淮安市依法批准（决定）逮捕1290件2003人、起诉3687件5841人，对重大刑事案件提前介入、引导侦查，确保办案质量。依法不批捕370件706人、不起诉251件528人。依法监督立案46件、监督撤案105件，纠正漏捕150人，纠正漏诉42人，书面纠正侦查、审判、刑事执行监管活动违法305件次，3起刑事执行监督案件获评全国检察机关精品案件。推进扫黑除恶专项斗争，批准逮捕涉黑涉恶犯罪63件171人、提起公诉46件375人，依法改变5件重大案件定性，发现并移送保护伞线索61条，提出财产刑量刑建议27条。

【民事行政检察】 2019年，淮安市办理不服生效裁判、民事审判活动违法、民事执行监督等案件547件，提出抗诉2件，法院再审改变3件（含上年结转）；发出民事再审、执行活动监督、审判程序违法检察建议287件，同比上升22.6%。依法办理虚假诉讼案件68件，涟水县检察院深挖一起恶势力“套路贷”犯罪案件，推动对35人采取刑事强制措施、50件民事虚假诉讼案件改判。加强行政检察，发出行政非诉执行监督、行政审判活动违法监督检察建议26件。

【职务犯罪检察】 2019年，淮安市做好职务犯罪检察工作，起诉职务犯罪案件51件56人，不起诉1件1人。高质高效办理国家烟草局原副局长赵洪顺受贿案。

【未成年人犯罪检察】 2019年，淮安市批捕未成年人犯罪25件36人、起诉56件85人，不捕78人、不诉80人。一起涉恶犯罪集团侵害在校生权益案件被最高检、公安部新闻发布会采用，并入选最高检典型案例。落实最高人民检察院“一号检察建议”，全市116名检察人员受聘担任163所中小学法治副校长，开展法律宣讲、法治报告196次。淮安区检察院拍摄的

9月2日，淮安中院研发的"无讼淮安"在线多元调解平台正式启动
市法院　供图

全国首部预防校园欺凌MV《青春需要温暖》获得最高人民检察院、教育部、共青团中央肯定推广，媒体阅读量突破5亿人次。

【民事行政检查监督】 2019年，淮安市起诉盗窃、诈骗、寻衅滋事等侵犯公民财产、妨害社会管理秩序类案件1795件3220人。落实食品药品安全"四个最严"要求，起诉生产、销售有毒、有害食品以及不符合安全标准食品的犯罪62件129人。优化12309检察服务中心建设。金湖县检察服务中心通过标准化试点国家级验收，系全国检察系统首家。淮安市检察院制定信访"七日内程序回复、三个月内实体答复"实施办法，依法办理群众来信来访2896件。参与社会综合治理，研判报告获得县（区）以上领导批示32篇。

【诉讼工作】 2019年，淮安市立案民事公益诉讼43件、行政公益诉讼205件，其中在生态环境和资源保护、国有财产保护、国有土地使用权出让等领域立案127件，督促保护、收回国有财产2026万余元，追偿修复生态、治理环境费用2045万余元，清除各类垃圾3.67万吨，收回被非法占有土地8.19亩。依法起诉重大责任事故罪、重大劳动安全事故罪等18件28人。办理诉前程序案件249件，推动相关行政机关纠正违法或履行职责190件。

【服务经济社会发展】 2019年，淮安市制定服务保障民营企业发展"12条意见"。起诉侵犯知识产权、危害税收征管等破坏社会主义市场经济秩序犯罪238件731人。起诉非法吸收公众存款、妨害信用卡管理等破坏金融管理秩序犯罪27件78人；依法起诉破坏环境资源犯罪65件245人。注重结合司法办案加强研判分析，当好党委政府的法治参谋，研判报告获得县（区）以上领导批示32篇。将检察建议作为参与社会治理的重要载体，提请市人大常委会出台加强和规范检察建议工作的决定，全年发出社会治理类检察建议68件，采纳率超过70%。

【检察改革】 2019年，淮安市检察机关开展内设机构改革工作，按照工作性质和案件类型设立部门，统一规范名称、职能，改革后全市共精简内设部门22个。落实"捕诉一体"要求，同一案件批捕、起诉由同一检察官或检察官办案组负责到底。落实认罪认罚从宽制度，注重以法律利器消解社会戾气，全年适用认罪认罚案件2581件4024人，量刑建议被采纳率88.93%。推进办案机制模式改革，入额院领导办理疑难复杂案件1095件，检察长、副检察长列席法院审委会36人次，建立职务犯罪、黑恶势力犯罪、公益诉讼等办案团队20个。全市16件案件被最高人民检察院、省人民检察院评为典型案例、公告案例。

（市检察院）

法　院

【概况】 2019年，淮安市法院系统受理各类案件121927件、审执结108827件。其中，市法院受理各类案件8202件，审执结7561件。法官人均结案265件，其中开发区法官人均结案487件。年内，市法院被国家版权局评为"2018年度查处重大侵权盗版案件有功单位一等奖"，被最高人民法院评为"全国法院司法宣传先进集体"，被国家机关事务管理局、国家发展和改革委员会、财政部联合评为"节约型公共机构示范单位"，清江浦区法院获最高院全国法院"基本解决执行难"工作嘉奖，清江浦区法院未成年人及家事审判庭被中华全国妇女联合会评为"全国巾帼建功先进集体"，淮阴区法院被团中央评为全国"青少年维权岗"，淮安区法院被最高院评为"全国法院司法宣传先进集体"。

【刑事审判】 2019年，淮安市法院系统一审审结刑事案件3629件，判处被告人4993人。依法从严从重打击黑恶势力犯罪，一审审结涉黑恶案件49件，判处被告人378人，判处罚金1147.01万元，追缴、没收违法所得或责令退赔2959.97万元。公开审判一起全市历史上涉案人数最多、毒品数量最大的贩卖运输冰毒案。一审审结邪教组织犯罪案件15件。维护群众生命健康及财产安全，一审审结生产、销售有毒有害食品等案件99件，非法集资、电信网络诈骗等案件31件。一审审结职务犯罪案件33件37人，其中原县处级以上干部4人，依法审理最高人民法院指定管辖的国家烟草专卖局原副局长赵洪顺受贿、华润山西医药公司原总经理张红林非法经营同类营业等大案要案。严厉惩治脱贫攻坚领域"微腐败"犯罪，一审审结侵吞扶贫资金、惠农补贴等案件2件。

【民商事审判】 2019年，淮安市法院

12月27日，淮安人首次运用24小时自助立案系统在涟水法院成功立案
市法院 供图

系统审结民商事案件62530件。一审审结合同纠纷案件30517件、公司纠纷案件221件、金融纠纷案件4418件、房地产纠纷案件2513件。开展“套路贷”虚假诉讼专项治理，建立疑似职业放贷人名录，全面复查2016年后的民间借贷案件37506件，移送涉嫌犯罪线索1866条。推动建立市县（区）府院破产审判协调联动机制，设立破产管理人公益基金，出台破产管理人选任办法，通过破产清算使62家企业有序退出市场，清理债权债务14.96亿元，盘活厂房、土地280.77万平方米，安置职工4486人。依法惩处侵犯知识产权行为，一审审结知识产权案件272件，向江苏今世缘酒业股份有限公司发出《知识产权发展战略意见书》，帮助企业提高权利意识和维权能力。

【行政审判】 2019年，淮安市法院系统一审审结行政案件686件。清江浦区法院全面履行一审行政案件集中管辖职能。坚持监督与支持并重，判决撤销或变更具体行政行为、确认违法或无效、责令履行法定职责等79件，判决驳回诉讼请求、裁定驳回起诉396件，经法院协调和解、撤诉152件，审查非诉行政执行案件691件。服务保障全市“重特大项目攻坚年活动”，妥善审理涉高铁新区、棚户区改造等重点工程、重点项目引发的征地拆迁纠纷案件94件，市法院被市委、市政府评为中心城市建设优秀服务单位。持续开展行政机关负责人出庭应诉“季季看”活动，行政机关负责人出庭应诉率88.78%，比上年上升5.91个百分点。

【环境资源审判】 2019年，淮安市法院系统一审审结环境资源案件327件，其中刑事案件67件，判处罪犯173人，行政案件64件，行政非诉申请执行审查案件112件，民事案件84件。设立洪泽湖流域环境资源法庭，审结沈某某等14人非法拆解冶炼废铅蓄电池等严重污染环境、破坏环境资源等案件62件。发布《2019年度淮安法院环境资源审判白皮书》，向市委报送《洪泽湖流域环境资源法庭工作报告》。制定出台《关于全面加强生态环境保护依法推动打好污染防治攻坚战的实施方案》，助推全市环境污染综合治理；联合市检察院、市公安局出台《关于加强洪泽湖、白马湖生态环境司法保护实施意见》，为打造“生态河湖好风光”的淮安品牌奠定基础；根据省、市部署，出台《关于支持依法提起环境公益诉讼的实施意见》，确保环境公益诉讼工作稳步开展。

【未成年人及家事审判】 2019年，淮安市法院系统一审审结未成年人及家事案件9028件。加强与市妇联、公安局、检察院、司法局等部门联系沟通，形成相互协作、各司其职的社会化维权网络。开展“法护家园”系列活动，召开全市“法护家园”系列活动的工作推进会，与市妇联互设家事调解室、家事巡回法庭，聘任家事调解员、调查员、心理辅导员462名，婚姻家庭案件一审调撤率62.9%。加强未成年人犯罪审判和青少年维权，推进未成年人犯罪记录封存和社区矫正工作。淮阴区法院被命名为“全国青少年维权岗”。清江浦区法院在于某虐待继女案件中发出全省首份禁止再次实施家庭暴力的“禁止令”，被评为“全省未成年人保护十大事件”。洪泽区法院判决某托管班对受伤儿童承担

6月25日，淮安市中级人民法院公开审理淮安历史上数量最大、人数最多的贩卖毒品案件
市法院 供图

照看不周的侵权责任，入选“全省维护妇女儿童权益十大典型案例”。

【案件执行】 2019年，淮安市法院系统执结案件31872件，执行到位标的额71.2亿元。巩固基本解决执行难成果，实施执行接续攻坚行动，健全执行联动机制，会同公安机关共建“执行30分钟响应圈”，推行“执行+保险”工作机制。完善失信行为联合惩戒机制，发布执行悬赏公告1929次、失信被执行人信息19412人次，通过“定制彩铃”“督促履行令”“任职失信核查”等举措，促使5827名被执行人主动履行义务。开展涉金融、民生等领域专项集中执行活动，开展搜查1899次，拘传或拘留1597人，判处拒执犯罪2人。参与P2P网贷风险专项整治，清理P2P网络仲裁裁决执行案件123件。推进执行规范化建设，首次执行案件法定期限内结案率94.12%，比上年上升24.29个百分点，平均用时比上年缩短68.73天。

【矛盾纠纷化解】 2019年，淮安市法院系统建立民事案件“万人成讼率”（辖区内每一万人中到人民法院的一审民商事案件数）通报制度，实现审务进基层、法官进网格全覆盖，促进矛盾纠纷源头化解。运行非公企业、金融纠纷、医患纠纷等12类联动调处平台，人民调解员、特邀调解员等参与诉前化解纠纷17182起。自主研发“无讼淮安”在线多元调解平台，实现在线咨询、查询、调解和诉讼四大服务功能，平台自9月2日正式启动，全市43个调解组织、239名调解员入驻，注册用户1165人，线上调解纠纷279起。年内，市法院和6家基层法院一审收案总量呈下降态势，全市法院一审收案总量下降3.06%。开发区法院建成交通事故联合调处中心，交通事故案件下降56.68%。涟水县法院与县农业农村局共同推动建立土地争议仲裁庭，农村土地承包纠纷案件下降50.06%。金湖县法院构建“全域诉调”模式，物业纠纷案件下降50.24%。

【司法体制改革】 2019年，淮安市法院系统深化司法体制改革，强化院庭长权责管理，落实院庭长实质办案要求，全市法院院庭长承办和担任审判长办结案件65423件，占结案总数的60.12%。强化审判管理部门专责管理，落实以审判为中心的刑事诉讼制度改革，严格执行庭前会议、非法证据排除、法庭调查，提升庭审实质化水平。推进律师辩护全覆盖试点，全市法律援助刑事案件1003件，援助比例达100%。落实司法人员分类管理，全市基层法院内设机构全部调整到位，精简机构45个。加强“智慧法院”建设，推广应用道路交通事故损害赔偿纠纷“网上数据一体化处理”平台，市法院及淮阴区、淮安区、洪泽区等3个基层法院创成省5A级数字档案室。

10月28日，盱眙法院洪泽湖流域环境资源法庭在清江浦区法院公开开庭审理该法庭成立后的第一起污染环境案件　　市法院　供图

【“法润民企6+1”行动】 2019年，淮安市法院与市工商联联合开展“法润民企6+1”行动，主要内容是服务民企“六项机制一个挂钩”，即：民企法律风险防范机制、民企运营法律体检机制、民企纠纷多元调处机制、民企诉讼“绿色通道”机制、民企法律文化培育机制、“法企同行”法律宣讲机制，实现一名法官挂钩一家民营企业。年内，市法院组织编写公司治理与经营、企业用工、企业刑事法律风险防控手册，全市400余名法官先后走访民营企业800余人次，进行法律体检700余场次，开展法律咨询服务1600余人次，赠送法律风险防控手册600余套。非公有制企业人民调解委员会自行化解纠纷100余起，接受法院委托调解案件40余件，成功调解案件24件。

【“两个一站式”建设】 2019年，淮安市法院系统全面推动“两个一站式”建设，包括一站式多元解纷机制建设和一站式诉讼服务中心建设。全市两级法院全部建成非诉讼服务分中心、诉讼与非诉讼对接中心，实现“厅网线巡”一体化诉讼服务，为当事人提供一站通办的便捷服务。推进诉讼服务标准化建设，健全办事规程、服务指南和风险告知等制度，群众诉讼事项当场办结率、一次性办结率98%以上。深化跨层级、跨区域诉讼服务改革，全市法院办理网上立案35094件、跨域立案98件，涟水县法院完成全省首例执行案件跨域立案。6家基层法院建成“24小时自助法院”，实现诉讼“不打烊”。

【案件繁简分流改革】 2019年，淮安市两级法院全部成立专门速裁组织，组建速裁快审团队43个，配备速裁法官45人，法官助理46人，书记员65人。确定符合审判规定的案件繁简统一识别标准，市法院简单民事案件识别准确率90%以上。建立“两预一庭”机制，对每一案件实行庭前预评、电话预调解，减少谈话、开庭次数，实现一庭结案。全市法院90%简易程序案件做到一庭终结，庭审时间平均缩短40%以上，当庭宣判率39%。推动民商事案件繁简分流向刑事、行政、执行等各领域拓展，由“快慢分道、简案快办”向“普案细审、繁案精审”拓展，对送达、排期开庭、保全、鉴定评估、文书上网等审判辅助事务实行集中，提升办案效率，实现11%的员额法官办理51%的民事案件，速裁案件平均审理天数35天。市法院案件繁简分流改革经验入选最高人民法院《司法改革案例选编》。（市法院）

司法行政

【概况】 2019年，淮安市司法行政系统完成机关转隶重组。市司法局与市法院共同打造“无讼淮安”在线矛盾纠纷多元化解平台，构建“四纵四横”纠纷化解网络。淮安市公共法律服务中心正式启用，为群众提供公证、法律援助、司法鉴定、医患纠纷调解、法律咨询等“一站式”“实体化”服务。淮安市法治宣传教育领导小组办公室获评“七五”普法中期全国先进集体，淮安市获评全省“七五”普法中期先进城市。全市司法行政系统12个集体、22名个人获得省司法厅以上表彰。

【人民调解】 2019年，淮安市司法行政机关开展国庆安保维稳“百日会战”专项活动，参与“无讼淮安”工作，市、县两级非诉中心及法院分中心全面建成。“老兵调解”等工作经验获国务院副总理孙春兰肯定，司法部领导批示认可，省司法厅在淮安举办现场推进会并全省推广该经验。全市各级调解组织调处案件91649件，成功率99.96%。全市7个调解集体、9名调解个人获司法部、省司法厅表彰，淮阴区老兵调解协会党支部被市委表彰为全市先进基层党组织。

【医患纠纷调处】 2019年，淮安市城区医患纠纷调处中心坚持发展“枫桥经验”，公平公正化解医疗纠纷，努力实现矛盾不上交、不激化。加强“一站式”调解服务平台建设，新建医疗纠纷巡回法庭，为当事人提供高效便捷的纠纷咨询、受理、调解、理赔和司法确认服务。中心全年接待纠纷咨询172件500余人次，受理纠纷163件，调结纠纷134件，成功调解128件，调解成功率95.5%，协议履行率100%。完善专家咨询机制，召开专家咨询会110场次，委托医疗损害鉴定14件，科学认定医疗损害责任。建立医疗纠纷信息共享协调联动机制，防控医患矛盾升级。全年现场处置医疗突发事件19件，纠纷迁出成功率100%。

【司法公证】 2019年，淮安市深入推进公证机制改革，全市7个公证处均实行企业化管理，落实独立法人和自主管理权。全年办证2.6万余件，业务收入1140万元，首次突破千万元。全市公证处均达到江苏省公证机构规范化建设标准要求，具备涉外办证资格。持续推行“减证便民”“最多跑一次”服务，优化服务流程，完善办证指引等。为淮安内环高架快速路、文庙三期等重大工程招投标公证30余件，为拆迁评估机构、廉租房摇号公证等民生领域公证10余件，涉及拆迁户2000余户，为南京外国语学校淮安分校等民办学校摇号招生现场监督公证10余件。

【法律援助】 2019年，淮安市推进“司法解困直通车”工程，推进法律援助改革，刑事案件律师辩护实现全覆盖，法律援助值班律师制度落实到位。维护经济困难群众和弱势群体合法权益，开展“法援惠民生”系列专项行动。全市受理法律援助案件6514余件，现场接待法律咨询2万余人次，连续14年有案例入选全省法律援助“十大优秀案例”。

【司法鉴定】 2019年，淮安市司法行政机关在司法鉴定能力验证、司法鉴定质量和有效化解矛盾等方面走在全省前列。全市11个司法鉴定机构、42名司法鉴定人全部通过省级能力验证。开展司法鉴定质量评查和典型案例评选，报送典型案例23篇，被司法部录用1篇，案例采信率超99.5%。注重加强与当事人沟通、解释和说服工作，有效投诉为零。全年完成司法鉴定案件8247件，业务收费1323.7万元，出庭质证20次、39人次。

【特殊人群服务管理】 2019年，淮安市社区矫正工作突出抓基层、打基础，组织实施固本强基活动，加强刑罚执行一体化建设，加强刑释解戒人员衔接管理和教育帮扶。组织314名社区矫正对象进监所开展集中警示教育，全年特殊人群管理工作实现无脱漏管，无重新犯罪，无个人极端事件，无群访集访事件，无网络舆情事件。至年底，全市在册社区矫正对象2218人，累计接收社区矫正对象33203人，累计解除矫正30985人。年内刑

12月4日，淮安市宪法日集中宣誓活动在周恩来纪念馆举行
市司法局 供图

释解矫4302人，落实“必接必送”341人，安置帮教对象自主创业215人，从事个体经营233人，获得社会救助270人，获得就业服务7126人。

【律师管理】 2019年，淮安市有1056名律师，其中专职律师730名、兼职律师45名、公职律师241名、公司律师20名、法律援助律师20名，有律师事务所80家。律师创收2.35亿元，律师办理业务案件33993件，其中民事案件24925件、刑事案件3532件、行政案件477件、非诉案件621件、其他案件4438件。6月1日，“守护花开”淮安市巾帼律师公益联盟正式成立，联盟先后开展以“扫黑除恶、弘扬正气”为主题百场普法讲坛进社区和以“珍爱生命、远离伤害”为主题的百场讲坛进校园活动。

【机构改革】 2019年，根据《淮安市机构改革方案》，淮安市司法局与市政府法制办公室职责整合，重新组建淮安市司法局，并设淮安市全面依法治市委员会办公室。市司法局研究制定《市司法局转隶组建实施方案》，成立机构改革工作小组，组建工作专班，具体承担转隶组建实施工作，完成职责、机构、编制和人员的划转，资产、离退休干部、档案交接等工作。3月19日，市委办公室、市政府办公室印发《淮安市司法局职能配置、内设机构和人员编制规定》，淮安市司法局机构改革工作顺利完成。

【法治宣传教育】 2019年，淮安市落实“谁执法谁普法”责任制，法治文化建设取得较大进展，“运河之门”宪法主题园获选全省首批大运河(江苏段)法治文化品牌项目。新建或提档升级金湖县宪法宣传教育中心、清江浦区宪法馆等11个法治文化阵地；命名“市级第七批法治文化建设示范点”26个。参加全省第二届“党员学宪法学党章考法律”活动，参考人数、参考占比全省第一。开展“学法七天乐 服务为民生”宪法宣传周活动，组织市直50余家单位服务群众2万余人次，发放书籍资料3万余份。开展“共创文明城 普法再行动”集中宣传活动，印制“市民一封信”“家长一封信”，累计发放100万份，在480个银行网点、378个保险网点以及公交站台、有轨电车等覆盖播放法治宣传片。《老潘的普法人生路》获全国第三届“我与宪法”微视频三等奖，《我不知道我知道》等5部作品获第十五届全国法治动漫微视频征集二、三等奖。

【指挥中心建设】 2019年底，淮安市、县两级司法行政机关全面建成指挥中心，建立健全“平战结合”两种运行机制模式。市司法局指挥中心实现与司法部、省司法厅和全市7个县(区)司法局指挥中心互联对接，可随时进行视频、语音对话，同时具备信息汇聚、分流指派、分析研判、工作巡查、指挥调度、督查督办、应急值守等7个职能。此外，全系统所有公共法律服务机构、服务大厅和特殊人群管理场所全部实现视频监控联网，所有视频信号通过网络实时汇聚到指挥中心视频监控平台。

【法律职业资格考试全面计算机化】 2019年，淮安市首次组织国家统一法律职业资格考试全面计算机化考试。8月31日和9月1日，组织1654名考生在江苏食品药品职业技术学院和江苏护理职业学院2个考点进行客观题计算机化考试；10月13日，组织518名考生进行主观题计算机化考试，并接受省司法厅巡考、督考组全面检查，全程无一例违纪。淮安市司法局再度被司法部通报表扬为全国法考表现突出单位。 (市司法局)

仲　裁

【概况】 2019年，淮安市仲裁委员会在聘仲裁员200名，其中律师108名、高校法学教授19名、退休法官5名、重点行业高级专家68名。专家咨询委员会下设4个组，涵盖仲裁疑难案件法律和专业2个方面。将调解贯穿案件审理始终，“依法制争”“以德止争”，采取“庭前调解”“背靠背”“面对面”等多种调解方式，促成当事人和解、调解，案件调解和解率达50%以上。仲裁委连续3年审理的1500余件案件，无一起案件被撤销或不予执行，没有发生一起越级上访事件。

【案件仲裁】 2019年，淮安市改变关门办仲裁、等案上门工作方式，深入县(区)、企业，主动联系重点项目，参与政府投资项目、国企改制、国企产权转让等经济合同事务，为全市中心工作提供法律服务。仲裁案件呈现类型多元化格局，案件涵盖建设工程、房地产买卖、借款、租赁、担保、金融保险、合伙、股权转让等10余种类型。受理平等主体之间的合同和财产权益纠纷仲裁案件280件，完成517件，完成率185%；受理案件标的达3亿元，完成9.76亿元，完成率325%，超4个月审结的案件数不高于全年受案数的12%，完成8.08%。全年无一件被法院撤销的案件。

【仲裁制度建设】 2019年，淮安市坚持仲裁员办案主体地位，发挥仲裁员办案决定作用。推进仲裁信息化建设，实现案件受理、审理、监督、分析网上流程管理，建立完善仲裁员办案业绩档案。严格案件管理责任制，明确办案助理、立案助理、书记员工作职责，强化办案人员责任意识，提高案件质量和效率。强化月度收结案管理，分类研究解决疑难复杂案件，建立秘书处领导复杂疑难案件督办制度，强化督促检查，清理积案，提高办案效率。发挥专家咨询委员会职能作用，针对仲裁庭对案件事实认定、法律适用、理解发生分歧的疑难复杂案件，为仲裁庭提供参考意见。

(市仲裁委)

军　事

淮安军分区

【概况】 2019年，中国人民解放军淮安军分区各级深入学习贯彻习近平强军思想，紧紧围绕“建设一流军分区”目标，坚持抬高站位提升标准，聚焦主业务实创新，圆满完成年度各项任务，部队建设取得新发展。

高举旗帜固根本，思想政治建设

12月6日，军分区干休所老战士吕逢进为驻淮某教导大队官兵授课
朱立军 供图

扎实有效。坚持用习近平新时代中国特色社会主义思想和习近平强军思想凝心聚魂，认真落实党委中心组理论学习，推开"每周一学、每月一讲、每年一题"群众性理论学习活动，军分区党委常委多次专题学习习近平主席最新讲话，师团领导带头宣讲解读，掀起学理论强思想热潮。开展"不忘初心、牢记使命"主题教育，坚持用周恩来精神为内核的红色资源培育官兵，围绕"五个检视""四个讲清"召开专题民主生活会，突出抓好问题整治整改，完成省军区赋予的"传承红色基因、担当强军重任"主题教育第四专题试点任务。盘活用好现有人力资源，团以上领导当头雁、机关干部是骨干、文职人员作主体、职工队伍为补充人才格局初步形成。

狠抓备战务主业，部队应急应战能力稳步提升。把备战打仗作为党委最大使命职责，出台党委文件统领中心工作，召开党委议战议训会，研究解决备战打仗现实问题。持续抓好战备秩序整治，完成庆祝新中国成立70周年战备任务，及时上报重要民社情，受到省军区肯定。推开首长机关周训练、月作业、季考核、年评估训考模式，编写首长机关应急应战业务训练指导法，参加省军区年度考核，多人进入靠前方阵。区分市、县、乡三级抓好民兵训练，落实民兵训练和集中轮训备勤，淮安区民兵应急连参加省军区考核获第4名。积极参与应急应战行动，盱眙县出动民兵参加龙虾节安保，金湖县组织民兵协助搜救2名落水群众，6个县区出色完成演习部队过境保障任务，受到军地好评。编印下发民兵政治教育读本，组织"四会"教练员集训，初步建立三级民兵教练员人才库。按"一个过程"组织国防动员实兵演习，锤炼市县两级动员机关指挥控制能力。

紧盯重点求突破，国防动员基础不断夯实。深入推进民兵调整改革，加大向各类新区、行业系统和高新技术产业领域编兵力度，提高新质民兵建设质量，在全省民兵调整改革检查验收中取得较好名次。淮阴区长江路街道基层武装部规范化建设、洪泽区高良涧街道民兵应急排网格化编建模式在全市观摩推广。抓实国防动员潜力核查，基础数据、重点数据全面、实时、精准。加强基层武装部建设，先后2次赴扬州军分区参观见学，组织2批全市专武干部集训，帮助基层武装部厘清基本职能，经验做法被省军区转发。开展"征兵宣传校园行"活动，完成年度新兵征集任务。深化推动全民国防教育，军分区、人武部领导带头宣讲，推动国防教育进机关、进学校，组织民兵骨干参加学生军训，联合11所四星级高中学校开展军训成果汇演，淮安区人武部全力保障全国青少年国防体育大赛，树立淮安民兵新形象。

纯正作风强能力，党委班子和作风建设持续加强。深入抓好军委党建会议精神贯彻落实，半年对团级党委班子建设进行检查，制定下发加强新时代军分区党的建设和干部队伍建设工作措施。落实军分区党委常委挂钩团单位帮建机制，规范各级党组织设置，加强民主集中制学习运用，召开民主生活会，表彰优秀共产党员、优秀党务工作者和民兵基层党组织。抓好党风廉政建设，高标准做好迎接军委巡视、国防动员部巡察工作，推进省军区党委移交问题整改落实，完成违规领取地方绩效补贴清退，获省军区对基层风气建设测评100%满意。抓好党的纪律教育，组织观看《铁纪强军》《忏悔与警示》等教育片，持续开展坚决纠治违规喝酒问题教育，完成问题线索调查核实，严肃处理个人事项填报不实问题，保持纠风治弊高压态势。

大抓防范守底线，确保部队集中统一和安全稳定。站在政治之年大事之年高度抓安全保安全，开展条令法规学习月、百日安全竞赛和保密工作专项检查，组织消防安全技能培训和保密骨干集训，各类人员安全意识显著增强。落实党委议管、形势分析、教育检查等基本制度，拉网式开展安全大检查，每月安全巡查，部队安全基础更加扎实。突出民兵训练、动员演习等大项活动安全管控，从严枪弹、车辆动用审批，持续抓办公保密秩序整治，完成全区涉密传真系统建设，严格涉密载体清查和退役人员"清密"工作，把住安全管控关键点。加强管理秩序规范治理，出台《关于进一步加强机关勤务保障的意见》，对现役官兵进行驾驶考核，实施机关营门和办公楼门禁系统建设，升级改造视频监控系统，营院技防手段更加高效。

严格规范聚效能，综合保障水平不断提升。坚持账户资金严管、结算报销严审、福利补助严控，开展财务专项检查，落实资金安全监管月报告、预算执行季通报制度，制定《军分区财务管理规定》，组织全区财务人员业务培训，全面落实取消家底经费支出和调整完善机动经费标准制度，压

4月24日，淮安区民兵应急连进行集中强化训练　　朱立军　供图

减行政消耗开支，核减不合理开支。协调推动民兵武器装备仓库周边安全隐患整治，组织全区装备业务“三熟悉四会”比武考核，安全接装车辆武器，完成武器装备清查核对。着眼改善官兵工作生活条件，加大营区基础设施整修投入，完成机关接待室、勤务班宿舍整修改造，新建体能训练室和网络学习室，推进武器库整体改造和机关环营区跑道建设。做好停止有偿服务“下篇文章”，委托管理项目顺利移交。干休所深入开展“大走访”和向“三老”学习活动，不断拓展“四化”服务，举办国庆升国旗仪式、“九九话重阳”主题活动等。

敢于担当谋作为，军民团结持续深入推进。认真落实第一书记任前谈话、宣布任职、履职述评机制，召开市委常委议军会暨人武部党委第一书记述职会，出台《关于加强新时代基层人民武装工作的意见》，清江浦区人武部组织党管武装述职会，涟水县人武部组织四套班子领导过军事日，强化领导干部管武装建武装意识。协调驻军全力争创全国双拥模范城“五连冠”，制定《关于进一步加强拥军优属工作的若干意见》，实现军人子女优质学校就学、随军家属首次就业、正团职转业干部副处实职安置、符合政府安排工作条件的退役士兵就业安置“四个100%”。积极助力打赢脱贫攻坚战，师团两级结对帮扶贫困村，落实扶贫项目，展现人民军队爱人民良好形象。　（朱立军　马兆跃）

【党管武装工作】 2019年，淮安市、县（区）两级认真落实常委议军、书记述职、现场办公、党政领导过“军事日”等党管武装工作基本制度，引导各级干部自觉强化党管武装意识，扛起党管武装责任。制定下发市、县（区）两级《党管武装工作实施意见》，举办2期乡镇（街道）专武部长集训，组织国防动员实兵演习，协调驻军部队和民兵预备役人员，投入淮安双拥模范城“五连冠”创建。年底，市委召开常委议军会暨县区人武部党委第一书记党管武装工作述职会，传达学习习近平强军思想（摘要），研究淮安市国防动员和武装工作重大事项，听取清江浦区、淮安区、涟水县人武部3个县区人武部党委第一书记口头述职，审议其他县区书面述职。同时召开武委会（国动委会），对2020年淮安市国防动员和武装工作进行部署，市委书记、市国动委第一主任、军分区党委第一书记姚晓东就国防动员工作发表讲话。　（朱立军　马兆跃）

【“淮动—2019”国动演习】 11月26日至27日，淮安市国动委按照“一个过程”要求，实兵演习，锤炼市县两级国防动员指挥控制能力。演习以交通运输动员为主要课题，按照平战转换、动员筹划、动员实施和组织复员四个阶段，各分队在任务地域展开行动，全程实案、实兵、实装、实地演练，有效提高国防动员能力。

（徐礼明　赵　波　许　谦）

【市专武部长培训做法经验获省军区转发】 2019年，淮安军分区根据主业急需、战位必需、转型所需原则要求，先后分两批组织基层专武部部长开展培训。培训围绕基层专武部部长所担负的兵役工作、民兵工作、动员准备（三主）、国防教育、军事设施保护、双拥共建、军民融合（四辅）、以及战备执勤、应急应战（两任务）设置课程，着重提高基层专武部长会抓建、会组训、会管理、会指挥、会协调“五会”能力，取得较好效果。培训由军分区联合市委组织部、市人力资源和社会保障局共同举办。培训前，

11月26日，淮安市国动委举行“淮动—2019”国防动员演习，图为演习指挥所现场　　朱立军　供图

军分区主官带队进行大量专题调研，先后走访查看7县（区）38个镇（街道）武装部，召开14场次座谈会，发放收回调查问卷400余份，形成“三需四强五会”培训工作思路。准备教案时，他们会同相关部门合理制定教学计划，统一教案格式，严格课目验收，逐项落实教学准备工作。培训进行中，他们采取各种形式，灵活教学方法，邀请地方职能部门专家走进课堂，为大家讲授国防教育、双拥、军民融合等专业知识，组织工作实绩突出的现役人员和基层专武部长，结合工作实际现身说法讨论交流，组织参训人员外出参观见学，丰富巩固学习效果。淮安军分区的做法经验，被省军区以传真电报形式，向全省各警备区、军分区转发，供各地学习借鉴。

（王兴旺　潘　鹏）

【军地合力解决军人“三后一安”问题】 2019年，淮安军地合力以争创全国双拥模范城“五连冠”为龙头，落实《关于进一步加强拥军优属工作的若干意见》，高质量解决军人“三后一安”问题，实现军人子女优质学校就学、随军家属首次就业、正团职转业干部副处实职安置、符合政府安排工作条件的退役士兵就业安置“四个100%”。市县两级分别成立双拥处、双拥科，配备专职工作人员，实行军地合署办公。市委市政府定期召开党委议军会、军政座谈会、双拥会商会。把双拥工作纳入全市经济社会发展和驻淮部队建设总体规划，作为各级领导干部施政考核重要内容。创新优抚安置，坚持将好学位、好职位、好岗位资源向军人“三后一安”倾斜，每年按随军家属安置总数预留国有企业岗位指标，接收安置随军家属，在全省率先出台扶持退役军人就业创业意见，遴选部分企业作为退役军人就业创业示范基地，联合金融机构推出“金融优抚”套餐，向市公安局、淮高新区辅警、专职消防员等岗位，推荐退役军人就业。全市军人子女、军转干部、退役士兵安置工作位居全省前列，经验做法被省军区转发，《解放军报》头版报道。

（马兆跃　周　杰　孙宇昆）

1月26日，涟水县民兵应急连进行战备拉动　　朱立军　供图

【全国青少年国防体育大赛保障】 11月9日，全国青少年国防体育大赛在淮安区青少年综合实践基地举行，淮安区民兵应急分队圆满完成会场国防氛围宣传、会场安保和相关保障工作，全部赛事完整、顺利举行。大赛由国家国防教育办公室、教育部体卫艺司、国家体育总局青少司和中华全国体育基金会指导支持，中国青少年国防体育发展联盟和国家体育总局登山运动管理中心、自行车击剑运动管理中心主办，旨在推动全民国防教育工作进一步展开。大赛共设手榴弹投准、精准射击、梅花阵、匍匐低桩网、平衡木、屈身绕杆、勇士野战对抗、勇士定向越野、勇士攀越、抗眩晕跑等比赛项目，较好体现体育与教育相结合、体育与国防相结合原则，“战味”“野味”“兵味”浓厚，可以让青少年在娱乐中接受国防和爱国主义教育。比赛用时两天，共有来自全国各地的31个代表队，近450多名青少年参与竞技比拼，参赛队员年龄最小只有8岁。9日下午开幕式上，会议组委会还组织青少年“鼓震神州”“星火相传”“少年强国防强”“少年强体育强”“巾帼英豪”等文体表演项目，丰富赛事内涵。

（葛成靠）

【三项措施突出大学生预征】 2019年，淮安市采取三项措施突出大学生预征，确保年度征兵任务高标准完成。平时准备突出“细”。协调各驻淮高校，开展征兵宣传系列活动，抽组300余名师生构建宣传发动网络，组织高校领导和班系主任签订责任书。组织实施突出“严”。将大学生征集工作作为县区征兵工作重要衡量指标，凡达不到规定征集比例的，一律取消评先评优资格。大学生体检考核报销往返路费，对大学生报名体检不限时，初检、单科不淘汰，入伍意愿不强烈不淘汰，确保大学生合格一个，入伍一个，批准一个。政策配套突出“实”。认真落实省《关于加强新形势征兵工作的意见》，印发《关于进一步加强拥军优属工作的若干意见》，从公务员招考、复学升学、创业免税等方面，出台具体措施，为大学生退役后的发展提供政策支撑。普遍建立家庭优待金自然增长机制，设立大学生入伍奖励金，提高大学生士兵入伍待遇。落实教育部关于大学生入伍六项优惠政策，及时为退役大学生办理复学、转专业服务，维护征兵政策可信度和政府公信力。

（王兴旺　潘　鹏）

【结合乡镇布局加强专武干部建设】 2019年，淮安军分区根据全市乡镇优化布局实际，采取措施加强专武干部队伍建设。1月，党委第十四届二次全会召开，明确提出认真落实中央军委和江苏省委相关文件精神，推开新一轮基层武装部规范化建设。分区党委在组织全市专武部长集训、开展武装部及民兵营连部建设、“编建管用”一体化功能试点基础上，以协调召开市委常委议军会、党管武装工作述职会为契机，认真开展调查研究，摸清基层专武干部队伍现状底数，推动出台《关于加强新时代基层人民武装工作的意见》。随着全市乡镇布局优化调整，部分乡镇（街道）专武干部配备不足、人少事多矛盾日益突出，队伍整体老化，达龄专武部长、副部长（干事）需要按规定转岗。针对上述情况，军分区党委积极主动将上述情况向市委做出回报，提请相关主管部门加以解决。年内，市委常委召开议军会和党管武装述职会，相关问题获得有效解决。

（马兆跃　周　杰　孙宇昆）

武警淮安支队

【概况】 2019年，武警淮安支队深入贯彻习近平强军思想，遵照武警部队、武警江苏省总队党委总体工作思路和决策部署，坚持以强军目标为统领，以“全面过硬、争创一流”为建设指向，笃定“小支队大作为”信心信念，瞄准“稳开高走、高质量发展”目标定位，坚持举旗铸魂、聚焦主责主业、持续夯实根基、狠抓工作落实，完成各项任务。

【思想政治建设】 2019年，武警淮安支队深入开展“牢记训词、践行使命”专题教育，统筹推进“不忘初心、牢记使命”“传承红色基因、担当强军重任”两项主题教育，着力打造“情景课堂”“实境课堂”“一队一品”特色文化队伍，开展系列配合活动，参与地方精准扶贫。开展“六个过一遍”“三项整治”“关注心理健康，争做阳光青年”活动。重视隐蔽斗争和“四反”工作，抓实精准扶贫和新闻报道工作，武警淮安支队连续四年被武警江苏省总队表彰为新闻报道先进单位。

【执勤战备工作】 2019年，武警淮安支队紧贴迎接保卫新中国成立70周年大庆，聚焦“两个维护”使命任务，落实执勤战备工作制度，协调召开军地兵力需求对接演练暨“智慧磐石”工程建设推进会，完成4个中队“智慧磐石”工程和“一室一站”建设，优化调整执勤方式和联勤武装巡逻兵力部署，狠抓“3+1”战备力量体系建设，执勤效益和应急战备水平明显提升。出台《大抓实战化军事训练十二条措施》，固化“两官”全员月考，深化“八落实”“六种组训模式”，组织参与各类集训、竞赛、比武等练兵活动。全年动用兵力5000余人次，完成央视秋晚安保、淮安区看守所在押犯转监、武装巡逻、押解等临时勤务130余起，协助公安机关处置社会险情3起，5名官兵在武警江苏省总队比武竞赛中获得名次。

【基层建设】 2019年，贯彻武警党委1号文件精神，分两批组织《纲要》集训、党支部书记培训和两个群众性组织培训，组织官兵赴连云港海防一连和淮安舰参观见学，培养按纲抓建明白人、实干家。坚持为基层减压减负。开展“条令年”“暑期百日安全竞赛”“治违法、严纪律”活动，组织专项整治和隐患排查，消除各类隐患18处。突出精准帮建，推行一队一策，挂钩帮带，组织17批98人次下基层蹲点调研帮建；以“四心工程”、党委承诺“十件实事”为牵引，对营区进行整治，累计投入630余万元。武警淮安支队机动中队、执勤一中队、盱眙中队被武警江苏省总队评为基层建设先进中队。

【后勤工作】 2019年，武警淮安支队贯彻后勤领域新的标准要求，深化拓展后勤应急战备训练，分批次组织100余人次后勤专业兵集训，建强“一组五队”，3个专业在武警江苏省总队比武竞赛中进入团体前5名。组织后勤领域重点问题“清仓归零”、重点行业领域整肃治理“回头看”、装备系统专项整治活动，整改各类问题83个。持续开展“抓规范、治违法、遏事故”车辆交通安全、枪弹安全管理专项整治活动，做好停偿善后和项目整治，稳步推进立项工程建设。

（武警支队）

地方组织机构

DIFANG ZUZHI JIGOU

（颜永志　摄）

中共淮安市委员会

淮安市人民代表大会

淮安市人民政府

政协淮安市委员会

纪检监察

民主党派　工商联

群众团体

地方组织机构负责人名录

中共淮安市委员会

重要会议

【中共淮安市委七届九次全会】 2019年7月25日，中共淮安市委召开七届九次全会。全会听取和审议市委书记姚晓东代表市委常委会所作的题为《坚持优先发展 聚力乡村振兴 推动城乡同步实现高水平全面小康》的报告。会议通过《中国共产党淮安市第七届委员会第九次全体会议决议》。会议认为，报告和《决议》深入贯彻习近平新时代中国特色社会主义思想和中共十九大精神，认真落实省委十三届六次全会精神、中央和省委省政府关于实施乡村振兴战略的决策部署以及省委专项巡视反馈意见，主题鲜明，导向明确，对动员全市上下进一步提高站位、创新实干，坚持农业农村优先发展，更大力度实施乡村振兴战略具有重要指导意义。全会认为，站在新时代的历史方位，要用心领悟习近平的乡村情怀和牵挂，准确把握中央与省委的部署要求，深刻认识实施乡村振兴战略的极端重要性，深入解放思想，强化系统思维，突出问题导向，全力推动乡村高质量跨越发展，努力使淮安乡村振兴走在全省乃至全国前列。要深刻认识到，推动乡村振兴是补齐发展短板、建设全面小康的有力抓手，必须把解决好乡村问题作为全局工作的重中之重，不断提升小康建设“含金量”；推动乡村振兴是破除二元结构、实现城乡融合的有效路径，必须进一步理顺城乡关系，让乡村与城市共同发展、共同繁荣；推动乡村振兴是释放农村活力、增强发展动能的有利契机，必须遵循乡村发展规律，在观念、制度和要素上全面破除影响制约乡村发展的桎梏，让“蕴藏”的乡村活力、动力充分迸发。全会强调，乡村振兴工作是一项艰巨复杂的系统工程，既需要目标蓝图指引，也需要实践探索突破。要把实施乡村振兴战略作为新时代“三农”工作的总抓手，按照“产业兴旺、生态宜居、乡风文明、治理有效、生活富裕”的总要求，围绕“七条道路”和“五个振兴”的布局安排，大力实施十项重点行动，全力谱写“业兴、民富、村美、人和”的乡村振兴淮安篇章，坚持优先发展这一方针，坚持规划引领这一主线，坚持系统推进这一方法，坚持城乡融合这一路径，坚持惠民利民这一根本，努力走出一条具有中国特色、时代特征、淮安特点的乡村振兴新路，确保到2020年乡村振兴取得实质性进展，到2035年乡村振兴取得决定性进展，到2050年乡村全面振兴，开创淮安“新乡土时代”。要围绕决胜高水平全面建成小康社会，狠抓产业支撑，筑牢乡村振兴根基；聚焦生态宜居，擦亮乡村秀美底色；突出文化润村，树好乡村文明风尚；夯实基层基础，提升乡村治理水平；聚力生活富裕，做足乡村发展成色。全会指出，要始终把加强党的领导作为首要政治要求，充分发挥党领导乡村工作的政治优势，谋大局、定政策、促改革，切实扛起责任、挑好一副“重担”，集成扶持政策、广开一条“灌渠”，深化农村改革、激活一湖“春水”，淬炼优良作风、守护一片“清莲”，不断提高新时代党全面领导农村工作的能力和水平，为推进乡村振兴提供坚强政治保证。全会号召，要更加紧密地团结在以习近平为核心的党中央周围，坚定信心、疾起奋进，奋力谱写乡村振兴新篇章，为推动淮安高质量跨越发展、高水平全面建成小康社会而不懈奋斗。

【中共淮安市第七次代表大会第四次会议】 12月31日，中共淮安市第七次代表大会第四次会议召开。会议经过认真审议，决定批准蔡丽新代表市委所作的题为《聚焦决胜之年 打赢收官之战 高水平全面建成小康社会》的报告。会议认为，报告高举习近平新时代中国特色社会主义思想伟大旗帜，深入贯彻中共十九大和十九届二中、三中、四中全会精神，全面落实中央经济工作会议、省委十三届七次全会要求，系统谋划推进市域治理体系和治理能力现代化，部署安排明年淮安工作的目标思路、任务举措，达到统一思想、鼓舞士气、凝聚人心、汇聚力量的目的，对动员全市上下进一步解放思想、创新实干，奋力推进淮安高质量跨越发展，决胜高水平全面建成小康社会具有重要指导作用。会议指出，在“两个一百年”奋斗目标历史交汇点上，中共十九届四中全会重点研究坚持和完善中国特色社会主义制度、推进国家治理体系和治理能力现代化这个关系党和国家长治久安的重大议题，对于引领和保障中华民族实现伟大复兴，具有开创性、里程碑意义。全市各级党组织要深入学习领会、坚决贯彻中央和省委部署要求，着力在学懂弄通做实四中全会精神上下功夫，始终坚定制度自信，着力推进制度创新，切实强化制度执行，加快推进市域治理体系和治理能力现代化，努力为“中国之治”提供更多的淮安经验和方案。会议指出，2020年是高水平全面建成小康社会的决胜之年，也是实现“十三五”规划目标的收官之年。淮安小康决胜其时已至，必须顺势而为；淮安振兴发展其劲正足，必须乘势而上；淮安跨越崛起其路仍艰，必须造势而进。要以深厚情怀登高望远、以清醒头脑把握大势，决战决胜高水平全面建成小康社会，探索开启基本实现现代化新征程，全力推动淮安发展迈上新的更高台阶，奋力书写好实现“两个一百年”奋斗目标的时代答卷。工作的总体要求是：坚持以习近平新时代中国特色社会主义思想为指导，全面贯彻中共十九大和十九届二中、三中、四中全会以及中央经济工作会议精神，增强“四个意识”，坚定“四个自信”，做到“两个维护”，坚决贯彻落实中央和省委省政府决策部署，按照稳中求进工作总基调，自觉践行新发展理念，坚持以供给侧结构性改革为主线，以改革开放为动力，统筹推进“五位一体”总体布局和“四个全面”战略布局，全力打赢三大攻坚战，奋力推进高质量跨越发展，确保高水平全面建成小康社会，为实现第二个百年目标打下坚实基础。要聚力打赢“一场战役”，即打赢小康建设收官之战。要着力提升“四个品质”，即提升经济发展品质，提升城乡建设品质，提升居民生活品质，提升队伍精神品质。要全力抓好“七件大事”，即抓好招大扶强项目攻坚，抓好交通枢纽建设，抓好全国文明城市创建,抓好乡村全面振兴,抓好生态环境治理,抓好安全生产专项整治,抓好市域社会治理现代化。在此基础上,统筹做好五个方面工作,即更大力度培育经济发展动能,更高层次构建改革开放格局,更优形态推进城乡融合发展,更广范围增进人民群众福祉,更新理念打好现代治理品牌。会议强调,要坚持党对一切工作的领导,认真落实新时代党的建设总要求,强化思想引领,加强队伍建设,夯实基层基础,持续正风肃纪,推动全面从严治党向纵深发展,为高水平全面建成小康社会、高质量开启现代化建设新征程凝聚强大合力。会议号召,全市各级党组织、全体共产党员和广大干部群众,要更加紧密地团结在以习近平为核心的党中央周围,坚定信心、勠力同心,握好历史接力棒,走好脚下长征路,坚决夺取高水平全面建成小康社会伟大胜利,奋力续写淮安高质量跨越发展精彩篇章,为建设"强富美高"新江苏作出更大淮安贡献。(市委办)

9月23日,市委常委走进周恩来纪念地开展现场学习暨"千名干部进学院,对标楷模寻初心"活动启动仪式 谭鑫 摄

组织工作

【概况】 至2019年底,淮安市有中国共产党基层组织14867个;有中共党员279269人,其中男性党员222089人、女性党员57180人,2019年度新发展党员4458人,35岁以下党员55058人、36~60岁党员135953人、61岁以上党员88258人,在职职工党员119775人、农牧渔民党员95499人、学生党员3326人、离退休党员51701人、其他党员8968人。有在职市管干部1221人,其中市级机关672人、市直事业单位131人、市管企业97人、县(区)254人、开发园区67人。全年市级机关共举办干部教育培训班次214个,累计培训干部25704人次,参加网络在线学习11722人次;有党员干部现代远程教育站点1801个,实现镇、村、社区全覆盖。考试录用公务员(参照管理人员)524人。有省聘在岗大学生村官143人,其中男性98人、女性45人。

【基层党组织】 至2019年底,淮安市有中国共产党基层组织14867个,其中基层党委536个、党总支2026个、党支部12305个。有市委直属党(工)委23个,其中县(区)党委7个、开发园区党工委5个、市直部门党工委4个、驻淮安高校党委7个。有城市街道党工委38个;有城市社区党组织197个,其中党委112个、党总支61个、党支部24个。有乡镇党委57个;有乡镇居委会(社区)党组织144个,其中党委2个、党总支139个、党支部3个;有建制村党组织1351个,其中党委1个、党总支1329个、党支部21个。非公企业单独建立党组织1389个,其中党委46个、党总支33个、党支部1310个;非公企业联合建立党组织201个,覆盖企业639家。

【市管干部】 至2019年底,淮安市市级机关有在职市管干部672人,其中35岁以下2人、36~40岁7人、41~45岁33人、46~50岁116人、51~55岁272人、56岁以上242人。市直事业单位有在职市管干部131人,其中40岁以下3人、41~45岁17人、46~50岁35人、51~55岁41人、56岁以上35人。市管企业有在职市管干部97人,其中40岁以下4人、41~45岁14人、46~50岁21人、51~55岁38人、56岁以上20人。县(区)有在职市管干部254人,其中40岁以下13人、41~45岁47人、46~50岁66人、51~55岁73人、56岁以上55人。开发园区有在职市管干部67人,其中40岁以下4人、41~45岁7人、46~50岁14人、51~55岁28人、56岁以上14人。

【"不忘初心、牢记使命"主题教育】(参见《特载》)

【领导班子和干部队伍建设】 2019年,淮安市组织部门坚持机构职数编制设置与人事酝酿安排同推进、齐步走,做好机构改革"后半篇"文章,推动涉改干部转隶和涉改部门中层定岗,不断优化市管干部队伍年龄、专业、经历等结构。着眼下次县(区)领导班子换届和干部队伍长远建设,对全市年轻干部、女干部、党外干部等情况进行调研摸底,建立常态化发现储备、选拔使用结构性干部工作机制,选优配强党政正职和班子成员。开展市直企事业单位领导班子和干部队伍专项调研,赴省内部分设区市考察国企党建、领导班子建设和国有资产管理等做法,形成专题调研汇报材料,提请市委研究,对市管企业班子配备、管理提出规范性意见。制定干部教育培训规划具体实施意见,举办市委党校主体班4期、专题培训班214个,培训干部25704人次。积极推进省委巡视和选人用人专项检查迎检及反馈意见整改落实,牵头开展干部不担当不作为、违规经商办企业等问题专项整治,做好领导干部个人有关事项报告、抽查核实、结果运用等工作。坚持在建设一线督促干部攻坚项目,实行专项督考制度,开展"动态全程立体式"闭环督考。

【干部轮岗交流】 2019年,淮安市组织部门针对干部队伍交流的系统性不够、一些干部经历阅历相对单一等问题，有意识地推动干部进行跨系统、跨部门、纵横向交流，帮助干部丰富阅历、补充经历、提升能力。在市管干部层面，结合市机构改革人事安排，突出岗位分析、强化以事择人，除合并整合部门外，推动42名干部跨部门交流，优化涉改部门尤其是新组建部门班子的专业、经历等结构。对缺乏基层阅历的一些优秀机关年轻干部，有意识地交流到县（区）任职。同时以落实省巡视反馈问题整改为契机，推动任现职10年以上（最长达19年）干部交流任职。

【公务员管理】 2019年，淮安市机构改革后，由市委组织部统一管理全市公务员录用调配、考核奖惩、培训和工资福利等工作，指导公务员管理法律法规贯彻实施和全市公务员队伍建设工作。全市新招录公务员426人、参照公务员管理（单位）工作人员98人。开展市直机关、事业单位副科职以下职位公开遴选（选调、选用），吸引2129人报名，正式录用137人，有效畅通市直单位与县乡基层、行政机关与事业单位之间人员的横向与纵向交流渠道。至年底，全市有公务员17467人、参照公务员管理（单位）工作人员3370人。全市公务员队伍涌现出一批先进典型，省委、省政府表彰淮安市3名个人为全省“人民满意的公务员”、1个单位为全省“人民满意的公务员集体”。启动实施公务员职务与职级并行制度，有序推进公务员职级套转和晋升工作，健全完善考核评价体系，不断深化公务员年度考核和平时考核工作。

【基层党建】 2019年，淮安市建立市委常委挂钩党建项目制度，组织实施10个市直部门项目和11个县（区）委书记项目、8个组织部长项目，制定市委党建工作领导小组成员单位职责清单及联系县（区）方案，落实分解基层党建“五聚焦五落实”（即聚焦基本组织、基本队伍、基本活动、基本制度、基本保障，把党的全面领导、党的坚强力量、党的号召要求、党的纪律规矩、党的关心服务落实到基层）三年行动计划，将30个重点项目细化成48个子项目，按照“基层减负年”要求，将原有三个考核办法整合为一个综合性考核办法。组建25个乡村振兴中心村党委，开展“脱贫攻坚党旗红”行动，统筹3000万元资金扶持低收入村发展集体经营性项目50个，引导各地用好村集体经济收入路径20条，推广乡村振兴的经验做法，清理规范村社区办公场所“牌子乱象”。试点街道扩权赋能管理体制改革，市级城市社区党组织为民服务专项资金提高到1200万元，选派114名机关干部担任第八批社区党建指导员。出台《全市组织系统做好支持民营企业发展工作的意见》，明确支持民营企业发展10项政策，确定285个重点联系的民营企业党组织；召开服务企业高质量发展5G党建联盟企业“大调研”暨首次联席会议，新组建11个特色化党建联盟，全市城市党建联盟达到23个。修订《市直单位党组织设置与管理办法》，相应调整部分单位党组织设置与隶属关系，将原市委企业工委和市级机关工委所属50家民营企业党组织全部调整为属地管理，组建市对口支援新疆生产建设兵团第七师前方工作组党委。开展社会组织党建工作专项调研，选派9名社会组织党建指导员，指导律师行业党委完成换届选举，推动市总商会党委、社会组织综合党委实体化运行，加强物业行业党建工作，理顺行业党组织隶属关系。

【村及社区干部队伍建设】 2019年，淮安市将村干部队伍规范化建设作为市委书记党建项目，出台《村干部队伍规范化建设有关问题的操作口径》，制定村干部联审工作规定，建立村干部任职资格证书制度，完成30%村干部入额管理，村书记、主任“一肩挑”比例达47.1%。大力培育乡村振兴“五型”（即实力型、魅力型、活力型、潜力型、乏力转化型）头雁，实施“定制村干”工程，开展“万名支书进党校”大培训，确定50名第四批市县乡三级共管优秀村书记，6人入选全省首批“百名示范”村书记。按照“五有五化”（即工作有标准，岗位职责清单化；选配有制度，进入渠道规范化；从业有资格，能力素质专业化；发展有空间，职级薪酬阶梯化；管理有机制，绩效考评科学化）要求推进社区工作者队伍职业化建设，全市专职社区工作者近1200名，职业化率47.4%。

【恩来干部学院列入全国干部党性教育基地】 2019年，淮安市恩来干部学院影响力、知名度不断提升，4月被中组部列入干部党性教育基地（全国有64家）。恩来干部学院投用后，培训规模扩大，2019年承接各类培训167批、学员9203名、28000余人次，较2018年增长40%、42%和38%。相继承接外交部、人社部、审计署等中央和国家机关14批培训班，其中与外交部建立定期培训合作机制，每年安

2019年10月，淮安市举办（街道）党（工）委书记政治能力提升专题研修班
王加祥 供图

排至少2期50名以上的首席外交官到院开展党性教育；人社部连续3年安排青年干部、处级干部和司局级干部培训班到院开展培训；审计署每年均安排2期春季、秋季处级干部培训班到院开展党性教育。培训范围越来越广，省外培训班次占比超60%，覆盖北京、上海、广东等全国21个省（自治区、直辖市）。学院与日本创价大学、创价学会实现互访，在共同弘扬和传承周恩来精神方面进行深度交流，越南司局级党政干部考察团、韩国前驻华大使郑钟旭等到院访问交流，进一步推动周恩来精神在国际舞台上的学习、弘扬和研究。（王加祥）

宣传工作

【理论学习宣传】 2019年，淮安市出台《关于认真学习〈习近平新时代中国特色社会主义思想学习纲要〉的通知》，将新思想作为各级党校、干部培训机构的教学内容，借助中心组学习、干部教育培训、论坛讲坛、“三会一课”等载体，组织全市范围内多形式、分层次、全覆盖的学习教育活动，发放新思想理论学习应知应会手册5万余本。学好用好《习近平新时代中国特色社会主义思想学习纲要》等参考书目，组织订阅28.4万册。在全市党员干部中广泛开展“学习新思想”专题读书调研，形成调研文章300余篇，推动用新思想指导实践、推动工作。印发《全市党委（党组）理论学习中心组专题学习计划》，分12个专题深入学习习近平新时代中国特色社会主义思想，市委中心组开展集中学习18次。开展基层党员冬训，实现党员冬训全员覆盖，3个项目获评省创新项目，4个县（区）获评省示范县（市、区）。创新建设“新思想通俗理论作品创传中心”，整合优化理论宣讲资源，创作多种形式的理论通俗作品，编排作品312个。建好用好“德润淮安”理论学习微信公众号，推送249个理论微视频。开展习近平新时代中国特色社会主义思想主题宣讲活动，聚焦马克思主义中国化最新成果、庆祝新中国成立70周年、中共十九届四中全会、践行新时期淮安精神等重点主题，组建“专家学者、百业能人、基层文艺”宣讲团，累计宣讲1800多场次，受众近百万人次。开展十九届四中全会精神专题宣讲，成立市级宣讲团和各级宣讲团21个，开展宣讲1000余场次，受众20余万人。全力推进“学习强国”学习平台推广使用，健全全市三级学习组织架构，开展多种形式、多个层面学习竞赛活动，1100余篇稿件被“学习强国”平台采用。

【中华人民共和国成立70周年宣传】 2019年，淮安市组织全市各界集中收听收看庆祝新中国成立70周年大会、阅兵和群众游行实况直播，举办学习座谈会暨市委中心组集中学习会。高质量布展全省庆祝中华人民共和国成立70周年成就展淮安馆，举办“辉煌七十年 奋进新淮安——淮安市庆祝中华人民共和国成立70周年成就展”，8万余名干部群众观看展览。举办“祖国颂”——淮安市庆祝新中国成立70周年文艺演出。拍摄播出《淮水追梦》《我爱——诗人赵恺的故事》两部大型纪录片。统筹内宣外宣、网上网下，在全市各新闻媒体连续推出“壮丽70年 奋斗新时代”蹲点调研、“我和我的祖国”群众性主题教育、“爱国情 奋斗者”典型宣传、国庆日主题宣传等系列报道，全媒推出主题稿件200余篇。邀请中央、省主流媒体到淮安开展3次“壮丽70年”行进式采访，在《新华日报》推出8个形象展示专版，宣传展示淮安70年来辉煌发展成就。开展“我和我的祖国”群众性主题宣传教育活动，举办“时代新人说——我和祖国共成长”演讲比赛、“新时代新中国”诗歌朗诵会、国庆广场文化周等系列活动，组织系列快闪、广场舞大赛、青年歌手大赛、公祭革命烈士等群众性庆祝活动。制作展播主题公益广告和小品，在全市主次干道、机场、车站、公交和有轨电车站台、电子显示屏等进行滚动播放。开展同升国旗活动，国庆节前后组织各单位、各社区升挂国旗，共计升挂国旗6万余面（套）。

70周年活动

【对外宣传】 2019年，淮安市举办“运河之都 淮味千年”海内外融媒体外宣行动，邀请新华社、海外华文媒体、全国经济类传媒走进淮安，集中推介淮安运河文化、美食文化。举办“见证·淮河生态经济带引领城市——

市委市政府举行纪念新中国成立70周年升国旗仪式　　刘盛邦　供图

全国经济传媒总编淮安行”大型融媒体活动，20余家重点经济媒体聚焦淮安，《经济日报》《中国改革报》《新华日报》头版头条推出密级报道。加强与中央、省主流媒体战略合作，在省级以上媒体发稿4100余篇（次），《人民日报》、新华社、中央电视总台等推出淮安报道130余次，其中《经济日报》头版头条1篇，《人民日报》头版图文报道4篇，中央电视台新闻节目刊播报道40余次，《新华日报》头版头条13篇，居全省前列。

【网络宣传】 2019年，淮安市开展习近平新时代中国特色社会主义思想、庆祝新中国成立70周年等主题网宣报道，组织“美丽乡村 淮安画卷”等大型网宣行动。强化新媒体内容生产，全年推出新媒体产品1200余件，其中“10万+”爆款作品9篇，“七十二变淮小布”系列融媒体作品获评全省新媒体创新作品奖。组织“网聚淮安 唱响四季”网络文化活动，推出“运河之春”“文明之夏”“收获之秋”“温暖之冬”四大板块，线上线下集聚网民300余万人，生产网络作品和新媒体产品200余个。“淮安发布”平台、“真淮安正淮安”抖音号内容品质和影响能级不断跃升，微信粉丝从7万增至20万。

【媒体融合】 2019年，淮安市将县级融媒体中心建设列入市委市政府年度重点工作目标任务、年度改革任务清单，市委常委会专题研究、市委中心组集中调研学习专题推进。推动各县（区）财政分别投入启动资金300万元，将融媒体中心后续建设、运营经费纳入每年县（区）财政预算，从市级层面帮助协调解决县级融媒体中心的机构及人、财、物等问题。创新融媒体内容生产机制，再造策采编发流程，优化人才引进、薪酬分配机制。淮安市成为全省第一个全县域完成挂牌任务的设区市，洪泽区融媒体中心成为全省样板，淮安日报融媒体指挥中心2.0项目成为全省首家地级市报业集团与省广电台合作样板。

【文明城市创建】 2019年，淮安市全面调整创建工作网格化管理实施方案，实施市领导挂钩联系社区、路段制度，组织新一轮重要单元达标创建活动，推进城区农贸市场（长途车站）及其周边环境秩序综合整治、“社区15分钟生活圈”公共服务要素指引宣传、居民小区及背街小巷“新亮工程”，推进小广告、城区主要路段和沿内环高架环境、物管小区、交通秩序、城区志愿服务站点等15项专题巡查，对存在问题进行重点督办和跟踪问效。开展公益广告、景观小品提档升级行动，举办全市“扬帆新时代·共创文明城”主题演讲朗诵电视大赛，推出主题宣传短片，持续开展文明大走访、创建宣传日和快闪等主题活动。

【新时代文明实践中心建设】 2019年，淮安市率先在全市农村和城区全域推进新时代文明实践中心、所、站、点四级单元建设，印发《淮安市建设新时代文明实践中心工作方案》，制定《淮安市新时代文明实践工作参考手册》，构建三级组织，截至年底挂牌中心9个、所1个、站1599个、点1293个。特色化打造试点品牌，盱眙、金湖县全国试点形成一批特色品牌项目，涟水县和淮安区入选省级试点。推进县（区）新时代文明实践工作指导办公室专职机构建立。

【群众性精神文明建设】 2019年，淮安市开展群众性精神文明创建活动，61个村、27个镇、22个社区、243个单位获评省级系列文明创建单位，6户家庭被表彰为省级文明家庭。弘扬和传播“好人文化”，制度化选树宣传“道德模范”“身边好人”等先进典型，承办全省道德模范与身边好人现场交流会，唐真亚当选全国道德模范和全国岗位学雷锋标兵、董天晨当选“全国新时代好少年”、6人当选“中国好人”、5人当选全省道德模范及提名奖、21人当选“江苏好人”、6人当选“新时代江苏好少年”。推进志愿服务标准化站点建设，全市组建县、镇、村三级各类主题志愿服务队伍4148支，“山爸山妈关爱留守儿童”项目获得省志愿服务展示交流会金奖。

【网络空间治理】 2019年，淮安市启动市网络安全应急指挥中心建设、市互联网站及平台管理系统开发，严厉打击网络空间违法违规行为，网络安全保障指数排名位列全省第二。常态化开展重点工作、重大工程、重要决策网络舆情风险评估，创新建设网络舆情处置大数据库项目，建成舆情风险感知数据库、活跃网站、自媒体账号数据库、应对处置和舆情案例数据库，有效提升网络舆情应对处置效果，成为全省网络协同防范化解重大风险示范点，稳妥处置多起突发事件。加强党政官网和新闻网站日常管理，未发生一起内容信息安全事故。深化“清朗2019”专项行动，查处的相关案件入选省网络举报处置十大案例。 （刘盛邦）

统战工作

【概况】 2019年，淮安市共有7个民主党派，分别为民革、民盟、民建、民进、农工党、九三学社6个市级组织和致公党总支委员会，共计成员4150名，主要集中在市直及清江浦、淮阴、淮安、洪泽4区。淮安无党派知识分子联谊会有会员598名。

【思想建设】 2019年，淮安市把学习贯彻习近平新时代中国特色社会主义思想和中共十九届四中全会精神作为统一战线各领域主体教育的首要任务。结合庆祝新中国成立、多党合作制度确立70周年，推进统一战线“不忘合作初心、继续携手前进”主题教育，在党外知识分子中开展“弘扬爱国奋斗精神，建功立业新时代”教育活动。举行党外人士庆祝新中国成立暨多党合作制度确立70周年座谈会；指导编排大型史诗淮剧《黄炎培》，组织全市统战成员700余人集体观看、接受教育。在省社会主义学院举办多期全市党外中青年干部培训班；在中央统战部苏州干部培训中心举办党外代表人士国情研修班。通过教育培训，全市统一战线共同思想政治基础更加牢固。加强对民营经济人士引导工作。推动成立市总商会党委，11个专业商会成立支部，商会组织党的领导得到加强。以工商联常执委和市级商会负责人为主体，深入开展理想信念教育活动，组织淮商代表人士赴福建古田、江西瑞金开展现场教育，组织“淮商大讲堂”,开展减税降费政策专题辅导,举办新生代企业家创新创业台湾研习营,引导民营经济人士认清发展形势,增强发展信心。

【政党协商】 2019年,淮安市统战部门发挥统一战线“智囊团”“人才库”的优势,抓住具有综合性、全局性、前瞻性的课题开展调查研究,不断提高参政议政水平,先后协助市委开展“推进淮河生态经济带战略落地落实”“应对高铁通车带来的机遇与挑战”等课题研究,开展一系列专题协商,相关意见和建议被市委市政府纳入决策程序。统战部定期牵头举办“季季看”活动,组织党外代表人士深入全市重大工程、重点项目进行实地考察,先后组织对全市文明城市创建、高铁新区建设等进行现场考察调研,帮助党外人士增强建言献策的针对性和实效性。建立专题协商成果采纳转化落实机制,做到“季季看、季季跟、季季抓落实”,全年共有84条意见建议被相关部门采纳,56条意见建议转化落实。

【非公有经济领域统战】 2019年,淮安市围绕淮商品牌培育,助推全市民营经济发展。加强“淮商服务中心”建设,经过近两年运作,在融资互助、法律援助、人才科技、商会事务等方面为全市中小企业服务。其中,“淮商贷”融资服务平台每年帮助260多家企业办理资金过桥业务,每年过桥资金总额近10亿元,极大缓解小微企业的融资难题。打造淮商交流融合平台,至年底,举办6届淮商峰会。2019年第六届淮商峰会在北京会议中心举办,各地淮安商会负责人、淮商代表人士和签约投资项目客商及在京淮安籍乡贤等参加活动。开展法律服务优化营商环境。组织市委统战部、市中级人民法院、市检察院开展“法润民企”行动,在全省设区市中设立首家非公企业人民调解委员会,从全市挑选50多位知名企业家、商会负责人、法律工作者担任人民调解员,帮助企业化解法律纠纷;在市工商联大楼设立非公企业纠纷巡回法庭,对调解不成的涉企纠纷就地转入诉讼程序,及时受理,快审快结,每年调解涉及民营企业案件40起左右,涉案金额1亿多元,帮助中小企业节省诉讼费、执行费300多万元。

【新的社会阶层人士统战】 2019年,淮安市组建成立全市新的社会阶层人士联合会,指导7个县(区)全部成立新联会组织。聚焦“组织起来、活跃起来、发挥作用”目标,先后在省社会主义学院举办两期新的社会阶层代表人士培训班。举办“企业精英沙龙”,组织新的社会阶层代表人士现场考察淮安社会管理、美丽乡村建设、社会养老产业等情况,组织拍摄“新的社会阶层人士共唱《我和我的祖国》”宣传片,献礼中华人民共和国成立70周年。加大“头雁”培育力度,全市重点培育有影响力新的社会阶层“头雁”代表人士53名,达到“宣传一人、带动一批”效果。先后举办4次新媒体人士座谈会,针对突发事件网络舆情处置应对问题进行沟通交流。组织新媒体人士参与新一轮文明城市创建,为创建活动造势。打造新的社会阶层人士实践创新基地,推动创建“淮安新智荟空间”“新阶层人士艺术空间”“清新汇·知行空间”“和合新思荟”“善道新联盟”等一批示范点。至年底,淮安有市县两级基地16个,其中8个为四星级基地,2个通过省委统战部五星级初审。

【民族宗教统战】 2019年,淮安市深入开展民族团结进步“六进”(即进机关、进企业、进社区、进镇村、进学校、进寺庙)活动,争取中央和省财政少数民族发展资金500余万元。做好中央、省宗教工作督查反馈意见整改落实,多次召开部署会、推进会,抓紧抓实农村宗教治理工作。推进宗教工作三级网络两级责任制建设,夯实农村宗教管理的基层基础。推动“和谐寺观教堂”创建活动,强化宗教场所管理,探索实行宗教活动场所信徒实名制登记,稳步推进宗教场所管理规范化建设。针对中央和省委宗教督查反馈的20条问题,全部完成整改。樊维明被国务院表彰为“全国民族团结进步模范个人”并获邀参加国庆观礼活动。

【港澳及海外统战】 2019年,淮安市加强与香港、澳门乡亲联络力度,持续深化联络联谊。在香港成功举办非物质文化遗产·美食精品特展,中央人民政府驻香港特别行政区联络办公室、省委统战部有关领导及香港江苏社团总会、江苏旅港同乡联合会等重点人士应邀出席活动,增进淮港文化交流与合作。举办淮安市香港代表人士国情研修班,坚定香港代表人士爱国爱港政治立场。着力打造“两地同心、让爱飞扬”实践创新品牌,对香港青少年分批次引导和教育,以参观考察、营会活动及爱国主义教育为重点,强化香港青少年政治、历史和国家认同,增加淮港青少年的互动交融。筹划成立苏北第一个澳门同乡社团——澳门淮安联谊会,填补在澳门地区同乡会组织的空白。深化侨务工作“一张网”建设,推进“归侨侨眷关爱工程”,涉侨民生政策有效落实。拓展侨务工作“进三区”(即进社区、进园区、进校区),淮安市3个申报示范点均获评先进。组建成立淮安市欧美同学会(留学人员联谊会),为广大留学人员创新创业、联谊交友搭建新平台。 (唐 锐)

营商环境建设

【市委营商办挂牌成立】 2019年,中共淮安市委营商环境优化办公室完成班子组建、人员划转、印章启用、档案交接、固定资产清查等工作,1月25日正式挂牌成立。作为江苏省唯一地市级营商环境优化办公室,主要职责为“一牵头、三推动、一考评”,即牵头制订优化营商环境方面的政策举措,推动营商环境相关政策落地见效,推动部门转职能、转服务、转作风,牵头负责全市营商环境考核评价工作,下设综合处、评价指导处、企业服务处、督查处4个职能处室。

【营商环境联动共治体系】 2019年,淮安市印发《2019年度优化营商环境工作要点》,为全市优化营商环境工作划出“路线图”和“时间表”。同时,下发“聚焦企业关切大力优化营商环境重点任务清单”,细化分解150项具体任务,推动51家任务承接部门和单位逐一制定个性化实施方案,并

2019年，淮安市开通“惠企直播间”节目，图为第五期“惠企直播间”互动节目现场 宋 璇 供图

建立市直指标任务牵头单位定期联络会商机制，形成营商办牵头推动，各职能部门齐抓共管的工作格局。

【机关作风效能建设】 2019年，市委营商办面向社会公开聘请101名营商环境监督员，涵盖法律工作者、社会组织机构、市县机关工作人员、企业负责人等多层次、各领域，依托报纸、网站等媒介积极响应社会各界人士的诉求。创新督查机制，将工作纪律检查、政企服务体验式检查和窗口行业文明城市创建检查有机结合，整理制定机关日常工作纪律督查方案、窗口行业服务提升督查方案、专项行动督查方案，改进督查方法，提高督查效率。全年组织对各级党政机关工作纪律常态督查1000余次，下发问题整改交办单118份。追究责任人224人、分管负责人107人，其中书面检查85人次、诫勉谈话78人次、通报批评76人次、提醒谈话82人次、待岗处理14人次、移交纪委处理3人次、经济处罚76000余元。

【“101%服务流动红旗”优质服务竞赛】 2019年，淮安市113个市直单位和44个服务部门继续为全市368个“三重”项目（即重大项目、重点企业、重要民生项目）提供政策、信息、资金、技术、人才等全方位服务。竞赛单位共制定服务清单2690条，走访企业3000余次，解决问题困难4044件。利用报刊、广播、网络等媒体全方位、多角度对服务企业过程中先进事迹进行集中广泛宣传。

【企业群众诉求受理解决】 2019年，淮安市共受理各类营商环境建设投诉、诉求、建议645件。其中，投诉233件、求助98件，咨询310件。至年底，办结所有投诉，实现诉求办结率100%，实名投诉回访率100%，办理超时追究率100%。

【《营商环境101》电台节目开播】 2019年，淮安市推出江苏省内首档以营商环境为主题的《营商环境101》电台节目，重点解读各项惠企政策、推广“101%服务流动红旗”竞赛活动优胜单位先进经验做法，聚焦企业在生产经营各环节遇到的痛点、难点、堵点问题，跟踪反馈企业提出的问题建议办理结果。节目每周一至周五上午10：00—11：00播出，5月13日首播，全年播出192期，受到企业群众的广泛好评。

【《惠企直播间》互动节目】 2019年，淮安市推出特别节目《惠企直播间》，相关职能部门分管负责人和企业代表走进直播间面对面交流，聚焦企业痛点、堵点、难点问题，推出“推动减税降费政策落地生效”“着力解决融资难融资贵问题”等7期节目，累计解答企业代表现场提问59个、网友在线提问95个，推动金融、税务等部门建立完善工作制度2项，助推全市减税降费、金融服务、企业开办等工作提速增效。节目受到社会各界广泛好评，通过“无线淮安”收看节目的观众累计超过35万人次，点赞超过6万人次。

【“永远在线”政企服务平台】 2019年，淮安市开发政企互动通道管理平台系统，构建由全市4387家规模以上企业、103个市本级商会协会、166个市直部门和公共服务单位、428个县（区）（园区）部门为一体的政企互动网络。全年平台累计受理和办结企业投诉273件，解答企业咨询338件，召开协调会8次，较好地解决一批事关企业生产经营的实际问题，有效提高优化营商环境施策精准性。借助政企互动平台开展2次全市营商环境建设专项评议，企业和部门参与评议率均达到92%以上。 （宋 璇）

市级机关党建

【概况】 2019年，淮安市级机关有中共党组织71个，其中党委（机关党委）42个、党总支10个、党支部12个，党员16537人。年内，组织开展机关思想政治建设、党风廉政建设以及机关党的建设，提高市级机关服务工作水平。

【思想政治建设】 2019年，淮安市市级机关抓好习近平新时代中国特色社会主义思想学习贯彻，扎实开展“不忘初心、牢记使命”主题教育，印发给机关所有党员主题教育应知应会口袋书18000份，推行“新思想·天天学”行动40期，举办淮安地方历史文化系列讲座6期，党员干部“四个意识”进一步增强。结合庆祝中华人民共和国成立70周年，举办淮安市“时代新人说——我和祖国共成长”演讲比赛，组织机关300余名党员代表到刘老庄八十二烈士陵园开展继承先烈遗志集体宣誓活动，引导党员干部悟初心、担使命，唱响“爱国”主旋律。强化市级机关意识形态工作，开展市级机关维护意识形态安全专项行动，举行网络意识形态工作专题培训。开展“学习强国”应用培训，加强“学习强国”在线学习每日督查通报，提升机关意识形态工作整体水平。

【基层组织建设】 2019年，淮安市市级机关加强机关党支部高质量建设，印发《关于推进机关党支部高质量建设的通知》，配发《党支部工作纪实本》，举办2期（796名）机关党

6月1日，台湾义守大学学生参观淮安府署　　　市台办　供图

支部书记贯彻《党支部工作条例（试行）》学习轮训班，开展"星级党支部"评选和特色案例征集活动，上报参评"星级党支部"42个，党支部特色案例33个。"机关党支部建设质量提升工程"被列为年度市委党建重点项目。举办淮安市机关党务干部"封闭式"读书班，编印《党内法规选编》学习教材，提升机关党务干部依法依规治党意识和水平。印制发放党员"政治生日贺卡"40000张，推行党员过"政治生日"政治仪式，引导机关通过重温入党誓词、入党志愿书等方式，不断强化宗旨意识、身份意识和责任意识。举办专兼职党务干部培训班，提升中共十九届四中全会精神学习贯彻能力。加强党建阵地建设，在行政中心打造市级机关党支部主题党日活动阵地，推动主题党日活动制度化规范化。加大党内关怀帮扶力度，全面掌握机关面上320余名因公殉职或牺牲的党员家庭、因公致残的党员、老党员、生活困难党员情况，建立健全党内关怀帮扶党员信息库。举办市级机关入党积极分子培训班，全年发展党员270名。

【党风廉政建设】 2019年，淮安市市级机关开展"传承清廉家风、涵养良好作风"主题活动，组织300余名党员领导干部家属进行集中警示教育、签署"树清廉家风、创清廉家庭"倡议承诺，组织女干部进行"学巾帼先进，树勤劳家风"主题教育活动，以家风建设助力作风涵养，营造醇正家风与党风政风互动良好生态。严格政治纪律和政治规矩，加大监督指导力度，进一步推进市级机关纪律检查委员会建设，持续深化派出"嵌入式"监督，完善纪检监察岗位廉政风险点排查，开展重大节日廉政提醒活动，提升派驻监督全覆盖质量。加大党纪执行情况督查力度，全年指导、审理党员违纪案件13件。

【党建责任建设】 2019年，淮安市市级机关召开市级机关党的建设工作会议，印发《2019年市级机关党建工作要点》《2019年度市级机关党的思想建设、组织建设和党风廉政建设目标考核实施细则》，细化重点工作任务分解。做好机构改革后机关党组织设置、变更、成立和党务干部配备工作，协调市编办在各机关党委设立专职副书记。优化升级机关"数字化党建"管理系统。

【服务中心工作】 2019年，淮安市市级机关全面推开"党建助企建"活动，提升服务质效，优化营商环境。"党建助企建"活动被省级机关工委和省社科联评为全省机关党建服务中心"十大优秀案例"。推进机关"在职党员进社区"志愿服务活动，先后在结对社区组织开展两期学雷锋和"主题党日"进社区志愿服务；组织开展"创建全国文明城市应知应会问答题"学习宣传及有奖问答、"创建进万家·文明大走访""创建文明城、党员当先锋"等活动，助力淮安文明城市创建，推动服务形式常态化、多样化。举办市级机关第31届运动会，推广市行政中心工间操，不断激发机关活力。

（王兆宇）

对台工作

【概况】 2019年，淮安市按照市委市政府全面推进台资集聚区"二次创业"要求，以"高颜值台资经济推动高质量发展"为主题，聚焦台资重大项目突破，聚焦优化营商环境。落实省联席会议议定事项，淮昆台资经济协同发展，开展涉台经贸合作，拓展淮台交流交往新局面，提升优化台商服务。推进青年、教育、基层、卫生、企业等各个领域交流往来，参与人数超过1000人次，促进两岸同胞心灵契合，为淮安台资经济发展涵养人脉。

【台资高地建设】 （参见《区域合作·台资高地建设》）

【淮台交流联系】 2019年，淮安市成立全国首家台创学院，先后举办苏台（淮安）青年菁英峰会、两岸青年创新创业特训营、两岸食品加工技能大赛、两岸大学生运河文化体验营等活动，增进台湾青年对大陆的文化认同和情感认同，提升台湾青年到大陆创业就业的意愿和信心。举办苏台基础教育发展论坛，苏台百余名中小学校长和教育专家围绕教育理念变革、新教育模式开拓、教师与人工智能协作等展开探讨。市长蔡丽新赴台走访新北市新庄区里长联谊会，增进双方情谊。举办江苏·新北智慧社区论坛，200余名两岸基层代表交流和分享智慧社区建设经验做法。市第一人民医院、市第三人民医院、市妇幼保健院、洪泽区人民医院等医院组团赴台学习，市妇幼保健院与台湾医药大学儿童医院签署合作协议，推动"医在淮安"品牌建设。先后举办淮台产业融合发展座谈会、淮台企业家交流会、新生代企业家创新创业研习营，通过两地企业家互动，推动淮台精英携手筑梦、淮台企业携手攀高、淮台合作携手同行。

【全国首家台创学院成立】 7月13日，全国首家台创学院在淮阴工学院成立，“2019年两岸青年创新创业特训营开营仪式”及“苏台高校青年创新创业联盟”同时举办。新华社江苏分社等10余家两岸媒体聚焦报道。台创学院将围绕学生双创能力培养、双创服务体系建设、双创平台打造、双创项目培育等6个方面开展工作，着力打造融两岸高校联合研发、科技推广、信息交流、项目孵化、管理服务、创业指导和学生实习实训于一体的创新创业综合服务平台。

【海峡两岸美食达人交流年】 2019年4月起，古淮河西游记文旅区发挥淮扬菜的“绿食”功能，借助古淮河文化风光带“省级对台交流基地”品牌，组织开展“海峡两岸美食达人交流年”系列活动4次，陆续接待500余名台胞至淮安，参观、体验淮扬美食，回味“亲情的味道”。海峡两岸多家媒体多次报道，台湾《联合报》刊出《皇帝总爱下江南 淮扬菜博物馆从美食看历史》一文，在台引起热议；《淮扬菜+淮剧 助力两岸美食文化交流》得到江苏网、《淮安日报》双轨宣传。

【海峡两岸大学生运河文化体验营】 6月26日，第二届“邂逅醉美运河 踏浪最美青春”海峡两岸大学生运河文化体验营活动在淮阴师范学院启动。活动旨在让两岸大学生充分领略博大精深的运河文化，展示青年学生青春活力和风采，进一步增进了解、加深友谊。台湾东吴大学、义守大学、玄奘大学、台中科技大学的20名大学生以及淮阴师范学院传媒学院近70名师生代表参加开营仪式。3天时间里，围绕运河文化这一主题，两岸大学生共同参观河下古镇、吴承恩故居与中国漕运博物馆，体验传统扎染技艺和汉服礼仪。

【2019年苏台（淮安）青年菁英峰会】 11月23日，2019年苏台（淮安）青年菁英峰会在淮安举办。峰会以“寻迹运河文化、共话创新创业”为主题，两岸250多名青年参加峰会，分享在传承中华文化和创新创业中的体会与感悟，碰撞智慧火花，涵养文化自信，促进彼此成长。苏台（淮安）青年文创基地、淮安台企青年人才服务站成功揭牌。活动期间，组织开展两岸青年创新创业特训营、培训讲座、文化体验、青春毅行等系列活动，推动苏台两地青年及大学生之间沟通交流。

【海峡两岸食品加工技能大赛】 5月27日，由江苏食品药品职业技术学院与中国食品药品职业教育联盟共同举办的“2019年海峡两岸食品加工技能大赛”在江苏食品药品职业技术学院举行，祖国大陆及台湾地区11所院校共54名选手参加烘焙和烹饪2个赛项比拼。在一周交流中，海峡两岸青年先后参与“烘焙烹调技能大赛”“淮扬菜文化考察”“淮安食品产业参访”“运河文化之行”“两岸青年学生联谊会”等系列活动，领略淮扬菜文化和运河文化，共同完成一段精彩的学习之旅、交流之旅和友谊之旅。 （市台办）

5月27日，2019年海峡两岸食品加工技能大赛在江苏食品药品职业技术学院举行 市台办 供图

老干部工作

【概况】 至2019年底，淮安市有离休干部1039名、退休干部47810名。离休干部中，市直324名、县（区）715名，享受副厅级待遇29名，平均年龄90.9岁。退休干部中，正厅级4名，副厅级43名。

【老干部待遇保障】 2019年，淮安市县两级实行离休干部“两费”（离休费和医疗费）落实季查季报制度，确保离休干部离休费按时发放，制度规定范围内的医药费实报实销。市委老干部局开展“建国70周年大走访”活动，为整生日离休干部及地市职退休干部祝寿65人次，赴医院慰问住院离休干部及地市职退休干部22人次，登门吊唁去世离休干部43人次，赴外地走访慰问易地安置和异地居住离休干部34人次。全年至少上门看望每位离休干部一次，送去慰问金和慰问品合计28万余元。坚持老干部及其遗属特殊困难帮助制度，投入资金8.8万元，帮助困难老干部及其遗属51人次。5月，组织18位地市职退休干部到青岛、日照参观疗养。9月，组织19位地市职退休干部视察江苏敏安电动汽车有限公司、内环高架工程，参观“辉煌七十年 奋进新淮安——淮安市庆祝中华人民共和国成立70周年成就展”。全年组织地市职退休干部参加市委全委会、党代会、人代会、政协会议等各类重要会议活动10余次。为离退休干部征订《银潮》《淮海晚报》等，丰富精神文化生活。

【离退休干部党支部建设】 4月，淮安市组织召开市直单位离退休干部党支部“六有一提升”（指有党的组织、有领导班子、有工作制度、有组织活动、有作用发挥、有工作保障，以提升离退休干部党组织的组织力）工作推进会，现场观摩市公安局、市交通运输局和市农科院等3个离退休干部党支部示范点。6月，召开全市离退休干部党建工作学习培训会，传达学习苏组通〔2019〕37号文件精神，研究部署全市离退休干部党组织“六有一提升”创建工作推进措施。7月，组织召开全市离退休干部党支部“六有一提升”达标创优部署会。10月起，组织开展全市离退休干部党支部“六有一提升”达标创优验收的相关工作。11月，省委老干部局检查组根据淮安市上报的292个达标支部，按照10%的比例，对全市30个离退休干部党支部进行复核验收。

【老干部作用发挥】 2019年，淮安市出台《淮安市离退休干部“银发生辉”工程实施方案》，为全市老干部发挥作用提出指导性意见。10月，举行江苏省“银发生辉”专家走进淮安志愿服务行暨淮安“银发生辉”工程启动仪式，省委老干部局领导、7个县（区）和经济技术开发区以及市直单位的16支志愿服务队被授旗、授帽。

【老干部学习】 2019年，淮安市坚持市直离退休干部党支部书记学习会制度。每月10日组织老干部学习习近平新时代中国特色社会主义思想、中共十九届四中全会精神、《中共中央关于加强党的政治建设的意见》等。

【文体活动】 5月，淮安市组织离退休干部参加“迎国庆 展风采”全省老干部门球邀请赛。9月，组织离退休干部参加省委老干部局举办的“诗书画影颂祖国——庆祝新中国成立70周年全省离退休干部书画摄影展”。举办“翰墨丹青颂祖国——庆祝中华人民共和国成立70周年全市离退休干部书画摄影展”，共展出市直机关、各县（区）、市老年大学选送的书画摄影精品251幅，展现祖国取得的巨大成就。10月，举办市直机关离休干部重阳节游艺活动。

【老干部居家养老超市服务】 2019年，中共淮安市委老干局根据与中国移动通信集团江苏有限公司淮安分公司签订的合作协议，督促指导淮安移动公司完善超市服务平台功能。与淮安千一物业服务公司、清河区永恒保洁搬家服务中心等4个家政服务企业签订《加盟服务协议》。服务超市全年共接到老干部服务需求电话1358人次，服务项目701件，总服务费10万余元。 （许 玥）

党校工作

【概况】 中共淮安市委党校是中共淮安市委、淮安市人民政府直接领导下培养党员领导干部、理论干部和公务员的学校，是培训轮训淮安市党政领导干部的主渠道。学校位于枚乘东路19号，占地6.67公顷，建筑面积3万多平方米，具备同时容纳300名学员住校学习生活的办学能力。学校开辟淮安市委干部在线学习平台，主办《新淮论坛》《决策参阅》等刊物，2019年，学校有教职工90人，其中教授4人，副教授19人，同时聘请多名兼职教授。校内的“两馆”（周恩来“五德”教育馆和好干部教育馆）被中国浦东干部学院、中直机关党校和中国延安干部学院确定为教学研究基地和社会实践调研基地。全年举办、承接各类培训班次87场，培训9831人；组织送教336场次，覆盖基层干部群众12000余人；“两馆”接待103批次3562人参观学习。

【培训学习】 2019年，中共淮安市委党校优化完善教学布局，把习近平新时代中国特色社会主义思想作为主干课程、核心课程，着力构建习近平新时代中国特色社会主义思想课程体系。全年举办主体班及各类培训班56期，培训轮训党员干部6000余人次，其中春秋两季主体班9个班次，培训学员514人。培训班覆盖多个层次，包括澳门高层次人才培训班、省内外单位党性教育、市各部委办局各类培训班等。全年赴各级机关、企业、社区等送教百余场，覆盖基层干部群众12000余人。

【教学科研】 2019年，中共淮安市委党校继续坚持实施名师培育、名课开发、名品创作的“三名”工程。该校科研工作获全省党校系统第九届优秀科研工作组织奖，同时获全省党校系统优秀决策咨询奖一等奖1项、二等奖2项，优秀科研成果奖二等奖2项、三等奖2项，该校教师专著获2018年度“省社科应用研究精品工程”奖优秀成果一等奖。全校教职工发表市级以上论文、调研报告96篇，编发《决策参阅》8期，7期得到市以上领导肯定性批示。 （陈雨婷）

党史工作

【党史资源开发利用】 2019年，中共淮安市委党史工办坚持用好用活本地丰富的党史资源，通过挖掘全市33处重要红色遗址遗迹，编写《初心足迹——淮安红色教育基地指南》《红色淮安手绘地图》《感悟初心，传承使命——淮安党史陈列馆主题教育学习手册》等红色读本，发放至市级机关900多个党支部，引导广大党员干部在学习党史中感悟革命先辈践行初心使命的光辉历程。撰写《展示象征意义的实践与思考》重点社科课题，展现淮安贯彻落实习近平总书记“把周总理的家乡建设好，很有象征意义”嘱托的生动实践，受到市委主要领导批示肯定。

【“铿锵足迹·永恒初心——党的纪律建设历程”主题展】 2019年，中共淮安市委党史工办与中共淮安市纪委机关联合举办“铿锵足迹·永恒初心——党的纪律建设历程”主题展。展览紧扣党的六大纪律（政治纪律、组织纪律、廉洁纪律、群众纪律、工作纪律、生活纪律），通过深刻内涵、初心足迹、光辉典范、警钟长鸣四个版块展现中国共产党在纪律建设方面的光荣传统及管党治党把纪律挺在前面的重要经验。展览期间，共有100多批次、20000余名党员干部参观学习，参观群体覆盖市委常委、市级机关、市纪委机关、各县（区）4个层次，受到《中国纪检监察报》、江苏党史网等推介宣传。

【《壮丽七十年 奋斗新时代》系列专题片】 2019年，中共淮安市委党史工办与淮安市广播电视台《今日观察》栏目组联合策划拍摄《壮丽七十年 奋斗新时代》系列专题片。专题片选取10个红色纪念地乡村，从红色热土、镇情概览、最美家园、未来展望四个板块描绘老区乡村从红色热土到金色沃土的显著变化。专题片在淮安市电视台《今日观察》栏目、淮安视听网、“无线淮安”等平台上播出。

（市委党史工办）

淮安市人民代表大会

综 述

【概况】 2019年，淮安人大由市人大及其常委会，县（区）人大及其常委会，乡（镇）人大及其主席团构成。淮安市人大有市人大代表435人，十三届全国人大代表6人，十二届省人大代表46人。淮安市人大专门委员会有市人大财经委、市人大法制委、市人大监察和司法委、市人大社会建设委。淮安市人大常委会工作机构有办公室、研究室、内司委、农经委、环资城建委、教科文卫委、人代联委、民宗侨台委、外事委（与民宗侨台委合署）、预算工委（与市人大财经委合署）和法工委（与市人大法制委合署），派出机构有市人大常委会经济技术开发区工委。

【主要工作】 2019年，淮安市人民代表大会举行人大常委会会议12次、主任会议22次；审议并通过地方性法规1部；听取和审议“一府一委两院”专项工作报告19项，听取和审议计划、预算执行情况及审计工作报告等6项；组织人大代表视察、调研15次，开展专题询问2次、执法检查2次；作出决议决定7项；任免本级国家机关工作人员192人次。

重要会议

【市八届人大三次会议】 1月27—30日，淮安市第八届人民代表大会第三次会议于在市区举行。会议大会补选周茂萱为市人大常委会副主任，张进成为市人大常委会秘书长，王红光等5人为市人大常委会委员；通过市第八届人民代表大会有关专门委员会组成人员名单；通过关于接受葛平辞去市八届人大常委会副主任职务请求的决定。

会议通过关于淮安市人民政府工作报告的决议；关于淮安市2018年国民经济和社会发展计划执行情况及2019年国民经济和社会发展计划的决议；关于淮安市2018年财政预算执行情况及2019年财政预算的决议；关于淮安市人大常委会工作报告的决议；关于淮安市中级人民法院工作报告的决议；关于淮安市人民检察院工作报告的决议；关于全面推进全域旅游建设议案的决议。

【市人大常委会会议】 1月21日，淮安市八届人大常委会第十九次会议召开。会议听取有关人事任免事项的提请说明，通过有关人事任免事项，举行宪法宣誓仪式；审议并通过市人大常委会关于市八届人大三次会议筹备工作情况的报告、关于市八届人大三次会议列席人员范围的决定（草案）；讨论市人大常委会工作报告（讨论稿）。

1月25日，市八届人大常委会第二十次会议召开。会议听取并通过市人大常委会代表资格审查委员会关于市八届人大代表变动情况和选举、补选代表的资格审查情况的报告；听取并通过市八届人大三次会议主席团和秘书长建议名单；听取并通过市八届人大三次会议议案审查委员会主任委员、副主任委员和委员建议名单；通过关于表彰2018年度淮安市“十佳市人大代表”“十佳市人大代表建议”的决定。

2月27日，市八届人大常委会第二十一次会议召开。会议听取并审议市政府关于2018年度环境状况和环境保护目标完成情况的报告，对报告进行满意度表决；讨论并通过淮安市授予荣誉市民称号办法；审议并通过关于调整市人大常委会代表资格审查委员会组成人员的决定，审议并通过关于调整市人大常委会部分工作委员会委员的决定，举行向宪法宣誓仪式。会议期间，市人大常委会举行第十三期人大讲坛。

4月25日，市八届人大常委会第二十二次会议召开。会议听取并审议市政府关于全市教育改革与发展情况的报告；听取并审议市政府关于“放管服”改革工作专题询问突出问题整改情况的报告；听取并审议市法院关于全市法院未成年人和家事审判工作情况的报告；听取市人大财经委关于《淮安市人大常委会关于进一步优化营商环境推动高质量发展的决定（草案）》的说明，审议并通过《淮安市人大常委会关于进一步优化营商环境推动高质量发展的决定》；听取市人大财经委关于促进我市中小企业发展议案审议结果的报告，审议并通过《淮安市人大常委会“关于促进我市中小企业发展议案”处理意见的决定》；听取市人大常委会教科文卫委关于加快推进我市大运河文化带建设议案处理意见的报告，审议并通过《淮安市人大常委会“关于加快推进我市大运河文化带建设议案”处理意见的决定》；审议并通过市人大常委会代表资格审查委员会关于个别代表的代表资格的报告；审议并通过有关人事任免案。会议还对市政府、市法院专项工作报告进行满意度表决，通报下一次常委会议题初步安排意见。

5月23日，市八届人大常委会第二十三次会议召开。会议决定任命周凤琴为淮安市监察委员会副主任，决定为代理主任。姚晓东向周凤琴颁发任命书。随后，会议举行向宪法宣誓仪式。会议听取审议在淮安的6名省人大代表履职情况的报告，并进行测评。会上还举行第十四期淮安市人大讲坛。

6月27日，市八届人大常委会第二十四次会议召开。会议听取市政府关于淮安市2018年市级财政决算和2019年以来财政预算执行情况的报告；听取市政府关于淮安市2018年度市级预算执行和其他财政收支情况的审计工作报告；听取市人大常委会财经委关于淮安市2018年市级财政决算草案的审查结果报告；听取市政府关于淮安市对外友好城市建设工作情况的报告；听取市人大常委会外事委关于淮安市对外友好城市建设工作情况的调查报告；听取市政府关于《淮安市住宅物业管理条例（草案）》起草情况的说明；听取市人大常委会环资城建委关于《淮安市住宅物业管理条例（草案）》审查意见的报告；听取市政府关于市人大常委会部分审议意见落实情况的反馈报告；听取市人大常委会执法检查组关于检查《中华人民共和国水污染防治法》实施情况的报告；听取市人大常委会关于支持和保障南京都市圈共建长三角一体化高质量发展合作示范区的决定（草案）的说明；听取市人大常委会人代联委关于市人大代表履职积分管理办法（试行）（草案）的说明。会议通过市人大常委会关于批准淮安市2018年市级财政决算的决议；通过市人大常委会关于淮安市2018年度市级预算执行和其他财政收支情况审计工作报告的决议；通过市人大常委会关于支持和保障南京都市圈共建长三角一体化高质量发展合作示范区的决定；通过市人大代表履职积分管理办法（试行）。会议还对市政府相关专项工作报告进行满意度表决，并通报下一次常委会议议题初步安排意见。

8月26日，市八届人大常委会第二十五次会议召开。会议听取市政府关于2019年上半年国民经济和社会发展计划执行情况和下半年工作打算的报告；听取市人大财经委关于上半年全市经济运行情况的调研报告；听取市政府关于全市小餐饮、小摊点、小作坊整治工作情况的报告；听取市人大常委会教科文卫委关于小餐饮、小摊点、小作坊整治工作情况的调查报告；听取市政府关于全市“158”骨干企业（指淮安市筛选158家骨干企业作为挂钩培育对象）培育情况的报告；听取市人大财经委关于全市“158”骨干企业培育情况的调研报告；听取市政府关于全市“七五”普法工作情况的报告；听取市人大监察和司法委关于全市“七五”普法工作情况的调查报告；听取市人大常委会执法检查组关于检查《淮安市古淮河保护条例》实施情况的报告；听取市人大监察和司法委关于市人大常委会加强和规范检察建议工作的决定（草案）的说明；听取市人大常委会代表资格审查委员会关于个别代表的代表资格的报告；听取有关人事任免事项的提请说明。

9月9日，市八届人大常委会第二十六次会议召开。会议听取有关人事任免事项的提请说明，通过有关人事任免事项，为新任职人员颁发任命书，并举行宪法宣誓仪式。会议还通报下一次常委会会议的主要议题。

10月24日，市八届人大常委会第二十七次会议召开。会议听取有关人事任免事项的提请说明，通过有关人事任免事项，举行向宪法宣誓仪式。会议听取市政府关于2018年度行政事业性国有资产管理情况的报告；听取市人大财经委关于淮安市行政事业性国有资产管理情况的调研报告；听取市政府关于2019年淮安市级地方政府新增债务限额及市级预算调整方案（草案）的报告；听取市人大财经委关于《市政府关于提请审议〈淮安市2019年市级地方政府新增债务限额及市级预算调整方案（草案）〉的议案》的审查结果报告；听取市政府关于全市改善农民住房条件工作情况的报告；听取市人大常委会农经委关于全市改善农民住房条件工作情况的调查报告；听取市检察院关于全市检察机关公益诉讼检察工作情况的报告；听取市人大监察和司法委关于全市检察机关公益诉讼检察工作情况的调查报告；听取市政府关于《淮安市古淮河保护条例》的修正情况的报告；听取市人大常委会农经委关于《淮安市古淮河保护条例（修正案草案）》审查意见的报告和关于市人大常委会修改《淮安市古淮河保护条例》的决定（草案）的说明；听取市人大法制委关于《淮安市住宅物业管理条例（草案）》审议结果的报告。会议通过市人大常委会关于批准淮安市2019年市级地方政府新增债务限额及市级预算调整方案的决议，通过《淮安市住宅物业管理条例》和修改《淮安市古淮河保护条例》的决定。会议对市政府、市检察院专项工作报告进行满意度表决。会议还通报下一次常委会议题初步安排意见。

12月11日，市八届人大常委会第二十八次会议召开。会议通过关于接受刘必权辞去淮安市人民政府副市长职务请求的决定，决定免去刘必权淮安市公安局局长职务，决定任命周青为淮安市副市长，决定任命周达清为淮安市副市长、市公安局局长。任命韩高峰为淮安市人大常委会研究室主任，李谷为淮安市人大社会建设委员会副主任委员，陈旭东为淮安市监察委员会副主任。姚晓东向被任命人员颁发任命书，全体被任命人员向宪法宣誓。

12月25日，市八届人大常委会第二十九次会议召开。会议听取市政府关于2018年度市本级预算执行和其他财政收支审计查出问题整改情况的报告；听取市政府关于市人大代表建议、批评和意见办理情况的报告；听取市人大常委会人代联委关于市人大代表建议、批评和意见办理情况的报告；听取市政府关于市八届人大三次会议议案办理情况的报告；听取市人大常委会教科文卫委、市人大财经委关于市八届人大三次会议议案办理情况报告的审查报告；听取市政府关于2019年淮安市级预算调整方案（草案）的报告；听取市人大财经委关于《市政府关于提请审议〈2019年淮安市级预算调整方案（草案）〉的议案》的审查结果报告；听取市政府、市法院关于市人大常委会1—6月有关审议意见落实情况的反馈报告；听取市政府关于《淮安市大运河文化遗产保护条例（草案）》起草情况的报告；听取市人大常委会教科文卫委关于《淮安市大运河文化遗产保护条例（草案）》审查意见的报告；听取市人大常委会法工委关于市八届人大以来规范性文件备案审查工作情况的报告。会议通过《市人大常委会关于召开市八届人大四次会议的决定》；通过《市人大常委会关于批准淮安市2019年市级预算调整方案的决议》。会议对市政府、市法院专项工作报告进行满意度表决，通报第三十次、三十一次常委会议议题初步安排意见。

12月30日，市八届人大常委会第三十次会议召开。会议决定任命陈之常为淮安市人民政府副市长，决定代理市长职务。会议表决通过关于接受姚晓东辞去江苏省第十三届人民代表大会代表职务请求的决定，补选陈之常为江苏省第十三届人民代表大会代表。会议还通过其他人事任免事项。

【市人大常委会主任会议】 1月20日，淮安市八届人大常委会第三十七次主任会议召开。会议讨论市第八届人民代表大会第三次会议筹备工作情况报告和市人大常委会工作报告(征求意见稿),听取市八届人大常委会第十九次会议的议程安排。

1月25日,市八届人大常委会第三十八次主任会议召开。会议听取关于市八届人大代表变动情况和补选代表的资格审查情况的报告、市八届人大三次会议主席团成员和秘书长建议名单的说明、市八届人大三次会议议案审查委员会主任委员、副主任委员、委员建议名单的说明。

2月25日,市八届人大常委会第三十九次主任会议召开。会议听取关于2018年度环境状况和环境保护目标完成情况的调查报告、关于《淮安市授予荣誉市民称号办法(草案)》的起草说明和关于《市八届人大三次会议代表议案办理和督查工作意见(草案)》的说明,讨论市人大常委会2019年工作要点(讨论稿),并就市八届人大常委会第二十一次会议的议程安排作说明。

3月8日,市八届人大常委会第四十次主任会议召开。会议讨论并原则通过市人大常委会2019年度代表工作计划、市人大代表活动经费管理办法、市人大常委会2019年主要工作项目安排表和市八届人大常委会第二十一次会议相关审议意见。

4月1日,市八届人大常委会第四十一次主任会议召开。会议研究确定市人大常委会领导督办、市政府领导领办重点代表建议。

4月15日,市八届人大常委会第四十二次主任会议召开。会议传达省人大常委会水污染防治法执法检查工作会议精神。会议研究市人大常委会领导牵头重点调研课题、市人大专门委员会及常委会工作机构对口联系部门和单位以及2019年的人大宣传工作。

4月22日,市八届人大常委会第四十三次主任会议召开。会议听取《市人大常委会关于优化营商环境推动高质量发展的决定(草案)》的说明、教育改革与发展情况的调查报告、"加快推进我市大运河文化带建设议案"处理意见的报告、全市法院未成年人和家事审判工作情况的调查报告、《市人大常委会水污染防治法执法检查工作方案(讨论稿)》的说明;原则通过"促进我市中小企业发展议案"审议结果的报告、关于迎接省人大常委会水污染防治法执法检查工作分工初步方案。对市八届人大常委会第二十二次会议的议程安排作说明。

5月14日,市八届人大常委会第四十四次主任会议召开。会议听取市人大常委会法工委关于地方性法规制定过程中涉及的重大利益调整论证咨询的工作规范和关于地方性法规制定过程中争议较大的重要立法事项引入第三方评估规范的说明,并原则上通过这两个建议稿;听取市人大常委会人代联委关于市直代表小组活动办法(讨论稿)以及分组名单的说明。讨论并原则通过市八届人大常委会第二十二次会议关于全市教育改革与发展情况报告的审议意见、关于全市法院未成年人和家事审判工作情况报告的审议意见。传达全省人大常委会秘书长、办公室(厅)主任座谈会精神。

5月21日,市八届人大常委会第四十五次主任会议召开。会议听取张进成关于市八届人大常委会第二十三次会议议程和日程安排意见的汇报,决定增开一次常委会会议,并于5月23日召开。建议会议主要议程为:审议人事任命案,听取部分省人大代表履职情况的报告并进行评议,举办"人大讲坛"。会议还听取有关委员会关于各项议程准备情况的汇报。

6月6日,市八届人大常委会第四十六次主任会议召开。会议讨论全市乡镇街道人大规范化建设相关文件。

6月24日,市八届人大常委会第四十七次主任会议召开。会议听取市人大财经委关于2018年市级财政决算(草案)的审查结果报告、市人大常委会外事委关于淮安市对外友好城市建设工作情况的调查报告、市人大常委会环资委关于《淮安市住宅物业管理条例(草案)》审查意见的报告、市人大常委会执法检查组起草的关于检查《水污染防治法》实施情况的报告以及市人大常委会人代联委关于市人大代表履职积分管理办法(草案)的说明;通过关于建立南京都市圈城市人大常委会协商合作机制的协议,并听取关于市人大常委会支持和保障南京都市圈共建长三角一体化高质量发展合作示范区的决定(草案)的说明。会议还听取市八届人大常委会第二十四次会议的议程安排。

7月1日,市八届人大常委会第四十八次主任会议召开。会议讨论通过关于淮安市2018年市级财政决算草案的审议意见、关于淮安市对外友好城市建设工作情况报告的审议意见和关于水污染防治法执法检查报告的审议意见。

7月18日,市八届人大常委会第四十九次主任会议召开。会议讨论并通过《淮安市镇(街道)人大工作规范化三年行动指导意见》《淮安市镇(街道)人大工作规范化建设基本保障标准》和《淮安市基层人大代表履职活动平台建设规范》等文件。会议还讨论并通过关于将修改《淮安市古淮河保护条例》列入2019年立法计划的报告,通报全市乡镇街道人大工作规范化建设推进会情况。

8月1日,市人大常委会第五十次主任会议召开。会议听取2019年度立法计划调整情况的报告。

8月20日,市人大常委会第五十一次主任会议召开。会议听取市人大财经委关于上半年全市经济运行情况的调研报告、市人大财经委关于"158"骨干企业培育情况的调查报告、市人大常委会教科文卫委关于小餐饮、小摊点、小作坊整治工作情况的调查报告、市人大监察和司法委关于"七五"普法工作情况的调查报告以及关于市人大常委会加强和规范检察建议工作的决定(草案)的说明、市人大常委会农经委关于检查《淮安市古淮河保护条例》实施情况的报告以及市人大常委会法工委关于调整市人大常委会2019年立法计划的报告。会议还就市八届人大常委会第二十五次会议的议程安排作说明。

8月30日,市人大常委会第五十二次主任会议召开。会议通过市八届人大常委会第二十五次会议有关审议意见。

9月16日,市人大常委会第五十三次主任会议召开。会议讨论市人大机关开展"不忘初心,牢记使命"主题教育方案。

10月21日,市人大常委会第

五十四次主任会议召开。会议听取市人大财经委关于行政事业性国有资产管理情况的调查报告、市人大财经委关于2019年淮安市级地方政府新增债务限额及市级预算调整草案的审查结果报告、市人大常委会农经委关于全市改善农民住房条件工作情况的调查报告、市人大监察和司法委关于全市检察机关公益诉讼检察工作情况的调查报告、市人大法制委关于《淮安市住宅物业管理条例（草案）》审议结果的报告。会议还听取市人大常委会农经委关于《淮安市古淮河保护条例（修正案草案）》审查意见的报告和关于市人大常委会修改《淮安市古淮河保护条例》的决定（草案）的说明，并就市八届人大常委会第二十七次会议的议程安排作说明。

10月24日，市人大常委会第五十五次主任会议召开。讨论并通过《淮安市住宅物业管理条例（表决稿）》和关于修改《淮安市古淮河保护条例（表决稿）》的决定。

10月30日，市人大常委会第五十六次主任会议召开。会议听取关于2019年立法调研项目调研情况的汇报和2020年立法项目建议，讨论2020年立法计划。会议还通过关于2018年度国有资产管理情况综合报告和2018年度行政事业性国有资产管理情况专项报告的审议意见、关于全市改善农民住房条件工作情况报告的审议意见、关于全市检察机关公益诉讼检察工作情况报告的审议意见等常委会第二十七次会议有关审议意见和全市综合交通体系建设视察情况通报。

11月29日，市八届人大常委会第五十七次主任会议召开。会议听取市政府关于政府性债务管理及化解工作情况的报告。

12月23日，市人大常委会第五十八次主任会议召开。会议听取人代联委关于市八届人大三次会议代表建议办理情况的报告、相关委员会关于市政府关于市八届人大三次会议议案办理情况报告的审查报告、财经委关于《市政府关于提请审议〈2019年淮安市级预算调整方案（草案）〉的议案》的审查结果报告、相关委员会关于市政府、市法院关于市人大常委会1—6月有关审议意见落实情况反馈报告的审查报告、教科文卫委关于《淮安市大运河文化遗产保护条例（草案）》审查意见的报告、法工委关于规范性文件备案审查工作情况的报告、开发区工委关于《淮安市人民代表大会常务委员会经济技术开发区工作委员会工作规则（草案）》的说明。会议讨论《市人大常委会关于召开市八届人大四次会议的决定（草案）》和市人大常委会工作报告（讨论稿）。会议还就市八届人大常委会第二十九次会议的议程安排作出说明。

人大监督

【经济运行监督】 2019年，淮安市人大常委会围绕经济发展，听取和审议市政府关于深化“放管服”改革、优化营商环境的专项整改报告，助力打造法治化、市场化、国际化营商环境；开展优化民营经济发展环境专题调研。围绕项目攻坚，听取和审议市政府关于“158”骨干企业培育情况的报告，视察工业重特大项目建设情况，推动项目建设和企业发展，着力解决制约高质量发展的短板问题；视察现代综合交通体系建设情况，特别是高铁、内环高架等建设情况，加快该市综合交通枢纽建设，提升城市能级。围绕乡村振兴，听取和审议市政府关于改善农民住房条件工作情况的报告，视察调研脱贫攻坚、农业科技创新、畜禽规模养殖污染防治等工作，督促抓好各项政策措施的落实，促进农业产业兴旺、农村生态宜居、农民生活富裕。围绕对外开放，制定《淮安市授予荣誉市民称号办法》，听取和审议市政府关于对外友好城市建设工作情况的报告，推动实现全方位、多领域、可持续的交流与合作，提升淮安市对外开放水平。

【民生工作监督】 2019年，淮安市人大常委会聚焦教育改革，开展教育改革与发展情况“六百联动”专题调研（指组织百名代表、百名校长、百名专家、百名教师、百名家长、百名学生开展专题调研座谈活动），听取和审议市政府关于全市教育改革与发展情况的报告，促进政府及相关部门切实解决“有学上”“上好学”等问题，努力办好人民满意教育。聚焦食品安全，针对小餐饮、小摊点、小作坊存在的突出问题，听取和审议市政府专项工作报告并开展专题询问，现场播放暗访短片，用问题导向把脉问诊，就“舌尖上的安全”提出10个方面的建议清单，督促政府及相关部门强化全过程、全方位监管，严守安全底线。聚焦健康医疗，视察全市基层公共卫生服务和民营医院建设情况，促进政府及相关部门全面落实基本公共卫生项目，不断提高基层医疗服务质量。聚焦养老服务，视察全市社区居家养老服务中心标准化建设情况，要求加快养老机构建设，加强医养融合发展，促进政府建立社会化养老服务体系，

11月28日，市人大常委会组织视察重特大项目建设情况　市人大官网

提高老有所养水平。聚焦城市管理，组织代表就城市建设管理问题约见政府部门负责人，7名基层代表针对桥下空间管理权属不明确、养犬行为管理不到位、农贸市场环境混乱等突出问题询问相关部门负责人，推动问题整改，促进文明城市创建。

【生态环保工作监督】 2019年，淮安市人大常委会按照省人大统一部署，市县（区）人大联动检查水污染防治法实施情况，召开12场座谈会，收集各类意见建议300余条，实现全市7个县（区）和4个功能区执法检查全覆盖，对查出的87个具体问题第一时间进行交办。对2017年开展的水污染防治专题询问整改情况进行“回头看”，对照省人大执法检查组查出的问题清单，督促政府及相关部门制订整改方案、明确整改时限、落实整改责任。市县（区）人大联动检查《淮安市古淮河保护条例》贯彻实施情况，重点检查沿线排污口截污导流项目实施和违规建设整治工作，推动地方法规落地见效。

【预算审查监督】 2019年，淮安市人大常委会出台关于人大预算审查监督重点向支出预算和政策拓展的实施办法，强化支出预算全口径审查、全过程监督。听取和审议预算执行情况、决算和审计工作报告，审查批准2019年市级预算调整方案和2018年市级决算，推动预算编制科学化、预算执行规范化，提高财政资金使用效益。听取关于地方政府债务管理情况工作报告，督促政府落实债务管理责任，有效防范和化解风险。听取和审议关于行政事业性国有资产管理情况的报告，督促政府和相关部门摸清“家底”，提升管理水平。听取和审议审计查出问题整改落实情况的报告，督促政府部门抓好问题整改，审计查出的48项问题基本整改到位。升级优化全市人大预算联网监督系统，完善查询、分析、预警等功能，让政府每一项支出都在实时监督之下，提高预算审查监督的时效性和精准度。

【监察司法工作监督】 2019年，淮安市人大常委会听取和审议市政府关于“七五”普法工作情况的报告，强化全社会法治观念，推动形成尊法学法守法用法的社会风尚。听取和审议市法院关于未成年人和家事审判工作情况的报告，督促法院提高办案水平，更好保障未成年人、妇女和老年人的合法权益。听取和审议市检察院关于公益诉讼工作情况的报告，督促检察机关维护公益诉讼制度的法律权威，提升人民群众的知晓度、参与度、满意度。深化千名代表评庭审、千名代表助执行“双千”活动，推动规范司法行为，助力基本解决执行难，努力营造良好司法环境。

代表工作

【代表主题活动】 2019年，淮安市人大常委会持续开展人大代表“千百万扶贫济困大行动”（“千”，指组织有专长的代表深入村居开展千场宣讲，实施智力扶贫；“百”，指企业家代表结对170个省市定经济薄弱村，实施项目帮扶；“万”，指全体代表联系1万多户低收入家庭，实施结对济困），围绕人大代表扶贫济困的年度目标开展督查通报，推动活动提档升级、提质增效。2017—2019年，开展“千百万扶贫济困大行动”期间，全市人大代表开展宣讲4095场次，受益对象21.3万人次；实施帮扶项目208个，竣工207个，实现经济薄弱村增收项目全覆盖；实施扶持到户项目2605个，资助低收入家庭子女上学1976名，捐助或赠送物资668万余元。《人民日报》和《中国人大》介绍该做法。

【代表履职渠道拓展】 2019年，淮安市人大常委会邀请代表更广泛更深入参与常委会工作，常态化召开列席常委会会议代表座谈会，听取代表对相关议题以及常委会工作的意见建议，组织代表参加视察调研、执法检查，做到常委会每一项工作、每一个活动都有代表参加。全年列席常委会会议，参与视察调研、执法检查等工作的代表分别为98人次、210人次。开展主任接待代表日活动，组织代表定期进“家”入“站”接待选民和群众，建立代表联系群众微信群，做大做实代表“朋友圈”，实现群众与代表“定时定点找得到，随时随地联得上”。组织开展“12·4”统一接待群众日活动，五级人大代表面对面与群众沟通交流，听取群众诉求，帮助解决困难和问题。围绕乡村振兴和淮河生态经济带建设等重大课题，组织代表开展年中专题调研和会前视察活动。

【代表履职管理创新】 2019年，淮安市人大常委会推动代表履职工单落实，制定代表履职积分管理办法，根据代表在人代会和闭会期间的履职情况，通过考核赋分的方式进行百分制评价，增强代表履职担当的责任感和使命感。建成代表履职信息化平台，汇集履职活动记录、议案建议办理、政情通报等功能，不仅为代表与人大

11月6日，市人大代表就城市建设管理问题约见市政府相关部门负责人
市人大官网

机关、“一府一委两院”、人民群众的交流互动提供方便，也使代表履职可量化、可跟踪、可查询，激发代表的履职热情。加强履职保障，加大培训力度，提前2年完成代表履职能力提升培训任务。

【代表建议办理】 2019年，淮安市人大常委会促进代表建议办理从“答复型”向“落实型”转变，首次遴选两件议案由常委会审议办理，确定5类重点建议由市人大常委会领导督办、市政府领导领办。探索代表建议办理结果评价机制，开展代表建议先进承办单位评比，组织市人大代表视察建议办理情况，督促承办单位提高按时办结率和优质办成率，304件代表建议全部办理完毕，代表所提问题解决率达86.2%。

（邢文峰　凌　颖　万　芊）

立法工作

（参见《法治军事·地方立法》）

淮安市人民政府

重要会议

【市政府常务会议】 2019年，淮安市人民政府召开17次常务会议。1月10日，市长蔡丽新主持召开市政府八届第33次常务会议，听取《政府工作报告》起草、淮安台资集聚示范区建设联席会议第一次会议、淮安市市长质量奖评审情况汇报，讨论研究《全市政府系统“中梗阻”专项治理行动方案》《淮安市“三新一特”主导产业发展行动计划》《培育先进制造业集群指导意见》《淮安市加快推进农民群众住房条件改善五年行动计划（2018—2022）》《关于集体土地新建农民集中居住区项目审批和招投标工作的指导意见》《淮安市居住小区配套幼儿园建设管理办法》等文件。市领导张国梁、刘必权、顾坤、肖进方、赵权、马玉龙等出席会议，部分人大代表、政协委员应邀列席会议。

2月1日，市长蔡丽新主持召开市政府八届第34次常务会议，听取全市安全生产工作、全市信访工作情况汇报，讨论研究《关于落实〈政府工作报告〉主要任务部门分工方案》《关于划定市区禁止使用高排放非道路移动机械区域的通告》等文件，部署安排春节期间有关工作。市领导张国梁、刘必权、顾坤、肖进方、赵权等出席会议，部分人大代表、政协委员应邀列席会议。

2月19日，市长蔡丽新主持召开市政府八届第35次常务会议，讨论研究全市经济发展大会、全市重特大项目攻坚年动员大会相关文件。市领导张国梁、王红红、顾坤、肖进方、赵权等出席会议，部分人大代表、政协委员应邀列席会议。

3月18日，市长蔡丽新主持召开市政府八届第36次常务会议，学习贯彻省政府会议、全省扶贫开发工作会议精神，讨论研究《关于统筹推进省市定经济薄弱村和面上低收入村持续增收的意见》《关于坚持农业农村优先发展全面落实“三农”工作硬任务的实施意见》《淮安市乡村振兴战略实施规划（2018—2022）》《关于推动开放型经济高质量发展的实施意见》等文件。市领导张国梁、王红红、刘必权、顾坤、肖进方、赵权等出席会议，部分人大代表、政协委员应邀列席会议。

3月25日，市长蔡丽新主持召开市政府八届第37次常务会议，学习贯彻省政府常务会议精神。市领导张国梁、王红红、刘必权、肖进方、赵权等出席会议，部分人大代表、政协委员应邀列席会议。

4月9日，市长蔡丽新主持召开市政府八届第38次常务会议，部署安排全市扫黑除恶专项斗争工作。市领导张国梁、王红红、刘必权、肖进方、赵权等出席会议，部分人大代表、政协委员应邀列席会议。

5月17日，市长蔡丽新主持召开市政府八届39次常务会，学习贯彻全省教育大会精神、国务院《重大行政决策程序暂行条例》和省委书记娄勤俭在省高院《关于报送2018年江苏行政审判年报的报告》上的批示要求，听取全市排查整治违规建设殡葬设施工作、与省铁路集团合作开发恩来干部学院北片区地块工作等情况汇报，讨论研究《淮安市领导干部自然资源资产离任审计办法（试行）》、市政府重点产业发展基金相关政策制度等文件。市领导张国梁、王红红、刘必权、顾坤、肖进方、赵权等出席会议，部分人大代表、政协委员应邀列席会议。

5月28日，市长蔡丽新主持召开市政府八届第40次常务会议，讨论研究《关于加快构建现代综合交通运输体系的意见》《淮安市市属监管企业负责人经营业绩考核暂行办法》等文件。市领导张国梁、刘必权、顾坤、肖进方等出席会议，部分人大代表、政协委员应邀列席会议。

6月23日，市长蔡丽新主持召开市政府八届第41次常务会议，听取全市安全生产工作、政府性债务风险防范化解工作、淮安—西安全货机航班开通工作、市区污水处理厂污泥焚烧处置项目推进工作情况的汇报，研究讨论《市政府2019年重点领域改革行动方案》《关于深化教育体制机制改革加快推进教育现代化建设的实施意见》《关于全面深化新时代教师队伍建设改革的实施意见》《关于促进民办教育健康规范发展的实施意见》《淮安市违建别墅问题清查整治专项行动工作方案》《淮安市住宅物业管理条例(草案) 》《淮安市化工产业安全环保整治提升实施方案》《关于淮安市2018年度市级预算执行和其他财政收支的审计工作报告》等文件。市领导张国梁、王红红、顾坤、肖进方、赵权等出席会议，部分人大代表、政协委员应邀列席会议。

7月10日，市长蔡丽新主持召开市政府八届第42次常务会议，学习贯彻省长吴政隆“不忘初心、牢记使命”主题教育专题党课精神，专题学习《行政诉讼法》，听取全市畜禽养殖废弃物资源化利用工作情况汇报，讨论研究《淮安市2019年“放管服”改革要点》《淮安市工程建设项目审批制度改革实施方案》《进一步加强拥军优属工作的若干意见》《淮安市争创全国双拥模范城“五连冠”实施方案》《淮安市争创全国双拥模范城(县)考评办法》等文件。市领导张国梁、王红红、刘必权、肖进方、赵权等出席会议，部分人大代表、政协委员应邀列席会议。

7月31日，市长蔡丽新主持召开市政府八届第43次常务会议，传达学习习近平关于安全生产工作的十个方面重要论述和一系列重要指示批示精神、全国安全生产电视电话精神，通报省安全生产工作巡查有关情况，听取省政府年度挂牌督办重点生态环境问题整改工作情况汇报。市领导张国梁、刘必权、顾坤、肖进方、赵权等出席会议，部分人大代表、政协委员应邀列席会议。

8月26日，市长蔡丽新主持召开市政府八届第44次常务会议，学习贯彻省委书记娄勤俭、省长吴政隆在省领导挂钩联系省重大项目建设现场推进会上的讲话精神以及省委办公厅省政府办公厅《关于对全省防范化解重大风险工作开展督查的通知》精神，讨论研究《淮安市人民政府工作规则》《淮安市扫黑除恶深化行业治理工作方案》《推进“三特”农业产业发展的实施意见》《进一步落实市以上劳动模范待遇的通知》《推进城市安全发展的实施意见》等文件。市领导张国梁、刘必权、顾坤、肖进方、赵权等出席会议，部分人大代表、政协委员应邀列席会议。

9月24日，市长蔡丽新主持召开市政府八届第45次常务会议，学习贯彻2019年中央、省出台的正向激励政策文件，听取当前消防重点工作、信访稳定工作、2019年度市政府规范性文件清理工作等情况汇报，讨论研究《2019年淮安市高质量发展省定考核指标目标任务分解方案》《关于加强新时代全市公安工作的贯彻意见》《安全生产巡查整改工作方案》《淮安市企业职工基本养老保险市区统筹实施办法（试行）》《2019年军转干部接收安置工作方案》等文件以及《淮安市城镇排水管理办法》《淮安市港口岸线管理办法》修订工作。市领导张国梁、王红红、刘必权、顾坤、赵权等出席会议，部分人大代表、政协委员应邀列席会议。

10月17日，市长蔡丽新主持召开市政府八届第46次常务会议，学习贯彻《法治政府建设与责任落实督察工作规定》，通报盱眙县落实环保督察整改任务不力、敷衍整改问题，听取清理拖欠民营企业、中小企业账款工作情况汇报，讨论研究《淮安市古淮河保护条例（修正案）》《淮安市2019—2020年积极稳妥降低企业杠杆率工作方案》《淮安市市区巡游出租汽车运价定价机制及运价调整方案》等文件。市领导张国梁、王红红、刘必权、顾坤、赵权等出席会议，部分人大代表、政协委员应邀列席会议。

11月4日，市长蔡丽新主持召开市政府八届第47次常务会议，学习贯彻《优化营商环境条例》《关于加强洪泽湖生态保护和科学利用的实施意见》，听取河湖清“四乱”“两违三乱”工作、稳定生猪生产保障市场供应推动生猪产业高质量发展、未成年人思想道德建设工作、道路运输安全管理工作等情况汇报，讨论研究《淮安市现代物流业发展规划（2019—2025年）》《淮安市市属文化企业国有资产监督管理实施意见（试行）》等文件。市领导张国梁、王红红、刘必权、赵权等出席会议，部分人大代表、政协委员应邀列席会议。

11月25日，市长蔡丽新主持召开市政府八届第48次常务会议，学习贯彻省委省政府“3·21”特别重大事故警示教育大会精神和全国、全省安全生产电视电话会议精神，听取安全生产、中央和省委督查宗教反馈问题整改、长江经济带生态环境警示片涉及的生态环境问题整改、淮安市生态环境突出问题整治、2018年度市本级预算执行和其他财政收支审计查出问题整改、市级清理规范面向基层创建示范活动等情况汇报，讨论研究《关于决胜高水平全面建成小康社会补短板强弱项的若干措施》及专项行动方案、《淮安市餐厨废弃物管理办法（草案）》等文件。市领导张国梁、王红红、刘必权、赵权等出席会议，部分人大代表、政协委员应邀列席会议。

12月13日，市长蔡丽新主持召开市政府八届第49次常务会议，听取2020年全市经济社会发展主要指标安排、市重大项目、市级政府投资项目、服务业工业农业重点项目、中心城市建设重点项目编制、市政府为民办十件实事项目编排、财政预算安排等情况汇报，讨论研究《关于高质量推进“一带一路”交汇点建设的实施意见》《关于建立企业破产处置协调联动机制的实施意见》《淮安市大运河文化遗产保护条例》《淮安市基本医疗保险和生育保险市级统筹实施意见》等文件。市领导张国梁、王红红、肖进方、赵权、周达清等出席会议，部分人大代表、政协委员应邀列席会议。

【市政府专题会议】 2019年，淮安市人民政府分管副市长和党组成员召集相关部门召开17次专题会议，形成如下会议纪要：关于富强盐化新材料循环产业园项目的会议纪要、关于协调中国（淮安）国际食品博览中心配套工程问题的会议纪要、关于富强新材料项目热电项目和征迁地块安置房交付有关问题的会议纪要、关于加强和改进全市信访工作的会议纪要、关于协调市区备用水源PPP项目有关问题的会议纪要、关于智慧淮安PPP项目建设的会议纪要、关于协调建筑垃圾处理及特许经营有关问题的会议纪要、关于中央电视台中秋晚会筹备工作的会议纪要、关于协调1415街区规划建设有关问题的会议纪要、关于协调大长江家具广场房屋使用功能调整的会议纪要、关于协调内环高架沿线公交候车亭建设有关问题的会议纪要、关于协调内环高架扫尾项目建设有关问题的会议纪要、关于连镇铁路淮安地区预留宁淮引入同步实施工程Ⅰ类变更投资分摊问题的会议纪要、关于万香科技相关问题的会议纪要、关于预付淮安供电公司市区内环高架一期杆线工程部分尾款问题的会议纪要、关于协调建设工程消防审查验收有关历史遗留问题的会议纪要、关于协调国联商务中心交付使用及产权办理有关问题的会议纪要。

【市长办公会议】 2019年，淮安市召开市长办公会议8次，分别形成以下会议纪要：关于研究推进淮昆台资经济协同发展有关问题的会议纪要、关于市区备用水源PPP项目融资有关问题的会议纪要、关于协调市区备用水源PPP项目有关问题的会议纪要、关于研究处置江苏省运河公司改制遗留问题的会议纪要、关于宁淮铁路项目

资金及其他新增投资资金筹集问题的会议纪要。　（李　想）

施政要点

【概况】 2019年，淮安市政府坚持以供给侧结构性改革为主线，认真落实“六稳”政策措施，围绕市委“6+1”部署，推进“十件要事”，全力办好“十件实事”，打好防范化解重大风险、精准脱贫、污染防治三大攻坚战，各项事业全面进步。徐宿淮盐铁路、连淮扬镇铁路连淮段建成通车，宁淮城际铁路开工建设，全长48公里市区内环高架一次成环。淮河生态经济带首次省际联席会议和城市合作市长会商会在淮安召开，建立全面落实战略规划的体制机制；首条全货机航线正式开通；央视中秋晚会成功举办。

【经济运行】 2019年，淮安市全力保持经济平稳增长，实现地区生产总值3871.21亿元，比上年增长6.6%。抓有效投入，推进重特大项目攻坚年活动，创新建立项目长制和督查考核推进机制，新开工超亿元项目367个、新竣工243个。时代芯存一期被工信部授予“工业强基存储器一条龙示范企业”称号，天士力帝益药业获评国家级绿色工厂，今世缘酒业等3户企业入选省自主工业品牌50强，苏盐井神获评全国质量奖。高新技术产业产值占规模以上工业产值比重23%，全社会研发投入占地区生产总值比重1.95%，获批国家高新技术企业211户、创历史新高，首次获批省级重大科技示范项目和省高价值专利培育计划项目，创新发展活力不断增强。

【改革开放】 2019年，淮安市重大改革纵深推进。“放管服”、新型城镇化、土地使用制度等九大类51项改革取得新突破，市县镇村一体化行政审批服务完成省级试点，政府采购全流程不见面交易系统列入全国观摩，完成省第二批国家农村产业融合发展示范园创建中期评估，推进施河智教乐享小镇综合改革集成试点，综合医改得到国务院医改领导小组肯定，入选全省唯一的全国医保基金监管方式创新试点城市，完成新一轮市县（区）机构改革。保持外贸稳定，积极应对经贸摩擦，为对美出口重点企业提供点对点服务，组织企业参加境内外各类展会，协调落实“苏贸贷”优惠贷款超1亿元。外贸出口实现正增长，外经营业额增长10%。组建淮河生态经济带文化旅游、卫生健康、青商联盟和水利专业委员会，宁淮现代服务业集聚区正式纳入全省南北共建园区考核，宁淮特别合作区启动建设，淮昆台资合作产业园正式运行，列席昆山试验区部省际联席会议。

【城乡建设】 2019年，淮安市大力提升城市建设管理水平。建成高铁东站一期工程及综合客运枢纽、淮安运河大桥等交通新地标，加快推进京沪高速扩容和省道348、420等干线公路工程。公共配套不断完善，市金融中心一期交付，民防馆、水利科普馆对外开放，市公共卫生中心一期全面完工，白马湖森林公园、西游记文化体验园和华强方特文化创意基地等重大文旅项目有序推进。优化提升37个体育公园、文化体育广场，贯通108公里健身步道，新建便民公园绿地11个，新增市区停车泊位3万个。实施主城区环卫市场化，在382个居民小区推行垃圾分类。深入推进全国文明城市创建，加强市容环境法治化治理，城市文明程度显著提升。推进农村人居环境整治，生活垃圾集中转运处理率100%，畜禽规模养殖场污染治理率95.3%。涟水、盱眙创成国家卫生县城，马坝成为全国乡村治理示范镇，龟山村列入全国乡村旅游重点村名录，蒋坝入选省特色小城镇优秀案例，推进高沟镇扁担村等4个省级特色田园乡村建设试点，生态宜居的乡村环境正逐步形成。

2019年，苏盐井神公司获全国质量奖　公司官网

【民生保障】 2019年，淮安市扩面提质公共服务，义务教育优质均衡发展监测得分全省第三，教育现代化监测成绩保持苏北领先。推进小区配建幼儿园、校外教育培训机构整治、规范办学行为等专项工作。新创1所三级综合医院，完成预防接种综合管理信息系统和儿童预防接种门诊标准化建设。举办庆祝新中国成立70周年系列文艺活动、第二届中国（淮安）大运河文化带城市非遗展。承办一批国际国内品牌体育赛事。新建10个残疾人辅助性就业基地，实现5000名残疾人稳定就业，加强农村留守儿童和困境儿童关爱保护。新增发放富民创业担保贷款2.8亿元，城镇新增就业7.8万人、再就业5.5万人，城镇登记失业率1.8%。各项社会保险提标扩面，实行企业职工基本养老保险市区统筹，为12万人提供上门居家养老服务。构建多层次的住房保障和供应体系，房价总体稳定。完成十件民生实事。

【作风建设】 2019年，淮安市政府作风建设得到加强。深入开展“不忘初心、牢记使命”主题教育，进一步锤炼坚强党性，增强“守初心、担使命，找差距、抓落实”的思想和行动自觉。开展“中梗阻”专项治理，落实“六践行六严禁”举措，创新打造惠企直通车平台，营商环境不断优化。进一步精简会议文件，规范督查检查考核工作，集中清理基层创建示范项目，切实为基层减负。自觉接受人大法律监督、工作监督和政协民主监督，完善重大行政决策程序，修订政府工作规则，法治政府建设水平不断提升。厉行勤俭节约，压降一般性行政支出10%。严格落实党风廉政建设责任制，规范公共资源交易、政府投资管理和国有资本运作，加强审计监督，政务环境更加风清气正。

十件民生实事

【概况】 2019年，淮安市政府以一号文件形式下发为民办十件实事的通知。十件实事内容涵盖住房保障、教育医疗、交通出行、餐饮安全、文化体育等多个方面，涉及面广、工作量大、社会关注度高。至年底，十件实事项目均完成或超额完成目标任务。

【提标改造老旧小区环境】 2019年，淮安市提标改造老旧小区70个。强化适老改造，小区主要道路、住区出入口及单元出入口实现无障碍改造全覆盖；按照标准，增设、调剂或改建养老服务用房，配置养老服务中心；小区增补或调整累计不低于600平方米的露天适老化服务活动场地，并结合场地实际情况，增设适应老年人需求的休闲服务设施。增设更新电梯、改善基础设施、加固修缮房屋等。改善环境卫生，总体上达到道路平整，内部环境干净整洁，无违建、无乱堆乱放现象。打造安全环境，加强住区出入口管理；住区各单元根据群众意愿，增设门禁系统，完善照明系统和住区监控系统。落实长效管理，小区落实标准化物业服务，成立小区业委会或管委会，探索建立社区设计师等公众参与社区治理机制，搭建志愿者服务网络。全年维修道路9.7万平方米，房屋出新138万平方米，屋面维修8.2万平方米，安装路灯3831盏、监控探头885个，维修下水管道6万米，更新改造落水管4.5万米，增设机动车停车位3.2万平方米、非机动车棚54组，绿化补植1.8万平方米，新建公益广告栏128个。

【治理城市黑臭水体】 2019年，淮安市基本完成51条黑臭水体治理。成立创建全国黑臭水体治理示范城市指挥部，各区（园区）均相应成立分指挥部。不定期召开推进会议，定期步行巡河，现场会办问题。对各地治理情况实行每旬一检查、每月一通报、每季一考核，并量化考核结果。压实责任。在全省首创“一河长两助理”协调推进机制，配套出台市级河长巡查等六项制度，全市7176名河长、湖长全部上岗。开展“两违”“三乱”专项整治，解决突出水环境问题。每条黑臭水体均明确一名副处级以上领导干部作为治理第一责任人，做到守河有责、护河担责、治河尽责。全力推进控源截污工程建设，完成主城区107个小区雨污分流改造，新建雨污水管网132公里。出台《淮安市城镇排水管理办法》，建立溯源联合执法机制。完善工程质量监管机制，实施全过程管控，将从事城市黑臭水体治理的单位纳入信用管理。实现污水处理的厂网一体化运营，为全省首创。从2019年开始，三年计划获批6亿元奖补资金。

【保障高层住宅小区饮用水安全】 2019年，淮安市改造主城区40个高层住宅小区二次供水设施，全面改善饮用水质。其中，清江浦区24个，淮安经济技术开发区16个。一季度摸底调查，确定改造小区名单，完成资金筹集；二季度开展工程设计等前期工作；三季度组织进场施工；四季度完成年度改造任务。

【提高城乡群众生活保障水平】 2019年，淮安市从2019年7月1日起，城市、农村居民月低保标准分别由580元、520元统一提高到610元，提前一年完成省委省政府目标任务。将老年居民基础养老金由原来的每人每月135元提高到148元。在全省率先印发《关于提高城乡低保和特困人员供养标准的通知》，城乡低保实现城乡并轨、同城同标。加强困难家庭残疾人、大重病患者等特殊困难群体基本生活保障，将三级智力残疾人、三级精神残疾人，家庭成员中已享受医疗救助的大重病患者纳入保障范围。实现市级核对中心与民政、税务、公安、人社等12大部门、19项信息数据交换，运用大数据对建档立卡扶贫对象、低保对象、住房保障对象等家庭人口、车辆、房产、金融资产等相关信息进行核对。对提出低保申请的对象同步启动临时救助程序，积极实施“先行救助”，提高对遭遇急难的特殊困难群众的救助时效性。

【让更多孩子入好园上好学】 2019年，淮安市全市完成新改扩建幼儿园21个，规范提升33个；新改扩建中小学28个，完成投资17.74亿元，新增学位2.84万个，超额完成年度目标任务。为适应“十三五”期间学龄人口变化趋势，重点解决好教育资源总量不足问题，将中小学、幼儿园资源建设纳入《淮安市“十三五”教育事业发展规划》。按照1万常住人口设置1个幼儿园、1万~2万常住人口设置1个完全小学、2万~4万常住人口设置1个初级中学标准科学规划中小学、幼儿园布局，探索建立幼儿园服务区制度。召开全市学校规划实施和学校基本建设年度工作会议，明确年度建设任务。一方面通过新建、扩建和改建，扩大优质教育资源总量；另一方面，推进小区配套幼儿园整治，规范小区配套幼儿园的建设与管理。

【综合防治出生缺陷和加强公共急救知识及技能培训】 2019年，淮安市有产妇36711例，产前筛查完成数33495例，筛查率91.24%；新生儿两病（CH、PKU）筛查数40347例（含外来人口），筛查率100.76%。完善出生缺陷综合防治网络体系，建立覆盖全市所有接产机构的产前诊断（筛查）、新生儿疾病筛查、新生儿先天性心脏病筛查的诊治网络。制定《淮安市出生缺陷综合防治实施方案》《淮安市新生儿先天性心脏病筛查项目工作实施方案》等文件，规范各级筛查、诊治机构流程，并对外公示；每半年对各地筛查工作进行督导，重点对筛查率、阳性召回率、诊断率等进行考核；定期举办新、产筛业务培训。

完成救护员培训600多场次、8412人次；普及培训800多场次、79656人次，超额完成省下达目标任务。多次组织活动进机关、进乡镇、进学校、进企业、进社区，开展应急救护培训。各县（区）红十字会成立

2019年，淮安市丰富群众文化生活，举办大运河水上戏曲非遗项目展演等非遗演出活动340场次
严　斌　供图

培训项目工作小组，组织师资认真备课、探讨教法，做好创建应急救护培训基地工作。金湖县红十字会按照要求做好基地建设申报工作，被纳入省红十字会支持项目。周恩来纪念馆被纳入中国基金会旅游景区红十字救护站援建项目，项目基本完工。

【方便城乡群众公共出行】 2019年，淮安市投入200多万元为1384辆公交车安装改造驾舱隔离门，通过物理隔离保障驾驶员驾驶安全。安装防疲劳预警装置，通过驾驶行为分析系统实时监控驾驶员的面部表情和行为。依据《淮安市区公共交通专项规划》线网优化方案内容，科学设置公交线网结构，对公交盲区、旅游景点、高铁商务区、重大项目重点企业相对集聚区等区域，通过开辟新线、加密线路、调整延伸等方式，满足群众出行需求。新辟4条公交线路、优化调整16条公交线路，超额完成目标任务。市区共有公交线路99条，公交线网愈加密集。12月1日，实行市区公共交通换乘优惠政策——市民持淮安公交IC卡、钱包卡乘坐市内公共交通工具出行，在60分钟之内换乘其他公共交通工具时，可享受换乘优惠，原则上仅收取最高一次票价，不限次乘坐。至12月20日，换乘次数49501次，优惠金额74278元。

市区新增各类机动车停车泊位2.85万个，具备条件的机关事业单位内部停车设施30%以上对外开放。智能立体停车场建设步入快车道。全市首个地上智能化立体停车场在淮海广场北侧的淮印·时光文化创意园落成。立体停车场为钢架结构，上下五层，共设置7个组列。在地面一层，设有7个自动控制器，可对停放的车辆进行升降平移操作。原本只有37个泊位的地面，能同时停放小轿车162辆，土地使用率约提高8倍。除该项目外，还有5个智能立体停车场项目开工或即将开工建设。

【提升小餐饮店环境】 2019年，淮安市出台小餐饮规范店、小餐饮示范街区标准，以小餐饮集中区域为重点，按照“提升一批、规范一批、取缔一批”思路，实行网格监管、分类集中整治，提高小餐饮环境，保障公众饮食安全，加快打造“美食之都”，促进淮扬菜产业发展。一季度出台小餐饮规范店、小餐饮规范街区验收标准，各区开展宣传发动，上报改造经营户名单；二季度各区接受第一批改造结束的经营户奖补申请，取缔一批小餐饮店；三季度各区对第一批申请经营户初评并上报达标名单，市级部门抽取5%复评，各区接受第二批改造结束的经营户奖补申请，取缔一批小餐饮店，基本完成5000户小餐饮经营户改造；四季度各区对第二批申请经营户初评并上报达标名单，市级部门抽取5%复评，对达标经营户兑现奖补。

【帮助残疾人就业脱贫】 2019年，淮安市以提高残疾人生活质量为目标，多措并举，拓宽残疾人就业增收渠道，5081名残疾人实现稳定就业。在全市乡镇级“残疾人之家”实现全覆盖基础上，制定出台《淮安市“残疾人之家”提质增效方案》，优化132个乡镇级“残疾人之家”建设运行标准，逐步完善“残疾人之家”服务网络。推进“残疾人之家”信息化建设，为所有乡镇级“残疾人之家”安装远程信息交互系统。依托“残疾人之家”等劳动场所，选择附加值高、市场前景好的劳动项目建立“残疾人辅助性就业项目库”，有近20个种类93个加工项目。依托“残疾人之家”帮助2554名残疾人实现辅助性就业，托养残疾人3511名。新建残疾人辅助性就业基地。投入1000万元在贫困残疾人相对集中的片区建设残疾人就业基地，安排残疾人就近就业。新建成10个残疾人辅助性就业基地，累计安置600名以上残疾人就业。推进按比例安置残疾人就业。坚持每月15日举办残疾人专场招聘会，全年累计举办招聘会12场，128家企业进场招聘，提供岗位1965个。以购买服务的方式，委托中介机构为残疾人推荐就业，成功推荐121名残疾人就业。落实奖励政策，向39家达（超）比例安排残疾人就业的企业发放奖励36.966万元。全年举办市级培训班6期，培训残疾人1139名。推进困难残疾人生活补贴城乡并轨，并实施提标。为符合条件建档立卡低收入残疾人安装分布式光伏发电设备，率先在苏北五市实现县（区）全覆盖。全市累计安装光伏发电设备1128组，并网发电后，每人每年增加至少2000元纯收入。全市3.5万余名建档立卡残疾人全部脱贫。

【丰富城乡群众文化体育生活】 2019年，淮安市投入864.7396万元，充分利用城市“金角银边”空地，建成37个体育公园，更新配置体育健身设施，以“体育+”的裂变融合，“十三五”期间提前一年建成100个大小不等的融体育竞技、运动健身、养生保健、娱乐休闲、观光旅游于一体的体育公园新业态，全省占比

10%。在文化生活方面，基层文化阵地建设稳步推进。新建淮安经济技术开发区严赵花园、邱圩社区、高张花园、团结花园、周圩社区5个社区综合性文化服务中心，基层综合性文化服务中心建成率达100%，全市公共文化服务网络建设进一步完善。以“幸福淮安”“倡导移风易俗、弘扬时代新风”等为主题，全年累计举办10289场（次）公益文化活动。以淮河生态经济带建设为契机，整合全市优质文旅资源，从文化惠民走向文化悦民，创造多样性文化供给，不断满足人民日益增长的美好生活需要。送戏下乡448场，举办大运河水上戏曲非遗项目展演等非遗主题演出活动340场。

（赵春丽）

政务服务

【概况】 2019年，淮安市政务服务中心共计受理各类政务服务事项360.6万件，日均1.4万件。接受群众咨询约18.6万人次，电话咨询7000余次。全年开展43次周六延时服务，办理事项6022件，春节期间延时服务接待服务对象咨询112人次，办理事项99件，按时办结率100%，群众满意率保持在99%以上。淮安市行政审批局办理各类审批件7462件。其中，经济审批类4683件（企业登记3913件，食品生产许可191件，其他各类许可事项579件）、建设审批类388件（企业投资项目核准56件，企业投资项目备案37件，受理建筑工程施工许可证124件，其他审批事项171件）、社会事务审批处共计完成行政许可事项2391件（医师执业注册1852件，社会团体、民办非企业单位成立登记244件，医疗机构准入管理83件，其他审批事项212件）。全市公共资源进场交易6162宗（次），交易额740.56亿元。淮安市“12345”政府热线平台共受理各类诉求423439件。市代办中心数字化联合图审全年共计审查项目2451个，审查面积3991万平米，审查图纸25万张。

【行政审批制度改革】 2019年，淮安市按照国务院要求，取消市级行政审批事项84项，承接国务院下放事项8项；按照省政府要求，取消市级行政审批事项304项，承接省政府下放行政审批事项297项。创新监管方式，制定《行业主管部门目录》，编制“市场准入监管责任清单”，划定部门审批、监管边界；公布“市场准入应知事项告知单”，引导市场主体有序准入。推进综合行政执法改革，市、县（区）工商、食药监、质监全部实现“三合一”，实现“一个部门管市场”；盱眙县探索推进跨部门、跨行业综合行政执法改革，多领域28支执法队伍整合为市场监管、农林水利、城市管理、文化旅游、交通运输5支队伍，实现“5支队伍管城市”。推进数据共享互通，实现8个市直部门17个自建系统的数据双向对接，打通民政、公安、残联、卫计委等10个部门的证照信息。出台开办企业、不动产登记提速增效实施方案，进一步优化办事材料、压缩办理时限，开办企业压缩在2个工作日内完成，不动产交易登记在3个工作日内完成，工业项目施工图审查基本实现6~7个工作日完成。市政务服务网汇聚全市9211余项办事服务指南信息，市本级1374项事项全部实现网上能办，网上申报办事日均93人次以上。EMS快递服务进驻市、县（区）两级政务服务中心，实现审批结果“快递送、不见面”。

【市县镇村一体化审批服务】 市县镇村一体化审批服务工作为2019年淮安市重点办好的“十件要事”之一，同时淮安市也被省政务办列为“政务服务一体化建设”试点地区。至2019年底，淮安市建成1个市级政务服务中心、8个县（区）级政务服务中心、97个县（区）政务服务中心镇（街道）分中心（其中镇分中心57个）和1596个村级便民服务帮办代办站点，形成“以市为龙头、县（区）为骨干、镇为基础、村为补充”的“市县镇村四级一体化”的现代审批服务体制体系格局。市政务服务“一张网”按照省标准化规范要求，100%覆盖到全市县（区）、镇街和村社，公布服务事项的服务指南、办事环节、服务流程等要素。镇街为民服务中心全部设立全科受理窗口，1596个村居均实现集中帮办、代办功能，通过线上线下的融合，实现“到一个窗，办所有事”。

【政务服务“一张网”运行】 2019年，淮安政务服务“一张网”实现行政审批、公共服务、公共资源交易、“12345”便民热线、工程建设项目审批、数字化联合审图、中介超市等审批服务全覆盖，基本形成全市横向到边（覆盖所有行政职能部门）、纵向到底覆盖市、县（区）、镇（街道）、村（社区）的线上线下相互融合政务服务新格局。全网浏览量4559952次，用户注册量223295人次，APP下载量357098次，平均申报用户在线1100余人，办件总量2922472件，1小时之内办结1799431件，占比61.57%，办件网办事项平均办理时间为7分

2019年，淮安市政务服务中心服务总台获评2019年度“江苏省巾帼文明岗”

王 玲 供图

10月16日，省政务办领导赴金湖县为民服务中心调研市县镇村一体化建设情况　　王　玲　供图

钟。公开市本级39个职能部门919项权力事项、1273项业务事项的办事指南，全部开通网上申报办理，在线率100%。发布1371项不见面审批事项，占比达99.92%。探索实施"主题式服务"，梳理公布诸如开餐馆、开旅馆等18个主题套餐办事指南；实现市直8个部门17个自建系统的数据双向对接，并与市大数据中心数据共享平台对接，通过江苏省政务信息共享网站申请国家、省级服务30个。对接共享证照近907万余条数据，其中自然人身份信息780万余条、法人单位信息126万余条，提供电子证照共享、校验近100.59万次，企业营业执照、结婚证、不动产登记证书等145类证照无需重复提交。推动"市县镇村一体化"政务（审批）服务体系建设，接入民政、卫健、医保、残联等20个高频服务事项。

【工程建设项目审批制度改革】 2019年，淮安市成立以市长为组长的工程建设项目审批制度改革领导小组和工作专班，由市行政审批局总牵头，改革工作进度全省领先。率先发布《淮安市工程建设项目审批制度改革实施方案》《淮安市工程建设项目五类型项目流程图》《淮安市工程建设项目事项清单》完成淮安市工程建设项目审批管理系统开发并上线运行。此项工作在省定100个工作日的目标基础上，进行环节再压减、流程再优化、机制再完善、时效再提升，初步实现"统一审批流程、统一信息数据平台、统一审批管理体系、统一监管方式"的四统一。完成年度工程建设项目审批制度改革任务，召开全市规模的工程改革业务工作会议4次，部门专项会商会议26次，培训各级业务人员761人次，系统于12月26日正式上线运行。

【"企业开办"集成服务】 2019年1月1日起，淮安市企业登记实行全程电子化登记，提高不见面审批的覆盖率。2月25日起，取消人民银行开户许可证，改为备案制，进一步减少"企业开办"环节。3月1日起，新设企业受理和核准都由一名工作人员办理，实行"审核合一"，进一步压缩企业设立登记的环节及办理时间。6月1日起，公章刻制实行政府买单，将企业登记和公章刻制环节并联处理，整体压缩"企业开办"时间。7月1日起，取消名称预核准制度，全面实行名称自主申报，进一步减少"企业开办"提交材料。9月1日起，取消企业登记"网上预审"环节，进一步优化网上办理流程。10月1日起，开通企业开办"全链通"快速通道，该快速通道可全流程办理企业登记、刻章备案、银行开户及税务领票等事项，企业开办时限控制在2个工作日内。2019年，"企业开办"全流程办结356家，获广泛好评。

【公共资源交易】 2019年，淮安市公共资源交易中心加快推进覆盖全市各类交易的全流程电子化系统，建成建设工程、水利工程、交通工程、机电设备、政府采购、产权交易、土地出让、医用设备等八大类电子化交易系统，建成涵盖各交易门类的全流程电子化交易平台，市县（区）使用统一的电子交易系统、统一的企业数据库、统一的CA锁，形成"互联网+公共资源交易"全市覆盖，实现淮安市所有交易信息"一张网"发布。市级各类项目全流程电子化交易率达80%以上，系统被国家发展改革委评为国家级公共资源交易创新成果。全市全年公共资源进场交易6162宗（次），交易额740.56亿元。其中，工程建设类（含房建市政、水利工程、交通工程、机电设备）类项目交易量1811宗（次），交易额438.88亿元；政府采购类项目交易量2506宗（次），交易额78.72亿元；土地交易类项目交易量191宗（次），交易额168.52亿元；产权交易类项目交易量665宗（次），交易额2.14亿元；药品医械类项目交易量988宗（次），交易额15.44亿元；PPP项目1个，交易额36.83亿元。

【"12345"政府热线服务】 2019年，淮安市"12345"政府热线平台共受理各类诉求423439件，较2018年增长15.33%，当场办结291503件，形成工单交办至成员单位131936件，按时办结率98.49%，回访满意率97.2%，热线接通率94.63%；政行风热线共受理群众诉求716件，按时办结率97.24%，群众满意率77.21%。承接省纪委和省政务办取消县级"12345"政府热线平台接听受理改革试点，于12月30日实现由市级"12345"政府热线平台统一负责全市域范围内的群众诉求受理，整合后形成"覆盖全面、协调互动、便捷高效、保障有力"的政府便民热线公共服务体系，成为全省整合最彻底的政府热线。建设"12345"嵌入式监督系统，于2019年8月中旬起启动建设，11月10日实现系统试运行，12月1日系统正式运行。

【联合图审】 2019年，淮安市共计审查数字化联合图审项目2451个，审查面积3991万平米，审查图纸25万张，为企业节省1300多万元费用。创新打造“全流程不见面联合评审”系统，累计完成项目51个，节约资金29%，评估评审时限提速20%。联合验收事项117个，其中同事项联合验收8个，综合联合验收3个。组织联合踏勘42次，形成“一份表格、一个流程、一套材料、一个结果”体系。

【重大项目帮代办】 2019年，淮安市县两级代办中心共计代办项目348个。淮安市代办中心成立快速审批工作领导小组，将重特大项目行政审批所涉及的20个市县级部门责任人列入领导小组，建立重特大项目预审、绿色审批通道、回访督办三项制度。对接重大项目攻坚年活动涉及的市直15个项目，先后组织人员赴市区内环高架一期工程三标段项目提供上门服务。同时，对县（区）所属的49个项目进行积极督办，确保相关工作有序进行。

【中介超市】 2019年，淮安市中介超市共公开选取871个项目，随机抽取180项，公开比选81项，直接选取117项，均价比选493项，交易资金总预计3069.4万元，实际成交2465.7万元，节约资金603.79万元（不包括按照费率计算的项目）。 （王　玲）

机关事务管理

【办公用房管理】 2019年，《淮安市党政机关办公用房管理办法》出台，细化办公用房配置规定，增加专项维修项目，规范维修经费额度限制和处置利用审批程序。制定51个市级涉改部门办公用房调配方案。召开15次协调会，对接服务50余次，共调整办公用房约70000平方米，为市级机构改革稳步推进发挥保障作用。强化全市党政机关办公用房管理，筛查核实全市8个县（区）、16个市直部门党政机关56577平方米闲置办公用房处置利用情况，提出全市闲置办公用房有效利用的解决方案，进一步规范闲置办公用房管理工作。

【公共用车管理】 2019年，淮安市结合实际，制定出台《淮安市党政机关公务用车管理办法》，进一步明确车辆编制管理职责，额度管理、内部结算规定，强调实行车辆集中管理、统筹调度，规范租赁社会车辆的规定、范围和程序。市级机关事务管理局针对公务用车集中管理平台车辆保障能力不平衡不充分短板，探索形成平台公车、定制专线班车和社会租赁车辆三条路径保运转格局。发挥平台公车保障主力军作用，全年调度保障车辆1.7万余批次，累计安全行驶400余万公里，服务满意率98%。协调淮汽集团开通往返淮安市行政中心和省会议中心等地定制专线班车，采取网上订票、上车领票方式，方便机关工作人员赴宁公务出行。累计发车1016班次、服务保障1837人次。制定《淮安市党政机关租用社会车辆管理办法（试行）》，明确租赁社会车辆保障公务出行的具体办法，并通过招标确定4家车辆租赁服务公司，保障部门大型活动和阶段性专项工作的用车需求。完成央视“中秋晚会”、淮河生态经济带省际联席会议、第二届食博会等大型活动车辆保障任务。

【公共机构节能管理】 2019年，淮安市通过举办节能产品展览、座谈会、专题报告会；印发宣传画、制作各类展板、悬挂室外节能标语横幅、发放各类宣传资料、短信平台推送等形式广泛开展节能宣传。开展节能健步走、绿色骑行、文艺会演、新产品新技术应用推介等特色活动，在全市上下营造浓厚的宣传氛围。全市8家市级机关申报创建省级节水型单位、8家公共机构申报创建2019年度省级节能示范单位。9个省级节能示范单位通过2018年度考核验收，2014、2015年度19个省级节能示范单位通过复核验收。 （市级机关事务管理局）

人力资源

【概况】 至2019年底，淮安市有事业单位人员70944人，其中市直12757人、县（区）58187人。截至2019年底，全市累计申报入选国家级重点人才项目专家6人，入选省“双创人才”159人、省“双创团队”5个；入选江苏省乡土人才“三带”名人12人、“三带”能手36人、“三带”新秀86人；引进“淮上英才计划”创新创业团队40个、领军人才356人；入选第五期省“333工程”人才236人；评选第二期“533英才工程”学术技术领军人才52名、拔尖人才303名、骨干人才2075名。

【人才引进】 2019年，淮安市加速创新创业人才集聚，出台推进高技能人才培养、支持驻淮高校院所人才工作等政策文件，创新开展科技镇长团“十个一”竞赛活动，优化“淮上英才计划”申报评选机制，设立驻淮安高校优秀博士专项，支持驻淮安高校院

2019年，淮安市重视技能人才培育，举办技能大师工作室集中授牌仪式
纪茗瀚　供图

所引才用才。全年新增专业技术人才15218人、高技能人才10654人，7人入选省“六大人才高峰”选拔培养资助计划、1个团队入选省“双创团队”、20人入选省“双创计划”人才。开展公开招聘海内外优秀青年人才、名校优生专场等系列招聘活动，举办宁淮合作·淮安第三届优生优才综合性招聘会，赴安徽、山东、陕西、黑龙江、吉林、湖北、湖南、四川等地开展高层次紧缺人才招聘活动。全年引进硕士及以上学历人才1130人，引进本科学历人才6553人，新增留学回国人员49人。

【事业单位人才管理】 2019年，淮安市动态调整完善事业单位岗位设置，实现事业单位人员聘用制度全覆盖，提升事业单位人员聘用合同签订率。全年核准岗位1772个，岗位聘用备案3272名，市、县（区）及以下所属事业单位工作人员聘用合同签订率均达95%以上。继续实行事业单位公开招聘制度，全年核准公开招聘方案59个批次，公开招聘5007人。全市通过公开招聘新进事业单位人员2286人，其中应届毕业生1161人，占新进人员总数的50.78%，博士6人，硕士396人。

【专家和专技人才培养服务】 2019年，淮安市新增专业技术人才1.83万人，完成专业技术人才知识更新培训3.16万人次，新招收博士后7人，6人次获批省博士后招收资助项目、科研资助项目，1人获批省留学回国人员创新创业计划资助项目，7人获批省“六大人才高峰”项目资助，34名人才获评为2019年度淮安市有突出贡献中青年专家。全市累计建成国家级博士后科研工作站10个，省级博士后创新实践基地32个。

【技能人才培养】 2019年，淮安市开展岗位技能提升培训5.76万人次，组织职业技能鉴定4.06万人次，核发职业资格证书3.48万人次，新增高技能人才2.51万人。加强高技能领军人才培养，新增“江苏工匠”3名，新增省技能大师工作室1个，9名技能人才获评江苏省企业首席技师。淮安技师学院获批国家级高技能人才培训基地建设单位项目，获项目支持资金500万元。举办“交通控股杯”职工职业技能大赛，参赛人数达419人，举办行业职业技能竞赛12场。

【人事考试】 2019年，淮安市人事考试项目规范管理达标率100%。组织竞争类考试笔试7次，招录（聘）2388人，报考人数73330人。其中，2019年度江苏省考试录用公务员和参照公务员法管理机关（单位）工作人员淮安考区18705人次，淮安市市属及部分县（区）事业单位招聘报考19173人次。组织面试6次，计5154人次。全年完成18项资格考试报名工作，组织17项考试考务工作，累计报考人数31099人，计79240科次。

（纪茗瀚）

机构编制管理

【市级机构改革】 2019年，淮安市统筹党政机构设置和职能配置，完成改革任务，通过省机构改革评估验收。淮安市设置市级党政机构47个，其中党委机构14个，政府工作部门33个。组建全省唯一的市委营商环境优化办公室。市级部门内设机构总数由539个精简为511个，3人以上处室占比达91%。科学调整市级部门职数核定口径，正科级领导职数较改革前减少38名，精简率9.4%。正、副科级领导职数比例由原来的2∶1优化为1∶1，进一步调优科级职数配置结构。

【乡镇管理体制改革】 2019年，淮安市结合乡镇布局优化，在全省率先探索开展全市域乡镇行政管理体制改革，积极推行“1+4”基层治理新模式（“1”即党的建设总引领，“4”包括镇村治理一张网、政务服务一窗口、综合执法一队伍、指挥调度一中心），按照“一办五局一中心”（即党政办公室、政法和社会事业局、经济发展和建设局、财政和资产管理局、农村工作局、综合行政执法局和为民服务中心）组织架构，综合设置职能机构，推动行政、事业人员统筹使用，整合基层审批服务执法力量，全面推行“一枚印章管审批”“一支队伍管执法”。乡镇所属事业单位设置在5个以内，保留牌子，核定编制，不实际运行。以审批服务综合执法一体化平台建设全省首家试点为契机，将部门和条线信息资源整合接入一体化平台，统筹党的建设、综合治理等条线工作，实现指挥调度、治安巡查、矛盾调解扁平化可视化。

【承担行政职能事业单位改革】 2019年，淮安市将承担行政职能事业单位改革与党政机构改革统筹推进、同步实施。市级撤销事业单位14个（其中处级8个），保留更名事业单位7个，新整合组建机构5个。县（区）减少科级事业单位35个、股级事业单位29个。对因历史原因，受市级主管部门委托自行承担行政管理事务的事业单位，重新明确职责任务、单位类别、核定事业编制和领导职数。对13家处级事业单位、36家科级事业单位进行清理规范，原则上不再称“局”“委”“办”“处”，改为承担支撑、辅助性事务的单位。

【相对集中行政许可权改革】 2019年，淮安市在全市域开展相对集中行政许可权改革，全市7个县（区）和淮安经济技术开发区全部成立行政审批局，在全省率先完成相对集中行政许可权改革任务。全市各地行政审批局共集中行使相关部门划转的审批事项及关联事项591项，平均每个县（区）划转65.7项。

【综合行政执法改革】 2019年，淮安市完成市级5大领域综合执法队伍组建工作，撤销市粮食行政执法支队、市价格监督检查与反垄断局，在市场监管领域实行更大范围的综合行政执法。将国土、农业农村、水利等部门相关污染防治和生态保护执法职责与环境保护执法职责整合，交由市生态环境综合执法局统一行使。在交通运输领域整合组建市交通运输综合行政执法支队，实行统一执法。撤销市旅游质量监督所，旅游市场行政执法职责划入市文化市场综合执法支队。撤销市农业机械安全监理所等6家事业单位，剥离原分散在市农业农村局所属事业单位的农机、植物等领域执法职责，划入市农业综合行政执法支队。

【部门权责清单管理】 2019年，淮安市在全省率先实现市级部门权力清单和责任清单两单融合，形成"一表两单"。研发权责清单公示系统，推进权责清单网上公开，提升透明度，方便群众办事，接受社会监督。市级35个部门和单位的6467项权责事项全部在网上公开。 （马 荣）

信访工作

【概况】 2019年，淮安市信访目标考核位列全省第一方阵，信访事项及时受理率、按期办结率、群众满意率连续三年全省第一，9项信访工作业务指标位居全省首位。开展信访突出问题化解"三百"攻坚战（百案聚焦、百人包案、百日攻坚）活动，国家、省交办案件化解率100%，112件时间跨度长、化解难度大的信访积案得到妥善化解。

【信访信息化建设】 2019年，淮安市引入人工智能技术（AI），推广使用"阳光信访"9.0系统，深度优化网上信访和视频信访，实行"一网通办"，持续提升网上信访占比，充分发挥网上信访主渠道作用。加强智慧信访建设，促进信息技术和信访工作的深度融合，推广应用智能辅助平台，为群众投诉多元化、业务办理高效化、信访管理便捷化提供技术支撑，为群众提供更加智能方便的投诉查询服务，为单位提供更加智能高效的受理办理服务。发挥淮安信访信息化建设首发优势和积累资源，打造六大特色工作平台，将信息化触角延伸到信访服务管理的全流程、全领域，使阳光信访成为助推信访工作高质量发展的"加速器"。淮安阳光信访保持全国领先水平，入选2019年智慧江苏优秀案例，被省政府全面推广。

【信访评议庭打造】 2019年，淮安市打造信访评议庭，把信访事项的处理过程、办理依据"晒出来、大家评"，通过说法辩理，确保问题处理始终在法治的阳光下运行。至年底，信访评议庭成为淮安各级信访部门的"标配"。在此基础上，组织开展依法分类处理、访调对接、一案一律师等工作，推广信访信用管理，建立信用管理平台，规范信用评价流程，定期组织开展审评，形成独具淮安特色的法治信访"组合拳"，推动信访工作良性开展。

【服务窗口标化打造】 2019年，淮安市推进市县两级信访"人民满意窗口"建设，完善来访接待流程，提升来访接待效率，提高窗口服务质量，群众来访事项及时受理率100%、按期办结率100%、群众满意率99.93%以上。同时标化复制网上信访自助角、信访服务机器人等建设标准，一体延伸至县（区）、镇（街道），为群众提供标准、优质的信访服务，整体推进全市信访服务提优升级。鼓励有条件的村居（社区）建设"人民满意窗口"，让群众在"家门口"享受优质信访服务。

【全国首个信访文史馆建成】 2019年，淮安市建成淮安·中国信访文史展馆，展馆是全国首个也是唯一一个系统展陈信访文史资料的专题展馆。展馆运用多媒体手段，集中展陈古代信访的历史渊源、新中国信访工作的发展脉络、习近平关于加强和改进人民信访工作的重要思想、周恩来与信访工作的深厚联系和淮安阳光信访的时代创新，鲜活灵动地展示古代信访的德政文化、周恩来的亲民文化和阳光信访的网络文化，推动信访工作向文化领域延伸。该馆不仅是信访干部的实践课堂，也是各级干部的教育平台，被列入全市首批基层党建示范点名录。 （李修霞）

外事 侨务 港澳事务

【外事】 至2019年底，淮安共有国际友好城市14个，另有近30个国际友好交流城市。有常驻外籍人士1056名，其中以老挝、塔吉克斯坦、孟加拉人居多。全年临时到淮安的境外人士17740人次。年内，召开市委外事工作委员会第一次全体会议。

国际交流 7月10—17日，中共淮安市委书记姚晓东率团赴白俄罗斯、保加利亚进行"欧洲之旅"，拜访淮安市国际友城并开展系列交流活动。以友好交往、园区合作、产业对接为平台，全面拓展与两地政府机构、园区和企业间合作。与白俄罗斯明斯克中国文化中心、中白工业园、保加利亚中国工业商会等开展务实交流，为淮安经贸、文化"走出去"拓宽渠道。9月，保加利亚工商会会长帝纳夫回访淮安，在淮安举办保加利亚经贸推介会，进一步促进两地经贸、文化合作。年内，淮安市友城阿根廷阿米兰德市政府代表团、德国萨斯尼兹市青年友好代表团、韩国驻沪总领事馆总领事崔泳杉、丹麦驻华大使馆公使衔参赞罗蔓蕊等多个国际重要团组和个人到淮安，就经贸合作、人文交流、农业发展及环境保护方面达成多项合作意向。盱眙县与美国温森市稳步推进友城缔结工作，涟水县与日本京都府五条市，清江浦区与俄罗斯雅罗斯拉夫尔行政区先后签订友好合作意向书。

拓展经贸与产业合作 6月26日至7月3日，市长蔡丽新率团赴俄罗斯、日本有关城市访问，就深化经济贸易、城市发展、文化旅游等领域合作进行交流。与俄罗斯莫斯科中国文化中心、日本安城和生驹市政府、日本经济协会、东海日中贸易中心、奈良先端科学技术大学院等政府机构、行业协会、高校和企业就食品、文化、环保、新能源、农业、人才引进等多个项目达成合作共识。11月，日本多贝尔企划株式会社社长山崎悦弘一行到淮安访问，推动电磁分解处理垃圾技术在淮安转化落地。

因公出国（境）管理 严格任务审批把关，制止和压缩无实质性内容团组12批47人次。推广APEC商务旅行卡和做好邀请外国人来华工作，为淮安企业走出国门提供绿色通道。全年为60名企业人员免费申办APEC旅行卡，为115批255人次外国经贸人员或友好人士到中国签发签证邀请函。

【侨务】 2019年，淮安侨务机构整体转隶到市委统战部，统战部在全省率先启动新一轮重点侨情调查工作，建立健全和完善淮安重点侨情数据库与工作台账，对侨情资料实施动态管理。至年底，淮安市有归侨8人，华侨

4月13—15日，全国政协副主席刘奇葆（左四）到淮安调研指导“委员之家”建设
余承洋　供图

华人2万余人，侨眷近10万人，与38个国家和地区的74个侨团建立联系。7月26日，淮安市举办全市侨务干部交流培训会，近70人参会，分析新时期统战侨务工作和侨情出现的新变化和新问题，研讨开展全市侨务工作的新思路、新举措。拓展侨务进“三区”（社区、园区、高校），引导一批侨资源丰富、为侨服务工作任务较多的园区、社区开展侨务工作，获批全国侨务工作示范社区1个、江苏省社区侨务工作示范社区3个、江苏省华侨华人创新创业服务中心1个。选派3名优秀教师赴泰国、印尼华文学校任教。清江浦区、淮安区、淮阴区等6个县（区）争取6个海外专版，在俄罗斯《龙报》、法国《欧洲时报》、澳大利亚《大洋日报》等报纸上进行整版宣传，提升淮安国际知名度、美誉度和国际社会影响力。

【港澳事务】 2019年，淮安市成立市港澳工作协调小组，制定全市港澳工作要点，明确协调小组成员单位职责任务，强化重要活动预报、督查督办等工作制度落实，形成多渠道信息共享机制。推进江苏省第二届“华文创想曲”海外华裔新生代暨港澳台青少年创意作文大赛活动，淮安市共征集海外华裔青少年稿件60余篇。4月，“巧夺天工·美味淮扬”——淮安市非物质文化遗产·美食精品展在香港江苏社团总会永久会址开幕，香港中联办社团联络部副部长陈小兵，省委统战部副部长马连美，香港江苏社团总会会长唐英年，市委副书记、统战部部长戚寿余等出席开幕式。以澳门回归祖国20周年为契机，承办“2019苏澳大学生阳光成长”文化交流营活动。中央政府驻澳门联络办公室、澳门江苏联谊会及港澳大学生110余人到淮安体验文化、感受淮安发展，促进淮港澳大学生双向交流。4月，澳门淮安联谊会成立大会暨第一届理监事就职典礼在澳门举行，中央人民政府驻澳门联络办协调部副部长余向军、文宣部副部长刘伟，市委副书记、统战部部长戚寿余等出席活动。大会选举产生澳门淮安联谊会第一届主席团、理事会、监事会。加大《江苏省保护和促进香港澳门同胞投资条例》和《江苏省保护和促进华侨投资条例》宣传力度，发挥港澳同胞投资权益保障协调委员会作用，帮助在淮安投资的港澳企业解决生产经营中遇到的困难，营造良好营商环境。　（管文博）

政协淮安市委员会

综　述

【概况】 2019年，淮安市、县（区）政协有委员2167人，其中市政协委员422人，县（区）政协委员1745人。第八届淮安市政协委员分28个界别，分别为中共、民革、民盟、民建、民进、农工、九三、无党派代表人士、工商联、总工会、共青团和青联、妇联、科协、致公党和侨联、台联、文化艺术界、科学技术界、社会科学界、教育界、体育界、新闻出版界、医药卫生界、经济界、农业农村界、社会福利和社会保障界、少数民族界、民族宗教界、特邀人士。第八届淮安市政协内设机构有办公室、研究室、提案委员会、经济科技和城乡建设委员会、农业和农村委员会、教卫体和人资环委员会、文化文史委员会、社会法制和民族宗教委员会、港澳台侨（外事）委员会。第八届淮安市政协有委员422人，其中女委员142人，党内委员166人，党外委员256人，大专以上学历占98.1%。第八届淮安市政协常委会有组成人员74人，其中党内常委25人，党外常委49人。

2019年，市政协全年共召开主席会议8次、常委会议5次、协商座谈会6次，组织重大调研视察27次，提交建议案、调研报告、提案、社情民意、大会发言等各类政协建议581件。

【交流接待】 4月2日，省政协副主席周健民率队到淮安调研学前教育工作，副市长王红红、市政协副主席仲波等参加活动。4月13—15日，全国政协副主席刘奇葆率调研组，到淮安就“推进大运河文化带建设”情况开展专题调研。全国政协文化文史和学习委员会副主任刘佳义、孙庆聚，国家文物局副局长宋新潮等参加调研。省政协主席黄莉新，省政协副主席洪慧民、秘书长杨峰，市领导姚晓东、蔡丽新、王维凯、李森等陪同调研。6月21日，省政协主席黄莉新带领省政协专题调研组一行到淮安调研“一带一路”交汇点建设。省政协副主席麻建国等参加调研。市领导蔡丽新、王维凯、张国梁、吉子俊等陪同调研。6月21—24日，“苏澳大学生阳光成长”文化交流营在淮安举行。澳门中联办协调部副部长余向军，全国政协委员、澳门前教育局局长梁励，全国政协委员、澳门镜湖医院副院长吴培娟和澳门江苏联谊会许敖敖、岑展平、何嘉慈、尤肖吾等澳门社会知名人士参加活动。市领导王维凯、戚寿余、顾坤等参加相关活动。7月9日，省政协副主席、党组成员周继业带领调研组到淮安，就贯彻落实中共十八大以来中央和省委关于政协工作决策部署，加强和改进新时代人民政协工作，发挥政协在立法协商中的重要作用等问题开展调研。7月31日，省政协举行发展·民生专题协商座谈会，围绕打好精准脱贫攻坚战开展协商讨论。省政协主席黄莉新主持会议并讲话，副省长费高云参加会议并讲话。座谈会采取远程协商的形式进行，在省政协设主会场，淮安、盐城、宿迁设3个分会场。市政协主席王维凯，市政协副主席陶光辉、邱华康等在淮安分会场参加会议。9月28日，省政协副主席、南京大学党委书记胡金波到淮安召开住淮安省政协委员座谈会，与会住淮安省政协委员就履职情况作汇报交流并对省政协工作提出意见和建议。市政协主席王维凯，市委副书记、统战部部长戚寿余出席会议。11月28日，全省政协经济委员会工作座谈会在淮安召开。省政协副主席、党组副书记阎立出席会议并讲话。12月23—24日，住淮安的省政协委员赴苏州市围绕“长江经济带建设”主题开展异地考察。市人大常委会副主任李冰，市政协副主席王莉莉、邱华康等省政协委员参加。

重要会议

【主席会议】 1月22日，市政协召开八届十六次主席会议。市政协主席王维凯主持会议，市政协副主席刘学军、程刚、范更生、仲波、吉子俊、孙晓阳、陶光辉、王莉莉、邱华康，秘书长吉文海出席会议。会议协商讨论政协淮安市第八届委员会常务委员会工作报告（讨论稿）和提案工作情况报告（讨论稿）；协商通过政协淮安市八届十一次常委会议议程、日程；协商讨论市政协八届三次会议议程、日程（草案）；协商通过表彰优秀提案、优秀社情民意、先进“委员之家”及“十佳提案”等相关事宜；协商讨论《政协淮安市委员会常务委员会组成人员履职管理规定（讨论稿）》；协商讨论政协淮安市第八届委员会常务委员会工作报告和提案工作情况报告报告人；协商讨论政协淮安市八届三次会议执行主席、秘书长、副秘书长名单；协商讨论关于召开政协淮安市第八届委员会第三次会议的决定（草案）；协商讨论政协淮安市第八届委员会工作机构变动方案。会议还讨论有关人事事项。

3月26日，市政协召开八届十七次主席会议，传达学习省政协十二届六次常委会精神，组织视察基层卫生设施建设情况。市政协主席王维凯，副主席刘学军、仲波、吉子俊、孙晓阳、王莉莉、邱华康，秘书长吉文海等参加会议。副市长王红红陪同视察。

5月9日，市政协召开八届十八次主席会议。市政协主席王维凯率队视察调研全市公共法律服务体系建设工作，市政协副主席刘学军、程刚、仲波，市政协秘书长吉文海等参加活动。

5月28日，市政协召开八届十九次主席会议。市政协主席会议视察水利工作，市政协主席王维凯，市政协副主席刘学军、程刚、仲波、吉子俊、孙晓阳、陶光辉、王莉莉，市政协秘书长吉文海等参加活动。

6月17日，市政协召开八届二十次主席会议。市政协主席王维凯主持会议，市政协副主席刘学军、范更生、仲波、吉子俊、孙晓阳、陶光辉、王莉莉，秘书长吉文海出席会议。会议听取并讨论市政协关于全市普通高中教育资源建设情况的调研报告及建议案（讨论稿）；会议协商通过政协淮安市八届十四次常委会会议议程、日程。

10月11日，政协淮安市八届二十一次主席会议召开。市政协主席王维凯，副主席范更生、仲波、孙晓阳、王莉莉、邱华康，秘书长吉文海参加会议。会议听取并讨论市政协关于全市重特大项目攻坚情况调研报告及建议案（讨论稿）；协商通过政协淮安市八届十五次常委会议议程、日程。同日下午，市政协主席王维凯率队到白马湖旅游度假区，视察全市全域旅游发展情况。市政协副主席范更生、仲波、孙晓阳、王莉莉、邱华康，秘书长吉文海等参加活动。

12月10日，市政协召开八届二十二次主席会议。市政协主席王维凯率队对市检察工作进行专题视察调研。市政协副主席刘学军、程刚、吉子俊、陶光辉、王莉莉、邱华康，市政协党组成员殷强等参加活动。视察调研中，王维凯一行参观淮安经济技术开发区人民检察院“12309”检察服务中心、豆蔻校园检察室、办案工作区，观看市检察院2019年度工作专题片和淮安经济技术开发区人民检察院认罪认罚案件一周速裁宣传片并听取全市2019年检察工作情况汇报。

12月12日，市政协召开八届二十三次主席会议，市政协主席王维凯率队对市法院工作进行专题视察调研。副主席刘学军、程刚、仲波、吉子俊、孙晓阳、陶光辉、王莉莉、邱华康，市政协机关二级巡视员吉文海等参加活动。王维凯一行参观淮安区法院24小时自助法院、智能材料收转中间库、司法送达一体化服务平台，听取全市法院工作和“两个一站式”（“一

12月12日，市政协主席会议视察法院工作　　余承洋　供图

站式”多元解纷机制、“一站式”诉讼服务中心）建设情况汇报。

【常委会议】 1月22日，政协淮安市八届十一次常委会议召开。市长蔡丽新通报《政府工作报告（征求意见稿）》相关情况。市政协主席王维凯主持会议。会议听取市政府关于《政府工作报告（征求意见稿）》情况通报、市政府关于政协淮安市八届二次会议以来提案办理情况通报；听取政协淮安市第八届委员会常务委员会工作报告（讨论稿）和提案工作情况报告（讨论稿）起草情况汇报、市八届政协委员调整情况汇报。协商通过政协淮安市第八届委员会常务委员会工作报告和提案工作情况报告，协商通过政协淮安市八届三次会议议程（草案）、日程，协商通过政协淮安市第八届委员会常务委员会工作报告和提案工作情况报告报告人，协商通过政协淮安市八届三次会议执行主席、秘书长、副秘书长名单，协商通过《政协淮安市委员会常务委员会组成人员履职管理规定》，协商通过政协淮安市第八届委员会工作机构变动方案，协商通过关于召开政协淮安市八届三次会议的决定。会议同意陈建鹏、蒋建林、杨志新、唐季林、于永芳、王吉、吉小军、张进成、王苏君、徐鹏、李义翠、吴国飞、蒋东明、朱延华、周晴15人不再担任市八届政协委员；增补蒋继贵、邱金义、周翔、唐忠明、刘天培、顾祥悦、马乃骏、张爱民、闫超栋、赵明、龚建新、何喆、朱钰、陈志雪、刘葆15人为市八届政协委员。会议同意李义翠、于永芳辞去市政协常务委员职务。

1月28日上午，政协淮安市八届十二次常委会召开。市政协主席王维凯主持会议。市政协副主席刘学军、程刚、范更生、仲波、吉子俊、孙晓阳、陶光辉、王莉莉、邱华康，秘书长吉文海参加会议。会议听取各小组审议和讨论情况的综合汇报，通过政协淮安市八届三次会议决议。

1月29日，政协淮安市八届十三次常委会议召开。市政协主席王维凯，副主席刘学军、程刚、范更生、仲波、吉子俊、孙晓阳、陶光辉、王莉莉，秘书长吉文海出席会议。会议协商通过政协淮安市委员会2019年工作要点。

3月26日，市政协八届十七次主席会议视察基层卫生设施建设情况
余承洋 供图

6月17日，政协淮安市八届十四次常委会议召开。市政协主席王维凯，市政协副主席刘学军、范更生、仲波、吉子俊、孙晓阳、陶光辉、王莉莉，秘书长吉文海出席会议。副市长王红红在会上就全市普通高中教育资源建设情况进行通报。会议听取并讨论市政府关于全市普通高中教育资源建设情况通报；会议审议并通过市政协关于全市普通高中教育资源建设情况的调研报告及建议案。

10月14日，政协淮安市八届十五次常委会议召开。主要围绕全市重特大项目建设进行专题协商议政。市政协主席王维凯，副主席刘学军、程刚、仲波、孙晓阳、陶光辉、王莉莉、邱华康，秘书长吉文海出席会议。市委常委、常务副市长张国梁到会通报全市重特大项目攻坚情况。会议听取并分组讨论市政府关于全市重特大项目攻坚情况通报，听取市政协关于全市重特大项目攻坚情况的调研报告和建议案起草情况汇报，讨论并协商通过市政协关于全市重特大项目攻坚情况的调研报告和建议议案。针对全市重特大项目建设中存在的一些突出问题，市政协常委会建议进一步提高思想认识，主要领导带头主攻重特大项目；进一步优化工作举措，推进重特大项目建设优质高效；进一步完善产业基金，运用财政资金撬动重特大项目；进一步强化支撑，营造重特大项目建设良好环境。会议还对市政协下一阶段工作的开展作出部署。

【八届三次全委会议】 1月26—29日，中国人民政治协商会议淮安市第八届委员会第三次会议在淮安大剧院举行。会议听取和审议政协淮安市第八届委员会常务委员会工作报告；听取和审议政协淮安市第八届委员会常务委员会关于提案工作情况的报告；列席淮安市第八届人民代表大会第三次会议，听取和讨论淮安市人民政府工作报告及其他有关报告；学习讨论中共淮安市委书记姚晓东在政协淮安市第八届三次会议上的讲话；审议通过政协淮安市八届三次会议决议。

【市委政协工作会议】 11月13日，淮安市委召开政协工作会议。市委书记姚晓东出席会议并讲话，市长蔡丽新主持会议。市领导王维凯、戚寿余、张国梁、周凤琴、唐道伦、赵洪权、李森、张长金等出席会议。

参政议政

【政治协商】 2019年，淮安市政协采取调研视察、座谈协商、提案督办、大会发言等形式，围绕拓展居民增收渠道、加强城乡饮水安全、加快老旧小区改造等30多个议题，开展调研视察活动。围绕“加快推进全市普通高中教育资源建设”课题，召开八届十四次常委会议专题协商讨论，提出优化普通高中发展规划、扩大集团化办学成果、创新教师编制管理等多项针对性建议，市委市政府专题会办推动相关问题解决。围绕"加快推进重特大项目建设"课题，召开八届十五次常委会议专题协商议政，提出增强工作合力、完善产业基金、强化政策支撑等13条意见建议，市委市政府召开专题会办会研究转化落实意见。围绕"促进民营经济高质量发展"课题，深入调查研究，在省政协常委会议上作重点发言。围绕推动淮河生态经济带建设，组织广大委员积极建言献策，提请市委书记领衔督办《以淮河生态经济带发展引领全市经济高质量发展》重点提案，推动共建流域城市合作机制。围绕培育全国性综合货运枢纽，提请市长领衔督办《全力打造具有重要影响力的综合货运枢纽》重点提案，加快推进航空、高铁、港口等基础设施建设。调研督办"推进农村相对集中居住"重点提案，组织"推进全域旅游发展"视察，开展乡村振兴专题调研。

【民主监督】 2019年，淮安市参与"长三角区域污染防治协作机制落实情况"联动民主监督。主席会议专题视察全市法院、检察院工作，就推进"两个一站式"建设、提升检察为民服务质效等工作提出意见建议。围绕推进全国文明城市创建，组织委员开展专项视察。围绕"办好学前教育""健全养老服务体系""打好精准脱贫攻坚战"等议题，组织委员开展监督性调研视察。开展特约监督，先后推荐委员130多人次在政务公开、电视问政、阳光司法等方面履行民主监督职能。

【咨政建言】 2019年，淮安市政协向市委市政府编报《淮安社情民意》21期，向省政协专报信息49条，其中《稳步推进棚改工作》《精减规范基层议事协调机构》等3条信息被转报全国政协，《推动政协协商平台向基层延伸》信息得到全国政协主席汪洋的批示肯定。

【提案办理】 2019年，淮安市政协委员、各参加单位和专门委员会、各县（区）政协提交意见、建议481件，经审查立案提案462件，不立案2件，转委员来信13件，撤案4件。在立案提案中，民主党派、工商联、人民团体和市政协各专门委员会、各县（区）政协集体提案86件，占18.6%；委员个人提案376件，占81.4%。有256名委员提交提案，占委员总数的60.7%。从提案内容看，经济科技、财税金融类提案67件，占14.5%；城乡建设、城管交通类提案121件，占26.2%；教文卫体、民生保障类提案154件，占33.3%；民主法治、社会治理类提案33件，占7.2%；政治建设、精神文明类提案14件，占3%；生态建设、环境保护类提案41件，占8.9%；其他类提案32件，占6.9%。这些提案经过67个承办单位的认真办理，已于当年9月底全部办复完毕。其中，已经解决或采纳382件，占82.7%；计划解决或准备采纳63件，占13.6%；未解决或未采纳17件，占3.7%。提案人对提案办理态度评价满意的有456件，占98.7%；基本满意2件，占0.4%；不满意4件，占0.9%。提案人对提案办理实际效果评价满意的有454件，占98.2%；基本满意4件，占0.9%；不满意4件，占0.9%。

【合作共事】 2019年，淮安市政协加强同市各民主党派、工商联和无党派人士联系与合作，通过安排大会发言、联合开展调研、共同举办协商活动、督办重点提案、反映社情民意等，为其在政协发挥作用创造条件。市各党派团体全年以集体名义提交提案、大会发言和社情民意信息共247件，都得到高度重视和及时办理。宣传贯彻党的民族宗教政策，围绕推动宗教活动开展、宗教场所保护等开展视察调研，促进宗教工作健康发展。进一步加强同港澳同胞、台湾同胞和海外侨胞的联系交往，支持引导香港委员发挥"双重积极作用"，承办"苏澳大学生阳光成长"文化交流营走进淮安活动。持续推动淮台产业融合发展，经验做法入选全省政协工作创新案例。挖掘和弘扬美籍华人、淮安之子、《南京大屠杀》作者张纯如的精神品质和时代价值，《永恒的记忆》在海内外产生广泛影响。配合全国政协、省政协到淮安就"全面推进大运河文化带建设""高质量推进'一带一路'交汇点建设"等课题开展考察调研活动20余次，在更高层次政协平台宣传推介淮安，争取政策支持。借助建立南京都市圈城市政协联动机制，推动淮安深度融入南京都市圈协同发展。积极走出去，与有关省市政协开展多层面的工作交流。

【文史研究与宣传】 2019年，淮安市政协把握政协文化文史工作融合发展新形势新要求，构建包括图书、期刊、网络、公众号等于一体的文化文史全媒体传播格局。广泛征集改革开放40周年、新中国和人民政协成立70周年"三亲"史料，编辑出版《淮安改革开放40年记忆》《纪念邓颖超同志诞辰115周年》等书籍。推动地方文化文史进课堂进社区进军营。

【基层协商平台建设】 2019年，淮安市政协统筹抓好"委员之家""有事好商量"协商议事室建设，推动政协协商与基层协商有效衔接、深度融合，把政协制度优势转化为参与基层治理的效能。9月23日，召开全市基层政协委员工作站建设暨政协协商平台向基层延伸工作推进会，推动建立93个镇（街道）"有事好商量"协商议事室，实现县（区）全覆盖。（余承洋）

纪检监察

【概况】 2019年，淮安市共查处违反中央八项规定精神问题243起，处理496人，通报曝光典型案例47期107起，持续释放从严执纪震慑效应。排查整改空泛表态、敷衍塞责等问题3152条，查处151人。首次违纪违法行为发生在当年的案件在总案件数中的比例，从2016年的12.9%下降到2019年的8.2%。当年全市纪检监察机关收接信访件和上级纪委监委下转件比上年分别下降2.7%、28.7%。

【护航"三大攻坚战"】 2019年，淮安市纪检监察机关聚焦"三大攻坚战"，实施"阳光扶贫"监管系统扩围升级，

2019年，市纪委监委深入开展"不忘初心、牢记使命"主题教育，图为动员会　　梁延达　供图

对全市136.03亿元涉农资金实现监管"全覆盖"，嵌入式监督"两不愁三保障"（"两不愁"指稳定实现农村贫困人口不愁吃、不愁穿；"三保障"指保障其义务教育、基本医疗和住房安全）政策落实，监督推动低收入村增收和产业扶贫取得实效。优化升级污染防治综合监管平台，采用线上线下方式交办督办重点问题，以靶向监督推进污染防治。监督建设运行防范地方政府隐性债务风险监管平台，强化风险监督。

【夯实"两个责任"】 2019年，淮安市制定出台"两个责任"（指党风廉政建设，党委负主体责任，纪委负监督责任）实施办法开展县（区）委落实全面从严治党主体责任述职评议，按季度印发主体责任工单，对得分靠后县（区）、市直单位下发预警通知书，责成党委（党组）主要负责人召开专题民主生活会，强化剖析整改。贯彻执行新修订的《中国共产党问责条例》，全市共问责管党治党责任落实不力的党组织12个、党员领导干部158人，以刚性问责压紧压实"两个责任"，深入推进党风廉政建设和反腐败工作。

【维护民利】 2019年，淮安市开展扶贫领域腐败和作风问题，教育、医疗、环境保护、食品药品、饮用水和住房安全等民生领域侵害群众利益的问题整治。紧扣全国扫黑除恶重点培育市创建目标，实施"打伞破网"见底提升工程，监督治理"套路贷"等非法金融活动，全市立案查处涉黑涉恶党员干部和公职人员164人。监督实施农房改善项目，将省定建档立卡低收入农户、残疾农户等"四类重点对象"危房改造作为重中之重，强化监督推进。开展农村饮用水安全专项整治，推动解决7617户农户区域供水问题。强化村级财务"阳光监管"，落实"村务卡"制度，推进农村集体资产资源流转进场交易。

【作风建设】 2019年，淮安市共查处违反中央八项规定精神问题243起，处理496人，通报曝光典型案例47期107起，持续释放从严执纪震慑效应。落实"基层减负年"要求，连续第五年在春节后召开全市作风建设大会，播放作风建设专题片，全年共查处形式主义、官僚主义问题92起151人。构建作风建设长效机制，制定《淮安市贯彻落实习近平总书记重要批示精神深入落实中央八项规定精神十项措施》，强化常态化监管。护航市重特大项目攻坚年活动，对帮办服务不到位、项目进度滞后的县（区）和市直部门，及时提醒督办。推动容错纠错机制落实，对受处分党员干部开展回访关爱活动，印发典型案例通报6期，发挥典型示范效应。

【政治巡察】 2019年，淮安市纪检监察机关配合省委巡视组对市本级、金湖县、淮阴区开展实施乡村振兴战略专项巡视，联动开展对7个县（区）、市县两级扶贫职能部门、289个扶贫项目开展全景式"扫描"，监督查改脱贫攻坚和农民群众住房条件改善中存在的问题。组织开展三轮常规巡察，对33个单位党组织进行政治体检，对42个村（社区）开展提级巡察"回头看"，指导各县（区）稳步推进对村（社区）巡察工作。健全完善立查立处立通报和"五方联动"整改机制（指市委书记专题会议明责交办整改、市党政领导"四个一"推动整改、市纪委监委跟踪督办重点问题整改、市委巡察办回访督查倒逼整改、市纪委派驻纪检监察组全程参与整改），向市委提交8个巡察专报，推动解决一批系统性、政策性、倾向性问题。创建智慧巡察信息管理平台，打造日常管理、巡察整改、问题线索、巡察智库和移动巡察云平台"4+1"淮安智慧巡察模式，有效推进全市巡察。

【监督首责】 2019年，淮安市纪检监察机关强化日常监督，灵活运用抽查检查、重点工作督导，实施约谈、"函询+"，制发问责决定书、督办通知书等方式，了解各地各部门政治生态和党员干部思想、工作、作风状况。全年共开展约谈和谈话提醒3663人次；针对污染防治、疫苗管理等问题，向2个县（区）和1个市直部门下发纪律检查建议和监察建议。深化派驻监督，建立"年度有目标、监督有指引、检查有专项、审查有案件、四方有联动、定期有报告"等"六有"工作标准，强化监督力量整合，全年市纪委监委派驻机构共实施函询和提醒谈话1262人次，立案104件，实现立案全覆盖。健全全市党员领导干部监督信息平台，动态掌握党员干部廉洁自律情况，党风廉政意见回复8684人次。

【反腐肃贪】 2019年，全市纪检监察机关运用"四种形态"（指经常开展批评和自我批评、约谈函询，让"红红脸、出出汗"成为常态；党纪轻处分、组织调整成为违纪处理的大多数；党纪重处分、重大职务调整的成为少数；严重违纪涉嫌违法立案审查的成为极少数）处置问题线索9949

人次。其中，第一种形态6810人次，占68.4%；第二种形态2761人次，占27.8%；第三种形态146人次，占1.5%；第四种形态232人次，占2.3%，给予党纪政务处分3074人，移送司法机关70人，发挥“四种形态”惩治极少数、教育大多数的综合功效。发挥监督执纪执法综合效应，推动发案地区部门将破纪破法教训转化为反思警醒的镜鉴和源头防范的制度。召开全市领导干部警示教育大会，常态化组织党员干部观看警示教育片，持续推进纪法宣讲，教育引导全市党员干部进一步增强党性意识和纪法素养。

（梁延达）

民主党派 工商联

中国国民党革命委员会淮安市委员会

【概况】 2019年，中国国民党革命委员会淮安市委员会（以下简称“民革淮安市委”）新发展党员25人，其中科级以上干部4人，县（区）人大代表、政协委员5人，淮安市533人才1人。至年底，民革淮安市委有1个基层委员会、2个总支、19个支部，党员453人。

【参政议政】 2019年，民革淮安市委就“推进淮河生态经济带战略在淮安落地落实”“高铁通车带来的机遇与挑战”开展调研，完成《推进淮河生态经济带建设，打造高效生态农业先行区》《抢抓高铁通车新机遇，打造人才集聚新高地，为加快全市高质量科学跨越发展提供智力支持》两篇调研报告。在市政协八届三次会议上，民革淮安市委作《创新乡村社会治理体系，打造“共建共治共享”治理新格局》大会发言、《重视中小学生身心健康发展 筑牢成长成才根基》书面发言，分别被市政协表彰为优秀大会发言一等奖和二等奖。提交集体提案6件，其中《关于在信访领域推行信用管理机制的建议》被遴选为市委市政府市政协领导督办重点提案，《建议我市机动车驾驶科目二考试重新开放县（区）考点》《重视中小学生身心健康发展，筑牢成长成才根基》被遴选为市政协提案委牵头督办重点提案。《推进质量兴农，提升农产品品牌价值》调研报告被民革江苏省委选为省政协十二届二次会议集体提案，《改善营商环境 助力营商环境高质量发展》被民革江苏省委用作省政协常委会发言材料。

【社情民意信息】 2019年，民革淮安市委共报送社情民意信息253篇，其中中共江苏省委采用2篇，省政协采用4篇，中共省委统战部采用7篇，民革中央采用1篇，全国政协采用1篇，民革省委采用71篇，市政协采用4篇。《提升苏北地区信贷支农水平，促进“三农”经济高质量发展》获得副省长王江批示；《关于淮安高铁东站布置淮安文化展示区的建议》等6篇社情民意信息获得市主要领导批示。民革淮安市委在《新华日报》《淮安日报》《江苏民革》等多家新闻媒体发表宣传稿件137篇。“淮安民革”微信公众号发布信息113篇。

【主题教育活动】 2019年，民革淮安市委开展“思想政治建设年”活动，举办庆祝中华人民共和国成立70周年、庆祝人民政协成立70周年、纪念五四运动100周年系列活动。选送3篇征文参加淮安市庆祝人民政协成立70周年征文比赛。13名选手参加演讲比赛，1人获得一等奖。民革张文辉老人获中共中央、国务院、中央军委颁发的“庆祝中华人民共和国成立70周年”纪念章。开展“不忘合作初心，继续携手前进”主题教育活动，组织基层组织负责人、部分骨干党员25人赴盱眙黄花塘新四军军部纪念馆、李银江主题教育馆等地开展实境教学，并举办拓展培训。开展民革优良传统教育，组织学习《民革与新中国的建立》《民革前辈与新中国》等书籍，淮安区、洪泽区、开发区、高教综合等基层组织赴王昆仑故居、张治中故居等地开展“观故居，走多党合作之路”学习活动，做到知行相融，巩固共识。建设学习型参政党，为部分骨干党员发放学习图书，举办2次“中山博爱讲堂”，组织青年民革党员开展2次读书交流活动。

【社会服务】 2019年，民革淮安市委实施“博爱·精准扶贫”，与贵州省纳雍县猪场乡大多拱村建立结对帮扶。民革淮安市委先后投入24万余元帮助村困难幼儿园实施改造提升工程，每月资助村17名困难学生生活、帮助完成学业，建立一对一结对帮扶关系。与淮阴区马头镇城南村建立结对关系，帮助完成村集体收入达18万元的目标，并捐赠价值2万余元的会议桌椅、文件柜及沙发等办公设备。为淮阴区马头镇毛湖村挂钩帮扶户送去慰问金和物资达1.8万余元；为结对帮扶的开发区徐杨村捐赠帮扶资

10月21日，民革淮安市委开展“农村法律服务体系研究与完善”专项调研
张 洁 供图

12月25日，民革开发区支部“中山博爱之家”揭牌　　张　洁　供图

金1万元。民革各基层组织围绕“博爱·牵手”“博爱·微愿望”等方面开展有影响的社会公益活动20余次。

【中山博爱之家】 2019年，民革淮安市委“中山博爱之家”（淮安民革党员活动中心）获“全国优秀民革党员之家”称号。民革洪泽区“中山博爱之家”提档升级，获“全省优秀中山博爱之家”称号。民革开发区支部“中山博爱之家”建成使用，民革中央副主席、秘书长李惠东，民革江苏省委主委、副省长陈星莺等为开发区支部“中山博爱之家”揭牌。

中山博爱之家

（张　洁）

中国民主同盟淮安市委员会

【概况】 2019年，中国民主同盟淮安市委员会（以下简称“民盟淮安市委”）发展新盟员65名。至年底，民盟淮安市委共有4个基层委员会、9个专委会，2个总支、58个支部，有盟员953人，各级人大代表、政协委员110人。

【参政议政】 2019年，民盟淮安市委围绕中共淮安市委专题民主协商会主题，形成《实施农业面源污染综合治理 助推淮河经济带绿色发展》《提高公共服务质量和水平 迎接高铁时代到来》2篇专题发言材料；提交市政协大会发言2篇，集体提案9篇。《关于加强基层党组织对小区业委会的领导 引入社会综合治理机制改善物业服务》被列为市政协主席牵头重点督办提案，市主要领导作出批示，提案中物业管理党建引领、物业管理第三方考核等建议被吸纳到《淮安市物业管理条例》中。另外，有11篇调研报告获市主要领导批示。围绕乡村振兴、公共交通、教育发展、文化繁荣、生态文明建设、金融改革、医疗卫生、养老服务等课题，开展盱眙凹土产业、湖长制、民营医疗机构管理、汽车产业、美丽乡村建设等专题调研11次，提出意见建议30余件，推进解决各类突出问题20多项。接待全国政协常委、民盟中央副主席曹卫星课题组一行，在淮安开展公共基础服务调研，并召开民盟中央年度重点课题“推进城乡基本公共服务标准化建设”调研报告研讨会。组织盟员政协委员视察市黑臭水体整治工程、赴涟水县尹荡村开展集中调研活动，为推动该村经济建设搭建科技服务等平台。

【社情民意信息】 2019年，民盟淮安市委举办新盟员、骨干盟员培训班，进一步推动盟员参政议政能力。全年共报送盟省委、市政协、市委统战部社情民意信息100余条，被全国政协采用1条，省委统战部采用3条，盟省委采用30余条，省政协采用2条。利用微信公众号、网站、盟讯等盟内宣传平台，加强与主流新闻媒体的沟通协调，刊发《淮安民盟》4期，定期更新网站内容，微信公众号发布近30篇文章。在《新华日报》《人民政协报》等主流报纸杂志和人民政协网、民盟中央网站、搜狐网等各大网站上发表文章百余篇。

【主题教育活动】 2019年，民盟淮安市委开展“不忘合作初心，继续携手前进”主题教育活动，制定下发《民盟淮安市委“不忘合作初心，继续携手前进”主题教育活动方案》，将主题教育活动与庆祝中华人民共和国和人民政协成立70周年、纪念多党合作制度确立70周年等重大活动相结合，与“加强基层组织建设”等年度重点工作融合联动。邀请全国政协委员，南京大学历史系教授、博士生导师贺云翱为全市盟员作大运河文化史专题讲座。召开纪念“五四”运动100周

7月9日，民盟淮安市委组织赴甘肃天祝开展“点教育烛光 展民盟风采”支教捐赠活动　　杨　萌　供图

年座谈会，继承和弘扬“五四”精神。召开庆祝中华人民共和国成立70周年座谈会，畅谈在这个伟大时代的所思、所想、所感、所悟。老盟员吴沙凡获“庆祝中华人民共和国成立70周年”纪念章。广泛发动盟员参与盟省委关于征集庆祝人民政协成立70周年歌曲的活动，累计收到6首歌曲，其中盟员王子铭创作的《中国我的家》在江苏省政协庆祝人民政协成立70周年歌曲征集活动中被评为优秀作品。组织盟员参观沈钧儒纪念馆、重庆民主党派纪念馆等民盟传统教育基地。做好“周恩来与民盟”传统教育基地筹建工作，收集整理周恩来与民盟的相关史料，至年底，展馆平面设计图出炉。

【社会服务】 2019年，民盟淮安市委开启“统战+扶贫”培训计划，组织多名盟员骨干教师赴帮扶点贵州省毕节市第六中学开展“同心助学”活动；赴甘肃天祝藏族自治区开展教师培训和爱心助学活动，语文、数学、英语等9门学科任课教师开展示范课讲学、指导备课、课后点评、专题讲座等形式的培训活动，盟员企业家乔继文捐赠5万元用于天堂学校净水系统建设；赴贵州省三都水族自治县开展支教帮扶活动，并签订统一战线教育精准扶贫结对帮扶协议。帮助淮阴区教育局、淮州中学与南通市通州区教育局建立教育帮扶关系。民盟原市委主委谭中行及其子女成立的诺亚公益基金会2019年的5万元收益，全部作为“奖教金”奖励江苏省清江中学优秀教师。组织盟员企业参加民盟江苏省委举办的“助你起航”高校专场招聘会，服务民营企业，帮助企业招揽人才。在山阳草堂国医馆中医药文化广场主办百名书画家送祝福、送春联活动，为市民书写春联及福字，并创作多幅精品书画。联合淮安市慈善总会、淮安报业传媒集团多家单位举办“拯救患病儿童，普洒艺术大爱”艺术拍卖暨慈善捐赠活动，拍出23件拍品，筹集善款4万余元，用于资助特困家庭重症患儿。在韩桥小学开展以“情暖初夏 守望花开”为主题的关爱留守儿童社会实践系列公益活动，组织市实验小学与韩桥小学留守儿童代表举行结对和捐赠仪式，并参观市博物馆。举办“终结结核行动，共建共享健康中国”结核病大型义诊活动，提供免费测量血压、胸片、痰检及结核菌素试验等项目，为市民答疑解惑、普及结核病防治知识、发放相关健康教育材料和宣传手册。（杨　萌）

中国民主建国会淮安市委员会

【概况】 至2019年底，中国民主建国会淮安市委员会（以下简称“民建淮安市委”）下辖10个专委会、3个基层委员会、4个总支、40个基层支部，有会员912人。

【参政议政】 2019年，民建淮安市委在中共市委召开的“季季谈”党外人士民主协商座谈会上，就如何推进淮河生态经济带战略在淮安落地落实和应对高铁通车带来的机遇与挑战，分别作《加快沿淮铁路规划建设，促进淮河生态经济带战略实施》《紧跟高铁时代步伐，推动全域旅游发展》专题发言；参加中共市委“季季看”活动，调研全域旅游、文明城市创建及高铁商务区建设等工作，履行民主监督职能，积极建言献策；受邀列席市政府常务（扩大）会议，对全市经济社会发展、重大项目建设和民生保障措施等议题提出具有建设性的意见和建议。针对淮安民营经济发展现状，调研形成《加大政策落实力度 推动实体经济健康发展》等多篇报告，参加长三角民营经济发展论坛；《加大优化法治环境力度，促进江苏民营经济发展》调研报告，经市政协采用后在省政协常委会上发言；围绕淮河生态经济带战略落实，就推进沿淮铁路建设赴相关县（区）和安徽蚌埠等地开展专题调研；结合高铁通车带来的机遇与挑战，赴高铁商务区及金湖县等地调研利用高铁通车推动全域旅游发展；与民建江苏省委联合开展课题调研，形成《依托淮河生态经济带国家战略，推动“一带一路”交汇点在江苏落地》调研报告提交省政协常委会。市政协八届三次会议期间，民建淮安市委作题为《加快航空货运枢纽建设，培育淮安经济发展新动能》的大会发言，民建市委集体以及担任市政协委员的民建会员个人提交的《大力支持民营企业发展，筑牢淮安实体经济基石》《聚力发展枢纽经济，推动淮安经济高质量发展》等12篇调研报告入选市政协大会发言；会议期间，民建市委向市政协提交集体提案5件，民建会员提交个人提案45件，其中2件集体提案、3件个人提案被市政协列为重点提案。

【社情民意信息】 2019年，民建淮安市委选派优秀会员参加民建中央、民建省委社情民意培训交流活动，不定期召开特约信息员沙龙，定期公布各基层组织反映社情民意信息成果。民

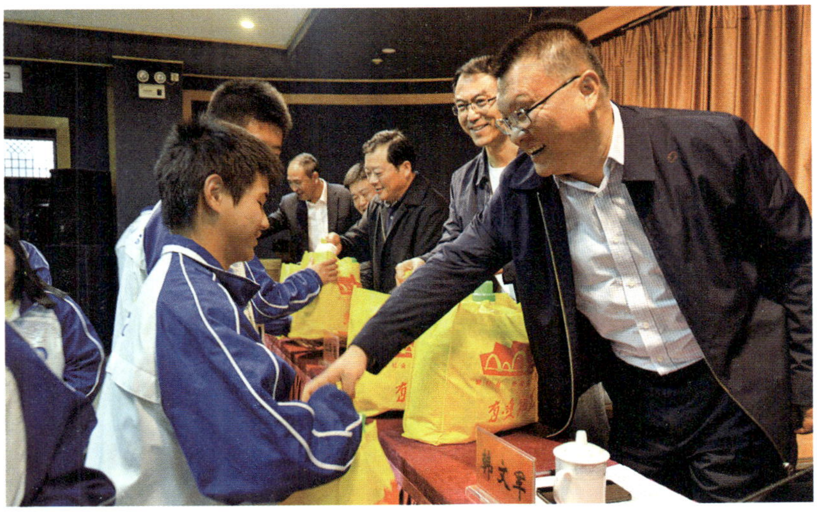

2019年，民建淮安市委连续第10年开展“思源工程——关爱大学生健康成长”活动
赵国咏　供图

建淮安市委全年共采纳会员撰写的社情民意信息684篇，向市委统战部报送信息237篇，向民建省委报送社情民意150篇。其中《建议将应急部门加油站审批相关职能并入商务部门》等31篇社情民意被民建省委采用；《棚改政策实施过程中的问题和建议》等7篇社情民意被民建中央、全国政协及省政协采用；向中共市委和市政协报送社情民意10篇，其中《关于抢抓淮河生态经济带战略机遇，推动淮安港口发展的建议》《关于改善省级文物保护单位"关天培墓"瞻仰环境的建议》等获得市主要领导批示并实地调研解决。

【主题教育活动】 2019年，民建淮安市委贯彻落实《民建中央关于加强会的思想政治建设的意见》，开展"不忘合作初心，继续携手前进"主题教育活动，先后开展庆祝中华人民共和国成立70周年暨多党合作制度确立70周年系列活动，举办"凝心聚力传共识，牢记使命跟党走"等3次民建市委集中学习会，以及"烈焰映照新征程——庆祝新中国成立70周年文艺晚会、黄炎培职业教育思想图片巡展"、"大道同心 薪火永传"会员诗歌朗诵比赛、"以党为师、追寻初心"骨干会员培训班等主题教育活动，取得显著成效。

【社会服务】 2019年，民建淮安市委各基层组织全年共开展各类社会服务活动120余次，累计捐款100余万元。春节、端午、中秋等传统节日期间，民建淮安市委及各基层组织相继开展慰问贫困家庭、看望孤寡老人、关爱留守儿童等各类社会公益活动；利用世界自闭症儿童关爱日、知识产权宣传周、"六一"儿童节等时机，有针对性地开展一系列特色社会服务活动。9月，在会员中集中开展"社会服务月"专题活动，举办"慈善书画拍卖""关爱大学生健康成长"等大型社会服务活动。继续加强与爱德基金会等社会公益组织的交流与合作，实施"e万行动"孤儿救助项目，资助孤儿212名，投入资金32万余元；在涟水县军田村开展精准扶贫民生工程，兴建"爸妈食堂"老人助餐点和"田野书舍"留守儿童图书馆，投入资金26万元。同时，民建淮安市委还与爱德基金会共同开展苏北贫困高中生资助项目，为盱眙中学、马坝中学和淮海中学共90名贫困高中生每人每年资助1000元。 （赵国咏）

中国民主促进会淮安市委员会

【概况】 2019年，中国民主促进会淮安市委员会（以下简称"民进淮安市委"）发展新会员32名，平均年龄37.5岁，其中高中级职称17人，研究生以上学历6人，进一步优化组织结构。至年底，民进淮安市委下辖2个基层委员会，3个总支，37个支部，有会员675人。

【参政议政】 2019年，民进淮安市委开展淮河生态经济带建设、高铁商务区建设、全域旅游发展、教育评价制度构建、深化职业教育改革、构建水上公交体系等专题调研活动，形成调研报告10余篇。组织各级政协委员进农村、进企业、进社区、进医院、进学校，吸纳民意、倾听呼声、了解实情，获得第一手信息。各基层组织分别开展完善城区道路建设、提升公共卫生服务、水环境整治、学前教育发展等课题调研，为县（区）有关部门出谋划策。在市政协八届三次全委会上，民进淮安市委作《建章立制守师德，风清气正育新人》大会发言，提交集体提案和个人提案共立案43件，涉及社会、政治、经济建设的各个方面。其中，《关于加强乡村绿化的几点建议》《强力落实政府责任，做实普惠学前教育》被评为市政协优秀提案，《建章立制守师德，风清气正育新人》被列入市政协主席重点督办提案。关于社会热点难点问题的社情民意，以"直通车"的形式报送市委主要领导，为有关部门科学决策献计出力。《建议从三方面加快推动我市融入国家和省"一带一路"交汇点建设》《立足"四个新"战略定位，推动"加速器"高质量发展》《生态优先，文化引领，让运河明珠熠熠生辉》《以构建产业联盟推动旅游产业高质量发展打造淮河生态经济带绿色引擎》《建议借鉴浙江桐庐经验打造"淮上乡贤之家"》等12件社情民意得到市主要领导批示。

【社情民意信息】 2019年，民进淮安市委加强同会内外主流媒体的沟通协调，在《中国统一战线》《团结报》等国家级媒体刊登民进市委组织建设经验文章，在《民主》杂志刊登专版，宣传民进淮安市委参政履职新成果。进一步发挥微信公众号和网站的作用，及时报道市委会和各级基层组织会务动态，宣传参政议政成果，展示会员风采，有效提升民进组织的社会形象。

【主题教育】 2019年，民进淮安市委开展形式多样的"不忘合作初心，继续携手前进"主题教育活动。以中华人民共和国成立70周年、中国人民政治协商会议成立70周年为契机，举办"喜迎中华人民共和国成立七十周年"书画摄影作品展。举行"不忘合作初心，继续携手前进"主题文艺演出。承办民进省委的"喜看今朝——庆祝中华人民共和国成立70周年"书画精品巡展。

【社会服务】 2019年，民进淮安市委参与民进中央"同心彩虹"行动，依托徐梅菊特级教师工作室，结对帮扶贵州省金沙县沙土镇3所幼儿园，组织结对幼儿园园长、教师11人到淮安开展为期一周的培训和跟班学习。全力打造民进淮安市委"同心雨露"送教品牌，先后向钦工中学、白马湖小学、徐溜镇中心小学、博里中心小学、赵集小学等赠书、送教，在周恩来红军小学继续开展"爱心跟踪足球娃"系列帮扶活动。植树节期间，在淮阴区孙圩村开展主题为"共植民进林，留住乡土情"的民进公益林种植活动，种植的树苗全部由民进企业家捐赠。 （何滨宇）

中国农工民主党淮安市委员会

【概况】 2019年，中国农工民主党淮安市委员会（以下简称"农工党淮安市委"）发展新党员36名，平均年龄

2019年，农工党淮安市委开展“大手牵小手”活动，捐赠乡村教育信息化设备310万元　　臧　剑　供图

38.4岁。至年底，全市有党员589名，其中医卫、环境保护和人口资源等主界别人士334名、占比56.6%；硕士以上学历占比24%，高中级知识分子占比94.6%，党员平均年龄43.6岁。基层组织共计36个，其中基层委员会3个，总支2个。农工党淮安市委下设参政议政工委、医卫工委、社会服务工委、妇工委、文体工委、教育工委6个专门工作委员会及内部监督委员会。

【参政议政】 2019年，农工党淮安市委向市政协八届三次会议提交题为《提升工业自主创新能力 走出淮安工业经济高质量发展道路》和《推进我市停车便利化工程，缓解群众“停车难”问题》大会发言报告2篇，《关于加强我市重点实验室建设的建议》等集体提案5篇。分别被市政协评为优秀大会发言一等奖、二等奖和优秀提案奖。全年收集整理上报各级社情民意信息118篇，被全国政协采用2篇，农工党中央《信息专报》采用3篇，省委统战部采用2篇，市政协《社情民意》采用2篇。其中，《莫让校外“托管”成“脱管”》获得市政协编报市委社情民意信息三等奖；《创建文明城市中群众反感的几个问题》的报告，得到中共淮安市委主要领导的重视和批示，交由创建部门整改落实。

【社情民意信息】 2019年，农工党淮安市委共出版《淮安农工》杂志4期。全年被市级以上媒体采用宣传稿件34篇次，其中在中央级媒体《团结报》6篇，《人民政协报》2篇，《新华日报》2篇，中国网1篇。中央统战部官方微信公众号“统战新语”采用市委会《做一名好医生，为实现中国梦砥砺前行》的署名文章。制作塑造农工党先进典型的微视频短片，举荐基层农工党员中的时代楷模——李炳，李炳在农工党中央常委会上作个人事迹介绍，得到农工党中央主席陈竺接见，并题词鼓励。农工党江苏省委、中共淮安市委统战部、市卫健委党委均发文号召向李炳学习，掀起一股“学先进、学楷模”的热潮。苏北第一家、中央第16号农工党党史教育基地“季方生平展厅”影响力进一步扩大，先后迎来广州、大连、秦皇岛等党内外诸多团队访问。农工党淮安市委自主选址筹建的“农工党党史教育馆”完成建设布展，农工党中央领导到淮安揭牌。

【社会服务】 2019年，农工党淮安市委和各基层农工党组织全年组织进学校、进社区、进乡镇的义诊咨询20余次，服务群众1500人次以上。组织书画进社区、普法进机关、法律援助等各类活动10余次。首家幼儿卫生科普教育基地在清江浦区挂牌。历时3年打造“健康淮安共建点”涟水县成集镇卫生院，完成援助牙片机、中医馆等项目，捐赠设备仪器价值数万元。每月定期开展专家诊疗、授课等软件提升工程，帮助卫生院并入涟水县医院医联体，新引进1名专业医师，协调解决卫生院新建病房楼建设资金500万元。跨地区扶贫贵州大方县，接待大方县考察团到淮安，并组织盱眙龙虾养殖龙头企业赴大方县，开展龙虾养殖培训，首批泉水小龙虾养殖成功。（臧　剑）

九三学社淮安市委员会

【概况】 2019年，九三学社淮安市委员会（以下简称“九三学社淮安市委”）发展社员26人，其中博士1人，硕士5人；高级职称7人，中级职称10人，新社员平均年龄30.2岁。至年底，共有社员527人，平均年龄50岁。其中，具有中高级职称287人，占比55%；科学技术、高等教育、医药卫生等主界别321人，占比60%。各级人大代表、政协委员90人次，其中省人大代表1人，省政协委员2人，市人大代表7人，市政协委员23人，其余均为县（区）人大代表和政协委员。九三学社淮安市委下设7个工作委员会，有47个基层组织，其中有8个基层委员会、38个支社、1个小组。

【参政议政】 2019年，九三学社淮安市委全年组织调研报告36篇，其中社省委中标课题3篇、社省委九三论坛采用论文5篇、市委“季季谈”协商议政材料2篇、市政协大会发言材料3篇、重点报送专题4篇、市科协自然科学软课题5篇、社市委招标课题7篇等，获得市委主要领导批示4篇。举办2019年度参政议政工作会议暨骨干社员培训班。编辑刊印《2018年度参政议政成果选编》和《2019年信息、提案撰写要领》。

【社情民意信息】 2019年，九三学社淮安市委上报各类宣传报道105篇，被社中央网站录用40篇、社省委网站录用38篇，社省委微信公众号录用7篇，《新华日报》录用1篇、淮安统一战线微信公众号录用7篇。围绕各级组织开展的征文活动，组织社员提交论文6篇。

【社会服务】 2019年，九三学社淮安市委先后走访贫困村8次，向经济薄

2019年，九三学社淮安市委组织乡村义诊活动　　刘铭铭　供图

弱村提供定向帮扶资金1万元，帮助解决村卫生室等民生问题。投入1.2万元帮助开展创建全国文明城市宣传工作。连续20年关爱特殊儿童，向市福利院捐赠价值约7000元的冰箱、洗衣机等物资。组织社内专家先后开展义诊活动11次，在第二届中国医师节等时间节点到乡镇卫生院举行义诊。第31届国际科学与和平周之际，联合社省委医卫委在淮安区人民医院组织省内名医义诊，组织市内名医专家开展健康扶贫，并发放7000元广谱药品。科技第一委员会在淮安市休闲农业实训基地新建专家工作站，以服务“现代农业教育”为主要内容。水利支社在江苏众拓项目代理有限公司组建九三学社专家工作站，旨在服务实体经济发展。

【庆祝九三学社淮安市委成立35周年】 2019年是九三学社淮安市委成立35周年。12月31日，九三学社淮安市委召开庆祝成立35周年大会，会议回顾35年发展历程，着重对2016年底社淮安市第八届委员会产生后的工作成绩进行总结。会议提炼经验及体会，坚持中国共产党的领导是始终坚定的信念，服务党委政府大局是有所作为的根本途径，不断加强自身建设是发展进步的必然要求。（刘铭铭）

淮安市工商业联合会

【概况】 2019年，淮安市工商业联合会下辖269个商会，其中市直商会43个。全市新成立注册21个行业和异地商会，其中市属商会7个，吸收市物业管理协会为工商联团体会员。推进乡镇街道注册登记工作，全年全市共新登记注册12个乡镇街道商会。

【服务淮安经济】 2019年，淮安市工商联与市金融监管局等5部门联合下发《关于推动企业接入淮安市综合金融服务平台的通知》，促进银商企三方互动，尽力为民营企业提供更多的融资渠道；与江南农商行、市融资担保集团召开金融服务座谈会，共同打造淮安金融服务高效优良环境；发挥“淮商易贷”功能，为全市中小微企业提供贷款过桥服务，共帮助250家民营企业办理过桥业务，过桥金额7.54亿元。加强与司法机关的合作，召开民营企业家座谈会并出台《为民营经济健康发展提供优质司法服务和坚强司法保障的30条意见》；协助市检察院开展“检察官法律咨询日”和检察院领导班子成员挂钩服务商会和重点企业活动；协助司法局开展“律企同行”活动；联合市中院组织开展法润民企“6+1”（即构建民企法律风险防范机制、民企运营法律体检机制、涉民企纠纷多元调处机制、涉民企纠纷“绿色诉讼”机制、民企法律文化培育机制、“法企同行”法律宣讲机制，实现一名法官挂钩一家民营企业）行动，帮助企业防控法律风险、化解法律问题；发挥人民解调委员会和巡回法庭作用，帮助调解经济纠纷案件28起，开庭审理5起，涉案金额1.2亿元，帮助企业节省诉讼费、执行费300多万元。在优化营商环境方面构建亲清政商关系，推动落实市委主要领导联系非公经济工作机制；召开由全市各种所有制重点企业负责人参加的“淮商荟·改革与高质量发展”企业家座谈会；与市税务局等10余个政府部门建立协作服务民营企业工作机制，为企业开辟税务服务、产权登记、商务投资考察出入境等事项快捷办理绿色通道；组织开展营商环境评估工作，促进营商环境不断优化，与市发展改革委等5个部门联合下发“淮安市诚信示范企业”创建活动方案；在全市范围内组织开展市级诚信示范企业创建活动，推动构建市场化、法治化的营商环境。

【参政议政】 2019年，淮安市工商联系统持续推进“千企走访大调研”活动，围绕供给侧结构性改革、“一区两带”（指江淮生态经济区，淮河生态经济带、大运河文化带）建设、民营企业营商环境等课题深入开展调研，撰写调研报告10余篇，其中《民营企业运行及防范化解风险情况》等5篇调研报告受到市委、市政府主要领导批示，《关于淮安民营经济高质量发展的实践与思考》等2篇调研报告入选市委主题教育办公室“百个精品调研课题”。依托人大、政协“两会”平台，组织企业家人大代表、政协委员积极参政议政，《建设五大淮商 推动淮安民营经济高质量发展》的政协大会发言被评为优秀提案。全年共有7篇提案被立案，其中《关于推动民营企业参与乡村振兴战略的建议》被市政协列为重点督办提案。

【教育培训】 2019年，淮安市利用组织“淮商荟”企业家沙龙活动、召开调研座谈会、商会等时机，宣传中共十九大、十九届四中全会和习近平在民营企业座谈会上的重要讲话精神。开展庆祝中华人民共和国成立70周年系列宣传活动，结合“不忘初心牢记使命”主题教育，举办商会党组织负责人培训班。组织3期淮商大讲堂，邀请知名专家、企业家开展专题讲座。组织开展8场次各类讲座和培

4月26日，全市庆“五一”暨慰问高铁建设者演出活动举行　许　盼　供图

训活动，共有1000多名企业家及高管参加培训。

【光彩事业】 2019年，淮安市工商联系统持续推进“千企帮千户”精准扶贫行动，实施商会与经济薄弱村结对扶贫，全市各级商会和重点民营企业挂钩帮扶经济薄弱村43个，帮扶贫困户2000多户，全年对16个经济薄弱村投入32万元开展项目帮扶。举办脱贫攻坚专题报告会，邀请红旗渠精神发源地的村党支部书记作专题报告，激发扶贫动力。依托淮商慈善基金会，积极开展助学助医行动，先后开展“百名贫困家庭重症患儿救助行动”“百名困难家庭大学生助学行动”，捐赠50万元对50名重症贫困家庭患儿实施定向救助，捐赠42万元资助105名贫困家庭应届本科生完成学业。（叶光亚）

群众团体

淮安市总工会

【概况】 2019年，淮安市完成全市县（区）工会改革工作。至年底，全市有工会组织6250个，覆盖法人单位2.2万个，其中女职工组织6059个。有专兼职工会干部16545人，其中专职1296人，兼职15249人。共有各级劳动模范4405人，其中全国劳模49人，省（部）级劳模936人，市级劳模3420人。

【劳动技能竞赛】 2019年，淮安市广泛开展“当好主人翁、建功新时代”各类劳动技能比武。围绕“一区两带”建设，组织重点工程劳动竞赛项目22个，参赛职工6万余人。黄河故道后续工程劳动竞赛被纳入全省十大重点工程劳动竞赛；聚焦“158”骨干企业和“433”（“4”即制造业聚焦发展新一代信息技术、新能源汽车及零部件、盐化凹土新材料、食品四大产业；第一个“3”即服务业聚焦发展现代物流、现代商贸、生态文旅三大产业；第二个“3”即聚焦发展特优高效种植、特种绿色水产和特色休闲观光三大农业产业）优势特色产业，开展焊工、中式烹饪等十大工种技能竞赛64场，1万余名职工参与角逐；开展“十大创新成果、十大先进操作法、十佳合理化建议”评选，深化职工“五小”（即小发明、小创造、小革新、小设计、小建议）创新活动。淮钢特钢的“一种RH真空处理过程中的脱氢增氮控制方法”获省总工会十大发明专利奖项，供电公司的“10千伏配网不停电更换跌落式熔断器快速检修法”获省总工会十大先进操作法奖项。

【先进典型培树】 2019年，淮安市举办庆祝“五一”国际劳动节暨慰问高铁建设者演出活动。培树全国省市级五一劳动奖、工人先锋号301个，3名职工获评江苏省文明职工，全国劳模唐真亚获评第七届全国道德模范。在《淮安日报》开辟“劳动光荣　劳动圆梦”专栏，拍摄20集《劳动美》专题片，广泛宣传先进典型。开展劳模精神“四进”（进企业、进学校、进社区、进机关）活动，弘扬主旋律，传播正能量。建强劳模创新工作阵地，评选示范性劳模创新工作室，扶持职工完成技术攻关600多项，取得专利50多项。

【劳模关爱】 2019年，淮安市出台《关于进一步落实市以上劳动模范待遇的通知》，对市以上劳模建立尊崇礼遇、成长发展、走访慰问、生活困难补助、特殊困难帮扶、健康关爱、荣誉津贴七项制度，明确市级劳模补助经费列入同级财政预算，有效落实市级劳模待遇问题。开展“壮丽七十年　礼赞劳动者”关爱劳模系列活动，组织困难企业劳模免费体检、劳模疗休养，统筹发放劳模“三金”（即特殊困难帮扶金、低收入生活困难补助金和春节慰问金）230多万元，组织68名困难企业劳模进行体检，为全市49名全国劳模进行身份识别并激活劳模卡。

【产业工人队伍建设改革】 2019年，淮安市出台《新时代淮安产业工人队

2019年，淮安市举办职工创意工间操大赛，图为决赛现场　许　盼　供图

伍建设改革实施方案》，从加强产业工人队伍思想政治建设、提高产业工人队伍职业技能水平、健全产业工人队伍权益维护机制、强化产业工人队伍建设支撑保障、构建产业工人队伍建设协同推进格局5个方面，制定19项改革举措。选取10个地区和单位稳步推进，探索职工赋能成长“三通道”等淮安特色做法。坚持党管人才原则，把优秀产业工人人才纳入党管人才总盘子，印发市领导结对联系专家人才的通知，制定市级科技企业家支持计划的意见、人才安居保障工作的意见等制度文件，将高技能人才经费纳入全市人才工作经费预算，市级财政、县（区）财政每年分别安排不少于300万元、100万元的专项资金，用于高技能人才培训补贴。2019年全市发放省紧缺型工种高技能人才培养补贴595.85万元，发放市高技能人才培训补贴149.03万元。全市培养高技能人才11714人次，累计为各类人才发放淮上英才卡1800余张。

【职工文体活动】 2019年，淮安市举办“砥砺奋进七十载·携手追梦新时代”第三届职工文化节，20项特色活动贯穿全年、精彩纷呈。“我和我的祖国”主题征文演讲、书画摄影、“公益文化基层行”等活动影响广泛。组织职工参加省市庆祝中华人民共和国成立70周年系列活动，获省级奖项71个。实施“职工思想政治工作创新行动”，开展职工思想政治工作优秀案例征集，7个案例获省表彰。成立“书香筑梦·爱阅淮安”职工悦读会，组织习近平新时代中国特色社会主义思想等宣传、专题报告近千场。推进“职工书屋”创建，建成全国或省级“职工书屋”8个。

【职工权益维护】 2019年，淮安市加强源头参与，围绕劳动就业等涉及职工切身利益问题，充分运用人大、政协提案议案、协调劳动关系三方机制、工作协调会议等平台，参与涉及职工政策制定和修订20多次。出台稳定岗位专项集体合同，做好失业保险稳岗返还工作，参与审核企业2352户，涉及补贴金额4304万元，惠及职工18万人。加强普法教育，开展“尊法守法、携手筑梦”、“五一”劳动法治宣传服务月活动，为基层、企业、机关、工地等送去130余场法律宣传服务。围绕维权维稳工作的重点，强化排查和矛盾化解工作，预防和化解劳动争议矛盾，全年累计接访185批次、212人次，办结率92.86%。

【工会劳动保护】 2019年，淮安市开展“安康杯”竞赛活动，全市8万余名职工参加“网上安康课堂”“劳动保护”知识网上学习竞赛。汲取响水“3·21”特大事故教训，部署开展“六个一”专项行动（一次专题调研、一轮专项排查、一次警示教育、一份专项合同、一个安全承诺、一批安全隐患排查），在全市掀起安全生产大排查、大整治，新签订完善安全和劳动保护专项合同206份。开展“我的安全我有责”微视频征集和“随手拍”活动，督促整改隐患100余条。

11月8日，全市快递员关爱行动暨爱心驿站授牌仪式举行　许　盼　供图

【工会组建】 2019年，淮安市推进“八大群体”（指货车司机、快递员、护工护理员、家政服务员、商场信息员、网约送餐员、房产中介员、保安员）入会专项行动方案，突出推进开发区（园区）等重点领域建会和职工集中入会。全市新建基层工会102个，新发展会员23573人。其中“八大群体”新建工会16个，新发展会员9383人。

【女职工素质提升行动】 2019年，淮安市广泛开展女职工岗位练兵、技术革新、技能竞赛、发明创造、合理化建议等活动，激发广大女职工创造热情和创新活力。推进女职工创新工作室建设，评选首批10个“淮安市女劳模（女职工）创新工作室”。表彰40个“市五一巾帼标兵岗”、50名“市五一巾帼标兵”，培树市妇幼保健院为“全国五一巾帼标兵岗”。举办“最美的风景”全市女职工“双争”表彰大会暨风采展示活动，激励女职工提升素质、岗位建功。开展“书香三八”女职工读书系列活动，征集读书体会文章2600多篇，全市数十万名女职工参加经典诵读、演讲比赛、读书征文等活动。

【女职工关爱行动】 2019年，淮安市稳步推进“爱心母婴室”创建，全年新建30家市级“爱心母婴室”，择优命名15家市级“爱心母婴室”示范点，发放奖补物资5万余元。深化“360女职工关爱行动”，以扶困助学、健康体检、疾病救助等为重点帮扶项目，帮助女职工解决实际问题。开展“爱心助单 亲情助学”女职工爱心助学活动，向14名市直单亲困难女职工子女发放助学金1.9万元。围绕《江苏省女职工劳动保护特别规定》重点条款，开展《女职工权益保护专项集体合同》修订工作，全年共签订专项集体合同2416份，覆盖企业10425家，惠及女职工20余万人，同步签订率达100%，修订率达92%。开展线上线下女职工权益保护法律法规知识有奖竞答，全市3000余名职工参与。

【快递行业集体协商】 2019年，淮安

市认真落实习近平关心关爱“八大群体”指示精神，开展快递员关爱十大行动，定制医疗互助等10项关爱“专属礼包”。在全国率先开展“快递行业集体协商”，签订全国首份综合性快递行业集体合同，明确劳动报酬等7项重点协商内容，尤其将产改相关内容也纳入合同条款。为市区1000多名快递员赠送“交通意外保险”，开设快递末端服务网点40家。投入经费31万元，打造户外劳动者“爱心驿站”50个，为快递员等户外劳动者提供充电、纳凉等服务。（许 盼）

共青团淮安市委员会

【概况】2019年，淮安市有团组织10348个，其中团市委直属团组织26个。有团员18.91万名，其中学生团员7.73万名。有青年志愿者10余万人，青年志愿者服务队2000余支。

【青年思想引领】2019年，淮安市面向全市广大青少年开展“青春心向党·建功新时代”主题宣传教育实践活动。围绕纪念五四运动100周年，开展系列青春快闪、祭奠革命英烈暨集中入团仪式、五四纪念跑等百余场活动。围绕庆祝中华人民共和国成立70周年，举办“我与祖国共奋进——国旗下的演讲”特别主题团日活动以及“我和我的祖国——青年之家”主题活动季，唱响青春主旋律。推进青年大学习，建成青年学习社176个，围绕践行周恩来精神等主题，开展形式多样的学习活动。打造淮安青年交流演说平台“翔宇青年说”，获广泛好评。强化分众教育引导，举办庆祝中国少年先锋队建队70周年主题队日活动，承办全省中小学“诵读学传”现场推进会暨省少先队文化专业委员会第16次年会，开展“建国建队七十载，红领巾心永向党”——淮安市中小学“诵读学传”活动展示。强化对大中专院校学生引领凝聚，开展信仰公开课20余场。强化青年典型选树，获评全国“优秀共青团干部”1人，“五四红旗团委”“五四红旗团支部”各1个，“省青年五四奖章”个人、集体及提名奖各1个。开展第十五届“淮安市十大杰出青年”“我们身边的好青年评选”“科学小院士评选”“红领巾寻访新中国伟大足迹”等品牌活动，2名少先队员获评省十佳科学小院士，1名少先队员获评省十佳少先队员，1名辅导员获评省十佳少先队辅导员。

【助力淮安发展】2019年，共青团淮安市委组织开展淮河生态经济带青年企业家交流会。邀请中国青年企业家协会和淮河生态经济带5省25市4县的100余名青年企业家代表和团委负责人相聚淮安，成立淮河生态经济带青商联盟，发布《淮河生态经济带青商联盟宣言》，形成《淮河生态经济带青商联盟交流合作备忘录》，助推国家战略《淮河生态经济发展规划》实施。实施“淮水扬帆”青创计划。打造团属青创空间，以青年创新创业孵化服务为主，融合青年人才之家、青媒工作室、青年学习社、青益工坊等功能版块，场地共计20000平方米，入驻企业达43家。实施“青梧桐·百千万”青年人才计划。市县联动开展百场青年人才联谊交友、千名大学生暑期实习、万名大学生看淮安。组织50名优秀青年企业家赴复旦大学参加创新创业专题培训。开展“乡村振兴”农村青年创新创业培训班，推荐优秀青年代表参加省农创会，积极助力乡村振兴战略实施。围绕助力优化企业营商环境，突出企业高技能人才培养及服务，开展百名企业青年匠星推选，全市各行业1000余人报名参与，推选各行业淮安青年匠星100人。举办百场企业青年交流活动，丰富提升企业青年业余文化生活。实施“青春留淮”大中专学生成长服务计划。市县联动开展印象淮安·十万大学生讲淮安故事、畅游淮安·万名大学生看淮安、奋斗淮安·千名大学生暑期实习等8个子项目，覆盖学生10余万人。开展2019年淮安大中专学生暑期“三下乡”社会实践活动，围绕4大主题，挑选50支重点团队开展相关活动。

【服务青年和社会】2019年，淮安市开展青春扶贫，开展阳光扶贫走访慰问、新春主题慰问、青年文明号集体青春扶贫等活动，为利农村小赠送书籍2000余册，建成“爱心书屋”和“爱心厨房”各1个。继续深化暖冬行动，募集物资40万元，活动覆盖受益青少年2200余人。慰问“事实孤儿”，捐助经费近12万元。维护青少年合法权益，推进重点青少年群体“成长护航工程”和“希望有约”困境青少年关爱工程，帮扶重点青少年千余人，服务困境青少年万余人。开展防范“套路贷”集中宣传进高校系列行动，覆盖学生10万余名。开展中职在校生模拟法庭大赛。深化“共青团与人大代表、政协委员面对面”活动，市县两级“两会”中上报调研报告8篇，起草提案议案18件。《返乡创业大学毕业生发展权益调研报告》被评为2019年团中央“面对面”调研报告市级二类报告。实施“小青淮”关爱计划，开设“小青淮”爱心暑托班50余个，丰富留守儿童暑期生活。举办“小青淮童享阳光”关爱事实孤儿

2019年，淮安市举办纪念五四运动100周年暨十大杰出青年表彰活动
蔡振颖 供图

2019年，淮安团市委组织万名大学生看淮安活动　　蔡振颖　供图

夏令营，开展“童年足迹 印象淮安”一日体验营等活动。开展12期“小青淮流动青少年宫进校园”活动。筹集希望工程圆梦资金180余万元，资助360名家境困难学生。助力文明城市创建，实施“文明城市·青春力量”主题行动，开展“高校宣传日”“系列青春快闪”“河小青志愿服务”等10项品牌活动，广泛动员更多青春力量参与文明城市创建。实施“青益合伙人”计划，举办交流沙龙、培训学习等活动5场。保障全市重大活动志愿服务，组织1000余名青年志愿者参与2019年央视中秋晚会及第二届中国（淮安）国际食品博览会等大型活动，提供跟组服务、秩序维护、文明引导等服务保障。（蔡振颖）

淮安市妇女联合会

【概况】 2019年，淮安市妇女联合会（以下简称“市妇联”）内设办公室、组织部、宣传部、妇女发展部、家庭和儿童工作部、权益部，市政府妇女儿童工作委员会办公室设在市妇联。市妇联下属市妇女儿童活动中心、市新星幼儿园2个直属事业单位，市妇女儿童活动中心挂牌市女性社会组织服务中心、市妇女儿童维权中心、市妇女创业就业指导服务中心、市家庭教育指导服务中心。淮安市四级妇联组织健全，各级各类机关事业单位、驻淮高校妇联（妇委会）306个，新经济组织和新社会组织中建有妇联组织210个，全市建立“妇女微家”百余个，有干部2085名。

【妇女创业就业】 2019年，淮安市妇联系统重点实施乡村振兴巾帼行动、“巾帼创客明星‘1+1’行动”，启动实施“创业100——百名女大学生创业创新启航计划”“女企业家高质量发展领航计划”“巾帼新农民乡村振兴护航计划”，为城乡妇女创业就业、建功成才提供资金、项目等服务。新建30个省市级巾帼示范基地、13个省级巾帼文明岗，选树“经济之星”“公益之星”各10名，开展女企业家“百企行”、创客产品展销、创业故事巡讲、“岗岗”“岗村”“岗家”共建联创等活动。分层分类举办巾帼创业创新人才、千名烘焙巧手、千名民宿管家、千名护工骨干、互联网思维提升等培训，助力5600名女性提升创业就业能力。进一步落实妇女创业担保贷款政策，扶持女性创业就业，全年为339名女性发放小额贷款5426万元。

【家庭文明建设】 2019年，淮安市开展寻找最美家庭、创建文明家庭、“礼赞中国、最美我家”公益圆梦摄影、“给妈妈的一封信”等活动。周恩来故居管理处、金湖县家风家规教育馆获批首批“江苏省新时代家教家风实践基地”；全市新增全国最美家庭3户、全国书香家庭3户、市级文明家庭80户、市级最美家庭20户；市妇联“书香飘万家 亲子共阅读”活动被评为周恩来读书节优秀项目。举办全市家庭教育指导服务工作培训班3期，建立淮安市家庭建设专家智库，共有成员47名。指导社区（村）家长学校建设，开设“幸福树”家庭教育公益课堂87场，开展各类亲子活动260场；实施女童保护项目，全年授课788节，惠及38265人，为广大儿童撑起安全保护伞。

【妇女儿童维权】 2019年，淮安市进一步完善婚姻家庭纠纷调解机制，与市中级人民法院共同成立“法护家园”婚姻家庭纠纷调解室和巡回法庭，聘请12名专业人员参与婚姻家庭纠纷类案件调处。深化法规政策性别平等评估工作，依托淮阴师范学院建立省级性别平等示范基地，举办妇女性别研究学术报告，推动性别平等进校园。推行基层妇女议事制度，选树46个市级示范点，引导妇女有序表达利益诉求、有效参与民主治理。深入开展“拒绝毒品、珍爱生命、健康人生、绿色无毒”、家事法官会客厅、“社区动员同防艾、健康中国我行动”等宣传活动。成立全省首个淮安市巾帼律师公益联盟，开展“守护花开”百场普法宣传进社区、进校园208场次，

2019年，淮安市启动“家家幸福人人安康·六进家庭巾帼护航”行动
张　洁　供图

受益5万余人次。

【妇女儿童实事】 2019年，淮安市实施“温暖多一度 让爱传出去”寻找百名困难母亲和百名困难儿童公益项目，资助100名困难母亲、100名困难儿童每人1000元；实施“花开淮安、温暖同行”99公益项目，募集善款45.53万元；实施“脱贫攻坚建档立卡户少儿病残救助”项目，为32793名0~16岁建档立卡户家庭儿童提供大病和意外伤残保险；实施音乐种子、春蕾计划和春蕾圆梦行动，资助1626名贫困学生；实施“佑未来，护成长”白血病儿童关爱项目，给予20名0~14岁家庭困难白血病患病儿童每人1万元捐助；实施免费“一站式”婚检服务项目，全市免费婚检率95.55%，居全省前列；为1443名单亲特困母亲购买女性安康保险，为36名“两癌”妇女争取36万元省级救助；指导实施省级妇女儿童社工项目17个，争取项目补助91万元；推进儿童友好街区（社区）建设，举办第二届儿童友好城市论坛，在生态文旅区3个社区进行试点，提升城市儿童友好度。（张 洁）

淮安市科学技术协会

【社会科普】 2019年，淮安市科协在全国科普周、科普日期间，举办大型科普嘉年华，推出“六个联合行动”（乡村振兴科普联合行动、科普场馆基地联合行动、社区科普联合行动、校园科普联合行动、学术资源科普化联合行动、各地各部门科普联合行动），开展专题科普行动300多场次，惠及群众上百万人。深耕市青少年科技创新大赛等五大品牌赛事，分获全国一等奖1个、省一等奖12个。建立现代科普场馆体系，新增科普场馆4个，洪泽科技馆土建完工，涟水科技馆开工建设。领办全国文明城市“市科技馆”点位创建，填补淮安市空白。

【基层组织建设】 2019年，淮安市科协基层组织实现全市基本覆盖。各级科协组织吸纳县（区）、镇街两级“四长”（农技站长、学校校长、卫生院院长、科技企业家）进入兼挂职。至年底，全市94个乡镇街道成立90个科协组织，各级“四长”兼挂职1449人。55个市级学会均设立党建工作指导员。

9月26日，江苏省海外人才离岸创新创业（淮安）基地授牌成立

市科协 供图

【服务科技工作者】 淮安“科技工作者e家”于2019年5月30日全国科技工作者日上线。“e家”包括“3库3平台”：高层次科技工作者“人才库”，软课题、优秀学术论文“成果库”，企业技术难题“需求库”以及激励宣传平台、科技服务平台和组织工作平台。全年全市选树“科技之星”“优秀科技工作者”各10名，科技创新团队1个，网络评选累计票数24506万票。举办“礼赞共和国·追梦新时代——全国科技工作者日主题活动”，全程网上直播，浏览量达38.34万次。组织科技英才参观市重特大项目；走访慰问获“未来科学大奖”“杰出科学家奖”的淮安籍院士邵峰。

【海外人才离岸双创（淮安）基地创建】 9月26日，“江苏省海外人才离岸创新创业（淮安）基地”授牌仪式在淮安留学人员创业园举行，江苏省科协副主席徐春生为基地授牌，并启动淮安“城市电动车服务平台”。海外人才离岸创新创业（淮安）基地被省科协认定为全省首批试点。该基地通过创新引智模式、集成创新政策，打通国际企业、人才、资本面向淮安的流动渠道。

【“院士专家进百企”活动】 2019年，淮安市科协联合市发展改革委，以市“158工程”骨干企业为重点，邀请浙江大学杨华勇等40名专家，省轻工协会等20个省、市学会专家，分赴时代芯存、康乃馨公司、威博液压公司等50多家企业开展科技服务，征集需求46个，解决企业技术难题18个，提供咨询方案5个，成立12支科技志愿服务大队。

【软课题评选和自然科学学术月活动】 2019年，淮安市科协围绕长三角一体化、“一区两带”等国家重大战略，征集222个软课题，资助重点课题2项、一般课题6项、专项课题10项。在市第二届自然科学学术月主论坛期间，邀请中国物流与采购联合会执行会长贺登才作主旨报告。24家市级学会承办25场分论坛，邀请祝士宁等3名院士和国家杰出青年基金获奖者、长江学者等高层次专家近100名。（市科协）

淮安市社会科学界联合会

【社科普及宣传】 2019年，淮安市组织开展“关爱明天、法育未来”“元宵节《西游灯谜》”“走进漕运、感受历史”等40余场次社科普及活动。在省社科普及周主题知识竞答活动中，淮安市组织235896人次参与竞答，参与人数全省第二。11月12日，在全省社科普及工作会议中，淮安市社科联蝉联最佳组织奖。

2019年，淮安市文联组织开展庆祝新中国成立70周年诗歌朗诵会
吴　冰　供图

【地方文化传承普及】 2019年，淮安市传承地方文化，多样态开展社科普及活动，完成《江苏地方文化史·淮安卷》编撰出版工作，打造地方文化品牌，增强全民文化自信。搜集整理260余篇京杭大运河文史故事，并结集成册，免费向广大市民发放。开展2019年淮安市大学生传承普及地方文化文艺展演，展示淮安大地悠久的地域文化和不断奋进的铿锵步伐。展演活动中，表彰"我心中的淮安"获奖征文。全市6.5万余人在线同步观看现场直播。

【理论学习研究】 2019年，淮安市社科联积极引导全市社科工作者学深悟透践行习近平新时代中国特色社会主义思想。以《淮安社会科学》为载体，每期特邀1位省内知名社科专家，就习近平新时代中国特色社会主义思想进行宏观性、系统性解读。陆续推出省社科联党组书记、常务副主席刘德海《我们的眼界和思维，如何才能跟上新时代》、河海大学博士生导师黄明理《做"把学问写进群众心坎里"的学问家》等多篇解读文章。约请各县（区）党政领导结合本地工作实际，撰写推动习近平新时代中国特色社会主义思想落地生根的大胆实践。推出盱眙县委书记梁三元、淮安区委书记徐子佳、涟水县委书记王向红等6位县（区）委书记和包括县长、政协主席、宣传部长在内的多位县（区）领导各具特色的践行文章。组织召开全市社科界学习中共十九届四中全会精神理论研讨会，市委、市人大、市政府、市政协等单位专家及淮阴师范学院、淮阴工学院等部分高校教授参加会议并进行深入研讨交流。全年在《淮安日报》组织刊发理论阐释文章17篇，在《淮安社会科学》刊发45篇。

【服务决策咨询】 2019年，淮安市社科联在社科立项课题的管理办法上创新举措，出台市厅级以上领导批示成果"免于答辩"的结题新策，极大地激发课题负责人成果推广和转化的意愿。至年底，由淮安市社科联组织发布的33项资助项目中，11项成果获得市委、市政府领导批示。其中，《农业农村优先发展政策导向下淮安市乡村振兴推进路径研究》获得农业农村部党组成员、中央农办秘书局局长吴宏耀批示；《对接国家、省级规划、推进淮安大运河文化带建设对策研究》被市委采纳，市委书记姚晓东召开专题会议推进部署；《展示"象征意义"的实践与思考》《关于淮安美食产业发展研究》《加快推进台资集聚示范区"二次创业"的路径研究》等成果也得到市主要领导的批示肯定，为推动地方发展贡献"社科力量"。

【社科普及示范基地建设】 2019年，淮安市结合地域特色，合理优化社科普及示范基地布局，推荐上报淮安区沈坤状元府景区、涟水县五岛湖旅游景区、涟水县博物馆、金湖县家风家规教育馆、淮阴区政治生态建设教育馆等5家为省社科普及示范基地。至年底，淮安市有省科普示范基地14家。 （朱鸿雁）

淮安市文学艺术界联合会

【概况】 淮安市文学艺术界联合会实行团体会员制，2019年底有淮安市作家协会、淮安市书法家协会、淮安市美术家协会、淮安市摄影家协会、淮安市音乐家协会、淮安市舞蹈家协会、淮安市曲艺家协会、淮安市戏剧家协会、淮安市民间文艺家协会、淮安市电视艺术家协会、淮安市文艺评论家协会、淮安市杂技家协会等专业协会12个，会员5454人。其中，国家级会员360人，省级会员1297人，市级会员3797人。有涟水县文联、金湖县文联、盱眙县文联、洪泽区文联、淮安区文联、淮阴区文联、清江浦区文联等县（区）文联7个，淮安检察文联、淮安公安文联、淮安金融文联等行业文联3个。

【组织建设】 1月26日，淮安市摄影家协会2018年度总结表彰大会暨淮安市手机摄影协会成立大会在淮安国际摄影馆召开。3月28日，淮安市曲艺家协会第五次代表大会在市会议中心召开，选举产生新一届理事会和新一届主席团。6月10日，淮安市作家协会第四次代表大会在市会议中心召开，选举产生淮安市作家协会第四届理事会及主席团成员。8月7日，淮安市美术家协会第五次代表大会召开，选举产生淮安市美术家协会新一届领导班子。8月30日，淮安市网络作家协会成立大会暨第一次会员代表大会在市行政中心召开，大会通过《淮安市网络作家协会章程》，选举产生淮安市网络作家协会第一届领导机构，是淮安市作家协会下属的二级协会。12月26日，淮安市文艺评论家协会第二次代表大会在市行政中心召开，选举产生淮安市文艺评论家协会第二届理事会及主席团成员。

【文艺作品创作】 2019年，淮安市在省以上入展、获奖、发表、出版的文艺作品近200件。其中，入展全国第

2019年，淮安市开展文化"名师带徒"行动，图为拜师仪式 吴 冰 供图

十三届美术作品展14幅；入展全国第十二届书法篆刻作品展9人；入选2019年《中国作家》《文艺报》《人民文学》等国家级报刊文学作品8篇；获2019年"壮丽70年 阔步新时代"全国农民画创作展佳作奖1人；入选"奋进新时代 礼赞奋斗者"音乐诗歌咏唱会1人；获第七届世界军人运动会全国美术作品展优秀奖1人；入选新时代"黄梅之星"展演10强1人；获江苏省"五个一工程"奖1部，参与江苏省"五个一工程"奖获奖丛书编写3人；获2019紫金文化艺术节·优秀表演奖1人；获第八届"江苏省文艺大奖·曲艺奖"文学奖1人；入选第23届江苏省摄影艺术展览收藏作品1幅。

【文艺创新】 2019年，淮安市文联组织在全省地级市中率先启动"名师带徒"行动计划，采取1对1结对授艺的方式，聘请全国和淮安的18位文艺名家结成首批18对师徒，涵盖文学、戏剧、美术、书法、音乐、新闻（含播音主持）、非遗等7个门类，并以名家大师到淮授业、举办名师专题讲座等形式，持续扩大"名师带徒"行动的影响力和覆盖面。学徒文艺成果显著，其中参与全国第十三届美展等国家级展览、中央电视台中秋晚会的主持彩排等展演活动9人次，参与省级展览展演8人次，市级演出4场；获市第十三届精神文明"五个一工程"奖作品1部，出版长篇小说1本、儿童文学6册，创作发表诗歌散文小说等17篇。策应淮安市大运河文化带建设，与杭州等大运河沿线城市发起组建大运河沿线城市摄影联盟，在济宁、聊城等地举办"运河诗话"摄影作品大运河沿线巡展，配合做好省美术家协会"画说运河"采风写生展。

【文艺采风创作】 4月，淮安市文联组织91位文艺工作者分3批赴重庆开展以"纪念中华人民共和国成立70周年"主题文艺采风创作活动，创作文学、书法、美术、摄影等艺术作品近百件。

【文艺研究成果】 4月30日，淮安市签约作者长篇小说研讨会在市会议中心举行，邵照华《楚王韩信》、姚凤明《淮商传奇》、施向平《烽火线上的月月红》等3部作品参与研讨；6月4日，第十二届全国书法篆刻作品展（淮安）点评会在淮安市老干部活动中心银潮艺术馆举办；8月14—15日，陈丽娜淮剧艺术暨《八万还乡》研讨会在淮安市会议中心举办；11月8日，季云华刻瓷艺术研讨会在淮安市会议中心举行；12月24日，王往长篇童话《飞向海边的房子》研讨会在淮安举行。

【文艺作品展览】 1月12日起，淮安市在市摄影馆相继举办纪念淮安市摄影家协会成立60周年摄影作品回顾展、单柏生从影50年摄影作品展；1月20日，在睦慕小镇举办非遗展示；1月26日，在淮安市国际摄影馆举办手机摄影作品展；2月17日，"野性·律动"张项理非洲摄影作品展在淮安国际摄影馆开幕；3月24日，"墨醉运都"——庄辉书法作品晋京回淮汇报展暨作品捐赠仪式在淮安市美术馆举行；4月11日，"清风与归"——郁建伟书法展在江苏省现代美术馆开幕；4月11日，"海棠芬芳忆伟人 牢记使命践初心"主题摄影比赛颁奖典礼在淮安恩来干部学院举行；5月1日，"荷诗对话"——吴景腾追荷摄影展在淮安国际摄影馆开展；6月16日，《适园墨语》庆祝新中国成立70周年适园师生书画作品展在淮安报业艺术馆开幕，展出姜华及其22位弟子、1位再传弟子书画作品113幅；8月1日，王厚祥、李德会师生书法作品展在淮安市美术馆开幕；8月10日，第二届江苏省"紫山杯·景在三河"摄影大赛颁奖仪式暨摄影展在淮安市国际摄影馆举行；8月11日，清芝阁中翰墨香，张挥师生书法展在淮安报业艺术馆开幕；8月25日，庆祝新中国成立70周年大型民族管弦乐音乐会"国风浩荡"在淮安市文化馆音乐厅上演；9月20日和30日，在淮安文艺公众号举办2期庆祝新中国成立70周年淮安市文联重庆采风作品微展；9月21日，"爱祖国 爱家乡"庆祝新中国成立70周年诗歌朗诵会在淮安运河博物馆举行；9月22日，"歌唱祖国"——淮安市文艺界庆祝新中国成立70周年文艺演出在淮阴工学院举行；9月29日，庆祝新中国成立70周年书法美术摄影展在淮安市美术馆开幕，展出70幅书法作品、50幅美术作品和100余幅摄影作品；12月12日，庆祝中华人民共和国成立70周年书法碑帖临写大赛作品展在淮安文化馆开展。

【文艺惠民】 2019年春节期间，淮安市文艺志愿者们开展10次"写春联送祝福"活动，惠及10余万名群众。全年各文艺家协会开展文艺惠民演出50余场。3月29日，淮安市"幸福淮安"文艺惠民广场首场演出，以"海棠花开、幸福淮安"为主题，在楚秀园开幕；4月2日，分别在市港口物流集团厂区、中建二局淮安项目部开展"幸福淮安"文艺惠民广场演出；5月29日，分别在市淮钢集团厂区、市国联集团开展"到群众中去"——幸福淮安送文艺进企业惠民演出；6月25日，分别在里运河办运河博物馆、交通控股瑞洁管业有限公司厂区举

2019年，淮安、济宁两地文联举办"运河诗话"中国大运河主题艺术摄影展　　吴　冰　供图

办"幸福淮安"文艺惠民演出；9月22日，与淮阴工学院联合主办"歌唱祖国——庆祝新中国成立70周年文艺演出"；10月23日，分别在安邦电化集团、快鹿牛奶有限公司开展幸福淮安送文艺进企业惠民演出；11月9日，淮安市第七届文艺惠民大舞台在顾见君艺术馆举行，包括书法美术摄影精品展、书法美术作品惠民展、民间工艺家现场表演展示近10个门类的民间工艺品和精彩的广场文艺演出，300多名群众参加活动。

【文艺讲坛】2月13日，赵磊公益摄影讲座在淮安国际摄影馆开讲；3月16日，刘东芹说文篆法公益讲座在市行政中心会议中心开讲；8月1日，王厚祥书法讲座"大草审美与当代草书发展"在淮安市美术馆举办；9月21—22日，淮安文化"名师带徒"行动聘请名师、经济日报社副总编郑庆东进行专题授课；10月15—16日，举办第十五期淮安文艺家读书班，邀请名家大师、专家、学者为全市130余位中青年文艺创作骨干授课；11月3日，在淮阴师范学院举办淮安文化"名师带徒"系列活动——真实与抽象油画创作谈专题讲座，由淮安文化"名师带徒"聘请的名师，清华大学美术学院教授、博导，中国美术协会理事一级美术师王宏剑主讲。

【文艺交流】2月17日，淮安市摄影家协会与江西省摄影家协会共同主办"野性·律动"张项理非洲摄影展分为"人文篇"和"野生动物篇"，共展出摄影作品150幅；4月15日，"巧夺天工·美味淮扬"——非遗及美食精品香港特展活动开幕仪式在香港江苏社团总会多功能厅举行，集中展示具有淮安地域特色和独特魅力的瓷刻、蛋雕、剪纸、农民画、虎头鞋、布艺、扎染、面塑等非物质文化遗产的民间工艺；5月1日，邀请台湾摄影家吴景腾举办"荷诗对话——吴景腾追荷摄影展"，9月，淮安摄影家应邀赴新疆农七师开展为期一周的"文艺援疆情　奋进新时代"文艺人才交流和摄影创作活动，创作200多幅反映农七师各项事业发展的摄影作品；12月13日、28日，分别在山东聊城、济宁举办"运河诗话"——中国大运河主题艺术摄影展。　　（吴　冰）

淮安市归国华侨联合会

【概况】2019年，淮安市有归侨9人，海外侨胞约2万人。淮安市归国华侨联合会（以下简称"淮安市侨联"）全年处理侨胞信访50人次，协助解决涉侨纠纷6起，挽回经济损失近百万元；慰问困难归侨侨眷230人次，物资价值4万元；参与提案10件，提交社情民意60条、调研报告及大会发言10篇。

【招财引智】2019年，淮安市侨联服务第二届江苏发展大会暨首届苏商大会"淮安乡贤故乡行"以及"第二届中国（淮安）国际食品博览会"，参加央视秋晚邀请的6个海外侨领家庭在淮安活动，参与各项大会嘉宾邀请、服务保障和交流联谊工作。活动期间，与30多位海外侨领围绕多领域合作展开交流，并组织侨领考察相关文化教育设施和侨资企业。牵线江苏淮阴商业学校、淮安市高级职业技术学校与德国、奥地利相关机构合作培训职业技能人才，牵线侨企在市区和洪泽区投资近3亿元兴建酒店。筹建淮安侨商总会，第一家区级侨商会——洪泽区侨商会正式成立。多次开展"创业中华·2019江苏侨商淮安行"活动，对接经济、科技项目，推进帮扶助学工程。邀请中国侨联和省侨联领导、海外侨领参加市政府"创意美食与惠民实践"系列推广活动，向海外嘉宾宣传淮扬菜历史文化底蕴和产业发展成果。争取中国侨联、省侨联和美中文化艺术交流协会支持，由淮安市创作、中国侨联推送的淮扬菜宣传片——《献给世界的礼物——淮扬美食》，参加"2019迈阿密美洲——中国影视艺术节"评选，获中华美食艺术作品短视频在国际性活动中的首个金奖——金珍珠奖。

【侨益维护】2019年，淮安市侨联启动"侨界空巢老人关爱行动"，定期探望侨界老人，开展上门义诊；持续开展"送温暖"活动，慰问老归侨和困难侨眷；在传统节日开展"迎新春·侨界掼蛋、飞镖比赛""侨沁书香·阅享人生——侨界妇女读书沙龙""侨界群众健身骑行""情暖中秋侨界慰问"系列活动；淮阴区侨联开展"关爱侨界健康　优化营商环境"党建联建活动，为全区归侨侨眷和侨企职工提供家庭医生服务；洪泽区侨联开展"关注社会主义建设者"健康疗养服务、"侨爱心"巾帼志愿服务队慰问活动，丰富侨界群众生活，为归侨侨眷带去暖心服务。帮助新加坡华人仲晓雯回淮安落实工作。与市中级人民法院构建涉侨纠纷调解联动机制，发挥市侨联法律顾问委员会和涉侨纠纷调解中心优势，妥善处理卢朝兵侨房拆迁、加拿大华人常士杉祖坟拆平、侨企涟水象富公司土地纠纷等多起侨界涉法涉诉案件，维护海外华人华侨正当权益和归侨侨眷合法权益。

【基层组织建设】 2019年，淮安市侨联通过重点侨情调查，进一步挖掘重点侨企，为市侨商会充实成员。洪泽区、淮安区、淮阴区"侨胞之家"进一步发挥作用，涟水县"侨胞之家"基本建成。涟水县高沟酒非遗保护区获批成为"江苏省华侨文化交流基地"并挂牌。经积极争取和汇报，张纯如纪念馆获批"中国华侨国际文化交流基地"，盱眙第一山公园、盱眙赵朱木兰文化中心、明祖陵三家单位被江苏省侨联批准为"江苏省华侨文化交流基地"。推进县（区）侨联机关组织建设，确保机构、编制、人员到位并有效运行。推进市级机关侨联、市高职校侨联、三甲医院等侨联组织建设。

【"中国寻根之旅"江苏淮安夏令营】 7月10—22日，淮安市侨联承办2019"中国寻根之旅"江苏淮安夏令营活动。此次夏令营历时12天，澳大利亚、奥地利、加拿大的30位海外华裔青少年和领队老师参加活动，感受中国优秀传统文化和淮安发展，游览淮安名胜古迹，品鉴淮扬美食，加深对祖籍国和淮安的认知和情感。奥地利维也纳中文教育中心向市侨联发感谢信。 （市侨联）

淮安市台湾同胞联谊会

【概况】 至2019年底，淮安市有定居台湾同胞25人，两岸婚姻家庭70多户。淮安市台湾同胞联谊会（以下简称"市台联"）全年走访慰问在淮台商、台属、台籍教师20余次，服务在淮安台胞300余人，组织参加联谊活动20多场次。

【台胞联谊服务】 2019年，淮安市台联针对不同台胞人群举办各种联谊活动。在各重大节日举办在淮安台胞联欢会；"三八"妇女节前，组织在淮安女台胞到无锡开展"两岸姊妹情"联谊活动；组织老台胞赴金寨、南通开展红色教育学习参观活动；组织台胞中小学生参加第二十届世界华人学生作文大赛；组织在淮安台胞参加全省

2019年，市台联组织多种联谊活动，图为在淮两岸婚姻家庭联谊活动

市台联 供图

台胞庆祝中华人民共和国成立70周年文艺汇演。市台联组织参加"两岸一家亲，共建好家园"两岸婚姻家庭联谊活动，深化"两岸一家亲"的理念。组织两岸台胞中小学生参加"放飞梦想"夏令营，体验"汉文化研习之旅"，举行"我和我的祖国"快闪表演。两项活动被央视四套《海峡两岸》栏目及省内各大媒体报道。市台联还先后赴清江浦区、涟水县、盱眙县、洪泽区慰问老台胞、困难台胞和台胞遗属，落实台胞补助款统计和发放工作。

【沟通交流】 2019年，淮安市台联积极联络沟通在淮安台胞，拓展对台交流渠道。协助全国台联调研组在淮安就常住大陆台胞工作开展专题调研，并与淮阴工学院、淮阴师范学院台籍教师进行座谈交流。组织在淮安台商参加第十六届"江苏台商看江苏"活动。承办省台联在淮安举办的"江苏，你好——走进淮安"台生日活动，组织40位在江苏的台湾大学生参观周恩来纪念馆、吴承恩故居、淮扬菜博物馆，学习爱国主义精神、领略淮安悠久的人文历史。 （市台联）

淮安市残疾人联合会

【概况】 2019年，淮安市有残疾人33.35万人，占全市总人口6.26%，涉及家庭人口100万人。其中，持证残疾人10.83万人。淮安最后10728名"建档立卡"贫困残疾人家庭全部脱贫，绝对贫困残疾人口清零。市、县（区）、乡（镇、街道）全部建立残联。全市有残疾人就业服务机构8个，其中市级1个，清江浦区、淮阴区、淮安区、洪泽区、涟水县、金湖县、盱眙县各1个，公办、民办康复机构34个，涵盖5个类别，48个康复项目。有公办残疾人托养机构8个，市级1个，7个县（区）各1个。

【残疾人就业】 2019年，淮安市举办残疾人专场招聘会12场，平均每期进场单位超过13家，累计提供就业岗位2100余个，进场人数逾500人次。对达（超）比例安置残疾人就业的企业给予奖励，奖励相关企业36家，总金额39.966万元。出台《淮安市扶持残疾人自主创业补贴办法》，对符合条件的残疾人给予不超过当地上年度城镇居民人均可支配收入70%的一次性创业补贴。投入1000万元在贫困残疾人相对集中的区域建设10个残疾人就业基地，安排残疾人就近就便实现就业，累计安置600名以上残疾人就业，走在全省前列，被列为全省残联2019年度创新创优示范项目之一。优化全市116个乡镇级"残疾人之家"建设标准，选择附加值高、市场前景好的劳动项目建立"残疾人辅助性就业项目库"，至年底拥有劳动项目93个。年内，市、县（区）累计实现5150名残疾人稳定就业，共培训残疾人1310人次。残疾人光伏扶贫项目

在苏北五市首家实现县（区）全覆盖，至9月底，全市累计安装光伏发电设备1128组。所有发电组全部并网发电后，在帮助残疾人家庭实现自家用电免费基础上，每年增加至少2000元的纯收入。

【残疾人康复】 2019年，淮安市出台《关于完善残疾儿童康复救助制度的通知》，简化救助申请程序，提升部分残疾类别的救助标准，其中肢体（脑瘫）救助标准由每人每年1.8万元提高到2万元，孤独症救助标准由每人每年1.72万元提高到1.8万元。打造“互联网+精准康复”平台，将线上监管与线下服务相结合，平台将于2020年全面启用。至年底，全市有2210名0~14岁残疾儿童得到康复救助，该项目获第三届淮安慈善奖“最具影响力项目”奖项。精神病免费基本用药达到5024人，完成白内障复明手术2780例；依托省民生实事为2344个低收入残疾人家庭实施无障碍改造；20432名残疾人签约“家庭医生”。康复服务率达到99.66%，辅具适配率达99.95%。坚持“康教结合”，发展融合教育，淮安经济技术开发在全省率先建立“星宝贝智乐园”融合教育机构。至年底，有15名自闭症儿童进入普通小学就读，组织教师参加国家、省级康复教育技能比赛，提升职业素养。

【残疾人文体活动】 2019年，淮安市加强残疾人“融媒体”平台建设。升级市残联网站，增加无障碍阅读系统，改版后的微信公众号定期推送重点惠残工程专题通讯。淮安市残联报送的残保金征收政务信息经省政府办综合后，被国务院办公厅采用。开展新中国成立70周年庆祝活动，围绕“我和我的祖国”主题，全市残联系统开展趣味运动会、歌咏比赛、照片征集等系列活动，点赞、转发数量达2000余次。定期举办残疾人相关培训和书画作品展示，开发文创产品帮助残疾人增收，洪泽区依托互联网、大数据及电商平台，推广残疾人烙画、编织、剪纸等手工创意文化作品。发展残疾人体育，坚持群众体育与竞技体育结合，市、县（区）开展丰富多彩的残疾人文体活动。竞技体育不断进步，在年内举办的全国第十届残疾人运动会暨第七届特殊奥林匹克运动会中，淮安籍选手王非凡获得女子S13级200米个人混合泳金牌、女子S13级400米和50米自由泳银牌等奖牌。

【助残志愿活动】 2019年，淮安市推进“党建助残”丰富助残志愿活动，年内开展协会活动24次，志愿活动77次。维护残疾人合法权益，参加全市“政风热线”电视节目，现场向残疾人解答补贴发放、残疾证申领、光伏扶贫等惠残政策。接收残疾人反映问题7条，均进行及时反馈，获满意答复。助残日期间，利用户外电子屏幕、电视等载体推送助残日主题和相关活动安排。开展“一步为爱，大善未来”城市公益跑、“助残一日捐”等活动，并邀请社会大众走进康复中心、“残疾人之家”、辅助性就业基地等助残机构，实地了解残疾人和残疾人工作，扩大社会影响力。（孙振羽）

淮安市红十字会

【概况】 2019年，淮安市开展“人道万人捐”活动，收到善款616.11万元。与30余家市直单位联合开展送温暖活动，发放款物共计356.1万元，慰问困难群众23573人。开展小天使基金和天使阳光基金登记申报回访，申报42人，获得救助款108万元。持续推进应急救护培训项目，全年培训救护员8412人，普及培训79656人。对口援建新疆生产建设兵团第七师，援助资金30万元。

【造血干细胞捐献】 2019年，淮安市采集造血干细胞血样554人份，再动员107人次，高分辨13人，体检7人，成功捐献造血干细胞3人。至年底，淮安市累计成功捐献者40人，共计捐献41次。

【遗体、器官捐献】 2019年，淮安市实现遗体捐献5例，角膜捐献3例，器官捐献8人。3月29日，在淮安市遗体（器官）捐献者纪念园开展清明缅怀纪念活动，志愿者代表、医务工作者代表等近200人参加活动。

【养老照护】 2019年，淮安市红十字会参与社会养老服务，发挥红十字志愿者多、精通应急救护知识、人道救助经验丰富等优势，开展红十字养老照护志愿服务系列活动。组建养老照护志愿服务队，开展知识技能培训。全年共组织养老知识培训3833人，入户502户，受益602人。

【无偿献血】 2019年，淮安市利用“学雷锋”活动日、“6·14”世界献血者日等节点宣传无偿献血，举行献血知识公益讲座。12月4日，淮安市红十字会、淮安市献血办、淮安市中心血站联合举办“不忘初心担使命、无偿献血我先行”第三届无偿献血宣传月暨第34个国际志愿者日纪念活动，共有志愿者代表、大学生志愿者近50人参加。

【志愿服务】 2019年，淮安市成立无偿献血和捐献造血干细胞志愿服务队和遗体器官捐献志愿服务队。11月，淮安市组织南京医科大学康达学院25名红十字志愿者在清江人家社区、浦楼社区、清安街道、和平敬老院等地开展多场遗体器官捐献宣传活动。阳光心理咨询志愿服务队开展“爱护候鸟，关爱成长”“越舞越年轻”等活动20余场次，关爱空巢独居老人、留守儿童、残障儿童约2000人。组织34名志愿者服务2019淮安清江浦国际半程马拉松赛事医疗保障工作。组织志愿者参加“世界艾滋日”宣传，活动吸引500余市民参加，发放艾滋病预防宣传品1000余份。年内，举办3期全市艾滋病预防青年同伴教育主持人师资培训班。

【红十字宣传】 5月7日，淮安市举行纪念第72个“5·8”世界红十字日广场宣传系列活动，市政府副市长、市红十字会会长王红红、淮安市“博爱青春”红十字志愿者、清江浦区红十字志愿者和参加造血干细胞血样采集者等200余人参加活动。年内，开展“5·12”防灾减灾日、“9·8”国际急救日、第32个“世界艾滋病日”等重要节点宣传活动。举办全市红十字系统通讯报道员培训班。全年在省红十字会网站上共发表新闻通讯258篇。

【高校“博爱青春”暑期志愿项目】 2019年，淮安市创建申报省红十字示范学校8所。6月28日，在市红十字会举行2019年驻淮高校红十字会“博爱青春”暑期志愿服务项目启动仪式。11月9日，举行2019年驻淮高校红十字会“博爱青春”暑期志愿服务项目展示活动，7家驻淮高校志愿服务团队展示20个“博爱青春”暑期志愿服务项目，副市长、市红十字会会长王红红及7个主办单位负责人，现场表彰奖励优秀项目集体、指导老师、大学生志愿者，淮阴师范学院“情系冷暖 让老人走出孤独”、江苏食品药品职业技术学院“点亮生命——关爱残障儿童”2个项目入选省级支持项目，18个项目入选市级支持项目。“博爱青春”暑期志愿服务项目已开展9年，累计有高校红十字志愿者近6000名，志愿服务时长近11万小时，受益人数60余万人。 （吴　涛）

地方组织机构负责人名录

说明：名录中，涉及市委、市人大、市政府、市政协领导，市法院院长、市检察院检察长，淮安经济技术开发区党政正职，市纪委常委，市监委主任、副主任、委员的，统计时间点为2020年9月30日；其他名录统计时间点为2019年12月31日。党委委员（党组成员）后面所列的人员，指仅任此一职务的同志，行政副职进党委（党组）的，不重复列出。

中共淮安市委

书　记　姚晓东（2019年12月免）
　　蔡丽新（2019年12月任）
副书记　蔡丽新（2019年12月免）
　　戚寿余（2019年12月免）
　　陈之常（2019年12月任）
　　张国梁（2020年4月任）
常　委　姚晓东（2019年12月免）
　　蔡丽新
　　陈之常（2019年12月任）
　　戚寿余（2020年1月免）
　　张国梁
　　赵正兰（2020年8月任）
　　周凤琴
　　唐道伦（2019年12月免）
　　赵洪权　李　森　周　毅
　　张长金（2020年8月免）
　　徐建松
　　梁三元（2019年12月任，2020年8月免）
　　顾　坤（2020年4月任）
　　孙　虎（2020年8月任）
秘书长　李　森
副秘书长　江　山　吴　苏　戴淮玲
　　费香峰　曾业桃

淮安市人大常委会

党组书记　姚晓东（2019年12月免）
　　蔡丽新（2019年12月任）
主　任　姚晓东（2020年1月免）
　　蔡丽新（2020年1月任）
党组副书记　唐道伦（2020年1月任）
　　刘　华
副主任　唐道伦（2020年1月任）
　　李　冰　刘　华　徐利华
　　周茂萱
秘书长人选　陈步公
副秘书长　陈　灼　陈兴红　孙洪斌
　　贾书成

淮安市人民政府

党组书记　蔡丽新（2019年12月免）
　　陈之常（2019年12月任）
代市长　陈之常（2019年12月任）
市　长　陈之常（2020年1月任）
党组副书记
　　张国梁（2020年4月免）
　　顾　坤（2020年4月任）
副市长　张国梁（常务，2020年4月免）
　　顾　坤（常务，2020年4月任）
　　王红红
　　刘必权（2019年11月免）
　　肖进方　赵　权
　　周　青（2019年11月任）
　　周达清（2019年11月任）
　　孙　虎（挂职，2020年4月任，8月免）
　　王向红（2020年6月任）
党组成员　滕献忠（挂职）
秘书长　王苏君
副秘书长　秦　浩　李久银　蒋继贵
　　彭少卿　李金平　郝道君
　　李　超（挂职）　骆四清
　　裴清海（挂职）

政协淮安市委员会

主席、党组书记
　　王维凯（2020年1月免）
　　戚寿余（2020年1月任）
党组副书记　刘学军
副主席　刘学军　程　刚　范更生
　　仲　波（2020年1月免）
　　吉子俊　孙晓阳　陶光辉
　　王莉莉　邱华康
秘书长人选　殷　强
副秘书长　姚顺忠　邱金义　刘一红
　　嵇　路

中共淮安市纪律检查委员会、淮安市监察委员会

市纪委

书　记　周凤琴
副书记　王连权（常务）　叶　蓓
　　陈旭东
常　委　陈孝红　孙登涛　王海洋
秘书长、办公室主任　李振亚
组织部部长　王兴国
宣传部部长　华晓皓
党风政风监督室主任　袁安宝
案件审理室主任　王海龙
案件监督管理室主任　苗大成
第一纪检监察室主任　徐建国
第二纪检监察室主任　胡天翔
第三纪检监察室主任　刘永军
第五纪检监察室主任　徐承业
第六纪检监察室主任　孙　鹏
市纪委驻第一纪检监察组组长
　　程晓峰
市纪委驻第二纪检监察组组长
　　蔡桂宝
市纪委驻第三纪检监察组组长
　　俞金乐
市纪委驻第四纪检监察组组长
　　李明华
市纪委驻第五纪检监察组组长
　　胡继军
市纪委驻第六纪检监察组组长
　　赵　辉
市纪委驻第七纪检监察组组长
　　吉士忠
市纪委驻第八纪检监察组组长

姚　娟
市纪委驻第九纪检监察组组长
严义明
市纪委驻第十纪检监察组组长
费泽林
市纪委驻第十一纪检监察组组长
祖兆国
市纪委驻第十二纪检监察组组长
徐　海
市纪委驻第十三纪检监察组组长
徐大达
市纪委驻第十四纪检监察组组长
陶光忠
市纪委驻第十五纪检监察组组长
王仁山
市纪委驻第十六纪检监察组组长
王业平
市纪委驻第十七纪检监察组组长
过向宏
市纪委驻第十八纪检监察组组长
陈玉波
市纪委驻第十九纪检监察组组长
张年松
市纪委驻第二十纪检监察组组长
高　展

市监察委员会
主　任　周凤琴（2020年1月任）
副主任　王连权　叶　蓓　陈旭东
委　员　王海洋　孙达道　赵春虎

淮安市中级人民法院

院　长　章　润（2020年1月任）
副院长　时恒支（常务）
程　璇　潘昌锋　赵　文
党组成员　张年松
机关党委书记　黄素晴
审委会专职委员　侍　刚　朱介进
政治部主任　韩　俊

淮安市中级人民法院执行局（准县级单位）
局　长　郑　淮

淮安市人民检察院

检察长　肖天奉
副检察长　刘月进（常务）　王长根
王新阳　施　展
机关党委书记　葛　蕾
党组成员　高　展
政治部主任　张洪斌
检委会专职委员　王　刚

中共淮安市委工作部门及直属单位

市委办公室（挂“市委机要局”“市国家保密局”“市国家密码管理局”牌子）
主　任　江　山
副主任　张天祥　张庭勇　吉文爱
梁同景　程福康

市委机要局
局　长　江　山
副局长　贾　明

市国家保密局
局　长　江　山
副局长　陆　军

市档案局
局　长　江　山

市委研究室
主　任　谢善智
副主任　周　杰

市档案馆
馆　长　金德海
副馆长　马新文　史继军

中共淮安市委巡察组
组　长　徐鹏羽　江　迈　于明星
张亚刚　杨冬梅　赵春虎
副组长　任　韬　赵　进　陶　陶
陈少波　黄沛淮　孙　洁
瞿静波　许　芹　王　卫

市委组织部（挂“市公务员局”牌子）
部　长　张长全（2020年8月免）
孙　虎（2020年8月任）
副部长　李　松　王建军　姜筱卉
姜洪洋　张　锋

市委非公企业和社会组织工委
书　记　李　松
副书记　罗高阳

市委党建办
主　任　王建军
副主任　赵　进

市公务员局
局　长　姜筱卉

市委宣传部（挂“市新闻出版局（市版权局）牌子”）
部　长　周　毅
副部长　杨恒忠　赵志鹏　杨　静
张建闯
部务委员　刘训杰
机关党委书记　张　莹

市精神文明建设指导委员会办公室
主　任　杨恒忠
副主任　王建国

市新闻办
副主任　孙清阳

市新闻出版局（市版权局）
局　长　杨　静

市委讲师团
团　长　王维国
副团长　夏莉莉

市委统一战线工作部（挂“市政府侨务办公室”牌子）
部　长　戚寿余（2020年1月免）
赵正兰（2020年8月任）
副部长　王子政（常务）　刘天培
张玉和　胡长青　陶　忠
机关党委书记　李晓秀

市委政法委员会
书　记　赵洪权
副书记　吴锦虎（常务）　章益雷
李海波　范　彬
政治部主任　刘宝虎
市法学会专职副会长　王占龙

市委网信办
主　任　赵志鹏
副主任　张　宝　李　炘

市互联网信息办
主　任　赵志鹏
副主任　唐卫东（兼）　王怀忠（兼）

市委机构编制委员会办公室
主　任　张　锋
副主任　陆　文　刘春梅

市事业单位登记管理服务中心（准县级单位）
主　任　荣道禧

市委台湾工作办公室（市人民政府台湾事务办公室）
主　任　龚晓琴
副主任　徐宜祥　周　鑫　王　睿
周小兵

市委市级机关工作委员会
书　记　陈　暄
副书记　李焕光　周　曦　张安雷
刘中山
纪工委书记　王正行

中共淮安市委巡察办
主　任　陈孝红
副主任　王建华　卢金富

市委老干部局（挂“市委离退休干部工作委员会”牌子）
局　长　姜洪洋
副局长　薛苏红　干国宇

市委离退休干部工委
书　记　姜洪洋
副书记　刘　磊
市委营商环境优化办公室
主　任　孙登涛
副主任　熊志宁　张文兵　姜永华
市委党史工作办公室
主　任　费香峰
副主任　张和生　闵兆良　陈　涌
市委党校
校　长　张长全（2020年8月调离）
党委副书记　纪明珠
副校长　颜永志　耿庆彪
校务委员　史以功
市行政学院
院　长　张国梁（2020年4月免）
市社会主义学院
院　长　王子政

淮安市人大财经委及常委会办事机构

市人大财政经济委员会
主任委员人选　胡锦尧
副主任委员　陈国庆　倪　明
常委会办公室
主　任　陈步公
副主任　从家骅　孙　伟　钱亚东
机关党委书记　张光亚
常委会研究室
主　任　韩高峰
常委会内务司法工作委员会
主　任　张守美
副主任　范秋云　杨　翔
常委会农业经济工作委员会
主　任　张静洋
副主任　薛成实　张秀武
常委会环境资源城乡建设委员会
主　任　许正刚
副主任　蒋书庭　李长青
常委会教科文卫工作委员会
主　任　魏　强
副主任　蒯　平　江海军
常委会人事代表联络工作委员会
主　任　徐　鹏
副主任　陈　剑
常委会民宗侨台（外事）工作委员会
主　任　王　亚
副主任　李　谷
常委会预算工作委员会
主　任　胡锦尧
副主任　王　洁
常委会法制工作委员会
主　任　张有前
副主任　王军林

淮安市人民政府工作部门及直属机构

市政府办公室（挂“市大数据管理局”牌子）
机关党组书记　王苏君
机关党组副书记、主任　蒋继贵
副主任　朱会武　王学工　朱鹏程
　　　　张　伟
机关党组成员　张延峰　任　军
市政府研究室
主　任　郝道君
副主任　张延峰
市大数据管理局
局　长　蒋继贵
副局长　任　军
市市志编纂委员会办公室（准县级参照管理单位）
主　任　周　平
市发展和改革委员会（挂“市粮食和物资储备局”牌子）
主　任　黄克清
副主任　徐洪云　王海亮　李春林
　　　　马　雪　赵　明（挂职）
党组成员　赵联建（市委军民融合办公室副主任）　杨宝鹤
　　　　　张如中
市粮食和物资储备局
局　长　黄克清
副局长　杨宝鹤
市教育局（市委教育工作委员会）
局长、书记　张元贵
副局长　谷玉红　程永清　薛祝其
　　　　胡金浪
教育工委副书记　高　荣
机关党委书记　徐　忠
市政府教育督导室
主　任　于建斌
副主任　戴　铜
市科学技术局
局　长　孙志标
副局长　刘中阳　汪永源　谢筱会
机关党委书记　万孝平
市工业和信息化局（挂“市乡镇企业局、市中小企业局、市盐务局”牌子）
局　长　沙　杰
副局长　王兆文　陈大龙　贾茂萱
　　　　王怀忠　王海东
党组成员、机关党委书记　刘大浪
市民族宗教事务局
局　长　胡长青
副局长　朱德章　孙建龙　陈　莉
市公安局
局　长　周达清（2019年11月任）
党委副书记　初　晓
副局长　初　晓（常务）　崔　健
　　　　杨　林　唐卫东　潘家新
　　　　张　焱
党委委员　祖兆国
政治部主任　乐　翔
市公安局交通警察支队（准县级单位）
支队长　冯建淮
政　委　缺
市公安局治安警察支队（准县级单位）
支队长　王爱荣
政　委　李　洁
市公安局刑事警察支队（准县级单位）
支队长　陈明中
政　委　缺
市公安局经济犯罪侦查支队（准县级单位）
支队长　徐广波
政　委　耿志军
市公安局政治安全保卫支队（准县级单位）
支队长　胡　波
政　委　宋书良
市公安局技术侦察支队（准县级单位）
支队长　李新阳
政　委　缺
市公安局巡特警支队（准县级单位）
支队长　王　彤
政　委　顾　欣
市公安局网络安全保卫支队（准县级单位）
支队长　陈　斌
政　委　邵　钧
市公安局大数据管理支队（准县级单位）
支队长　钱树军
政　委　缺
市人民警察培训学校（准县级单位）
校　长　周海波
政　委　马　牛

市民政局
局　长　沈在宏
副局长　董　刚　龚建新　张　争
　　　　杨国仁　管曙东　周为民
市司法局(市委全面依法治市委员会办公室)
局　长　邱华康
党组书记　蒋东明
副局长　张晓秀　黄兆海　吴政霖
　　　　周　利　胡海洋
　　　　耿本发(挂职)
政治部主任　林建和
党组成员　李　新(市委依法治市办副主任)　万大权
市财政局(挂"市政府国有资产监督管理委员会"牌子)
局　长　吕春雷
副局长　毕丰书　张继祥　王明伦
　　　　魏宏亮　宋安祥　薛乐飞
总会计师　杨　军
市政府国有资产监督管理委员会
主　任　吕春雷
副主任　李玉龙　马为民
市财政局财政国库支付中心(准县级参照管理单位)
主　任　缺
市人力资源和社会保障局
局　长　曹曙春
党委副书记　徐承光
副局长　张　峰　张　岩　王乃岩
　　　　周　焰
机关党委书记　陈树国
市人才中心(准县级参照管理单位)
主　任　陈朝晖
市劳动就业管理中心(准县级参照管理单位)
主　任　翟传豹
市社会劳动保险基金管理中心(准县级参照管理单位)
主　任　周晓波
市劳动保障监察支队(准县级参照管理单位)
支队长　王文龙
政　委　周亚飞
市自然资源和规划局
局　长　韩文军
党委书记　陈海洋
党委副书记　王　冰
副局长　陈海洋　王　冰　金兆成
　　　　王余江　高　鹏　籍荣生
　　　　王　剑　吴广儒　黄向阳
总规划师　朱旭枫
机关党委书记　张津海
市规划管理监察支队(准县级参照管理单位)
支队长、政委　张孟玉
市生态环境局
局　长　崔　泉
副局长　陈晓湘　王　江　王成明
　　　　朱　群
机关党委书记　戚善功
市环境监察局(支队)(准县级参照管理单位)
局长(支队长)　缺
市住房和城乡建设局(挂"市人民防空办公室""市园林局"牌子)
局　长　王亦农
副局长　刘立硕　黄富国　刘　白
　　　　刘思岩
党委委员　赵永在　张献生　严发根
　　　　李明卫
总工程师　沈　潭
机关党委书记　王向东
市人防办
主　任　王亦农
副主任　严发根
市园林管理局
局　长　王亦农
市人防工程管理服务中心(准县级参照管理单位)
主　任　赵永在
市园林绿化管理中心(准县级参照管理单位)
主　任　李明卫
市市政管理服务中心(准县级参照管理单位)
主　任　靳德勤
市城市管理局(挂"市城市管理综合行政执法局"牌子)
局　长　袁开锋
副局长　王道凯　费月兵　崔　璨
　　　　周伟芬　吴欣园
机关党委书记　曹会建
市城市管理综合行政执法局
局　长　袁开锋
副局长　崔　璨
市城市管理行政执法支队(准县级单位)
支队长　胡文斌
市交通运输局
局　长　徐效文
党委副书记　徐成东
副局长　夏文坚　姜卫东　耿良道
　　　　夏迎春　蒋　涛
总工程师　许万根
机关党委书记　汪登群
党委委员　赵正刚　王　耀
市国防动员委员会交通战备办公室
主　任　徐效文
副主任　王　耀
市水利局
局　长　施恩佩
党委副书记　庄德勤
副局长　王亚华　熊安腾　潘光杰
总工程师　董朝升
机关党委书记　于立忠
市防汛防旱指挥部办公室
副主任　刘军洲
市水政执法支队(准县级参照管理单位)
支队长　缺
政　委　刘生国
市农业农村局(市委农村工作领导小组办公室,挂"市政府扶贫工作办公室"牌子)
局　长　严继林
副局长　周伟丁　倪建华　刘正柱
　　　　王兴龙　郑贤明　李　锐
　　　　谢永升
党委委员　徐礼球(市委农工办副主任)
　　　　王文为
总农艺师　耿　毅
总畜牧兽医师　周凤建
市政府扶贫工作办公室
主　任　严继林
副主任　谢永升　王文为
市农业执法支队(准县级单位)
支队长　李祥峰
市商务局(市口岸办公室)
局　长　张冬来
副局长　江汉聪　张希成　许志豪
　　　　刘　昊
市口岸办公室
主　任　张冬来
市文化广电和旅游局(挂"市文物局"牌子)
局　长　张冲林
副局长　李　倩　席雨中　徐　克
　　　　袁　来　周智如
总工程师　寿新浩
党委委员　王贻文　魏廷贵
市文物局
局　长　张冲林

副局长　李　倩　魏廷贵

市文化行政综合执法支队（准县级参照管理单位）

支队长　沈　军

政　委　孙　河

市卫生健康委员会（挂“市中医药管理局”牌子）

主　任　孙邦贵

党委副书记　张其虎

副主任　俞伟男　于龙门　赵国强　吴云生

市卫生监督所（准县级参照管理单位）

党总支书记　郑洪超

市退役军人事务局

局长　陈继业

副局长　朱仲彦　宋德成　张怀兵　郭道来

市应急管理局

局　长　庄护林

副局长　刘洪九　黄　欧　王　淮　徐永刚　张建中　孙朝阳　储国志

党组成员　李正国　金淮芳

机关党委书记　金淮芳

市安全生产监察支队（准县级参照管理单位）

支队长　范金成

政　委　顾广群

市防震减灾服务中心

主　任　李正国

副主任　昌桂军　张　健　戴　明

市审计局

局　长　贺宝祥

副局长　冯长尧　狄运中　蒋启波　王烨晔

总审计师　刘孝武

机关党委书记　孙德军

党组成员　殷之碧（市委审计办副主任）

市政府外事工作办公室（市委外事工作办公室、市政府港澳工作办公室）

主　任　朱　钰

副主任　黄天亮　方红艳

市政府侨务办公室

主　任　刘天培

副主任　李晓秀

市行政审批局（市政务服务管理办公室）

局　长　缺

副局长　陈照新　许长坡　尤劲松　丁永祥　陶效春

总工程师　孙召武

市市场监督管理局（挂“市知识产权局”牌子）

局　长　徐亚平

副局长　张　曦　吴林昌　苏简政　王　松　申如龙　刘广波　杨兆权

机关党委书记　周德会

市体育局

局　长　卞　玉

副局长　徐冲冲　时正洲　祁德霞　蒋兆红

市统计局

局　长　姜耀武

副局长　严夕夏　章卫东　宋莉明

机关党委书记　王　岭

总统计师　孙永军

党组成员　杨志刚

市医疗保障局

局　长　蔡　莉

党组副书记　印亚琴

副局长　印亚琴　刘近祺　杨振龙　徐天笔

市医保中心

主　任　缺

市信访局（市委信访局）

局　长　骆四清

副局长　杨建华　梁　宏　周光萍

信访督查专员　杨海兵　徐海泉　范　蓬

市地方金融监督管理局（挂“市政府金融工作办公室”牌子）

局长、主任　吴振华

副局长　姚文钧　高　山　钱　军

市机关事务管理局

局　长　郭士贵

副局长　钱　明　景冬平　郭冠中　宋会超　王玉成

党组成员　朱华丽

机关党委书记　蔡金花

市供销合作总社（市供销（集团）总公司）

主任（总经理）　胡启新

副主任（副总经理）　叶海军　化登荣　张新民　邓安存　陈　亚

监事会主任　匡明华

党组成员　丁海涟

周恩来纪念地管理局

局　长　孙晓燕

党委副书记　包志坚

副局长　张凌云　徐建华　李永权

政协淮安市委员会办事机构

办公室

主　任　姚顺忠

副主任　马继峰　李　萍

机关党委书记　成　锦

研究室

主　任　刘一红

副主任　郭明文

提案委员会

主　任　曹新军

副主任　肖坤莲

经济科技和城乡建设委员会

主　任　王守祥

副主任　潘万林　唐忠明

农业和农村委员会

主　任　席文武

副主任　于红琳

教卫体和人资环委员会

主　任　杨　斌

副主任　张美华

文化文史委员会

主　任　季祥猛

副主任　时洪兵

社会法制和民族宗教委员会

主　任　朱　洁

副主任　顾　晖　刘剑波

港澳台侨（外事）委员会

主　任　周　翔

副主任　徐春年

人民团体

市总工会

主　席　张长金（2020年8月调离）

党组书记　金　珂

副主席　金　珂　李士壮　倪晓玲　耿志浩　宋剑锋

机关党委书记　张修和

共青团淮安市委员会

书　记　李义翠

副书记　何　喆　刘双喜

市妇女联合会

主　席　李顺英

副主席　丁　伟　祁素娟　沈春香

市文学艺术界联合会

主　席　张益民

副主席　潘华春　叶华洲　闫振国

市工商业联合会
主　席　范更生
党组书记　张玉和
副主席　张玉和　徐　震　陶光华
　　　　尹元兵
市科学技术协会
主　席　王立华
副主席　张竹殿　朱从实　吴素琴
　　　　侯润天
市哲学社会科学界联合会
主　席　赵志鹏
副主席　姚　凯　李　斌
市归国华侨联合会
主　席　田益民
市残疾人联合会
理事长　万立贵
副理事长　龚李萍　张建忠　刘亚明
中国国际贸易促进委员会淮安支会（中国国际商会淮安商会）
会　长　江汉聪
副会长　刘　锋　周　菲
市红十字会
会　长　王红红
副会长　张月芹（常务）　颜成陆
　　　　张天翔
市台湾同胞联谊会（准县级单位）
会　长　方小青

民主党派

中国国民党革命委员会淮安市委员会
主　委　徐冲冲（不驻会）
副主委　孙　蔚（不驻会）
　　　　王林高（不驻会）　张家欣
中国民主同盟淮安市委员会
主　委　周伟丁（不驻会）
副主委　王红红（不驻会）　朱伊帆
　　　　王应标（不驻会）
中国民主建国会淮安市委员会
主　委　韩文军（不驻会）
副主委　张惠扬（不驻会）　庞进亮
　　　　李相前（不驻会）
　　　　关中键（不驻会）
中国民主促进会淮安市委员会
主　委　王莉莉
副主委　李晓薇（不驻会）　张智勤
　　　　李　萍（不驻会）
中国农工民主党淮安市委员会
主　委　朱爱华（不驻会）
副主委　郑劲松（不驻会）
　　　　俞伟男（不驻会）
　　　　李佩忠（不驻会）　孙　悦
九三学社淮安市委员会
主　委　李　冰（不驻会）
副主委　吴昌新（不驻会）
　　　　王　樱（不驻会）
　　　　张德顺（不驻会）　沈　冰

县　区

清江浦区委
书　记　仲凤笔（2020年7月免）
副书记　赵洪涛　王　娟
常　委　仲凤笔　赵洪涛　王　娟
　　　　朱书文　刘玉春　顾　强
　　　　李洪林　施　勇　吴守明
　　　　赵以宏　汪　冲
清江浦区人大
主　任　史卫东
副主任　徐乃明　卢正苏　朱从越
　　　　高寿江　赵正府
清江浦区政府
区长提名人选　赵洪涛
副区长　刘玉春（常务）　戴向峰
　　　　谢华山　薛　莉　张红梅
　　　　张　波
清江浦区政协
主　席　梁学文
副主席　王应标　尹希海　薛　睿
　　　　张增元
副主席提名人选　朱卫东
清江浦区纪委、监委
书记、主任　李洪林
清江浦区法院
院　长　颜　赤
清江浦区检察院
代检察长　韩少芹

淮安区委
书　记　张　笑
副书记　颜　复　崔步银
常　委　张　笑　颜　复　崔步银
　　　　宋建国　王　锐　刘震生
　　　　许国忠　吴洪刚　杨　广
　　　　夏开封
淮安区人大
主　任　蒋必海
副主任　韩仰超　颜廷飞　仇庆国
淮安区政府
代区长　颜　复
副区长　王　锐（常务）　谈效艳
　　　　彭　凯　黄沛江　杨　宏
　　　　李晓旭　汪　磊
淮安区政协
主　席　关晓卫
副主席　葛　明　马世良　刘宏彬
　　　　陈祖敏　张　强
淮安区纪委、监委
书记、主任　宋建国
淮安区法院
院　长　张　强
淮安区检察院
检察长　臧雪青

淮阴区委
书　记　董国喜
副书记　陈　张
常　委　董国喜　陈　张　张爱民
　　　　桑绍淮　谢　鹏　戈利民
　　　　丁凤珍　葛玉海　蒋安民
淮阴区人大
主　任　陆益民
副主任　韩国虎　赵　欣　唐业勤
淮阴区政府
代区长　陈　张
副区长　殷　俊　蔡　昀　黄克涛
　　　　丁　锐　胡　珍
淮阴区政协
主　席　张在明
副主席　朱靖军　郑　静　李　娟
　　　　高　毅　马　荣
淮阴区纪委、监委
书记、主任　戈利民
淮阴区法院
院　长　尤铁梅
淮阴区检察院
检察长　周　飞

洪泽区委
书　记　朱亚文
副书记　邓　勇　张　灏
常　委　朱亚文　邓　勇　张　灏
　　　　吴国飞　周海滨　吴一航
　　　　张春荣　韩永胜　花　群
　　　　王　伟　倪绍徐
洪泽区人大
主　任　杨步新
副主任　曹文龙　黄　河　王建东
　　　　高万成
洪泽区政府
代区长　邓　勇
副区长　吴国飞（常务）　徐　琳
　　　　韩学红　韩文治　周　庆

洪泽区政协
主　席　陈继信
副主席　陈炳峰　王天林　薛良柱
　　　　陈洪标　谢文章
洪泽区纪委、监委
书记、主任　吴一航
洪泽区法院
院　长　王亚林
洪泽区检察院
代检察长　石海伟

涟水县委
书　记　王向红（2020年6月免）
副书记　时　勇　马乃骏
常　委　王向红　时　勇　马乃骏
　　　　张　超　洪　然　姜　杰
　　　　刘泽年　胡春雷　滕金霞
　　　　吴从荣
涟水县人大
主　任　别纯海
副主任　吴建峰　孙　辉　朱太伟
副主任提名人选　周宏昌
涟水县政府
县　长　时　勇
副县长　洪　然（常务）郑劲松
　　　　朱国海　宋月霞　李　阔
涟水县政协
主　席　顾祥悦
副主席　薛　芹　鲁家宁　冯建华
　　　　姚　兵　杨春燕
涟水县纪委、监委
书记、主任　张　超
涟水县法院
院　长　段庆丽
涟水县检察院
检察长　刘庆国

盱眙县委
书　记　梁三元（2020年8月免）
副书记　朱海波　高为森
常　委　梁三元　朱海波　高为森
　　　　张晓红　林　波　杨　韬
　　　　高进锋　张　健　张　柏
　　　　王　斌　郑海梁　高　辉
盱眙县人大
主　任　姚玉祥
副主任　傅维林　朱正荣　沈思为
　　　　葛天成
盱眙县政府
县　长　朱海波
副县长　林　波（常务）雍　梅
　　　　章文凤　董　清　周海洋
　　　　陈秉鑫
盱眙县政协
主　席　毛文博
副主席　张本华　张瑞晴　王行政
　　　　殷建春
盱眙县纪委、监委
书记、主任　杨　韬
盱眙县法院
院　长　接　滨
盱眙县检察院
检察长　潘建文

金湖县委
书　记　张志勇
副书记　万旭东　李尚武
常　委　张志勇　万旭东　李尚武
　　　　周广峰　何如进　颜海燕
　　　　陈克富　吴佩坤　王　星
　　　　沈启涛　陈金涛
金湖县人大
主　任　蔡绍忠
副主任　梁喜洲　万寿荣　赵卫宇
　　　　黄锦国
金湖县政府
代县长　万旭东
副县长　吴佩坤（常务）徐红兵
　　　　陈志勇　张荣平　徐　源
　　　　唐凤娥
金湖县政协
主席提名人选　李文银
副主席　杨发余　王友俊　王　丽
副主席提名人选　高昌萍
金湖县纪委、监委
书记、主任　陈克富
金湖县法院
院　长　陈来强
金湖县检察院
检察长　姚文武

园　区

淮安经济技术开发区

党工委书记　唐道伦（2019年12月免）
　　　　　　徐子佳（2019年12月任）
管委会主任　仲凤笔（2020年7月任）
党工委副书记　徐业恕
管委会副主任　刘晓录　王晓霖
　　　　　　　张　明　杨维东
　　　　　　　刘晓松　程国民
　　　　　　　张培刚
党工委委员　何　栩　卫龙君
淮安市人大常委会经济技术开发区工作委员会
主　任　葛恒展
副主任　孙大高　包　杰
中共淮安市纪律检查委员会经济技术开发区工作委员会（监察工委）
书记（主任）何　栩
副书记（副主任）张　毅　方云飞
党政办公室
主　任　胥明义
党群工作部（机关工委）
部长（书记）卫龙君
经济发展局
局　长　解满启
招商局
局　长　王玲玲
住房和城乡建设局
局　长　朱　兵
人力资源和社会保障局
局　长　李　阳
财政与国有资产管理局
局　长　施卫华
社会事业局
局　长　朱　峰
综合行政执法局（挂“城管局”“安全生产监督管理局”牌子）
局　长　马慧明
行政审批局
局　长　胡鸿章
市场监管局
局　长　蒋洪涛
淮安经济技术开发区综合保税区管理办公室
主　任　刘晓录
党组副书记　成向东
副主任　赵　阳　丁　川　骆　强
淮安经济技术开发区科教产业发展办公室
主　任　陈　静
副主任　王爱东　刘建华　曾志鸿
　　　　徐　超
淮安经济技术开发区留学人员创业园管理办公室
主　任　尹树文
副主任　刘　彬　陈　刚
　　　　陈传奇
淮安经济技术开发区空港产业发展办公室
主　任　赵正洪
副主任　谢洪元　包成万　左　鹏

淮安经济技术开发区软件产业发展办公室
主　任　郑　清
副主任　谢洪光　俞　虎　杨松青
淮安经济技术开发区公安分局
局　长　张　洪
政　委　高　翔
淮安经济技术开发区人民法院
院　长　薛　兵
淮安经济技术开发区人民检察院
检察长　徐蔚敏
市质量技术监督局经济技术开发区分局
局　长　蒋洪涛

淮安工业园区

党工委书记、管委会主任　沈晓红
党工委副书记　陈玉庆
管委会副主任　袁　泉　黄如良
　　王长俊
纪工委书记　周岭峰

淮安高新技术产业开发区

党工委书记、管委会主任　董国喜
党工委副书记　陈晓晖
管委会副主任　桑绍淮　陈玉国
　　周青松　刘　亮
纪工委书记　钱　澄

淮安生态文化旅游区

党工委书记　顾　坤(2020年4月免)
管委会主任　方庆华
管委会副主任　张大伟　张　涛
　　蒋　峰
纪工委负责人　刘永军

江苏省苏淮高新技术产业开发区

党工委、管委会负责人　周守琴
履行党工委副书记职责　陈俊祥
纪工委书记　刘苏豫
宁淮现代服务业集聚区管理委员会(筹)
党工委书记、管委会(筹)主任
　　滕献忠(挂职)
党工委副书记　赵　明(挂职)
管委会(筹)副主任　赵　明(挂职)
　　刘玉春(挂职)

其他正处级以上事业单位

江苏省淮安技师学院
党委书记　江泽清
院　长　朱延华
党委副书记　朱延华　曹国平
副院长　姜亚群　史爱民　高恒星
纪委书记　王国芹
恩来干部学院
院　长　王建军
副院长　郑　超　黄桂林
淮安报业传媒集团(淮安日报社)
社　长　董　蔚
总编辑　刘　葆
党委副书记　周　凌
副总编辑　王健全　陈晓平　梁宝华
　　王欣欣
纪委书记　高文忠
市广播电视台(市广播电视传媒集团)
台　长　陆志群
党委副书记　陈志雪
副台长　陈　娟　章海军　张文太
　　王文军
纪委书记　张登高
市高级职业技术学校
校　长　黄少基
党委副书记　孙　杰
副校长　冀益萍　王学品　林以猛
　　徐丰昌
纪委书记　郤学位
淮安生物工程高等职业学校(江苏省淮阴农业学校)
校　长　董　峰
党委副书记　石国安
副校长　周其林　赵守东　禹立馨
　　李　慧
纪委书记　王　坚
江苏省淮阴商业学校
校　长　刘海弘
副校长　傅毓海　林　宁　茆仁忠
纪委书记　顾芝梅
江苏省淮阴中学
校　长　皇甫立同
党委副书记　孙　勤
副校长　朱留明　周长虹
　　蒋鼎宏　万伯宏
　　俞光军　郑先翠
纪委书记　唐友爱
江苏省清江中学
校　长　陈　欣
党委副书记　周建洋
副校长　王应标　王耀松　乔中云
市第一人民医院
院　长　孙晓阳
党委副书记　石西洋
副院长　陈小飞　于　亮　徐克平
　　吉雅玲　杨晓钟　高　勇
纪委书记　张汉中
市第二人民医院
院　长　郑东辉
党委副书记　郑玉龙
副院长　王建营　李　坚　田小丰
　　张晓雨
纪委书记　徐继凡
市白马湖规划建设管理办公室
主　任　朱永兴
副主任　应　磊　刘书苏
市里运河文化长廊规划建设管理办公室
主　任　蒋维林
副主任　张献生　孟爱民　单　波
周恩来纪念馆
馆　长　孙晓燕
副馆长　顾永丰　施春生　谭建华
江苏徐淮地区淮阴农业科学研究所(淮安市农业科学研究院)
所长(院长)　彭　杰
党委副书记、纪委书记　章安康
副所长(副院长)　赵桂东　汪国莲
　　孙苏阳
市宁淮集聚区发展服务中心
主　任　滕献忠(挂职)
副主任　张宇松　吉　林
市住房公积金管理中心
主　任　缺
副主任　张宪龙　赵云军　桑　棋
市铁路建设办公室
主　任　赵知春
副主任　赵正刚　段文扬
总工程师　丁天锐
古淮河·西游记文化旅游区
主　任　刘爱国
副主任　蒋士宽　谢建东
纪委书记　漆海涛
市重大项目管理办公室
主　任　缺
副主任　张如中
市仲裁委员会秘书处
秘书长　缺
副秘书长　金　科　陈忠竹

(市委组织部机关干部处、企事业干部处、县区干部处)

县区概况

XIANQU GAIKUANG

（张振平　摄）

清江浦区

淮安区

淮阴区

洪泽区

涟水县

盱眙县

金湖县

清江浦区

【基本情况】 清江浦区是淮安市主城区。全区面积420平方公里(实际行使行政管辖权面积309平方公里),年末户籍人口57.48万人。辖2个镇、14个街道,81个城市社区和51个行政村(含18个村居合一组织)。主导产业有现代服务业、都市型工业、现代农业。风景名胜有古淮河文化生态景区、里运河文化长廊清江浦景区、钵池山公园、周恩来童年读书旧址、苏皖边区政府旧址和清晏园等。

【地方经济】 2019年,清江浦区区实现地区生产总值564.39亿元,增长6.1%。其中,第一产业实现增加值13亿元,增长1.3%;第二产业实现增加值130.11亿元,增长5.4%;第三产业实现增加值421.28亿元,增长6.4%。三次产业结构比为2.3∶23.1∶74.6。人均地区生产总值85526元。年末全部内资非私营企业1767家,注册资本886.06亿元;私营企业16204家,注册资本1568.58亿元;个体工商户78139户,注册资本70.38亿元。

农业 实现农林牧渔业总产值22.33亿元,增长7.5%。其中,农业总产值17.38亿元,增长7.0%;林业总产值0.18亿元,增长8.1%;畜牧业总产值1.09亿元,下降20.5%;渔业总产值1.92亿元,增长4.9%;农林牧渔服务业总产值1.76亿元,增长51.4%。

工业和建筑业 全区规模以上工业总产值110.1亿元,下降4.5%。其中,私营工业产值70.7亿元,下降4.8%;完成销售产值107.7亿元,下降5.4%;实现主营业务收入106.5亿元,下降4.3%;利税、利润分别比上年下降20.8%、21.6%。全区具有资质等级总承包和专业承包建筑业企业121户,完成建筑业总产值198.48亿元,下降13.1%;竣工产值131.45亿元,下降24.4%。建筑业企业房屋建筑施工面积1051万平方米,下降7.0%;竣工面积383万平方米,与上年基本持平。实现建筑业增加值55.49亿元,增长8%。

服务业 实现服务业增加值421.28亿元,增长6.4%,占GDP比重74.6%,提高1.6个百分点。新增规模以上服务业企业23家。全年实施5000万元以上“4+3”服务业重点项目31个,完成年度投资99.82亿元。金悦置地广场、华信现代商务广场、茂业时代广场等一批功能性项目竣工营业;金融中心一期部分交付、二期开工建设,31家金融机构入驻,成为淮安市新地标建筑群。市区内环高架一期、淮安运河大桥建成通车,临港新城先导段竣工,淮安港黄码作业区开工建设。传化公路港和中铁物流的重点物流平台运营良好,集聚吸引320多家物流企业。中国(淮安)国际食品博览中心成功举办第二届中国(淮安)国际食品博览会、首届优质农产品展销嘉年华等多个大型展会,参观游览人数累计超10万人。1415街区、御码头美食街、宝龙爱情小镇等特色商业街区加快建设。

固定资产投资 规模以上固定资产投资比上年增长6.1%。其中,工业投资增长6.2%,高技术制造业投资占工业项目投资比重19.8%;房地产开发投资下降8.9%。民间投资123.75亿元,占全部规模以上固定资产投资比重39.63%。完成基础设施投资83.83亿元,其中城市建设投资63.66亿元。全年实现商品房销售面积193.69万平方米,下降13.0%,实现商品房销售额154.12亿元,下降9.7%。

国内贸易、对外经济 实现社会消费品零售总额367.18亿元,增长6.1%。按经营单位所在地分,城镇消费品零售额357.09亿元,增长6%;农村消费品零售额10.09亿元,增长10.5%。按行业类别分,批发和零售业实现零售额337.6亿元,增长7.5%;住宿和餐饮业实现零售额29.58亿元,下降7.6%。按规模划分:限额以上企业实现零售额243.12亿元,增长0.6%;限额以下单位实现零售额124.06亿元,增长18.9%。全年注册外资实际到帐9259万美元;完成外贸进出口总额42266.84万美元,其中出口总额36335.13万美元,进口总额5931.71万美元。

财政 实现财政总收入48.49亿元,增长2.4%,公共财政预算收入30.35亿元,增长0.9%,其中税收收入24.30亿元,同期下降1.5%,非税收入6.05亿元,增长11.8%。实现公共财政预算支出38.24亿元,增长5.5%,其中一般公共服务支出4.28亿元,下降2.2%。

【社会事业】 科学技术和人才 2019年,清江浦区研发投入占地区生产总值比重0.4%,高技术制造业投资额占工业投资额比重19.8%,高新技术产业产值占规模以上工业产值比重38%。培育江苏万成钢构科技有限公司、江苏长寿棒科技有限公司等11家国家级高新技术企业。市级以上科技企业孵化器在孵企业数121家。科技进步对经济增长贡献率超过57%。高新技术企业和大中型企业研发机构建有率95%,累计建成市级以上“两站三中心”等企业科技研发机构98个。新培育科技型中小企业55家,累计建成省级以上企业研发机构29个,正大清江获评国家知识产权示范企业。正大清江、澳洋顺昌团队入选省“双创团队”,7人入选省“双创计划”名单。全区拥有各类专业技术人员2.15万人,其中高技能人才12433人,中级以上职称2486人。

教育 全区有中小学及幼儿园106个。其中,幼儿园57个,在园学生数18788人,专任教师1359人;小学19个,在校学生数42875人,专任教师2671人;小学教学点3个,在校学生数92人,专任教师19人;初级中学14个,在校学生数19124人,专任教师1568人;九年一贯制学校6个,在校学生数6476人,专任教师517人;完全中学1个,在校学生数2390人,专任教师185人;高级中学5个,在校学生数13974人,专任教师1067人;十二年一贯制学校1个,在校学生数567人,专任教师70人。

文化 实施基层文化阵地提质工程,对基层综合性文化服务中心进行提档升级。在全区范围内统筹布局建设19个24小时自助城市书吧,年借阅量4万余册;对区图书馆进行升级改造,打造“白尘剧场”和特色音乐图书馆。举办“文化淮安城·魅力清江浦白尘杯”小戏小品孵化班,全国各地有40多名创作、表演爱好者参加,完成《一顿饭的事》《爷爷的提篮

夜色清江浦　　赵丽群　供图

小卖》等6部有温度、有力量的文艺作品。新创歌曲《奔向小康》获淮安市“五个一工程”奖；小品《随礼的烦恼》登上央视“我爱满堂彩”和“直通春晚”的舞台。通过政府购买服务方式，各类公益性文化演出200多场次，举办各类文体活动1300余场次。举办清江浦庙会、百花节、运河马拉松等10多项精彩纷呈的旅游主题品牌活动。

卫生　全区医疗卫生机构总数268个。其中，医院28个，基层医疗卫生机构237个，区属专业公共卫生机构3个。全区医疗卫生机构（含6个市直医院）床位6022张，每千人口床位数3.16张。全区每千人口执业（助理）医师2.09人，每千人口注册护士3.28人（不含辖区内市直医院）。全区孕产妇死亡率为0，5岁以下儿童死亡率2.42‰，婴儿死亡率2.42‰，出生缺陷发生率3.53‰，农村妇女免费发放叶酸1007人次，任务完成率111.3%（包含园区），产前筛查5331人，任务完成率104.1%。

体育　举办淮安·清江浦国际半程马拉松赛暨中国运河城市马拉松赛，总规模15200人，跑步线路获“2019江苏最美跑步线路”称号。区运动队参加江苏省锦标赛和冠军赛，获11枚金牌、19枚银牌、17枚铜牌；参加全国比赛获3枚金牌、4枚银牌、5枚铜牌。射箭运动员王岩代表中国参加世界军人运动会获男子团体冠军。区代表队参加淮安市第1届民俗运动会，获团体总分第一名和优秀组织奖。清江浦区广场舞协会参加江苏省第四届广场舞精英赛，自选曲目、规定曲目和团体3个项目均获一等奖。建成3个体育公园、15公里健身步道、1个拆装式游泳池。举办乒乓球、游泳、柔力球、武术等各类丰富多彩的群众体育赛事和活动30多项。

环境保护　全区$PM_{2.5}$浓度43.5微克/立方米；空气质量优良天数比率74.9%；水环境质量稳定达标，各断面水质均达到Ⅲ类水体标准，地表水达到或好于Ⅲ类水质比例100%；平均降尘量4.75吨/月·平方公里；危废贮存量129.391吨。

人民生活　实现全体居民人均可支配收入44426元，增长8.8%。其中，城镇居民人均可支配收入46994元，增长8.7%；农村居民人均可支配收入23034元，增长9.2%。实现全体居民人均生活消费支出22291元，增长7.0%。其中，城镇居民人均生活消费支出22947元，增长7%，农村居民人均生活消费支出16829元，增长7.2%。全体居民人均住房建筑面积53.5平方米。其中，城镇人均住房建筑面积52.1平方米，农村人均住房建筑面积55.8平方米。全区参加企业养老保险10.46万人，参加居民养老保险3.8万人，覆盖率分别达98%、99.48%；参加失业保险4.4万人，覆盖率98%；全区参加城乡居民医疗保险32.54万人，参加城镇职工医疗保险7.62万人。全区城乡居民基础养老金每人每月148元，企业职工退休人员月平均工资2022元。年末，有城乡低保2760户5152人，发放城乡低保金含春节、物价补贴金3091.6万元。救助困难家庭830人次，发放救助金370.83万元，救助城乡无固定收入重残人员3696人，发放救助金1904.73万元；有10035人次接受慈善救助，救助金额200.7万元。有民办养老机构23家，机构养老床位2217张，每千名老人拥有机构养老床位数16张。

【清江浦获评全国新双百区】　2019年10月8日，《人民日报》公布2019年中国中小城市高质量发展指数研究成果，清江浦区入列2019年度全国综合实力百强区和2019年度全国投资潜力百强区。这是清江浦区继入选2017年度全国双创百强区、2018年度全国投资潜力百强区后，再次在中小城市发展指数评价上取得突破。

【食博中心建成并交付使用】　2019年5月，总投资20亿元，总建筑面积13.2万平方米，由展览大厅、多功能会议厅以及综合服务、商业配套等多个功能区组成，集展览、商业、会议、服务于一体的淮安新地标建筑——中国（淮安）国际食品博览中心在清江浦区建成并交付使用。该中心主馆，作为中国（淮安）国际食品博览会永久性场馆，是国内最大异形钢结构专业展馆，获得中国建筑工程钢结构金奖。

同月，第二届中国（淮安）国际食品博览会在新落成的食博中心举办，3万多平方米展览馆内，456家境内外企业参加、超万种“名特优新”产品参展，近万名采购商到会洽谈业务。展会期间，清江浦区老字号企业，省级非物质文化遗产——浦楼白汤酱油酿造技艺现场展现浦楼酱醋技艺。

【首届优质农产品展销嘉年华】　12月27—30日，由中国优质农产品开发服务协会、国际农业协会联盟、清江浦区政府联合主办的以“怀味食安·健康新鲜”为主题的首届优质农产品展销嘉年华·2019第二届三农投交会暨三农创新创业盛典在中国（淮安）国际食品博览中心举行。国家食物与营养咨询委员会、中国农业技术经济学会、农业部、中国经济合作学会、中国优质农产品开发服务协会、国际农业协会联盟等部门和机构负责人，淮安市委、市政府，清江浦区委、区政府主要负责人出席开幕式。国外嘉宾，行业协会与高端企业领导、国内外展商近千人参加展销活动。中国优质农产品开发服务协会、国家创新与发展战略研究会、中国食品（农产品）安全电子商务研究院、新浪集团扶贫合作办公室、黑龙江东禾农业集团有限公司、中化集团智慧农业市场、京东数科零售生态中心、万果商学院、南京工业大学、国家大学科技园电子商务创业教育实训基地、中粮农业产业基金公司等部门与机构专家、学者先后在展会期间举行的"乡村振兴·趋势预测·品牌赋能""产业赋能·供应链创新""农业投资与新模式"等论坛作学术交流。

（章树林）

淮安区

【基本情况】 淮安区位于淮安市东南部。2019年末，全区总面积1452.3平方千米，辖13个镇、3个街道，354个村（社区）。年末户籍人口114.24万人，常住人口94.79万人。主导产业有盐化新材料、机械电子、新能源等。风景名胜有青莲岗文化遗址、淮安府署、镇淮楼、文通塔、周恩来故居及纪念馆、吴承恩故居、漕运博物馆、美猴王艺术世家馆、沈坤状元府等，周恩来故里景区为苏北首批国家AAAAA级景区。淮安区是淮扬菜发源地，有淮扬名菜文楼蟹黄汤包、平桥豆腐、钦工肉圆、软兜长鱼、朱桥烩甲鱼、开洋蒲菜等。地方特产有麻油茶馓、老卤大头菜、天妃宫蒲菜、顺河百叶等。淮安区是中国民间文化艺术之乡、中国诗词之乡、中国杂技之乡。

【地方经济】 2019年，淮安区实现地区生产总值588.47亿元，同比增长6.6%。其中，第一产业实现增加值78.04亿元，增长2.4%；第二产业实现增加值250.67亿元，增长6.9%；第三产业实现增加值259.76亿元，增长7.5%。人均地区生产总值62029元。三次产业比为13.3∶42.6∶44.1。年末登记私营企业15001家，其中当年新增2518家，注册资本744.14亿元；个体工商户47931户，当年新增6815户，实有资金数额65.24亿元。年末城镇化率54.45%。

农业 全年粮食总产量95.99万吨，增加2.02万吨，增长2%。其中夏粮36.67万吨，下降2.6%；秋粮59.32万吨，增长1.9%。全年粮食平均亩产494千克，增加10千克，增长2%。全年造林面积594.93公顷，增加179.13公顷。建成区绿化覆盖率41.04%。全年生猪出栏量26.45万头，下降18.2%；猪牛羊禽肉产量3.03万吨，下降6.8%；禽蛋总产量1.77万吨，增长0.9%；水产品总产量4.12万吨，其中淡水养殖3.67万吨，淡水捕捞0.45吨，水产养殖面积4826.67公顷。新增高标准农田4533.33公顷、高效设施农业（渔业）面积1000公顷、稻鱼稻虾综合种养面积2400公顷，新增省市级农业龙头企业11家，新创省市级家庭农场、合作社46个。全区有效灌溉面积7.87万公顷，节水灌溉面积5.78万公顷；年末农业机械总动力104万千瓦，增长1%。

工业 规模以上工业总产值增长13.5%。其中，轻工业增长6.3%、重工业增长17.2%。分经济类型看，集体工业增长8.5%，股份制工业增长13.9%，外商港澳台投资工业增长2.7%。民营企业增长13.9%，其中私营工业增长14.6%。新增规模以上工业企业54家。国家电网中工业用电量11.94亿千瓦时，下降6.2%。苏盐井神公司获第十八届全国质量奖，共创草坪公司、康乃馨织造公司获评省制造业单项冠军示范企业，国信燃气电厂等3家企业通过国家级两化融合管理体系贯标，文善电子公司获评省级企业技术中心，苏盐井神公司获批全市化工行业首家省级院士工作站。全年规模以上工业企业实现主营业务收入272.68亿元，增长7.6%；利润总额14.15亿元，增长20.3%，企业亏损面10.6%。铁路、船舶、航空航天和其他运输设备制造业产值增长162.2%，专用设备制造业产值增长95.8%。电力电缆、金属压力容器、电梯及自动扶梯产量增长58.3%、30%、19.2%。战略性新兴产业工业总产值占比12.1%。

建筑业 全年实现建筑业总产值307.09亿元，增长6.5%；竣工产值234.97亿元，下降2%，竣工率76.5%；建筑企业实现利润总额11.77亿元，增长36.6%；建筑业劳动生产率16.19万元每人，下降8.4%；建筑业企业房屋建筑施工面积4413万平方米，增长5.4%；竣工面积677万平方米，下降9.5%，其中住宅竣工面积615万平方米，下降0.7%。

固定资产投资 全年规模以上固定资产投资增长6.3%。其中，民间投资增长11.5%，占固定资产投资的97.6%。工业技改投资增长16.7%，占全部工业投资的85.4%。分类型看，项目投资增长4.8%，工业投资增长6.5%；房地产开发投资增长19.7%。全年商品房销售面积104.6万平方米，增长4.2%。其中，住宅销售面积85.5万平方米，下降5.8%。新签约亿元以上产业项目59个；新开工亿元以

勺湖玉带桥 李正林 供图

上产业项目50个，实施10亿元以上项目9个，万达新业态、华品建筑业总部基地、百斯特食品智慧创享产业园、中核现代建筑工业化基地等一批大项目有序推进；新竣工亿元以上产业项目35个，其中10亿元以上项目2个。

国内贸易　全年实现社会消费品零售总额221.81亿元，增长8%。按经营单位所在地分，城镇消费品零售额200.8亿元，增长6.2%；农村消费品零售额21.01亿元，增长29.2%。按消费形态分，批发业实现零售额57.53亿元，增长17.6%；零售业实现零售额136.34亿元，增长7.3%；住宿业实现营业额1.70亿元，下降36.2%；餐饮营业实现营业额26.23亿元，下降1.9%。按规模分，限额以上单位实现商品零售额28.47亿元，增长8%；限额以下单位实现商品零售额193.33亿元，增长8%。

开放型经济　全年外贸进出口总额3.84亿美元，下降1.7%，其中出口额3.68亿美元，下降1.3%。全年注册外资实际到账1.25亿美元，增长30.6%，其中制造业利用外资到账0.65亿美元，增长96.7%。

交通运输　全年完成公路客运量460万人次，客运周转量1.38亿人公里，比上年分别下降6.1%和29.6%。完成公路货运量622万吨，增长2.6%；货运周转量11.91亿吨公里，增长2.7%。完成水路货运量1158万吨，增长2.8%；货运周转量30.93亿吨公里，增长2.8%。完成港口吞吐量1390万吨，增长27.8%。全区有公路2045公里，其中等级公路1987公里，高速公路81公里，一级公路112公里。拥有公共汽（电）车536辆，客运量460万人次。

旅游业　全年接待旅游人数915万人次，综合收入106亿元。全域旅游加速推进，里运河慢行系统二期、吴承恩故居广场全面竣工，龙光阁完成布展对外开放，万丰小吃文化街正式运营，举办首届长三角大运河文化带旅游发展论坛等系列活动，入选长三角最具网红特质旅游城市。

财政　全年实现财政总收入（不含土地出让金）40.80亿元，增长2.1%。完成一般公共财政预算收入25.19亿元，增长2.8%；上划中央四税15.61亿元，增长1%。增值税占税收收入的53.7%；个人所得税完成7070万元，下降32.1%。全区财政总支出91.66亿元，增长16.3%。一般公共财政预算支出79.87亿元，增长5.2%。其中，一般公共服务支出13.09亿元，增长21.8%；文化体育传媒支出0.9亿元，增长10.2%；社会保障和就业支出11.71亿元，增长9.7%。

金融　全区人民币存款余额520.04亿元，比年初增加47.43亿元。其中，居民储蓄存款余额325.83亿元，增长11.3%，增加33.16亿元。人民币贷款余额425.51亿元，增长16.1%，增加59.05亿元。

【社会事业】 科技　2019年，淮安区专利申请量1536件，其中发明专利申请149件，PCT专利申请3件；专利授权量909件，其中发明专利授权27件；万人有效发明专利拥有量2.07件；国家高新技术企业累计38家。

教育　年末拥有各类学校173所，其中普通中学35所，小学校53所，幼儿园82所，中等职业学校2所，特殊教育学校1所。各类学校专任教师9437人，其中普通中学教师4369人，小学教师3956人，幼儿园教师567人，职业教育学校教师516人，特殊教育教师29人。各类代课教师2297人，聘请校外教师44人。各类学校在校学生14.84万人，其中高中生1.65万人，初中生2.99万人，小学生5.78万人，幼儿3.39万人。各类学校招收新生4.00万人，其中高中生6132人，初中生9779人，小学生9574人，幼儿10920人。学前三年幼儿入园率88.7%，义务教育阶段学生巩固率100%，初中毕业生升学率99.12%，学生体质健康及格率98.15%、优秀率17.42%。

文化　全年完成古民居修缮7处，新增全国、省级文物保护单位各1个。全区315个农家书屋通借通还基础建设全部到位，实现50个村（社区）综合性文化服务中心提档升级。

卫生　年末有各类卫生机构36个（不含诊所），其中医院7所、卫生院25所、妇幼卫生保健机构1个；有病床4671张；有卫生技术人员6436人，其中执业医师1742人、执业助理医师243人，注册护士2306人。完成改建农村户厕3600座、公厕115座，农村无害化卫生户厕普及率94.33%。淮城、车桥卫生院通过省社区医院考核验收，创成省示范卫生院1个、示范卫生室17个，省市特色科室7个，公立医院综合改革获省通报激励，入选国家县域医共体建设试点县区。

人民生活　全区居民人均可支配收入26057元，增加2204元，增长9.2%。城镇居民人均可支配收入33677元，增加2741元；农村居民人均可支配收入18856元，增加1551元。居民人均消费支出15762元，增长9.6%。其中，衣着类增速第一，增长13.1%；食品消费支出比重降低，恩格尔系数29.9%。全年城镇新增就业15082人，城镇失业人员再就业5278人，其中城镇困难群体再就业1055人。年末城镇登记失业率1.75%；新增农村劳动力转移8030人，城乡劳动者就业技能培训6431人次。

社会保障　全区城镇职工基本养老保险参保人数9.99万人，失业保险参保人数6.07万人，城乡居民基本养老保险参保率、城乡居民基本医疗保险参保率分别达97.5%、98%。城乡低保提高到每人每月610元，为1.52万户、3.13万人发放低保金1.46亿元。慈善捐助扩面增效，累计救助5300人次。

环境保护　整治“散乱污”企业165家，关停化工企业7家，空气质量优良天数比率75.6%，优良天数270天，$PM_{2.5}$年均浓度为41微克每立方米，空气质量考核全市领先。地表水达到或好于Ⅲ类水体比例达71.4%，达到功能区划要求。城市建成区黑臭水体整治达标率100%。

【创成省幸福家庭建设示范区】 2019年1月，江苏省卫健委公布首批全省幸福家庭建设示范县（区）评选表彰名单，淮安区成为全市首家获得全省“幸福家庭建设示范区”称号的县区。淮安区围绕“文明健康、优生、致富、奉献”主题，以周恩来“八互”思想为引领，以“幸福住万家”活动为载体，按照“工作项目化、活动品牌化、目标具体化”的要求推进幸福家庭示范区创建工作。打造幸福家庭创建示范镇村，树立新时代幸福家庭典型，建成多处“八互”人口文化游园、婚育文化宣传大院婚育文化广场，弘扬周恩来“八互”思想，推进新型家庭人口文化建设等读本资料。

【348省道阜宁至盐徐高速（车桥互通）连接线工程通过交工验收】 8月16日，348省道阜宁（东沟镇）至盐徐高速（车桥互通）连接线工程通过交工验收。348省道阜宁（东沟镇）至盐徐高速（车桥互通）连接线工程淮安区段起于规划安大路（264省道），沿博里镇南侧布线，在渔滨河桥西侧与已建348省道阜宁段相接，全长7.337米，按一级公路标准设计，设计时速80公里，双向四车道，路基宽24.5米。项目主要建设内容有灰土路基填筑50万平方米、水稳基层33.6万平方米、沥青面层32.万平方米、中桥4座、涵洞57道以及安全防护、排水、绿化等附属工程。工程累计投资近2亿元。工程2017年7月开工建设，2019年7月正式完工。该工程有效提高盐徐高速和京沪高速通行能力，也是淮安市通海重要通道。

【首届全国青少年国防体育大赛】 11月9—10日，首届全国青少年国防体育大赛在淮安区举行。比赛由中国青少年国防体育发展联盟和国家体育总局登山运动管理中心、自行车击剑运动管理中心主办、淮安区人民政府承办。大赛设有国防体育基础项目：手榴弹投准、精准射击、梅花阵、匍匐地桩网、平衡木、屈身绕杆等竞赛项目。山东泰安小白杨教育队、淮安市周恩来红军中学鸾翔队、广州大学附属中学（初中组）获得15岁以下组团体总成绩前三名，山东体育学院附属中学、哈尔滨华德学院、浙江省松阳县民族中学获得15~18岁组团队总成绩前三名。（马慕颖）

淮阴区

【基本情况】 淮阴区位于淮安市区北部，全区面积1264.1平方千米，年末户籍人口90.6万人。辖4个街道、9个镇，259个村（社区）。主导产业有食品、装备制造、盐化新材料、电子信息、新能源汽车及零部件等。风景名胜有新四军刘老庄连纪念园、韩侯故里、东方母爱公园等。

【地方经济】 2019年，淮阴区地区生产总值525.21亿元，增长6%。第一产业增加值73.77亿元，下降0.6%；第二产业增加值210.75亿元，增长7.1%；第三产业增加值240.69亿元，增长7.2%。三次产业增加值比例由14.07∶42.06∶43.85，调整优化为14.04∶40.13∶45.83。人均地区生产总值66901元。

农业 全年粮食产量68.84万吨，增加0.89万吨。其中，夏粮产量28.88万吨，增产0.39万吨；秋粮产量39.95万吨，增产0.5万吨。全年油料产量1.2万吨，减产0.01万吨。全年肉类总产量5.91万吨，下降13.2%。其中，猪肉产量2.47万吨，下降22.3%；牛肉产量0.07万吨，增长13.5%；羊肉产量0.05万吨，下降28.4%；生猪年末存栏9.12万头，下降57.26%；生猪出栏33.48万头，下降20.4%；禽蛋产量2.27万吨，下降5.02%。全年水产品产量4.03万吨，增长14.8%。其中，养殖水产品产量2.6万吨，增长4.9%。全年木材产量4.36万立方米，下降3.6%。全年新增有效灌溉面积1867公顷。

工业 建筑业 全年工业增加值167.04亿元，增长6.2%。规上工业实现利润7.80亿元，下降24.05%。2019年，全区201家规模以上工业企业实现应税开票销售216.78亿元，增长7.06%，亩均开票销售155.41万元；实现入库税金9.85亿元，下降4.41%，亩均入库税收7.06万元。千万元制造业设备投入15.19亿元；工业用电量10.15亿千瓦时，增长7.94%；规上工业总产值增幅0.5%；新增列统工业企业22户。

全年建筑业完成总产值251.07亿元，外出施工产值71.00亿元。全年全社会建筑业增加值43.72亿元，增长10.8%。全区具有资质等级总承包和专业承包建筑业企业实现利润12.74亿元，增长1.15%。

固定资产投资 全年规模以上固定资产投资增长6.3%。其中，固定资产项目投资增长8.3%；房地产投资下降12.9%。第一产业投资增长123.8%；第二产业投资增长6.2%；第三产业增长34.2%。在房地产开发投资中，商品住宅投资28亿元，下降12.9%；商品住宅用房投资22.5亿元，下降17.8%。

贸易 全年社会消费品零售总额133.74亿元，增长8.2%。批发和零售业社零额124.76亿元，增长7.4%，住宿和餐饮业社零额8.98亿元，增长20.5%。在限额以上批发和零售企业的消费品中，汽车类销售额增长7.9%，粮油类减少22.4%，肉禽蛋类增长12.5%，服装类增长19.9%，日用品类增长9.1%，文化办公用品类增

淮阴区乐田小镇牡丹园 陈光晰 摄

长9.5%，通信器材类增长120%，化妆品类减少6.4%，中西药品类增长16.7%，家具类减少49.6%。全年货物进出口总额32349.77万美元，增长46.17%。其中，出口总额19436.14万美元，增长16.34%。全年实际利用外资13187.6万美元，下降34.1%。

交通运输　全区交通公路总里程2141.37公里，其中等级公路1906.38公里。全年农公班车客运量545万人次，客运周转量7240万人公里。全年内河港口完成货物吞吐量1128.3万吨，下降11.4%。全年完成交通投资总额8.6亿元。内环高架全线贯通，徐宿淮盐、连淮扬镇2条高铁建成通车，渔沟港、三树港、西宋集港加快推进，成功创成"母爱之都、多彩农路"品牌。

财政　地方财政收入396831万元，增加12830万元，增长3.3%，一般地方财政公共预算收入243951万元，减少18755万元，下降7.1%；公共预算收入中各项税收收入214870万元，增加3518万元，增长1.7%。公共财政预算支出676866万元，增长0.13%。全年教育支出106153万元，下增长0.43%；医疗卫生支出72201万元，下降1.55%；社会保障和就业支出108678万元，增长14.57%；城乡社区事务支出72264万元，下降1.82%；节能环保支出7822万元，下降9.15%；科学技术支出6153万元，增长7.87%；农林水事务支出100236万元，增长0.87%；文化体育与传媒支出3778万元，下降2.07%；财政对社会保障基金补助支出47440万元，增长83.53%。

【社会事业】 科技　全区专利申请总量2411件，其中发明专利申请654件；专利授权1827件，其中发明专利授权97件。全年获批高新技术企业29家，累计建成高新技术企业49家。规上工业企业中有研发活动企业数占比73.8%。科技型中小企业评价入库数量92家。申报省、市科技项目10个，争取科技项目资金1200余万元，区级配套资金1000余万元，帮助全区23家企业兑现省市项目、创新券、"158"工程等省市各类奖补资金800余万元，政策兑现率100%。入选省级双创博士1人，培养科技副总4个，获批三区人才3个。帮助24家企业申请4750万元"苏科贷"低息贷款，帮助6家企业申报市科技贷款贴息175万元。

教育　2019年，淮阴区有学校143所。其中，高级中学3所（含民办学校1所）；完全中学1所；初级中学21所（含1所民办）；九年一贯制学校8所（含民办学校3所）；完全小学34所（含市属淮安市长征小学）；小学教学点12所；特殊教育学校1所；中职学校1所；公办幼儿园45所（含市属实验小学长征分园1所），民办幼儿园9所，公办幼儿看护点8所。全区小学招生9981人，在校生61677人。全区初中招生9864人，在校生29341人。全区高中招生4301人，在校生10669人。幼儿园在园幼儿29780人。全区专任教师7577人。

文化　年末全区有艺术表演团体1个，文化馆1个，公共图书馆1个，全年图书总藏量12.77万册。广播电台1座，电视台1座。年末广播节目综合人口覆盖率为100%；电视节目综合人口覆盖率为100%，有线电视入户城区3万户，农村6.5万户。

卫生　年末全区有医疗机构303（包括保健所1个），其中医院7个，卫生院25个、社区卫生服务中心4个，疾病预防控制中心（防疫站）1个，卫生监督所1个。卫生技术人员4060人，其中执业医师和执业助理医师1820人，注册护士2250人。医院和卫生院床位4214张。5岁以下儿童死亡率5.39‰，婴儿死亡率4.08‰，新生儿死亡率1.63‰，产妇住院分娩比例100%。

体育　竞技体育在市级以上比赛中获得奖牌68枚，其中金牌20枚（全国比赛金牌3枚）、银牌17枚（全国比赛银牌1枚）、铜牌31枚；全年向市以上运动队输送优秀体育后备人才41人。全区有拳击、散打、空手道、乒乓、田径、足球、轮滑等运动队7个，在训运动员236人，有专职教练5人，其中拳击教练2人、田径教练2人、乒乓球教练1人。有各类体育用品生产销售、体育健身、场馆服务、体育培训、体育竞赛相关企业近百家，有羽毛球、轮滑、台球、跆拳道、瑜伽、乒乓球、散打、健美、体育舞蹈、滑雪、马术等健身场馆及健身俱乐部42家，面积4万平方米，年接待30万人次。

环境保护　空气质量良好天数236天，达标率64.7%；$PM_{2.5}$浓度为45.2微克/立方米，比2018年下降12.9%；古黄河饮用水源水质达标率100%；一氧化碳和二氧化硫净削减率分别为3.65%、8.26%；城区污水处理率85.41%；全区森林覆盖率23.98%，城市绿化覆盖率40.52%。

人民生活与社会保障　居民人均可支配收入26592.7元，增长9.0%。其中，农村居民人均可支配收入17409.2元，增长8.6%；城镇居民人均可支配收入36322.5元，增长8.6%。全区居民家庭食品消费支出占消费总支出的比重（恩格尔系数）为29.4%。全年全区实现新增城镇就业9513人，城镇失业人员再就业6832人，城镇登记失业率控制在1.83%。年末全区参加企业职工基本养老保险9.65万人，增加0.1万人。参加城乡基本医疗保险80.28万人。参加失业保险4.01万人，减少2.6万人。参加城乡居民社会养老保险24.54万人，减少0.11万人。年末全区有社会福利收养性社会服务机构46个，床位6837张。全年394位城镇居民得到政府最低生活保障；15314位农村居民得到政府最低生活保障；4766位农村居民得到政府五保救济。

【中岩集团淮阴区装配式建筑项目签约】 6月26日，中岩集团淮阴区装配式建筑项目签约仪式在淮阴区会议中心举行。中岩集团公司业务包括装配式结构设计及技术研究、装配式混凝土建筑生产安装施工研究、装配式机械研究制造、装配式建筑构建部品等，产品主要应用于高层和多层建筑、别墅、工业厂房等。中岩集团此次计划在淮阴投资的装配式建筑项目，占地面积13.8公顷，规划建筑面积14万平方米，总投资10亿元，项目信息化、自动化及机械化水平较高，符合建筑节能和绿色建筑的新潮流。

【高新区宁淮电子产业园全面建成】 2019年11月，由江宁经济开发区和淮安高新区共同出资建设的宁淮电子产业园建成。宁淮电子产业园是南北挂钩共建项目，总投资5亿元，占地11公顷，总建筑面积14.6万平方米。产业园内配套设施齐全，建设有办公、厂房、职工公寓、食堂、浴室等。产业园入驻淮安合伙人、尚研电子、八杯水、锐扬实业等项目，元源光电等项目将相继进入，形成税收超亿元的产业园。

【新四军刘老庄连纪念园入选首批省党史教育基地】 2019年10月，江苏省委党史工办公布第一批“江苏省党史教育基地”名单，淮阴区新四军刘老庄连纪念园入选，是淮安市三家首批入选单位之一。新四军刘老庄连纪念园年均接待游客均在50万人次以上，以“牢记宗旨，担当为民”为教学主题，设立教育实境课堂，利用砥柱雕塑、八十二烈士纪念馆展陈、胡炳云将军墓、八十二烈士墓、主题战壕等设施载体，结合纪念园实景，通过参观、讲解、祭奠、瞻仰、静思、观看教学片等方式，让党员干部和广大青少年在实景中感受革命先烈“牢记宗旨，担当为民”的大无畏牺牲精神。

（李　航）

洪泽区

【基本情况】 洪泽区位于淮安市南部，地处淮河下游，洪泽湖东畔。全区面积1273平方公里。年末户籍人口36.55万人。辖6个镇、3个街道，126个村（社区）。主导产业有纺织、电子、化工、机械制造等。风景名胜有洪泽湖大堤、洪泽湖古堰景区、老子山温泉旅游度假区、三河闸水利风景区、江淮大学旧址、中国传统村落龟山村等。

【地方经济】 2019年，洪泽区实现地区生产总值329.99亿元，增长6.6%。第一产业增加值39.1亿元，增长4.2%；第二产业增加值134.08亿元，增长5.9%；第三产业增加值156.81亿元，增长7.8%。人均地区生产总值99560元，增长5.6%。三次产业增加值比例调整为11.85∶40.63∶47.52。全区私营企业7360家，增加267家；私营企业注册资本361.43亿元，增长9.56%。个体经营户31449户，增加1965户；个体经营户注册资金33.56亿元，增长11.86%。

农业　完成现价农林牧渔业总产值72.40亿元，增长6.45%。其中，农业37.72亿元，增长3.85%；林业3.54亿元，增长9.26%；牧业13.65亿元，增长3.57%；渔业14.8亿元，增长12.21%。粮食种植面积下降0.45%，总产量47.91万吨，增长1.38%。其中，小麦总产量17.48万吨、水稻总产量29.99万吨、油料总产量0.11万吨。生猪饲养量6.11万头，下降66.30%，家禽饲养量1231.33万只，增加14.48%。全年水产品产量6.28万吨，增加10.18%。

工业和建筑业　规模以上工业企业完成工业总产值185.05亿元，下降1.5%；实现主营业务收入172.7亿元，下降11.73%。全区盐化新材料、机械装备、纺织产业、电子信息四大主导产业企业实现产值134.9亿元，下降15.6%，占全区规模以上企业总产值72.9%。全年资质以上建筑企业完成总产值73.8亿元，下降7.1%。房屋建筑施工面积411.66万平方米，增长6.1%。

固定资产投资　规模以上固定资产投资完成161.56亿元，增长6.3%。其中，项目投资155.08亿元，增长5.1%；房地产投资完成6.48亿元，下降0.6%。第一产业完成1.36亿元，增长3%；第二产业完成122.88亿元，增长3%；第三产业完成30.84亿元，增长14.2%。全区商品房销售面积27.8万平方米，下降47.5%；商品房销售额13.84亿元，下降40.9%。

城市建设　洪泽区开、复工城建项目36个。其中，续建项目26个，新建项目10个，完成项目9个，完成投资45.78亿元。全面完成市下达963户棚户区改造任务。全区改建道路17.92千米、面积82.12万平方米，污水管道22.73千米，雨水管道2.3千米，维修道路面积1.75万平方米。全区建成区绿地总面积达821.1公顷，绿化覆盖面积873.1公顷，绿地率38.54%，绿化覆盖率40.99%，公园绿地面积186.82公顷，人均公共绿地面积11.35平方米。

交通、邮电　完成公路客运量435万人，下降8.4%，公路货运量257万吨，下降11%；水上货运量4700万吨，上升19%。港口货物吞吐量618万吨，减少45.77%。年末拥有公路里程1443公里，增加4.9公里。完成邮政业务收入6309万元，增幅8.56%，电信业务收入2.46亿元，增长6.5%。年末固定电话用户数4.31万户，增加0.33万户。年末移动电话用户34.57万户，增长0.87万户。年末互联网用户10.31万户，增长0.11万户。

旅游　以淮安华强方特复兴之路文化创意基地等重大项目建设为龙头，实施旅游重点项目40个，年度投资约46亿元；总投资80亿元的蒋坝

2019年，周桥灌区跻身全国首批灌区水效领跑者行列，全省唯一

殷海平　供图

文旅小镇开工建设，通过省旅游风情小镇创建工作年度考核；中国洪泽湖大闸蟹节获“壮丽70年·最具影响力品牌节庆金手指奖”。老子山镇龟山村获批成为全国重点乡村旅游点，蒋坝镇、西顺河镇入选全省大运河城市文旅消费“十佳示范名镇”。老子山镇龟山村、蒋坝镇头河村入选江苏省休闲农业精品村，西顺河镇渔家风情万荷园入选江苏省休闲农业主题创意农园。举办洪泽湖首届文化旅游博览会、洪泽螺蛳节、西顺河牡丹节、老子山风筝节、白马湖恐龙展等活动。

国内贸易和开放型经济　实现社会消费品零售总额121.98亿元，增长8.9%。实现批发业销售额268.41亿元，增长9.3%；零售业销售额126.02亿元，增长11.2%；住宿业营业额5.9亿元，增长11.4%；餐饮业营业额23.5亿元，增长12.7%。新签外资项目9个，减少15个；协议注册外资3.04亿美元，下降29%；注册外资实际到账1.25亿美元，下降9.9%。全年进出口总额2.19亿美元，增长14.2%。其中出口总额1.76亿美元，增长2%。

财政金融　财政总收入34.65亿元，增长3.8%。一般公共财政预算收入20.05亿元，增长3.9%。一般公共财政预算支出40.68亿元，增长5.1%，其中一般公共服务支出4.5亿元，下降6.3%。年末全区金融机构存款余额256.83亿元，增加15.01亿元，增长6.21%。贷款余额216.82亿元，增加22.83亿元，增长11.77%。存款中，住户存款余额135.25亿元，增加15.04亿元；非金融企业存款77.03亿元，增加4.45亿元。贷款中，住户贷款75.12亿元，增加7.91亿元；非金融企业及机关团体贷款141.70亿元，增加14.91亿元。

【社会事业】　科学技术　2019年，洪泽区专利申请量774件，专利授权量750件，其中发明专利申请量172件；全区有效发明专利拥有量158件。当年新获批国家高新技术企业21家，获批市级以上“两站三中心”12个，其中省级3个。获批省科技副总10人。实施市级以上科技计划项目8项，其中省级5项。

教育　新创成市级优质幼儿园1所，高标准创成省平安校园示范区。各级各类学校有在校生40661人。其中，普通高中在校生5033人，普通中等专业学校在校生1851人，初中在校生9123人，小学在校生16633人，幼儿园在园幼儿8021人。当年高考生，文化本科达线930人，增加54人。

文化　紧扣庆祝新中国成立七十周年主题，举办“我心向党”通俗理论作品展演、“我和我的祖国”快闪拍摄、“我和我的祖国”新中国成立七十周年电影展、习近平新时代中国特色社会主义思想主题宣讲进农村汇演、“小车大舞台·唱响新时代”文明实践系列活动以及“淮河生态经济带城市掼蛋大赛”、“睛采洪泽·亮出抖活”短视频培训创作大赛、首届洪泽湖渔鼓舞大赛等群众参与度广的文旅品牌赛事。

卫生　有医疗卫生机构144个，其中二级甲等医院2所，二级妇幼保健机构1所，疾病预防控制机构1个，卫生监督机构1个。每千人医师数、护士数、床位数分别达到2.76、2.87、4.79。全年接待门（急）诊171.78万人次，住院3.59万人次。完成义务献血量143.71万毫升（3947人次），无偿献血占临床用血量的100%。70%村卫生室达到规范化建设标准，建成省级示范村卫生室14家，市级家庭医生工作站13家。

体育　建成浔河休闲体育公园等4个体育公园，实现体育公园乡镇全覆盖；建成全长15千米健身步道。举办2019年洪泽区元旦万人健步行、春季足球联赛、职工篮球赛、全民健身日启动仪式暨全民健身大展示等30项较大规模全民健身活动。承办江苏省青少年武术套路锦标赛，区武术队取得4金2银5铜的好成绩；承办江苏省第一届智力运动会掼蛋比赛淮安市海选赛，并代表淮安市参加第一届智力运动会掼蛋比赛，取得2枚金牌；举办洪泽区乒乓球世界冠军指导赛暨宁淮合作乒乓球团体邀请赛、2019年洪泽湖国际半程马拉松赛、2019年CBSA洪泽美式国际九球公开赛（总决赛）等多个大型赛事，累计参与人数2万余人次。

人民生活和社会保障　全体居民人均可支配收入29569.2元，增长9.2%。其中，城镇居民人均可支配收入38990.4元，增长8.8%；农村居民人均可支配收入20324.3元，增长9.0%。至年末，全区城镇参加失业保险职工4.1万人，减少1万人；城镇企业参加基本养老保险职工8.63万人，增加0.06万人；城镇职工参加基本医疗保险职工7.49万人，城乡居民医保参保26.86万人。

【2019中国洪泽湖国际大闸蟹节】　9月21日，2019中国洪泽湖国际大闸蟹节开幕式暨“运河名媒名镇联盟”成立仪式在洪泽湖渔人湾举行。11月10日，闭幕式在淮安市洪泽中学举行。此前，该节庆已连续举办13届。中国洪泽湖国际大闸蟹节先后获“中国十大影响力节庆”“中国优秀节庆”等称号。该届节庆创新办节思路，丰富办节内容，聚焦“水韵洪泽·泽润江淮”主题，秉承“洪泽湖白马湖两湖联袂、实体节网络节两节联动、地方企业媒体三方合作”理念，精心策划红色、黄色、绿色、蓝色、紫色五个篇章。策应大运河文化带建设，举办运河名媒名镇高峰论坛，成立“运河名媒名镇联盟”，共话运河精神，共兴运河文化，共商运河发展。“洪泽湖国际大闸蟹节”品牌价值达到159.98亿元，“洪泽湖大闸蟹”品牌价值达到150.16亿元。

【首届洪泽湖文化旅游博览会】　6月2日，2019首届洪泽湖文化旅游博览会在洪泽区举行。环洪泽湖淮安市淮安区、淮阴区、清江浦区、盱眙县，宿迁市宿城区、泗阳县、泗洪县7个县区参加活动。博览会主以“文旅新时代　欢乐洪泽湖”为主题。为游客集中提供包括40个“非遗”项目在内的洪泽湖传统民俗文化巡游、“非遗”展、乡愁文化实物展、生态文化美术作品展等。　（孙汉军　邵永芹　吕后臻）

涟水县

【基本情况】　涟水县地处江苏省北部，淮河下游。全县面积1677.48平方公里，年末户籍人口113.1万人。

辖12个镇、4个街道，379个村（社区）。主导产业有食品饮料产业、纺织服装产业、电子电器产业、机械装备产业、汽车零部件制造产业等。风景名胜有五岛湖风景区、今世缘旅游景区、能仁寺、妙通塔、月塔等。

【地方经济】 2019年，涟水县实现地区生产总值511亿元、增长7%，规模以上固定资产投资282.3亿元、增长8.1%，社会消费品零售总额156.4亿元、增长9%，一般公共预算收入22.95亿元、增长6.7%，税收占比88.5%，城乡居民人均可支配收入分别达32342元、17450元，分别增长8.6%、9.5%。

农业 全县粮食总产95.65万吨，其中夏粮总产量37.78万吨，秋粮总产量58.87万吨；油料总产2.67万吨，蔬菜及食用菌类总产量91.95万吨，瓜果类总产量3.05万吨。新增高沟、南集等稻渔综合种养1000公顷。建成瓜蒌、丹参等中药材种植基地2000公顷，新建工厂化食用菌30万平方米。新建高标准农田5000公顷，新认证绿色优质农产品基地4000公顷，新培育市级以上农业龙头企业6家，新发展家庭农场128家，红窑芦笋产业园创成省级现代农业科技园区，南集现代农业园区创成省级现代农业产业示范园区，南集镇被纳入国家级农业产业强镇名录，涟水获首批“省级农产品质量安全县”称号。新增成片造林733.33公顷，更新完善农田林网2000公顷，全县林木覆盖率23.83%。

工业和建筑业 全年完成规模以上工业增加值增长7.5%，规模以上工业应税开票销售收入205亿元、增长11%，全部工业入库税金16.7亿元、增长25%。新增规模以上工业企业23家、应税开票销售收入超亿元企业6家、工业入库税收超千万元企业2家，新培育省星级上云企业9家、“两化融合”贯标企业6家、市工业互联网示范试点企业6家，今世缘酒业入选省“自主工业品牌五十强”。新签约亿元以上项目60个，其中10亿元以上项目8个，总投资60亿元的亚琦国际物流商贸城项目落户涟水。新开工市盘项目68个，新竣工市盘项目55个，总投资100亿元的今世缘南厂区扩建项目启动实施。全年完成建筑业总产值276亿元，其中外埠市场168亿元。完成装配式建筑规划面积15.6万平方米，完成装配式建筑新开工面积19.6万平方米。

涟水县城 许 军 摄

服务业 编制完成全域旅游发展总体规划、古淮河生态观光走廊专项规划，中国喜庆用酒产业网成功上线运行，与苏宁易购联合打造“中华特色馆·涟水馆”，大东瓦滩创成省级电子商务示范村，新城控股等一批国内前30强优质房企相继落户涟水，全年实现旅游业综合收入14.5亿元、增长29.5%，电子商务交易额45亿元、增长11.9%，服务业增加值增长8.1%，占GDP比重49.2%。

开放型经济 新设外资及港澳台项目12个，其中3000万美元以上项目6个；全年完成注册外资实际到账1.39亿美元，其中开工项目到账外资及港澳台1.06亿美元、位居全市第一。落实投资贸易便利化各项措施，实现外贸进出口总额3.4亿美元、增长2.1%。新设及增资台资项目4个，新签约台资项目3个，稳盈农业、比米农牧科技等项目开工建设。与日本奈良县五条市签订友好城市意向协议。

财政金融 全年完成一般公共预算收入22.95亿元，社保基金收入46.66亿元，政府性基金收入26.29亿元，国有资本经营收入1.3亿元；一般公共预算支出71.3亿元，社保基金支出31.09亿元，政府性基金支出20.74亿元。全县金融机构本外币各项存款余额445.45亿元，本外币各项贷款余额299.24亿元，居民储蓄存款余额244.55亿元，定期储蓄存款余额103.07亿元，活期储蓄存款余额91.88亿元，中长期贷款余额171.74亿元，其中个人住房贷款余额112亿元。

城乡建设 完成棚户区改造1164套，改造银杏花园等老旧小区6个，启动实施房屋搬迁2291户、33.28万平方米，建成安置房1476套、14.5万平方米，完成渠南路中修、涟河风光带提升等项目。清涟大道涟水路以西段建成通车，县公共卫生中心竣工验收，应急备用水源地、科技文化中心等项目稳步推进。实施重点交通项目18个，连淮铁路建成通车，涟水高铁站同步投入使用，高铁综合客运枢纽主体完工，淮安港涟水新港二期等工程进展顺利。编制完成《涟水县镇村优化布局规划（2019版）》，启动实施成集条河二期、梁岔费庄二期等新型农村社区项目15个，先行先试高沟扁担、陈师高庄等规划保留村庄改造提升项目4个，完成农村危房改造2098户，改善农民群众住房条件3760户。保滩、红窑创成国家卫生镇，陈师、大东、石湖创成省级卫生镇，高沟扁担、黄营朱桥被纳入省级特色田园乡村建设试点村庄，红窑夏楼通过市级特色田园乡村建设试点村庄验收。新改建农村公路97公里，改造农桥10座，行政村双车道四级公路覆盖率100%，省“四好农村路”示范县通过省级调研评估。

【社会事业】 科技 继续实施“高企培育、协同创新、平台建设、人才引进”四大工程，全社会研发支出占GDP比重1.7%，高新技术产业产值占规模以上工业总产值比重达16%。注重培育科技型企业，新增18家国家高新技术企业，分别培育入库省、市高新技术企业27家、18家，52家企业获批国家科技型中小企业，新建5家市级工程技术研究中心，大中型工业企业和规模以上高新技术企业研发机构建有率达95%。全面深化产学研协同创新，新增校企联盟5家，新签约产学研合作项目13个，淮安航空产业研究院挂牌成立。入选省“双创计划”科技副总9人、省“三区”人才9人和市“有突出贡献中青年专家”4人、“淮上英才计划”创业团队1个、领军人才2人、“苏北计划”6人。

教育　投入1.8亿元，启动实施中小学、幼儿园建设等13个项目，其中涟水县外国语高级中学、高沟中学老校区改造等7个项目建成投用；高考本科提优率、保优率全市领先，创成市级智慧校园13所，成功举办省第24届中学生田径运动会（苏北）和省青少年自行车锦标赛。

文化　组织中国涟水·第四届阿累读书节、第二届农民丰收节和庆祝新中国成立70周年等系列活动，举办全县群文新作文艺调演、“水韵安东 美丽涟水”摄影大赛作品展、“洗尽铅华·情系故乡”朱传宏书画作品展、五一职工书画展和“翰墨情怀”高裕山水画作品展。累计举办公益文化活动1500场，送戏下乡120场、送电影下乡4320场。全县镇街（园区）综合性文化站全部建成，现代淮剧《留守村长留守鹅》获省“五个一工程”奖、《村里来了花喜鹊》获省紫金文化艺术节优秀剧目奖，“中国曲艺之乡”创建通过省级验收。

卫生　推进县三院异地新建项目、县中医异地改扩建项目，完成12个基层卫生院标准化改扩建项目。争取省卫生健康委300万元对陈师街道社区卫生服务中心、唐集中心卫生院、浅集卫生院设备进行提档升级。新建6个镇街防保所、34个标准化儿童预防接种门诊，预防接种综合服务信息系统实现全覆盖，县级公立医院改革经验在全市交流推广，县医院获评全省卫健系统先进集体。

生态环境　全面整改落实中央环保专项督察“回头看”和省级环保督察反馈意见与交办问题，制定出台生态环境准入清单制度，持续深化“263”专项行动，实施年度大气污染防治计划，严控能源和煤炭消费总量，排查整治“散乱污”企业89家，全县单位GDP能耗下降3%。推行河长制、断面长制，开展河道“两违”“三乱”专项整治，南六塘河和黄河故道后续治理工程建成投用，在全市率先完成生态样本河道“226”工程，袁闸、肖大桥2个国省考断面水质均值达标。统筹实施“三清一治一改”，完成农村户厕改造7600座，建成农村公厕115座，新建农村污水管网35.6公里，疏浚农村河道275公里，培育示范镇2个、示范村15个、美丽庭院示范户1.8万个。

社会保障　落实全民参保计划，城乡居民基本养老保险基础养老金提高到每人每月148元，城乡居民最低生活保障标准实现并轨提高至每人每月610元。实施积极就业创业政策，新增城镇就业1.25万余人，实现再就业5500余人，扶持城乡自主创业2900余人，城镇登记失业率为1.79%。健全养老服务体系，新建街道日间照料中心2个、居家养老服务中心15个。

【涟水获“世界美酒特色产区”称号】2018年，中国酒业协会举办“世界美酒特色产区”评选活动。2019年10月18日，“世界美酒特色产区”榜单在2019中国国际酒业博览会开幕式上发布，涟水县入选白酒和黄酒“世界美酒特色产区”。涟水县是“中国矿泉水之乡”，地下蕴含丰富的优质矿泉水资源，富含25种有益矿物质和微量元素，是中国生态酿酒微生物群最丰富的聚集区之一，孕育出遐迩闻名的“今世缘”“国缘”“高沟”美酒。高沟大曲作为名酒，从1984年高沟特曲名列全国浓香型白酒第二名之后，相继获轻工部酒类大赛金杯奖、“中国名优酒”称号，高沟商标被认定为“中华老字号”。“今世缘”酒获“中国十大文化名酒”、中国喜庆用酒第一品牌、中国十大白酒营销创新品牌、“中国驰名商标”等称号。“国缘”酒则成为外交部接待用酒、上海世博会联合国馆专用酒，“国缘”商标成为“中国驰名商标”。

【国家级紧密型医疗卫生共同体建设试点】2019年，涟水县被国家卫健委明确为县域医共体建设试点县。11月28日，县政府办公室正式出台《涟水县紧密型医疗卫生共同体建设实施方案》，12月启动县医院与妇保院、五港中心卫生院、成集卫生院，县中医院与朱码卫生院、河网卫生院，县第三人民医院与经济开发新区卫生院、灰墩卫生院医共体试点工作。建立同质管理、同享资源、同向发展、同担责任的共建共管共享机制，开展医共体急救技能大赛、举办糖尿病诊治进展等各类专题培训30余期。组织20名基层医务人员与县级专家结对拜师，县级医院免费接受36名基层医务人员进修，为基层医院引进卫生人才，推动医共体内人员柔性流动。有序推进双向转诊，为成员单位提供疑难病症远程会诊，强化质量安全管理，实现服务责任、安全责任、医疗责任共担。

【高沟老窖池群入选江苏省文物保护单位】3月20日，第八批江苏省文物保护单位名单公布，高沟老窖池群入选，成为江苏省文物保护单位。高沟老窖池群位于江苏今世缘酒业股份有限公司的前身江苏高沟酒厂老厂区（即高沟酒非遗保护区），是国家AAAA级旅游景区今世缘景区的重要组成部分。有1402个老窖池，入选江苏省文物保护单位的是明清期间及新中国成立前的53个老窖池，每个窖池长约3.7米，宽约1.9米，深约1.4米。高沟老窖池群是典型的活态存在的酿酒遗址，今世缘酒业的“活文物”。高沟镇酿酒历史可追溯至明代万历年间，至清代乾隆年间，高沟已经批量生产大曲酒。2009年，“高沟酒酿造技艺”入选江苏省非物质文化保护遗产名录。　（张晓永）

盱眙县

【基本情况】盱眙县位于淮安西南部，地处淮河下游，洪泽湖南岸。2019年，全县总面积2497平方千米，辖10个镇3个街道、254个行政村

（社区）。年末户籍人口79.67万人，常住人口65.6万人。主导产业有龙虾产业、轴承产业、电器产业、凹土加工产业等。风景名胜有铁山寺国家森林公园、第一山国家森林公园、明祖陵、黄花塘新四军军部纪念馆、古泗州城遗址、大云山西汉江都王陵等。年内，盱眙县获评国家卫生县城、全国残疾人无障碍改造示范县、全国科技志愿服务试点县、苏北首家省级绿色建筑示范县等。盱眙县土地制度改革成果获评省政府“江苏发展研究奖”一等奖。

天泉湖鸟瞰 殷海平 供图

【地方经济】 2019年，盱眙县实现地区生产总值462.4亿元、增长7.1%，高于全国平均增长水平。人均地区生产总值70509元、突破1万美元。完成一般公共预算收入19.09亿元、增长6%，税占比80.7%。社会消费品零售总额145.5亿元、增长9%，增幅全市第三。金融存款余额423亿元、增长7.6%，总量、增量、增幅均位居全市第二，贷款余额370亿元、增长16%，总量、增量、增幅均位居全市第一。

农业 新增高标准农田1万公顷，土地流转面积增至5.67万公顷，全县土地规模流转率70%以上。新培育省级示范家庭农场10家，培训职业农民5800余人次。打造洪泽湖大道沿线“虾稻共生”、盱马路沿线农业科技示范和601省道沿线农旅融合三大特色农业带，“虾稻共生”面积4.33万公顷，优质稻米面积超3.33万公顷，建成淮河蔬菜等高效设施农业产业园6个。建成全国绿色食品原料基地2万公顷，省绿色优质农产品生产基地1万公顷，全县64个农产品获得绿色食品认证，种植业绿色优质农产品比重达68.1%，畜牧生态健康养殖比重达70.7%。盱眙龙虾品牌价值达180.71亿元，蝉联中国水产类区域品牌第一名。盱眙龙虾香米获江苏好大米十大品牌。

工业 全年新引进亿元以上项目57个，力伴循环产业园等74个项目开工建设，葛洲坝二期等40个项目竣工验收，市对县开工项目总数位居全市第一。宁淮特别合作区挂牌成立，凹土科技园获批省级科普教育示范基地，港口产业园PPP项目列入财政部示范项目。推进行政审批减量化改革，单个事项审批时间压缩30%左右，企业用电业扩报装工程时限平均缩短25天左右。为99家次企业兑现技改扶持资金4543.5万元，实现制造业设备投入7.3亿元、总量位居全市第三。前30强企业开票销售和入库税收分别占全县总量61%、71%以上，实现规模以上工业开票销售170亿元、增长25%，增幅全市第一。工业入库税收10.5亿元、增长12%，增幅全市第三。

城乡建设 实施美丽城镇建设工程三年行动，建设“近悦远来”美好城市，重点推进“老北头”片区建设，黄牌街—涧沟渡历史文化街区和淮河石堤水工遗址历史文化公园初步建成，东来顺等一批“老字号”签约入驻，“历史文化街区”“遗址公园”和“城市客厅”三大功能定位进一步彰显，第一山被评为江苏最美运河地标。建成安置房1274套，完成7个老旧小区改造。提升五墩西路等道路两侧景观，升级改造龙虾节广场等公共场所。创新建立分级房屋供给保障机制，完成农房改善4361户，新型农村社区5个新建项目、8个改造提升项目通过验收。推进道路通达工程，235国道盱眙北段和331省道绕城段改扩建工程开工建设，淮河大桥改造工程右半幅主体即将建成，提档升级农村公路151公里，改造危桥18座。加快推进国家全域旅游示范区和天泉湖国家级旅游度假区创建，实施明祖陵景区、新四军军部纪念馆景观提升等重点工程。新华村入选省首批乡村旅游重点村，天泉湖旅游度假区综合排名在全省前进3位。

【社会事业】 教育 2019年，盱眙县教育投入超11亿元，较上年增加2亿元。优化中小学校布局，五墩小学分校等4所学校主体竣工，全年新增进城读书学生5504人，城区就读学生占比62%，三年提高12个百分点。继续实施教育“三名”工程，遴选名教师培养对象200名、名校长培养对象20名、名学校培养对象15所。中考、高考成绩继续保持全市县区领先位置，创成省市优质幼儿园4所，职教集团创成省现代化示范性职业学校、进入省领航职业学校前50强创建名单。

卫生 提高全生命周期健康服务水平，强化公共卫生监督和疾病预防控制，预防接种门诊标准化建成率100%。开展强基层卫生健康工程三年行动，县医院创成三级综合医院，创成省示范卫生院1所，省示范村卫生室12个，评选“好医生”“好护士”“好村医”57人，基层医疗卫生服务水平不断提升。

文化 加强公共文化服务体系建设，人均拥有公共文化体育设施面积全市领先。持续唱响文化四季歌，开展庆祝新中国成立70周年系列活动，举办各类公益性文化活动1465场次，省“三下乡”集中服务现场会在盱眙县举行。电影《黄花塘往事》在全国院线公映。做好文化遗产传承保护，盱眙古城墙等4处文物被评为省文物保护单位，黄花塘新四军军部旧址被评为全国重点文物保护单位。

生态保护　全面完成洪泽湖、陡湖围网养殖1000公顷拆除任务；坚决拆除龙泉湖69幢违建别墅；按期完成水利部淮河“清四乱”7家企业拆除搬迁工作，其中4家企业搬迁重建。完善县镇村三级污水处理体系，完成维桥河综合整治和主要水污染物减排任务，打造生态样本河道10条，国省考断面水质稳定达标。淮河河桥饮用水源地建成通水。秸秆综合利用率96.5%、全市最高，空气优良天数比率72%，入选首批“美丽中国·深呼吸小城高质量发展试验区”。制定农村人居环境整治三年行动方案，新增省级绿美村庄12个，省人居环境综合整治示范村10个，省生态文明建设示范镇11个，管护长效机制覆盖率及农村垃圾收集率100%，全县森林覆盖率26.66%、全市第一。

【第二届中国·天泉湖天文高端论坛】10月20日，由中国科学院国家天文台、中国科学院紫金山天文台、中共盱眙县委员会和盱眙县人民政府共同主办的第二届中国天泉湖天文论坛在盱眙县召开。2019年是国际天文学联合会（以下简称IAU）成立100周年，围绕“同一片星空”这一主题，论坛邀请海内外6位知名天文学家，交流天文学前沿进展，探讨构建人类命运共同体及世界格局下开展国际合作的更多可能性。论坛分主论坛和专题论坛两个环节进行。在主论坛环节，中国科学院院士崔，IAU前任主席、美国艺术与科学院院士罗伯特·威廉姆斯，中国科学院院士景益鹏，IAU主席、荷兰科学院院士埃温·范迪斯胡克分别作演讲报告。专题论坛中，中国科学院紫金山天文台研究员吴雪峰、中国科学院国家天文台研究员赵公博作科普报告。

【《黄花塘往事》电影上映】11月3日，院线电影《黄花塘往事》首映礼在江苏广电荔枝广场幸福蓝海影院举行，11月8日在全国上映。为庆祝中华人民共和国成立70周年，策应“不忘初心、牢记使命”主题教育，进一步弘扬铁军精神，宣传黄花塘新四军军部在抗战时期的地位和作用，由中共盱眙县委、盱眙县人民政府批准，盱眙文体旅游集团有限公司、江苏楚云文化传播有限公司、北京楚云影视制作发行有限公司、中国爱华影视中心联合摄制出品院线电影《黄花塘往事》。影片通过人情美、人性美，展现最美盱眙，传承红色基因。影片根据真实历史为背景，以现代青年小草寻找奶奶的初恋为引子，讲述上海名门林清涟投奔新四军，与当地民兵李长胜在战场上相遇，又因战争而最终分离的爱情故事。

【江苏省宁淮特别合作区揭牌】7月27日，2019年宁淮挂钩合作工作座谈会在盱眙县召开。省委常委、南京市委书记张敬华，淮安市委书记姚晓东分别率党政代表团到盱眙推进宁淮挂钩合作，并共同为宁淮特别合作区揭牌。淮安市委副书记、市长蔡丽新主持会议。南京市领导蓝绍敏、李世贵、刘月科、罗群、杨学鹏、陆永辉、徐曙海，淮安市领导张国梁、周凤琴、李森、张长金以及盱眙县领导梁三元、朱海波、林波、李尚武、杨韬参加活动。座谈会上，南京市委副书记、市长蓝绍敏与淮安市委副书记、市长蔡丽新签署《2019—2020年度宁淮挂钩合作协议》。南京市委常委、常务副市长杨雪鹏汇报南京市推进宁淮挂钩合作基本情况；淮安市委常委、常务副市长张国梁汇报淮安市推进宁淮挂钩合作基本情况。江北新区、盱眙县政府签署《关于共建宁淮特别合作区的协议》。（杨延庆）

金湖县

【地方经济】2019年，金湖县实现地区生产总值325.12亿元，比上年增长6.7%。其中，第一产业增加值44.38亿元，比上年增长5%；第二产业增加值135.39亿元，增长7.9%；第三产业增加值145.35亿元，增长6.1%。全县三次产业结构比为13.7:41.6:44.7。人均地区生产总值97736元，增长9.7%。财政总收入占地区生产总值比11.3%。全年新增私营企业1166家；新发展个体工商户4055户，全年申报规模企业102家，其中工业48家、贸易21家、服务业21家、建筑业6家、房地产6家。

农业　全县实现农林牧渔业总产值78.4亿元，增长8.4％。全年粮食总产量56.74万吨，增加2700吨。其中，夏粮总产20.58万吨，增长0.1%；秋粮总产36.16万吨，增长0.7%。全年累计出栏肉猪4.48万头，下降35.8%，年末生猪存栏1.34万头，下降65.3%。家禽累计出栏338.4万只，下降19.8%；年末家禽存栏155.96万只，增长13%。新发展高效设施园艺733公顷、稻虾藕虾综合种养5606公顷，新增优质食味稻3933公顷、粮食绿色高质千亩片12个、高标准农田2267公顷，农业机械化水平91.3%。新增省级农业龙头企业1家，培育亿元以上农业龙头企业6家。

工业和建筑业　全县规模以上工业实现总产值266.51亿元，减少4.7%，高出上年同期1.1个百分点。实现工业增加值135.39亿元，增长7.9%。规模以上工业实现应税开票241.82亿元，增长11.8%。工业用电量8.37亿千瓦时，增长8%。规模以上民营工业实现工业总产值262.65亿元，占全部规模工业94.6%，增长16.4%。全年建筑业增加值18.28亿元，增长7.4%。建筑业企业（总承包和专业承包）施工面积623.67万平方米，下降26.7%；竣工面积428.20万平方米，增长3.4%；工程结算收入65.26亿元，下降10.4%。从业人数3.72万人，年末全县拥有资质建筑企业38家。

固定资产投资　全年完成规模以上固定资产投资（不含农户）164.78亿元，增长8.3%。工业投资123.04亿元，占全县投资总量74.8%；一产投资完成2.54亿元，占全县投资总量1.5%；第三产业投资完成26.41亿元，占全县投资总量16.1%。制造业完成投资122.22亿元，占规模以上固定资产投资的80.5%（不含房地产投资）。高技术制造业投资增长较快，完成投资56.93亿元，增长35.7%。房地产开发投资12.80亿元，增长29.3%，其中住宅投资10.83亿元，增长42.1%。

国内贸易　全县实现社会消费品

零售总额118.51亿元，增长8.5%。分行业看，批发和零售业实现消费品零售额100.48亿元，增长8.1%，住宿和餐饮业实现社会消费品零售额12.83亿元，增长11.6%。分地区看，城镇市场实现社会消费品零售总额96.56亿元，增长4.2%，农村市场实现社会消费品零售总额16.75亿元，增长42.6%。

开放型经济　全年进出口总额4.72亿美元，下降13.2%。其中，出口4.64亿美元，下降10.2%；进口0.08亿美元，下降71.6%。注册到账外资1.28亿美元，下降4.9%。全年新批外商投资项目16个，增资项目3个；实际到账注册外资1.28亿美元，下降4.9%。

财政金融　全年实现财政总收入36.83亿元，下降0.6%。其中，一般公共预算收入22.48亿元，增长2.0%，税收占比89.1%；一般公共预算支出47.80亿元，增长17.2%。年末，全县金融机构人民币存款余额289.99亿元，增长3.3%，新增9.27亿元；人民币贷款余额260.05亿元，增长10.2%，新增23.98亿元。

【社会事业】科技　2019年，金湖县申报国家高新技术企业52家，推进输油泵等40家科技型企业申报国家高企。执行企业研发费用加计扣除和高新技术企业所得税减免政策，25家国家级高新技术企业减免企业所得税2062万元。邀请江苏大学、中国计量大学等单位专家考察，促成扬州大学与轻石科技、四川轻化工大学与科润膜材料建立校企合作关系。发挥"科技镇长团"桥梁纽带作用，帮助企业柔性引进各类企业急需人才，获批"省科技副总"项目17项、省"双创计划"项目2项。

教育　中芬森林幼儿园项目竣工并投入使用，中小学课后服务中心成功运行。高考文化本科达线总数761人，本科上线率、增长率均居全市前列。全县一本达线210人，净增40人，增幅24%。金湖中学、金湖二中分别获得市高中教学质量特等奖和二等奖。

文化　举办春节"百姓大舞台"等十大系列文艺演出；以"新中国成立70周、建县60周年"为主题，举办第16届社区艺术周6个专场暨第19届金湖荷花节闭幕晚会；以新时代文明实践为主题，组织文艺爱好者和志愿者下乡巡演60多场次；国庆期间以"新时代、新中国"为主题，在尧帝古城举办百姓艺苑6场专题演出；以"乡村振兴"和"全域旅游"为主题，举办金湖县首届乡村旅游节综艺类、戏曲类专场进景区等活动。

卫生　县城新增黎城卫生院城西预防接种门诊部，规范应用预防接种综合服务管理信息系统，实现疫苗运输、保管、接种等信息与省市无缝对接、全程监控。全县拥有卫生机构16个，其中综合医院2个、卫生院10个，妇幼保健院1个、专科疾病防治院（所、站）1个、疾病预防控制中心（防疫站）1个、卫生监督所1个。全县卫生机构床位数1526张，卫生技术人员1546人，其中执业（助理）医师500人，注册护士685人。

体育　承办淮安金湖国际半程马拉松赛，全国青少年手球U10、U12比赛暨全国小学生手球锦标赛，环太湖自行车公路赛等国家级品牌赛事，承办"新金菱"杯全国U系列少、儿蹦床锦标赛。代表淮安市参加2019年江苏省青少年手球锦标赛（13—14岁组），获得第一名。县手球队参加2019年金湖荷花荡景区杯全国青少年手球U10、U12比赛暨全国小学生手球锦标赛，获U12女组第二名。

交通　三河渡大桥建成通车，水上森林公园景区道路建成通车，金湖通用机场完成主体建设，247省道金湖段开工建设，420省道完成工程总量的60%，金湖县白马湖景区连接线工程开展便道施工，完成农村公路25公里、桥梁15座。完成城市、城乡公交车辆智能调度一体机和二维码POS机全覆盖安装。延伸城市公交线路11条。整合镇村与城乡公交线路3条，优化镇村公交线路3条，开通串联县城与水上森林公园、十里果林、荷花荡、尧想国等核心景区的旅游公交。

旅游　建成"乡约在金湖、荷美在金湖、森氧在金湖、乐购在金湖"四季节庆活动体系，举办金湖国际半程马拉松赛、全国小学生手球锦标赛、国际自行车赛三大体育赛事以及荷花节等重大节庆活动；在淮安市率先举办首届乡村旅游嘉年华、"金湖龙虾抢鲜开吃"、"风暖金湖春光筝好"首届风筝节；五一期间，水上森林成为旅游热点景区，一线天美景抖音视频日点赞36万人次、播放1600万人次，成为爆红全省的网红打卡地；5·19中国旅游日，千人瑜伽震撼秀出"金湖"两字，金湖旅游在全省全域旅游品牌影响力排行榜中位列县区第五；国庆期间水上森林玻璃栈道成为热点，全县旅游接待游客39.2万人次。

环境保护　全年空气优良天数290天，优良天数比率80.6%；PM2.5浓度均值39微克每立方米。建成县饮用水应急备用水源地，完成保护区划分方案报批；启动集中式饮用水水源地突发环境事件应急预案修编；完成饮用水源地崔庄油田码头迁置工程；完成入江水道中东水源地保护区校核论证报告。推进开发区及开发新区污水处理厂及配套管网建设，建设尧文化体验区污水处理厂及配套管网；村庄生活污水处理设施EPCO项目全面启动，生活污水处理设施全部交由第三方运维。编制完成17条重点整治河道一河一策整治方案，实施新建河、利民河、三里桥河3条城河截污工程水环境整治项目，并有序建设城东和城西两大活水工程；高邮湖、宝应湖退圩还湖工程规划获省政府批复。

人民生活　全县居民人均可支配收入29981.5元，增长9.4%。城镇居民人均可支配收入39677.2元，增长9.0；农村居民人均可支配收入20414.2元，增长9.1%；农村居民人均可支配收入增幅比城镇居民人均可支配收入高0.1个百分点，城乡居民收入比为1.94:1。城镇居民人均消费性支出23179.8元，增长6.2%，恩格尔系数为29.7%。年末城镇居民人均住房面积42平方米。全年农村居民人均生活消费支出16658元，增长6.9%；恩格尔系数30.5%。农村居民人均住房面积62平方米。

社会保障　全年城镇新增就业6300人，城镇失业人员再就业2380人，困难人员帮扶就业1036人，支持成功创业1900人，带动城乡就业7480人，发放创业贴息贷款3000万

金湖塔集荷韵小镇　　李义海　摄

元，新增农村劳动力转移就业1310人。企业职工养老保险参保7.15万人，工伤保险参保3.98万人，失业保险参保3.57万人，机关事业养老保险参保0.69万人，城乡居民养老保险参保7.26万人，全年新增各类参保1.73万人，社会保险综合覆盖率98.1%，发放各类待遇10.88亿元，各项社会保险待遇按时足额发放率和社会化发放率100%。全年城镇职工基本医疗保险参保77790人，覆盖率98.1%；城乡居民医保参保23.68万人，覆盖率99%；生育保险参保39146人。

【淮安金湖国际半程马拉松赛】 5月12日上午8点，明发金色水岸·2019淮安金湖国际半程马拉松在金湖荷花广场开跑。2019年是金马赛事的第四个年头。赛事由中国田径协会、人民网、金湖县人民政府主办，人民体育、金湖县教育体育局、金湖尧乡文化旅游发展有限公司承办，江苏省体育竞赛有限公司负责赛事运营推广。比赛按照顶级赛事标准，围绕新中国成立70周年，五四运动100周年以及金湖建县60周年，组织多个主题方阵，用奔跑的形式纪念这些历史时刻。赛事在人民网同步直播。男子半程马拉松冠军最终被徐州市的孙玲弟获得，成绩是1小时11分57秒；女子半程马拉松冠军则被肯尼亚的KLMLTWAL BRLFLD JERO获得，成绩是1小时20分30秒。KLPTANUL EDVN和冒华杰分别获得男子半程马拉松亚、季军；KLPTAVNI THORTY和张雅静分别获得女子半程马拉松亚、季军。

【三河渡大桥建成通车】 5月28日上午，三河渡大桥正式通车。该项目是撤渡建桥工程，项目平面总体呈“S”型、南北走向，起点设置在县城东干道上，终点位于金北接线与县道X203交汇处。项目总投资2.4亿元，全长7.96千米，其中桥长2.88千米，接线长5.08千米。路面宽13.5米，桥面净宽12.5米，路线采用二级公路标准设计建设，设计速度每小时80千米。该工程于2016年10月开工建设，历经32个月建设，大桥建成后拉近城区与通用机场、金北街道的距离。

【环太湖国际公路自行车赛】 10月15日上午，第十届环太湖国际公路自行车赛金湖赛段在绿道起点公园鸣枪开赛。来自法国、西班牙、意大利、美国等40个国家和地区的21支车队、126名运动员参赛，该环太湖赛竞技水平再度升级，受邀的21支车队中洲际职业队有8支，半数都参加过环意、环西自行车赛。“环太湖赛”金湖赛段安排的赛事路线以金湖秋光水色为背景，以串联重点景区、特色小镇、田园乡村的300千米金湖绿道为赛道，骑行中可以领略金湖风光、感受金湖风情、体验金湖风貌。经过近两个小时角逐，最终意大利安德罗尼车队的本法托（BENFATTO marco）和佩卢基（PELUCCHI matteo）分别获得该赛段冠亚军。

【获评首批省全域旅游示范区】 12月16日，省文化和旅游厅结合首批国家全域旅游示范区省级验收考评，通过明察暗访、会议评审和公示情况，认定金湖县为首批省全域旅游示范区，全省六家，全市唯一。金湖旅游在全省全域旅游品牌影响力排行榜中位列县区第五，荷花荡景区顺利通过AAAA级景区复审，尧想国文旅区、十里果林开园试运营，前锋镇白马湖村入选首批江苏省乡村旅游重点村。推进厕所革命，提升旅游公共服务水平，新改扩建乡村旅游厕所6座。全年共接待旅游人次350.5万，实现旅游收入42亿元，分别增长20.01%和28.05%。

（魏　宇）

人　物

RENWU

（吕志滨　摄）

领导人物

模范人物

逝世人物

领导人物

截至2020年9月30日

中共淮安市委常委会成员

蔡丽新 女，汉族，1971年10月出生，1994年8月参加工作，1992年10月加入中国共产党，研究生学历、博士学位，江苏无锡人。现任淮安市委书记，市人大常委会主任、党组书记。

1990年9月苏州大学政治系思想政治教育专业学习；1994年8月为苏州市平江区委办公室秘书；1995年11月任共青团苏州市平江区委副书记；1996年7月任苏州市平江区皮市街街道办事处副主任；1996年12月任共青团苏州市平江区委书记兼皮市街街道办事处副主任；1997年6月任共青团苏州市平江区委书记；1997年11月任共青团苏州市委副书记、党组成员（其间：1996年9月至2001年12月参加苏州大学行政管理专业学习，获管理学硕士学位）；2003年5月任共青团苏州市委书记、党组书记（其间：2003年9月至2006年6月参加苏州大学政治与公共管理学院政治学理论专业在职研究生学习，获法学博士学位）；2006年6月任苏州市平江区委副书记、代区长；2007年1月任苏州市平江区委副书记、区长；2011年9月任苏州市委常委、宣传部部长；2015年6月任省网信办（筹）主任兼省委宣传部副部长；2016年10月任南京市委常委、宣传部部长；2017年3月任淮安市委副书记，市人民政府代市长、党组书记；2018年1月任淮安市委副书记，市人民政府市长、党组书记；2019年12月任淮安市委书记，市人大常委会党组书记；2020年1月任淮安市委书记，市人大常委会主任、党组书记。

十三届全国人大代表；十一届、十二届、十三届省人大代表。

陈之常 男，汉族，1974年12月出生，1996年7月参加工作，1996年5月加入中国共产党，大学学历、学士学位，四川大竹人。现任淮安市委副书记，市人民政府市长、党组书记。

1992年9月中国政法大学政治与管理学系行政管理专业学习；1996年7月为北京市崇文区计委综合计划科科员；1998年9月任北京市崇文区计委综合信息中心副主任；1999年10月任北京市崇文区计委综合信息中心主任；2001年10月任北京市崇文区信息办副主任（主持工作）；2003年11月任北京市崇文区信息办主任；2005年7月任北京市崇文区东花市街道工委副书记、办事处主任；2006年9月任北京市崇文区发展改革委常务副主任；2006年12月任北京市崇文区发展改革委党组书记、主任；2007年6月任北京市崇文区副区级干部，援藏任西藏自治区拉萨市委常委、常务副市长，援藏干部副领队；2010年6月任北京市东城区副区级干部；2010年7月任北京市人民政府天安门地区管理委员会党组成员、副主任；2011年10月任北京市东城区人民政府副区长；2014年1月任北京市东城区委常委、区人民政府副区长；2018年6月任北京市石景山区委副书记、区人民政府代区长；2019年1月任北京市石景山区委副书记、区人民政府区长；2019年12月任淮安市委副书记，市人民政府代市长、党组书记；2020年1月任现职。

十三届省人大代表。

张国梁 男，汉族，1975年3月出生，1997年8月参加工作，1993年6月加入中国共产党，大学学历、硕士学位，江苏盐城人。现任淮安市委副书记、一级巡视员。

1993年9月北京大学经济学院国际经济专业学习；1997年8月起先后为大丰市白驹镇政府办事员、干事、镇长助理；1998年12月任大丰市大中镇副镇长；1999年8月任大丰市政府办公室副主任；2001年2月任共青团大丰市委书记；2002年2月任共青团盐城市委副书记；2002年12月任阜宁县政府副县长、党组成员（其间：2003年5月至2004年4月兼任阜宁经济开发区党工委书记）；2004年4月任建湖县委常委、组织部部长（其间：2004年8月至2006年9月参加国家行政学院与北京大学联合举办的公共管理研究生班学习，获公共管理硕士学位）；2007年11月任共青团盐城市委书记、党组书记；2008年4月任共青团江苏省委副书记；2008年11月任共青团江苏省委副书记、党组成员；2015年6月任泰州市委常委、秘书长；2016年5月任泰州市委常委、秘书长、组织部部长；2016年9月任泰州市委常委、组织部部长、统战部部长；2017年5月任泰州市委常委、组织部部长；2017年7月任泰州市委常委、组织部部长，市总工会主席；2018年7月任淮安市委常委，市政府常务副市长；2018年8月任淮安市委常委，市政府常务副市长、党组副书记，市行政学院院长；2019年11月任淮安市委常委，市政府常务副市长、党组副书记，市行政学院院长，一级巡视员；2020年4月任现职。

赵正兰 女，汉族，1968年12月出生，1991年8月参加工作，1994年4月加入中国共产党，党校研究生学历，江苏淮安人。现任淮安市委常委、统战部部长、一级巡视员。

1987年9月江苏农学院观赏园艺专业学习；1991年8月为淮阴市园林管理处技术员；1992年10月为淮阴团市委办事员；1996年12月任淮阴团市委宣传部副部长、《淮阴青年》主编；1997年9月任淮阴团市委办公室主任、《淮阴青年》主编；1998年1月任淮阴团市委办公室主任、市青少年宫副主任、党支部书记；1998年12月任淮阴团市委办公室主任、市青少年宫主任、党支部书记；2000年2月任淮阴团市委办公室主任、市青少年宫主任、党支部书记、市团校校长；2001年3月任清浦区副区长；2002年11月任清浦区委副书记；2003年6月任淮安市建设局副局长、党委委员，市园林管理局局长、党委书记（其间：2000年9月至2003年7月参加省委党校科学社会主义专业在职研究生学习）；2005年12月任淮安市林业（园林管理）局局长、党委书记；2008年3月任清浦区委书记、区人大常委会主任；2011年7月任宿迁市委常委、宣传部部长；2019年9月任宿迁市委常委、宣传部部长、一级巡视员；2020年8月任现职。

周凤琴 女，汉族，1971年5月出生，1993年8月参加工作，1992年12月加入中国共产党，大学学历、学士学位，江苏泰兴人。现任淮安市委常委、市纪委书记，市监委主任。

1986年9月江苏省泰兴师范学校普师专业学习；1989年9月南京师范大学地理系地理专业学习；1993年8月起先后为邗江县霍桥乡工作人员，组织科干事、副科长；1995年11月起先后为省纪委第三纪检监察室、第五纪检监察室科员；1998年11月任省纪委第五纪检监察室副主任科员（其间：1999年9月至2002年7月参加中国政法大学、中央广播电视大学法学专业在职大学学习）；2003年3月任省纪委第五纪检监察室主任科员；2009年5月任省纪委第五纪检监察室副处级纪检监察员；2009年12月任省纪委第一纪检监察室副处级纪检监察员（其间：2010年5月至2010年7月参加省委党校省级机关处级干部培训班学习）；2012年7月任省纪委第一纪检监察室副主任；2016年1月任省纪委第六纪检监察室副主任（主持工作）；2016年5月任省纪委（省纪委省监委）第六纪检监察室主任（副厅级）；2019年5月任淮安市委常委、市纪委书记，市监委代主任；2020年1月任现职。

赵洪权 男，汉族，1963年4月出生，1984年7月参加工作，1990年9月加入中国共产党，研究生学历，江苏涟水人。现任淮安市委常委、政法委书记、一级巡视员。

1982年10月淮阴供销学校物价专业学习；1984年7月起先后任淮阴市供销社科员，涟水县河网中学讲师团成员；1992年11月任淮阴供销物资总公司总经理；1995年10月任淮阴市供销社人事劳动部主任；1996年12月任淮阴市供销社主任助理、人事劳动部主任，淮阴供销大厦股份公司总经理；1997年12月任淮阴市供销社副主任、党委委员；1998年7月任淮阴市供销社主任、党委书记，淮阴供销大厦股份公司党委书记、董事长、总经理；1999年12月任淮阴（淮安）市供销社主任、党委（党组）书记；2002年1月任金湖县委副书记、县长（其间：2000年9月至2003年7月参加省委党校政治经济学专业在职研究生学习；2002年1月至2002年6月参加南京大学、美国马里兰大学江苏省第五期高级管理人才经济研究班学习）；2006年1月任金湖县委书记、县人大常委会主任；2007年1月任楚州区委书记、区人大常委会主任；2011年9月任淮安市人民政府副市长，楚州区委书记；2011年10月任淮安市人民政府副市长、党组成员，楚州区委书记；2011年12月任淮安市人民政府副市长、党组成员；2016年9月任淮安市委常委、政法委书记，市人民政府党组成员；2017年2月任淮安市委常委、政法委书记；2019年11月任现职。

十一次、十二次省党代会代表；十届省人大代表。

李　森 男，汉族，1968年3月出生，1992年5月参加工作，1996年10月加入中国共产党，研究生学历、硕士学位，江苏涟水人。现任淮安市委常委、秘书长。

1985年9月成都科技大学计算机软件专业本科学习；1989年9月南京航空学院计算机应用专业硕士研究生学习；1992年5月起先后为淮阴市档案馆办事员、馆员；1993年12月为淮阴市政府办公室办事员；1995年2月任淮阴市政府办公室助理秘书；1997年7月任淮阴市政府办公室副科级秘书；1999年2月任淮阴市政府办公室信息科科长；2000年12月任淮阴（淮安）市政府办公室副主任、党组成员；2003年8月任淮安市政府副秘书长；2006年6月任盱眙县委副书记、代县长；2007年1月任盱眙县委副书记、县长；2011年12月任盱眙县委书记、县长；2012年1月任盱眙县委书记；2012年3月任盱眙县委书记、县人大常委会主任；2016年1月任盱眙县委书记；2016年7月任淮安市人民政府党组成员；2016年9月任现职。

十一届省人大代表。

周　毅 男，汉族，1964年8月出生，1985年8月参加工作，1986年9月加入中国共产党，研究生学历，江苏常熟人。现任淮安市委常委、宣传部部长。

1981年9月扬州师范学院物理系学习；1985年8月起先后任盱眙县黄花塘乡团委副书记、书记；1987年5月为共青团淮阴市委办事员；1989年2月任共青团淮阴市委宣传部副部长；1992年4月任共青团淮阴市委宣传部部长、《淮阴青年》副主编；1993年6月起先后任淮阴经济开发区政策研究室主任兼管委会办公室副主任，管委会办公室主任；1995年1月任淮阴经济开发区东湖办事处党委书记；1996年12月任淮阴经济开发区管委会主任助理兼东湖办事处党委书记；1998年6月任淮阴经济开发区管委会副主任、党工委委员兼东湖办事处党委书记；1999年7月任淮阴（淮安）经济开发区管委会副主任、党工委委员（其间：2001年9月至2002年12月参加省委党校政治经济学专业在职研究生学习）；2007年1月任淮安经济开发区管委会副主任、党工委委员、调研员；2008年6月任淮安经济开发区管委会主任、党工委委员；2009年5月任淮安经济开发区党工委书记、管委会主任；2010年12月任淮安经济开发区党工委书记；2011年11月任淮安经济技术开发区党工委书记；2016年9月任淮安市人民政府党组成员；2017年7月任淮安市委常委、宣传部部长，市人民政府党组成员；2017年8月任现职。

十三次省党代会代表。

徐建松 男，汉族，1966年7月出生，1984年10月参加工作，1988年7月加入中国共产党，大学学历，江苏武进人。现任淮安市委常委、淮安军分区司令员。

1984年10月为三十一军九十一师警卫连战士；1986年9月南昌陆军学院军事指挥专业学习；1989年7月任三十一集团军九十三师二七八团排长；1991年12月任三十一集团军九十三师作训科副连职参谋；1993年11月任三十一集团军司令部作训处正连职参谋；1995年12月任三十一集团军司令部作训处副营职参谋；1998年12月任三十一集团军司令部作训处正营职参谋；2000年6月任三十一集团军九十一师二七二团代理副团长（其间：1998年9月至2000年7月参

加中央党校信息化知识培训专业本科函授学习）；2000年10月任三十一集团军九十一师二七三团代理参谋长；2002年1月任三十一集团军九十一师二七三团参谋长；2002年2月任三十一集团军教导大队训练处处长；2004年3月任三十一集团军教导大队大队长；2010年12月任徐州军分区参谋长；2014年2月任扬州军分区参谋长；2017年5月任扬州军分区副司令员；2018年9月任淮安军分区司令员；2018年11月任现职。

顾　坤　男，汉族，1976年1月出生，1997年8月参加工作，1996年6月加入中国共产党，大学学历、硕士学位，江苏海门人。现任淮安市委常委、市人民政府常务副市长、党组副书记。

1993年9月南京师范大学中文系汉语言文学专业学习；1997年8月为省委台湾工作办公室经济处干部（其间：1998年2月至1999年2月参加省委扶贫工作队驻睢宁县刘圩乡工作组下派锻炼）；1999年2月为省委台湾工作办公室经济处科员；2001年5月任省委台湾工作办公室经济处副主任科员；2004年12月任省委台湾工作办公室经济处主任科员（其间：2002年9月至2005年12月参加南京大学公共管理学院公共管理专业硕士学位学习）；2007年7月任省委台湾工作办公室秘书处副处长；2010年5月任省委台湾工作办公室调研处处长；2012年11月任省委台湾工作办公室秘书处处长；2017年1月任淮安市人民政府副市长、党组成员；2019年9月任淮安市人民政府副市长、党组成员，淮安生态文旅区党工委书记；2020年4月任现职。

孙　虎　男，汉族，1974年7月出生，1996年8月参加工作，1994年6月加入中国共产党，大学学历、硕士学位，江苏海安人。现任淮安市委常委、组织部部长。

1992年9月江苏理工大学汽车学院汽车设计制造专业学习；1996年8月为省机械工业厅汽车工业办公室科员；2000年3月任省机械工业厅汽车工业办公室副主任科员；2000年10月任省科协学会学术部副科级干事；2002年10月任省科协学会学术部正科级干事(其间：2001年3月至2003年6月参加江苏大学汽车学院车辆工程专业在职学习,获工程硕士学位)；2005年12月任省科协办公室副处级干事；2008年5月任省科协办公室正处级干事兼江苏科技报社总编辑、常务副社长；2009年7月任省科协信息中心主任兼江苏科技报社总编辑、常务副社长；2011年2月任江苏科技报社社委会主任、总编辑；2011年4月任省科协科普部部长、江苏科技报社社委会主任；2013年6月任省文化厅办公室副主任兼调研宣传处处长；2015年3月任省文化厅办公室主任；2016年12月任南京博物院党委书记、副院长(其间: 2018年3月至2018年7月参加中央党校中青年干部培训二班学习)；2020年4月任淮安市人民政府副市长、党组成员(挂职),南京博物院党委书记、副院长；2020年8月任现职。

淮安市人大常委会副主任

唐道伦　男，汉族，1961年10月出生，1985年7月参加工作，1984年6月加入中国共产党，大学学历、学士学位，江苏海安人。现任淮安市人大常委会负责日常工作副主任、党组副书记、一级巡视员。

1981年9月江苏化工学院化工机械与设备专业学习；1985年7月起先后任灌南县化肥厂机修车间技术员、主任，合成车间党支部书记，生产指挥办副主任；1986年10月起在淮阴市委组织部帮助工作；1987年2月起先后任淮阴市委组织部干部培训科干事、副科级组织员、副科长；1996年10月任淮阴市委组织部干部培训科科长；1997年6月任淮阴市委组织部组织科科长（其间：1996年9月至1998年10月参加东南大学哲学与社会科学研究生课程进修班学习）；1999年12月任淮阴县（区）委常委、组织部部长；2002年1月任淮阴区委副书记、副区长；2002年9月任淮安市交通局局长、党委书记（其间：2002年10月至2004年4月兼任淮安交通控股公司董事长、党委书记）；2007年1月任淮安市交通局局长、党委书记，市铁路办主任，市交通战备办主任；2010年4月任淮安市交通运输局局长、党委书记，市铁路办主任，市交通战备办主任；2011年9月任淮安市人民政府副市长，市交通运输局局长、党委书记，市铁路办主任，市交通战备办主任；2011年10月任淮安市人民政府副市长、党组成员，市交通运输局局长、党委书记，市铁路办主任，市交通战备办主任；2012年8月任淮安市人民政府副市长、党组成员；2016年9月任淮安市委常委、淮安经济技术开发区党工委书记，市人民政府党组成员；2017年2月任淮安市委常委、淮安经济技术开发区党工委书记；2020年1月任现职。

十次、十一次省党代会代表。

李　冰　男，汉族，1958年10月出生，1982年1月参加工作，九三学社社员，大专学历，江苏张家港人。现任淮安市人大常委会副主任，九三学社江苏省委常委、淮安市委主委（兼职）。

1979年2月南京工学院动力系发电厂及电力系统专业学习；1982年1月为淮阴供电局生产技术科绝缘监督专职工程师；1987年5月为淮阴市重点项目办公室办事员、工程师；1989年1月任淮阴市投资公司经营部副经理；1993年6月任淮阴市重点项目办公室二科副科长、高级工程师；1996年11月任淮阴（淮安）市重点项目办公室项目一科科长、高级工程师；2001年8月任九三学社淮安市委副主委（不驻会），市重点项目办公室项目一科科长、高级工程师；2002年3月任九三学社淮安市委副主委（不驻会）、市投资公司总经理；2002年9月任九三学社淮安市委副主委（不驻会）、市投资公司总经理、市发展计划委副主任（挂职）；2004年4月任九三学社淮安市委副主委（不驻会）、市发展计划委副主任（其间：2002年9月至2004年6月参加南京大学行政管理专业研究生课程进修班学习；2005年1月至2006年1月任市委驻涟水县扶贫工作队队长、挂职任涟水县副县长）；2006年11月任九三学社淮安市委主委（不驻会）、市发改委副主任；2007年5月任九三学社江苏省委常委、淮安市委主委（不驻会）、市发改委副主任（其间：2006年1月至2008年

1月任省委驻楚州区扶贫工作队副队长、市委驻楚州区扶贫工作队队长、挂职任楚州区副区长）；2008年1月任现职（其间：2012年6月至2017年1月兼任淮安市人大法制委主任委员）。

十届、十一届、十二届省政协委员。

刘　华　男，汉族，1960年8月出生，1977年8月参加工作，1985年6月加入中国共产党，研究生学历、学士学位，江苏滨海人。现任淮安市人大常委会副主任、党组副书记、一级巡视员。

1977年8月为盐城地区盐城县龙岗公社插队知青；1978年9月南京化工学院自动化专业学习；1982年8月起先后为淮阴西郊热电厂技术员、助工，清江石化厂团委书记；1986年3月任共青团淮阴市委工农青年部部长；1989年7月任淮阴供销大厦副总经理（正科级）；1993年3月起先后任淮阴供销大厦总经理、党总支书记，市供销社副主任、供销大厦股份有限公司董事长、总经理、党委书记；1995年5月起先后任清浦区委副书记、代区长、区长，区委副书记、区长、淮阴外向型农业综合开发区管委会第一副主任（其间：1997年6月至1997年12月赴美国参加江苏省第二期高级管理人才经济研究班学习）；1998年3月起先后任清浦区委书记、淮阴外向型农业综合开发区党工委副书记，清浦区委书记、淮阴（淮安）外向型农业综合开发区党工委书记；2002年1月任淮安市中级人民法院副院长、党组副书记（正处级）；2003年1月任淮安市中级人民法院院长、党组副书记；2003年2月任淮安市中级人民法院院长、党组书记（其间：2004年9月至2007年7月参加省委党校宪法学与行政法学专业在职研究生学习）；2012年5月任淮安市中级人民法院党组书记；2012年6月任淮安市人大常委会副主任，淮安市中级人民法院党组书记；2012年8月任淮安市人大常委会副主任、党组成员；2016年1月任淮安市人大常委会副主任、党组副书记，市人大法制委主任委员；2017年1月任淮安市人大常委会副主任、党组副书记；2020年4月任现职。

十次、十一次省党代会代表；九届省人大代表。

徐利华　男，汉族，1964年3月出生，1984年7月参加工作，1989年8月加入中国共产党，大学学历，江苏沭阳人。现任淮安市人大常委会副主任、党组成员，市人大法制委主任委员。

1981年9月淮安师范学校中师班学习；1984年7月为沭阳县悦来小学教师；1986年9月起先后为洪泽县仁和中心小学教师、教导主任、副校长；1989年9月为洪泽县仁和镇党委秘书；1990年11月为洪泽县政府办公室秘书；1993年4月任洪泽县政府办公室综合科副科长；1994年11月任洪泽县政府办公室财贸科科长；1995年7月任洪泽县计生委党组成员、纪检组长（其间：1993年8月至1996年6月参加中央党校经济管理专业大专函授学习）；1996年8月任洪泽县委政研室主任；1997年10月任淮阴市政府办公室综合一科副科长；1998年6月任淮阴（淮安）市政府办公室综合一科科长（其间：1996年8月至1998年12月参加中央党校党政专业本科函授学习）；2001年3月任淮安市政府办公室副主任、党组成员；2004年4月任淮安市政府副秘书长；2006年3月任淮安市委宣传部副部长；2007年1月任淮安市委宣传部副部长，淮安日报社社长、党委书记；2011年11月任淮安市委宣传部副部长，淮安报业传媒集团（淮安日报社）社长、党委书记；2012年8月任淮安市政府党组成员、秘书长，市政府办公室党组书记；2017年12月任淮安市人大常委会副主任，市政府党组成员、秘书长，市政府办公室党组书记；2018年1月任淮安市人大常委会副主任、党组成员；2020年1月任现职。

周茂萱　女，汉族，1964年2月出生，1981年8月参加工作，1988年3月加入中国共产党，研究生学历，江苏淮安人。现任淮安市人大常委会副主任、党组成员。

1978年9月灌南卫校护士专业学习；1981年8月起先后为洪泽县医院护士、护士长、团总支书记，团县委常委；1986年9月任共青团洪泽县委常委、组织宣传委员；1989年12月任共青团洪泽县委副书记（其间：1989年9月至1992年7月参加省委党校行政管理专业大专函授学习）；1992年12月任共青团洪泽县委书记（其间：1992年9月至1995年7月参加中央党校经济专业本科函授学习）；1995年7月任洪泽县高涧乡党委副书记、乡长；1996年12月起先后任洪泽县委常委、宣传部长，县委常委、纪委书记（其间：1997年7月至1999年12月参加南京师范大学新闻学专业研究生课程进修班学习）；2001年1月任淮阴（淮安）市纪委常委、市监察局副局长（其间：2001年9月至2002年12月参加省委党校政治经济学专业在职研究生学习）；2004年12月任淮安市纪委常委、市监察局副局长，市软建办主任；2006年8月起先后任淮安市纪委副书记、市监察局副局长、市软建办主任，淮安市纪委副书记、市软建办主任，淮安市纪委副书记，淮安市纪委副书记、市监察局局长；2013年9月任淮安市委副秘书长，市纪委副书记、市监察局局长，淮安生态新城党工委书记；2013年12月任淮安市委副秘书长、淮安生态新城党工委书记；2014年7月任淮安生态新城党工委书记；2019年1月任淮安市人大常委会副主任、党组成员，淮安生态新城党工委书记；2019年9月任现职。

淮安市人民政府副市长、党组成员

王红红　女，回族，1969年3月出生，1992年8月参加工作，民盟盟员，研究生学历、硕士学位，山西襄垣人。现任淮安市人民政府副市长，市红十字会会长，民盟江苏省委副主委（兼职）、淮安市委副主委（兼职）。

1988年9月华东政法学院法律系学习；1992年8月为淮阴市对外经济律师事务所律师；1995年9月任淮阴市妇联办公室助理秘书；1997年4月任淮阴（淮安）市妇联办公室副主任（其间：1997年6月至1999年1月挂职任江苏金凤化纤集团股份有限公司总经理助理）；2002年4月任淮安市妇联宣教部部长；2004年2月任淮安

市文化局副局长；2007年4月任淮安市司法局副局长（其间：2010年3月至2011年4月参加新加坡南洋理工大学公共管理硕士研究生学习）；2011年5月任淮安市清浦区人民政府副区长；2011年12月任淮安市清浦区人民政府副区长、民盟淮安市委副主委（不驻会）；2012年6月任淮安市人民政府副市长、清浦区人民政府副区长，民盟淮安市委副主委（不驻会）；2012年8月任淮安市人民政府副市长，民盟淮安市委副主委（不驻会）；2013年6月任淮安市人民政府副市长，市红十字会会长，民盟淮安市委副主委（兼职）；2017年6月任淮安市人民政府副市长，市红十字会会长，民盟江苏省委副主委（兼职）、淮安市委副主委（兼职）；2018年3月任现职（其间：2018年3月至2019年3月挂职任贵州省教育厅副厅长）。

十三届全国政协委员；民盟第十一届中央委员；省十二届人大代表。

肖进方 男，汉族，1962年8月出生，1983年8月参加工作，1986年12月加入中国共产党，大学学历、学士学位，江苏靖江人。现任淮安市人民政府副市长、党组成员。

1979年9月华东工程学院化学工程专业学习；1983年8月起先后为国营9305厂实习生、技术员；1985年3月起先后任国营9305厂全质办副主任、主任；1987年6月任国营9305厂全质办主任、企管办主任；1989年3月任国营9305厂办公室主任、全质办主任、企管办主任；1990年9月起先后任国营9305厂副厂长、常务副厂长；1993年12月任9395厂（江苏淮河化工总厂）常务副厂长；1999年2月任江苏淮化集团有限公司常务副总经理；2000年12月任盱眙县副县长；2002年11月任盱眙县委副书记；2004年12月任盱眙县委副书记、副县长；2005年12月任金湖县委副书记；2006年1月起先后任金湖县委副书记、代县长、县长；2011年12月任金湖县委书记、县长；2012年1月任金湖县委书记（其间：2012年3月至2016年1月兼任县人大常委会主任）；2016年7月任淮安市人大常委会党组成员；2017年1月任淮安市人民政府副市长，市人大常委会党组成员；2017年2月任现职。

十一届省人大代表。

赵 权 男，汉族，1963年7月出生，1985年7月参加工作，1987年11月加入中国共产党，研究生学历、学士学位，江苏扬州人。现任淮安市人民政府副市长、党组成员。

1981年9月南京师范大学中文系学习；1985年7月起先后为淮阴市公安局秘书科办事员、科员（其间：1989年12月至1990年5月下派任灌南县公安局新安派出所副所长）；1990年5月起在淮阴市委政法委办公室帮助工作；1991年7月为淮阴市委政法委办公室科员；1992年1月任淮阴市委政法委办公室副主任；1996年12月任淮阴市委政法委研究室主任；1998年5月任淮阴市委政法委委员（副处级）、研究室主任；2000年3月任淮阴（淮安）市委政法委副书记；2001年3月任淮安市委政法委副书记、市委610办公室副主任；2001年9月任淮安市政府副秘书长、市委610办公室副主任（其间：2002年9月至2004年1月参加省委党校社会主义法制建设专业在职研究生学习）；2004年4月任淮安市政府副秘书长、研究室主任，市政府办公室党组成员；2007年1月任淮安市政府副秘书长、市招投标管理办公室主任；2007年7月任淮安市政府副秘书长，市招投标管理办公室主任、党组书记；2007年11月任淮安市政府副秘书长，市安监局局长、党组书记；2013年9月任淮安市经信委主任、党组书记，市乡镇企业局、市盐务局局长；2015年8月任淮安市经信委主任、党组书记，市乡镇企业局、市盐务局、市中小企业局局长；2015年11月任淮安市经信委主任、党组书记，市乡镇企业局、市盐务局、市中小企业局局长，市口岸办主任；2017年1月任淮安市人民政府副市长，市经信委主任、党组书记，市乡镇企业局、市盐务局、市中小企业局局长，市口岸办主任；2017年2月任淮安市人民政府副市长、党组成员，市经信委主任、党组书记，市乡镇企业局、市盐务局、市中小企业局局长，市口岸办主任；2017年3月任现职。

周 青 男，汉族，1966年3月出生，1988年7月参加工作，1991年7月加入中国共产党，大学学历、学士学位，江苏涟水人。现任淮安市人民政府副市长、党组成员，新疆生产建设兵团第七师党委副书记、副师长。

1984年9月苏州大学中文系学习；1988年7月起先后为淮阴师范学校教师、语文教研组组长；1993年7月起为淮阴日报社记者、记者部主任助理（其间：1996年5月至1996年10月下派任金湖县塔集镇副镇长）；1996年11月调入淮阴市委办公室工作；1997年10月任淮阴市委办公室信息科副科级秘书；1998年3月任淮阴市委办公室综合二科副科长；2000年7月任淮阴（淮安）市委办公室综合二科科长；2001年12月任淮安市委办公室综合三处处长；2003年8月任淮安市委办公室综合一处处长；2004年6月任淮安市委办公室副主任；2009年5月任淮安市委副秘书长、研究室主任；2010年6月任清浦区委副书记、代区长；2011年1月任清浦区委副书记、区长（其间：2011年7月起主持区委工作）；2011年9月任清浦区委书记、区长；2012年2月任清浦区委书记、区人大常委会主任；2016年4月任清浦区委书记；2016年6月任淮安经济技术开发区管委会主任、清浦区委书记；2016年7月淮安经济技术开发区党工委副书记、管委会主任，清浦区委书记；2016年9月任淮安经济技术开发区党工委副书记、管委会主任；2018年9月任淮安市人民政府党组成员，淮安经济技术开发区党工委副书记、管委会主任，新疆生产建设兵团第七师党委副书记、副师长；2019年11月任淮安市政府副市长、党组成员，淮安经济技术开发区党工委副书记，新疆生产建设兵团第七师党委副书记、副师长；2019年12月任现职。

十二次省党代会代表。

周达清 男，汉族，1970年8月出生，1993年8月参加工作，1992年11月加入中国共产党，大专学历、学士学位，江苏宜兴人。现任淮安市政府副市长、党组成员，市公安局局长、党委书记、督察长，市委政法委副书记。

1990年9月江苏公安专科学校

治安专业学习；1993年8月省公安厅文保处见习；1994年9月起为省公安厅文保处科员、禁毒处科员；1999年4月任省公安厅禁毒处综合科副科长(其间: 1998年8月至2000年12月参加中央党校函授学院政法专业在职大学学习)；2001年4月任省公安厅禁毒处秘书科副科长；2005年1月任省公安厅禁毒处秘书科科长(其间: 2008年10月至2009年10月挂职任无锡市公安局惠山分局副局长；2005年12月军队高等教育自学考试(南京陆军指挥学院)大学毕业, 2007年1月获法学学士学位)；2011年8月任省公安厅治安警察总队副总队长、治安管理局副局长、水上警察总队副总队长；2015年7月任省公安厅治安警察总队副总队长、治安管理局副局长、水上警察总队副总队长、省公安特警总队副总队长兼人口管理支队支队长；2016年7月任省公安厅警务保障部主任；2019年7月任省公安厅警务保障部主任、一级调研员；2019年9月任省公安厅警务保障部主任、一级调研员,江苏公安实战训练中心主任(其间: 2018年2月至2019年11月挂职任常州市公安局副局长、党委副书记)；2019年11月任淮安市人民政府副市长,市公安局局长；2019年12月任淮安市人民政府副市长、党组成员,市公安局局长、党委书记、督察长,市委政法委委员；2020年3月任现职。

王向红 女,汉族,1966年3月出生,1987年9月参加工作,1994年1月加入中国共产党,大专学历、硕士学位,江苏宝应人。现任淮安市人民政府副市长、党组成员。

1984年9月江苏电大淮阴分校无机化工专业学习；1987年7月为金湖县化肥厂办事员；1993年8月为金湖县银集镇科技镇长助理；1994年5月为金湖县妇联秘书；1994年12月任金湖县吕良镇副镇长(其间: 1995年5月至1995年10月挂职任淮阴卷烟厂车间副主任)；1997年1月任金湖县淮建乡党委副书记、乡长(其间: 1998年2月至1998年7月参加省委党校第五期青干班培训)；1999年4月任金湖县淮建乡党委书记(其间: 1997年8月至1999年12月参加中央党校函授学院经济管理专业在职大学学习)；2000年2月任金湖县陈桥镇党委书记；2002年1月任涟水县副县长；2003年12月任清河区委常委、组织部部长；2004年12月任淮阴区委常委、副区长；2010年1月任淮安市妇联党组书记、主席(其间: 2007年9月至2010年7月参加省委党校区域经济学专业在职研究生学习)；2015年1月任涟水县委副书记、县长；2016年5月任涟水县委书记、县长；2016年6月任涟水县委书记；2020年3月任涟水县委书记、一级调研员；2020年6月任现职。

淮安市政协主席、副主席、党组成员

戚寿余 男,汉族,1962年8月出生,1981年7月参加工作,1984年9月加入中国共产党,党校研究生学历,洪泽区人。现任淮安市政协主席、党组书记。

1979年9月淮阴供销学校计划统计专业学习；1981年7月起先后为洪泽县供销社、县统计局统计员；1984年8月起先后任洪泽县政府办秘书、综合科长、副主任、主任；1995年7月任洪泽县委组织部副部长(正科级)；1996年10月任淮阴县委常委、组织部部长；1998年5月任淮阴市政府副秘书长,市政府办公室副主任、党组副书记(主持办公室工作)；1998年12月任淮阴(淮安)市政府副秘书长,市政府办公室主任、党组书记(其间：1999年8月至2001年12月参加中央党校经济管理专业本科函授学习)；2002年1月任清河区委副书记、区长；2003年1月任清河区委副书记、区长、区政协主席(主持区委工作)；2003年7月任清河区委书记；2004年1月任清河区委书记、区人大常委会主任(其间：2001年8月至2004年7月参加省委党校科学社会主义专业在职研究生学习)；2005年7月任淮阴区委书记；2006年1月任淮阴区委书记、区人大常委会主任；2008年1月任淮安市政府副市长；2008年6月任淮安市政府副市长,淮安工业园区党工委书记；2011年8月任淮安市委常委、宣传部部长；2013年12月任淮安市委常委、市政府常务副市长、党组副书记,市行政学院院长；2018年7月任淮安市委副书记；2018年8月任淮安市委副书记、统战部部长；2020年1月任淮安市政协主席、党组书记。

省十一次、十二次党代会代表；省十届人大代表；省十二届政协委员。

刘学军 男,汉族,1960年7月出生,1981年7月参加工作,1986年4月加入中国共产党,研究生学历,江苏淮安人。现任淮安市政协副主席、党组副书记。

1979年9月苏州市财经学校财税专业学习；1981年7月为淮阴县渔沟税务所税务员；1982年8月为淮阴地区(市)财政局办事员；1983年4月为淮阴市委经案办办事员；1984年9月淮阴师范专科学校中文专业学习；1986年7月为淮阴市委经案办办事员；1986年11月起先后为淮阴市纪委办事员、副科级纪检员；1991年7月任淮阴市纪委信访室副主任(正科级)；1993年3月任淮阴市纪委信访室(举报中心)副主任；1996年3月任淮阴市纪委常委(其间：1995年1月至1996年3月挂职任县级淮安市三堡乡党委书记)；1997年2月任淮阴市纪委常委、监察局副局长；1997年10月任涟水县委副书记；2000年12月任淮阴(淮安)市政府法制局局长、党组副书记,淮阴(淮安)仲裁委秘书处秘书长；2001年6月任淮安市政府法制办公室主任、党组书记,淮安仲裁委秘书处秘书长(其间：1999年9月至2002年7月参加中央党校政治学理论专业在职研究生学习)；2003年2月任淮安市城管局局长、党组书记；2008年3月任淮阴区委书记、区人大常委会主任；2013年12月任淮安市政协党组成员,淮安盐化新材料产业园区党工委书记、管委会主任；2014年1月任淮安市政协副主席、党组成员,淮安盐化新材料产业园区党工委书记、管委会主任；2015年8月任淮安市政协副主席、党组成员,淮安盐化新材料产业园区党工委书记、管委会主任,援疆任新疆生产建设兵团第七师党委常委、副师长；2015年11月任淮安市政协副主席、党组成员,援疆任新疆生产建设兵团第七师党委常委、副师长；2017年1月任淮安市政协副主席、党组副书记，援疆任新疆生产建设兵团第七师党委常委、副师长；2018年9月任现职。

十一次、十二次省党代会代表；第七次新疆生产建设兵团党代会代表。

程 刚 男，汉族，1959年12月出生，1976年7月参加工作，民革党员，大学学历，江苏涟水人。现任淮安市政协副主席。

1976年7月为清江市钵池公社插队知青；1979年2月徐州医学院淮阴专科班医疗专业学习；1982年1月为泗阳县中医院医师；1983年12月为清河区人民医院医师；1985年10月苏州医学院进修；1986年12月任清河区人民医院门诊部主任；1988年2月任清河区卫生局业务股股长；1990年5月任清河区卫生局副局长；1991年1月任清河区卫生局副局长、清河医院院长（其间：1992年8月至1994年12月参加中央党校政治专业本科函授学习）；1995年5月任清河区区长助理；1996年10月任清河区副区长；2001年9月任清河区副区长、民革淮安市委副主委（不驻会）；2002年9月任淮安市卫生局副局长、民革淮安市委副主委（不驻会）（其间：2005年6月至2006年6月挂职任南京市卫生局局长助理）；2006年11月任民革淮安市委主委（不驻会）、市卫生局副局长；2008年1月任淮安市政协副主席（不驻会），民革淮安市委主委（不驻会）、市卫生局副局长；2013年12月任淮安市政协副主席、民革淮安市委主委（兼职）；2018年4月任现职。

九届、十届、十一届、十二届省政协委员。

范更生 男，汉族，1965年7月出生，1983年7月参加工作，九三学社社员，研究生学历，江苏淮安人。现任淮安市政协副主席（不驻会）、市工商联主席。

1981年9月淮阴供销学校计划统计专业学习；1983年7月为淮安县城东供销社统计员；1984年4月为淮安县统计局综合统计股办事员；1985年4月任淮安县统计局综合统计股副股长（其间：1988年9月至1990年6月参加中国人民大学统计系干部专修科脱产学习）；1994年9月任淮安县（楚州区）统计局副局长；2001年11月任楚州区统计局局长；2002年12月任楚州区副区长（其间：2002年9月至2004年12月参加省委党校经济管理专业本科函授学习）；2006年11月任楚州区副区长、九三学社淮安市委副主委（不驻会）（其间：2004年9月至2007年7月参加省委党校行政管理专业在职研究生学习）；2010年12月任淮安市工商联主席；2012年6月任现职。

十二届省政协委员。

吉子俊 男，汉族，1962年7月出生，1981年7月参加工作，1986年9月加入中国共产党，研究生学历，江苏涟水人。现任淮安市政协副主席、党组成员。

1978年9月淮阴师范专科学校数学系学习；1981年7月为涟水县南集中学教师；1984年1月为涟水县农机修造厂职工学校教师；1984年6月在涟水县司法局办公室工作（其间：1982年5月至1985年7月参加徐州师范学院数学专业本科函授学习）；1987年3月起先后任涟水县委办公室助理秘书、秘书；1989年1月任涟水县委办公室副科级秘书；1989年8月任涟水县委办公室副主任；1991年6月任淮阴市检察院政治部副主任；1992年7月任淮阴经济开发区研究室主任；1993年3月任涟水县委办公室副主任（正科级）；1995年7月任涟水县委办公室主任；1997年1月任涟水县副县长；2002年1月任清河区委常委、副区长；2003年12月任金湖县委常委、常务副县长；2006年5月任金湖县委副书记、政法委书记；2007年1月任金湖县委副书记、政法委书记，县经济开发区党工委书记(其间：2004年9月至2007年7月参加省委党校行政管理专业在职研究生学习)；2007年7月任金湖县委副书记、县经济开发区党工委书记；2007年11月任楚州区委副书记、代区长、区长（其间：2011年10月起主持区委工作）；2011年12月任楚州区委书记、区长；2012年2月任楚州（淮安）区委书记、区人大常委会主任；2015年1月任淮安区委书记；2015年3月任淮安市人民政府副市长（援疆）、淮安区委书记；2015年8月任淮安市人民政府副市长（援疆）、党组成员；2017年1月任淮安市政协副主席，市人民政府党组成员；2017年2月任现职。

十一届省人大代表。

孙晓阳 男，汉族，1960年9月出生，1982年12月参加工作，1991年12月加入中国共产党，大学学历、学士学位，江苏淮安人。现任淮安市政协副主席、党组成员，市第一人民医院院长、党委书记。

1978年3月南京医学院医学专业学习；1982年12月起先后为淮阴市第一人民医院住院医师、主治医师、副主任医师、主任医师；1994年8月起先后任淮阴市第一人民医院大外科副主任、脑外科副主任；1997年10月任淮阴（淮安）市第一人民医院脑外科主任、大外科副主任、设备科副科长（其间：1999年9月至2001年6月参加苏州大学卫生事业管理专业研究生课程进修班学习；2000年10月至2001年3月公派加拿大多伦多大学附属儿童医院访问学者）；2002年7月任淮安市第一人民医院副院长、脑外科主任；2004年6月任淮安市第一人民医院副院长、大外科主任、脑外科主任；2005年11月任淮安市第一人民医院院长、党委副书记；2007年1月任淮安市第一人民医院院长、党委书记；2016年1月任现职。

十一次省党代会代表。

陶光辉 男，汉族，1962年9月出生，1984年7月参加工作，1984年1月加入中国共产党，大学学历，江苏淮安人。现任淮安市政协副主席、党组成员。

1980年7月淮阴农业学校畜牧兽医专业学习；1984年7月为淮阴市多种经营管理局技术员（其间：1987年6月至1988年4月挂职任洪泽县共和乡乡长助理）；1988年4月起先后任共青团淮阴市委办事员，青农部副部长、部长，学少部部长；1995年1月任清浦区和平镇党委书记（其间：1994年9月至1996年7月参加中央党校党政专业本科函授学习）；1996年12月任清浦区委常委、宣传部部长；1998年12月任清浦区委常委、副区长；2002年1月任涟水县委副书记、副县长；2002年12月起先后任涟水县委副书记、代县长、县长；2007年1月任金湖县委书记、县人大常委会主任；2010年12月任金湖县委书记、县人大常委会主任，淮安经济开发区管委会主任；2011年11月任淮安经济技术开发区管委会主任、党工委副书记；2016年7月任淮安市政协党组成员；2017年1月任现职。

十二次省党代会代表；十届省人大代表。

王莉莉 女，汉族，1962年1月出生，1978年9月参加工作，民进会员，大学学历，江苏淮安人。现任淮安市政协副主席（不驻会），民进淮安市委专职主委。

1978年9月起先后为淮阴县果林中学、淮海中学教师；1985年12月起先后为民进淮阴市委办事员、科员、副科级秘书；1990年8月任民进淮阴市委副秘书长；1993年12月任民进淮阴（淮安）市委秘书长（其间：1998年8月至2001年2月参加省委党校经济管理专业大专函授学习）；2001年8月任民进淮安市委副主委；2002年12月任民进淮安市委副主委、市计生委（人口计生委）副主任（挂职）（其间：2002年8月至2004年2月参加中央党校行政管理专业本科函授学习）；2006年10月任民进淮安市委副主委、淮安市教育局副局长（挂职）；2008年3月任淮安市政府外侨办主任、民进淮安市委副主委（不驻会）；2010年4月任淮安市政府外侨办（市港澳事务办）主任、民进淮安市委副主委（不驻会）；2016年7月任民进淮安市委专职主委；2017年1月任现职。

十二届省政协委员。

邱华康 男，汉族，1967年10月出生，1989年8月参加工作，大学学历、硕士学位，江苏沭阳人。现任淮安市政协副主席（不驻会），市无党派知识分子联谊会会长。

1985年9月华东政法学院法学专业学习；1989年8月为淮阴市司法局公证处公证员；1998年3月任淮阴市司法局公证处副主任；2000年12月任淮阴（淮安）市司法局副局长；2002年11月任涟水县副县长（其间：2002年3月至2004年12月参加华东政法学院诉讼法专业法律硕士学位学习）；2007年11月任淮阴区副区长；2011年6月任淮安市司法局副局长、调研员；2013年6月任淮安市检察院副检察长、调研员；2015年1月任淮安市检察院副检察长（正处级）；2015年12月任淮安市司法局局长；2017年12月任淮安市政协副主席（不驻会），市司法局局长，市无党派知识分子联谊会会长（其间：2007年11月至2017年12月兼任市无党派知识分子联谊会副会长；2017年12月起兼任市无党派知识分子联谊会会长）；2020年5月任现职。

十二届省政协委员。

淮安市中级人民法院院长

章　润 男，汉族，1977年8月出生，1999年8月参加工作，1998年6月加入中国共产党，大学学历、硕士学位，江苏东台人。现任淮安市中级人民法院院长、党组书记，市委政法委委员。

1995年9月南京大学法学院经济法专业学习；1999年8月起先后为江苏省高级人民法院民一庭、执行庭工作人员；2000年11月起先后为江苏省高级人民法院执行庭、研究室书记员；2004年4月起先后任江苏省高级人民法院研究室副主任科员、综合科副科长、综合科科长、主任助理兼司法改革办公室主任助理（其间：2005年3月至2007年12月参加南京大学法学院法律专业在职学习，获法律硕士学位）；2008年4月任江苏省高级人民法院研究室副主任兼司法改革办公室副主任；2011年3月任江苏省高级人民法院办公室主任、审判委员会委员（其间：2010年11月至2011年11月挂职任南京市江宁区人民法院副院长、党组成员；2011年9月四级高级法官）；2016年3月任江苏省高级人民法院审判监督第二庭庭长、审判委员会委员（其间：2016年10月三级高级法官）；2019年2月任江苏省高级人民法院民五庭庭长、审判委员会委员；2019年8月任淮安市中级人民法院院长提名人选；2019年9月任淮安市中级人民法院代院长、党组书记，市委政法委委员；2020年1月任现职。

淮安市人民检察院检察长

肖天奉 男，汉族，1965年1月出生，1986年7月参加工作，1985年7月加入中国共产党，研究生学历、学士学位，江苏泰兴人。现任淮安市人民检察院检察长、党组书记，市委政法委委员。

1982年9月中国刑警学院文检专业学习；1986年7月为扬州市公安局刑警大队办事员；1988年10月为扬州市公安局刑警大队科员；1990年11月任扬州市公安局刑警大队技术中队副中队长；1993年7月任扬州市公安局刑警大队侦察中队指导员；1996年8月任扬州市公安局刑警支队侦察大队大队长；1996年12月为泰州市公安局干部；1997年7月任泰州市公安局刑警支队副支队长；1998年11月任泰州市公安局刑警支队副支队长、经侦支队副支队长；2000年11月任泰州市公安局刑警支队支队长；2002年10月任泰州市公安局海陵分局局长、党组书记；2003年2月兼任泰州市海陵区委政法委副书记（其间：2002年9月至2005年7月参加省委党校区域经济学专业在职研究生学习）；2005年9月任泰州市公安局政治部主任、党委委员；2009年4月任泰州市公安局副局长、党委委员；2012年9月任泰州市公安局副局长、党委副书记（正处级）；2016年1月任淮安市人民检察院检察长、党组书记；2017年5月任现职。

模范人物

全国“五一”劳动奖章获得者

王　荣 女，中共党员，江苏泰丰针织有限公司生产制造经理。2019年，获全国“五一”劳动奖章。

王荣将自己在海外工作的经验运用到国内针织服装生产中，并成长为高层管理者。王荣善于学习，带领一批有经验的技术人员研讨、尝试，学习精益生产，打乱原有人员编制、重整生产流程、优化生产工艺，借助现代服装设计软件和工艺智能软件，利用1年时间，将公司的3个生产车间进行整合，在生产中熟练的运用5S管理。2018年，公司生产单件成衣的时间缩短20%，工人工资增加超过10%。

王荣通过以老带新、老新结合、以教促学、以学促产、以产达效、以效提质等方式改变传统的培训方法；通过制定标准作业流程和方法，将复杂的生产动作进行分解，每一个标准动作以视频放映的方式再现，员工能够更直观的学习；通过建立微信群，上传培训内容，员工在学习的过程中，及时提问，及时解答。2018年该公司没有收到任何客户投诉，为公司赢得良好口碑。王荣凭借着多年的生产管理经验，重新建立企业质量管理手册，带头优化、清理、整顿车间生产现场，减少各工序之间的冗余环节，不断压缩生产时间，提高生产效率，为企业和员工带来实实在在的经济效益。

王荣还获得其他多项荣誉。2010年，被涟水县总工会授予“劳动模范”称号。2017年，获得江苏省“五一”劳动奖章。

吉兰芳　女，中共党员，国网江苏省电力有限公司金湖县供电分公司运维检修部信息通信运检技术专职，高级工程师。2019年，获全国“五一”劳动奖章。

吉兰芳一直从事信息通信系统管理运检工作，二十几年如一日，在平凡的岗位上作出不平凡的业绩。她爱岗敬业，勇于创新，多次出色完成工作任务。为适应公司精益化管理要求，开发农电信息开票系统，在全县供电所广泛推广应用，提高农电线路安全管理水平。组织开展公司管理创新项目《标准化作业指导卡在信息运维中的应用》实施工作，有效提高公司信息专业管理标准化水平。项目上报后，被江苏省电力公司采纳，由省电力公司安排编制指导卡并推广应用。撰写多篇典型经验介绍，入选江苏省电力公司信息化典型经验知识库。所提的“提高电力通信传输系统接入设备利用率”建议，被淮安市总工会评为“十佳合理化建议”。她还取得高级工程师、高级技师、注册信息安全工程师等证书，被淮安供电公司评为基层专家。

她凭着好学的钻劲，很快熟练掌握系统、服务器、网络、信息安全、网页设计等各类知识。她经常加班加点，工作在一线，做好公司信息通信项目推广实施工作。多次组织办班，培训公司各级各类人员的计算机操作水平，参与对管理岗、生产岗、农电人员的计算机应用基础知识培训以及班组管理软件、幻灯片制作、党务系统等各类计算机软件培训，大幅提升公司广大员工计算机运用水平。

吉兰芳还获得其他多项荣誉。2008年4月，获江苏省“五一”创新能手称号。2010年4月，获淮安市“五一”劳动奖章。2011年2月，获江苏省电力公司“巾帼建功标兵”称号。2012年8月，入选“2012江苏好青年百人榜”。2017年4月，获“淮安市劳动模范”称号。

“孺子牛奖”获得者

李银江　男，中共党员，淮安市盱眙县桂五镇敬老院院长。2019年4月2日，在第十四次全国民政会议上，李银江被授予民政部最高荣誉奖“孺子牛奖”，成为淮安市第一位获此荣誉的民政工作者。

李银江扎根基层30多年，始终把责任扛在肩上，在平凡的岗位上做出不平凡的成绩。他是敬老院的“当家人”，是128位五保老人的“大孝子”，先后为71位老人守孝送终，对老人尽孝早已超越血缘和职责。几十年来，他走乡串户探望全镇老人，对桂五镇老人的情况了如指掌。在他的带动下，桂五镇尊老爱老蔚然成风。李银江不仅是空巢老人的“亲儿子”，还是乡村孤儿的“好爸爸”，是流浪人员的“家里人”。30年来，在李银江的帮助下，有64名流浪乞讨人员踏上归途，回到亲人身边。

李银江曾获得中华孝亲敬老楷模提名奖、德耀中华·第五届全国道德模范助人为乐模范候选人、江苏省道德模范、江苏省“五一”劳动奖章等多项荣誉。

全国模范退役军人

於如桂　男，中共党员，江苏爱邦钢铁有限公司总经理。2019年，被中共中央组织部、人力资源和社会保障部、退役军人事务部、中央军委政治工作部等军地相关部门授予“全国模范退役军人”称号。

於如桂1983年入伍，服役期间多次受到连、营、团嘉奖，被评为部队“遵纪爱民模范标兵”，在边境自卫反击作战中因伤致残并荣立个人二等功。退伍后，他创办企业，企业被评为江苏省钢材销售企业五十强、全国百强钢材营销企业、中国民营企业百强创新先锋、中国企业诚信经营示范单位。坚持做好公益事业，他为南京大学捐献教学楼、为战友谋求致富之路、为家乡建设贡献力量、为社会各弱势群体提供帮助、为国家灾情伸出援手。多年来，他为各类公益事业捐钱捐物超过千万元。2018年，被江苏省军区政治工作局、省委宣传部、省经信委、省民政厅、省人社厅、省工商联、省国防教育办公室等单位联合表彰为“江苏省首届百名退役军人创业之星”。其创业事迹入选由解放军长城出版社编辑的《中国复转军人创业纪实》。

於如桂曾获“成长苏商五十强”、江苏省“青春创业风云人物”、“中国诚信企业家”、首届南京市“优秀青年企业家”、“社会主义荣辱观践行典范”、“中国和谐社会杰出企业家”、首届“长三角杰出青商”等荣誉称号。

全国民族团结进步模范个人

樊维明　男，回族，江苏省政协第十、十一届委员、十二届政协常委，江苏省伊斯兰教协会副会长，淮安市伊斯兰教协会会长，淮阴区王营清真寺阿訇。在第七次全国民族团结进步表彰大会上，樊维明被表彰为全国民族团结进步模范个人并获邀参加10月1日国庆观礼。

多年来，作为省、市、区政协常委

和民族宗教界代表人士，樊维明始终高举爱国爱教伟大旗帜，认真贯彻党的民族宗教政策，坚持伊斯兰教中国化方向，全身心扑在维护民族团结和推动伊斯兰教事业的发展上。他立足本职岗位，充分发挥民族宗教界代表人士的桥梁纽带作用，带领淮安市伊斯兰教协会创造若干个“全省第一”。

作为省、市、区三级政协常委，在日常工作中，樊维明坚决按照“懂政协、会协商、善议政、守纪律、讲规矩、重品行”的要求，注重理论学习，提高政治站位，重视“四个能力”，积极参政议政，自觉履行自身所担当的社会责任。他的提案和建议内容不仅与伊斯兰教和少数民族群众有关，还涉及社会经济发展的方方面面，每年提交给省、市、区政协提案10余件，均被政府及有关部门采纳。

2010年12月，樊维明被中央统战部和国家宗教局表彰为“首届全国创建和谐寺观教堂先进个人”。

全国法院办案标兵

王海忠 男，淮安经济技术开发区人民法院执行局副局长，中共党员。2019年1月，被最高院评为全国法院办案标兵。

王海忠1996年开始从事执行工作，历年办案数均在全院前列。针对开发区涉及重点领域投资、农民工维权、征地拆迁、企业“执转破”等案件特点，王海忠能找准司法服务的切入点和着力点，提高服务大局的针对性和实效性。每次重大执行活动，他都能做足执行预案，在执行现场冲在最前面，果断采取拘留、罚款、搜查等强制措施，确保执行效率和效果。执结涉及困难企业、残疾人、老年人、农民工等案件近600余件，涉及群众、困难职工800余人。收到当事人锦旗10余面，感谢信6封。2017年12月担任开发区法院执行副局长，分管执行实施、宣传工作，他带领团队干警，攻克许多大案、难案、要案，积极撰写稿件报道执行案例，在市级以上各类媒体发表宣传文章近百篇，为“基本解决执行难”工作营造良好的社会环境。2019年3月主持全局工作后，带领执行局全体干警圆满完成上级法院和本院的各项任务。

2016年，被评为省高院执行工作先进个人；2017年，被评为省高院个人二等功；2018年，被省文明办评为“江苏好人”，并被省委、省政府授予个人综治二等功。

全国自强模范

叶海涛 男，汉族，肢残，盱眙县淮河镇明祖陵村村民。2019年5月16日被表彰为全国自强模范。

叶海涛是一名卧床残疾人，20年来义务辅导400多名农村留守儿童，许多孩子除学到知识，更受到他自信与自强精神的感染，以优异的成绩考上初中、高中乃至大学。1998年，叶海涛在病床前，办起爱心教室，对孩子们进行集中义务辅导。渐渐地，周边邻居家孩子有不懂的问题也来咨询，受辅导的孩子越聚越多，叶海涛的小屋成了课外辅导站，每天等着孩子们放学成了叶海涛最快乐的事。相对于其他孩子而言，这些留守的孩子缺乏足够的父爱和母爱，总是有这样或者那样的问题。对于这些孩子，叶海涛总是在辅导之余抽时间和他们谈心，嘘寒问暖，及时解决他们身上出现的问题，让他们感受到爱。个别孩子家境贫寒，生活困难，他便将自己不多的积蓄取出一部分，给他们买学习用品。2018年5月7日，《光明日报》头版《病床上撑起二十年琅琅书声》报道其事迹，省、市、县电视台多次专题采访。2019年2月25日，中央电视台社会与法频道《热线12》专访，在全国引起强烈反响。

2017年，叶海涛入选“中国好人榜”。

逝世人物

刘秉恒（1928.3—2019.6），男，江苏淮安人，1945年6月参加革命工作，1945年9月加入中国共产党。1945年6月至1948年11月，任联防游击队干事，章桥乡治安主任、粮管员；1948年12月至1950年10月，任顺河、施河、淮城区委秘书；1950年10月至1952年10月，任淮安县纪委检查员、三反办公室秘书、公安局秘书、宣传部指导员；1952年10月至1953年2月，任泾口区委副书记（主持工作）；1953年2月至1953年7月，在盐城地委整党团工作，任淮安队部秘书；1953年7月至1955年6月，任淮安县委秘书处助理秘书（办公室副主任）；1955年6月至1964年3月，任淮城区委书记、淮安县委书记、淮城公社第一书记；1964年3月至1973年9月，在淮安县任监委书记（县委常委）、复兴公社革委主任、战备办公室主任；1973年9月至1975年8月，在石圹公社任党委书记、革委主任；1975年8月至1981年1月，在淮安县任县委常委、副书记、纪委书记；1981年1月至1984年2月，任泗阳县委副书记、县长；1984年2月至1987年4月，任淮阴市民政局局长、党组书记；1987年4月至1993年12月，任淮阴市人大法制委主任；1993年12月离休。2019年6月16日逝世，享受副地市级政治生活待遇。

陈定有（1928.11—2019.12），男，江苏洪泽人，1945年7月参加革命工作，1949年3月加入中国共产党。1945年7月至1947年9月，在新四军四旅十团任战士；1947年9月至1952年6月，在高炮一团二连任副排长、参谋、连长；1952年6月至1958年2月，在高炮学校学习，后任高炮团主任、监察员；1958年2月至1962年9月，在炮兵学院学习；1962年9月至1967年7月，在高炮六十一团任参谋长；1967年7月至1976年3月，任大连支左军代表、高炮656团团长；1976年3月至1988年12月，在清江棉纺织厂任副厂长、党委副书记；1988年12月离休。2019年12月30日逝世，享受副地市级政治生活待遇。

文 献

聚焦决胜之年 打赢收官之战 高水平全面建成小康社会

——在中国共产党淮安市第七次代表大会第四次会议上的报告

蔡丽新

（2019年12月31日）

同志们：

现在，我代表中共淮安市第七届委员会向大会作报告。

这次大会的主题是：高举习近平新时代中国特色社会主义思想伟大旗帜，深入学习贯彻党的十九大和十九届二中、三中、四中全会精神，全面贯彻落实中央经济工作会议、省委十三届七次全会部署，动员全市各级党组织和广大党员干部群众，锐意进取、真抓实干，聚焦决胜之年，打赢收官之战，确保高水平全面建成小康社会。

一、高质量发展蹄疾步稳，高水平全面小康建设亮点纷呈

今年是我们党和国家历史上具有特殊重要意义的一年。伴随着新中国成立70周年喜庆祥和、团结奋进的氛围，全市经济社会发展取得了提神提气的良好成绩，完成了一批具有关键性支撑、标志性意义的重大工程，办成了一批具有带动性作用、广泛性影响的重大事项，在高质量发展征程上迈出了稳健一步。一年来，全市上下坚持以习近平新时代中国特色社会主义思想为指导，认真落实中央和省委省政府各项决策部署，聚焦高水平全面建成小康社会，按照“变中行稳、稳中求进、进中向好、好中争前”思路，做好稳增长、促改革、调结构、惠民生、防风险、保稳定工作，打好三大攻坚战，抓好“6+1”大事和十件要事，主要经济指标保持在合理区间，多项指标增幅居全省或苏北前列。预计全年地区生产总值增长6.7%，一般公共预算收入增长3.9%，规上工业增加值增长6.5%，全体居民人均可支配收入增长9%。

——*以实施重特大项目攻坚年和“158”骨干企业培育工程为抓手，经济质效更优。*全力推进重特大项目攻坚，预计全年规上固定资产投资增长6.5%，其中工业和高新技术投资分别增长6.5%、15%，新开工、新竣工亿元以上项目数再创新高，时代芯存一期、跃马轮毂等建成投产，富强新材料、华强方特等稳步推进，中国优材科技产业园、逸臣钢管等成功落户，一批新的经济增长点加速形成。深入实施骨干企业培育工程，获批高新技术企业211家，苏盐井神获得全国质量奖，今世缘酒业、康乃馨等三家企业入选年度省“自主工业品牌五十强”，天士力药业、理士电池分别创成国家级绿色工厂、绿色产品，麒祥科技成为全市首家“瞪羚企业”，实体经济根基更加巩固。加快发展“433”优势特色产业，“三新一特”工业主导产业稳步增长，实现省级战略性新兴产业类别“双创计划”团队零突破，苏淮高新区被认定为中国产学研合作创新示范基地，37家省市级服务业集聚区提档升级，涟水县获批创建省级现代农业产业示范园，“盱眙龙虾”“洪泽湖大闸蟹”入选首批国家农业品牌目录。

——*以打造全国一流营商环境和建设台资集聚区为追求，发展活力更足。*深化“放管服”改革，市县区两级全面组建行政审批局，成立全省唯一的市委营商环境优化办，打造“营商环境直通车”惠企新模式，在全省率先编制公布市级部门权责清单、建成市县镇村一体化审批服务体系，“不见面审批”占比指标全省第一，营商环境进一步优化。举办第二届食博会、第十四届台商论坛、第六届淮商峰会等活动，预计全年新设外资项目130个，实际利用外资10.5亿美元，其中新批及增资台资项目40个，新增千万美元以上台资项目数全省第二，实际到账台资居全省前列，淮昆台资合作产业园揭牌，宁淮特别合作区启动建设，宁淮现代服务业集聚区获批省南北共建园区。航空货运枢纽、沿淮铁路等重大项目工程列入长三角区域一体化发展规划纲要，承办淮河生态经济带首次省际联席会议和市长会商会，“一区两带”建设加快落地落实，重大战略机遇叠加为淮安发展“釜底加薪”。

——*以央视秋晚形成“现象级”影响和高铁、高架建成通车为标志，城市能级更高。*高质量承办央视中秋晚会，淮安成为全球华人瞩目焦点，晚会总体观众规模达1.87亿，省委娄勤俭书记给予“缘来淮安，十分精彩”高度评价，取得了“秋晚一台戏、骄傲一城人”的良好效果。

徐宿淮盐铁路、连淮铁路建成通车让淮安人民圆上“高铁梦”,十几年呼吁的宁淮城际铁路今年从立项到先导段开工仅用七个月时间,淮安东站一期及综合客运枢纽竣工,内环高架建成让淮安更具都市气息,金融中心和运河大桥璀璨亮灯、金湖县水上森林公园和白马湖“南葵北菊”精彩亮相成为“网红打卡地”,淮安机场年旅客吞吐量突破230万人次、开通首条全货机航线。实施“水懂我心、自然淮安”全域旅游战略,打造“两圈两带”精品旅游线路,金湖县成为首批省级全域旅游示范区,洪泽区龟山村入选首批全国乡村旅游重点村。

——*以广大群众获得感幸福感安全感提升为标尺,民生福祉更好。*深入实施“全民创业,淮商崛起”行动,市场主体总量突破50万户,城镇登记失业率全省最低。扎实推进精准扶贫,实施“阳光扶贫”扩围升级,预计提前实现省重点帮扶县区全部“摘帽”,建档立卡低收入人口全部脱贫,省市定经济薄弱村全部达标出列。聚力实施乡村振兴战略,高质量推进农房改善,洪泽区蒋坝镇入选全省首批金融支持乡村振兴示范试点镇,涟水县条河社区、金湖县荷韵小镇等变身江淮风格新型农村社区。实现城乡低保标准一体化、兜底保障全覆盖和企业退休人员基本养老金“15连调”,义务教育优质均衡比例跃居全省前列,医保政策和制度体系不断完善,综合医改工作得到国务院医改领导小组充分肯定。坚决打好污染防治攻坚战,$PM_{2.5}$浓度、空气质量优良天数、国省考断面水质均好于去年同期,建成区黑臭水体基本消除。把安全生产放在突出位置,扎实推进安全生产专项整治,事故起数和死亡人数连续18年“双下降”;深化全国文明城市创建“4856”行动,开展信访突出问题专项化解“三百”活动,深入推进扫黑除恶专项斗争,被确立为全省唯一全国扫黑除恶重点培育市,社会大局持续稳中向好。

——*以开展“不忘初心、牢记使命”主题教育为契机,党的建设更强。*以“践行初心使命、弘扬恩来精神”引领主题教育,深入推进“8+X”专项整治,推动广大党员自觉用习近平新时代中国特色社会主义思想武装头脑、指导实践、推动工作。精心组织新中国成立70周年庆祝与宣传教育活动,扎实开展新时代文明实践中心建设,在全省率先实现县区融媒体中心挂牌全覆盖,意识形态工作不断加强。严格落实党管武装制度,拓展国防动员准备,争创全国双拥模范城,军政军民团结更加巩固。整顿软弱涣散基层党组织,抓好村干部队伍规范化、社区工作者职业化建设,深入推进“基层减负年”工作,开展村(社区)办公场所“牌子乱象”、面向基层创建示范活动清理规范工作,基层工作活力进一步激发。积极配合省委实施乡村振兴战略专项巡视,认真做好巡视整改“后半篇文章”。加强党风廉政建设,领导干部带头开展“四不两直”调研,集中整治形式主义、官僚主义,严肃查处一批违纪违法案件,政治生态进一步向善向好。

在宏观发展形势复杂多变、经济下行压力不断加大的情况下,我们交出这样一份厚实成绩单,有力提振了全市人民的自信心自豪感。一年来的成功实践,得益于全市上下始终共圆一个梦,坚持把建设好周总理家乡作为重大政治责任,把让人民群众过上更加美好生活作为光荣使命,携手追逐“崛起江淮”梦想,全力加快崛起振兴步伐,不断提升淮安发展高度和群众幸福温度;得益于全市上下始终拧成一股绳,积极投身改革发展稳定工作一线,各级干部在服务企业、服务项目、服务民生上比奉献、赛成绩、争红旗,各界人士在各自岗位上施展才华、辛勤付出、拼搏奋斗,形成了推动淮安高质量跨越发展的强大合力;得益于全市上下始终搏尽一份力,贯彻中央和省市部署要求坚决有力、务求实效,落实重点任务不谈条件、不打折扣,特别是在建设食博中心、筹备央视秋晚、违建别墅整治、河湖“清四乱”等工作中,各级党员干部勇挑重担、攻坚克难,把不可能变成可能,把可能化成现实,这些都彰显了淮安干部想做事、会干事、善成事的优良品质和过硬作风。在此,我代表中共淮安市委,向全市广大党员干部群众,向各民主党派、工商联和无党派人士,向驻淮部队官兵、部省属驻淮单位和离退休老同志,向所有关心支持淮安发展的社会各界朋友,表示衷心感谢!

二、深入学习贯彻党的十九届四中全会精神,以更加强烈的制度自信迈向“两个一百年”奋斗目标

在“两个一百年”奋斗目标历史交汇点上,党的十九届四中全会重点研究坚持和完善中国特色社会主义制度、推进国家治理体系和治理能力现代化这个关系党和国家长治久安的重大议题,对于引领和保障中华民族实现伟大复兴,具有开创性、里程碑意义。全会通过的《决定》,全面回答了我国国家制度和国家治理体系应该“坚持和巩固什么、完善和发展什么”这个重大政治问题,明确了国家治理体系和治理能力现代化“三步走”的总体目标,为党带领全国各族人民走向未来、赢得未来构筑了可靠的制度大厦,为推动各方面制度更加成熟更加定型明确了时间表、路线图。省委十三届七次全会审议通过《关于贯彻落实党的十九届四中全会精神、推动省域治理体系和治理能力现代化建设走在前列的意见》,提出以“强富美高”新江苏建设的新实践,在国家治理体系的大棋局中当好“排头兵”。全市各级党组织要深入学习领会、坚决贯彻中央和省委部署要求,着力在学懂弄通做实四中全会精神上下功夫,努力为“中国之治”提供更多的淮安经验和方案。要始终坚定制度自信,充分认识中国特色社会主义制度的本质特征和优越性,坚决维护党中央权威和集中统一领导,认真贯彻《决定》关于中国特色社会主义制度体系建设的系统要求,确保党中央各项决策部署在淮安落地生根,使淮安改革发展各项事业始终沿着正确轨道前进。要着力推进制度创新,围绕中央《决定》和省委《意见》明确的主攻方向和着力点,坚持在守正中创新、在创新中守正,持续推动市域治理体系和治理能力现代化,努力创造一批结合淮安实际的基层治理机制和治理品牌,为实现发展目标提供更加有力的制度保障。要切实强化制度执行,坚决维护制度权威,严格按照制度履行职责、行使权力、开展工作,善于运用制度解决事关长远的根本性关键性问题,努力使先进生产力在高质量发展中得到进一步解放,社会活力在高效率治理中得到进一步迸发,人的全面发展在高品质生活中得到进一步实现,让中国特色社会主义制度优势在淮安大地上更加充分展现。

伟大成就让我们更加坚定制度自信，制度优势让我们更加自信迈向未来。即将迎来的2020年，是高水平全面建成小康社会的决胜之年，也是实现“十三五”规划目标的收官之年。深入分析“决胜收官”年度特征，我们要深刻认识到当今世界正面临百年未有之大变局，虽然国内外形势正在发生深刻复杂变化，但我们仍处在重要战略机遇期的判断没有变，淮安发展也进入了提档升级的关键阶段，我们必须以深厚情怀登高望远、以清醒头脑把握大势，决战决胜高水平全面建成小康社会，探索开启基本实现现代化新征程，全力推动淮安发展迈上新的更高台阶。淮安小康决胜其时已至，必须顺势而为。近年来，全市上下坚持不懈咬定小康目标，握紧接力棒，跑好接力赛，久久为功、善作善成，为高水平全面建成小康社会打下了坚实基础。当前第一个百年奋斗目标近在咫尺，高水平全面小康就在眼前，我们要拿出百米冲刺的状态，再接再厉、奋力拼搏，全力跑好小康建设“最后一公里”。淮安振兴发展其劲正足，必须乘势而上。当前，淮安正面临长三角区域一体化发展、“一区两带”建设等重大战略机遇，省委省政府大力支持淮安建设航空货运枢纽，推动宁淮挂钩合作、淮昆协同发展，加上明年打通联系长三角核心区两条高铁通道、宁淮铁路全面开工，将进一步放大淮安区位枢纽、战略枢纽、开放枢纽、交通枢纽、文化枢纽等多重优势，为淮安未来发展增添强大引擎。我们要把握住历史机遇，借风扬帆、借势发力，让淮安振兴发展的劲头更足、步伐更快。淮安跨越崛起其路仍艰，必须造势而进。我们要清醒地认识到，落实好习总书记对淮安殷切嘱托，是光荣使命，也是重大责任，但淮安展示“象征意义”依然任重道远，要求我们必须牢记使命、不负重托，奋力把周总理家乡建设得更加美好；淮安经济社会发展始终保持良好态势，但严峻复杂的宏观环境对我市招商引资、企业经营、群众就业产生不利影响，同时内部还面临去产能和稳增长的双重压力、总量不大和结构不优的双重矛盾、加快发展和强化治理的双重任务，特别是我市小康建设仍存在一些短板，部分指标完成难度较大，要求我们必须强化忧患意识、底线思维，未雨绸缪、克难求进，善于把压力转化为动力，把各项工作做得更加扎实更富成效，创新破解小康建设难题和挑战；淮安干部队伍具有包容心态、崛起梦想、苦干作风，但也有少数干部贯彻新发展理念不全面、不彻底、不到位，干事创业的精神懈怠、攻坚克难的劲头不足，存在不敢担当、不愿担当、不善担当问题和不作为、慢作为、乱作为现象，要求我们必须持续推进思想大解放，推动各级干部特别是领导干部强化使命担当意识，紧密结合实际解答好“九个有没有”“六个为什么”，奋力书写好实现“两个一百年”奋斗目标的时代答卷。

明年工作的总体要求是：坚持以习近平新时代中国特色社会主义思想为指导，全面贯彻党的十九大和十九届二中、三中、四中全会以及中央经济工作会议精神，增强“四个意识”，坚定“四个自信”，做到“两个维护”，坚决贯彻落实中央和省委省政府决策部署，按照稳中求进工作总基调，自觉践行新发展理念，坚持以供给侧结构性改革为主线，以改革开放为动力，统筹推进“五位一体”总体布局和“四个全面”战略布局，全力打赢三大攻坚战，奋力推进高质量跨越发展，确保高水平全面建成小康社会，为实现第二个百年目标打下坚实基础。明年全市工作目标为：地区生产总值可比价增长6.5%左右，一般公共预算收入增长2.5%左右，规上工业增加值增长6.5%左右，规上固定资产投资增长6.5%左右，社会消费品零售总额增长7.5%左右，全体居民人均可支配收入增长8%左右。围绕上述要求和目标，明年我们要聚力打赢“一场战役”：即打赢小康建设收官之战。强化小康指标运行监测，扎扎实实攻难关、补短板、强弱项、增优势，全力冲刺“十三五”奋斗目标，确保与全省同步高水平全面建成小康社会。同时集中各方智慧，高质量编制“十四五”规划建议，科学描绘未来五年全市发展蓝图，真正发挥好引领实践、推动发展的作用。着力提升“四个品质”：一是提升经济发展品质。坚持以稳求进、以进固稳，深入推进供给侧结构性改革，扎实做好“六稳”工作，加快发展“433”优势特色产业，大力实施创新驱动发展战略，推动经济发展实现量的合理增长和质的稳步提升，不断把发展“蛋糕”体量做大、品质做优。二是提升城乡建设品质。坚持以中心城市现代化引领城乡发展一体化，全面对接融入长三角区域一体化发展和“一区两带”、南京都市圈建设，进一步完善城乡基础设施、产业布局，优化城乡功能、形象环境，做好现有填白着色文章，为未来留白前瞻谋划，不断增强城市能级、激发乡村活力。三是提升居民生活品质。注重加强普惠性、基础性、兜底性民生建设，健全完善幼有所育、学有所教、劳有所得、病有所医、老有所养、住有所居、弱有所扶等基本公共服务体系，加强和创新社会治理，努力满足人民群众多层次多样化需求，使改革发展成果更多更公平惠及全体人民。四是提升队伍精神品质。深入推进思想大解放，构建闭环责任体系，完善考核激励机制，倡导真抓实干之风，推动各级干部践行初心使命、弘扬恩来精神，在改革发展稳定工作一线干事创业、争先创优，凝聚起推进高质量跨越发展的强大动力。全力抓好“七件大事”：一是抓好招大扶强项目攻坚。坚持把项目建设作为头版头条、重中之重，持续掀起招引、建设、服务项目的热潮，推动五十亿级、百亿级重特大产业项目取得突破，加快培育一批骨干企业、百亿级企业、“专精特新”小巨人企业，让淮安新的经济“源泉”喷涌而出。二是抓好交通枢纽建设。聚焦航空货运枢纽、高速铁路枢纽、内河枢纽港打造，加快推进重大交通项目建设，不断补齐交通基础设施短板，全链条构筑“外联内通”的快速交通网络，以厚实的交通脊梁挺起“崛起江淮”梦想。三是抓好全国文明城市创建。以背水一战的决心、志在必胜的斗志，坚持全员参战，强化联动推进，注重常态长效，狠抓任务落实，全面提升创建工作质量，确保以优异成绩闯关夺牌。四是抓好乡村全面振兴。深入实施乡村振兴战略五年规划和十项行动计划，着力构建现代农业产业体系、生产体系、经营体系，加快改善农民群众住房条件，巩固脱贫攻坚成果，提升农民生活质量和幸福指数。五是抓好生态环境治理。统筹山水林田湖草系统治理，扎实推进污染防治攻坚，打好蓝天、碧水、净土保卫战，牢牢守住生态保护红线，着力提供更多优质生态产品，不断满足人民群众日益增长的优美生态环境需求。六是抓好安全生产专项整治。以接受国务院专项整治督导为契机，牢固树立安全发展理念，深刻汲取市内外安全事故教训，扎实开展重点领域安全生产专项整治行动，坚决守牢安全底线，全面提升本质安全水平。七是抓好市域社会治理现代化。积极申报全国市域社会治理现代化首批试点城市，加快构建共建共治共享的社会治理体系，提高治理的制度化、专业化、专门化、精细化，增强系统治理、依法治理、综合治理、源头治理的意识和能力，着力解决影响国家安全、社会安定、人民安宁的突出问题，不断增强广大群众的获得感幸福感安全感。

三、突破重点攻坚决战，全力决胜高水平全面建成小康社会

明年要聚焦推进高质量跨越发展，围绕决战决胜高水平全面小康，统筹做好五个方面工作：

（一）*夯牢产业支撑，更大力度培育经济发展动能。*产业兴则经济强，产业优则动能足。要保持足够的定力和韧劲推进经济高质量发展，持之以恒打好新旧动能转换“组合拳”，推动经济焕发新活力、形成新优势。一要提升产业集群度。聚焦做大做强“三新一特”工业主导产业，以打造10个先进制造业集群为主线，全面实施“建链、强链、补链”工程，积极争取国家大基金布局支持淮安集成电路产业发展，做优盐化凹土产业发展载体，推动今世缘智能包装及物流、正大清江制药新厂区、中国优材科技产业园等项目全面开工，富强新材料、苏邦智能织造产业园等项目竣工投产，力争规上工业投资增长6%左右。聚焦推动特色服务业高端化发展，统筹服务业功能布局和区域特色，加快200个特色服务业产业项目建设，培育一批省级生产性服务业集聚示范区和生产性服务业领军企业，推动服务业发展提速、比重提高、水平提升。充分利用高铁开通这个“高光点”，加快组建市文旅集团，到高铁沿线城市精准推介淮安特色旅游，吸引更多来淮旅游的“头回客”，争取更多常来淮安的“回头客”。聚焦发展现代农业特色产业，推进农业适度规模经营，加强耕地保护，新流转土地20万亩以上，综合施策稳定生猪生产、保障猪肉供应，推动特色农产品“触网”销售，力争新增优质食味稻面积20万亩、稻虾综合种养面积突破100万亩，进一步提升“淮味千年”品牌影响力。二要增强企业竞争力。全力攻坚骨干企业培育，鼓励百亿后备企业技改升级、战略重组、挂牌上市，支持淮钢特钢实现产品更迭换代，时代芯存扩大一期产品产能，苏盐井神打造国际一流领军盐业企业，今世缘并购重组山东景芝酒业，庆鼎科技打造航母级应用电子企业，加快形成既有高原又有高峰的企业发展格局。加大中小企业培育力度，大力扶持民营企业、小微企业发展，做优做强核心技术和产品，积极打造“精品制造”，力争共创草坪主板上市，培育更多“专精特新”小巨人企业。深入推进企业“两化融合”管理体系贯标，实施“千企上云”行动，鼓励企业争创国家、省工业互联网示范应用项目，力争新增“上云”企业50家、省级及以上两化融合管理体系贯标试点企业30家。各级党委政府要做好营造环境的“贝壳”，用产业政策为企业“导航”、用法律法规为企业“护航”、用优质服务为企业“助航”，积极帮助企业排忧解难、降本增效。三要点燃创新主引擎。以创建国家创新型城市为主抓手，深入实施科技创新六大工程，提升区域创新整体效能。强化企业创新主体地位，实施企业研发机构建设“十百千”行动，开展国家级企业研发机构培育点建设，新增国家高新技术企业100家。加强创新载体建设，提升淮安高新区、苏淮高新区科技创新资源富集水平，推进创新创业产业园、众创空间、火炬特色产业基地、科技企业孵化器建设，营造良好科技创新生态氛围。狠抓产学研协同创新，深化校企、校地合作，加快产业技术协同创新联盟建设，积极引导重点企业开展行业关键共性技术攻关，力争创建5家省级企业技术中心、认定15家市级企业技术中心。健全科技创新服务体系，加强技术产权交易市场运营管理，实行最严格知识产权司法保护，推进“苏科贷”县区全覆盖。加强创新人才队伍建设，实施基础人才引进“双百千万”计划和台湾人才交流合作“十百千”行动，做好高层次人才与用人主体、主导产业精确匹配对接，盘大淮上英才创投基金规模，大力推进产业工人队伍建设改革，让更多的优秀人才在淮安尽情发挥才能、贡献才干。

（二）*激发活力源泉，更高层次构建改革开放格局。*改革开放是决定当代中国命运的关键一招，也是推动高质量跨越发展的制胜法宝。要坚定不移推进改革开放，为淮安跨越崛起注入澎湃动力。一要持续释放改革红利。对标国际营商环境指标体系，纵深推进“放管服”改革，加强政府部门权责清单管理，深化相对集中行政许可权改革，拓展“互联网+政务服务”应用范围，推广金湖县基层审批服务执法一体化平台建设试点经验，纵深推进工程建设项目审批制度改革，全面实施市场准入负面清单制度，打造市场化、法治化、国际化的营商环境。深化经济发达镇和重点中心镇行政管理体制改革，全面推广复制“1+4”基层治理新模式，推进基层治理体系和治理能力现代化。深化综合行政执法体制改革，整合行政执法队伍，实行跨领域跨部门联合执法，推动执法重心向县区、乡镇下移。推进土地利用制度改革，实施建设用地总量与强度双控行动，推广工业用地供应方式改革、低效产业用地再开发等试点经验，提高土地要素有效保障水平。深化医疗、养老等民生服务领域市场化改革，增强多层次多样化供给能力，更好实现社会效益和经济效益相统一。二要持续推进战略落地。全力推动长三角一体化、“一区两带”等重大机遇转化落实，主动服务和融入区域战略，努力获得更多溢出效应和合作红利。充分发挥淮河生态经济带牵头城市作用，推动成立淮河开发建设集团，联合沿线城市争取有关事项纳入国家和省“十四五”规划纲要及专项规划，全力推进发展规划落地实施。策应大运河文化带和国家文化公园建设，完善统筹推进体制机制，制定我市大运河文化保护传承利用实施规划，推进京杭运河绿色现代航运示范区建设，进一步打响“千秋淮扬”文化高地品牌。编制出台对接融入长三角区域一体化发展行动方案，加快实施宁淮挂钩深度合作规划，促进宁淮特别合作区、宁淮现代服务业集聚区高端发展、特色发展。三要持续提升开放质态。瞄准世界500强、知名跨国公司、行业龙头企业，抓好北京、上海等大都市疏解非核心功能机遇，主攻先进制造业、战略性新兴产业和生产性服务业项目，支持引导已落户企业增资扩股，确保制造业到账外资占比40%左右，战略性新兴产业利用外资占比50%左右，增资扩股到账外资占比20%左右。促进淮昆台资合作产业园创新运作，复制昆山深化两岸产业合作区试点经验，探索与广东、福建等台资密集区建立常态化合作机制，着重引进台资先进制造业、现代服务业、现代农业等项目，新批及增资台资项目30个以上，到账台资1.5亿美元以上。启动开发园区总体规划新一轮修编，探索开发园区市场化招商、聘用制用人等体制机制创新，增强开发园区外向型经济发展活力。推动外贸优进优出，高质量举办第三届国际食博会，实施工业企业国际化经营行动计划，创建出口名牌和外贸转型升级示范基地，培育外贸新增长点企业120家以上；主动参与"一带一路"建设，稳妥有序引导企业"走出去"，提升境外投资和对外承包工程层次和水平。

（三）注重一体并进，更优形态推进城乡融合发展。城乡融合发展既是新时代中国特色社会主义的本质要求，也是实现城乡建设高质量的必由之路。要把中心城市建设作为火车头，通过构建城乡融合发展新机制，带动城乡发展一体化。一要让城乡通达更畅。推动淮镇铁路建成通车、宁淮城际铁路加快建设，积极做好沂淮铁路、沿淮铁路等前期工作，加快构建"米"字型高速铁路网。推进航空货运枢纽建设，实施机场航站楼过渡性扩建改造，建成金湖通用机场，完善通关便利化设施，争取增开一至两条全货机航线，机场出入境旅客力争突破10万人次。提升淮安港物流枢纽功能，加快淮安新港三期、淮河入海水道二期通航配套工程前期工作，推进涟水新港作业区二期、淮安港上河作业区工程建设，做大做强内河集装箱运输品牌。推动京沪高速公路扩建、235国道等工程加快实施，开工建设264省道淮安区段，建成348省道洪泽、淮安区段，进一步巩固国家公路枢纽地位。畅通城市"内循环"，全线贯通滨河大道，实施公交优先战略，建成停车诱导系统，提高市区道路通达性、出行便利性。推进新型智慧城市建设，支持以5G、IPv6为代表的新一代信息基础设施建设，提升城市服务智能化水平。二要让城市品位更优。突出生态文旅水城特色，坚持把整个城市当作旅游景区、旅游目的地来精心打造，加快景点景区连线成网，启动国际湿地城市建设，进一步打响"水懂我心、自然淮安"全域生态旅游品牌。注重文化与旅游、科技等有机融合，加快推进西游乐园、华强方特、中国漕运城、千年淮盐文化等重大文旅项目建设，启动中国水工科技馆前期工作，加大历史遗存和非物质文化遗产保护力度，让淮安城市散发文化芬芳。强化生态红线管控，推进生态文明建设示范创建，加大生态河湖监管力度，加强化工园区环保专项整治、环洪泽湖流域执法司法保护，推进大运河沿岸1公里范围内化工企业搬迁，深入落实河长制、湖长制、断面长制"三长合一"，打造清新秀美的碧水蓝天城市。着力提升中心城市商业商务功能，高品质建设金融中心二期，积极推动高品位商业街建设，做精做响美食产业，培育培大"夜间经济"，集聚更旺人气商气，打造令人向往的"美食之都"。促进房地产市场健康发展，加快棚户区改造，推动多层老旧住宅加装电梯，实施老旧小区整治70个，棚户区改造新开工1.5万套。按照"加强科学管理、形成长效机制、推动习惯养成"的要求，积极推进生活垃圾分类处理，让垃圾分类新时尚蔚然成风。全力冲刺全国文明城市创建，深化核心价值观教育实践，推进新时代文明实践中心建设，实现以文化人、以文润城。三要让乡村活力更足。大力实施乡村振兴战略，加强和改进乡村治理体系，推动公共基础设施向农村延伸、公共服务向农村覆盖、现代文明向农村传播，着力打造充满活力、和谐有序的善治乡村，生态宜居、品质现代的美丽乡村，安居乐业、全面小康的幸福乡村。扎实推进特色田园乡村建设，持续实施农村人居环境整治三年行动计划，全力改善农民住房条件，全面完成四类重点对象危房改造任务，加快"四好农村路"建设，做好千吨万人乡镇饮用水源地整治工作，开展农村河道清淤疏浚、黑臭水体整治，不断优化农村人居环境。扎实做好国家和省级农村改革试验区工作，落实土地"三权"分置，强化农村产权流转交易市场规范化建设，推广淮安区"党建引领、一点五试"农村集成改革、涟水土地矛盾纠纷调解仲裁等基层经验，基本完成农村社区股份制改革，不断增强农村发展活力。

（四）持续改善民生，更广范围增进人民群众福祉。悠悠万事，民生为大。要始终把人民对美好生活的向往作为奋斗目标，既尽力而为，又量力而行，一件事情接着一件事情办，使群众获得感幸福感安全感更加充实、更有保障。一要提高群众生活质量。坚持把稳就业放在更加突出位置，突出抓好离校未就业高校毕业生、城镇就业困难人员、被征地农民、退役军人等群体就业，确保零就业家庭动态清零，兜牢就业民生底线。深入推进"全民创业、淮商崛起"行动，用好"创富淮安"政策杠杆，打造一批众创载体、创业基地。实行基本医保和生育保险市级统筹，加强医保基金监督管理，推进企业职工基本养老保险扩面征缴、失业保险市区统筹，提升城乡居民社会保障水平。构建社会救助大格局，促进居家和社区养老融合发展，加强困难群体心理关爱、困难涉军群体救助慰问，为6000名贫困重度残疾人提供居家托养照护服务，关爱困境儿童、农村留守儿童，让惠民阳光普照在每一个人心田。深入实施精准扶贫、精准脱贫，推进低收入村持续增收，建立已脱贫低收入家庭监测机制，严防返贫现象，切实把脱贫攻坚成果巩固好。二要做优公共服务体系。加大教育编制、人才、经费投入，扩大优质教育资源供给总量，新改扩建5所普通高中校、10所义务教育学校，新改扩建和提升30所幼儿园，推动南京航空航天大学在淮设立独立学院，南京大学、苏州大学在淮设立附属中学。完善现代医院管理、分级诊疗等五项制度，健全疾病预防控制和院前急救体系，吸引境内外一流技术品牌来淮兴办医疗机构，高水平建设市一院急诊中心，力争创成2所三级中医院、建成6个农村区域性医疗卫生中心，推行基层卫生人才"县管镇用"制度，打造苏北区域医疗高地。推进文化事业和文化产业协调发展，完善文化公共服务体系，提升基层文化阵地服务效能，促进文化资源向城乡基层倾斜。加大全民健身场地设施建设力度，新建一批体育公园、社会足球场地、乡镇多功能运动场，提高有组织体育锻炼人口比例。三要维护社会安全稳定。坚持总体国家安全观，切实做好防风险、保稳定工作，加强风险源头排查治理，防范化解政治、经济、金融等领域的重大风险，全力维护和塑造安全稳定环境。树牢安全发展理念，以“隐患无处不在、成绩每天归零”的心态，严格落实安全生产责任制，将安全生产专项整治行动贯穿全年，完善安全生产监管体制，加强本质安全体系建设，持续压降事故总量，坚决杜绝发生重特大安全生产事故。深化扫黑除恶专项斗争，紧盯涉黑涉恶重大案件不放、“保护伞”“关系网”不放，黑恶势力经济基础不放，以更加实在的破案率换来群众更加踏实的安全感。围绕重点行业、重点领域突出问题，建立健全监管机制，彻底铲除黑恶势力滋生土壤。坚持把非诉讼纠纷解决机制挺在前面，深化“无讼淮安”创建，最大限度减少不和谐因素。深化社会治安防控体系建设，坚持专群结合、群防群治，发挥“四频一网”“雪亮工程”等“探照灯”作用，提高预测预警预防风险能力。升级应用“阳光信访”，开展积案攻坚行动，提高信访工作成效。强化市场监督管理，推进“透明食安”模式扩点连线成面，让老百姓吃得放心、穿得称心、用得舒心。

（五）加强民主法治建设，更新理念打好现代治理品牌。民主与法治是推进治理现代化的重要保证。要坚持中国特色社会主义政治发展道路，坚持党的领导、人民当家作主和依法治国有机统一，着力提升市域治理现代化水平，巩固和发展民主团结、政通人和、生动活泼的政治局面。一要加强民主政治建设。坚持把人大工作纳入党委总体工作布局，支持人大及其常委会依法行使宪法和法律赋予的各项职权，创新开展人大代表“千百万扶贫济困大行动”、“双千联络”、“双十佳”评选等活动，不断完善和创新代表工作机制，保证和发展人民当家作主。加强党对政协工作的全面领导，充分发挥人民政协协商民主重要渠道和专门协商机构作用，建立完善“有事好商量”协商议事室，支持人民政协创新开展“促进淮台产业融合发展”“委员走镇进村助推乡村振兴”等活动。加强同民主党派、工商联和无党派人士合作共事，推进民族宗教工作法治化建设，着力提升侨务、对台工作水平，深化群团组织改革，做好老干部工作，团结社会各界同心同行。深入推进基层民主建设，深化“政社互动”“三社联动”机制，促进群众在城乡社区治理、基层公共事务和公益事业中依法自我管理、服务、教育和监督。加强党管武装，强化全民国防教育和后备力量建设，巩固“强兵兴业”“军地互办实事”“三就”等工作品牌，提升退役军人服务管理保障能力，推动军民融合深度发展，奋力夺取全国双拥模范城“五连冠”。二要全面推进依法治市。加强党委对地方立法工作的领导，进一步完善地方立法工作体制机制，突出加强重点领域立法，着力提高立法质量，不断提升科学民主立法的能力和水平。围绕执法司法环节的堵点难点和群众关注点，深化政法领域体制机制改革，优化执法监督“百百千”机制，实现行政执法“三项制度”全覆盖，推进各领域司法公开，推动执法司法活动程序公开化、裁量标准化、行为规范化，让群众在每一个司法案件中都感受到公平正义。加强全民普法宣传，深入开展法治文化示范点建设，着力提升全民法律素养。完善公共法律服务体系，进一步做优“淮安法援”“指间调解”等项目，打响“司法解困直通车”品牌，发挥司法服务的兜底作用，让群众感受到司法温度。三要创新基层社会治理。深入探索新时代“枫桥经验”，发挥好德治、法治、自治作用，健全城乡基层治理体系，推动社会治理和服务重心向基层下移，全面深化网格化社会治理模式，加强网格员队伍专业化职业化建设，完善社会矛盾和安全隐患排查化解机制，加强特殊人群管控，提升网格化服务管理效能。加强网格党组织和网格党建服务点建设，创新开展“五级党代表固定接待日”活动，健全完善党代表经常性联系党员群众制度，用“红色力量”凝聚基层社会治理合力。加强智慧技防建设，做优大数据应用，推动智能化与网格化的有机融合、互补共享，以赋能“小网格”实现社会“大稳定”。

四、纵深推进全面从严治党，为高水平全面建成小康社会提供坚强保障

伟大事业呼唤伟大精神，伟大梦想需要伟大力量。要坚持党对一切工作的领导，认真落实新时代党的建设总要求，推动全面从严治党向纵深发展，为高水平全面建成小康社会、高质量开启现代化建设新征程凝聚强大合力。

一要强化思想引领，保持坚如磐石的政治定力。注重从思想上建党，是马克思主义政党的鲜明特色、光荣传统和独特优势。要旗帜鲜明讲政治，以忠诚之心筑牢思想之魂，增强“四个意识”、坚定“四个自信”、做到“两个维护”，自觉在思想上高度认同、政治上坚决维护、组织上自觉服从、行动上紧紧跟随，不断擦亮政治“底色”。深入学习贯彻习近平新时代中国特色社会主义思想和中央十九大、十九届四中全会精神，巩固“不忘初心、牢记使命”主题教育成果，深化“学习强国”平台应用，建好用好新思想通俗理论作品创传中心，认真落实《中国共产党党校（行政学院）工作条例》，推动恩来干部学院打造全国有影响的党性教育特色阵地，引导党员干部自觉用新思想新理念武装头脑、指导实践。加强党对意识形态工作的领导，全面落实《新时代爱国主义教育实施纲要》《新时代公民道德建设实施纲要》，提升依法管网治网用网能力，提高重大主题、重大活动、重大成就、重大典型宣传的谋划策划水平，以凝聚人心、鼓舞信心的主流思想舆论抢占意识形态领域制高点。

二要加强队伍建设，锤炼担当实干的精神品质。使命重在担当，实干成就梦想。要大力加强干部队伍建设，把坚持贯彻新发展理念作为检验各级领导干部的一个重要尺度，抓好结构性干部选配，强化专业型干部培养选拔，对“好苗子”重点培养历练，有计划有重点安排年轻干部到基层一线实践锻炼，加大干部实绩纪实、综合评议、日常督查力度，真正把优秀的干部放到关键的岗位上，让本领出众的干部得到工作出力的机会、人生出彩的舞台。教育引导广大党员干部积极发扬担当实干精神，始终保持敢闯敢干的勇气、创新创优的锐气、奋发奋进的朝气，以"撸起袖子加油干、美好生活自己创"的激情和斗志，在平凡岗位上为全市高质量跨越发展作出超凡贡献。积极推动"三项机制"落实落地，为敢扛事、愿做事、能干事的担当者撑腰鼓劲、保驾护航，真正用组织的关心关爱滋养干部的激情热情。各级领导干部作为"关键少数"，要以居安思危的政治清醒、坚如磐石的战略定力、勇于斗争的奋进姿态，敢于闯关夺隘，攻城拔寨。要把抓落实作为开展工作的主要方式，想方设法"破题"，千方百计"破冰"，敢于啃最硬的骨头，形成一级做给一级看、一级带着一级干的团队合力。

三要夯实基层基础，打造坚强有力的战斗堡垒。党的执政根基在基层，党的工作最坚实的力量支撑也在基层。要以基层党建巩固提升年为抓手，解决好村干部"人难选"、后进班子"难整治"、党员作用"发挥难"问题，持续夯实基层基础。坚持政治属性和服务功能相统一，组建产业发展型、集中居住型、强弱结对型乡村振兴中心村党委，促进空壳村脱壳、贫困村脱贫、软弱涣散党组织转化提升，努力以抓好基层党建促进乡村振兴。实施党支部标准化建设，开展"三个表率"模范机关创建活动，实现农村"红网格"全覆盖，深化"党建助企建"、非公企业党建"双支持"活动，完善党建引领小区治理新模式，提高"两新"组织党组织组建率，促进基层组织治理体系和治理能力全面进步、全面过硬。着眼村社区"两委"换届，实施村干部"双专"工程，开展村书记专职化管理试点，整体提升基层骨干队伍专业素养，稳步提高在职村社区干部待遇和退职保障水平，探索优秀村书记进入镇级领导班子或纳入事业编制管理的有效办法，让干得出色、干出成绩的基层干部有前途有奔头。探索党员队伍分类管理办法，落实党员过政治生日制度，深化"在职党员进社区"活动，发挥党员干部现代远程教育平台作用，常态化开展党员"双诺双评双励"活动，加强先进典型的挖掘选树培育，激励党员发挥先锋模范作用。巩固村（社区）办公场所"牌子乱象"清理规范成效，从严落实"十项措施"，切实为基层减负松绑。

四要持续正风肃纪，巩固正气充盈的政治生态。党的作风反映党的形象，党风正则民心顺。要坚持和完善监督体系，强化政治监督，加强对权力运行的制约和监督，推进管党治党真管真严、敢管敢严、长管长严，不断改进党的作风、维护党的形象、巩固党的执政基础。扎紧监督执纪的制度"笼子"，坚持把纪律挺在前面，统筹运用纪律监督、监察监督、派驻监督、巡察监督，统筹安排常规巡察、专项巡察、提级巡察和"回头看"，构建协调有序、贯通有力、运转高效的协同监督工作机制。深化智慧巡察信息化平台建设，压紧压实整改主体责任和"第一责任人"责任，强化对巡视巡察反馈问题整改落实情况督查，构建整改闭环管理机制，把巡视巡察成果落实落细落到位。高悬惩治腐败的斗争"利剑"，坚持有贪肃贪、有腐反腐，建成检举举报平台，深化纪法宣讲"千百万"行动，构建不敢腐、不能腐、不想腐机制，切实减少腐败存量、遏制腐败增量，让惩治腐败的利剑永不蒙尘。各级领导干部要筑牢依法用权的廉洁防线，把好用权"方向盘"、系好廉洁"安全带"，做到慎独、慎微、慎初，注重家庭、家教、家风，始终保持清正廉洁的政治本色，确保党和人民赋予的权力始终用来为人民谋幸福。

同志们，征程万里风正劲，重任千钧再奋蹄。让我们更加紧密地团结在以习近平同志为核心的党中央周围，坚定信心、戮力同心，握好历史接力棒，走好脚下长征路，坚决夺取高水平全面建成小康社会伟大胜利，奋力续写淮安高质量跨越发展精彩篇章，为建设"强富美高"新江苏做出更大淮安贡献！

淮安市政府工作报告

陈之常

（2020年1月9日）

各位代表：

现在，我代表市人民政府向大会作工作报告，请予审议，并请各位政协委员和其他列席同志提出意见。

一、2019年工作回顾

过去一年，我们以习近平新时代中国特色社会主义思想为指导，全面贯彻党的十九大和十九届二中、三中、四中全会精神，积极践行新发展理念，坚持以供给侧结构性改革为主线，认真落实"六稳"政策措施，围绕市委"6+1"部署，扎实推进"十件要事"，全力办好"十件实事"，统筹做好改革发展稳定工作，各项事业全面进步，一些事关全局和长远的重点工程、重大事项取得新突破：徐宿淮盐铁路、连淮扬镇铁路连淮段建成通车，宁淮城际铁路开工建设，圆了淮安人民的高铁梦，全长48公里的市区内环高架一次成环，标志着淮安进入了"双高"时代；淮河生态经济带首次省际联席会议和城市合作市长会商会在淮召开，建立了全面落实战略规划的体制机制；首条全货机航线正式开通，航空货运枢纽建设迈出了坚实步伐；央视中秋晚会成功举办，淮安迎来海内外瞩目的高光时刻，让人充分感受到"缘来淮安，十分精彩"；特别是开展庆祝新中国成立70周年系列活动，极大凝聚和振奋了民心士气。这些大事要事喜事，进一步强化了高质量跨越发展的基础支撑，淮安正以崭新的姿态站在新的起跑线上！

过去一年，面对严峻复杂的形势和挑战，我们积极应对，知重负重，攻坚克难，全面完成经济社会发展主要目标任务，为决胜高水平全面建成小康社会奠定了决定性基础。

——经济运行稳中向好。主要指标保持在合理区间，预计实现地区生产总值3840亿元，同比增长6.7%，一般公共预算收入、规模以上固定资产投资、规模以上工业增加值分别增长4.1%、6.5%和6.5%，社会消费品零售总额增长8%。高新技术产业产值占规模以上工业产值比重23%，全社会研发投入占地区生产总值比重1.95%，获批国家高新技术企业211家、创历史新高，首次获批省级重大科技示范项目和省高价值专利培育计划项目，创新发展活力不断增强。

——重大改革纵深推进。"放管服"、新型城镇化、土地使用制度等九大类51项改革取得新突破，市县镇村一体化行政审批服务完成省级试点，政府采购全流程不见面交易系统列入全国观摩，完成省第二批国家农村产业融合发展示范园创建中期评估，推进施河智教乐享小镇综合改革集成试点，综合医改得到国务院医改领导小组肯定，入选全省唯一的全国医保基金监管方式创新试点城市，圆满完成新一轮市县区机构改革。

——开放合作不断深化。新引进超亿元内资项目210个，其中超10亿元30个。新设外资项目130个，其中超亿美元15个。新增超千万美元台资项目数全省第二，实际到账台资位居全省前列。外贸出口实现正增长，外经营业额增长10%。组建淮河生态经济带文化旅游、卫生健康、青商联盟和水利专业委员会，宁淮现代服务业集聚区正式纳入全省南北共建园区考核，宁淮特别合作区启动建设，淮昆台资合作产业园正式运行，列席昆山试验区部省际联席会议。

——生态环境持续优化。生态文明建设示范创建工作有序推进，生态环境满意率提升2个百分点。空气质量位居全省前列，$PM_{2.5}$平均浓度为43微克/立方米，下降10.4个百分点；优良天数265天，占比72.6%，高出全省平均水平1.3个百分点。整治城市黑臭水体29条，打造生态样本河道100条，基本消除城市建成区黑臭水体，国省考断面全面消除劣V类。完成全市582户重点行业企业用地土壤状况调查信息采集。单位GDP能耗下降完成省定目标。

——人民生活全面改善。城乡居民人均可支配收入预计为38870元和18500元，增幅均为8.5%。新增发放富民创业担保贷款2.8亿元，城镇新增就业7.8万人、再就业5.5万人，城镇登记失业率1.8%。各项社会保险提标扩面，实行企业职工基本养老保险市区统筹，为12万人提供上门居家养老服务。义务教育优质均衡发展监测得分全省第三，教育现代化监测成绩保持苏北领先。构建了多层次的住房保障和供应体系，房价总体稳定。

——政府作风建设得到加强。深入开展"不忘初心、牢记使命"主题教育，进一步锤炼坚强党性，增强了"守初心、担使命，找差距、抓落实"的思想和行动自觉。扎实开展"中梗阻"专项治理，落实"六践行六严禁"举措，创新打造惠企直通车平台，营商环境不断优化。进一步精简会议文件，规范督查检查考核工作，集中清理基层创建示范项目，切实为基层减负。自觉接受人大法律监督、工作监督和政协民主监督，完善重大行政决策程序，修订政府工作规则，法治政府建设水平不断提升。厉行勤俭节约，压降一般性行政支出10%。严格落实党风廉政建设责任制，规范公共资源交易、政府投资管理和国有资本运作，加强审计监督，政务环境更加风清气正。

一年来，我们紧盯高质量跨越发展目标，突出问题导向、目标导向和结果导向，强化担当作为，重点开展了以下工作：

一是全力保持经济平稳增长。重抓有效投入，扎实推进重特大项目攻坚年活动，创新建立项目长制和督查考核推进机制，新开工超亿元项目367个、新竣工243个，同比分别增加116个和42个，其中新开工超10亿元项目39个、新竣工8个，分别增加14个和3个，再创历史新高。时代芯存一期被工信部授予"工业强基存储器一条龙示范企业"称号，天士力帝益药业获评国家级绿色工厂，今世缘酒业等3户企业入选省自主工业品牌五十强，苏盐井神获评全国质量奖。保持外贸稳定，积极应对经贸摩擦，为对美出口重点企业提供点对点服务，组织企业参加境内外各类展会，协调落实"苏贸贷"优惠贷款超1亿元。稳定发展预期，新增减税降费46.8亿元，高新技术企业所得税减免等政策惠及企业逾千户，开展法润民企行动；综合金融服务平台接入金融机构33家、企业2万多户，制造业贷款、普惠型小微企业贷款余额分别增长4.2%和36.4%，浙商银行淮安分行开业，江苏银行淮安分行首家正式入驻市金融中心。加强用地保障，供应各类建设用地1.8万亩。提前完成洪泽区建设用地"双减量"试点任务，支持县区参与省域增减挂钩节余指标流转，探索建立增减挂钩节余指标市域流转平台。实现建筑业总产值1832亿元，增长4.5%。

二是全面加快乡村振兴步伐。粮食总产、单产双超历史，全年出栏生猪223.8万头，存栏68万头，总量趋于稳定。新增优良食味稻37万亩、高效设施园艺6.5万亩、稻虾综合种养50.4万亩，新培育规模休闲观光农业企业36户，创成国家级农业产业强镇2个。积极推进"淮味千年"区域公用品牌建设，盱眙龙虾、洪泽湖大闸蟹入选国家农业品牌目录，与淮安大米一同获批首届江苏省十强农产品区域公用品牌，成功举办第二届食博会，积极申创"美食之都"，有效促进农村一、二、三产业融合发展。探索出台新建农民集中居住区项目审批和招投标工作指导意见，用好用活省级专项资金、土地政策收益，新实施项目102个，涉及4.4万户，当年改善1.7万户住房条件，完成1410户省定建档立卡低收入户危房改造任务，金湖塔集等3个项目入选首批省级示范。投入30亿元实施六大类54项水利工程，新增高标准农田26.5万亩，建成农村公路536公里、桥梁100座，行政村双车道四级公路实现全覆盖。扎实推进农村人居环境整治，新改建农村户厕2.4万座，新增公厕590座，建成污水处理管网170公里，新建和改造规划保留村庄生活污水处理设施54个，生活垃圾集中转运处理率100%，畜禽规模养殖场污染治理率95.3%。涟水、盱眙创成国家卫生县城，马坝成为全国乡村治理示范镇，龟山村列入全国乡村旅游重点村名录，蒋坝入选省特色小城镇优秀案例，推进高沟镇扁担村等4个省级特色田园乡村建设试点，生态宜居的乡村环境正逐步形成。

三是大力提升城市建设管理水平。基础建设成效显著，建成高铁东站一期工程及综合客运枢纽、淮安运河大桥等交通新地标，加快推进京沪高速扩容和省道348、420等干线公路工程。公共配套不断完善，市金融中心一期交付，民防馆、水利科普馆对外开放，市公共卫生中心一期全面完工，白马湖森林公园、西游记文化体验园和华强方特文化创意基地等重大文旅项目有序推进。优化提升37

个体育公园、文化体育广场，贯通108公里健身步道，新建便民公园绿地11个，新增市区停车泊位3万个。市容市貌日益改善，开展高铁、内环高架沿线环境综合整治，美化提升里运河沿线景观，古淮河国家湿地公园通过验收。新建雨污水管网264公里。新开工棚改住房1.5万套，提标改造老旧小区70个，完成40个小区二次供水改造，建成省级宜居示范居住区7个，参与住房和城乡建设部住房公积金资金管理业务标准研究制订。实施主城区环卫市场化，在382个居民小区推行垃圾分类。淮安精品月季获北京世园会最高奖。深入推进全国文明城市创建，加快补齐公厕、护栏、盲道等设施短板，提升重点街区、车站广场等环境面貌，强化超限超载、渣土抛撒等专项整治，加强市容环境法治化治理，城市文明程度显著提升。

*四是持续打好三大攻坚战。*有效控制重大风险，强化专项督导，将全市隐性债务融资主体纳入平台管理，债务率逐年降低，全面完成政府隐性债务化解年度任务。积极防范重点企业资金链断裂风险，建立破产处置协调联动机制。加强对小贷公司等地方金融行业从业机构监管，排查整治"套路贷""现金贷"等非法金融业务。扎实推进污染防治，实施241项大气污染防治重点工程，主城区禁放烟花爆竹得到广大市民积极响应，狠抓重点区域微环境整治和扬尘污染管控。创新"三长一体"管护机制，提速实施控源截污、城乡污水处理等工程，完成清安河沿线非法排口封堵，严格落实水环境区域补偿制度，设立洪泽湖流域环境资源法庭，推动断面水质稳定达标。加大化工行业安全环保整治力度，关停退出化工企业35户。建立污染防治综合监管平台，全面整改落实中央环保专项督察"回头看"和省级环保督察反馈交办问题。深化阳光扶贫，细化落实"两不愁三保障"，剩余9万建档立卡低收入人口、28个省市定经济薄弱村达标出列，全市所有村集体经济收入超10万元，50%的低收入村集体经济收入达18万元，重点片区关键工程全面完成，51个农业产业富民项目建成运营，3个省重点帮扶县区提前一年达"摘帽"标准，与全省一道基本实现脱贫攻坚目标。

*五是统筹发展各项社会事业。*扩面提质公共服务，新改扩建中小学、幼儿园55所，扎实推进小区配建幼儿园、校外教育培训机构整治、规范办学行为等专项工作，组织参加全国、全省职业技能大赛创历史最好成绩。新创1所三级综合医院，完成预防接种综合管理信息系统和儿童预防接种门诊标准化建设。与南京等地组成跨区域医用耗材采购联盟，异地就医定点医院联网全覆盖。成功举办庆祝新中国成立70周年系列文艺活动、第二届中国（淮安）大运河文化带城市非遗展，新增3处国家级、10处省级文保单位。《留守村长留守鹅》获得省"五个一"工程奖，本土创作电影《黄花塘往事》在全国上映。承办一批国际国内品牌体育赛事。新建10个残疾人辅助性就业基地，实现5000名残疾人稳定就业，加强农村留守儿童和困境儿童关爱保护。不断深化社会治理，多元化社会共治格局进一步形成，"千村善治工程"试点建设基本完成。升级版技防城建设取得实质性进展，居民小区视频联网率82.6%，技防乡镇、技防村居建成达标率分别达100%和97.2%，数据赋能警务实战工作走在全省前列，圆满完成新中国成立70周年大庆等重大活动安保任务。深入开展矛盾纠纷排查化解和信访积案攻坚，进京赴省非访数持续下降，阳光信访入选2019智慧江苏优秀案例，老兵调解、信访评议庭等经验在全国推广。扫黑除恶专项斗争取得压倒性胜利，摧毁黑社会性质犯罪组织8个，打掉恶势力犯罪集团31个，整治行业违法违规事项113项，得到中央督导组充分肯定，被选树为全省唯一的全国扫黑除恶重点培育市。深刻汲取响水"3·21"特大事故教训，扎实推进安全生产专项整治，抓好省巡查反馈问题整改，建立隐患排查整改公示、专家诊断检查等五项制度，推广危险化学品企业"423"分类分级监管模式，全面推进化工企业、工贸行业、道路交通、建筑施工、消防等重点领域安全隐患治理，事故起数和死亡人数连续18年双下降。持续开展食品安全"逢十行动"，促进食品小作坊提档升级，规范提升5159户小餐饮店。全面完成宗教督查整改工作。积极争创全国双拥模范城"五连冠"。援疆、援藏工作扎实推进，与铁岭市交流合作不断深化。高质量完成第四次经济普查。国家安全、机关事务管理、广播电视、供销、气象、地震、仲裁、档案、地方志等工作进一步加强，老龄、青少年、妇女儿童、慈善、红十字等各项事业取得新的进步。

各位代表，以上成绩的取得是省委省政府和市委正确领导的结果，是市人大、市政协和社会各界监督支持的结果，是全市人民团结奋斗的结果。我谨代表市人民政府，向广大干部群众，向市人大代表、政协委员和离退休老同志，向市各民主党派、工商联、无党派人士和各人民团体，向驻淮安部队、武警官兵和部省驻淮安单位，向来淮安投资的创业者，向所有关心支持家乡建设、淮安发展的海内外朋友，表示衷心的感谢并致以崇高的敬意！

同时我们也清醒地看到，全市经济社会发展中还存在不少困难和问题：主导产业带动作用不够强，重特大项目支撑不足，企业竞争力、盈利能力整体不高；改革攻坚成果集成运用不够明显，发展的后劲动力有待增强；全面小康还有短板，战略性新兴产业增加值占GDP比重、科技进步贡献率等指标完成难度较大，各类风险矛盾隐患仍然较多，公共服务供给与群众日益增长的美好生活需要不够匹配；营商环境还需要进一步优化，一些长期困扰市场主体的堵点急需解决，少数干部不想为、不敢为、慢作为等问题仍然存在，政策落实和政务服务水平有待进一步提高。对这些发展中的问题，我们将通过加快高质量发展和深化改革逐步加以解决。

二、2020年工作任务

今年是全面建成小康社会和"十三五"规划收官之年，也是全面贯彻落实十九届四中全会精神开局之年，做好今年政府工作意义重大。要以习近平新时代中国特色社会主义思想为指导，深入贯彻中共十九大、十九届二中三中四中全会和中央经济工作会议精神，按照省委十三届七次全会、市第七次党代会第四次会议的决策部署，牢牢把握稳中求进总基调，深化供给侧结构性改革，持续扩大对外开放，坚决打好三大攻坚战，全面做好"六稳"工作，扎实开展安全生产专项整治，进一步固根基、扬优势、补短板、强弱项，确保高水平全面建成小康社会，为开启基本实现现代化新征程奠定坚实基础。

做好今年工作，我们将突出高质量跨越发展、高水平全面建成小康社会、提升政府治理效能三条主题主线，抢抓落实国家重大战略、进入高铁时代、深化区域合作三大机遇，应对经济下行压力大、防范化解重大风险任务重、优化生态环境要求高三大挑战，妥善处理好稳增长与防风险、稳投资与调结构、稳外贸与扩内需、稳预期与优环境、含金量与含绿量、促发展与保民生六个关系，力争在全省高质量发展考核中再创佳绩。

今年全市经济社会发展主要预期目标是：地区生产总值增长6.5%左右，规模以上工业增加值同口径增长6.5%左右，规模以上固定资产投资同口径增长6.5%左右，一般公共预算收入增长2.5%左右，社会消费品零售总额增长7.5%左右，研发投入占地区生产总值比重2%，城乡居民人均可支配收入均增长8%左右，居民消费价格指数控制在3%左右，常住人口城镇化率64%，城镇登记失业率控制在4%以内，节能减排、空气和地表水质量完成省定任务。

今年我们将滚动实施十件要事：一是持续开展重特大项目攻坚年活动，加快产业转型升级。二是深化宁淮挂钩合作和淮昆协同发展，积极对接长三角区域一体化发展战略。三是推进大运河国家文化公园淮安段建设，打造大运河文化带标志城市。四是推动组建总部型淮河开发建设集团，加快实施淮河生态经济带发展规划。五是推进航空货运枢纽建设，完善综合交通运输体系。六是大力推进全域旅游，彰显生态文旅水城特色。七是持续改善农民群众住房条件，加快乡村振兴步伐。八是深化工程建设项目审批制度集成改革，推动行政审批服务不断优化。九是启动国际湿地城市建设，构建生态环境保护综合体系。十是全力冲刺全国文明城市创建，全面提高社会文明程度。

围绕全年目标，着重抓好八个方面工作：

（一）坚持创新驱动，全面推进改革系统集成。强化创新第一动力、改革根本动力意识，着力奏响科技创新“协奏曲”，打好深化改革“组合拳”。

增强协同创新能力。更加注重主体培育，落实科技体制改革“20条”，建立高新技术企业梯度发展推进机制，全年新增国家高新技术企业100户、市级以上企业“两站三中心”30个，科技进步贡献率57%。更加注重体系建设，加快科技服务业发展，推进创新载体升级，完善全市大型科研仪器设备共享服务平台，新建市级科技公共服务平台2个；推动沈阳航空航天大学、苏州大学等研发机构或技术转移中心落地见效，实施重大成果转化项目10个。更加注重人才引领，新引进省“双创”人才项目10个以上、“淮上英才计划”项目30个，建设海外人才离岸创新创业基地；鼓励驻淮高校优化专业设置，培养输送实用型人才，新增高技能人才1.2万人，新就业大学生2万人。

深化重点领域改革。持续推进新型城镇化改革，做好省新型城镇化综合配套改革试点评估，探索培育供给侧小镇经济。深入推进土地使用制度改革，基本完成国土空间总体规划编制，加快建立“多规合一”的国土空间规划体系，积极推广工业用地供应方式改革、功能片区规划、低效产业用地再开发、城市土地集约利用评价等试点经验，促进土地要素市场化配置。扎实开展农村土地“三权分置”和集体产权制度改革，基本完成所有行政村社区股份制改革。完善农村产权交易市场服务功能，推广土地经营权抵押贷款试点经验。加快培育新型农业经营主体。完善农业社会化服务，推进小农户与现代农业有效衔接。进一步深化财税金融改革，强化重大政策落实审计跟踪，有效控制和化解政府性债务，严守不发生系统性区域性金融风险底线；推动金融产品、服务模式创新，大力发展私募股权投资基金，力争光大银行淮安分行年内开业；健全融资担保风险共担机制，切实加大金融对实体经济支持力度。

优化政务服务环境。推进服务标准化，深入贯彻国务院《优化营商环境条例》，全面实行清单管理、限时办结，让一网通办、一窗受理、证明事项告知承诺等成为政务服务的标配，加快打造稳定、公平、透明、可预期的营商环境。推进审批规范化，推动政务服务流程再造。突出抓好工程建设项目审批制度集成改革，实现全过程协同办理、全事项网上审批，确保审批时限控制在100个工作日以内。全面落实减税降费政策，实行一窗办理，切实增强企业获得感。推进监管法治化，全面推行部门联合“双随机一公开”监管，全方位开展事中事后嵌入式监管；积极创建国家信用建设示范城市，着力构建以信用为核心的新型市场监管机制。推进评估社会化，巩固提升营商环境直通车惠企服务模式，开展政务服务好差评，开发城市综合服务APP“缘来淮安”等移动应用。

（二）坚持区域协调，厚植全方位开放新优势。抢抓战略机遇，加快跨区域开放合作，促进要素有序流动、资源高效配置、市场深度融合，拓展高质量跨越发展新空间。

主动对接重大战略实施。科学编制“十四五”规划，制定融入长三角区域一体化发展战略行动方案，全力推动产业创新、基础设施、生态环保、市场开放、公共服务等领域实现一体化发展。高质量推进“一带一路”交会点建设，鼓励重点企业深化国际产能合作，“一带一路”沿线市场出口占比提升至30%。发挥牵头城市作用，联合淮河沿线城市积极推进沿淮铁路等重大项目前期工作，推动淮河入海水道二期同步实施二级航道项目，争取入海水道先导段开工。深化宁淮合作，促进宁淮现代服务业集聚区、宁淮特别合作区创新发展、特色发展。

持续实施重特大项目攻坚突破。更大力度推进重大项目建设，提升帮办服务效率，强化现场督查推进和专项审计调查，确保220个重大项目全年完成投资超800亿元，新开工今世缘智能包装及物流、正大清江制药新厂区、逸臣钢管等亿元以上产业项目超300个，新竣工富强新材料、立创电子等亿元以上产业项目超200个。探索创新招商方式，注重优化投资结构，着力引进旗舰型、科技型、税源型项目，新引进10亿元以上产业项目50个，力争超50亿元、百亿元产业项目有新突破，注册外资实际到账实现正增长，其中制造业项目利用外资占比40%以上，新设总投资3000万美元以上制造业项目30个。严把项目质态关，加强项目研判和甄别，坚决防止虚报投资、过分依赖贷款融资和垫资，以及过多占用环境资源。

促进外贸稳中提质。积极应对经贸摩擦，动态跟踪重点企业、重点产品及相关行业，引导企业用好外贸政策和信保工具，多元化开拓市场。推动加工贸易产业链升级，提高一般贸易占比，培育出口品牌和基地，支持先进设备、原材料和大宗产品进口，大力发展跨境电商等新兴业态。实施工业企业国际化经营行动计划，培育进出口超500万美元企业、新增长点企业各120家以上。

扎实推动台资高地“二次创业”。强化政策集成，全面落实中央“31条”“26条”和省市各项惠台政策，加快复制推广先行先试地区经验，完善服务台商台企联动机制，实体化运作台胞台企服务中心。加强区域协同，发挥淮昆台资合作产业园载体作用，全面推动与昆山台资经济协同发展，鼓励全市省级以上开发区与台湾重点园区、行业协会等加强合作，打造两岸产业融合发展战略高地。推动项目集聚，精心办好台商论坛、台湾·淮安周、淮台经贸文化交流合作周等活动，突出优势特色产业建链强链补链，打造1~2条完整产业链条，全年新批及增资台资项目30个以上。深化民间交往，积极开展“十百千”行动，加快台湾高端人才交流合作引进，推行台湾相关执业资格采认，吸引更多台湾青年来淮创新创业。

（三）坚持转型升级，增强先进制造业竞争力。深化供给侧结构性改革，进一步推动产业集聚、企业集群、资源集约，加快建设富有活力的现代制造业体系。

做强主导产业。制定“三新一特”产业差别化扶持政策，力争四大主导产业占比46%以上。发展集成电路和应用电子产业集群，打造特色“智芯小镇”，支持时代芯存规模化量产，争取庆鼎精密电子开票销售突破百亿元。推动敏安电动汽车加强市场开拓、加快量产步伐，促进比亚迪专用车、骏盛新能源、跃马轮毂等企业发展，进一步完善产业链条。以化工产业安全环保整治提升行动为契机，一企一策、一园一策推进产业转型升级，停产整改57家、整治提升87家，苏淮高新区高标准建设国内一流盐化工新材料产业基地，将西南化工区搬迁纳入危化行业专项治理。着力提升食品产业结构，加快实施今世缘技改、百斯特食品产业园等重点项目，启动创建国家级食品产业园，办好第三届食博会。

培优骨干企业。鼓励企业通过并购重组、技术改造等方式做大做强，全年工业技改投入增长9%，力争销售超亿元企业350家以上、超10亿元企业30家以上，规模以上工业销售增长6.5%以上，新培育规模以上企业150家、市级以上小巨人企业10家、“专精特新”中小企业10家。强化信息化应用示范引导，积极引进5G应用、区块链等新技术，加快新一代信息技术与产业融合发展，培育省市两化融合示范试点企业30家，15家企业通过两化融合管理体系贯标，新增培育省星级上云企业50家；搭建全市质量信息大数据平台，支持盐化凹土新材料等行业优势企业积极参与国际国内技术标准体系建设。

提升集约水平。全面推行工业企业资源集约利用综合评价，以亩均税收、亩均销售收入等指标对企业进行分级评价，推动低效高耗企业有序出清。鼓励企业实施绿色制造工程，落实项目30个。推进百户重点用能企业能效提升，新打造国家循环经济示范企业2家，加快压减水泥、焦炭等行业过剩产能，完成省定单位GDP能耗下降目标。启动全市开发园区总体规划新一轮修编，复制推广自贸区第五批改革试点经验，全面推行开发区区域评估。

（四）坚持彰显特色，打造现代服务业新高地。积极拥抱高铁时代，充分挖掘禀赋、厚植优势，促进消费提质扩容，进一步增强现代服务业的带动力和辐射力。

大力提升全域旅游发展水平。加快品牌创建步伐，强化智慧旅游建设，争取1~2个县区新创成国家或省级全域旅游示范区，唱响“水懂我心、自然淮安”全域生态旅游品牌，彰显“看河看湖看湿地，品虾品蟹品美食”淮安特色。打造精品旅游项目，争取新引进华强方特其他旗舰型项目，推动西游乐园部分试运营，建成水上森林温泉酒店等高等级旅游度假酒店，白马湖生态旅游景区创成国家AAAA级旅游景区。针对体验式旅游新偏好，提升改造御码头美食街、河下古镇等旅游特色街区，扶持恢复一批老字号特色商铺，吸引游客“打卡”体验。塑造乡村旅游特色，实施强村富民金种子培育工程，举办首届淮河生态经济带乡村旅游嘉年华，打造金湖荷韵小镇等一批风情特色小镇，形成一批乡村旅游集聚区。

创意发展新兴消费业态。积极发展数字经济，加快新一代信息基础设施建设，全面推进新型智慧城市项目，规划建设市级数据中心，建成农业大数据平台，开展大数据、人工智能等增值应用联合创新，引导数字经济与实体经济、日常生活深度融合，开拓产业互联网、智能制造、远程教育医疗等新业态。积极发展夜间经济，合理布局、精心设计夜间经济项目，形成完整产业链，鼓励重点街区及商业机构适当延长营业时间，强化夜间交通、安全、环境等配套服务和管理。积极发展时尚产业，针对不同群体时尚消费需求，布局一批特色餐厅、口袋公园、文化体育场馆，打造融合文化、创意、消费等元素的休闲空间，提高城市时尚气质和活力指数。

加快推进物流枢纽建设。以航空、高铁、内河航运三大枢纽为支撑，着力打造东部沿海综合物流枢纽城市。围绕与徐州、连云港形成陆海空互为支撑的“金三角”现代物流体系，加快建设航空货运枢纽，力争新增1~2条全货机航线，加快实施省道327等机场集疏运道路。开展高铁快运物流基地可行性研究，积极探索航空高铁联运新模式，加快建设辐射苏北、联通全国的高铁快运分拨中心。强化内河中转联运，推进现有港口多式联运设施建设改造，加强与连云港、太仓、南京等枢纽港口协作，进一步提升中转联运能力。加快物流信息服务平台建设和推广应用，谋划发展金融交易结算等现代高端服务业态。

（五）坚持包容发展，提升城市综合服务功能。突出以人为本，彰显生态文旅水城特色，加快建设包容性宜居城市，不断增强中心城市的集聚辐射和综合承载能力。

提升功能片区品质。投入726亿元、实施523个重点项目，进一步增强城市能级。编制完成历史文化名城保护规划，提升古城空间形态、彰显风貌特色，推进恩来干部学院周边整治。高起点建设大运河国家文化公园淮安段，编制完成大运河文化带传承保护利用实施规划，精心策划山阳湖片区保护开发，加快打造运河文化核心展示区，启动中国水工科技馆建设前期工作，全线推进京杭运河淮安段景观提升改造、文旅设施建设、河道治理管护、沿线环境整治，积极创建绿色现代航运示范区，力争成为首批试点示范城市。高标准建设商务中心、学校等配套设施，增强高铁商务区多元复合功能。加快建设金融中心二期及风情街，提升淮海中心商业区、水渡口中央商务区发展质态。

打造宜业宜居环境。全面提升清安河、萧湖等沿岸景观，构建里运河、古淮河等绿色廊道，增建改造一批特色游园。启动北京路水厂、四季青污水处理厂搬迁，继续实施小区二次供水设施改造，加快城镇雨污分流和管网建设，建成餐厨废弃物处理二期、污泥焚烧处置项目，大力推进城市居民小区和公共机构生活垃圾分类。实施精准调控政策，保持房地产市场健康平稳发展。加快低效用地功能更新，新开工棚改住房1.5万套，提升整治老旧小区70个，有序推进多层住宅加装电梯。探索试点“未来社区”建设，打造新型城市功能单元。全力冲刺创建全国文明城市目标，健全网络化、数字化管理机制，颁布实施《淮安市住宅物业管理条例》，完善“门前五包”制度，强化执法管理，进一步提升市容环境，深入开展文明行为“十不准”公益宣传和治理力度，全面提高城市文明程度。

健全综合交通体系。编制城市综合交通、机场集疏运体系、货运枢纽集疏运体系及空间规划。全面推进宁淮城际铁路建设，全线贯通连淮扬镇铁路，开展沂淮铁路前期工作。实施涟水机场航站楼扩建改造，推进机场三期工程前期工作，建成金湖通用机场。加快涟水新港作业区二期工程、黄码港建设。扩建京沪高速淮安段，建成省道348洪泽段、淮安区段，开工建设省道264淮安区段，推进长深高速、环洪泽湖大道建设前期工作，全线贯通滨河大道。新增市区停车泊位1万个。有序推进信号灯、公交站台等智能化改造，全面提升城市道路通行能力。

（六）坚持综合施策，大力实施乡村振兴战略。强化资源统筹配置，提升产业质效，优化公共服务，改善人居环境，奋力谱写业兴、民富、村美、人和的乡村振兴淮安篇章。

加快发展优势特色产业。深化农业供给侧结构性改革，按照品牌引领市场、基地保障生产、园区提升产业的思路，大力发展“三特”农业。实施品牌强农战略，推广“淮味千年+”模式，实体展销平台发展到20家以上，“淮味千年”品牌影响力和知名度进一步提升。扩大基地生产规模，新增食味稻20万亩、设施农业6万亩，稻虾综合种养突破100万亩。提升园区发展水平，推动淮阴区台湾农民创业园提质发展，加快25个市级以上园区提档升级，新开工超3000万元农业重点项目100个以上，新培育销售超亿元农业龙头企业10家。切实做好非洲猪瘟防控和生猪生产供应工作，稳定市场供给能力。

推进生态宜居乡村建设。加快农房改善工作，统筹抓好90个在建项目，实施100个新建改造项目，改善2.15万户群众居住条件。在规划保留提升村庄开展“四治理、四提升”，完成特色田园乡村市级试点项目建设。加快农村公路提档升级，新改建农村公路200公里、桥梁30座。全面完成农村人居环境整治三年行动任务，大力推进农村河道清淤疏浚、黑臭水体整治。巩固深化农村饮水安全问题专项整治成果，基本实现城乡供水一体化。合理配建公厕，按标准新建户厕1.8万座，推动改厕与生活污水治理有效衔接，推进镇污水处理厂达标运行，行政村污水处理设施覆盖率60%以上，规划发展村庄生活污水治理率90%。抓好农村生活垃圾和面源污染治理，不断提升保洁作业体系覆盖率和垃圾无害化处理率，秸秆、畜禽粪污综合利用率分别达95%和85%。

提升乡村文明善治水平。推动治理重心向基层下移，加快建设充满活力、和谐有序的善治乡村。学习“枫桥经验”，推广网格化社区治理模式，持续开展农村安全隐患治理，建立非诉纠纷解决综合平台，积极打造无黑无案无讼村和民主法治示范村。扎实推进文明镇村建设，大力弘扬时代新风，不断巩固提升农村精神文明建设水平。继续实施乡土人才“三带”行动计划，扶持乡土人才创新创业，为乡村振兴强化基础支撑。深入推进文化惠民工程，实现镇、街道文化体育广场全覆盖。

（七）坚持系统思维，统筹推进生态文明建设。牢固树立“绿水青山就是金山银山”理念，坚决守住生态保护红线、环境质量底线和资源利用上线，让全市人民共享绿色福利。

健全市域生态空间体系。结合国土空间总体规划编制，统筹山水林田湖草系统保护治理，推动林地、绿地、湿地共建，绿化、美化、文化融合，加快形成“环湖生态圈、沿河生态带、湿地生态核”格局。实施生态修复工程，加大植树造林力度，打造更多集景观、生态和经济于一体的环湖、沿河绿色走廊。全面深化河湖生态治理保护，加快推进洪泽湖、高邮湖、宝应湖等退圩还湖工程。组织编制湿地保护规划，开展相关立法调研，力争白马湖国家湿地公园通过验收，争取通过4年努力，加入国际湿地城市行列。严把项目准入门槛，调优调绿产业结构，构建以绿色发展为主题的全域生态经济体系。

切实提升污染防治成效。督查督办中央和省环保督察反馈问题，限期办结销号。健全大气污染防治和预警机制，强化各类污染系统治理，确保$PM_{2.5}$浓度持续下降、空气质量优良天数稳步上升。加大水污染防治力度，实施金湖县污水处理厂配套管网等29个重点治水项目，加快黑臭水体治理提标改造，实施水源地保护、港口船舶污染防治、河湖清淤、控源截污等工程，推进农业投入品减量排放，削减入河入湖污染物总量，确保断面稳定达标。完成重点行业企业用地调查，推进土壤污染综合防治先行区建设，启动季桥化工园区土壤修复工程，深化实施测土配方施肥。加快危险废物集中处置设施建设，严厉打击非法转运、倾倒等违法犯罪行为。

落实最严格生态保护制度。实行环境保护监管责任清单，严格落实环保约谈、区域限批、自然资源资产离任审计、生态环境损害责任终身追究等制度，深化生态环境损害赔偿制度改革，进一步压实环保责任。深入推进排污权有偿使用交易、能源消耗有偿交易，完善与污染物排放总量挂钩的财政政策，探索建立绿色信贷、债券、税收、电力、采购等激励性政策，充分激发各类主体治污减排的内在动力。发挥污染防治综合监督平台作用，健全环境违法行为有奖举报、公益保护、失信联合惩戒等机制，保持环境执法高压态势。

（八）坚持民生优先，实现更高水平全面小康。抓住群众最关心的问题和最需要关心的人群，持之以恒做好民生工作，将一个个家庭的“小幸福”联结成社会的“大和谐”。

提高就业增收水平。实施“创富淮安”三年计划，加大就业培训力度，强化兜底就业保障，鼓励大学生和返乡人员就业创业，促进退役军人高质量就业。深化运用阳光扶贫升级版，加快实施产业扶贫项目，完成重点片区和黄花塘革命老区关键性工程建设，促进低收入农户和低收入村稳定增收。全面落实“两不愁三保障”政策，健全防返贫长效机制，保持攻坚期内支持政策稳定，开展扶贫专项审计，切实巩固脱贫攻坚成果。

不断完善保障体系。推动新业态从业人员、灵活就业人员基本养老保险和住房公积金扩面征缴。巩固城乡低保提标并轨成果，深化农村低保专项治理，推进温情社会救助改革，提高困境儿童和残疾人补贴标准。完善医疗保障制度体系，合并实施职工医保和生育保险，推进基本医保市级统筹，深化支付方式、药品耗材和医疗服务价格等领域改革。加快标准化社区居家养老服务中心建设，构建多元化养老服务体系，为6000名贫困重度残疾人提供居家托养服务。

积极发展社会事业。建设学习型社会，构建全民终身学习体系。重点深化教育体制机制改革，巩固义务教育集团化办学成果，提升普通高中教育资源供给水平，促进民办学校健康规范发展，完善教师补充更新机制，实施75个教育建设项目，提升30所学校教学装备水平。组建中高职校协作联盟，促进淮安高校与地方融合发展，引进著名高校来淮设立独立学院和兴办附属中学。深化健康淮安建设，健全现代医院管理制度，做实紧密型医联体，打造市一院急诊中心，建设6个农村区域性医疗卫生中心，完善疾病预防控制和院前急救体系，加强卫生综合监管执法。加快建设市新广电中心，提升县区文化“三馆”建设水平，完成基层综合性文化服务中心提档升级，举办第三届大运河文化带城市非遗展，实施革命文物保护利用工程。继续办好品牌体育赛事，打造具有自主IP的特色体育项目，促进群众体育、竞技体育协调发展。扎实开展第七次人口普查。

全面加强社会治理。积极申报全国市域社会治理现代化首批试点城市，坚持和完善共建共治共享的社会治理制度，持续健全社会矛盾纠纷多元预防化解机制，深化扫黑除恶标杆市建设，推动德治法治自治融合发展，建强“网格吹哨、部门报到”的排查交办联动机制。实施大数据智能化警务战略，全面完成升级版技防城建设，完善“一核四基多元”智慧政法建设架构，加快大数据合成研判作战中心建设，强化犯罪打击、矛盾化解和源头防控，开展信访积案攻坚年活动，推进七五普法，争创国家社会治安防控体系标准化城市。全面推进民族宗教工作法治化建设。加强食品药品安全监管，推进“透明食安”模式扩点连线成面，保障群众舌尖上的安全。支持国防和军队改革，加强国防动员和后备力量建设，深入开展全民国防教育。健全退役军人服务保障体系，统筹推进退役士兵社会保险接续工作。深化军地融合发展，创成全国双拥模范城。

全力抓好安全生产。以接受国务院安全生产督导为契机，深入开展安全生产专项整治年活动，切实筑牢安全生产思想防线，进一步压紧压实各方责任，不断夯实本质安全基础。拉网式全覆盖排查各类安全隐患，高标准常态化开展专项整治，突出抓好危化品安全综合治理，大幅压减一般事故，坚决遏制较大事故，杜绝重特大事故发生。构建大应急管理格局，完善应急保障预案，严格落实应急值班值守制度，切实提高应急管理水平，确保全市安全生产形势稳定向好。

各位代表，民生无小事，枝叶总关情。今年将实施更新改造城乡居民生活服务设施，持续提档升级农村公路，治理提升湿地生态系统，创设“月季小筑”城市文明微客厅，扩大基础教育优质资源，完善高血压及糖尿病人群用药保障，开展济困助残关爱行动，提高城乡群众保障水平，加大就业创业技能培训，丰富群众文化体育生活等十件民生实事项目，着力解决结构性民生问题，更好地满足人民群众对美好生活的新期盼。

三、全面加强政府自身建设

认真贯彻党的十九届四中全会精神，围绕推进政府治理体系和治理能力现代化的新要求，进一步创新行政方式，提高行政效能，努力建设人民满意的服务型政府。

坚守初心，永续奋斗。巩固深化“不忘初心、牢记使命”主题教育成果，切实把学习成效体现到增强党性、提高能力、改进作风、推动工作上来。深入学思践悟习近平新时代中国特色社会主义思想，筑牢信仰之基，以坚定的理想信念坚守初心；坚持以百姓心为心，与群众同呼吸、共命运、心连心，以真诚的人民情怀滋养初心；始终保持赶考的心态，坚决贯彻落实好党中央、国务院、省委省政府和市委的各项决策部署，当好新时代的“答卷人”，以牢固的公仆意识践行初心。

牢记使命，高效服务。勇于担当负责、积极作为，坚持心无旁骛谋发展，扑下身子抓落实，真正以有为敢为善为刷出干部更多的“存在感”。敢于直面困难、负重拼搏，面对经济转型升级的阵痛、高水平全面小康的短板、社会安全稳定的隐患、深化改革的难关，以坚忍不拔的意志战胜各种困难险阻。善于开拓创新、提升效能，推进政务服务流程再造，坚决整治“中梗阻”现象，旗帜鲜明为企业“站台”，坚持项目不论大小、投资不论内外、产业不论新兴与传统、企业家不论外来与本土，做到一视同仁，大力营造亲商安商富商的发展环境。

尊崇法治，科学施政。加强法治政府建设，推进依法行政，严格规范公正文明执法，推动重点领域立法，做好行政复议和应诉工作，加快完善覆盖城乡的公共法律服务体系。坚持科学民主依法决策，健全重大行政决策公众参与、专家论证、风险评估、合法性审查、集体讨论决定制度，坚决整治政绩工程、面子工程。深入推进政务公开，加强行政执法监督，自觉接受市人大及其常委会法律监督、政协民主监督、社会和舆论监督，将政府活动全面纳入法治化轨道。

忠诚担当，永葆本色。深入贯彻中央八项规定精神及实施细则，认真履行全面从严治党主体责任，严格落实"一岗双责"要求，自觉遵守廉洁自律准则，持之以恒正风肃纪。加强政府内部层级监督和审计监督，坚决筑牢防线、严守底线、远离红线。倡导厉行节约，进一步压减"三公"经费支出，大力推进公共机构节约管理。坚决整治形式主义、官僚主义，深入持续推进为基层减负，带头精简会议、压减文件，规范检查督查和材料报送，让干部集中精力抓落实。

各位代表，初心铸就伟业，使命引领未来。让我们更加紧密地团结在以习近平同志为核心的党中央周围，坚持以习近平新时代中国特色社会主义思想为指导，在省委省政府和市委的正确领导下，咬定目标、创新实干，为推动高质量跨越发展、决胜高水平全面建成小康社会而不懈奋斗！

2019年淮安市重要文件目录

淮发〔2019〕1号　中共淮安市委　淮安市人民政府　关于坚持农业农村优先发展全面落实"三农"工作硬任务的实施意见　2019年4月3日

淮发〔2019〕4号　中共淮安市委　淮安市人民政府　关于印发《淮安市建设新时代文明实践中心工作方案》的通知　2019年1月24日

淮发〔2019〕13号　中共淮安市委《中共淮安市委关于落实全面从严治党党委主体责任、纪委监督责任的实施办法》的通知　2019年3月15日

淮发〔2019〕20号　中共淮安市委　淮安市人民政府　关于推动开放型经济高质量发展的实施意见　2019年4月20日

淮发〔2019〕23号　中共淮安市委　淮安市人民政府　关于加快构建现代综合交通运输体系的意见　2019年5月30日

淮发〔2019〕27号　中共淮安市委　淮安市人民政府　关于进一步加强拥军优属工作的若干意见　2019年8月17日

淮发〔2019〕28号　中共淮安市委　淮安市人民政府　关于深化教育体制机制改革　加快推进教育现代化建设的实施意见　2019年9月3日

淮发〔2019〕32号　中共淮安市委　淮安市人民政府　关于印发《新时代淮安产业工人队伍建设改革实施方案》的通知　2019年10月31日

淮发〔2019〕33号　中共淮安市委关于新时代加强和改进人民政协工作的实施意见　2019年11月11日

淮政发〔2019〕4号　市政府关于印发淮安市居住小区配套幼儿园建设管理办法的通知　2019年1月29日

淮政发〔2019〕7号　市政府关于加快培育先进制造业集群的指导意见　2019年2月2日

淮政发〔2019〕16号　市政府关于进一步加快淮扬菜产业发展的实施意见　2019年4月24日

淮政发〔2019〕19号　市政府关于进一步推进全市高技能人才培养的实施意见　2019年5月31日

淮政发〔2019〕23号　淮安市人民政府关于印发淮安市突发事件总体应急预案的通知　2019年9月17日

淮办发〔2019〕1号　市委办公室　市政府办公室　印发《关于推动文化建设高质量走在前列的实施方案》的通知　2019年1月23日

淮办发〔2019〕14号　市委办公室　市政府办公室　关于印发《淮安市生态环境损害赔偿制度改革实施方案》的通知　2019年2月13日

淮办发〔2019〕44号　市委办公室　市政府办公室　印发《关于进一步加强安全生产工作的实施意见》的通知　2019年8月2日

淮办发〔2019〕46号　市委办公室　市政府办公室　印发《关于促进民办教育健康规范发展的实施意见》的通知　2019年9月3日

淮办发〔2019〕47号　市委办公室　市政府办公室　印发《关于推进城市安全发展的实施意见》的通知　2019年9月10日

淮办发〔2019〕54号　市委办公室　市政府办公室　印发《关于推进文化和旅游公共服务体系建设的实施意见》的通知　2019年11月1日

淮办发〔2019〕59号　市委办公室　市政府办公室　印发《关于构建亲清新型政商关系的实施办法》的通知　2019年11月25日

淮政办发〔2019〕32号　市政府办公室关于印发淮安市加快推进社会信用体系建设构建以信用为基础的新型监管机制实施办法的通知　2019年10月29日

淮政办发〔2019〕35号　市政府办公室关于淮安市基本医疗保险和生育保险市级统筹的实施意见　2019年12月23日

淮政办发〔2019〕38号　市政府办公室关于印发淮安市危险化学品安全综合治理方案的通知　2019年12月31日

年度经济人物　优秀项目

2019淮安年度经济人物

蒋建平　江苏沙钢集团淮钢特钢股份有限公司总经理

李　申　江苏和兴汽车科技有限公司总经理

朱　勇　江苏正大清江制药有限公司总经理

邬筠轩　全稳生态农业科技集团副董事长、法定代表人

吴建峰　江苏今世缘酒业股份有限公司副董事长
张志伟　淮安骏盛新能源股份有限公司总经理
吴志勇　淮安楚州海螺水泥有限公司总经理
陈招兵　江苏悦丰晶瓷科技有限公司董事长
张鹤军　江苏视科新材料股份有限公司总经理
陈延国　淮安高新控股有限公司总经理

2019淮安年度经济人物提名奖

王宽华　江苏华石农业集团股份有限公司董事长
陈梁城　施尔丰国际生物科技有限公司总经理
凌　韬　江苏新金菱体育产业集团董事长
於孝成　盱眙於氏龙虾餐饮服务连锁有限公司董事长
袁彩勇　淮安市农业科学研究院党支部书记
郏小天　南京银行股份有限公司淮安分行行长
崔立权　江苏威特电子商务有限公司董事长
苗　涛　交大环境保护研究院（江苏）有限公司总经理
陈宽有　江苏富有文化旅游开发有限公司董事长
沈　坤　江苏长寿棒科技有限公司董事长

2019年度全市创新创优优秀项目

一、一等奖（31个）

（一）经济建设类

1.加强淮昆协作促进台资经济融合发展　市政府办
2.“统战+扶贫”打赢精准扶贫攻坚战行动　市委统战部
3.全面推进台资集聚示范区“二次创业”　市委台办
4.创新建立淮河生态经济带城市合作会商机制　市发展改革委
5.“五联并举”做强“三新一特”　市工信局
6.“厚技有人”新型技能大军培育工程　市人力资源和社会保障局、市总工会
7.构建铁路枢纽和内环高架打造立体交通体系　市交通局、淮安生态文旅区、市自然资源局
8.推进百万亩稻虾综合种养　市农业农村局
9.“南葵北菊”推动片区实现“农旅融合”发展　市白马湖办
10.建设一流场馆发展会展经济　清江浦区

（二）公共管理类

1.紧扣乡村振兴大课题谋划农房改善大文章　市委办
2.开展新一轮乡镇街道人大规范化建设三年行动　市人大办
3.建立政协委员工作站　市政协办
4.扫黑除恶重点培育市建设　市委政法委
5.打造淮安市“1+4”基层治理新模式　市委编办
6.“守护校园蓝天法治护航成长”法治进园　市检察院
7.数据赋能警务创新体系　市公安局
8.聚焦158财政在行动　市财政局
9.创新民生审计推动实事惠民　市审计局
10.创成全国首批“绿色生态园区”　淮安经济技术开发区
11.“三定三重”打造村财监督闭环　淮阴区
12.“红色代办”打通服务群众“最后一米”　涟水县

（三）党建和精神文明类

1.深化纪法宣讲“千百万”行动推进警示教育常态化制度化　市纪委监委机关
2.全面加强村干部队伍规范化建设　市委组织部
3.成功承办2019年央视中秋晚会　市委宣传部、市广电台、淮安生态文旅区
4.市级机关全面推开“党建助企建”　市级机关工委
5.“六个一”打造主题教育优质课堂　周恩来纪念地管理局
6.传承红色基因建设恩来社区　淮安区
7.传承弘扬运河文化加快生态绿色发展——牵头组建八省六十地运河名媒名镇联盟　洪泽区
8.基层党组织标准体系建设　盱眙县
9.“兴村党委”助力乡村振兴　金湖县

二、二等奖（38个）

（一）经济建设类

1.科技“四位一体”精准助力“阳光扶贫”专项行动　市科技局
2.淮冶科技与中亚产能合作生根开花　市商务局
3.打造“运河情淮扬味掼蛋风”淮安特色文旅品牌　市文广旅游局
4.危险化学品企业“423”分级分类监管　市应急局
5.打造“淘宝式”银企对接模式　市金融监管局、人行淮安市中心支行、淮安银保监分局
6.淮台农产品合作交流　市供销总社
7.院士专家进百企　市科协
8.打造淮商高质量发展服务平台　市工商联
9.“项目长”电力专班服务助推经济高质量发展　淮安供电公司

（二）公共管理类

1.“交响曲”合奏经济好声音“媒体云”聚焦发展好故事　市政府办、市委宣传部
2.全面落实“两不愁三保障”政策　市纪委监委机关、市农业农村局
3.实施组织工作助推民营企业发展专项行动　市委组织部、市级机关工委
4.开通“营商环境直通车”创建政企相处新模式　市委优化办
5.法润民企“6+1”行动　市法院
6.深化中考招生制度改革　市教育局
7.开展困境儿童和农村留守儿童“关爱邮路”项目　市民政局
8.建设岗位开发援助扶贫示范区助力脱贫攻坚　市人力资源和社会保障局

9.淮安市中心城区15分钟社区生活圈规划研究
市自然资源局

10.实施“6655”工程打造区域医疗高地　市卫健委

11.淮安市老兵调解工作模式
市退役军人事务局、市司法局

12.政府采购全流程“不见面交易”系统
市行政审批局、市财政局

13.供给侧发力建好体育公园满足市民健身康体新要求
市体育局

14.“三推三转变”创新医保基金监管模式　市医保局

15.创新市级机关公务用车服务保障模式
市机关事务管理局

16.快递行业集体协商　市总工会

17.“税企e家”服务力助淮安高质量发展　市税务局

18.医保扶贫100%服务　盱眙县

19.实施“二三四”污染攻坚行动　苏淮高新区

（三）党建和精神文明类

1.新中国成立70周年宣传教育与成就展
市委宣传部、淮安报业传媒集团

2.多维度打造党纪教育“移动课堂”　市委党史工办

3.党旗领航红色助建——支部建在项目上
市住房和城乡建设局

4.全媒融合讲好淮安故事　市广电台

5.“家家幸福人人安康六进家庭巾帼护航”行动
市妇联

6.淮安“八百勇士天路筑梦”大型融媒体新闻行动
淮安报业传媒集团、市退役军人局

7.聚合四级党建资源释放5G联盟活力
淮安经济技术开发区

8.“三定联评”构建村干部职业化体系　淮阴区

9.“八驾马车”托起新型社区“乡村振兴梦”
淮安工业园区

10.农民集中居住区党建引领“四位一体”综合治理
苏淮高新区、市民政局

三、三等奖（18个）

（一）经济建设类

1.“协同治水”给力河湖管护　市水利局

2.“四个一”富民监测体系服务淮安高水平全面小康主战场　市统计局

3.实施“百千万”计划吸引集聚青年　团市委

4.“科技+乡村振兴”新模式的探索与实践　市农科院

（二）公共管理类

1.靶向溯源精准治理推动环境空气质量持续改善
市生态环境局

2.综合行政执法智慧监督指挥平台　市城管局

3.创成全国综合减灾示范社区　市应急局、市气象局

4.小餐饮对标提升工程　市市场监管局

5.打造全国首个信访文史展馆　市信访局

6.残疾人辅助性就业“圆梦工程”　市残联

7.研发“客户服务系统”提高服务客户质效
市烟草局

8.深化“无讼”村居创建勇当全省扫黑除恶排头兵
洪泽区

（三）党建和精神文明类

1.“银耀江淮”离退休干部党支部建设工程
市委老干局

2.以“导师制”推进用“学术讲政治”　市委党校

3.编撰《时代足迹——档案淮安70年》　市档案馆

4.创建全市首个城市党建品牌——“里运河文化带”党建联盟　市里运河办

5.打造人民满意教育“淮安样板”　淮安区

6.打造学“习”成果发布厅抢占思想传播“制高点”
涟水县

统计分析资料

淮安市2019年国民经济和社会发展统计公报

2019年，全市上下坚持以习近平新时代中国特色社会主义思想为指导，全面贯彻中共十九大和十九届二中三中四中全会精神，积极践行新发展理念，以供给侧结构性改革为主线，认真落实“六稳”政策措施，围绕市委“6+1”部署，统筹做好改革发展稳定工作，全市经济运行稳中有进，发展水平迈上新台阶，发展质量稳步提升，人民生活福祉持续增进，各项社会事业繁荣发展，生态环境质量总体改善，全面建成小康社会取得新的重大进展。

一、综合

经济运行稳中有进。全市实现地区生产总值3871.21亿元，按可比价计算，比上年增长6.6%。其中，第一产业增加值386.20亿元，增长3.3%；第二产业增加值1617.18亿元，增长7.1%；第三产业增加值1867.83亿元，增长6.8%。三次产业结构比例为10.0∶41.8∶48.2，第三产业增加值占GDP比重较上年提升0.3个百分点。人均GDP78542元人民币，按可比价格计算，增长6.4%，按当年平均汇率折算为11386美元。

消费价格温和上涨。居民消费价格比上年上涨2.7%。八大类商品及服务价格“七涨一跌”。其中：食品烟酒类比上年上涨7.9%，衣着类上涨2.5%，居住类上涨0.9%，生活用品及服务类上涨2.2%，交通和通信类下跌3.1%，教育文化和娱乐类上涨1.5%，医疗保健类上涨0.7%，其他用品和服务类上涨1.9%。食品价格中，鲜菜价格上涨3.9%，鸡肉价格上涨17.1%，虾蟹价格上涨4.1%，鸡蛋价格上涨4.4%，鲜瓜果价格上涨9.2%，猪肉价格上涨42.3%。

就业形势总体稳定。全年城镇新增就业8.26万人，城镇失业人员再就业5.96万人，城乡就业困难人员就业2.85万人，年末城镇登记失业率1.75%，保持在较低水平。新增转移农村劳动力2.72万人，完成城乡劳动者就业技能

培训3.93万人，创业培训1.55万人，扶持城乡创业1.67万人，创业带动就业5.58万人。

2019年，面对高质量发展要求，全市经济社会发展中还存在一些困难和问题，主要有：主导产业带动作用不够强，企业竞争力、盈利能力整体不高，公共服务供给与群众日益增长的美好生活需要还不够匹配，改革攻坚成果集成运用效果不够明显，营商环境还需要进一步优化等。

二、农林牧渔和水利业

粮食产量历史新高。全年粮食播种面积1017.72万亩，其中夏粮475.31万亩，秋粮542.41万亩。粮食总产489.25万吨，较上年增产7.00万吨，亩产480.7千克，增产8.7千克，粮食总产、单产均创历史新高。其中，夏粮总产182.83万吨，增产1.74万吨，亩产384.7千克，增产6.8千克；秋粮总产306.43万吨，增产5.26万吨，亩产564.9千克，增产9.5千克。全年水产品总产量达28万吨，增长10.0%，年可供应肉类33万多吨、禽蛋9万吨、牛奶2万吨。

农业结构优化升级。"三特"产业产值411.70亿元，占农业总产值比重59.2%。新增优良食味稻面积37.00万亩，累计127.00万亩；高效设施农业2.56万亩，累计141.07万亩；稻虾综合种养50.44万亩，累计达85.44万亩；休闲农业经营主体达36个，累计达665个。新增高标准农田40.00万亩，累计487.73万亩，占比达68.65%。年末农业机械总动力641.11万千瓦，增长0.9%。

水利建设成绩显著。全年累计完成水利投资30.96亿元，连续9年投资总量超30亿元。淮河入海水道二期工程可研报告通过国家发展改革委委托的专家评估、淮河行蓄洪区及淮河干流滩区居民迁建工程启动实施。南水北调东线一期金湖站获大禹奖，盱眙红旗水库除险加固工程获省水利厅优质工程奖。

三、工业和建筑业

工业经济平稳增长。全市有规模以上工业企业1823户，规模以上工业增加值比上年增长7.5%，其中，轻工业增长5.3%，重工业增长9.9%。分经济类型看，国有工业增长6.7%，集体工业增长9.8%，股份制工业增长8.1%，外商港澳台投资工业增长6.0%。规模以上工业企业营业收入增长4.8%，利润总额下降11.8%。

优势产业集聚发展。"三新一特"优势特色产业工业总产值比上年增长6.0%，占规模以上工业总产值比重44.2%。其中，新一代信息技术、盐化凹土新材料、新能源汽车及零部件、食品产业工业总产值分别增长9.5%、0.4%、26.6%、3.9%。

建筑业稳步增长。全市具有资质等级的总承包和专业承包建筑业企业608户，全年完成建筑业总产值1394.05亿元。其中，建筑工程产值1345.28亿元。实现建筑业增加值320.56亿元，比上年增长6.9%。

四、固定资产投资

固定资产投资持续增长。全年规模以上固定资产投资比上年增长6.3%，其中工业投资增长5.9%；房地产开发投资下降8.2%；民间投资增长12.3%，高于全部规模以上投资增速6个百分点；高新技术投资占工业投资比重达25.2%，比去年提高11.6个百分点；基础设施投资增长15.2%，增速快于全部规模以上固定资产投资8.9个百分点。民生补短板投资重点突出，住宿餐饮、公共设施管理、教育等投资分别增长25%、8.4%和14.3%，均高于全部规模以上投资。

五、国内贸易

消费市场繁荣稳定。全市实现社会消费品零售总额1334.49亿元，比上年增长7.7%。按经营单位所在地分，城镇消费品零售额1182.86亿元、增长5.3%，农村消费品零售额151.63亿元、增长13.0%，农村消费增速明显快于城镇。按消费类型分，批发和零售业实现零售额1203.70亿元，增长7.8%，住宿和餐饮业实现零售额130.79亿元，增长6.0%。消费升级类商品销售增长较快，限额以上化妆品类增长10.8%、体育和娱乐用品类增长36.9%、书报杂志类增长12.1%、增速分别快于社会消费品零售总额3.1个、29.2个、4.4个百分点。

六、开放型经济

利用外资稳中提质。全年新设外资项目139个，实际到账注册外资10.49亿美元，其中制造业实际利用外资占比41.4%。外资重大项目实现突破，全市新设总投资3000万美元以上外资项目55个，其中1亿美元以上项目15个。台资项目加快集聚，全市新设及增资台资项目40个，实际利用台资1.62亿美元。

对外经贸加快拓展。全年外贸进出口总额47.05亿美元，其中出口33.80亿美元，比上年增长0.4%。贸易结构持续优化，一般贸易进出口占比56.3%；机电产品和高新技术产品出口分别增长20.1%、55.1%，占全市出口总额的比重分别为43.2%、12.9%，同比分别提高7.0个、4.5个百分点；对"一带一路"沿线市场出口增长23.7%，占全市出口总额的30.5%。新设境外投资企业11家，外经营业额1.73亿美元，增长10.0%。

平台载体提档升级。涟水开发区创成省级智慧园区，宁淮特别合作区、淮昆台资合作产业园揭牌成立。全市开发园区规模以上工业开票销售收入1437.36亿元，占全市的68.1%；利用外资、外贸进出口分别占全市80.3%和88.4%。口岸功能不断拓展，淮安一类航空口岸全年出入境旅客88798人次，新港二类水路口岸开通至上海、太仓、扬州、南京等外贸航线，新开通淮安至宁波海铁联运项目外贸直达班列。成功举办第二届中国（淮安）国际食品博览会。

七、交通、邮电和旅游

交通投资加快增长。全年完成交通基础设施建设投资155.03亿元，比上年增长15.7%，投资总额再创历史新高。徐宿淮盐铁路、连淮铁路开通运营，市区内环高架一次成环，淮安进入了"双高"时代。淮安运河大桥建成通车，京沪高速公路扩建先导段2处互通建成通车，淮安机场二期扩建工程全面竣工。

运输业稳定增长。完成公路水路货运量1.32亿吨、周转量408.31亿吨公里，比上年分别增长2.0%和2.6%。内河港口集装箱吞吐量24.39万标准箱，增长20.7%。民用航空完成旅客吞吐量234.8万人次、货邮吞吐量1.03万吨，分别增长54.8%和63.2%，淮安机场开通至西安首条全货机航线。完成铁路货运量89.78万吨，增长6.0%。全市公路总里程达1.35万公里，其中高速公路里程401.97公里，一级公路里程760.45公里。

*邮电通讯业快速发展。*全年完成电信业务收入35.77亿元，比上年增长9.5%；邮政业务收入24.71亿元，增长13.4%。年末固定电话用户36.17万户，下降2.4%。移动电话用户490.06万户，增长0.4%。年末互联网固定宽带用户102.34万户，增长12.1%。

*旅游业快速发展。*全年实现旅游业总收入470.08亿元，比上年增长13.8%。其中，国内旅游收入465.66亿元，增长13.8%；旅游外汇收入2386.66万美元，增长1.2%。全年接待境内外游客3661.02万人次，比上年增长11.2%，其中国内游客3658.47万人次，增长11.2%。接待入境过夜游客2.55万人次，下降2.2%。全市共有国家A级旅游景区35家，其中AAAAA级1家，AAAA级16家；星级旅游饭店23家，其中五星级旅游饭店1家；旅行社114家，其中四星级旅行社2家、出境社5家；持有电子导游证导游2190人。

八、财政、金融

*财政收支结构改善。*全市实现一般公共预算收入257.31亿元，比上年增长4.1%，其中税收收入209.30亿元，增长2.9%；占一般公共预算收入比重达81.3%。一般公共预算支出529.13亿元，增长8.7%，其中民生类支出393.30亿元，增长11.0%，占一般公共预算支出比重74.3%，较上年提升1.5个百分点。

*金融支撑强劲有力。*年末全市金融机构本外币存款余额4137.49亿元，比上年增长12.5%，其中住户存款余额1812.23亿元，增长12.5%。金融机构本外币贷款余额3861.8亿元，增长16.6%；其中制造业贷款275.78亿元，比年初增加13.75亿元，对实体经济支持力度有所加大。

九、科学技术与教育

*创新创业环境优化。*全市新增专利申请量13052件（其中发明专利申请量2554件，实用新型专利申请量9727件，外观设计专利申请量771件）。新增专利授权量7676件（其中发明专利授权量523件，实用新型专利授权量5710件，外观设计专利授权量1443件）。有效发明专利量为2561件，每万人有效发明专利拥有量达到5.2件。新获批省级众创社区1家、众创空间3家、星创天地2家，新建市级众创空间6家、科技企业孵化器1家。

*科技创新实力增强。*新获认定国家高新技术企业209家，年末有高新技术企业累计407家，评价入库科技型中小企业594家。新建国家级企业研发机构培育点2个，新获批省级企业工程技术研究中心5个，省级企业院士工作站1个，新建市级企业工程技术研究中心48家。

*人才队伍发展壮大。*全市人才总量58.7万人，其中：专业技术人才33.38万人，当年新增1.83万人。高技能人才（具有高级工、技师或高级技师职业资格）16.59万人，当年新增2.51万人。共有省级以上技能大师工作室项目6个，高技能人才公共实训基地项目5个，省首席技师项目47个。共有海外留学回国人员444人，其中当年新增49人。有国务院特殊津贴专家116名、省级突出贡献中青年专家58名。国家级博士后科研工作站10家，省级博士后创新实践基地32家，比上年新增3家。

*教育事业巩固发展。*全市有各级各类学校952所、在校生93.03万人、专任教师6.3万人，分别比上年增加32所、0.87万人和0.29万人。其中，成规模幼儿园480所，在园幼儿17.08万人，教师0.97万人；小学241所，小学生34.93万人，教师2.33万人；初中167所，初中生17.99万人，教师1.55万人；普通高中34所，高中生7.91万人，教师0.71万人；中等职业学校15所，学生5.15万人，教师0.28万人；高校8所，大学生9.87万人，教师0.47万人；特殊教育学校7所，学生0.10万人，教师0.02万人。

十、文化、卫生和体育

*文化事业繁荣发展。*央视中秋晚会成功举办，淮安迎来海内外瞩目的高光时刻，让人充分感受到“缘来淮安，十分精彩”。全市新增公共文化设施面积42.14万平方米，人均拥有公共文化设施面积0.3平方米。全年提档升级294个基层综合性文化中心，达到全覆盖。全市有市级、县（区）级文化馆8个，公共图书馆9个（含少儿），美术馆2个，乡镇街道文化站94个，村（社区）基层综合性文化服务中心1606个。其中国家一级文化馆7个、公共图书馆7个。有线数字电视总户数65.26万户，有线数字电视村民小组接通率100%。

*卫生资源不断增加。*全市共有各类卫生机构（不含村卫生室）768个，其中：疾病预防控制机构8个，卫生监督机构8个，综合医院40个，专科医院20个，中医院7个，妇幼保健机构8个，卫生院128个，社区卫生服务中心（站）75个。各类卫生机构实有病床30376张，其中：医院19996张，卫生院8190张。共有卫生技术人员3.6万人，其中：执业（助理）医师14579人，注册护士16468人，疾病预防控制机构卫生技术人员413人，卫生监督机构卫生技术人员171人，妇幼卫生保健机构卫生技术人员1957人。每千人常住人口拥有执业（助理）医师数、注册护士数、床位数分别为2.96人、3.34人、6.16张。

*体育事业成果显著。*成功举办第十二届万人自行车骑行、第十三届“长江经济带”全民健身大联动、2019中国龙舟公开赛（淮安站）、全国第二届青年运动会龙舟项目预赛、2019洪泽湖古堰半程马拉松赛等一系列高水平、大规模品牌赛事。建成体育公园37个，健身步道108公里。新增200余名二级社会体育指导员，年均完成体质测定3万人。

十一、环境保护

*环境保护能力提升。*全市累计建成国家级生态文明建设示范县1个，省级生态文明建设示范县区2个、示范乡镇60个、示范村27个。全市划定生态空间保护区域56块，总面积2139.62平方公里，占国土面积比例21.34%。全市空气质量优良率72.6%，高于全省平均值1.3个百分点；$PM_{2.5}$为44微克/立方米，比上年下降10.2%。集中式饮用水源地水质达标率87.5%。市区环境噪声平均等效声级54.6分贝，声环境质量等级较好。单位GDP能耗下降率完成省定目标。

十二、人口、居民生活和社会保障

常住人口小幅增加。年末常住人口493.26万人，比上年增加0.76万人，其中城镇常住人口313.22万人，常住人口城镇化率63.50%。常住人口出生率9.98‰，死亡率7.50‰，人口自然增长率2.48‰。年末户籍人口560.47万人，其中男性287.59万人，女性272.88万人。

居民收入稳步增长。全体居民人均可支配收入30192元，比上年增长9.0%；人均生活消费支出16756元，增长7.2%。其中，城镇居民人均可支配收入38952元，增长8.7%；人均生活消费支出20327元，增长6.9%。农村居民人均可支配收入18567元，增长8.8%；人均生活消费支出12017元，增长7.2%。

社保体系不断完善。年末城乡居民基本养老保险参保人数200.74万人。全市企业职工养老保险参保人数92.30万人，比上年增加1.01万人。工伤保险参保人数59.60万人，增加3.34万人。失业保险参保人数51.48万人。个体工商户、灵活就业人员企业职工养老保险参保人数38.8万人。全年共支付企业离退休人员养老金84.39亿元，养老金按时足额100%社会化发放。

2015—2019年淮安市经济和社会发展主要指标

表34

指标名称	单位	2015年	2016年	2017年	2018年	2019年
人口与面积						
年末户籍总户数	万户	162.87	164.82	164.90	166.64	168.27
年末户籍人口	万人	564.45	567.56	560.90	561.33	560.48
年末常住人口	万人	487.20	489.00	491.40	492.50	493.26
城镇人口	万人	283.31	291.84	300.98	307.52	313.22
乡村人口	万人	203.89	197.16	190.42	184.98	180.04
年平均常住人口	万人	486.21	488.10	490.20	491.95	492.88
经济总量						
地区生产总值	亿元	2745.09	3048.00	3387.43	3601.25	3871.21
第一产业	亿元	307.67	324.61	339.44	358.70	386.20
第二产业	亿元	1176.66	1268.15	1412.39	1508.11	1617.18
第三产业	亿元	1260.76	1455.24	1635.60	1734.44	1867.83
人均地区生产总值	元	56460	62446	69103	73203	78542
财政						
财政总收入	亿元	510.13	483.13	434.00	476.58	522.42
#一般公共预算收入	亿元	350.31	315.51	230.61	247.27	257.31
上划中央收入	亿元	159.82	167.62	203.39	229.31	265.11
一般公共预算支出	亿元	512.47	483.45	452.51	486.81	529.13
物价						
市区居民消费价格总指数	上年=100	101.5	102.2	101.9	102.1	102.7
市区商品零售价格总指数	上年=100	100.6	100.9	101.9	101.7	102.3
农业						
乡村从业人员	万人	212.50	211.79	184.90	184.98	209.29
#农林牧渔业	万人	86.44	86.13	85.67	84.60	82.95
农林牧渔业总产值	亿元	573.71	602.89	629.57	662.58	656.19
粮食产量	万吨	467.22	458.55	467.56	482.26	489.25
规模以上工业						
主营业务收入	亿元	6548.75	7014.24	6337.55	3866.77	2251.41
#主营业务成本	亿元	5684.86	6079.35	5473.14	3268.32	1803.93
利润总额	亿元	383.36	404.81	377.60	213.40	133.27
交通运输						
公路总里程	公里	13273	13354	13235	13436	13508
高速公路	公里	403	403	407	404	402
铁路客运量	万人次	208	211	210	217	231

续表34

指标名称	单位	2015年	2016年	2017年	2018年	2019年
铁路货运量	万吨	182	135	65	85	90
公路客运量	万人次	8528	8332	8128	7920	7711
公路货运量	万吨	5919	6187	6633	6857	7112
水上客运量	万人次	3	7	12	13	12
水上货运量	万吨	6104	6027	6041	6057	6066
港口货物吞吐量	万吨	8004	9050	10030	5664	7810
邮电通信						
邮政业务收入	亿元	10.39	14.53	29.61	35.28	45.73
电信业务收入	亿元	25.56	26.11	26.63	32.67	35.77
固定电话用户	万户	67.97	50.93	43.44	37.05	36.17
移动电话年末用户	万户	383.09	428.70	445.43	488.17	490.06
互联网宽带接入用户数	万户	63.54	87.20	84.01	91.00	102.00
电力						
全社会用电量	亿千瓦时	156.54	163.20	172.92	186.59	191.26
#农林牧渔业	亿千瓦时	2.45	3.13	3.58	4.55	5.35
#工业	亿千瓦时	108.89	106.70	111.02	115.97	117.37
城乡居民生活用电	亿千瓦时	25.05	29.98	32.37	35.54	35.63
国内贸易						
社会消费品零售总额	亿元	970.74	1083.83	1197.09	1239.7	1334.49
#批发零售业零售额	亿元	874.22	978.30	1083.65	1116.3	1203.70
住宿餐饮业零售额	亿元	96.51	105.53	113.44	123.4	130.79
对外经济						
进出口总额	亿美元	41.33	35.04	46.36	50.1	47.05
#出口额	亿美元	30.10	26.98	30.03	33.67	33.80
进口额	亿美元	11.23	8.06	16.33	16.43	13.25
注册外资实际到帐额	亿美元	12.09	11.61	11.78	10.43	10.49
旅游						
入境过夜游客	人次	14675	18223	23977	26032	25462
外国人	人	7902	10078	12630	14019	14081
港、澳、台同胞	人	6773	8145	11347	12013	11381
国内旅游收入	亿元	264.02	305.64	357.33	409.23	465.66
旅游外汇收入	万美元	1558	1705	2125	2357	2387
金融保险						
年末金融机构各项存款余额（人民币）	亿元	2328.63	3066.00	3432.67	3638.01	4137.49
年末金融机构各项贷款余额（人民币）	亿元	1864.76	2304.22	2789.29	3303.00	3861.80
保费收入	亿元	62.24	77.10	86.70	93.92	93.58
教育						
普通高校	所	7	7	7	7	7
在校学生	人	67927	69549	70066	71834	75558
专任教师	人	3571	3718	4093	4133	4356

续表34

指标名称	单位	2015年	2016年	2017年	2018年	2019年
普通中等专业学校	所	16	20	20	15	15
在校学生	人	54841	61423	56786	55618	51492
专任教师	人	2645	3047	3075	2821	2820
普通中学	所	179	188	191	196	201
在校学生	人	211901	215227	226893	243444	259031
专任教师	人	18712	19072	19887	21193	22582
技工学校	所	5	5	5	4	5
在校学生	人	10931	9197	8768	7205	9746
专任教师	人	548	446	462	494	703
小学	所	282	252	246	245	241
在校学生	人	344333	350503	351651	351593	349283
专任教师	人	18678	21067	21793	22563	23131
科技						
专利申请受理量	件	15941	17293	16782	17227	13052
#发明	件	4406	4061	4547	4746	2561
文化						
剧场、影剧院数	个	7	7	7.0	7	9
公共图书馆	个	9	9	9.0	9	9
公共图书馆图书总藏量	千册、件	2564	2860	3320.0	3839	4166
卫生						
卫生机构数	个	2228	2237	2184.0	2229	2200
#医院、卫生院	个	184	185	184.0	193	198
卫生技术人员	人	30475	31524	32310.0	34342	35963
#执业医师、执业助理医师	人	12037	12385	12684.0	13394	14579
卫生机构床位数	张	25966	27529	28647.0	29417	30376
#医院、卫生院床位数	张	23955	25500	26235.0	26969	28186
人民生活						
全体居民人均可支配收入	元	20840	22762	24934	27696	30192
城镇居民人均可支配收入	元	28105	30335	32976	35828	38952
农村居民人均可支配收入	元	13128	14319	15601	17058	18567
城镇职工基本养老保险参保人数	万人	88.90	90.30	90.8	91.3	92.3
城乡居民基本医疗保险参保人数	万人	164.72	162.30	430.42	426.32	426.33
失业保险参保人数	万人	63.20	64.30	66.0	66.8	51.5
社会福利收养性单位数	个	194	250	243.0	289	288
社会福利收养性单位床位数	张	17165	24198	25173.0	23806	23956

淮安市2019年规模以上工业能源消费和生产情况简析

2019年，在市委、市政府的坚强领导下，全市上下高度重视生态文明建设，努力推动绿色低碳发展，持续优化能源消费和生产结构，能源生产能力稳步提高，节能降耗工作取得了显著成效。

一、能源消费情况

2019年全市规模以上工业综合能源消费总量为815.66万吨标准煤，同比下降2.53%，节能成效显著。其中，轻工业综合能源消费量为108.73万吨标准煤，同比增长12.36%；重工业综合能源消费量为706.92万吨标准煤，

2019年六大高耗能行业综合能源消费情况一览表

表35

行　业	综合能源消费量（万吨标准煤）	同比增速
25石油、煤炭及其他燃料加工业	15.30	−0.74%
26化学原料和化学制品制造业	249.89	−8.24%
30非金属矿物制品业	12.48	14.10%
31黑色金属冶炼和压延加工业	188.36	7.12%
32有色金属冶炼和压延加工业	1.37	11.26%
44电力、热力生产和供应业	208.39	−11.43%
高耗能行业合计	675.78	−4.96%
全部规模以上工业	815.66	−2.53%

同比下降4.47%。

（一）高耗能行业综合能耗占比下降。2019年全市六大高耗能行业综合能源消费量为675.78万吨标准煤，同比下降4.96%，占全部规模以上工业能源消费总量的比重为82.85%，较2018年同期下降2.12个百分点。其中：石油煤炭及其他燃料加工业、化学原料和化学制品制造业、电力热力生产和供应业综合能源消费量分别比2018年同期下降0.74%、8.24%、11.43%；非金属矿物制品业、黑色金属冶炼和压延加工业、有色金属冶炼和压延加工业综合能源消费量分别比2018年同期增长14.10%、7.12%、11.26%。

（二）规模以上工业用电量同比上升。2019年，全市规模以上工业用电量为107.76亿千瓦时，同比增长2.02%。分行业看，化学原料和化学制品制造业、黑色金属冶炼和压延加工业、非金属矿采选业用电量占比较大，分别占全部规模以上工业用电总量的22.23%、15.60%、7.25%；废弃资源综合利用业、燃气生产和供应业、电气机械和器材制造业用电量增速较快，同比分别增长了63.70%、46.72%、38.64%。

（三）非电工业减煤成效显著。2019年，全市规模以上非电工业企业煤炭消费量为471.33万吨，比2016年削减72.50万吨。从削减量看，超额完成省定全年煤炭削减52万吨目标任务；从控煤量看，煤炭消费量比市定用煤控制目标489.80万吨低18.47万吨，超额完成市定用煤总量控制目标任务；从分县区看，均完成市定控煤总量目标。

二、能源生产情况

（一）太阳能发电产业发展迅速。据供电公司数据统计，2019年，全市累计发电量为163.77亿千瓦时，同比下降8.02%。其中：火力发电量为144.73亿千瓦时，同比下降9.42%；水力发电量为0.43亿千瓦时，同比下降41.54%；太阳能发电量为12.42亿千瓦时，同比增长8.63%；风力发电量为6.19亿千瓦时，同比增长1.22%。

（二）原油加工能力进一步提高。2019年，全市原油加工量为77.60万吨，较2018年同期增长9.22%，主要产品包括汽油、柴油、燃料油、石脑油、燃料气和其他石油制品。其中：汽油产量为37.36万吨，同比增长10.65%；柴油产量为9.60万吨，同比增长10.43%；燃料油产量为1.33万吨，同比下降4.57%；石脑油产量为8.27万吨，同比增长29.64%；燃料气产量为8.73万吨，同比下降8.18%；其他石油制品产量为25.13万吨，同比增长16.99%。

（三）加工转换效率逐渐提高。近年来全市工业企业积极推进重点技改项目，在提高生产效率、节约生产用能、环境保护方面取得了显著的成效，工业企业加工转换效率逐渐提高。2019年，全市规模以上工业企业发电效率为45.79%，比2018年同期提高0.24个百分点；供热效率为81.55%，比2018年同期下降1.6个百分点；炼油及煤制油加工转换效率为96.88%，比2018年同期提高2.27个百分点，炼焦效率为96.41%，比2018年同期提高3.71个百分点。

三、几点建议

目前，全市经济发展进入新时代，对节能降耗工作有了更高要求，为适应新形势新挑战，全市上下必须要直面挑战，把握战略机遇，切实把节能降耗作为事关淮安发展全局和长远的重大战略来抓。

（一）坚持节约优先，提高节能意识。把节约能源资源放在优先位置，科学使用能源资源，合理控制能源资源消费总量，提升能源资源利用的效率和效益，加强节能降耗的宣传工作，提高全社会节约用能的意识。

（二）优化产业布局，推进产业结构转型升级。一是淘汰落后产能，善用环保倒逼机制，淘汰无环保措施的低小散企业和落后产能，通过技术改造等措施，对传统制造业实行绿色改造升级；二是培育新兴产业，结合全市的自身优势，积极培育具有高技术含量、高知识密集、高效益产出、低无环境污染等特点的高科技行业，形成新的经济增长点；三是发展循环经济，充分认识“废物是放错地方的资源”这一理念，加强资源回收利用和垃圾的分类处置，形成“资源—产品—废弃物—资源”的闭合式循环，实现资源永续利用。

（三）加强能耗监测、做好预警工作。进一步加强对重点耗能企业的跟踪监测和指导，特别是新上的高耗能项目，通过对重点耗能企业的监控，把握能源消费走势，发现问题及时作出预警分析，适时采取宏观调控措施，坚决贯彻落实各项节能降耗政策措施。

（撰稿：邓　玮　核稿：李志英）

新中国成立70年淮安农村经济发展综析

新中国成立70年来，淮安大地发生一系列深刻变革，浓墨记载着在党的领导下，淮安农村发生翻天覆地的历史性变化。从开展土地改革到实行农业合作化，从建立家庭联产承包责任制到推进农村承包地“三权”分置，从打好脱贫攻坚战到实施乡村振兴战略，一系列“三农”改革建设的创举，推动了农村体制机制不断创新。中共十八大以来，以习近平同志为核心的党中央，坚持把解决好"三农"问题作为全党工作重中之重，持续加大强农惠农富农政策力度，建立健全城乡融合发展体制机制和政策体系，全面深化农村改革，稳步实施乡村振兴战略，精准扶贫成效举世瞩目，农业农村发展取得了历史性成就、发生了历史性变革，为党和国家开启全面建设社会主义现代化国家新征程提供了重要支撑。

1.粮食产量逐步稳定在较高水平，饭碗牢牢端在自己手中。1949年我市粮食产量8.15亿斤，人均粮食产量382斤，无法满足人们的温饱需求。上世纪50—70年代粮食生产有了一定发展，1978年粮食产量33.56亿斤。改革开放以来，建立和完善以家庭承包经营为基础、统分结合的双层经营体制，启动农产品流通体制改革，彻底取消农业税，建立农业支持保护制度，激发了广大农民的积极性，促进粮食产量快速增长。2012年淮安市粮食产量90.84亿斤，粮食综合生产能力跃上新台阶。中共十八大以来，以习近平同志为核心的党中央高度重视粮食生产，明确要求把中国人的饭碗牢牢端在自己手中。粮食综合生产能力不断巩固提升，2018年粮食产量96.45亿斤，比1949年增长10.8倍，年均增长3.6%；人均粮食产量1961斤，比1949年增长4.1倍，守住了粮食安全底线。

2.农业生产结构不断优化，保持持续协调发展。我市农业实现了由单一以种植业为主的传统农业向农林牧渔业全面发展的现代农业转变。2018年农林牧渔业总产值662.58亿元，比1978年的10.87亿元增长59.9倍，年均增长10.5%。从产值构成来看，1978年农业产值占农林牧渔四业产值的比重为75.5%，处于绝对主导地位，林业、畜牧业和渔业产值所占比重分别为1.7%、20.6%和1.9%。改革开放以来，林、牧、渔业全面发展。2018年农业产值占农林牧渔业四业产值的比重为61.5%，比1978年下降14个百分点；林业占2.3%，提高0.6个百分点；畜牧业占23.2%，提高2.6个百分点；渔业占11.1%，提高9.2个百分点。

3.农田水利建设得到加强，防灾抗灾能力增强。藏粮于地是保障国家粮食安全、推动现代农业发展的重要举措。新中国成立初期，农业生产基础单薄。上世纪50—70年代，在十分困难的条件下推进了农田水利设施建设。改革开放以来，淮安市持续开展农业基础设施建设，不断完善小型农田水利设施，农田灌溉条件明显改善。2018年全市农田有效灌溉面积428.6千公顷。深入实施耕地质量保护与提升工程，加快建设集中连片、旱涝保收、高产稳产、生态友好的高标准农田，全市累计建成高标准农田447.73万亩，全市耕地面积710.42万亩，占比达63%。完成891万亩粮食生产功能区和重要农产品生产保护区科学划定任务。农业生产条件持续改善，"靠天吃饭"的局面正在逐步改变。

4.农业机械化程度明显提高，大大解放了生产力。深入实施藏粮于技战略，推进农业机械化发展，加快农业科技创新及成果转化。农业物质技术装备水平显著提升，1970年全市农业机械总动力仅7.2万千瓦，1978年为48万千瓦，2018年达到634.9万千瓦。1970年全市机耕面积仅1.2万亩，1978年为264.7万亩，2018年达到949.4万亩，主要农作物耕种收综合机械化稳步提升。农业机械化水平大幅提高，标志着淮安市农业生产方式以人畜力为主转入到以机械作业为主的阶段。科技在农业生产中的作用日益增强，2018年我市农业科技进步贡献率达到65.8%。科技助力粮食单产不断提升，由1949年的43千克/亩，提高到2018年的472千克/亩，增长近10倍。

5.农业新型经营主体大量涌现，现代农业活力增强。中共十八大以来，淮安着力培育各类新型农业生产经营主体和服务主体，农民合作社、家庭农场、龙头企业等数量快速增加，规模日益扩大。创意发布“淮味千年”农产品区域公用品牌，“淮水润良田，鲜美传千年”品牌形象加速在全国全省打响树起。2018年新创成盱眙全国稻田综合种养示范区和省级现代农业产业园、省级清江浦和淮安区一二三产业融合发展先导区。新增省级龙头企业9家，两家企业入选省农产品加工20强，4家入选全国农产品加工500强。新发展家庭农场794家，分别创成省、市级示范家庭农场23个和107个。建立以家庭农场为主要成员的合作社53个，列全省第三；创建国家级农民专业示范社28个、省级51个，创建数量全省第一。

6.农业新模式快速发展，拓展了农业多种功能。淮安积极做好跨界配置农业和现代产业要素，设施农业、观光休闲农业、农产品电商等新模式快速发展。2018年末全市农业设施数量13.3万个，设施农业占地面积近13346公顷，实际使用设施农业面积13160公顷。设施农业改变了农业生产的季节性，拓宽了农业生产的时空分布。金湖白马湖村入选2018年“中国农民丰收节”100个特色村庄，荷花荡进入100条全国休闲农业和乡村旅游精品景点线路之列，全市生态休闲农业经营主体达629个、新增36个，产值突破14亿元。观光休闲产业内涵由原来单纯的观光游，逐步拓展到民俗文化、农事节庆、科技创意等，促进休闲农业和乡村旅游蓬勃发展。大数据、物联网、云计算、移动互联网等新一代信息技术向农业农村领域快速延伸，农产品电商方兴未艾。农普结果显示，全市“规模农业经营户和农业经营单位”通过电子商务销售农产品的比重达1.2%。2018年淮安农产品网络销售额突破50亿元。

7.农民就业不断转化，生活水平不断提高。就业是民生之本。新中国成立初期，乡村就业人员主要以从事农业生产为主。20世纪50—70年代，通过积极发展乡村经济，就业状况逐步改善，1978年淮安乡村就业人员135.76万人，其中，从事一产人员128.56万人，占比达95%。改革开放以来，乡镇工业快速发展，劳动力市场逐步建立和完善，农村富余劳动力向第二、三产业转移。乡村就业人员在2000年达到216.78万人的历史高点，其中，从事一产人员145.32万人，占比达67%。随着市场经济的发展，部分农村劳动力进城就业。2018年乡村就业人员逐渐回落到211.87万人，规模仍然庞大，其中，从事一产人员84.6万人，占比达40%。上世纪50—70年代，随着土地改革和农业合作社的发展，促进了农村居民收入较快增长。改革开放以来，市场经济体制不断完善，为商品流通特别是农副产品交换提供了便利条件，农产品价格提高也为农民增收带来实惠。中共十八大以来，加大对社会保障和民生改善的投入力度，农民的钱袋子更加殷实。2018年淮安农村居民人均可支配收入17058元，比1987年的701元，增长23倍，城乡居民收入差距不断缩小。

*8.贫困人口大幅减少，脱贫攻坚成就显著。*改革开放以来，我国成功走出一条中国特色扶贫开发道路。围绕"两不愁"即不愁吃、不愁穿，"三保障"即义务教育、基本医疗、住房安全有保障，改善贫困地区的基本生产生活条件。中共十八大以来，把扶贫开发摆在更加突出的位置，把精准扶贫、精准脱贫作为基本方略，开创了扶贫事业新局面。农村贫困人口快速减少，贫困发生率持续下降，脱贫攻坚取得决定性进展。近年来，淮安紧紧扭住产业扶贫这个根本，2018年3个重点县区向上争取产业富民资金1.53亿元，制定实施古淮河沿线、淮涟结合部特色产业带规划，实施建成产业富民项目26个。通过开展阳光扶贫，用信息化手段压实脱贫攻坚责任，动员全市4.6万名党员干部与12.8万名低收入农户结对帮扶，有力提升精准到户帮扶实效。加大对经济薄弱村帮扶力度，帮助发展增收项目，解决制约发展突出问题。强化对重点片区关键性工程建设督查指导，推动加快实施进度。开展扶贫政策落实专项行动，推动教育、医疗保障扶贫等政策落实兑现。开展扶贫资金加快规范使用专项行动，有效解决扶贫资金滞留问题。开展扶贫领域作风专项治理，通过"三查三治"解决突出问题。对脱贫难度较大的低收入群体和经济薄弱村予以政策倾斜，实施重点攻坚，全市累计有33.2万名低收入人口、142个省市定经济薄弱村实现脱贫，脱贫率分别达78.5%和83.5%。

新中国成立70年来，淮安市农业、农村、农民面貌发生了历史性巨变，为改革开放和社会主义现代化建设打下了坚实基础。同时我们也要清醒看到，发展不平衡不充分在乡村最为突出，农业"大而不强"的最大市情尚未根本改变、现代技术装备对农业的支撑不强、农业品牌带动力不够强不够大、新型农业经营主体实力能力有待增强、农村改革的作用尚待充分发挥、农村脱贫攻坚任务艰巨等等。做好"三农"工作直接关系到经济社会发展的全局，直接关系到全面建成小康社会，直接关系到"两个一百年"奋斗目标的实现，意义十分重大。我们要更加紧密团结在以习近平同志为核心的党中央周围，坚持农业农村优先发展总方针，以实施乡村振兴战略为总抓手，巩固发展农业农村好形势，守住"三农"战略后院，发挥好压舱石和稳定器的作用，为有效应对各种风险挑战、促进经济社会持续健康发展、实现"两个一百年"奋斗目标做作出新的贡献。

（撰稿、核稿：张永松）

新中国成立70年淮安社会服务发展分析

新中国成立70周年以来，勤劳智慧的淮安人在市委、市政府的坚强领导下，全市上下立足服务业发展基础和资源禀赋，奋力拼搏，赢得了服务业发展提速、结构优化、实力提升的巨大成就。随着社会生产力的发展和人民群众重生产轻流通、重产品轻服务等传统观念的转变，服务业发展从小到大，发展水平不断提升，年均增长高于同期经济增长，现代服务业呈现出蓬勃发展势头，逐渐成为拉动全市经济增长的主导产业。

服务业规模不断扩大，结构调整成就显著

改革开放初期，淮安市主要是以农业为主的产业格局，三次产业的结构呈现"一产独大"状态，伴随产业的不断发展，产业结构逐步调整和优化，产业内部结构由单一向多元转变，技术和资金密集型产业比重上升，服务业在国民经济增长中的地位和作用显著增强。三次产业结构由1949年的89.9∶4.3∶5.8调整为2018年的10.0∶41.8∶48.2，形成了第一产业稳固发展、第二产业快速发展、第三产业迅速发展的新格局，结构比由1949年的"一三二"转变为"三二一"模式。2018年，全市服务业增加值占全市地区生产总值的比重达到较1949年提高42.3个百分点。服务业主体地位不断强化，成为经济发展的主引擎。2018年，全市第三产业增加值1734.44亿元，同比增长8.8%。

服务业投资稳步增长，结构持续改善

1949年以来，淮安市服务业投资规模由小到大，投资种类不断丰富，投资主体日益多元化，投资总量迅速增长。服务业投资成为固定资产投资的重要组成部分，在总量已影响着经济增长的速度，在结构上影响着经济结构形成及其发展变化，为推动全市经济的发展发挥了重要作用。2018年，全市服务业投资945.13亿元，占全社会固定资产投资的比重为35.1%。

金融业创新升级，发挥重要作用

金融业的发展为实体经济增加后劲，是实体经济的血脉，是实体经济茁壮成长的源头活水。改革开放以来，全市金融业伴随现代化步伐而快速成长，全市金融机构的业务种类和服务领域不断扩展，金融业总量迅速攀升。2018年，全市实现金融业增加值157.97亿元，占服务业增加值比重的9.1%。新中国成立以来全市存贷款余额快速增长。2018年末金融机构存款余额3676.95亿元，较1978年年均增长21.1%。金融机构贷款余额3312.63亿元，排名为全省第一，较1978年年均增长17.6%。

交通邮电成绩斐然，实现超常规发展

1949年，淮安市基础设施极端落后。城区面积不足4平方公里，市井萧条，破旧民宅触目可见。邮政交通一无所有，通信全靠人工。70年以来，淮安基础设施建设进入飞跃发展新时代。城市面貌日新月异，交通发展突飞猛进，确立立体式、多元化交通枢纽和现代综合交通运输体

1978—2018年淮安市交通运输邮电情况表

表36

年份	全社会客运量(万人)	#公路	全社会货运量(万吨)	#公路	邮电业务总量(万元)
1978	1688	1661	517	276	589
1979	2019	1988	497	263	687
1980	2412	2357	479	254	739
1981	2460	2424	426	219	1082
1982	2686	2623	465	245	1191
1983	2674	2610	553	301	1232
1984	2567	2492	804	391	1420
1985	2928	2783	991	490	1641
1986	3074	2891	1914	957	1803
1987	3055	2893	2240	1187	2098
1988	3076	2972	2268	1328	2817
1989	3134	3034	2250	1256	2665
1990	2625	2552	2518	1218	3095
1991	2464	2360	2890	1274	3937
1992	3419	3302	2671	1380	5700
1993	3566	3494	2550	659	8256
1994	3081	3065	2711	1197	12067
1995	2164	2144	3366	1176	17247
1996	2185	2150	2710	1082	23265
1997	2144	2130	2621	1033	36141
1998	2300	2287	2635	1129	52298
1999	2570	2561	2985	1518	60532
2000	2650	2642	3094	1568	71376
2001	2742	2734	3121	1624	84239
2002	2855	2850	3209	1688	94260
2003	3082	3076	3335	1790	110454
2004	3320	3313	3652	1953	123429
2005	3518	3512	3905	2118	139424
2006	3828	3822	4187	2335	154512
2007	4290	4283	4734	2661	180647
2008	4867	4859	5260	2981	192328
2009	8441	8210	7969	4842	29049
2010	9789	9615	9617	5887	34997
2011	11532	11324	11400	7073	23344
2012	12994	12750	13113	8150	26817
2013	8531	8296	10440	5076	27934
2014	8689	8435	11487	5572	93800
2015	8790	8528	12206	5919	142100
2016	8637	8332	12350	6187	210400
2017	8478	8128	12739	6633	296100
2018	8302	7920	12999	6857	352800

系,“公、铁、水、空”综合交通运输体系初步建立,交通枢纽地位基本奠定。2002年新长铁路全线建成,2005年7月开行客运,2007年并入国家铁路网,2016年淮安高铁开始动工兴建。2010年,淮安机场建成通航,目前已成为一类航空口岸以及苏北航空客货运枢纽和华东地区的主要客货运机场。6条高速公路贯彻境内,高速公路境内里程达到407公里,并在苏北率先形成城市高速公路环;航道提档升级,港口吞吐量突破1亿吨。2018年全市旅客运输量8302万人,货物运输量13000万吨,比1978年扩大4.9倍和25倍。2018年,全市邮政业务总量35.28亿元,1978年以来年均增速为17.3%。

旅游市场持续升温,迎来黄金发展期

随着经济社会的发展和人民生活水平的提高,人们的思想观念发生了变化,旅游产业的概念逐渐为人们所接受。全市旅游业迎来新的黄金发展期,旅游业在稳增长、调结构、惠民生中综合优势日益凸显。目前,全市共有A级景区41家,其中AAAAA级景区1家,AAAA级景区12家,乡村旅游区55家,全国工农业旅游示范点7个。初步形成了红色教育游、运河文化游、西游主题游、湖滨观光游、温泉养生游、乡村休闲游、研学体验游、宗教朝觐游、美食品味游、商务会奖游十大主题游。全市目前有星级旅游饭店48家,其中5星级旅游饭店1家,4星级旅游饭店7家;旅行社109家,其中4星级旅行社2家、出境社2家;持证导游4000多人。2018年,全年共接待游客3293万人次数,实现旅游收入413亿元。

文化产业成就瞩目,焕发蓬勃生机

解放前,由于屡遭战火,百废待兴。新中国成立后,我市社会文化事业迅速发展,尤其是改革开放以后,我市文化事业以丰富人民群众文化生活和文化惠民为重点,全面协调推进文化广电新闻出版建设各项工作,取得了令人瞩目的新成就。2013年淮安市奥体中心建成使用,并成功举办18届省运会、全国田径大奖赛、亚洲U19青年足球锦标赛预选赛等一系列重大赛事,淮安人得以在家门口观看高水平运动会。2016年淮安大剧院建成使用,保利剧院进驻运营,多样的演出形式满足了群众更高的文化需求。2018年末全市拥有展览馆5个,博物馆6个,电影院29个,文化站112个,公共图书馆图书总藏量3839千册,广播、电视覆盖率均达100%。

教育事业全面发展,不断贡献力量

新中国成立70年来,市委、市政府大力实施教育强市战略,坚持教育优先发展,淮安教育以推进教育现代化建设为中心,不断深化改革、提升质量,基本形成了较为优质的现代国民教育体系和较为完善的终身教育体系,全市教育现代化省级监测得分连续两年位居苏北第一,在苏北率先通过义务教育基本均衡国家督导认定,成为全国义务教育学校管理标准实验区,淮安荣膺江苏全省唯一的第五届全国未成年人思想道德建设工作先进城市称号,教育工作受到国务院和江苏省委省政府表彰。截至2018年,普通中等专业学校在校学生5.56万人,普通中学在校学生24.34万人,较1978年分别增加:52110人、4444人。

1978—2018年淮安市教育情况表

表37

年份	普通高校在校学生数(人)	普通中等专业学校在校学生数(人)	普通中学在校学生数(万人)	小学在校学生数(万人)
1978	2540	3508	23.90	71.25
1979	1391	3716	22.97	70.77
1980	1883	4946	22.31	71.60
1981	639	3728	20.78	65.87
1982	1341	3219	19.32	61.93
1983	1386	5123	18.32	58.70
1984	2021	6560	18.77	56.85
1985	2637	7175	20.24	55.55
1986	2874	7516	21.62	56.41
1987	3410	8372	22.12	54.36
1988	3505	8407	21.62	52.62
1989	3544	9286	21.25	50.86
1990	3326	9197	21.54	48.39
1991	3562	8828	21.78	45.36
1992	3648	8909	21.98	43.62
1993	4200	11625	21.01	42.95

续表37

年份	普通高校在校学生数（人）	普通中等专业学校在校学生数（人）	普通中学在校学生数（万人）	小学在校学生数（万人）
1994	5079	16749	21.15	42.53
1995	5430	23457	21.90	44.40
1996	5344	35831	22.23	47.48
1997	6951	33670	21.50	51.96
1998	7125	33721	22.05	55.40
1999	10453	32412	22.50	57.19
2000	13636	33013	23.66	58.50
2001	15953	30753	24.52	59.91
2002	27793	22593	28.45	57.16
2003	37249	27992	33.38	52.13
2004	37956	27569	37.65	46.90
2005	56941	29656	38.14	41.73
2006	62168	40068	36.96	38.44
2007	70402	35870	35.44	35.14
2008	67684	38354	34.11	32.30
2009	79465	70541	32.12	30.63
2010	68805	71642	29.30	30.36
2011	79188	28686	26.76	30.31
2012	72283	51637	24.21	31.19
2013	66876	72442	22.71	32.54
2014	66876	72442	22.71	32.54
2015	79547	51945	21.54	33.66
2016	67927	54841	21.19	34.43
2017	69549	61423	21.52	35.05
2018	71834	55618	24.34	35.16

健康产业蓬勃发展，服务功能显著增强

通过优化组合，合理配置卫生资源；适应现代科技发展，加快卫生信息网络建设；适应医疗保险制度改革，拓展社区卫生服务领域，服务功能显著增强；基础建设成效显著，预防保健和人民健康水平不断提高。全市各类医疗卫生机构2229个。所有县人民医院均创成二甲医院，所有县级中医院均达到二级标准。2018年全市卫生技术人员34342人、执业医师（助理）数13394人、注册护士数15484人，床位数29417张。其中，卫生技术人员和床位数较1949年年增长率为5.9%、7.6%。近年来，淮安建立了以市“五大中心”为龙头、县（区）医疗卫生机构为基础、乡镇卫生机构为网底的公共卫生服务体系。2018年全市总诊疗人次2782.76万人次，其中门急诊人次2837.41人次，比十年前增加1745.63人次，增长159.89%；出院人数91.42万人，比十年前增加56.45万人，增长161.42%。城市公立医院综合改革成绩显著，预防保健和人民健康水平不断提高，家庭医生签约制度得到国家卫健委肯定。2016年高分通过国家卫生城市复审，再次荣膺国家卫生城市称号。市一院名列香港艾力彼“中国地级城市医院综合竞争力”百强榜第41位，市妇幼保健院综合实力列全国地市级妇幼保健机构前30强。2018年，我市作为全省唯一的设区市被表彰为公立医院综合改革成效明显的市，受到国务院督查激励。

1949—2018年淮安市卫生情况表

表38

年份	卫生机构数（个）		卫生技术人员数（人）		医院、卫生院床位数（张）
		#医院、卫生院		#医生	
1949	—	—	659	406	183
1950	—	—	923	514	721
1951	—	—	1117	581	792
1952	—	—	1216	627	890
1953	—	—	1270	654	937
1954	—	—	1370	687	967
1955	—	—	1405	714	977
1956	—	—	1764	829	1239
1957	—	—	1966	929	1103
1958	—	—	2370	1081	1608
1959	—	—	2378	1157	1881
1960	—	—	2788	1348	2227
1961	—	—	2969	1453	2302
1962	—	—	2913	1503	2496
1963	—	—	3098	1611	2654
1964	—	—	3137	1653	2876
1965	—	—	3247	1699	2901
1966	—	—	3175	1693	3263
1967	—	—	3352	1691	3525
1968	—	—	3422	1706	3594
1969	—	—	3362	1640	3715
1970	—	—	3595	1694	3789
1971	—	—	3757	1762	3759
1972	387	147	3876	1923	4160
1973	415	147	4135	2003	4173
1974	426	148	4342	2085	4357
1975	449	147	4798	2241	4544
1976	471	148	5497	2324	4909
1977	501	155	7828	3013	5102
1978	515	159	7985	3083	5576
1979	545	163	8184	2979	6055
1980	529	157	8363	3174	6080
1981	617	169	8916	3139	6001
1982	652	178	9193	3395	6004
1983	610	185	9181	3517	6006
1984	626	189	9504	3559	6271

续表38

年份	卫生机构数（个）	#医院、卫生院	卫生技术人员数（人）	#医生	医院、卫生院床位数（张）
1985	645	172	9352	3481	6623
1986	665	169	9800	3627	6623
1987	678	171	10017	3707	6924
1988	680	171	10057	4000	7126
1989	672	175	10343	4508	7303
1990	646	176	10550	4657	7385
1991	629	176	10788	4499	7148
1992	638	176	11123	4722	7277
1993	666	175	11886	4974	7278
1994	666	187	12180	5129	7754
1995	664	196	12390	5196	7747
1996	663	195	12693	5227	7850
1997	663	195	13034	5505	7985
1998	606	195	13033	4094	7900
1999	497	195	12771	4675	7987
2000	549	182	11963	4679	7792
2001	514	174	13041	4308	7768
2002	475	181	12645	4161	7820
2003	468	182	12864	5041	8091
2004	591	179	13254	5377	9149
2005	603	181	13710	5465	10999
2006	645	181	14003	5573	11161
2007	646	183	14523	6044	11308
2008	600	184	14491	5805	11617
2009	603	184	15086	5620	11812
2010	648	177	16084	5835	13201
2011	699	183	17459	6308	15410
2012	2175	182	23468	9604	18716
2013	2153	178	27799	11173	21681
2014	2257	180	28976	11599	22858
2015	2228	184	30475	12037	23955
2016	2237	185	31524	12385	25500
2017	2184	184	32310	12684	26235
2018	2229	193	34342	13435	26969

民政事业万象更新，迈上历史新台阶

新中国成立70周年来，全市民政系统大力践行“民政为民，民政爱民”理念，在保障基本民生、推进防灾减灾、发展养老服务业、创新社会治理、服务国防和军队建设等方面发挥了不可替代的作用，民政事业迈上历史新台阶。民生保障水平不断提升。全面建立了以城乡低保、特困人员供养、医疗救助、临时救助为基础的新型城乡社会救助体系。供养和救助标准持续提高，救助范围不断扩大。实现了动态管理下的“应保尽保”、“分类施保”。城市低保标准由1998年的110元/人月提高到2018年550元/人月；农村低保标准由年699.6元/人年提高到2018年5520元／人年。2018年，共保障城乡低保对象12.83万人、实施医疗救助28万人次、临时救助1.96万人次，发放低保金3.63亿元，医疗救助1.78亿元，临时救助1534万元。社会福利事业蓬勃发展。建成淮安市综合性社会福利中心。养老服务体系进一步完善。五保供养标准分别提高到7928元／人年、7224元／人年。建成各类养老服务机构259个，床位数达到40553张，每千名老人拥有床位数达到37张。为全市12.6万名80周岁以上老年人发放尊老金。孤儿集中和分散生活费标准分别达到2200元/人月、1480元/人月。双拥优抚安置成效显著。深入开展国防和双拥宣传教育，密切了新形势下的军地军民关系。优抚对象保障稳步提高，先后28次调整了优抚对象抚恤补助标准，共保障重点优抚对象2.3万余名。深化城镇退役士兵安置改革，符合条件退役士兵安置率100%。

社会保障体系不断完善，就业创业态势积极向好

新中国成立70周年以来，全市社会保障制度从无到有、从小到大、从弱到强、从窄到宽，取得了突飞猛进的发展，社会保障制度框架基本形成，社会保障体系不断完善。2018年，全市基本养老、工伤保险、失业保险人数分别达224.6万人、56.3万人、66.8万人。全市共支付29.95万名企业离退休人员养老金67.97亿元，养老金按时足额100%社会化发放；全市29.88万名企业退休人员纳入社区管理服务，管理率100%；累计为78.54万人次退休人员进行了四轮免费体检。全年城镇新增就业9.12万人；下岗失业人员再就业5.75万人，其中困难群体再就业9345人。年末城镇登记失业率为1.78%，保持在较低水平。新增转移农村劳动力2.22万人，城乡劳动者职业技能培训3.39万人，创业培训3.08万人。大力实施“创响淮安”主题行动，成功获批省级创业型街道（乡镇）13个、创业型社区（村）120个、创业型园区1个。

淮安市上下齐心协力谋发展、抢抓机遇求突破，风雨兼程七十年，服务业发展取得瞩目成就。回眸新中国成立以来淮安服务业发展的锦绣蓝图，让我们展望明天，坚定信心、开拓思路、实干巧干，继续追梦，迎接淮安服务业大发展迈入新征程。（孙　茜）

新中国成立70年淮安贸易发展分析

新中国成立70年以来，淮安市的经济建设取得了举世瞩目的成就，消费市场发生了翻天覆地的变化。全市消费品市场规模进一步扩大，新型商业业态快速成长，城乡居民购买力不断增强，市场秩序进一步改善，消费品市场发展成效显著。

一、内贸流通体制日益完善

（一）市场主体呈现多元化格局

新中国成立70年来，淮安市商品市场发展经历了重大变化。改革开放初期，淮安市市场主体基本是国有企业和集体企业，改革开放以后，我市非国有经济快速发展，打破了公有制商业“一统天下”的局面，流通领域呈现多种经济成分并存，多种所有制共同发展的良好格局。2018年我市批发和零售业中限额以上国有企业数量仅占该行业限额以上企业总数的6.6%，私营企业数量占该行业限额以上企业总数的比重超过70%；港澳台投资企业数量占比为2%。经过长期的市场培育和发展，市场主体呈现多元化格局，多种经济成分共同发展的商品流通体系日益完善。

（二）消费品由数量短缺向充裕转变

新中国成立以来，全市生活资料类商品由短缺匮乏、种类单一向供给充裕、品种繁多转变，居民消费由基本生活型向发展享受型转变。新中国成立初期，淮安市生活资料严重短缺，农副产品以统购统销为主，消费品实行调拨分配，大多凭证定量供应，市场处于全面紧张状态。1978年以来，改革开放为市场发展开辟了前所未有的广阔空间，消费需求强劲，购销活跃，消费总量持续扩大。2018年，限额以上单位粮油食品类和服装、鞋帽、针纺织品类商品零售额分别为30.34亿元与24.50亿元，居民吃穿类商品供应充足。

（三）消费对经济的拉动作用持续增强

消费市场作为联结生产与消费的桥梁和纽带，在经济与社会发展中发挥着重要的职能作用。一是调节供需，保障人民不断增长的物质生活需要。70年来，居民购买力每年均以较高速度增长，面对不断增长的消费需求，国内市场通过购销活动源源不断地将各种商品输送到不同消费者手中。二是支持和促进了工农业生产的发展。工农业生产的发展，一方面需要大量的原材料供应，另一方面又需要将产品不断地输送出去，市场正是在这方面有着不可替代的职能作用。同时，随着市场的发展，流通产业特别是劳动密集型的批发零售业和住宿餐饮业成为吸纳社会劳动力的重要领域，为缓解全市就业压力做出了较大的贡献。

二、消费规模日渐壮大

（一）商品零售总量逐渐扩大

新中国成立以来，全市消费市场规模不断扩大，社会消费品零售总额不断增加。1949年全市社会消费品零售总额只有0.27亿元，1978年社会消费品零售总额4.04亿元，2012年社会消费品零售总额达到633.24亿元，到2018年社会消费品零售总额达到1239.66亿元，70年间，年均增长速度达到13%。

（二）大型商贸企业不断增加

新中国成立初期，淮安市大型商贸企业较少，改革开放以来，我市商贸业快速发展，近年来，大型商贸企业数

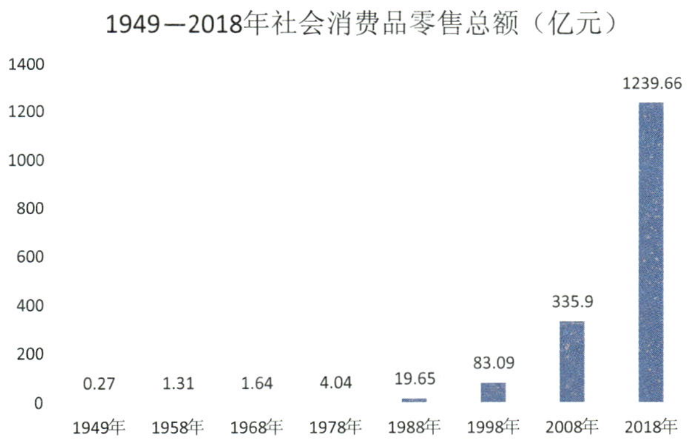

量迅速增加，规模逐渐壮大。2012年，淮安市限额以上批发零售企业数量只有634家，2018年企业数量增长到928家，年均增长49家，年均增长率为4.9%。截止到2018年底，淮安市限额以上批发零售企业中，批发企业475家，全年销售额合计488.19亿元，零售企业453家，全年销售额合计415.65亿元。年销售额1亿元以上的企业99家，其中，年销售额10亿元以上的企业6家，年销售额5—10亿元的企业5家。

（三）住宿餐饮业蓬勃发展

新中国成立初期，淮安市住宿餐饮企业较少，只有少数国营招待所，改革开放以来，淮安市住宿餐饮业得到较快发展，发展市场经济以来，住宿餐饮企业更是突飞猛进的发展，大量的私营饭店、快捷酒店发展起来。2012年，我市限额以上住宿餐饮企业数量只有136家，2018年企业数量增长到244家，年均增长18家，年均增长率为7.6%。截止到2018年底，淮安市限额以上住宿餐饮企业244家，其中，住宿企业86家，全年营业额合计8.34亿元，餐饮企业158家，全年营业额合计18.08亿元。

三、市场载体日渐多样

（一）专业市场从无到有

新中国成立初期，淮安没有专业的大市场，只有几个马路市场，多为露天市场，经营者多占道经营，妨碍交通，影响市容。从1987年起，淮安市相继建成汇通市场、布匹市场、五金市场、建材市场等，截至2018年底，淮安市已经有汇通市场、博德五金市场、淮安国际商城等18家年销售额亿元以上的专业市场，这18家专业市场全年累计销售额80.98亿元，这些专业大市场的建成，方便了群众就近购买商品，进一步带动城市辐射能力。

（二）商场超市发展壮大

新中国成立初期，淮安市商业中心集中在东、西大街一带，基本都是一些小商铺，能提供的商品也非常有限，改革开放初期，淮安只有清江商场一家大型商场。进入20世纪，淮安市大型商贸企业加快发展，在淮海东路建成了一批全市有影响的大型商场超市，如新亚商城、金鹰国际、华润苏果等，在淮海路商业圈不断扩大的同时，以万达为代表的水渡口商圈、以金地、大润发为代表的礼字坝商圈也逐步发展壮大。截止到2018年底，淮安市共有45家大型商场超市，全年累计销售额65.75亿元。

（三）城市综合体迅速崛起

在新兴业态快速发展的同时，城市商业综合体等新模式不断涌现。城市商业综合体以购物中心为主导，融合了商业零售、餐饮、休闲养生、娱乐、文化、教育等多项城市主要功能活动。目前淮安市已建成了万达广场、吾悦广场等大型城市综合体，这些城市商业综合体在满足人民群众多层次消费需求的同时，提升了淮安市经济社会发展的能力。代表城市经济发展水平的商业综合体等新模式日益成为消费领域新动能的重要载体。

四、消费内涵日益丰富

（一）消费档次不断提升

新中国成立初期，淮安市商贸餐饮企业只有“玉壶春”“文楼”等在本地具有一定知名度的品牌。随着改革开放的发展，一些在国内外具有知名度的品牌企业相继入驻淮安市，进入20世纪后，国内一些有实力的企业看好淮安发展前景，淮安新亚国际购物广场、金鹰国际购物中心、茂业时代广场等建成营业，一些知名品牌纷纷入驻，如服装类的朗姿、雅莹，化妆品类的兰蔻、雅诗兰黛等。肯德基、麦当劳、星巴克、海底捞等大型餐饮品牌的入驻，提高了居民的消费档次，满足了人们的消费需求。

（二）消费结构逐步优化

新中国成立初期，淮安市居民商品消费主要以满足吃、穿等基本生活需求为主。在居民收入水平稳步提高以及消费观念转变的带动下，居民消费从注重量的满足转向追求质的提升，消费结构不断改善。1983年居民人均消费支出为390元，其中食品支出264.4元，占消费支出比重达到2/3，2018年，城镇居民人均生活消费支出19015元，比1978年增长67倍，年均增长11.1%；农村居民人均生活消费支出达11210元，比1978年增长96倍，年均增长12.1%。2018年，全市居民恩格尔系数降至29.2%，达到富足标准。

（三）消费质量明显提高

随着居民生活水平的稳步提高和市场供给端的长足进步，消费热点由满足人民群众物质生活需求的实物消费向体现人民美好生活需要的服务消费转变。改革开放前百姓的消费大多还处在吃、穿、用等生活必须的基本消费层面，而目前生活用品、家用电器不断升级，家用汽车开始迅速进入寻常百姓家。淮安市限额以上企业汽车类商品零售额从2012年的36.9亿元，增加到2018年的154.8亿元，6年间增长4.2倍，年均增长27%。大众餐饮、文化娱乐、休闲旅游、教育培训、健康养生等服务消费成为新的消费热点。

五、消费方式日渐便捷

（一）消费结构更加完善

新中国成立以来，淮安市的消费方式不断变化，结构上由单一向多元化发展，形成了超级市场、大型综合超市、便利店、专业店、专卖店、仓储式商场、购物中心、连锁店等的多业态形式共同竞争的局面。大润发、华润苏果、麦德龙等大型综合超市为淮安市零售业带来了新的零售业态、消费理念和经营方式。苏果便利、苏宁小店等遍布小区周边，为居民生活购物提供了便利，日常购物不需要再去大型超市，家门口即可实现。

（二）消费渠道更加多样

新中国成立以来，人们的消费只限于在实体店购物，20世纪90年代开始出现了电视电话购物。近十年来，经营形式又发生了变化，电子商务快速发展，网络购物成为居民购物的主要形式之一。淘宝、京东、唯品会等网上消费平台为居民网上购物提供了便利，购物打破了区域限制，使在家购物消费成为了现实。美团外卖、饿了么、艺龙、携程等也依靠节约、方便、快速改变着我市居民生活消费的方方面面。

（三）支付方式更加便捷

新中国成立初期，人们消费主要支付方式是现金，出门购物需要携带现金，既不安全也不方便。20世纪90年代，银行卡支付开始出现，"一卡在手，走遍全球"，刷卡购物成为时尚，方便了居民消费。21世纪，当互联网进入我们的生活之后，电子商务逐渐代替了上街购物，现实当中的交易发展到网上交易，传统的银行支付变成了在线支付，电子银行变成了新支付方式。近年来，移动支付成为主要支付形式之一，微信支付、支付宝、云闪付等移动支付方式进入大街小巷，悄无声息改变消费者的支付习惯，让消费者动动手指头就可以消费，方便快捷。

纵观新中国成立70年，淮安市消费市场规模持续扩大，消费结构转型升级，对满足人民美好生活需要起到重要作用。中共十八大以来，改革开放进一步深化，供给侧结构性改革持续推进，新业态继续快速增长，新商业模式蓬勃发展，市场发展的活力持续释放，未来消费仍将是淮安市经济迈向高质量发展的重要支撑。

（李　元　陆建国）

新中国成立70年淮安投资发展分析

新中国成立70年来，淮安市固定资产投资保持快速增长，投资规模不断扩大，投资结构逐步优化，投资质量持续提高，对经济社会持续健康发展和人民生活水平提高发挥了关键作用。特别是改革开放以来，市委、市政府紧紧抓住发展契机，大力推动以项目带动经济发展，城市建设发生了翻天覆地的变化，固定资产投资建设发挥了有力的支撑作用。

一、投资规模迅速扩大

新中国成立70年以来，全市固定投资规模迅速扩大。从1950年到1978年（淮安市自1950年开始公布有固定资产投资数据），全市完成固定资产投资总额从222万元，到首次突破亿元大关，达到10662万元，年均增长14.8%；从1978年到2012年，全市完成固定资产投资总额从1亿元级跨越到1000亿元级，实现投资1247.37亿元，年均增长23.1%；从2012年到2018年，全市完成固定资产投资总额从1000亿元跨越到2000亿元以上，年均增长16.4%。70年来，全市完成固年均增长速度达到19%，超出全国新中国成立以来年均增速（15.6%）3.4个百分点。特别是改革开放以来，全市固定资产投资实现加速增长，出现前所未有的发展阶段，各项事业蓬勃发展，投资规模逐年扩大，投资增速保持全省前列，实现历史性跨越。2019年1—8月，全市规模以上固定资产投资同比增长6.3%，高出全省平均水平1.8个百分点，增幅位居苏北第二。

二、工业投资保持强劲增长

新中国成立70年以来，全市工业经济由弱变强，工业投资规模由小变大。从1949年到1978年，在计划经济体制下，全市工业投资由国家按计划实施，先后投资了淮阴烟厂、清江拖拉机厂、清江电机厂等，以及大批军工企业，为淮安市工业经济打下良好基础；从1978年到2012年，全市工业设备更新改造投资由0.64亿元，提高到271.21亿元，年均增速达到19.5%，为全市工业技术改造升级提供强力支撑；从2012年到2018年，全市工业投资年均增长速度达到11.1%。工业投资增长速度连续多年保持全省前列，工业投资占全市固定资产投资比重由2012年的54.6%提高到2018年的63.8%。2019年1—8月，全市规模以上工业投资同比增长6.3%，增幅位列苏北第三。

三、建筑产业规模迅速扩大

新中国成立70年以来，全市建筑产业规模不断发展壮大。从1949年到1978年，全市建筑业增加值从0.05亿元，提高到0.86亿元；从1978年到2012年，全市建筑业增加值从0.86亿元，提高到152亿元；从2012年到2018年，全市完成建筑业增加值从152亿元提高到241.4亿元，年均增长达到13%；2018年，具有资质的总承包和专业承包建筑业企业完成总产值1395.5亿元，年均增幅达到25.1%。市委姚书记曾给予建筑业发展充分肯定，并寄语：为"两大目标"实现当排头兵、做新贡献。

1994—2018年全市建筑业总产值情况
（单位：万元）

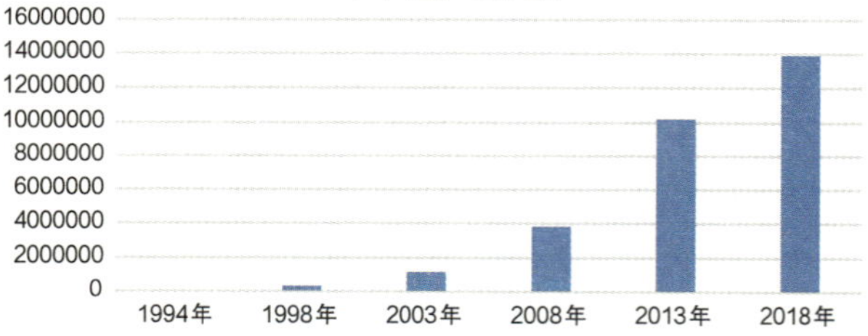

四、基础设施建设成绩显著

新中国成立以来，特别是在改革开放以来，淮安市基础建设方面取得了巨大成就，城市面貌焕然一新，从"一穷二白"建设成为长三角地区新兴的交通枢纽城市。特别是2012年以来，淮安市交通基础设施建设取得重大突破。涟水机场、现代有轨电车项目先后建成，环城快速路、高铁项目快速推进，初步形成立体交通网络。2018年，全市基础设施投资达到360亿元，20年来年均增速达到16.2%。其中，交通运输仓储邮政业完成投资71.5亿元，增幅达到24.3%，增幅在基础设施四大行业里居首；电力、热力、燃气及水生产和供应业完成投资89.3亿元，增幅为19.5%。

五、县域固定资产投资迅猛增长

新中国成立初期，淮安市县域固定资产投资基数较小，1950年，涟水县、淮阴区、淮安区和盱眙县四县当年固定资产投资完成额分别为13万元、85万元、1万元、15万元。2012年以来，计划总投资超10亿的西游记文化乐园，大运河文化长廊、高沟新城酒文化产业园等特大项目重磅推进。2018年四县区完成投资额分别达到1261.9亿元、268.5亿元、261.3亿元、295.5亿元，年均增长分别为19.7%、16.5%、24.3%和19.6%。

六、房地产业平稳持续发展

自新中国成立到改革开放初期，在一穷二白的老淮阴城基础上，建成了以东西大街为主片区的清江市，房地产发展以国家计划投入为主，还没有实施商品房建设。自改革开放到1990年，淮安市开始探索住房商品化、土地产权等问题，房地产建设还是以国家计划进行的换房解困、城市危改为主。从1990年开始。淮安市住房开始商品化，经历了住房制度改革、保障性住房全面铺开，房地产市场开始了快速、持续发展。1990—2012年，淮安市房地产开发累计投资1156亿元，年均增幅超过20%。特别是2012—2018年，全市房地产累计投资达2170.6亿元，这8年的累积开发投资总量是前22年累计投资总量的近2倍。商品房销售面积累计将突破4000万平方米。全市经济适用房、普通商品房和廉租房等开发量稳步推进，城镇居民居住条件不断改善。

1990—2018年全市房地产开发投资完成情况
（单位：万元）

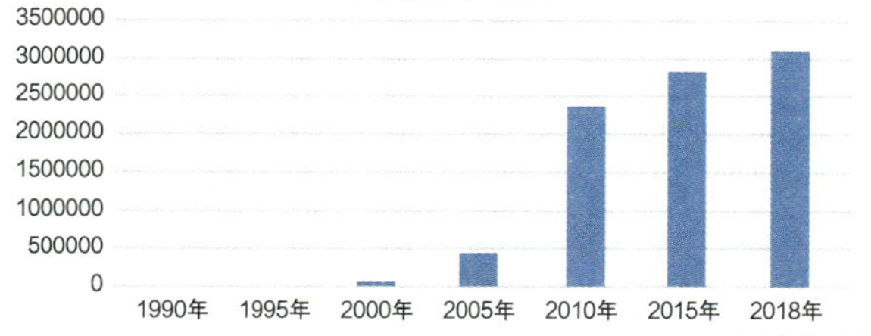

（刘安顺）

新中国成立70年淮安能源发展分析

新中国成立70年来，紧跟经济发展的步伐，淮安市能源领域发生了翻天覆地的变化，能源生产不断攻坚克难，实现跨越式发展，能源消费水平不断提高，实现历史性改善。特别是"十一五"规划以来，淮安市委、市政府把节能降耗工作作为优化经济结构、推动绿色循环低碳发展、加快生态文明建设的重要抓手和突破口，积极推动能源消费革命，抑制不合理能源消费，坚决控制能源消费总量，有效落实节能有效方针，把节能贯穿于经济社会发展全过程与各领域，充分把握经济社会发展对能源事业发展的新要求，不断强化各项节能政策落实，能源结构持续优化，节能降耗成效显著。

一、能源消费情况

（一）总体情况

新中国成立70年来，随着全市经济快速发展、人民生活水平不断提高，能源消费整体呈现稳步增长态势。2006年全市全社会综合能源消费量仅为549.25万吨标准煤，2018年达到1324.41万吨标准煤，比2006年增长了141.13%，年均增长7.61%。中共十八大以来，面对资源约束趋紧、环境污染严重、生态系统退化的严峻形势，淮安坚持"绿水青山就是金山银山"的发展理念，大力开展节能降耗工作，推进能源供给侧结构性改革，不断深化能源消费革命，不断变革能源利用方式，通过设置能源消费天花板，逐步实现了对全社会能源消费量的有效控制，全社会能源消费总量增速由高速增长阶段逐步进入低速增长甚至是负增长的轨道。尤其是近3年，淮安市全社会能源消费总量的增速分别为-7.48%、2.99%、-0.40%。

（二）居民生活用电高速攀升

普通家庭生活用能变迁是一个地区经济发展的真实写照，新中国刚成立百业待兴，能有一盏照明用的电灯是很多家庭的梦想。在改革开放初期，全市农村家庭限电停电仍是司空见惯，随着改革开放进程不断加快人民生活水平的显著提高，电视、洗衣机、电冰箱等各种大小家用电器逐步进入居民生活，迈入21世纪后，空调、电脑飞入寻常百姓家，家用电器的迭代更替见证了居民生活水平质变历程。1956年，全市居民生活用电量仅为为13万千瓦时，到2018年，全市居民生活用电量为355371万千瓦时，比1956年增长了27980.97倍，年均增长17.96%。

（三）能源消费结构持续优化

中共十八大以来，淮安始终坚持以绿色发展理念为引领，不断加快产业结构调整、淘汰落后产能，煤炭消费量逐步减少，天然气、热力、电力等能源消费量不断提高，能源消费结构持续优化。

煤炭消费量先增后减。2013年之前，我市工业发展迅速，规模以上工业企业煤炭消费量逐年提高，2013年淮安规模以上工业企业煤炭消费量为1058.80万吨，比2006年增加843.88万吨。近年来，淮安采取了有效的减煤措施，煤炭消费量逐年下降，到2018年，淮安规上工业煤炭消费量为954.87万吨，比2013年减少103.93万吨，具体情况如下图所示：

2013—2018年淮安市规上工业煤炭消费量

单位：万吨

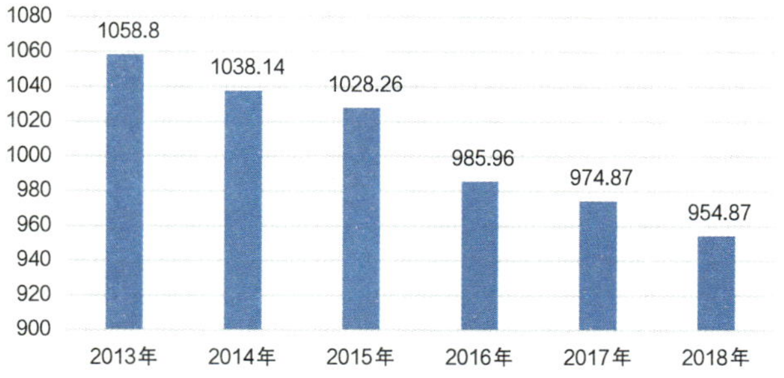

天然气消费量增长较快。2006年，淮安规模以上工业企业天然气消费量仅为0.1亿立方米，到2018年，淮安规模以上工业企业天然气消费量为14.37亿立方米，比2006年增加145.11倍，年均增长51.49%，尤其是2012年以后，江苏国信淮安燃气发电有限责任公司和江苏国信淮安第二燃气发电有限责任公司陆续投产，导致我市规上工业企业天然气消费实现跨越式增长。

热力消费量不断扩张。2006年淮安市规上工业热力消费量为1736.11万百万千焦，到2018年，淮安市规上工业热力消费量为4984.11万百万千焦，比2006年增长1.87倍，年均增长9.19%，具体情况如下图所示：

2006—2018年淮安市规上工业热力消费量

单位：万百万千焦

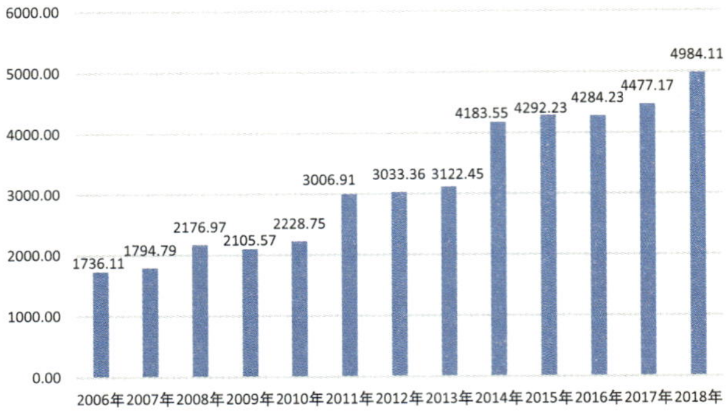

电力消费量持续增长。1956年淮安市工业用电量仅为84万千瓦时，随着淮安市经济的快速发展，到2018年淮安市工业用电量达到了115.97亿千瓦时，比1956年增长了13804.56倍，年均增长16.62%。

二、能源生产情况

（一）火力发电占比逐年降低　清洁能源发电活力迸发

近年来，随着太阳能光伏发电、风力发电技术逐渐趋于成熟，成本快速下降，淮安光伏发电和风力发电产业快速发展，火力发电量占比逐步减少。2011年，淮安市发电总量为1066329万千瓦时，其中：火力发电量为1061757万千瓦时，占比为99.57%；水力发电量为4417万千瓦时，占比为0.41%；太阳能发电量为155万千瓦时，占比为0.01%。2018年淮安市发电总量为1780571万千瓦时，比2011年增长66.98%，年均增长7.60%，其中：火力发电量为1597712万千瓦时，占比为89.73%；水力发电量为7323万千瓦时，占比为0.41%；太阳能发电量为114380万千瓦时，占比为6.42%；风力发电量为61156万千瓦时，占比为3.43%。具体情况如下表所示：

（二）技改成效显著　加工转换效率显著提升

近年来淮安市工业企业积极推进重点技改项目，在提高生产效率、节约生产用能、环境保护方面取得了显著的成效。2006年淮安市规上工业企业热电联产效率为47.93%，其中：发电效率为38.97%，供热效率为77.59%。到2018年，淮安市规上工业企业热力联产效率为60.48%，比2006年提高了12.55个百分点，其中：发电效率为45.55%，比2006年提高了6.58个百分点；供热效率为86.15%，比2006年提高了8.56个百分点。

三、节能降耗成果凸显

“十一五”期间，全市紧紧围绕万元GDP能耗下降20%的刚性目标，坚持结构调整、技术进步和管理创新“三管齐下”，运用经济、法律和行政三种手段，完善倒逼、约束和激励三个机制，细化目标、狠抓重点、扎实推进，圆满完成省下达的“十一五”规划节能目标任务，累计降低率位居苏北第一，以1.6倍的能源消费总量增长支撑了2.3倍的经济总量增长。

“十二五”期间，在经济社会对能源消耗依赖不断攀升的客观情况下，全市积极转变经济发展方式，促进经济社会科学有序发展。2011至2015年，全市单位GDP能耗分别比上年降低3.71%、5.08%、3.81%、3.95%、6.84%，五年期间累计下降21.3%，超过省定目标3.3个百分点，超额完成“十二五”规划节能降耗目标。

“十三五”时期，我国经济发展进入新常态，节能降耗任务面临着新形势、新考验，我市坚持政府主导、企业主体、市场驱动、社会参与的工作格局，下更大决心，用更大气力，采取更有效的政策措施，切实将节能减排工作推向深入。2016年、2017年、2018年全市单位GDP能耗分别比上年降低5.79%、4.06%、6.51%，三年累计下降15.50%，完成省定“十三五”规划节能降耗目标的91.17%，为今后两年的节能降耗工作打下了坚实的基础。

（邓　玮　李志英）

2011—2018年淮安市发电情况

表39　　单位：万千瓦时

	2011年	2012年	2013年	2014年	2015年	2016年	2017年	2018年
发电总量	1066329	1472003	1478719	1386531	1326916	1316559	1658784	1780571
火力发电量	1061757	1464316	1459700	1339450	1241273	1202958	1510102	1597712
水力发电量	4417	4839	3799	4682	5648	5862	7696	7323
太阳能发电量	155	2848	5018	13271	35179	55992	90658	114380
风力发电量	0	0	10202	29128	44816	51747	50328	61156

说 明

一、本索引采用分析索引方法，按汉字拼音字母（同音字按声调）顺序排列。部分首字符为特殊字符或符号的，未按音序排列，而是单独置于前面。

二、索引名称后的阿拉伯数字表示内容所在的页码，数字后的字母a、b、c表示该页码的左、中、右版面区域。

"12345" 政府热线服务 260c
"BT天堂" 案全国打击侵权盗版十大案件 166b
"不见面" 房屋交易服务 62b
"不忘初心、牢记使命" 主题教育 6b
"淮动—2019" 国动演习 234c
"减煤" 专项行动 49a
"两项工程" 建设 84c
"三特" 产业 81b
"三新一特" 产业 85c
"我和我的祖国" 征文活动 154c
《烽火淮安》优秀国产纪录片 164a
《淮安日报》169b
《淮海晚报》169c
《壮丽七十年奋斗新时代》系列专题片 248c
101%服务流动红旗 245a
348省道阜宁至盐徐高速（车桥互通）连接线 299a
AAAAA级旅游景区 20c
AAAA级旅游景区 21a

A

艾滋病防治 177b
爱国卫生 173c
安道麦安邦有限公司 89a
安全管理 45b 214c 207c 70c 226b
安全生产 211c
安全生产大检查 212b
安全生产巡查 212a
安全生产执法 212a
案件繁简分流改革 230c
案件执行 230a
案件仲裁 232c
凹土产业 96a
澳洋顺昌光电技术有限公司 91a

B

白马湖保护和开发 122a
版画中国·版画艺术在民间全国系列巡展 164a
办公用房管理 261a
帮助残疾人就业脱贫 258c
保险业 114c
保障高层住宅小区饮用水安全 257b
保障性住房建设 220b
报刊 169b
北师大淮安校区开始招生 155a
便民服务 216c
标准引领 193b
殡葬管理 204a
博物馆·纪念馆 168a
渤海财产保险淮安中心支公司 116b
不动产确权登记 39b
部门权责清单管理 263a

C

财政 189c
财政改革 190c
财政审计 199b

参加展会 131c
参政议政 266c
餐饮具集中消毒 176b
残疾人福利 219b
残疾人就业 283c
残疾人康复 284a
残疾人文体活动 284a
漕运博物馆 22b
产学研创新载体 152a
产学研合作 152a
产业工人队伍建设改革 275c
产业合作活动 143a
产业集群和示范基地 85a
产业援疆促进就业 146c
场所行业管理 227a
陈列展览 168b
诚信政府 207c
承担行政职能事业单位改革 262c
城市功能品质 55a
城市管理 57c
城市规划 54a
城市建设管理 55a
城市水利 75a
城市水利管理 75a
城市雨污分流 75a
城乡低保和特困人员供养 218b
城乡建设 53a
城乡居民养老保险 216b
城乡居民医疗保险 217a
城乡融合发展 190a
城镇污水收集处理 42c
出口贸易 129b
出入境管理 226c
出台拥军优属工作十六条 205b
出证认证 132a
出租车更新 71c
传化公路港“司机之家” 68a
传染病防治及消毒产品卫生监管 175c
传染病疫情报告与管理 176c
船闸养护与航政管理 69c
春季造林 44b
慈善事业 203c
慈善总会成立20周年 204c
村及社区干部队伍建设 241c
村镇规划 54b
村庄环境长效管护 56a
存贷款 108a
存贷款资金分布 108a

D

达方电子有限公司 91b
打击犯罪 225b
打击走私 202b
大气污染防治 48b
大事记 27a
大型活动安保 227a
大型仪器平台建设 151c
大运河文化带 4b
大运河文化路演活动 163c
大运河文化研究 172c
代表工作 253b
代表建议办理 254a
代表履职管理创新 253c
代表履职渠道拓展 253c
代表主题活动 253b
档案 170c
档案安全 171b
档案编研 171c
档案队伍建设 172a
档案服务 171b
档案信息化 171a
档案宣传 171c
档案征集 172a
档案资源 171a
党风廉政建设 246a
党管武装工作 234c
党建责任建设 246b
党史工作 248c
党史资源开发利用 248c
党校工作 248b
稻虾综合种养 83c
德邦电商智慧产业园 102c
地理 15a
地方立法 223a
地方文化传承普及 280a
地方志 172b
地方组织机构负责人名录 285a
地理信息技术提高审计效率 200a
地名和界线管理 204a
地情公共文化服务 172c
地情资料编写 172b
地下水管理 43a
地形地貌 15a
地震监测台网建设 210c
地震烈度速报与预警系统 211a
地震应急演练 210c
地质矿产资源管理 45b
第二家省级农业产业技术创新战略联

盟 150b
第二届中国（淮安）大运河文化带城市非遗展 167b
第二届中国（淮安）国际食品博览会 2b
第三届体育产业博览会 186c
第十四届台商论坛 143c
第四次全国经济普查 201a
第五届苏台基础教育发展论坛 154b
第一届民俗运动会 185c
第一山公园 21b
典当 106c
电商+物流 102b
电商服务 102a
电商经营主体 101c
电网建设 59c
电子商务 101c
对台工作 246c
对外及港澳台贸易 129a
对外联络 131c
对外宣传 242c
多元化开拓市场 129b

E

恩来干部学院 241c
儿童福利 219b

F

法治 223a
法院 228c
法律服务 132a
法律援助 231b
法律职业资格考试全面计算机化 232b
法治城管 58a
法治宣传教育 232a
法治烟草建设 100a
法治政府建设 224a
法治政府建设督察 224b
反腐肃贪 268c
方便城乡群众公共出行 258a
方言 19a
防雷管理 153b
防汛防旱防台 208c
防汛物资人员储备 209c
防灾减灾宣传 211a
防震减灾 210b
房地产开发管理 61a
房地产市场管理 61c
房屋征收及棚户区改造 220c
纺织产业 94a
放射卫生 214b
非法码头和浮吊船作业点 70c
非公有经济领域统战 244a
非四星级普通高中联盟成立 155a
非物质文化遗产 18c
非物质文化遗产保护 166c
非遗保护传承体系 167a
非遗传播交流 166c
非遗记录保存 167a
非遗项目向上争取 167b
丰富城乡群众文化体育生活 258c
风景名胜 20c
服务地方经济 202b
服务经济社会发展 228b
服务科技企业 150a
服务业特色产业 189b
辐射环境 48b
妇女创业就业 278b
妇女儿童实事 279a
妇女儿童维权 278c
妇幼健康 173c
富誉电子科技（淮安）有限公司 90c

G

改革创新 202c
干部轮岗交流 240c
干线公路建设 67b
港口 70c
港澳及海外统战 244b
港澳事务 264a
高等教育 158c
高等职业院校双50强 159a
高端招商资源对接 131a
高端装备制造产业 89a
高沟老窖池群 304c
高架下体育公园 184c
高铁 1a
高铁淮安东站 68c
高校“博爱青春”暑期志愿项目 285a
高效农业 81b
高效园艺产业 82b
高新区宁淮电子产业园 300c
高值医用耗材集中采购 217c
高中教育 154c

歌舞曲艺 18b
跟着央视秋晚游淮安 126a
耕地保护监督 39a
工程建设项目审批制度改革 260a
工程造价企业 97a
工会劳动保护 276b
工会组建 276c
工伤保险 216b
工商银行淮安分行 109c
工业 85a
工业互联网示范试点企业认定 126c
工业科技 150a
公安 225b
公路 67b
公共场所卫生监管 175b
公共机构节能管理 261b
公共交通 71a
公共体育设施建设 184c
公共卫生安全 214a
公共文化设施建设 165a
公共用车管理 261a
公共资源交易 260b
公积金管理 220a
公交优惠政策 71c
公路养护 67c
公务员管理 241a
共创人造草坪股份有限公司 95b
共青团淮安市委员会 277a
共有产权房 220b
供电 59c
供给侧结构性改革 189a
供气 60b
供热 61a
供水 59b
供销合作 98a
古淮河文化生态景区 21c
古树名木 44a
骨干企业培育 85b
固定资产投资审计 199c
固体废弃物 48a
关爱邮路 204c
关天培小学学生参与国内首次航天育种试验 154c
光纤入户 127c
广播电视 168c
规划 53b
规范执法 191b
规划管理 54c
规章制定修改 224c
国际农业技术项目 152a
国际商会建设 132a
国际食品安全高端峰会 198b
国家级紧密型医疗卫生共同体建设试点 304c
国家级绿色矿山 45b
国家优质工程奖 62c
国家质量奖 88a
国家重大政策措施落实情况跟踪审计 199a
国土测绘及地理信息管理 39a
国土空间用途管制 38b
国土空间总体规划 54a
国有产权监管 192a
国有资产管理 192a
国资国企改革 192a
过节费和物价补贴 218b

H

海关 201c
海螺水泥有限责任公司 95a
海外人才离岸双创（淮安）基地创建 279b
海峡两岸大学生运河文化体验营 247
海峡两岸美食达人交流年 247a
海峡两岸食品加工技能大赛 247b
旱情应对 210a
夯实“两个责任” 268a
航道 69c
航空 69a
航道环境整治 70a
航道基础设施建设 69c
航空货运枢纽 69a
航空货运枢纽 6a
合作共事 267b
和兴汽车科技有限公司 93b
河下古镇 20c
黑臭水体整治 42c
红光仪表厂有限公司 89b
红十字宣传 284c
洪泽湖大堤 24a
洪泽湖古堰景区 22c
洪泽湖淮安水域采砂船 43c
洪泽湖水利工程管理 76a
洪泽湖文化旅游博览会 302c
洪泽湖医养融合体建设 174b
洪泽湖治理保护 73c
洪泽区 301a
互联网+全民义务植树 44c

护航“三大攻坚战” 267c
花卉园艺 50b
华能淮阴电厂 95c
华夏银行淮安分行 114b
化妆品风险排查处置 213b
淮安半导体装备产业发展研讨会 90c
淮安电子商务现代物流园 104c
淮安府署 22a
淮安高新技术产业开发区 134a
淮安工业园区 134c
淮安掼蛋 186a
淮安国际半导体产业论坛 90b
淮安国联集团 106c
淮安航空货运枢纽 142b
淮安辉煌70年 9b
淮安机场 69b
淮安经济技术开发区 133b
淮安经济开发区 136c
淮安军分区 232c
淮安美食 24c
淮安农商行 113b
淮安清河经济开发区 139b
淮安区 297a
淮安软件园 127a
淮安生态文化旅游区 56c
淮安生物工程高等职业学校 157c
淮安市博物馆 22a
淮安市残疾人联合会 283b
淮安市第二人民医院 180a
淮安市第三人民医院 180c
淮安市第四人民医院 181b
淮安市第一人民医院 178c
淮安市第一人民医院一分院（淮安市耳鼻咽喉医院）183c
淮安市妇女联合会 278a
淮安市妇幼保健院 182c
淮安市高处作业安全管理规定 212c
淮安市高级职业技术学校 157b
淮安市工商业联合会 274a
淮安市广播电视台（集团）168c
淮安市归国华侨联合会 282b
淮安市红十字会 284b
淮安市科学技术协会 279a
淮安市农业科学研究院 150c
淮安市人大常委会副主任 313b
淮安市人防工程建设规划（2018—2035）215b
淮安市人民代表大会 249a
淮安市人民检察院检察长 318c
淮安市人民政府 254a
淮安市人民政府副市长、党组成员 314c
淮安市人民政府网 170a
淮安市融资担保集团 107c
淮安市社会科学界联合会 279c
淮安市台湾同胞联谊会 283a
淮安市文学艺术界联合会 280c
淮安市现代物流学会 104a
淮安市现代物流业发展规划（2019—2025年）104b
淮安市一院网络医院 174c
淮安市医疗保障局 217a
淮安市镇村布局规划（2019版）54c
淮安市政协主席、副主席、党组成员 316b
淮安市职业教育活动周 156a
淮安市中级人民法院院长 318b
淮安市中医院 182a
淮安市住宅物业管理条例 65b 223a
淮安市总工会 275a
淮安视听网 170a
淮安文化艺术学校 158b
淮安新港集装箱 71a
淮安新闻网 170b
淮安信息职业技术学院 161b
淮安月季获奖 50c
淮安运河大桥 70b
淮安综合保税区 140a
淮菜特点 25a
淮钢特钢股份有限公司 89c
淮河生态经济带 3a
淮河生态经济带水利专业委员会 73c
淮河生态经济带卫生健康联盟 174a
淮剧演出周 165c
淮昆台资经济协同发展 143a
淮台交流联系 246c
淮台农产品交流合作 99a
淮味千年 80b
淮阴发电有限公司 95c
淮阴工学院 160b
淮阴区 299a
淮阴师范学院 159c
环保督察 49a
环保宣传 49b
环保应急管控豁免 37c
环境安全 49b
环境保护 48b
环境卫生 214b
环境执法监管 49b

环境质量 46a
环境资源审判 229b
环境综合整治 71a
环太湖国际公路自行车赛 308b
环卫工人节 59a
环卫作业 58c
黄花塘往事 306a
黄花塘新四军军部纪念馆 21c
黄庄特色田园乡村 56c
惠企直播间 245b
婚姻登记 204b
活动断层探测与地震危险性评价 210c
货邮吞吐量突破1万吨 69a

J

机动车停车管理 59a
机构编制管理 262b
机关事务管理 261a
机关事业单位养老保险 216a
机关作风效能建设 245a
基层党建 241a
基层党组织 240a
基层社区治理 203a
基层卫生 173c
基层协商平台建设 267c
基层组织建设 245c
基层组织体系建设 99a
基金监督管理 217a
急性传染病防治 177a
疾病控制 173b
疾病预防控制 176c
集团化办学 153c
计划生育协会组织 175a
计量工作 193c
计生服务 175a
纪检监察 267c
技能人才培养 262a
技术产权交易市场 151c
寄生虫病地方病防治 178a
家庭发展能力 175a
家庭文明建设 278c
价格检查 193a
监察司法工作监督 253a
监督首责 268c
检察 227b
检察改革 228b
建材产业 94c
建设银行淮安分行 111a
建筑设计 97a
建筑业 96b
建筑业现代化 96b
健康淮安建设 173a
健康教育 178b
江淮生态经济区 3a
江南农村商业银行淮安分行 113c
江苏财经职业技术学院 162c
江苏护理职业学院 163a
江苏省灌溉总渠·淮河入海水道工程管理 75b
江苏省国信集团淮安工业园 140c
江苏省淮安技师学院 156a
江苏省淮阴商业学校 156b
江苏省淮阴中学 155a
江苏省宁淮特别合作区揭牌 306b
江苏省苏淮高新技术产业开发区 135c
江苏食品药品职业技术学院 162a
江苏银行淮安分行 112c
交通 65b
交通安全 214b
交通工程质量 66c
交通银行淮安分行 112a
交通运输综合行政执法 66c
交通重点工程 65c
缴存基数 219c
较大事故 212c
教育 153b
教师队伍 153b
教体融合 184b
教育现代化建设 153c
节水型社会建设 42c
节约用水 43b
结核病防治 177c
捷群电子科技（淮安）有限公司 91b
今世缘酒业股份有限公司 91c
今世缘旅游景区 23a
今世缘智能化包装物流项目 104c
金融 104c
金典纺织有限公司 94c
金湖国际半程马拉松赛 308a
金湖荷花荡景区 23a
金湖经济开发区 138c
金湖水上森林景区 23b
金湖县 306b
金融服务 105a
金融基础设施建设 105b
金融监管 105a
金融支持外贸企业 129c
金石机械集团有限公司 89b

锦纶化纤有限公司 94b
禁毒工作 226c
京杭大运河·淮安段 24b
京杭运河淮安段绿色现代航运示范区 70b
经济规模 25b
经济结构 25c
经济社会发展 25b
经济事务管理 189a
经济运行监督 252b
经济责任审计 199b
经营业绩考核 192b
竞技体育 185c
九三学社淮安市委员会 273c
玖川纳米材料科技有限公司 96a
救灾和物资保障 208b
剧目创作 164c
军事 232c

K

开发园区 132a
开放型经济 129a
康乃馨织造有限公司 94a
抗击台风 210b
科技 149a
科技成果 149b
科技创新 68a
科技创新体系建设 151b
科技创新载体 151c
科技扶贫 149c
科技副总企业产学研 152b
科技工作者 279b
科技奖励 149b
科技人才 149c
铿锵足迹·永恒初心——党的纪律建设历程主题展 248c
空间布局体系 103a
空气环境 46a
口岸把关 202a
快递行业集体协商 276c
快鹿牛奶有限公司 92c
矿产资源 15b
矿产资源储量 45a
矿产资源分布 45a

L

垃圾分类 58c
劳动技能竞赛 275b
劳模关爱 275c
老兵调解工作室 205a
老干部待遇保障 247c
老干部工作 247c
老干部居家养老超市服务 248a
老干部学习 248a
老干部作用发挥 248a
老旧小区改造 61b
老龄福利 218c
老字号 97c
离退休干部党支部建设 247c
李银江 205a
里运河文化长廊 120c
里运河文化长廊·清江浦景区 22b
理论学习宣传 242a
历史名城保护 55b
历史沿革 17a
立法工作 254a
立体交通体系构建 189c
涟水经济开发区 137b
涟水五岛湖旅游景区 23a
涟水县 302a
联合图审 260c
粮食大清查 99c
粮食流通 99b
粮油品牌建设 99b
林业安全 44a
林业与湿地资源管理 43c
领导班子和干部队伍建设 240c
领导人物 311a
流浪乞讨人员救助 218b
路政管理 67c
旅游 116c
旅游服务 117c
旅游管理 122b
旅游开发 119a
旅游品牌 119b
旅游宣传 125a
旅游重点项目 117a
律师管理 232a
绿地养护 50c
绿色建筑 62a 96c
绿色经济 37b
绿色智慧交通 66a

M

慢性非传染性疾病防治 177c
矛盾纠纷化解 230a

贸易促进 131c
媒介宣传拓展 126a
媒体融合 243a
免疫规划 177a
民政 203a
民革淮安市委员会 269a
民建淮安市委员会 271b
民盟淮安市委员会 270a
民商事审判 228c
民生保障 190a
民生工作监督 252c
民生资金（项目）审计 199c
民事行政检查监督 228a
民事行政检察 227c
民主监督 267a
民宗领域安全管理 206a
民宗事务管理 205c
民族 19b
民族团结进步创建 205c
民族宗教事务 205b
民族宗教统战 244b
敏安电动汽车有限公司 93b
名菜名点 25a
名特优水产品养殖 83c
明祖陵 23c
模范人物 318c

N

纳沛斯半导体有限公司 91a
南北共建园区 140b
南北园区共建 144a
南京高新技术产业开发区洪泽工业园 140c
南京经济技术开发区涟水工业园 141a
南京林业大学淮安校区 159b
内环高架通车 1b
能源工业 95c
年鉴编纂 172b
宁淮挂钩合作 144a
宁淮特别合作区建设 145a
宁淮铁路 68b
宁淮现代服务业集聚区 140b
宁淮新兴产业科技园 141a
宁淮站场 68c
农业 79a
农村电商 102b
农村扶贫开发 219c
农村公路 67b
农村环境 47b
农村集体产权制度改革 81a
农村人居环境整治 56a
农村水利 74a
农村污水处理 74b
农发行淮安市分行 109a
农房改善 56b
农工党淮安市委员会 272c
农机化水平 84b
农民工工资实名制管理 97a
农业保险 79c
农业行政执法 79c
农业机械化 84b
农业科技“三下乡” 150b
农业科技 150b
农业农村电子商务 98c
农业农村改革 80c
农业社会化服务 82a 98a
农业水价综合改革 74a
农业银行淮安分行 110b
农业与资源环保审计 199c
农业园区 79a
农业重大项目 79c
女职工关爱行动 276c
女职工素质提升 276c

P

盘活资产 98b
平安人寿淮安中心支公司 115c
普通高中资源建设 155a

Q

企业安全生产 86a
企业财务监管 192b
企业服务 85c
企业开办集成服务 260b
企业科技创新大赛暨第九届大学生科技创业大赛 150a
企业群众诉求受理解决 245b
企业上市 106a
企业审计 200a
企业职工养老保险 216a
气候 15c
气象服务 152b
气象监测、预报、预警 152b
气象科技创新 153a
气象科普宣传 153a
气象为农 152c

气象现代化 153a
侨务 263c
侨益维护 282c
青莲岗遗址 24b
青年思想引领 277a
清江浦获评全国新双百区 296c
清江浦区 295a
清江石油化工公司 88c
庆鼎精密电子（淮安）有限公司 91a
区划 19c
区域合作 141c
取用水管理 43a
取用水监督管理 42a
权益保护和开发利用 38b
全国大众创业万众创新活动周 152b
全国法院办案标兵 320a
全国民族团结进步模范个人 320a
全国模范退役军人 319c
全国内河港口首座5G行业应用基站 71b
全国青少年国防体育大赛 186b 299a
全国五一劳动奖章获得者 318c
全国重点文物保护单位 23c
全国自强模范 320b
全面两孩政策 175a
全民健身活动 185a
全民健身赛事 185b
全省公共图书馆业务竞赛 164b
全省首个农村产权线上交易 81a
全域旅游 117a
群文活动 165a
群众体育 184c
群众体育指导 185b
群众团体 275a
群众文化 165a
群众性精神文明建设 243b

R

让更多孩子入好园上好学 257c
人口 19a
人才引进 261c
人大监督 252b
人防演练 215a
人口户籍管理 226c
人力资源 261c
人民防空 215a
人民调解 231a
人事考试 262b
认证认可 193c
融入长三角 142a
融资担保 106b
孺子牛奖获得者 319b
入境、出境水量 40a
软件服务 127a
软课题评选和自然科学学术月活动 279c

S

三河渡大桥 308b
扫黑除恶专项斗争 223b
商贸流通 97b
商贸转型升级 97c
商品房销售 61b
商事制度改革 192c
商业体系规划 97b
商业中心 97c
上淮动力有限公司 93b
社会保险 215c
社会保障 215c
社会扶助 218a
社会福利 218c
社会工作和志愿服务 203b
社会科普 279a
社会矛盾纠纷排查化解 223c
社会融资 106a
社会事务管理 203a
社会事业 26b
社会信用建设宣传 207a
社会信用体系建设 206c
社会组织管理 203c
社科普及示范基地建设 280b
社科普及宣传 279c
社区教育 153b
涉税信息共享 191c
神力特生物科技股份有限公司 96a
审计 198b
生活饮用水卫生监管 175b
生态河湖建设 42b
生态环保工作监督 253a
生态环境 26c 47a
生态环境局挂牌 50a
生态环境损害责任追究 50a
生态文明气象 152c
生态修复 37b
生态养殖 83a
生物环境 47b
生物技术及新医药产业 93c

生物资源 15b
生猪养殖 82a
声环境 47c
省蹴球比赛 206b
省公交优先示范城市创建 71b
省级农业科技型企业 150c
省级医学、诊疗中心苏北分中心 174b
省全域旅游示范区 308c
省幸福家庭建设示范区 298c
省中职学校领航计划建设单位 155c
失信治理 207b
失业保险 216b
施工扬尘环境保护税 49c
施塔德电梯有限公司 89c
施政要点 256a
湿地建设 44a
十件民生实事 257a
石油销售 100c
时代芯存半导体有限公司 91a
时代芯存相变存储新产品 144a
实联化工有限公司 88b
实联长宜淮安科技有限公司 93a
食博中心建成并交付使用 296c
食品安全“逢十行动” 213a
食品安全标准管理 175b
食品产业 91b
食品卫生 214b
食品药品安全检查 213a
食盐销售 99b
世界美酒特色产区 304b
市、县（区）志编修 172b
市八届人大三次会议 249a
市场安全监管 212c
市场监督管理 192c
市场监管执法 194b
市管干部 240b
市规划馆试开馆 54c
市级机构改革 262b
市级机关党建 245c
市民防馆建成 215b
市区内环高架工程 66c
市人大常委会会议 249b
市人大常委会主任会议 250c
市容秩序 58b
市委营商办挂牌成立 244c
市委政协工作会议 266c
市文化产业智库 166a
市文善电子有限公司 91b
市县联动招商 131a
市县镇村一体化审批服务 259b
市应急管理局成立 208c
市长办公会议 255c
市政府常务会议 254a
市政府规范性文件清理 225a
市政府专题会议 255c
市政公用事业 59a
市政重点项目 59b
市专武部长培训做法经验 234c
事业单位人才管理 262a
逝世人物 320c
首单粮食烘干机保险 84c
首个地上智能化立体停车场 71c
首个地市级综合能源服务发展联盟 61a
首个国家级湿地公园 44b
首家民办公助私人博物馆开馆 168c
首届青少年法治宣传教育周 154c
首届优质农产品展销嘉年华 296c
首批革命文物保护利用片区 168a
首期优秀中青年校（园）长培育 154a
首张医疗电子票据 191a
书画美术 164c
数字城管 58b
数字图书馆建设 165a
双创载体 149c
双环齿轮有限公司 93b
双汇食品有限公司 92b
双拥项目 205a
水利 72a
水产业 83b
水行政执法 72c
水环境 46b
水环境保护 42c
水利风景区建设 73b
水利改革 73a
水利工程管理 72c
水利工程建设 72b
水情 209a
水土保持建设监管 74b
水污染防治 48c
水源地达标建设 42b
水质 41a
水资源 15b
水资源管理 39b
水资源利用 40b
水资源总量控制 42a
税务 191a
税费减降 191a

税务服务 191a
税务文化 191c
税种管理 191c
司法公证 231b
司法行政 231a
司法鉴定 231c
司法体制改革 230a
泗州城遗址 23c
苏美食品有限公司 92c
苏食肉品有限公司 92b
苏台（淮安）青年菁英峰会 247b
苏皖边区政府旧址 24a
苏盐井神股份有限公司 88a
苏盐井神院士工作站 150b
诉讼工作 228a

T

台胞联谊服务 283a
台创学院 159a
台企创新促进行动 143c
台企专场招聘会 143c
台资高地建设 246c
台资高地建设 142c
台资高地宣传 143b
台资亮点项目 142c
汤始建华建材（淮安）有限公司 95a
特色旅游宣传活动 125a
特色田园乡村建设 56b
特殊人群服务管理 231c
特种设备安全管理 213c
提案办理 267a
提标改造老旧小区环境 257a
提高城乡群众生活保障水平 257b
提升小餐饮店环境 258b
体育 184b
体育产业 186c
体育社会组织 185a
天淮钢管有限公司 90a
天士力帝益药业有限公司 93c
调查监测 38a
铁路 68b
铁路站城融合发展 69a
铁山寺国家森林公园 21a
通威饲料有限公司 92c
通信服务 127b
统计 200a
统筹合力保生态 37a
统计方法与制度创新 200c
统计服务 201b
统计管理体制改革 200b
统计监测 200c
统计信息化建设 201b
统战工作 243c
屠宰产业 83b
土地流转 81a
土地资源 15a
土地资源管理 38a
土壤环境 47a
土壤条件 15a
土壤污染防治 48c
退圩还湖 73c
退休人员管理服务 216c
退役军人事务管理 205a
退役军人事务机构建设 205a
脱贫攻坚 8b

W

外埠市场开拓 96c
外贸新业态 129b
外事 263b
万人自行车骑行活动 185c
王琦 186a
王岩 186a
网站 170a
网格化社会治理 223b
网络空间治理 243b
网络视听节目被省广电局表彰为“十佳”节目 164b
网络宣传 243a
旺旺食品有限公司 92a
危化品治理 212b
危险废物污染防治 48c
违章违法处置 214c
维护民利 268a
维修资金管理 65a
卫生保障与应急处置 176a
卫生行政许可 175a
卫生监督“双随机”176b
卫生监督 175a
卫生监督信用 176b
卫生检验 178c
卫生健康 172c
卫生健康体制改革 173b
卫生科技人才 174a
卫生执法稽查考核 176b
未成年人犯罪检察 227c
未成年人及家事审判 229c

位置面积 15a
文化 17c
文博场馆建设 167c
文创产品 166a
文化产业 165c
文化产业平台 166a
文化市场管理 166b
文化市场执法 166c
文化艺术生产 164c
文津书房 165c
文明城市创建 243a
文明吸烟环境建设 100b
文史研究与宣传 267c
文通塔 24a
文物安全 167c
文物保护项目 167c
文物保护宣传 168a
文物保护与管理 167b
文学 18a
文艺采风创作 281b
文艺创新 281a
文艺队伍建设 164c
文艺惠民 281c
文艺讲坛 282a
文艺交流 282a
文艺研究成果 281b
文艺作品创作 280c
文艺作品展览 281b
无偿献血 284c
无线电管理 126c
无线淮安移动客户端 170c
吴承恩故居 22c
武警淮安支队 235c
物产 15b
物流 102c
物业服务管理 65a

X

西游记文化体验园 · 龙宫大白鲸世界 23b
西游文化产业 121c
戏剧 18b
戏曲推广 164c
先进典型培树 275c
线路开发 119c
乡村人居环境提升工作营 56b
乡村振兴战略 55c 189b
乡镇管理体制改革 262b
相对集中行政许可权改革 262c
消毒与媒介生物防治 178b
消防安全管理 211c
消防救援 211b
消防救援能力 211c
消费市场 98a
小餐饮规范提升工程 213a
小额贷款 106c
小微及民营经济扶持 198a
新的社会阶层人士统战 244b
新旧动能转换 85b
新能源汽车及零部件产业 93a
新时代文明实践中心建设 243b
新四军刘老庄连纪念园 22c
新四军刘老庄连纪念园 301a
新网工程 99a
新型农业经营 81b
新型主体经营 81c
新一代信息技术产业 90b
信贷资金投向 108a
信访 263a
信访评议庭打造 263a
信访文史馆 263b
信访信息化建设 263a
信息安全 126b
信息服务 126a
信息化建设 172c 208b
信仰的力量——中国共产党人的初心主题展 164a
信用惠民 207a
信用平台建设 207a
信用制度体系建设 206c
刑事检察 227c
刑事审判 228c
行政复议 224a
行政规范性文件备案 225a
行政区划 19c
行政审判 229a
行政审批制度改革 259a
行政应诉 224b
行政执法监督 224c
休闲渔业产业 84a
盱眙经济开发区 138b
盱眙县 304c
徐宿淮盐、连淮扬镇铁路 68b
畜牧生态养殖示范创建 83b
畜牧业 82c
蓄水动态 40a
宣传工作 242a
学前教育“乡村教育”系列活动 154b

学前教育 154a
学前教育专业委员会成立 154b
学校卫生 214b
学校卫生监管 175b

Y

烟草专卖 99c
烟草专卖管理 99c
盐化凹土新材料产业 88a
盐业管理 99b
养老照护 284c
药品专项整治 213b
一区两带一枢纽 3a
一师一优课、一课一名师 154a
医保精准扶贫 217b
医患纠纷调处 231a
医疗保障 216c
医疗机构 178c
医疗机构卫生 176a
医疗质量卫生 176a
依法治统 201a
宜兴经济技术开发区金湖工业园 141b
移动新媒体 170c
遗体、器官捐献 284b
义务教育 154b
异地就医 217c
疫病防控监测 83b
疫苗与预防接种专项整治 175c
疫苗专项检查 213b
银行业 107c
营商环境 143b
营商环境建设 244c
营商环境联动共治体系 244c
应急保障 207c
应急管理 207c
应急管理机制 208a
应急管理知识竞赛 208c
永远在线政企服务平台 245c
优质稻米产业 82b
邮储银行淮安市分行 112a
邮政快递业 103b
渔业标准化建设 83c
渔业产业融合 84b
渔业资源保护 84a
与东部机场集团建立战略合作关系 69b
与铁岭签署区域文旅合作协议 120a
与铁岭市合作 145b
与西部地区合作 142b
雨情 209b
预算审查监督 253a
园林绿化 50b
援藏 142b
援疆工作 146a
源通制帽有限公司 94c
远达服饰有限公司 94c
院士专家进百企 279b
月塔 24b
运河遗产保护 167c
运输经济 66a
运营网络 70c

Z

灾情 209c
造血干细胞捐献 284b
渣土管理 59a
展会服务 130a
展会招商 130c
战略性新兴产业外资利用 131b
长三角名优食品 91c
长三角区域疾控机构卫生应急联合演练 174b
招财引智 282b
招商引资 130a
镇村建设管理 55b
正大清江制药有限公司 93c
政党协商 244a
政法惠民 223c
政法领域改革 223c
政法委及综治 223a
政府法律顾问 225a
政务服务“一张网”运行 259c
政务服务 259a
政协淮安市委员会 264b
政治协商 266c
政治巡察 268b
支持“三大攻坚战” 189c
支持实体经济 189c
支持铁岭市灾后重建 146a
知识产权 195a
执法规范化建设 226b
执勤战备 236b
职工普惠救助 218c
职工权益维护 276b
职工文体活动 276a
职务犯罪检察 227c
职业技能大赛 155c

职业教育 155b
职业卫生 214a
职业卫生及放射卫生监管 175c
指挥中心建设 232b
质量安全 61c
质量提升 193b
治安防控 225c
治理城市黑臭水体 257a
智慧淮安 126b
智慧警务 226a
智慧政法建设 223c
智力援疆 146c
智能化候车亭 72a
智能机器人联合实验室挂牌 152b
中材凹凸棒石粘土有限公司 96b
中共淮安市第七次代表大会第四次会议 239b
中共淮安市委常委会成员 311a
中共淮安市委七届九次全会 239a
中共淮安市委员会 239a
中国·天泉湖天文高端论坛 306a
中国电信淮安分公司 127c
中国洪泽湖国际大闸蟹节 302c
中国联通淮安分公司 128c
中国龙舟赛（淮安站）186a
中国民主促进会淮安市委员会 272b
中国人寿淮安市分公司 114c
中国森林旅游节 44c
中国少数民族特色村寨 206a
中国太平洋人寿淮安中心支公司 115b
中国特色高水平高职学校和专业建设计划 159a
中国寻根之旅 283a
中国移动淮安分公司 128b
中国银行淮安分行 110c
中华财产保险淮安中心支公司 116a
中华人民共和国成立70周年宣传 242b
中介超市 261a
中秋晚会 2a
中山博爱之家 270a
中石化淮安石油分公司 100c
中石油淮安分公司 101a
中小学办学行为规范 154b
中心城市建设 55a
中心城市水利项目 75a
中岩集团淮阴区装配式建筑项目 300c
中业慧谷·淮安软件创意科技园 127b
中医中药 174a
种植规模类型 82a
种植业 82a
仲裁 232b
仲裁制度建设 232c
重大项目帮代办 261a
重大项目建设 189a
重点领域监管 214a
重点中心镇 55c
重特大项目 130b
重要项目建设 103a
周恩来防震减灾科普馆建设 211a
周恩来故居 20c
周恩来纪念地 120b
周恩来纪念馆 20c
周桥灌区 74b
主席会议 265a
助残志愿活动 284b
助力“一带一路”202c
住房保障标准 220c
住房公积金 219c
住房公积金贷款及提取 220a
住房公积金账户结息 220a
专家和专技人才培养服务 262a
专项整治 212b
专业志、特色志编纂 172b
咨政建言 267a
资源 15a
自然资源信息化建设 37c
自然资源执法 37c
综合保税区 202a
综合保障体系 211c
综合防治出生缺陷和加强公共急救知识及技能培训 257c
综合行政执法改革 262c
总体城市设计 54b
组织工作 240a
最严格水资源管理制度 43b
作风建设 268b